Das Bayerische Konkordat von 1817/21

Adnotationes in Ius Canonicum

Herausgegeben von Elmar Güthoff und Karl-Heinz Selge

Band 61

Heinrich Hohl

Das Bayerische Konkordat von 1817/21

Eine historische Untersuchung mit kanonistisch-staatkirchenrechtlichem Fokus

PETER LANG

Berlin - Bruxelles - Chennai - Lausanne - New York - Oxford

Bibliografische Information der Deutschen Nationalbibliothek
Die Deutsche Nationalbibliothek verzeichnet diese Publikation in der Deutschen Nationalbibliografie; detaillierte bibliografische Daten sind im Internet über http://dnb.d-nb.de abrufbar.

Die vorliegende Arbeit wurde im Sommersemester 2023 vom Klaus-Mörsdorf-Studium für Kanonistik der Ludwig-Maximilians-Universität München als Dissertation zur Erlangung des akademischen Grades eines Doktors des Kanonischen Rechts angenommen.

Gefördert mit Mitteln der Erzdiözese Bamberg.

Herzlich danke ich meinem Doktorvater Herrn Prof. Dr. Dr. Elmar Güthoff. Er gab den Impuls zum Thema der Dissertation, er begleitete und betreute die Arbeit .
Danken möchte ich meinem ersten Lehrer des Kirchenrechts an der Universität Bamberg, Herrn Prof. Dr. Alfred Hierold.
Mein Dank gilt außerdem allen kanonistischen Fachvertreterinnen und Fachvertretern, die mich an ihrem Wissen und ihren Interessen teilhaben ließen.
Herrn Prof. Dr. Dr. Elmar Güthoff und Herrn PD Dr. Karl-Heinz Selge danke ich für die Aufnahme der Dissertation in die Reihe Adnotationes in Ius Canonicum sowie dem Verlag Peter Lang für die Drucklegung.

D 19
ISSN 0946-9176
ISBN 978-3-631-91117-4
E-ISBN 978-3-631-91122-8
E-ISBN 978-3-631-91123-5
DOI 10.3726/b21346

Published by Peter Lang GmbH, Berlin, Deutschland

info@peterlang.com - www.peterlang.com

This publication has been peer reviewed.

Inhaltsverzeichnis

Einleitung

Das Bayerische Konkordat von 1817/21 ist ein Vertrag, der das gegenseitige Verhältnis zwischen dem Königreich Bayern und der römisch-katholischen Kirche regelt. Obwohl die Ratifizierung bereits 1817 durch den König und Papst erfolgte, fand die Umsetzung in die Rechtswirklichkeit erst 1821 statt. Diese beiden Daten erklären den Titel der Arbeit, wobei der Vertrag in der vorliegenden Untersuchung der Lesbarkeit halber als Bayerisches Konkordat von 1817 bezeichnet wird.

Die Erforschung des abgeschlossenen und auch angewandten Konkordats von 1817 wird jedenfalls einen klärenden Beitrag zur bis in die Gegenwart reichenden Verhältnisbestimmung von Staat und (katholischer) Kirche in Bayern liefern können.

Thematische Hinführung

Die Problematik, wie Religion und Staat im geschichtlichen Kontext zueinanderstehen, umfasst folgende Fragestellungen: Wie verhalten sich Glaube und Vernunft zueinander?[1] Wie sind aktuelle politische Problemstellungen mit auf die Zukunft gerichteten religiösen Verheißungen zu vermitteln? Inwiefern und inwieweit stimmen gesellschaftlicher Verband und religiöse Gemeinschaft überein? Aus diesem Fragebündel lässt sich ableiten, dass die Verhältnisbestimmung zwischen Religion und Kirche prinzipiell auf jene Zeit zurückgeht, als sich Menschen bewusst geworden sind, in sozialen und zugleich religiösen Beziehungen zu leben. Eine Ausgestaltung von Religion ist das Christentum, das sich im Sinn einer konkreten Gemeinschaft als Kirche bezeichnet und in Jesus von Nazareth den geschichtlichen Anfang findet. Mit Jesus von Nazareth ist somit gleichzeitig der Ursprung der Verhältnisbestimmung von Kirche und Staat sowie der konkrete Anfang der Kirche definiert.

Bei einem Blick auf die (Kirchen-)Geschichte ist festzustellen, dass es immer wieder zu faktisch geronnenen oder verhandelten bzw. schriftlich fixierten Verhältnisbestimmungen zwischen christlicher Gemeinschaft/Kirche und

---

1 Die Verbindung und gegenseitige Bezogenheit von Glaube und Vernunft war z. B. ein bestimmendes Thema der Theologie und des Pontifikats des im Dezember 2022 verstorbenen Joseph Ratzinger/Papst Benedikt XVI. (1927–2022, amt. 2005–2013).

weltlicher Herrschaft/Staat kam. Manchmal verlief dieses konkrete Miteinander von Kirche und Staat harmonisch, manchmal wurde es hingegen hinterfragt bzw. problematisiert und war daher oftmals von Spannungen geprägt. Dabei ist stets die Verhältnisbestimmung differenziert nach Zeit und Ort, nach der Art der weltlichen/staatlichen Herrschaftsform, aber auch nach den vorherrschenden kirchlichen Interessen und den jeweiligen ekklesiologischen Standpunkten zu erkennen. Probleme und Spannungen im Miteinander von Kirche und Staat rühren grundsätzlich daher, dass die christliche Religion, als kirchlich verfasste Glaubensgemeinschaft, eine existenzielle Bedeutung für den einzelnen Gläubigen beansprucht und außerdem einen Rahmen von ethischen Werten für das zivile bzw. staatliche Gemeinwesen bereithält. Dieser in der Sendung der Kirche verankerte Anspruch ist grundsätzlich widerständig gegen alle anderen Ansprüche, auch gegen das staatliche Streben nach Macht gegenüber einzelnen Bürgern und ihren Vereinigungen. „*Weiß ein Mensch sich durch seine Religion auf Grund und Ziel seiner Existenz gewiesen, auf sein endgültiges Heil, so ist er dadurch in einem seine Ganzheit bestimmenden Bezugssystem, das irdische Dimensionen übersteigt und ihn in einem letzten, heilsbestimmenden Maße stärker verpflichtet als politische oder gesellschaftliche Kräfte, deren Verpflichtungskraft grundsätzlich durch den Anspruch des Religiösen begrenzt wird.*“[2]

Von daher kann es nicht verwundern, dass Spannungen zwischen Kirche und Staat zumeist zuerst von Gläubigen und Vertretern der Kirche als akut empfunden, bewusst gemacht, angeprangert oder beklagt wurden. Vertreter der weltlichen Obrigkeit reagierten hingegen häufig mit Unverständnis, insbesondere dann, wenn sich Gläubige, einzeln oder in Gruppen, als Opfer obrigkeitlicher Übergriffigkeit verstanden. Allerdings ist in diesem Zusammenhang festzuhalten, dass Probleme im Verhältnis von Kirche und Staat erst dadurch virulent werden konnten, weil das Christentum in der exklusiven Verpflichtung auf den einen Herrn Jesus Christus, sozusagen vom Fundament her betrachtet, in eine Distanz zur weltlichen Autorität geraten ist, wobei die Gemeinschaft der Gläubigen aufgrund des kirchlichen Sendungsauftrags nicht dauerhaft in dieser Distanz verharren konnte. Die Flucht vor der ‚bösen Welt‘ war somit keine kirchliche Option. Die Kirche hat stets im Rahmen ihrer Gläubigen auch stets die Nicht-Christgläubigen aufgesucht bzw. das alltägliche Leben mit ihnen

---

2 Mikat, Paul, Art. Kirche und Staat, I. Einleitung, in: Staatslexikon. Recht, Wirtschaft, Gesellschaft (hg. v. d. Görres-Gesellschaft), Sonderausg. d. 7. völlig neu bearbeiteten Auflage, Bd. 3, Freiburg, Herder, 1995, 468.

geteilt und ist so zu einer dynamischen, beachtlichen sozialen Größe geworden. Das ging so weit, dass im Namen Gottes, des Glaubens und der kirchlichen Gemeinschaft, weltliche Herrschaft bestimmt und ausgeübt werden konnte.

Die Beschäftigung mit dem Verhältnis von Kirche und Staat macht offenbar, dass sich beide Entitäten gegenseitig beeinflussen. Denn es sind jeweils dieselben Menschen, die als Christen und Untertanen/Bürger, d. h. als Subjekte und Objekte, die Tätigkeit beider Gemeinschaften tragen und ertragen bzw. dulden und fördern. Ein Nicht-Verhältnis zwischen Kirche und Staat kann es somit nicht geben, da selbst einseitige oder gegenseitige Ablehnung, Unterdrückung oder Ächtung ein Verhältnis ausdrücken.

Die Geschichte zeigt dabei, dass Staat und Kirche im Interesse der Menschen gewöhnlich zu einem zumindest erträglichen Miteinander zu gelangen versucht haben und die verantwortlichen Vertreter der geistigen und säkularen Gemeinschaft sich verpflichtet wussten, das gegenseitige Verhältnis zu gestalten. Dies geschah regelmäßig durch Verhandlungen, die in schriftliche Vereinbarungen mündeten. Solche Verträge zwischen staatlicher und kirchlicher Autorität, die in der Fachsprache Übereinkunft bzw. Konkordat genannt werden, sind daher als ein positiver Versuch zu bewerten, um das Miteinander von Kirche und Staat und ihren Mitgliedern in ein dauerhaftes und fruchtbares Verhältnis zu bringen. Dies gelang, wie die (Kirchen-)Geschichte zeigt, umso besser, je mehr die vitalen Interessen, Verfassungen und Ziele des jeweils anderen Partners anerkannt und berücksichtigt wurden.

Anlass und Motivation

Ein Beispiel aus der Reihe vertraglicher Vereinbarungen zur gegenseitigen Verhältnisbestimmung zwischen der katholischen Kirche und der staatlichen Gewalt, ist das Bayerisches Konkordat von 1817, das aus folgenden Gründen eine Untersuchung interessant macht:

Der Abschluss dieses Konkordats war die gegenseitige vertragliche Übereinkunft zur Gründung und Fixierung der bis heute geltenden Struktur der römisch-katholischen Kirche in Bayern. Der zweihundertste Jahrtag des Konkordatsabschlusses ist somit zugleich das zweihundertste Jubiläum des Bestehens der gegenwärtigen bayerischen Kirchenprovinzen, (Erz-)Diözesen und ihrer (Metropolitan- bzw. Kathedral-)Kapitel. Die Untersuchung des Konkordats bildet somit für die Kirche in Bayern zugleich die Erforschung des eigenen strukturellen Ursprungs bzw. ihrer Bedingungen. Der Ursprungsgedanke und das Jubiläumsgedenken rücken aber auch näher an die Gegenwart und gewinnen an Aktualität, weil die Umsetzung des Konkordats, näherhin die

Besitzergreifung der Diözesen durch die ernannten und instituierten Bischöfe sowie die Installierung der Mitglieder der Kapitel, erst im Jahr 1821 angegangen werden konnte. Das Jubiläum des zweiten Zentenariums wurde jedoch in den bayerischen (Erz-)Diözesen und Kapiteln im Jahr 2021 unterschiedlich begangen: In Bamberg versammelte sich etwa das Kapitel am 11. November 2021, dem exakten Jahrtag seiner Errichtung, zu einem internen Festakt und feierte am Abend eine Eucharistie, der der Metropolitan-Erzbischof Ludwig Schick vorstand, welcher der (Neu-)Begründung der Diözese als Erzdiözese gedachte.[3] In Eichstätt war am 25. November 2021 der Apostolische Nuntius eingeladen, um bei Abwesenheit des Diözesanbischofs als Hauptzelebrant einer Eucharistiefeier vorzustehen und zu predigen.[4]

Die Frage nach dem Ursprung der gegenwärtigen Gestalt der katholischen Kirche in Bayern führt somit zu eine Vergewisserung dessen, was damals zwischen den Völkerrechtssubjekten (Hl. Stuhl und Königreich Bayern) für die Kirche in Bayern vereinbart worden ist. Dies ist deshalb angebracht, da im gesellschaftlichen Diskurs und in der politischen Diskussion z. B. die finanziellen Leistungen des Staates an die Kirche immer wieder kritisiert werden und oftmals populistisch und/oder undifferenziert deren Reduzierung, Ablösung oder gar ersatzlose Abschaffung gefordert wird. Ein nicht unerheblicher Teil der in Frage stehenden Staatsleistungen i. e. S. beruht jedoch, was gelegentlich übersehen oder nicht benannt wird, auf Vereinbarungen, die auf das Konkordat von 1817 zurückgehen und einen Ausgleich für die Gütersäkularisation des Jahres 1803 darstellen.[5] Es handelt sich hierbei v. a. um Regelungen, die einst im

---

3 Diesen Tag konnte der Autor persönlich als Mitglied des Domkapitels erleben.

4 Vgl. Homepage des Bistums Eichstätt, Eichstätter Domkapitel feiert 200-jähriges Jubiläum, URL: https://www.eichstaetter-dom.de/index.php?id=41233&L=6&tx_news_pi1%5Bnews%5D=34901&cHash= aeb1d342c399dd3d1a0dcb3370e05cbc, Zugriff am 31.12.2022.

5 Vgl. zum Thema etwa die knappen Äußerungen von Reinhard Kardinal Marx anlässlich seines Jahresabschlussgesprächs mit Medienvertretern im Artikel des epd: Marx weist Kritik zu Missbrauchs-Aufarbeitung der Kirchen zurück, in: Sonntagsblatt. 360^0 EVANGELISCH, Ausgabe v. 19.12.2022, 22. Das Thema Missbrauch nimmt bezeichnenderweise nur knapp die Hälfte des Umfangs des Artikels ein, der andere Teil handelt von den Staatsleistungen und der Medienberichterstattung darüber. Auf die Forderung mancher Medien, dass die Kirche auf die Staatsleistungen verzichten solle, „sagte der Kardinal sichtlich genervt: '*Vielleicht kriegen sie dafür ein Lob von ihren Lesern, wenn sie da draufhauen – aber sauber ist es nicht.*'", ebd. Vgl. zum Thema Staatsleistungen und ihrer Ablösung ganz unterschiedliche Auffassungen und Argumentationen: Carsten Frerk, Zur Ablösung der Staatsleistungen, v. 27.06.2022,

gegenseitigen Interesse beiderseits freiwillig aufgestellt wurden. Diese völkerrechtlichen Vereinbarungen verlieren jedoch im Lauf der Zeit genauso wenig an Relevanz und Rechtskraft wie ein privatrechtlicher Kaufvertrag; dieser scheint durch das Alter geadelt und gefestigt zu werden, jenem will man Siechtum attestieren und untergehen lassen. Eine inhaltliche Klärung in Bezug auf das Konkordat von 1817 ist somit im Fall der Staatsleistungen und wohl auch hinsichtlich anderer Berührungspunkte zwischen Staat und Kirche geboten, sowohl ad intra der Kirche im Hinblick auf die Kenntnis eigener Rechtspositionen als auch ad extra hinsichtlich der Geltendmachung der Rechte.

Das Konkordat ist im Übrigen während einer Krisensituation der deutschen Kirche entstanden, als die Säkularisation im Jahr 1803 der Kirche die finanzielle Basis ihres Wirkens nahm. Der Untergang des Heiligen Römischen Reiches im Jahr 1806 bedeutete in der Folge auch den Untergang der deutschen Reichskirche und damit verbunden den Verlust ihres reichsverfassungsrechtlichen Status, die Annullierung des bisherigen fixierten Verhältnisses von Staat und Kirche und die Ortlosigkeit im zivilgesellschaftlichen Leben der politischen Gemeinwesen. Der krisenhafte Bruch mag daher im ‚katholischen' Bayern besonders hart empfunden worden sein. Mit dem Konkordat von 1817 wurde in der Folge die organisatorische Zerrüttung der Kirche und die pastorale Notlage beendet sowie ein organisatorischer Neubeginn für die katholische Kirche in Bayern in einer neuen Gestalt und ein spiritueller Aufbruch zu einem blühenden geistlichen Leben geschaffen. Das Konkordat mit einer neuen Verhältnisbestimmung zwischen Staat und Kirche hat damit eine Krise beendet, die Kirche konnte ihre Gestalt wandeln, doch blieb ihr geistliches Leben bewahrt bzw. blühte zeitgemäß auf. Diese Wandlung kann im Hinblick auf die Gegenwart der Kirche ermutigen, in der und für die ähnliche, krisenhafte Anzeichen zu konstatieren sind wie zu Beginn des 19. Jahrhunderts. Wenn das Konkordat von 1817 die staatskirchlichen Bedingungen der Möglichkeit zur glücklichen Überwindung der damaligen Krise fixieren konnte, sollte es auch heute hilfreich sein, sich erneut auf die unaufhebbaren, kirchlichen Fundamente zu konzentrieren und der Kirche einen gestaltlichen Wandel zuzugestehen.

---

in: Homepage der Forschungsgruppe für Weltanschauungen, URL: https://fowid.de/meldung/zur-abloesung-staatsleistungen, Zugriff: 01.01.2023; Michael Germann, Der Weg zur Ablösung der Staatsleistungen an die Kirchen, in: Konrad-Adenauer-Stiftung e. V., Monitor, Religion und Politik, November 2022, pdf-Dokument unter URL: https://www.kas.de/de/monitor/detail/-/content/abloesung-der-staatsleistungen-nach-art-140-gg-i-v-m-art-138-abs-1-wrv, Zugriff am 01.01.2023.

Konzeptionelle Überlegungen und Aufbau

Das Bayerische Konkordat von 1817 ist eine Vereinbarung zwischen Staat und Kirche. Dabei ist festzuhalten, dass vor jeder sinnvollen Vereinbarung die Selbstvergewisserung der eigenen Herkunft, des eigenen Erbes und Standpunkts bzw. der Selbstsicht steht. Aufgrund allgemein bekannter, geistesgeschichtlichen Grundlagen ergeben sich in dieser Hinsicht einige konzeptionelle Überlegungen.

Für die Kirche, die sich in Lehre, Gestalt und Sendung als eine Stiftung Jesu von Nazareth sieht, ist die Rückbindung an die Urkunde des Stiftungswillens konstitutiv, der sich in der Apostolischen Überlieferung und den Schriften des Neuen Testaments findet. Die Reflexion auf den Stiftungswillen Jesu und seine Auslegung ergibt die Lehre von der Kirche, d. h. die Ekklesiologie als Teildisziplin der theologischen Dogmatik, die wiederum die Legitimationsgrundlage kirchlichen Handelns darstellt. Ist nun zwar die Urkunde des Stiftungswillens Jesu unveränderlich, so ist doch die erkennende Auslegung ein fortschreitender Prozess, der bedingt ist durch unterschiedliche Fragestellungen der verschiedenen Zeiten und Ereignisse. Wenn die Kirche im Lauf der (Kirchen-)Geschichte mit der weltlichen/zivilen Gewalt Vereinbarungen traf, tat sie es daher immer auch mit Hilfe eines bestimmten, ekklesiologischen Konzepts. Für diese Arbeit bedeutet das, dass sowohl neutestamentliche Texte als auch spätere, autoritative ekklesiologische Aussagen und Standpunkte zu berücksichtigen und darzustellen sind. Dabei ist einerseits zu rekurrieren auf das seit dem Konzil von Trient biblisch-patristisch, theologisch-ekklesiologisch und kanonistisch begründete Verständnis der Kirche als alleinseligmachende Gemeinschaft unter päpstlicher Führung, die über alle Mittel verfügt, die zur Erlangung ihrer Sendung nötig sind. Andererseits sind jedoch auch episkopalistische Kirchenbilder und Tendenzen im 18. und zu Beginn des 19. Jahrhunderts zu berücksichtigen.

Die Legitimation staatlicher Herrschaft erfolgte im Laufe der Geschichte ebenfalls aufgrund verschiedener Konzepte, z. B. mit purer, faktischer Gewalt, durch Erbgang, Berufung auf Gottes gnadenhafte Erwählung oder aufgrund einer Wahl durch Wahlberechtigte. Die Legitimationskonzepte staatlicher Herrschaft sind daher zu verschiedenen Zeiten mit unterschiedlichen Vorstellungen über die Reichweite weltlicher Gewalt und die Ziele der Herrschaft verknüpft worden. So sind etwa vom Zeitalter der Antike an aufgrund philosophischer Reflexionen ideale Staats- und Herrschaftsformen erdacht und ausgeformt worden. Einige davon werden in dieser Arbeit zu erwähnen sein, insbesondere die in Bayern zu Beginn des 19. Jahrhunderts herrschende Idee der Staatssouveränität.

Aufgrund der eigenen ekklesiologischen und staatlichen Selbstbestimmung bzw. Positionierung fanden sich im Lauf der Geschichte einseitig provokative oder vereinnahmende Akte der Verhältnisbestimmung zwischen Staat und Kirche. Es handelte sich dabei um gelehrte Theorien, (kirchen-)politische Erklärungen oder auch um (staatlich) durchgesetzte faktische Verhältnisbestimmungen. Nur dann konnten Abkommen entstehen, die den Namen Übereinkunft bzw. Konkordat verdienten, wenn sich die ekklesiologische und die staatliche Selbstpositionierung miteinander verschränkten. Das Bayerische Konkordat von 1817 ist beeinflusst von solchen zeitlich vorausliegenden Übereinkünften zwischen staatlicher und kirchlicher Gewalt; diese werden daher in der Folge aufgegriffen.

Seit der Formierung des Heiligen Römischen Reiches im 10. Jahrhundert umfasste dieses Herrschaftsgebiet stets auch das gesamte bayerische Territorium; wo Bayern war, war auch das Reich. Die bayerische Kirchengeschichte war somit immer auch Teil der Geschichte der Kirche im Reich. Bemerkenswert ist allerdings, dass schon der Begriff Reichskirche in sich eine gewachsene, stabile Verbindung zwischen Reich und Kirche anzeigt. Diese durchaus spannungsgeladene und manchmal krisengezeichnete Verschränkung von weltlicher und kirchlicher Gewalt ist daher für das Reich als geschichtlicher Verständnisrahmen aufzuzeigen. In ihm und mit Bezug auf ihn muss das Spezifikum an bayerischen kirchengeschichtlichen Besonderheiten ausführlicher dargestellt werden.

Das Bayerische Konkordat von 1817 ist ein Datum der Profan- und Kirchengeschichte. Veranlasst war es, weil sich die staatlichen und auch kirchlichen Verhältnisse aufgrund politischer Entscheidungen stark verändert hatten. Die umstürzenden Ereignisse, die Revolution in Frankreich und die Säkularisation kirchlicher Güter und Herrschaften in Deutschland, waren dabei das Ergebnis von spezifischen, philosophischen und rechtlichen Entwicklungen der Epoche des Spätabsolutismus bzw. der Aufklärung im 18. Jahrhundert. Zugleich zeitigten dieselben politischen Ereignisse den Beginn der Romantik und die ersten Regungen des Ultramontanismus. Das je neue geistesgeschichtliche und kirchliche Konzept ermöglichte eine kirchlich-intellektuelle Opposition gegen die herrschende Staatsdoktrin und ihrer Kirchenpolitik. Die Untersuchung des Konkordats wird nicht gelingen, ohne die geistesgeschichtlichen Wurzeln, Wandlungen und Folgen aufzuzeigen.

Geschichtliche Daten, Ideen, Konzepte, Verhandlungen und Verträge waren schon immer verknüpft mit Personen, z. B. mit Herrschern, Philosophen, Juristen, Geistlichen, Beamten und natürlich auch mit den zahlreichen Untertanen/

Bürgern der Herrschaftsgebiete bzw. Staaten, die zugleich mehr oder weniger zahlreich auch Glieder der römisch-katholischen Kirche waren.

Im Text des Bayerischen Konkordats von 1817 werden vier Personen namentlich benannt: Papst Pius VII., König Maximilian I Joseph von Bayern, der Kardinalstaatssekretär Ercole Consalvi und Freiherr Kasimir von Häffelin, der vom König bevollmächtigte Minister beim Heiligen Stuhl. Biografische Notizen unterschiedlichen Umfangs zu diesen und weiteren Personen, die für die Konkordatsverhandlungen verantwortlich waren und/oder darauf eingewirkt hatten, sind ein Beitrag zur Kontextualisierung und damit zum Verständnis des Konkordats. Derselbe Grund erhellender Situierung gilt im Übrigen auch dann, wenn alle in die Untersuchung einbezogenen profan- und kirchengeschichtlichen Ereignisse sowie die bemerkenswerten rechts- und geistesgeschichtlichen Entwicklungen mit Personen verknüpft bzw. an Personen exemplifiziert werden.

Die Regelungen des Verhältnisses zwischen weltlicher und geistlicher Gewalt sowie zwischen Reich/Staat und Kirche waren immer auch auf ein Herrschaftsterritorium und seine Bewohner sowie auf territorial-personale, kirchliche Gliederungen bezogen. Gerade in den Zeiten der Verhandlungen des Bayerischen Konkordats von 1817 hat das Territorium Bayerns bzw. der Dynastie der regierenden Wittelsbacher zahlreiche Veränderungen erfahren, auf die wegen ihres Bezugs zu Diözesen, Bischöfen und Domkapiteln unbedingt einzugehen ist.

Mit der Säkularisation hat Bayern einen dauerhaften, großen Zuwachs an Bevölkerung und Territorien in Franken erhalten, näherhin die Katholiken und Gebiete der Hochstifte Bamberg, Eichstätt und Würzburg. Die durch eigene politische Geschichte und Rechtskultur verbundene (Kultur-)Landschaft und ihre Bevölkerung geriet daher geradezu zwangsläufig in eine (kirchen-)politische Opposition zur neuen zentralistischen Regierungspolitik. Da schon zuvor etliche Personen aus und in den fränkischen Hochstiften/Diözesen an der Rechtsentwicklung und Reichspolitik führend beteiligt waren – und auch wegen der Einflussnahme fränkischer Geistlicher auf die Konkordatsverhandlungen –, erscheint ein dezentes fränkisches Kolorit gerechtfertigt zu sein.

Forschungslage und Quellen, Zugang und Methode

Das Verhältnis von Staat und Kirche ist ein Thema, das seit der Antike bzw. der Urkirche bis zur Gegenwart immer wieder aus staatlicher und/oder kirchlicher Perspektive behandelt worden ist. In diesem Zusammenhang sind vor allem Gesamtdarstellungen, Einzeluntersuchungen oder kurze (oftmals anlassbezogene) Einlassungen entstanden. Deswegen kann konstatiert werden, dass die Quellen zum staatlichen Recht und zum Kirchenrecht seit der Antike bis in die Moderne in kritischen Ausgaben ediert sind, ebenso einzelne Dokumente kirchlicher und weltlicher Autoritäten, verschiedene Vereinbarungen zur Regelung des Staat-Kirche-Verhältnisses, auf die in der Arbeit eingegangen wird sowie einzelne staats- und staatskirchenrechtliche Gesetze und weitere kirchliche Akte und Verlautbarungen.

Das Bayerische Konkordat von 1817 ist sowohl in der zeitgenössischen staatlichen als auch der kirchlichen Rechtssammlung dokumentiert. Die Akten und Quellen, die in dieser Arbeit zu den Konkordatsverhandlungen verwendet werden, sind weitestgehend ediert; nicht allgemein zugängliche Archivalien sind insbesondere erschlossen durch die Arbeiten von Bastgen (Bayern und der Hl. Stuhl), Sicherer (Staat und Kirche in Bayern) und Hausberger (Staat und Kirche nach der Säkularisation. Zur bayerischen Konkordatspolitik im frühen 19. Jahrhundert). Einzelaspekte und Hinweise sind in der weiteren Primärliteratur zum Konkordat dokumentiert.

Die in der vorliegenden Untersuchung herangezogenen anderen Arbeiten zum Bayerischen Konkordat von 1817 zeigen v. a. die geschichtliche Perspektive auf, zeichnen teilweise die einzelnen Vorgänge der Konkordatsverhandlungen akribisch nach und verweben sie schließlich mit anderen zeitgenössischen kirchlichen, staatlichen und politischen Vorgängen. Auf kirchenrechtliche Belange und Bezüge des Konkordats wird dabei hingegen kaum eingegangen. Darüber hinaus erscheint hier die staatskirchenrechtliche Perspektive zumeist nur bei der Fragestellung, ob das Konkordat für die staatliche oder kirchliche Seite günstiger ausgefallen sei.

Die vorliegende Untersuchung wählt daher einen anders gewichteten Zugang zum Bayerischen Konkordat von 1817, um so einen weiteren Verständnishorizont zu eröffnen und zusätzliche Erkenntnisse zu erschließen. Grundlage des Zugangs sind dabei folgende Überlegungen: Jedes Konkordat ist ein Vertrag, der zu einer bestimmten Zeit unterzeichnet wird und als Ergebnis von geschichtlich beschreibbaren Verhandlungen und einer komplexen Vorgeschichte geprägt ist. Deshalb ist die geschichtliche Perspektive stets durchgehend zu berücksichtigen. Da das Verhältnis zwischen Staat und Kirche in seiner geschichtlichen Entwicklung von beiden Seiten bedacht, bearbeitet und gestaltet worden ist, sind Bezüge zum eigenen und zeitgenössischen Staatsverständnis/Staatsrecht bzw. zur Ekklesiologie/dem Kirchenrecht aufzuzeigen. Jedes Konkordat ist ein Rechtstext, der vom Staat nach Abstimmung mit der völkerrechtlichen Leitung der römisch-katholischen Kirchen (Hl. Stuhl) als Gesetz der staatlichen Rechtsordnung erlassen wurde, um damit das

Staat-Kirche-Verhältnis in wichtigen (Teil-)Bereichen auf seinem Territorium verbindlich zu ordnen. Das heißt: Das Konkordat ist (zwar auch) kirchliches Recht, doch wird es als staatliches Recht für die Kirche, als Staatskirchenrecht faktisch umgesetzt, angewandt und durchgesetzt. Diese Perspektive soll daher in der Folge durchgängig und besonders berücksichtigt werden.

Das Vorgehen wird hinsichtlich der geschichtlichen Entwicklungen und Ereignisse chronologisch-synchron sein, um einen übergreifenden Verständnisrahmen für das zeitgenössische Staat-Kirche-Verhältnis aufzuzeigen und um mit Fokus auf das Konkordat die Verschränkung der fortschreitenden Verhandlungen mit den zeitgleich stattfindenden staatspolitischen Ereignissen Bayerns und seiner kulturell-geistigen Wandlung aufzeigen zu können. Zugleich wird die Arbeit auch asynchron-systematisch in Bezug auf die Inhalte verschiedener Thesen, Standpunkte und Staat-Kirche-Verträge angelegt, insbesondere jene des Konkordats von 1817, um inhaltliche Vorgaben, Rückbindungen und Wandlungen der vertretenen bzw. vereinbarten Positionen darstellbar zu machen. Die Methode zeigt sich somit in einer Verschränkung eines chronologisch-synchronen und asynchron-systematischen Vorgehens.

Aufbau und Ziel der Arbeit

Vorliegende Untersuchung zum Bayerischen Konkordat von 1817 ist wie folgt aufgebaut:

Einen ersten Teil mit wichtigen Basisinformationen und staatskirchenrechtlichen Grundlagen (Kapitel 1–3) bildet die ausgewählte Darstellung der ineinander verschlungenen profan- , kirchen- und geistesgeschichtlichen Entwicklungen mit ihren (staat- und kirchen-)rechtlichen Implikationen hin zum Konkordat von 1817. Dabei wird zunächst von neutestamentlichen Texten ausgegangen. Anschließend folgen Schritte über das Mittelalter bis in die Neuzeit, wobei sich die Darstellung zunehmend auf die bayerischen Verhältnisse konzentriert.

In dem darauffolgenden Teil (Kapitel 4) werden Personen vorgestellt, die an den Konkordatsverhandlungen beteiligt waren. Außerdem wird der Verhandlungsprozess bis zur Paraphierung nachgezeichnet. Dieser Prozess wird in drei Etappen untergliedert, die sich an politischen Ereignissen orientieren. In diesem Zusammenhang wird jeweils eine historische Situierung, die Darstellung der verschiedenen Textentwürfe zum Konkordat mit ihrer (staatskirchen- und kirchen-)rechtlichen Erläuterung sowie eine Auswertung geboten. Dieses Kapitel 4 bildet das Herzstück vorliegender Arbeit. Denn es präsentiert, vergleicht, schafft Bezüge, wägt ab und schätzt ein, was in den einzelnen

Konkordatsentwürfen enthalten ist. Es bietet eine analytische Durchdringung der Texte und bildet die Basis für begründete Ergebnisse der Arbeit.

In einem weiteren Abschnitt (Kapitel 5) wird die vier Jahre währende Zeitspanne über die verzögerte Ratifikation bis zur rechtlichen Umsetzung vorgestellt, wobei hier insbesondere auf die kirchen- und staatsrechtlichen sowie staatskirchenrechtlichen Implikationen eingegangen wird. Danach wird das ratifizierte Konkordat im Vergleich zum paraphierten Text gezeigt und seine allgemeine Relevanz für das Staat-Kirche-Verhältnis beleuchtet.

Der letzte Teil (Kapitel 6) ist als Auswertungsteil und Ergebnissicherung konzipiert. Hier wird vor allem die Entwicklungsgeschichte und kanonistisch-staatskirchenrechtliche Interpretation aller Bestimmungen des ratifizierten Konkordats aufgezeigt, dazu eine Zusammenfassung nach Themengruppen besonderer staatlicher oder kirchlicher Bedeutung sowie weitere Akzente verständniserschließender Kontextualisierung, die Bewertung des Konkordats im Spiegel der (Fach-)Literatur und seiner Wirkungsgeschichte.

Ein umfangreicher Anhang umfasst verschiedene Textentwürfe zum Konkordat von 1817, die in Originalsprache aufbereitet und, sofern nicht in Deutsch verfasst, mit einer Übersetzung zugänglich werden. Die Präsentation der einschlägigen (Gesetzes-)Texte zum Konkordat soll ein Beitrag sein, um den Forschungsstand zugänglich zu machen. Weitere kleine Anhänge erschließen andere Konkordate und Zusammenhänge.

Das 200-jährige Jubiläum des Bayerischen Konkordats von 1817/21 erinnert an ein staatskirchenrechtliches Denk-mal (!), das allen populistischen Parolen und Aktionen gegen das wohlbegründete und gut geordnete Verhältnis von Staat und Kirche in Bayern entgegensteht.

Das Ziel dieser Untersuchung ist deshalb, das Bayerische Konkordat von 1817, das mit seinen Wurzeln weit verzweigt in die Profan-, Geistes-, Rechts- und Kirchengeschichte zurückreicht, mit dem Fokus auf die kanonisch-staatskirchenrechtlichen Inhalte vorzustellen. Dabei soll das Konkordat als ein Dokument erschlossen und ausgelegt werden, mit dem das Verhältnis von Staat und Kirche in Bayern bis ins 20. Jahrhundert, d. h. bis in die Gegenwart nachhaltig und insgesamt positiv geprägt wurde.

1 Kirche und Staat in neutestamentlichen Schriften

Die Frage nach dem Verhältnis von transzendenzorientierter Religion und manifester, irdischer Gewalt ist wahrscheinlich ein Marker, der den Beginn der kulturellen Entwicklung in der Menschheitsgeschichte anzeigt.[6] Häufig waren beide Bereiche in der Person des Herrschers als Fürst und Hohepriester verknüpft. Eine Ausnahme stellte das Volk Israel dar, das immer ein religiös begründetes, distanziertes Verhältnis zu weltlichen Herrschern hatte und im Vergleich zu den umgebenden Völkern erst relativ spät ein Königtum etablierte, das unter den Königen eine einflussreiche Priesterschaft sowie starke prophetische Persönlichkeiten bis zum Beginn der christlichen Zeitrechnung beibehielt.

Die verbindliche Urkunde des Christentums ist das Neue Testament. In dessen vier Evangelien und der apostolischen (Brief-)Literatur sind Aussagen und Intentionen sowie Taten des Urhebers des christlichen Glaubens, Jesus von Nazareth, überliefert und erste verbindliche Auslegungen des Glaubens an Jesus als Sohn Gottes, den Christus und Kyrios der christlichen Glaubensgemeinschaft, fixiert.

Folgende neutestamentliche Textbeispiele zum Verhältnis von Religion und weltlicher Herrschaft sollen betrachtet werden:

Ein Abschnitt aus dem Evangelium nach Matthäus (22,15–22), eines der synoptischen Evangelien. Eine Perikope aus dem Johannesevangelium (18,33–38), das sich in der Konzeption und im Eigengut deutlich von den synoptischen Evangelien unterscheidet. Ein Abschnitt aus der Apostelgeschichte (5,27–33), dessen Verfasser wohl auch das Lukasevangelium geschrieben hat und mit diesem Geschichtswerk sein Evangelium als Kirchengeschichte fortsetzte. Einige Verse aus dem Brief des Apostels Paulus an die Gemeinde in Rom (13,1–8), der zugleich ein Empfehlungsschreiben des missionierenden Apostels darstellt.

---

6 Am Ende der Steinzeit vor ca. 45.000 Jahren entstanden die ältesten bekannten Höhlenmalereien im heutigen Indonesien; australische Höhlenmalereien aus der Zeit vor 13.000 Jahren haben einen Transzendenzbezug, vgl. ARD Alpha, Thema: Höhlenmalerei. Die ältesten Wandbilder der Welt, URL: https://www.br.de/ wissen/hoehle-hoehlenmalerei-kunst-100.html, Stand. 05.02.2021, Zugriff: 13.08.2021. Die alten Hochkulturen (Sumerer, Assyrer, Maya, Harappa-Kultur am Indus, China, Ägypter) hatten für das Verhältnis von Religion und weltlicher Macht jedenfalls dauerhafte Ordnungsvorstellungen ausgebildet.

Eine Perikope aus einem Brief (1Tim 2,1–6), der als Verfasser den Apostel Paulus suggeriert und eine kirchliche Leitungsperson als Empfänger benennt. Schließlich ein Kapitel aus der Offenbarung des Johannes (13,1–18), einem apokalyptisch-katechetischen Text.

Die Auswahl dieser biblischen Texte darf aufgrund der unterschiedlichen Verfasser, die eigene Intentionen mit ihrem Gesamttext verfolgten, als hinreichend und gerechtfertigt gelten.

1.1. Gebt dem Kaiser nicht, was Gott gehört! Mt 22,15–22

Jesus zog im Dienst seiner Sendung, die Frohe Botschaft vom Reich Gottes und der Liebe Gottes zu verkünden, durchs Land. In Jerusalem, wo sich seine Sendung vollenden sollte, angekommen, profilierte sich Jesus mit seiner Botschaft vor seinen Zuhörern und den jüdischen Autoritäten. Der Evangelist Matthäus überlieferte in diesem Zusammenhang eine Reihe von Gleichnissen[7], die Jesus erzählte sowie einige Antworten, die er auf an ihn herangetragene Fragen[8] gab.

Eine dieser Anfragen ist jene nach der Erlaubtheit, dem Kaiser die Steuer zu entrichten in Mt 22,15–22:

> 15Damals kamen die Pharisäer zusammen und beschlossen, Jesus mit einer Frage eine Falle zu stellen. 16Sie veranlassten ihre Jünger, zusammen mit den Anhängern des Herodes zu ihm zu gehen und zu sagen: Meister, wir wissen, dass du immer die Wahrheit sagst und wirklich den Weg Gottes lehrst, ohne auf jemand Rücksicht zu nehmen; denn du siehst nicht auf die Person. 17Sag uns also: Ist es nach deiner Meinung erlaubt, dem Kaiser Steuer zu zahlen, oder nicht? 18Jesus aber erkannte ihre böse Absicht und sagte: Ihr Heuchler, warum stellt ihr mir eine Falle? 19Zeigt mir die Münze, mit der ihr eure Steuern bezahlt! Da hielten sie ihm einen Denar hin. 20Er fragte sie: Wessen Bild und Aufschrift ist das? 21Sie antworteten: Des Kaisers. Darauf sagte er zu ihnen: So gebt dem Kaiser, was dem Kaiser gehört, und Gott, was Gott gehört! 22Als sie das hörten, waren sie sehr überrascht, wandten sich um und gingen weg.

Die Perikope[9] ist Gemeingut der Synoptiker. Der Evangelist Matthäus hat sie, was den Aufbau betrifft, ganz entsprechend der ihm vorliegenden Parallelstelle bei Mk 12, 13–17 überliefert. Die Frage, die Jesus im Auftrag der Pharisäer gestellt wird, bildet eine Doppelfrage (‚ist es erlaubt oder nicht?'), die so

7 Das Gleichnis der ungleichen Brüder (Mt 21, 28–32), der bösen Winzern (Mt 21,33–46), des königlichen Hochzeitsmahls (Mt 22, 1–14).

8 Die Frage nach der Auferstehung (Mt 22,23–33), dem größten Gebot (Mt 22,34–40), dem Davidssohn (Mt 22, 41–46).

9 Zur exegetischen Aufarbeitung der gesamten Perikope:

formuliert ist, dass sie im Grunde nur mit Ja oder Nein beantwortet werden kann. Wie immer Jesus auch geantwortet hätte, es hätte ihn daher angreifbar gemacht.

Hätte Jesus etwa mit Ja geantwortet, dann hätte er sich die Gegnerschaft nicht unbedeutender jüdischer Gruppierungen zugezogen, die ihn der Kollaboration mit den das Land besetzthaltenden Römern hätten beschuldigen können. Darüber hinaus hätte er die theologische Relevanz der Frage überspielt, die ihm als Lehrer des Glaubens gestellt wurde und darauf abzielte, was denn nun Gottes Gebot und Wille sei. Hätte Jesus aber auf die Frage mit Nein geantwortet, dann hätten ihn seine theologischen Gegner bei den Römern als Anstifter zum Aufruhr denunzieren und ihn sozusagen über das Feld der Politik auch auf dem Feld der Religion ausschalten können.

Jesus sagt daher weder Ja noch Nein und zeigt damit keine römerfreundliche Einstellung, aber noch weniger Tendenzen, um als Anstifter zum Ungehorsam zu gelten.[10] Vielmehr gibt er eine Antwort, in der zwei Aspekte zusammengefügt sind. Als paralleles Beispiel mag die Frage nach dem wichtigsten Gebot dienen, die sich im Umfeld der hier behandelten Perikope findet und die Jesus mit dem Gebot der Gottes- und Nächstenliebe[11] beantwortet. Während aber beim Doppelgebot der Liebe zwei gleichwertige Aspekte nebeneinandergestellt werden (*„ebenso wichtig“*), gibt es bei der Antwort auf die Steuerfrage trotz des unverfänglich klingenden *„und“* ein Gefälle zwischen Gott und Kaiser. Ein *„beschwichtigendes Nebeneinander“*[12] etwa in altprotestantischer Auslegung, bei der das ‚und' im Sinne von ‚zugleich' verstanden wurde, woraus sich die Struktur ableitete, dass gerade der, der dem Staat/Kaiser, das ihm Geschuldete

---

Ulrich Luz, Das Evangelium nach Matthäus (Mt 18–25, 252–260); Joachim Gnilka. Das Matthäusevangelium 14,1-28.20, 245–250; Luigi Padovese, Il problema della politica, 76–80.

10 Vgl. Padovese, Problema della politica, 78.

11 Mt 22, 35–40. *„Einer von ihnen, ein Gesetzeslehrer, wollte ihn versuchen und fragte ihn: Meister, welches Gebot im Gesetz ist das wichtigste? Er antwortete ihm: Du sollst den Herrn, deinen Gott, lieben mit ganzem Herzen, mit ganzer Seele und mit deinem ganzen Denken. Das ist das wichtigste und erste Gebot. Ebenso wichtig ist das zweite: Du sollst deinen Nächsten lieben wie dich selbst. An diesen beiden Geboten hängt das ganze Gesetz und die Propheten.“* Auch hier handelt es sich um eine Frage, die Jesus gestellt wird, um ihn zu versuchen, also herauszufordern und möglicherweise gar vorzuführen.

12 Gnilka. Matthäusevangelium. 249.

leiste, zugleich Gott gehorche,[13] kann daher von Jesus nicht intendiert sein. Dabei würde nämlich seine Ankündigung der Gottesherrschaft und seine existentielle Verwurzelung in der jüdischen Frömmigkeit nicht ernstgenommen werden, die Gott als den Schöpfer und Herrn zu bekennen und zu feiern weiß,[14] dessen Majestät jedoch jeden Menschen trotz seiner sich aus dem Schöpfungsbericht hergeleiteten Gottebenbildlichkeit auf seine geschöpfliche Kondition zurückwirft.[15] Falls die Ansprüche des Kaisers mit denen Gottes in Konfrontation geraten, ist der Gehorsam dem Kaiser aufzukündigen und jedenfalls Gott zu leisten. Gott ist in jedem Fall mehr zu gehorchen als den Menschen,[16] womit Jesus eine Feststellung trifft, die sich auch auf die Steuerfrage anwenden lässt, sie zugleich aber in einen größeren Kontext hebt und überschreitet. Mit der Antwort Jesu auf die Steuerfrage beginnt eine Differenzierung zwischen Religion und Politik, die bis dahin im Bewusstsein der Menschen verschmolzen war. Jesus überwindet jedoch die Vermischung beider Sphären, die den jüdisch-theokratischen Vorstellungen entsprach und klärt, dass es für eine Mythisierung und Sakralisierung der politischen Macht keine Grundlage gibt,

---

13 Vgl. Luz, Das Evangelium nach Matthäus, 257. Zur Nutzung dieser Perikope in der orthodoxen Auslegungstradition, um die enge Verbindung zwischen Kirche und Staat zu rechtfertigen, vgl. die Hinweise bei Luz, ebd. 256. Zu diesem Thema: Burkhard Kämper/Hans-Werner Thönnes (Hgg.), Das Verhältnis von Staat und Kirche in der Orthodoxie, Münster Aschendorff, 2011. Die orthodoxe Theologie definiert die „als theologisch richtig anerkannte Form der Beziehungen zwischen Staat und Kirche als *Synallelie (friedliches und geregeltes Miteinander) und als Gleichgewicht von Staat und Kirche* – im Griechischen wird sie als συναλληλιαbzw. άρμονια oder συμφονιαbezeichnet.“, so Theodor Nikolaou, Das Verhältnis von Staat und Kirche aus orthodoxer Sicht, in: Kämper/Thönnes (Hgg.), Das Verhältnis von Staat und Kirche in der Orthodoxie, 125–137, hier 129.

14 Vgl. Psalm 104, das Loblied auf den Schöpfer.

15 Vgl. Psalm 39, die Not des vergänglichen Menschen: *„Du machst meine Tage nur eine Spanne lang, meine Lebenszeit ist vor dir nur wie ein Nichts. Nur als Hauch steht jeder Mensch da. Nur wie ein Schattenbild wandelt der Mensch dahin.“*, ebd. Verse 6–7.

16 Diese Überzeugung der (Ur-)Kirche ist fixiert in Apg 5,29: „Man muss Gott mehr gehorchen als den Menschen“. Wobei hier Petrus und die anderen Apostel nicht nur die Autorität eines heidnischen Kaisers, sondern die der eigen religiösen Führer, die Mitglieder des Hohen Rats und die Ältesten der Söhne Israels, relativieren. Zur Wirkungsgeschichte der Periode vgl. Pesch, Die Apostelgeschichte (Apg 1–12), 222–224.

wie es auch keinen Sinn macht, die politische Macht zu dämonisieren, solange sie sich nicht gegen die vorrangigen Rechte Gottes wendet.[17]

„Gebt dem Kaiser, was dem Kaiser gehört, und Gott, was Gott gehört!" (Mt22,21) Das ließe sich, bei allem Respekt vor den Worten der Evangelisten, die damit das Gefälle zwischen Gott und dem Kaiser ausdrücken wollen, um vor dem (Miss-)Verständnis eines gleichberechtigten Nebeneinanders zu bewahren, auch pointierter wie folgt formulieren: Gebt dem Kaiser nicht, was Gott gehört! Damit ist zwar – modern gesprochen – eine staatskritische Note in diese Perikope eingetragen, was jedoch als Sitz im Leben gerechtfertigt erscheint für die Zeit Jesu und der Urkirche, da der Kaiser in einer heidnischen Gesellschaftsordnung Gottähnlichkeit beanspruchte, und durch die Nutzung der Perikope, die durch die Jahrhunderte zur Begründung eines distanziert gestalteten Kirche-Staat-Verhältnisses herangezogen wurde.[18]

Nicht vergessen werden sollte dabei jedoch die Wirkungsgeschichte der Perikope in der Urkirche. Hier hat nämlich die Perikope zur Steuerfrage und ihre Beantwortung mit ihrer impliziten Frontstellung zwischen Kaiser und Gott, ja, der absoluten Überordnung Gottes über den Kaiser, zur religiösen und gesellschaftlichen Isolation der Christen geradezu beigetragen, was sich insbesondere in der vorkonstantinischen Zeit auswirkte.[19] Die Isolierung ergab sich, da etwa die von den Kaisern veranstalteten Spiele *„von den christlichen Schriftstellern wegen ihres kultischen Ursprungs auch in die Nähe von Götzendienst und Dämonenunwesen gerückt [wurden], was auf die Mitchristen natürlich im Sinne religiöser Abschreckung wirken sollte."*[20] Für die Öffentlichkeit wiederum war auffällig, dass sich die Christen bei den zahlreichen Festen zu Ehren der Götter oder des Kaisers nicht beteiligten, ihre Häuser nicht schmückten und bei den das Fest begleitenden, als soziale Klammer fungierenden, Straßenfesten fehlten.[21] Christen wurden darüber hinaus davor gewarnt, Magistratsaufgaben

---

17 Vgl. Padovese, Problema della politica, 79–80.

18 Die grundlegende Bedeutung der Perikope für das Kirche-Staat-Verhältnis wird von Gnilka, Das Matthäusevangelium, 249, so eingeleitet: *„Die Perikope tangiert eine unendliche Thematik. Eine zweitausendjährige Kirchengeschichte hat uns eine Vielfalt von geglückten und mißlungenen Kirche-Staat-Verhältnisse vorgeführt…"* Luz, Das Evangelium nach Matthäus, 259, meint dagegen: *„Es geht also in diesem Text gerade nicht um eine Bestimmung des Verhältnisses Jesu bzw. seiner Anhänger/innen zum Staat."*

19 Vgl.: Franz Dünzl, Fremd in dieser Welt?, Freiburg, Herder, 2015, insbesondere: 53–94.

20 Dünzl, Fremd, 71.

21 Vgl. Dünzl, Fremd, 71–72.

zu übernehmen oder gar die senatorische Laufbahn einzuschlagen, da damit immer auch die Beteiligung an Festen des heidnischen (Kaiser-)Kults verbunden war, ein Amtseid abzulegen war, der eine religiöse Zumutung bedeutete, und Gerichtsfunktionen mit sich brachte, die sich u. U. auch gegen Mitchristen richten konnten.[22]

Dem Anpassungsdruck der heidnischen Umwelt widersetzten sich die Christen aber vor allem dort, wo ihr Bekenntnis zu Gott, der in seinem Sohn und durch das Wirken des Heiligen Geistes den Menschen die Hoffnung auf ewiges Heil anbietet, in Frage gestellt wurde. Davon zeugen die Christenprozesse und die Martyrien unzähliger Christen verschiedenen Alters und beiderlei Geschlechts, „*die sich dem Druck der Staatsgewalt, ihren Glauben aufzugeben, den Staatskult mitzuvollziehen und durch das Opfer für das Wohl des Kaisers oder den Schwur beim Glück bzw. Genius des Kaisers ihre Loyalität zu beweisen, hartnäckig widersetzten.*“[23]

Die Distanzierung von der zivilen Gesellschaft ging dabei soweit, dass Origenes entgegen des biblischen Wortlauts[24] behaupten konnte, dass die Heimat der Christen nicht erst im Himmel liege, sondern mit der irdischen (Kirchen-) Gemeinde vor Ort identifiziert werden kann,[25] wodurch die Kirche zu einer Gesellschaft in der Gesellschaft, zu einem Staat im Staat mit eigener Hierarchie und eigener Ordnung stilisiert wird. Diese Sichtweise der Kirche wurde zur Zeit des Origenes und auch später immer wieder als Bedrohung der zivilen Ordnung und Herrschaft empfunden und bekämpft bzw. als Argument für Eingriffe staatlicher Machthaber in das kirchliche Regiment benutzt.

Im Übrigen sind manche Forderungen staatlicher Autoritäten, die zur Zeit der Urkirche zum Martyrium führten, auch in etlichen Staaten der Gegenwart noch die Ursache, dass Christen verfolgt werden und das Martyrium um des Glaubens willen auf sich nehmen.

---

22 Vgl. Dünzl, Fremd, 78–79. Kronzeuge ist hier: Tertullian, De Idololatria, Übersetzung in: BKV, Bd. 7, 1912^2, 137–174, hier 164–165.

23 Dünzl, Fremd, 83–84.

24 Brief des Apostels Paulus an die Gemeinde in Philippe 3, 20: „Unsere Heimat ist im Himmel.“

25 Vgl. Origenes, Contra Celsum, Buch 8, Nr. 75, in: M. Borret (Hg.), SC, Bd. 150, Paris 1969, 350.352; Übersetzung in: BKV, Bd. 53, 1927, Nr. 75, 393–394. „*Wir aber wissen, daß in jeder Stadt noch eine andere Heimatgemeinde durch das Wort Gottes gegründet ist, …*“, ebd. 393–394.

1.2 Nicht von der Welt, doch in der Welt; Joh 18,33–38

Von den Evangelien der Synoptiker (Matthäus, Markus und Lukas) unterscheidet sich das Evangelium des Johannes[26] deutlich. Dies zeigt sich insbesondere im zeitlichen und örtlichen Rahmen der Darstellung des Lebens Jesu, in der literarischen Eigenheit und in der spirituell-theologischen Konzeption. Das Johannesevangelium entstand zwischen 100 und 110 n. Chr., wobei die Verfasserschaft und der Entstehungsort bis heute diskutiert werden. Das Evangelium nach Johannes setzt die Kenntnis der anderen Evangelien voraus und ergänzt den übernommenen Stoff mit umfangreichem Eigengut.

Die Darstellung von Leiden, Tod und Auferstehung Jesu im Johannesevangelium (Kap. 18–20) erinnert insbesondere durch die Schilderung des Prozessverlaufs vor Pilatus an eine dramaturgische Inszenierung, die durchgehend vom Bekenntnis geprägt ist, dass Jesus wahrer Mensch und wahrer Gott ist, der seine Würde und seine Hoheit nicht verliert. In der Gesamtschau wird daher dieses Evangelium in der (Tauf-)Katechese einer Gemeinde, die von einer präsentisch realisierten Eschatologie in ihren Beziehungen zur Umwelt und zum Staat geprägt war,[27] seine adäquate Verwendung gefunden haben.

Vor Pilatus reklamiert Jesus den Königstitel für sich, was als Begründung für die Hinrichtung auf dem Kreuzestitel angegeben wird und setzt seine Macht mit der Staatsmacht in Relation. Der Abschnitt lautet in Joh 18,33–38:

> 33Da ging Pilatus wieder in das Prätorium hinein, ließ Jesus rufen und fragte ihn: Bist du der König der Juden? 34Jesus antwortete: Sagst du das von dir aus oder haben es dir andere über mich gesagt? 35Pilatus entgegnete: Bin ich denn ein Jude? Dein Volk und die Hohepriester haben dich an mich ausgeliefert. Was hast du getan? 36Jesus antwortete: Mein Königtum ist nicht von dieser Welt. Wenn mein Königtum von dieser Welt wäre, würden meine Leute kämpfen, damit ich den Juden nicht ausgeliefert würde. Nun aber ist mein Königtum nicht von hier. 37Da sagte Pilatus zu ihm: Also bist du doch ein König? Jesus antwortete: Du sagst es, ich bin ein König. Ich bin dazu geboren und dazu in die Welt gekommen, dass ich für die Wahrheit Zeugnis ablege. Jeder, der aus der Wahrheit ist, hört auf meine Stimme. 38Pilatus sagte zu ihm: Was ist

---

26 Zum Johannesevangelium, insbesondere zu seiner Eigenart: Philipp Vielhauer, Geschichte der urchristlichen Literatur, Berlin, de Gruyter, 1975, 410–460, insbesondere 416–420.

27 „*È comunque certo che questo sentimento di escatologia realizzata diffuso nelle comunità giovannee, se non è valso ad alimentare il senso di estraneità nei confronti di un mondo avverso, è però servito a rafforzare all'interno del gruppo la coscienza dell'elezione e ha determinato il suo comportamento rispetto a questo mondo e alle sue realtà tra le quali appartiene anche lo stato.*", Padovese, Problema della politica, 97.

Wahrheit? Nachdem er das gesagt hatte, ging er wieder zu den Juden hinaus und sagte zu ihnen: Ich finde keine Schuld an ihm.

Die Perikope[28] schildert einen (ersten) Verhörabschnitt Jesu durch Pilatus, worin dieser versucht, die Anklage zu klären: Bist du der König der Juden, also ein politischer Aufrührer? Was hast du getan, also welche verbrecherische Tat hast du begangen? Beides lehnt Jesus für sich ab; er ist kein Usurpator der politischen Macht im Sinne der Partei der Zeloten.[29] Danach bekennt sich Jesus zu einem nicht weltlichen Königtum, er reklamiert für dieses Königtum den Königstitel und offenbart seine Sendung, für die Wahrheit Zeugnis abzulegen. Daran ist nun Pilatus nicht interessiert, weder als Wahrer römischen Rechts und römischer Herrschaft noch persönlich. Dass Pilatus damit die entscheidende Chance seines Lebens verpasst, soll hier nicht weiter ausgeführt werden. Vielmehr interessiert die Positionierung Jesu: Ein Königtum, ein Reich, ein Be-Reich (!), der nicht von dieser Welt, sondern von einer anderen Welt, von einer anderen Art ist. Wenn es von der Art dieser Welt wäre, würden Jesus-Leute (!) für ihn kämpfen. Von diesem Königtum anderer Art ist Jesus König bzw. das Haupt oder der Herrscher. Vom Be-Reich der anderen Art ist Jesus in diese Welt gekommen, um die Wahrheit Gottes (über das rechte Leben, die richtige Ordnung, die guten Beziehungen) zu bezeugen.[30] Dabei *„weiß sich Jesus als den alleinigen, kompetenten Gesandten aus der Welt Gottes, der die Heilswahrheit offenbart.“*[31]

Die Positionierung Jesu bedeutet eine Distanzierung gegenüber der Lebensart dieser Welt, gegen den/die Königstitel dieser Welt und auch gegen die machtbegründete Definition von Königtum/König. Die Botschaft Jesu ist: Ich und mein Königtum[32] sind nicht von dieser Welt, doch in der Welt und für die Welt. Im Hinblick auf seine Jünger ist derselbe Gedanke (nicht von der Welt, aber in der Welt und für die Welt) dargelegt in der Abschiedsrede (Joh 17,14–18), die Jesus beim Mahl vor seiner Passion an die Jünger gerichtet hat.

---

28 Zur Kommentierung: Schnackenburg, Das Johannesevangelium, 3. Teil, 281–304; Gnilka, Johannesevangelium, 139–140.

29 Gnilka, Johannesevangelium 139; Padovese, Problema della politica, 97–101.

30 Vgl. Gnilka, Johannesevangelium, 139. Die abschließende Frage des Pilatus, was denn Wahrheit sei, zeigt nur sein Desinteresse und darf weder realpolitisch, skeptisch-philosophisch noch staatstheoretisch missverstanden werden (vgl. ebd. 140).

31 Schnackenburg, Johannesevangelium, 286.

32 Das Königtum nach der Art Jesu ist prägnant veranschaulicht und beschrieben in der Perikope der Fußwaschung im Zusammenhang mit dem (Letzten) Abendmahl Jesu in Joh 13,1–17.

Festzuhalten bleibt, dass Jesu Bekenntnis zu seinem Königtum (der eigenen, der anderen Art) vor Pilatus immer dazu verlockt hat, das Verhältnis zwischen staatlicher Macht und dem Königtum Jesu, also beide Bereiche, näher zu bestimmen. *„Der Spannungsbogen reicht von einer Spiritualisierung des 'Reiches' Christi bis zu einem 'politischen' Anspruch, der darin impliziert sei."*[33] Klar ist, dass Jesu Bekenntnis eine Distanzierung gegenüber der staatlichen/weltlichen Gewalt und Ordnung beinhaltet. So ist diese Perikope dann auch in der Auslegungsgeschichte verstanden worden: Zum einen im Sinn einer Relativierung der staatlichen Gewalt und Ordnung im Hinblick auf die je andere und größere Macht Gottes, zum anderen in der Kritik an den weltlichen Machtansprüchen der Kirche und der weltlichen Herrschaft ihrer geistlichen Amtsträger.

1.3 Gott mehr gehorchen als den Menschen! Apg 5,29

Lukas hat sich ein ambitioniertes Schreibprogramm vorgenommen und auch ausgeführt. In seinem Evangelium schildert er das Leben Jesu mit seinen Worten und Taten als Frohe Botschaft unter der besonderen Berücksichtigung des barmherzigen Gottes, der sich in Jesus Christus insbesondere den armen, benachteiligten, zu kurz gekommenen Menschen zuwendet und gerade ihnen die Liebe Gottes zusagt. In der Apostelgeschichte beschreibt Lukas die spannungsreiche Bildung und Formung der urchristlichen Gemeinde sowie das Missionswerk der jungen Kirche, das in Jerusalem seinen Anfang genommen hat und insbesondere von Paulus mächtig vorangetrieben wurde.

Die erste Verkündigung der Apostel in Jerusalem stieß zumindest bei den religiösen und politischen Führungsgremien der Juden auf Widerstand. Die Apostel mussten vor den Gremien und deren Mitgliedern Rechenschaft ablegen. Eine Perikope, die das beispielhaft schildert, findet sich in Apg 5,27–33.

> [27]Man führte sie herbei und stellte sie vor den Hohen Rat. Der Hohepriester verhörte sie [28]und sagte: Wir haben euch streng verboten, in diesem Namen zu lehren; ihr aber habt Jerusalem mit eurer Lehre erfüllt; ihr wollt das Blut dieses Menschen über uns bringen. [29]Petrus und die Apostel antworteten: Man muss Gott mehr gehorchen als den Menschen.
> [30]Der Gott unserer Väter hat Jesus auferweckt, den ihr ans Holz gehängt und ermordet habt. [31]Ihn hat Gott als Herrscher und Retter an seine rechte Seite erhoben, um Israel die Umkehr und Vergebung der Sünden zu schenken. [32]Zeugen dieser Ereignisse sind

---

33 Schnackenburg, Johannesevangelium, 286–287. Zur Kritik dieser vereinseitigenden Auffassungen ebd. 287.

wir und der Heilige Geist, den Gott allen verliehen hat, die ihm gehorchen. [33]Als sie das hörten, gerieten sie in Zorn und beschlossen, sie zu töten.

Die Perikope[34] ist eine parallele Ausführung zu Apg 4,5–22.[35] Die Apostel stehen (wieder) vor Gericht und werden (wieder) verhört. Es wird ihnen vorgeworfen, dass sie das früher ausgesprochene Predigtverbot nicht beachtet hätten und Blutrache für den Tod Jesu üben wollten. Danach antwortet Petrus als Sprecher der Apostel, denen er sich einmütig verbunden weiß, dass Gott mehr zu gehorchen ist als den Menschen. Daraufhin legt er dar, wer denn der Gott ist, dem mehr zu gehorchen sei als den Menschen, es sei der Gott der Väter. Abschließend und als Höhepunkt der kurzen Rede verkündet Petrus die soteriologische Bedeutung Jesu für das Heil der Menschen, insbesondere durch sein Leiden, Sterben und Auferstehen sowie die Übereinstimmung des apostolischen Zeugnisses mit dem Zeugnis des Heiligen Geistes Gottes, womit die Mitglieder des Hohen Rates disqualifiziert werden. Kein Wunder, dass die Ratsvertreter anschließend ungehalten reagieren.

Gott ist mehr zu gehorchen als den Menschen – in Apg 4,19 heißt es dazu: *„Ob es vor Gott recht ist, mehr auf euch zu hören als auf Gott, das entscheidet selbst“*, dies bildet jedoch keine Erst-Erkenntnis des Apostels.[36] Immerhin ist hier vom Apostel ein von den beteiligten Personen unabhängiges Prinzip formuliert,[37] das grundsätzlich immer, überall und für jeden, d. h. hier auch für die Mitglieder des Synedriums, gilt, dass nämlich Gott jeder menschlichen Macht und Weisung über- bzw. vorgeordnet ist.

---

34 Zur Auslegung: Pesch, Die Apostelgeschichte (Apg 1–12), 209–224; Weiser, Die Apostelgeschichte, Kapitel 1–12, 151–162.

35 Weiser, Apostelgeschichte, 154–155, sieht hier keine simple Parallelität der Perikopen oder Doppelungen, sondern eine von Lukas komponierte Steigerung zwischen den Perikopen, wozu er einige Hinweise benennt.

36 Der Evangelist könnte für die Formung dieser Aussage zurückgegriffen haben auf eine Passage bei Platon, Ἀπολογία Σωκράτους, 29δ: „ὦ ἄνδρες Ἀθηναῖοι, ἀσπάζομαι μὲν καὶ φιλῶ, πείσομαι δὲ μᾶλλον τῷ θεῷ ἢ ὑμῖν…“ in: Platonis Opera, ed. John Burnet. Oxford University Press. 1903; Übersetzung: *„Ich bin euch, ihr Athener, zwar zugetan und Freund, gehorchen aber werde ich dem Gotte mehr als euch…“*, in: Des Sokrates Verteidigung, 29, in der Übersetzung von Friedrich Daniel Ernst Schleiermacher, Akademie Verlag Berlin, 1985.

37 Vgl. in diesem Sinn etwa Pesch, Apostelgeschichte, 216; Weiser, Apostelgeschichte, 160, sieht hier keine allgemeine Maxime formuliert, sondern die Antwort bzw. Rechtfertigung auf den Vorwurf, trotz Verbots wiederum gepredigt zu haben.

Das von Petrus ausgesprochene Prinzip entfaltete eine reichhaltige Wirkungsgeschichte,[38] und das nicht nur bei der Konfrontation von Christen mit unchristlichen Widersachern, sondern auch innerhalb christlich geprägter Gesellschaften, etwa im mittelalterlichen Streit zwischen päpstlicher oder kaiserlicher Suprematie und ebenso in innerkirchlichen Frontstellungen, etwa in der Reformationszeit.

Die Gravität für das in der Apostelgeschichte formulierte Prinzip, dass Gott mehr zu gehorchen ist als den Menschen, ist evident für die Geschichte und Gestaltung des Kirche-Staat-Verhältnisses.

1.4 Der staatlichen Gewalt Gehorsam leisten; Röm 13,1–8

Saulus/Paulus hatte, ohne je dem irdischen Jesus begegnet zu sein, eine einschneidende biographische Erfahrung gemacht (Apg 9,1–22). Diese interpretierte er als gottgewirkte Berufung zum autorisierten Verkünder Jesu, die er fortan unter existentiellem Einsatz zu seinem Lebensinhalt machte. Dabei bezeichnete er sich wie jene, die mit Jesus das Wanderleben geteilt hatten und die sich einer direkten Berufung des irdischen Jesus erfreuen konnten, selbst als Apostel.[39] Auf einer seiner Missionsreisen in Kleinasien hatte Paulus bereits geplant, die christliche Gemeinde in der Hauptstadt des römischen Reiches aufzusuchen. Als Ergebnis dieser Reiseplanung, die ihn über Rom bis nach Spanien führen sollte, ist der Römerbrief im Winter 56/57 in Korinth[40] verfasst worden. Natürlich wird Paulus in Rom predigen wollen, obgleich es keine Missionspredigt mehr sein wird, sondern eine Predigt zu einer im Glauben schon verwurzelten Gemeinde. *„Die Katze lässt er – taktisch verständlich – erst am Ende des Briefs aus dem Sack“*[41]: Rom soll daher nur ein Etappenziel auf dem Weg nach Spanien sein, vgl. Röm 15,24.28. Bekanntlich gelangte Paulus schließlich erst als Gefangener nach Rom, wo er, zum Tod verurteilt, 64 oder 67 n. Chr. durch das Schwert den Märtyrertod starb.

---

38 Vgl. zur Wirkungsgeschichte: Pesch, Apostelgeschichte, 222–224.

39 Etwa in Briefanfängen: Röm 1,1; 1Kor 1,1; 2Kor 1,1; in der Apostelgeschichte allerdings wird Paulus neben den (anderen) Aposteln genannt und nicht als Apostel tituliert, vgl. etwa Apg 15,1–35, wo von der Entscheidung über die Frage der Beschneidung für Heidenchristen berichtet wird.

40 Vgl. Zeller, Der Brief an die Römer, hier 14–15.

41 Zeller, Der Brief an die Römer, 14.

Im Römerbrief schreibt Paulus einige Zeilen, die etwas zum Verhältnis zwischen Kirche und Staat beitragen können, nicht nur, weil in ihnen auch von der Steuerzahlung, wie in Mt 22,15–22 die Rede ist.

> Röm 13,1–8:
> Jeder leiste den Trägern der staatlichen Gewalt den schuldigen Gehorsam. Denn es gibt keine staatliche Gewalt, die nicht von Gott ist. Wer sich daher der staatlichen Gewalt widersetzt, stellt sich gegen die Ordnung Gottes, und wer sich ihm entgegenstellt, wird dem Gericht verfallen. Vor den Trägern der Macht hat sich nicht die gute, sondern die böse Tat zu fürchten; willst du also ohne Furcht vor der staatlichen Gewalt leben, dann tue das Gute, sodass du ihre Anerkennung findest. Sie steht im Dienst Gottes und verlangt, dass du das Gute tust. Wenn du aber Böses tust, fürchte dich! Denn nicht ohne Grund trägt sie das Schwert. Sie steht im Dienst Gottes und vollstreckt das Urteil an dem, der Böses tut. Deshalb ist es notwendig, Gehorsam zu leisten, nicht allein aus Furcht vor der Strafe, sondern vor allem um des Gewissens willen. Das ist auch der Grund, weshalb ihr Steuern zahlt; denn in Gottes Auftrag handeln jene, die Steuern einzuziehen haben.
> Gebt allen, was ihr ihnen schuldig seid, sei es Steuer oder Zoll, sei es Furcht oder Ehre. Bleibt niemand etwas schuldig; nur die Liebe schuldet ihr einander immer. Wer den andern liebt, hat das Gesetz erfüllt.

Paulus spricht in dieser Perikope an,[42] wie die Christen ihre Beziehungen zu den staatlichen Autoritäten[43] gestalten sollen. Es ist dies ein „*Aufruf zu genereller Botmäßigkeit*“[44]. Zur Begründung führt Paulus die göttliche Einsetzung jeglicher Staatsgewalt an. Doch ist zu beachten: Paulus vergöttlicht den Staat nicht,

---

42 Zur Auslegung der gesamten ausgewählten Perikope: Zeller, Der Brief an die Römer, 215–217; Schlier, Der Römerbrief, 386–395. Padovese, Problema della politica, 123–126.

43 Hier sind die faktisch bestehenden Gewalten gemeint. Das lässt erkennen, dass es sich nicht um eine Theorie handelt, sondern um ein jeweilig konkretes Verhalten gegenüber den politischen Machthabern, vgl. Schlier Römerbrief, 388.

44 Zeller, Der Brief an die Römer, 215. In die gleiche Richtung weist auch die Perikope 1 Petr 2,12–17: „*Führt unter den Heiden ein rechtschaffenes Leben, damit sie, die euch jetzt als Übeltäter verleumden, durch eure guten Taten, die sie sehen, Gott verherrlichen am Tag der Heimsuchung. Unterwerft euch um des Herrn willen jeder menschlichen Ordnung: dem Kaiser, weil er über allen steht, den Statthaltern, weil sie von ihm entsandt sind, um die zu bestrafen, die Böses tun, und die auszuzeichnen, die Gutes tun! Denn es ist der Wille Gottes, dass ihr durch eure guten Taten die Unwissenheit unverständiger Menschen zum Schweigen bringt. Handelt als Freie, ohne die Freiheit als Deckmantel der Bosheit zu benutzen, sondern als Knechte Gottes! Erweist allen Menschen Ehre, liebt die Brüder und Schwestern, fürchtet Gott und ehrt den Kaiser!*“ Zur Deutung: Padovese, Problema della Politica, 126–133.

er benennt nur das Faktum, dass die staatliche Autorität von Gott gewollt ist und nicht etwa durch das Naturrecht oder den Konsens entsteht; seine providentielle Funktion ist es, das Gute zu fördern und das Böse zu unterdrücken.[45] Implizit ist in diesem Gedankengang jedoch die andere Grundüberzeugung enthalten, wonach Gott der Herrscher der Welt ist, es also keine Machtposition gegen seinen Willen geben kann. Mit dieser Argumentationsfigur[46] kann Paulus Widersetzlichkeiten gegen die Staatsgewalt als Verstoß gegen Gottes Anordnung qualifizieren und so zu unterbinden versuchen, was im Interesse der prekären Situation der Gemeinden in Rom verständlich ist.

Dass Paulus zunächst nichts an einer banalen Rechtfertigung der römischen Verwaltungsstrukturen und ihres Handelns gelegen war, wird deutlich an der Weisung, in keiner Sache etwas schuldig zu bleiben, also auch niemandem Anstoß zu geben, weder im zwischenmenschlichen noch im gesellschaftlichen Bereich. Das Zahlen von Steuern dient Paulus in dem Zusammenhang zur Verstärkung der These, dass Gott und die profanen Einrichtungen zusammengehören.[47] Dass die Liebe aber immer geschuldet sei, konzentriert die Ausführungen des Paulus wieder auf die religiöse und persönliche Dimension: Nächstenliebe sowie gar Feindesliebe werden greifbar im Einsatz der Christen für das Gute und für das Gemeinwohl; so zeichnen sich Christen aus, so wird der christliche Glaube im römischen Umfeld bezeugt.

Paulus beschreibt die staatliche Gewalt, ihre göttliche Einsetzung und ihr Wirken in positiver Perspektive, ungetrübt von den Erfahrungen staatlicher Übergriffe, Machtmissbrauch und Korruption. *„Der moderne Leser ist immer wieder unangenehm berührt von der Naivität, mit der Paulus […] die Staatsgewalt überhaupt und Gottes gegenwärtiges Weltregiment ineinander schaut.“*[48] Andererseits kann der Christ als Glied einer verschwindend geringen religiösen Minderheit seinen Glauben nicht gegen die Obrigkeit zur Geltung bringen. Illoyales Handeln und Unruhe stiften konterkarieren daher das Bemühen, als Mitsorgende am Gemeinwohl wahrgenommen zu werden.

Freilich ist auch nach dieser paulinischen Aussage das christliche Verhältnis zur staatlichen Gewalt kritisch-dialektisch deutbar: Staatstreue,

---

45 Vgl. Padovese, Problema della politica, 124.

46 *„Mit seinen Ausführungen bewegt sich der Apostel ganz im antiken, vor allem auch jüdischen und jüdisch-hellenistischen Vorstellungen.“*, Schlier, Römerbrief, 389.

47 *„Wie es scheint, kann sich der Apostel nicht genug tun, um Gott und die Profanität im Zusammenhang seiner Mahnung zum Gehorsam den staatlichen Machthabern gegenüber um ihrer selbst willen zu betonen.“*, Schlier, Römerbrief, 392.

48 Zeller, Der Brief an die Römer, 220.

Wohlanständigkeit, ein anziehendes Bild für die Umwelt – dies alles ist gerade dadurch möglich, dass sich der Christ in seinem Denken aus der Konformität mit dieser finsteren, überfälligen Welt löst, geistig aufrüstet[49] und sich im Alltagsleben auf die Praxis der Gottes- und Nächstenliebe konzentriert. Die dialektische Sicht auf den Staat als Teil der Welt hat deshalb auch die Auslegungs- und Wirkungsgeschichte dieser Perikope mitbestimmt.

1.5 Das Ideal christlicher Bürgerlichkeit? 1 Tim 2,1–6

Gemeinhin werden die drei neutestamentlichen Schriften, der 1. und 2. Brief an Timotheus sowie der Brief an Titus, als Pastoralbriefe bezeichnet. Diese Bezeichnung kommt daher, weil die Briefe an Hirten (pastores) der Kirche gerichtet sind bzw. Fragen der Hirtensorge für die christlichen Gemeinden, der Pastoral, in einem zeitgebundenen Kontext angesprochen werden. Als Verfasser weist sich im Präskript 1 Tim 1,1 (vgl. auch 2 Tim 1,1 und Titus 1,1) der Apostel Paulus aus. Jedoch herrscht wegen sprachstilistischer und theologischer Abweichungen die Auffassung vor, mit dem Brief habe ein unbekannter Verfasser unter Vorgabe der paulinischen Autorität die Anliegen des Apostels gegen Irrlehren absichern und fortschreiben wollen.[50] Die Entstehungszeit wird um die Wende vom 1. zum 2. Jahrhundert angesetzt.[51] Als Empfänger wird im Präskript Timotheus[52] genannt, ein Begleiter des Paulus, der in den Paulusbriefen

---

49 Vgl. Zeller, Der Brief an die Römer, 220.

50 Zur Verfasserschaft vgl. die Darlegungen von Roloff, 1 Timotheusbrief, 23–33 mit der abschließenden Aussage: *„Aufgrund der bisher genannten Indizien und Beobachtungen muß eine unmittelbare Verfasserschaft des Paulus als ausgeschlossen gelten“*, ebd. 32. Auch Bürki (1 Timotheusbrief, 13–32), diskutiert ausführlich die Verfasserschaft bis hin zur These, dass ein ‚Sekretär‘ des Paulus den Brief geschrieben habe und kommt zu dem Schluss: *„Ist es nicht naheliegend, in diesem so paulinischen ‘Sekretär“ Paulus selbst zu erkennen, als der er sich in den drei Briefen auch vorstellt?“*, ebd. 32.

51 Zur Diskussion der Entstehungszeit zwischen 80 und 135: Vgl. Roloff, 1 Timotheusbrief, 45–46. Am Ende der Darlegung ergibt sich für die Entstehung der drei Pastoralbriefe: *„Aus alledem wird man schließen können, daß sie kaum sehr viel später als um das Jahr 100 entstanden sind.“*, ebd. 46. Zur Datierung führt Dibelius (Die Pastoralbriefe, 6) aus: Trotz mancher Unwägbarkeiten *„scheint die Abfassung der Past nicht zu tief ins zweite Jahrhundert hineinzugehören…“*

52 Gleichfalls wird im Präskript des 2 Tim als Empfänger Timotheus genannt. Zu Timotheus vgl. Roloff, Timotheusbrief, 21–22. Im Präskript des Titusbriefes wird als Empfänger Titus genannt, der ein unbeschnittener Heidenchrist war, als enger Mitarbeiter des Apostels Paulus wirkte und in verschiedenen Paulusbriefen genannt

mehrfach erwähnt wird. Timotheus war Sohn eines griechisch-heidnischen Vaters und einer judenchristlichen Mutter (Apg 16,1) sowie ein Begleiter und enger Mitarbeiter des Paulus auf den Missionsreisen und nach Eusebius von Cäsarea (Hist. Eccl. III, 4,5) Bischof in Ephesus. Der Brief ist jedoch einerseits dem Duktus nach nicht als Privatschreiben zu erkennen, zumindest scheint mit Timotheus zugleich eine Gemeinde angesprochen zu werden, sodass es zumindest zweifelhaft wirkt, dass Timotheus tatsächlich der primäre Empfänger dieses Briefes war. Andrerseits wird auch die Meinung vertreten, dass das Schreiben eine amtliche, briefliche Instruktion an eine Einzelperson sei, eine Form, derer sich Herrscher für Mitteilungen an ihre Beamten bedienten; ob damit jedoch die Beziehung zwischen Paulus und einem bewährten Mitarbeiter adäquat erfasst wird, kann bezweifelt werden. Der 1 Tim besteht überwiegend aus Ermahnungen und Anweisungen, wie das Gemeindeleben zu gestalten ist sowie aus Ratschlägen und Worten der Ermutigung für den Dienst, der Timotheus (und anderen Pastores) aufgetragen und anvertraut ist.[53]

Im 1 Tim werden die Glieder der Gemeinde aufgefordert (auch) für die Träger von Herrschaft und Macht zu beten. Dies lädt zu einer Reflexion über die entsprechende Briestelle 1 Tim 2, 1–6 ein.

> [1]Vor allem fordere ich zu Bitten und Gebeten, zu Fürbitte und Danksagung auf, und zwar für alle Menschen, [2]für die Herrscher und für alle, die Macht ausüben, damit wir in aller Frömmigkeit und Rechtschaffenheit ungestört und ruhig leben können. [3]Das ist recht und gefällt Gott, unserem Retter; [4]er will, dass alle Menschen gerettet werden und zur Erkenntnis der Wahrheit gelangen. [5]Denn: Einer ist Gott, einer auch Mittler

---

wird: Gal 2,1.3; 2 Kor 7,6–7; 8,6–23. Paulus ließ ihn in Kreta zurück, um das Missionswerk zu stabilisieren und weiterzuführen. Zu Titus vgl. Roloff, Timotheusbrief, 22–23.

53 Der Aufbau: 1. Kap.: Präskript, Aufgabe der Glaubensunterweisung; die Rolle des Gesetzes; Dank für die Berufung. – 2. Kap.: Aufruf zum Gebet in der Gemeinde; das Verhalten von Mann und Frau in der Gebetsversammlung. Darin enthalten sind (umstrittene) Ausführungen zur Rolle der Frau in der Liturgie (2,12–15). – 3. Kap.: Über die Bischöfe und Diakone; Eignungskriterien und Verhaltensideale werden benannt. – 4. Kap.: Falsche Einstellungen und Regeln sowie die rechte Wertordnung; Ermutigung des Timotheus'. – 5. Kap.: Verhaltensregeln gegenüber verschiedenen Gemeindemitgliedern; Regelungen für Witwen und ihre Versorgung; Anweisung für den Umgang mit den Ältesten der Gemeinde sowie Ratschläge und Mahnungen. – 6. Kap.: Wie sich Sklaven verhalten sollen; Warnung vor Irrlehren, Habsucht und anderen Übeln; Ermutigung des Timotheus'; Postskript.

Dibelius (Die Pastoralbriefe, 71) lässt den Brief ganz vom Thema der ‚Kirchenordnungen' geprägt sein, vgl. seine Inhaltsangabe ebd.

zwischen Gott und den Menschen: der Mensch Christus Jesus, [6]der sich als Lösegeld hingegeben hat für alle, ein Zeugnis zur vorherbestimmten Zeit.

Der 1. Timotheusbrief handelt von der rechten Ordnung in der Gemeinde.[54] Der Ort, an und in dem sich die christliche Gemeinde intensiv manifestiert, ist das gemeinsame Gebet, das sich aus Gottesdienst bzw. Liturgie zusammensetzt. Davon handelt der Abschnitt 2,1–6. Zunächst wird zum Gebet in passivischer Weise aufgefordert und danach in verschiedene Formen unterschieden: Bitten und Gebete, Fürbitte und Danksagung. Das Gebet soll für alle Menschen verrichtet werden. Dies lässt sich in zwei Richtungen auslegen: anstelle aller Menschen wird gebetet oder zugunsten aller Menschen wird gebetet. Das Gebet ist damit für die universale Menschheit, sodass seine Legitimierung klar ist: es ist recht und gefällt Gott, dem Retter, der will, dass alle Menschen gerettet werden. Daran schließt sich eine christologische-soteriologische Bekenntnisformel an, die in der eucharistischen Liturgie ihren Sitz gehabt haben könnte[55] und die universale erlösende Hingabe Jesu Christi hervorhebt.

Für den Abschnitt kann daher festgehalten werden: Es geht um die Begründung der Wichtigkeit des/jeden Gebets der christlichen Gemeinde. Dieses ist universal, inklusiv und hat seine Begründung im universal-inkludierenden Heilswillen Gottes, des Retters, was mit einer Bekenntnisformel verstärkt wird. Anders gewendet: *„weil Christus in die Welt gekommen ist, um die Sünder zu erlösen, darum hat die aus der Erlösung lebende Gemeinde das Vorrecht und die heilige Verpflichtung, für das Heil aller Menschen einzutreten“*[56] und zwar im Gebet.

Der universale Gedankenhorizont wird sprachlich durch die viermalige Verwendung des Wortes *„alle“* ausgedrückt.

Gebetet werden soll für alle Menschen, allerdings vor allem für den Personenkreis der Herrscher (Könige, damit auch der römische Kaiser) und alle, die Macht ausüben. Das Gebet für die Herrschenden gründet auf der antikbiblischen Überzeugung, dass jede Autorität und Macht von Gott herkommt und von ihm verliehen ist sowie nur mit Zustimmung Gottes bestehen kann. Wenn die Macht von Gott kommt, ist damit eine Verantwortung der Machthaber konstituiert und zugleich der Machtmissbrauch nicht ausgeschlossen. Da jedoch jeder Mächtige gefährdet ist, seine Macht zu missbrauchen, bedarf es des Gebets derer, die auf Gott vertrauen. Der Gebetsaufruf für die Mächtigen

---

54 So beschreibt die Einheitsübersetzung der Bibel den Abschnitt von 2,1 bis 6, 19.

55 Vgl. Roloff, 1 Timotheusbrief, 110–112.

56 Bürki, 1 Timotheusbrief, 74.

und Machthaber korrespondiert zu den Ausführungen des Apostels Paulus in Röm 13,1, erhält aber hier den besonderen Akzent, dass das Gebet zwar den Aspekt der Ehre beinhaltet, aber zugleich mit der Schwäche und der Fehlbarkeit dieser Menschen rechnet, die des fürbittenden Gebets bedürfen.[57]

In 1 Tim wird das Gebet für die Mächtigen auch begründet, damit *„wir in aller Frömmigkeit und Rechtschaffenheit ungestört und ruhig leben können“* (V 2b). Dies hat zur Einschätzung geführt, dass der 1 Tim das Ideal einer christlichen Bürgerlichkeit propagiere.[58] Dabei erhält der Terminus *„christliche Bürgerlichkeit“* verschiedene Deutungsmöglichkeiten.[59] Vorausgesetzt, dass der Brief an der Wende zum zweiten Jahrhundert verfasst worden ist, stehen Autor und Adressaten des Briefes in der dritten Generation der Christenheit, für die die Parusieerwartung in den Hintergrund getreten ist und den Christen ein neues Vertrauen vermittelt werden musste, wozu Regeln und Ordnungen die christliche Gemeinde in einer *„christlichen Bürgerlichkeit”* stabilisieren sollten.[60] Zugleich war die Kirche vor die Frage gestellt, wie sie der Umwelt begegnen bzw. wie sie die ihr verantwortlich übertragene Verkündigung der Frohen Botschaft ‚für alle‘ in die Alltagspraxis übersetzen wollte.

Solange sich die Christen in eine Minderheitenposition befanden, konnte es daher nur darum gehen, sich durch ein Verhalten auszuzeichnen, das einladend wirkte und Anknüpfungspunkte für die Mitbürger bieten konnte. Dem frommen, ordentlichen, bürgerlichen Lebensstil wohnte daher in der damaligen Situation durchaus eine missionarisch werbende Kraft inne.[61] Im Gebet für die Herrscher und Machthaber darf, eingebettet in die universale Gebetsverpflichtung wegen des universalen Heilswillen Gottes, die Wahrnehmung der Verantwortung für das Gemeinwesen gesehen und auch eine Polemik gegen Irr- oder Falschlehrer erkannt werden, die einen aszetisch-weltabgewandten Lebenswandel als Bedingung einer berechtigten Heilserwartung propagierten.[62]

---

57 Vgl. Bürki, 1 Timotheusbrief, 78.

58 „An dieser Stelle wird in bezeichnenden und [...] in geläufigen Worten das IDEAL CHRISTLICHER BÜRGERLICHKEIT (Großbuchstaben im Original; HH) geschildert, auf das die Past immer wieder Bezug nehmen.“, Dibelius, Die Pastoralbriefe, 24–25; hier führt er diese These in einem kleinen Exkurs aus. Zur Bedeutung und den Folgerungen dieser Formulierung siehe den Aufsatz von Oberlinner, Ein ruhiges und ungestörtes Leben führen, 98–106.

59 Vgl. Oberliner, Ungestörtes Leben, 98–100.

60 Vgl. Oberliner, Ungestörtes Leben, 101.

61 Vgl. Oberliner, Ungestörtes Leben, 103.

62 Oberliner, Ungestörtes Leben, 104.

Dass geordnete Macht- und Ordnungsverhältnisse im Gemeinwesen auch das Leben in Frömmigkeit und Rechtschaffenheit[63] und damit die Ausrichtung des einzelnen Christen auf Gott hin sowie den Gottesdienst erleichtern, ist dabei evident. Nicht zuletzt ist einleuchtend, dass ein ungestörtes und ruhiges Leben der christlichen Gemeinde auch eine Bedingung der Möglichkeit ist, dass die Kirche bzw. die Gemeinde die Frohe Botschaft verkündigen und in Taten der Liebe bezeugen kann. Wo Willkür, Not, Gewalt, Korruption und Machtmissbrauch herrschen, ist daher kein Staat zu machen und keine Gemeinde zu gründen.[64]

Mit einer negativ konnotierten Bürgerlichkeit hat 1 Tim deshalb nichts zu tun. Der Brief äußert sich vielmehr primär zum Gebetsauftrag und zur Verkündigungsverantwortung der Gemeinde. Für das Verhältnis zwischen Kirche und Staat sagt er hingegen wenig aus, was über die ansatzweise *„positiv-vertrauensvolle Haltung“*[65] des Apostels Paulus gegenüber weltlichen Herrschern, die in Röm 13 greifbar wird, hinausgeht. Bemerkenswert bleibt immerhin, dass die geordnete Herrschaft als Ermöglichungsfaktor zur Erfüllung des christlichen Sendungsauftrags herausgehoben wird. Dies erklärt einerseits, warum sich die Kirche in der Geschichte überwiegend herrschaftsstabilisierend verhalten hat und andrerseits, warum der Kirche in Zeiten von Umbrüchen und Krisen daran gelegen war und ist, in konstruktiven Kompromissen mit der staatlichen Herrschaft einen gesicherten Rahmen für ihr Wirken durch Vertragsabschlüsse (Rezessen, Staatsverträge, Konkordate) zu erreichen.

Die Erkenntnis um den Zusammenhang zwischen geordneten Herrschaftsverhältnissen, guten Lebensbedingungen und gelingender Verkündigung hat übrigens bis heute ihren Niederschlag in den Großen Fürbitten der Karfreitagsliturgie und sonntäglichem Tagesgebet des (aktuellen deutschen) Messbuchs des lateinischen Ritus gefunden.[66] Wer versucht ist, die

---

63 Die Wendung *„in Frömmigkeit und Rechtschaffenheit“* erinnert im Zusammenhang an das Benedictus (Lk 1,74–75): *„Er hat uns geschenkt, dass wir aus Feindeshand befreit, ihm furchtlos dienen in Heiligkeit und Gerechtigkeit vor seinem Angesicht all unsere Tage.“*

64 Das, was Christen von der Regierung der Machthaber erwarten, ist *„nicht einfach ein In-Ruhe-Gelassen-Werden, sondern die Möglichkeit, die der Heilsbotschaft gemäße Lebensform stetig zu entfalten und der Umwelt sichtbar vor Augen zu bringen.“*, Roloff, 1 Timotheusbrief, 116.

65 Roloff, 1 Timotheusbrief, 114.

66 Die erste Bitte gemäß dem aktuellem dt. Messbuch lautet: *„Für die heilige Kirche. Lasst uns beten, Brüder und Schwestern, für die heilige Kirche Gottes, dass unser Gott und Herr ihr Frieden schenke auf der ganzen Erde, sie eine und behüte und uns ein*

gute Bürgerlichkeit des 1 Tim verächtlich abzutun, der frage sich im Blick auf die heutigen Christen unserer Breiten, die (noch) in politisch ruhigen Zeiten leben und Christenverfolgungen nur aus anderen Erdteilen kennen: Worum werden sie aufrichtigen Herzens beten, wenn die fortschreitende Entchristlichung und Entkirchlichung unserer Gesellschaft sie zur (bedrängten) Minderheit werden lässt?

1.6 Standhaft und treu angesichts der Staatsmacht; Apk 13

Kleinasien war die Region, wo der Apostel Paulus und andere christliche Prediger früh und intensiv den Glauben an Jesus Christus verkündeten, sodass sich dort relativ bald stabile, untereinander vernetzte christliche Gemeinden bildeten. Diese wurden von ihrer Umwelt wahrgenommen ob ihrer eigenartigen Religion und wegen ihres sozial-caritativen Binnen- und Außenverhaltens.

Zur Verfasserschaft der Offenbarung (= ἀποκάλυψις), ihrer Entstehungssituation, Entstehungszeit und ihrer Adressaten sei kurz angeführt:[67] Als unter Kaiser Domitian (81–96) der Kaiserkult, u. a. durch die Errichtung eines entsprechenden Tempels in der Provinz Asia mit ihrem Hauptort Ephesus, gefördert wurde, gerieten die Gemeinden und einzelnen Christen in eine bedrohliche Lage: Die Beteiligung am Kaiserkult wurde zur staatlichen Loyalitätsbekundung und bedeutete zugleich aus christlicher Perspektive Götzendienst. In dieser Situation formulierte der ‚Bruder' Johannes,[68] von der Insel

---

Leben gewähre in Ruhe und Sicherheit zum Lob seines Namens…" Die neunte Bitte lautet: „*Für die Regierenden. Lasst uns beten für die Regierenden… Allmächtiger, ewiger Gott, in deiner Hand sind die Herzen der Menschen und das Recht der Völker. Schau gnädig auf jene, die uns regieren, damit auf der ganzen Welt Sicherheit und Frieden herrschen, Wohlfahrt der Völker und Freiheit des Glaubens…*" Am 8. Sonntag im Jahreskreis lautet das Tagesgebet: „*Allmächtiger Gott. Deine Vorsehung bestimmt den Lauf der Dinge und das Schicksal der Menschen. Lenke die Welt in den Bahnen deiner Ordnung, damit die Kirche in Frieden deinen Auftrag erfüllen kann…*"

67 Kommentar zum Gesamtwerk: Berger, Die Apokalypse des Johannes, Kommentar, 2 Bd., Freiburg, Herder, 2017. Zu den Schlüsselfragen und zum Aufbau der Offenbarung: Deutsche Bibelgesellschaft, Stuttgart, Die Offenbarung des Johannes (Johannesapokalypse) (Apk), Die Bibel, Einführung zur Offenbarung, 1423–1424. Padovese, Problema della politica, 135–147.

68 Ein gebildeter Mann von hohem Ansehen in der Provinz Asia, wenn er auf die Wirkung seiner Sendschreiben an verschiedene Gemeinden vertrauen kann, jemand, der mit der literarischen Gattung der Visionen/Prophezeiungen jüdischer

Patmos aus, wohin er wegen des Glaubens verbannt worden war, wohl in den 90-iger Jahre, Sendschreiben an sieben kleinasiatische Stadtgemeinden[69]. Zweck der Offenbarung, die ganz im Briefstil gestaltet wurde, ist weniger, die bedrängten Gemeinden und einzelnen Gläubigen zu trösten, als sie vielmehr zu motivieren, sich dem staatlich geförderten und verlangten Götzendienst zu verweigern sowie sich nicht versuchen und verführen zu lassen, sondern stattdessen den Glauben an Gott und Jesus Christus, den Herrn, den die Apostel und (christlichen) Propheten verkünden, treu und ausdauernd zu bewahren,[70] bis hin zum Martyrium[71]. Weil das Werk ganz vom Dualismus Christentum versus teuflisch gesteuerte Staatsmacht gekennzeichnet ist, was besonders im 13. Kapitel[72] ausgeführt wird, sei es auch zur Gänze zitiert, Apk 13, 1–18:

> 1Und ich sah: Ein Tier stieg aus dem Meer, mit zehn Hörnern und sieben Köpfen. Auf seinen Hörnern trug es zehn Diademe und auf seinen Köpfen Namen, die eine Gotteslästerung waren. 2Das Tier, das ich sah, glich einem Panther; seine Füße waren wie die Tatzen eines Bären und sein Maul wie das Maul eines Löwen. Und der Drache hatte ihm seine Gewalt übergeben, seinen Thron und seine große Macht. 3Einer seiner Köpfe sah aus wie tödlich verwundet; aber die tödliche Wunde wurde geheilt. Und die ganze Erde sah dem Tier staunend nach. 4Die Menschen warfen sich vor dem Drachen nieder, weil er seine Macht dem Tier gegeben hatte; und sie beteten das Tier an und sagten: Wer ist dem Tier gleich und wer kann den Kampf mit ihm aufnehmen? 5Und es wurde ermächtigt, mit seinem Maul anmaßende Lästerungen auszusprechen;

(etwa: Buch Daniel des AT) und heidnischer (etwa: Sprüche der griechischen Sibyllen) Provenienz vertraut war.

69 Es sind: Ephesus, Smyrna, Pergamon, Thyatira, Sardes, Philadelphia und Laodizea, vgl. 1,1. „*Offenbar hat Johannes in diesen Gemeinden des ehemaligen paulinischen Missionsgebietes gewirkt.*“, Bibelgesellschaft, Die Offenbarung, Die Adressaten.

70 „*Weniger ein Trostbuch für eine verfolgte Gemeinde in schwerer Zeit als vielmehr eine starke Aufforderung, Christus und dem Glauben an ihn die Treue zu bewahren. Die Gemeinde soll sich davon nicht abbringen lassen, auch nicht durch Stimmen aus den eigenen Reihen. In diesem Sinn behält das Werk seine Gültigkeit.*“, Die Bibel, Einführung zur Offenbarung, 1424.

71 Das Martyrium ist ein zentrales Thema der Apokalypse, auch wenn hier nicht nur vergangene und gegenwärtige Erfahrungen, sondern gleichfalls zukünftige Situationen einer Gemeinschaft bedacht werden, die im andauernden Status der Begrenzung lebt und stets versucht ist, die eigene Identität zu verraten oder in der Prüfung des Glaubens zu unterliegen, vgl. Padovese, Problema della politica, 136.

72 Kapitel 13, ist eingebettet in den Teil des Buches (12,1–14,20), der gelegentlich als Apokalypse in der Apokalypse bezeichnet wird und gleichsam den hermeneutischen Schlüssel für das Verständnis der Visionen liefert, vgl. Bibelgesellschaft, Die Offenbarung, Die Visionen.

es wurde ihm Macht gegeben, dies zweiundvierzig Monate zu tun. [6]Das Tier öffnete
sein Maul, um Gott und seinen Namen zu lästern, seine Wohnung und alle, die im
Himmel wohnen. 7((footnote upperscript)) Und es wurde ihm erlaubt, mit den Hei-
ligen zu kämpfen und sie zu besiegen. Es wurde ihm auch Macht gegeben über alle
Stämme, Völker, Sprachen und Nationen. [8]Alle Bewohner der Erde fallen nieder vor
ihm: alle, deren Name nicht seit der Erschaffung der Welt eingetragen ist ins Lebens-
buch des Lammes, das geschlachtet wurde. [9]Wenn einer Ohren hat, so höre er. [10]Wer
zur Gefangenschaft bestimmt ist, geht in die Gefangenschaft. Wer mit dem Schwert
getötet werden soll, wird mit dem Schwert getötet. Hier muss sich die Standhaftigkeit
und die Glaubenstreue der Heiligen bewähren.
[11]Und ich sah: Ein anderes Tier stieg aus der Erde herauf. Es hatte zwei Hörner wie
ein Lamm, aber es redete wie ein Drache. [12]Die ganze Macht des ersten Tieres übte
es vor dessen Augen aus. Es brachte die Erde und ihre Bewohner dazu, das erste Tier
anzubeten, dessen tödliche Wunde geheilt war. [13]Es tat große Zeichen; sogar Feuer
ließ es vor den Augen der Menschen vom Himmel auf die Erde fallen. [14]Es verwirrte
die Bewohner der Erde durch die Wunderzeichen, die es im Auftrag des Tieres tat;
es befahl den Bewohnern der Erde, ein Standbild zu errichten zu Ehren des Tieres,
das mit dem Schwert erschlagen worden war und doch wieder zum Leben kam. [15]Es
wurde ihm Macht gegeben, dem Standbild des Tieres Lebensgeist zu verleihen, sodass
es auch sprechen konnte und bewirkte, dass alle getötet wurden, die das Standbild des
Tieres nicht anbeteten. [16]Die Kleinen und die Großen, die Reichen und die Armen,
die Freien und die Sklaven, alle zwang es, auf ihrer rechten Hand oder ihrer Stirn ein
Kennzeichen anzubringen. [17]Kaufen oder verkaufen konnte nur, wer das Kennzeichen
trug: den Namen des Tieres oder die Zahl seines Namens. [18]Hier braucht man Kennt-
nis. Wer Verstand hat, berechne den Zahlenwert des Tieres. Denn es ist die Zahl eines
Menschennamens; seine Zahl ist sechshundertsechsundsechzig.

Deutungsvorschläge zum Verständnis:[73]

Vor allem in Kapitel 13 der Apokalypse wird ein wichtiges Prinzip des Verfassers erkennbar. Hierbei handelt es sich um einen unversöhnlichen Dualismus zwischen Gott, Christus und Gemeinde auf der einen Seite und dem römischen Staat und Kaisertum sowie dem Teufel auf der Gegenseite. Obwohl sich beide Dimensionen in Bezug auf die Wirklichkeit unvereinbar gegenüberstehen, ähneln sie sich doch in etlichen Punkten. Gerade weil der Gegner ähnlich ist, ist er jedoch auch gefährlich. Denn die Ähnlichkeit verführt dazu, den bösen Gegner mit seinen Ansprüchen und Forderungen für gut zu halten. Kapitel 13 dient im Aufbau der Apokalypse dazu, die Nachäffung des Guten durch das Böse als Schlüsselprinzip zu erkennen, das genutzt werden kann, um den Gegner zu durchschauen. Der Visionär Johannes signalisiert seinen

73 Grundlage der folgenden Gedanken zum 13. Kapitel der Apk ist die Kommentierung in: Berger, Apokalypse, Teilband 2, 949–1030.

Gemeinden damit, dass sie darauf achten und sich entsprechend hüten sollen, da sich die Gegenseite der Wahrheit überraschend ähnlich präsentiert.[74]

Kapitel 13 (im Zusammenhang mit Kapitel 12) beschreibt und offenbart die den Christen entgegenstehende Mächte: Drache (= Teufel, auch die alte Schlange), Erstes Tier (= römisches Kaisertum), Zweites Tier (= Statthalter oder Pseudoprophet). Hier wird daher eine Genealogie des Bösen aufgezeigt. Das Erste Tier hat vom Drachen seine Vollmacht empfangen und dem Zweiten Tier seine Vollmacht verliehen. Zwischen Teufel, Erstem und Zweiten Tier herrscht daher das Verhältnis der Delegation beziehungsweise Imitation.[75]

Das Tier mit sieben Häuptern und zehn Hörnern steht als Repräsentanzobjekt für das römische Kaisertum; die Hure – von der die Apokalypse im 17. Kapitel spricht – die auf dem Tier reitet, steht demnach für die Stadt Rom. Indem der Seher Johannes das (Erste) Tier als vom Drachen eingesetzt und ermächtigt sieht, reduziert er die Gefährlichkeit des Heidentums auf den einen, freilich (heils-)entscheidenden, Punkt, nämlich die Anbetung des Kaisers.[76]

Die Apokalypse beschreibt den Konflikt, in dem die Christen mit der römischen Obrigkeit stehen; konkretisiert so also den Dualismus zwischen Gut und Böse. In diesem Zusammenhang sind insbesondere drei Punkte zu benennen:

1. Der Obrigkeit wurde es gegeben, Macht auszuüben, was keinesfalls Nicht-Verantwortung und Determinismus bedeutet, sondern den eingeräumten Freiraum zum eigenverantwortlichen Vorgehen gegen die Christen.
2. Die Verehrung und Anbetung des falschen Gottes zeigen, dass der Kampf gegen das Christentum vor allem ein medialer, publizistischer und propagandistischer Kampf ist, der einer atheistisch-rationalistischer fundamentalen Religionskritik entspringt.
3. Das gewaltsame Vorgehen der staatlichen Autoritäten gegen Christen kann als Krieg bzw. Kriegsgefangenschaft qualifiziert werden, weil es dabei immer auch um Leben und Tod geht.[77]

Die Zahl 666 ist eine gematrische Kombination, d. h. die Zahlen lassen sich in Buchstaben umwandeln. Seit langer Zeit wird die Zahl in den Buchstaben

---

74 Vgl. Berger, Apokalypse, 957–958.

75 Vgl. Berger, Apokalypse, 961. Dieser Hierarchie der Gegenseite entspricht auf der Seite des Christentums die Hierarchie Gott Vater – Christus – Johannes als prophetischer Visionär, ebd. 961.

76 Vgl. Berger, Apokalypse, 976–977.

77 Berger, Apokalypse, 980–981.

NRWN QSR dargestellt, was soviel bedeutet wie Neron Quäsar.[78] Wenn diese Deutung stimmt, ist das Erste Tier die Chiffre für Kaiser Nero bzw. Kaiser Domitian (81–96), der auch als zweiter, wiedergekehrter Nero (nero redivivus)[79] bezeichnet wird, was durchaus plausibel klingt, wenn die neronisch/domitianische Herrschaft und die Bedrängnis der Christen(-gemeinden) in Kleinasien verknüpft werden. Dass mit der Zahl als Chiffre nur ein Hinweis gegeben wird, der sich nicht mit Sicherheit zeitlich und lokal auslegen lässt, mag darüber hinaus auf die vom Verfasser der Apokalypse beabsichtigte situative Deutungsoffenheit der Apokalypse hinweisen.[80]

Die in der Apokalypse dargestellte Parallelisierung zwischen Christentum und römischem Kaiserkult bedeutet jedoch mehr als bloße Konkurrenz, sondern signalisiert die Gefahr der Verführung durch die innere Ähnlichkeit.[81] Die Anbetung des römischen Kaisers im Vergleich zur Anbetung des Gottessohnes Jesus Christus ist nicht absurd, sondern in gewisser Weise faszinierend. Denn der römische Kaiser ist als Gott-Mensch vorgestellt und wird so im Kaiserkult bekannt und verehrt; er ist daher genauso Gott-Mensch, wie Jesus von den Christen bekannt und verehrt wird. Die Orientierung an einem Gott-Menschen ist somit kein Alleinstellungsmerkmal der Christen im römischen Reich im ersten Jahrhundert. Freilich: der verführerische Reiz des Gottkaisertums und seiner Herrschaft ist, dass sie greifbar nahe und unmittelbar erfahrbar sind, im Gegensatz zum unsichtbaren und auf manifeste Machtdemonstrationen verzichtenden Gott der Christen. Darin liegt die bis zum Martyrium gehende erbitterte Abgrenzung und Verweigerung der Christen gegenüber dem römischen Kaiserkult.

Der Kontrast zwischen Paulus, der das römische Bürgerrecht (Apg 22,28) besaß und im Römerbrief (13,1) schreibt: *„Jeder leiste den Trägern der staatlichen Gewalt den schuldigen Gehorsam. Denn es gibt keine staatliche Gewalt, die nicht von Gott stammt; jede ist von Gott eingesetzt“* und der vom Seher Johannes als teuflisch bezeichneten römischen Staatsmacht im 13. Kapitel der

---

78 *„Die gematrische Verschlüsselung des Namens des Tieres in 13,18 trägt hingegen nichts zur Datierung bei, da wir den Code nicht kennen, den Johannes benutzt.“*, Bibelgesellschaft, Die Offenbarung, Abfassungszeit. Unter dieser Annahme wäre allerdings auch die Deutung der Zahl auf den Namen Nero hin obsolet.

79 Zur Annahme, dass in Apk 13 mit dem Ersten Tier die Gestalt des nero redux bzw. redivivus verknüpft ist, vgl. die Ausführungen von Witulski, Die Johannesoffenbarung, 206–209.

80 Vgl. Berger, Apokalypse, 1024–1025.

81 Vgl. zu diesem Abschnitt: Berger, Apokalypse, 1028.

Apokalypse ist dabei eklatant.[82] Paulus mag zu seiner Aussage gelangt sein, weil trotz allen Unrechts, das durch die Römer geschah, wie etwa auch die Hinrichtung Jesu, die römische Staatsmacht doch letztlich eine von Gott gewollte oder zumindest zugelassene Ordnungsmacht verkörpert, die als einzige das ansonsten drohende Chaos bändigen kann. Für den Verfasser der Apokalypse aber gehören die römische Staatsmacht und ihr erster Repräsentant der Kaiser eindeutig auf die Seite des Bösen, d. h. die Staatsmacht ist Mandatar des Satans.[83] Denn wer Menschen ohne Grund, also unrechtmäßig ermordet, noch dazu solche Menschen, die dem wahren Gott angehören und von Gott gesandt sind, muss des Teufels sein. Der Machtfaktor Rom, der für Paulus und viele seiner Zeitgenossen die einzig ernst zu nehmende weltliche Ordnungsmacht ist, steht damit in apokalyptischer Perspektive für die Zerstörung des Rechts, ist also Unrechtsstaat und wird deshalb auch selbst zerstört werden, wie es auch in Apk 13,10 gemäß dem ius talionis angedeutet ist.

Theologen und Schriftsteller der Alten Kirche haben in der Auslegungsgeschichte der Apokalypse, insbesondere ihres 13. Kapitels, die Figur des Antichrists bzw. der Antichristusse[84] als Gestalt endzeitlichen Geschehens aus 1 Joh 2,18[85]und anderen Texten endzeitlicher Erwartung[86] aufgegriffen und zur Deutung mit herangezogen. Während aber der ursprüngliche Topos vom Antichrist nicht lokal, zeitlich oder persönlich fixierbar war und *„die Kleidertheorie [gilt], d. h. die Rolle und das Kostüm liegen bereit, sie werden (von) wechselnden*

---

82 Vgl. zu diesem Abschnitt: Berger, Apokalypse, 1029–1030.

83 Padovese (problema della politica, 133) stellt seine gesamten Ausführungen zum 13. Kapitel der Apk unter den Titel: Lo stato mandante di satana secondo apocalisse 13.

84 Zum Thema Antichrist: Berger, Apokalypse, 1006–1013; vgl. auch die entsprechenden Artikel in: TRE sowie RGG.

85 *„Meine Kinder, die letzte Stunde ist da. Ihr habt gehört, dass der Antichrist kommt, und jetzt sind viele Antichriste aufgetreten. Daran erkennen wir, dass die letzte Stunde da ist.“* Andere ntl. Belegstellen: 1 Joh 2,22; 2 Joh 7; In den Evangelien taucht zwar der Begriff ‚Anti-Christos‘ nicht auf, aber verwandte Ausdrücke wie *„falsche Gesalbte“* (Mk 13,6.21), *„falsche Propheten“*, *„falsche Lehrer“* (Mk 13,22; 2 Petr 2,1) oder *„falsche Apostel“* (2 Kor 11,13). Diese Bezeichnungen gaben offensichtlich die Urchristen ihren inneren und äußeren Glaubensfeinden.

86 Jes 14,12–21 spricht z. B. vom Sturz eines Tyrannen kosmischer Dimension, der Israel bedroht. Angesichts einer anderen akuten Bedrohung des Judentums zeichnete das Buch Daniel (7,19–20; 8,9–14) um 164 v. Chr. den Seleukidenherrscher Antiochos IV. als Gotteslästerer und Fremdherrscher, dessen Angriffe auf das Judentum, das Endgericht über alle widergöttlichen Mächte nach sich ziehen werden.

historischen Gestalten angezogen."[87], wurde ab Hippolyt von Rom die Rolle des Antichrist auf eine einzelne Gestalt hin zugespitzt und fixiert.

Nachdem die Vorstellungen des Antichrists mit den Visionen der Apokalypse einmal verbunden waren, gehörte die Beschäftigung mit dem Thema Antichrist zu den exegetischen und eschatologischen Studien der Theologen unter der Berücksichtigung ihres Ertrags für heilsgeschichtliche Erwägungen.

Indem die Theologen der Scholastik akribisch nach den Spuren der Anwesenheit des Antichrists suchten, wurde das Thema zum Auslöser und Argument für die verschiedenartig motivierte Kritik an Kirche und Reich, an Papsttum und Kaisertum sowie ihren jeweiligen Repräsentanten. Die Identifizierung des Kaisers, insbesondere Friedrich II., als Antichrist/endzeitlicher Antichrist-Herrscher, erscheint durch sein Vorgehen gegen heterodoxe Gruppierungen in der Christenheit und seine Herrschaftsansprüche gegenüber kirchlichen Amtsträgern nachvollziehbar. Die Identifizierung des Papsttums als Antichrist basiert auf der Verfolgung von innerkirchlichen heterodoxen Strömungen und hatte dabei als Voraussetzung, dass der Papst selbst weltliche Herrschaft ausübte und in Rom, der Hure und Stadt auf sieben Hügeln (Apk 17), residierte.

Im Papstschisma von 1130 suchte Bernhard von Clairvaux den Gegenpapst Anaklet II. zu Papst Innozenz II. als Antichrist zu identifizieren. Ubertin von Casale (1259–1328) gehörte zur Strömung der Spiritualen innerhalb des Franziskanerordens und übte heftige Kritik an den amtierenden Päpsten. In seiner Schrift arbor vitae crucifixae Jesu[88] deutet er im fünften Buch, der Auslegung der Offenbarung des Johannes, das Erste Tier (Offb 13) als Bonifatius VIII. (amt. 1294–1303) und das Zweite Tier als Benedikt XI. (amt. 1303–1304).

Martin Luther kannte ebenfalls den Topos und die Lehre des Antichrists. Im Verlauf der Reformation setzte er das Papsttum (nicht den konkreten Papst!) mit dem Antichrist gleich[89] und war seit Mitte 1520 davon überzeugt,

87 Berger, Apokalypse, 1007.

88 Incipit Prologvs In Librvm Qvi Intitvlatvr Arbor Vite Crucifixe Iesv, Vendig, Andreas de Bonetis, 1485.

89 Vgl. Luthers Schrift: An den christlichen Adel deutscher Nation von des christlichen Standes Besserung, 1520; vgl. Berger, Apokalypse, 1008–1010. Vor Luther bediente etwa Sebastian Brant (Das Narrenschiff, Basel 1494, Kap. 103), ein Verteidiger des römischen Katholizismus am Vorabend der Reformation den Topos des Antichrists als Personengruppe, die er in ihrem Wirken ausführlich beschreibt und die den häretischen Bibeldeutern, wie etwa Jan Hus, zuarbeiten. Vgl. dazu: Ernst und Erika von Borries, Dt. Literaturgeschichte, Bd. 1, München DTV, 1991, 301–302.

das Papsttum sei der Antichrist. Seit seiner Schrift Adversus execrabilem Antichristi bullam, mit der er seine Verbrennung der auf ihn bezogenen päpstlichen Bannbulle begründete, vertrat er dies öffentlich und blieb dabei bis an sein Lebensende. Als Merkmale für das antichristliche Wesen des Papsttums formulierte Luther: Der Papst stelle seine Autorität über Gottes Wort, mache sich gegen und anstelle Jesu Christi zum Kirchenherrscher und beanspruche auch die Weltherrschaft gegenüber Kaisern und Königen. Er vergewaltige die Gewissen der Gläubigen mit willkürlichen, schriftwidrigen Gesetzen, darunter das Zölibat, die verpflichtende Beichte und die Deutung der Messfeier als Opfer. Er regiere mit Angst, anstatt mit Liebe. Bei ihm sei weltliche und geistliche Macht vermischt, woraus Habsucht und Korruption folge. Den Ursprung des päpstlichen Antichristzeitalters bestimmte Luther meist ab der Zeit von Gregor VII. und Bonifaz VIII. Eher allgemein sprach er daher von einer vierhundertjährigen päpstlichen Antichristherrschaft, die mit dem kanonischen Recht und der Scholastik aufgekommen sei.

Die Folge der immer wieder erfolgenden Identifizierung des Antichrists durch die Jahrhunderte war, dass damit das paränetische und pastorale Potenzial des biblischen Buches der Offenbarung verloren ging. Je öfter der endzeitliche Antichrist identifiziert wurde und die Zeit weiterlief, desto stärker nutzte sich der Topos ab.

1.7 Ertrag der neutestamentlichen Aussagen zum Verhältnis von Kirche und Staat

Auf den ersten Blick wird ersichtlich, dass sich die Positionen der vorgestellten biblischen Texte zur Stellung der christlichen Gemeinde/Kirche zur Staatsmacht/Herrschaftsträgern erheblich unterscheiden und nicht harmonisieren lassen.

Eine gemeinsame Position bzw. eine reflektierte politische Ethik im Hinblick auf die staatliche Herrschaft und ihre Repräsentanten ist hingegen nicht auszumachen. Dies darf jedoch nicht weiter verwundern, weil:

a) die neutestamentlichen Textzeugnisse Gelegenheitsschriften für einen unterschiedlichen Empfänger- bzw. Leserkreis sind;
b) die christlichen Verfasser und Empfänger ihre eigenen Vorerfahrungen und Vorgeschichten mit der staatlichen Gewalt zu unterschiedlichen Zeiten und an unterschiedlichen Orten hatten;
c) die Einlassungen der Verfasser zur staatlichen Gewalt nicht das Hauptthema ihrer Schrift, sondern eher beiläufig formulierte Gedanken waren.

Auch wenn es keine gemeinsame christliche Position zur Staatsgewalt in den neutestamentlichen Schriften gibt, ist doch (immerhin) festzuhalten, dass sich die Zeugnisse in ihren Aussagen nicht gegenseitig ausschließen. Die Zeugnisse müssen daher schlicht als Texte angenommen und verstanden werden, die auf den Anruf Jesu eine situativ begründete Antwort für das Verhältnis von christlicher Existenz und staatlicher Gewalt formulieren.[90]

Die Kernaussagen der Verfasser der betrachteten neutestamentlichen Schrifttexte zur Verhältnisbestimmung der Christen gegenüber der staatlichen Herrschaft lassen sich thesenartig rekapitulieren:

Mt 22,15–22. Ist es erlaubt dem Kaiser Steuern zu zahlen? Die Antwort Jesu zeigt den Ansatz einer Differenzierung zwischen den gerechtfertigten Ansprüchen der irdischen Gewalt und den (ebenfalls) gerechtfertigten Ansprüchen der Religion auf. Der einzelne Christ/die Gemeinde ist mit unterschiedlichen Ansprüchen konfrontiert; im Zweifel ist den weitergehenden, weil existentiell betreffenden Ansprüchen Gottes (eigenes Seelenheil, Reich Gottes) zu genügen.

Joh 18,33–38. Die Feststellung Jesu, dass sein Königtum nicht von dieser Welt sei, bedeutet eine Distanzierung gegenüber der staatlichen Gewalt. Dieser Topos der Distanzierung ist in zwei Richtungen ausgelegt worden: Zum einen im Sinn einer Relativierung der staatlichen Gewalt im Vergleich zur größeren Macht Gottes, zum anderen in der Kritik an den weltlichen Machtansprüchen der Kirche und ihrer geistlichen Amtsträger sowie an der konkreten weltlichen Herrschaftsausübung kirchlicher Personen.

Apg 5,29. Das Prinzip, dass Gott mehr zu gehorchen sei als den Menschen, entfaltete eine reichhaltige Wirkungsgeschichte in Bezug auf die Motivation zur Glaubenstreue von verfolgten Christen; die Stärkung der innerkirchlichen Geschlossenheit gegenüber staatlicher Einmischung; die Legitimierung des eigenen Lehranspruchs gegenüber kirchlichen Autoritäten.

Röm 13,1–8. Der staatlichen Gewalt ist der schuldige Gehorsam zu erweisen. Staatliche Herrschaftsträger haben diese Aussage genutzt, um sich die Loyalität der Christen/ Gemeinden/Kirche zu versichern. Immer gab es dabei auch Theologen und kirchliche Amtsträger, die sich diese Interpretation aneigneten und verkündeten. Dies geschah im katholischen wie protestantischen Kontext bevorzugt in Situationen, in denen ein enges Staat-Kirche-Verhältnis sowie eine enge Verknüpfung von Thron und Altar vorgegeben war oder erstrebenswert erschien.

90 Vgl. Padovese, Problema della politica, 147.

1 Tim handelt von der Verantwortung der Gemeinde für das Gemeinwesen und der Verkündigung der Frohen Botschaft. Ausgangspunkt ist – wie dies schon in Röm 13 anklang – eine positive Haltung zur Staatsmacht, die für geordnete und ruhige Lebensbedingungen sorgt und es erlaubt, der christlichen Verantwortung gerecht zu werden. In der Wirkungsgeschichte wurde der Text von den Vertretern der Staatsmacht genutzt, um die Christen auf die Struktur und Ordnung des Gemeinwesens zu verpflichten. Der Text sorgte dafür, dass die Kirche allermeist systemstabilisierend für die weltliche Herrschaft gewirkt hat und dafür, dass die Kirche gerade in Krisenzeiten durch Verträge einen sicheren Rahmen für ihre Sendung anstreben kann.

Apk 13. Der Text stellt auf den unversöhnlichen Dualismus zwischen Gott, Christus und Gemeinde einerseits und dem römischen Staat und Kaisertum sowie dem Teufel andererseits ab. Für das Verhältnis von Staat und Kirche wurde der Text insofern bedeutsam, weil er mit der Figur des Antichrists in Verbindung gebracht wurde und so apokalyptisch gedeutete Erfahrungen bestimmten Personen und/oder Institutionen zugeschrieben werden konnten. So entstand ein rhetorisches Instrument, mit dem polemisiert, polarisiert und verteufelt werden konnte und folglich der Versuch einer Verhältnisbestimmung zu unterlaufen war.

Die Gestaltung des Staat-Kirche-Verhältnisses zeigt, dass neutestamentliche Texte zu allen Zeiten zur Durchsetzung von kirchen- und staatspolitischen Interessen eingesetzt wurden, die da sind: Legitimierung der eigenen dissidenten Position; Emanzipationsbestrebungen von kirchlicher oder staatlicher Bevormundung; scharfe Abgrenzung von der staatlichen Herrschaft; Förderung der kirchlichen Geschlossenheit; Integration der Kirche in das staatliche Gemeinwesen; Kooperation, um der kirchlichen Sendung willen. Die Texte wurden dabei für die eigene Auffassung vereinnahmt oder Vertretern anderer Positionen abwehrend vorgehalten.

Die Extrempositionen der Gestaltung des Verhältnisses von Staat und Kirche, die beiden Formen des Nicht-Verhältnisses, sind allerdings durch die neutestamentlichen Texte – zumindest theoretisch – ausgeschlossen, nämlich, dass a) die kirchlich-geistliche Gewalt vollständig von der staatlichen Gewalt mit ausgeübt wird und b) geistliche/kirchliche Amtsträger zugleich die volle staatliche Gewalt ausüben.

In der Praxis hat es immerhin Versuche gegeben, solche Regimes zu errichten bzw. in verschleierter Form zu etablieren. Zu nennen sind hier vor allem Verhältnisbestimmungen in den Formen der (Fürst-)Bischöfe der deutschen Reichskirche sowie die weltliche Herrschaft des Papstes über den Kirchenstaat, aber auch der Summepiskopat protestantischer Landesfürsten sowie der

Cäsaropapismus im Wirkungsfeld orthodoxer Kirchen; solche extremen Ausformungen haben im Übrigen stets Kritik erfahren.

Auch wenn die Vereinnahmung neutestamentlicher Texte für eigene Zwecke und Positionen befremden mag, so ist doch zu würdigen, dass biblische Texte nur dann sinnvoll als Argumentationshilfe eingesetzt werden können, solange sich die beteiligten Personen/Institutionen, die das Kirche-Staat-Verhältnis zu gestalten haben, gleicherweise der Hl. Schrift verpflichtet fühlen.

Bei den Verhandlungen zum Abschluss des Bayerischen Konkordats von 1817 darf das Neue Testament inklusive seiner Aussagen zum Verhältnis von Kirche und Staat als Referenzpunkt der agierenden Personen und Institutionen vorausgesetzt werden.[91]

91 Diese These muss zumindest für die kirchlichen Amtsträger unterstellt werden. Der Fürst (der Kurfürst/ König Maximilian Joseph) hat sich als Christ verstanden und als praktizierender Katholik gelebt; eine öffentliche antichristliche/antikirchliche Positionierung der Repräsentanten der Staatsverwaltung hätte er nicht geduldet. Seit dem Hochmittelalter war in Europa ein nicht-christliches staatliches Gemeinwesen unvorstellbar und inakzeptabel; die Reaktionen auf die ‚Invasion' der türkischen Fürsten bis vor die Tore Wiens widersprechen der These nicht, sondern untermauern sie vielmehr.

2 Theorien zum Verhältnis von Kirche und Staat sowie Formen der Praxis

Der Sendungsauftrag Jesu, der Welt die Frohe Botschaft zu verkünden (Mt 28,18–20) und Licht für die Welt (Mt 5,14–16) zu sein, drängte die Christgläubigen der Urkirche dazu, ihr Verhältnis zur staatlichen Obrigkeit zu klären. Einzelne biblische Aussagen sorgten daher im Rahmen der Standortbestimmung dafür, dass die staatlichen Obrigkeiten nur als vorletzte Autorität anerkannt wurden, wobei die letzte Autorität stets bei Gott und dem Herrn Jesus Christus gesehen wurde. In der Zeit der Frühen Kirche entwickelte sich aus dieser Ausgangslage ein kritisch-distanziertes Verhältnis der Kirche zum Staat, selbst wenn dieser in seiner positiven Ordnungsfunktion anerkannt wurde. Die Distanz wurde insbesondere dann zur unüberbrückbaren Kluft, wenn die geforderte Loyalitätsbezeugung gegenüber dem heidnischen Staat und seinen Repräsentanten die Grenze der christlich-religiösen Identität zu verletzen drohte oder gar verletzte; dann kam es im Extremfall zur Verweigerung der Loyalität, zur Verfolgung der Christen und zum Märtyrertum.

Die Situation änderte sich, als Kaiser Galerius im Jahr 311 mit einem Toleranzedikt[92] die Christenverfolgungen beendete und den Christen die freie Ausübung ihres Glaubens gewährte, solange die öffentliche Ordnung dadurch nicht gestört würde. Dadurch wurde das Christentum zu einer erlaubten Religion (religio licita) im Römischen Reich. Kurz danach, im Jahr 313, gewährte daher die Mailänder Vereinbarung[93] zwischen den Kaisern Konstantin und Licinius allen Bewohnern des Römischen Reichs die Wahl ihrer Religion bzw. ihres Kultes. Für die Christen brachte dies darüber hinaus Bestimmungen hinsichtlich der Entschädigung einzelner Gemeinden für erlittene Schäden durch die Christenverfolgungen der vorhergegangenen Jahre. Schließlich erklärte Kaiser Theodosius zusammen mit den Kaisern Gratian und Valentinian II. im Jahr 380 durch ein Edikt[94] das Christentum in der katholischen Prägung zur offiziellen Staatsreligion des Römischen Reiches.

---

92 Text in: Lactantius, De mortibus persecutorum, 34, in: PL, 7, 249–250.

93 Text in: Lactantius, De mortibus persecutorum, 48, in: PL, 7, 267–270.

94 Edikt Cunctos Populos, v. 28.02.380, in: Mommsen/Meyer (Hgg.), *Theodosiani libri XVI,* XVI, 1, 2. Es soll nicht verschwiegen werden, dass mit diesem Edikt die vom römischen Staat gewährte Religionsfreiheit für alle Menschen im Reich gemäß der Mailänder Vereinbarung von 313 zurückgenommen und damit Geschichte wurde.

2.1 Die spätantike Zwei-Gewalten-Lehre zur Emanzipation der Kirche im römischen Reich

Natürlich begrüßten die Christen die geänderten staatlichen Rahmenbedingungen, in denen der Glaube praktiziert und verkündet werden konnte. Doch problemlos war diese Zeit dennoch nicht, da das Christentum durch die Verordnungen der Kaiser an jene Stelle getreten war, die in der paganen Staatsphilosophie, die heidnischen Kulte innegehabt hatten. Selbstverständlich galt dabei für die römischen Kaiser und die zivilen Obrigkeiten, dass Kult und Politik, Religion und Staat einander durchdringen und auch bedingen. In dieser Hinsicht war der Kaiser zugleich der oberste Priester des Reiches (pontifex maximus). Mit diesem aus paganer Zeit überkommenen Selbstverständnis kümmerten sich daher die römischen Kaiser nun auch um kirchliche Belange und Fragestellungen; Glaubensangelegenheiten waren demnach Staatsangelegenheiten.

Um die Einheit in der Kirche herzustellen, berief etwa Kaiser Konstantin das Konzil von Nicäa im Jahr 325 und Kaiser Theodosius (der übrigens den Titel pontifex maximus ablegte) das Konzil von Konstantinopel im Jahr 381 ein. Beide Kaiser bemühten sich, dass dogmatische Lehrsätze formuliert und durchgesetzt wurden, gingen gegen die sehr weit verbreitete arianische christliche Häresie vor, enteigneten Gemeinden und schickten Bischöfe in die Verbannung. So sehr die Christen für die kaiserliche/staatliche Unterstützung dankbar waren und die Einheit von Politik und Religion im Reich für die Reichsbevölkerung begrüßten, regte sich doch auch – zunächst zaghaft, dann stärker – Unmut gegen die kaiserliche/staatliche Einflussnahme auf administrative oder gar dogmatische Belange der Kirche.

Dieser Einflussnahme steuerte Papst Gelasius I. (amt. 492–496) mit seiner Zwei-Gewalten-Lehre entgegen, die er 494 in einem Brief[95] an Kaiser

---

Kaiser Theodosius erließ in der Folgezeit zahlreiche Edikte, aufgrund derer nicht katholische Christen als Häretiker und Anhänger paganer Kulte unterdrückt und – auch blutig – verfolgt wurden.

95 Gelaius I., Ep. ad Anastasium Imperatorem, drittes Pontifikatsjahr (= 494), in: PL, 59, 41–47, hier: 42.

„*Zwei sind nämlich, erhabener Kaiser, durch die an oberster Stelle diese Welt regiert wird: die geheiligte Autorität der Bischöfe und die kaiserliche Gewalt. Von diesen beiden ist die Last der Priester um so schwerer, als sie auch selbst für die Könige der Menschen vor Gottes Gericht Rechnung abzulegen haben. Denn Ihr wißt es, allergnädigster Sohn: Wohl überragt Ihr an Würde das ganze Menschengeschlecht, dennoch beugt Ihr fromm den Nacken vor den Amtswaltern der göttlichen Dinge und erwartet von ihnen die Mittel zum Seelenheil. Ebenso erkennt Ihr, daß Ihr*

Anastaios I. (amt. 491–518) formulierte. Auslöser des Briefs war das akakianische Schisma (484–519), das sich aus einer monophysitischen Ablehnung des Konzils von Chalzedon (451) ergeben hatte. Eine Kompromissformel sollte dabei nach kaiserlichem Willen die Einheit der Christen und damit des Reiches sichern.

Um klarzustellen, dass er die kaiserlichen Maßnahmen in Bezug auf die Beschlüsse des Konzils von Chalkedon nicht anerkennen könne, schrieb Papst Gelasius in seinem Brief: Gott habe zur Leitung der Welt die kaiserliche Gewalt (regalis potestas) und die geistliche Autorität der Bischöfe (auctoritas sacrata pontificum) eingesetzt. Von diesen beiden sei die auctoritas gewichtiger, da die Bischöfe vor Gottes Gericht auch für die Könige Rechenschaft abzulegen hätten. Zugleich wird aber den Herrschern, respektive dem Kaiser, die höchste dignitas unter den Menschen eingeräumt. Es geht somit um eine wechselseitige Bezogenheit der Gewalten und ihrer Repräsentanten: „*Denn du weißt allergnädigster Sohn, dass du, obgleich an Würde über das Menschengeschlecht gesetzt, dennoch den Vorstehern der göttlichen Dinge fromm den Nacken beugst und von ihnen die Mittel deines Heils erwartest.*“[96] Was die geistlichen Dinge

---

beim Empfang der himmlischen Sakramente, wenn sie geziemend gespendet werden, nach geheiligter Ordnung eher der demütig Nehmende, nicht aber der Befehlende seid. In diesen Dingen seid Ihr demnach vom Urteil der Priester abhängig und dürft sie nicht Eurem Willen unterjochen wollen. Wenn nämlich im Bereich der staatsrechtlichen Ordnung auch die Vorsteher der Religion willig anerkennen, daß Euch die kaiserliche Herrschaft durch göttliche Anordnung übertragen ist und deshalb auch sie Euren Gesetzen Gehorsam zu leisten haben, um nicht etwa in weltlichen Dingen Eurer einzig maßgeblichen Befehlsgewalt entgegen zu sein - wie freudig, so frage ich Euch, muß man denen dann gehorsam sein, die zur Spendung der schauervollen Mysterien gesetzt sind? (...) Und wenn sich schon allen Priestern insgesamt, falls sie der göttlichen Dinge würdig walten, die Herzen der Gläubigen demütig hingeben müssen, um wieviel mehr ist dann dem Bischof jenes Stuhles Beipflichtung zu zollen, welchen die höchste Gottheit erwählte, alle Bischöfe zu überragen, und welchen auch in der Folgezeit die gesamte Kirche immerdar in kindlicher Verehrung gefeiert hat.“

Die Verhältnisbestimmung von Staat und Kirche fand Eingang in das Decretum Gratiani, c. 10 D. 96: „*Item Gelasius Papa Anastasio Imperatori. Duo sunt quippe, imperator auguste, quibus principaliter hic mundus regitur: auctoritas sacra Pontificum, et regalis potestas. In quibus tanto grauius est pondus sacerdotum, quanto etiam pro ipso regibus hominum in diuino sunt reddituri examine rationem.*“, in: CorpIC, Bd. 1, Leipzig 1879. Zur weiteren Verwendung der Gelasianischsen Zwei-Gewalten-Lehre im Frankenreich und bis zum Hochmittelalter: Schieffer, Zweigewaltenlehre, 720.

96 Gelaius I., Ep. ad Anastasium Imperatorem, in: PL, 59, 42.

betrifft, hebt Gelasius gegenüber dem Kaiser, der in Konstantinopel residiert, die Vorrangstellung seines römischen Bischofstuhles gegenüber anderen Bischofssitzen hervor.

Die bemerkenswerte Sinnspitze an der Aussage des Papstes Gelasius war, dass er die staatliche potestas und die bischöfliche auctoritas auf eine Ebene stellte. Die bischöfliche auctoritas wurde dabei definiert durch die geistliche Macht, die Menschen hinsichtlich ihrer Sünden binden und lösen zu können. Zugleich ist für die Positionierung des Papstes festzuhalten, dass es sich bei seiner Lehre der zwei Gewalten (noch) um ein defensives Konzept handelte. Er forderte daher in seinem Brief gegenüber dem Kaiser die eigenständige Verantwortlichkeit der Kirche für ihren Bereich, ohne in die weltliche Ordnung eingreifen zu wollen. Staatliche und kirchliche Gewalt können demnach als Teilaspekte der einen Herrschaft in dem einen Corpus Christianorum seu Christi verstanden werden, die in konstruktiver Koexistenz ein harmonisches Leben in der Gesellschaft ermöglichen.

Mit der Bestimmung des Gelasius war die Balance zwischen geistlicher und weltlicher Macht für den westlichen Teil[97] der Christenheit für Jahrhunderte gesichert. Die duale Verhältnisbestimmung war damit theoretisch fixiert und wurde von weltlicher, wie kirchlicher Seite grundsätzlich akzeptiert, auch wenn sich in der Praxis weltliche Machthaber weiterhin und immer wieder neu in kirchliche Angelegenheiten einmischten. Dies galt und wurde virulent nicht zuletzt nach der Gründung und Etablierung des fränkischen Königreichs bzw. des ottonisch-deutschen Kaiserreichs als Sacrum Imperium Romanum, wo sich theokratische Herrschaftsmerkmale bildeten und weiterentwickelten.

97 Die östliche (Reichs-)Kirche, die ihr Zentrum in Konstantinopel bzw. Byzanz hatte, ging einen anderen Weg. Sie führte die antike Tradition fort, nach der dem Kaiser auch die Sorge um die rechte Religion und den rechten Kult anvertraut war. Es gab daher einen weitgehenden Zusammenschluss von staatlichem und kirchlichem Bereich; eine Regierung der Kirche durch die Person des in die kirchliche Hierarchie integrierten, ins Sakrale erhobenen Kaisers, der in seinem Walten als ein Abbild des himmlischen Herrschers erschien und als sacerdos imperator bezeichnet wurde. Dieses System eines christianisierten sakralen Absolutismus wird gemeinhin als ‚Byzantinismus' bezeichnet, das Urbild jeder Art von Cäsaropapismus. Vgl. zum byzantinischen Weg, Zippelius, Staat und Kirche, 16–18.

2.2 Die hochmittelalterliche Zwei-Schwerter-Lehre-Schwerpunktsetzung in dem einen Corpus Christianum

Gegen die Übergriffe weltlicher Machthaber in innerkirchliche, dogmatische und disziplinäre Angelegenheiten gab es stets widerständige Vertreter der Kirche.[98] Kraftvoller und systematischer wurde der Widerstand mit dem Erstarken des Papsttums[99] und einer Reforminitiative, die es sich zum Ziel setzte, die Kirche von weltlicher Einflussnahme zu befreien. Begleitet und unterstützt wurde der Reform- und Emanzipationsprozess, auch Kampf um die Kirchenfreiheit[100] genannt, von einer kirchlich theoretischen Lehrentwicklung und Propaganda, die die Theokratie weltlich-laikaler Herrschaftsträger durch eine Hierokratie, d. h. einer Vorherrschaft der kirchlich-spirituellen Repräsentanten, in der einen Christenheit abzulösen suchte. Es begann somit ein zähes Ringen zwischen Papsttum und Kaisertum, sacerdotium und regnum. Dabei spielten insbesondere die Entwicklung und Indienstnahme der Zwei-Schwerter-Lehre eine wichtige Rolle.[101]

Grundlage der Zwei-Schwerterlehre sind zwei Faktoren: Einerseits ist hier der von Gelasius mit seiner Zwei-Gewalten-Lehre angelegte Dualismus in der

98 Etwa Bonifatius, der durch Papst Gregor III. den Auftrag zu seiner Missions- und Reformarbeit im fränkischen Reich erhielt und stets – auch gegen den König und die Fürsten – den engen Kontakt und die Ausrichtung der fränkischen Kirche an den römischen Bischofsstuhl suchte und pflegte. Bonifatius erbat sich in Rom 719 den Auftrag zur Mission und wurde 722 von Papst Gregor II. zum Missionsbischof ohne festen Amtssitz geweiht. Durch Papst Gregor III. erhielt er 732 den Titel Erzbischof und das Pallium mit der Vollmacht, Bistümer zu gründen, in: MGH Ep. sel., I, Nr. 28, 49–52. 738 wurde er zum päpstlichen Legaten erhoben, um die Diözesanverhältnisse in Alemanien und Bayern zu ordnen, in: MGH Ep. sel., I, Nr. 44, 70–71.

99 Dabei spielten die pseudoisidorischen Fälschungen des 9. Jahrhunderts eine nicht unerhebliche Rolle. Siehe dazu: Fuhrmann, Art. Pseudo-Isidor, in: LThK[3], Bd. 8, 709–710. Zu den pseudoisidorischen Schriften im Zusammenhang mit der Entwicklung des päpstlichen Primates vgl. Klausnitzer, Der Primat, 189–193. Weiteren Anteil an der Stärkung des Papsttums hatten die Einführung des päpstlichen Legatenwesens, der Ausbau der römischen Kurie, die Etablierung des Kardinalskollegiums als Leitungsorgan der Kirche sowie die Entwicklung der Kanonistik.

100 Zu den Grundzügen der Auseinandersetzung vgl. Zippelius, Staat und Kirche, 41–51.

101 Einen ausführlichen Überblick zu dieser Lehre bietet Levison. Lehre von den beiden Schwertern, 14–42. Einen kurzen Überblick zur Entwicklung, Anwendung und Wirkungsgeschichte bietet Paul Mikat, Zweischwerterlehre, in: LThK[3], Bd. 10, 1519–1520.

Verhältnisbestimmung zwischen Kirche und weltlicher Herrschaft anzuführen. Dazu tritt die dem Menschen vorliterarischer Zeiten und Regionen besonders eignende Vorliebe, abstrakte Sachverhalte mit Bildworten und Metaphern auszudrücken bzw. diese einprägsam zu vermitteln. Damit korrespondiert selbstverständlich die aus altkirchlichen Zeiten überkommene allegorische Bibelauslegung.

Für das Verhältnis von Staat und Kirche/Kaisertum und Papsttum stand eine Reihe von Begriffspaaren zur Verfügung: Diese ähneln den beiden Händen oder Augen des Menschen, den Cherubim auf der Bundeslade und den beiden Säulen des Jerusalemer Tempels, womit eine gleichrangige Dualität ausgedrückt ist; andererseits werden diese verglichen mit Gold und Blei, Leib und Seele sowie Sonne und Mond, wobei hier ein unterschiedlicher Rang von geistlicher und weltlicher Gewalt aufscheint.[102]

Das Schwert begegnet beim Apostel Paulus (Röm 13,4) als Metapher weltlicher Herrschaft und ist ganz allgemein Zeichen für weltliche Gerechtigkeit und Hoheit; die Metapher vom geistlichen Schwert beginnt ebenfalls mit Paulus (Eph 6,17): „*Nehmt das Schwert des Geistes, das das Wort Gottes ist.*" Daraus leiteten sich Begriffe wie das gladius spiritualis bzw. gladius ecclesiasticus ab und schließlich verlangte Papst Nikolaus II. (amt. 1058–1061) um 1060, dass bestimmte Verbrecher spirituali simul et materiali gladio, also mit geistlichem und weltlichem Schwert verfolgt werden sollten.[103] Festzustellen bleibt in diesem Zusammenhang, dass um die Mitte des 11. Jahrhunderts die Symbole der zwei Schwerter bereits gebräuchlich waren; auch „*war die Metapher vom gladius duplex schon klassisch*"[104] geworden. Die Schwerter stellten aber noch bloße Worte, einen Namen für den alten Begriff der zwei Gewalten sowie ihre jeweiligen Zwangs- und Strafmittel dar; sie waren daher noch nicht zum Gegenstand der Erörterung einer bestimmten politischen Theorie oder ekklesiologischer Ansätze geworden.[105]

Biblischer Anknüpfungspunkt für die Zwei-Schwerter-Lehre ist ein Vers aus der Leidensgeschichte Jesu gemäß der Überlieferung des Evangelisten Lukas (22,38): „*Da sagten sie: Herr, hier sind zwei Schwerter. Er erwiderte: Genug davon!*" Sicherlich können die genannten zwei Schwerter dazu anregen, bei

102 Zu den angeführten und weiteren Begriffspaaren mit entsprechenden Belegstellen vgl. Levison. Lehre, 16.

103 Zu diesen und weiteren Begriffen mit Belegstellen vgl. Levison. Lehre, 17–25.

104 Merzbacher, Zwei-Schwerter-Lehre, 1429.

105 Levison. Lehre, 25.

der Auslegung der Stelle eine dualistische Sinnspitze anzunehmen. Ambrosius etwa verband die beiden Schwerter mit dem Gedanken an das Alte und Neue Testament.[106] Petrus Damiani (1007–1072), ein Anhänger der kirchlichen Reformbewegung, war hingegen überzeugt, dass die eigenständige und mit eigenem Bereich betraute kirchliche und weltliche Gewalt (gladius spiritus und ferrum) im Kampf gegen das Böse einander beistehen und unterstützen sollten.[107] In einer Predigt über die Sakramente lobte dieser, wie beide Gewalten verbunden sind und zusammenwirken. In der Folge begründete er die Zwei-Schwerter-Lehre, indem er den beiden Schwertern im Bibelvers folgende allegorische Bedeutung beilegte: Das Schwert des Priesters soll das Schwert des Königs mildern, das Schwert des Königs soll dagegen das des Priesters schärfen.[108] *„Die neue Auslegung der Lukasstelle durch Petrus Damiani war nur ein Gedankenblitz, ein Einfall, aber diese Vorstellung sollte Bestand haben, ja sie wurde ausgestaltet zu einer Gleichsetzung der Schwerter im Lukasevangelium mit den beiden höchsten Gewalten der Welt."*[109] Einen Schritt vollzog Petrus Damiani allerdings nicht: Eine Über- bzw. Unterordnung der einzelnen Schwerter findet sich bei ihm (noch) nicht, sodass die Schwerter noch gleichrangig zusammenzuwirken haben. Das sollte sich jedoch mit dem fortschreitenden Streit zwischen Kaiser und Papst über die Zuständigkeit hinsichtlich der Investitur der Bischöfe im deutschen Königreich gründlich ändern.

Der in der Zwei-Schwerter-Lehre angelegte Dualismus kam zunächst im Ringen zwischen sacerdotium und regnum der kaiserlichen Seite zupass, da sich mit ihm gegen die immer stärker werdenden päpstlichen Vorrangambitionen argumentieren ließ. Kaiser Heinrich IV. (1050–1105) führte in einem Brief die Bibelstelle gegen Papst Gregor VII. an: *„Cui cum diceretur: domine, esse duo gladii, hic respondit: satis est, significans hac sufficienti dualitate spiritualem et carnalem gladium in ecclesia esse gerendum…*"[110] Aus dem Zitat erhellt, dass

---

106 Vgl. Ambrosius, Expositio evangelii secundum Lucam, in: CSEL 32/4, 76. Vgl. ebenso Bruno von Segni (1049–1123), Commentaria in Lucam, pars 2, cap. 48, in: PL 165, 445.

107 Vgl. Petrus Damianus, Sermones Ordine Mense Servato, 54, in: PL 144, 809.

108 Vgl. Petrus Damianus, Sermones Ordine Mense Servato, 69, in: PL 144, 900: *„Felix autem, si gladium regni cum gladio jungat sacerdotii, ut gladius sacerdotis mitiget gladium regis et gladius regis gladium acuat sacrdotis. Isti sunt duo gladii, de quibus in domini passione legitur: Ecce duo gladii hic, et respondetur a Domino: Sufficit."*

109 Levison. Lehre, 28.

110 Brief an die deutschen Bischöfe, v. 1076, ep. 13, in: MGH, Dt. MA 1, 17–20, hier: 19; die Schlüsselaussage auch im Brief an die Römer, v. 1082: *„Deus non unum, sed duos gladios satis esse dixit."*, ep. 17, in: MGH, Dt. MA 1, 24–26, hier: 25.

es nach Heinrichs Ansicht gemäß Gottes Willen zwei einander zugeordnete höchste Gewalten auf Erden nebeneinander gebe. Damit wandte er sich gegen eine prinzipielle Unterordnung der weltlichen unter die geistliche Herrschaft, d. h. des regnum unter das sacerdotium. Zusammen mit der Berufung auf die Zwei-Gewalten-Lehre des Papstes Gelasisus wurde die Deutung der zwei Schwerter als potestates distinctae in der Folge von Vertretern der kaiserlichen Partei mehrfach wiederholt.[111]

Allerdings ist anzumerken, dass der Kaiser und seine Hoftheologen mit ihrer Indienstnahme der von Petrus Damiani propagierten Interpretation von Lk 22,38 eben erst auf Papst Gregor VII. (amt. 1073–1085) reagiert hatten. Dieser hatte 1075 seinen Dictatus Papae veröffentlicht, in dem er die päpstlich hierokratische Position in 27 Thesen pointiert umriss.[112] Diese geben wieder, wie Gregor die Stellung des Papstes in der Kirche und zur weltlichen Macht sieht. Selbstredend werden durch den Dictatus alle weltlichen Eingriffe in die Angelegenheiten der Kirche, insbesondere in die Bischofsernennungen, -versetzungen und –absetzungen, abgewiesen und für den Papst reklamiert. Dies entspricht im Übrigen ganz der Forderung nach einer Kirche, die ihre Angelegenheiten frei und unabhängig regeln kann. Dagegen sind insbesondere die Thesen 8, 9 und 12 für das Verhältnis gegenüber dem Kaiser aufschlussreich, der nach damaliger allgemeiner Lehrüberzeugung seine Vollmacht auf göttliche Anordnung gründen konnte.

These:

8	Quod solus possit uti imperialibus insigniis.	Dass er allein die Zeichen kaiserlicher Herrschaft verwenden kann.
9	Quod solius papae pedes omnes principes deosculentur.	Dass allein des Papstes Füße von allen Fürsten zu küssen sind.
12	Quod illi liceat imperatores deponere.	Dass es ihm zusteht, Kaiser abzusetzen.

Aus den in den zitierten Thesen vertretenen Positionen erhellt, dass Gregor einen päpstlichen (bzw. seinen) Herrschaftsanspruch auch gegenüber dem Staat, dem regnum, und seinem Repräsentanten, dem Kaiser, geltend machte.

Der schon länger schwelende Investiturstreit (ca. 1076–1022), in dem es eigentlich darum ging, wer Bischöfe und Äbte in ihr Amt einsetzen durfte,

111 Vgl. Goez, Zwei-Schwerter-Lehre, 725.
112 MGH Epp. sel. II, II, 55a, 201–208.

flammte offen zwischen Papst und Kaiser auf, sodass Papst Gregor VII. Kaiser Heinrich IV bannte. Dieser konnte sich zwar durch seinen Bußgang nach Canossa 1077 vom Bann befreien, doch schien damit zugleich der päpstlich hierokratische Führungsanspruch gegenüber dem Kaiser zementiert.[113] Freilich ist heute unstrittig, *„dass der 'Dictatus' in seiner Entstehungszeit nicht eine Realität spiegelt, sondern dass es sich hier um einen Wechsel auf die Zukunft handelt [...] Aber Gregor intendiert mit diesen Tendenzen eine neue Kirchenpraxis.*“[114]

Die oben schon genannte Bibelstelle von den zwei Schwertern (Lk 22,38) musste nicht im Sinne Petrus Damianis interpretiert werden. Ein anderer Vertreter der kirchlichen Reformbewegung, Bernhard von Clairveaux (1090–1153), legte die Bibelstelle ganz anders aus, indem er sie im Zusammenhang mit einem anderen Wort Jesu an Petrus aus der Leidensgeschichte in Verbindung brachte: *„Da sagte Jesus zu ihm: Steck dein Schwert in die Scheide.*“ (Mt 28,52). Jesus, so Bernhard[115] und andere gleichgesinnte Theologen, habe damit ausdrücklich zugestimmt, dass die Apostel über beide Schwerter verfügen könnten. Daher besitze diese der Papst als Nachfolger des Apostels Petrus. Er führe den gladius spiritualis selbst, den gladus materialis jedoch überlasse er widerruflich dem Kaiser, der es nach Weisung der Kirche zu führen habe. Das eine Schwert sei also von der Kirche, das andere für die Kirche zu führen.

Gregor VII. und seine Parteigänger reduzierten mit ihrer literarisch fixierten Position die im gesamten Mittelalter geltende Dualität des Christentums (Papsttum und Kaisertum) auf einen Pol, nämlich den des Papsttums. Die Konsequenz dieser Position war jedoch, dass sich die weltliche Gewalt aus der kirchlichen Vereinnahmung lösen wollte und ihrerseits ihren Wirkungsbereich autonom gestalten wollte. Durch den Rekurs auf das antike römische Recht und

113 In einem Brief (15.03.1081) an Bischof Hermann von Metz rechtfertigt Gregor VII. seine Politik und sein Vorgehen gegenüber Kaiser Heinrich IV. mit dem Rückgriff auf die Zwei-Gewalten-Lehre Papst Gratians, in: MGH Epp. sel. II, VIII, 21, 544–563, besonders 553.

Außerdem sprechen zwei weitere Aspekte nach Ansicht der Hierokraten für einen Vorrang des Papstes gegenüber dem Kaiser, d. h. der geistlichen gegenüber der weltlichen Gewalt: Erstens sei diese früher da gewesen als die weltliche, da Gott zunächst das Priestertum und dann die Königsherrschaft eingeführt hatte, zweitens sei die Notwendigkeit weltlicher Herrschaft eine Folge der Erbsünde, sodass es der Vermittlung, Segnung und Einsetzung durch die Kirche bedürfe, damit weltliche Herrscher legitimiert sind.

114 Klausnitzer, Der Primat, 200.

115 Vgl. De consideratione IV, 3, 7, in: PL 182, 776.

die von Aristoteles hergeleitete Konzeption des Naturrechts sowie aufgrund manch anderer begünstigenden Faktoren entstand im 13. Jahrhundert der neue Begriff der Staatssouveränität. Diese richtet sich sowohl nach außen, insofern sie die Unabhängigkeit von äußeren Machthabern und die Nicht-Einmischung jeder äußeren Instanz verlangt, als auch nach innen, da sie keine staatsunabhängige Organisation im eigenen Machtbereich, d. h. keinen ‚Staat im Staate' duldet. Verortet war diese staatspoltische Entwicklung an den sich etablierenden Universitäten und den Machtzentren der neben dem Kaisertum aufstrebenden Nationalstaaten.

Die Zwei-Schwerter-Lehre wurde seit dem 2. Drittel des 12. Jahrhunderts bis ins 14. Jahrhundert zu einem oft wiederholten Argument für die Superiorität der päpstlichen Gewalt über das Kaisertum.[116] Eine weitere bedeutsame Manifestation des päpstlichen Herrschaftsanspruchs wurzelt wiederrum in einer Konfliktsituation. Hierbei standen sich nicht das Papsttum und das römisch-deutsche Kaisertum, das seit Beginn des 12. Jahrhunderts und jedenfalls mit dem Erlöschen der Stauferdynastie (1258) erheblich an Bedeutung verloren hatte, gegenüber, sondern geriet vielmehr Papst Bonifaz VIII. (amt. 1294–1303) mit dem französischen König Philipp IV. (dem Schönen, amt. 1285–1314) wegen der Besteuerung der Kleriker, der Bischofsinvestitur und der Ausfuhr von Steuergeldern in Streit.[117] Die Auseinandersetzung gipfelte in der Verkündigung der Bulle Unam Sanctam[118] im Rahmen eines vom Papst einberufenen Nationalkonzils der französischen Bischöfe am 18. November 1302.

Der Text der Bulle beginnt mit einem Bekenntnis und einem drängenden Aufruf zur Einheit der einen Kirche; außerhalb der einen und einzigen Kirche gibt es kein Heil; sie ist ein Leib mit einem Haupt, nicht etwa mit zwei Häuptern wie eine Missgeburt; der Nachfolger Petri ist der eine Stellvertreter des einen

---

116 Vgl. Goez, Zwei-Schwerter-Lehre, 725.

117 Zum Streit der Protagonisten unter der Perspektive der Zwei-Schwerter-Lehre und deren spätere Interpretation vgl. Mantey, Zwei Schwerter – Zwei Reiche, 14–72.

118 Gesamttext bei Mirbt-Aland, Nr. 746. Wesentliche Lehraussagen in DS 870–875. Zu einer ersten Einordnung: Chenu, Art. Unam sanctam, in: LThK[2] 10, 462, dort auch Hinweise auf die Vorarbeiten verschiedener Autoren, wie etwa Aegidius Romanus mit seinem 1301 erschienenem Traktat De ecclesiastica potestate (hg. v. Richard Scholz, Weimar 1929, ND Aalen 1961), von dem einige Passagen in die Bulle eingegangen sind. Zur Einordnung des Aegidius und seiner philosophischen Position vgl. Christoph Flüeler, Der philosophiehistorische Kontext zu Dante Alighieri, Monarchia, 32–39.

Hauptes Christus; wer sich also von der Einheit unter dem Haupt löst, gehört nicht zu den Schafen Christi, denn es gibt nur einen Hirten und eine Herde.

Die Bulle greift auf das Bild der zwei Schwerter zurück. Demnach gibt es ein geistliches und ein weltliches, die jeweils für die geistliche und weltliche Gewalt stehen; beide Schwerter unterstehen dabei der kirchlichen Autorität so wie die weltliche der geistlichen Gewalt untergeordnet, da das Geistliche im mittelalterlichen Ordo-Denken immer dem Weltlichen übergeordnet ist. Der geistlich-kirchlichen Gewalt kommt es zwar zu, die weltliche Gewalt zu richten, allerdings wird sie selbst in ihrer höchsten Repräsentation, dem Papst, nur von Gott gerichtet. Wer diese Ordnung und Rangfolge bestreitet, erdichtet zwei Anfänge bzw. Prinzipien, was jedoch falsch ist. Die Konsequenz dieser Darlegungen findet sich im letzten Satz der Bulle: *„Wir erklären, sagen und definieren nun aber, dass es für jedes menschliche Geschöpf unbedingt notwendig zum Heil ist, dem römischen Bischof unterworfen zu sein."*[119]

Die Bulle Unam Sanctam versteht die Kirche nicht als einen Bereich menschlich-gesellschaftlicher Wirklichkeit neben einem oder vielen andren, sondern als ein Band, das alle Bereiche umschließt und der menschlichen Gemeinschaft eine Zielperspektive hin auf Gott gibt. Eine Scheidung oder gar Gegenüberstellung von Kirche und Staat, wie sie sich bei Philipp dem Schönen abzeichnete und heute als Erbe des politischen Liberalismus des 19. Jahrhunderts auch als kirchliches Gemeingut existiert, war für Bonifaz nicht vorstellbar.[120] Unam Sanctam ist daher vor allem zu sehen als *„der konservative Versuch, das Steuer in einer neuen Entwicklung, die auf Nationalstaatlichkeit und Staatssouveränität zielt, noch einmal im Sinne Gregors VII. herumzureißen."*[121]

Im Sinne der Konzeption der Bulle Unam Sanctam ruht die Weltordnung auf einem Pfeiler, jenem von Glauben und Kirche.[122] Dies ist eine integralistische Weltsicht, die die Eigenständigkeit der Naturordnung verneint, die im Glauben allein die Antwort auf alle Fragen des privaten und öffentlichen Lebens findet, die den verschiedenen kulturell-gesellschaftlich-politischen Sachbereichen jede Eigenständigkeit abspricht und diese Bereiche grundsätzlich der Kirche unterstellen will;[123] dem Papst kommt damit die postesta directiva in temporalibus zu.

---

119 DS, 875.

120 Vgl. Klausnitzer, Der Primat, 227.

121 Vgl. Klausnitzer, Der Primat, 227

122 Vgl. Klausnitzer, Der Primat, 227.

123 Vgl. Nell-Breuning, Art. Integralismus, in: LThK^2 5, 717–718, 717.

Unam Sanctam ist ein Spitzentext einer kirchlich-integralistischen Weltsicht, die sich im Lauf der seitherigen Kirchengeschichte in verschiedenen Auffassungen und Aussagen immer wieder neu manifestiert hat, etwa in der Behauptung, „*dass der Papst die potestas directa oder indirecta über die weltliche Gewalt in der Weise besitze, dass deren Aufgabe sich in der Anwendung kirchlicher Weisungen oder theologischer Prinzipien auf den weltlichen Herrschaftsbereich erschöpfe*".[124] Mit der Bulle Unam Sanctam konnte Papst Bonifaz VIII. allerdings seine Ansprüche gegen den französischen König nicht durchsetzen. Das „*hochfahrende Dokument wurde zum Abgesang päpstlicher Weltherrschaft.*"[125] Mit der Gefangennahme des Papstes und seinem Tod bald nach seiner Befreiung wurde für das Papsttum vollzogen, was sich für das Kaisertum gut 100 Jahre vorher ereignet hatte. War vorher, beim Sturz des Kaisertums, das auf dem Höhepunkt seiner Macht cäsaropapistische Herrschaftsformen ausgebildet hatte, das eine Extrem im Verhältnis von weltlicher und geistlicher Gewalt abgewiesen worden, so wurde nun mit der politisch-faktischen Negierung des päpstlichen Herrschaftsanspruchs das papolatrische Extrem des Verhältnisses von geistlicher und weltlicher Macht zurückgewiesen. Daher musste ein Miteinander gesucht werden, sodass geistige und weltliche Macht ungeteilt und unvermischt koexistieren können. Diese Zielsetzung erinnert an das Glaubensbekenntnis des Konzils von Chalzedon im Jahr 451 und seiner Absicht das Zueinander von göttlicher und menschlicher Natur in Jesus Christus zu fassen, nämlich als: unvermischt, ungetrennt, ungeteilt, unveränderlich (DH 300–303). Denn aus der Glaubensaussage lässt sich folgern: „*Jede Gestalt von politischer Theologie ist in Gefahr, die chalcedonensischen Attribute 'unvermischt' und 'unverwandelt' zu verdrängen. Denn die praktische Identifizierung eines politische Systems, einer Wirtschafts- und Gesellschaftsform mit dem in der Heiligen Schrift verheißenen Reich Gottes ist auf der politischen Ebene etwas Ähnliches wie auf der christologischen die Häresie der Alexandriner (der Monophysitismus).*"[126]

Unam Sanctam hat bei Zeitgenossen und in der Folgezeit – bei der komprimiert-pointiert Gesamtaussage wenig verwunderlich – Anerkennung und Ablehnung bzw. Verstärkung und Abschwächung erfahren.

---

124 Molinski, Art. Integralismus, in: Herders Theol. Taschenlexikon 3, 368–370, 369.

125 Zippelius, Staat und Kirche, 61.

126 Karl-Heinz, Menke, Jesus ist Gott der Sohn. Denkformen und Brennpunkte der Christologie, Regensburg, Pustet, 2012³, 261; dazu weiter ausführend ebd. Anm. 520.

Augustinus Triumphus von Ancona (1270–1328), ein Augustinereremit, schrieb seine Summa de potestate ecclesiastica[127] im Jahr 1326; diese wurde eines der bedeutsamsten Bücher zur päpstlichen Suprematie im Mittelalter, mit einer umfassenden Darstellung der Reifezeit der päpstlich-hierokratischen Theorie; in der Auseinandersetzung mit der Reformation wurde diese Summa das Standardreferenzbuch der römischen Kurie.[128]

Ganz anders positionierte sich Marsillius von Padua (1270–1290 bis 1342/1343), ein laikaler Univeristätslehrer, mit seinem Defensor Pacis, der um 1324 geschrieben wurde; bestimmend ist in diesem Werk die Voraussetzung, dass die Gesamtheit der Bürger mit der Gesamtheit der Gläubigen identisch ist; die Einheit der Gesellschaft wird dabei gesichert durch das eine Haupt, wonach die Monarchie die beste Staatsform ist; an der Spitze der theoretisch-konstruktiven Staatstheorie steht jedoch nicht wie bei den Hierokraten der Papst, sondern der principans fidelis, der christlich-weltliche Herrscher, der vom Volk mit Autorität und Gewalt ausgestattet ist; der päpstliche Primat ist hingegen eine bloße Schöpfung der Geschichte ohne biblischen Hintergrund, bestenfalls ein Ehrenprimat.[129]

So sehr sich die beiden Autoren, Marsillius von Padua und Augustinus Triumphus, auch unterscheiden, ist ihnen doch *„das Anliegen gemeinsam, die Gesellschaft zu strukturieren und ihre Einheit unter einem Haupt zu gewährleisten. Im einen Fall ist das Haupt der weltliche Herrscher und letztlich der Kaiser, ermächtigt durch das Volk; im anderen Fall steht an der Spitze der Papst, legitimiert und mit Gewalt ausgestattet durch Christus.“*[130]

Eine andere Position vertritt Dante Alighieri (1265–1321), der nicht nur die italienische Volkssprache mit der Abfassung der divina commedia neben und gegen das Lateinische als Literatursprache salonfähig machte, sondern sich auch tagespolitisch engagierte und mit seinem Werk Monarchia zur Fortentwicklung der philosophischen Staatslehre beitrug. Dante war im akuten politisch-philosophischen Streit in Italien ein Anhänger der Ghibellinen, also der kaiserlichen Partei. In der Monarchia verfolgt Dante drei Fragestellungen: Ist die Monarchie für das Wohl der Menschheit notwendig? Hat das

127 Zunächst in Handschriften verbreitet, folgten ab 1473 zahlreiche Druckausgaben, vgl. Klausnitzer, Das Papstamt im Disput, 57, Anm. 200.

128 Zu Augustinus Triumphus und seiner Position vgl. Klausnitzer, Das Papstamt in den Disput, 56–84.

129 Vgl. Klausnitzer, Das Papstamt im Disput, 55. Ebd. 33–56 eine formale und inhaltlich-systematische Darstellung der Position des Marsillius`.

130 Klausnitzer, Das Papstamt im Disput, 55.

römische Volk das Amt des Monarchen von Rechts wegen in Anspruch genommen? Hängt die Autorität des Imperiums von der des Papsttums ab? Bei der dritten Frage argumentiert und schließt Dante, dass der Mensch zwei Bereichen angehöre[131] und ihm damit auch zwei unterschiedliche Ziele gesetzt seien, die irdische und himmlische Glückseligkeit,[132] weshalb er unterschiedliche Mittel, Vernunft und Glaube, anzuwenden habe.[133] Darum sei er im Erdenleben auch der Leitung von zwei Herren (Pontifex und Imperator) verpflichtet,[134] die beide von Gott eingesetzt seien, weshalb der Kaiser seine Autorität und Einsetzung unmittelbar von Gott habe.[135] Das Verdienst Dantes besteht somit darin, dass er *„in der Beantwortung dieser geschichtlich bedingten Frage die Politik und die politische Philosophie von jeglicher Bevormundung durch eine nicht rational legitimierte Instanz befreit hat."*[136] Dabei befürwortet Dante durchaus die Kirche und die Verkündigung der Frohen Botschaft. Sein Hauptwerk die Divina Commedia ist somit geradezu ein Dokument kirchlicher Lehre, Mission und katechetischer Verkündigung.[137] Dem widersprechen seine staatsphilosophischen Darlegungen nicht. In ihnen *„ergänzen sich die Verweltlichung der Politik und die Spiritualisierung der Kirche"*[138], wodurch Dante zu einem Ahnherren des Prinzips der Trennung von Kirche und Staat wird.

---

131 Vgl. Monarchia, III, XV, 6, *„hominis duplex finis existat"*.

132 Vgl. Monarchia, III, XV, 7, *„duos igitur fines providentia illa inenarrabilis homini proposuit intendendos"*.

133 Vgl. Monarchia, III, XV, 8, *„virtutes morales et intellectuales operando (…), virtutes theologicas operando"*.

134 Vgl. Monarchia, III, XV, 10.

135 Vgl. Monarchia, III, XV, 15. *„Sic ergo patet quod auctoritas temporalis Monarche sine ullo medio in ipsum de Fonte universalis auctoritatis descendit"*.

136 Imbach, Zur Deutung, 57.

137 Die Päpste haben das literarische Meisterwerk auch als theologisches Werk anerkannt, bei aller darin staatspolitisch enthaltenen Kritik an einzelnen Päpsten, Papst Bonifaz VIII. etwa wird verortet im Inferno (19. Gesang), und kirchlichen Zuständen. Die Wertschätzung des Werkes führte zur Würdigung des Autors, etwa: Papst Franziskus, Apostolisches Schreiben Candor lucis aeternae, zum 700 Todestag von Dante Alighieri, v. 25. März 2021, in: L'Osservatore Romano, Wochenausgabe in dt. Sprache, 51 (2021), Nr. 13/14 (2. April 2021), 5–8. In seinem Schreiben charakterisiert Papst Franziskus Dante unpolitisch als Propheten der Hoffnung (ebd. 6) und die Divina Commedia als Glaubenszeugnis, das es anzunehmen gelte (ebd. 8).

138 Papst Franziskus, Candor lucis aeternae, 8.

2.3 Frühneuzeitlicher Dualismus und später Monismus (14.–16. Jhdt.)

Schon im 14. Jahrhundert deutete sich an, dass durch die unterschiedliche Interpretation der Zwei-Schwerter-Lehre und der machtpolitischen Konsequenzen zwischen imperium und sacerdotium eine nicht zu bändigende Spannung im corpus christianum erwuchs, die die überkommenen Gewalten mehr und mehr schied und schließlich trennte. Denn so, wie bis zum Dictatus Papae der Kampf der Kirche für die Freiheit der Kirche von weltlicher Einflussnahme geführt worden war, so strebten jetzt die weltlichen Herrscher danach, sich von der Einflussnahme der Kirche in der Ausgestaltung ihrer Territorien zu emanzipieren, auch auf kirchlich-organisatorischem Gebiet. Diese Art von Säkularisierung war die Grundlage der Ausbildung von Nationalstaaten – der christliche Universalismus des einen corpus christanum war damit zerbrochen.

2.3.1 Kirchlich-politischer Kontext zur Rechtsentwicklung im 14. und 15. Jhdt.

Die Päpste, die von 1305 an in Avignon residierten, gerieten zunehmend unter den Einfluss der französischen Krone. Damit verbunden waren der Verlust der anerkannten Überparteilichkeit des Papsttums und dessen Anerkennung als universal wirksame eigenständige Macht. Wegen des eintretenden Autoritätsverlusts und der damit verbundenen politischen Probleme wurde diese Politik schon damals von Intellektuellen, etwa Francesco Petrarca (1304–1374), als Exil von Avignon kritisiert.

Im Jahr 1376 begann das Abendländische Schisma, das aus innerkirchlichen Verwerfungen entstanden war und in dem zunächst zwei, später drei Personen und ihre Gefolgschaft in verschiedenen Ländern den Anspruch auf das Papstamt erhoben. Der andauernde Aufenthalt der Päpste in Avignon und die paralysierte Kirchenpolitik führten dazu, dass die Idee bzw. Bewegung des Konziliarismus immer mächtiger wurde, derzufolge das allgemeine Konzil über dem Papst steht und auch über diesen richten dürfe.[139] Entsprechende Vorüberlegungen dazu hatten Theologen wie Marsilius von Padua (1270–1290 bis

139 Das Konzil von Konstanz (1414–1418) verfasste die Spitzentexte des Konziliarismus, nämlich die Dekrete Haec sancta (06.04.1415, Mansi, 27, 585–586) und Frequens (09.10.1417, Mansi, 27, 1159), mit denen die Superiorität konziliarer über papaler Entscheidungen behauptet bzw. die häufige Abhaltung allgemeiner Konzilien zur Vorbeugung von Schismen gefordert wurde.

1342/1343) und Wilhelm von Ockham[140] (1287–1347) schon im ersten Drittel des 14. Jahrhunderts angestellt. Erst auf der Basis der konziliaristischen Lehre, die um der Kirche willen die päpstliche Höchstgewalt beschränken wollte, konnte 1417 das Konzil von Konstanz durch die Einflussnahme Kaiser Sigismunds (1368–1437, dt. König ab 1411, Kaiser ab 1433) mit der Wahl des Papstes Martin V. (1368–1431) das Schisma beenden. Die Reformbemühungen der Kirche aufgrund innerkirchlicher und außerkirchlich-politischer Veränderungen setzten sich mit dem Konzil von Basel (1431–1449) fort, das sich letztlich in verschiedene Fraktionen spaltete (Basel, Ferrara, Florenz) und das Ende des Konziliarismus bedeutet, weil die Päpste wieder eine monarchische Stellung in der Kirche erringen konnten.

Die Schwäche des Papsttums führte dazu, dass sich die weltlichen Herrscher und auch kirchliche Führungspersonen vom päpstlichen Einfluss emanzipierten und sich erste Ansätze eines Staatskirchentums entwickelten. Dies gilt insbesondere für Frankreich und England,[141] aber ebenso, wenn auch in geringerem Maß, für Deutschland. Marsillius von Padua, der um 1325 an den Hof Ludwigs IV. des Bayern (dt. König ab 1314, Kaiser 1328–1347) gekommen war, lehrte etwa in seiner Schrift Defensor Pacis, dass die Kirche ein Teil des Staates sei und deshalb dessen Aufsicht unterstehe.[142] Wilhelm von Ockham fand ebenfalls beim Kaiser Unterschlupf. „*Politisch zerschlägt er die Ansprüche der Kirche als Publizist Ludwigs des Bayern.*“[143] Denn er lieferte mit seinem Dialogus de imperatorum et pontificum potestatem[144] die Rechtfertigung für das beginnende Staatskirchentum: Wenn die Kirche versagt, habe die weltliche Gewalt ein Notrecht, die kirchlichen Aufgaben wahrzunehmen.

Die Kurfürsten kamen daraufhin in Rhens zusammen und fassten als Kurverein den Beschluss (sogenanntes Rhenser Weistum vom 16. Juli 1338), dass der von den Kurfürsten mit Mehrheit gewählte allein schon damit und

---

140 Zu den Elementen der kirchenpolitischen Lehre Ockhams vgl. Klausnitzer, Das Papstamt im Disput, 101–108.

141 Zu den Entwicklungen dort vgl. Zippelius, Staat und Kirche, 60–63 und 63–65.

142 Marsilius von Padua, Defensor Pacis, in: MGH LL Fontes Iuris 7. Zur Vollmacht des Papstes und deren Umfang, zur Oberhoheit des Konzils und der Zuordnung von sacerdotium und Imperium, vgl. besonders ebd. Dictio II, Kap. 20–30.

143 Jaspers, Philosophie, 121.

144 Ockhams Dialogus de imperatorum et pontificum potestatem 1346/47; The De Imperatorum et Pontificum Potestate of William of Ockham, ed. Brampton C. Kenneth, Oxford, Clarendon Press, 1927.

ohne päpstliche Approbation den königlichen Titel trage.[145] Kaiser Ludwig IV. erklärte in seinem Königswahlgesetz, der Konstitution Licet iuris[146], dass die kaiserliche Gewalt unmittelbar von Gott stamme[147] und bestätigte zugleich den Beschluss des Kurvereins, dass schon allein die Wahl den Anspruch auf die Kaiserkrone mit sich bringe.[148] Der Nachfolger Ludwigs, Kaiser Karl IV. (dt. König ab 1347, Kaiser 1355–1378), übernahm die Grundsätze seines Vorgängers in die ‚Goldene Bulle'[149], mit der 1356 das Wahlverfahren der römisch-deutschen Könige und die Zahl der Kurfürsten geregelt wurde. In diesem Rechtstext, der als Reichsgrundgesetz verstanden werden kann, wird ein päpstliches Approbationsrecht der Königswahl nicht einmal mehr abweisend genannt, sondern schlichtweg nicht erwähnt. In Deutschland konnte sich hingegen keine Nationalkirche wie in Frankreich oder England herausbilden. *„Wohl aber bestanden Ansätze zu einem Landeskirchentum in den einzelnen Territorien, in denen sich der Zug des Absolutismus zum Teil in einem recht energischen Kirchenregiment ankündigte."*[150]

Zusammenfassend lässt sich für das 14. und 15. Jahrhundert festhalten, dass die auf das Papsttum fokussierte Kirche aufgrund innerkirchlicher geistiger Entwicklungen erheblich geschwächt wurde. Zugleich zerbrach die innerkirchliche Geschlossenheit um den Papst zugunsten dezentral angesiedelter kirchlicher Amtsträger und weltlicher Herrscher verschiedener staatlicher Gebilde. Ein Neuanfang der Verhältnisbestimmung zwischen kirchlicher und weltlicher Gewalt war daher geboten und wurde deshalb auch von verschiedenen Denkern

---

145 Mirbt-Aland, Nr. 758, hier: *„quod electi a principibus electoribus imperii concorditer vel a majori parte, ut supra, sibi titulum regium assumpserunt ac bona et jura imperii administrarunt, et quod de jure et consuetudine hoc licite facere potuerunt et poterunt, nulla approbatione vel licencia dicte sedis apostolice super hoc habita et obtenta."*

146 6. August 1338, in: Mirbt-Aland, Nr. 759.

147 Vgl. Mirbt-Aland, Nr. 759, *„quod imperialis dignitas et potestas est immediate a solo Deo"*.

148 Vgl. Mirbt-Aland, Nr. 759, *„quod postquam aliquis eligitur in imperatorem sive in regem ab electoribus imperii concorditer vel a maiori parte eorundem, statim ex sola electione est verus rex et imperator Romanorum censendus et nominandus"*.

149 Die Goldene Bulle Kaiser Karls IV. vom Jahr 1356, in: MHG LL Fontes Iuris 11. Der Name ‚Goldene Bulle' kommt von der goldenen Kapsel, mit der das Siegel des Dokuments geschützt wurde; das ‚Männleinlaufen' an der Uhr der Nürnberger Frauenkirche, entstand um 1509 und erinnert noch heute an den Erlass (des ersten Teils) der Goldenen Bulle auf dem Nürnberger Reichstag im Januar 1356.

150 Zippelius, Staat und Kirche, 67.

offeriert. Denn Europa war im 15. Jahrhundert in eine Phase eingetreten, *„in der sich die vorstaatliche societas christiana des Mittelalters zum neuzeitlichen Mächteeuropa der Staaten umbildete.“*[151] Gegen diesen Prozess der Umformung wandten sich zwar bedeutende und geachtete Vertreter des Humanismus, wie etwa Erasmus Desiderius von Rotterdam[152], doch konnten sie den eingeschlagenen Weg der handfest konkurrierenden und sich bekämpfenden Staaten, Fürsten und Dynastien mit ihren theoretisch fundierten Friedenskonzepten und Appellen nicht mehr umlenken. Erasmus entwickelte ein christlich fundiertes Einheitskonzept, das historisch schon unzeitgemäß und mit der Idee einer allen machtpolitischen Partikularinteressen der Herrscher und Völker übergeordneten res publica christiana bereits rückwärtsgewandt war.[153] *„Sein Appell an die christliche Brüderlichkeit war nicht mehr geeignet, einem politischen Alltag die Richtung zu weisen, der zunehmend von den partikularen, bald auch säkularen Kräften der Neuzeit bestimmt war.“*[154]

2.3.2 Martin Luther (1483–1546) – Ahnherr der Zwei-Reiche-Lehre

Einen wirkmächtigen Impuls, Staat und Kirche neu zu denken, gab Martin Luther. Anlässe, sich mit dieser Thematik zu beschäftigen, könnten für Luther der Reichstag zu Worms im Jahr 1521 gewesen sein, bei dem seine katechetisch-theologischen Schriften verboten wurden und die Reichsacht über ihn verhängt wurde sowie seine Exkommunikation durch Papst Leo X. mit der Bulle Decet Romanum Pontificem[155]. Beide Ereignisse konnte Luther als einen Übergriff

151 Schilling, 1517 Weltgeschichte eines Jahres, 84.

152 Geboren ca. 1467 wahrscheinlich in Rotterdam, gestorben 1536 in Basel, war Theologe, Priester, Augustiner-Chorherr (wie Martin Luther), Philologe und Autor zahlreicher Bücher, u. a.: Dialogus, Iulius exclusus e coelis 1513, Institutio Principis Christiani 1515, Novum Testamentum 1516, Querela pacis 1517. Zu Leben und Werk: Schottenloher, Erasmus von Rotterdam, 554–560.

153 Vgl. Schilling, 1517, 97.

154 Schilling, 1517, 97.

155 03. Januar 1521, in: Leon. X., Bullar. A.V., AD IX., L., CLXX; ASV, Reg. Vat., 1160, f. 305r; Quellenangabe übernommen von: URL: https://web.archive.org/web/20060925221133/http://asv.vatican.va/de/doc/ 1521.htm, Zugriff: 08.08.2022.

Leo X. (amt. 1513–1521) bzw. die Kurie wurde von Luther als Antichrist, also zur Verkörperung des widergöttlichen Bösen, erklärt (etwa in der Schrift: *An den christlichen Adel deutscher Nation von des christlichen Standes Besserung, 1520).* Diese Sicht wurde zum Stereotyp protestantischer Geschichtsüberlieferung. Doch Papst Leo X., ein Medici-Papst, markierte *„keineswegs den Höhepunkt der Verweltlichung und theologischen Entfremdung des Renaissancepapsttums“*, so Schilling,

weltlicher Gewalt auf kirchliches Gebiet bzw. umgekehrt deuten und zugleich als Exempel, wie weltliche und geistliche Macht miteinander vermischt waren. Luthers Schrift ‚Von weltlicher Obrigkeit, wie weit man ihr Gehorsam schuldig sei'[156] (1523) verarbeitet daher das Thema der zwei Gewalten.[157] Die Ziele, denen die Schrift dienen will, sind: Begrenzung des Rechtes der weltlichen Herrschaft in Glaubensdingen; Befreiung des Staates aus kirchlicher Bevormundung; Klärung der Stellung des Christen im Staat. Anregung zur Formulierung seiner Position fand er einerseits in den Gedanken Wilhelms von Ockham mit seiner fundamentalen Kritik an führenden, scholastischen Theologen sowie in den das Konzil dem Papst überordnenden konziliaristischen Ansätzen und den Argumenten, die jener gegen die Besitz- und Machtansprüche der Päpste Johannes XXII. (amt. 1316–1334) und Benedikt XII. (amt. 1334–1342) im Zuge des Armutsstreits der Franziskaner entwickelt hatte. Ein weiterer Anlass Luthers, sich mit dem Verhältnis von Kirche und Staat zu beschäftigen, war wohl auch seine theologisch-ekklesiologische Positionierung, wegen der er weltlichen Schutz suchen und zugleich kirchlich-gesellschaftliches Neuland betreten musste. Die verschiedenen Anlässe und Ereignisse zusammen provozierten bei Luther situationsgebundene, pointierte Aussagen, die rückblickend zur Zwei-Reiche-Lehre kombiniert wurden[158] und jedenfalls zu einem

---

1517, 216. Erasmus von Rotterdam erkennt in Papst Leo X. einen Friedenspapst, *„Leo, der milde Friedensbringer"*, vgl. ebd.

156 Kurt Aland (Hg.), Luther Deutsch. Die Werke Martin Luthers. In neuer Auswahl für die Gegenwart, Bd. 7: Martin Luther. Der Christ in der Welt. 2. erw., neubearb. Auflage, Göttingen, Vandenhoeck & Ruprecht, 1967, 9–51.

157 Zum geistigen Hintergrund Luthers in dieser Frage vgl. Mantey, Zwei Schwerter – Zwei Reiche, 158–259.

158 Die definitive terminologische Festlegung des Begriffs Zwei-Reiche-Lehre erfolgte erst in den 1930er Jahren. Die Formulierung des Begriffs ist einerseits eine Folge des Kirchenkampfes und der Auseinandersetzung um die politische Theologie in der evangelischen Kirche, andererseits eine Folge der Wiederentdeckung Martin Luthers in den zwanziger Jahren. Strittig blieb, ob bei Luther selbst von einer ‚Lehre' von den zwei Reichen gesprochen werden kann oder ob nicht die Formulierung *„Predigt in den zwei Reichen"* (H. Diem) bzw. paränetische, seelsorgerische Mahnung angemessener wäre und ob sodann die Zwei-Reiche-Lehre eine politische Theorie sei. Die Folge solcher Auseinandersetzungen ist eine Vielfalt evangelischer Deutungen der Zwei-Reiche-Lehre, vgl. Honecker, Art. Zwei-Reiche-Lehre, 1. Begriff, in: Staatslexikon, Bd. 5, Sonderausgabe, Freiburg, Herder, 1995, 1185–1188.

nachreformatorisch-protestantischen Ansatz der Verhältnisbestimmung von Kirche und Staat führten.

Die Zwei-Reiche-Lehre[159] steht bei Luther in engem Zusammenhang mit den Herzstücken seiner Theologie, die wie folgt lauten: Unterscheidung von Gesetz und Evangelium; die Rechtfertigung, die mit seiner Lehre des sola fide, sola gratia, sola scriptura hinzielt auf ein solus christus sowie sein Menschenbild des simul iustus et peccator, worin die Spannung im soteriologischen Reich-Gottes-Topos zwischen dem ‚Schon' und dem ‚Noch-nicht' aufgegriffen ist. Luther knüpfte, da er dualistisch dachte, bei der entsprechenden philosophisch-theologischen Tradition an. Zu nennen sind hier Platons Gedanken zu Seele und Leib, außerdem die biblisch-jüdischen Aussagen von zwei Äonen, die neutestamentlichen johanneischen Schriften mit der Polarität von Licht und Finsternis sowie die Ausführungen von Paulus zum Gegensatz von Fleisch und Geist, ebenso Augustinus, mit dem er als Augustinerchorherr vertraut gewesen war, mit seiner Konzeption der civitas dei zur civitas terrena und der mittelalterlichen Antagonismus von imperium und sacerdotium. Kennzeichnend für Luther ist, dass er der dualistischen Überlieferung einen neuen Sinngehalt zuschreiben konnte. Danach ist die Reichslehre von der Regimentenlehre zwar zu unterscheiden, jedoch nicht zu trennen![160]

Die Reichslehre unterscheidet unter eschatologischer Perspektive zwischen der Körperschaft der an Christus Glaubenden, dem ‚Reich Gottes zur Rechten', von der von Gott entfremdeten Menschheit. Dem entspricht ein Dualismus der Herrschaft (Christus/ Teufel) wie auch der Ordnungsstrukturen (Liebe/weltliche Gewalt) und der ausgebildeten, institutionalisierten Gemeinschaftsformen (communio sanctorum/Staat).[161] Im ‚Reich Gottes zur Rechten' ist das Ziel das göttliche Heil und das erlöste, erneuerte Leben in Glaube und Liebe. In diesem geistlichen Regiment der ‚Gnadenordnung' wirkt Gott durch Wort, Sakrament und seinen Heiligen Geist, der in die Gemeinschaft mit Christus ruft und die freiwillige Zustimmung zum Leben nach dem Gesetz der Liebe und der Gnade

159 Zur Zwei-Reiche-Lehre unter theologiegeschichtlicher, systematischer und ethischer Perspektive vgl. Friedrich-Wilhelm, Graf, Zweireichelehre, in LThK³, Bd. 10, 1515–1519; vgl. auch Link, Art. Kirche und Staat, IV. Das Verhältnis von Kirche und Staat aus evangelischer Sicht, in: Staatslexikon, Bd. 3, 482–485; Erwin Iserloh, Luthers Kirchenlehre und seine Zwei-Reiche-Lehre. Das Landesherrliche Kirchenregiment, in: HKG, Bd. IV, 222–233, hier: 227–229.

160 Vgl. Iserloh, Luthers Kirchenlehre, 483.

161 Vgl. Iserloh, Luthers Kirchenlehre, 483.

Christi provoziert. Diese Wirklichkeit des geistlichen Regiments ist jedoch nur im Glauben erkennbar und nicht in der Welt aufweisbar bzw. vorzeigbar.

Da Gott die sündige Welt durch die Ordnung der weltlichen Gemeinschaft gnädig im Hinblick auf die Ausbreitung des Evangeliums erhält, steht auch sie unter Gottes Regiment und bildet das ‚Reich Gottes zur Linken'. Ziel des weltlichen Regiments der ‚Erhaltungsordnung' ist die Bekämpfung des Bösen, sodass das irdische Leben der Menschen in einer guten Ordnung erhalten werden kann. Gott wirkt hier mittelbar durch die weltliche Herrschaft, näherhin durch die von ihr aufgestellte Ordnung und ihr Gesetz. Die Bürger sind daher der Obrigkeit Gehorsam schuldig (vgl. Röm 13,8). Den Gesetzesbrecher trifft hingegen die Strafgewalt, insofern trägt das weltliche Regiment Zwangscharakter. Die Ordnung des weltlichen Regiments ist durch die Vernunft einsehbar und nachvollziehbar. In dieser Konzeption des weltlichen Regiments steht die Obrigkeit, ob christlich oder nicht, im Dienst des göttlichen Regiments über die gefallene Welt. Dabei handelt die weltliche Obrigkeit jedoch aus eigenem Recht und nicht aus kirchlich vermitteltem Recht.[162]

Beide Regimenter sind also von Gott eingesetzt und stehen gleichwertig nebeneinander. Darüber hinaus ist auch die weltliche Herrschaft bzw. der Staat von Gott geschaffen und eingesetzt. Missbraucht der Staat seine von Gott verliehenen Macht, insbesondere dann, wenn er das Evangelium und die Kirche unterdrückt oder die kirchliche Sendung zur Ausbreitung des Evangeliums behindert (vgl. Offb 13), dann muss der christliche Bürger *„Gott mehr gehorchen als den Menschen"* (Apg 5,29). Erfüllt hingegen der Staat seine Aufgaben zum Schutz des Friedens und zur Förderung des Gemeinwohls, steht es der Kirche nicht zu, sich in den weltlichen Bereich einzumischen und politische Macht zu übernehmen. Allerdings hat sie stets die Aufgabe und das Recht aufgrund eigener Ordnungsprinzipien durch Predigt und Zeugnis, Gottes Gebot in Erinnerung zu bringen. Dem einzelnen Christen ist es somit gestattet, staatliche Ämter zu übernehmen, in denen er auch das weltliche Schwert zu gebrauchen hat. Er soll zwar den Glauben nach Kräften fördern, allerdings stellt ihm das Evangelium keine politisch umsetzbaren Handlungsanweisungen bereit. Er kann daher weder die Ordnung des Reiches Christi zum Gesetz staatlichen Lebens machen (Schwärmer) noch darf er als Mitchrist die weltliche Ordnung auf die Kirche übertragen (Staatskirchentum).[163]

162 Vgl. Iserloh, Luthers Kirchenlehre, 483.
163 Vgl. Iserloh, Luthers Kirchenlehre, 483.

Luthers Auffassung zum weltlichen Regiment fand komprimiert Eingang in Artikel 16 des Augsburger Bekenntnisses[164], das Philipp Melanchthon (1497–1560) redigiert hatte und Kaiser Karl V. sowie den Reichsständen am 25. Juni 1530 auf dem Reichstag darlegte.

Indem Martin Luther eine reformatorische Theologie ausarbeitete, leitete er zugleich einen Paradigmenwechsel in der Geschichte der lateinischen Christenheit ein und setzte eine dynamische Entwicklung in Gang, die Europa und die Welt auf Jahrhunderte hin bestimmen sollte. In der Konsequenz der Reformation wurde der Kern der alteuropäischen Vergesellschaftung aufgebrochen, d. h. die Verschränkung von Sakralem und Säkularem, Religion und Gesellschaft sowie Priesterlichem und Politischem. War Luther zwar selbst noch dem spätmittelalterlichen Einheitsdenken verpflichtet, so musste sein erfolgreicher Widerspruch gegen die Papstkirche doch eine generelle Differenzierung der Grundlagen des menschlichen Zusammenlebens im Sinne einer Säkularisierung ergeben.[165]

---

164 Textfassung des Augsburger Bekenntnisses, verantwortet von der Evangelischen Kirche Deutschlands, unter: https://www.ekd.de/Augsburger-Bekenntnis-Confessio-Augustana-13450.htm, Zugriff am: 13.11.2018.

Artikel 16 Von der Polizei (Staatsordnung) und dem weltlichen Regiment: „*Von der Polizei (Staatsordnung) und dem weltlichen Regiment wird gelehrt, daß alle Obrigkeit in der Welt und geordnetes Regiment und Gesetze gute Ordnung sind, die von Gott geschaffen und eingesetzt sind, und daß Christen ohne Sünde in Obrigkeit, Fürsten- und Richteramt tätig sein können, nach kaiserlichen und anderen geltenden Rechten Urteile und Recht sprechen, Übeltäter mit dem Schwert bestrafen, rechtmäßig Kriege führen, in ihnen mitstreiten, kaufen und verkaufen, auferlegte Eide leisten, Eigentum haben, eine Ehe eingehen können usw. Hiermit werden die verdammt, die lehren, daß das oben Angezeigte unchristlich sei. Auch werden diejenigen verdammt, die lehren, daß es christliche Vollkommenheit sei, Haus und Hof, Weib und Kind leiblich zu verlassen und dies alles aufzugeben, wo doch allein das die rechte Vollkommenheit ist: rechte Furcht Gottes und rechter Glaube an Gott. Denn das Evangelium lehrt nicht ein äußerliches, zeitliches, sondern ein innerliches, ewiges Wesen und die Gerechtigkeit des Herzens; und es stößt nicht das weltliche Regiment, die Polizei (Staatsordnung) und den Ehestand um, sondern will, daß man dies alles als wahrhaftige Gottesordnung erhalte und in diesen Ständen christliche Liebe und rechte, gute Werke, jeder in seinem Beruf, erweise. Deshalb sind es die Christen schuldig, der Obrigkeit untertan und ihren Geboten und Gesetzen gehorsam zu sein in allem, was ohne Sünde geschehen kann. Wenn aber der Obrigkeit Gebot ohne Sünde nicht befolgt werden kann, soll man Gott mehr gehorchen als den Menschen.*“

165 Vgl. Schilling, 1517, 303.

2.3.3 Robert Bellarmin (1542–1621) – indirekte Gewalt des Papstes über weltliche Sachverhalte

Seit Papst Bonifaz VIII. (amt. 1294–1303) und seinem favorisierten Theologen Augustinus Triumphus (1270–1328) war die kirchlich-kuriale Position zur Verhältnisbestimmung von Kirche und Staat grundsätzlich fixiert. Doch die bis zum 16. Jahrhundert sowohl theoretisch-philosophische als auch – jedenfalls mit der Reformation – faktisch-politisch manifest gewordene Trennung der kirchlichen und weltlichen Herrschaft, mit der das eine corpus christianum nicht nur ‚doppel-häuptig', sondern auch konfessionell gespalten war, machten es unumgänglich, dass von Seiten der katholischen Kirche eine neue Verhältnisbestimmung zwischen Kirche und Staat vorgenommen wurde. Dies erforderte nicht weniger als den Mitwirkungsanspruch von Papst und Kirche in weltlichen Angelegenheiten zu rechtfertigen, zumal die Staatsidee der Renaissance zu Beginn des 16. Jahrhunderts von Machiavelli (1469–1527) in seiner Schrift Il principe klassisch vertreten das Gebiet des Politischen von Religion und Sittlichkeit emanzipiert hatte.[166]

Es war dann Roberto Francesco Romolo Bellarmin[167] (1542–1621), Mitglied der Societas Jesu, Erzbischof und schließlich Kardinal, der diese Aufgabe erkannt hatte und sich ihr stellte.

Bellarmin wirkte von 1576–1588 am römischen Kolleg seines Ordens, wo er Kontroverstheologie lehrte. Als Frucht seiner Vorlesungen in Rom entstand sein bedeutendstes Werk, die Disputationes de controveriis christianae fidei adversus huius temporis haereticos[168]. Mit dem Werk, das in 15 Controversiae

---

166 Zu bedenken ist dabei sowohl das Erstarken der europäischen Nationalstaaten als auch – mit Blick auf Deutschland –, dass sich durch die Ohnmacht der kaiserlichen Zentralgewalt und dem eindringenden römischen Recht die Territorialhoheit der Landesherren zur landesherrlichen Kirchenhoheit gewandelt hatte, vgl. Arnold, Staatslehre Bellarmins, 296.

167 Zu Leben und Werk Bellarmins vgl. Tromp, Art. Bellarmin, Robert Franz Romulus, LThK^2, Bd. 2, 160–162; Galeota, Art. Bellermin, Roberto (1542–1621), TRE, Bd. 5, 521–531. Zu Bellarmin als Kontroverstheologe vgl. auch Klausnitzer, Der Primat, 327–368, zum Thema der weltlichen Gewalt insbesondere 361–364. Zur Rechts- und Staatsphilosophie Bellarmins vgl. Arnold, Staatslehre Bellarmins, München, Hueber, 1934.

168 Erste Auflage (3 Bde.) in Ingolstadt 1586–1593. Die Edition (4 Bde.) von Venedig 1596 wurde von Bellarmin durchgesehen und korrigiert, abgedruckt in: Opera omnia, Hg. Justinus Fèvre, 12 Bde, Paris 1870–1874; Nachdruck: Frankfurt/Main, Minerva, 1965. Die ‚Disputationes de controveriis' füllen Bd. 1, 43 bis Bd. 6, 515 der Opera omnia.

generales gegliedert ist,[169] beabsichtigte er, etliche Einzeluntersuchungen zusammenzustellen, die er über kontroverse Fragen der Glaubenslehre erarbeitet hatte.[170] Als weitere Schrift zum Thema der Gewalt des Papstes in weltlichen Dingen sei genannt: De potestate summi pontificis in rebus temporalibus adversus Gulielmum Barclay.[171]

Bellarmin geht – immer noch, im Hinblick auf seine Zeit – von einem organischen christlichen Gesamtverband[172] aus, in dem die Kirche und der christliche Staat keine zwei voneinander unabhängigen Gesellschaften sind. Er ist demnach noch ganz in der mittelalterlichen Konzeption des unum corpus christianum verhaftet, d. h. für ihn bilden Staat und Kirche die eine respublica christiana.[173] Dabei versteht er die Kirche als ein wohlgeordnetes Gemeinwesen, das dem Staate durchaus vergleichbar ist und ebenfalls unbefangen als respublica christiana[174] zu begreifen sei. In direkter Frontstellung gegen die Reformatoren bezeichnet Bellarmin die Kirche als eine Gemeinschaft von Menschen, die ebenso sichtbar und greifbar sei wie die Gemeinschaft des römischen Volkes oder das Königreich Frankreich bzw. die Republik Venedig.[175] In seiner kontroverstheologisch bedingten Definition, die bis heute nachwirkt,

---

Das Werk wird in dieser Arbeit abgekürzt als BDisp., zitiert wird nach: Controversia (= röm. Zahl), Buch (= erste arab. Zahl), und Kapitel (= c. mit arab. Zahl).

169 Zu Inhalt und Anordnung der Controversiae vgl. Klausnitzer, Der Primat, 329–330.

170 Vgl. BDisp. I, 53, Preafatio.

171 Rom 1610, in: Robert Bellarmin, Opera omnia, Bd. 12, 1–113.

172 Wo Bellarmin vom Verhältnis der beiden Gewalten spricht, ohne die Relationsglieder näher zu bezeichnen, hatte er wohl den innerhalb des christlichen Gesamtverbandes stehenden, christlichen, d. h. katholischen Staat im Auge, vgl. Arnold, Staatslehre Bellarmins, 348.

173 Insofern sind die Gewalten koordiniert, wenn auch nicht absolut. Vgl. Arnold, Staatslehre Bellarmins, 348–349. „*Quando in ecclesia sunt principes temporales, tunc potestates et politica coniunctae sunt… Respublica politica et spiritualis unam ecclesiam faciunt non duas.*" De potestate Summo Pontificis, c. 5., zitiert nach: Arnold, Staatslehre Bellarmins, 349.

174 Die Sprachregelung, die Kirche als respublica oder status zu bezeichnen, führte in der antikatholischen Polemik zum Vorwurf, dass die katholische Kirche ein Staat im Staate sein wolle, so etwa: Samuel von Pufendorf, De habitu religionis christianae, Vorwort 3; bei Montgelas zur Durchsetzung seiner Reformvorhaben; auch in der Ära des Kulturkampfes und im Kirchenkampf des Dritten Reichs wurde dieser Vorwurf gegen die katholische Kirche aufgegriffen.

175 Vgl. BDisp. IV, 3, c. 2; „*Ecclesia enim est coetus hominum ita visibilis et palpabilis, ut est coetus populi romanu, vel regnum Galliae, vel respublica Venetorum.*"

beschreibt Bellarmin die Kirche als eine Gemeinschaft von Menschen, die durch das Bekenntnis desselben christlichen Glaubens und den Empfang derselben Sakramente verbunden sind, unter der Leitung ihrer rechtmäßigen Oberhirten und des alleinigen Stellvertreters Christi auf Erden, des römischen Papstes.[176] Aus der von Bellarmin geprägten Kirchendefinition folgt, dass die kirchliche Gewalt nicht dem jeweiligen Landesherrn übertragen werden kann, sondern konstitutiv bei den Bischöfen und dem Papst liegt.[177] Für Bellarmin ist damit die Kirche, unbeschadet der Notwendigkeit der freien und persönlichen Glaubensentscheidung, keine Gemeinschaft freiwilliger Mitgliedschaft oder gar eines vertraglich definierten Zusammenschlusses, sondern eine durch Christus gestiftete und strukturierte Gemeinschaft der von Gott Gerufenen (Kirche, aus ἐκκλησία – Gemeinschaft der Heraus-gerufenen).

Um das Verhältnis der kirchlichen zur weltlichen Gewalt darzustellen, erklärt Bellarmin seine Auffassung vom Staat. Für ihn steht der Staat wesentlich außerhalb der Heilsordnung und ist nicht Folge der Sünde, denn auch im Status der Unschuld wäre der Mensch von Natur aus ein bürgerliches und gesellschaftliches Wesen gewesen und hätte somit eines leitenden Organes bedurft.[178] Im Gefolge von Thomas von Aquin ist für ihn die Unterscheidung von Gläubigen und Ungläubigen belanglos für die staatliche Herrschaft, da diese auf der Natur beruht.[179]

---

176 Vgl. BDisp. IV, 3, c. 2, „*Coetus hominum eiusdem christianae fidei professione et eorundem sacramentorum communione colligatus esse sub regimine legitimorum pastorum, ac praecipue unius Christi in terra vicarii, Romani Pontificis.*"

177 Gegen theokratischen Auffassungen (z. B. Brentz und Melanchton), wonach die Könige nicht bloß Wächter und Verteidiger des Glaubens, sondern auch Richter und Lehrer in Glaubensfragen seien, beschränkt Bellarmin die Kompetenz des Herrschers eindeutig auf das rein weltliche Gebiet, da die Kirche am besten von Bischöfen und Priestern regiert wird, vgl. BDisp. V 3 c. 17.: „*Ecclesia a solis episcopis et presbyteris optime gubernata est.*"

178 Vgl. BDisp. V, 3, c. 7.

179 Bellarmin führt hier aristotelisch-scholastisches Gedankengut weiter, hier besonders Thomas von Aquin (s. th. II-II, q. 10. A. 10). Außerdem so Bellarmin (BDisp. V, 3, c. 8) habe Gott selbst die irdische Herrschaft Frommen wie Gottlosen verliehen, dem christlichen Konstantin wie dem abtrünnigen Julian; hier zitiert Bellarmin aus Augustinus (De Civitate Dei V, 21): „*sic etiam hominibus: qui Mario, ipse Gaio Caesari; qui Augusto, ipse et Neroni; qui Vespasianis, uel patri uel filio, suauissimis imperatoribus, ipse et Domitiano crudelissimo; et ne per singulos ire necesse sit, qui Constantino Christiano, ipse apostatae Iuliano*".

Der Staat ist für Bellarmin ein Teil des Naturrechts und zugleich auch Setzung durch einen Staatsvertrag, wobei er beides verbindet.[180] Die staatliche Ordnung ist nach seiner Darstellung quoad existentiam abhängig vom Konsens der beteiligten Menschen, quoad essentiam aber unabhängig davon. Ohne den tatsächlichen Vorgang der Staatsgründung käme daher in concreto kein Staat zu Stande. Die Idee der staatlichen Ordnung ist jedoch etwas Ewiges, Unveränderliches und in gewissem Sinne Göttliches.[181] Der oberste Staatszweck ist nach Bellarmin das Gemeinwohl, d. h. das gemeinsame, die materiellen und geistig sittlichen Grundlagen eines menschenwürdigen Lebens garantierende Wohl, der im Staat vereinigten Menschen. Demnach besteht die wichtigste Aufgabe der weltlichen Regierung in der Ermöglichung und Sicherung der friedlichen Gemeinschaft der Bürger untereinander[182], also des äußeren Friedens.[183] Daraus erhellt: Dem Wesen nach ist der Staatszweck vom geistlichen Zweck der Kirche und der Gläubigen, nämlich der Erreichung der himmlischen Seligkeit, verschieden.

Die Frage, ob der Papst die Ausübung der weltlichen Gewalt berechtigterweise beeinflussen kann bzw. darf und wenn ja, in welcher Weise, geht Bellarmin an, indem er zuerst drei verschiedene Positionen vorstellt.[184] Die extreme Papsttheorie (etwa Augustinus Triumphus, 1270–1328) geht davon aus, der Papst habe nach göttlichem Recht die höchste Gewalt (plenissima potestate) in kirchlichen und weltlichen Bereichen und zwar auf der ganzen Welt.[185] Die

180 Die aufklärerischen Naturrechtslehrer, wie Samuel von Pufendorf, haben dann wenige Jahrzehnte später diese Position prinzipiell verlassen, indem sie den Staatsvertrag an die Stelle der Staatsidee setzten.

181 Vgl. BDisp. III, 3, c. 11.

182 Vgl. BDisp. III, 4, c. 21.

183 „*Finis quidem immediatus potestatis politicae est pax reipublicae temporalis.*“, Bellarmin, De potestate Summo Pontificis, c. 14., zitiert nach: Arnold, Staatslehre Bellarmins, 162. BDisp, V, 3, c. 11.

184 Vgl. BDisp, III, 5, c. 5.

185 Ähnliche hierokratische Gedanken, wonach die ganze geistliche und weltliche Gewalt in der Hand des Papstes als der Stellvertreter Gottes (!) auf Erden liege und von dem alle übrige Gewalt stamme und ausgehe, vertrat etwa Bellarmins Zeitgenosse Alessandro Cariero (1546–1626). Arnold, (Staatslehre Bellarmins, 86) bezeichnet Cariero als unbedeutenden Polemiker. „*Immerhin beweist die Tatsache, dass Vittoria und Bellarmin wegen der Leugnung der päpstlichen Universalherrschaft und wegen der Lehre von der nur indirekten päpstlichen Gewalt in weltlichen Dingen zeitweilig dem Index der verbotenen Bücher verfallen konnten, was die hierokratische gesinnten, wenn auch theologisch unbedeutenden Kreise vorübergehend an der Kurie vermochten.*“, ebd. 87.

Gegenposition (etwa Johann Calvin, 1509–1564) lautet, dass der Papst gemäß göttlichem Recht überhaupt keine weltliche Gewalt besitze und den weltlichen Herrschaften nichts befehlen könne und außerdem die Ausübung von geistlicher und weltlicher Gewalt durch eine einzige Person nach göttlichem Recht verboten sei.[186] Die katholische Position (catholicorum theologorum communis, etwa Thomas Cajetan, 1469–1534, Francisco de Vitoria, 1483–1546) lehrt, dass der Papst keine direkte und unmittelbare weltliche Gewalt besitze, dass ihm jedoch eine indirekte Höchstgewalt in weltlichen Dingen zukomme, sofern geistig-geistliche Sachverhalte von der Entscheidung im weltlichen Bereich berührt werden bzw. geistliche Güter durch falsche/sündhafte Entscheidungen der zuständigen weltlichen Gewalt gefährdet werden. Dieser Position schließt sich Bellarmin an, da die beiden anderen Positionen von dem falschen Grundsatz ausgehen würden, dass Christus ein irdischer König gewesen sei; die Gegensätzlichkeit der anderen Positionen rühre somit von zwei unterschiedlichen Interpretationen der (falschen) Grundannahme her.[187]

Die Begründung für die von Bellarmin favorisierte Position lautet, dass Christus in verschiedener Weise als König bezeichnet werden könne; der Papst sei sein Nachfolger selbstverständlich nur in einem geistlichen Königtum, das wesentlich vom Königtum irdischer Herrscher verschieden ist;[188] außerdem sei dem Papst in der Nachfolge des geistlichen Königtum Christi nur das an Gewalt übertragen worden, was einem Menschen mitgeteilt werden kann und was zugleich nötig ist, um die Gläubigen dem himmlischen Ziel zuzuführen. Vom Herrn sei dem Petrus ausschließlich die geistliche Sorge über die Seinen übertragen worden, weshalb der Papst als Hirte gegenüber den Fürsten auch nur eine geistliche Autorität habe. Nach göttlichem Recht ist der Papst nicht einmal Herr eines bestimmten Ortes[189] oder Landes, geschweige denn Herr der (christlichen) Welt.[190] Mit dieser Argumentation, die sich auf Joh 18,33–38 berufen kann, ist es daher unvereinbar, dem Papst und der Kirche eine auf göttlichem Recht beruhende, direkte und unmittelbare Jurisdiktion auf weltlichem Gebiet zuzusprechen.

---

186 Der letzte Teil der dargestellten Position entspricht der ‚reinen' Zwei-Reiche-Lehre Luthers; leicht erkennbar zielt sie auf die weltliche Herrschaft des Papstes über den Kirchenstaat sowie auf die Institution der Fürstbischöfe im Heiligen Römischen Reich.

187 Vgl. B Disp. III, 5, c. 4.

188 Vgl. B Disp. III, 5, c. 4.

189 Vgl. B Disp. III, 5, c. 5.

190 Vgl. B Disp. III, 5, c. 2, c. 3.

Zur näheren positiven Beschreibung und Erläuterung des Verhältnisses von Staat und Kirche greift Bellarmin auf das Bild von Leib und Seele zurück.[191] An sich könnten Seele und Leib unabhängig voneinander in verschiedenen Wesen existieren, wenn diese aber wie im Menschen vereint sind, behalten sie ihre Eigenart, Kräfte und Zwecke – allerdings so, dass der Leib der Seele untergeordnet ist.[192] Für die Verbindung der staatlichen und kirchlichen Gewalt gilt demnach die Unterordnung der weltlichen unter die geistliche Gewalt. Dabei bleibt die weltliche Gewalt unabhängig, solange die spirituelle Bestimmung des Menschen nicht tangiert werde; werde sie hingegen tangiert, dann könne und dürfe die geistliche Gewalt auf jede Art und Weise die weltliche Gewalt zwingen, die dazu nötig erscheint.[193] Aus diesen Überlegungen folgt, dass der Papst kein ordentliches Recht hat, um auf weltlichem Gebiet zu intervenieren. Er kann daher nur eine indirekte Gewalt über den weltlichen Bereich von Fall zu Fall ausüben, wenn das geistliche Wohl bzw. die geistliche Bestimmung der Menschen es erfordert.[194] Dazu verfügt der Papst aufgrund göttlichen Rechts über (nur) eine einzige, rein geistliche Gewalt (per se et propria spiritualis),

191 Vgl. B Disp. III, 5, c. 6. Gleichzeitig warnt er, das Bild nicht zu überdehnen, vgl. dazu: Arnold, Staatslehre Bellarmins, 350–351.

192 Vgl. B Disp. III, 5, c. 6.

193 Vgl. B Disp. III, 5, c. 6: *„Itaque spiritualis non se miscet temporalibus negotiis, sed finit omnia procedere, sicut antequam essent coniunctae, dummodo non obsint fini spirituali, aut non sint necessaria ad eum consequendum. Si autem tale quid accidat, spiritualis potestas potest et debet coercere temporalem omni ratione, ac via, quae ad id necessaria esse videbitur.“*

Hier führt Belalrmin die vor ihm seit dem 13. Jahrhundert bzw. Papst Innozenz III. entwickelte Theorie des Eingriffsrechts des Papstes in weltliche Angelegenheiten fort; *„potestas indirecte in temporalibus ratione peccati“* bzw. *„per consequentiam“*.

194 Die Frage nach der berechtigten Gewalt des Papstes/der Kirchen auf weltlichem Gebiet bildet eine Diskussionsebene, wofür Bellarmin einen Lösungsansatz gefunden hat. Auf einer anderen Ebene stellt sich die Frage, wer zu entscheiden hat, ob die geistliche Bestimmung bzw. die spirituellen Ziele von einem politischen Sachverhalt tangiert werden. Es geht also um die Abwägungskompetenz. Je nachdem ob diese Kompetenz dem Papst oder dem Kaiser zugesprochen wird, sind unterschiedliche Entscheidungen zu erwarten. Papst Leo XIII. (1810–1903) vertrat etwa die Auffassung, wo immer der Gesichtspunkt des Seelenheils direkt oder indirekt infrage kommt, entscheidet die Kirche, vgl.: Arnold, Staatslehre Bellarmins, 360, mit Quellenangaben. Anwendungen der potestas indirecta zum Heil der Seelen wären etwa die bis heute heiklen Themenfelder der kirchlichen Sittenlehre: ‚Moral und Ehe, Sexualität und Bevölkerungspolitik.', so Sander, Grundlagen, 22.

die allerdings auf zwei Gebieten wirksam wird: primär/directe im geistlichen, sekundär/indirecte im weltlichen Bereich.

Im Zueinander von Kirche und Staat ist in der Sicht Bellarmins der Staat nicht der Geschäftsträger der Kirche, wie andererseits die Kirche nicht die Dienerin des Staates ist. Beide sind daher in ihrer Sphäre selbstständig und souverän.[195] Deshalb könne letztlich die kirchliche Gewalt ohne die weltliche bestehen und umgekehrt.[196]

Im Horizont der von Bellarmin vorausgesetzten respublica christiana ist die Kirche wesens- und bestimmungsgemäß eine vollkommene und autarke Gemeinschaft eigenen Rechts.[197] Zugleich gelingt es Bellarmin mit der Abwehr theokratischer Vorstellungen und seiner Lehrposition von der indirekten Gewalt des Papstes/der Kirche für den weltlichen Bereich, die (zumindest prinzipielle) Anerkennung der Eigenart und Selbständigkeit des Staates als ‚die andere Gewalt' für den weltlichen Bereich in der Res publica christiana aus kirchlicher Sicht zu definieren.

---

195 Vgl. Arnold, Staatslehre Bellarmins, 180.

196 Vgl. B Disp. III, 5, c. 6.

197 Vgl. B Disp. III, 5, c. 7: „*Primo ratio eiusmodo est. Potestates civilis subiecta sunt potestati spirituali, quando utraque pars est eiusdem Reipublica Christianae…*". Ebd.: „*Secunda ratio. Respublica Ecclesiastica debet esse perfecta, et sibi sufficiens in ordine ad suum finem. Tales enim sunt omnes Respublicae bene institutae…*".

Mit der letzten Aussage wird Bellarmin zum Wegbereiter der auf die Kirche bezogenen Lehre der societas perfecta, die letztlich Papst Leo XIII. (1810–1903) als Begriff des päpstlichen Lehramtes in seiner Enzyklika Immortale Dei (v. 01.11.1885, in: ASS XVIII [1885] 161–180) mit folgenden Ausführungen geadelt hat:

„*Haec societas, quamvis ex hominibus constet, non secus ac civilis communitas, tamen propter finem sibi constitutum, atque instrumenta, quibus ad finem contendit, supernaturalis est et spiritualis: atque idcirco distinguitur ac differt a societate civili: et, quod plurimum interest, societas est genere et iure perfecta, cum adiumenta ad incolumitatem actionemque suam necessaria, voluntate beneficioque conditoris sui, omnia in se et per se ipsa possideat. Sicut finis, quo tendit Ecclesia, longe nobilissimus est, ita eius potestas est omnium praestantissima, neque imperio civili potest haberi inferior, aut eidem esse ullo modo obnoxia*", ebd. 165.

Den zwei vollkommenen Gesellschaften entsprechen zwei Gewalten, die kirchliche und die staatliche: „*Itaque Deus humani generis procurationem inter duas potestates partitus est, scilicet ecclesiasticam et civilem, alteram quidem divinis, alteram humanis rebus praepositam. Utraque est in suo genere maxima: habet utraque certos, quibus contineatur, terminos, eosque sua cuiusque natura causaque proxima definitos; unde aliquis velut orbis circumscribitur*", ebd. 166.

Bellarmin war aufgrund seiner Voraussetzungen staatstheoretisch bereits zu seiner Zeit überholt, weil er ja (immer noch) von einem corpus christianorum ausging, was jedoch seit der reichsrechtlich anerkannten protestantischen Denomination obsolet war. Zugleich lieferte Bellarmin Argumente, um die Kirche als Personenverband eigenen Rechts gegenüber den sich selbst als natürliche societas perfecta verstehenden Nationalstaaten abzugrenzen und gegen jede Vereinnahmung zu verteidigen; eine Notwendigkeit, die sich im 17. Jahrhundert v. a. wegen protestantischer Kirchenkonzeptionen und staatskirchenrechtlichen Bestimmung als unabweisbar darstellte.

Die Lehre Bellarmins von der Kirche als wesens- und bestimmungsgemäß vollkommene und autarke Gemeinschaft eigenen Rechts bildete die Grundlage der nach ihm entfalteten (übernatürlichen) societas-perfecta-Lehre für die Kirche, die weniger auf den persönlichen Glaubensakt als vielmehr auf die Sichtbarkeit und Autorität der Kirche setzte. Das hatte jedoch seinen Preis: Damit *„verabschiedete sich das Papsttum von der mittelalterlichen Zwei-Schwerter-Utopie und förderte nach innen die potestas des Papstes, also den Anspruch eines vollständigen Jurisdiktionsprimats, aber auch seine auctoritas, also die die Sichtbarkeit der Unfehlbarkeit.“*[198]

2.4 Ära des Staatskirchentums und kirchliche Reaktion (16.–18. Jhdt.)

Die mittelalterliche und frühneuzeitliche Gesellschaft Europas gliederte sich in mehrere Stände, denen unterschiedliche politische Mitspracherechte und Befugnisse zukamen. Zwar galt alle Herrschaftsgewalt als vom obersten Herrscher abgeleitet, jedoch wurde sie auf verschiedenen Ebenen und dezentral ausgeübt.

Dies änderte sich im Zeitalter des Absolutismus, der als Epochenbezeichnung[199] zwischen den Religionskriegen des 16. Jahrhunderts und den Revolutionen des späten 18. Jahrhunderts angesetzt wird, fließend in die

198 Sander, Andersorte, 22, Anm. 4.

199 Der Begriff Absolutismus wird zunehmend als Beschreibung einer Epoche hinterfragt, da neben absolutistisch regierten Herrschaftsgebilden auch gut organisierte Republiken oder konstitutionelle Monarchien bestanden. Deshalb wird als Epochenbezeichnung inzwischen des Öfteren der Begriff ‚Zeitalter des Barock‘ gewählt, der es ermöglicht, neben den unterschiedlichen Regierungsformen auch zeitgenössische religiöse, philosophische und künstlerische Aspekte zu berücksichtigen.

Aufklärungszeit[200] übergeht und mit dieser endet. Die absolutistische Herrschaftsform kennzeichnet die Regierung eines aus eigener Machtvollkommenheit handelnden Herrschers ohne jede oder zumindest ohne wesentliche politische Mitentscheidung ständischer oder demokratischer Institutionen. In Mittel-, West- und Nordeuropa erwies sich der Absolutismus als eine wesentliche Triebkraft für die Herausbildung der modernen europäischen Staatssysteme zwischen dem 15. und dem 17. Jahrhundert.[201] Als Kennzeichen der Herausbildung der absolutistischen Staatsform ist der Verstaatlichungsprozess zu benennen, in dessen Verlauf u. a. ein stehendes Heer aufgestellt, eine allein vom Herrscher abhängige oft aus bürgerlichen Personen rekrutierte Beamtenschaft aufgebaut, eine merkantilistische Wirtschaftspolitik betrieben und die Kirche als Teil des Staatswesens (Staatskirchenhoheit bzw. Staatskirchentum) begriffen wird.[202]

Die philosophische Begründung für den frühen und ursprünglichen Absolutismus lieferte der Franzose Jean Bodin (1529–1569) mit den ‚Les six livres de la République‘[203], worin er das Staatsideal einer Monarchie propagiert, die bei wenigen einschränkenden Faktoren dem Monarchen letztlich die absolute Souveränität verleiht. Eine Weiterentwicklung der Begründung des Absolutismus gab der englische Staatstheoretiker Thomas Hobbes (1588–1679) mit seinem

200 1784, als das Aufklärungszeitalter schon einige Jahrzehnte alt war, gab Immanuel Kant (Art. Beantwortung der Frage: Was ist Aufklärung?, in: Berlinische Monatsschrift 4 [1784], 481–494) die Definition: „*Aufklärung ist der Ausgang des Menschen aus seiner selbstverschuldeten Unmündigkeit. Unmündigkeit ist das Unvermögen, sich seines Verstandes ohne Leitung eines anderen zu bedienen. Selbstverschuldet ist diese Unmündigkeit, wenn die Ursache derselben nicht am Mangel des Verstandes, sondern der Entschließung und des Muthes liegt, sich seiner ohne Leitung eines anderen zu bedienen. Sapere aude! Habe Muth, dich deines eigenen Verstandes zu bedienen! ist also der Wahlspruch der Aufklärung.*“

Daraus erhellt, dass Aufklärung immer individuell anhebt und eher einen intellektuellen Fortschritt, denn eine Epoche bezeichnen kann.

201 Als höchste Ausprägung absolutistischer Herrschaft wird Frankreich unter der Regierung König Ludwig XIV. (1638–1715) gesehen, der die Definition Bodins zum Absolutismus verkörperte: „*Maiestas est summa in cives ac subditos Legibusque absoluta potestas!*“.

202 „*Wenige Mechanismen sind so alt und so wirksam wie die Verbindung von Herrschaft und Religion: Erst wenn jede Auflehnung, sogar jeder Zweifel am Herrschenden Sünde ist, ist die politische Macht wirklich tief in den Herzen der Untertanen verankert.*“, Borries, Literaturgeschichte, 345.

203 Paris, 1576.

Werk ‚Leviathan'[204]. Nach ihm gehen Souverän und Mensch einen Gesellschaftsvertrag ein, der dem Menschen, nun als Untertan, den Schutz des Souveräns sichert, der seinerseits außerhalb des Rechts steht, um frei entscheiden zu können. Hobbes wurde damit zum geistigen Begründer der neuzeitlichen Staatsphilosophie.

In Deutschland wurde durch Samuel von Pufendorf[205] (1632–1694) und Christian Wolff[206] (1679–1754), aufgrund eines vernunftbasierten Naturrechts und ohne die ideengeschichtliche Tradition der scholastischen Staatskonzeption zu übernehmen, ein neuer Ansatz der absolutistischen Herrschaftslegitimation erschlossen und eingeführt. Beide gingen von einem zweifachen Herrschaftsvertrag aus: Der erste war ein Gesellschaftsvertrag, der den Staat als solchen entstehen ließ. Der zweite war dann der Herrschaftsübertragungsvertrag mit dem künftigen Herrscher. Dies ermöglichte es, dass die absolute Machtfülle an den Herrscher übertragen sowie zugleich die die Macht beschränkenden Verfassungselemente vereinbart werden konnten. Damit konnte der Herrscher auf die Erfüllung vorrangiger Staatsziele, etwa der inneren und äußeren Sicherheit und der gesellschaftlichen Wohlfahrt, festgelegt werden.

---

204 London, 1651.

205 Pufendorf war Staatstheoretiker des aufgeklärten Absolutismus. Neben staats- und völkerrechtlichen Schriften verfasste er geschichtliche Werke und rechtsphilosophische Überlegungen zum Naturrecht. Pufendorfs staatstheoretische Vorstellungen behielten bis zum Auftreten Kants in der deutschen Aufklärung bestimmende Relevanz. Als Werke seien genannt: De iure naturae et gentium libri octo, Lund, 1672; De officio hominis et civis prout ipsi praescribuntur lege naturali, Lund, 1673; De habitu religionis Christianae ad vitam civilem, Bremae, 1687. Zu Leben, Werk und Wirkung vgl. Jan Schröder, Pufendorf, in: Staatslexikon, Bd. 4, 619–621. Freilich: Pufendorf erhebt *„in seiner Schrift 'De habitu religionis Christianae ad vitam civilem', letztlich im Widerspruch zu seinen eigenen Grundsätzen, jedenfalls im Ergebnis bereits die Forderung nach religiöser Toleranz für religiöse Gruppen, die von der Konfession des Landesherrn und der Landeskirche abweichen."*, Listl, Kirche und Staat, 73.

206 Wolff war einer der wichtigsten Philosophen der Aufklärung neben Leibniz und Kant und zählt zu den bedeutendsten Vertretern des Naturrechts, insbesondere durch sein Werk: Philosophia rationalis sive logica, Helmstedt 1746, Nachdr. Hildesheim u. a., Olms, 1980. Jus naturae methodo scientifica pertractatum, 8 Bände, Halle 1740–1748. Zu Leben, Werk und Wirkung vgl. Marcel Thoman, Wolff Christian, in: Staatslexikon, Bd. 5, 1130–1131. 1745 wurde Wolff durch den bayerischen Herzog und Kurfürsten Maximilian III Joseph (1727–1777) in seiner Funktion als Reichsvikar zum Reichsfreiherrn erhoben.

Pufendorfs Postulat 'Die Staaten sind nicht um der Religion willen gegründet'[207] zog eine der folgenreichsten Veränderungen im Staats- und Kirchenverständnis nach sich, weil dies eine Säkularisierung des Staatszwecks implizierte. Aus den legitimen Staatszwecken schied die Sorge um das Seelenheil der Menschen aus. Damit wurde die Einheit von Glaube und Recht, die im Zeitalter der Konfessionsbildung noch zu den Grundlagen der Territorial- und Reichverfassung gehörte, aufgegeben, wenngleich der gegenseitige Bezug als konstitutive Elemente des Staatsverbandes noch beibehalten wurde.

2.4.1 Luthers Erbe und die Ausbildung einer protestantischen Kirchenleitung

Die auf Luthers Gedanken und Worten basierende Zwei-Reiche-Lehre sprengt die Vorstellung des einen corpus christianum, weil sie eine Ordnung ausschließt, die auf Erden den geistlichen und weltlichen Bereich überspannt bzw. verklammert und, daraus abzuleiten, weil sie es prinzipiell verwehrt, Kompetenzen und Gestaltungsansprüche der beiden Regimenter in einer Hand, etwa in jener des Landesherren eines protestantisch gewordenen Territoriums, kumulativ zu vereinen. In der Praxis des Lebens der Kirchengemeinden in den Städten und Territorien, die die reformierte Lehre angenommen hatten und damit zugleich die Verbindung zur katholischen Kirche sowie ihrer Disziplin und Leitung abgebrochen hatten, stellte sich damit unmittelbar das Problem der Kirchenleitung.

Zunächst akzeptierten die Reformatoren, dass sich die weltlichen Obrigkeiten um die äußeren Belange der Kirche in Form einer Notordnung kümmerten, um die kirchliche Verfassungskrise in den protestantischen gewordenen Territorien zu überwinden. Dabei gestanden sie dem jeweiligen Fürsten die vorübergehende Kirchenleitung zu, jedoch nicht in der Rolle als Landesherr, sondern als vorzüglichstes Glied der Kirche.[208] Die Landesherren waren ‚Notbischöfe' der Gemeinden, weshalb die gefundene Lösung auch als Episkopalsystem[209] der protestantischen Kirchenverfassung bezeichnet wird. Grundlage dafür war der Augsburger Reichs- und Religionsfrieden, ein Reichsgesetz vom 25. September 1555, das den Anhängern der Confessio Augustana provisorisch bis zum

207 „*Civitates non sunt institutae propter religionem*" lautet die programmatische Überschrift des 5. Abschnitts in: Samuel von Pufendorf, De habitu, 15.

208 „*Praecipuum membrum ecclesiae.*" Melanchthon, De potestate et primatu Papae, Nürnberg, 1541.

209 Vgl. Zippelius, Staat und Kirche, 112–113.

endgültigen Vergleich – faktisch erwies sich die Regelung dann als dauerhaft – ihre Besitzstände und freie Religionsausübung zugestand. Infolge des Paragraphen 20[210] des Gesetzes waren die Herrschafts- und kirchlichen Ordnungsrechte der katholischen Hierarchie an die Herren der protestantischen Stände devolviert. Das Kirchenregiment, das sich zum Summepiskopat ausgeweitet hatte, war daher nur treuhänderisch auf den Landesherrn übertragen und von dessen weltlicher Gewalt verschieden. Das Episkopalsystem ermöglichte es somit, staatliche und kirchliche Dienststellen zu unterscheiden, die nur durch die Person des Fürsten verbunden waren. In der Praxis und um den Widerspruch zur Zwei-Gewalten-Lehre Luthers zu überspielen, versuchten die altprotestantisch-orthodoxen Theologen im Rahmen der Dreiständelehre den Landesherren in Kirchensachen an den verständigen Beirat des theologischen Lehrstandes zu binden,[211] womit der Ansatz für die Konsistorialverfassung vieler protestantischen Landeskirchen gegeben war, die bis ins 19. Jahrhundert fortdauerte.[212]

Mit der zunehmenden Ausprägung der territorialen Landeshoheit am Ende des 16. und zu Beginn des 17. Jahrhunderts wurde die Kirchenleitung durch den

210 § 20: *„Damit auch obberührte beederseits Religions-Verwandte so viel mehr in beständigem Frieden und guter Sicherheit gegen und bey einander sitzen und bleiben mögen, so soll die geistliche Jurisdiction […] wider der Augspurgischen Confessions-Verwanten Religion, Glauben, Bestellunge der Ministerien, Kirchengebräuchen, Ordnungen und Ceremonien, so sie uffgericht oder uffrichten möchten, biß zu endlicher Vergleichung der Religion nicht exercirt, gebraucht oder geübt werden, sondern derselbigen Religion, Glauben, Kirchengebräuchen, Ordnungen, Ceremonien und Bestellung der Ministerien […] ihren Gang lassen, und kein Hindernus oder Eintrag dardurch beschehen, und also hierauf, wie obgemeldt, biß zu endlicher Christlicher Vergleichung der Religion die geistliche Jurisdiction ruhen, eingestellt und suspendirt seyn und bleiben […]"*; aus: Arno Buschmann, Kaiser und Reich. Verfassungsgeschichte des Heiligen Römischen Reiches Deutscher Nation vom Beginn des 12. Jahrhunderts bis zum Jahre 1806 in Dokumenten. Teil I: Vom Wormser Konkordat 1122 bis zum Augsburger Reichsabschied von 1555. 2. Aufl. Baden-Baden 1994, 221–227. Zur reichsrechtlichen und katholisch-kirchlichen Bedeutung des Gesetzeswerks vgl. Iserloh, Das Scheitern des Universalismus und der Augsburger Religionsfriede, in: HKG, Bd. IV, 290–312, hier 308–312.

211 Dies geschah schon durch Philipp Melanchton, der mit seiner Auslegung von Röm 13 die strikte Trennung der Gewalten einer Zwei-Reiche-Lehre aufweichte, vgl. Friedrich-Wilhelm Graf, Zweireichelehre, in LThK[3], Bd. 10, 1516.

212 Die von Luther ursprünglich intendierte scharfe Trennung in kirchliches und staatliches Regiment, wurde von den reformierten Protestanten schon im Ansatz nicht übernommen. Hier wurde daher das Verhältnis von Kirche und Staat von Anfang an durch theokratische Vorstellungen geprägt, vgl. Christoph Link, Kirche und Staat, 484–485.

protestantischen Landesherrn anders begründet. Die summa potestas wurde nun immanent staatstheoretisch verankert, nämlich in der Für- und Vorsorge des Landesherrn in geistlichen und weltlichen Dingen für die Untertanen des Territoriums. *„Die Kirche ist hier als Teil der öffentlichen Ordnung verstanden und wird von einer derart extensiven Verantwortung umschlossen.“*[213] Die Einordnung der Kirchengemeinden in den alle Lebensbereiche durchdringenden Staat und die Subsumierung des kirchlichen Lebens unter den Aspekt der territorialen Prosperität und den Willen des Territorialherren hat zur Bezeichnung als Territorialsystem[214] der protestantischen Kirchenverfassung geführt; im strengen Sinn des Territorialismus war daher der Landesherr bei der Ausübung des Kirchenregiments nicht mehr an die Beratung und Mitwirkung des geistlichen Standes gebunden.[215]

In der Zeit der (absolutistischen) Aufklärung wurden die Kirchen als Collegia/ Religionsgesellschaften[216] angesehen, deren Mitglieder sich einer gewissen Autonomie erfreuten und deren ‚Vorstandsfunktion‘ dem Landesherrn zustand, der von seiner Fürstenstellung als streng getrennt angesehen wurde. Im Sinne der Aufklärung wurden die Staatszwecke säkular-immanent neu definiert, d. h. zur (nur weltlichen) Friedenswahrung unter den Bewohnern des Territoriums und Förderung des Gemeinwohls. Diese Zwecksetzung erlaubte dem Landesherrn einerseits die Aufrechterhaltung der staatlichen Kontrolle über die äußere Kirchenorganisation (allgemeine Kirchenhoheit über alle

---

213 Link, Kirche und Staat, 484.

214 Vgl. Zippelius, Staat und Kirche, 113–115.

215 Die Begründung dazu liefert etwa Thomas Hobbes (Leviathan, 29. Kapitel): “*… and set up a supremacy against the sovereignty; canons against laws; and a ghostly authority against the civil; working on men's minds with words and distinctions that of themselves signify nothing, but bewray, by their obscurity, that there walketh (as some think invisibly) another kingdom, as it were a kingdom of fairies, in the dark. Now seeing it is manifest that the civil power and the power of the Commonwealth is the same thing; and that supremacy, and the power of making canons, and granting faculties, implieth a Commonwealth; it followeth that where one is sovereign, another supreme; where one can make laws, and another make canons; there must needs be two Commonwealths, of one and the same subjects; which is a kingdom divided in itself, and cannot stand.*”, in: Thomas Hobbes, Leviathan or THE MATTER FORME AND POWER OF A COMMONWEALTH ECCLESIASTICAL AND CIVIL, London, G. Routledge, 1894[4].

216 Den Nachklang des Kollegialsystems zeigt die Bezeichnung der Kirchen als *„Religionsgesellschaften“* in den durch Artikel 140 ins Grundgesetz inkorporierten Artikeln 136, 137, 138, 139 und 141 der deutschen Verfassung vom 11. August 1919 (Weimarer Reichsverfassung).

Religionsgemeinschaften, iura circa sacra maiestatica mit ius reformandi, inspectionis et advocatiae) und in protestantischen Territorien auch die Einwirkung des Landesherrn auf Lehre und Glaube (kirchliches Reformationsrecht bzw. inneres Kirchenregiment der Religionsgesellschaft, iura circa sacra collegialia), ermöglichte es aber andererseits zugleich den Gewissensbereich von staatlichen Eingriffen emanzipativ freizuhalten.[217] Das protestantisch-kirchliche Kollegialsystem[218] bemühte sich in diesem Rahmen, *„die Anerkennung einer korporationsrechtlich begründeten Autonomie zu erkämpfen"*;[219] Kirche war also gedacht als ein Kollegium, das sich unter der allgemeinen staatlichen Korporationsaufsicht selbst verwaltete. Damit enthält die Kollegialtheorie in subversiver Weise auch den dogmatischen Begründungsansatz zu einer kirchlichen Selbstverwaltung aufgrund der eigenständigen kirchlichen Gewalt gegenüber der wesensfremden Staatsgewalt.[220]

Das Kollegialsystem, das von der Idee des Gesellschaftsvertrags beeinflusst ist, bedeutete in der Praxis, dass die vom Staatskirchenrecht des Herrschers vollendete Inkorporation der (protestantischen) Kirche in den Staat von kirchlich-protestantischer Seite, wenn schon nicht legitimiert, so doch – vielleicht um des gesicherten Status willen und um den Preis einer *„schwerwiegenden Enttheologisierung und geistigen Verflachung des Kirchenbegriffs"*[221] – zumindest akzeptiert worden ist. Mit der katholischen Lehre einer eigenberechtigten kirchlichen Hierarchie ist die Kollegialtheorie inkompatibel und schaffte so einen Sachverhalt, der bis ins 20. Jahrhundert den zentralen Gegensatz zwischen protestantischen und katholischen Kirchenrechtlern bildete.

Als zu Beginn des 20. Jahrhunderts die (deutschen protestantischen) Landeskirchen ihrer fürstlichen Oberhäupter durch neue Staatsordnungen verlustig gingen, waren die protestantischen kirchlichen Gemeinschaften nach bis zu 250 Jahren staatlicher Inkorporation, gefordert – und teilweise auch überfordert – eine neue Verfassungsstruktur zu finden und ein neues Kirchenbewusstsein in Distanz zur Staatsführung zu entwickeln.[222]

---

217 Vgl. Link, Kirche und Staat, 484.

218 Vgl. Zippelius, Staat und Kirche, 115. Zur theoretischen Begründung des Kollegialsystems vgl. Listl, Kirche und Staat, 6--71.

219 Link, Kirche und Staat, 484.

220 Vgl. Listl, Kirche und Staat, 53, Anm. 21.

221 Listl, Staat und Kirche, 70.

222 Am 06.05.2021 feierte der evangelische Kirchenkreis Bayreuth sein 100-jähriges Jubiläum mit einem Gottesdienst unter Leitung von Regionalbischöfin D. Greiner in Bayreuth. In den Gottesdienst eingebunden waren leitende Beamte der Regierung von Oberfranken, und die Regierungspräsidentin zog mit dem liturgischen

2.4.2 Katholische Streiter für das Eigenrecht der Kirche

In der Zeit vom Ende des 15. bis zum Beginn des 17. Jahrhunderts entstand in der weltlichen Jurisprudenz das Ius publicum als eigenständiges Fach aus der Trennung des privaten und öffentlichen Rechts. In der Phase der Aufklärung innerhalb des Absolutismus, v. a. im 18. Jahrhundert, wurde diese Scheidung des Rechts auch für die Kirche rezipiert und das Rechtsgebiet als Ius publicum Ecclesiasticum etabliert.

Ausschlaggebend dafür waren die Probleme, die sich aus der Konfrontation der Kirche mit der Landesherrschaft seit der Reformation und faktisch seit dem Westfälischen Frieden (1648) ergeben hatten, als reichsrechtlich mehrere christliche Konfessionen anerkannt wurden. In der Gegenüberstellung des seine Souveränität betonenden Staates einerseits, der die Kirche als innerstaatlichen Personenverband (Kollegium) definierte, sie seiner Rechtsordnung eingliederte und so seiner Landeshoheit unterstellte sowie der Kirche andererseits, die sich auf ihre originäre Eigenmacht berief und insofern ihre gleichberechtigte Zuordnung (Kooperation) mit dem Staat betonte, wurde offensichtlich, dass es einer methodisch neuen, eigenen Disziplin in der Kanonistik bedurfte; dies war eben das Ius publicum Ecclesiasticum.[223] Da sich die Problematik zuerst besonders im deutschen Reich im Konflikt zwischen einerseits protestantischen Juristen und Landesherren mit ihren kollegialistischen Vorstellungen sowie andererseits der katholischen Kirche mit ihrem überkommenen Kirchenrecht darstellte, entstanden die ersten Lehrbücher der neuen Disziplin an den deutschen protestantischen Universitäten. Freilich ist hervorzuheben, dass auch schon um die Wende vom 17. zum 18. Jahrhundert im süddeutsch-bayerischen Raum problembewusste rechtssystematisch arbeitende katholische Kirchenrechtslehrer wirkten.[224]

Dienst in die Kirche ein. Das wirkte eher als Zeichen von (gesuchter) Nähe, denn von (selbstbewusster) Distanz. Dazu passten die Worte der Regionalbischöfin in der Predigt: „*Staat und Kirche sind glücklich getrennt. Welch ein Schatz ist es aber für unseren Staat und unsere Kirche, dass da Vertreter von Staat und Kirche gemeinsam beten können. Dass die Regierungspräsidentin und ich uns zusammensetzen und überlegen, wofür wir Gott dankbar sind, das ist ein Geschenk gemeinsamen Lebens in Gottes Reich – ebenso die Fürbitten, die noch folgen.*“, URL: https://www.kirchenkreis-bayreuth.de/100-jahre-kirchenkreis-bayreuth-0, Zugriff: 25.03.2023.

223 Vgl. Listl, Kirche und Staat, 41.

224 Etwa: Ehrenreich Pirhing (Professor in Dillingen, + 1679), Franz Schmier (Professor in Salzburg, + 1728) und Johann Georg (genannt Anaklet) Reiffenstuel (Professor in Freising, + 1707), vgl. Aymans – Mörsdorf, Kanonisches Recht, 60.

2.4.2.1 Die Würzburger Schule

Durch die Würzburger Schule[225] fanden die Ideen des ursprünglich von protestantischen Rechtslehrern geprägten Ius publicum Ecclesiasticum Eingang in die katholische Kirchenrechtswissenschaft.[226] Zunächst gerieten die Lehrer des neuen Fachs allerdings in Gegensatz zu den Vertretern der traditionellen römischen Kanonistik, die erst im 19. Jahrhundert das Ius publicum Ecclesiasticum akzeptierten und vertraten. Als frühe Vertreter des Faches, die noch von den Gedanken der Aufklärung geprägt waren und dem Episkopalismus zuneigten,[227] sind hier vor allem einige Professoren der Würzburger Schule zu benennen.

2.4.2.1.1 Johann Kaspar Barthel (1697–1771)

Der in Kitzingen geborene Johann Kaspar Barthel[228] war ein Schüler von Prospero Lambertini,[229] der, von der Aufklärung beeinflusst,[230] als Vertreter der

---

Reiffenstuhl verfasste ein oftmals aufgelegtes Werk (Ius canonicum universum). Zu Reiffenstuhl vgl. Schulte, Reiffenstuel, 695–696.

225 Vgl. dazu: Aymans – Mörsdorf, Kanonisches Recht, 60; Listl, Kirche und Staat, 13–21 sowie 88–89. Zur Würdigung der Würzburger Juristenschule: Andreas Kraus, Das geistliche Franken, in: HBG, Bd. III7I, 628–643, hier: 634–635.

226 Vgl. Listl, Kirche und Staat, 41.

227 *„In der Ablehnung der päpstlichen Jurisdiktion- und Lehrgewalt überlagerten sich die Auffassung des protestantischen Kollegialismus mit dem Gedankengut des sich am Gallikanismus orientierenden reichskirchenrechtlichen Episkopalismus der geistlichen Kurfürsten und Fürstbischöfe.“*, Listl, Kirche und Staat, 41.

228 Zur kanonistischen und zeitgeschichtlichen Einordnung: Listl, Kirche und Staat, 15–16. Zur Biographie: Schulte, Barthel, 103.

229 Nachmals Papst Benedikt XIV., geboren 1675 in Bologna, 1694 Dr. iur. utr.; ab 1701 Arbeit an der Kurie, 1727 Erzbischof von Ancona, 1728 Kardinal, 1731 Erzbischof von Bologna. Lambertini wurde 1740 zum Papst gewählt, sein Pontifikat dauerte bis 1758. Er schloss mit Sardinien, Neapel, Portugal, Spanien, Lombardei (unter den Habsburgern) Konkordate ab, in denen er kompromissbereit staatskirchenrechtlichen Forderungen nachgab, ohne die kirchlichen Grundprinzipien aufzugeben. Zu Leben, Werk und Würdigung sowie Quellen und Literatur vgl. Rosa, Art. Benedetto XIV, papa, 393–408. Die Konkordatspolitik des Papstes Benedikt XIV. lässt sich charakterisieren als ein Interesse: *„più propriamente religiosi di fronte a quelle preoccupazioni istituzionali ed ecclesiastiche, che apparivano ormai superate dalla logica dell'azione statale e nella coscienza dei contemporanei, nella presa di consapevolezza di nuove realtà politiche e nell'impegno di far uscire la Chiesa cattolica da un isolamento pericoloso, da una subordinazione alle potenze cattoliche, cui una sostanziale debolezza la condannava.“*, ebd., 396.

230 Die aufgeklärte Geisteshaltung Lambertinis/Benedikts XIV. mag folgende Facette seines Lebens erschließen: In seiner Heimatstadt Bologna, die zum Kirchenstaat

systematisch-historischen Neuausrichtung der Kanonistik galt.[231] Barthel hatte von 1727–1771 den Lehrstuhl des kanonischen Rechts an der Würzburger Universität inne. Er zeichnete sich aus, *„dem Staate gerecht zu werden, als echter deutscher Mann für die Concordate gegen die Uebergriffe der Curie einzutreten, die scholastische Methode zu bekämpfen, das selbständige Recht des Episkopats zu vertheidigen."*[232] Barthel war beeinflusst von gallikanistischen bzw. episkopalistischen Kanonisten, etwa Petrus de Marca (+1643), Louis Thomassin (+ 1697) sowie Zeger Bernhard van Espen (+ 1728).[233] Er lehrte gemäß dem Auftrag seines Landesfürsten, Bischof Friedrich Karl von Schönborn, 1729–1746 Fürstbischof von Würzburg und Bamberg, ein Kirchenrecht, das an die besonderen deutschen Verhältnisse angepasst war; den Auffassungen der Jesuiten widersprach er; die Grundsätze seiner französischen kanonistischen Vorbilder wandte er auf die kirchlichen Verhältnisse im Deutschen Reich an; eine monarchisch-absolutistische Regierung der Kirche lehnte er mit theologischen, historischen und kirchenpolitischen Gründen ab; in der Lehre vom Primat unterschied er in Essentialia und Accesoria; die Zuordnung weltlicher und geistlicher Herrschaft auf ein gemeinsames Ziel mache es schwierig, die beiden Gewalten in ihren Kompetenzen und Rechten voneinander abzugrenzen – beide erfüllten jedoch gemeinsam einen göttlichen Auftrag und so erwachse gleichsam eine Konfusion geistlicher und weltlicher Gesetze, woraus sich eine

---

gehörte, förderte und reformierte er neben der Universität die Accademia. Er galt als Gönner von Laura Bassi, einer Gelehrten und (zunächst Privat-)Dozentin für Mathematik und experimentelle Physik. *„Der Papst ernannte mehr als 20 Professoren für die neue Akademie, darunter auch Laura Bassi, allerdings mit dem Zusatz 'sopra numero' [HH, über der Zahl]. Er begründete also nicht einen weiblich besetzten Lehrstuhl, schuf aber für Laura Bassi gleichsam zusätzlich einen ihr entsprechenden Wirkungskreis, der überdies mit einer jährlichen Remuneration verbunden war."*, Isabella Ackerl, Laura Maria Caterina Bassi, in: Starke Frauen, Wiesbaden, marixverlag, 2019², 57. Laura Bassi erhielt schließlich 1776 einen Lehrstuhl für experimentelle Physik an der Universität in Bologna (vgl. ebd.), und wurde somit (ausgerechnet) im Kirchenstaat zur ersten Universitätsprofessorin Europas.

231 Lambertini gehörte zur ‚goldenen Kanonistik' (17., Anfang des 18. Jhdt.), der Blütezeit der nachtridentinischen neoklassischen Kanonistik. Zur Einordnung vgl. Aymans – Mörsdorf, Kanonisches Recht, Bd. I, Paderborn, Schöningh, 1991, 59–60.

232 Schulte, Art. Barthel, 103.

233 Vgl. Listl, Kirche und Staat, 15–16.

gegenseitige Unterordnung ergebe, die sowohl die Kirche als auch den Staat zur Eintracht verpflichte.[234]

2.4.2.1.2 Georg Christoph Neller (1709–1783)

Georg Christoph Neller[235] wurde in der Nähe von Würzburg geboren und studierte an der Würzburger Universität. Von 1748–1783 lehrte er an der Universität Trier als Professor des kanonischen Rechts. Neller war mit dem Trierer Weihbischof Nikolaus von Hontheim jahrzehntelang in Freundschaft eng verbunden. Es verwundert deshalb nicht, dass sein aus Würzburg mitgebrachter reichskirchlicher Episkopalismus zur Hauptquelle der Inspiration des Febronius sowie des Febronianismus wurde und er selbst *„unter den deutschen Kanonisten der Aufklärungszeit als der wohl extremste Vertreter des Episkopalismus“*[236] angesehen werden darf. Sein Hauptwerk waren die Prinicipia iuris publici ecclesiastici catholicorum ad statum Germaniae accomodata in usum tyronum,[237] wobei Neller seinen Begriff der Kirche wie folgt fasst: *„ἐκκλεσία, quae Coetum, Conventum, Concionem qualemcumque significat: Christianis vero est Coetus sacer hominum baptizatorum, qui sub regimine Pastorum veram doctrinam unanimiter profitentur.“*[238] Neller nutzte das Wort collegium im Zusammenhang mit der Kirche, jedoch strikt begrenzt auf das Kollegium der

---

234 Vgl. Raab, Reichskirchlicher Episkopalismus, 498–499. Barthel habe *„die deutsche Kirche ihre Rechte und Selbständigkeit fühlen“* gelehrt, so schrieb 1794 der spätere Würzburger Weihbischof Gregor Zirkel, zitiert nach: Ludwig, Weihbischof Zirkel, Bd. I, 91.

235 Neller, geb. am 23. November 1709, † zu Trier am 31. October 1783. *„Geboren in Aub (Franken) […] wurde er im Alter von zwölf Jahren dem Gymnasium in Würzburg übergeben […] trat aber 1726 nach zurückgelegten philosophischen Studien in das Klerikalseminar zu Würzburg ein und hörte an der Universität mit unausgesetztem Fleiße juristische und theologische Vorlesungen, vorzüglich bei Barthel, Carlier, Ickstatt und Ulrich. Im J. 1733 vom Fürstbischof Friedrich Karl (Graf Schönborn) zum Priester geweiht.“*, Schulte, Neller, 421–423. Zur kanonistischen und zeitgeschichtlichen Einordnung vgl. Listl, Kirche und Staat, 13–15, im Hinblick auf seinen Kirchenbegriff ebd. 89–91.

236 Listl, Kirche und Staat, 89. *„Neller hat in seinem mehr dem dreißigjährigen Lehrtätigkeit, in zahlreichen Veröffentlichungen dem episkopalistischen Reichskirchenrecht zum Durchbruch verholfen und als Freund und Mitarbeiter Hontheims einen hervorragenden Platz in der Geschichte des Febronianismus.“*, Raab, Reichskirchlicher Episkopalismus, 491.

237 Frankfurt/M., Eslinger, 1768.

238 Neller, Principia iuris, Introductio V.

Bischöfe[239], die er als kollegiale Träger der Fülle kirchlicher Leitungsgewalt iure divino verstand und hierarchisch von den anderen Gläubigen abgegrenzt sah. *„Die protestantische Kollegialtheorie lehnt Neller mit der gleichen Entschiedenheit ab wie die papsttreuen Kanonisten.“*[240]

2.4.2.1.3 Johann Adam von Ickstatt (1702–1776)

Johann Adam von Ickstatt[241] lehrte die Fächer Staats- und Kirchenrecht von 1731–1741 in Würzburg und anschließend von 1746–1765 an der Universität Ingolstadt. Er gilt als einer der berühmtesten Staatsrechtslehrer der Barockzeit und als Wegbereiter der Aufklärung im Kurfürstentum Bayern. In seiner Würzburger Zeit war er zusammen mit Johann Kaspar Barthel der bevorzugte Lehrer von Georg Christoph Neller.

Ickstatt selbst hatte in Marburg studiert, dort zunächst Christian Wolff kennengelernt, bei dem er im Übrigen seinen Magister in Philosophie erwarb.[242] Anschließend studierte er (Kirchen-)Recht, sodass er auch die Werke der protestantischen Kirchenrechtslehrer kennenlernen durfte. Aus Anlass seiner Berufung an die Universität Würzburg als ordentlicher Professor veröffentlichte er eine programmatische Schrift De studio iuris, ordine atque methodo scientifica instituendo, Meditationes praeliminares[243]. Darin plädierte er dafür, in der Kanonistik öffentliches und privates Recht zu trennen und das öffentliche Recht als Ius publicum Ecclesiasticum zu etablieren. Zugleich wandte *„er sich gegen die Grundsätze des protestantischen Kollegialsystems und betonte die Eigenrechtsmacht der Kirche und ihre Unabhängigkeit vom Staat in ihren eigenen Angelegenheiten.“*[244] Die Kirche ist für Ickstatt eine gesellschaftliche Institution,

---

239 In diesem Kollegium ist der Papst als Bischof von Rom als primus inter pares; als Episkopalist lehnte Neller den Primat (natürlich) ab. In diesem Punkt unterscheidet sich deshalb auch Nellers Kirchendefinition von der Bellarmins.

240 List, Kirche und Staat, 90.

241 Zur kanonistischen und zeitgeschichtlichen Einordnung vgl. Listl, Kirche und Staat, 16–17. Zur Biographie: Oefele, Ickstatt, 740–741.

242 *„Sicher ist zunächst, dass I. im J. 1725 auf die Universität Marburg kam, um Philosophie bei Christian Wolff zu hören, an dem er einen Freund für's Leben gewann; daß er im J. 1727 dortselbst das philosophische Magisterium erhielt, dann aber sich auf Jurisprudenz warf und im J. 1730 zu Mainz Doctor der Rechte wurde. Der mainzische Großhofmeister Graf von Stadion scheint ihm das Jahr darauf den Ruf nach Würzburg als Professor mit Hofrathsprädikat verschafft zu haben.“*, Oefele, Ickstatt, 741.

243 Wirceburgum, Engmann, 1731.

244 Listl, Kirche und Staat, 17.

die dem Staat in den Wesenszügen gleichartig und, wenn das für den Staat gilt, ebenfalls eine societas perfecta ist und doch zugleich mit ihrer hierarchischen Struktur eine societas inaequalis darstellt. Die von staatlicher Herrschaft unabhängige kirchliche Jurisdiktionsvollmacht sei im Übrigen auch existent und wirksam, ohne dass es eines territorialen Substrats bedürfe.[245] Damit grenzt sich Ickstatt z. B. prinzipiell von Samuel von Pufendorf ab, der das protestantische Kollegialsystem wesentlich konzipiert und begründet hatte. Ickstatts Nachfolger auf dem Lehrstuhl für Natur- und öffentliches Recht in Würzburg wurde Johann Jakob Joseph Sündermahler[246], der seine juristischen Studien bei Ickstatt absolviert hatte.

2.4.2.1.4 Johann Nepomuk Endres (1731-1791)

Johann Nepomuk Endres[247] war Schüler und Freund Johann Kaspar Barthels und folgte seinem Lehrer 1771 auf dessen Lehrstuhl für Kirchenrecht nach. Er *„gehört zu den bessern Canonisten seiner Zeit, zeigt in seinen Schriften den Anfang einer kritischen Behandlung, unabhängigen Forschung und insbesondere einen patriotischen Sinn, welcher die deutsche Selbständigkeit auch der Curie gegenüber retten will.“*[248] War Endres auch ein Anhänger episkopalistischer Gedanken, so sah er doch mit den anderen Kanonisten der Würzburger Schule die Kirche als eine von Christus gestiftete, hierarchisch strukturierte Gemeinschaft. Die entscheidende ekklesiologische Differenz zwischen Protestanten und Katholiken verortete er darin, dass der von Christus gestifteten Kirche der Charakter eines vollkommenen und heiligen religiöse Staatswesens (Respublica sacra) eignet, der sie von der zivilen staatlichen Gewalt unterscheidet. Des Weiteren hat sie ihre eigenen Gesetze und kennt eine eigene Obrigkeit und Untergebene, von denen die einen zu befehlen und die anderen zu gehorchen haben, sodass die Kirche die Züge eines katholischen und umfassenden,

---

245 Vgl. Listl, Kirche und Staat, 17.

246 Geboren 1711 in Staffelstein im Fürstbistum Bamberg, gestorben 1775 in Würzburg. Zur Person und zum Werk vgl. Jung, Johann Jakob Sündermahler (1711–1775). Ein Jurist der Aufklärungszeit, in: Dippold/ Meixner (Hgg.), Staffelsteiner Lebensbilder, Staffelstein 2000, 91–99; vgl. auch Schulte, Sündermahler, 156.

247 Zur kanonistischen und zeitgeschichtlichen Einordnung vgl. Listl, Kirche und Staat, 18; Friedrich Merzbacher, Der Kanonist Johann Nepomuk Endres (1730–1791). Leben und Werk eines deutschen Kirchenrechtslehrers vor der Säkularisation, in: AKathKR 139 (1970), 42–68; Schulte, Endres, 110.

248 Schulte, Endres, 110.

jedoch geistlichen Staatswesens trägt.[249] Die so von ihm angeführten charakteristischen Züge der Kirche hält Endres für ausreichend, um eine wesentliche Ähnlichkeit zum zivilen Staatswesen nachzuweisen. Endres war der letzte Würzburger Kanonist der Aufklärungszeit, der auf die Ausbildung einer selbstständigen Disziplin des Ius publicum Ecclesiasticum einen bedeutsamen Einfluss ausgeübt hatte.[250] Nachfolger Endres auf dem Lehrstuhl für Kirchenrecht in Würzburg war Johann Philipp Gregel[251] aus Prölsdorf nahe Bamberg Steigerwald.

Durch die Kanonisten Barthel, Ickstatt und Endres wurde Würzburg in der Zeit von 1727 bis 1790 zu einem Zentrum der Vorarbeiten und Propagierung eines (katholischen) Ius publicum Ecclesiasticum[252] mit spezifisch katholischem Akzent. „*Sie gehörten in Deutschland zu den ersten, die dem protestantischen Kirchenbegriff des collegium und der societas aequalis mit Entschiedenheit die aus der katholischen Ekklesiologie entwickelten Idee der Kirche als societas perfecta gegenüberstellten.*“[253] Zugleich erweist sich, dass Würzburg ein Ort spätabsolutistischen Aufklärung und zeitgenössisch hochaktueller wissenschaftlicher Disputation über Konfessionsgrenzen hinweg geworden war. Dafür waren jedenfalls auch die Fürstbischöfe von Würzburg[254] verantwortlich,

---

249 „*Ecclesiam nimirum ab Christo institutam esse tamquam perfectam quandam Rempublicam sacram a Civili distinctam, suis uti Legibus, ita et Magistratibus quoque ac subditis, Imperantibus nimirum atque parentibus instructam, quae propterea Reipublicae cujusdam Catholicae et unversalis, sed Sacrae speciem praesefeerat.*“, in: Johann Nepomuk Endres, De necessario Jurisprudentiae Naturalis cum Ecclesiastica nexu, Würzburg, Kleyer, 1761, hier: c. III, § 1, 76.

250 Vgl. Listl, Kirche und Staat, 18.

251 1750–1841. 1791 ordentlicher Professor, 1803 gab er die Professur auf und wurde Landesdirektionsrat, 1814 Regierungsrat und Referent in Kirchensachen sowie 1823 pensioniert. Sein offener Anschluss an die neue Wendung auf kirchlichem und politischem Gebiete machte ihn zum Verteidiger der Säkularisation und insbesondere der landesherrlichen Rechte bei Besetzung der Ämter, vgl. die biographischen Angaben bei Schulte, Gregel, 625–626.

Gregel versuchte die neuen Verhältnisse nach der Säkularisierung zu legitimieren und zog sich deshalb 1804 den scharfen Widerspruch des Würzburger Weihbischofs Gregor Zirkel zu, vgl. Kraus, Das geistliche Franken, 635.

252 Zu den Vertretern der Würzburger Schule und ihrer wissenschaftlichen Vernetzung vgl. unten Anhang 4, 748. Zur Schülerschaft Barthels vgl. Raab, Reichskirchlicher Episkopalismus, 490, Anm. 32.

253 Listl, Kirche und Staat, 116.

254 Würzburger Fürstbischöfe: Christoph Franz von Hutten, 1724–1729; Friedrich Karl von Schönborn-Buchheim, 1729–1746, zugleich Fürstbischof von Bamberg;

die im 18. Jahrhundert über 57 Jahre hinweg in Personalunion auch Bamberger Fürstbischöfe waren, die moderne wissenschaftliche Methoden förderten, insbesondere in weltlicher Jurisprudenz und Kanonistik und für deren Verbreitung sorgten. Von Würzburg aus, wo von 1719 bis 1746 zwei Fürstbischöfe aus dem Hause Schönborn regierten, *„wurde der Episkopalismus der Barthel-Schule, dem Schönbornschem Machtbereich folgend, in den geistlichen Staaten am Main und Mittelrein folgend, dann weiter nach Bonn, Köln und Salzburg und an fast alle katholischen Hochschulen getragen."*[255] Endlich ist darauf hinzuweisen, dass Würzburg der Kirchenrechtswissenschaft auch ein geistliches Zentrum bot: Die Professoren Barthel, Endres, Sündermahler und Gregel waren jeweils auch Kapitulare von Stift Haug.[256]

2.4.2.2 Deutsche Kanonisten mit römischer Affinität

Als vom aufklärerischen Gedankengut geläuterte[257] weitere Wegbereiter des Ius publicum Ecclesiasticum, die im süddeutschen Raum (Würzburg, Bamberg,

---

Anselm Franz von Ingelheim, 1746–1749; Karl Philipp von Greiffenclau-Vollraths, 1749–1754; Adam Friedrich von Seinsheim, 1755–1779, auch Fürstbischof von Bamberg 1757–1779; Franz Ludwig von Erthal, 1779–1795, zugleich Fürstbischof von Bamberg.

Zu Fürstbischof Erthal vgl. den Ausstellungsband mit Aufsätzen zu zahlreichen Facetten des Lebens und Wirkens des Bischofs: Renate Baumgärtel-Fleischmann (Hg.), Franz Ludwig von Erthal. Fürstbischof von Bamberg und Würzburg. 1779–1795, Bamberg, Diözesanmuseum Bamberg, 1995.

255 Raab, Reichskirchlicher Episkopalismus, 490. Zur lokalen Vernetzung der hohen Geistlichkeit der Familie Schönborn vgl. den Anhang 5 dieser Arbeit unten, 749. Zur Geschichte der Familie Schönborn, zu Biographien einiger Familienmitglieder und der Heiratspolitik vgl. Thomas Gerlein, Das Haus Schönborn mit seinen Linien Buchheim, Wiesentheid und Schönborn. Über 700 Jahre Gesamtgeschichte mit Stammfolgen, in: Deutsche Fürstenhäuser, Heft 39, Werl, Börde, 2012. Zur Adelsfamilie der Schönborn vgl. auch den 600-seitigen Ausstellungskatalog: Gerhard Bott (Hg.), Die Grafen von Schönborn. Kirchenfürsten, Sammler, Mäzene. Nürnberg, Germanisches Nationalmuseum, 1989. Zur Genealogie der Familie und ihrer Verschwägerung mit anderen Adelshäusern, deren bischöflichen Mitgliedern und Amtsorten im 17./18. Jhdt. Vgl. die Daten am Ende der Website: http://www.welt-der-wappen.de/Heraldik/schoenborn.htm, erstellt: 2008; Zugriff: 30.09.2022.

256 Ullrich, Reihenfolge d. Kapitulare, 122 ff.

257 Vgl. Aymans – Mörsdorf, Kanonisches Recht, 60.

Heidelberg, München, Ingolstadt, Augsburg) wirkten und vernetzt waren, sind außerdem[258] anzuführen:

2.4.2.2.1 Philipp Anton Schmidt (1734–1805)

Philipp Anton Schmidt[259] wurde in Arnstein im Fürstbistum Würzburg geboren, besuchte das Gymnasium in Würzburg und trat 1751 in den Jesuitenorden ein. 1754–1759 wirkte er als Lehrer im Ordenskolleg in Bamberg, wo er von 1754 bis 1763 Theologie und Kirchenrecht studierte. Heidelberg, wo Schmidt 1770–1776 als Kanonist dozierte, gehörte zur Kurpfalz, die unter dem Wittelsbacher Kurfürsten Karl Theodor (1743–1799) eine wirtschaftliche und kulturelle Blütezeit erlebte. Schmidt erkannte als erster in voller Klarheit, dass sich das Ius publicum Ecclesiasticum auch als Waffe gegen die neueren staatshoheitlichen Strömungen eignete, die sie sich etwa im Josephinismus und der Aufklärungskanonistik zeigten.[260] In seinem Werk Institutiones Juris Ecclesiatici Germaniae adcommodatae[261] trägt er vor, dass auch protestantische Theologen vor der Phase des Kollegialismus in der Aufklärungszeit die Kirche als eine societas inaequalis mit einer unverfügbar vorgegebenen hierarchischen Struktur beschrieben hätten.[262] Er selbst orientiert sich in seinem Kirchenbegriff explizit an der Formel des Kardinals Bellarmin: *„Ecclesia christiana nobis est ferme cum Bellarmino […] Coetus homium ejusdem fidei Christianae professione, eorundemque Sacramentorum communione sub regimine legitimorum*

---

258 Als weiterer Vertreter ist nach Aymans – Mörsdorf (Kanonisches Recht, 60) anzuführen: *„Franz Georg von Ditterich (+ 1811), Professor in Dillingen.“* Ditterich (1745–1811) geboren in Bamberg, 1777 Professor für geistliches Staatsrecht in Straßburg, 1790 Flucht nach München, 1791 kurfürstlichen Oberlandesgerichtsrat und Bücherzensurrat, unter Kurfürst Maximilian IV. Joseph pensioniert. Zur Biographie vgl. Schulte, Ditterich, 262. Von einer Professur Ditterichs in Dillingen konnte in den Nachschlagwerken allerdings nichts eruiert werden. Gleichwohl gehört Ditterich zum Netzwerk der ‚fortschrittlichen‘ Kanonisten im süddeutschen Raum, der mit der Geburt in Franken, seiner Professur in Straßburg nahe der wittelsbachischen Kurpfalz und seinem Geschick in die Geschichte Bayerns verwoben wurde.

259 Zur Biographie vgl. Schulte, Schmidt, 12–13. Zur kanonistischen und zeitgeschichtlichen Einordnung vgl. Listl, Kirche und Staat, 18–19, zum Kirchenbegriff ebd. 91.

260 Vgl. Listl, Kirche und Staat, 42.

261 Institutiones Juris Ecclesiatici Germaniae adcommodatae 2 Bände, Bamberg und Würzburg, Goebhardt, 1778[3].

262 Vgl. ebd. Tomus I, Pars II, Cap. I, Sectio I, § IV (= 135–137).

pastorum, ac summi Christi in terris Vicarii colligatorum", woraus sich für ihn ergibt, dass die Kirche in jeder Hinsicht eine societas inaequalis sei, in der von Christus Vorsteher eingesetzt worden seien.[263] Von 1790–1805 wirkte Schmidt als Weihbischof in Speyer. Diese Stellung und seine Herkunft aus dem Jesuitenorden machten das Ius publicum Ecclesiasticum und seine Methode auch für die römischen Theologen und Kanonisten annehmbar.[264]

2.4.2.2.2 Jacob Anton Zallinger zum Thurn (1736–1813)

Jacob Anton Zallinger zum Thurn[265] aus Bozen trat 1753 in den Orden der Gesellschaft Jesu ein. In Ingolstadt beendete er seine Studien, als dort noch Johann Adam von Ickstatt Professor war. Die Priesterweihe empfing er 1765 und lehrte darauf in München und Dillingen philosophische Disziplinen. 1776 wurde er an die Innsbrucker Universität als Professor der Physik berufen und übernahm schon im folgenden Jahr 1777 die Professur für Kirchenrecht in Augsburg. Nach der Säkularisierung, als es um die Neuordnung der kirchlichen Angelegenheiten ging, wurde er von Papst Pius VII. im Jahr 1805 als Kenner der reichsrechtlichen und insbesondere der bayerischen Besonderheiten als Berater in den Verhandlungen um ein bayerisches Konkordat berufen. Nach dem Scheitern der ersten Verhandlungsrunden kehrte Zallinger 1806 nach Augsburg auf seinen Lehrstuhl und bereits im Jahr 1807 in seine Bozener Heimat zurück, wo er 1813 starb.

Auch Zallinger orientiert sich in seinem Werk Institutiones Iuris Naturalis et Ecclisaistici Publici[266] in seiner Beschreibung der Kirche an Bellarmin: „*Ecclesia vox non templa Deo sacrata, sed coetum hominum exprimit unius professione fidei et eorundem Sacramentorum communione collegatorum sub*

---

263 Vgl. ebd. § VIII (= 140–141).

264 Durch die Vertreter der römischen Schule der Kanonistik wurden Inhalt und Methode des Ius publicum Ecclesiasticum im Jahr 1826 in Form von 100 Thesen (abgedruckt in: Listl, Kirche und Staat, 236–244) als Lehrstoff in den rechtswissenschaftlichen Fakultäten und Universitäten des Kirchenstaats eingeführt. Promoter des Ius publicum Eclesiasticum in Rom war Giovanni Soglia Ceroni, 1779–1856, Bischof und später Kardinal. Zur Person und seinem Hauptwerk vgl. Listl, Kirche und Staat, 4–7.

265 Zur kanonistischen und zeitgeschichtlichen Einordnung vgl. Listl, Kirche und Staat, 20–21. Zur Biographie vgl. Wurzbach, Art. Zallinger zum Thurn, Jakob Anton, in: Biographisches Lexikon des Kaiserthums Oesterreich, Bd. 59 (1890), 114–115.

266 Libri V, Augsburg, Rieger, 1784.

regimine legitimorum pastorum atque inprimis summi in terris Christi Vicarii, Romani Pontificis."[267] Er positionierte sich in seiner Sicht der Kirche gegen alle protestantisch-kollegialistischen Auffassungen und damit gegen die staatsphilosophischen Grundlagen des aufgeklärten Staatskirchentums, insbesondere gegen die Lehren Pufendorfs.[268] Für ihn ist die Kirche (Kirchengesellschaft) eine Gemeinschaft, die ihren Ursprung in Gott hat, der die Kirche als solche gewollt hat. Sie sei demnach keine Gemeinschaft, die auf dem freien Zusammenschluss der von prinzipiell gleichberechtigten Gläubigen im Sinne eines Vereins (das wäre eine societas aequalis) besteht und die ihre Kirchengewalt durch einen Übertragungsvertrag an den Landesherrn abgetreten habe, sondern vielmehr eine hierarchisch strukturierte societas inaequalis, in der den Bischöfen Kraft göttlicher Stiftung besondere Leitungsvollmacht zukommt.

2.4.3 Gallikanismus und reichskirchenrechtlichen Episkopalismus, 17./18. Jhdt.

In Frankreich hatte sich eine akzentuiert nationale Art der Staatskirchenhoheit etabliert: der Gallikanismus[269]. Dieser speiste sich einerseits aus einem kirchenrechtlichen Lehrsystem mit nationalkirchlichen, konziliaren und episkopalistischen Elementen, das sich gegen die päpstliche Lehrautorität und die Jurisdiktionsgewalt des römischen Papstes wandte sowie andererseits aus einer politischen Opposition nationalfranzösischen Charakters gegen den römischen Zentralismus. Der Gallikanismus führte insbesondere im 17. und 18. Jahrhundert zu einer umfassenden Herrschaft der französischen Krone über das gesamte äußere Leben der Kirche.

Er hatte sich aus der konziliaren Bewegung des späten Mittelalters entwickelt, die die Überordnung der Konzilien über das römische Papsttum vertrat. Einen ersten staatskirchenrechtlichen Gipfel fand der Gallikanismus in der ‚Pragmatischen Sanktion'[270] Karls VII. (Bourges, 1438). Einen Schritt zurück

---

267 Ebd. Liber V, Caput I, § CCCXVI (= 627–628).

268 Zur gedanklichen Auseinandersetzung Zallingers mit Pufendorf, vgl. thesenhaft: Listl, Kirche und Staat, 92.

269 Vgl. zu Begriff und Bedeutung etwa Louis Cognet, Der Gallikanismus Ludwigs XIV., in: HKG, Bd. V, 74–80; Just, Art. Gallikanismus, in: LThK^2 4, 499–503.

270 Charles VII., Pragmatique Sanction, v. 07.07.1438, in: Ordonnances des rois de France de la troisième race, Vol. 13, Contenant les ordonnances depuis le commencement du règne de Charles VII, jusques et compris l'année 1447, par M. de Vilevault, Paris, 1782, 267–291. Sie enthält z. B. folgende Maßnahmen: Einschränkung

und eine Art Waffenstillstand zwischen den Ansprüchen des Papstes und des Königs auf die Oberhoheit über die französische Kirche bildete das am 19. Dezember 1516 zwischen Papst Leo X. und König Franz I. (amt. 1515–1547) geschlossene Konkordat von Bologna[271]. Mit diesem Konkordat wurde zwar die theoretische Oberhoheit des Papstes über die französische Kirche anerkannt, zugleich bekam die französische Krone jedoch fast unbegrenzte praktische Kontrolle über die Kirche in Frankreich und deren Besitz. Dadurch wurde eine vom König abhängige Staatskirche etabliert.

Unter König Ludwig XIV. (amt. 1643–1715) erreichte der Gallikanismus seinen Höhepunkt. Für den König war der christliche Glaube in katholisch-kirchlicher Ausprägung ein Werkzeug zur Durchsetzung der Staatsräson und Staatseinheit, zugleich verstärkte der König die staatliche Omnipotenz gegenüber der Kirche. Das bedeutsamste Dokument des Gallikanismus bildet die Declaratio cleri Gallicani von 1682, die die vier gallikanischen Artikel[272] enthält, die im Grunde bis über die französischen Revolution hinaus in Geltung blieben. Die Deklaration ist, trotz eines theologischen Sprachduktus′ ein eminent politisches Textcorpus, *„durch das der Einfluß des Papstes auf die katholische Kirche in Frankreich weitgehend ausgeschlossen und die Kirche der absoluten Monarchie Ludwig XIV. untergeordnet und dienstbar gemacht wurde.“*[273]

Die gallikanischen Ansichten blieben jedoch nicht nur auf das Territorium der französischen Krone beschränkt. Sie strahlten vielmehr auch auf das

des Rechts der Ämterbesetzung des Heiligen Stuhls in Frankreich, königliches Plazet für päpstliche Bullen, Appellationsmöglichkeit gegen Entscheidungen kirchlicher Gerichte an staatliche Gerichte.

271 Papst Leo X., Bulle Primitiva illa ecclesia, v. 19.12.1516, in: Magn. Bull. Rom., t. XIII., 572–577.

Das Konkordat von Bologna war die erste Manifestation des päpstlich anerkannten Sonderwegs der französischen Kirche. Damit näherte sich die französische Kirche der Form einer Nationalkirche an. Zum Konkordat von Bologna vgl. die Monographie von: Jules Thomas, Le concordat de 1516, ses origines, son histoire au XVIe siècle, Paris, Picard, 1910. Zum Vorfeld, den Verhandlungen, dem Text sowie zur Form und Publikation des Konkordats vgl. Wilhelm Bertrams, Der neuzeitliche Staatsgedanke und die Konkordate des ausgehenden Mittelalters, Rom, Gregorian Biblical Book Shop, 1950, 142–150.

272 Vom 19.03.1682, in: De potestate ecclesiastica et temporali sive declaratio cleri Gallicani anni 1682: S. scripturae, sanctorum patrum, conciliorum, Romanorum pontificum. etc. testimoniis firmata, Ed. Du Pin, Louis Ellies, Maguntiaci, Crass 1788, 18–21.

273 Listl, Kirche und Staat, 55.

Heilige Römische Reich aus, in dem sich unter den katholisch-geistlichen Herrschaften, den Fürstbischöfen und -äbten, die Vorstellung und das Bewusstsein einer besonderen Situation, eben der deutschen Reichskirche als Sonderfall kirchlicher Verfasstheit, ausprägte. Der Episkopalismus hat ähnlich dem Gallikanismus spätmittelalterliche Wurzeln. Zu nennen wäre hier etwa die ‚Mainzer Akzeptation', mit der der deutsche König Albrecht II. (amt. 1438–1439) zusammen mit sechs Metropolitanerzbischöfen des römisch-deutschen Reiches auf dem Mainzer Reichstag (26. März 1439) vereinbarte, 26 Reformdekrete des Basler Konzils für das römisch-deutsche Reich anzunehmen.[274]

In der Zeit des Absolutismus und der Aufklärung, d. h. nach dem Dreißigjährigen Krieg ab 1648, lebte die Kirche in Deutschland zwar noch von dem Überhang aus ottonischer Zeit (10. Jahrhundert), aber zugleich doch unter völlig veränderten Bedingungen.[275] Trotz aller Anstrengungen um den Wiederaufbau und die Reorganisation der Kirche sowie Reformbemühungen der geistlichen Reichsfürsten blieben die Spannungen zu den vom Konzil von Trient geforderten innerkirchlichen Reformen und die Konfrontation mit den päpstlichen Nuntien und deren eigenständigen (kirchen-)politischen Handlungen.

---

274 Text als Notariatsinstrument in: Helmut Weigel (Hg.), Deutsche Reichstagsakten unter König Albrecht II., 2. Abteilung, 1439, Stuttgart, Perthes A. G., 1935, Nr. 56, 109–114. Als kaiserlicher Notar fungierte ein Bamberger Diözesankleriker namens Johannes Rumelfels von Vorchhaim, der zudem geschworener Schreiber des Mainzer Stuhlgerichts war, vgl. ebd. 114.

Text als Tabulae Sanctionis Pragmaticae Germanorum sub Alberto II. [sic! HH] Imperatore in comitiis Moguntinis A. MCCCCXXXIX…, in: Sanctio pragmatica Germanorum illustrata, Christoph Wilhelm Koch (Ed.), Argentoratum, Rollandi et Jacobi, 1789, 93–104. Der Titel des Buches verweist auf das Vorbild der französischen Pragmatique Sanction de Charles VII.

Die ‚Mainzer Akzeptation' wurde aber nicht als Reichsgesetz übernommen und wirkte sich deshalb kaum auf das kirchliche Leben aus, zumal die Artikel der Superiorität des Allgemeinen Konzils über den Papst nicht in die Akzeptation übernommen worden waren („*Decreta sacri Basiliensis Concilii, acceptamus, […] Decretum tamen Suspensionis sanctissimi domini pape, […] non acceptamus*", vgl. ebd. 95–96) und sie schon durch die Bestimmungen des Wiener Konkordats von 1448 neutralisiert wurde. Erst mit dem erstarkenden Episkopalismus im 18. Jahrhundert wurde der Fokus wieder auf die ‚Mainzer Akzeptation' gerichtet, die dann auch 1786 zu einer Argumentationsgrundlage der Emser Punktation wurde; auf diese ‚Neuentdeckung' und ihre Nutzbarmachung durch ihre Publikation verweist der angeführte Quellenband von Wilhelm Koch aus dem Jahr 1789.

275 Vgl. Jedin, Zur Einführung, in: HKG, Bd. V, V-XII, hier IX.

Diese Spannungen, wuchsen umso mehr an, als die kirchlichen Reformen und Stabilisierung der katholischen Kirche im Reich fortschritten.[276] Bis zur Mitte des 18. Jahrhunderts wurzelte der Episkopalismus der geistlichen Reichsfürsten im Reichspatriotismus, der das theoretische Fundament der geistlichen Herrschaften bildete; es handelte sich daher um einen eher praktischen Episkopalismus[277]. Dabei ist – ganz wertfrei – der Episkopalismus zunächst als eine kirchliche Reformbewegung des 17. und 18. Jahrhunderts zu verstehen, die alle praktischen Bestrebungen und Bewegungen beinhaltet, die die überkommenen päpstlichen Rechte beschränken und zu Gunsten der bischöflichen Vollmachten ausbauen wollen.

Mit dem Beginn des 18. Jahrhunderts wurden gallikanische und staatskirchenrechtliche Ideen zur Begründung des Episkopalismus aufgegriffen und verbreitet; es war dies die Hoch-Zeit (!) des theoretisch begründeten Episkopalismus[278]. Vertreter des Episkopalismus stehen für die Ansicht, dass die bischöfliche Jurisdiktion unmittelbar von Gott herkomme und nicht der päpstlichen Vermittlung bedürfe. Unbeschadet dieser Auffassung hielten die Vertreter eines gemäßigten Episkopalismus fest, dass der Papst das Prinzip der Einheit der Kirche ist. Freilich vermischten sich dabei praktische und theoretische Ansätze des Episkopalismus in den konkreten Ereignissen und Handlungen in der zweiten Hälfte des 18. Jahrhunderts.

Der Episkopalismus zeigte sich in der Reichskirche in der 2. Hälfte des 18. Jahrhunderts als eine heftige Bewegung, die nur von begrenzter Wirksamkeit und beschränkter Dauer war: Denn das Papsttum verhandelte seine Interessen oft direkt mit den Landesherren, auch unter staatskirchlichen Vorzeichen, und konnte sich deshalb gegenüber episkopalistischen Forderungen behaupten. Darüber hinaus machte die mit der französischen Revolution einsetzende Entwicklung, die in Deutschland letztlich den Untergang der Reichskirche nach sich zog, allen bedeutsamen episkopalistischen und nationalkirchlichen Absichten und Handlungen ein Ende.

---

276 Zur Reorganisation und Reformen der deutschen Kirche nach dem 30-jährigen Krieg vgl. Raab, Wiederaufbau und Verfassung der Reichskirche, in: HKG, Bd. V, 152–180.

277 Vgl. die Darstellung des Episkopalismus bei: Raab, Reichskirchlicher Episkopalismus von der Mitte des 17. bis zum Ende des 18. Jahrhunderts, in: HKG, Bd. V, 477–507. Zum praktischen Episkopalismus, ebd. 481–487.

278 Zum theoretischen Episkopalismus vgl. Raab, Reichskirchlicher Episkopalismus, 488–491.

Der reichskirchliche Episkopalismus im Zeitalter der absolutistischen Aufklärung lässt sich an einigen Ereignissen und Bestrebungen exemplifizieren.

2.4.3.1 Febronianismus, 1763

Eine Frucht und Spielart des Episkopalismus im Deutschland des 18. Jahrhunderts ist der Febronianismus[279], der nach dem Pseudonym Justinus Febronius benannt ist, hinter dem sich der Trierer Weihbischof Johann Nikolaus von Hontheim[280] (1701–1790), ein Freund des episkopalistischen Kanonisten Georg Christoph Neller aus der Würzburger Schule, verbarg. Febronius/Hontheim entwarf in seinem Hauptwerk De statu Ecclesiae et legitima potestate Romani Pontificis[281] eine aufklärerische Kirchenverfassung auf Basis der deutschen Reichskirche. Der ‚Febronius', in verschiedenen Auflagen durch Ergänzungen und Streitschriften bis 1773 auf fünf Bände erweitert, ist dabei aus diversen kirchen- und staatskirchlichen Diskussionspunkten[282] entstanden. In dem Werk sollten die Rechte und Freiheiten der Reichskirche nach dem Vorbild gallikanischer Kanonisten[283] zusammengefasst und durch eine Reduzierung päpstlicher

---

279 Zum Begriff vgl. ebd. 491–496; Just, Art. Febronianismus, in: LThK² 4, 46–47; Pitzer, Art. Febronius/Febronianismus, in: TRE 11, 67–69.

280 Studium der Rechtswissenschaft und Theologie u. a. in Löwen, wo er den bedeutenden jansenistischen Kanonisten Zeger Bernhard van Espen kennenlernte, 1724 Promotion zum Doktor beider Rechte, 1728 Empfang der höheren Weihe und Arbeit in der Verwaltung des Erzstifts, 1748 Weihbischof und Prokanzler der Universität Trier, Verfasser von liturgischen und geschichtlichen Werken, gestorben in Montquintin, seinem Landsitz im heutigen Belgien.

Zur Biographie und zum Werk Hontheims wird in diesem Abschnitt verwiesen auf: Raab, Hontheim, 604–605. Ausführlicher, insbesondere zur Entstehung und Inhalt des Werks De Statu vgl. Kraus, Hontheim, 83–94. Zur Entstehung und Wirkungsgeschichte Hontheims/Febronius und des Febronianismus vgl. auch Raab, Reichskirchlicher Episkopalismus, 491–496.

281 Justini Febronii JCti (= Johann Nikolaus von Hontheim), De statu Ecclesiae et legitima potestate Romani Pontificis, Bullioni (= Frankfurt/Main), apud Guillelmum Evrardi, 1763–1772.

282 In die Wahlverhandlungen des Kaisers (Franz I., 1742) war Hontheim involviert „*Damals scheint es gewesen sein, daß die anmaßlichen Forderungen des päpstlichen Nuntius Doria und dessen indiscrete Einmischung in die Angelegenheiten der Kurfürsten und des Reiches in H. den Gedanken wachgerufen, die Grenzen der päpstlichen Gewalt einer erneuten kritischen Untersuchung zu unterziehen.*", Kraus, Hontheim, 84.

283 Zum Beispiel Petrus de Marca (+ 1643), dem Vorbild der Kanonisten Johann Kaspar Barthel und dessen Schülers Georg Christoph Neller aus der Würzburger Schule.

Ansprüche[284] bessere Voraussetzungen zur Wiedervereinigung der christlichen Konfessionen erreicht werden. Für die deutsche Reichskirche seiner Zeit wollte Hontheim historische Modelle der Aufteilung zwischen päpstlicher und episkopalistischer Vollmachten adaptieren und fruchtbar machen – was auch zu seiner Zeit als ein anachronistisches Unterfangen galt. Konkret lehnte Hontheim die monarchische Regierungsform der Kirche sowie die Idee eines universalen Jurisdiktionsanspruchs der Päpste ab und reduzierte damit den päpstlichen Primat nach dem Leitbild der ersten acht nachchristlichen Jahrhunderte faktisch auf einen Ehrenvorrang. Die konkret ausgeübte Kirchengewalt sollte den Ortsbischöfen zukommen, auf deren Ernennung und Absetzung die Päpste keinen Einfluss nehmen durften. Unfehlbar sei nur die Kirche als Ganze und das allgemeine Konzil, das über dem Papst stehe. Hontheims Auffassung des Verhältnisses von Kirche und Staat läuft in der Praxis darauf hinaus, dass der Vorrang des Staates anerkannt wird; mit seinen Zugeständnissen an die weltlichen Fürsten schuf er daher eine Legitimationsbasis des Josephinismus.[285] Diese Form des katholischen Episkopalismus bedeutete für die Fürstentümer des Reiches, in denen geistliche und weltliche Macht in einer Person vereinigt waren, ein „*dem kanonischen Recht zutiefst widersprechendes hochpotenziertes Staatskirchentum, das hinsichtlich der innerkirchlichen Machtbefugnisse der geistlichen Fürsten dem landesherrlichen Kirchenregiment der protestantischen Landesfürsten in vieler Hinsicht gleichkam.*“[286] So stießen die Thesen Febronius bei Papst Clemens XIII. (1758–69) auf Ablehnung; das Werk wurde 1764 auf den Index gesetzt und löste trotzdem eine intensive Diskussion über das Verhältnis von Kirche und Staat sowie die kirchliche Verfassung aus. Es zeitigte auch konkrete Maßnahmen des Ausbaus staatskirchenrechtlicher Gesetze in verschiedenen europäischen Staaten. Nach dem Ersten Vatikanischen Konzil (1870–1871) dienten episkopalistisch-febronianistische Gedanken zur Gründung und Legitimierung der altkatholischen Kirche.

---

284 Zum Verhältnis der Ideen Hontheims zur Primatsfrage vgl. Klausnitzer, Papstamt, 529–530.

285 Febronius „*Auffassung von dem Verhältnis von Kirche und Staat läuft, trotz grundsätzlicher Anerkennung der in der Tendenz, Koexistenz und Hinordnung auf ein gemeinsames Endziel in der Praxis auf eine Superiorität des Staates hinaus und geht mit den Zugeständnissen an die weltlichen Fürsten – nach göttlichem Recht seien sie die geborenen Verteidiger der Kirche – mit der Lehre vom Jus circa sacra (jus advocatiae, jus cavendi) in den Josephinismus über. Die Entsprechende Theorie über ein Jus circa civilia fehlt bezeichnenderweise.*“, Raab, Reichskirchlicher Episkopalismus, 493.

286 Listl, Kirche und Staat, 57.

2.4.3.2 *Die Koblenzer Gravamina, 1769*

Die Aufstellung der Koblenzer Gravamina[287] markiert einen Höhepunkt reichskirchlich-episkopalistischer Bestrebungen. Ihre theoretische Fundierung erhielten sie durch die kirchenrechtlichen Vorarbeiten episkopalistisch gesinnter Kanonisten. Diese waren motiviert von aufgeklärt-absolutistischen Ideen, die auch an den Residenzen der geistlichen Fürsten Fuß fassten, und wirtschaftspolitische Gründen, die eine Neuordnung der Zuordnung von Kirche und Staat opportun erscheinen ließen. Die Gravamina stellten zugleich eine Reaktion auf die Auseinandersetzungen zwischen der Reichskirche und den Nuntien sowie der römischen Kurie dar, die sich den Bischöfen im Reich als Eingriffe in ihre Rechte und Angriffe auf die deutsche Kirchenfreiheit darstellten.

Jeder der drei rheinischen Kurfürsten-Erzbischöfe und Metropoliten, Emmerich Joseph von Mainz, Max Franz von Köln, Clemens Wenzeslaus von Trier, hatte seine je eigenen konkreten Streitigkeiten und Forderungen mit und gegenüber den Nuntiaturen bzw. der römischen Kurie. Obwohl eine feste Union der Kurfürst-Erzbischöfe nicht zu Stande kam, wurde dennoch von den Deputierten der drei Kurfürst-Erzbischöfe, Deel (Mainz), Hildesheim (Köln), Hontheim (Trier), nach vielen Vorverhandlungen 1769 die Endredaktion der Gravamina vorgenommen.

Die 31 Gravamina[288], die alte konziliaristische Positionen und langtradierte Beschwerden gegenüber Papst und Kurie (wieder) aufgriffen, forderten einstige bischöfliche Rechte zurück und verlangten insgesamt eine größere Unabhängigkeit der deutschen Reichskirche gegenüber dem Papst und den ihm nachgeordneten Kurienbehörden, insbesondere auch gegenüber dem päpstlichen Nuntius in Köln. Die Liste der Themen ist dabei überaus lang: Benefizienvergabe; begrenzte Dauer der gewährten päpstlichen Indulte; Abschaffung zahlreicher Reservationen, etwa bei der Besetzung der Dignitäten der Kapitel; Abschaffung von Annaten; Aufhebung von Klosterexemptionen; Informativprozess zum Bischofsamt; Zustimmung des Ortsbischofs für

---

287 Zur Thematik vgl. den Überblick bei Raab, Reichskirchlicher Episkopalismus, 496–503.

288 Gravamina trium Archiepiscoporum-Electorum, Moguntinensis, Trevierensis et Coloniensis contra Curiam Apostolicam Anno 1769 ad caesarem delata, in: Corbinian Gärtner, *Corpus juris* ecclesiastici Catholicorum novioris, quod per Germaniam obtinet, vol. II. *Salzburg, Zaunrith 1799,* 330–346, dt. in: Matthias Höhler, Hg., Heinrich Aloys Arnoldi Tagebuch über die zu Ems gehaltene Zusammenkunft…, Mainz, von Kirchheim, 1915, 31–34.

die Verkündigung kurialer Erlasse; unbeschränkte Binde- und Lösegewalt der Bischöfe in ihren Diözesen; Abschaffung der Nuntien und ihrer Gerichtsbarkeit. Die schwache Allianz der Kurfürst-Erzbischöfe durch den Beitritt des Salzburger Erzbischofs und des Bischofs von Speyer, Franz Christoph Kardinal von Hutten zum Stolzenberg, zu stärken, gelang jedoch nicht. Die Suffraganbischöfe der Metropolitanerzbischöfe, etwa die Fürstbischöfe von Hildesheim, Paderborn sowie Würzburg und Bamberg, standen der von Kurmainz ausgehenden Initiative einer konzertierten Aktion der Fürstbischöfe der deutschen Reichskirche reserviert gegenüber: Bei einer Verwirklichung der episkopalistisch-febronianistischen Aktion waren nämlich keine Vorteile für die Fürstbischöfe zu erkennen, sondern vielmehr zu befürchteten, dass die Abhängigkeit von Rom am Ende durch eine stärkere Abhängigkeit von den deutschen Metropoliten abgelöst werden würde.[289] Auch Kaiser Joseph II., dem die Gravamina übersandt worden waren, engagierte sich nicht für die erzbischöflichen Aktivitäten. Die Zurückhaltung des Kaisers könnte ihren Grund in eigenen kirchenpolitischen Zielen gehabt haben, für deren Verwirklichung er die päpstliche Zustimmung benötigte und die er durch einen Einsatz für die Gravamina nicht gefährden wollte. Außerdem hätte eine (teilweise) Berücksichtigung bzw. Umsetzung der Gravamina eine Aufwertung der Fürstbischöfe im Reich bedeutet, nicht zuletzt auf Kosten der ohnehin schwachen kaiserlichen Macht. In diesem Zusammenhang ist daher aufschlussreich, was die Promotoren der Gravamina zu lesen bekamen: *„Imperator respondit: K. Majestät können sich zur Zeit in diese Beschwerden nicht mengen; Sie ertheilen den Herren Erzbischöfen demnach zum Rath, daß sich ein jeder mit denen ihn betreffenden Beschwerden für sich unmittelbar an den Pabst wenden möchten.“*[290]

---

289 Diese Befürchtung drückte der Fürstbischof der Bistümer Würzburg und Bamberg, Adam Friedrich von Seinsheim (1755–1779), im Januar 1770 aus, als der Beauftragte Kurmainz′ ihn besuchte und bat, die Gravamina der Kurfürst-Erzbischöfe mit einem eigenen Schreiben in gleicher Sache und Zielrichtung zu unterstützen. Eine Übereinkunft zur Unterstützung wurde erzielt, in der der Fürstbischof jedoch festhält, dass: *„Nach Abstellung der willkürlichen und unmittelbaren recursuum ad Curiam, die Jura Metropolitica [...] nicht über die in Concilio Tridentino vorgeschriebene und bishero in Uebung gebrachte Maaß extendieret“* werde, zitiert nach: Höhler, Arnoldis Tagebuch, 268–271. Letztlich ließ Fürstbischof von Seinsheim sein Schreiben wegen wachsender Bedenken der Opportunität dem Kaiser gar nicht zustellen, ebd. 345–350.

290 Gärtner, Gravamina, 346. Die gleiche Reaktion ist benannt im älteren Werk von Aquilin Julius Caesar, Geschichte der Nuntiaturen Deutschlands, Nürnberg, 1790,

Die Reaktion des Kaisers bewog den Kurfürst-Erzbischof von Trier, sich von der Union zu distanzieren, nicht zuletzt, um die kirchenpolitischen Interessen seines Hauses, der Wettiner, nicht zu gefährden. In Kurmainz wurde die episkopalistisch-reichskirchliche Politik nach dem Tod Emmerich Josephs im Jahr 1774 (kurzfristig) von einer Gegenbewegung abgelöst.

„Der groß angelegte Versuch, episkopalistische Ideen und Theorien in die Wirklichkeit umzusetzen, verlief im Sande.“[291] Das einzig fassbare Resultat zugunsten der den Aufstand erprobt habenden Metropoliten war daher die Neufassung des Artikels XIV der Wahlkapitulation[292] Kaiser Leopolds II. (1790), der von der Einhaltung der deutschen Konkordate, den Nuntien und dem Instanzenweg in der geistlichen Gerichtsbarkeit handelte. Doch auch das war nur noch ein Nachklang. Denn die Zukunft gehörte nicht (mehr) den geistlichen Staaten und Reichsfürsten, sondern modernen Staaten, wie die revolutionären Ereignisse in Frankreich bereits ahnen ließen.

2.4.3.3 Emser Kongress und Punktation, 1786

Die Aktion ‚Koblenzer Gravamina‘ war somit wirkungslos geblieben, sodass die zugrundeliegenden Probleme unverändert fortbestanden. Ein Anlass, nämlich die Einsetzung eines päpstlichen Nuntius in München, ließ daher das eine alte Gravaminum der Nuntien, die mit ihren Sonderrechten insbesondere den drei rheinischen Kurfürst-Metropolitanerzbischöfen ein rotes Tuch waren,[293]

---

§ 123, 128. Zur kaiserlichen Reaktion vgl. auch: Höhler, Arnoldis Tagebuch, 35–46. Höhler verweist zur Begründung der kühlen Reaktion des Kaisers ergänzend auf dessen zeitgleiche Bestrebung, den Jesuitenorden durch Papst Clemens XIV. aufheben zu lassen, ebd. 46.

291 Raab, Reichskirchlicher Episkopalismus, 502.

292 Wolfgang Burgdorf (Bearb.), Die Wahlkapitulationen der römisch-deutschen Könige und Kaiser 1519–1792, Göttingen, Vandenhoeck & Ruprecht, 2015, 692,695. Siehe dazu im Vergleich den Artikel XIV der Wahlkapitulation (ebd. 414–416) Kaiser Karls VII im Jahr 1742, der bei Febronius/Weihbischof von Hontheim in Trier Anstoß erregte und (Mit-)Auslöser seiner Schrift De statu ecclesiae wurde.

293 Ein Beispiel der Distanz zwischen Kurfürst und Nuntius zeigte sich unter Kurfürst-Erzbischof Lothar Franz von Schönborn (seit 1693 Fürstbischof in Bamberg und seit 1695 auf dem Mainzer Erzstuhl). So sehr sich der Nuntius in Köln auch bemühte, amtlich mit Bamberg oder Mainz in Verbindung zu treten, verwahrte sich Lothar Franz von Schönborn energisch dagegen, da *„weder das hohe Erzstift Mainz noch das hiesige Hochstift in den Grenzen seiner Delegation sich befinden, sondern beyde ab omnia nuntiatura frei und unmittelbar dem Heiligen Stuhl untergeordnet seien.“*, zitiert nach Weber, Die Privilegien des alten Bistums

wieder aufleben, verknüpfte sich wiederum mit allen anderen hergebrachten, tatsächlichen oder behaupteten Gravamina und führte so zu einer neuen reichkirchlich-episkopalistisch motivierten Beschwerdeaktion.

Nach dem Bekanntwerden der geplanten Einsetzung eines neuen Nuntius in München, kristallisierten sich vor allem drei Fragen heraus, die zu einer Krise führten: „*1.) Darf der Papst neue Nuntiaturen in Deutschland mit geistlichen Vollmachten errichten? 2.) Darf ein deutscher Territorialfürst solche Nuntien überhaupt akkreditierten? 3.) Darf der neuernannte Münchner Nuntius die Nuntiaturgerichtsbarkeit auch im Herzogtum Jülich-Berg ausüben?*“[294] Als erster der Fürstbischöfe wandte sich der Mainzer[295] Kurfürst-Erzbischofs Friedrich Karl Joseph von Erthal[296] 1785 schriftlich[297] an Kaiser Joseph II. als den Schutzherrn der Kirche. Der Kurfürst-Erzbischof von Köln, Maximilian Franz, ein Bruder des Kaisers, reiste daraufhin selbst nach Wien. Der Kaiser antwortete dem Mainzer Kurfürst-Erzbischof,[298] dass er vorhabe, die päpstlichen Nuntien nur in ihrer Funktion als politische Gesandte des römischen Stuhles anzuerkennen und die Rechte der Bischöfe der Reichskirche unverkürzt aufrechtzuerhalten.

Bamberg, 326–345, 617–639, hier 635. Das Verhältnis des Bistums, das sich als von der Nuntiaturjurisdiktion exempt erklärte, zu den Nuntien von 1623 bis zum Ende des Alten Reiches ist dargestellt im Abschnitt: Das Bistum Bamberg und die päpstlichen Nuntien, ebd. 634–639. Zu den Bamberger- und Mainzer Bischöfen der Familie Schönborn im Spannungsfeld zwischen Selbstbehauptung, Kurie und Reich vgl. Raab, Reichskirchlicher Episkopalismus 487.

294 Fendler, Häffelin, 42. Jülich-Berg, stand damals zwar unter wittelsbachischer Herrschaft, lag aber geographisch im Wirkungsbereich der Kölner Nuntiatur.

295 Mainz spielte seit dem 10. Jahrhundert unter Erzbischof und Reichserzkanzler Willigis (975–1011) eine besondere Rolle unter den deutschen Diözesen. Neben vielen anderen Auszeichnungen haftete an dieser Kirche der Titel ‚Heiliger Stuhl‘, der bis heute nicht vergessen und aufgehoben ist. Sancta Sedes Moguntina Ecclesiae Romanae specialis vera Filia, in: Calendarium des Stiftsgottesdienstes im Mainzer Dom, Stiftsjahr 2018/2019, hg. v. Domdekan Heinz Heckwolf, 5, o. O., o. J. Vgl. auch: Matthias Pulte, Grundfragen des Staatskirchen- und Religionsrechts, Würzburg, Echter, 2016, 41, Anm. 46.

296 Geboren 1719, amtiert 1774–1802, schon in früher Jugend erhielt er Dompräbenden in Mainz und Bamberg, wurde in Bamberg Domkapitular, Geheimrat und Domsänger, vgl. Leser, Friedrich Karl von Erthal, 552–557, hier: 552. Seinem Bruder Franz Ludwig (geb. 1730), Fürstbischof von Würzburg und Bamberg 1779–1795 erteilte er 1779 in Bamberg die Bischofsweihe, vgl. Kist, Franz Ludwig, 371–372, hier 371.

297 Schreiben v. Erthals vom 22.09.1785 bei: Höhler, Arnoldis Tagebuch, 275–277.

298 Schreiben des Kaisers vom 12.10.1785 bei: Höhler, Arnoldis Tagebuch, 277–279.

Er rief die Erzbischöfe (und ihre Suffragane und die exempten Bischöfe) dazu auf, das gleiche zu tun *„und all dasjenige, was immer Einschreitung oder Eingriffe des päbstlichen Hofes und dessen Nuntien wider solche Rechte und die gute Ordnung sein könnte, standhaft hintanzuhalten, wofür ich denselben zugleich allen meinen kaiserlichen Schutz zusage."*[299] Ähnliche Schriftsätze wurden den anderen Metropoliten zugestellt.

Die bevollmächtigten Vertreter der Fürst-Erzbischöfe[300] trafen sich im Juli/August 1786 in Bad Ems. Eine Grundlage der Beratungen war die ‚Mainzer Akzeptation' von 1439. Aus diesem inzwischen durch die faktisch-praktische Veränderung der staatlichen und kirchlichen Umstände veralteten Dokument wurden 22 Artikel gezogen und formuliert und am 25. August 1786 unterzeichnet: die so genannte Emser Punktation[301]. Darin sprechen die Metropolitan-Erzbischöfe gemäß den schon öfter vorgetragenen Beschwerden und entsprechend ihren reichskirchlich-febronianistischen Grundsätzen, dem päpstlichen Nuntius im Heiligen Römischen Reich jegliche Jurisdiktionsgewalt ab; sie beanspruchen für sich kraft eigener Autorität die üblicherweise von den römischen Dikasterien gewährten Dispensen sowie Fakultäten und behalten sich ein Plazet vor für Verlautbarungen, die vom Heiligen Stuhl an die Kirche in Deutschland gerichtet werden; die an die Kurie zu zahlenden Annaten und Taxen wollen sie reduziert wissen und bestehen außerdem darauf, deutsche Nationalkonzilien abzuhalten usw., wie im Übrigen schon in den Koblenzer Gravamina von 1769.

Die Punktation sollte erst nach Zustimmung des Kaisers öffentlich gemacht werden. Der Kaiser aber verwies darauf, dass sich die Erzbischöfe erst der

---

299 So im Schreiben des Kaisers vom 12.10.1785, zitiert nach: Höhler, Arnoldis Tagebuch, 278–279.

300 Die Vertreter waren: Weihbischof Valentin Heimes für Mainz, Josef Ludwig Beck für Trier, Georg Heinrich von Tautphaeus für Köln und Johannes Michael Boenicke für Salzburg; vgl. näher Raab, Reichskirchlicher Episkopalismus, 505, Anm. 80.

301 Bad Emsische Puntation, in: Corbinian Gärtner, *Corpus juris* ecclesiastici Catholicorum novioris, quod per Germaniam obtinet, vol. II. *Salzburg, Zaunrith 1799*, 347–364. Zu den Vorarbeiten, den Kongressmitgliedern, den Verhandlungen, den Abschluss der Verhandlungen und den Ausgang der Kongressbewegung vgl. die ausführliche Darstellung bei Höhler, Arnoldis Tagebuch, 49–245, mit zahlreichen Dokumenten in den Anlagen; ältere und ausführlichere Darstellung von Marcellus Stigloher, Die Errichtung der päpstlichen Nuntiatur in München und der Emser Congreß, Regensburg, Manz, 1867; Raab, Reichskirchlicher Episkopalismus, 503–507.

Unterstützung ihrer Suffraganen und der exempten Bischöfe versichern sollten.[302] Schließlich, als die Punktation doch in die Öffentlichkeit gelangt war, erbat sich der Kaiser ein Gutachten über das mögliche Vorgehen vom Reichshofrat, der seinerseits die Fragestellung an den Reichstag verwies. Durch die Verzögerung drifteten die Interessen der Metropolitanerzbischöfe wieder auseinander und ihre Koalition wurde schwach – dies umso mehr, als sich die anfängliche Skepsis mancher Suffragane zu klarem Widerstand gewandelt hatte. Papst Pius VI. aber richtete am 14. November 1789 ein Breve[303] an die vier Metropolitanerzbischöfe, in dem er die Einzelpunkte der Emser Punktation gegen die Einrichtung und das Agieren der Nuntiaturen widerlegte und Verhandlungen über dieses Thema vor dem Reichstag zurückwies.[304] Daraufhin trat Kurfürst-Erzbischof Clemens Wenzeslaus von Trier von der Punktation zurück.[305] Nach dem Ausbruch der Französischen Revolution lehnten die deutschen Fürstbischöfe jegliche Veränderung, die in das Gefüge der Reichskirche eingreifen würde, strikt ab. Versuche des Mainzer Kurfürst-Erzbischofs Friedrich Karl Joseph von Erthal, der als Erzkanzler des Reiches und Primas Germaniae auf seine Stellung bedacht war, doch noch episkopalistisch-febronianistische Veränderungen der reichskirchlichen Verfassung durchzusetzen, führten wegen der grundstürzenden Veränderungen der Zeit nicht zum Ziel. In den beginnenden Stürmen der Revolution, die schon auf das Heilige Römische Reich übergriffen, konnte es daher nicht mehr um die mehr päpstlich-primatial oder mehr episkopalistisch geprägte Kirchenverfassung gehen, sondern nur noch darum, die kirchliche Organisation zur Sicherstellung der Pastoral aufrechtzuerhalten.

---

302 Der Text des Schreibens des Kaisers vom 16.11.1786 an die Kongressteilnehmer bei: Höhler, Arnoldis Tagebuch, 190–191.

303 Papst Pius VI., Sanctissimi domini nostri Pii Papae Sexti responsio ad metropolitanos Moguntium, Trevirensem, Coloniensem et Salisburgensem super Nunciaturis Apostolicis, Rom, Leodii Typis Jacobi Tutot, 1790.

304 Pii Papae Sexti Responsio. 2–3.

305 Dieser Kurfürst-Erzbischof wünschte mit dem Papst eine glückliche Übereinkunft zu erzielen, denn er erkannte klar, *„als seit der Zeit des Emserkongresses die politischen Umstände im ganzen Reiche sich geändert haben, und ganz klar vorauszusehen ist, dass wegen der Vorbehalte des juris territorialis der weltlichen Reichsstände die Erzbischöfe am Ende nichts gewonnen und durch ihre Trennung vom päbstlichen Hofe sich und ihrem Erzstiftern früher oder später einen unwiederbringlichen Nachteil zuziehen würden.“*, Clemens Wenzeslaus' Schreiben v. 30.12.1789 an den Fürst-Erzbischof von Salzburg, abgedruckt bei Höhler, Arnoldis Tagebuch, 275–277.

2.4.3.4 *Josephinismus, 1765–1790*

Kaiser Joseph II. (1741–1790) wurde von seiner Mutter, Kaiserin Maria Theresia, 1765 als Mitregent eingesetzt und regierte ab 1780 allein als Kaiser des Heiligen Römischen Reiches und Erzherzog von Österreich.

Joseph war ein Anhänger aufklärerischer Ideen. Sein Wahlspruch lautete ‚Virtute et exemplo' (Mit Tugend und Beispiel). Nach Maria Theresias Tod 1780, die sich anderen Standpunkten verpflichtet gefühlt und Joseph in seinem Drang gebremst hatte, versuchte er diese Ideen politisch in der Form des aufgeklärten Absolutismus mit einem Reformprogramm für seine Länder umzusetzen, etwa durch Abschaffung der Leibeigenschaft 1781, Gründung eines Allgemeinen Krankenhauses und von Armen- und Waisenhäusern, Förderung eines Staatsbeamtentums gegen Adelsstellungen, ein neues Strafgesetzbuch 1787 sowie durch Förderung einer merkantilistischen Wirtschaftspolitik. Am spektakulärsten und nachhaltigsten hat sich Josephs Reformeifer in der Religionspolitik gezeigt, die zumeist mit dem Josephinismus[306] in Verbindung gebracht wird. Am Ende seines Lebens musste Joseph allerdings manche Reformvorhaben zurücknehmen, andere blieben unwirksam, weil sie entweder überhastet und mit Härte angegangen wurden oder einfach missachtet bzw. verzögert wurden. 1790 verstarb Joseph II. an Tuberkulose.

Der Josephinismus bezeichnet eine Periode, in der einerseits in den österreichisch-habsburgischen Ländern die Verschränkung von Kirche und Staat getrennt wurde und zugleich der Staat mittels Gesetze und administrativen Handelns tief in das Leben, die Organisation und die Verwaltung der Kirche einwirkte. Die Trennung des kirchlichen Bereichs vom staatlichen schuf dabei die Distanz, die ein staatskirchliches Agieren im Gegenüber zur Kirche erst ermöglichte – ein Agieren, dass kaum weniger intensiv und wirksam als in den protestantischen Landesherrschaften war.

Unter Joseph II. wurde die katholische Kirche einer strikten staatlichen Beaufsichtigung und Reglementierung hinsichtlich aller äußerlichen Lebensvollzüge unterworfen. Beispiele dafür sind etwa: Neugründung von Pfarreien, Auflösung von Bruderschaften und mehr als 700 (kontemplativen) Klöstern als

---

306 Vgl. zu diesem Abschnitt: Raab, Staatskirchentum und Aufklärung in den weltlichen Territorien des Reiches – Theresianismus und Josephinismus, in: HKG, Bd. V, 514–523; Listl, Kirche und Staat, 57–60; ebenso: Michaud, Der Josephinismus in der Habsburgermonarchie (1740–1792), in: GdC, Bd. 10, 15–25.

Orte ‚unproduktiven Lebens',[307] Toleranzpatente für Protestanten und Juden, Abschaffung von Feiertagen zur Steigerung der Arbeitserträge, detaillierte Regelungen zu Wallfahrten und Prozessionen.[308] Auch die Bistumsorganisation erfuhr ohne päpstliche Beteiligung starke Veränderungen aufgrund staatlicher Anordnung.[309]

In der Wahl der Mittel und Methoden der Kontrolle und Überwachung glichen sich Gallikanismus und Josephinismus als staatskirchenrechtliche Systeme kirchlicher Unfreiheit. Ein Unterschied bestand freilich in der theoretischen Fundierung des jeweiligen Systems: der Gallikanismus beruhte auf der ekklesiologisch-theologischen Theorie des Konziliarismus, dagegen basierte der Josephinismus auf einer akzentuierten, alle Lebensbereiche ordnenden Staatsauffassung, die aus streng etatistischen Erwägungen die Einordnung der Kirche in den Staat und unter die allgemeinen Staatszwecke verlangte „*und insoweit, jedenfalls in der Staatstheorie, über die gallikanischen Position hinausging.*"[310] Im Gegensatz zur scholastischen Tradition, die noch von Bellarmin vertreten worden war, jedoch im Gefolge protestantischer Staatslehrer, wie etwa Samuel von Pufendorf, wurde der Staatszweck unabhängig von der Religion bestimmt. Religion war daher nur noch ein Band unter anderen, das dem Zusammenhalt

307 Im Jahr 1907 wurde der Vorgang polemisch so geschildert: Der Kaiser „*beseitigte alle religiösen Bruderschaften und zog deren Vermögen ein. Es wurden 738 Klöster bis zum Jahr 1786 aufgehoben, ihre Güter vielfach um einen Schleuderpreis verkauft, während sich Beamte und Juden bereicherten, die Mitglieder der aufgehobenen Klöster aber vertrieben wurden und wahre Hungerpensionen erhielten.*", in: Hamerle, Geschichte der Päpste, Bd. 3, 601–602.

308 Einen Überblick über die unter Kaiser Joseph II. in kirchlichen Belangen und Angelegenheiten erlassenen Vorschriften bietet das: Repertorium der unter Kaiser Joseph II. ergangenen Verordnungen und Gesetze, in: Kropatschek, Handbuch aller Verordnungen und Gesetze, Bd. 2, 477–523.

309 Ziel der Veränderung der Bistumsstruktur war die Schaffung einer Landeskirche, d. h. kirchliche und staatliche Grenzen sollten übereinstimmen; damit wurde auch eine Herauslösung österreichisch-habsburgischer Lande und ihrer Kirchenstruktur aus dem Römischen Reich deutscher Nation und der Reichskirche vorangetrieben, vgl. dazu Raab, Staatskirchentum und Aufklärung, 519–521.

Einige Fakten für die Jahre 1783–1786: Abtrennung bzw. Übernahme des österreichischen Anteils der Diözese Passau, von Gebietsteilen Freisings in der Steiermark sowie Lüttichs in den österreichischen Niederlanden. Gründung der Bistümer Linz und Leoben, Neuumschreibung von Salzburg, Seckau, Lavant und Gurk, Transferierung des Bistums Wiener Neustadt nach St. Pölten, vgl. ebd.

310 Listl, Kirche und Staat, 58.

des Staates diente.[311] Das im Bereich protestantischer Landesherrschaften entwickelte kirchliche Kollegialsystem fand auch im staatskirchenrechtlichen System des Josephinismus seinen Niederschlag: Gemeinschaften von Christgläubigen wurden als Religionsgesellschaften aufgefasst, die der staatlichen Macht in Bezug auf sämtliche äußeren Beziehungen unterstellt waren, über die der Staat kraft des ius circa sacra eine (polizeiliche) Aufsicht ausübte, damit sie nicht – welch ein Misstrauen und welch Unterstellung – die öffentliche Ordnung und das Gemeinwohl gefährdeten.[312] Der theoretische, praktisch irrelevante Unterschied zwischen der Kirchenhoheit des Josephinismus in katholischen Staaten und dem vom Landesherren ausgeübten Kirchenregiment in protestantischen Territorien bestand staatskirchenrechtlich darin, dass das kanonische Recht auch während der Hochblüte des aufgeklärten Absolutismus in den katholischen Ländern grundsätzlich nicht bestritten wurde und den Eingriff des Landesherren in den inneren Bereich der katholischen Kirche, also in Lehre und Kultus, verwehrte. Eingriffe durften nur in den äußeren Bereich des täglichen Lebens erfolgen. Dass dieser äußere Bereich von staatlicher Seite denkbar weit interpretiert wurde, bedarf keiner weiteren Begründung. *„Dem Regenten stand in Religionsangelegenheiten das ausschließliche iudicium finium regundorum zu, d. h. die Kompetenz, allein und endgültig darüber zu entscheiden, welche Angelegenheiten zum 'Äußerlichen der Religion' und damit zum Regelungsbereich des Staates, und welche Materien zum Bereich von Lehre und Kultus gehören und damit der Regelungskompetenz der kirchlichen Autorität überlassen bleiben."*[313]

Der Josephinismus erstrebte und erzielte in vielen Punkten so manch nützliche und längst notwendige Erneuerung des kirchlichen Lebens, sodass dieser von

311 *„… die Religion ist in der That eines von den Bändern, wodurch der Staat zusammenhält. Allein, ist sie weder das einzige noch das vornehmste. Vielleicht muss man dieses vornehmste Band in einer Sache suchen, welche noch niemanden eingefallen ist, nämlich in dem Vorzuge, den ein jeder Mensch seinem eigenen Interesse gibt…"*, Justi, Die Grundfeste, Bd. 2, 34. Hauptstück (Von dem Zusammenhange der Religion mit dem Besten des Staates), 19–26, 19. Justi betrachtet die Einrichtungen eines Staates und seiner Wohlfahrt unter dem kameralistisch-ökonomischen Aspekt, darunter auch die Religion/Kirche, die er als Staatsinstitution begreift. Insofern kann er als ein Vordenker Joseph II. betrachtet werden, zumal Justi um 1750 auch Professor in Wien und in Regierungsämtern tätig war.

312 In seinem 35. Hauptstück schreibt Justi (Bd. 2, 27–46) von der Religionspolizei im präventiven Sinn und über praktische Regelungen zu Fest- und Feiertagen.

313 Listl, Kirche und Staat, 5960.

manchen Historikern primär als Reformkatholizismus eingeschätzt wird. Andererseits fehlte es im Josephinismus auch nicht an kirchenfeindlichen Bestrebungen, die die Kirche völlig dem Staat unterordnen bzw. einordnen und damit als gesellschaftlichen Akteur ausschalten bzw. in die Bedeutungslosigkeit abdrängen wollten.

Der Nachfolger von Joseph II., sein Bruder Kaiser Leopold II. (amt. 1790–1792), milderte zwar einige Maßnahmen im Sinne einer Friedenssicherung, jedoch ging *„letztlich das staatskirchliche Programm Leopolds weit über die Reformen seines älteren Bruders hinaus.“*[314] Der ‚Josephinismus' war für Österreich somit auch im 19. Jahrhundert noch eine die Gesellschaft prägende Geistesströmung.

2.4.4 Die Französische Revolution – neuer Impuls zur Trennung von Kirche und Staat

So umwälzend die Folgen der Französischen Revolution auch waren, kamen diese nicht ganz ohne Vorbereitung. Charles de Secondat Baron de Montesquieu (1689–1755) veröffentlichte 1748 anonym das umfangreiche Werk De l'esprit des loix[315], das in vierzehn Jahren Arbeit entstanden war und sofort allgemeine Beachtung fand, aber auch heftige Widersprüche der Jesuiten, der Professorenschaft der Pariser Universität Sorbonne sowie der jansenistischen Denker auslöste. 1751 wurde das Werk daher auf den Index gesetzt. De l'esprit des loix gilt als ein Schlüsseltext der Aufklärung, denn in ihm differenzierte Montesquieu zwischen den vorhandenen Regierungsformen von Republik, Monarchie sowie Despotie.[316] Er präferierte die konstitutionelle Monarchie nach englischem Vorbild und gelangte zum Prinzip der Gewaltenteilung[317], ohne jedoch diesen

---

314 Raab, Reichskirchlicher Episkopalismus, 523.

315 De l'Esprit des Loix, ou du rapport que les loix doivent avoir avec la constitution de chaque gouvernement, mœurs, climat, religion, commerce, etc.; à quoi l'auteur a ajouté des recherches sur les lois romaines touchant les successions, sur les lois françaises et sur les lois féodales, Vol. II, s. d., Genève, Barrillot & Fils, 1748.

316 *„Il y a trois espèces de gouvernements: le Républicain, le Monarchique et le Despotique. Pour en découvrir la nature, il suffit de l'idée qu'en ont les hommes les moins instruits. Je suppose trois définitions, ou plutôt trois faits: l'un que le gouvernement républicain est celui où le peuple en corps, ou seulement une partie du peuple, a la souveraine puissance; le monarchique, celui où un seul gouverne, mais par des lois fixes et établies; au lieu que, dans le despotique, un seul, sans loi et sans règle, entraîne tout par sa volonté et par ses caprices.“*, Montesquieu, L'esprit, Pars I, lib. II, cap. I.

317 *„Il n'y a point encore de liberté si la puissance de juger n'est pas séparée de la puissance législative et de l'exécutrice. Si elle était jointe à la puissance législative, le*

Begriff explizit zu verwenden. Dieses von Montesquieu in der Sache vertretene staatstheoretische Prinzip, das sich heute in allen Verfassungen der demokratischen Staaten findet, wurde erstmals in der amerikanischen Verfassung vom 17. September 1787 als praktisches, staatspolitisches Prinzip etabliert.[318] Im Hinblick auf die Religion vertrat Montesquieu Standardpositionen der Aufklärung, etwa, dass Klöster in ihren Erwerbungen unbedingt zu beschränken seien, da sie die Erbgüter aller alleinstehenden Bürger ansammeln würden.[319] Die Religion dürfe die Bürger weder zu Geschenken und Gaben auffordern noch dürfe bei Begräbnissen allzu großer Pomp getrieben werden.[320]

Jean Jacque Rousseau (1712–1778) entwickelte in seinem staatstheoretischen Werk Du contrat social ou Principes du droit politique[321], ebenfalls ein Hauptwerk der Aufklärung, Ideen, die den Weg zur modernen Demokratie ebneten. Denn für Rousseau konnte die einzige Grundlage legitimer Macht im Staat nur der allgemeine Wille (volonté général) hin zum Gemeinwohl sein; das monarchische Gottesgnadentum der zeitgenössischen Monarchien lehnte er hingegen strikt ab.

Am Anfang der umstürzenden Ereignisse ab 1789 war die Stoßrichtung der französischen Revolution[322] nicht unmittelbar gegen die katholische

---

pouvoir sur la vie et la liberté des citoyens serait arbitraire: car le juge serait législateur. Si elle était jointe à la puissance exécutrice, le juge pourrait avoir la force d'un oppresseur. Nobles, ou du peuple, exerçaient ces trois pouvoirs: celui de faire des lois, celui d'exécuter les résolutions publiques, et celui de juger les crimes ou les différends des particuliers.", Montesquieu, L'esprit, Pars II, lib. XI, cap. VI.

318 Die ursprüngliche Constitution of the United States of America hatte nur sieben (relativ lange, mehrfach untergliederte) Artikel, die bis heute um 27 Verfassungszusätze erweitert wurden. Art. 1 handelt von der Legislative, Art. 2 von der Exekutive und Art. 3 von der Judikative.

319 „*Le moindre bon sens fait voir que ces corps qui se perpétuent sans fin, ne doivent pas vendre leurs fonds à vie, ni faire des emprunts à vie, à moins qu'on ne veuille qu'ils se rendent héritiers de tous ceux qui n'ont point de parents, et de tous ceux qui n'en veulent point avoir. Ces gens jouent contre le peuple, mais ils tiennent la banque contre lui.*", Montesquieu, L'esprit, Pars V, lib. XXV, cap. VI.

320 „*Il ne faut pas que la religion, sous prétexte de dons, exige des peuples ce que les nécessités de l'État leur ont laissé... il ne faudrait pas non plus que la religion encourageât les dépenses des funérailles. Qu'y a-t-il de plus naturel, que d'ôter la différence des fortunes dans une chose et dans les moments qui égalisent toutes les fortunes?*", Montesquieu, L'esprit, Pars V, lib. XXV, cap. VII.

321 Amsterdam, Marc Michel Rey, 1762.

322 Vgl. zum Überblick: Roger Aubert, Die Katholische Kirche und die Revolution, 3–104, hier: 3–73. Luigi Mezzadri, La chiesa e la rivoluzione francese, Torino 1989. Plongeron, Die Moderne – ein Kind der Revolution, 305–477.

Kirche gerichtet. Ein Teil des französische Klerus verbündete sich vielmehr mit dem ‚Dritten Stand' und verzichtete so auf manche seiner sozialen und wirtschaftlichen Privilegien. Allerdings verlor der Katholizismus die Anerkennung als Staatsreligion zugunsten der Etablierung religiöser Toleranz (Dekret v. 26. August 1789). Zur Rettung aus der katastrophalen finanziellen Situation Frankreichs wurde in der Nationalversammlung beschlossen, die Kirchengüter zu verstaatlichen; im Gegenzug verpflichtete sich der Staat, die Kosten für den Kultus, die Besoldung der Geistlichen und die Armenpflege der Kirche zu übernehmen.[323]

Besonders schwerwiegend war der Anspruch der Revolutionsführer, die Gesellschaft völlig neu gestalten und den Volkswillen zum obersten Prinzip erheben zu wollen. Dies hatte für die Kirche zur Folge, dass für sie mit ihrem Anspruch eine ‚societas perfecta' zu sein, in der Gesellschaft als eigenständige, soziale Größe kein Platz mehr blieb; eine selbstständige Organisation im Gemeinwesen erschien nicht mehr tragbar.[324] Die staatliche Autorität wurde daher im Bereich der Kirchenverfassung aktiv: Bereits am 13. Februar 1790 wurden die Mönchsorden als ‚unproduktive Vereinigungen' aufgelöst; den Präzedenzfall dazu hatte Kaiser Joseph II. in einem anderen katholisch geprägten Staat schon wenige Jahre vorher durchexerziert; am 20. April 1790 wurde der Kirche die Verwaltung ihrer Güter entzogen; am 12. Juli 1790 wurde die

---

323 Dekret der Konstituierenden Versammlung v. 02.11.1789. Mit 568 gegen 346 Stimmen und 40 ungültigen Stimmen beschloss die Versammlung auf Vorschlag von Talleyrand-Périgord, Bischof von Autun:

„*1. Que tous les biens ecclésiastiques sont à la disposition de la nation, à la charge de pourvoir, d'une manière convenable, aux frais du culte, à l'entretien de ses ministres, et au soulagement des pauvres, sous la surveillance et d'après les instructions des provinces;*

2. Que dans les dispositions à faire pour subvenir à l'entretien des ministres de la religion, il ne pourra être assuré à la dotation d'aucune cure moins de 1 200 livres par an, non compris le logement et les jardins en dépendant.", in: Archives parlementaires de 1787 à 1860: recueil complet des débats législatifs & politiques des Chambres françaises, imprimé par ordre du Corps législatifs sous la direction de J. Mavidal et É. Laurent, Série 1 (1787–1799), Bd. 9, 649.

324 Diese Ansicht beruhte zwar auf einem falschen Verständnis der kirchlichen Selbstkonnotation von societas perfecta, nichtsdestotrotz wurde sie praktisch relevant. Das Missverständnis hatte im deutschen staatsrechtlichen Denken in Samuel von Pufendorf einen prominenten Ahnherrn.

Zivilverfassung des Klerus beschlossen.[325] Diese „*nahm den Bischöfen jeden Einfluss auf die Besetzung der Pfarrstellen und verstaatlichte mit den Vorschriften über die Ernennung zu kirchlichen Ämtern die französische Kirche.*“[326] Die Zivilverfassung bestand aus vier Hauptstücken, die sich mit den kirchlichen Ämtern, der Ämterbesetzung, der Besoldung des Klerus und der Residenzpflicht befassten. Den äußeren Rahmen bildete dabei die Neuordnung der Kirchenorganisation mit der Verringerung der Diözesen, die sich nun mit einem staatlichen Departement deckten sowie der Neuumschreibung der Pfarreien. Bischöfe und Pfarrer sollten wie andere Beamte auch von Laien gewählt werden; die Domkapitel wurden abgeschafft und die Residenzpflicht des Klerus streng eingeschärft.

Mit der Zivilverfassung wurde das französische Konkordat von 1516 gebrochen und die Bindung zum Papst in Rom geschwächt. Die päpstlichen Rundschreiben wurden von der Regierung zensiert und die Abgaben an die Kurie eingestellt. Der Papst wurde zwar als sichtbares Haupt der Gesamtkirche anerkannt, doch wurde ihm jede Gerichtsbarkeit und Rechtsbefugnis in Frankreich entzogen. Die Kirche Frankreichs entwickelte sich damit zu einer Nationalkirche, wie sie der theoretische Gallikanismus des 17. Jahrhunderts angestrebt hatte. Die Geistlichen wurden zu einem Eid[327] auf diese Zivilverfassung des Klerus verpflichtet. Da sich viele Geistliche der Eidesleistung verweigerten, spaltete sich der Klerus in Eidesleister und Eidesverweigerer, was die französische Kirche in ihrer Gemeinschaft und damit in ihrem Bestand bedrohte. Im Mai 1791 beschloss die gesetzgebende Versammlung, die romtreuen Geistlichen zu verfolgen und im November desselben Jahres, die Eidesverweigerer hart zu bestrafen. Der Protest Papst Pius′ VI. und der Einspruch König Ludwigs XVI. verschlimmerte die Lage.[328] Viele Geistliche, die der

325 Die Bestimmungen sind zugänglich unter: https://fr.wikisource.org/wiki/Constitution_civile_du_clerg%C 3%A9_du_12_juillet_1790, Zugriff: 16.03.2019. Zu den verschiedenen Argumenten bei der Abfassung der Zivilkonstitution vgl. Plongeron, Die Moderne – ein Kind der Revolution, 330–338.

326 Raab, Kirche und Staat, 83.

327 Alle staatlich besoldeten Kleriker hatten folgenden Eid abzulegen: „*Je jure de veiller avec soin sur les fidèles du diocèse ou de la paroisse, qui m'est confié, d'être fidèle à la nation, à la loi et au Roi, et de maintenir de tout mon pouvoir la Constitution décrétée par l'Assemblée nationale et acceptée par le Roi.*“ Zwangseid für Bischöfe und Priester in: Constitution civile du clergé vom 12. Juli 1790, Nr. 21 und 38.

328 Diese mögliche Folge haftet jedem Protest gegen ein Unrechtsregime an. Dies sollte auch in der Diskussion um Papst Pius XII. bedacht werden, dem immer

katholischen Ekklesiologie treu und dem Papst gehorsam blieben, wurden in Pariser Gefängnissen hingerichtet, Tausende Geistliche entschlossen sich, aus dem Land zu fliehen. Allerdings hatte die verbleibende konstitutionelle Kirche keinen festen Bestand; Bischöfe sagten sich los, andere gaben ihr Amt auf.

Zwischen dem französischen Staat und der Kirche gab es eine fortschreitende Entfremdung und schließlich eine Trennung zur Gegnerschaft. Unter der Herrschaft der Jakobiner löste sich durch Beschluss des Konvents 1793 der Staat nicht nur von der Kirche, sondern auch vom christlichen Glauben und der christlichen traditionellen Überlieferung, um zusammen mit gewaltsamen Maßnahmen der Entchristlichung eine Religion des Staates mit eigenem Kultus einzuführen. Somit wurde die staatsbegrenzende Funktion der Kirche überwunden und der Weg zum modernen Totalstaat frei.[329] Bald wurde jedoch gemäß dem Motto, dass der Mensch nicht ohne Religion sein könne, der streng atheistische Kult der Vernunft durch die Verehrung des höchsten Wesens ersetzt und mit Dekret vom 21. Februar 1795 die völlige Trennung von Kirche und Staat festgesetzt; unter diesem dekretierten staatlichen Desinteresse fand die Kirche dann einen eng begrenzten neuen Lebensraum, der es immerhin ermöglichte, dass zwei nationale Konzile, 1797 und 1801, begangen werden konnten.[330]

Der politische Kurs gegen das Christentum und die Kirche kulminierte in der Besetzung des Kirchenstaates durch französische Truppen sowie der Gefangennahme und des Todes Pius´ VI. am 29. August 1799. Diese Militäraktion wurde von General Napoleon Bonaparte auf Befehl des revolutionären Direktoriums durchgeführt. Napoleon wurde durch einen Staatsstreich und die Verfassung vom Ende 1799 als Erster Konsul der Republik faktisch Alleinherrscher; als solcher bestimmte er ab 1804 als Kaiser der Franzosen die Geschicke Mitteleuropas bis zum Wiener Kongress 1815 wesentlich.

Der Konflikt zwischen Frankreich und dem Papsttum wurde formal beigelegt mit der Unterzeichnung eines neuen Konkordats für Frankreich[331] vom

---

wieder vorgeworfen wird, er habe nicht nachdrücklich und laut genug gegen die Verfolgung der Juden durch die NS-Machthaber protestiert.

329 Vgl. Raab, Kirche und Staat, 83.

330 Vgl. Plongeron, Die Moderne – ein Kind der Revolution, 456–461.

331 Convention entre le Gouvernement français et sa Sainteté Pie VIII, Paris, le 26 messidor an IX (15 juillet 1801), in: Bulletin des lois de la République française, 172, Paris Imprimerie nationale des lois, 1802, 13–16. Das Konkordat findet sich in dieser Arbeit unten Anhang 2, 730. Zum Abschluss des Konkordats und der Neuorganisation der französischen Kirche bis ca. 1820 vgl. Plongeron, Von Napoleon zu Metternich, in: GdC, Bd. 10, 621–649.

15. Juli 1801 zwischen Papst Pius VII., vertreten durch Kardinalstaatssekretär Ercole Consalvi und Napoleon Bonaparte, dem Ersten Konsul Frankreichs. Es handelte sich dabei um ein typisches Kompromisskonkordat; einige seiner Regelungen wurden in anderen, folgenden Konkordaten aufgegriffen. Mit dem Konkordat fand die Kirche eine Basis, sich von Grund auf zu erneuern und den Gallikanismus endgültig zu überwinden.[332] Dies galt jedoch freilich nur für den Augenblick des Abschlusses und das folgende Jahr. Denn die Wirksamkeit des Konkordats wurde von staatlicher Seite einseitig beschränkt durch den Erlass der 77 Organischen Artikel[333] vom 8. April 1802, die das Verhältnis der Französischen Republik zur katholischen Kirche und zu den anderen in Frankreich organisierten Kultusgemeinschaften gesetzlich regelten. Mit den die katholische Kirche betreffenden Artikeln interpretierte der Staat das Konkordat in seinem Sinne verbindlich.

Hinzuweisen bleibt hier noch darauf, dass Napoleon als Präsident der Cisalpinischen italienischen Republik mit Papst Pius VII. ein weiteres Konkordat abschloss, das von den Unterhändlern Kardinal Caprara, Legatus a latere und Staatsrat Marescalchi verhandelt und am 16. September 1803 unterzeichnet wurde.[334] Dieses italienische Konkordat kann als ‚Umarbeitung' des Französischen Konkordates von 1801 betrachtet werden.[335]

---

332 Vgl. Raab, Kirche und Staat, 85.

333 Articles Organiques de la Convention du 26 Messidor an IX, in: Bulletin des lois de la République française, 172, Paris Imprimerie nationale des lois, 1802, 17–36.
In den organischen Artikeln waren wieder – zumindest sinngemäß – die vier gallikanischen Artikel des Jahres 1682 enthalten. Napoleon war der Urheber dieser einseitigen Aktion: *„vor allem aber machte Napoleon in Frankreich selbst die Rechte der Staatsgewalt gegen die Kirche auf das eifrigste gelten. Die Deklaration von 1682 betrachtete er als ein Grundgesetz des Reiches und ließ sie in den Schulen erläutern; auch er wollte keine Gelübde, keine Mönche; die Verordnungen über die Ehe, welche für sein bürgerliches Gesetzbuch angenommen wurden, widerstritten den katholischen Prinzipien über ihre sakramentale Bedeutung; die organischen Artikel, die er dem Konkordat von allem Anfang hinzufügte, waren durchaus in antirömischem Sinne.*", Ranke, Römische Päpste, 289.

334 Convention inter Rempublicam Italicam et Sanctitatem Suam Pium VII., in: Augustin Theiner, Histoire des deux concordats de la République Française et de la République cisalpine: Conclus en 1801 et 1803 entre Napoléon Bonaparte et le saint-siége, Suivie d'une relation de son couronnement comme empereur des Français par Pie VII. D'après des documents inédits, extraits des archives secrètes du Vatican et de celles de France, Tome 2, 3. Partie, Paris, Dentu, 1869, 270–276.

335 Mirbt, Art. Konkordate und Circumscriptionsbullen, 703–732.

Als Folge der napoleonisch-kurialen Konkordatspolitik lässt sich anmerken, dass sich der als säkular definierende Staat und die Kirche gegenseitig als eigenständige und eigenberechtigte Vertragspartner akzeptierten und damit die Trennung von Kirche und Staat in Theorie und Praxis vorangetrieben wurde.[336] Zugleich wurde damit auch der Weg zu einer Kooperation von Kirche und Staat beschritten.

Zur Einschätzung dieses Konkordats vgl. ebd.: Einige Artikel des französischen Konkordats, nämlich die Artikel 4, 6, 7, 10,13, werden inhaltlich nahezu vollständig übernommen. Andere Artikel fallen redaktionell weniger harsch bzw. günstiger für die Kirche aus: der Katholizismus ist als Staatsreligion deklariert; die Umschreibung der einzelnen Bistümer bzw. Metropolitansitzes weicht weniger von der alten Ordnung und Zuordnung ab; den Kapiteln wird eine Staatsdotation zugesichert. Über das französische Konkordat hinaus enthält das italienische Konkordat Bestimmungen über Themen, die 1801 noch nicht virulent waren, die aber durch den Streit um die organischen Artikel dem kirchlichen Verhandlungspartner wichtig geworden waren. Das sind etwa: ungehinderte Kommunikation der Bischöfe mit dem Papst; die bischöfliche Freiheit bei der Weihespendung; das bischöfliche Strafrecht über die Geistlichkeit; die (Mit-)Verwaltung von Stiftungen; die Bestandsgarantie für Stiftungen; die Befreiung des Klerus von jeder Form des Militärdienstes; die kirchliche Zensur bzw. der Schutz der kirchlichen Lehre und Amtsträger; die Freiheit der Pfarrer, keiner kirchenrechtlich ungültigen Ehe assistieren zu müssen; die Fortgeltung der überkommenen kirchlichen Disziplin und disziplinarische Gewalt des Bischofs.

336 Vgl. Plongeron, Von Napoleon zu Metternich, 625.

3 Weltliche Herrschaft und Kirche in Bayern – ein historischer Streifzug

Zur Entwicklung, die zur Bildung moderner Staaten hinführte, gehörte das Streben der Fürsten nach Selbstständigkeit in der Auseinandersetzung mit Reich, Adel und Kirche. Gegen diese drei Mächte gelingt es den einzelnen, vormodernen Staatsgebilden immer mehr, ihr staatliches Eigenrecht durchzusetzen. Für die Kirche bedeutet das eine doppelte Zielrichtung weltlicher Herrschaft: die Überordnung des weltlichen Rechtes über kirchliche Gestaltungsansprüche und die Beschränkung des geistlichen Rechts auf rein spirituelle Angelegenheiten. Der Kirche gegenüber stellt sich das Prinzip der Staatssouveränität als staatskirchenrechtlicher Territorialismus dar, d. h. die Kirche wird innerhalb des Territoriums eines Staates der prinzipiell unbeschränkten staatlichen Gewalt unterworfen, wobei der Staat bei seiner rechtlichen Verhältnisbestimmung zur Kirche nach freiem Ermessen agiert.

Im 18. Jahrhundert wurde diese Entwicklung in den weltlichen Reichsterritorien, wobei sich die katholischen von den protestantischen nicht wesentlich, sondern nur graduell unterschieden, wie folgt beschrieben: „*Vom Schutz der Kirche (ius advocatiae, sive protectionis) zur Schutzherrschaft oder Bevormundung kraft Aufklärung war es, als die Staaten auf katholischen Boden sich innerlich zu festigen und neue Aufgaben zu übernehmen begannen, kein weiter Schritt.*“[337] Von diesem Prozess war das Kurfürstentum Bayern nicht ausgenommen.

3.1 Kirche und Staat in Bayern – Stichpunkte bis ins 17. Jahrhundert

Die weltliche und kirchliche Herrschaft stand in den bayerischen Stammesgebieten von Beginn der Herrschaftsbildung an in einer wechselseitigen Beziehung. Im Verlauf der Jahrhunderte ergaben sich unterschiedliche Akzentsetzungen im Staat-Kirche-Verhältnis wie hier am Beispiel exponierter weltlicher Repräsentanten, ihrer staatskirchenrechtlicher Maßnahmen und der

---

337 Raab, Staatskirchentum und Aufklärung, 513.

daraus entstehenden Konfrontationen mit kirchlichen Ansprüchen aufgezeigt werden kann.[338]

3.1.1 Bayerisches Stammesherzogtum

Schon ab der Zeit der Agilolfinger, also im 8. Jahrhundert, nahm der Herzog mit päpstlicher Zustimmung das Recht in Anspruch, in seinem Territorium die Bischöfe einzusetzen oder zumindest durch seinen Konsens daran mitzuwirken[339] sowie als Schutz und Schirmherr der Kirche die Kirchenversammlungen einzuberufen[340]. Die bayerischen Herzöge bemühten sich daher, in ihrem Herrschaftsgebiet eine durchgängige Bistumsorganisation zu etablieren.[341] Ziel war es, mit der Schaffung einer ‚Landeskirche' die eigene ‚Staatssouveränität' zu stärken (in diesem Zusammenhang zwei anachronistisch anmutende aber im Hinblick auf den Vergleich mit späteren Epochen angemessene Begriffe), sich gegen die fränkische Expansion abzugrenzen und die Integration ins Frankenreich zu verhindern, was jedoch letztlich nicht gelang.

3.1.2 Der Investiturstreit und seine Folgen in Bayern

Die hochmittelalterliche Auseinandersetzung zwischen den christlichen Universalgewalten des Kaiser- und Papsttums spaltete weltliche und kirchliche Herrschaftsträger, da sie in ihren Loyalitätspflichten zwischen Kaiser und Papst wählen mussten. Die Folge waren Feldzüge, Plünderungen und Brand, Rache und Hass, „*Greuel eines großen deutschen Bürgerkriegs, vor denen das*

---

338 Zum Überblick vgl. Anton Doeberl, Die Bayerischen Konkordatsverhandlungen in den Jahren 1806 und 1807, München 1924, 1–14; Ludwig Doeberl, Montgelas und das Prinzip der Staatssouveränität, München 1925.

339 „*Si quis episcopum, quem constituit rex vel populus elegit sibi pontificem, occiderit…*", in: MGH LL 5,2, Tit I, 10, 281–283. Bei der letztlich nicht durchgeführten päpstlich legitimierten Kirchenorganisation für das Herzogtum Bayern sollten die Beauftragten des Papstes mit Einverständnis des Herzog handeln, „*Ut datis nostris scriptis ita ut cum duce provincia deliberetis*", vgl. Litterae Gregorii II Papae Decretales, v. 15.05.716, in: MGH Leges, LL 3, 451–454, hier: Caput I, 451.

340 Etwa die Synode von Aschheim im Jahr 756 unter Herzog Tassilo III. „*Capituli Synodi Aschaimensis. Domino gloriosissimo duce nostro Tassiloni maxime congregatio iura synodali per presentes eulogias in Christo salutem dirigitur*", in: MGH Leges, LL 3, 457–459.

341 Zum Ausbau der Bistumsorganisation vgl. Reindel, Die Errichtung einer neuen Bistumsorganisation, 226–233. Erst durch und nach Bonifatius wurden ab 738 feste Bischofssitze im Herzogtum Bayern eingerichtet.

Schlagwort 'Investiturstreit' kaum mehr ist als blasse Schulbuchweisheit."[342] Vor dem offenen Ausbruch des Streits errangen die Welfen in Bayern die Herzogswürde und taktierten im Fortgang des Streites zwischen Kaiser und Papst.[343]

Die päpstliche Partei vertraten im Herzogtum Bayern v. a. die Bischöfe. Bischof Altmann von Passau musste 1076 seinen Stuhl räumen und zog sich ins Stift Göttweig in der Ostmark zurück, wo er 1095 in der Verbannung starb; Bischof Gebhard von Salzburg musste 1077 ins Exil gehen, kehrte 1086 zurück und starb 1088; Bischof Adalbero von Würzburg wurde 1077 von seinem Sitz vertrieben, für abgesetzt erklärt und konnte erst 1086 in sein Bistum zurückkehren, musste jedoch erneut weichen und starb 1090 im Exil.

Der Investiturstreit, d. h. die Auseinandersetzungen um die Frage der bischöflichen Investitur, wurde mit dem Wormser Konkordat[344] des Jahres 1122 zwischen Papst Calixt II. (amt. 1119–1124) und Kaiser Heinrich V. (ab 1106 dt. König; 1011–1025 Kaiser) beendet. „*Auf dem Hoftag von Bamberg fanden die Ergebnisse des Konkordats beim Rest der Fürsten, die in Worms fehlten, am 11. November 1122 Anerkennung. Von Bamberg ging dann die Friedensbotschaft nach Rom. Dort wurde der Vertrag ein Jahr später auf dem 1. Laterankonzil [...] ratifiziert.*"[345] Mit der Vereinbarung, die für das gesamte Heilige Römische Reich galt, wurden die Formalitäten der Einsetzung der Bischöfe in ihr Amt sowie die Bischofswahl (und Äbtewahl) durch die freie kanonische Wahl unter Anwesenheit des Kaisers bzw. kaiserlicher Kommissare festgelegt.[346] Von

---

342 Hausberger/Hubensteiner, Bayerische Kirchengeschichte, München, Süddeutscher Verlag, 1987, 93.

343 Zu den Vorgängen in Bayern und der Rolle der Bischöfe vgl. ebd. 92–93.
Welf IV. wird 1070 als Welf I. Herzog von Bayern (amt.: 1070–1077; 1096–1101). Im Streit selbst konnten die Welfen zunächst durch ihre Parteinamen für die Päpste ihre Macht festigen. Nachdem König Heinrich IV. (amt. 1056–1105, seit 1086 Kaiser) durch Papst Gregor VII. 1076 gebannt worden war, nutzten viele der weltlichen Herren die Gelegenheit, um dem Kaiser den Gehorsam aufzukündigen. Nach der Bannlösung des Kaisers 1077 wurden die Welfen in Bayern der Herzogswürde entsetzt und Bayern wurde ein wichtiger Stützpunkt des Königs.

344 Pax Wormatiensis cum Calixto II, in: MGH Leges, Const. 1, 159–161, Nr. 107–108.

345 Klaus Guth, Heiliger Bischof Otto. Missionar und Vermittler zwischen Kaiser und Papst, in: Kleiner (Hg.), Unterm Sternenmantel.1000 Jahre Bistum Bamberg. Die Geschichte in Lebensbildern, Bamberg, Heinrichs-Verlag 2006, 44.

346 Heinrich V. akzeptierte den Anspruch der Kirche auf das Recht der Investitur und verzichtete im Wormser Konkordat auf die Investitur mit Ring und Stab. Des Weiteren gewährte er jeder Kirche die Wahlfreiheit der Investitur: „*Ego Heinricus Dei gratia Romanorum imperator... concedo in omnibus ecclesiis, que in regno vel*

dieser Regelung waren alle Bischöfe der deutschen Reichskirche betroffen,[347] natürlich auch jene, deren geistliche Jurisdiktionsbereiche im Territorium des bayerischen Herzogs lagen bzw. in dieses hineinreichten. Was die Formalitäten der Bischofseinsetzung betrifft, blieben die Bestimmungen des Wormser Konkordats bis zum Ende des alten Reichs 1806 in Kraft.

Die kaiserlicher Politik versuchte, mithilfe der Bischöfe mächtige Adelsfamilien zu schwächen. Das führte dahin, dass sich die kirchlich-bischöfliche Gewalt durch den Ausbau eigener geistlicher Herrschaftsterritorien der Einflussnahme durch die weltlichen Herren mehr und mehr entzog, sodass bis zum Ende des 13. Jahrhunderts die Bischöfe, die politische und rechtliche Unabhängigkeit erlangten sowie als Reichsstände unangefochten bestehen und agieren konnten.[348] Zugleich formierten sich im 12. Jahrhundert die Domkapitel, die im

---

imperio meo sunt, canonicam fieri electionem et liberam consecrationem.", Pax Wormatiensis cum Calixto II, in: MGH Leges, Const. 1, 107, 159.

Im Gegenzug räumte Papst Calixt II. ein, dass die Wahl der deutschen Bischöfe und Äbte in Gegenwart kaiserlicher Abgeordneter verhandelt, der Gewählte aber mit den Regalien, die mit seinem geistlichen Amt verbunden waren, vom Kaiser durch das Zepter belehnt werden solle: „*Ego Calixtus episcopus servus servorum Dei tibi dilecto filio Heinrico Dei gratia Romanorum imperatori augusto concedo electiones episcoporum et abbatum Teutonici regni, qui ad regnum pertinent, in praesentia tua fieri absque simonia et aliqua violentia;*", Pax Wormatiensis cum Calixto II, in: MGH Leges, Const. 1, 108, 161.

347 Der hl. Bischof Otto von Bamberg (1065–1139) etwa stand mitten im Spannungsfeld der geforderten Loyalitäten und suchte den Ausgleich: Am Weihnachtstag 1102 wurde Otto von Kaiser Heinrich IV. zum Bischof von Bamberg bestellt und von ihm mit Ring und Stab investiert; er empfing von Papst Paschalis 1106 die Bischofsweihe; von den Verhandlungen zwischen der kaiserlichen und päpstlichen Partei in Rom kehrte er 1111 mit dem Pallium ausgezeichnet heim; unter der kaiserlichen Fassung des Vertrags, des Wormser Konkordats, findet sich auch Ottos Unterschrift, vgl. Guth, Der hl. Bischof Otto, 38–44. „*In der Ergänzung der Unterschrift unter die kaiserliche Fassung des Friedenswerkes, [...] offenbarte Bischof Otto die Richtung seiner Bemühungen: Gebt dem Kaiser, was dem Kaiser gehört und Gott, was Gott gehört (Mk 12,17). Als Mitunterzeichner des Wormser Konkordats fasste er in diesem Bibelwort seine Tätigkeit als Vermittler zusammen.*", ebd. 44.

348 Exemplarisch sei hier verwiesen auf die Herrschaftskonsolidierung des (wenngleich außerbayerischen) Fürstbistums Bamberg, vgl. Weiß, Bamberg, Hochstift: Territorium und Struktur, publiziert am 08.03.2010; in: Historisches Lexikon Bayerns, URL: http://www.historisches-lexikon-bayerns.de/Lexikon/Bamberg,_Hochstift:_Territorium_und_Struktur, Zugriff: 11.05.2019, insbesondere der Abschnitt: Die entscheidende Phase 1177–1260: Entvogtung und Andechser Erbe.

Mittelalter und bis in die Neuzeit zumeist aus Mitgliedern adliger oder ritterschaftlicher Familien bestanden, zu exklusiven Wahlkollegien mit dem Recht zur Bischofswahl.[349] Je nach Standpunkt wären daher folgende alternative Diagnosen zu stellen: „*Die Kirche war ein Staat im Staate geworden*“[350] oder: Kirche und Staat sind einander gleichgeordnet und kooperieren miteinander in ihrem jeweiligen Zuständigkeitsbereich.

Der landesherrlichen Reaktion gelang es dann im 14. und 15. Jahrhundert wieder verstärkt (Mitwirkungs-)Rechte zur Einflussnahme auf das kirchliche Leben zu erringen, etwa mit der Ausdehnung der eigenen Gerichtsbarkeit über kirchliche Personen und Sachverhalte, der Eingrenzung bzw. Aufhebung der Steuerfreiheit des Klerus, der Konsenspflicht bei der Pfründenbesetzung aufgrund von Patronats- und Gerichtsrechten sowie der Aufsicht über die kirchliche Vermögensverwaltung.

3.1.3 Das Wiener Konkordat von 1448 als Ausgleichsversuch

Das ‚Wiener Konkordat‘[351] wurde 1448 nach den großen Reformkonzilien von Konstanz und Basel, wo die Ideen des Konziliarismus für die Universalkirche zurückgewiesen worden waren, zwischen Papst Nikolaus V. (amt. 1447–1455) und König Friedrich III. (ab 1440 dt. König, 1452–1493 Kaiser) abgeschlossen. Es regelte vor allem die Rechte des Papstes bei der Besetzung kirchlicher Ämter

349 Entscheidend dazu beigetragen haben die Beschlüsse des Laterankonzils IV. im Jahr 1215, dort insbesondere die Canones 23–25; c. 23: Pflicht zur Bischofswahl innerhalb von drei Monaten, da ansonsten das Wahlrecht des Kapitels für diese Wahl verfällt; c. 24: Verschiedene Wahlmodi für den Wahlvorgang; c. 25: Ausschluss von Laien (saecularis potestatis) an der Bischofswahl. Text der Konzilsbeschlüsse in: COD, Bd. 2, 230–271. Allerdings ging das Wahlrecht manchen Domkapiteln bis zum Ende des 13. Jahrhunderts zu Gunsten päpstlicher Provisions- und landesfürstlicher Nominationsrechte wieder verloren.

350 Doeberl, Staatssouveränität, 118.

351 Tabulae Concordatorum inter Nicolaum V. Pont. et Fridericum III. Imp. Vindobonae initorum, A. MCCCCXLVIII die XVII Febr./sog. ‚Wiener Konkordat‘, abgeschlossen zwischen König Friedrich III. und Papst Nikolaus V. am 17. Februar 1448, in: Sanctio pragmatica Germanorum illustrata, Christoph Wilhelm Koch (Ed.), Argentoratum, Rollandi et Jacobi, 1789, 201–209. Den Text in lateinischer und deutscher Übersetzung bietet: Weinrich, Quellen zur Verfassungsgeschichte des Römischen Reiches, 498–507. Zur Vorgeschichte, Bedeutung, Inhalt und Aus- bzw. Nachwirkungen vgl. Andreas Meyer, Wiener Konkordat, 1448, publiziert am 19.04.2010; in: Historisches Lexikon Bayerns, URL: http://www.historisches-lexikon-bayerns.de/Lexikon/Wiener_Konkordat,_1448, Zugriff: 06.06.2019.

und den dazugehörigen Pfründen für das gesamte Heilige Römische Reich. Das Wiener Konkordat ist bedeutsam sowohl wegen seiner einzelnen Regelungen als auch wegen seiner Bedeutung als Gesamtwerk, weil es Rechtssicherheit schuf und so für ein friedvolles Miteinander von Kirche und Staat im Reich beitrug. Freilich wurde das Konkordat im 18. Jahrhundert falsch verstanden und von Vertretern episkopalistischer Auffassungen zur Wurzel allen Übels in der deutschen Reichskirche stilisiert. Das Wiener Konkordat forderte für Bistümer und exempte Klöster die päpstliche Bestätigung von Wahlen. Es erlaubte ferner dem Papst, Koadjutoren für Diözesanbischöfe zu bestellen und Postulationen vorzunehmen, womit die Rolle der Domkapitel bei der Bischofsbestimmung eingeschränkt wurde, zugleich aber Nachfolgestreitigkeiten minimiert werden konnten. Bei niederen Ämtern und Pfründen (Pfarreien, Benefizien, Vikarien, Kaplaneien) reservierte das Konkordat dem Papst die Besetzung, wenn die Pfründe in ungeraden Monaten (Januar, März, Mai etc., das sind sogenannte päpstliche Monate) frei geworden war.

Die Bestimmungen des Wiener Konkordats blieben trotz heftiger Kritik gerade im 17. und 18. Jahrhundert bis zum Ende der Reichskirche Anfang des 19. Jahrhunderts grundsätzlich in Kraft in Bezug auf die Besetzung kirchlicher Ämter und die Vergabe von Pfründen der Reichskirche.

3.1.4 Reformationszeit: Kurfürstliches Kirchenregiment mit päpstlicher Anerkennung

In der Zeit der Reformationen und bis weit ins 17. Jahrhundert fungierten die bayerischen Herzöge bzw. Kurfürsten als Bollwerk katholischer Prinzipien und Herrschaft im konfessionell zerrissenen Heiligen Römischen Reich. Denn schon Leonhard von Eck, bayerisch-herzoglicher Kanzler von 1519 bis 1549, argumentierte scharf und weitsichtig, dass der Umsturz der kirchlichen Ordnung in der Konsequenz auch den Umsturz der sozialen und staatlichen Ordnung mit sich bringen würde.[352] Daher sahen sich die Herzöge spätestens seit 1522 zu einer Politik veranlasst, die die Kirchenreform aktiv betrieb, wobei ihnen die Bischöfe nur zögerlich folgten.[353] Bei der Reform konnten die bayerischen Herrscher schon zu Beginn des 16. Jahrhunderts auf ein Konglomerat

352 Vgl. Lenk, Eck, 277–279.

353 *„Der bayerische Herzog musste nicht erst evangelisch werden, um sich seine Zugriffsrechte auf die Kirche und partiell auch auf ihr Vermögen zu sichern. Er konnte sich den Luxus der Rechtgläubigkeit, der dogmatischen Beharrung leisten, ohne Gefahr zu laufen, seinen Einfluss auf die Kirche zu verlieren"*, Körner, Staatskirchentum, 3.

von Kirchenhoheitsrechten zurückzugreifen, das es der staatlichen Gewalt erlaubte, die kirchlichen Amtsträger zu kontrollieren und zur Erfüllung ihrer Aufgaben zu motivieren.[354]

Elemente staatlicher Eingriffs- und Aufsichtsrechte, wenn auch in unterschiedlichen Abstufung, waren die Zivil- und Strafgerichtsbarkeit über die Kleriker; das Erfordernis des landesherrlichen Konsenses für die Besetzung kirchlicher Pfründe; die landesherrliche Oberaufsicht über das Ortskirchenvermögen; später, ab 1579 mit Herzog Wilhelm V. (amt. 1579–1597), wird eine ständige Visitationskommission eingesetzt, die eine wirksame Aufsicht über das Kirchen- und Klostervermögen, über die Glaubenslehre, die kirchliche Disziplin und die geistliche Amtsführung erlaubt; die Strafgerichtsbarkeit über die Kleriker wird ausgedehnt; Bischofs- und Abtswahlen erfolgen unter staatlicher Aufsicht und bedürfen der landesherrliche Bestätigung; Pfründenbewerber müssen ein Examen ducale ablegen; Kleriker werden in größerem Umfang besteuert; herzogliche Weisungen ergehen, um innerkirchliche Angelegenheiten zu ordnen.[355]

Die landesherrschaftliche Kirchenhoheit wurde gefestigt durch die Bayerische Landtsordnung (!) von 1553,[356] die von Herzog Albrecht V. (amt. 1550–1579) erlassen wurde und die eine Sammlung aller Gesetze und Verordnungen der verschiedenen Rechtsgebiete darstellte. In ihr sind auch die bis dahin erlassenen staatlichen Aufsichtsrechte und Verpflichtungen gegenüber der Kirche konzentriert versammelt.[357] Die Institutionalisierung des Geistlichen Rates[358] 1570, ein Organ, das die landesherrlichen Kirchenhoheitsrechte und den weltlichen Einfluss auf innerkirchliche Angelegenheiten wahrte, unterstrich den

354 Vgl. Körner, Staatskirchentum, 2.

355 Vgl. Körner, Staatskirchentum, 4.

356 Bayrische Landtsordnung 1553, hg. v. Herzog Albrecht V. München, Berg, 1598.

357 Bayrische Landtsordnung 1553; Buch II, Titel X handelt von der Verzeichnung, Verwahrung und Verwaltung der Kirchengüter, ebd. 39–46; Buch II, Titel XI handelt von den geistlichen Lehen und der Kircheneinsetzung, d. i. die Einsetzung in Kirchenämter, ebd. 46–47.

358 Als „*herzogliche Zentralbehörde mit weitgehender Kontroll- und Strafbefugnis über den Klerus gegründete, mit geistlichen und weltlichen Räten besetzte oberste Kirchen- und Schulbehörde*“, Politische Geschichte Bayerns. Glossar. Haus der Bayerischen Geschichte, URL: http://www.hdbg.de/polges/pages/glossar.htm#gegenref, Zugriff: 05.06.2019.

Anspruch und die faktische Herrschaft der weltlichen über die kirchliche Gewalt und ihre Angelegenheiten.[359]

Kirchliche Hoheitsrechte waren einerseits die Voraussetzung dafür, dass sich der Herzog für kirchliche Reformen engagieren konnte, andererseits führte dieses Engagement auch zur Intensivierung und inhaltlichen Ausdehnung seiner Rechte. Was ursprünglich nur als Notstandsrecht galt, entwickelte sich zu einem Rechtsanspruch des Staates, der damit begründet wurde, dass der Landesherr für das Seelenheil seiner Untertanen mitverantwortlich sei und gerade angesichts der schwankenden Haltung der Bischöfe auf das kirchliche Leben seines Landes einen dauerhaften Einfluss haben müsse.[360] Die Position der katholischen bayerischen Herzöge darf dabei durchaus in Parallelität zur zeitgleichen Legitimation der protestantischen Landesherren als Oberhaupt der Landeskirchen im Territorialsystem protestantischer Kirchenverfassung gesehen werden. Beiden Legitimationssträngen liegt der antik-römische Gedankengang zugrunde, dass der Kaiser (resp. Landesfürst auch) für das Seelenheil seiner Untertanen zuständig sei; – ein Anspruch, der mit biblischen Texten legitimiert wurde, insbesondere Röm 13, 1–8.

Nicht zuletzt konnten die Herzöge durch päpstliche Indulte und Privilegien ihre Kirchenhoheitsrechte ausbauen und ein förmliches landesherrliches Kirchenregiment (ius in sacra) begründen. So erlangten die bayerischen Herrscher von der Reformationszeit an bis ins 20. Jahrhundert die päpstliche Vergünstigung, dass sie über die in den ungeraden (päpstlichen) Monaten freigewordenen Pfründen hinsichtlich der Besetzung verfügen durften. Diese fortdauernde päpstliche Gunst kam dem Streben der bayerischen Landesherren zum Ausbau einer Landeskirche gelegen.[361] Das Handeln der Herzöge blieb jedoch nicht ohne Widerspruch. Je mehr die Bischöfe sich selbst im Sinne des Konzils von Trient um kirchliche Reformen bemühten, desto stärker wurde ihre Kritik an den staatskirchlichen Aufsichtsrechten und Eingriffen des Staates.

---

359 Für den landesherrlichen Zugriff auf kirchliche Belange und sein kirchenpolitisches Engagement zugunsten der katholischen Kirche hatte Herzog Albrecht in der Zeit der konfessionellen Auseinandersetzungen auch familiäre Motive. Er versuchte nämlich, seinem nachgeborenen Sohn Ernst geistliche Pfründe zu verschaffen. Ernst war aufgrund der ‚Vorarbeit' seines Vaters im Jahr 1583 schließlich Bischof von Freising, Hildesheim, Lüttich, Münster und Kurfürst-Erzbischof von Köln.

360 Vgl. Pfeilschifter-Baumeister, zitiert nach Körner, Staatskirchentum, 3.

361 Vgl. Meyer, Wiener Konkordat, 1448, Abschnitt: Unmittelbare Auswirkungen.

3.1.5 Bayerisches Konkordat von 1583 – Kompromiss mit beiderseitigem Vorbehalt

Unter Herzog Wilhelm V. (amt. 1579–1597) kam es am 5. September 1583 zwischen dem Herzogtum und der Kirche zum Abschluss eines Konkordats.[362] Anlass waren die Beschwerden, die die bayerischen Bischöfe bzw. ihre Vertreter[363] gegen den Bayerischen Landesherrn beim Papst vorbrachten. So wurde von kirchlicher Seite seit Beginn des 16. Jahrhunderts gegen die weltliche Gewalt Klage geführt, wegen deren Verletzung des Privilegium fori der Kleriker, des Privilegium immunitatis der Kleriker und Kirchen, der überkommenen Ordnung bei Vakanz von Pfründen und Prälaturen und deren Besetzung sowie der landesherrlichen Visitationen der kirchlichen Institutionen und Personen.[364] Die vorgebrachten Beschwerden der Bischöfe wurzelten in der Sorge um die Lebenssituation und Stellung des Landklerus angesichts der um sich greifenden reformatorischen Lehre und des damit verbundenen Antiklerikalismus.[365]

---

362 Copia Recessus Monachiensis Concordatorum Cum Ordinariis Bavariae. 1583. Die Abschlussverhandlungen fanden vom 15.08. bis zum 05.09.1583 in München statt. Darstellung der Vorgeschichte und des Textes bei Wimmer, Bibliographie des bayerischen Concordates von 1583, in: Beyträge zur Geschichte, Topographie und Statistik des Erzbisthums München und Freising V (1854), 93–208; der Konkordatstext ebd. 181–208 mit zwei dt. Übersetzungen sowie mit Zwischenüberschriften und Marginalien versehen. Eine Darstellung der Vorgeschichte, Verhandlungen, Standpunkte und Wirkungsgeschichte bietet die Monographie von Unterburger, Das Bayerische Konkordat von 1583. Die Neuorientierung der päpstlichen Deutschlandpolitik nach dem Konzil von Trient und deren Konsequenzen für das Verhältnis von weltlicher und geistiger Gewalt, (= Münchner Kirchenhistorische Studien. Bd. 11), Stuttgart 2006.

363 Das Konkordat wurde in Anwesenheit der Vertreter der folgenden (Erz-)Diözesen: Salzburg, Freising, Regensburg, Passau, Chiemsee abgefasst, unterschrieben durch Georg von Kuenburg, Koadjutor und Domprobst in Salzburg, Herzog Wilhelm und den Apostolischen Nuntius Feliciano Ninguarda OP.

364 Vgl. die Kataloge der Gravamina bei Unterburger (Konkordat 1583, 158–180): *„Der Gegenstand der geistlichen Beschwerden gegen die Landesherren ist im ganzen 16. Jahrhundert und darüber hinaus in Bayern und in nahezu allen katholischen weltlichen Territorien identisch geblieben und ergibt sich aus der Tatsache, daß die weltlichen Herrscher und deren Kirchenregiment überall noch in letztlich eigenkirchlicher Tradition standen.“*, Unterburger, Konkordat 1583, 521.

365 Vgl. Unterburger, Konkordat 1583, 521.

Die Bischöfe standen dem mächtigen bayerischen Landesherrn zumeist in der unterlegenen Position gegenüber. Dies begann sich erst im Gefolge des Konzils von Trient zu ändern. Bis dahin hatte sich die römische-kuriale Politik gegenüber Eingriffen katholischer Landesherrn im Heiligen Römischen Reich in die kanonischen Rechte der Bischöfe meist nachsichtig gezeigt, um in der Koalition mit den katholischen Fürsten das reformatorische Gedankengut und die Etablierung protestantischer Territorien zu verhindern bzw. zu begrenzen. Den Konzilsvätern wurde klar, dass Erfolge der angestrebten Reformen in der katholischen Kirche voraussetzten, dass die Bischöfe ihre Jurisdiktionsvollmacht frei ausüben konnten. Die ekklesiologische-disziplinäre Neuausrichtung der Kirche brachte die römische Kurie dazu, die bischöfliche Jurisdiktion gegenüber den katholischen Staaten und Fürsten konsequenter zu stärken.[366] Das zeigte sich dann auch an den Ergebnissen des bayerischen Konkordats von 1583, an dessen Beratung, Kompromissfindungen und Abschluss der Nuntius, Felizian Ninguarda, einen wesentlichen Anteil hatte.

Themenbereiche, die im Konkordat behandelt wurden, sind:

I. De Visitationibus et Iuribus D. D. Ordinariorum in Bavaria
II. De Electionibus et Confirmationibus Praelatorum
III. De Personarum Ecclesiasticarum delictis et poenis
IV. De Collatione Beneficiorum Ecclesiasticorum
V. De Personis et Bonis Clericorum
VI. De Testamentis Clericorum
VII. De Causis Matrimonialibus

Einige Bemerkungen zu den einzelnen Bestimmungen des Konkordats[367] möge hier genügen:

Das Visitationsrecht, das die bayerischen Herzöge seit 1523[368] weitgehend mit antiprotestantischer Begründung und Fürsorge für den katholischen

366 Vgl. Unterburger, Konkordat 1583, 521.

367 Zur Ergebniszusammenfassung und Würdigung sei verwiesen auf Unterburger, Konkordat 1583, 481–483; vgl. auch Busley, Das Konkordat mit den bayerischen Bischöfen der Salzburger Kirchenprovinz, in: Bayerisches Hauptstaatsarchiv (Hg.), Kirche in Bayern. Verhältnis zu Herrschaft und Staat im Wandel der Jahrhunderte, 1984, 141–142.

368 In diesem Jahr gewährte Papst Hadrian VI. den bayerischen Herzögen ein Privileg zur Klostervisitation, 1523 erlangten sie Einfluss auf die Strafgerichtsbarkeit über Kleriker, 1523 und 1526 wurde ihnen von päpstlicher Seite jeweils ein Fünftel des Einkommens der Geistlichen zugesprochen.

Glauben an sich gebracht hatten, mussten sie sich nun mit den Bischöfen teilen, denen die Visitation durch Reformdekrete des Trienter Konzils nachdrücklich aufgetragen worden war.[369] Eine Mitwirkung beider Gewalten war künftig auch vorgesehen im Hinblick auf die Bestellung von Prälaten durch Wahl, die Verwaltung des Kirchenvermögens sowie die Verfügungsgewalt über das Erbe von Klerikern. Auch bei der Regelung der Eheangelegenheiten und mancher Zehntstreitigkeiten konnte Einigkeit erzielt werden. Die Strafgerichtsbarkeit über Kleriker und geistliche Sachen, die den Herzögen seit 1523 von päpstlicher Seite zugestanden worden war, fiel nun ganz der kirchlichen Gewalt zu. Die Zivilgerichtsbarkeit über kirchlichen Grundbesitz und Schuldverhältnisse blieb weitgehend ungeklärt, wobei es der kirchlichen Seite doch gelang, einige eingerissene, missbräuchliche Übungen bei der Pfarrhofbesetzung und der Übertragung der Temporalia an den Stelleninhaber abzustellen. Das Recht zur Stellenbesetzung wurde grundsätzlich den Bischöfen zugestanden, was sich im Wegfall des Examen ducale zeigte. Allerdings kam der weltlichen Gewalt die Verleihung der Temporalia an den Stelleninhaber (Possesgebung) zu, wodurch die weltliche Seite immer noch mittelbar auf die Besetzung v. a. der Pfarrstellen Einfluss hatte.

Bei der Betrachtung der einzelnen Bestimmungen des Konkordats zu den Themenbereichen wird deutlich, dass es in den Verhandlungen stets um die systematisch-theoretisch Frage ging, *„ob die Temporalien in relativer Unabhängigkeit von den Spiritualien dem weltlichen Landesherrn unterstünden, oder als Annex des Spirituale dem Bischof.“*[370] Die Gesamtschau auf die Bestimmungen ergibt, dass es der bischöflichen Seite nicht gelungen ist, *„den zeitlichen Besitz als bloßen Annex des geistlichen Offiziums ganz unter episkopale Zuständigkeit zu bringen.“*[371] Dies lag daran, dass die mit den Spiritualia verbundenen Temporalia für die Ausübung der Landesherrschaft sowohl quantitativ als auch qualitativ ein immenses Finanz- und damit Machtpotential bildeten, auf das die weltliche Seite nicht verzichten zu können überzeugt war.

Letztlich wurde der Konkordatsabschluss als Sieg für die kirchliche und als Niederlage für die weltliche Seite gewertet, da diese *„gegenüber dem ererbten Gewohnheitsrecht erhebliche Einbußen hinnehmen musste.“*[372] Damit wird

---

369 Vgl. Conc. Trid., Sessio VII., decr. II, reform., 7.8, in: COD, Bd. 3, 688; Conc. Trid., Sessio XXI., de reform., c. 8, in: COD, Bd. 3, 731.

370 Unterburger, Konkordat 1583, 522.

371 Unterburger, Konkordat 1583, 482–483.

372 Unterburger, Konkordat 1583, 522. Für diese Einschätzung spricht auch die Tatsache, dass das Konkordat erst auf mehrmaliges Drängen der kirchlichen Seite von

deutlich, dass die Konfessionalisierung im Heiligen Römischen Reich nicht (unbedingt und allermeist) dazu führte, dass die Kirche als Staatsanstalt der weltlichen Macht inkorporiert und subordiniert wurde. Vielmehr steht das Konkordat von 1583 und mit ihm die nachfolgenden Rezesse[373], dafür, dass die erneuerte Ekklesiologie des Trienter Konzils zu einem neuen Selbstbewusstsein geführt hatte, das Freiheitsrechte einforderte und – auf lange Sicht – zu einem antiabsolutistischen Faktor wurde sowie letztlich ein Element in der Säkularisierungsgeschichte des Staates darstellte.[374]

Das Konkordat brachte einen Ausgleich kirchlicher und staatlicher Interessen und bildete zugleich die Grundlage für eine einheitliche landesgesetzliche Regelung des bayerischen territorialen Staatskirchenrechts. Allerdings konnte das Konkordat in der Praxis nicht verhindern, dass die Beherrschung des äußeren und inneren kirchlichen Lebens durch die sich selbst als übergeordnet definierende Staatsmacht fortbestand bzw. in folgenden Zeiten noch ausgeweitet wurde. Grund dafür ist, dass über manche Materien keine Einigung erzielt werden konnte bzw. diese nicht ins Konkordat aufgenommen wurde. Manche ungeklärten Rechtsfragen und unterschiedliche Rechtspositionen wurden

---

der herzoglichen Regierung veröffentlicht wurde, nämlich erst im Jahr 1592 und erst dann für die weltlichen Amtsleute zu Gunsten der Kirche verbindlich wurde. Gegen die Publizierung hatte sich der Hofrat mit der Begründung gestellt, dass das Konkordat im Widerspruch zu dem alten Herkommen und den herzoglichen Privilegien stünde; der Geistliche Rat des Herzogs riet zur Publikation, da dem Herzog mehr eingeräumt werde, als es die Canones des kirchlichen Rechts vorsähen, vgl. Wimmer, Bibliographie, 108–114.

373 Die Rezesse gehören zur Wirkungsgeschichte des Konkordats, sie stellen sozusagen neue Konkordate mit einzelnen Diözesen auf der Grundlage des bayerischen Konkordats von 1583 dar. Zu nennen sind die Rezesse mit Salzburg 1628, Passau 1690, Freising 1718 und 1723, aber auch die Oberpfälzer Rezesse des 17. Jahrhunderts (vgl. dazu Unterburger, Konkordat 1583, 505–509), die zwischen der kurfürstlichen Regierung und den Bischöfen von Regensburg, Eichstätt und Bamberg auf vier Zusammenkünften ausgehandelt wurden. Dabei sträubten sich die Bischöfe, unter ihnen insbesondere der Bischof von Bamberg, vehement dagegen, „*die Übertragung des Staatskirchenrechts des genannten Konkordates und der noch darüber hinausgehenden staatskirchenrechtlichen Praxis in Altbayern auf ihre oberpfälzischen Diözesen*“ bzw. Diözesanteile hinzunehmen, vgl. Pfeilschifter-Baumeister, Salzburger Kongreß, 13.

374 „*Die religiöse Entzauberung des Politischen ist die letzte Konsequenz der Klerikalisierungstendenzen und -ideale der kirchlichen Reformpartei des 11. Jahrhunderts; die seit dem 16. Jahrhundert sich in immer mehr kirchlichen Bereichen unter veränderten Vorzeichen durchzusetzen vermochte.*“, Unterburger, Konkordat 1583, 522.

dann in den nachfolgenden Rezessen bis ins 18. Jahrhundert hinein geregelt. Es blieb jedenfalls ein *„staatskirchenrechtliches Vakuum“*[375], dessen sich beide Parteien beim Abschluss des bayerischen Konkordats von 1583 bewusst waren. Genau deshalb formulierte jede Seite eine Vorbehaltsklausel, die am Ende des Konkordatstextes vor den Unterschriften eingefügt wurde.[376]

Der Herzog behielt sich bei Zweifelsfällen der Konkordatsauslegung und bei Nachlässigkeit der Bischöfe in der Ausübung ihrer disziplinären Amtspflichten vor, zum ius suum zurückzukehren, also das bis 1583 ausgeübte Staatskirchenrecht anzuwenden und zwar, ganz in der Rolle des Monarchen von Gottes Gnaden und absoluten Fürsten, eingedenk auch seiner eigenen Frömmigkeit und seiner Sorge für das öffentliche Wohl. Die Bischöfe betonten, bei Zweifelsfällen zum ius commune und den canones sacri zurückkehren zu wollen. Da die Macht beim Herzog lag, konnte er seine Sicht durchsetzen, die bischöflichen Interventionen blieben demgegenüber nahezu wirkungslos; das sollte sich alsbald und bis zum Ende der Reichskirche im Jahr 1803 erweisen.

3.1.6 Kurfürst Maximilian I. (1573–1651): frühabsolutistisches Staatskirchentum im Dienst der katholischen Konfession

Herzog und Kurfürst Maximilian I.[377] (amt. 1597–1651, seit 1623 Kurfürst) reorganisierte das überschuldete und rückständige Herzogtum Bayern und führte es zum Wohlstand. Das gelang ihm durch straffe Führung und wirksamen Reformen, etwa: strenge Kontrolle der Rechnungslegung; Neuordnung des Finanzwesens; Förderung des Gewerbes und Handels; Begrenzung der Ausgaben; Ausbau der Behördenstruktur und Bildung einer effektiven Beamtenschaft; Verfeinerung der Instrumente der Rechtspflege (Codex Maximilianeus 1616) sowie fast gänzliche Beseitigung des Einflusses der Stände.[378] In der Zeit des dreißigjährigen Krieges hielt Maximilian unbeirrt an der katholischen Konfession fest. Neben dem Kaiser und zeitweise gegen ihn avancierte er schnell zum Haupt der katholischen Partei und zum Strategen der Durchsetzung ihrer militärischen und politischen Ziele. Sein konfessionelles Engagement im Krieg

---

375 Busley, Das Konkordat, 142.

376 Vgl. Wimmer, Bibliographie, 205–206.

377 Zur Person, Biographie, Bedeutung: Albrecht, Maximilian I., 477–480. Die Ausbildung des Kurfürsten gemäß einem neuen Fürstenideal schildert Schmid, Peregrinatio prinicpis. Die ‚Italienische Raiß‘ des Erbprinzen Maximilian I. 1593, in: Schmid (Hg), Von Bayern nach Italien, München, Beck, 2010, 51–72.

378 Vgl. Albrecht, Maximilian I., 479.

verknüpfte er geschickt mit den Interessen seines Landes und Hauses. Mit dem Westfälischen Frieden konnte er die Oberpfalz dauerhaft seinem Herrschaftsgebiet eingliedern und außerdem erreichen, dass die pfälzische Kurwürde mit dem kaiserlichen Truchsessamt dauerhaft auf die bayerische Linie der Wittelsbacher übertragen wurde; für die Kurpfalz wurde eine neue, achte Kurwürde geschaffen.

Maximilian erkannte, dass die katholische Partei unter Papst und Kaiser auf sein politisches Engagement angewiesen war. Dies erlaubte ihm in der Zeit des sich verfestigenden Absolutismus seine innere Überzeugung, dass es keine unterschiedliche Zwecksetzung von Kirche und Staat gäbe, äußerlich zu manifestieren und die Herrschaft des Staates über und in die Kirche hineinzusteigern. Einerseits war Maximilian von einer starken persönlichen Religiosität durchdrungen, andererseits scheute er sich nicht, massiv Einfluss auf die Kirche auszuüben, indem er sich etwa aktiv in die Bischofsbestellungen einmischte und 1611 sogar mit Waffengewalt den Salzburger Erzbischof zum Amtsverzicht zu drängen.

Die Eingriffe in innerkirchliche Angelegenheiten konnte er sich ohne Sorge vor Missbilligung erlauben, da er zugleich in seinem Herrschaftsbereich die Gegenreformation anging und die katholische Reform vorantrieb.[379] Dazu dienten etwa die politische und religionspolitische Kooperation mit dem Apostolischem Stuhl unter Papst Gregor XV. (amt. 1621–1623), die materielle sowie ideelle Förderung und Verbreitung der Reformorden (Jesuiten, Kapuziner, Englische Fräulein [heute: Congregatio Jesu]), die Sorge um die Befolgung der Reformdekrete des Trienter Konzils. Als Paradebeispiel des kirchlichen Reformeifers Maximilians mag die Rekatholisierung der Oberpfalz gesehen werden. Die Christen dieses Territoriums hatten sich durch die Bestimmung des Landesherrn ab 1556 der lutherischen bzw. reformierten Konfession angeschlossen. Seit 1623 wurden sie durch Einquartierungen von Soldaten in den Städten und das Wirken der Jesuiten zur katholischen Konfession zurückgeführt; bis ins 20. Jahrhundert erwies sich dann die Oberpfalz als Hort des Katholizismus.[380]

379 Die Süddeutsche Zeitung titelte für eine Rezension: „*Kurfürst Maximilian I. Der Mann, der Bayern zum totalen katholischen Staat formte.*", Online-Ausgabe, 23. Dezember 2017.

380 Zum Vorgehen des Herzogs in der Oberpfalz und auch in der Unterpfalz um Heidelberg, vgl. Leopold von Ranke. Die römischen Päpste, 69–70. Leopold von Ranke (ebd. 69) stellt mit Bezug auf Äußerungen des päpstlichen Nuntius Montorio fest: „*Übrigens zeigte der Herzog auch hier einen unermüdlichen reformatorischen Eifer; er übertraf darin die Spanier, die doch auch gut katholisch waren.*"

Bis zum Ende des 18. Jahrhunderts, insbesondere unter den Kurfürsten Ferdinand Maria (amt. 1651–1679) und Maximilian II. Emanuel (amt. 1679–1729) sowie dem Kanzler Caspar von Schmid (1622–1693)[381], wurde die Erweiterung der landesherrlichen Kirchenhoheitsrechte, die mit den Erfordernissen des Territorialismus faktisch legitimiert wurden, fortgesetzt. Maßnahmen waren etwa: die Einführung des landesherrlichen Plazets für kirchliche Verlautbarungen und eines Beschwerderechts an den Landesherrn gegen geistliche Amtshandlungen (recursus ab abusu).

3.2 Promotoren des aufgeklärten Spätabsolutismus

Mit Kurfürst Max III. Joseph[382] (amt. 1745–1777) wurde Bayern im Spätabsolutismus und als Teil dieser Epoche von der Strömung der Aufklärung erfasst, die zu einem ausgeprägten, theoretisch untermauerten Staatskirchentum führte.[383] Um den unter Kurfürst Maximilian III. mächtig gewordenen Prozess abschätzen zu können, sei an Ernst Troeltsch mit seiner prägnanten Beschreibung von Aufklärung erinnert: „*Die Aufklärung ist Beginn und Grundlage der eigentlich modernen Periode der europäischen Kultur und Geschichte im Gegensatz zu der bis dahin herrschenden kirchlich und theologisch bestimmten Kultur. Sie ist keineswegs eine rein oder überwiegend wissenschaftliche Bewegung, sondern eine*

381 Schmid wurde im Münchner Jesuitengymnasium erzogen und studierte in Ingolstadt Jura. Kurfürst Ferdinand Maria berief ihn 1656 in den kurfürstlichen Geheimen Rat, 1662 zum Vizekanzler (der faktisch die Politik des Landes bestimmte) und 1677 zum Kanzler; 1784 endete seine aktive Amtszeit. Seine innenpolitischen Ziele waren: Stärkung der fürstlichen Macht zulasten der Stände, Sanierung der Finanzen, Beschneidung des Erwerbs der Prälatenklöster auf Kosten des Adels, bauernfreundliche Reformen. Er vertrat eine radikal absolutistische Position, indem er dem Fürsten das Recht zubilligte, die seiner Ansicht nach widerrufbaren Privilegien der Stände zu beseitigen, vgl. Junkelmann, Max Emanuel. Der blaue König, Regensburg, Pustet, 2018, 36.

382 Zur Biographie: Schmid, Maximilian III. Joseph, 485–487.

383 Vgl. Stasiewski, Das Staatskirchentum in Bayern, in: HKG, Bd. V, 524–530.

Prinzipiell war jedoch das absolutistisch-territorialistische Kirchenregiment mit dem Staatsideal der Aufklärung nicht zu vereinbaren. Denn theoretisch war das Verhältnis von Staat und Kirche als Koordination zu bestimmen, die darauf beruhte, dass es eine bewusste Grenzziehung zwischen staatlichen und kirchlichen Aufgaben und Zielen geben müsse; faktisch bewirkte die durch die Zielvorstellungen der Aufklärung bestimmte Praxis der Staatsverwaltung eine Unterordnung der Kirche unter dem Staat.

Gesamtumwälzung der Kultur auf allen Lebensgebieten, begleitet von bedeutenden Verschiebungen der allgemeine Weltverhältnisse."[384]

Im Hinblick auf die Theologie verknüpft sich die Aufklärung mit der Leben-Jesu-Forschung der liberalen protestantischen Theologie, die sich der historisch-kritischen Methode bedient. Es komme in dieser Leben-Jesu-Forschung darauf an, „*so hieß die proklamierte Auffassung, ihn aus den Fängen des 'Dogmas' zu befreien und ihn so darzustellen, wie er* ***wirklich*** *gewesen sei.*"[385] Zur Zuversicht, das Forschungsprojekt vernünftig und begründet durchführen zu können, ist anzumerken, „*dass der Vernunftoptimismus der Aufklärung als die Reaktion auf den Vernunftpessimismus der Reformation interpretiert werden kann.*"[386]

3.2.1 Kurfürst Maximilian III. Joseph (1727–1777)

Kurfürst Maximilian III., Sohn von Karl Albrecht (bayrischer Kurfürst 1726–1745, römisch-deutscher Kaiser 1742–1745) war ein Kind des Aufklärungsjahrhunderts. Nach der kostspieligen Außenpolitik seines Vaters wandte er sich verstärkt der Innenpolitik zu, mit dem Bestreben, das hochverschuldete Land wieder zu sanieren.

---

384 ‚Die Aufklärung' (1897), in: Baron (Hg.), Gesammelte Schriften von Ernst Troeltsch, Bd. IV (Aufsätze zur Geistesgeschichte und Religionssoziologie), Tübingen, Mohr, 1925, Nachdruck Aalen 1981, 339.

385 Wolfgang Klausnitzer, in: Klausnitzer/Koziel, Christus als Bild Gottes. Fundamentaltheologische Erwägungen zur Einheit der vielen Bilder von Gott, Würzburg, Echter, 2019, 314; Hervorhebung im Original. Zum Verlauf der Leben-Jesu-Forschung und dem Scheitern ihres Projektes vgl. ebd. 313–437.

Erster Promotor der Leben-Jesu-Forschung war Hermann Samuel Reimarus (1694–1768). Seine Forschungsergebnisse wurden posthum von Gotthold Ephraim Lessing (1729–1781) in den Jahren von 1774–1778 veröffentlicht. Aus der Veröffentlichung der ‚Wolfenbütteler Fragmente eines Ungenannten' erwuchs jedoch ein heftiger Streit mit der protestantischen Orthodoxie um den Hamburger Hauptpastor Goeze. Zur Kontroverse vgl. William Boehart. Politik und Religion. Studien zum Fragmentenstreit (Reimarus, Goeze, Lessing), Schwarzenbeck, Martienss, 1988. „*Lessing veröffentlichte in emanzipatorischer Absicht, und zwar ohne Rücksicht auf den Verlust von geltenden gesellschaftlichen Normen. Hierdurch forderte er nicht allein die konservative Polemik einer Gegenaufklärung (Goeze) heraus, sondern legte auch die widersprüchliche Haltung einer Aufklärung frei, die sich mit dem Wohl gewisser sozialer Schichten identifizierte (Reimarus).*", ebd. 476.

386 Klausnitzer, Christus als Bild, 474, Anm. 131.

Sein prägender Lehrer war ein Vertreter der Aufklärung, der Würzburger Rechtslehrer Johann Adam Ickstatt[387], , der als Prinzenerzieher seit 1741 nach München geholt worden war. *„Durch Ickstatt wurde dem Fürsten die Notwendigkeit einer Verbesserung der vorhandenen Mißstände zum Bewußtsein gebracht und die Neigung für Reformen im Sinne der Aufklärung in ihm geweckt.“*[388] Wie Ickstadt war auch der Beichtvater des Kurprinzen, der Jesuit Daniel Stadtler, ein Vertreter der Aufklärung. Maximilian III. war somit ein Fürst geworden, der zwar immer noch der patrimonialen Staatsauffassung anhing, aber doch den Ruf eines aufgeklärten Herrschers entsprechen wollte.[389]

Da sich der Staat unter Maximilian III. weiterhin die Definitionshoheit über die Grenzziehung zwischen staatlichen und kirchlichen Angelegenheiten vorbehielt,[390] konnten die Vertreter (reichs-)kirchlicher Positionen nicht ernsthaft davon ausgehen, dass die aufgeklärte Zeit einen Systemwechsel bringen würde. Dafür sorgte einerseits die wirtschaftliche Situation Bayerns, die eine Politik erforderte, die staatskirchlich-territorialistisch ausgerichtet blieb, um der hohen Schulden Herr zu werden. Dafür sorgten auch Vertreter eines aufgeklärten Staatskirchentums, deren Wirken für Bayern relevant wurde. Im Gefolge von Christian Wolff und Johann Adam Ickstatt waren es konkret einige juristisch geschulte hohe (Verwaltungs-)Beamte des Kurfürsten, die sich als Promotoren des aufgeklärten Spätabsolutismus und mit kurfürstlicher Autorität im Rücken dafür einsetzten, dass sich die neuen Gedanken und Verordnungen auch tatsächlich relativ schnell in der Praxis des Kurfürstentums auswirkten. Dafür sorgte schließlich das gute Einvernehmen des Kurfürstenhauses mit der römischen Kurie, das sich etwa darin zeigte, dass der Regierung wiederholt Dezimationen[391] genehmigt wurden.

---

387 Vgl. den Abschnitt 2.4.2.1.3, oben 88.

388 Doeberl, Entwicklungsgeschichte, 293.

389 Vgl. Hausberger/Hubensteiner, Bayerische Kirchengeschichte, 254.

390 Vgl. Doeberl, Staatssouveränität, 121.

391 Dezimationen waren ein Instrument, um die Staatseinnahmen zu erhöhen. Dabei handelte es sich um eine zehnprozentige Besteuerung des Kirchenvermögens. Für die Jahre 1757, 1762 und 1765 erteilte die römische Kurie die Genehmigung zur Besteuerung für jeweils drei bzw. fünf Jahre. Im Grunde waren Dezimationen Maßnahmen der Säkularisation von Kirchenvermögen; sie zeigten das kurfürstliche Bemühen, eine dauerhafte Besteuerung des Kirchenvermögens als landesherrliches Recht einzuführen, vgl. Körner, Staatskirchentum, 5.

3.2.2 Wiguläus Xaver Aloys von Kreittmayr (1705–1790)

Wiguläus Xaverius Aloysius von Kreittmayr[392] (1705–1790) war einer der einflussreichsten Staatsmänner Bayerns im 18. Jahrhundert und angesehener Rechtswissenschaftler.

Kreittmayr besuchte in München das Jesuitengymnasium und studierte Philosophie in Salzburg, Rechtswissenschaft in Ingolstadt und schließlich Geschichte in Leiden und Utrecht. Schon als 20-jähriger wurde er vom bayerischen Kurfürsten Max Emmanuel in den Hofrat berufen – damals die oberste Verwaltungsbehörde des Kurfürstentums. Kurfürst Maximilian III. Josef erhob Kreittmayr 1745 in den Freiherrnstand;[393] 1758 ernannte er ihn zum Staatskanzler, der als Obmann der Justiz die Politik des Herrschers wesentlich mitbestimmte.[394] Seine Stellung nutzte Kreittmayr dazu, das durch langwierige Auseinandersetzungen mit Österreich politisch, finanziell und kulturell-wissenschaftlich geschwächte bayerische Kurfürstentum zu konsolidieren. Nach Maximilians III. Tod im Jahr 1777 behielt Kreittmayr unter dem neuen Kurfürsten aus der Pfälzischen Linie der Wittelsbacher, Karl Theodor, seine Stellung als Kanzler.

Kreittmayr vermochte es, neben seiner politischen Aufgabe noch als Rechtswissenschaftler tätig zu sein und die vom Kurfürsten angestoßene Justizreform umzusetzen. Sein Codex Maximilianeus Bavaricus Criminalis erschien (München) 1751. Mit ihm wurde weder religiöse Toleranz eingeführt noch die Folter abgeschafft, sondern vielmehr Ordnung und Klärung des vorhandenen Rechts angestrebt.[395] Als nächstes erschien der Codex iuris bavarici iudiciarii

---

392 Zu Kreittmayr vgl. Rall, Kreittmayr, 741–743; ausführlicher, insbesondere auch zu den Gesetzeswerken Kreittmayrs, Eisenhart, Kreittmayr, 102–115.

393 Im selben Jahr erhob der Kurfürst auch Christian Wolff und Johann Adam Ickstatt, seine geschätzten Lehrer, zu Reichsfreiherren. Der Kurfürst war dazu befugt, da ihm in der Vakanz zwischen der Herrschaft zweier Kaiser das Reichsvikariat zugefallen war. Interessant ist hierbei jedenfalls die Koinzidenz der erhobenen Personen, Kreittmayr, Wolff und Ickstatt, die sich offensichtlich alle drei des fürstlichen Wohlgefallens erfreuten.

394 In seinen Aufgabenbereich gehörten Justiz, Polizei, Angelegenheiten des Geistlichen Rates, des Obersten Lehenhofes, des bayerisch Reichskreises und die lateinisch Korrespondenz, vgl. Rall, Kreittmayr, 741. Der Geistliche Rat, bestehend seit 1570, hatte die Aufgabe, die Reinerhaltung der katholischen Lehre und Praxis des katholischen Glaubens zu beaufsichtigen. Es war somit eine Zentralbehörde mit weitgehender Kontroll- und Strafbefugnis über die Kirche und den Klerus. Dem Rat gehörten sowohl geistliche als auch weltliche Räte an.

395 Vgl. Rall, Kreittmayr, 742.

(München) im Jahr 1753. Schließlich trat der Codex Maximilianeus Bavaricus Civilis (München) 1756 in Kraft. In ihm beseitigte Kreittmayr das kanonische Recht als selbständige Rechtsquelle. Als Arten des Rechts führte er das Gottesrecht an, aus dem das natürliche und das positive, göttliche Recht sowie das menschliche Recht abgeleitet wurden, wobei letzteres wiederum in öffentliches Recht, nämlich Völkerrecht und Staatsrecht sowie bürgerliches Recht zerfiel.[396] Kreittmayrs drei Gesetzbücher bildeten als ein Gesamtwerk über Jahrzehnte hinweg die Basis der Rechtsordnung im Kurfürstentum und Königreich Bayern. Sein Verdienst bestand darin, das quantitativ unüberschaubar gewordene bayerische Recht zusammengeführt und systematisiert zu haben.[397]

Kreittmayr begründete das Staatsrecht[398] historisch. Die Entstehung des Staates führte er – naturrechtlich begründet – auf einen Gesellschaftsvertrag zurück, den er als Unterwerfungsvertrag interpretierte; oberstes Ziel des Staates war dabei die allgemeine Wohlfahrt, woraus die absolutistisch-aufklärerische Sicht deutlich wird.[399]

Kreittmayr war streng katholisch erzogen worden und war persönlich fromm, jedoch wusste er Politik und Religion auseinanderzuhalten.[400] So war es ihm etwa auch möglich, sich im Auftrag Kurfürst Maximilians III. Joseph mit Vorarbeiten zur weiteren Amortisationsgesetzgebung zu beschäftigen,[401]

---

396 Vgl. Rall, Kreittmayr, 742.

397 Zu Kreitmayr und seinem Schaffen vgl. Hammermayer, Das Kraitmayrsche Gesetzeswerk, in: HBG, Bd. II, 1248–1252. Kreittmayr wollte „*weder neues Recht schaffen noch umwälzende Reformen im Sinne einer entschiedenen Aufklärung einleiten. Vielmehr wollte er das bestehende Reicht sammeln, ordnen, klar und übersichtlich in der Muttersprache formulieren und es, wenn unerlässlich, behutsam den Erfordernissen der Zeit anpassen.*“, ebd. 1249.

398 Das Grundlagenwerk dazu: Alois Kreittmayr, Grundriß d. allg., dt. u. bayer. Staatsrechts, Frankfurt und Leipzig 1769 u. ö.

399 Vgl. Rall, Kreitmayr, 743.

400 „*In Folge des streng katholischen Geistes, der im Elternhause herrschte und der im Jesuitencollegium neue Nahrung fand, war K. ein streng gläubiger Katholik […] als er 1759 wegen Ueberanstrengung schwer erkrankte, that er das Gelübde, im Genesungsfalle weder Schmuckgegenstände, noch Ehrenzeichen zu tragen, welches Gelübde er gewissenhaft beobachtete. Trotz dieser religiösen Richtung beobachtete K. gegen Andersgläubige Duldsamkeit und wußte in seinen Schriften Religion und Politik wohl zu trennen…*“, Eisenhart, Kreittmayr, 114.

401 Vgl. Rall, Kreittmayr, 743. Unter Amortisation wird das landesherrliche Verbot des Erwerbs von Immobilien und später auch von beweglichem Gut und Kapital durch die ‚tote Hand‘ verstanden; das ist etwas die Kirche, die weitgehend steuerbefreit war.

einer wirtschaftspolitischen Maßnahme, die letztlich zu einem staatlichen Wachstums- und Expansionsverbot zulasten der Kirche führte und ganz im Zeichen der Sanierung der Staatsfinanzen zu sehen ist.

3.2.3 Peter von Osterwald (1718–1778)

Osterwald[402] wurde in Weilburg an der Lahn geboren. Er studierte Jura, Mathematik, Geschichte und Kirchengeschichte an den Universitäten Halle, Leipzig und Jena, zuletzt (1740) in Straßburg, wo er sich insbesondere auch mit dem Gallikanismus auseinandersetzte. Mit dem Wunsch, Mönch zu werden konvertierte Osterwald 1732, gab seine Absicht aber bald auf und schlug sich danach in Augsburg und Regensburg als Lehrer durch. 1745 trat er in den Dienst des Fürstbischofs von Regensburg (zugleich Bischof von Freising und Lüttich), des Wittelsbacher Prinzen, Kardinal Johann Theodor von Bayern. Osterwald gehörte seit 1759 der Bayerischen Akademie der Wissenschaften an.[403]

1761 berief ihn Kurfürst Maximilian III. Joseph zum weltlichen Direktor des Geistlichen Rates in München. In dieser Funktion wurde er zum bedeutendsten bayerischen Staatskirchenrechtler, wozu wesentlich beitrug, dass er eine ganze Reihe einschlägiger Schriften herausbrachte, mit denen er die staatskirchenrechtliche Position der Oberhoheit des Staates über die Kirche und ihrer Institutionen begründete. Geprägt von der Naturrechtslehre der Aufklärung, nach der die Kirchenhoheit ein Bestandteil der Landeshoheit war, und von gallikanischen Einflüssen (Zeger Bernhard van Espen), setzte sich Osterwald für eine Neuordnung der Rechtsverhältnisse von Staat und Kirche ein. An seiner staatskirchenrechtlichen Programmschrift ‚Veremunds von Lochstein Gründe

---

402 Zu Leben, Laufbahn, Schriften und Bedeutung vgl. Weitlauff, Osterwald, 622–623; Schulte, Osterwald, 525–526.

403 Mitglied der Philosophischen Klasse, Direktor in den Jahren 1762–68 sowie 1774–78. In dieser Eigenschaft sowie zugleich auch als Redakteur sowie führender Vertreter des bayerischen Staatskirchentums erfolgte unter seiner Ägide 1765 die Gründung des ‚Churbayerischen Intelligenzblattes' auf staatliche Initiative. Das Blatt sollte zusammen mit den seit 1764 ebenfalls von der Akademie publizierten ‚Baierischen Sammlungen und Auszügen zum Unterricht und Vergnügen' die Reformpolitik des Kurfürsten Max III. Joseph publizistisch orchestrieren, vgl. Michael Schaich, Churbaierisches Intelligenzblatt/Königlich Baierisches Intelligenzblatt, publiziert am 07.08.2008; in: Historisches Lexikon Bayerns, URL: https://www.historisches-lexikon-bayerns.de/Lexikon/Churbaierisches_Intelligenzblatt/Königlich_Baierisches_Intelligenz-blatt, Zugriff: 5.03.2023.

sowohl für, als wider die geistliche Immunität in zeitlichen Dingen“[404], die auf der Philosophie Wollfs und gallikanischem Gedankengut basierte, entzündeten sich heftige Auseinandersetzungen. Insbesondere diente die Schrift der theoretischen Untermauerung der Überzeugung, dass die weit ausgedehnte geistliche Immunität von Personen, Sachen und Orten zurückzudrängen sei.

Als zur Verringerung des Staatsdefizits kirchliche Güter zur Finanzierung herangezogen und die Anzahl der Kleriker reduziert werden sollten, entstanden harte Auseinandersetzungen, in deren Verlauf Osterwald einen bedeutenden Einfluss auf die Staatskirchenpolitik gewann. Für Peter von Osterwald bildete die fürstliche Souveränität die Grundlage jeglicher Gesetzgebung, der sich die Kirche sowohl in zeitlichen als auch in den so genannten gemischten Angelegenheiten[405] (res mixtae) unterzuordnen hatte. Die bisherigen Vereinbarungen zwischen Kirche und weltlicher Macht wurden von ihm nicht als zweiseitig bindende Verträge angesehen, sondern als grundsätzlich widerrufliche Privilegien, die vom Landesherrn gewährt worden waren.[406] Seine Vorstellungen führten dazu, dass die weltliche Gewalt die Initiative ergriff, um noch wesentlich stärker als in der Vergangenheit ein staatskirchliches Regiment über die Kirche auszuüben.

---

404 Hg. u. mit Anmerkungen begleitet von F. L. W, Straßburg, 2. Verb. Aufl., 1767, zur knappen Inhaltsangabe, der Indizierung durch die Kurie und den wohlwollenden Reaktionen des Kurfürsten vgl. Schulte, Osterwald, 525.

Zur Würdigung: Osterwalds Schrift zählte *„ungeachtet des Widerspruchs der bayerischen Bischöfe auf dem Salzburger Kongress und einer breiten kirchen- und staatskirchenrechtlichen Kontroverse, bis zum Konkordat von 1817 […] zu den Programmschriften des bayerischen Staatskirchentums.“*, Raab, Kirche und Staat, 77.

405 Die gemischten Dinge seien, so Osterwald, den Spiritualia nur annektitert (res accessoriae spirituales; res ecclesiasticae extrinsecae); deshalb fielen Eheschließung und milde Stiftungen, Exemption des Klerus und Spirtualia, die zum Seelenheil nicht nötig seien, wie z. B. Krippen, Prozessionen und Wallfahrten, unter die Regelungshoheit der weltlichen Gewalt. Die kirchliche vorgetragene Theorie des Verhältnisses zwischen Staat und Kirche sei eine monströse Lehre, vgl. Osterwald, Veremund, 160 und 270, vgl. auch Raab, Kirche und Staat, Textauszug Nr. 35, 199–200.

406 *„Diejenigen aber, welche die Exemption der geistlichen Personen in Civilsachen von der weltlichen Gerichtsbarkeit mit der Unabhängigkeit vom Staat vermengen, und diese aus jener schließen wollen, verraten ihren Unverstand […] Denn eben diese Exemption gründet sich wiederum in dem freien Willen des Staats; welcher die alleinige Quelle aller Jurisdiction in zeitlichen Dingen ist.“*, Osterwald, Veremund, 160.

Trotz seines intensiven staatskirchlichen Engagements zuungunsten kirchlicher Interessen galt Osterwald aber seinen Zeitgenossen zugleich als frommer Christ,[407] wobei von ihm Religion und Politik sowie Kirche und Staat auseinandergehalten wurden. Dies konnte jedoch nur gelingen, weil sowohl die Kirche (als Institution) als auch der Staat (als politische Organisation) nicht als relevant für den Glauben und die gelebte Glaubenspraxis angesehen wurden. Nur ein protestantisches Kirchenverständnis im Gefolge der Reformation und ihrer Prämisse, dass die wahre Kirche als geistliche Größe unsichtbar sei, gestattet diesen Standpunkt, der wie bereits Bellarmin ausführlich dargelegt hat nicht dem der katholischen Kirche entsprach und entspricht.

Osterwald wurde zum „*Initiator der 1764 einsetzenden, auf eigenem Recht des Staates und nicht mehr wie bisher auf Privilegierung oder Konkordaten beruhenden staatskirchlichen Maßnahmen.*“[408] Seine Legitimation des staatlichen Handelns aufgrund staatlichen Eigenrechts in Kirchensachen führten zu folgenden ‚Errungenschaften‘:

Amortisationsgesetz 1764, Grunderwerbsverbot und Zuwendungsverbote für kirchliche (steuerbefreite) Institutionen;[409] Neuerrichtung von Bruderschaften nur noch mit landesherrlicher Genehmigung 1768; Indigenatsmandat 1768, geistliche Pfründe/Benefizien nur noch für bayerische Landeskinder; Sponsalienmandat 1769, Eheverlöbnisse und Verlöbnisstreitigkeiten werden dem weltlichen Gericht unterworfen; Klostermandate 1768/1769; Beschränkung der Zahl der Bewohner eines Klosters Loslösung der bayerischen Klöster von auswärtigen Oberen und Ordensprovinzen; Placetum regium 1770.[410]

---

407 Von Schulte (Osterwald, 526) schreibt: „*O. war ein durchaus kirchlicher Mann, besuchte den öffentlichen Gottesdienst regelmäßig ‘mit der größten Erbaulichkeit bis an sein Ende’, wurde, wie Westenrieder angibt, von den Hausgenossen, die unvermuthet in sein Zimmer kamen, ‘nicht selten knieend und im stillen Gebet’ angetroffen und begegnete nach dessen Zeugniß dem Klerus auf die beste Weise. Seine Schriften und Thätigkeit greifen nur den Mißbrauch an, ohne radical zu sein.*“

408 Raab, Kirche und Staat, 76.

409 Es wird geschätzt, dass die Kirche damals über 56 Prozent des Güterbestandes des Kurfürstentums Bayern verfügte. Das Amortisationsgesetz von 1764 unter Maximilian III. zeigte durch seine konsequente Anwendung tatsächlich Wirkung, während vorherige Bemühungen in der Sache (1672, 1707, 1730) nahezu wirkungslos geblieben waren, vgl. Körner Staatskirchentum, 5.

410 Zu den Maßnahmen im Überblick vgl. Hausberger/Hubensteiner, Bayerische Kirchengeschichte, 256–257; vgl. Körner, Staatskirchentum, 5.6–7. Viele der Maßnahmen wurden nach dem Regierungsantritt von Kurfürst Max IV. Joseph ab 1799 aufgegriffen und umgesetzt.

3.2.4 Johann Georg von Lori (1723–1787)

Lori[411] (1723–1787) war Jurist, Historiker und bayerischer Staatsbeamter. Geboren in Steingaden studierte er seit 1744 Rechtswissenschaft in Würzburg, wo Johann Jakob Joseph Sündermahler den Lehrstuhl für Natur- und öffentliches Recht innehatte. In Würzburg wurde Lori geprägt durch die katholische Aufklärung mit ihrer Ablehnung der Jesuiten und deren ‚scholastischer' Lehrinhalte und -methoden, danach durch die Philosophie und ‚mathematische Methode' der durch Christian Wolff bestimmten protestantischen deutschen Frühaufklärung, die durch Adam Ickstatt nach Würzburg vermittelt worden war und schließlich durch das moderne rationalistische und praxisnahe Natur- und Völkerrecht. Johann Georg Weishaupt[412], Ickstatts Schüler und Professor für Institutionen- und Kriminalrecht, wurde Loris wichtigster Lehrer.[413]

Als Ickstatt 1746 Direktor und Professor der Rechtswissenschaft an der Landesuniversität in Ingolstadt wurde, holte er auch Weishaupt und den Lizentiaten Lori dorthin. In Ingolstadt promovierte Lori 1748 bei Weishaupt und wurde 1749 Extraordinarius für Kriminalrecht und Rechtsgeschichte. Zusammen mit Ickstatt erfuhr er Anfeindungen von einflussreichen Jesuitenprofessoren wegen

411 Zu Leben, Laufbahn, Schriften und Wirksamkeit vgl. Hammermayer, Lori, 180–183; ausführlicher: Eisenhart, Lori, 183–195.

412 Weishaupt (1716–1753) war Rechtswissenschaftler und Professor der Rechte an der Universität Ingolstadt. Er studierte Rechtswissenschaften in Würzburg bei Johann Adam von Ickstatt, promovierte 1743 zum Dr. iur., kurz danach wechselte er wohl unter dem Einfluss Ickstatts an die Universität Ingolstadt. Dort übernahm er eine Rechtsprofessur für Institutionen, Strafrecht und allgemeine Rechtsgeschichte, die er bis zu seinem Tod innehatte. Einer seiner Schüler war Johann Georg von Lori. Weishaupt war familiär als Schwiegersohn eng mit Ickstatt verbunden; zu den Angaben vgl. https://de.wikipedia.org/wiki/Johann_Georg_Weishaupt, Zugriff: 31.01.2019.

413 Eisenhart (Lori, 183) nennt (noch) einen anderen prägenden Lehrer Loris: *„In Würzburg […] war es namentlich Professor Barthel, welcher sich des feurigen, strebsamen Jünglings annahm, und den nach Ingolstadt Abgehenden dem damaligen Universitätsdirector und Professor Freih. v. Ickstatt als ein Phänomen empfahl."* Für Barthel spricht, dass er Ickstatts Kollege und mit ihm Vertreter des Ius Publicum Ecclesiasticum war. Für Weishaupt spricht, dass er Institutions- und Kriminalrecht lehrte, Lori bei ihm promovierte und 1749 ebenfalls Extraordinarius für Kriminalrecht und Rechtsgeschichte wurde. Da Weishaupt seinerseits bei Ickstatt promoviert hatte, darf wohl angenommen werden, dass Lori gut stand mit dem akademischen Dreigestirn aus Ickstatt, Barthel und Weishaupt, die durch aufklärerische Vorstellungen eng verbunden waren.

der geistigen Nähe zur Philosophie Christian Wolffs und der von ihnen empfohlenen Lehrbücher protestantischer Autoren. Nach einem Romaufenthalt wurde er im Herbst 1751 Ordinarius an der Juristischen Fakultät in Ingolstadt. Angesichts der sich zuspitzenden Auseinandersetzung mit den Jesuiten wurde er im Sommer 1752 seines Lehrstuhls enthoben und als Wirklicher Hofrat an das neuerrichtete Münz- und Bergkollegium nach München versetzt. Lori gewann für die von ihm projektierte künftige Münchener Akademie der Wissenschaften angesehene Förderer und Mitarbeiter, etwa Ickstatt und Staatskanzler von Kreittmayr. 1758 gelang die Gründung einer privaten ‚Bayerischen gelehrten Gesellschaft', die bereits im März 1759 als Kurfürstlich Bayerische Akademie der Wissenschaften konstituiert wurde. Als übernationale und überkonfessionelle gelehrte Institution[414] für Natur- und Geisteswissenschaften verwirklicht, entsprach sie ganz den aufklärerischen Ideen. Die Etablierung der Akademie darf dabei zweifellos als Protest bzw. als Gegengewicht zur Landesuniversität Ingolstadt verstanden werden, die von Jesuiten geleitet und geprägt war.

Lori übernahm 1764 die Leitung des Äußeren Archivs und begann alsbald, politisch wichtige Urkunden bzw. Urkundensammlungen zu publizieren, wie etwa die großangelegte Urkundensammlung zum bayerischen Staatskirchenrecht. Bis Ende 1777 befasste sich Lori mit Innen- und Kirchenpolitik, Universitäts- und Schulreform und Wissenschaftsförderung. Die unter Osterwalds Leitung 1764–1769 begonnenen einschneidenden staatskirchenrechtlich-territorialistischen und reformkatholischen Maßnahmen wurden von Lori grundsätzlich gebilligt, teilweise sogar als zu milde gerügt. Auch gegenüber den reichskirchlich-episkopalistischen Gegenreaktionen, insbesondere dem ‚Salzburger Kongreß' (1770/1776), vertrat Lori eine unnachgiebige Haltung und lehnte den schließlich von Maximilian III. Joseph und Osterwald eingegangenen Kompromiss ab. Auch bei ihm fügte sich das staatskirchenrechtliche Engagement mit der christlichen Gesinnung zusammen: *„Wie L. unbestechlich und streng sittlich, so war er auch positiv gläubig; Freigeisterei tadelte er ebenso wie Aberglauben oder Frömmelei.“*[415] Nach dem Tod Maximilian III. Josephs wurde Lori unter dem neuen wittelsbachischen Landesherrn, Karl Theodor von der Pfalz, zur unerwünschten Person erklärt, da er sich im Bayerischen

---

414 Zum zeitgenössischen Trend der Gründung von Akademien und zur bayerischen Akademie im Besonderen vgl.: Laetitia Boehm, Bayerns Beitrag zur Akademiebewegung, in: HBG, Bd. II, 960–965. Mit der kurfürstlichen Unterzeichnung des Stiftungsbriefes am 10.05.1759 *„war der Schritt von der spontanen Gesinnungsgemeinschaft zur staatlich verankerten Akademie vollzogen.“*, ebd. 963.

415 Eisenhart, Lori, 194.

Erbfolgekrieg[416] (1778/1779) für die Ziele der preußenfreundlichen Patriotenpartei eingesetzt hatte.

3.2.5 Kurfürst Karl Theodor (1724–1799)

Kurfürst Maximilian III. Joseph, verheiratet seit 1747 mit Marie Anna Sophia, Herzogin von Sachsen (1728–1797), verstarb kinderlos im Alter von 50 Jahren am 30. Dezember 1779. Mit ihm starb die bayerische Linie der Wittelsbacher aus. Das Erbe trat gemäß den reichsrechtlich abgesicherten Hausverträgen der oberste Repräsentant der pfälzischen Linie des Hauses an. Es war Karl Philipp Theodor[417] aus der wittelsbacher Linie Pfalz-Sulzbach, geboren 1724 auf Schloss Drogenbusch in der Nähe von Brüssel. Karl Theodor studierte, nachdem er Privatunterricht und Erziehung durch Jesuiten genossen hatte, an den Universitäten von Leyden und Löwen Rechts-, Staats- und Geschichtswissenschaften. Beide Universitäten galten als Zentren der Aufklärung. Seit 1742 regierte er als Karl IV. Theodor, Pfalzgraf und Kurfürst von der Pfalz sowie Herzog von Jülich-Berg mit der Residenzstadt Mannheim. Als aufgeklärter Fürst ließ Karl Theodor schon 1763 die Pfälzische Akademie der Wissenschaften errichten.

Als erster pfalzbaierischer Kurfürst - nun als Karl II. Theodor - vereinte er ab 1777 unter seiner Herrschaft alle bayerischen und den allergrößten Teil der pfälzischen wittelsbachischen Territorien. Wie zuvor in den pfälzischen Territorien führte Karl Theodor auch in den vereinten Territorien die Maßnahmen einer aufgeklärten Landesregierung weiter bzw. neu ein.[418] Unter ihm wurde daher das bayerische territorialistische Staatskirchentum konsequent weiter ausgebaut, nur dass Karl Theodor *„es stärker als Vorgänger und Nachfolger in*

---

416 Österreich beanspruchte Niederbayern und die Oberpfalz nach dem Tod Maximilian III. Josephs, mit dem die bayerische Linie der Wittelsbacher ausgestorben war und das Kurfürstentum Bayern an die pfälzische Linie fallen sollte. Der im Erbvertrag der Wittelsbacher vorgesehen Erbe, Karl Theodor von der Pfalz, wäre auch bereit gewesen den Plänen Österreichs zuzustimmen, falls er die österreichischen Niederlande im Tausch erlangen würde. Gegen diese Tauschpläne stellte sich das Königreich Preußen und die für die Integrität Bayerns eintretende Patriotenpartei.

417 Zur Biographie vgl. Fuchs, Karl Theodor, 252–258.

418 Zum Beispiel: Reorganisation der Zentral- und Außenbehörden, Errichtung einer bayerischen Obersten Landesregierung, Vereinheitlichung des geltenden Rechts, Einschränkung der Folter im Kriminalstrafrecht, Förderung der Landwirtschaft, feuerpolizeiliche Ordnung, Fortentwicklung des Schulwesens, vgl. Fuchs, Karl Theodor, 254.

Zusammenarbeit mit der dem deutschen Episkopalismus verständnislos-negativ gegenüberstehenden römischen Kurie anstrebte.“[419]

Dabei hatte Karl Theodor schon in seiner Zeit als pfälzischer Kurfürst eine Annäherung an den Papst gesucht und erhalten. Dies gelang durch die Konversion von pfalz-zweibrückischen Verwandten zum Katholizismus, die päpstliche Pfründenvergabe an pfälzische Hochadelige in den rheinischen Bistümern, eine milde Exekution der päpstlichen Aufhebung des Jesuitenordens von 1773 und die allgemeine Unterstützung des kurialen Kampfes gegen den Febronianismus.[420]

Obwohl Karl Theodor kirchenfreundlicher und leutseliger aufgetreten und erschienen sein mag, so war er doch ein *„rigoroser Territorialist*“[421]. Unter ihm wurde das Staatskirchensystem durch einzelne Verordnungen weiter vorangetrieben: Das Erfordernis des landesherrlichen Plazets wurde nicht nur für päpstliche, sondern für jede kirchliche Verlautbarung gefordert. Die kirchlichen Feiertage reduzierte er weiter und verbot darüber hinaus auch Wallfahrten und Andachten. 1782 führte er den deutschen Kirchengesang in die Liturgie ein. Während seines Reichsvikariats in der kaiserlosen Zeit des Jahres 1790 setzte Karl Theodor mit erheblichem Druck die Wahl des Berchtesgadener Fürstpropstes Josef Konrad Freiherr von Schroffenberg zum Bischof von Freising und Regensburg durch. Außerdem wurden kirchliche Güter verstärkt bis rücksichtslos besteuert. Von der Kurie erreichte die kurfürstliche Regierung 1787 und 1797 die Bewilligung für Dezimationen des Klerus auf jeweils zehn Jahre sowie wurden mit einem von ihm erwirkten päpstlichen Breve Cum semper[422] dem Kurfürstentum fünfzehn Millionen Gulden aus dem bayerischen Kirchenvermögen zugesprochen; dessen konsequente Durchführung hätte eine allgemeine Teilsäkularisation bedeutet.[423] Mit Rücksicht und im Bündnis mit

419 Fuchs, Karl Theodor, 256.

420 Vgl. Fuchs, Karl Theodor, 256.

421 Hammermayer, Auf dem Weg zur Säkularisation, in: HBG, Bd. II, 1275–1283, hier 1275.

422 Breve Cum semper, v. 07.09.1799, in: Teutsche Staatskanzlei, hg. v. Johann August Reuß, Ulm, Stettin, 1800, 268–273. Dabei ist zu erinnern, dass Papst Pius selbst unter widrigen Umständen dieses Breve erließ, war er doch, bereits fast 82 Jahre alt, von französischen Truppen auf Befehl Napoleons aus Rom fortgeführt worden und befand sich in einem Kartäuserkloster bei Florenz.

423 Zu den Vorgängen der Dezimation und dieser mühsam abgewendeten Vermögenssäkularisation vgl. Hammermayer, Auf dem Weg zur Säkularisation, 1281–1283; Müller, Die Säkularisation von 1803, in: HBayKG, Bd. 3, 17–20.

der römischen Kurie gelang es Karl Theodor auf diese Weise, gegen den bayerischen Episkopat und reichskirchlich-episkopalistischen Tendenzen, seine Vorstellungen einer bayerischen Landeskirche zielstrebig zu verfolgen und, wie noch aufzuzeigen ist, zumindest bedeutsame Teilerfolge zu erringen.

In der Beamtenschaft, in den Offiziersrängen des Militärs und auch in adelig-bürgerlichen Kreisen hatte sich seit 1776 der Illuminatenorden[424] gebildet. Dieser versuchte unter der Führung von Johann Adam Weishaupt[425], später ab 1780 zusammen mit Adolf Freiherr von Knigge, die Aufklärung zu politisieren und voranzutreiben. Die vom Orden angestrebte Freiheit durch Bildung wandte sich gegen das überkommene fürstliche Regime und grenzte sich sowohl gegen die Jesuiten als auch die Freimaurer ab. In der kurfürstlichen Regierung ergaben sich dadurch verschiedene Parteiungen, was 1784 eine Verfolgung der Mitglieder des Illuminatenordens sich zog. Durch die Partei der Illuminaten und die Vorgänge im Gefolge der französischen Revolution aufgeschreckt und verunsichert sowie verängstigt von der Vorstellung eines revolutionären Umbruchs auch in Bayern kam Karl Theodor immer mehr unter den Einfluss konservativ-reaktionärer Kreise. In den Auseinandersetzungen mit den französischen Revolutionstruppen geriet die Regierung Karl Theodors daher zunehmend in Abhängigkeit von den österreichischen Habsburgern. Nach mehreren Schlaganfällen vergreiste Karl Theodor in den letzten Lebensjahren schnell. Die Regierungsgeschäfte stagnierten, Korruption, Illoyalität und Perspektivlosigkeit breiteten sich aus. Karl Theodor verstarb 1799 in der Münchner Residenz; wie sein Vorgänger ebenfalls ohne männliche Erben.

---

424 Zum Orden vgl. Junkelmann, Gravenreuth, 121–122; Wikipedia, URL https://de.wikipedia.org/wiki/Illuminatenorden, Zugriff: 7.08.2019. Zu den Mitgliedern zählten u. a. Johann Gottfried von Herder, Kasimir Johann Freiherr von Häffelin, Johann Wolfgang von Goethe, Maximilian Joseph Graf von Montgelas. Zur Struktur des Ordens selbst und zugleich eine Verteidigung des Autors gegen die Unterstellung, mit dem Orden gegen den Staat Böses intendiert zu haben: Weishaupt, Das verbesserte System der Illuminaten, 1787.

425 Johann Adam (* 1748 in Ingolstadt, † 1830 in Gotha) war der Sohn von Johann Georg Weishaupt (vgl. oben 132), einem Schüler Johann Adam Ickstatts. Dieser war der Pate von Johann Adam Weishaupt und adoptierte ihn nach dem frühen Tod des Vaters. Johann Adam wurde wie sein Vater Rechtsprofessor an der Universität Ingolstadt, wo er im jesuitisch geprägten Umfeld ein Außenseiter war und eine Antipathie gegen die Jesuiten und antikirchliche Einstellungen entwickelte. Er vertrat zunehmend stärker liberal-radikalaufklärerische Positionen. Zur Biographie vgl. Jacoby, Weishaupt, 539–550, hier auch Ausführungen über den Illuminatenorden.

Von Karl Theodor, dem fremden und isolierten Einzelgänger zwischen zwei Dynastien, wollte daher, nachdem sein Nachfolger, Maximilian IV. Joseph, in München begeistert empfangen worden war, niemand mehr etwas wissen. Dabei beruht das neue Bayern gerade auch auf den 20 Jahren der Regierungszeit Karl Theodors sowie werden die bis heute eher negativ bewerteten Eigenheiten insbesondere durch die Kontinuität übetroffen, die zwischen den Regierungen Max′ III. Joseph, Karl Theodors und König Max′ I. bestand.[426]

3.3 Kirchlich-staatskirchliche Konfrontationen der bayerischen Spätaufklärung

Von Beginn der Kirchengeschichte an gab es Spannungen zwischen der kirchlichen und weltlichen Autorität; das gilt auch für die bayerische Kirchengeschichte. Daher war das Verhältnis der jeweiligen Einflusssphären und Herrschaftsträger immer wieder neu zu bestimmen, was durch Verträge wie Rezesse und Konkordate geschah. Die auftretenden Spannungen mussten so lange nicht als Problem gesehen werden, als sich sowohl kirchliche wie staatliche Führungspersonen in einer Heilsgemeinschaft verortet sahen und sich als Teilhaber eines gemeinsamen, transzendenten Lebenszieles verstanden. Solange die konkrete kirchliche Gemeinschaft und die von ihr vermittelte und propagierte biblische Botschaft ein integraler Bestandteil des Lebens auch der staatlichen Herrscher und ihrer Regierungsmitglieder war, solange vernichteten Konflikte in der konkreten Ausgestaltung des Verhältnisses zwischen Kirche und Staat nicht die fundamentale, als reziprok verstandene Verwiesenheit der Lebensbereiche, unbeschadet davon, dass es Einzelpersonen gab, die das gemeinsame Fundament bzw. den gemeinsamen Rahmen verließen.

Spätestens mit der Regierungszeit des Kurfürsten Maximilian III. Josephs wurden die Gegensätze zwischen kirchlichen und staatlichen Positionen durch die Reformforderungen der katholischen Aufklärung und dem daraus entwickelten territorialistischen Staatskirchentum noch einmal deutlich verstärkt. Es wurde eine Politik wirksam, die zunächst in thematisch verschiedenen Einzelentscheidungen *„willentlich den Konflikt mit den geistlichen Gewalten, vornehmlich mit den Hochstiften, in Kauf nimmt, die ihrerseits extrem episkopalistische Tendenzen entwickelten, die Kurfürst und Papst alarmieren mussten.“*[427]

426 Vgl. Fuchs, Karl Theodor, 256.
427 Körner, Staatskirchentum, 6.

Aus staatlich-politischer Perspektive hatte ein Systemwechsel stattgefunden: es war die Erkenntnis der Verschiedenheit der staatlichen und kirchlichen Aufgaben gewachsen: Der Landesherr verzichtet auf die Handhabung der Kirchenzucht und erhebt keinen prinzipiellen Anspruch mehr auf das Kirchenregiment; trotzdem bleibt tatsächlich die staatliche Überordnung über die Kirche erhalten.[428] Es entstand somit eine paradoxe Situation: Der Territorialismus hatte die Stellung des Staates noch einmal verstärkt, obwohl das Kirchenregiment, das nicht dem Staatsideal der Aufklärung entsprach, aufgegeben wurde und die zumindest theoretisch in den Schriften der Promotoren der bayerischen Staatskirchenpolitik behauptete Koordination von Kirche und Staat weiterbestand.[429]

Die konfrontative staatliche Politik, die über den Wechsel der bayerischen Herrscher (Maximilian III. Joseph, Karl IV. Theodor, Maximilian IV. Joseph) und das grundstürzende, politische Ereignis des Untergangs des Alten Reiches hinweg durch die politische Führungsschicht Bayerns kontinuierlich bis hinein ins 19. Jahrhundert verfolgt wurde, musste zu ernsthaften Verwerfungen führen, wovon zwei des 18. Jahrhunderts erwähnt werden sollen.

3.3.1 Der Salzburger Kongress, 1770

Kurfürst Maximilian III. Joseph begegnete den Bischöfen, den Fürstbistümern und der Kirche in Bayern gemeinsam mit seinem Kanzler Kreittmayr mit einer aufgeklärt-absolutistischen Staatskirchenpolitik. Durch verschiedene aufgeklärt-territorialistischen Maßnahmen, insbesondere in den Jahren 1768/1769, die auf ein bayerisches Einheitskonkordat und die Errichtung einer Landeskirche mit einem oder mehreren Landesbistümern abzielte, fühlten sich die Diözesanbischöfe in ihren reichsrechtlich abgesicherten Rechten beschwert. Es kam daher zu einer episkopalistischen Reaktion.

Am 27. August 1770 trat, um eine kirchliche Gegenposition zu beraten und abzustimmen, der Salzburger Kongress[430] der episkopalistisch-, besser antistaatskirchenrechtlich-territorialistisch gesinnten Bischöfe zusammen. Eingeladen waren demnach jene Bischöfe, deren Diözesangebiet im Territorium

428 Vgl. Doeberl, Staatssouveränität, 121.

429 Vgl. Doeberl, Staatssouveränität, 122.

430 Zum Kongress insgesamt erarbeitet und belegt mit reichem Quellenmaterial vgl. Pfeilschifter-Baumeister, Salzburger Kongreß, Paderborn, Schöningh, 1929; Hammerstein, Staatskirchliche Reformen und Salzburger Kongress, in: HBG, Bd. II, 1269–1274.

des Kurfürstentum Bayerns lag bzw. in dessen Gebiet hineinreichte, d. h.: Salzburg, Chiemsee, Passau, Freising, Regensburg, Konstanz, Augsburg, Eichstätt und Bamberg. Dabei ist jedoch zu konstatieren, dass bei der Eröffnung des Kongresses nur die Diözesen Salzburg, Chiemsee, Eichstätt, Freising, Regensburg durch Deputierte der Bischöfe vertreten waren, andere Bischöfe traten dem Kongress später oder gar nicht bei, wieder andere zogen ihre Deputierten ab.[431] Als kraftvoller Moderator der Delegierten und Sprecher nach außen erwies sich der Salzburger Domdekan Graf Ferdinand Christoph zu Waldburg-Zeil-Trauchburg[432], dem die Rolle des Präsidenten des Kongresses übertragen worden war.

Der Kongress sollte Gravamina sammeln und bündeln sowie dabei helfen, geeignete Maßnahmen zu ihrer Beseitigung zu finden und umzusetzen.[433] Die Beratungen fanden in 27 Sitzungen in der Zeit vom 27. August 1770 bis zum 20. Februar 1771 statt. Während die Sammlungs- und Systematisierungsarbeit fortschritt, konnte jedoch lange nicht geklärt werden, wie die Beratungsergebnisse durch förmliche Beschlussfassung der Bischöfe zusammengefasst und gesichert werden sollten. Die die Beratungsarbeit sanktionierenden bischöflichen Finalbeschlüsse gingen daher erst nach und nach ein, wobei der Augsburger Bischof erst am 27. Mai 1772 seine Zustimmung gab.[434]

Die Gravamina, die abgestellt und mithilfe einer Gesandtschaft beim Kurfürsten in einem Vergleich gelöst werden sollten, waren:

---

431 Zu den Deputierten vgl. Pfeilschifter-Baumeister, Salzburger Kongreß, 230–239, zu den Eröffnungsdeputierten ebd. 230, der Passauer Deputierte trat am 04.09.1770 in die Beratungen ein (ebd. 231), der Bamberg Bischof Adam Friedrich von Seinsheim lehnte die Teilnahme anfangs ab (ebd. 231, Fußnote 2), erklärte aber dann seinen Beitritt am 02.01.1777 und beauftragte mit seiner Vertretung den Deputierten des ihm vertrauten Passauer Bischofs (ebd. 232). Zum Kongress als ‚außenpolitisches Ereignis' aus der Sicht des Bamberger Fürstbischofs Adam von Seinsheim vgl. Weiß, Die Bamberger Bischöfe von 1693 bis 1802, 258–260.

432 Zur Person und zur Würdigung des Wirkens von Zeils vgl. Pfeilschifter-Baumeister, Salzburger Kongreß, 199–204. Zeil war nicht nur an der Abwehr staatskirchenrechtlicher Übergriffe gelegen, vielmehr erkannte er auch die Notwendigkeit innerkirchlicher Reformen an und machte entsprechende Vorschläge, etwa: Einheitliche Disziplin hinsichtlich des Gottesdienstes und der Feiertage, Reform des Mönchswesens, Einführung eines Einheitskatechismus, Verbesserung der Priesterausbildung, vgl. ebd. 209–213.

433 Zu den Gravamina (generalia et particularia) und dem geplanten Beratungsverlauf vgl. Pfeilschifter-Baumeister, Salzburger Kongreß, 225–226.

434 Zu den bischöflichen Finalbeschlüssen vgl. ebd. 397.

Gravamina generalia, d. h. Gravamina, von denen alle Bischöfe betroffen waren, da sie die (reichs-)kirchenrechtlich fixierte Stellung des Diözesanbischofs beschränkten bzw. negierten und somit die freie und ungeschmälerte Ausübung des Amtes des Diözesanbischofs behinderten.[435]

I. Circa Collectionem Cleri et ecclesarium;
II. Circa Mandatum Electorale Indigenatus;
III. Circa Mandatum Electoralia de Sponsalibus;
IV. Circa Censuram librorum;
V. Circa Collegium sic dictum Electorale ecclesiasticum;
VI. Circa Placitum Regium, seu Ducale;
VII. Circa Recursum ad Principem et Appellationem tanquam ab abusu;
VIII. Circa Mandata Electoralia respectu Religiosorum et Monachorum utiusque sexus.

Gravamnina particularia, d. h. Gravamina, die aus – von den Bischöfen so eingeschätzten – Verletzungen des zwischen dem Herzog von Bayern und den Bischöfen im Jahr 1583 geschlossenen Konkordats herrührten.[436]

I. De Visitationibus et juribus Rev. D. D. Episcoporum, mit zwölf Einzelpunkten;
II. De Electionibus et Confirmationibus Praelatorum, mit sieben Einzelpunkten;

---

435 Die Gravamina generalia sind in acht Themengruppen gesammelt; vgl. Tabula seu Conspectus Gravaminum tam generalium quam particularium Rev^orum^ Rev^orum^ DD. Archipraesulum et Epsicoporum, quorum Dioeceses se in utriusque Bavariae Ducatum et Superiorem Palatinatum extendunt. De anno 1772, gedruckt als Beilage Nr. 43 in: Pfeilschifter-Baumeister, Salzburger Kongreß, 751–752.

Zugleich können die Gravamina generalia auch in dem Sinn als generalia bezeichnet werden, insofern von ihnen nicht nur die bayerischen Bischöfe, sondern, da sie staatskirchenrechtlich-territorialistische Maßnahmen aufgeklärter Staatsregierungen benennen, prinzipiell alle Bischöfe im Reich angingen bzw. treffen konnten; auch andere Territorialfürsten im Reich stellten sich mit solchen oder ähnlichen Maßnahmen gegen die überkommenen Grundsätze des Kirchenrechts und Reichsrechts.

436 Die Nennung der Gravamina particularia folgt der Einteilung der Kapitelanordnung des Konkordats von 1583, vgl.: Unterburger, Konkordat 1583, 523–530. Zu den Gravamina vgl. Tabula seu Conspectus Gravaminum tam generalium quam particularium Rev^orum^ Rev^orum^ DD. Archipraesulum et Epsicoporum, quorum Dioeceses se in utriusque Bavariae Ducatum et Superiorem Palatinatum extendunt. De anno 1772, abgedruckt als Beilage Nr. 43 in: Pfeilschifter-Baumeister, Salzburger Kongreß, 752–753, mit Verweis auf ebd. 745–750.

III. De delictis et poenis personarum ecclesiasticarum, mit sieben Einzelpunkten;
IV. De Collatione, Beneficiorum Ecclesiasticorum, mit acht Einzelpunkten;
V. De Personis et bonis Clericorum, mit elf Einzelpunkten;
VI. De Testamentis Clericorum, mit zwölf Einzelpunkten;
VII. De causis matrimonialibus, mit sieben Einzelpunkten.

Nach der 27. Sitzung (20. Februar 1771) reisten die Deputierten ab, nachdem man sich darauf verständigt hatte, dass die Geschäfte von einem Substituiertenkongress[437] weitergeführt sollten. Angelegenheiten, die die ständige Kongressdeputation als Informations- und Abstimmungsstelle zu erledigen hatte, waren etwa die Durchführung der päpstlich genehmigten Feiertagsreduzierung (Breve vom 16. Mai 1771), die Umsetzung der vom Kurfürsten erbetenen und päpstlich genehmigten Dezimationsbulle vom 24. September 1771 sowie die Organisation des bischöflichen Widerstands gegen die kurfürstlichen Neuerungen bei der Prälatenwahl.

Der Präsident des Kongresses, Graf Ferdinand Christoph zu Waldburg-Zeil-Trauchburg, war auch zum Leiter der bischöflichen Gesandtschaft bei der kurfürstlich pfalz-baierischen Regierung bestimmt worden. Die Verhandlungen begannen im 21. Dezember 1772[438] und dauerten mit Unterbrechungen bis zum Tod des Kurfürsten Max III. Josef am 30. Dezember 1777, wobei über ein bayerisches Einheitskonkordat, die Reform der Prälatenwahl und die Reform des Sponsalienrechts verhandelt wurde. Grundlage des Einheitskonkordats war ein staatskirchlich-territorialistischer Entwurf des kurfürstlichen Direktors des Geistlichen Rates Peter von Osterwald vom Oktober 1769,[439] der noch vor dem Zusammentritt des Salzburger Kongresses ausgearbeitet worden war. Auf staatlicher Seite gab es jedoch Differenzen zwischen dem eher gemäßigten

---

437 Die noch nicht abgeschlossene Arbeit wurde fortgesetzt mit Hilfe einer ständigen Kongressdeputation aus sechs Personen, die die Diözesen Salzburg, Augsburg, Bamberg, Konstanz, Regensburg, Freising, Passau und Chiemsee vertraten; Sessiones 28–37, 25.03.1771 – 30.03.1773; vgl. dazu Pfeilschifter-Baumeister, Salzburger Kongreß, 402.

438 Zu Verzögerungen trugen u. a. der Wechsel im Amt des Erzbischofs und Metropoliten von Salzburg bei, sodann auch die Ernennung Zeils, Domdekan zu Salzburg, zum Bischof von Chiemsee; zu den Verzögerungen vgl. Pfeilschifter-Baumeister, Salzburger Kongreß, 423–430.

439 Zu Osterwals Entwurf vgl. Pfeilschifter-Baumeister, Salzburger Kongreß, 470–481.

Ministerium[440] und der in sich gespaltenen, jedoch mehrheitlich radikaleren Konkordatenkommission[441]. Die Konkordatsberatungen[442] wurden daher im August 1773 zurückgestellt bzw. durch die Beratung wichtiger konkordatsrelevanter Einzelfragen unterbrochen und schließlich durch entsprechendes Agieren des amtierenden Salzburger Metropoliten Hieronymus Graf von Colleredo, Fürsterzbischof von Salzburg 1772–1803, mit dem Tod des Kurfürsten im Dezember 1777 abgebrochen.

Die kurfürstliche Regierung war offensichtlich davon überrascht worden, dass der Kongress in Salzburg überhaupt zusammenfand und eine einheitliche Position erarbeiten konnte, die dann auch noch durch eine Gesandtschaft vor dem Kurfürsten und seiner Regierung vertreten wurde.[443] Angesichts der

---

440 Mitglieder des Ministeriums waren u. a.: Leitender Minister Joseph Franz von Seinsheim, ein Bruder des damaligen Bamberger und Würzburger Bischofs Adam von Seinsheim, Kanzler Alois von Kreittmayr sowie Kammerpräsident und Konferenzminister Maximilian von Berchem. Letzterer, 1702–1777, mag *„wohl an der Korruption in der Verwaltung seiner Zeit nicht ganz unschuldig gewesen sein, führte jedoch sein Amt insgesamt sehr erfolgreich. Die ganze von 1745–77 währende Regierungsperiode Kurfürst Maximilians III. stand unter dem Einfluß des allmächtigen Ministers Berchem, dessen unbestreitbares Verdienst es ist, den 1745 für unvermeidbar gehaltenen Staatsbankrott verhindert zu haben*“, so Ow, Berchem, 63–64. Bechems Wirken ist polemisch und ungerecht verarbeitet in: Bayern unter Graf Berchem, Neuere Gespräche im Reiche der Todten zwischen dem Staatsminister, und Kammerpräsidenten Grafen v. Berchem, dann dem geheimen Rath Freyherrn v. Ickstatt, anonym, o. O., 1778.

441 ‚Radikale‘ Mitglieder waren Baron von Hofstetten, Baron von Steeb, Geh. Rat von Obermayr, hinter denen Hofrat Johann Georg von Lori als Stimmungsmacher agierte; ihnen gegenüber ist Osterwalds Position als gemäßigt zu bezeichnen.

442 In die Konkordatsverhandlungen wurden nicht nur die bischöflichen Gravamina zur Verhandlung eingebracht, sondern auch ‚Beschwerden des Status politici oder Saecularis contra Ecclesiasticum‘, verfasst v. Peter v. Osterwald 1777, in: Pfeilschifter-Baumeister, Salzburger Kongreß, 806–813. Die staatlichen Beschwerden machen überdeutlich, dass es einen großen kirchlichen Reformbedarf gab; sie rechtfertigen zwar nicht die staatlichen Eingriffe in das geistliche Leben der Kirche, aber sie machen sie zumindest verständlicher.

443 Zu beachten ist hierbei, dass die Bischöfe von Passau, Chiemsee, Regensburg und Freising, dem Salzburger Metropolitanverband angehörten, die von Eichstätt, Augsburg und Bamberg jedoch dem Mainzer Metropolitanverband. Insbesondere der Bamberger Bischof fürchtete, dass der Salzburger Metropolit eine Oberhoheit über alle Bischöfe und Bistümer, die ins bayerische Territorium hineinreichten, anstreben könnte.

konzertierten bischöflichen Aktion wich der Kurfürst zurück, *„ohne jedoch die Grundlage seiner Kirchenpolitik preiszugeben; er suchte nur neue Wege und Konstellationen zu ihrer Verwirklichung.“*[444] Tatsächlich wurden den Bischöfen einige Zugeständnisse gemacht, etwa bei der Prälatenwahl, den Eheverlöbnissen und hinsichtlich der staatlichen Zensur. Doch gleichzeitig fand die kurfürstliche Regierung in der Kurie, der die episkopalistisch-nationalkirchlichen Strömungen in der Reichskirche mehr als suspekt waren, eine Verbündete. Schließlich bröckelte auch die bischöfliche Geschlossenheit aus verschiedenen Gründen: Die rechtlichen Beziehungen der einzelnen Bistümer gegenüber der kurfürstlichen Regierung waren in langer Zeit gewachsen, unterschiedlich ausgestaltet und in verschiedenen Vertragswerken in unterschiedlichem Umfang geregelt. Das machte es für die Vertreter der Kirche schwierig, eine gemeinsame Willensbildung kontinuierlich und kraftvoll zu vertreten. Dazu kamen die unterschiedlichen Interessen innerhalb des bayerischen Episkopats, die wesentlich davon mitbestimmt waren, wie sehr die einzelnen Bischöfe, die allesamt aus dem Hochadel stammten, den dynastischen Interessen der wittelsbachischen Kurfürsten verbunden waren.

„Der Salzburger Kongreß hat im ganzen fehlgeschlagen.“[445] Die anschließenden Verhandlungen mit der Regierung können daher als verpasste Chance begriffen werden,[446] weil die Bischöfe zu ängstlich auf ihre überkommenen Rechtspositionen fixiert waren und die sich in den staatskirchenrechtlich-territorialistisch Maßnahmen ankündigenden politisch und kirchlichen Umwälzungen nicht ernst genug nahmen.[447] Darüber hinaus waren sie nicht

---

444 Hammerstein, Salzburger Kongress, 1273.

445 Pfeilschifter-Baumeister, Salzburger Kongreß, 431, zur Begründung dieser Einschätzung vgl. ebd. 431–439.

446 *„Der Abbruch der Münchner Konkordatsverhandlungen sofort nach dem Tode Max' III. Jos., war ein Frevel […] Schuld und Schicksal, der Mangel einer kraftvollen, geeigneten Führung, Unfähigkeit und Verständnislosigkeit, das trübe Verhängnis des deutschen Episkopalismus haben zusammengewirkt, den Salzburger Kongress, der den Verhältnissen entsprechend Jahrhundertbedeutung erhalten konnte, zu fast völliger Wirkungslosigkeit zu führen.“*, Pfeilschifter-Baumeister, Salzburger Kongreß, 662. Zum Gesamtergebnis des Kongresses, vgl. ebd. 658–663.

447 *„Die Bischöfe des Salzburger Kongresses waren Kleinkrämer; sie feilschten in erster Linie um ihre eigenen Interessen, um besondere, althergebrachte Rechte, um ihre partikularen Rezesse. Sie waren Anwälte ihrer selbst, ihrer Fürstenherrlichkeit, bischöflichen Ansehens und bischöflicher Ehre, bestenfalls noch Anwälte ihrer Diözesen, aber nicht oder doch nur kaum Anwälte der bayerischen Kirche. Das große, allgemein kirchliche Interesse dieser Zeit, den Ausgleich moderner staatlicher*

bereit, sich sozusagen vom untergehenden Schiff zu trennen und zunächst in einem Rettungsbot Zuflucht zu suchen. Immerhin wirkte der Kongress dämpfend auf die Welle der massiven staatlichen Reformen der Jahre 1769/1770, die ab 1772 abnahm.

3.3.2 Der Streit um die Münchener Nuntiatur, 1786

Auseinandersetzungen zwischen den (Fürst-)Bischöfen der deutschen Reichskirche und dem päpstlichen Nuntius in Köln mit seinen besonderen päpstlichen Rechten, die in Konkurrenz zu den von Konzilien verbrieften oder beanspruchten, jurisdiktionellen Rechten der Reichsbischöfe standen, schwelten schon seit Beginn des 18. Jahrhunderts und brachen in der episkopalistisch-febronianistischen Hochzeit immer wieder aus. Ein Beispiel für entsprechende Klagen und Forderungen von bischöflicher Seite ist die Sammlung der Koblenzer Gravamina[448] von 1769. Eine Eskalation des latent vorhandenen Nuntiaturstreits[449] ergab sich 1784 aufgrund eines Ereignisses, das die Reichsbischöfe befürchten ließ, dass sie mit ihren innerkirchlichen und politischen Zielen in existentielle Bedrängnis geraten würden, da die römische Kurie und das Kurfürstentum Bayern auf ihre Kosten zusammenfanden. Daraus ergab sich gleichsam eine doppelte Frontstellung.

Der politische Hintergrund war, dass Kurfürst Karl Theodor ab 1777 die Herrschaft über bislang verschieden strukturierte und administrierte Territorien angetreten hatte. Die aufklärerisch-territorialistische Staatsauffassung verlangte jedoch, die Territorien in den verschiedenen Rechtsbereichen zu harmonisieren, d. h. auch die Staatskirchenpolitik und das Staatskirchenrecht. Freilich war schon auch zuvor in den bayerischen Landesteilen angestrebt worden, die kirchliche Organisation der staatlichen Herrschaft anzupassen, sodass die Kirche gemäß den Ideen des Staatskirchentums einheitlich gelenkt werden konnte. Konkret hatte die aufgeklärte bayerische Politik angestrebt, die Fürstbistümer in den Grenzen des Kurfürstentums als eine oder mehrere (Landes-)

Entwicklungsnotwendigkeit mit der in vielem zurückgebliebenen Konkordatenrechtsentwicklung, die unverkennbare Not der kirchlichen Zustände haben nur wenige ernstlich ins Auge gefasst.", so die Philippika von Pfeilschifter-Baumeister, Salzburger Kongreß, 659.

448 Siehe Abschnitt 2.4.3.2, Die Koblenzer Gravamina, 1789, oben 98.

449 Zum Thema vgl. Raab, Reichskirchlicher Episkopalismus, 503–507; Höhler, Arnoldis Tagebuch 46–49; Aquilin Julius Caesar, Geschichte der Nuntiaturen Deutschlands, Nürnberg, 1790; Marcellus Stigloher, Die Errichtung der päpstlichen Nuntiatur in München und der Emser Congreß, Regensburg, Manz, 1867.

Diözesen zu organisieren, wodurch eine einheitliche bayerische Landeskirche entstanden wäre. Das war schon kein einfaches Unterfangen in den bayerischen Herrschaftsgebieten, wo diese Absichten auf erbitterten Widerstand der Fürstbischöfe und aller Vertreter des bestehenden reichskirchlichen Systems gestoßen waren, und noch komplizierter wurde es, als die pfälzischen Territorien dazukamen. Zu bedenken ist hierbei, dass im Jahr 1777 in dem gesamten bayerisch-pfälzischen Herrschaftskomplex siebzehn[450] (gefürstete) Erzbischöfe und Bischöfe für Akte der Pastoral und die kirchliche Administration zuständig waren. All diese Bischöfe residierten außerhalb der Territorien des Kurfürsten in ihrem eigenen reichsunmittelbaren Herrschaftsgebiet, den Hochstiften, die den Bischöfen eine Basis boten, um ihre politischen und kirchlichen Ziele in einem geschützten und garantierten Rechtsraum auch gegen absolutistische weltliche Nachbarn zu kultivieren.[451] Dazu kam, dass die pfälzischen Territorien in die Zuständigkeit des Kölner Nuntius fielen, die bayerischen Territorien jedoch in jene des Wiener Nuntius. Dass diese Situation vieler und unterschiedlicher Rechtsbeziehungen bei der kurfürstlichen Regierung ein dringendes Veränderungsbestreben hervorrief, muss anerkannt werden.[452] Das gilt gerade angesichts der Tatsache, dass bei aller aufgeklärt-distanzierten Attitüde der führenden Schichten doch das religiöse sehr eng mit dem zivilen Leben verwoben war und sich die Untertanen bzw. Bürger und Adligen den kirchlichen Weisungen, auch wenn sie nicht unmittelbar die Lehre betrafen, verpflichtet fühlten. Es herrschte in der Regierung wohl die Überzeugung, dass mit siebzehn Parteien, die grundsätzlich gleiche, jedoch praktisch unterschiedlich akzentuierte Interessen vertraten, kein Staat (aufgeklärt) vernünftig zu machen war.

Die kurfürstliche Regierung suchte daher zunächst eine Lösung in der Gründung eines Münchener Landesbistums. Entsprechende Vorstöße gegen die verfassungsmäßig definierte Struktur der Reichskirche 1780–1783 wurden jedoch von den betroffenen Fürstbischöfen abgewehrt, die sich in ihrer Jurisdiktion

---

450 Vgl. Fendler, Häffelin, 41. Die Äbte von reichsunmittelbaren Abteien sind hier nicht berücksichtigt.

451 Vgl. Raab, Reichskirchlicher Episkopalismus, 503.

452 Bis in die 2. Hälfte des 18. Jahrhunderts war der Einflussnahme der Fürstbischöfe auf die Landespolitik durch das Faktum entgegengesteuert worden, dass es gelang, etliche Bischofssitze im bayerisch-pfälzischen Raum mit wittelsbachische Prinzen zu besetzen. Danach fehlten der Dynastie die männlichen Nachkommen und außerdem geschah es immer häufiger, dass Domkapitel Bischöfe wählten, die nicht dem Hochadel angehörten, vgl. dazu Raab, Reichskirchlicher Episkopalismus, 503–504.

nicht schmälern lassen wollten und auch nicht bereit waren, für die bayerischen Gebiete eigene Kommissariate bzw. Generalvikariate einzurichten.[453] Dann kam es zu folgenreichen Begegnungen[454] zwischen Papst Pius VI. und Kurfürst Karl Theodor, aufgrund derer sie ein Zweckbündnis eingingen, das auf der gemeinsamen Gegnerschaft zum Episkopalismus und seinen Vertretern beruhte. Der Papst gewährte zwar nicht die Errichtung eines Landesbistums, wohl aber stimmte er am 7. Juni 1784 der Einrichtung einer Nuntiatur in München zu, wobei der Nuntius zugleich als (Landes- und Metropolitan-) Erzbischof fungieren sollte.[455] Der Papst mochte vor allem deshalb zugestimmt haben, weil er die Nuntiatur als eine Möglichkeit sah, im kirchlichen Leben der Reichskirche mehr Einfluss zu gewinnen und den in Österreich herrschenden Josephinismus besser eingrenzen zu können. Für die kurfürstliche Regierung bot der Nuntius-(Metropolitan-)Erzbischof die Chance, die räumlich weit gestreuten katholischen Laien und Kleriker unter einer katholischen Autorität am Regierungssitz zu sammeln. Sowohl der Papst als auch der Kurfürst sahen in der Einrichtung der Nuntiatur eine erfolgreiche Maßnahme gegen episkopalistisch-josephinistisch Strömungen in der Reichskirche, mochte dies auch gegen die Verfassung der Reichskirche und die Tradition verstoßen.

Die Einrichtung der Nuntiatur bedeutete allerdings einen Frontalangriff auf das überkommene System der Reichskirche, der die Fürstbischöfe in eine doppelte Frontstellung zwang, d. h. gegen den staatskirchlichen Territorialismus und zugleich gegen kuriale Wunschvorstellungen. Es ist somit nicht auszuschließen, dass die von der Säkularisation ihrer Fürstbistümer bedrohten

---

453 Vgl. Höhler, Arnoldis Tagebuch, 47.

454 Papst Pius VI. hielt sich vom 26.04. bis 02.05.1782 in München auf, „*wo sein höchst devoter Empfang die auf ältere Traditionen zurückgreifende und bis in die Gegenwart nachwirkende besondere Anhänglichkeit Bayerns an den Heiligen Stuhl demonstrierte*“, Fuchs, Karl Theodor, 256. Im folgenden Jahr reiste der Kurfürst im Mai nach Rom, wo er am 01.06.1783 mit dem Pontifex zusammentraf.

455 Höhler (Arnoldis Tagebuch, 47) vermerkt als Errichtungsdatum den 17.02.1785 und für die Ernennung des Nuntius Zoglio den 27.07.1785. Höhler (vgl. ebd.) meint, gegen die Einrichtung hätten die Fürstbischöfe keinen Grund zum Protest gehabt, denn es sei schließlich des Papstes Sache, wie er die Nuntiaturbezirke einteile, also das pfälzisch-bayerischen Territorien aus der Zuständigkeit der Kölner (seit 1585) und Wiener Nuntiatur (seit 1529) herauszulösen und einem anderen neuen Nuntius zu unterstellen. Er berücksichtigt jedoch nicht, die mit dieser Einteilung verbundene Veränderung der überkommenen, reichskirchlichen Ordnung, die das gesamte System Reichskirche gefährdete.

Bischöfe das kuriale Agieren als Verrat empfanden; ein Gefühl, das geeignet war, nachhaltig das Vertrauensverhältnis zu belasten.

Der Streit um die Münchner Nuntiatur und die Rechte der Nuntien in Deutschland führten jedenfalls zwischen dem bayrischen Kurfürsten Karl Theodor und dem Nuntius Giuglio Cesare Zoglio einerseits sowie den geistlichen Kurfürsten und den Bischöfen von Freising und Speyer andrerseits zu schweren Auseinandersetzungen, die schließlich in die Emser Punktation[456] mündeten. Diese erwies sich als konfliktbeladene Reaktion auf Reichskirchenebene zu einem durch die kurpfalzbayerische Staatskirchenpolitik verursachten Konflikt.

Angemerkt sei, dass nach der Einrichtung der Nuntiatur in München ein anderes staatskirchenrechtlich-territorialistisches Projekt der kurfürstlichen Regierung erneut angegangen und bald vollendet wurde, nämlich die Errichtung eines Hofbistums, das mit dem päpstlichem Breve Convenit provide[457] errichtet wurde. *„Damit hatte man die Exemption aus dem Verband der Freisinger Diözese erreicht; der von einem obersten Hofkaplan verwaltete Hofsprengel war Wirklichkeit geworden.“*[458] In Bezug auf diesen Hofkaplan galt, dass er, falls er die bischöfliche Würde besäße, Pontifikatsrechte am Hofe ausüben könne.[459] Als Promotor der Einrichtung der Nuntiatur und der Errichtung eines Hofbistums hat Johann Kasimir von Häffelin zu gelten, der für seinen Einsatz, erhebliche Widerstände überwunden zu haben, gewürdigt wurde. Ein Zeitgenosse stellt das so dar: *„Vorläufig will ich hier erinnern, daß da Pfalzbayern von seinen ausländischen Bischöfen und Diöcesanen nicht erhalten konnte, daß solche Commissarios episcopales im Lande anstellten, ist im Jahr 1787, den 11. November*

456 Siehe Abschnitt 2.4.3.3 Emser Kongress und Punktation, 1786, oben 100. Nicht uninteressant ist folgende knappe Darstellung der Einrichtung der Münchner Nuntiatur und ihrer unmittelbaren Folgen: *„Statt eines Hofbistums wurde 1785 die Münchner Nuntiatur als 'Hofnuntiatur' für Kurpfalzbayern gegründet. Damit erreichte die Herausbildung eines absolutistischen Staatskirchentums in Bayern auf Kosten der geistlichen Jurisdiktion der reichsunmittelbaren Fürstbischöfe einen ersten Höhepunkt. Folge waren verschärfte Auseinandersetzungen zwischen den Bischöfen und dem Heiligen Stuhl, die in den so genannten Nuntiaturstreit mündeten. In diesen Auseinandersetzungen galt Bayern aber einmal mehr als treuer Freund des Papsttums und erhielt im Gegenzug kirchenhoheitliche Zugeständnisse.“*, Feldkamp, Apostolische Nuntiatur, München, publiziert am 29.11.2006; online in: Historisches Lexikon Bayerns.

457 Papst Pius VI., v. 15.12.1789, in: Bull. Rom. Continuat., t. 8, 372–376.

458 Fendler, Häffelin, 50.

459 Vgl. Fendler, Häffelin, 49.

Herr Kasimir von Häfelin vom Pabst, als Bischof, sub tit. in partibus de Chersoneso ernennt, vom Nuntius zu München unter Aßistierung des Probstes zu Pollingen und des Abts von Benediktbaiern konsekriert worden. Vielleicht, laut des Schreibens an mich aus München, erhält er bald einen anderen Titel."[460] Der letzte Satz des Zitats könnte von der Hoffnung Häffelins zeugen, selbst erster Hofbischof zu werden. Dem war aber nicht so. Oberster Hofkaplan in München wurde am 4. Februar 1790 der Präsident des Geistlichen Rates, Graf Spaur, der wie Häffelin die Würde eines Titularbischofs innehatte und somit als Hofbischof bezeichnet werden kann.[461]

3.3.3 Am Zenit des Staatskirchentums – die große Säkularisation um 1803

Ganz allgemein wird unter Säkularisation[462] die staatliche Einziehung oder Nutzung kirchlichen Besitzes in Form von Land und/oder Vermögen bezeichnet. Im engeren Sinne sind hier unter Säkularisation die Ereignisse während und nach der französischen Revolution im Königreich Frankreich und im

460 Caesar, Geschichte der Nuntiaturen Deutschlands, Vorrede XIII-XIV. Der im Zitat genannte Häffelin wird für den Abschluss des Bayerischen Konkordats von 1817 noch eine bedeutende Rolle spielen. Zum Verfasser der Nachricht: Caesar (1720–1792), Augustinerchorherr, Lehrtätigkeit und Pfarrseelsorge, Historiograph steirischer Geschichte, Hg. Nationalkirchenrecht Österreichs, „*gemäßigt josephinisch, ohne jedoch dem theologischen Rationalismus zu verfallen und in den letzten Lebensjahren, auf Grund seiner historischen Einsichten, wieder stärker dem Konservativismus zuneigend*", Mezler, Caesar, 87–88.

461 Vgl. Fendler, Häffelin, 50.

462 Zum Begriff der Säkularisation, ihren Voraussetzungen und ihrer Vorgeschichte vgl. Müller, Die Säkularisation, 1–30; zur Reichskirche im Säkularisierungsgeschehen vgl. Heribert Raab, Der Untergang der Reichskirche in der großen Säkularisation, in: HKG, Bd. V. 533–554.

Vom Begriff ‚Säkularisation' ist jener der ‚Säkularisierung' zu unterscheiden, der verschieden Aspekte beschreibt: a) den institutionellen und mentalen Vorgang der Trennung von Religion und Staat und damit die Ablösung der politischen Ordnung von geistig-religiöse Begründungsmustern; b) der Wechsel von Sinngehalten aus einem ursprünglich religiöse Kontext in einen anderen, etwa der Philosophie oder der Werbesprache; c) den soziologisch bestimmten Prozess des Bedeutungsverlustes von Religion in modernen Gesellschaften, der jedoch zumindest mit der Theorie der Wiederkehr der Religion in Frage gestellt wird, wobei insbesondere die politische Bedeutung der Religion für Friedensbemühungen in aktuellen Konflikten neu zur Kenntnis genommen wird.

Heiligen Römischen Reich deutscher Nation gemeint, die zu einem Eigentums- und Rechtstransfer von kirchlicher in staatliche Hand im großen Stil geführt haben. Bei diesen Vorgängen sind zwei Formen von Säkularisation zu unterscheiden: einerseits die Aufhebung kirchlicher Institutionen sowie die Verstaatlichung und Beschlagnahmung ihres Besitzes (Gütersäkularisation) und andererseits die Einverleibung geistlicher Fürstentümer und Herrschaften des Heiligen Römischen Reiches durch größere Territorialstaaten (Mediatisierung, Herrschaftssäkularisation)[463] – selbstverständlich auch hier samt des Vermögens.

3.3.3.1 Akte der Vorgeschichte und geistiger Kontext

Akte der Säkularisation des Sakralen gab es immer, schon vor und während der Kirchengeschichte. Ein paar Beispiele zu Säkularisationsplänen und durchgeführten Säkularisationen mögen daher genügen, um diese Vorgänge zu belegen.

Zuerst soll an einen Akt einer profanierenden Säkularisation erinnert werden, der biblisch überliefert ist und von Jesus in Lk 6, 1–4 zitiert wird.

> *Es geschah aber an einem Sabbat, dass er durch die Kornfelder ging, und seine Jünger rissen Ähren ab, zerrieben sie mit den Händen und aßen sie. Da sagten einige Pharisäer: Warum tut ihr, was am Sabbat nicht erlaubt ist? Jesus erwiderte ihnen: Habt ihr nicht gelesen, was David getan hat, als er und seine Begleiter hungrig waren – wie er in das Haus Gottes ging und die Schaubrote nahm, die allein die Priester essen dürfen, und sie aß und auch seinen Begleitern davon gab?*[464]

---

463 Weis (Montgelas, Bd. 1, 334) vertritt die Auffassung, nur die Säkularisation, die eine Auslöschung einer kirchlichen Institution mit sich bringt, sei eine echte ‚Säkularisation', nicht jedoch die Herrschaftssäkularisation der Fürstbistümer, da damit nur ein Aspekt an diesen Institutionen, die weltliche Herrschaftsausübung, aber nicht ihre Existenz verändert worden sei. Wenn dem so wäre, hätten jedoch nach dem Abschluss des bayerischen Konkordats keine neuen Bistümer errichten werden müssen, sondern hätte von einer Rechtskontinuität ausgegangen werden können; das behauptete allerdings nicht einmal die Kurie. Demnach war die Herrschaftssäkularisation der Fürstbistümer eine Existenzvernichtung, nicht der Religion, nicht des Glaubens, aber der Kirche, da sie, im Sinne Bellarmins gesprochen, nicht in religionsphilosophischen Erwägungen, sondern nur in einer konkreten Gestalt leben kann.

464 Die der Rede Jesu zugrundeliegende Begebenheit ist überliefert in 1 Sam 21, 4–7: „*David sagte zum Priester Abimelech: Hast du vielleicht etwas zur Hand für mich? Fünf Brote vielleicht? Dann gib sie mir oder gib mir, was du sonst finden kannst! Der Priester gab David Antwort und sagte: Gewöhnliches Brot habe ich nicht zur Hand, nur heiliges Brot ist da; aber dann müssen sich die jungen Männer von*

An der zugrundeliegenden Tat des Königs David und seiner Interpretation durch Jesus wird deutlich, dass nicht der eine oder andere Säkularisationsakt aus geistlicher/kirchlicher Sicht ipso facto problematisch sein muss, sondern dass wesentliches Gewicht bei der Einschätzung eines Säkularisationsaktes dem Umfang, der Haltung und den Motiven des Vorgangs zukommt. Zugleich wird an der Episode und ihrer jesuanischen Deutung deutlich, dass Säkularisierung eine Art komplementäres Geschehen zu den Formen religiösen Lebens ist.

Der bayerische Herzog Arnulf zog im 10. Jahrhundert Klostergut ein, um damit ein Heer für die Auseinandersetzungen mit Ungarn auszurüsten, die immer wieder plündernd und mordend durch das Herzogtum zogen.

Das Ende des dreißigjährigen Krieges bedeutete seinerseits den Anfang vom Ende der geistlichen Fürstentümer und Staaten im römisch-deutschen Reich und somit auch die Einleitung der 1803 erfolgten Totalsäkularisation durch die Auflösung des Reiches. „*Säkularisation, Reichsverfall und Aufstieg des modernen, absolutistischen deutschen Fürstenstaates im 17. und 18. Jahrhundert sind in einem sehr komplexen Prozess miteinander verbunden.*“[465]

Durch den Westfälischen Frieden 1648 legitimiert, wurden das Erzstift Magdeburg und die Hochstifte Halberstadt, Minden, Bremen und Schwerin in weltliche Fürstentümer überführt. Das Hochstift Hildesheim, eine katholische Insel im Gebiet des welfischen Herzogtums, das Hochstift Osnabrück, in dem sich in der Regierung ein katholischer Bischof und ein welfischer Prinz abwechselten sowie das kleine Hochstift Worms zogen stets begehrliche Blicke und Säkularisationsforderung mächtiger Nachbarn auf sich, die nur abgewehrt werden konnten, weil diese Stifte zugleich mit anderen großen Fürstbistümern durch adelige Personen mächtiger Dynastien verwaltet wurden. Im Zusammenhang mit verschiedenen Friedensverhandlungen wurden geistliche Staaten zu politischen Brandsalben abgewertet.[466]

Frauen ferngehalten haben. David antwortete dem Priester: Wir haben uns schon gestern und vorgestern von Frauen ferngehalten. Als ich auszog, waren die Waffen der jungen Männer geheiligt; wenn dies auch ein gewöhnlicher Marsch ist, so wird er doch durch die Waffen geheiligt. Da gab ihm der Priester heiliges Brot, denn es gab dort nur die Schaubrote, die man von dem Angesicht des HERRN entfernt, um an dem Tag, an dem sie weggenommen werden, frisches Brot aufzulegen.“

465 Raab, Untergang der Reichskirche, 537.

466 Vgl. Raab, Untergang der Reichskirche, 539. Auch das Bistum Bamberg wurde Teil der Tausch- und Entschädigungspläne. Es sollte dem Kurfürstentum Sachsen zugeschlagen werden, das seinerseits Territorien an Preußen verloren hatte, ebd. 542. Der kurmainzische Minister Friedrich von Stadion hat schon 1757 erkannt: „*Die geistlichen Stifter und Länder sind Sparpfennige unserer großen weltlichen Fürsten,*

Alle neuzeitlichen politischen Bestrebungen zur Säkularisierung geistlicher Güter wurden von einer Flut von Papieren, Büchern und Flugschriften begleitet, die die Existenz der geistlichen Staaten infrage stellten. Nicht bei Plänen und Projekten blieb jedoch der einem aufgeklärten Absolutismus huldigende römisch-deutsche Kaiser Joseph II. stehen. Er löste 1780 unzählige Klöster (in Österreich, Böhmen und Mähren sowie Galizien) auf und verwendete das Vermögen für verschiedene kirchliche und soziale Zwecke. Auch hatte er keine Hemmungen, Bistümer aufzuheben, neu zu umschreiben bzw. neu zu gründen.

Mit der Aufhebung des Jesuitenordens im Jahr 1773 verfügte Papst Clemens XIV., dass die Güter des Ordens dem staatlichen Schulfonds zufallen sollten; hier ebnete somit die Kirche selbst den Weg zur Säkularisation von Kirchengut.

Der pfalzbayerische Kurfürst Karl Theodor hob 1783 mit der Zustimmung von Papst Pius VI. die Prämonstratenserabtei Osterhofen und das Augustinerchorherrenstiftes Indersdorf auf.

All diese Geschehnisse und Akte, die von protestantischen und katholischen Herrschern, ja selbst vom Kaiser, dem berufenen defensor et advocatus ecclesiae, veranlasst und durch aggressiv aufklärerisch-antikirchliche Literatur begleitet wurden, mussten den Regenten der geistlichen Staaten zeigen, wie es um die öffentlich-intellektuelle Einschätzung[467], die Zukunft und die Existenz

---

die sie bei der nächsten Gelegenheit angreifen und teilen werden.", zitiert nach Hausberger/Hubensteiner, Bayerische Kirchengeschichte, 273.

467 Ein Beispiel aus der aufklärerischen Zeitschrift: Stats-Anzeigen, hg. v. August Ludwig Schlözer, Göttingen, Vandenhoeck, 1782–1793. „*Es kommt mir so vor, als sähe ich einen Menschen, der einen gewaltigen Auswuchs an seinem Leibe trägt, diese Masse verschlingt die besten Nahrungssäfte, nimmt immer zu, indem die nützlichen Teile darben und vertrocknen. Was hilft dem Krüppel Aufklärung und Verstand, was helfen so gar Kenntnisse der Anatomie, zu seiner Genesung, wenn ihm das scharfe Messer des Operateurs zu schmerzliche und gefährlich scheint?*", Anonym, Freimütige Gedanken (voll Geist, und Kraft, und innerer LocalKenntniß) über die Hierarchie in der deutschen Christenheit, in: Stats-Anzeigen 9 (1786), 385–408, hier 408.

Ein weiteres Zeugnis der (behaupteten) geistigen Rückständigkeit aus französischer Perspektive: „*Fürs erste muß der Mangel an Einsichten und Kunstfleiß, der im katholischen Deutschland herrscht, der Frömmelei zugeschrieben werden, die in jenen herrlichen Gegenden die Regierungen und die Untertanen beherrscht. Die Feiertage, die Prozessionen, die Wallfahrten, die Möncherei machen diese faul, dumm, schwelgerisch. Die Gewalt der Pfaffen macht jene unwissend, drückend, despotisch, grausam, und zumal zum unversöhnlichen Feinde alles dessen, wodurch die Menschen aufgeklärt werden können.*", Honoré G. Mirabeau, Preußische Monarchie und Französische Revolution, 304.

ihrer geistlichen Staaten stehen würde, wenn aus staatsegoistischen Interessen das altersschwache Reich zerbrechen sollte oder ein Feind des Reiches siegreich wäre und Entschädigungsforderungen anfielen.[468] Es muss daher nicht verwundern, dass die antiklerikal gestimmte, politisch-gesellschaftliche Großwetterlage in vielen deutschen Territorien und Ständen, ja, in den geistlichen Staaten selbst, ein *„Abendgefühl vom bevorstehenden Untergang“*[469] mit sich brachte. Doch war es nicht so, wie gern und oft von Zeitgenossen am Ende des Alten Reiches behauptet worden ist und heute noch manchmal kolportiert wird, dass die Fürstbistümer ein Hort geistig-geistlicher Sonnenfinsternis gewesen und ihre Finanzen vollkommen desolat gewesen wären. Richtig ist vielmehr, dass es eine ganze Reihe von Fürstbischöfen gab, die Kinder ihrer Zeit, d. h. der Aufklärung waren und denen es tatkräftig gelang, ihre Territorien wirtschaftlich, wissenschaftlich, sozial-gesellschaftlich und bildungsmäßig voranzubringen.[470] Die Finanzsituation der Fürstbistümer war überdies, wie jene der weltlichen Territorien, durch die Kosten für die Ausrüstung von Heeren und Kontributionen sehr belastet. Trotzdem standen etwa die beiden Fürstbistümer Bamberg und Würzburg wesentlich besser da als das faktisch überschuldete Kurfürstentum Bayern.

Es kann daher festgehalten werden, dass einerseits dem Abbau der reichsständischen Rechte der Kirche der Ausbau der staatskirchenrechtlich-territorialistischen Gesetzgebung der weltlichen Fürsten entsprach und andererseits dem von Existenzangst provozierten Beharren auf episkopalistischen Forderungen der Bischöfe die argwöhnische Tatenlosigkeit der Kurie korrespondierte. Je realer das Gespenst der Säkularisation erschien, desto mehr fühlten sich die Bischöfe zur Treue gegenüber dem Kaiser bewogen,[471] in dem sie bis zum bitteren Ende des Reiches den einzigen Schutzherrn erkennen konnten.

468 Vgl. Raab, Untergang der Reichskirche, 543.

469 Schlegel, Signatur des Zeitalters, 27.

470 Zur gemäßigten Aufklärung in den fränkischen Hochstiften vgl. Hausberger/Hubensteiner, Bayerische Kirchengeschichte, 270–271. Der Bamberger Fürstbischof Franz Ludwig von Erthal ließ z. B. das erste moderne Krankenhaus im Reich errichten und führte eine erste öffentliche Sozialversicherung ein.

471 Der Bamberger Fürstbischof Adam von Seinsheim war beim Ausbruch des Siebenjährigen Krieges der erste Fürst im Reich, der sich militärisch auf die Seite Österreichs und gegen Preußen stellte. Dabei realisierte er nicht, dass es nicht um Reichsangelegenheiten des Kaisers, sondern um Interessen des Hauses Habsburg ging. Als die Säkularisation konkret wurde, verhielten sich die Fürstbischöfe recht unterschiedlich und v. a. gelang es ihnen nicht, eine geschlossene Gruppe zu bilden, vgl. Müller, Säkularisation, 57–58, Raab, Untergang der Reichskirche, 549.

3.3.3.2 Der Reichsdeputationshauptschluss 1803

Der stärkste Impuls zur großen Säkularisationswelle am Ende des 18. und Anfang des 19. Jahrhunderts der stiftischen Territorien im Reich kam jedoch von außerhalb, nämlich vom revolutionären Frankreich. Es ist daran zu erinnern, dass schon im November 1789, zu Beginn der französischen Revolution, durch Beschluss der Nationalversammlung die katholische Kirche in Frankreich faktisch zu Gunsten des Staates enteignet wurde (Dekret der Konstituierenden Versammlung vom 2. November 1789).

Im Gefolge des ersten und zweiten Koalitionskrieges und mit dem Friedensvertrag von Lunéville[472] (9. Februar 1801) konnte das siegreiche Frankreich linksrheinische Gebiete des römisch-deutschen Reiches, nachdem diese schon Anfang der 1790er-Jahre besetzt worden waren, vertragsmäßig annektieren. In diesen Gebieten erfolgte die Säkularisation kirchlichen Gutes im Jahr 1802, legitimiert und von der Kurie akzeptiert durch das französische Konkordat von 1801. Dieses Konkordat wurde dann auch auf alle weiteren Gebiete des römisch-deutschen Reiches angewandt, die von Frankreich im Laufe der folgenden Jahre besetzt bzw. annektiert wurden.

Die deutschen Landesherren, die durch die Annexion Frankreichs linksrheinische Gebiete verloren hatten, erhielten im Friedensvertrag von Lunéville 1801 rechtsrheinischen territorialen Ausgleich zugesprochen, der auf die (Herrschafts-)Säkularisation geistlicher Gebiete abzielte.[473] Es wurde hier freilich nur veröffentlicht, was schon vorher in den Geheimartikeln des Friedens

---

472 Frieden v. Lunéville, in: Landesverband Westfalen-Lippe, Internet-Portal Westfälische Geschichte, URL: https://www.lwl.org/westfaelische-geschichte/portal/Internet/finde/langDatensatz.php?urlID=808& url_tabel le=tab_quelle, Zugriff am: 27.07.2019.

473 Artikel VII des Vertrags lautete: „*Und da durch die Abtretung, die das teutsche Reich der französischen Republik macht, insbesondere mehrere Fürsten und Stände des Reichs Ihrer Besitzungen, ganz oder zum Theil, entsetzt werden, da es doch dem gesammten teutschen Reiche obliegt, die aus den Stipulationen des gegenwärtigen Tractats entstehenden Verluste zu tragen, so ist zwischen Sr. Maj. dem Kaiser und König, in Ihrem Namen sowohl, als in jenem des teutschen Reichs, und der französischen Republik verabredet worden, daß in Gemäßheit der auf dem Congreß zu Rastadt förmlich festgesetzten Grundsätze, das Reich verpflichtet seyn soll, jenen Erbfürsten, die von ihren Besitzungen auf dem linken Rhein-Ufer entsetzet werden, eine Entschädigung zu geben, welche in dem gedachten teutschen Reiche selbst genommen werden, und zwar nach den Verfügungen, die, dieser Grundlage gemäß, in der Folge genauer bestimmt werden sollen.*“

von Campo Formio[474] (17. Oktober 1797) bestimmt worden war, dass nämlich Kaiser Franz II., der defensor et advocatus ecclesiae, Frankreich das Recht auf die Inbesitznahme der linksrheinischen Gebiete zugestand und die deutschen Staaten dafür im Gegenzug mit rechtsrheinischem Kirchenbesitz entschädigt werden sollten.[475] Die reichsrechtliche Legitimation zur schließlich angezielten Totalsäkularisation bildete der Reichsdeputationshauptschluss vom 25. Februar 1803[476], der im vorhergehenden halben Jahr von einer Reichsdeputation[477]

---

474 Articles secrets et convention additionélle du traité de Campo-Formio, conclu le 26. Vendémaire an 6. (17. Oct. 1797.) / Geheime Artikel und Additional-Convention zu dem Friedenstraktat von Campo-Formio, geschlossen den 17. Oktober 1797, o. O., o. J.; das benutzte Expl. Findet sich in der Bayerischen Staatsbibliothek, URL: https://books.google.de/books?id=SStJAAAAcAAJ&dq=Trait%C3%A9%20de%20paix%20de%20Ca mpo%20Formio&hl=de&pg=PA1#v=onepage&q=Trait%C3%A9%20de%20paix%20de%20Campo%20Formio&f=false, Zugriff: 28.11.2022.

475 Geheimartikel XII des Vertrags, ebd. 13, lautet in leicht angepasster Schreibweise: „*Seine Majestät der Kaiser, König von Ungarn und Böhmen, und die Französische Republik werden sich bei den Friedensverhandlungen mit dem Deutschen Reich gemeinschaftlich verwenden, dass den verschiedenen Fürsten und Ständen des Reichs, welchen einigen Verlust an Landen oder Rechten zugegangen, gemäß der Bedingungen des gegenwärtigen Friedensvertrags, oder zufolge des mit dem Deutschen Reiche noch zu treffenden Vertrages, und insbesondere die Kurfürsten von Mainz, Trier und Köln, der Kurfürst von Pfalzbayern, der Herzog von Württemberg und Teck, der Markgraf von Baden, der Herzog von Zweibrücken, die Landgrafen von Hessen-Kassel und Darmstadt, die Fürsten von Nassau-Saarbrücken, von Salm-Kyrburg, dann der Graf von Leyen, in Deutschland angemessene Entschädigungen erhalten, welche mit gemeinschaftlicher Einverständnis der Französischen Republik reguliert werden sollen.*"

476 Offiziell: Hauptschluss der außerordentlichen Reichsdeputation vom 25. Februar 1803, Reichsgesetz ab 27.04.1803, in: Zeumer, Reichsverfassung, 509–531. Zum Gesetz: Winfried Müller, Zwischen Säkularisation und Konkordat. Die Neuordnung des Verhältnisses von Staat und Kirche 1803–1821, in: HBayKG, Bd. 3, 85–129.

477 Die Deputation setzte sich aus vier Vertretern des Kurfürstenrats und vier Vertretern des Fürstenrats zusammen; Bayern war aus dem Fürstenrat zur Teilnahme deputiert worden, der Vertreter war der ‚Kurfürstl. Kämmerer, wirkliche Geheimenrath und Comitialgesandte, Herr Alois Franz Haver (!), Freiherr von Rechberg und Rothenlöwen', vgl. Zeumer, Reichsverfassung, 509–510. Rechberg (1766–1849) war Diplomat und häufig zu Gesandtschaften abgeordnet; ab 1817 bis 1825, also zur Zeit des Abschlusses des bayerischen Konkordats, Minister des königlichen Hauses und des Äußeren, zur Biographie vgl. Burgdorf, Rechberg, 229–230.

unter Einwirkung und Einmischung seitens Frankreichs und Russlands erarbeitet worden war.

Paragraph 34 dieses Reichsgesetzes liefert in wenigen Worten die Grundlage zur Säkularisation der Territorien der Fürsterzbistümer und Fürstbistümer bzw. der entsprechenden Stifte des Heiligen Römischen Reiches.[478]

Paragraph 35 ging über den Gedanken der territorialen Entschädigung weit hinaus, in dem er die Vermögen der aufgehobenen Stifte, Abteien und Klöster den Landesherrn zur freien Disposition zuwies. So konnten auch weltliche Herren, kirchliche Güter einziehen und ihre Staatsfinanzen entlasten, obwohl sie keinen (linksrheinischen) territorialen Verlust erlitten hatten.[479] Nur das rechtsrheinische Territorium des geistlichen Kurfürstentums Mainz wurde nicht aufgelöst, sondern auf das Fürstentum Aschaffenburg übertragen und Karl Theodor von Dalberg[480], dem letzten Mainzer Kurfürst-Erzbischof und Reichserzkanzler zugewiesen. Daneben blieben auch der Deutsche Orden und der Malteserorden, freilich nur noch für wenige Jahre, von der Säkularisation verschont. Dieser Paragraph wurde nach einem Entwurf Montgelas' formuliert, der dem bayerischen Gesandten beim Reichstag entsprechende Instruktionen zukommen ließ.[481]

Paragraph 42 überließ die Säkularisation der Männerklöster dem Belieben des neuen Landesherrn oder neuen Besitzers.[482]

---

478 Zeumer, Reichsverfassung, 521, § 34: „*Alle Güter der Domkapitel und ihrer Dignitarien werden den Domänen der Bischöfe einverleibt und gehen mit den Bisthümern auf die Fürsten über, denen diese angewiesen sind. In die zwischen mehrere vertheilten Bisthümern werden die in den einzelnen Theilen befindlichen Güter dieser Art mit denselben vereinigt.*", Zeumer, Reichsverfassung, 521.

479 Ebd. § 35: „*Alle Güter der fundierten Stifter, Abteyen und Klöster, in den alten sowohl als in den neuen Besitzungen, Katholischer sowohl als A. C. Verwandten, mittelbarer sowohl als unmittelbarer, deren Verwendung in den vorhergehenden Anordnungen nicht förmlich festgesetzt worden ist, werden der freien und vollen Disposition der respectiven Landesherrn, sowohl zum Behuf des Aufwandes für Gottesdienst, Unterrichts- und andere gemeinnützige Anstalten, als zur Erleichterung ihrer Finanzen überlassen, unter dem bestimmten Vorbehalte der festen und bleibenden Ausstattung der Domkirchen, welche werden beibehalten werden, und der Pensionen für die aufgehobene Geistlichkeit, nach den unter theils wirklich bemerkten, theils noch unverzüglich zu treffenden näheren Bestimmungen.*", Zeumer, Reichsverfassung, 521.

480 Zu Leben und Person vgl. Schweiger, Dalberg, in: Gatz, Bischöfe, 110–113.

481 Vgl. Doeberl, Staatssouveränität, 145. Die Instruktion erging am 04.05.1802 an den Gesandten Rechberg, vgl. ebd., Anm. 65.

482 Vgl. Zeumer, Reichsverfassung, 522, § 42.

Paragraph 51 regelte die Sustentation der geistlichen Fürsten, deren Lande mit den Residenzstädten an weltliche Regenten übergehen.[483]

Paragraph 62 bestimmte, dass die erzbischöflichen/bischöflichen Diözesen in ihrem bisherigen Zustand verbleiben, bis eine andere Diözesaneinrichtung auf reichsgesetzliche Art getroffen sein wird, wovon dann auch die Einrichtung der künftigen Domkapitel abhängen sollte.[484]

Mit der durch den Reichsdeputationshauptschluss legitimierten Säkularisation war die Reichskirche, die durch 1000 Jahre hindurch den Reichsinteressen gedient sowie das kulturelle und geistige Leben der Menschen und gesellschaftlichen Institutionen mit geformt hatte, des rechtlichen Fundaments beraubt und der Verwüstung preisgegeben.

Mit dem Untergang der Reichskirche war auch das Heilige Römische Reich in Agonie gestürzt worden. Zur Zeit nämlich als der Kaiser als Kriegsherr im schwersten Kampf mit den unschlagbar erscheinenden französischen Truppen unter Napoleon von außen bedrängt und innerlich von den souveränen Herrschaftsansprüche der weltlichen Territorialherren delegitimiert wurde, verlor das Reich mit den Fürstbischöfen auch noch seine letzte Stütze. 1806 sollte mit der Niederlegung der Kaiserkrone des Reiches durch Joseph II. auch dieses Kapitel enden.

3.3.3.3 Säkularisation in Bayern am Beispiel des Fürstbistums Bamberg

Schon seit 1799 wurden im Kurfürstentum Pfalzbayern Pläne zur Mediatisierung der nicht-ständischen und ständischen Klöster entwickelt und forciert, an deren Ausarbeitung der Jurist Friedrich von Zentner wesentlichen Anteil hatte. Auslöser war der erhebliche Finanzbedarf, der durch Schuldendienst und Kriegskosten bedingt war. Gerechtfertigt wurden die Säkularisationsabsichten durch die aufklärerische Rechtstheorie, dass das Klostervermögen nicht Privat- sondern Korporationseigentum sei, als solches aber nicht nur der staatlichen Aufsicht unterstehe, sondern auch der staatlichen Disposition unterworfen sei.

Durch die Auseinandersetzungen mit Frankreich hatte das Kurfürstentum Pfalzbayern linksrheinische Territorialverluste erlitten, für die es rechtsrheinische Entschädigungsansprüche geltend machte. Die bayerischen Ambitionen

483 Vgl. ebd. 523, § 51. Die Sustentation wurde in Abhängigkeit des bisherigen Einkommens geregelt und für Fürstbischöfe das Minimum auf 20.000 und das Maximum auf 60.000 Gulden bestimmt, vgl. ebd a); *„dem Herrn Bischof zu Wirzburg, als Coadjutor zu Bamberg, noch weiter die Hälfte dieses Maximums;“*, ebd.

484 Vgl. ebd. 524, § 62.

richteten sich dabei v. a. auf die geistlich-fürstbischöflichen Territorien. Diese und weitere Ansprüche von Bayern auf Abteien, Klöster und Reichsstädte wurden weitestgehend im Reichsdeputationshauptschluss § 2[485] aufgegriffen und legitimiert. Natürlich säkularisierte dabei auch Pfalzbayern, wie praktisch alle anderen weltlichen Herren, weiteres kirchliches Vermögen verschiedenster Herkunft und Destination.

Die Germania Sacra war reichskirchenrechtlich organisiert, d. h., die meisten Bistümer waren zwar in Metropolitanverbänden (Mainz, Köln, Trier und Salzburg) zusammengeschlossen, doch von ihrer Entstehung und Geschichte her fühlten sich sowohl die den verschiedenen Metropoliten zugeordneten als auch die exempten Bistümer und ihre Bischöfe zunächst dem Kaiser verpflichtet. Bamberg galt seit dem 13. Jahrhundert als exemptes Bistum. Es umfasste (um 1800) 65 Quadratmeilen und hatte ungefähr 200.000 Einwohner und lag damit im mittleren Bereich der Fürstbistümer; im Jahr 1800 hatte das Bistum Einkünfte in Höhe von 1.340.000 Gulden.[486] Das Domkapitel setzte sich ausschließlich aus reichsunmittelbaren Adeligen zusammen. Wie in anderen Hochstiften hatte sich in Bamberg – so eine Meinung – ein *„hemmungsloser Nepotismus breitgemacht, den man nicht anders als Ämterschacher bezeichnen kann.“*[487] Nach dem Tod eines Fürstbischofs hatte das Kapitel zur Wahl eines neuen Bischofs zu schreiten, was jedoch oftmals eine hochpolitische Angelegenheit war, wie die Wahl des letzten Bamberger Fürstbischofs belegt.

Franz Ludwig von Erthal verstarb im Februar 1795. Aus der Wahl[488] ging als Bischof der bereits 70-jährige Franz von Buseck[489] hervor. Nicht zum Zuge kam hingegen der Kandidat des Kaisers, Georg Karl von Fechenbach, ein Neffe Busecks und Würzburger Fürstbischof. Damit war jedoch vor allem den Interessen Preußens gedient;[490] die beiden fränkischen Bistümer blieben getrennt

485 Vgl. Zeumer, Reichsverfassung, 511, hier die Liste der Bayern zugesprochenen Territorien von Herzogtümern, Fürstentümern, Bistümern, Abteien, Klöstern, Stiften Reichstädten und Reichsdörfern.

486 Zum Bamberger Hochstift vgl. die Angaben zu Wirtschaft und Statistik bei: Urban, Vom Bistum zum Erzbistum Bamberg, in: Ders. (Hg.), Die Bamberger Erzbischöfe, Bamberg, Archiv des Erzbistums, 1997, 25–58, hier: 35–36

487 Berbig, Hochstift Bamberg, Bd. 2, 445.

488 Zu den Umständen der Wahl, den Parteiungen und den Positionen einzelner Domkapitulare vgl. Mann, Das Bamberger Domkapitel, 319–346, hier: 338–343.

489 Zur Biographie vgl. Neundorfer, Christoph Franz Freiherr von Buseck, 89–90.

490 *„Da nun der Krone Preußens darum zu tun war, dass diese beiden Fürstentümer nicht wieder in einer Person verbunden werden sollten, um desto weniger eine bedeutende Opposition in Franken machen zu können, so war der Minister von*

und konnten gegen die benachbarten weltlichen Fürstentümern Bayern und Preußen kein Gegengewicht bilden. *„Mit der kurzsichtigen Wahl des unfähigen Buseck erbrachte die adelig-geistliche Privilegiengesellschaft noch vor der Säkularisation den Beweis dafür, dass sie sich überlebt hatte.“*[491] Im Jahre 1800 wurde Georg Karl von Fechenbach zum Koadjutor des Bamberger Fürstbischofs Buseck gewählt.

Während und nach den Koalitionskriegen mit dem revolutionären Frankreich hielt das Bistum Bamberg an der Verbindung zum Kaiser fest. Bei und nach den Verhandlungen von Rastatt (1797–1798) war freilich schon zu ahnen, dass das Hochstift Bamberg zur Entschädigungsmasse für linksrheinische territoriale Verluste gehören könnte. Als französische Truppen Bamberg im Dezember 1800 besetzten, unterbreitete der französische General Augereau der weltlichen Regierung des Hochstifts das Angebot eines Separatfriedens.[492] Fürstbischof Buseck lehnte das Angebot ab, um nicht in den Augen des Kaisers als Verräter zu erscheinen und dessen Unterstützung zu verlieren. Als die Bamberger und Würzburger weltlichen Regierungen dann doch bereit waren, auf Friedensverhandlungen einzugehen, wurde der Vertreter der Bistümer, Johann Michael von Seuffert (1765–1829), zu Verhandlungen nach Paris gebeten. Da inzwischen aber am 9. Februar 1801 der Frieden von Lunéville geschlossen worden war, war die Idee und Realisierung eines Separatfriedens für die beiden fränkischen Fürstbistümer obsolet. Seuffert wurde zwar in Paris tatsächlich beim Außenminister Talleyrand[493] vorgelassen, der stets umgeben war von vielen Delegierten weltlicher Herrschaften, um Zusagen zur Säkularisation geistlicher Territorien zu erhalten. Talleyrand machte jedoch Seuffert gegenüber keinerlei Zusagen, sodass der fränkische Delegierte erkennen musste, dass er in Paris nichts für seine Fürsten erreichen konnte. So kehrte er aus Frankreich

---

Hardenberg bevollmächtigt, mittelst einer Summe von 30.000 Gulden sich unter den Bamberger Wahlstimmen nicht nur eine Partei gegen die Vereinigung mit Würzburg zu bilden, sondern die Sache auch dahin zu treiben, dass selbst in Bamberg kein anderer als ein beschränkter und unschädlicher Kopf unter die Inful komme.“, so der Wahlvorgang aus der Sicht des Ritters von Lang, Memoiren, Bd. 1, 264.

491 Berbig, Hochstift Bamberg, Bd. 2, 450.

492 Vgl. Berbig, Hochstift Bamberg, Bd. 2, 405–411.

493 Charles-Maurice de Talleyrand-Périgord (1754–1838), Priester, französischer Diplomat und Außenminister in der revolutionäre Republik, unter Napoleon im Kaiserreich, beim Wiener Kongress und unter König Ludwig XVIII; er wird häufig als Beispiel eines politischen Opportunisten angeführt. Kurze biographische Notizen bei Junkelmann, Gravenreuth, 262–263

zurück und versuchte beim Reichstag zu Regensburg zu retten, was noch zu retten war.

In dem Handel um den Zuschlag zur Säkularisierung Bambergs (und Würzburgs) machte Bayern gegen Preußen das Rennen.[494] Im Mai 1802 kam ein Vertrag zu Stande, der die beiden fränkischen Hochstifte dem Kurfürstentum Bayern, seit Februar 1799 unter der Regierung von Maximilian IV. Joseph und seines Ministers Montgelas, zur Arrondierung seines Territoriums zuschlug. Alle Bemühungen, die Säkularisation zu verhindern oder zu verzögern waren dabei aussichtslos. Die Nachrichten, die von Seuffert und dem anderen Bamberger Gesandten, Adam Friedrich Freiherr von Groß zu Trockau[495], nach Bamberg gelangten, waren ernüchternd und riefen Unruhe hervor. Schon am 6. September 1802, also gut ein halbes Jahr bevor der Reichsdeputationshauptschluss als Reichsgesetz verbindlich wurde, zogen bayerische Truppenkontingente in die Residenzstadt des Hochstifts und Bistums Bamberg ein und besetzten das Hochstift ‚provisiorisch'. Die zivile Inbesitznahme erfolgte am 29. November 1802. Damit war das am 1. November 1007 in Frankfurt von Kaiser Heinrich II. und Kaiserin Kunigunde gestiftete Bistum Bamberg in seiner weltlichen Gestalt nach 996 Jahren an sein Ende gekommen. An der Spitze des ehemaligen Hochstifts stand nun die kurfürstliche Landesdirektion unter der Führung von Graf Friedrich Karl von Thürheim.[496]

---

494 Zur Säkularisierung des Hochstifts Bamberg: Endres, Die Eingliederung Frankens, 83–94; Neukam, Übergang des Hochstifts Bamberg, 243–291; Kist, Fürst- und Erzbistum Bamberg, 1962[3]; Looshorn, Die Geschichte des Bisthums Bamberg, 1910.

495 Zu Leben und Person vgl. Soder, Groß zu Trockau, in: Gatz, Bischöfe, 261–263; Wendehorst, Groß von Trockau, 146–147; Wehner, Bistum Würzburg, 251–252.
Groß, geboren 1758 in Würzburg, wurde 1784 Domkapitular in Bamberg und 1793 in Würzburg; seit 1795 Präsident der weltlichen Regierung in Bamberg; nach der Säkularisation wurde er 1812 Generalvikar und Apostolischer Vikar in Bamberg. Nach Abschluss des bayerischen Konkordates wurde er am 1818 zum Bischof von Würzburg präkonisiert und 1821 in Eichstätt zum Bischof geweiht.

496 Thürheim, geboren 1763 in Regensburg, studierte Rechtswissenschaften. Im Jahr 1803 wurde er Präsident der beiden neuen fränkischen Landesdirektionen in Bamberg und Würzburg und Generalkommissär. 1806 nahm er als Bevollmächtigter das Fürstentum Ansbach von Preußen für Bayern in Besitz. 1808 wurde er in Nürnberg Generalkommissär für den Pegnitzkreis, 1809 vorübergehend Hofkommissär in Tirol, 1810 dann zum Generalkommissär des Mainkreises in Bayreuth und 1814 zum wirklichen Geheimen Rat ernannt. Nach der Ablösung Montgelas' wurde Thürheim 1817 zum Staatsminister des Innern berufen. 1826 wechselte Thürheim an die Spitze des Außenministeriums, wurde aber schon 1827 beurlaubt und trat 1828 in den Ruhestand. Thürheim starb am 10. November 1832

Fürstbischof von Buseck blieb nach der Säkularisation des Hochstifts,[497] (natürlich) Bischof des Bistums Bamberg. Nach seinem Tod am 28. September 1805 übernahm sein Koadjutor und Bischof von Würzburg, Georg Karl von Fechenbach, in Personalunion auch den Bamberger Bischofsstuhl. Als von Fechenbach schon im April 1808 verstarb, fiel die geistliche Bistumsverwaltung an den Domdekan des aufgelösten Kapitels, Josef Georg Karl von Hutten, als Apostolischen Vikar und Präsidenten des Geistlichen Rates. Nach dessen Tod 1812 trat Adam Friedrich von Groß zu Trockau bis 1821 in diese Aufgabe ein.[498]

Wie in anderen Landesteilen und säkularisierten bzw. mediatisierten Reichsständen wurden auch im Bistum Bamberg zahlreiche Klöster aufgehoben, Bibliotheken ausgeräumt sowie Kulturgüter verschleudert und vernichtet.[499] Insgesamt gesehen war die Säkularisation allerdings kein gewinnbringendes Geschäft für das Kurfürstentum; dies wurde freilich erst bemerkt, als es zu spät war, als Menschen ohne Arbeit und Brot waren, Pensionen bezahlt werden mussten, Wirtschaftseinheiten zerschlagen, Wirtschaftskreisläufe unterbrochen und Märkte vernichtet waren. Die volkswirtschaftliche Rechnung ging daher zumindest kurzfristig nicht auf – weder bei den Klöstern, deren Vermögen zu hoch eingeschätzt worden war noch bei den herrschaftssäkularisierten Territorien, da diese nicht nur Güter hatten, die unter Wert versilbert worden

---

in Ansbach. Die Angaben als URL: https://de.wikipedia.org/wiki/Friedrich_Karl_von_Th%C3%BCrheim, Zugriff: 23.08.2019.

497 Die vorgezogene Besetzung und Inbesitznahme des Fürstbistums Bamberg wurde reichsrechtlich nachträglich legitimiert durch den Reichsdeputationshauptschluss, der bekanntlich erst ab 27.04.1803 Rechtskraft erlangte. Der Protest der Kurie gegen die aggressive Kirchenpolitik erfolgte post festum, viel zu spät am 12.02.1803 mit einem Breve an den Kurfürsten. Text und Quellenangebe bei Sicherer, Urkunde Nr. 3, 11–14.

Zur Zitation des Buches: Hermann von Sicherer, Staat und Kirche in Bayern vom Regierungs-Antritt des Kurfürsten Maximilian Joseph IV. bis zur Erklärung von Tegernsee 1799–1821., München, Kaiser, 1874. Das Werk gliedert sich in 2 Teile:

In einem geschichtlich darstellenden Textteil mit 339 Seiten; künftig: Sicherer Staat und Kirche, Seitenangabe.

In einen belegenden Urkundenteil mit 136 Seiten, der den Text von 45 Urkunden enthält; künftig: Sicherer, Urkunde Nrn. , Seitenangabe.

498 Zu der bischofslosen Zeit in Bamberg vgl. Bastgen, Bayern und der Hl. Stuhl, I, 263–268.

499 Zu den Aufhebungen von Stiften, Kapiteln und Klöstern im Bamberger Gebiet vgl. Kist, Fürst- und Erzbistum, 131.

waren, sondern auch Schulden, die mit der Säkularisation zu übernehmen waren.[500] Zumindest war die territoriale Erweiterung Bayerns bzw. die Etablierung als arrondierter, drittgrößter ‚Flächenstaat' unter anderen deutschen Landen gelungen. Das war ein Pfund, mit dem die bayerische Politik außenpolitisch und indirekt auch innenpolitisch wuchern konnte und womit noch heute, da Bayern in Deutschland das größte Bundesland ist, Staat zu machen ist bzw. gemacht wird.

Nach dem Reichsdeputationshauptschluss 1803 und bis zur postnapoleonischen territorialen Neuordnung durch den Wiener Kongress 1815 veränderte sich die Landkarte Bayerns einige Male.[501] Dabei musste am Ende auf die rechtsrheinischen Gebiete der Pfalz zugunsten Badens endgültig verzichtet werden, was dem Kurfürsten mit pfälzischen Wurzeln bei aller Realpolitik nicht ganz leicht gefallen sein dürfte. Doch: Bayern war für den Verlust der linksrheinischen Gebiete großzügig mit kirchlichen Territorien entschädigt worden; Und: Die Dynastie der Wittelsbacher mit pfälzischen Wurzeln empfing für den bitteren Verlust der Heimat den süßen Trost geistlicher Ländereien.

---

500 Zum Verkauf des Klosterbesitzes und dem Gewinn des Staates sowie dem Versuch einer Bilanzierung der Klostersäkularisation vgl. Müller, Säkularisation, 45–54, besonders, 53–54. So hatte z. B. Bamberg im Jahr 1802 Staatsschulden in Höhe von rund 3.150.000 fränkische Gulden; Schulden, die zum Schuldenberg des Kurfürstentums Bayern noch hinzukamen.

501 Ein Überblick zu den territorialen Veränderungen findet sich online: Haus der bayerischen Geschichte, Karte: Die Territorien der Wittelsbacher 1777, URL: www.koenigreichbayern.hdbg.de, Zugriff: 09.2019.

4 Der lange Weg zum Konkordat

Im Gefolge der Säkularisation und des Reichsdeputationshauptschlusses erweiterte sich das bayerisch-wittelsbachische Territorium erheblich, zugleich wurde die kirchliche Organisation bis in die Grundfesten erschüttert sowie der Bildungsbereich, die Armenfürsorge und die Seelsorge im engeren Sinn zutiefst zerrüttet.

Papst Pius VII. (amt. 1800–1823) lag daran, das kirchliche Leben in Deutschland über den Niedergang des Heiligen Römischen Reich hinaus zu retten. Ihm und den Kardinälen der Kurie war dabei klar, dass sie nicht einfach an der überkommenen Ordnung festhalten konnten, ohne zu riskieren, dass mit dem Reich die Reichskirche und damit auch das christkatholisch-kirchliche Leben, wenn nicht untergegangen, so doch im Gemeinwesen marginalisiert worden wäre. Mochte die Kurie in Rom also wohl an ihren Prinzipien unerschütterlich festzuhalten versuchen, so war sie doch nicht gezwungen, die Gestalt dieser Prinzipien zu bewahren. Das Beispiel Frankreichs zeigte für die deutsche und insbesondere bayerische Kirche, dass die Kurie und mit ihr die katholische Kirche vor Ort durchaus veränderungs- und anpassungsfähig waren.

Die bayerische Regierung machte, um die Ordnung der Staatsgewalt in den verschiedenen alten und neuen Territorien einheitlich herzustellen und einen geistig-geistlich-soziale Neuausrichtung zum Wohl der Menschen herbeizuführen, den ersten Schritt zum Ausgleich mit der Kirche, indem sie zumindest die kirchlich-organisatorischen Belange geregelt sehen wollte.

Das war der Beginn eines langen Weges, wortwörtlich und im metaphorischen Sinn, d. h. Gesandte und Textentwürfe waren von und nach Regensburg, München, Wien, Paris und Rom unterwegs, um Vorschläge zu unterbreiten, zu korrigieren und zu verwerfen, wobei Verweigerung, Entfremdung und Wiederannäherung zwischen den Parteien und den sie repräsentierenden Personen stattfand. Es war daher ein langer Weg, auf dem die Erkenntnis des gegenseitigen Verwiesenseins von Staat und Kirche wuchs, auf dem unterschiedliche Auffassungen über das Verhältnis von Kirche und Staat offenbar und konkret fixiert wurden. Es war ein langer Weg, der auch von äußeren Machtkonstellationen beeinflusst wurde.

Inhalt dieses Kapitels wird es sein, die hauptverantwortlichen Akteure der Verhandlungen, die zum bayerischen Konkordat von 1817 führten, vorzustellen. Danach wird der Gang der Bemühungen und Verhandlungen zum Konkordat dargestellt werden: in chronologischer Anordnung der Textentwürfe, im geschichtlich-politischen Kontext, in den geistesgeschichtlichen Bezügen und in der Erhebung der handlungsleitenden Interessen.

4.1 Die hauptverantwortlichen Akteure

Äußere Gegebenheiten und Umwelteinflüsse, gesellschaftliche Bedingungen und politische Konstellationen beeinflussen stets auch das Leben einzelner Menschen. Gleichzeitig wirken einzelne Menschen je nach Fähigkeit, Stellung und (Macht-)Möglichkeiten auf ihre eigenen Lebensumstände und die anderer Menschen ein.

Ein Konkordat ist eine rechtsverbindliche Übereinkunft, die nicht einfach da ist, d. h. nicht erfunden wird und nicht als Kopie eines Schemas zu konstruieren ist. Ein Konkordat wird in einem Kommunikationsgeschehen prozesshaft verhandelt und von Akteuren zu einem Abschluss geführt, die als parteiische Interessenvertreter agieren. Je bedeutsamer und komplizierter die Materie ist, desto mehr Vertreter ihrer Interessen bieten die Parteien gewöhnlich auf.

Das Bayerische Konkordat von 1817 wurde als rechtsverbindliche Übereinkunft zwischen der bayerischen Regierung und dem Hl. Stuhl angestrebt. Oberste Vertreter der Parteien waren der Landesfürst und der Papst, die sich für die Konkordatsverhandlungen ihrer bevollmächtigten Minister und weiterer Amtsträger bedienten. Es verspricht daher erhellend zu sein, die wichtigsten Interessenvertreter des Staates und der Kirche bei den Konkordatsverhandlungen vorzustellen, woraus deutlich werden kann, wie biographische Daten, persönliche Vorlieben, Beziehungen, Loyalitäten und Ziele in die Konkordatsverhandlungen eingeflossen sind. Die Kenntnisse zu den beteiligten Personen bilden im Übrigen einen Kontext zur Erhellung der Konkordatsverhandlungen und des Konkordats selbst.

4.1.1 Bayern zuerst – die Interessenvertreter Bayerns

Bayerns Geschichte als politisches Gebilde reicht bis in das Frühmittelalter zurück. Seit etwa dem Jahr 1000 sind die Geschicke Bayerns mit der Dynastie der Wittelsbacher als Grafen, Pfalzgrafen, Herzöge, Kurfürsten und schließlich Könige eng verknüpft. Trotz der Einbindung zunächst in das Frankenreich und später in das Heilige Römische Reich strebten die bayerischen Fürsten nach weitestgehender Autonomie und Selbständigkeit, d. h. Souveränität. Die Schwäche des Kaisers und des Reiches bedeuteten damit oftmals die Stärke Bayerns und seiner Fürsten. Nach der Französischen Revolution bedrängte Napoleon das Heilige Römische Reich mit Krieg, dem der Kaiser nicht gewachsen war; auch deshalb nicht, weil die Reichsfürsten dem Kaiser nur zögerlich zu Hilfe kamen oder aufgrund ihres Strebens nach Souveränität gar Frankreich und Napoleon unterstützten.

Als der Ausgang der Auseinandersetzungen noch unklar war, trat Kurfürst Maximilian IV. Joseph 1799 die Herrschaft über Kurpfalzbayern an und sollte diese über alle politischen grundstürzenden Veränderungen bis zu seinem Tod im Jahr 1825 innehaben. In dieser Zeit war der Kurfürst der erste Interessenvertreter Bayerns, d. h., wenn in diese Zeit ein Konkordat mit dem Hl. Stuhl geschlossen wurde, dann geschah dies, weil es der Fürst im Interesse Bayerns wollte. Des Kurfürsten erster Minister war bis zum Jahr 1817 Maximilian von Montgelas. Dieser bestimmte die Politik im Land auf der Grundlage der von ihm entworfenen Reformschriften, die von den Prinzipien der Aufklärung und des Staatskirchentums geprägt waren. Montgelas hatte sich zur praktischen Ausführung seiner Reformprinzipien einen Stab von verlässlichen und loyalen Mitarbeitern herangezogen, die seine staatskirchenpolitischen Ansichten teilten und ihm zuarbeiteten oder als Gesandte oder Bevollmächtigte die bayerischen Positionen vertraten.

4.1.1.1 Maximilian Joseph (1756–1825) – vom nachgeborenen Herzog zum König

Am 27. Mai 1756 wurde Maximilian Joseph[502] im rechtsrheinischen Schwetzingen nahe Heidelberg und Mannheim als zweiter Sohn des nichtregierenden Pfalzgrafen Michael der wittelsbachischen Nebenlinie Pfalz-Zweibrücken-Birkenfeld geboren. Da die Eltern getrennt lebten, wuchs er mit seinem älteren Bruder Karl August vorwiegend bei seinem Onkel Karl Theodor auf. Ab 1767, nach dem Tod des Vaters, übernahm der Onkel die Vormundschaft der Prinzen, die von 1764–1773 von Agathon de Guynement Chevalier de Keralio[503],

502 Zu Leben und Politik des Königs vgl. Weis, Maximilian I. als König von Bayern, 487–490; Heigel, Maximilian I./als König von Bayern, 31–39; Michael Doeberl, Entwicklungsgeschichte Bayerns, 385–389.

503 Die Kinderlosigkeit der wittelsbachisch-pfälzischen Hauptlinie zeichnete sich ab, so richtete Karl Theodor sein Augenmerk auf die Prinzen der Nebenlinie: Karl August und Max Joseph. Auf Anfrage Karl Theodors ordnete der französische König Ludwig XV. Keralio als Prinzenerzieher ab. Zur Laufbahn Keralios vgl. Biographie bretonne, recueil des notices sur tous les bretons qui se sont fait un nom, Prosper Jean Levot (Hg.), Tome II [K – Z], Paris, Cauderan, Vannes et Dumoulin, 1857, 2. Ein anderer Lehrer war Pierre de Salabert, ein Priester des Bistums Metz, später pfälzischer und pfalzbayerischer Staatsminister, der die Proklamation des

einem französischen Oberleutnant, im Sinne von Rousseaus ‚Emile' an den Residenzorten ihrer Familie unterwiesen wurden.[504] Die Studien und die Militärausbildung fanden am französischen Hof in Paris ihren Abschluss.[505]

1776 übernahm Maximilian Joseph als Oberst das Kommando des französischen Fremdenregiments Royal Alsace. Er residierte meist in Straßburg, das zur französischen Krone gehörte und in seiner elsässischen Grafschaft Rappoltstein. Bis zu den Wirren der Revolution führte er ein Kavaliersleben im Stil des Ancien Régime, sprach fließend Französisch und stand den Gedanken einer gemäßigten Aufklärung nahe.[506] Maximilian Joseph heiratete 1785 Prinzessin Auguste Wilhelmine (1765–1796) von Hessen-Darmstadt. Bis 1795 wurde dem Paar zuerst Ludwig, der spätere Kronprinz und ein Taufpatenkind von König Ludwig XVI., dann vier weitere Kinder geboren. Die Familie lebte bis zum Ausbruch revolutionärer Wirren in Straßburg und siedelte dann nach Darmstadt, Mannheim und schließlich Rohrbach bei Heidelberg über, wo Auguste Wilhelmine verstarb.[507]

Inzwischen war Maximilian Josephs älterer Bruder Karl II. August, der regierende Herzog von Zweibrücken-Birkenfeld, 1795 unerwartet verstorben, womit Max Joseph Herzog von Zweibrücken geworden war. Da im selben Jahr die Franzosen die linksrheinische Pfalz besetzt hatten, war er also ein Herzog ohne Land. Durch den weiteren Vormarsch der Franzosen veranlasst, floh der Herzog mit seiner Familie 1796 nach Ansbach, das preußisches und neutrales Territorium war, da ihm sein Onkel, der pfalzbayerische Kurfürst Karl Theodor, im bayerischen Territorium kein Exil gewährte.

Nach dem Tode Karl Theodors im Februar 1799, der bis zuletzt versucht hatte, die Thronfolge Maximilian Josephs zu verhindern, wurde dieser Kurfürst von Pfalzbayern. Beim Amtsantritt Maximilian Josephs tobte der 2. Koalitionskrieg (1799–1801). Außenpolitisch drohte sein Territorium im Ringen zwischen den Großmächten Österreich und Frankreich zerrieben zu werden;

Königreiches am 1. Januar 1806 mit unterzeichnete; zur Biographie Salamberts vgl. Junkelmann, Gravenreuth, 125–127.

504 Vgl. Weis, Maximilian I., 487.

505 Vgl. Doeberl, Entwicklungsgeschichte, 387.

506 Zur aufgeklärten Lebensweise gehörte die Distanz zur verfassten Kirche und der praktizierten Volksfrömmigkeit; bei Maximilian Joseph, der *„natürlich und selbstverständlich"* katholisch getauft war, äußerte sich diese Distanz in seiner Mitgliedschaft bei den Freimaurern, vgl. Weis, Maximilian I., 487.

507 Maximilian Joseph schloss 1797 eine zweite Ehe mit Prinzessin Karoline Friederike Wilhelmine (1776–1841) von Baden, aus der acht Kinder hervorgingen.

innenpolitisch war Bayern ein stark verschuldetes Land, dessen Verwaltungsstrukturen und Beamtenschaft reformbedürftig waren. Doch vom Volk wurde der neue Kurfürst, der sich schon zuvor in die Politik des Fürstentums eingemischt hatte, begeistert und voller Hoffnung auf eine gesicherte und friedvolle Zukunft bei seinem Einzug in die Haupt- und Residenzstadt München empfangen, sozusagen als Retter im Gegensatz zum Landesverderber (Karl) Theodor. So heißt es in einem Gedicht:[508]

1 „Als du ins Land gezogen,
War nur ein Jubelchor;
Der Baier Herzen flogen
Als Herolde dir vor.
2 Des Landes Glück und Wonne
War ganz auf dich gebaut;
Und nie hat man dem Throne
So vieles zugetraut.
3 Mit Zuversicht und Liebe
Bot dir die biedre Hand
Aus reinstem Herzenstriebe
des Bojer Vaterland.
4 Es trocknete die Tränen,
Und sah mit frohem Blick,
Nach langem, heißem Sehnen
Auf dich nur und sein Glück.
5 Man sah nicht mehr die Wunden,
Die unter Theodor -
Das arme Land empfunden –
Was es durch ihn verlor.
6 Vergessen war das Leiden, -
Vergessen jeder Schmerz;
Es träumte nur von Freuden
Der Baiern gutes Herz."

Als Kurfürst versuchte Maximilian Joseph nicht, selbst sein erster Minister zu sein. Seit 1795 war Maximilian von Montgelas sein vertrauter Berater geworden. Mit Montgelas hatte Maximilian Joseph schon in der Ansbacher Zeit wesentliche Leitlinien und Inhalte der künftigen Erneuerung des Kurfürstentums konzipiert. An die Regierung gekommen, überließ der Herrscher mit Ausnahme der Organisation der Armee die Gestaltung der bayerischen Außen-, Innen- und Finanzpolitik Montgelas. Der Fürst besaß wichtige politische und

508 Dieser lyrische Reflex auf die zeitgenössischen Empfindungen des Volkes findet sich in: Nachklang beim Abzuge Max. IV. aus Baiern, hrsg. v. Johann Ludwig Christian Reinwald, Baierische Nationallieder am Ende des achtzehnten Jahrhunderts, und im letzten Jahre der Sklaverei, o. Ort, [1800], ohne Seitenzählung, URN: urn:nbn:de:bvb:12-bsb10381580-5, Zugriff: 02.11.2019. Freilich ist der Tenor des gesamten Gedichtes und der ganzen Gedichtsammlung ein sehr regierungs- und fürstenkritischer. Maximilian IV. Joseph wird als *„verhasster Emigrant"* bezeichnet und als Kriegsbefürworter dargestellt, der seine Untertanen als Söldner verkauft sowie als einer, der alle Hoffnungen des Volkes auf Friede und Freiheitsrechte bitter enttäuscht hat.

zwischenmenschliche Qualitäten. Er war trotz eines ausgeprägten fürstlichen Selbstbewusstseins bereit, sich beraten zu lassen und sich gut begründeten Vorschlägen seiner klug ausgesuchten Mitarbeiter zu fügen. Maximilian Josephs eigene, tatsächliche Regierungsarbeit und politischer Gestaltungswille wird dokumentiert durch tausende von Signaten.[509]

Die rigorose ordens- und kirchenfeindliche Art, mit der die große Säkularisation seit 1799 vorbereitet und 1802/1803 durchgeführt wurde, trug Maximilian Joseph mit.[510] Ebenso hatte er keine Hemmungen, die Herrschaftssäkularisation und Gütersäkularisation von Reichsständen und kirchlichen Rechtsträgern gedanklich voranzutreiben, rechtlich im Reichsdeputationshauptschluss fixieren und exekutieren zu lassen. Diese Akte trugen immerhin zur Arrondierung des Staatsgebietes und zur Festigung der Staatsgewalt bei. Durch die geschickte Außenpolitik erreichte Bayern überdies seit 1816 die Herrschaft über die linksrheinische Pfalz und einige Gebiete in Unterfranken.

Der Abschluss des Bündnisses mit Frankreich musste Maximilian Joseph abgerungen werden, weil daraus zwangsläufig der Krieg gegen den deutschen Kaiser verbunden war. Obwohl Bayern durch französische, napoleonische Unterstützung 1806 zum Königreich erhöht worden war, lehnte Maximilian Joseph den Eintritt in den Rheinbund heftig ab und verhinderte, als der Bund doch zustande kam, zusammen mit dem König von Württemberg, dass aus dem Rheinbund kein die Souveränität einschränkender Bundestaat wurde.[511] Als sich das Verhältnis zu Frankreich seit 1809 zunehmend verschlechterte, wollte Maximilian Joseph aus Gründen der Ehre und Treue weiter an Napoleon festhalten. Erst im letzten Moment ließ sich der König umstimmen. Letztlich folgten die Bündnisabschlüsse und -wechsel einzig dem politischen Kalkül der Sicherung der Souveränität, auch wenn Maximilian Joseph nach Herkunft und Erziehung eher Frankreich zugeneigt war.[512]

Durchgreifende innere Reformen waren unter Maximilian Joseph durch das Bündnis mit Frankreich ermöglicht und durchsetzbar geworden. Die

---

509 Vgl. Doeberl, Entwicklungsgeschichte, 388.

510 Vgl. Weis, Maximilian I., 488.

511 Vgl. Weis, Maximilian I., 488. Zum Rheinbund vgl. die Notizen bei Junkelmann, Gravenreuth, 363–365.

512 „*Par éducation et per habitude ennemi de l'Autriche il est porté pour la nation Française par des souvenirs agréables*", so der preußische Gesandte am Münchener Hof, zitiert nach: Michael Doeberl, Entwicklungsgeschichte, 388.

politischen Reformen kulminierten in den Verfassungen der Jahre 1808 und 1818.[513] Die entscheidenden kirchenpolitischen Neuakzentuierungen zeigten sich in der Durchsetzung der gesetzlichen Parität der christlichen Konfessionen und nach rund 15-jährigen Verhandlungen in der Unterzeichnung des Konkordates im Jahr 1817.

Maximilian Joseph galt als ehrlich und gutmütig sowie pragmatisch, mit gesundem Menschenverstand ausgestattet, kontaktfreudig und begabt, einer, der mit Menschen aller Bevölkerungsschichten in ihrer eigenen Sprache über ihre Anliegen sprechen konnte. Dabei bedeutet die Rangerhöhung vom Kurfürsten zum König am 1. Januar 1806 für Maximilian Joseph vor allem einen Gewinn an politischem Handlungsspielraum. Ihn persönlich berührte dies jedoch kaum, da er weiterhin einen einfachen Lebensstil pflegte. Sein Regierungsstil und sein menschlicher Umgang waren demnach die Bedingung, dass er auch in den neubayerischen Gebieten als Integrationsfigur gelten konnte und anerkannt wurde.[514] Der Fürst starb am 13. Oktober 1825 in München auf Schloss Nymphenburg, nachdem sich Bayern zu einer modern strukturierten und regierten konstitutionellen Monarchie gewandelt hatte.

4.1.1.2 Maximilian von Montgelas (1759–1838) – Visionär, Zerstörer und Reformer

Maximilian Joseph von Montgelas[515] wurde als Sohn eines savoyischen Adligen in bayerischen Diensten und einer bayerischen Gräfin 1759 in München geboren. Sein Taufpate war Bayerns Kurfürst Maximilian III.

Seit 1764 wurde Montgelas in einem Kolleg der Jesuiten in Nancy (dt. veraltet: Nanzig) erzogen. In Lothringen wurde der Jesuitenorden 1766 aufgehoben und das Kolleg säkularisiert. Die Jesuiten wurden durch andere Lehrer ersetzt, die ein anderes, ‚moderneres' Lehrprogramm pflegten, wenige Jahre später wurde das Kolleg nochmals umorganisiert und Weltgeistliche übernahmen

513 Nach heftigen Äußerungen der Opposition im Landtag 1819 erwog Max Joseph allerdings, die Auflösung des Gremiums und die Rücknahme der Verfassung. Davon rieten ihm Kronprinz Ludwig, Finanzminister Maximilian Graf von Lerchenfeld und Staatsrat Friedrich von Zentner ab, vgl. Weis, Maximilian I., 489–490.

514 Vgl. Weis, Maximilian I., 488.

515 Zu Leben und Wirken vgl. Weis, Montgelas, Bd. 1, München, Beck, 1988², Bd. 2, München, Beck, 2005; Weis, Montgelas, 55–63; Ludwig Doeberl, Maximilian von Montgelas und das Prinzip d. Staatssouveränität, München 1925; Michael Doeberl, Entwicklungsgeschichte Bayerns, 389–390.

den Unterricht. Diese säkularisierenden Umwälzungen erlebte der jugendliche Montgelas unmittelbar mit.

Von 1770 bis 1776 studierte Montgelas Jurisprudenz in Straßburg.[516] Dort war er Student bei Christoph Wilhelm von Koch[517], einem Protestanten, der als Historiker, Staats- und Kirchenrechtslehrer den aufklärerischen Tendenzen seiner Zeit huldigte.[518] „*In Nancy und Straßburg wurde er mit dem französischen Rationalismus und der französischen Staatsauffassung, mit deren leitenden Ideen, dem Staatsabsolutismus und der Staatssouveränität bekannt…*"[519] In beiden Städten prägte sich der im Ancien Régime wurzelnde persönliche Lebensstil Montgelas aus, den er zeitlebens nicht änderte, wenngleich er dadurch in späteren Jahren auf seine Zeitgenossen altmodisch wirkte.

Nach einem hervorragenden juristischen Examen an der Landesuniversität Ingolstadt trat Montgelas 1777 mit 18 Jahren als Hofrat in den Dienst des bayerischen Kurfürsten Karl Theodor ein. 1784 wurde er bei der Aufdeckung der Machenschaften des Illuminatenordens[520] als Mitglied entdeckt und musste

---

516 In Straßburg gab es am Ende des 18. Jahrhunderts die Universität, die seit dem 16. Jhdt. bestand. Daneben existierte eine nicht unbedeutende Bischöfliche Hochschule. An ihr lehrte Franz Georg Ditterich (aus Franken, Studium in Bamberg und Straßburg) ab 1777 als Professor geistliches Staatsrecht; er war ein Vertreter des Ius publicum Ecclesiasticum und vertrat eine milde katholische Aufklärung, vgl. Aymans – Mörsdorf (Kanonisches Recht, 60).

517 Zur Biographie vgl. Fuchs, Koch, 260–261. Zur Bedeutung Kochs als akademischer Lehrer vgl. Weis, Montgelas, Bd. I, 8–9. Zu den Schülern Kochs gehörten neben vielen anderen auch: Goethe und Metternich, ebd. 9. „*Ostern 1770 zieht der wieder genesene Goethe zur Fortsetzung des Studiums nach Straßburg. Nach nur einem Semester legt er das Kandidatenexamen ab, das eigentliche Studium ist damit abgeschlossen. Im Sommer 1771 beginnt er mit der Promotion. Diese wird jedoch von der Fakultät abgelehnt. Er darf sich danach in einer öffentlichen Disputation von juristischen Thesen um den Grad eines Lizentiaten bewerben. Dieser Titel galt eben so viel wie der Titel eines Doktor juris. Goethe erwarb ihn mit dem Prädikat 'Cum applausu'.*", http://www.goethezeitportal.de/wissen/enzyklopaedie/goethe/goethe-biographie.html, Zugriff: 07.11.2022. Zur Dissertation Goethes mit staatskirchenrechtlichem Thema vgl. Peter Landau, Goethes verlorene juristische Dissertation und ihre Quellen. Versuch einer Rekonstruktion, in: Bay. Akademie der Wissenschaften, philosophisch-historische Klasse, Sitzungsberichte, Jahrgang 2007, Heft 2, München, Beck, 2007.

518 Vgl. Fuchs, Koch, 261.

519 Doeberl, Entwicklungsgeschichte, 390. In dieser Zeit „*nahm Montgelas den Geist der franz. Aufklärung in sich auf*", schreibt etwas milder Weis, Montgelas, 56.

520 Zum Illuminatenorden und Karl Theodor vgl. oben 134.

daher 1785 seine Stelle aufgeben. Montgelas verließ daraufhin Bayern und trat in den Dienst des regierenden Herzogs Karl II. August von Pfalz-Zweibrücken. Den potentiellen Erben der pfalzbaierischen Gebiete unterstütze Montgelas in seiner Gegnerschaft zu den territorialen Tauschplänen des pfalzbaierischen Kurfürsten, seines Onkels Karl Theodor. Nachdem er jedoch bei Herzog Karl II August 1793 als Jakobiner durch Pater Salabert, der einst Prinzenerzieher des Herzogs gewesen war, denunziert worden war, wurde er politisch kaltgestellt. Des Herzogs Bruder, Maximilian Joseph, nahm Montgelas in seine Dienste, zunächst als Privatsekretär und dann nach dem Tod des herzoglichen Bruders 1795 als neuer Herzog von Pfalz-Zweibrücken in der Stellung eines politischen Beraters, Legationsrates und Ministers.[521] Montgelas begleitete Maximilian Joseph, der mit seiner Familie vor den anrückenden Franzosen 1795 ins Exil im preußisch-brandenburgischen Ansbach zog. Nach dem Tod des Kurfürsten Karl Theodor trat Maximilian Joseph im Frühjahr 1799 sofort das Erbe als Kurfürst an und berief Montgelas zu seinem ersten Minister. Von 1799 an bekleidete Montgelas das Amt des Ministers für Auswärtige Geschäfte, das Innenministerium führte er von 1806–1817, das Finanzministerium in den Jahren 1803–1806 und 1809–1817. Es ist somit ersichtlich, dass Montgelas eine Stellung einnahm, aus der er die gesamte Regierungstätigkeit lenken und kontrollieren konnte.[522]

Montgelas hatte sich das Vertrauen des Wittelsbacher Fürsten Maximilian Joseph erworben. Diese Relation begann am Hof von Pfalz-Zweibrücken, setzte sich fort im Ansbacher Exil der beiden, verstärkte sich bei der Übernahme der Kurwürde durch Maximilians IV. Josephs und der Berufung Montgelas zum ersten Minister und bewährte sich in der jeweiligen außenpolitischen Positionierung Bayerns und der Durchsetzung innenpolitischer Reformen, die Bayern zu einem modernen Staatswesen machten. Beide Männer bildeten ein politisches Doppelgestirn und waren sich gleichzeitig der Standesunterschiede bewusst: Der Fürst ließ sich beraten, aber Montgelas musste, wie andere Berater auch, den König mit Argumenten überzeugen, d. h. der Fürst ließ sich modern gesprochen weder die Richtlinienkompetenz noch die Letztentscheidung aus der Hand nehmen. Dass der Minister am 2. Februar 1817 entlassen wurde, ist verwunderlich, verdeutlicht jedoch abermals die Souveränität des Fürsten. In Bezug auf die sich stellenden politischen Aufgaben, die Maximilian Joseph jedenfalls als dynastische Pflicht und Montgelas wohl als die ihm geschenkte Gelegenheit zur Verwirklichung seiner innersten staatsrechtlichen

521 Vgl. Doeberl, Entwicklungsgeschichte, 390.
522 Vgl. Weis, Art. Montgelas, 56.

Überzeugungen empfand, verfügten die beiden Protagonisten stets über eine gemeinsame Basis: „*Beide Männer verband die Vorliebe für die französische Sprache und Kultur, in der sie im Zeitalter der Aufklärung und des späten Ancien Régime erzogen worden waren, ferner die Abneigung gegen Österreich…*“[523]

4.1.1.2.1 Staatssouveränität, Montgelas' staatstheoretischer Fixstern

Für die politische Arbeit Montgelas' ist kennzeichnend, dass er die Fragestellungen systematisch erforschte sowie rechtlich-fundierte Reformvorschläge erarbeitete und anstrebte; er bevorzugte eine theoretische Durchdringung der Materie und staatsrechtlich korrekte Umsetzung in einer Weise, dass die geschichtlich gewachsenen Strukturen des bayerischen Gemeinwesens nicht überspielt wurden. So zeigte sich Montgelas als Vertreter einer gemäßigten Vertragstheorie des Staates im Gegensatz etwa zu Locke.[524]

Die Staatsvorstellung des Grafen Montgelas' erforderte einen wirklichen Neuanfang. Um einen neuen bayerischen Staat erbauen zu können, war es nötig, das, was Bestand hatte und geworden war, zu entfernen. Montgelas hatte dabei auch, wie sich beispielsweise anhand der Säkularisation zeigte, keine Skrupel, rücksichtslos vorzugehen.

Der Fixstern seiner Reformvorstellungen war jedoch das Prinzip der Staatssouveränität[525], also die These, dass dem Staat uneingeschränkte Herrschaft und Hoheit nach innen wie nach außen zukommt. Im Sinne der französischen Aufklärung hat sich dabei ein Paradigmenwechsel zwischen dem Herrscher und dem Herrschaftsterritorium ergeben. An die Stelle des fürstlichen Absolutismus trat bei Montgelas das Eigenrecht des Staates, ‚ordre naturel de l`Etat'. Der Staat gewinnt eine eigene Würde und Hoheit und ist selbst die einzige Quelle des Rechtes und Ursprung jedweder politischen Gewalt. In diesem Sinn liegt es in der inneren Dynamik des selbstsouveränen Staates, dass er auf alle Gebiete des öffentlichen Lebens zugreift und jeden anderen Herrschaftsanspruch beseitigen will. Alle Lebensbereiche des Menschen bzw. des Staatsbürgers sind daher dem Staatsrecht und der Staatsfürsorge unterworfen. Die Konsequenz dieser Staatstheorie hat Auswirkungen auf die Struktur des

---

523 Weis, Die Begründung des modernen bayerischen Staates unter König Max I. (1799–1825), in: HBG, Bd.IV/I, 4–126, hier: 7.

524 Vgl. Weis, Montgelas, Bd. I, 144.

525 Zum Folgenden: Hausberger/Hubensteiner, Bayerische Kirchengeschichte, 281–282.

Staates und die Autoritätskonzeption im Staat; bei der Umsetzung der Staatsreformen sind daher sowohl die Stände des Staates als auch die Kirche im Staat betroffen.[526]

Der Grund lässt sich am Topos der Kirche so formulieren: Wenn der Staat neben sich keine eigenberechtigte Gewalt anerkennen kann und es in der spätmittelalterlichen, staatlichen Emanzipationsbewegung gegenüber der Kirche und gemäß frühabsolutistischem Denken, etwa Samuel Pufendorfs, keinen Staat im Staat geben durfte, so kann die Kirche keinerlei Selbstbestimmungsrecht mehr beanspruchen. Ist der Staat für alles und jeden zuständig, wird die Kirche zur Staatsanstalt, die dem souveränen Staatswillen einverleibt ist.[527] Nur aus Gründen der Staatsräson und im Hinblick auf die Nützlichkeit der religiös-moralischen Erziehung für das Staatswesen (Staatseudämonismus) sowie der bürgerlichen Tugenden ist es daher denkbar, dass der Staat seine Souveränität zügelt und von sich aus begrenzt. Bei dieser Indienstnahme der moralischen Dimension der Religion spielt es jedoch keine Rolle mehr, welche Konfession oder Religion den moralischen Hilfsdienst für den Staat leistet bzw. welche Interessen diese Religionsgemeinschaft für sich selbst hat.

Montgelas prägte wie Hobbes die (Idee der) Volkssouveränität für die Praxis in den Staatsabsolutismus um: *„Die 'National'souveränität vermittelt die Staats-Souveränität, der Staat verschlingt wie 'Leviathan' alles."*[528] Damit ist vorgezeichnet und gerechtfertigt, dass die überkommenen Gewalten und Stände im Staat durch den Staat beseitigt werden bzw. beseitigt werden müssen. Diese Theorie setzt sich in dem Prozess der Verstaatlichung um, der selbst den Fürsten mit einbezieht: Dieser wird in den Staat hineingestellt und als oberster Repräsentant des Staates zum Verfassungsorgan; die Bestimmungen zu Erbfolge und Regentschaft werden durch Gesetz geregelt; das Kammergut wird zum Staatsgut. *„Es ist die Staatsomnipotenz die Montgelas vom aufgeklärten Absolutismus übernommen hat und bis ins Extrem ausbildet."*[529]

---

526 Im Vorgriff auf die abgeschlossenen Reformen um das Jahr 1818 zeigt sich, dass die aus dem Mittelalter überkommene Ständestruktur des Staates beseitigt worden war und die Kirche nur mit Mühe ein Eigenrecht in beschränktem Umfang hatte behaupten können.

527 Vgl. das protestantische Konzept des Kollegialsystems im Absolutismus, oben \ h81 f.

528 Doeberl, Staatssouveränität, 13.

529 Doeberl, Staatssouveränität, 23.

4.1.1.2.2 Das Mémoire instructif 1789 – staatskirchenrechtliche Verhältnisbestimmung

Montgelas war weder völliger Atheist noch ein Katholik, dem viel an Offenbarung und Dogmen lag. An Gottesdiensten und Formen der Frömmigkeit nahm er jedoch teil, soweit es sein Amt, der Dienst für seinen Fürsten bzw. die Etikette verlangte; er war kein Freund des Klerus, gleichwohl gab er sich nicht für billige Polemik her und goutierte sie auch nicht.[530] Das religiöse Konzept des die Herrschaft legitimierenden Gottesgnadentums lehnte er ab; er nannte es eine Chimäre.[531]

Aus seinen Studien der bayerischen Geschichte und des bayerischen Staatskirchenrechts vom Mittelalter an und im Einklang mit seinen aufklärerischen Ansichten, die weitgehende Änderungen des Status der Kirche im Staate intendierten, erwuchs das Mémoire instructif sur les droits des Ducs de Bavière en matière ecclésastique[532], das wohl 1789 verfasst wurde. In diesem Werk geht Montgelas die Geschichte Bayerns von der Zeit der Agilolfinger bis ins 18. Jahrhundert durch. Seine Überlegungen sind in vier Gruppen gegliedert:

1.) Das Verhältnis von zwischen Landesherrn und Kirche; insbesondere zu den Bischöfen;
2.) die allein der Kirche vorbehaltenen Dinge;
3.) die causae mixtae, Vorgänge an denen sowohl die Geistliche als auch die kirchliche Gewalt und/oder Gerichtsbarkeit beteiligt sind;
4.) die allein dem Fürsten zustehenden Rechte.[533]

Montgelas verfolgt mit seiner Schrift folgende drei Anliegen: die Stärkung der Staatssouveränität, die Reduktion der Rechte kirchlicher Institutionen und der kirchlichen Gerichtsbarkeit zu Gunsten des Staates sowie eine Strategie zum Einbau der Kirche in den Staat und zur künftigen Säkularisierung kirchlichen Besitzes.[534] Bei aller historischen Fundierung der Denkschrift handelt

---

530 Vgl. Weis, Montgelas, Bd. 1, 114–115.

531 *„Le droit divine des souverains est reconnu aujourd`hui pour ce qui`il est, une chimère inventée par le clergé, soutenu par le despotisme pour le malheur du genre humain.“*, zitiert nach: Doeberl, Staatssouveränität, 13.

532 Zu Abfassung, Datierung und Inhalt der undatierten und nicht publizierten 118-seitigen Schrift, die heute im Bayerischen Hauptstaatsarchiv, Bestand: Ministerium des Äußern, aufbewahrt wird vgl. Weis, Montgelas, Bd. I, 113–133.

533 Weis, Montgelas, Bd. 1, 118–119, wo auch Beispiele zu den einzelnen Themenkomplexen aufgeführt sind.

534 Vgl. Weis, Montgelas, Bd. 1, 119.

es sich vor allem um eine programmatische Schrift mit appellativem Charakter zur Ausweitung der staatlichen Rechte, um nach Meinung Montgelas' den ursprünglichen Zustand wieder herzustellen.[535]

Montgelas benannte in seinen Denkschriften seine Quellen zur Geschichte Bayerns und der Pfalz, zur Rechts- und Verfassungsrechtsentwicklung in Bayern und im Heiligen Römischen Reich. Mithilfe dieser Quellen sowie aufgrund seiner prinzipiellen Überzeugungen gelangte er zu Interpretationen, die tendenziell und interessengeleitet waren. In Bezug auf Montgelas' Denken lassen sich folgende Thesen und Feststellungen formulieren:

- Die Bistümer verdanken ihre Existenz der Stiftung durch den weltlichen, bayerischen Fürsten; diese bezeichnet er konsequent als ‚Souveräne'. Zurzeit der Agilolfinger waren die Bischöfe Untertanen der Fürsten auf allen Gebieten außer der Lehre.[536]
- Der Aufstieg der Bistümer und Bischöfe zur Reichsunmittelbarkeit hatte seinen Grund in der Uneinigkeit der Erben Kaiser Ludwigs des Bayern.[537]
- Die Reformation hatte den Herrschern die Möglichkeit gegeben, wieder in ihre ursprünglichen Rechte einzutreten; sie ließen jedoch diese Möglichkeit verstreichen, obwohl gerade die bayerischen Herrscher, im Gegensatz zu den pflichtvergessenen Bischöfen, die katholische Religion bewahrten. Die Herrscher hatten sich allzu entgegenkommend gegenüber den Bischöfen und Geistlichen gezeigt.[538]
- Die Kirche hat rein geistliche Autorität, in *„Dogma, Predigt des Evangeliums, Gottesdienstordnung im Inneren der Kirchen und in der Art der Verwaltung der Sakramente"*.[539]
- Der kirchliche Besitz war schon immer der Besteuerung unterworfen, was untermauert wird durch die päpstliche Billigung der Dezimationen in Notzeiten des 17. und 18. Jahrhunderts. Ähnlich hatten schon die Agilolfinger und auch Ludwig der Bayer den Vermögenszuwachs der Kirche in Notzeiten genutzt bzw. den Vermögenszuwachs der Kirche, insbesondere der Klöster, unterbunden.[540]

535 Vgl. Weis, Montgelas, Bd. 1, 119.
536 Vgl. Weis, Montgelas, Bd. 1, 120.
537 Vgl. Weis, Montgelas, Bd. 1, 120.
538 Vgl. Weis, Montgelas, Bd. 1, 121.
539 Vgl. Weis, Montgelas, Bd. 1, 122.
540 Vgl. Weis, Montgelas, Bd. 1, 123–124.

- Dem Landesherrn steht es zu, eine kirchliche Institution aufzuheben, um in einem ‚Staatsnotstand' vom Gewinn Gebrauch für das allgemeine Wohl zu machen. Eine Institution kann in einem historischen Moment nützlich sein, im anderen dagegen überflüssig.[541]
- Die Kirche und die Kleriker sollen aus ihrer privilegierten Stellung genommen und stärker in den Staat eingebunden werden, wie dies etwa der Gallikanismus oder der Josephinismus zur selben Zeit vormachte.[542] Außerdem stehen die bayerischen Herrscher zu ihrer Kirche im selben Verhältnis wie die protestantischen Reichsstände zu ihrer; das Unterscheidende sei allein das Dogma, demzufolge die Kirche Unterwerfung von Fürst und Privatmann fordern kann, alles andere gehört der diesseitigen Rechtsprechung an.[543]
- „*Die Lehre von den zwei Gewalten ist eine monströse Chimäre priesterlichen Ehrgeizes. Die Kirche ist im Staat und nicht der Staat in der Kirche.*"[544] Schon die Kirchenväter hatten ja gefordert, dass dem Staat in allen Dingen zu gehorchen ist.[545] Das Herrscherhaus hat außerdem das Recht, jene freiwillig an die Kirche erteilten Privilegien, mit denen es seine eigene Souveränität eingegrenzt hat, wieder zurückzufordern.[546]

---

541 Vgl. Weis, Montgelas, Bd. 1, 125. Zum Staatsverständnis und Staatsanspruch Montgelas': „*Les ordres religieux comme les autres communautés ont été établies pour un but d´utilité publique. Leur établissement, leurs statuts, leur régime, leur fonds regardent également l´autorité publique. Elle a le droit de surveiller tous ces objets et de statuer à ce sujet ce qui est le plus convenable au bien de l`´Etat dont elle est le meilleur et le seul juge.*", zitiert nach: Doeberl, Entwicklungsgeschichte, 482.

542 Vgl. Weis, Montgelas, Bd. 1, 129.

543 Vgl. Weis, Montgelas, Bd. 1, 129.

544 Montgelas, Mémoire instructif, zitiert nach Weis, Montgelas, Bd. 1, 129–130. Interessant ist, dass schon Peter von Osterwald (Veremund, 160) die kirchlich vertretene Zwei-Gewalten-Lehre als „*monströs*" qualifizierte und sich so als geistige Quelle Montgelas' erweist.

545 Vgl. Weis, Montgelas, Bd. 1, 130. Montgelas kann sich hier auch beziehen auf Röm 13,1–8.

546 Vgl. Weis, Montgelas, Bd. 1, 131. Mit dieser Behauptung greift Montgelas auf die These Peter von Osterwalds zurück, die dieser 1716 in seinem Werk Veremund propagiert hatte, siehe oben 129.

Die Bilanz der Darlegungen formuliert Montgelas so: „*… das Haus Pfalzbayern hat aufgrund der Natur, der Territorialhoheit und der Konstitutionen des Reiches ein uneingeschränktes Recht auf die Ausdehnung jener umfassenden Souveränität, welche seine Vorgänger im Herzogtum Bayern einst über die Personen und die Güter des landsässigen Klerus in ihren Staaten ausgeübt haben, und kein rechtliches Hindernis steht dem entgegen, daß dieses Haus wieder in den Genuss*

Weis, der Biograph von Montgelas meint, Montgelas habe die Kirche zu keiner Zeit vernichten wollen, sondern sie nur ihrer kooperativen Selbstständigkeit berauben, ihre Verbindungen zum ‚Ausland', das heißt vor allem zum Papst und den Bischöfen, kontrollieren, so viele Klöster wie möglich aufheben und ihr Eigentum zu Gunsten des Staates einziehen wollen. Nichts habe ihm daher ferner gelegen als eine Trennung von Kirche und Staat; vielmehr sei es ihm darum gegangen, die Kirche mehr in den Staat einzubauen, ihr die Rolle einer Erziehungsanstalt zuzuweisen, ohne jedoch ihre Lehre und ihre religiöse Eigenständigkeit direkt zu beeinträchtigen.[547] Ob diese Einschätzung stimmig ist, wäre mit der Frage auszuloten, wie sehr die katholische Kirche nach ihrer eigenen Lehrtradition einen rechtlichen Selbststand in der Welt braucht, um ihre Sendung adäquat darstellen und ausüben zu können; Robert Bellarmin hätte die These von Weis wohl nicht akzeptiert. Die Absichten und Zielvorstellungen Montgelas' entsprechen ganz dem Gedankengut der Aufklärung, doch sind sie insbesondere etatistisch motiviert: *„hier spricht ein überzeugter Verfechter der Staatsräson, der Staatssouveränität, wie sie sich vom späten Mittelalter bis zum aufgeklärten Absolutismus entwickelt hat.*"[548]

4.1.1.2.3 Das Ansbacher Mémoire 1796 – Programm zur Reform des Staates

In Ansbach verfasste und überreichte Montgelas am 30. September 1796 an seinen Fürsten, den landlosen Herzog Maximilian Joseph von Pfalz-Zweibrücken, sein ‚Ansbacher Mémoire'[549], in dem er getreu den Prinzipien der Aufklärung ein Reformprogramm für Bayern darlegte, im Hinblick auf die administrativ wenig erfreulichen und veralteten Verhältnisse, die in Pfalzbayern unter dem

---

der Vorrechte eintritt, die es nur durch freiwillig erteilte, widerrufliche Privilegien abgetreten hatte", Weis, Montgelas, Bd. 1, 131.

547 Vgl. Weis, Montgelas, Bd. 1, 128–129.

548 Weis, Montgelas, Bd. 1, 128.

549 Montgelas, Mémoire présenté à M(onsei)g(neu)r le Duc le 30 Septembre 1796, eigenhändiges Manuskript des Maximilian Joseph von Montgelas in Französisch, Übersetzung: Oliver Zeidler nach der Transkription von Eberhard Weis in: Zeitschrift für Bayerische Landesgeschichte 33 (1970), 243 bis 256, Denkschrift, überreicht seiner Durchlaucht, dem Herzog, am 30. September 1796, sogenanntes „Ansbacher Memoire", online verfügbar als pdf-Dokument in Französisch und Deutsch: https://www.hdbg.eu/koenigreich/uploads/ 0d047916 d8800a 8a09e7c-ba3d9cb451f.pdf, Zugriff: 10.09.2019. Die Seitenzahlen bezüglich des Ansbacher Memoires beziehen sich im Folgenden auf das pdf-Dokument. Das Ansbacher Memoire wird referiert und interpretiert von Weis, Montgelas, Bd. 1, 266–287.

Kurfürsten Karl Theodor herrschten.[550] Montgelas hatte diese Denkschrift in neun Teile gegliedert:

1.) Grundsätze der Ministerialbürokratie und des Beamtentums;
2.) Außenministerium;
3.) Finanzministerium;
4.) Justizministerium;
5.) Ministerium der geistlichen Angelegenheiten;
6.) Kriegsministerium;
7.) Staatsrat bzw. Gesamtministerium;
8.) Vorschläge für Spitzenpositionen des Staates;
9.) Gehälter.[551]

Für das Thema dieser Arbeit ist insbesondere der Blick auf den Abschnitt zum Ministerium der geistlichen Angelegenheiten zu richten. Doch sollen zuvor einige Punkte anderer Abschnitte kurz erwähnt werden.

Für die Arbeit im Außenministerium sind zwei Legationsräte als Referendare vorgesehen. Der eine soll für die Außenpolitik, der andere schwerpunktmäßig für die Angelegenheiten des Reichstags und der Reichskreise, d. h. für Grenz- und Rechtsangelegenheiten zuständig sein; der Referendar für die letztgenannten Aufgaben wurde 1797 für lange Zeit Georg Friedrich von Zentner auf Vorschlag Montgelas',[552] der bei der Säkularisation der Klöster und den späteren Konkordatsverhandlungen eine wichtige Rolle spielte.

Das Finanzministerium sollte insbesondere dafür sorgen, dass die finanziellen Vorrechte der adligen und kirchlichen privilegierten Stände aufgehoben werden und somit die Gleichheit der Besteuerung auf der Grundlage eines zuverlässigen Steuerkatasters durchgesetzt wird.[553] Diese Maßnahme richtete

---

550 Vgl. Weis, Montgelas, Bd. 1, 269.

551 Vgl. Weis, Montgelas, Bd. 1, 268.

552 Ansbacher Mémoire, 39: „*Quant aux personnes qu'on pourrait employer dans ces différentes parties, on proposerait: pour le ministère des affaires étrangères… Comme référendaires…, le Conseiller de régence Zentner pour le contentieux, les limites, la Diète et les Cercles.*"

553 Ansbacher Mémoire, 14: „*La suppression des prérogatives pécuniaires des ordres privilégiés des diverses provinces, la confection d'un cadastre dressé avec soin qui établisse une proportion plus juste dans la perception de l'impôt direct…*". Im Übrigen beklagte Montgelas an dieser Stelle auch das ruinöse System der Binnenzölle zwischen den bayerischen Territorien. Ein Missstand der 1808 aufgehoben wurde, sodass ein großer pfalzbayrischer Wirtschaftsraum entstand.

sich insbesondere gegen das alte Privileg der Steuerfreiheit für Grund und Boden in der Hand kirchlicher Institutionen.

Zu den Aufgaben des Justizministeriums gehört etwa: die Entscheidung in Konflikten zwischen verschiedenen Gerichten,[554] die Verteidigung strittiger landesherrliche Rechte und das Lehenswesen.[555]

Das Ministerium der Geistlichen Angelegenheiten (Ministère des Affaires ecclésiastiques) sollte sich mit folgenden Aufgaben befassen:

1.) Wahrnehmung der fürstlichen Rechte gegenüber der katholischen und protestantischen Geistlichkeit sowie Korrespondenz mit den bischöflichen Ordinariaten, diese jedoch unter Einschaltung des Außenministeriums, da die Bischöfe als im ‚Ausland' ansässig gesehen wurden;
2.) Vorschlagsrecht für alle freiwerdenden Benefizien beider Konfessionen, für die dem Landesherrn ein Patronatsrecht zukommt;
3.) Leitung der frommen und gemeinnützigen Stiftungen, Rechnungsprüfung der Kirchen und Klöster; Aufsicht über die kirchliche Verwaltung aller Konfessionen;
4.) Landesherrliche Aufsicht über den geistlichen Rat und über den Verkehr mit diesem Rat in München und über den reformierten Kirchenrat der Pfalz in Heidelberg sowie die Regierungen der anderen Wittelsbacher Herzogtümer und deren geistliche Behörden;
5.) Leitung des gesamten Bildungswesens an allen Bildungsstätten und Bildungseinrichtungen, Bücherzensur;
6.) Leitung der Aufsicht über die kirchliche Vermögensverwaltung und das kirchliche Rechnungswesen durch je einen Referenten der jeweiligen Konfession;
7.) Ehedispensen für protestantische Christen.[556]

Dem Ministerium der Geistlichen Angelegenheiten wies Montgelas auch die Aufgabe zu, eine Entscheidung darüber vorzubereiten, ob die seit 1786 in München unter Kurfürst Karl Theodor eingerichtete Nuntiatur, an deren Etablierung sich der Nuntiaturstreit entzündet hatte,[557] bestehen bleiben sollte.

---

554 Ansbacher Mémoire, 18: „*Il s'est établi dans presque toutes les provinces une lutte entre l'autorité et les états du pays qui entretient l'esprit d'aigreur et de discussion, ôte au gouvernement une grande partie de l'amour et de la confiance des gouvernés.*"

555 Vgl. Weis, Montgelas, Bd. 1, 273.

556 Vgl. Weis, Montgelas, Bd. 1, 276–277.

557 Zum Nuntiaturstreit in bayerischer Perspektive siehe oben, 142; zur Emser Punktation siehe oben, 100.

Montgelas war grundsätzlich gegen die Fortführung dieser Nuntiatur, da sie jedenfalls unnütz sei.[558] Ihre faktische Abschaffung war nach 1799 – von 1800 bis 1818 war diese vakant – umso einfacher, als sich der letzte Nuntius, Giulio Cesare Zoglio, mit seinen erheblichen privaten Schulden ohne die finanzielle Unterstützung des bayerischen Staates nicht halten konnte.[559]

Montgelas war überzeugt, dass der Staat Sorge tragen muss für die Abstellung der groben Missstände tragen musste, die in der Verwaltung der kirchlichen Güter festzustellen waren.[560]

Für die Klöster verlangte Montgelas eine Reform, die sie für die Gesellschaft nützlicher machte, als in vergangenen Zeiten; die Bettelorden sollten zur Gänze aufgehoben werden; hinsichtlich der ständischen Klöster in den Wittelsbacher Herzogtümern stellte er fest, dass sie integrierender Bestandteil der jeweiligen Verfassung seien und man sich mit ihnen gütlich über Reformen zu verständigen habe.[561] Bei Montgelas sind die Maßnahmen zu Lasten der Klöster verbunden mit Maßnahmen zur Vermehrung der Pfarreien, zur gleich hohen Besoldung der Priester und zur Hebung der Volksbildung, womit eine Stärkung der Seelsorge einhergehen soll.[562] Freilich bringen diese Maßnahmen es mit sich, die Kirche fester in den Staat einzubinden und sich des Dienstes der Pfarrer für staatliche Interessen, etwa der Bildung zu versichern.

Die Ausbildung der Geistlichen in ausländischen Priesterseminaren, also in den Territorien der Fürstbischöfe, war Montgelas hingegen ein Dorn im Auge und mit seinen Auffassungen von Staat und Souveränität nicht zu vereinbaren. Die Seminaristen würden dort eine Menge Vorurteile aufnehmen, die ihrem Stande förderlich aber verheerend für die Staatsautorität und die Einordnung der Geistlichen in die Gesellschaft sind.[563] Deshalb forderte er Seminare in

---

558 Ansbacher Mémoire, 22: „*Ce qu'on peut affirmer en toute sureté, c'est que cette nouvelle création était au moins fort inutile…*".

559 Vgl. Weis, Montgelas, Bd. 1, 277.

560 Ansbacher Mémoire, 28: „*L'administration des biens ecclésiastiques est négligée à un point qui devient un opprobre pour le gouvernement qui le souffre, et les employés qui se permettent cet étrange oubli de leurs devoirs.*"

561 Zu den Erwägungen Montgelas' bzgl. der Klöster vgl. Ansbacher Mémoire, 28d. „*Comme les supérieurs de la majeure partie de ces maisons siègent aux états des provinces et sont, à ce titre, des parties intégrantes des constitutions respectives, il conviendrait de s'entendre avec eux sur les moyens d'activer ces vues bienfaisantes.*", ebd.

562 Vgl. Ansbacher Mémoire, 28, 30.

563 Ansbacher Mémoire, 30: „*Ils y contractent une foule de préjugés, favorables à leur ordre, mais destructeurs de l'autorité souveraine et de la subordination sociale.*"

bayerischen Territorien einzurichten, „*deren Erziehungsplan und Disziplin sich besser mit den Grundsätze des Staates vertragen*".[564] Dabei wahrte Montgelas jedoch stets den (reichs- und kirchen-)gesetzlichen Rahmen, indem er z. B. die rechtlichen Prärogativen der Bischöfe im Hinblick auf die Bildung des Klerus akzeptierte. Offensichtlich war es aber gerade das Ziel Montgelas', den Klerus enger in die Gesellschaft und den Dienst der Staatsautorität einzubinden.

Hinsichtlich der Universitäten in Ingolstadt und Heidelberg stellte Montgelas fest, dass sie sich in einem beklagenswerten Zustand befänden.[565] Es bedürfe daher auf dem Gebiet der Bildung insgesamt einer totalen Umgestaltung, außerdem sollte den Elementarschulen fortgesetzte Aufmerksamkeit geschenkt werden.[566]

Montgelas begründete die Notwendigkeit, die religiöse Toleranz des Staates gegenüber seinen Bürgern einzuführen. Einen Grund für die Toleranzgesetzgebung fand er in den möglichen wirtschaftlichen Vorteilen und im Zuzug von Facharbeitern.[567] Zugleich belegte Montgelas seine Auffassung, dass dem Herrscher kein Hindernis entgegenstehe, die Toleranzgesetze auch für die traditionell stammbayerischen katholischen Gebiete zu erlassen.[568] Die Grundlage des aufgeklärten Toleranzgedankens liegt dabei freilich in der Gleichgültigkeit gegenüber der Wahrheitsfrage.[569] Schon die Geschäftszuweisung an das

---

564 Ansbacher Mémoire, 30: „*dont le plan d'éducation et la forme de la discipline s'accorderaient mieux avec les maximes de l'Etat.*"

565 Ansbacher Mémoire, 30: „*Les deux universités de Heidelberg et d'Ingolstadt sont dans l'état le plus déplorable.*"

566 Ansbacher Mémoire, 33: „*On ne pourra se dispenser un jour de faire une refonte absolue en cette partie, de méditer profondément le plan qu'on adoptera, et de donner surtout l'attention la plus suivie aux écoles primaires des villes et des campagnes.*"

567 Ansbacher Mémoire, 33: „*La tolérance religieuse attire dans le sein de l'Etat des étrangers utiles par leur industrie, elle favorise les progrès de l'industrie et des lumières, excite l'émulation.*"

568 Ansbacher Mémoire, 33: „*Quant aux Etats bavarois proprement dits, je soutiendrai hautement, malgré le préjugé contraire, qu'aucune loi ne lie sur ce point les mains au Prince.*"

569 „*Das Erbe der Aufklärung mit ihrer Gleichgültigkeit gegenüber den Wahrheitsansprüchen der Religionen förderte und begünstigte religiöse Toleranz und gegenseitigen Respekt anstelle von religiöser Konfrontation und dem Insistieren auf Gotteserkenntnis.*", so Neusner, My Argument with the Pope, 203. Nur: Der Preis für die religiöse Toleranz ist das Verstummen vor der Wahrheitsfrage und damit die Amputation der Transzendenz aus dem geistigen Horizont der Menschen und der Politik; im Staat führt die Immanenzorientierung zum Rechtspositivismus..

konzipierte Ministerium für geistliche Angelegenheiten setzte implizit die religiöse Toleranz voraus, wenn dieses selbstverständlich die staatskirchliche Zuständigkeit für die katholische und protestantische Konfession wahrnehmen sollte.[570] Fast nebenbei ist mit der Forderung nach Toleranz, die die Aufgabe der reinen Katholizität des Staates – eines überkommenen Verfassungsprinzips – bedeutet, eine Emanzipation des Staates von jedem (katholisch-kurial) kirchlichen Einfluss angezielt und damit auch eine Positionierung über jeder Konfession und Religion. Indem dem Staat das Recht zugesprochen wird, zu entscheiden, welche Konfession/Kirche er der katholischen Konfession gleichstellen will, wird der Staat über jede Kirche/Religion gestellt[571] und nicht daneben, wie etwa in einem modernen weltanschaulich neutralen Staatssystem.

Die Presse- und Publikationsfreiheit sah Montgelas als eine Errungenschaft, die Revolution der Aufklärung in den Geistern zu verbreiten. Deshalb sollte die Zensur abgeschafft und zugleich klare Gesetze erlassen werden, um den Missbrauch der Freiheit zu wehren. Dabei räumte er ein: „*Das große Problem, wo die Freiheit endet und die Zügellosigkeit beginnt, ist noch in keinem Staat gut gelöst worden.*“[572]

An den Themen der Priesterbildung, der Stärkung der Pfarrseelsorge, der religiösen Toleranz und der Pressefreiheit wird ersichtlich, dass Montgelas' Vorschläge zur Betonung und Steigerung der Staatssouveränität von seinen Erfahrungen als Bücherzensor, seinen aufklärerischen Idealen[573] und einer Pragmatik unterlegt sind, die die Idealvorstellungen mit der Realität der bayerischen politischen, religiösen, gesellschaftlichen und rechtlichen Umstände

---

570 Bald nach der Regierungsübernahme erging im Sinne der Toleranz die kurpfälzische Religionsdeklaration; im November 1800 wurde die Amberger Resolution erlassen, die eine bürgerliche Gleichstellung der Protestanten mit sich brachte; 1802 wurde der Geistliche Rat aufgehoben, die Kirchenangelegenheiten wurden den Landesdirektionen zugewiesen; das Religionsedikt vom 10.01.1803 brachte den drei Konfessionen (katholisch, lutherisch, reformiert) die volle bürgerliche Gleichstellung (Parität) und den Status öffentlich-rechtlicher Korporationen sowie allen Christen den Zugang zu allen Staatsämtern.

571 Vgl. Doeberl, Staatssouveränität, 126.

572 Ansbacher Mémoire, 35: „*Le grand problème où finit la liberté et où commence la licence, n'a encore été bien résolu dans aucun Etat.*“

573 Der aufklärerische Optimismus Montgelas', der an einer Verklärung der Aufklärung grenzt, klingt etwa so: „*Plus ils sont éclairés, plus ils chérissent leurs devoirs, plus ils s'attachent à un gouvernement qui s'occupe véritablement de leur bonheur.*“, Ansbacher Mémoire, 35.

vermitteln. „*Der Kampf um das staatliche Recht gegenüber der Kirche wird gleichzeitig ein Kampf für die Ideen der Aufklärung.*“[574]

Die in dem Mémoire von 1796 vorgeschlagenen Reformvorschläge wurden in der Zeit von 1799 bis 1817, der Zeitspanne, in der Montgelas dem Souverän Pfalzbayerns als Minister diente und dessen Regierung führte, nahezu alle durchgeführt und das trotz der in diesem Zeitraum stattgefundenen politischen Ereignisse und Umwälzungen.[575]

Weitere Reformmaßnahmen wurden in der Dienstzeit Montgelas' umgesetzt, einerseits solche, die in der Denkschrift nicht – auch nicht in nuce – angelegt waren und andererseits solche, die eine Ausweitung der in der Denkschrift benannten Reformvorhaben bedeuteten.[576]

4.1.1.2.4 Der Rohrbacher Hausvertrag 1797 – Verhältnis von Staat und Dynastie

Auf eine staatstheoretische Festlegung im Sinne von Montgelas' Fixstern, den Gedanken der Staatssouveränität, ist noch hinzuweisen. Diese findet sich im Rohrbacher Hausvertrag[577] von 1797, der eine Reihe ähnlicher Verträge beschließt. Ausgangspunkt aller Hausverträge der Wittelsbacher war der Vertrag von Pavia von 1329, der eine Territorialteilung vornahm, zugleich aber Bestimmungen enthielt, die den Besitz in der Familie sicherten. In den Verträgen von Nymphenburg und Schwetzingen vom September 1776, von München vom 26. Februar 1771 und wiederum von München vom 19. Juni 1774 zwischen der kurpfälzischen und der bayrischen Linie der Wittelsbacher wurde der Vertrag von Pavia bestätigt. Seit 1766 galt das Territorium Kurpfalz-Bayern als Gesamtbesitz der Dynastie. Im Hausvertrag von 1774 war die pfälzische Nebenlinie Pfalz-Zweibrücken der Wittelsbacher als Rechtsnachfolger einbezogen und anerkannt worden.

Der Rohrbacher Vertrag wurde geschlossen zwischen Herzog Maximilian Joseph von Pfalz-Zweibrücken-Birkenfeld und dem (einzigen) Agnaten seiner Linie, Wilhelm Pfalzgraf von Pfalz-Zweibrücken-Birkenfeld-Gelnhausen.[578]

574 Doeberl, Staatssouveränität, 125.

575 Vgl. Weis, Montgelas, Bd. I, 285.

576 Zu den verschiedenen weiteren Reformmaßnahmen vgl. Weis, Montgelas, Bd. I, 286.

577 Zur geistigen Urheberschaft Montgelas' an dem nicht gedruckten Vertrag vgl. Weis, Montgelas, Bd. 1, 289, Anm. 7 und Anm. 10. Zu den darin enthaltenen Festlegungen und Reformvorschlägen vgl. ebd., 287–293.

578 Wilhelm (geb. 1752 in Gelnhausen, gest. 1837 in Bamberg oder Landshut), Pfalzgraf und Herzog von Gelnhausen, konvertierte 1769 zur katholischen Kirche; sein

Inhaltlich schloss er an die früheren Hausverträge der Wittelsbacher Dynastie an, die die verschiedenen Herzogtümer der Wittelsbacher als unteilbares Fideikommiss definierten. Im Rohrbacher Vertrag war die Vertragsabsicht, der Verschleuderung von Rechten und Gütern durch einzelne Mitglieder des Hauses – hier konkret des pfalzbairischen Kurfürsten Karl Theodor, dem Onkel der Vertragspartner – vorzubeugen. Die Hausverträge des 18. Jahrhunderts bildeten die *„unzweifelhaftesten Denkmäler der patrimonialen Staatsauffassung des absoluten Fürstentums in den Staaten Pfalz-Bayern."*[579] Dagegen stellt der Rohrbacher Hausvertrag *„einen großen Fortschritt gegenüber einer patrimonialen Staatsauffassung"*[580] dar, da hier der Integrität des Staates eine höhere Priorität zugemessen wurde als dem Verfügungsrecht des Fürsten.

4.1.1.2.5 Montgelas' Visionen werden Reformen werden Praxis

In Montgelas war aufgrund seiner Studien und Erfahrungen die Idee eines Staatsideals gewachsen und herangereift, die ihn dazu bewegten, diverse Reformvorschläge mit Rücksicht auf die pfalzbayrischen Lande zu entwickeln und seinem Fürsten vorzulegen. Der Aufstieg seines Fürsten zum Kurfürsten und König, näherhin dessen Regierungsübernahme 1799 und die Vertrauensstellung des Ersten Ministers des Herrschers, ermöglichten es Montgelas, seine Reformvorschläge mit fürstlicher Billigung im Zuge der kontinuierlichen Regierungsarbeit in die Praxis umzusetzen. Neben vielen anderen Reformen soll hier ein Potpourri an Entscheidungen, Verlautbarungen und Dekreten dargeboten werden, das verdeutlicht, wie schnell und konsequent Montgelas das Verhältnis zwischen Staat und Kirche umformte.

Gönner war Kurfürst Karl Theodor. Er studierte in Heidelberg und schlug danach die militärische Laufbahn ein. Wilhelm heiratete 1780 und lebte mit seiner Familie zunächst in Landshut; seit 1799 war er Herzog in Bayern; 1803–1806 Statthalter des pfalzbayerischen Kurfürsten Maximilian IV. Joseph, seines Schwagers, im wittelsbachischen Herzogtum Berg; seit 1778 Ehrenmitglied der Bayerischen Akademie der Wissenschaften; er erwarb nach der Säkularisation 1813 das Kloster Banz bei Staffelstein, wo auch sein Herz bestattet ist. Zur Biographie vgl. Friedrich August Schmidt, Neuer Nekrologe der Deutschen, 15. Jhrg., 1837, Teil 1, Weimar, Voigt, 1839, 61–63.

579 Doeberl, Staatssouveränität, 11.

580 Weis, Montgelas, Bd. 1, 288.

1802: Kleriker werden Bildungsbeauftragte.

Die Privilegien der Kleriker wurden abgeschafft, da sie der Gleichheit aller Bürger widersprachen. Doch im Hinblick auf ihre Nützlichkeit für den Staat wurden die Geistlichen mit staatlichen Aufgaben betraut. Sie sind, so heißt es in einem Zirkular, an die gesamte Weltgeistlichkeit in den churfürstlichen Staaten, „*als eigentliche Volkslehrer und Erzieher zu betrachten, deren Händen die religiöse und sittliche Bildung einer ganzen Nation größtenteils anvertraut ist.*“[581]

1803: Kontrolle und Aneignung kirchlicher Güter.

Kirchliche Güter und Institutionen wurden der staatlichen Aufsicht, Kontrolle und Nutzung unterworfen. Dazu wurde das mittelalterliche Schutzrecht über die Kirche, das alte landesherrliche ius advocatiae als Teil der iura circa sacra, zu einem Mittel des Staatsabsolutismus und unter dem Titel des Staatswohls in ein allgemeines Verfügungsrecht über das kirchliche Vermögen umgedeutet.[582] Die Säkularisation von Klöstern (in größerem Stil ab 1802) und schließlich der geistlichen Fürstentümer (Hochstifte) war aufgrund des Reichsdeputationshauptschlusses von 1803 die Konsequenz der staatsabsolutistischen Theorie/ Ideologie. Darauf wird weiter unten eigens eingegangen.

1803: Ausweitung des landesherrlichen Patronats.

Mit der Säkularisation ging auch der Anspruch eines allgemeinen landesherrlichen Patronats einher. Als Grund dafür wurde staatlicherseits die Rechtsnachfolge des Staates in die landesherrlichen Rechte der säkularisierten (Fürst-)Bischöfe gemäß dem Reichsdeputationshauptschuss geltend gemacht. Alle Patronatsrechte, die in irgendeinen Zusammenhang mit den säkularisierten Bistümern gebracht werden konnten, beanspruchte der Staat für sich.[583] Auf die Vermischung der einstigen weltlichen und geistlichen Rechtstitel der säkularisierten Bischöfe nahm man bei dieser Herleitung des Anspruchs des Patronatsrechts freilich keine Rücksicht.

---

581 Zirkular v. 11.03.1802 an die gesamte Weltgeistlichkeit in den churfürstlichen oberen Staaten, in: Churpfalzbairisches Regierungsblatt, 1802, 178–182, hier 180.

582 Vgl. Doeberl, Staatssouveränität, 144.

583 Rescript v. 22.11.1803 an das bischöfliche Vikariat zu Bamberg. Das landesherrliche Patronat = Recht betref., in: Regierungsblatt für die Churpfalzbairischen Fürstenthümer in Franken 1803, 229–233, besonders 229–230.

1803: Kirche als Staatsanstalt.

Obwohl die Kirche als eine Staatsanstalt behandelt wurde und deren Glieder eine Vereinigung von Staatsuntertanen bildeten, verminderte sich die staatliche Einwirkung auf die innerkirchlichen Verhältnisse nicht. Vielmehr steigerte sich quantitativ und qualitativ die Einflussnahme, da die staatlichen Akteure für sich das ausschließliche Recht reklamierten, die Grenzen zwischen einerseits rein weltlichen sowie andererseits rein geistlichen Gegenständen und den Gegenständen gemischter Natur (res mixtae) zu fixieren. Für Regelungen der beiden letztgenannten Bereiche berief sich der staatliche Gesetzgeber auf ein extensiv verstandenes ius protectionis und ius cavendi. „*Hierin offenbarte sich der polizeistaatliche Charakter des Systems Montgelas'.*“[584]

1803: Neubegründung und Ausweitung des landesherrlichen Placets.

Das Postulat, dass die Kirche eine Gesellschaft im Staate sei, wirkte sich auch auf die staatliche Auffassung vom kanonischen Recht und seine Verbindlichkeit aus. Wenn der Staat selbst Quelle allen Rechtes und aller Rechtsgewalt ist, folgt daraus, dass nur die Bestimmungen verbindlich sein können, die von Seiten des Staates mit Autorität und Zwang ausgestattet sind. Kirchliche Verordnungen können demnach nur mit staatlicher, genehmigender Anerkennung Verbindlichkeit beanspruchen. Damit bekam das seit langer Zeit geübte landesherrliche Placet neuen Auftrieb und eine Begründung in der Rechtsdogmatik.

Eine Verordnung vom 15. Februar 1803 bestimmt: Die kirchlichen Erlasse sollen, um in die Rechtsordnung des Landes aufgenommen zu werden, der Genehmigung der weltlichen Gewalt bedürfen.[585] Kein Erlass der Ordinariate und der Vikariate durfte daher öffentlich bekannt gemacht werden ohne den Vermerk: „*auf höchste Bestätigung seiner Churfürstlichen Durchlaucht*“[586].

1803, 1804: Abschaffung der Gerichtsprivilegien der Kleriker.

Die Beseitigung der Bevorzugung der Kleriker als bestimmte Personengruppe im Staat war geboten durch die Gleichbehandlung aller Staatsbürger, einer Forderung der Aufklärung. Montgelas hatte dies wie folgt in die Worte gefasst: „*Les ecclésiastiques sont sujets de l'Etat comme de lais.*“[587] Die Gerichtsprivilegien der Kleriker wurden zuerst durch eine Verordnung vom 11. November 1803 in

---

584 Doeberl, Staatssouveränität, 141.

585 Vgl. Doeberl, Staatssouveränität, 141.

586 Verordnung vom 24.05.1803, Churpfalzbairisches Regierungsblatt, 1803, 346.

587 Zitiert nach Doeberl, Staatssouveränität, 137.

der neu erworbenen Provinz Schwaben aufgehoben; zugleich wurden die Kleriker der ordentlichen Gerichtsbarkeit des Staates unterworfen.[588] Am 7. Mai 1804 weitete eine Verordnung die Unterwerfung des gesamten Klerus unter die staatliche Gerichtshoheit in ganz Churbayern aus. Hierin heißt es: „*Wir werden aber auch nie dulden, dass die Geistlichkeit und irgendeine Kirche einen Staat im Staate bilde, dass dieselbe in ihren weltlichen Handlungen und mit ihren Besitzungen den Gesetzen und den gesetzmäßigen Obrigkeiten sich entziehen.*"[589]

1803, 1809: Parität der christlichen Konfessionen.

Das Religionsedikt vom 10. Januar 1803[590] brachte den drei Konfessionen (katholisch, lutherisch, reformiert) in allen bayerischen Landen die volle bürgerliche Parität (Gleichstellung) und den Status öffentlich-rechtlicher Korporationen sowie allen Christen den Zugang zu allen Staatsämtern. Die wesentlichen Bestimmungen dieses Edikts wurden im Religionsedikt von 24. März 1809[591] wiederholt.

---

588 Regierungsblatt für die Kurpfalzbaierische Provinz in Schwaben, 1803, 121–122. „*Es fließt sowohl aus dem reinen Begriff des Staates und aus den Befugnissen der hierzu aufgenommenen kirchlichen Gesellschaft, als aus dem Geiste der christlichen Religion, dass die Ausübung der Rechtspflege eine Pflicht des Staates seye, die sich über alle Staatsbürger in gleichem Maße erstreckt, so dass keine Klasse derselben von dieser richterlichen Gewalt des Staates eine Befreiung fordern kann.*"

589 Churpfalzbairisches Regierungsblatt 1804, 256–257. Gegen diese Verordnung legte die Kurie, näherhin Kardinalstaatssekretär Consalvi, am 30.09.1805 Beschwerde ein: „*Wenn man sage, die Kirche dürfe nicht einen Staat im Staate bilden, so heiße das in einem gewissen Sinne ebenso viel als die Erhaltung und Ausübung der katholische Religion verbieten; allerdings sei die Kirche nicht ein weltlicher Staat im weltlichen Staate, wohl aber bestehe sie als kirchlicher Staat im weltlichen Staate.*", zitiert nach: Sicherer, Staat und Kirche, 101; zur Beschwerdeschrift: ebd., 99, Anm: 104. Als Verfasser werden vermutet der päpstliche Nuntius della Genga und der Kanonist Pater Jacob Anton Zallinger von Thurn (ebd. 99), ein deutscher Kanonist mit römischer Affinität.

590 ‚Edict die Religionsfreiheit in den churfürstlichen Herzogtümern Franken und Schwaben betreffend', erlassen von Kurfürst Maximilian IV Joseph, am 10,03.1803, in: Churpfalzbairisches Regierungsblatt 1803, 15–18. Als Verfasser gilt Georg Friedrich Zentner.

591 ‚Edikt über die äusseren Rechts-Verhältnisse der Einwohner des Königreiches Baiern in Beziehung auf Religion und kirchliche Gesellschaften, zur näheren Bestimmung der §§ VI. und VII. des ersten Titels der Konstitution', erlassen von König Maximilian I. Joseph, in: Königlich-Bairisches Regierungsblatt 1809, 897–920.

1804, 1809: Ausbildung einer Religionspolizei.

Alles, was auf das Wesen von Kult und Dogma abzielt, gehört in den Bereich der Kirche; das Übrige fällt zu Recht in den Bereich der politischen Gewalt, so Montgelas im Memoire instructif von 1789.[592] Die staatliche Einwirkung konzentrierte sich daher insbesondere auf die gemischten Gegenstände (res mixtae) und näherhin auf bzw. gegen die kirchlichen Zeremonien und das kirchliche Brauchtum. Der Schlüsselsatz für die beliebig weit gehende staatliche Einflussnahme lautete, dass sich diese bezieht auf alle *„Gegenstände, welche zwar geistlich sind, aber die Religion nicht wesentlich betreffen und zugleich irgendeine Beziehung auf den Staat und das weltliche Wohl der Einwohner desselben haben*“[593] Die in früheren Zeiten gewachsenen und fortan ausgeübten kirchenpolizeilichen Maßnahmen wurden durch das Zusammentreffen aufklärerische Tendenzen mit der Forderung einer umfassenden Staatstätigkeit immer mehr zu einer Religionspolizei umgeformt. Diese wurde von Staatsrat Georg Friedrich Zentner als ein wichtiger Teil der Staatspolizei überhaupt bezeichnet.[594]

1805: Ausbau des landesherrlichen Pfründe- bzw. Ämtervergaberechts.

Aus dem alten Recht der landesherrlichen Possesgebung und aus dem Präsentationsrecht in den päpstlichen Monaten leitete die Staatsautorität ein allgemeines staatliches Pfründevergaberecht ab, das zu einer staatlichen Ämterhoheit auch gegenüber der geistlichen Gewalt überhöht wurde.[595] Ein Protagonist solcher Ansprüche war der Würzburger Kirchenrechtslehrer Johann Philipp Gregel. Er sprach dem Staat ein allgemeines Patronatsrecht und dazu auch das unbedingte Ernennungsrecht der im Land residierenden Diözesanbischöfe zu; beide Rechte galten ihm als ein Ausfluss der Landeshoheit.[596]

---

592 *„Tout ce qui tient à l´essence de Culte et au Dogme, est du ressort des l´Eglise; tout le reste appartient de droit à la puissance politique.*“, zitiert nach Doeberl, Staatssouveränität, 145.

593 Verordnung vom 07.05.1804, ‚Die Verhältnisse zur geistlichen Gewalt betreffend‘, Churpfalzbairisches Regierungsblatt, 1804, 255–260, hier 257.

594 In einer Sitzung des Geheimen Rates v. 16.03.1809, zitiert nach Doeberl, Staatssouveränität, 145.

595 Vgl. Doeberl, Staatssouveränität, 143.

596 Vgl. Doeberl, Staatssouveränität, 144. Gregels zur Sache einschlägiges Werk trägt den Titel: Das landesherrliche Patronatrecht: nach den veränderten Verhältnissen der bischöflichen Gerechtsame betrachtet, Würzburg 1805, URN: urn: nbn: de: bvb:12-bsb10726591-6, Zugriff: 22.09.2019. Zum allgemeinen Patronatsrecht, vgl. ebd. §§ 74–81; zur Ernennung der Bischöfe, vgl. ebd. §§ 93–102, besonders § 93.

1806: Beseitigung der Landschaft.

Die Landschaft[597] mit Landtag und Landschaftsverordnung war eine Stütze der alten bayerischen Herrschaftsstruktur; sie umfasste insbesondere das Steuerbewilligungsrecht, das die Souveränität des Fürsten erheblich einschränkte. Gemäß seiner Staatsidee galt die Landschaft Montgelas als Hindernis der Entfaltung der Staatssouveränität. Allerdings war die Landschaftsverfassung Bayerns durch die geltende Reichsverfassung garantiert und somit auch nach dem legalistischen Prinzip Montgelas' unantastbar. Als dann das Heilige Römische Reich mit der Niederlegung der Krone durch den Kaiser im Jahr 1806 erlosch, zögerte Montgelas nicht, die Stände abzuschaffen. Dies geschah formell durch die Bayerische Konstitution von 1808, die die landschaftliche Verfassung nicht mehr fortführte.

1806, 1808: Ausbau des staatlichen Verlöbnis- und Eherechts.

Das Eherecht war in früherer Zeit allein Sache der Kirche gewesen. Eherecht und Ehegerichtsbarkeit standen unter der unbedingten Herrschaft der Kirche. In der Zeit der Aufklärung wurde die Ehe jedoch als ein bloßes Vertragsverhältnis gesehen und damit einer Verstaatlichung des Eherechts der Weg eröffnet. „*Le mariage est un contrat dont la forme et les effets sont purement civiles.*“[598] Die Streitigkeiten in Verlöbnisangelegenheiten wurden, da sie bloß als weltliche Handlung und als rein bürgerlicher Vertrag anzusehen sind, im Jahr 1806 zur Behandlung ausschließlich den staatlichen Gerichten zugewiesen.[599] Mit einer Regierungsverordnung von 1806 wurden die im Ausland geschlossenen Ehen der Bürger für ungültig erklärt.[600]

597 Zur Abschaffung der Landschaft in knappen Zügen vgl. Weis, Die Begründung des modernen bayerischen Staates unter König Max I. (1799–1825), in: HBG, Bd. IV/I, 14–16.

598 Montgelas in seinem Mémoire instructif von 1789, zitiert nach Doeberl, Staatssouveränität, 138. „*Die Rechtswirklichkeit blieb weit hinter der Theorie zurück.*“, so Doeberl, Staatssouveränität, 139.

599 Vgl. Verordnung v. 02.05.1806, Die Sponsalien betreffend, Königl-Bairisches Regierungsblatt, 1806, 175–176, hier: 176, Nr. 6.

600 Verordnung v. 12.07.1808, Die Beförderung von Heurathen (!) auf dem Lande betreffend, Königlich-Bairisches Regierungsblatt 1808, 1506–1510, hier: 1510, Nr. 17. Gegen die so verstandene staatliche Anmaßung des Rechts der Ehescheidung erhob sich literarischer Protest, etwa vom Stifter der Bamberger Metropolitanbibliothek: Pius Brunnquell, Beweise für die Unauflöslichkeit des Ehebandes…, Augsburg, Doll, 1810. Zu dieser Schrift: Jung, Art. Pius Brunnquell: Beweise für die Unauflöslichkeit der Ehe, 146–147.

1808: Konstitution zur Sicherung der Staatsherrschaft und Reformen

Die Verabschiedung der Bayerischen Konstitution von 1808[601], der ersten schriftlich fixierten Verfassung Bayerns, mit der etliche der angestoßenen und umgesetzten Reformvorhaben aus dem Programm Montgelas' gesichert sowie die neuen Bürger und Territorien mithilfe einer einheitlichen Verwaltung und der zu wählenden, nichtständisch-konzipierten, Nationalvertretung in das Staatswesen integriert werden sollten. *„Eine integrative Staatsidee, eine alle verpflichtende Gemeinwohlbindung anzubieten, war wohl Zweck dieses Verfassungswerkes, wenn gleich auch fiskalische und außenpolitische Überlegungen eine gewichtige Rolle gespielt haben mögen."*[602]

1808: Integration des Staatsoberhaupts als Staatsorgan in den Staat.

Was im Rohrbacher Hausvertrag 1797 grundgelegt worden war, wurde im Sinne des Ministers Montgelas vollendet mit der Konstitution des Königreiches Bayern 1808. Mit ihr wurde *„der Gedanke der Rechtspersönlichkeit des Staates verwirklicht"*[603] und die *„rechtliche Trennung zwischen Dynastie und Staat und der Verwandlung des Fürsten in ein Organ des Staates"*[604] verfassungsmäßig fixiert; damit wurde die Idee der Staatssouveränität im Sinne Montgelas' in Reinform realisiert.

4.1.1.2.6 Ein Summarium zu Montgelas' Reformwerk

Montgelas konnte ab dem Jahr 1799 als Erster Minister sein Reformprogramm, das vom Landesherrn Maximilian Joseph gebilligt und mitgetragen wurde, im Zusammenwirken mit anderen geistesverwandten Staatsbeamten, die wie er der Aufklärung anhingen, umsetzen. Grundprinzip war für ihn die

---

601 Constitution vom 1. Mai 1808, erlassen v. Maximilian I. Joseph von Bayern, in: Die Constitutionen der europäischen Staaten, Bd. 2, 132 142.

Die Konstitution war am 1. Oktober 1808 in Kraft getreten als Reaktion auf die Rheinbundakte (Conföderationsacte des Rheinbundes vom 12. Juli 1806) und in der Sorge, dass die bayerische Souveränität durch Vorgaben des Rheinbunds auf Initiativen Napoleons geschmälert werden könnte. Die Konstitution orientierte sich an der Verfassung für das Königreich Westphalen (v. 15.11.1807), die dem inneren Staatsaufbau der napoleonisch geprägten Staaten entsprang und deren Mitverfasser Christian Koch war, der akademische Lehrer Montgelas' in Straßburg, vgl. Doeberl, Staatssouveränität, 29.

602 Treml, Königreich, 49.

603 Doeberl, Staatssouveränität, 29.

604 Weis, Montgelas, Bd. 1, 289.

Staatssouveränität, die es verlangte, dass alle Staatsgewalt in den Ministerien konzentriert wurde und umgekehrt alle Staatsgewalt vom Souverän ausging bzw. durch die Staatsverwaltung ausgeübt wurde; selbst der Fürst wurde dem Staat eingeordnet.

Bayern wurde durch die Reformen Montgelas' nach damaligen Gesichtspunkten zum fortschrittlichsten Staat Europas. Doch stießen die Neuerungen, insbesondere die Säkularisation der Kirchengüter, die mit der Aufhebung nicht landständischer Klöster 1799 und 1801/02 im großen Stil vollzogen wurde, vielfach auf erhebliches und kritisches Unverständnis. Außenpolitisch war Montgelas für die Hinwendung Bayerns zu Frankreich im Jahr 1805 verantwortlich, aber genauso auch für die Abkehr vom französischen Bündnispartner 1813.

Im Mittelpunkt des Interesses und der Reformen stand bei Montgelas allein der Staat. *„Eine Macht, ein Wille, ein Gesetz, eine Ordnung sollen herrschend werden über eine Vielzahl fremder, widerstrebender Interessen, Territorien und Herrschaften. So schafft er [Montgelas] den bayerischen Staat in seiner Einheit als etwas völlig Neues."*[605] Dieses neue Bayern ist somit aus einer Art Revolution von oben entstanden – Montgelas war der Revolutionsführer. Er handelte dabei in der Überzeugung, die er mit anderen deutschen Ministern teilte, dass die deutschen Staaten nur überleben könnten, wenn sie die durch die französischen Revolution virulent gewordenen Prinzipien der Menschenwürde und Freiheitsrechte mithilfe tiefgreifender und schneller Staatsreformen selbst durchführen würden.[606]

Unter diesen Umständen wurde die Kirche zu einer eudämonistisch-utilitaristischen Staatsanstalt, die der Kuratel bzw. der paternalistischen Pflege und Kontrolle der Staatsbehörden unterstand. Ein Eigenrecht der Kirche in der Gestaltung des kirchlichen Lebens über den eng gefassten, rein dogmatisch-sakramentalen Bereich hinaus war für Montgelas hingegen eine irrwitzige Behauptung.

Bei der näheren Untersuchung der Konkordatsverhandlungen muss dieser staatliche Standpunkt, d. i. die Position Montgelas', stets präsent bleiben, zumindest solange Montgelas für die Verhandlungen verantwortlich war.[607] Im

---

605 Doeberl, Staatssouveränität, 178.

606 Vgl. Weis, Montgelas, Bd. 1, 56.

607 Bei allen staatsabsolutistischen Bemühungen und staatskirchlich-territorialistischen Bestrebungen Montgelas' und seiner Geistesverwandten in der bayrischen Regierung gelang die völlige Einordnung der kirchlichen Organisation in das Staatswesen der souveränen Staatsgewalt trotz ihres Anspruches auf Bestimmung der kirchlichen Landesverfassung nicht, vgl. Doeberl, Staatssouveränität, 136–137.

Februar 1817 erfolgte die Entlassung des Staatsministers durch König Maximilian I. Joseph, v. a. wohl auf Betreiben einer Partei am Hof um den Kronprinzen Ludwig. Bis zu seinem Tod am 14. Juni 1838 nahm Montgelas, der 1809 in den erblichen Grafenstand erhoben worden war, seine Rolle als Mitglied in der Kammer der Reichsräte wahr.

4.1.1.3 Bevollmächtigter Minister, Kasimir von Häffelin (1737–1827)

Kasimir (oder Casimir) Freiherr von Häffelin[608] wurde 1737 in Minfeld bei Kandel im Herzogtum Zweibrücken geboren. Er studierte in Pont-à-Mousson (dt. veraltet: Mussenbrück) in Lothringen am Jesuitenkolleg, das 1572 gegründet worden war und später nach Nancy transferiert wurde, sowie danach bis 1765 in Heidelberg, wo er das Doktorat[609] anstrebte, aber nicht abschloss. Erst 1781 wurde er an der Universität Ingolstadt in Anerkennung seiner bisherigen wissenschaftlichen Beiträge und Leistungen zum Doktor der Theologie promoviert.[610]

4.1.1.3.1 Im Dienste des Kurfürsten Karl Theodor

Häffelin empfing im Jahr 1763 in Speyer die Priesterweihe und wurde danach als Hofkaplan vom pfälzischen Kurfürsten Karl Theodor in Dienst genommen. Zugewiesen wurden ihm 1778 die Aufgaben eines Kabinettsantiquars und Münzkabinettdirektors, schließlich wurde er 1770 zum kurfürstlichen Geheimen Rat ernannt. Häffelin siedelte 1778 mit Kurfürst Karl Theodor von Heidelberg nach München über. Dort wurde er 1782 infulierter Prälat sowie Komtur des Malteserritterordens und Generalvikar des bairischen Malteser-Großpriorats, 1783 wurde er Vicepropst des Kollegiatstifts Unserer Lieben Frau in München. Diese geistliche Position ließ ihn dem Kurfürsten geeignet erscheinen, ihn 1783 zum Vizepräsidenten des Geistlichen Rats und zum geheimen Referendar in geistlichen Sachen zu ernennen.

---

608 Zu Leben und Wirken: Bischof, Ein bayerischer Kirchenmann an der römischen Kurie. Kardinal Kasimir von Häffelin (1737–1827), 277–294; Fendler, Johann Casimir von Häffelin 1737–1827, Mainz 1980; Krausen, Haeffelin, 429; Heigel, Haeffelin, 697–698.

609 Dissertatio historico-theologica de iusta Theodori Mopsvesteni, Theodereti et Ibae damnatione, vulgo de tribus capitulis, Heidelberg 1765.

610 Die verwickelte und nicht unumstrittene Graduierung ist dargelegt bei Fendler, Häffelin, 5. Ein Verzeichnis der wissenschaftlichen Schriften Häffelins bietet: Fendler, Häffelin, XIII.–XIV.

Am 28. September 1787 wurde Häffelin zum Titularbischof von Chersonnes ernannt und am 11. November erhielt er durch den für Bayern bestellten Nuntius Zoglio in der Kirche Sankt Michael in München, die damals die Kirche der Malteser war, die Bischofsweihe.

Häffelins Bemühungen, als Bischof des neu errichteten, von der Amtsgewalt des Freisinger Bischofs exempten Münchner Hofbistums eingesetzt zu werden, wurden jedoch enttäuscht. Nicht er, sondern der alte und gebrechliche Präsident des Geistlichen Rates Joseph Ferdinand Guidowald Graf von Spaur wurde 1790 zum obersten Hofkaplan in München und damit zum Hofbischof ernannt.[611]

Häffelin wurde 1767 in die Mannheimer Akademie der Wissenschaften aufgenommen, ab 1777 war er Mitglied der Deutschen Gelehrten Gesellschaft und ab 1782 Mitglied der Bayerischen Akademie der Wissenschaften. Die Mitgliedschaften in den diversen Akademien lassen es als sicher erscheinen, dass Häffelin mit Herz und Verstand in die aufklärerische Geistesströmung eingetaucht war.[612]

Als Vizepräsident des Geistlichen Rats bestimmte Häffelin die Programmatik und Praxis dieser staatlichen Institution, die er neu ausrichtete. *„So bedeutete die Neuformulierung des Geistlichen Rates im Jahr 1783 eine Zäsur in der bayerischen Kirchenpolitik, die allerdings keinen Bruch mit der vorhergehenden Zeit vollzog. Zwar baute man die antikirchlichen Tendenzen […] ab, doch war Häffelin darauf bedacht, die staatskirchliche Orientierung beizubehalten.“*[613]

Als junger Geistlicher war Häffelin auch Mitglied des Illuminatenordens geworden, als aber die Regierung ab 1784 gegen den Geheimbund einschritt,

---

611 Zur Bischofsernennung und zur Errichtung des Hofbistums vgl. Fendler, Häffelin, 47–50.

612 *„Häffelin dürfte sich in dieser aufgeklärten Gesellschaft der Akademie nicht mit einem besonderen priesterlichen Eifer hervorgetan haben; vielmehr stimmte er mit den Vorstellungen und Plänen seiner Mannheimer Freunde über ein“*, Fendler, Häffelin, 12. Diese Freunde bezeichnete Häffelin selbst als die besten akademischen Mitglieder, die aufgeklärtesten und tätigsten Männer, die der erhabenste Musenfreund, Karl Theodor, in seine (akademischen) Stiftungen berufen hatte, vgl. Häffelin, Volksaufklärung, 4.

613 Fendler, Häffelin, 38. Einen anderen Akzent vertritt Bischof (Bayrischer Kirchenmann, 281): *„Ja, der geschäftstüchtige Priester erwies sich geradezu als konsequenter Verfechter des von seinem Landesherrn vertretenen Staatskirchentums, dessen Realisierung er unter Einbindung der Römischen Kurie sowie in klarer Stoßrichtung gegen die bestehende Reichskirchenverfassung zu verwirklichen suchte. Dabei hatte er stets auch seinen persönlichen Vorteil im Blick.“*

trat er nicht nur aus dem Orden aus, sondern – was ein Charakterindiz sein mag – behielt durch Winkelzüge zumindest noch für einige Jahre die Gunst des Fürsten und wirkte sogar bei der einsetzenden Unterdrückung des Ordens sowie der Verfolgung seiner Mitglieder mit.[614] Doch mit der aufgedeckten Mitgliedschaft war der Ruf Häffelins unzweifelhaft beschädigt, sodass seine Karriere einen Knick erhielt.[615] Zwar wurde er mit seinem Bruder noch von Kurfürst Karl Theodor, als dieser 1790 als Reichsvikar amtete, in den Reichfreiherrenstand erhoben, doch wurde er 1790 eben nicht erster Hofbischof und 1791 auch nicht in Nachfolge von Graf Spaur der zweite Hofbischof. Außerdem verlor Häffelin seinen Einfluss im Geistlichen Rat an den neuen Hofbischof und musste seinen Sitz in der Geheimen Schulkuratel aufgeben. Häffelin musste sich für nahezu ein Jahrzehnt von der bayerischen (kirchen-)politischen Bühne zurückziehen, eine Zeit, in der er immerhin im Jahr 1797 für den Malteserorden wirkte und längere Zeit in Malta weilte.[616]

4.1.1.3.2 Im Dienste des Kurfürsten und Königs Maximilian Josephs

Nach dem Regierungsantritt Maximilian IV. Josephs (1799) wusste sich Häffelin „*klug, ehrgeizig und geschmeidig*"[617] dem Stil und der Ausrichtung der neuen Regierung anzupassen und sich als linientreuer Aufklärer zu präsentieren.[618]

---

614 Vgl. Heigel, Häffelin, 697. Zu Häffelin und dem Illuminatenorden vgl. Fendler, Häffelin, 50–56.

615 Dazu trug auch bei, dass nun ausgenutzt wurde, was vorher schon bekannt, aber diskret übergangen worden war: Häffelin lebte um 1790 schon einige Jahre mit einer Witwe im Konkubinat zusammen, mit der er auch Kinder gehabt haben soll, vgl. Bischof, Bayerischer Kirchenmann, 285.

616 Auf Malta wirkte Häffelin mit, dass Ferdinand von Hompesch zu Bollheim (1744–1805), ein Adeliger aus pfalzbaierischen Landen, zum ersten und einzigen bairischen Großmeister des Ordens gewählt wurde. Häffelin stellte sein Mitwirken an dieser Wahl entsprechend heraus. Ferdinand von Hompesch war der Bruder des Franz Karl Freiherrn von Hompesch (1741–1800), der ab 1778 pfalzbaierischer Finanzminister unter Kurfürst Karl Theodor war, der dann auch in den Dienst des Kurfürsten Maximilian IV. Josephs übernommen wurde. Sein Sohn wiederum, Johann Wilhelm von Hompesch (1761–1809), wirkte 1802/1803 als Übernahmekommissar der Hochstifte Bamberg und Würzburg in das Kurfürstentum Bayern und war 1806–1809 erster Finanzminister des Königreichs Bayern.

617 Krausen, Häffelin. 429.

618 Davon gibt Häffelin selbst Zeugnis mit seiner Schrift: Worin besteht die wahre Volksaufklärung? Eine akademische Rede, in welcher das ächte Verhältniss der Wissenschaften gegen die Staatsverwaltung u. jenes der Staatsverwaltung gegen

Ganz im Gefolge der großen Aufklärer ist ihm die Religion ein Instrument zur Aufklärung. „*Religion und Sittlichkeit sind die erste Grundlage der Erziehung. Die Vernunft kennt keine andere Quelle der Volksbildung. Ohne Religion ist keine Sittlichkeit zu hoffen, und ohne Sittlichkeit kann in einem Staate weder Treue und Glauben, noch bürgerliche Ordnung, öffentliche Ruhe und Sicherheit bestehen.*“[619] Gleichzeitig grenzt sich Häffelin von den französischen Geistesgrößen der Aufklärung ab. „*An der Seite einer vernünftigen und wohlthätigen Aufklärung, welche sich mit Anfange, und auch noch in der Mitte unseres Jahrhunderts verbreitete, drang sich bey dem zu Ende neigenden Jahrhunderte eine Afteraufklärung ein, welche unter dem Schein, alles zu verbessern, alles zu verschönern, die alte Ordnung der Dinge angriff*“[620] So schätzte Häffelin die Ursache der französischen Revolution ein, die zu den kriegerischen Auseinandersetzungen geführt hatte, worunter auch Bayern 1799 zu leiden hatte.

Mit solchen und ähnlichen Ausführungen hat sich Häffelin offensichtlich das Vertrauen seines neuen Herrn, Kurfürst Maximilian VI. Joseph, gesichert. Doch zeigte Häffelin auch durch Taten, dass er bereit war, die neuen Ideen des Staatskirchentums in die Praxis umzusetzen. In seiner Rolle als Oberhofbibliothekar war er in die Säkularisation bayerischer Klosterbibliotheken involviert. Freilich mühte er sich auch, die Schätze der Bibliotheken vor Verschleuderung, Plünderung und Beschlagnahme durch Kriegsgegner in den Wirren der Koalitionskriege zu bewahren.

Im September 1803 wurde Häffelin auf Vorschlag Montgelas' zum bayrischen Gesandtem beim Heiligen Stuhl bestellt, um dort die bayerischen (kirchen-)politischen Interessen zu vertreten. Allerdings war Häffelin nicht die erste Wahl gewesen. Ursprünglich sollte der Regensburger Domkapitular Freiherr von Fraunberg[621] diese Aufgabe übernehmen, doch war dieser inzwischen zum Präsidenten des General-Schulkuratoriums berufen worden.

Häffelins Aufgabe – im November 1803 reiste er nach Rom ab und wurde Anfang Dezember erstmals vom Kardinalstaatssekretär empfangen – war es, auf eine Besänftigung der Kurie angesichts der staatskirchlichen Reformen in Bayern und auf den Abschluss eines Konkordats hinzuarbeiten. Während der Zeit, als der Kirchenstaat vom französischen Kaiserreich annektiert war

die Wissenschaften aus historischen Gründen dargethan wird ..., München, Lindauer, 1799. Zu dieser Schrift vgl. Fendler, Häffelin, 66–68.

619 Häffelin, Volksaufklärung, 12.

620 Häffelin, Volksaufklärung, 19.

621 Zu Leben und Person: Urban, Fraunberg, in: Gatz, Bischöfe, 206–208.

(1809–1814), war Häffelin am Hof von Neapel akkreditiert. Nach dem Wiener Kongress ab 1815 nahm er als Gesandter der bayerischen Regierung erneut die Konkordatsverhandlungen auf.

Insgesamt zeigte sich Häffelin den diplomatischen Anforderungen gewachsen. Doch die Bemühungen um ein Konkordat für den nach der Säkularisation stark erweiterten bayerischen Staat verliefen so lange nicht erfolgreich, als die vom Minister Montgelas diktierten, streng staatskirchlich akzentuierten Positionen nicht die Zustimmung des apostolischen Stuhles finden konnten. Erst nach dem Rücktritt von Montgelas' schien die bayerische Position etwas flexibler zu werden und Häffelin *„verfolgte nun eine Richtung, die der bisher verfolgten gerade entgegengesetzt war"*[622] Er entfernte sich eigenmächtig von den strikten Vorgaben der Regierung.[623] Der Grund dafür war, so wird unterstellt, dass sich Häffelin, nun doch schon im Alter von 80 Jahren, gewandelt hatte: *„Aus einem Vertreter einer ausgeprägt gallikanisch-febronianischen Staatskirchenpolitik war er ein betont kirchlicher Diplomat geworden."*[624] Am 5. Juni 1817 unterzeichnete Häffelin jedenfalls ein Konkordat, das in mehreren Punkten in Widerspruch mit den Weisungen seiner Regierung stand und das nach weiteren Verwicklungen, die Häffelin provoziert hatte, letztlich erst 1821 umgesetzt werden konnte.

Häffelin aber wurde auf nachdrückliches Bitten des bayerischen Königs und trotz heftiger Widerstände im geheimen Konsistorium am 6. April 1818 von Papst Pius VII. zum Kardinal erhoben.[625] Er blieb trotz mancher Eigenmächtigkeiten und Anfeindungen in seiner Stellung bis zu seinem Tod im Alter von 90 Jahren am 27. August 1827 in Rom. In seiner Titelkirche Santa Anastasia wurde Kasimir Kardinal von Häffelin beigesetzt.

---

622 Heigel, Häffelin, 698.

623 Krausen (Häffelin, 429) spricht gar von *„weitgehender Überschreitung seiner Kompetenzen."*

624 Krausen, Häffelin, 429.

625 Zur Kardinalserhebung Häffelins vgl. Fendler, Häffelin, 107–110. Bemerkenswert ist: Nicht nur der bayerische König beantragte und erhielt für seinen geistlichen Konkordatsdiplomaten den Purpur. Auch Alexandre Angélique de Talleyrand-Périgord (Onkel des französischen Außenministers Charles Maurice de Talleyrand-Périgord) wurde aufgrund der Intervention des französischen Königs Ludwig XVIII. zum Kardinal erhoben. Dabei lehnte Alexandre Angélique de Talleyrand die vom Papst nach dem Konkordat von 1801 geforderte Resignation bis 1816 ab, wurde dann nach dem Abschluss des Konkordates vom 11.06.1817, das das französische Konkordat von 1801 ablösen sollte, und an dessen Zustandekommen er mitgewirkt hatte, am 28.7.1817 zum Kardinal ernannt, vgl. Skalweit, Art. Talleyrand, in: LThK2^2, Bd. 9, 1279–1280.

Häffelin war eine schillernde Persönlichkeit. Sein öffentliches Wirken umfasste die Aspekte eines aufgeklärten historischen Wissenschaftlers, eines staatskirchlich orientierten Politikers sowie eines gewandten Diplomaten. Dass er Geistlicher und hoher Amtsträger der Kirche war, prägt sein Andenken nicht, denn er hat offenbar nicht als solcher gewirkt. Die geistlich-kirchliche Laufbahn war eine gedämpfte Unterstimme seiner praktisch-politischen Vita. Leicht ist es, seine charakterlichen Verfehlungen zu benennen und zu kritisieren, und doch ist zu schätzen, dass Häffelin als ein tatkräftiger, extravertierter Mensch in den grundstürzenden Wechselfällen der Epoche nicht unterging, sondern dass es ihm gelang, immer wieder die Verhältnisse mitzugestalten.

Für diese Wendigkeit und Geschmeidigkeit, ganz im positiven Sinn gemeint, ist Häffelin nicht das einzige Beispiel seiner Zeit und seines Standes. Zu diesem Menschtyp gehörte etwa auch Charles Maurice de Talleyrand-Périgord (1754–1838), der seit 1788 Bischof von Autun und unter sechs Regimes französischer Diplomat bzw. Außenminister war sowie Fürst Maximilian Joseph von Wittelsbach und Maximilian von Montgelas, die es geschafft hatten, das abhängige Kurfürstentum des Alten Heiligen Römischen Reiches für 112 Jahre in ein mehr oder weniger souveränes Königreich zu retten.

4.1.1.4 Weitere bayerische Funktionsträger bei den Konkordatsverhandlungen

Neben vielen anderen hohen und höchsten Staatsbeamten bzw. Ministern in Diensten des bayerischen Fürsten, seien hier exemplarisch drei Personen näher erwähnt, die mit der Reformpolitik der bayerischen Regierung eng verknüpft und/oder mit den Konkordatsverhandlungen bzw. mit den Konkordatsverhandlungen betraut und vertraut waren.

4.1.1.4.1 Fraunberg, Joseph Maria (1768–1842)

Joseph Maria Johann Nepomuk Freiherr von und zu Fraunberg[626] wurde am 10. August 1768 in Fraunberg in der Nähe von Erding geboren. Er stammte aus einem altbayerischen Adelsgeschlecht der niederbayerischen Landschaft und wurde am fürstbischöflichen Hof in Freising erzogen. Mit vierzehn Jahren wurde er Domkapitular in Regensburg, 1791 empfing er die Priesterweihe und versah bis 1801 Dienste in der Pfarrseelsorge. 1802 trat Fraunberg auf Wunsch des Kurfürsten in den bayerischen Staatsdienst ein und übernahm die Leitung

---

626 Zu Leben und Wirken Fraunbergs vgl. Gehringer, Josef Maria Johann Nepomuk Freiherr von Fraunberg (1768–1842), 87–106.

des General-Schuldirektoriums und damit u. a. die Aufgabe, die allgemeine Schulplicht durchzusetzen. 1804 wurde er Ehrenmitglied der Bayerischen Akademie der Wissenschaften. In den Jahren 1806/1807 war er in die bayerischen Konkordatsverhandlungen in Regensburg involviert.

Fraunberg stand sicherlich in jungen Jahren den Ideen der Aufklärung nahe. Dass er dem Illuminatenorden angehörte, wie damals verschiedentlich vermutet bzw. unterstellt wurde, erscheint unwahrscheinlich, da der Orden schon 1784/85 verboten wurde; damals war Fraunberg gerade einmal sechzehn Jahre alt. Vorgeworfen wurde ihm seine Nähe zu Montgelas, der ihn zum Präsidenten des General-Schuldirektorium (mit-)berufen hatte. Nuntius della Genga, der mit den bayerischen Konkordatsverhandlungen betraut war, äußerte sich dazu folgendermaßen: *„Fraunberg ist nichts als eine Bestie. Er ist in München Präsident der Studien und, ohne Übertreibung: er kann nicht einmal lesen.“*[627] Nuntius Severoli schrieb 1817, dass Fraunberg *„der Liebling nicht nur des Ministeriums, sondern auch des Königs sei.“*[628]

Erst das nachdrückliche Eintreten des bayerischen Außenministers Aloys Graf von Rechberg und insbesondere die Intervention des Königs im April 1818 führten dazu, dass die Verstimmungen um die Person Fraunberg beigelegt werden konnten. Er, der schon 1802 Weihbischof des Freisinger Fürstbischofs hätte werden sollen, also in den Augen der bayerischen Regierung als episkopabel galt, konnte dann zum Bischof von Augsburg nominiert und präkonisiert werden. Am 11. September 1821 wurde Fraunberg zum Bischof von Augsburg geweiht, am 24. November dieses Jahres legte er vor dem König den Amtseid ab und trat dann sein Hirtenamt an.

Schon kurze Zeit später wurde Freiherr von und zu Fraunberg von König Maximilian I. Joseph zum zweiten Erzbischof von Bamberg nominiert und am 24. Mai 1824 erfolgte die Translation nach Bamberg. Als Erzbischof legte er großen Wert auf die Aus- und Fortbildung des Klerus, weshalb er neue Statuten für das Priesterseminar erließ und Pastoralkonferenzen zur gegenseitigen Anregung und Fortbildung der Priester vorschrieb. 1825 erwirkte er die Aufhebung des seit 1803 existierenden Krippenverbots, das 1803 mit aufklärerischem Impetus verhängt worden war und besonders die Bürger und Gläubigen

627 Brief an Kardinalstaatssekretär Casoni, 27. Oktober 1806, zitiert nach: Gehringer, Fraunberg, 92; auch bei Bastgen, Bayern und der Hl. Stuhl, I, 152: *„ed il Fraunberg […] non è con una bestia […] senza esagerazione: egli non sa leggere.“*

628 Bericht des Nuntius über einen Besuch in München im Juni 1817, zitiert nach: Gehringer, Fraunberg, 92–93.

Bambergs, einer Stadt mit alter und bis heute gepflegter Krippentradition, erregte. Die Zuständigkeit für die seit 1821 in Coburg existierende katholische Pfarrei mit ihrer Kirche wurde 1826 der Erzdiözese Bamberg zugeteilt. Den Klöstern in Marienweiher, Gößweinstein und Vierzehnheiligen übertrug Erzbischof Fraunberg die Wallfahrtsseelsorge. In der Frage und Problematik der Mischehen, eine Herausforderung in den weiten Diasporagebieten der Erzdiözese, vertrat Fraunberg eine gemäßigtere Haltung als der Heilige Stuhl und manch anderer bayerischer Bischof. Erzbischof von Fraunberg starb am 17. Januar 1842 in Bamberg.

4.1.1.4.2 Rechberg-Rothenlöwen, Aloys Franz (1766–1849)

Aloys Franz Graf von Rechberg[629], Spross einer alten schwäbischen Adelsfamilie, wurde am 18. September 1766 in München geboren. Seine Ausbildung erhielt er durch Hofmeister und in Pagenschulen. 1787 absolvierte er das Hofratsexamen. Unter der Protektion des Pfalz-Zweibrückner Herzogs Karl August erlernte er die diplomatische Praxis bei seinem späteren Schwiegervater, dem preußischen Reichstagsgesandten Johann Reichsgraf von Schlitz. 1795 wurde er zum pfalz-zweibrückischen Reichstagsgesandten ernannt.

Weitere Stationen seines Dienstes als Diplomat und Staatsmann waren: 1798/1799 Bevollmächtigter des Herzogs Maximilian Joseph, des nachmaligen churpfalzbairischen Kurfürsten und bayerischen Königs, beim Rastatter Kongress; 1799 pfalz-bayerischer Gesandter in St. Petersburg; 1800 Gesandter in Berlin; 1801 wiederum Gesandter beim Reichstag in Regensburg bis zu dessen Auflösung. Als Reichstagsgesandter begann er noch im Sommer 1806 erste Konkordatsverhandlungen mit dem päpstlichen Nuntius della Genga; ab Ende 1806 bis 1809 war er Gesandter am Kaiserhof in Wien. Anschließend wurde Rechberg zum Hofkommissar für die neuerworbenen bayerischen Kreise in Tirol ernannt, wo er aber nicht zum Einsatz kam, da die bayerischen Truppen vertrieben wurden; 1810 nahm er als Hofkommissar das von Preußen erworbenen Fürstentum Bayreuth für Bayern in Besitz; beim Wiener Kongress 1815 vertrat er erfolgreich die bayerischen Interessen zur Sicherung der Souveränität; 1816 war er kurzfristig bayerischer Bundestagsgesandter in Frankfurt.

Nach der Ablösung Montgelas' als Leitender Minister übernahm Rechberg 1817 das Ministerium des königlichen Hauses und der auswärtigen

629 Zu Leben und Dienst von Rechbergs vgl. etwa: Heigel, Rechberg, 493–496; Burgdorf, Rechberg, 229–230.

Angelegenheiten. Seine Kirchenpolitik im Zusammenhang mit den Konkordatsverhandlungen war daran orientiert, mit Rom Frieden zu schließen und zugleich möglichst viele Positionen des bayerischen Staatskirchentums zu erhalten. Zur Sicherung der konstitutionellen Verfassung des Königreichs schlug Rechberg daher einen eher pragmatischen Kurs ein.

Nach der Thronbesteigung Ludwigs I. am 12. Oktober 1825 wurde Rechberg allerdings schon am 18. Oktober in den Ruhestand versetzt. Von da an lebte er abwechselnd in München und auf seinen Besitzungen im Königreich Württemberg, wo er, wie auch im Königreich Bayern, Mitglied der Kammer der Stände war. Rechberg starb 1849 auf Schloss Donzdorf.

4.1.1.4.3 Zentner, Georg Friedrich (1752–1835)

Georg Friedrich Zentner[630], zum Freiherrn erhoben 1819, wurde 1752 in Straßheim bei Heppenheim (Weinstraße) als Sohn einer kinderreichen Bauernfamilie geboren. Er besuchte ein Jesuitengymnasium und hielt sich zu Sprachstudien in Metz auf. Zentner studierte in Heidelberg Philosophie und in Göttingen Jura. Seine praktische Ausbildung absolvierte er am Reichskammergericht in Wetzlar. Durch die Gunst des Kurfürsten Karl Theodor erhielt er 1777 einen Ruf als Professor für Staats- und Fürstenrecht sowie Reichsgeschichte an der Universität in Heidelberg. Ein Stipendium des Kurfürsten Karl Theodor ermöglichte ihm die Promotion an der bayerischen Landesuniversität Ingolstadt. Schon während der akademischen Tätigkeit übernahm er auch diplomatische Missionen.

Zentner trat im März 1799 in den bayerischen Staatsdienst unter dem neuen Kurfürsten Maximilian IV. Joseph ein. Er wurde ein wichtiger Mitarbeiter und teilweise auch Konkurrent des Leitenden Ministers Montgelas. Zunächst arbeitete Zentner als geheimer Referendar im Ministerium der geistlichen Angelegenheiten, das Theodor Heinrich Graf Topor von Morawitzky leitete. Parallel dazu war er im Ministerium der auswärtigen Angelegenheiten tätig. Seit September 1808 leitete er für sieben Jahre die Sektion der öffentlichen Unterrichts- und Erziehungsanstalten im Innenministerium, 1810 wurde er geschäftsführender Direktor dieses Ministeriums.

Der ehrgeizige Zentner mit aufklärerisch-liberaler und antiklerikaler Gesinnung spielte bei den Plänen und Entwürfen zur Mediatisierung und

---

630 Zur Biographie Zentners vgl. Haus der Bayerischen Geschichte, Augsburg (Hg.), Zentner, Georg Friedrich von, URL: www.koenigreichbayern.hdbg.de, Zugriff: 14.08.2022.

Säkularisierung der Jahre 1802 und 1803 eine zentrale Rolle. Auf seinen Entschädigungsplan ging die Mediatisierung der zu Bayern kommenden Reichsstände zurück, insbesondere der geistlichen Fürstentümer. Als oberster Leiter der Säkularisationskommission verfasste Zentner die Instruktion vom 25. Januar 1802,[631] die die Aufhebung der bayerischen Klöster einleitete. Zentner war Autor des Religionsedikts vom 10. Januar 1803 und des Presseedikts vom 13. Juli 1803, das die Zensur abschaffte. Als Mitglied der Verfassungskommission zur Revision der Konstitution von 1808 setzte sich Zentner seit 1814 für die Wiederherstellung der kommunalen Selbstverwaltung ein, befürwortete die Schaffung einer einflussreichen Volksvertretung und beharrte auf dem monarchischen Prinzip. Diese Vorschläge gingen in die Verfassung von 1818 ein.

Zentner wurde 1820 zum Minister des Inneren ernannt, nachdem er 1819 eine vorteilhafte Positionierung Bayerns im Deutschen Bund erwirkt hatte. 1823 erhielt er das Justizministerium. Er ging 1832 in den Ruhestand und starb am 20. Oktober 1835 in München.

4.1.2 Roma aeterna – die Wahrer kirchlicher Interessen

Schon von der Zeit der Alten Kirche an kam den Bischöfen von Rom in der Christenheit eine besondere Stellung und Führungsrolle zu, die sich in weiteren Titeln zeigte, die im Lauf der Jahrhunderte eingeführt bzw. verwendet wurden: Nachfolger des Apostels Petrus, Pontifex Maximus, Patriarch des Abendlandes, Papst, Stellvertreter Christi u. v. a. m. Die Bedeutung der Päpste erlitt jedoch eine empfindliche Einbuße, als sich im Jahr 1054 die Kirchenführungen von Rom und Konstantinopel gegenseitig exkommunizierten und die Trennung der orthodoxen von der katholischen Kirche eingeleitet wurde. Einen weiteren für Mittel- und Westeuropa gravierenden Bedeutungsverlust erfuhr das Papsttum mit der Bildung der protestantischen Kirchen im Gefolge der von Martin Luther, der das Papsttum als Verkörperung des Antichrists schmähte und ab 1517 die Reformation anstieß. Das unter der Leitung der Päpste stattfindende Konzil von Trient konnte die Einheit nicht wiederherstellen. Die religiös-politischen Auseinandersetzungen wurden vor allem im Heiligen Römischen Reich ausgetragen und gipfelten im 30-jährigen Krieg (1618–1648), den die Päpste nur als Zuschauer und mit diplomatischen Mitteln begleiten konnten. Im deutschen Reich wurde durch den Westphälischen Frieden (1648, Abschluss in Münster und Osnabrück) ein Status zwischen

631 Zur Instruktion vom 25.01.1802 vgl. Müller, Die Säkularisation, 25, mit weiteren Quellen- und Sachangaben.

den Konfessionen fixiert, der das Zusammenleben in einem politisch-gesellschaftlichem Rahmen ermöglichte. Zugleich war die verfasste katholische Kirche im Reich, näherhin die Bischöfe, bei aller dogmatischen und kanonischen Anbindung an den Papst auf ihre (kirchen-)politische Unabhängigkeit bedacht, wofür die Strömung und die Spielarten des Episkopalismus standen. Im 18. Jahrhundert waren die Päpste in die politischen und militärischen Auseinandersetzungen der europäischen Großmächte verwickelt; zugleich gerieten in den einzelnen Staaten/Reichen die Päpste und die katholische Kirche zunehmend unter den Druck des spätabsolutistisch-aufgeklärten Staatskirchentums. Außereuropäisch entfaltete die katholische Kirche unter Führung der Päpste und Mithilfe der Orden im 17. und 18. Jahrhundert eine weitreichende, blühende Missionstätigkeit. Am Ende des 18. Jahrhunderts geriet Frankreich, die führende theologische und geistige Nation, mit seinem politischen System, in dem die katholische (gallikanische National-)Kirche einen integralen Bestandteil bildete, in die Krise. Das ancien régime stürzte mit der Revolution (ab 1789), das Land erfuhr eine Entchristlichung und es kam zur Trennung von Kirche und Staat. Das revolutionäre Frankreich geriet in harte diplomatische und kirchenpolitische Auseinandersetzungen mit Papst Pius VI., eroberte den Kirchenstaat, errichtete eine römische Republik und deportierte den Papst nach Frankreich, der dort 1797 starb und mit ihm, wie manche damals annahmen, auch das Papsttum.

Mit dieser Geschichte und unter diesen Vorzeichen übernahm Papst Pius VII. im Jahr 1800 die politische Souveränität über die inzwischen (teilweise) wiederhergestellten päpstlichen Staaten und die geistliche Leitung der katholischen Kirche, die sich in Mitteleuropa in einem desolaten Zustand befand. Sein Pontifikat sollte alle politischen und kirchenpolitischen Verwerfungen sowie den geistesgeschichtlichen Wandlungen bis 1823 überdauern. In dieser Zeit war Pius VII. der erste Wahrer der Interessen der katholischen Kirche und wenn in diese Zeit ein Konkordat mit dem Königreich Bayern geschlossen wurde, dann nur deshalb, weil es der Papst im Interesse der katholischen Kirche in Bayern und des Hl. Stuhls so wollte.

Vom Beginn bis zum Ende seines Pontifikats schenkte Papst Pius VII. sein Vertrauen Ercole Consalvi, den er zum Kardinalstaatssekretär ernannte. Consalvi bestimmte sowohl die Kirchenpolitik der Kurie gegenüber den Staaten als auch die Regierung und Verwaltung der päpstlichen Länder, wobei er dort streng an den überkommenen Rechtsauffassungen festhielt, d. h. einen gemäßigt aufgeklärten Kurs verfolgte.

In die Konkordatsverhandlungen mit Bayern waren auch die päpstlichen Nuntien in Köln und Wien eingebunden, die dem Kardinalstaatsekretär

Bericht erstatteten und Informationen zukommen ließen sowie vor Ort die kuriale Position vertraten.

4.1.2.1 Papst Pius VII. (1742–1823)

Papst Pius VII.[632] wurde am 14. August 1742 in Cesena in der Romagna als Graf Luigi Barnaba Chiaramonti geboren. In jungen Jahren trat er 1756 in die Benediktinerabtei Santa Maria del Monte in Cesena ein und nahm bei der Ablegung der Gelübde den Namen Gregor an. 1765 empfing er die Priesterweihe.

Seine Studien absolvierte Chiaramonti in Cesena, Padua und Rom. In Padua, das damals zur Republik Venedig gehörte, wurde Theologie in einer dezidiert jansenistischen und antijesuitischen Tendenz gelehrt.[633] In Rom am Collegio San Anselmo schloss er seine theologischen Studien ab. In den Jahren 1766–1775 weilte Chiaramonti als theologischer Lehrer in Parma, dessen herzoglicher Hof den kirchlichen Positionen des Papsttums mehr als jeder andere Hof der italienischen Halbinsel feindlich gegenüberstand;[634] von 1775–1781 wirkte er in San Anselmo als Lektor der Studien. In seiner Lehrtätigkeit hielt er sich an die Werke zeitgenössischer Kirchenhistoriker und Theologen; aufklärerisches Gedankengut war ihm dabei nicht fremd.[635]

In die kirchliche Hierarchie trat Chiaramonti ein, als er 1781 zum Kommendatarabt seiner (Heimat-)Abtei in Cesena ernannt wurde. Schon kurz danach, am 11. Dezember 1782, wurde er von Papst Pius VI. zum Bischof der

---

632 Zu Person und Werk vgl. Aubert, Pius VII., in: LTHK³, Bd. 8, 327–329; Boutry, Art. Pio VII., papa, Bd. 84, 11–22, mit Quellenangaben.
Vertiefte Darstellung einzelner Aspekte des Lebens und Wirkens von Pius VII.: Roger Aubert, Die Katholische Kirche und die Revolution, in: HKG Bd. VI/1, 62–67 und 86–92; derselbe: Die Katholische Kirche und die Restauration, ebd. 114–117. Durchaus immer noch erhellend sind die, wegen der Perspektive einer fast zeitgenössischen protestantischen Geschichts- und Quellenforschung in Bezug auf den Papst und seinen Kardinalstaatssekretär, Ausführungen des Jahres 1832 von: Leopold von Ranke, Abhandlung: Kardinal Consalvi und seine Staatsverwaltung unter dem Pontifikat Pius' VII., 349–481. Die Abhandlung erschien erstmals unter dem Titel: Rom 1815–1832, in: Leopold von Ranke (Hg.), Historisch-politischen Zeitschrift, Bd. 1, Hamburg, Perthes, 1832, 624–732.

633 Boutry, Pio VII., 11.

634 „*A Parma il futuro papa ebbe l'opportunità di conoscere e frequentare un ambiente intellettuale attratto dalla politica di mecenatismo culturale promossa dal ministro riformatore.*", Boutry, Pio VII., 12.

635 Vgl. Roger Aubert, Die Katholische Kirche und die Revolution, in: HKG Bd. VI/1, 65.

suburbikarischen Diözese Tivoli erhoben und am 21. Dezember 1782 zum Bischof geweiht. Als Bischof achtete er streng auf die Vorschriften des Konzils von Trient und führte eine pastorale Visitation durch. Pius VI. erwies Chiaramonti seine Gunst in ‚modo eclatante', indem er seinen Günstling im Februar 1785 ins Kardinalskollegium aufnahm und ihm die Diözese Imola anvertraute,[636] nur etwa 60 Kilometer von dessen Heimatstadt Cesena entfernt. Die nächsten fünfzehn Jahre wurden für Chiaramonti eine Zeit der Reifung und eines am Konzil von Trient orientierten Episkopats.[637]

Als der Kirchenstaat 1797 weitgehend durch den Einmarsch französischer Revolutionstruppen besetzt wurde, zeigte sich der Bischof von Imola, der nun zur französisch dominierten Cisalpinischen Republik gehörte, als Realist und den ‚modernen' Ideen und Gedankenströmungen durchaus aufgeschlossen gegenüber, indem er sich etwa in der Weihnachtspredigt 1797[638] zu den Beziehungen zwischen der politischen Macht und christlichen Forderungen programmatisch äußerte – konkret, sowohl über eine Neuordnung der bürgerlichen Gesellschaft als auch über die Möglichkeit, die für die Französische Revolution bestimmenden Werte, Freiheit und Brüderlichkeit, im Geiste des Evangeliums zu übernehmen, also zu christianisieren. Jedoch sollte man einerseits die Ansprache nicht überbewerten, sondern in den Kontext einbetten,[639]

---

636 Vgl. Boutry, Pio VII., 12.

637 „*Con intelligenza e determinazione, che non escludono la meticolosità, elaboro una pastorale di ispirazione tridentina, attenta alla tutela degli interessi della Chiesa, alla dignità del culto, alla formazione del clero e all'istruzione dei fedeli. Dette prova di fermezza anche nel difendere le prerogative episcopali di fronte all'autorità politica e amministrativa del cardinal legato di Ferrara, cui l'oppose un conflitto piuttosto vivace.*", Boutry. Pio VII., 12.

638 Dt. Text: Pius VII, Rede: [die er als ehm. Cardinal Chiaramonti u. Bischof v. Imola] an die Gemeinde seines damaligen Kirchensprengels am Weihnachtstag 1797 gerichtet, Sulzbach, 1816.

Zu den evangelischen Vorschriften äußert sich Bischof Chiaramonti: „*erkennet ihre mächtige Kraft, um die Tugend, die bürgerliche Gleichheit, eine gemäßigte Freiheit beliebt zu machen, um die Zärtlichkeit, indem sie die Herzen vereinigt, das Dasein und die Ehre der Demokratie sicher stellet, weiter auszubreiten […] Bestreben euch den höchsten Gipfel der Tugend zu erreichen, und ihr werdet wahre Demokraten. Erfülle treulich die evangelischen Gebote, und ihr werdet die Freude der Republik sein.*", Boutry. Pio VII., 20.

639 „*Non è opportuno sopravalutarne né l'importanza né l'originalità: il testo riflette, nelle linee generali, le istruzioni contemporaneo dei vescovi delle ex Legazioni e delle ecclesiastiche 'conciliatrice' del Triennio; e il sermone del vescovo di Imola*

andererseits ist sie jedoch auch ein Text, der auf das kommende Pontifikat vorausweist, da die Ansprache den Versuch darstellt, eine teologia politica cristiana in epoca rivoluzionaria zu formulieren.[640]

Nachdem Papst Pius VI. 1799 in Valence, wohin er auf Napoleons Befehl verschleppt worden war, starb, wurde Chiaramonti am 14. März 1800 von dem in Venedig stattfindenden Konklave zum Papst gewählt und nahm den Namen Pius (VII.) an. Er „*war ein Mann der Lehre und ein eifriger Seelsorger, der die spirituellen Anliegen der Kirche gut von den politischen Problemen zu trennen vermochte.*"[641]

4.1.2.1.1 Pontifikatsbeginn in Harmonie mit Frankreich (1801–1806)

Am Tag, der der Papstwahl (15. März 1801) folgte, bestimmte der neue Papst den Organisator des Konklaves, Ercole Consalvi, zum Pro-Staatssekretär. Consalvi war zu diesem Zeitpunkt 43 Jahre alt bzw. jung. Seine Energie, politische Intelligenz und unermüdliche, umfassende Aktivität ist nicht zu trennen vom Handeln Pius' VII.[642] Am 3. Juli 1800 zog Pius VII. in Rom ein, das ihm von neapolitanischen Truppen übergeben worden war, doch erst im November 1801 konnte er von seiner Bischofskirche, St. Johannes im Lateran, Besitz ergreifen. Die größte innenpolitische Sorge bestand für den Papst und Consalvi, der am 11. August zum Kardinalstaatssekretär befördert worden war, in der moralischen und materiellen Wiederherstellung der päpstlichen Staaten, die mit der Apostolischen Konstitution Post diuturnas[643] abgesichert wurde.

---

non suscitò particolari inquietudini tra i cardinali riuniti in conclave a Venezia." Boutry, Pio VII., 13.

640 Vgl. Boutry, Pio VII., 13.

641 Roger Aubert, Art. Pius VII., in: LTHK^3, Bd. 8, 327.

642 Vgl. Boutry, Pio VII., 14.

643 Papst Pius VII., Apostolische Konstitution, Post diuturnas, 30.10.1800, in: Bull. Rom. Cont., t. XI, 48–70.

Diese Konstitution „*ripristinò l'antico sistema di governo ecclesiastico di Pio VI, pur cercando di introdurvi sensibili modifiche in ambito amministrativo ed economico.*", Boutry, Pio VII., 15. Eine andere Einschätzung der Bulle lautet: Mit ihr gelang „*lediglich ein scheuer Reformversuch, der nur die ohnehin allzu offensichtlichen Missstände abschaffte. Außerdem war der neue Papst lediglich in kirchlichen Fragen äußerst entschlossen, während er die Verwaltungsangelegenheiten gerne delegierte. So blieb die prekäre Situation aufgrund der reaktionären Sicht der Kurie auch weiter bestehen.*", Bloch, Die Stellungnahmen der römisch-katholischen Amtskirche zur Frage der Menschenrechte seit 1215, 56.

Seine Fähigkeit zur klaren und scharfen Unterscheidung brachte den Papst dazu, in der Konfrontation mit den Ergebnissen und Folgen der französischen Revolution nur das Wesentliche festzuhalten und in anderen Bereichen auf die geschaffenen Fakten einzugehen. Zeugnis dafür gibt der Abschluss eines Konkordats, Übereinkunft/Convention genannt, für Frankreich mit Napoleon am 15. Juli 1801 – ein diplomatischer Erfolg, der sich beiderseits von Eigeninteressen herleitete; für Pius VII. war es die verwirklichte Absicht, den Katholizismus in Frankreich nach den revolutionären Wirren wieder zu stabilisieren. Letztlich erwies sich das Konkordat als ein Akt der religiösen Restauration und der Bestätigung der (Papst-)Kirche. Das hatte jedoch seinen Preis: Vor einer Neuordnung der kirchlichen Verhältnisse in Frankreich verlangte der Papst vom gesamten Episkopat Frankreichs den Rücktritt, womit die nach der Revolution verbliebenen Reste der einst selbstbewussten gallikanischen Kirche getilgt wurden. Außerdem wurde mit der ratifizierten Übereinkunft zugleich die Säkularisation der kirchlichen Güter in und nach der Revolution akzeptiert und die neuen Besitzer der entfremdeten kirchlichen Güter in ihrem Eigentum befestigt. Damit waren weitere Implikationen verbunden. *„Gewiss waren schon mancherlei Säkularisationen erfolgt, namentlich in Deutschland, aber sie waren von dem Deutschen Reiche nachgegeben, welches eine geistliche und politische Gewalt zugleich in sich schloss. Das Französische Reich aber war selbst umgestürzt und seine Verfassung eine auf durchaus anderen Prinzipien beruhende geworden. Indem der Papst, dem doch keine eigentlich rechtliche Befugnis zustand, den Verkauf der Nationalgüter sanktionierte, so unterwarf er sich gleichsam den revolutionären Prinzipien.“*[644] Die Harmonie zwischen Rom und Paris wurde allerdings getrübt durch den einseitigen Erlass der Organischen Artikel am 8. April 1802, eine Art Auslegungsgesetz zum Konkordat, das die mit dem Konkordat gewährten Freiheiten der Kirche empfindlich einschränkte. Um zu retten, was zu retten war, begab sich Papst Pius VII. von Rom nach Paris, um Napoleon am 2. Dezember 1804 in Paris zum Kaiser zu salben; die Krone setzte sich der Imperator allerdings – entgegen der Tradition – selbst aufs Haupt. Erst im April 1805 reiste der Papst nach Rom zurück.[645]

---

644 Ranke, Consalvi, 378.

645 Es heißt: *„Man trug sich bereits mit dem Plan, den Papst in Frankreich zurückzuhalten, damit er ein gefügiges Werkzeug in der Hand des Gewaltmenschen würde. Doch Pius VII. hatte schon im Voraus diese Absicht vereitelt. Denn vor seiner Abreise von Rom hatte er für den Fall, als er mit Gewalt zurückgehalten würde, eine Urkunde verfasst, durch die er auf das Papsttum Verzicht leistete. Da man mit dem einfachen Abbate Chiaramonte dann doch nichts anfangen konnte, ließ Napoleon Pius nach*

Mit der von Napoleon abhängigen Italienischen Republik, deren Hauptstadt Mailand war, wurde am 16. September 1803 in Paris (!) ein ähnliches Konkordat abgeschlossen.[646] Dieses Konkordat war für die katholische Kirche vorteilhafter als das französische Konkordat: Der Katholizismus wurde in seinem Status als Staatsreligion bestätigt; die Güter der Kirche, die noch nicht in fremdes Eigentum übergegangen waren, wurden der Kirche bzw. dem Klerus erstattet; die vorherige staatskirchliche Gesetzgebung wurde abgeschafft.[647] Doch wurde auch in der Italienischen Republik am 24. Januar 1804 ein Auslegungsdekret vom Vizepräsidenten der Republik, Francesco Melzi d´Eril erlassen, das den Vorrang des staatlichen Gesetzes vor den konkordatären Bestimmungen festlegte. Die Proteste Pius' VII. blieben unerhört.

Papst Pius VII. bzw. seinem Kardinalstaatssekretär Consalvi gelang es allerdings nicht, im Spannungsgefüge zwischen Frankreich mit seinen Verbündeten im deutschen Reich und Österreich für die gesamte Kirche im Heiligen Römischen Reich nach der Säkularisation durch den Reichsdeputationshauptschluss ein einheitliches (Reichs-)Konkordat zur Neuordnung der kirchlichen Verhältnisse abzuschließen. Der Papst äußerte seine Besorgnis über die politische Entwicklung und die Säkularisation sowohl gegenüber Kaiser Franz II. als auch gegenüber dem Kurfürsterzbischof von Mainz und zugleich Reichserzkanzler des Deutschen Reiches, Karl Theodor von Dalberg[648]. Die Versuche,

---

viermonatigem Aufenthalt (4. April 1805) von Paris abreisen.", Hamerle, Geschichte der Päpste, 608–609.

Papst Pius XII. (amt. 1939–1958) verfolgte ähnliche Absichten, als er befürchten musste auf Hitlers Befehl hin von deutschen Truppen im Zweiten Weltkrieg aus dem Vatikan entführt zu werden, vgl. Enrico Galavotti, Tu Ex Petrus, in: Herder Korrespondenz 1/2020, 20–22. Papst Pius deutete *„mehreren Vertrauten gegenüber an, dass die Nazis im Falle eines Falles lediglich einen 'Kardinal Pacelli' in die Hände bekommen würden, keinen Papst.*", ebd. 20. Die Thematik hat es bis in die Unterhaltungsliteratur geschafft. Im Roman Die Dornenvögel (Colleen McCullough, München, Heine, 1987[29], 447–449), wird die Gefahr der Entführung Papst Pius' XII. durch die Nazis und der Wille des Papstes ausgeführt, bei den Anzeichen eines Entführungsversuches zurückzutreten.

646 Convention inter Rempublicam Italicam et Sanctitatem Suam Pium VII., ital.-lat., in: Theiner, Histoire des deux concordats de la République Française et de la République cisalpine, Tome 2, 3. Partie, Paris, Dentu, 1869, 270–276, Text und Übersetzung unten im Anhang 2, 734.

Zum Kontext der Entstehung zwischen antico sistema und nuovo ordine, zwischen Ancien Regime und nuova epoca vgl. Plongeron, Aufhebung der Blockade, 651.

647 Vgl. Boutry, Pio VII., 17.

648 Zur Biographie und Wirken Dalbergs vgl.: Lenhart, Dalberg, 489–490.

zu einem Reichskonkordat zu gelangen, wurden Mitte 1803 in Wien begonnen und anschließend in Regensburg fortgesetzt. Päpstlicher Unterhändler war der Münchner Nuntius Anninale delle Genga, der aber 1807 seine Bemühungen aufgeben musste.

4.1.2.1.2 Päpstliche Prinzipientreue und Napoleons Übergriffigkeit (1808–1814)

Da sich Pius VII. zunehmend dem politischen Diktat in genuin kirchlichen Angelegenheiten Napoleons verweigerte, wurde Rom 1808 von französischen Truppen besetzt und der Kirchenstaat 1809 von Frankreich annektiert. Der

---

Karl Theodor Anton Maria Reichsfreiherr von und zu Dalberg, geboren 1744 in Mannheim, gestorben 1817 in Regensburg. Studium der Rechtswissenschaft in Heidelberg und Mainz bis 1761, zweijährige Bildungsreise nach Italien und Frankreich, dann weitere Rechtsstudien in Pavia. 1772 Statthalter der kurmainzischen Enklave Erfurt, Neuorganisation der Universität Erfurt und Förderung der Volksbildung und der allgemeinen Wohlfahrt im Sinne der Aufklärung, befreundet mit Goethe, Schiller und Herder, Freimaurer und 1781 Stuhlmeister in Worms, Illuminat, 1806 Ehrenmitglied der Bayerischen Akademie der Wissenschaften. Zusammen mit kirchlich geprägter Frömmigkeit zeigte er eine Affinität zu febronianistischen-nationalkirchlichen Bestrebungen, nicht zuletzt durch seine Verbindung zu Johann Heinrich von Wessenberg, den er zu seinem Generalvikar in Konstanz bestellte.

1780 übernahm Dalberg das Rektorat der Würzburger Universität und wurde 1787 mit preußischer Unterstützung zum Koadjutor und designierten Nachfolger des damaligen Kurfürst-Erzbischofs von Mainz Friedrich Karl Joseph von Erthal gewählt. 1787 erfolgte die Wahl Dalbergs zum Koadjutor des Bischofs von Worms und 1788 zum Koadjutor des Bischofs von Konstanz. 1800 wurde Dalberg Bischof von Konstanz, 1802 Kurfürst-Erzbischof und Erzkanzler von Mainz; allerdings war das linksrheinische Diözesangebiet 1801 schon an Frankreich gefallen. Dalberg war 1787 in Bamberg zum Priester geweiht worden, 1788 empfing er in Aschaffenburg die Bischofsweihe.

1803, als Mainz endgültig an Frankreich gefallen war, wurden die Ämter des Mainzer Kurfürsten, des Reichserzkanzlers, des Metropolitan-Erzbischofs von Mainz und des Primas für Deutschland von Mainz auf das Bistum Regensburg übertragen vgl. (§ 25 des Reichsdeputationshauptschlusses). 1811 reiste Dalberg nach Frankreich und nahm am Pariser Nationalkonzil teil, wo er für die Freilassung des Papstes eintrat und ihm das Pallium verliehen wurde. Als sich Napoleons Niederlage abzeichnete, floh Dalberg über Konstanz in die Schweiz, kehrte März 1814 nach Regensburg zurück und beschränkte sich auf seinen geistlichen Dienst als Bischof von Regensburg.

Papst antwortete auf diesen Gewaltakt mit der Exkommunikation[649] durch ein Breve, das vom Pro-Kardinalstaatssekretär Pacca[650], einer energischen, intransigenten Person, verfasst worden war. Darauf ließ Napoleon den Papst nach Savona entführen und zunehmend isolieren. Die Haft sollte von August 1809 bis zum Juni 1812 dauern, eine Zeit, in der der Papst eine Haltung der Ergebenheit und Hoffnung kultivierte, die zugleich eine Festigkeit der Prinzipien und die zähe Verteidigung der Rechte des Hl. Stuhls nicht ausschlossen.[651] In der propäpstlich-katholischen Publizistik und Öffentlichkeit des folgenden Jahrhunderts galt Pius VII. als heldenhafter Glaubenszeuge und Verteidiger der kirchlichen Rechte.[652]

In der Zeit der Gefangenschaft des Papstes verfolgte Napoleon eine Kirchenpolitik, die darauf ausgerichtet war, die Kirche in ihrer überkommenen Gestalt zu vernichten und sich die päpstliche Autorität zu unterwerfen. Napoleon ließ seine erste Ehe von einem kirchlichen Gericht in Frankreich annullieren, wobei er die kanonische Ordnung grob missachtete, um eine zweite Ehe mit kirchlichem Pomp schließen zu können. Kardinal Maury wurde von Napoleon zum Erzbischof von Paris bestellt, entgegen zweier päpstlicher Breven, die Maury die Institution und Leitung der Erzdiözese verweigerten. 1811 ließ Napoleon seinem Sohn, ohne den Papst zu berücksichtigen, den Titel eines römischen Königs übertragen. Schließlich veranstaltete Napoleon im selben Jahr ein Nationalkonzil in Paris, eigentlich ein Konzil des französischen Imperiums, von dem er erwartete, dass es seine kirchlichen Eigenmächtigkeiten billigen,

---

649 Pius VII., Breve Quam memoranda, v. 10.06.1809, Text ital. und lat. in: Lettere apostoliche in forma di breve colle quali si dichiarano scomunicati, gli autori, gli esecutori, ed i fautori della usurpazione del dominio di Roma e degli altri stati appartenenti alla s. sede, Rom 1809.

650 Bartolomeo Pacca (1756–1844), stammte aus Benevent im Königreich beider Sizilien, studierte in Rom am Collegio Clementino, ab 1778 an der Accademia dei Nobili Ecclesiastici sowie an der Universität La Sapienza, wurde promoviert zum Doctor iuris utriusque. Pacca empfing 1785 die Priesterweihe und 1786 die Bischofsweihe, 1786–1794 Nuntius in Köln, dann Nuntius in Portugal, 1801 Kardinal, 1808–1814 Pro-Kardinalstaatssekretär, davon – wie der demissionierte Kardinalstaatssekretär Consalvi – von 1809–1813 in französischer Haft, anschließend in Rom im Kuriendienst als Präfekt einer Kongregation für die Bischöfe und Ordensleute, ab 1830 Kardinaldekan. Er war das reaktionär-schroffe Gegenteil des Kardinalstaatssekretärs Consalvi.

651 Vgl. Boutry, Pio VII., 19.

652 Eine entsprechende Darstellung des Pontifikats bietet Hamerle, Geschichte der Päpste, Bd. 3, 607–611.

salvieren und bekräftigen würde. Jedoch herrschte gegenüber Napoleon keine allgemeine Willfährigkeit, sondern es drohte vielmehr ein Schisma. Letztlich bestätigten und bekräftigten die Konzilsväter ihre Treue zum Apostolischen Stuhl und zur Einheit der Kirche. In der Frage der lange nicht mehr erteilten Investitur für zahlreiche Bischöfe – viele Diözesen waren seit Jahren verwaist – begab sich eine Delegation des Konzils zu Papst Pius, um mit ihm ein Dekret über die kanonische Investitur auszuhandeln. Das Schriftstück wurde jedoch vom Kaiser zurückgewiesen, da er die päpstliche geistliche Gewalt dauerhaft geschwächt sehen wollte, etwa dadurch, dass die bischöfliche Investitur vom Konzil den Metropoliten übertragen werden sollte. Am Ende löste der Kaiser das Konzil auf, ließ sich Einzelzusagen der Bischöfe geben, eröffnete das Konzil erneut und konnte mit dem Ergebnis wiederum nicht zufrieden sein.[653]

Im Jahr 1812 wurde Papst Pius VII. aus Furcht vor einer englischen Intervention zugunsten des Papstes von Savona nach Fontainebleau gebracht. Nach dem desaströsen Feldzug gegen Russland setzte Napoleon alles daran die kirchlichen Angelegenheiten endlich in seinem Sinne zu ordnen. Im Januar 1813 verhandelte daher Napoleon selbst lange und allein direkt mit dem physisch angeschlagenen und psychisch geschwächten Pontifex. Von ihm erhielt er schließlich die Unterschrift unter eine Übereinkunft, das sogenannte Konkordat von Fontainebleau.[654] Mit diesem abgerungenen Konkordat akzeptierte Pius VII., dass die päpstliche Residenz von Rom nach Avignon transferiert wurde; dass die Metropoliten den Bischöfen die kanonische Institution erteilen, wenn innerhalb von sechs Monaten keine päpstliche erfolgt; dass die Kirche in Italien und Deutschland geographisch neu geordnet wurde. Im Gegenzug erhielt er eine gewaltige Dotation zugesagt, die Anerkennung einer eigenen diplomatischen Mission, die Wiedererlangung der Freiheit für sich und seine Kardinäle. Napoleon durfte sich am Ziel all seiner kirchenpolitischen Wünsche wähnen. *„Auf jeden Fall hatte ich jene lange gewünschte Trennung des Geistlichen von dem Weltlichen endlich vollbracht [...] Ich hätte dann meine kirchlichen Sessionen gehalten wie meine legislativen; meine Konzile wären die Repräsentation der Christenheit“*[655] Doch am 24. März 1813 sandte der Papst,

---

653 Beim Zusammentreffen zwischen der von Napoleon gebilligten Konzilsdelegation und dem Papst ist festzustellen: *„Nicht sowohl die Idee von Staat und Kirche, als die Idee des Kaisertum und die Idee der päpstlichen Gewalt stießen aneinander.“*, Ranke, Consalvi, 388.

654 Der Text v. 13.01.1813, Tenor und elf Artikel, in: Publication du Concordat de Fontainebleau comme Loi de Empire, in: Bulletin des lois de la République française 488, 4. Série, Tom. 18, Paris, Imprimerie nationale, 1813, 485–487.

655 Napoleon Bonaparte, zitiert nach: Ranke, Consalvi, 390.

der nun wieder seine engsten Berater, die Kardinäle Consalvi, Pacca und di Pietro, bei sich hatte, einen Brief an Napoleon, in dem er das Konkordat widerrief.[656] Napoleon scherte sich jedoch nicht darum, bemühte sich vielmehr eifrig darum, das Konkordat zu publizieren, verbannte wiederum die Kardinäle aus der Nähe des Papstes, der damit erneut isoliert wurde. Als die alliierten Kriegsgegner Napoleons 1814 in Frankreich vorrückten, ließ Napoleon seinen Gefangenen nach Savona zurückbringen.

4.1.2.1.3 Pius' Heimkehr und die Restauration von Kirche und Kirchenstaat (1816–1823)

Im März 1814 wurde Pius VII. von Napoleon freigelassen und gelangte am 31. März nach Bologna. In seiner Heimatstadt Cesena bekräftigte der Papst am 4. Mai 1814 in einer ersten öffentlichen Botschaft mit Nachdruck seine Rechte als Pontifex und Souverän. Am 14. Mai 1814 zog er schließlich wieder in Rom ein.

Die innere Restauration der päpstlichen Staaten wurde zunächst dem Pro-Kardinalstaatssekretär Pacca anvertraut, anschließend dem wieder berufenen Kardinalstaatssekretär Consalvi. Die beiden Protagonisten der Restauration verdeutlichten die Schwierigkeit der gestellten Aufgabe, nämlich entweder eine echte Rückkehr zum Ancien Régime oder eine stufenweise Entwicklung des Staates entsprechend der politisch-administrativen Modernität des 19. Jahrhunderts umzusetzen.[657]

In der einsetzenden politisch-staatlichen Restauration im europäischen Kontext wurde Pius VII. ob seines geleisteten Widerstands gegen Napoleon großes Vertrauen und Ansehen entgegengebracht. Dies zeigte sich etwa daran, dass der Wiener Kongress 1815 nicht zuletzt durch das Geschick Consalvis die Wiederherstellung des Kirchenstaates mit sich brachte. Die *„Erneuerung des*

---

656 Zum Widerruf des Konkordats von Fontainbleau durch Papst Pius VII. in dt. Sprache mit Quellenangaben, vgl. Kremer-Auenrode, Actenstücke, 22–26.

657 Zur inhaltlich bipolaren Ausrichtung der päpstliche Innen- und Außenpolitik vgl. Boutry, Pio VII., 20–21.

„Die Brechung der päpstlichen Vorherrschaft in Mittelitalien, die Annexion des Kirchenstaates und die persönliche wie politische Demütigung des Papstes wirken langfristig polarisierend. Es entstand der Gegensatz zwischen Liberalen und Ultramontanen. In gewisser Weise kann man den päpstlichen Diplomaten und Staatsmann Ercole Consalvi an der Grenze zwischen beiden Gruppen ansiedeln: Er kämpfte für den Papst und den Kirchenstaat, aber mit Blick für die politischen Realitäten.“, Plongeron, Aufhebung der Blockade, 657.

Papsttums war schon deshalb überraschend, weil es zur Zeit des Ancien Régime immer mehr in die Abhängigkeit der europäischen Monarchien geraten war."[658]

Die kirchliche Restauration in den europäischen Ländern wurde von Pius VII. mit viel Geschick und Flexibilität vorangetrieben. Als Früchte dieser Kirchenpolitik dürfen folgende Konkordate und Vereinbarung genannt werden: zuerst das Konkordat mit Bayern 1817 und im selben Jahr jenes mit Sardinien. In Frankreich gab es Bestrebungen unter König Ludwig XVIII. zum alten Konkordat von 1516 zurückzukehren, was jedoch von Consalvi verhindert wurde. Neue Konkordatsverhandlungen mit Frankreich kamen 1817 zwar zu einem Abschluss, wurden allerdings vom Parlament nicht ratifiziert und blieben somit wirkungslos; damit blieb das napoleonische Konkordat von 1801 bis zum Jahr 1905 in Geltung.[659] 1821 wurden außerdem die preußischen Bistümer neu umschrieben und die Oberrheinische Kirchenprovinz errichtet.

Bei allem – auch von außen aufgenötigten – politische und kirchenpolitische Engagement ist festzustellen, dass es Pius VII. v. a. um die Sicherung und Verbreitung des katholischen Glaubens ging, wohingegen die politischen Entwicklungen in seinem Kirchenstaat fast sträflich in den Hintergrund gerieten. Für die Kirche aber war Pius VII. „*durch seine Verständigungsbereitschaft und Humanität und durch seine von benediktinischer Diskretion gemäßigte Energie gerade der Papst, den die Kirche brauchte, um die Probleme einer in völliger Umwandlung begriffenen Welt zu lösen.*"[660]

Papst Pius VII. starb am 20. August 1823 im Alter von 81 Jahren.

Anzumerken bleibt mit Blick auf den Katholizismus insbesondere in Deutschland und Österreich folgendes: In der zweiten Hälfte des 18. Jahrhunderts hatte sich der deutsche Katholizismus im Sinn eines Episkopalismus von

---

658 Plongeron, Aufhebung der Blockade, 650.

659 Der Text des Konkordats bei: Kremer-Auenrode, Actenstücke, 22–28; eine Erläuterung der gescheiterten Ratifizierung ebd. 28–29.

Das vom französischen Parlament nicht ratifizierte französische Konkordat bzw. die Convention zwischen Pius VII. und König Ludwig XVIII. vom 11.06.1817 war ausgehandelt worden von Kardinalstaatsekretär Consalvi und Graf Blacas. Zu beachten ist hier die zeitliche Nähe zur Unterzeichnung des Bayerischen Konkordats am 05.06.1817. „*Durch Verhandlungen mit Pius VII wurde schließlich auf das Konkordat von 1817 verzichtet. Man griff in dieser Lage paradoxerweise auf das Konkordat von 1801 zurück. In gewisser Hinsicht war dies wiederum ein diplomatischer Sieg Consalvis, dessen Konkordatsverhandlungen mit Napoleon damit nachträglich aufgewertet wurden.*", Plongeron, Aufhebung der Blockade, 664.

660 Roger Aubert, Pius VII., LTHK^2, Bd. 8, 535.

Rom entfernt. Febronius (Weihbischof Hontheim) und Kaiser Joseph II. hatten versucht, eine mehr oder weniger autonome Nationalkirche aufzurichten – entsprechend entwickelten sich der Einfluss und die Strömungen des Febronianismus in den westdeutschen Diözesen und eines gemäßigten Antiklerikalismus in den habsburgischen Landen. Diese Entwicklungen, die sich gegen den Einfluss des Papstes und der römischen Kurie wandten, wurden freilich durch den gewalttätigen Antiklerikalismus im Gefolge der französischen Revolution und der Übergriffe Napoleons auf die Kirche zerstört. Gleichzeitig veränderten sich im Klerus die Anschauungen zur kirchlichen Lehre und zum kirchlichen Leben. *„Nach und nach wandelte sich der 'nationale Episkopalismus' zu einem nach Rom ausgerichteten Ultramontanismus."*[661]

4.1.2.2 Staatssekretär Ercole Consalvi (1757–1824)

Das Amt des Kardinalsstaatssekretärs, amtlich: Staatssekretär Seiner Heiligkeit, hat seine Ursprünge im späten 15. Jahrhundert im Apostolischen Sekretariat (Secretaria Apostolica). Unter den apostolischen Sekretären ragten der Secretarius domesticus und der Secretarius intimus hervor; letzterer war seit Leo X. (1513–1523) regelmäßig ein Verwandter des Papstes im Kardinalsrang, der so genannte Kardinalneffe. Mit Innozenz X. (1644–1655) wurden 1644 die Regierungsbefugnisse des Kardinalneffen provisorisch dem Staatssekretär zugewiesen, der seitdem auch immer Kardinal ist – daher der Titel Kardinalsstaatssekretär. Papst Innozenz XI. (1676–1689) schaffte das Amt des Kardinalneffen 1692 ab, die Aufgaben fielen vollständig und dauerhaft dem Sekretär des Papstes zu, der nun auch Staatsverwaltungsaufgaben neben seinen diplomatischen Aufgaben erledigte. Seitdem ist das Amt des Staatssekretärs Seiner Heiligkeit wohl das bedeutendste der päpstlichen Kurie.

Während der Zeit, in der das Konkordat zwischen dem Kurfürstentum bzw. Königreich Bayern und dem Hl. Stuhl ausgehandelt wurde, war – jedenfalls in den entscheidenden Verhandlungsphasen – Ercole Consalvi der Kardinalstaatssekretär Papst Pius' VII.

4.1.2.2.1 Herkunft, Ausbildung und erste Aufgaben

Ercole Marchese Consalvi[662] wurde am 8. Juni 1757 in Rom geboren. Nach dem frühen Tod des Vaters wurde Kardinal Negroni, der Bruder der Mutter, zum

---

661 Dreyfus, Um 1830, 704–758.

662 Zu Leben und Wirken Consalvis: Ercole Consalvi, Mémoires, Paris, Maison de la bonne presse, 1895; Wichterich, Sein Schicksal war Napoleon, Heidelberg, Kerle,

Beschützer der Familie und Protegé Consalvis und seines Bruders Andrea. Der Onkel sorgte dafür, dass die Brüder in den Jahren von 1766–1771 ein Studienseminar in Urbino besuchten und anschließend bis 1776 im Priesterseminar in Frascati Theologie, Philosophie und Rhetorik studierten.[663] In dieser Zeit gewann Ercole die Aufmerksamkeit des Kardinals Henry Benedict Stuart,(Kardinal-)Bischof von Frascati seit 1761, der ihm fortan ein Fürsprecher war. Ercole Consalvi wählte damals die geistliche Laufbahn, ohne zunächst mehr als die niederen Weihen empfangen zu wollen; sein Bruder Andrea trat indes nicht in den geistlichen Stand ein.

In den Jahren 1776–1782 widmete sich Consalvi in Rom den Studien der Kirchengeschichte sowie des zivilen und kirchlichen Rechts. Er wurde ausgebildet *„in der Tradition der großen römischen Kanonisten des vorhergehenden Jahrhunderts.“*[664], wobei unter seinen Professoren insbesondere Francesco Antonio Zaccaria[665] zu erwähnen ist, der als Verteidiger päpstlicher Rechte gegen die

---

1951 (Wichterich hält sich eng an die Autobiographie Consalvis und verarbeitet sie zu einer romanhaften Biographie); Plongeron, Aufhebung der Blockade, 649–666, besonders 657–663; Roveri, Art. Consalvi, Ercole, 33–43, mit zahlreichen Quellenangaben; Ranke, Kardinal Consalvi, 349–481.

663 Zu den Vorfahren, der engeren Familie und den ersten Ausbildungsabschnitten vgl. Wichterich, Consalvi und Napoleon, 16–18; Ranke, Consalvi, 358–359.
In Frascati verfasste Consalvi ein Gedicht, in dem es heißt: *„Aspettan, sollo, Me onor, gloria, ricchezze, al bell'oprare sprone e conforto disiabil. Certo è questo il fato mio; questa è la tela, che tra le man del Ciel per me s'intese.“*, Wichterich, Consalvi und Napoleon, 20. Diese Worte *„lassen ein gesundes Maß an Ehrgeiz durchblicken, von jenem Ehrgeiz, der einer guten, ja, nach seiner Überzeugung, der besten Sache würdig war.“*, ebd. 20.

664 Roger Aubert, Die Katholische Kirche und die Restauration, 115.

665 Zaccaria (1714–1795) war seit 1731 Mitglied des Jesuitenordens, Theologe, Kirchenhistoriker, Literarhistoriker und Romanist, von Pius VI. zum Professor für Kirchengeschichte an der Universität La Sapienza und der Accademia dei Nobili Ecclesiastici berufen. Unter anderem verfasste Zaccaria eine Verteidigungsschrift zugunsten des Zölibats (Storia polemica del celibato sacro, da contrapporsi ad alcune detestabili opere uscite a questi tempi, Rom, Zempel, 1774) und bezog literarisch Stellung gegen den Febronianismus (Apologia polemico-storica del primato del Papa, consecrata alla santità di N. S. Papa Clemente XIII., contro la damnata opera di Giustino Febbronio dello Stato della Chiesa e della legittima podestà del Romano pontefice, Pesaro, Amatina, 1767; auch: Suprema Romani Pontificis Potestas Adversus Iustinum Febronium Eiusque Vindicem Theodorum A Palude, Cesena, Blasini, 1771). Zaccaria, ein Mann, *„sempre intransigentemente impegnato contro tutte le nuove idee, in campo politico o religioso“*, so die Einschätzung von Pignatelli, Le origini settecentesche, 759, zitiert nach: Roveri, Consalvi, 34.

Ideen des Febronianismus hervortrat. Die akademische Laufbahn beschloss Consalvi 1789 mit der Promotion in Zivilrecht und Kanonischem Recht zum Doctor iuris utriusque.

Schon 1783 war Consalvi von Papst Pius VI. zum Geheimen Kammerherrn berufen und 1784 Hausprälat geworden. Er wirkte mit an der Verwaltung des Hospizes San Michele a Ripa, wurde 1790 Beisitzer der Apostolischen Signatur und 1792 Auditor der Rota Romana[666]. Angesichts der Bedrohung des Kirchenstaats durch französische Revolutionstruppen wurde 1796 eine päpstliche Militärkommission eingerichtet, bei der Consalvi als Assessor in leitender Stellung mitarbeitete. Wegen dieser prominenten Funktion wurde er, nachdem die französischen Truppen in Rom einmarschiert waren und die Republik am 15. Februar 1798 ausgerufen worden war, für kurze Zeit verhaftet, bevor er sich nach Neapel absetzen konnte. Da es ihm nicht gestattet worden war zu Papst Pius, der von den Franzosen in der Nähe von Florenz in einem Kartäuserkloster festgehalten wurde, zu kommen und zu bleiben, ließ sich Consalvi im Herbst 1798 in Venedig nieder.

Papst Pius VI. starb in Valence am 29. August 1799. Beim folgenden Konklave in Venedig trug Consalvi als Sekretär der Wahlversammlung durch sein geschicktes Agieren zwischen gemäßigt fortschrittlichen (Politicanti) und streng restaurativ (Zelanti[667]) gesinnten Wählern zur Wahl Kardinals Chiaramontis, Bischof von Imola, am 14. März 1800 bei. Der Gewählte, Papst Pius VII., bestimmte Consalvi zum Pro-Staatssekretär,[668] nach der Rückkehr

---

666 Wichterich (Consalvi und Napoleon, 34) schreibt: *„Um die Stellung als Richter bei der Sacra Rota zu erlangen, hatte er 'nicht ohne Risiko' die gut dotierte Nuntiatur in Köln ausgeschlagen. Ja, noch mehr: Er hatte sich in diesem Fall nicht gescheut, die Protektion des Staatssekretärs Boncompagni und dessen Auditors nachzusuchen.“* Consalvi selbst notierte (Mémoires, 302): *„J'en étais venir au point de refuser, et non sans risque, la nonciature de Cologne, car sous Pie VI on ne pouvait guère décliner une charge impunément.“* Diese Vorgänge sind um das Jahr 1792 anzusiedeln, näherhin um 1794, da Bartholomeo Pacca von 1786–1794 als Nuntius nach Köln entsandt war. Ihm folgte ab 1794 als Nuntius in Köln Annibale della Genga, der sich später als Widersacher Consalvis erweisen sollte und ab 1823 als Leo XII. Papst war.

667 *„Eiferer; hier die Gruppe derjenigen Männer der Kirche, die fanatisch auf die Beibehaltung der traditionellen, seit Jahrhunderten bewährten Einrichtungen bedacht waren, also eine Art Ultrakonservative.“*, so lautet die Definition bei Wichterich, Consalvi und Napoleon, 334, Anm. 26.

668 Die Einzelheiten der Umstände des Verlaufs des Konklaves, der Arbeit Consalvis als dessen Sekretär und zu dessen Ernennung schildert Wichterich, Consalvi und Napoleon, 61–99. *„Mit der Wiedergabe dieser Einzelheiten ist die Mähr widerlegt,*

nach Rom am 3. Juli 1800, wurde Consalvi am 11. August 1800 zum Kardinal kreiert und zum Kardinalsstaatssekretär ernannt. Der Papst schenkte sein Vertrauen einem „*konservativen Reformer in der Linie der aufgeklärten Geister des 18. Jahrhunderts, der es verstand, Energie mit Geschmeidigkeit zu paaren.*“[669] Erst im Dezember 1801 erteilte Papst Pius VII. in seiner Privatkapelle seinem Kardinalsstaatssekretär die Weihe zum Suddiakon und am nächsten Tag die Weihe zum Diakon und nahm ihn damit in den höheren Klerus auf.[670]

Consalvi habe Chiaramonti zum Papst ‘gemacht’ und dieser habe ihn zum Lohn zum Kardinal-Staatssekretär ernannt.“, ebd. 99. Consalvi war Sekretär des Konzils wider Willen geworden und lehnte zunächst auch das Amt eines (Pro-)Staatssekretärs ab, vgl. ebd. 98–99. Consalvi selbst schreibt darüber (Mémoires, 377–379) und fasst zusammen (ebd. 486): „*Je me vis donc revêtu de la charge de secrétaire d`État sans l`avoir je ne dirai pas ambitionnée. Mais encore sans y avoir pensé. Car je ne pouvais pas même y songer. Le jour suivant, j`allai de nouveau habiter le convent où le Conclave s`était tenu et où le Pape demeurait; puis j`entrai immédiatement en fonction.*“

669 Aubert, Die Katholische Kirche und die Revolution, 66. Ranke, Consalvi, 398–399 scheibt zu diesem Verhältnis: „*Vor allem war der Staatssekretär Kardinal Consalvi in seinem [des Papstes, HH] Vertrauen. Dante sagt von Peter Vineis, er habe beide Schlüssel zu dem Herzen seines Herrn in Händen gehabt, den erschließenden sowohl, wie den verschließenden. Man hat in Rom diese Worte auf Consalvi angewendet, der das Herz des Papstes zu eröffnen wisse, aber auch es zu verschließen.*“

670 Consalvi verzichtete zeitlebens auf den Empfang der Priester- und Bischofsweihe. Dies mag zunächst seltsam erscheinen, doch es genügte den Vorschriften des Konzils von Trient (Sess. 24, de reform, c. 1, in: COD, Bd. 3, 761).

Der c. 232 § 1 CIC/1917 bestimmte, dass nur ein Mann, der die Priesterweihe empfangen hat, Kardinal werden kann. Canon 351 § 1 CIC/1983 bestimmt ebenfalls, dass nur ein Mann, der die Priesterweihe empfangen hat, Kardinal werden kann, jedoch folgt die Bestimmung: Wer noch nicht Bischof ist, muss die Bischofsweihe empfangen. Diese Norm geht zurück auf das Motu Proprio Cum Gravissima Papst Johannes’ XXIII. vom 15. April 1962, in: AAS 54 (1962), 256–258.

Consalvi war als Diakon Kardinalstaatssekretär. Dies gibt Raum für weitergehende Überlegungen, ob etwa ein Kardinalstaatssekretär Anteil an der bischöflich-geistlichen Leitungsvollmacht der Kirche haben muss, da er doch seinen Arbeitsschwerpunkt nicht im sakramentalen Wirkungsbereich der (höchsten) kirchlichen Autorität hat. Papst Franziskus hat mit seiner Kurienreform (Apostol. Konst. Praedicate Evangelium, v. 19.03.2022, URL: https://press.vatican.va/content/salastampa/it/ bollettino/pubblico/2022/03/19/0189/00404.html, Zugriff: 09.04.2022) wieder eine andere Perspektive eröffnet. Papst Franziskus legt – entgegen der bisherigen Regelung – fest, dass alle Kurienämter an Kleriker und Laien, Frauen wie Männern, übertragen werden können (PE I 10). Die Auswahl der Amtsperson an der Kurie soll allein nach Eignung und Stelle erfolgen

4.1.2.2.2 Diener des Pontifex für die Glaubensgemeinschaft

Mit Napoleon schloss Consalvi im Auftrag des Papstes im Sommerhalbjahr 1801 das Konkordat für Frankreich[671] nach sehr langen und harten Auseinandersetzungen ab.[672] Bei der Ausarbeitung des italienischen Konkordats mit der von Napoleon abhängigen Cisalpinischen bzw. Italienischen Republik, das 1803 geschlossen wurde, war Consalvi ebenfalls federführend beteiligt. Da sich der Kardinalstaatssekretär unbeugsam gegen die (kirchen-)politischen Eigenmächtigkeiten und Gewaltakte Napoleons stellte, verlangte dieser bei Pius VII. seinen Rücktritt als Staatssekretär,[673] der am 17. Juni 1806 publiziert und wirksam wurde.[674] Doch wurde Consalvi weiterhin vom Papst bei wichtigen Angelegenheiten in privater Form konsultiert.

(II, 7), die notwendige Amtsvollmacht der Spitzenämter verleiht der Pontifex. In der Konsequenz – so ist zu interpretieren – ist kein Kurienamt an die mit der Weihe verliehene Leitungsvollmacht gebunden; demnach könnte auch ein Nicht-Kleriker, Frau oder Mann, Staatssekretär werden; die Person wird schlicht Staatssekretär genannt werden (IV Art. 45 § 1).

671 Zu den Konkordatsverhandlungen und den (kirchen-)politischen Beweggründen vgl. Ranke, Consalvi, 363–370. Einer der größten Streitpunkte bis zum Schluss war die Forderung Consalvis, dass die Freiheit und Öffentlichkeit der Ausübung der Religion garantiert werde; letztlich wurde eine Kompromissformel gewählt, vgl. ebd. 366–367.

672 Consalvi (Mémoires, 162) schrieb in Folge einer anstrengenden Sitzung: „*Ainsi se termina cette triste séance de vingt-quatre heures entières, commencée vers les quatre heures du jours précèdent, et close vers les quatre heures de ce malheureux jour, avec une grande souffrance physique, comme on le comprend du reste, mais avec une bien plus grande souffrance morale, et telle qu`il faudrait la ressentir pour s`en faire une idée.*“

673 „*Sarà conseguentemente sul terreno politico e non su quello ecclesiastico-ideologico che si consumerà la rottura tra il C. e Napoleone, e di conseguenza quella tra la S. Sede e la Francia. Già durante la guerra della terza coalizione, allorché i Francesi procedettero all'occupazione di Ancona (novembre 1805), il C. protestò energicamente in nome dell'integrità dello Stato pontificio, identificata con la libertà stessa della Chiesa, e fece scrivere a Pio VII una lettera a Napoleone che rivendicava il diritto della S. Sede alla neutralità e minacciava la rottura delle relazioni diplomatiche con la Francia.*“, Roveri, Consalvi, 36. Hinter dieser Einschätzung schwingt die Überzeugung mit, dass Kirche und Staat zwei gänzlich verschiedene Sphären wären und Consalvi folglich (unstatthaft) Politik mit Glauben vermengt habe.

674 Zur Vorgeschichte der Weigerung Pius', seine Souveränität über den Kirchenstaat im Zusammenhang mit der von Napoleon geforderten europäischen Kontinentalsperre aufzugeben und zum Rücktritt selbst vgl. Wichterlich, Consalvi und Napoleon, 223–246. Consalvi (Mémoires, 633–634) begründet seinen Rücktritt

Im Jahr 1809 der Kirchenstaat war schon 1808 militärisch besetzt worden, spitzten sich die Auseinandersetzungen um die Herrschaft im Kirchenstaat und die moralische Freiheit des Oberhaupts der Kirche zwischen Papst Pius und Napoleon weiter zu, wobei Napoleon den Gegensatz zwischen Staat und Kirche akzentuierte und der Überzeugung war, dass ersterer von der Kirche unabhängig agieren könne und sich jede Einflussnahme auf jedwedem staatlichen Sachverhalt verbitten müsse, denn das Reich Gottes sei nicht von dieser Welt, wie schon Jesus gelehrt habe.[675] Der Bezug auf Mt 22, 15–33 (Gebt dem Kaiser was des Kaisers ist, und Gott, was Gottes ist) sollte hier der Begründung einer Trennung von Staat und Kirche dienen.

Dabei scheute sich Napoleon keinesfalls, um sich kultisch zu inszenieren und Gehorsam für seine Herrschaft einzufordern, auf päpstlich konnotierte liturgische Akte und Röm 13,1–8 zurückzugreifen: Im kaiserlichen Einheitsschematismus aus dem Jahr 1806 war in Lektion VII *„Über die Plichten der Gläubigen"* zu lesen: *„Der Kaiser wurde der Gesalbte des Herrn durch Salbung des Höchsten Pontifex, des Hauptes der universalen Kirche."* Daran fügte sich die Frage: *„Was muss man von denen halten, die ihre Pflicht gegenüber unsrem Kaiser verletzen sollten?"* Antwort: *„Nach dem Apostel Paulus widersetzen sie sich der von Gott selbst errichteten Ordnung und machen sich der ewigen Verdammnis würdig."*[676]

Consalvi hatte sich zwar gegen die Exkommunikation des Eroberers der päpstlichen Staaten, Kaiser Napoleon, ausgesprochen, doch blieb er unbeirrt Papst Pius VII. loyal ergeben.[677] In der Folge wurde er, der inzwischen kein

---

realpolitisch: *„Ma retraite était en réalité la seule et unique chance pouvant contribuer au succès de la lutte que nous soutenions pour la sauvegarde des droits du Saint-Siège et pour les effets qui devaient en résulte au bénéfice de la Religion et de l'État lui-même."*

675 Napoleons Standpunkt, der sich dabei auf Kaiser Friedrich II. und Kaiser Ludwig den Bayern in ihrem Kampf gegen die politische Papstkirche berufen konnte, lautete: *„Der Papst will mich bei der Christenheit anklagen. Ein unsinniger Gedanke, der bloß von Menschen kommen kann, die das gegenwärtige Jahrhundert nicht kennen: es ist ein Anachronismus um 1000 Jahre. Jesus Christus hat gesagt, sein Reich sei nicht von dieser Welt; will der Papst dem Kaiser nicht geben, was des Kaisers ist? Vielleicht ist die Zeit nicht mehr fern, wo ich den Papst nur als Bischof von Rom anerkenne, von demselben Range wie die übrigen Bischöfe meines Reiches. Ich würde mich nicht scheuen, die verschiedenen Kirchen, die italienische, gallikanische, deutsche, polnische in einem Konzil zu vereinigen."*, zitiert nach: Ranke, Consalvi, 376.

676 Vgl. Plongeron, Von Napoleon zu Metternich, 636; zur Selbstinszenierung und zum Schematismus, ebd. 634–636.

677 Ranke (Consalvi, 379) meint: Die Exkommunikation *„war der direkteste Gegensatz gegen die Ideen Napoleons, denn darin lag eine Vermischung der weltlichen und*

kirchliches Amt mehr ausübte, sondern sozusagen Privatmann war, von Napoleon mit anderen papstreuen Kardinälen Ende 1809 nach Frankreich beordert. Da Consalvi mit etlichen anderen Kardinälen die zweite Vermählung Napoleons als offensichtlich ungültig betrachtete[678], wurde er auf Napoleons Befehl demütigend behandelt und in Reims mehr oder weniger streng interniert.[679] Trotz der Festsetzung in Reims erfuhr Consalvi von dem von Napoleon 1811 zusammengerufenen Nationalkonzil in Paris.[680] Nach dem Sturz Napoleons im Jahr 1814 war Pius VII. wieder in der Lage, seinen ergebenen Kardinal und Vertrauten am 17. Mai 1814 erneut als Staatssekretär einzusetzen.[681]

Bei den Verhandlungen der Sieger über Napoleon in Paris und London im Jahr 1814 und auf dem Wiener Kongress 1815[682] konnte Consalvi die päpstlichen Interessen im Hinblick auf die Neuordnung der Kirche und die Restitution des Kirchenstaates mit außerordentlichem Geschick und Erfolg vertreten. *„Das diplomatische Genie Kardinal Consalvis rettete für ein halbes Jahrhundert*

---

geistlichen Angelegenheiten, auf deren Trennung das System des Kaisers hinzielte. Er meinte, soweit würde Consalvi wenig gegangen sein.“

678 Die erste Ehe Napoleons mit Joséphine Beauharnais war von einem in Frankreich etablierten kirchlichen Gericht annulliert worden, was jedoch nicht den kanonischen Bestimmungen entsprach, da damals wie heute die Annullierung der Ehen von Staatsoberhäuptern dem Papst vorbehalten war/ist; vgl. c. 1405 § 1, 1° CIC1983. Deshalb blieb Consalvi zusammen mit zwölf anderen Kardinälen der (zivilen und) religiösen Feier fern, womit sie sich den Zorn Napoleons zuzogen; vierzehn andere Kardinäle hatten dem Druck Napoleons nachgegeben, vgl. dazu Consalvi, Mémoires, 211–279.

679 Eine Folge der Widersetzlichkeit bei der kirchlichen Trauung war, dass die papsttreuen Kardinäle beim anschließenden Empfang des Saales verwiesen wurden (vgl. Consalvi, Mémoires, 237–242) und später die ihnen zustehenden roten Soutanen ablegen und schwarze tragen mussten; seitdem wurde zwischen schwarzen und roten Kardinälen unterschieden; vgl. ebd. 258.

680 Consalvis Notizen zum französischem Nationalkonzil von 1811, Mémoires, 707–792.

681 In der Zwischenzeit amteten andere Kardinäle als Staatssekretäre und Pro-Staatssekretäre: Filippo Casoni, Kardinalstaatssekretär (1806–1808); Giulio Gabrielli, Kardinalstaatssekretär (1808–1814); Giuseppe Doria Pamphilj, Prosekretär (1808); Bartolomeo Pacca, Pro-Staatssekretär (1808–1814).

682 Zum Wiener Kongress: Thierry Lentz, 1815. Der Wiener Kongress und die Neugründung Europas, München, Siedler, 2014²; zu den Bemühungen Consalvis zur Restituierung der römischen Staaten vgl. ebd. 255–262; Adam Zamoyski, 1815 – Napoleons Sturz und der Wiener Kongress, München, C. H. Beck, 2014, zu den Herausforderungen der päpstlichen Diplomatie beim Kongress vgl. ebd. 489–493.

den Kirchenstaat."[683] Die Konkordate und Vereinbarungen, die im Pontifikat Pius' VII. zum Wohle der Kirche und des Glaubens abgeschlossen werden konnten, sind vor allem das Werk der Verhandlungskunst Consalvis.[684]

4.1.2.2.3 Erster Minister des Papstes in der Regierung seiner Staaten

Als Kardinalsstaatssekretär war Consalvi der Wahrer der Interessen des Papstes als Oberhaupt der Katholischen Kirche. Zugleich kam es ihm zu, die weltliche Regierung des Papstes als Staatsoberhaupt der päpstlichen Staaten, d. h. des Kirchenstaates zu führen.

Consalvi bemühte sich nach seinem Amtsantritt umgehend darum, bessere Lebensverhältnisse im Kirchenstaat zu erreichen. Er schaffte die Versorgung der Bevölkerung mit subventionierten Lebensmitteln ab, führte den freien Warenverkehr ein, bereinigte den Geldumlauf um die Abschreibungen und setzte eine große Anzahl von Laien mit Fachkenntnissen in Stellen der Regierung und Administration ein. Ein besonderes Augenmerk richtete er auf die Verschönerung Roms und förderte zugleich die archäologischen Forschungen und künstlerische Ausgestaltung der Stadt. Viele Anstrengungen und Absichten Consalvis konnten jedoch wegen der politischen Spannungen und der wiederholten Besetzung des Kirchenstaates und der Stadt Rom durch verschiedene Truppen nicht wirksam werden und Frucht tragen.[685] Als die Franzosen die weltliche Herrschaft des Papstes aufhoben und für die Jahre von 1809 bis 1814 die französischen Verwaltungs-, Wirtschafts- und Regierungsgrundsätze einführten, bedeutete dies einen Fortschritt in den päpstlichen Ländern.

Nachdem dann die päpstliche Landeshoheit wieder aufgerichtet worden war, wurden zunächst vielfach die alten Zustände restauriert – eine anachronistische Aktion. Erst 1816 richtete Pius VII. die innere Verwaltung der päpstlichen Staaten neu aus mit dem Motu Proprio Quando per ammirabile disposizione[686],

---

683 Boutry, Souverain et Pontife: recherches prosopographiques sur la curie romaine à l'âge de la restauration, 1814–1846, Rom 2002, pp. 347–351, zitiert nach: Plongeron, Aufhebung der Blockade, 659.

684 Über die Konkordatsverhandlungen mit Bayern lässt sich Consalvi aus in Memoires, 549–551; an dieser Stelle leider nur für die Zeit von Beginn der Verhandlungen bis etwa zum Jahr 1806.

685 Zum mühsamen Reformwerk in den päpstlichen Landen bis 1806 stellt Boutry (Pio VII, 15) fest: „*Quande fu costretto ad abbandonare la segreteria di stato, nel giugno 1806, il suo progetto di trasformazione statale era già sprofondata nell'immobilismo.*"

686 Vom 06.07.1816, Text in lat. und ital.: Moto proprio [...] sulla organizzazione dell'amministrazione pubblica esibito negli atti del nardi segretario di camera

das von Consalvi erarbeitet worden war und im Wesentlichen aufgriff, was Consalvi auf dem Wiener Kongress den europäischen Mächten zugesagt hatte.[687] Mit diesem Dokument, eine Art Staatsgrundgesetz, wurden u. a. alte Privilegien des Adels und bestimmter Städte beseitigt und so ein einheitlicher Staatsaufbau in achtzehn Delegationen erreicht. Es enthielt die Grundzüge einer neuen Zivil- und Strafprozessordnung, suchte die Staatsfinanzen durch den Erlass eines Wirtschaftsrechts sowie die Vereinfachung der Finanzverwaltung zu stabilisieren und reorganisierte das Bildungswesen. Consalvi förderte außerdem die öffentliche Sicherheit und verteidigte bzw. bewahrte die (weltlichen) Souveränitätsrechte des Papstes in seinen Ländern.

Viele der von Consalvi angestoßenen und umgesetzten Reformen knüpften an die fortschrittliche Verwaltung an, die die Franzosen im Kirchenstaat eingeführt und hinterlassen hatten. Dies führte zur Unterstellung, dass Consalvi ein ‚Bonapartist' sei. Im Kardinalskollegium hatte der Staatssekretär daher die Partei der Zelanti mit Kardinal delle Genga gegen sich, die prinzipiell jede Neuerung verwarf; andere hohe Geistliche hatte er wiederum gegen sich aufgebracht, da er kompetente Laien in verantwortungsvollen Positionen eingesetzt hatte. Diese geballte Opposition[688] hatte zur Konsequenz, dass Consalvi seines Amtes überdrüssig wurde, da sein Reformwerk nicht vorankam, dass er und Pius VII. als ‚Liberale'[689] geschmäht wurden und der Weg in die Restauration des Kirchenstaats

---

nel di 14. del mese ed anno suddetto, Rom, Vincenzo Poggioli stampatore della Rev. Cam. Apost., 1816. Ein dt. Text des Motu Proprio findet sich bei Pölitz, Die Constitutionen, 408–430. Zu den Reformmaßnahmen im Überblick vgl. Wichterich, Consalvi und Napoleon, 331–336.

687 Zum Inhalt des Motu Proprio vgl. Ranke, Consalvi, 422–426. Das Ergebnis lautete: *„So war alles in eine gleichmäßige Form gebracht, auf eine anderen Staaten entsprechende Weise; es war jener durchgreifenden obersten Gewalt, welche man immer auszuüben gewünscht hatte, Raum verschafft.“*, vgl. ebd. 426. Zum Widerstand der Geistlichkeit gegen Consalvis Reformen vgl. ebd. 446–455.

688 Vgl. zum innen- und außenpolitischen Widerstand gegen Consalvis Reformwerk: Wichterich, Consalvi und Napoleon, 353–336. Zu den Sachgebieten innenpolitischer Schwierigkeiten vgl. Ranke, Consalvi, 431–445. Consalvi *„si trovò di fronte la potente opposizione del vertice (Sacro Collegio) e delle ali estreme dell'opinione politica (settari e reazionari), senza poter contare su uno spirito pubblico favorevole nel paese e su uno schieramento fedele nelle strutture amministrative centrali e periferiche“*, Roveri, Consalvi, 40.

689 *„La politica interna reazionaria di Leone XII e di Gregorio XVI creeranno il mito di un Pio VII e di un C. liberaleggianti“*, so erklärt Roveri (Consalvi, 41) die Urheberschaft und spätere Würdigung des Kardinals Consalvi. Ein Feld, das Consalvi und der katholischen Kirche mehr Freude und Anerkennung brachte, war die

eingeschlagen wurde. Da jedoch Consalvi dem Vertrauen, das Papst Pius VII. in ihn gesetzt hatte, entsprechen wollte, hielt er in seiner Stellung aus. Freilich änderte sich das schlagartig nach dem Tod des Papstes am 20. August 1823.

Die Partei der Zelanti hatte im Konklave eine klare Mehrheit gegenüber den Politicanti und wählte am 28. September 1823 Kardinal Annibale della Genga zum Papst, der den Namen Leo XII. annahm. Dieser ernannte sofort Kardinal Giulio Maria della Somaglia zum Staatssekretär. Consalvi wurde Präfekt der Kongregation De Propaganda fide und noch im selben Jahr als Ehrenmitglied der Bayerischen Akademie der Wissenschaften aufgenommen.

Am 24. Januar 1824 verstarb Ercole Consalvi und wurde in der römischen Kirche S. Marcello begraben.

4.1.2.3 Nuntien im Zusammenhang mit den Konkordatsverhandlungen

Seit dem 4. Jahrhundert, nachdem das Christentum im römischen Reich als anerkannte Religion zugelassen worden war und bald von staatlicher Seite gefördert wurde, entsandten die Bischöfe von Rom zu besonderen Anlässen oder zur Erledigung besonderer Aufgaben von ihnen autorisierte Gesandte bzw. Legaten. Aus den Beauftragungen, die päpstlich-kirchlichen Interessen bei einem Fürsten und/oder Staat wahrzunehmen, entwickelte sich das Nuntiaturwesen der römischen Päpste. Erste Nuntiaturen entstanden ab dem frühen 16. Jahrhundert zunächst in Spanien, Frankreich, Venedig und im Heiligen Römischen Reich. Seit Ende des Dreißigjährigen Krieges ist es üblich geworden, dass die Nuntien den Titel eines (Titular-)Erzbischofs führen und vor Beginn ihres Dienstes die Bischofsweihe erhalten. Für die Konkordatsverhandlungen mit dem Kurfürstentum bzw. Königreich Bayern entsandte und beauftragte Papst Pius VII. drei apostolische Nuntien, die die Verhandlungen beginnen, begleiten und voranbringen sollten. Dem letzten der drei Nuntien fiel es zu, die Konkordatsbestimmungen in einen ordentlichen Kontext kirchlichen Lebens und Wirkens zu überführen.

4.1.2.3.1 Annibale della Genga (1760–1829)

Annibale Sermattei della Genga[690] wurde 1760 als Spross einer Grafenfamilie auf Schloss Genga in den Marken geboren. Er absolvierte die kirchliche Diplomatenausbildung an der päpstlichen Akademie und wurde zunächst

---

Außen- und Vertragspolitik, also die Diplomatie, etwa mit den unabhängig gewordenen südamerikanischen Staaten und Großbritannien.

690 Zu Leben und Wirken della Gengas/Leo XII.: Schwaiger, Art. Leo XII., 952–953; ausführlicher: Monsagrati, Art. Leone XII., papa, 527–537.

päpstlicher Geheimkämmerer von Papst Pius VI. Della Genga empfing 1793 die Bischofsweihe und wurde Titularerzbischof von Tyrus.

1794 wurde er zum päpstlichen Nuntius in der Kölner Nuntiatur berufen. Er konnte aber wegen der Besetzung des Rheinlands durch französische Truppen seine Amtsgeschäfte nicht aufnehmen und residierte deshalb zunächst in München, wo er formal von 1795 bis 1796 Internuntius war. Anschließend zog er sich, formal immer noch Kölner Nuntius, als Emidio Ziucci als Nuntius für München ernannt war, nach Augsburg zurück. Nachdem die bayerische Regierung den Nuntius in seiner Stellung missachtet hatte, reiste Ziucci aus München ab und della Genga versah für kurze Zeit im Jahr 1800 noch einmal die Münchner Nuntiatur als Internuntius. Von 1800 bis 1802 war er päpstlicher Gesandter beim Regensburger Reichstag und kehrte danach nach Rom zurück.

In den Jahren 1805–1808 agierte della Genga als päpstlicher Gesandter für Konkordatsverhandlungen mit Bayern, reiste aber erst 1806 aus Rom ab, um in Regensburg mit dem bayerischen Bevollmächtigten Joseph Maria von Fraunberg zu verhandeln. 1814 wurde er Nuntius in Paris und überbrachte als Gesandter nach dem Sturz Napoleons dem französischen König Ludwig XVIII. die päpstlichen Glückwünsche.

Das Bischofsamt von Senigallia übernahm della Genga 1816, zugleich wurde er zum Kardinal kreiert. Im Kardinalskollegium zählte er zur Gruppe der Zelanti, der Eiferer, die intransigent an überkommenen Positionen festhielten, die im Gefolge der Aufklärung unhaltbar waren, und der vermittelnden Politik Consalvis ablehnend bis feindlich gegenüberstanden. Im Jahr 1820 wurde er Generalvikar des Papstes für die Diözese Rom und Präfekt verschiedener Kongregationen. Das Konklave wählte ihn am 28. September 1823 zum Papst. Er nahm den Namen Leo XII., an, er starb 1829 in Rom.

Für die diplomatischen Missionen in Deutschland, insbesondere für die Konkordatsverhandlungen, war della Genga qualifiziert, da er durch seinen Dienst als Nuntius in Köln und München und bei den Reichstagen mit den deutschen Verhältnissen vertraut war. Nach den Spannungen im Gefolge der Emser Punktation versuchte er eine Annäherung und Aussöhnung zwischen den beteiligten Metropoliten und Rom zu erreichen. Bei den Konkordatsverhandlungen kam ihm zugute, dass er die bayerischen Bischöfe und die kirchliche Lage in Bayern kannte. Auch in den Jahren, in denen er sich in Rom aufhielt, blieb er durch persönliche Kontakte zu deutschen Geistlichen in verschieden Funktionen mit der Situation gut vertraut.[691]

---

691 Vgl. Doeberl, Entwicklungsgeschichte, 52–55. Dort auch die Darlegung von della Gengas Fähigkeiten und die Einschätzungen Häffelins und Dalbergs zu dessen Qualifikation.

Das Pontifikat war herausgehoben, da Leo XII. das Jahr 1825 als Heiliges Jahr, das einzige im 19. Jahrhundert, verkündete. Er ergriff Reformmaßnahmen hinsichtlich der Kurie, der Universitäten und kirchlicher Orden; verminderte die Zahl der Beamten, förderte das Schulwesen, richtete die Studienkongregation ein und unterstützte Bildungseinrichtungen und Kunstanstalten, wobei seine geistliche Fürsorge der Mission und der Pastoral galt. Auch diplomatisch und kirchenpolitisch war Leo XII. sehr aktiv und ordnete die kirchlichen Verhältnisse u. a. in den Niederlanden, dem Königreich Hannover, England, Spanien und Polen. Das Pontifikat della Gengas/Leo XII. kann somit als korrigierende Reaktion zum Vorgänger erklärt und verstanden werden, unbeschadet dessen führte es die katholische Kirche in die politische und geistige Restauration.

4.1.2.3.2 Antonio Gabriele Severoli (1757–1824)

Antonio Gabriele Severoli[692] wurde 1757 in Faenza geboren und stammte aus gräflicher Familie. Nach dem Besuch jesuitischer Kollegien studierte er an der Accademia dei Nobili Ecclesiastici in Rom und erwarb 1787 an der Universität von Cesena den Doktor in utrioque iure.

Die Priesterweihe erfolgte 1779 in Faenza, die Weihe zum Bischof von Fano empfing er 1787 in Rom. Während der französischen Besatzungszeit war er 1798/1799 nach Castrocaro verbannt. 1801 wurde Severoli unter Beibehaltung der Administration der Diözese Fano zum Titularerzbischof von Petra erhoben. Im selben Jahr wurde er als Nuntius an den Kaiserhof nach Wien gesandt. 1808 wurde er auf die Bischofssitze Viterbo und Toscanella transferiert und erhielt den persönlichen Titel Erzbischof. Trotz dieser neuen bischöflichen Aufgabe blieb Severoli auf Bitten und Verlangen des österreichischen Staatskanzlers Metternich bis 1817 im diplomatischen Dienst in Wien.

Beteiligt war Severoli an Verhandlungen zur Neuordnung der deutschen Reichskirche, zur Verbesserung der Lage der Katholiken in Polen, die unter russischer Herrschaft lebten sowie zur von Napoleon geforderten Ehe mit der österreichischen Erzherzogin Marie Louisa. Beim Wiener Kongresses im Jahr 1815 vertrat Nuntius Severoli sehr energisch die Interessen des Heiligen Stuhls. Wegen seiner Verdienste wurde er 1816 zum Kardinal kreiert und erfüllte danach seinen Hirtendienst in Viterbo bzw. war 1823/1824 Almosengeber Seiner Heiligkeit.

In seinem diplomatischen Wirken erwies sich Severoli als Gegner des Staatskirchentums, insbesondere des in den österreichischen Landen geübten, und

692 Zum Überblick zu Leben und Wirken vgl. Wodka, Art. Severoli, 701–702.

auch als Gegner der von Kardinalsstaatssekretär Consalvi verfolgten gemäßigten und vermittelnden Politik. Beim Konklave nach dem Tod von Papst Pius VII. legte deshalb der österreichische Kaiserhof gegen die Wahl Kardinal Severolis sein Veto ein. Infolgedessen wurde nicht Severoli, sondern der Kardinal Annibale della Genga, zum Papst gewählt. Severoli starb 1824 in Rom.

4.1.2.3.3 Francesco Serra di Cassano (1783–1850)

Francesco Serra-Cassano[693] wurde am 21. Februar 1783 in Neapel als vierter Sohn des Herzogs von Cassano geboren. Ersten Unterricht erhielt Serra im Konvent der Benediktiner Ss. Severino e Sossio in Neapel. Weitere Studien absolvierte er Jahre später an der Universität von Camerino in den Marken mit dem Abschluss eines juristischen Doktorats 1816 und am Collegio dei Protonotari in Rom, wo er im Juni 1817 zum Doktor utroque iuris promoviert wurde.

Serra empfing die Priesterweihe im März 1806 am Vorabend des Einmarsches der napoleonischen Truppen in Neapel, der Hauptstadt des Königreichs beider Sizilien. Unter der französischen Regierung arbeitet Serra im Zentralen Komitee für die öffentliche Wohlfahrt. Im Jahr 1813 wurde er Kaplan an der Domschatzkapelle in Neapel. Serra übersiedelte 1814 nach Rom, wo er zum Schützling des Kardinalstaatssekretärs Consalvi und Vikar an der Basilika St. Maria Maggiore wurde. 1816 wurde er zum Apostolischen Delegaten für Camerino ernannt.

Im Herbst 1817 bestimmte Papst Pius VII., dass Serra, nachdem das Konkordat mit Bayern ratifiziert war, Nuntius in München werden sollte. Die offizielle Ernennung verzögerte sich jedoch, da sich Schwierigkeiten mit der Publikation und Umsetzung des Konkordats ergeben hatten. Im Hinblick auf die Aufgabe als Nuntius empfing Serra im März 1818 die Bischofsweihe zum (Titular-)Erzbischof von Nicäa. Im Herbst 1818 konnte Serra sein Amt als Nuntius im Königreich Bayern mit Sitz in München antreten, wo er bis 1826 wirkte. Seine Hauptaufgabe bis in den Herbst 1821 bestand darin, dafür zu sorgen, dass die Bestimmungen des Konkordats zur Reorganisation der Kirche in Bayern zur Anwendung kamen.

Nach dem Tod von Pius VII. im Jahr 1823 und des Kardinalsstaatsekretärs Consalvi im Jahr 1824 fand Serra bald einen neuen Protektor in der Person des Kardinals Somaglia, der von 1823 bis 1828 der neue Kardinalstaatssekretär unter Papst Leo XII. war, welcher unter seinem bürgerlichen Namen, Annibale

693 Zur Biographie des Nuntius vgl. Carnevale, Art. Serra di Cassano, Francesco, 223–224, mit weiteren Quellenangaben.

della Genga, in den Jahren 1806 und 1807 an den bayerischen Konkordatsverhandlungen als Nuntius mitgewirkt hatte.

Im Juli 1826 wurde Serra zum Koadjutor mit dem Recht der Nachfolge des Erzbischofs von Capua in der Nähe Neapels ernannt. Da der Erzbischof Baldassarre Mormile schon im August 1826 starb, wurde Serra noch im selben Jahr Metropolitanerzbischof von Capua. Den feierlichen Einzug in seine Bischofsstadt beging er (erst) am 13. Juni 1827. Papst Gregor XVI. ernannte Serra bei seinem ersten Konsistorium 1831 zum Kardinal in pecctore mit der Titelkirche der Zwölf Apostel, 1833 wurde die Ernennung öffentlich gemacht.

Serra di Cassano arbeitete als Diözesanbischof stets daran, dass Ansehen seiner Erzdiözese zu heben. Unter seinem Episkopat wurde die Kathedrale zur Basilika minor erhoben und das Territorium seiner Erzdiözese durch Vereinigung mit anderen Diözesen vergrößert. Zugleich versäumte es Serra nicht, da er als Kardinal Mitglied in verschiedenen Kongregationen war, die interne Politik und Geschäftsgänge der Kurie mitzugestalten. Serra starb mit 77 Jahren am 17. August 1850 in seiner Bischofsstadt Capua.

4.2. Die Etappen zum Abschluss des Konkordats

Nach den umstürzenden Ereignissen der französischen Revolution, dem Aufstieg Napoleons, der mit militärischer Gewalt die Integrität des Heiligen Römischen Reiches bedrohte und dem Abschluss des französischen Konkordats von 1801 setzten jene (staatskirchen-)politischen Aktionen ein, die zu einem Bayerischen Konkordat führen sollten.

Die Arbeit am Konkordat war jedoch kein geradliniger Prozess, sondern verlief in diversen Versuchen und Anläufen. Bei allen kontextuellen Veränderungen, die die Konkordatsverhandlungen beeinflussten, blieben daher nur wenige inhaltliche Prinzipien über die Jahre hinweg prägend und nur die Repräsentanten der beteiligten Parteien, Fürst Maximilian Joseph und Papst Pius VII. dieselben.

Die Arbeit am Konkordat lässt sich an den verschiedenen Textentwürfen dokumentieren, die von 1802 bis 1817 von bayerischer und kurialer Seite in die Verhandlungen eingebracht worden waren. Mithilfe der ausgewählten, chorologisch aufeinander folgenden Texte sollen in diesem Kapitel verschiedene Fragestellungen untersucht werden: Welche und wie viele Themen werden behandelt? In welcher Sprache und in welchem Stil/Duktus ist der Text verfasst? Welche Themen sind entfallen, welche werden fortgeführt, entfaltet oder neu aufgegriffen? Welche Ideen zur Verhältnisbestimmung von Staat und Kirche sind in die Texte und Verhandlungen eingeflossen und welche rechtlichen Bezugspunkte werden für die eigene Position herangezogen? Welche geistesgeschichtlichen

Prozesse beeinflussen die Verhandlungen? Welche Interessen und Zielvorstellungen der Parteien waren im Lauf der Verhandlungen leitend?

Die Verhandlungen der Konkordatsentwürfe haben im Kontext der zeitgenössischen Politik und spezifischer Ereignisse stattgefunden. Um eine bessere Übersicht zu erlangen, sind die Textentwürfe zum Konkordat in Etappen gruppiert. Im Bewusstsein, dass jede Einteilung der kontinuierlich-prozesshaften geschichtlichen Entwicklung problematisch bleibt, wurden hier die Konkordatsverhandlungen aufgrund diverser Textentwürfe in drei Etappen gefasst, die sich an der bayerischen Perspektive orientieren: die Zeit des Kurfürstentums; die Zeit als Königreich an der Seite des siegreichen Napoleons; die Zeit der Neuordnung Europas nach Napoleons Sturz. Jede Etappe der Textentwürfe und Verhandlungen wird deshalb mit einer kursorischen Situierung in die bayerische Zeitgeschichte eingeführt.

4.2.1 Die erste Etappe: 1802 bis 1805 – starre Fronten

Obwohl die kurfürstliche Regierung unter Max IV. Joseph seit 1799 den strengen Kurs eines staatskirchenrechtlichen Territorialismus der Vergangenheit forstsetzte und sogar noch verstärkte, entschloss sich des Kurfürsten erster Minister, Montgelas, mit Rom über eine Übereinkunft zur Regelung der kirchlichen Belange zu beraten.

4.2.1.1 Zum geschichtlichen Kontext 1802 – 1806

Im Juli 1802 ließ Montgelas dem bayerischen Gesandten in Paris, Anton Freiherr von Cetto[694], einen Konkordatsentwurf[695] vom 17. Juli 1802 und die Weisung

---

694 Cetto wurde 1756 in Zweibrücken geboren, studierte Rechts und Staatswissenschaften in Würzburg (ab 1769, als dort Barthel und Endres, Vertreter der Würzburger Schule, des Ius Ecclesiaticum lehrten) und Göttingen (ab 1772); er trat 1776 in den Staatsdienst des Herzogtums Zweibrücken ein, arbeitete in der Abteilung für Äußere Angelegenheiten und machte dort Karriere. Ihn verband die Freundschaft mit Montgelas, mit dem er seit 1787 zusammenarbeitete und dem er auch freundschaftlich verbunden war. Seit 1795 war Herzog Maximilian Joseph sein Dienstherr, der ihn v. a. als (Sonder-)Gesandten für Paris bis 1813 einsetzte. Nach der Entlassung Montgelas' verlor er an Einfluss und zog sich bald ins Privatleben zurück.

Zu Cetto: Neri, Anton Freiherr von Cetto (1756–1847), Sigmaringen, Thorbecke, 1993; Aretin, Cetto, 185–186. Aretin bemerkt zu Cetto: „*Neben F. G. Graf Bray und A. Graf Rechberg war er der bedeutendste bayerische Diplomat seiner Zeit und hat durch sein selbständiges Auftreten in Paris einen großen Einfluß auf die Geschicke Bayerns, besonders auf die verschiedenen territorialen Veränderungen, gehab.*“, ebd. 186.

695 Der Entwurf mit Quellenangebe bei Sicherer, Urkunde Nr. 2, 10–11.

zukommen, unter französischer Vermittlung Konkordatsverhandlungen, konkreter Verhandlungen für ein Sonder- bzw. Landeskonkordat zwischen Bayern und dem Heiligen Stuhl, einzuleiten. Die bayerische Regierung betrachtete das angezielte (Landes-)Konkordat unter der Perspektive seines Nutzens für seine Politik der Kirchenhoheit, etwa im Hinblick auf die Einsetzung der Bischöfe, die Neueinteilung der Diözesen, die Errichtung einer angezielten bayerischen Landeskirche, dann auch als Mittel der Integration der Katholiken der neu erworbenen Landesteile, insbesondere der fränkischen Hochstifte sowie als Mittel der Abgrenzung und Positionierung gegen das (noch bestehende) Reich und seine Institutionen.[696]

Gegen den Abschluss eines bayerischen Sonderkonkordats bestand zu dieser Zeit jedoch eine Interessenkumulation anderer Parteien.[697]

1.) Der Heilige Stuhl stand vor der Tatsache und Herausforderung, dass nicht nur die kirchlichen Verhältnisse in Bayern neu geordnet werden mussten, sondern in allen Gliedern des noch bestehenden Heiligen Römischen Reiches. Außerdem sah er sich durch die staatskirchlichen Veränderungen in Bayern provoziert und reagierte darauf mit Protest sowie einem Breve des Papstes vom 12. Februar 1803 an den Kurfürsten.[698]
2.) Der Kurfürst-Metropolitanerzbischof von Mainz und Reichserzkanzler Karl Theodor von Dalberg, der durch den Reichsdeputationshauptschluss zum Metropolitan-Erzbischof aller deutscher Diözesen mit Ausnahme derer im preußischen und österreichischen Machtbereich und zum ‚Primas von Deutschland' erklärt worden war,[699] erbot sich, mit verschiedenen deutschen Fürsten Verhandlungen zur Neuordnung der kirchlichen Verhältnisse zu führen, was auf ein Reichskonkordat hinauslief.
3.) Der kaiserliche Hof in Wien plädierte für ein Reichskonkordat und gegen den Abschluss von Sonderkonkordaten, um die Bildung von Landeskirchen zu verhindern und so den Zusammenbruch des morschen Reiches und der kaiserlichen Gewalt, wenn schon nicht zu verhindern, so doch zu verzögern.

---

696 Zu den unterschiedlichen Erwartungen des Kurfürstentums Pfalzbaiern und des Hl. Stuhls an ein Konkordat zu dieser Zeit vgl. Sicherer, Staat und Kirche, 60–61.

697 Zu den Parteien und ihren Gründen gegen ein bayerisches Sonderkonkordat und demnach für ein Reichskonkordat vgl. Sicherer, Staat und Kirche, 65–67.

698 Zum Inhalt: Sicherer, Staat und Kirche, 62–3; Text mit Quellenangabe bei Sicherer, Urkunde Nr. 3, 11–14.

699 Vgl. Hauptschluss, § 25, 516.

4.) Der Reichsdeputationshauptschluss, der als Reichsgesetz die Grundlage der Säkularisierung der geistlichen Reichsterritorien schuf, hielt mit seinem Paragraph 62 für alle Reichstände als Konstitutivum fest, dass die (erz-)bischöflichen Diözesen in ihrem bisherigen Zustand verbleiben, bis eine andere Diözesaneinrichtung auf reichsgesetzliche Art getroffen sein würde, wovon dann auch die Einrichtung der künftigen Domkapitel abhängen sollte.[700] Diese Bestimmung richtete sich also a.) grundsätzlich gegen eine Veränderung von Diözesen und b.) solange nicht eine reichsrechtliche Regelung getroffen sein würde.

Ein bayerisches Konkordat, das Diözesen verändern wollte, war somit, zumindest für den Hl. Stuhl, nicht vorstellbar. „*Noch im Februar 1803 ließ der römische Hof durch Caprara [päpstlicher Legat, HH] in Paris Mitteilung machen, dass sich der Papst für ein Reichskonkordat entschieden habe, und weil dort diese Mitteilung mit Unmut aufgenommen worden war, ersuchte der Papst im Juni desselben Jahres den ersten Konsul um seine Vermittlung für ein Reichskonkordat.*“[701]

Die bayerische Regierung befürchtete jedoch, durch ein Reichskonkordat in der eigenen staatlichen Souveränität beschnitten zu werden und sandte deshalb am 31. Mai 1803 bzw. am 6. Juni 1803 wiederum einen Grundlagentext[702] für bayerische Konkordatsverhandlungen an ihre diplomatischen Vertreter beim Kaiser in Wien bzw. beim Ersten Konsul Frankreichs in Paris. Um die eigenen Interessen noch nachdrücklicher vertreten zu können, entschloss sich die bayerische Regierung im September 1803 Kasimir von Häffelin als bevollmächtigten Vertreter nach Rom zu senden mit dem Auftrag, auf ein Sonderkonkordat hinzuwirken. Titularbischof Häffelin wurde zwar vom Papst und vom Kardinalstaatssekretär am 5. Dezember 1803 freundlich empfangen, doch „*Consalvi erklärte gleich anfangs, der Papst könne und wolle nichts beschließen ohne die Mitwirkung des ersten Konsuls und des Kaisers, und diese hätten sich für ein Reichskonkordat erklärt.*“[703] Außerdem brachte am 3. März 1804 Kardinalsstaatssekretär Consalvi seinen Unmut über die fortdauernden und neuen staatskirchlichen Eingriffe in das Leben der Kirche in Pfalzbayern in einer Beschwerdeschrift[704] zum Ausdruck.

700 Vgl. Hauptschluss, § 62, 524.

701 Vgl. Doeberl, Konkordatsverhandlungen, 27.

702 Der Entwurf mit Quellenangabe bei Sicherer, Urkunde Nr. 4, 14–17.

703 Sicherer, Staat und Kirche, 74.

704 Vgl. dazu Sicherer, Staat und Kirche, 77–78.

Für das Reichskonkordat hatte es in den Jahren 1803 bis 1804 Vorarbeiten gegeben, die aber von der Kurie im August 1804 abgelehnt wurden.[705] Nun machte sich Kurfürst und Erzkanzler Dalberg, der in Regensburg, der Stadt des immerwährenden Reichstags, residierte, zusammen mit dem Uditore Troni[706], der die Geschäfte der Nuntiatur besorgte, erneut ans Werk, um einen Entwurf eines Reichskonkordats[707] auszufertigen, den Troni am 19. Oktober 1804 an die Kurie sandte. Es war beabsichtigt, das Reichskonkordat in Paris abschließen zu lassen, wohin Papst Pius VII. im November 1804 gereist war, um Napoleon Bonaparte zum Kaiser zu krönen. In Paris wurde der Entwurf Dalbergs von einer Gruppe von Kardinälen geprüft und verworfen. Stattdessen kündigten die Kardinäle einen neuen römischen Entwurf für ein Reichskonkordat an. Dementsprechend lehnte der Papst weiterhin Verhandlungen über ein eigenes Bayrisches (Sonder-)Konkordat ab.

Die erneuten Bemühungen Häffelins, der im August 1805 eine weitere Punktaktion zur Umschreibung der bayerischen Bistümer[708] der Kurie unterbreitete, änderten an der Grundsatzentscheidung des Hl. Stuhls nichts. Die Gründe der Kurie, Verhandlungen über ein bayerisches (Sonder-)Konkordat abzulehnen, erklären sich nicht nur aus der Präferenz für ein Reichskonkordat, sondern ebenso und immer noch aus den staatlichen Übergriffen und

705 Den Entwurf fertigte Reichsreferendar Freiherr von Frank als Ergebnis der in Wien stattfindenden Präliminarkonferenzen, an denen er, der Geheimrat von Kolborn, als Vertreter Dalbergs und der päpstliche Nuntius in Wien, Severoli, beteiligt waren. Die päpstliche Kritik behauptete, dass mit diesem Entwurf der Papst all die schädlichen, unseligen Positionen des Emser Kongresses sanktionieren solle, vgl. dazu Doeberl, Konkordatsverhandlungen, 28. Ein Auszug des Entwurfs eines Reichskonkordats von Frank in: Ernst Rudolf Huber/Wolfgang Huber (Hgg.), Staat und Kirche im 19. Und 20. Jahrhundert. Dokumente zur Geschichte des deutschen Staatskirchenrechts, Bd. 1, Staat und Kirche vom Ausgang des alten Reichs bis zum Vorabend der bürgerlichen Revolution, Berlin, Duncker&Humblot, 1973, 23–26.

706 Graf Tiberius Troni war ursprünglich der Kölner Nuntiatur zugeteilt. Nach der französischen Besetzung floh er jedoch mit dem Nuntius nach Augsburg, von wo aus er eifrig wirkte, gerade auch bei Abwesenheit des Nuntius. Uditore ist eine seit dem Mittelalter gebräuchliche italienische Bezeichnung im päpstlichen Gesandtschaftswesen. Dem Nuntius stand der Uditore, stets ein Diplomat geistlichen Standes, quasi als ‚rechte Hand' zur Seite, vergleichbar einem Botschaftsrat bzw. Legationsrat.

707 Vgl. zum Entwurf: Doeberl, Konkordatsverhandlungen, 30–35. Zu den inhaltlichen Eckpunkten vgl. Sicherer, Staat und Kirche, 87–88.

708 Die Punktation mit Quellenangabe bei Sicherer, Urkunde Nr. 7, 22–23.

Eingriffen gegenüber der Kirche in Bayern. Wiederum reagierte daher der Kardinalsstaatssekretär mit einer ernsten Beschwerdeschrift am 30. September 1805, bei deren Erstellung der mit den churpfalzbairischen staatskirchenrechtlichen Verhältnissen und Aktionen vertraute Jacob Anton Zallinger[709] mitgewirkt hatte.[710]

Mit dieser Beschwerdeschrift des Kardinalstaatssekretärs war geklärt, dass die Kirche zu den bayerischen staatskirchlich-territorialistischen Bedingungen nicht in Verhandlungen zu einem bayrischen (Sonder-)Konkordat eintreten werde. Zugleich endete damit der erste Versuch, zu einem Konkordat zu gelangen.

4.2.1.2 Zu den Textentwürfen 1802–1805

Im Folgenden werden die Dokumente mit den Textentwürfen[711] zur Erarbeitung eines Konkordates bzw. zu einer Übereinkunft zur Regelung der kirchlichen Angelegenheiten vorgestellt, die von Seiten der bayerischen kurfürstlichen Regierung vorgelegt worden sind. Die Reaktion der Kurie auf diese Vorschläge bestand jedoch nicht in Gegenentwürfen. Vielmehr wurden die Vorschläge jeweils mit Beschwerdeschriften zurückgewiesen, wobei formalrechtlich auf das reichsgesetzlich geforderte Reichskonkordat verwiesen wurde. Darüber hinaus wurden auch die staatskirchenrechtlich-territorialistischen Neuerungen der bayerischen Regierung seit 1799 angeführt, die ein Konkordat verhinderten und vor erfolgverheißenden Verhandlungen zurückgenommen werden müssten.

---

709 Kanonist Jacob Anton Zallinger zum Thurn (1736–1813), vgl. oben Abschnitt 2.4.2.2.2, 92.

710 Zum Inhalt vgl. Sicherer, Staat und Kirche, 99–102. Material wurde beigesteuert vom Würzburger Bischof Georg Karl von Fechenbach und dem Augsburger Bischof Clemens Wenzeslaus von Sachsen, vgl. Doeberl, Konkordatsverhandlungen, 43.

711 Die Texte sind in Französisch verfasst; sie werden jeweils vollständig im Anhang 1 der Arbeit aufgeführt. Für die Darstellung und Besprechung der einzelnen, wie im Original durchnummerierten Abschnitte der Dokumente wird eine eigene deutsche Übersetzung verwendet, die versucht dem Wortlaut nahe zu bleiben, dem Rechtscharakter zu entsprechen und – nicht zuletzt – verständlich zu sein.

1802 Juli 17, Grundlagen zu einem Konkordat mit dem Hl. Stuhl

Dieses Dokument[712] eröffnet die Reihe der Vorschläge der kurfürstlich-bayerischen Regierung mit dem Heiligen Stuhl, um die kirchlichen Angelegenheiten in Bayern neu zu ordnen. Angezielt war ein Grundlagentext zwischen Staat und Kirche, um die Kirche in Bayern zu reorganisieren. Eine Verhältnisbestimmung, wie sie etwa mit dem französischen Konkordat 1801 erzielt worden war, lag hingegen nicht in der Absicht Bayerns. Die Verhandlungen gedachte man mit Unterstützung Napoleons zu führen, deshalb wurde dem bayerischen Gesandten in Paris, Freiherrn von Cetto, eine Textvorlage[713] übermittelt, die Grundlage der Verhandlungen werden sollte. Dieser erste Entwurf in neun Abschnitten und in Französisch abgefasst, kam jedoch nicht zur Kenntnis der Kurie, da diese die Vermittlung Frankreichs ablehnte.[714]

Abschnitt 1:[715] *Der Kurfürst sichert dem Papst die Bestätigung der Bischöfe zu, deren Sitze durch die Säkularisation nun in seinen Staaten*[716] *liegen. Gleichzeitig werden dem Hl. Stuhl weiterhin die Einkünfte zugesichert, die ihm gemäß dem deutschen Konkordat im Zusammenhang mit Bischofsernennungen zustehen; allerdings soll dafür ein fixer Tarif vereinbart werden, um zukünftige Konflikte zu vermeiden. Dieser Tarif soll großzügig bemessen sein, weil die Kirche großzügig zur Unterstützung ihres geistlichen Hauptes beiträgt, wo der Katholizismus Staatsreligion ist.*

---

712 Text zitiert nach: Sicherer, Urkunde Nr. 2, 10–11; Textquelle: Königliches Staatsarchiv, ebd. 10.

713 Zur inhaltliche knappen Beschreibung und Einschätzung vgl. Sicherer, Staat und Kirche, 58–59.

714 Vgl. Doeberl, Konkordatsverhandlungen 39.

715 L'électeur accordera sans aucune difficulté au pape la confirmation des évêques médiats de ses états avec la jouissance des annates et les autres droits que le concordat germanique lui a déjà concédés pour l'expédition des bulles; en convenant cependant d'un tarif fixe pour prévenir toute contestation future. Il s'entend de soi même que cette évaluation se fera sur le pied le plus libéral et d'après le principe, qu'il est juste que l'église catholique, là où elle est la religion de l'état, contribue avec générosité à l'entretien de son chef spirituel.

716 Hier und in einigen folgenden Textvorlagen wird das Wort ‚Staaten' verwandt. Grund dafür ist, dass rein formal das Herzogtum Bayern, die Kurpfalz und weitere pfälzische Territorien rechtlich selbstständige Reichsstände waren, die nur mehr oder weniger zufällig in Personalunion von Kurfürst Maximilian IV. Josef von Wittelsbach regiert wurden.

In diesem Abschnitt wird von kurfürstlicher Seite dem Papst die Bestätigung/das Recht der Bestäting der (gewählten) Bischöfe zugesichert. Jedoch war universalkirchlich dieses päpstliche Recht längst mit dem Konzil von Trient fixiert worden.[717] Die Zusicherung der Annaten und anderen Gebühren entsprach den immer noch geltenden Festlegungen des sogenannten Wiener Konkordats von 1448.[718] Was hier großzügig klingt, referiert jedoch nur die geltende Rechtslage im (noch) bestehenden Heiligen Römischen Reich. Ein konstruktiver Vorschlag ist die vorgeschlagene Vereinheitlichung der Berechnung der Annaten, die im Wiener Konkordat doch recht diffizil gestaltet war. Der Katholizismus, in Bayern als Staatsreligion, entspricht dem Selbstverständnis der bayerischen Herzöge und Kurfürsten seit den Zeiten der Reformation. Die Zusicherung, dass die katholische Kirche in Bayern Staatsreligion bleiben soll, erscheint angesichts der staatskirchenrechtlich durchgesetzten Veränderungen seit Regierungsantritt des Kurfürsten Maximilian IV. Joseph und gemäß dem Reformprogramm seines Ministers Montgelas eher als ein Lippenbekenntnis, das die Vertreter der Kirche beruhigen sollte.

Abschnitt 2:[719] *An dem Gehorsamseid, den erwählte Bischöfe vor ihrer Installation gegenüber dem römischen Stuhl abzulegen haben, soll unverändert festgehalten werden. Allerdings fordert der Kurfürst unbedingt, dass die Einführung in die Temporalien in seinem Namen und seiner Autorität erfolgt und außerdem – seiner Stellung als Landesfürst entsprechend –, dass der neu Installierte auch einen Treueid gegenüber dem Kurfürsten bzw. den kurfürstlichen Regierungsbehörden ablegt.*

Aus dieser Bestimmung kann abgeleitet werden, dass die Bischöfe aus bayerischer Sicht in die Stellung von Staatsbeamten einrücken oder zumindest staatlich abhängige Funktionsträger werden sollen. Bischöfe der katholischen Kirche in Bayern sollen demnach Landesbischöfe einer Landeskirche werden. Interessant ist darüber hinaus, dass hier noch die Einführung in die Temporalien im Namen und in der Autorität des Fürsten genannt wird. Diese Idee

717 Vgl. Conc. Trid., Sessio XXIV, de reform., c. 1, in: COD, Bd. 3, 759–761, hier: 761.

718 Wiener Konkordat, d. i. die Sanctio pragmatica Germanorum, zu den Annaten vgl. ebd. Abschnitt 2.

719 Il n'y aurait rien d'innové à ce qui existe aujourd'hui sur le serment à prêter par les évêques au siège de Rome lors de leur installation, mais l'électeur exigera aussi comme une condition sine qua non, que la mise en possession du temporel ait lieu en son nom et sous son autorité, et que le nouvel installé prête serment de fidélité par devant l'administration supérieure de la province où sa cathédrale sera située.

rekurriert auf dem Recht des Kaisers im Heiligen Römischen Reich, das im Wormser Konkordat 1122 festgelegt wurde. Es ist verständlich, dass ein nach Souveränität strebender bayerischer Fürst dieses Recht für sich reklamierte, jedoch ist festzuhalten, dass das Reich noch bestand und der Kaiser noch amtierte. So ist die hier vorfindliche Bestimmung eine Antizipation auf den Untergang des Reiches und ein Zeichen, wie marode das Reich und seine Institutionen schon geworden sind. Auffällig ist allerdings, dass überhaupt noch in die Temporalien eingeführt werden sollte, obwohl sich die Säkularisation kirchlicher Güter schon am Horizont der Geschichte abzeichnete.

Abschnitt 3:[720] *Das Recht zur Ernennung der Bischöfe wird dem Kurfürsten und seinen Erben und Nachfolgern übertragen.*

Mit dieser Bestimmung wird das seit dem Hochmittelalter universalkirchlich geltende Recht der Domkapitel, einen neuen Diözesanbischof zu wählen, außer Kraft gesetzt. Damit wird jedenfalls gegen das deutsche Konkordat verstoßen. Ziel dieses Entwurfs von kurfürstlicher Seite ist es, dass niemand im Land ein Bischofsamt antreten kann, der dem Landesherrn nicht genehm ist. Die Differenzierung zwischen Erben und Nachfolgern ist den dynastischen Erfahrungen des Hauses Wittelsbach geschuldet, das in den vorausgegangenen 25 Jahren erleben musste, dass Kurfürsten ohne erbberechtigte Kinder verstarben und die Nachfolger aus anderen Linien der Dynastie stammten. Das Nominationsrecht sollte daher auf alle legitimen Herrscher Bayerns übergehen. Ein Vorbild für diesen Anspruch findet sich in Artikel 5 des Französischen Konkordats von 1801.

Artikel 4:[721] *Wenn in der Pariser Konvention etwas über den künftigen Unterhalt der Metropoliten und Bischöfe sowie zur hierarchischen Verfassung in Deutschland geregelt wird, sind diese Bestimmungen sinngemäß strikt einzuhalten; falls nicht, wird sich der Kurfürst, mit dem Heiligen Stuhl über die kirchliche Verfassung seiner Staaten verständigen und die Dotation der Metropoliten und Bischöfe entsprechend der Würde ihres Dienstes und des Ranges, den sie im Staat einnehmen sollen, vereinbaren.*

---

720 Le droit de nomination sera dévolu à l'électeur, et à ses héritiers et successeurs.

721 S'il y a quelque chose de réglé dans la convention de Paris sur l'entretien futur des métropolitains et évêques, ainsi que la constitution hiérarchique en Allemagne, ces articles seront, comme de raison, strictement observés. Si non, il s'entendra avec le saint siège sur la constitution ecclésiastique de ses états, et la dotation du métropolitain et des évêques sur un pied conforme à la dignité de leur ministère, et au rang qu'ils doivent tenir dans l'état.

Die Pariser Konvention[722], auf die im ersten Teil des Abschnitts angespielt wird, befand sich bei der Abfassung dieses Textes gerade im Verhandlungsstadium zu einem Abkommen zwischen Frankreich, Preußen und Bayern. Damit wurden Churpfalzbaiern die Gebiete garantiert, die ihm in der Mediationsakte vom 3. Juni 1802 als Entschädigung für linksrheinische Gebietsverluste zugesichert worden waren. Offensichtlich wurde mit dieser Konvention die staatliche Integrität Churpfalzbaierns gestärkt; nachgeordnet fanden sich Regelungen für weitere Problemstellungen der Säkularisierung: Der Kurfürst verpflichtet sich, falls in der Konvention keine Regelungen hinsichtlich der kirchlichen Hierarchie und der Dotation der mediatisierten Metropoliten und Bischöfe bestimmt wird, zu diesen Themen selbst mit dem Heiligen Stuhl eine Vereinbarung zu treffen, soweit es seine Staaten betrifft. Aus dieser Bestimmung wird deutlich, dass die bayerische Seite entschlossen ist, die kirchlichen Angelegenheiten ohne Rücksicht auf das Reich und andere Reichsstände zu regeln, falls erforderlich auch im Alleingang mit Rom.

Abschnitt 5:[723] *Der Kurfürst wünscht, dass ihm der Papst eine Bulle zum Thema der Feiertage gibt, ähnlich der, die nach Frankreich gesandt wurde.*

Nach Abschluss des Konkordats mit Frankreich im Jahr 1801 verkündete Kardinal Caprara in seiner Funktion als Legat a latere von Papst Pius VII. ein Indult[724], das eine radikale Feiertagsreduzierung durch die Regierung Frankreichs gestattete. Im Indult wurde bestimmt, das nur noch Weihnachten, Christi Himmelfahrt, Aufnahme Mariens und Allerheiligen an dem Tag zu feiern seien, auf den sie fallen. Andere Feste, wie Epiphanie, Fronleichnam, Peter und Paul, Fest des Diözesan- und Pfarrpatrons sollten auf den Sonntag nach dem kalendarischen Festtag verlegt werden. Was die kurfürstliche Regierung hier in dürren Worten zu erhalten wünscht, bedeutet eine revolutionäre Umgestaltung des religiösen Lebens der Einwohner des Kurfürstentums und, wohl als eigentliche Sinnspitze, die der Ökonomie des Landes, da von der Feiertagsreduzierung, ganz im aufklärerischen Impetus, eine wesentliche Produktionssteigerung der Wirtschaft erhofft wurde. Der Ökonomie sollten somit religiöse Feiertage geopfert werden.[725]

---

722 Vom 5.9.1802, vgl. dazu Weiß, Montgelas, Bd. 2, 117 und 133.

723 Il désire que le pape lui accorde au sujet des fêtes une bulle pareille à celle qui à été expédiée a la France.

724 Indult Reductio festorum in dioecesibus Galliarum, v. 09.04.1802, in: Bull. Rom. Cont., t. XI, 323–325.

725 Eine ähnliche Begründung fand sich auch in Bezug auf die Abschaffung des arbeitsfreien Buß- und Bettags in Deutschland im Jahr 1994. Dieser wurde

Abschnitt 6:[726] *Er [der Papst, HH] stimmt zu, diejenigen Ordensleute von ihren klösterlichen Gelübden zu entbinden, die ihm von der Regierung empfohlen werden und die mit einer Bestätigung ihres Diözesanbischofs über gesunde Lehrauffassung und gute Führung ausgestattet sind.*

Die Folge der Säkularisierung der Klöster war, dass ein Heer von Ordensangehörigen, Frauen und Männer, auf der Straße stand und aufgrund der Gelübde in das zivile Leben nur sehr schwer integriert werden konnte. Grundsätzlich war jedoch eine Lösung in der angezeigten Richtung zu begrüßen. Gleichwohl wollte die kurfürstliche Regierung offensichtlich nicht alle Ordensangehörigen von den Gelübden dispensiert wissen, sondern, so ist zu folgern, nur jene, die für den Staat von Nutzen sein können, etwa in den Berufsfeldern der Lehr- und Pflegeberufe; deren Entbindung von den Gelübden würde daher die Regierung empfehlen.

Abschnitt 7:[727] *Er [der Papst, HH] erklärt sich bereit, die anhaltend geäußerten Absichten des Kurfürsten zu unterstützen, dem Kult seine Würde und ursprüngliche Einfachheit wieder zu geben, indem er ihn von allem Aberglauben und kleingläubigen Formen der Frömmigkeit befreit, die dem Grund der katholischen Religion fremd sind und niemals zu seinem Wesen gehörten. Denn er glaubt, dass er damit nicht nur den aufgeklärten Absichten des Kirchenoberhauptes entspricht, sondern gleichzeitig für seine wahren Interessen spricht. Die vom Kurfürsten vorgeschlagene Maßnahme ist die einzige, die alle im Schoß der Kirche*

---

abgeschafft, um die Mehrbelastung der Arbeitgeber durch ihre Beiträge zu den Pflegekassen zu refinanzieren. Wie bei anderen Sozialkassen sind die Ausgaben der Pflegekassen exorbitant gestiegen, ebenso die Beiträge auch. Der soziale Nutzen der Abschaffung des Feiertags für die Pflege und die Pflegekassen ist inzwischen marginal; doch der arbeitsfreie Feiertag ist verloren, außer im Freistaat Sachsen und einigen Kommunen.

726 Qu'il consente à relever de leur vœu monastique ceux des réguliers qui lui seront recommandés par le gouvernement et munis d'un certificat de doctrine et de bonne conduite de la part de leur évêque diocésain.

727 Qu'il se prête à seconder les intentions que l'électeur n'a cessé de manifester, de rendre au culte sa majesté et sa simplicité primitives, en le dégageant de toutes les superstitions et petites pratiques de dévotion qui sont étrangères au fonds de la religion catholique et n'ont jamais appartenus à son essence. Il croit répondre par là non seulement aux intentions éclairées du chef de l'église, mais parler en même temps pour ses vrais intérêts. Le moyen qu'il propose à son attention est le seul qui puisse réunir tout le monde dans le giron de l'église et rendre à la religion le respect qu'elle a malheureusement perdu.

vereinen und der Religion erneut den Respekt verschaffen kann, den sie leider verloren hat.

Es entspricht ganz den Absichten der Vertreter der Aufklärung, aus der kirchlichen Lehre und der gottesdienstlichen Praxis der Religion das auszuscheiden, was ihnen übertrieben, abergläubisch, unvernünftig dünkt. Befremdlich ist jedoch, dass eine kurfürstliche Regierung dem Oberhaupt der katholischen Konfession sowohl Ziel als auch Mittel einer liturgischen Erneuerung vorschlägt und dieses Vorgehen mit dem Interesse für die Einheit des Glaubens und den Respekt vor der Kirche begründet. Hier offenbaren die Verantwortlichen für die kurpfalzbayerische Politik ihren kulturellen und kirchenpolitischen Standpunkt, der sich als strikt aufklärerisch und streng staatskirchenrechtlich darstellt.

Abschnitt 8:[728] *Der Nuntius, der an seinem Hof residieren wird, wenn es Rom für angemessen hält, einen zu entsenden, wird stets aus drei Personen ausgewählt, die dem Papst vorgeschlagen werden und unter denen er sich entscheiden wird. Bei seiner Ankunft wird er dem Minister eine beglaubigte Kopie seiner Vollmacht übergeben und diese erst ausüben, wenn er die Genehmigung der Regierung erhalten hat. Diese Stelle eines Nuntius wird als eine solche bewertet, die zum Kardinalat führt. Der Kurfürst darf davon ausgehen, dass der Nuntius aufgrund einer einfachen Bitte ersetzt werden wird, falls er ihm unangenehm würde.*

Es ist schon immer Usus gewesen, dass der Papst seinen Stellvertreter bei einer weltlichen Regierung frei auswählt, ernennt und auch abberuft. Hier aber werden mehrere Rechte hinsichtlich eines Nuntius am kurfürstlichen Hof gefordert. 1.) Es wird ein Recht der Vorauswahl für die Bestellung eines Nuntius gefordert. 2.) Es wird gefordert, dass der Nuntius seine Vollmachten, die sich auch auf rein innerkirchliche Sachverhalte richten, dem zuständigen Minister offenlegt und erst nach Genehmigung, von den Vollmachten Gebrauch macht, womit der Nuntius einer staatlichen Kontrolle unterworfen wird. 3.) Es wird gefordert, dass der Sitz eines Nuntius am kurpfalzbayerischen Hof zum Kardinalat führen soll, der Sitz also gemäß der damaligen Praxis in der Stufung

---

728 Le nonce qui résidera à sa cour, si celle de Rome juge à propos d'en envoyer un, serait toujours choisi parmi trois sujets qui lui seraient présentés et entre lesquels il se décidera. Il remettrait au ministère, á son arrivée, une copie légalisée de ses facultés et ne les exercerait qu'après eu avoir reçu l'autorisation de la part du gouvernement. La place serait aussi mise à l'avenir au nombre de celles que conduisent au cardinalat. L'électeur se flatte que, si le sujet devenait désagréable, il serait changé sans difficulté sur la simple demande qu'il en fera.

der Nuntiaturstellen weit oben steht. 4.) Es wird das Recht gefordert, dass der Nuntius aufgrund einer einfachen Bitte des Kurfürsten abberufen wird. In diesem Abschnitt manifestiert sich die staatskirchenrechtliche Selbstherrlichkeit gegenüber dem Heiligen Stuhl.

Abschnitt 9:[729] *Der Kurfürst wird sich nie zu einer Maßnahme bereit erklären, die darauf zielt, die vernunftgemäße Freiheit des Denkens und Schreibens einzuschränken, die geringste Veränderung der Toleranzedikte zuzugeben oder die Legitimität der Reformen in Frage zu stellen, die er in den Klöstern gemäß seiner Souveränitätsrechte durchführte.*

Seit dem Regierungsantritt Maximilians VI. Joseph 1799 wurden im Kurfürstentum Pfalz-Bayern etliche staatskirchenrechtlicher Reformvorhaben umgesetzt, die Montgelas schon Jahre zuvor beschrieben und gefordert hatte. Dazu gehörte die Abschaffung der Zensur; die Edikte, die die religiöse Toleranz bzw. die Parität der Bekenntnisse im Kurfürstentum einführten; die Säkularisation der Klöster und deren Folgemaßnahmen. Hier soll fixiert werden, was später nicht mehr verhandelbar sein soll, nämlich das, was mit staatlicher Vollmacht in wenigen vorangegangenen Jahren durch Ein- und Übergriffe in die kirchliche Selbstverwaltung an aufgeklärtem Staatskirchentum realisiert worden ist. Bei dieser Positionierung blieb jedoch nur mehr wenig Raum für Verhandlungen und kommunikativ-einladend konnte dieses Signal auf den Heiligen Stuhl auch nicht wirken.

1803 Mai 31 bzw. 1803 Juni 6, Grundlagentext zu einem Konkordat mit dem Hl. Stuhl

Dieses Dokument[730] wurde dem Hl. Stuhl präsentiert, nachdem der Reichsdeputationshauptschluss durch die kaiserliche Ratifizierung am 27. April 1803

---

729 L'électeur ne se prêtera jamais à aucune mesure tendant à restreindre la liberté raisonnable de penser et d'écrire, à donner la moindre attente aux édits de tolérance, ni à mettre en question la légitimité des réformes qu'il à faites dans les couvents d'après les droits de sa souveraineté.

730 Text zitiert nach: Sicherer, Urkunde Nr. 4, 14–17; Textquelle: Königliches Staatsarchiv, ebd. 14.

Dieser Entwurf ist von Montgelas erarbeitet worden, der sich dabei auf zwei Gutachten stützte: Theodor Graf Morawitzky (Minister des geistlichen Departements), der über neun Punkte referierte, die mit dem römischen Stuhl verhandelt werden sollten, 2.9.1802; Georg Friedrich von Zentner, der seine Überlegungen über die künftigen Verhältnisse der kurfürstlichen Erbstaaten zu dem päpstlichen Stuhl niederlegte, Oktober 1802; vgl. dazu Sicherer, Staat und Kirche, 59, Anm. 22.

zum Reichsgesetz geworden war. Fortan war geregelt, welche Territorien an Churpfalzbaiern als großzügige Entschädigung für verlorene linksrheinische Gebiete fallen sollten. Zugleich war gemäß dem Reichsdeputationshauptschluss an die Erstellung eines Reichskonkordates zu gehen, eine Aufgabe, der sich der Nuntius Severoli in Wien annahm.

Dieses Vorhaben motivierte aber die churpfalzbairische Regierung in ihrem Bestreben, jede Minderung ihrer schon erreichten und noch angestrebten Souveränitätsrechte zu verhindern und die Bemühungen für ein Landeskonkordat voranzutreiben Dazu wurde den bayerischen Gesandten in Wien, Gravenreuth[731], und Paris, Cetto, ein neuer Grundlagentext[732] zugesandt, der den dortigen Nuntien zur Diskussion und Beratung unterbreitet werden sollte. Dieser neue Text in vierzehn Abschnitten und in Französisch abgefasst war deutlich umfangreicher und klarer gehalten als jener des Vorjahres und behandelte drei Kernthemen: „*Errichtung einer Landeskirche, Ernennungsrecht zu allen Kirchen, Verbesserung der kirchlichen Disziplin.*“[733]

Abschnitt 1:[734] *Die bayerischen Staaten werden einen Metropolitanerzbischof, der in München residiert sowie Suffraganbischöfe in Augsburg, Würzburg,*

---

731 Carl Ernst von Gravenreuth, mit Vorfahren aus der Markgrafschaft Bayreuth, geboren 1771 in Stenay in Lothringen, evangelisch-lutherischer Konfession, verstorben 1826 in Augsburg. Gravenreuth studierte Jura in Göttingen und trat 1794 in die Dienste des Herzogs Max Joseph von Pfalz-Zweibrücken, dem er nach Bayern folgte, wo er Geheimer Rat im Außenministerium unter Montgelas wurde. Im Jahr 1800 wurde er als Gesandter nach Wien geschickt, wo er die wechselnden bayerischen Interessen gewandt vertrat. Gravenreuth war wesentlich an dem Geheimvertrag von Brünn von 1805 beteiligt, in welchem dem churpfalzbairischen Fürsten die Königswürde zugesagt wurde. Danach war er bayerischer Sondergesandter im Hauptquartier Napoleons. Von 1807–1817 wirkte er als Generalkommissar in Schwaben; ab 1816 war er Präsident des bayerischen Oberdonaukreises mit Sitz in Augsburg. 1825 erhob König Maximilian I. Joseph den verdienten Politiker Gravenreuth in den Grafenstand und zum erblichen Mitglied im Reichsrat der Krone Bayerns.

Ausführlich zu Grafenreuth: Junkelmann, Sie allein können Bayern retten. Regensburg, Pustet, 2022.

732 Zur kurzen inhaltlichen Beschreibung und Einschätzung vgl. Sicherer, Staat und Kirche, 69–71.

733 Doeberl, Konkordatsverhandlungen, 41.

734 Les états Bavarois auront un archevêque métropolitain résidant à Munich, des évêques suffragans à Augsbourg, à Wurzbourg, à Bamberg, à Passau; ces évêchés ayant toujours existés conserveront leurs anciennes limites. L’archevêché de Munich serait substitué à cet égard à Freising.

Bamberg, Passau haben; diese schon immer bestehenden Bistümer werden ihre alten Grenzen behalten. Das Erzbistum München wird dabei das Bistum Freising ersetzen.

Die Jurisdiktion, die der Erzbischof von Salzburg und der Bischof von Regensburg über die kurfürstlichen Provinzen ausüben, wird abgetreten und mit den neuen Diözesen (der Staaten) vereint; und zwar so, dass es am besten den geographischen Verhältnissen entspricht und am vorteilhaftesten für das Wohl und den Dienst der Kirche ist.

Es wird vorbehalten, das mit dem Hl. Stuhl so verbindlich zu vereinbaren, um nie von der unveränderlichen Regel abzuweichen, nach der keine ausländische Diözesangewalt in den Staaten seiner Durchlaucht kurfürstlichen Hoheit ausgeübt werden darf.

Kleinstaaten, deren Besitz zu gering ist, um für den Unterhalt eines eigenen Bischofs zu sorgen, werden weiterhin Teil der Diözesen sein können, zu denen sie bislang gehörten. Der Kurfürst ist bereit, ihnen alle von ihnen gewünschten Erleichterungen zu gewähren.

Hier wird für die bayerischen Staaten eine neue Kirchenstruktur entworfen: Nicht mehr soll es mehrere Bistümer einer bayerischen Landeskirche geben, die – so war es der Wunsch der früheren Kurfürsten Bayerns gewesen – von der Metropolitangewalt eines außerhalb Bayerns liegenden Metropoliten exempt gewesen wären, sondern es wird vielmehr nun für Churpfalzbaiern eine Metropolitanverfassung angezielt, wie sie seit den Zeiten der Alten Kirche universalkirchlich den Normalfall darstellt.[735] Vorgeschlagen wird damit konkret, eine neue Kirchenprovinz mit dem Sitz des Metropolitanerzbischofs in München zu schaffen und als Suffragane die Bischöfe der Bistümer von Augsburg,

---

La juridiction que l'archevêque de Salzbourg et l'évêque de Ratisbonne exerçaient ci-devant dans les provinces électorales, sera réunie à ces nouveaux diocèses et partagée entre eux dans la proportion géographique la plus commode et la plus avantageuse au bien et au service de l'église.

On se réserve à s'entendre là-dessus avec celui que le saint siège commettra, de manière à ce qu'on ne s'écarte jamais de la règle immuable que toute juridiction diocésaine étrangère ne sauroit avoir lieu dans aucun des états de son altesse sérénissime électorale.

Les petits états, dont les possessions sont trop peu étendues pour fournir à l'entretien d'un évêque particulier, pourront continuer à faire partie des diocèses auxquels ils ressortirent soient jusqu'ici. L'électeur est prêt à leur accorder là-dessus toutes les facilités qu'ils pourront désirer.

735 Zur Metropolitanverfassung: Hohl, Metropolitenamt, 2010. Zur Entwicklung der Metropolitanverfassung nach dem Konzil von Trient (16.–20. Jh.) vgl. ebd. 53–93.

Würzburg, Bamberg und Passau zuzuordnen. Die Verlegung des Bischofssitzes von Freising nach München, in die Haupt- und Residenzstadt Churpfalzbaierns, ist insofern nachvollziehbar, zumal damit das Hofbistum, das im Dezember 1789 errichtet worden ist, hinfällig würde und damit ein Streitpunkt mit dem Episkopat beseitigt werden konnte.

Territorien bayerischer Staaten, die kirchlich der Jurisdiktion des Erzbischofs von Salzburg bzw. des Bischofs von Regensburg unterstellt waren, sollten den Bistümern der neu zu errichtenden Kirchenprovinz zugeordnet werden. Dies sollte so organisiert werden, damit kein außerhalb Churpfalzbaierns residierender Bischof Jurisdiktionsrechte innerhalb der kurfürstlichen Staaten geltend machen konnte, d. h., dass niemand ‚von außen herein regiert'. Großzügig wird aber von kurfürstlicher Seite angeboten, dass kleine ‚ausländische' Staaten weiterhin einem Bischof zugehören dürfen, der innerhalb Churpfalzbaierns residiert.

So sehr grundsätzlich die Organisation der churpfalzbairischen Bistümer in der Struktur einer Kirchenprovinz, deren Grenzen sich mit Grenzen des Kurfürstentums decken, aus organisatorischen Gründen begrüßenswert erscheinen musste, so sehr barg die angezielte Ausgestaltung doch die Gefahr, dass eine abgeschlossene Landes- bzw. Nationalkirche etabliert worden wäre. Dies war wohl im Sinne der Vertreter der Staatskirchenhoheit und Vertreter von episkopalistischen Vorstellungen, hatte es doch bereits Kaiser Joseph II. in seinen Erblanden 1783 bis1787 vorexerziert. Dem Hl. Stuhl konnte diese Aussicht jedoch nicht gefallen.

Abschnitt 2:[736] *Das Erzbistum München wird mit einer fest fixierten und jährlich sicheren Nettorente von 20.000 Gulden, das Bistum Passau von 12.000 Gulden, Würzburg und Bamberg von 16.000 Gulden, das von Augsburg von 14.000 Gulden dotiert.*

Aufgrund der Säkularisation kirchlicher Güter und der Bestimmungen des Reichsdeputationshauptschlusses[737] anerkennt die churpfalzbairische Regierung die Verpflichtung, die Dotation der Bischöfe zu übernehmen. Diese soll in

736 L'archevêché de Munich serait doté par une rente annuelle fixe sûre et nette de 20,000 florins, l'évêché de Passau de 12,000 florins, ceux de Wurzbourg et de Bamberg de 16,000 florins, d'Augsbourg de 14,000 florins.

737 Vgl. Hauptschluss § 51 a), 523: Als Sustentation der Fürstbischöfe wurde das Minimum auf 20.000 und das Maximum auf 60.000 Gulden bestimmt. Da der Würzburger Bischof auch Koadjutor in Bamberg ist, stehen ihm für diese Aufgabe noch einmal 30.000 Gulden zu.

abgestufter Weise zwischen dem Metropolitanerzbischof und den Suffraganbischöfen erfolgen. Der Vorgängerentwurf zu einem Konkordat vom 17. Juli 1802 hatte hier noch mit einer Regelung der Dotation/Sustentation durch die Pariser Konvention zwischen Frankreich, Preußen und Bayern vom 5. September 1802 gerechnet; diese ist jedoch offensichtlich nicht erfolgt, sonst bräuchte es hier keine Regelung. Interessant ist die vorgeschlagene Höhe der Dotation für die Bischöfe in Churpfalzbaiern: Der Reichsdeputationshauptschluss legt ohne jede Einschränkung ein Minimum von 20.000 Gulden fest. Dieser Vorschlag gesteht dies jedoch nur dem Metropolitanerzbischof zu; die anderen Bischöfe Churpfalzbaierns sollen hingegen deutlich niedriger dotiert werden. Dabei hat der Reichsdeputationshauptschluss ausdrücklich festgehalten, dass mit seiner Minimalangabe der Dotation dem Großmut der künftigen Landesherren kein Ziel gesetzt werden solle.[738]

Abschnitt 3:[739] *Der Metropolit und jeder Bischof werden ein Kapitel haben, das aus zehn Kanonikern, einschließlich der Dignitäre, besteht. Die Kanoniker werden standesgemäß ausgestattet, sodass das Minimum dessen, was ihnen gewährt wird, nicht unter 800 Gulden und das Maximum nicht über 4.000 Gulden, ohne Ausnahme der Dignitäre, liegt.*

Mit dem Reichsdeputationshauptschluss wurden auch Güter der Domkapitel zugunsten des Kurfürstentums Churpfalzbaiern säkularisiert. Konsequenterweise hat das Kurfürstentum nun auch die Dotation der Domkapitulare und der Dignitäre zu übernehmen, wobei ein Minimal- und Maximalwert der vorgesehenen Dotation angegeben wird. Die Größe der einzurichtenden Kapitel wird für alle Bistümer Churpfalzbaierns unterschiedslos gleich angenommen. Sie sollen aus zwei Dignitären (Dompropst und Domdekan) und acht Kapitularen, also insgesamt aus zehn Kanonikern bestehen.

Abschnitt 4:[740] *Die Ernennung des Erzbischofs, der Bischöfe, der Dignitäre der Kapitel und auch die Ernennung zu den Präbenden/Kanonikaten wird mit*

---

738 Vgl. Hauptschluss § 51 d), 523.

739 Le métropolitain et chaque évêque auront un chapitre composé de dix chanoines, y compris les dignitaires. Les chanoines seront dotés convenablement, de manière que le minimum de ce qui leur sera accordé, ne soit pas au-dessous de 800 florins, et le maximum au-dessus de 4000 florins sans en excepter les dignitaires.

740 La nomination à l'archevêché, aux évêchés, aux dignités collégiales ainsi qu'aux prébendes, sera dévolue de plein droit à son altesse sérénissime électorale ainsi qu'a ses héritiers et successeurs.

vollem und ganzem Recht auf seine Durchlaucht kurfürstliche Hoheit sowie auf seine Erben und Nachfolger übertragen.

Mit diesem Abschnitt wird aus dem Vorgängerentwurf (17. Juli 1802, Abschnitt 3) fortgeführt, dass die Domkapitel ihr universalkirchlich vorgesehenes Bischofswahlrecht verlieren. Außerdem wird hier nicht nur das Recht zur Ernennung und Nominierung der Bischöfe in Bayern reklamiert, sondern zusätzlich die Zusammensetzung aller Domkapitel. Mit dem Ernennungs-/Nominationsrecht auch der Domkapitulare kommt dem Kurfürsten bzw. seiner Regierung ein weitestgehendes Steuerungsrecht dahingehend zu, wer überhaupt in die höhere Geistlichkeit Churpfalzbaierns aufgenommen wird und damit auch zukünftig episcopabel sein könnte. Das ist als ein Baustein im Ausbau des Staatskirchenhoheit zu sehen.

Abschnitt 5:[741] *Was das Patronat über die niederen Benefizien betrifft, so werden die Rechte Einzelner dort gewahrt, wo sie sich in rechtmäßigem Besitz befinden. Diejenigen Patronate, die die Bischöfe zuvor ausübten, fallen dem Souverän als natürlichen Nachfolger und Vertreter der oben genannten Fürstbischöfe zu. Das Indult (zur Vergabe von Benefizien), das Durchlaucht kurfürstliche Hoheit bereits für die päpstlichen Monate in seinen früheren Staaten genießt, wird auf die neuen Territorien ausgedehnt.*

Drei Sachverhalte hinsichtlich der Patronate werden in diesem Abschnitt angesprochen. Zum einen werden Patronatsrechte anerkannt, wo und wenn sie sich in rechtmäßigem Besitz befinden. Hier stellt sich allerdings die Frage, wer die Kompetenz besitzt, über die Rechtmäßigkeit der Patronatsrechte zu entscheiden. Es ist zu vermuten, dass sich die kurfürstliche Regierung diese (Gerichts-)Kompetenz selbst zuspricht und sich damit in staatskirchenhoheitlicher Manier für den internen Rechtsbereich der Kirche für kompetent erklärt. Wenn unterschiedslos alle Patronatsrechte, die zuvor den Fürstbischöfen zugekommen waren, auf den Kurfürsten übergehen sollen, dann wird dem Tatbestand nicht Rechnung getragen, dass die Fürstbischöfe in verschiedenen Funktionen handelten. In ihrer Funktion als Diözesanbischof stand ihnen in kirchenrechtlicher Perspektive die Stellenbesetzung in all den Fällen

741 Quant au patronage des bénéfices mineurs les droits des particuliers seront maintenus là où ils sont en possession légitime.

Celui que les évêques exerçaient ci-devant, est reconnu appartenir au souverain comme successeur et représentant naturel des ci-devant princes évêques.

L'indult dont son altesse sérénissime électorale jouit déjà pour les mois papaux dans ses anciens états, sera étendu aux nouveaux.

uneingeschränkt zu, in denen nicht ausdrücklich das Recht eines Dritten entgegenstand. In ihrer Funktion als Landesherr übten sie selbst Patronatsrechte aus für Stellen, für die ein anderer Rechtsträger verantwortlich war. So übte zum Beispiel der Würzburger Bischof Patronatsrechte in Pfarreien aus, die im Bistum Bamberg lagen und der geistlichen Jurisdiktion des Bamberger Bischofs unterstanden. Daher konnten nur solche Patronatsrechte, die die vormaligen Fürstbischöfe in ihrer Rolle als Landesherr ausübten, gerechterweise auf den Kurfürsten übergehen; die Beanspruchung der anderen Patronatsrechte muss somit als Versuche der Usurpation verstanden werden.

Dass das am 20. Mai 1563 von Papst Pius IV. gewährte Indult zur Besetzung von Benefizien in päpstlichen Monaten an den bayerischen Herzog Albrecht nun auf alle Landesteile ausdehnt wird, sorgt für Einheitlichkeit des Rechts im gesamten Kurfürstentum.

Der gesamte Abschnitt ist von kurfürstlicher Seite her so angelegt, dass möglichst viele Rechte zur Vergabe von Benefizien dem Kurfürsten bzw. seiner Regierung zufallen – mit der Konsequenz, dass die Freiheit des Diözesanbischofs zur Ämtervergabe, die mit Benefizien verbunden sind, eingeschränkt wird. Dabei ist jedoch nicht zu vergessen, dass mit den Benefizien zuerst und zunächst kirchliche Vermögen verbunden sind. Wer daher über die Besetzung von Stellen, die mit Benefizien verbunden sind, etwa durch die Ausübung von Patronatsrechten entscheidet, der entscheidet auch über den Zugang zu Kirchenvermögen.

Abschnitt 6:[742] *Die Benefizien werden nur Einheimischen verliehen, die über alle Eigenschaften verfügen, die von den Kanones vorgeschrieben sind.*

Es ist nicht mehr als billig, dass die Benefizien nur an solche Personen vergeben werden, die für die entsprechende (Amts-)Stellung qualifiziert sind. Dass die Benefizien nur an churpfalzbairische ‚Staatsbürger' verliehen werden, sorgt dafür, dass die geldwerten Erträge der Benefizien nicht außerhalb des Landes gelangen, sondern der inländischen Wirtschaft erhalten bleiben. Im Gegenzug wird jeder ausländische Einfluss auf inländische Wirtschaftsgüter ausgeschlossen. In diesem Abschnitt verbinden sich wirtschaftspolitische und staatskirchliche Interessen der kurfürstlichen Regierung, wobei gleichzeitig die freie Ämter- und Stellenvergabe des Diözesanbischofs eingeschränkt wird.

742 On ne nommera aux bénéfices que des naturels du pays, réunissants toutes les qualités prescrites par les canons.

Abschnitt 7:[743] *Rücktritte vom Amt werden nur in den seltenen Fällen stattfinden, die von den Kanones vorgesehen sind. In keinem Fall dürfen sie die Rechte der Patronatsherren und insbesondere die der kurfürstlichen Ernennung schmälern. Das gleiche gilt, wenn ein Bistum oder Benefizium durch Absetzung oder Entzug zur (Neu-)Vergabe ansteht.*

Rücktritte vom Amt oder Amtsverzicht sollen gemäß den Vorschriften des Kirchenrechts (nur selten) geschehen, damit nicht Unklarheiten hinsichtlich der Nutzung der Benefizien auftreten bzw. nicht mehr als eine Person Anspruch auf Unterhalt hat. Insbesondere dürfen durch Rücktritte nicht die Rechte Dritter zur Bestellung von Stelleninhabern bzw. Mitwirkungsrechte bei der Stellenbesetzung geschmälert werden. Es handelt sich hierbei also um eine Sicherungsmaßnahme der Staatskirchenhoheit.

Abschnitt 8:[744] *Die neu ernannten Bischöfe werden unmittelbar nach ihrer Ernennung ihr Glaubensbekenntnis und ihren Gehorsamseid an den Heiligen Stuhl senden und ihre kanonische Investitur durch Bestätigungsbullen empfangen, in denen jedoch alles wegzulassen ist, was die Rechte des Kurfürsten mindern könnte, und jeder Ausdruck, der sich auf die Temporalien bezieht.*

Sobald diese neuen Titelinhaber mit ihren Bullen ausgestattet sind, werden sie diese der kurfürstlichen Regierung vorlegen und nachdem sie den Eid abgelegt haben, dem Staat und den Gesetzen treu zu sein, werden sie ohne Verzug, Schwierigkeit und Last in den Besitz ihrer Temporalien gesetzt.

---

743 Les résignations n'auront plus lieu que dans des cas très rares et prévus par les canons. Dans aucun cas, elles ne pourront préjudicier aux droits des patrons, et particulièrement à la nomination électorale. Il en serait de même, si un évêché ou bénéfice venait à vaquer par déposition ou privation.

744 Les évêques nouvellement nommés enverront au saint siège, immédiatement après leur nomination, leur profession de foi et leur serment d'obédience, et en recevront l'investiture canonique par des bulles de confirmation, dans lesquelles on omettra cependant tout ce qui pourrait être préjudiciable aux droits de l'électeur, et toute expression qui aurait rapport au temporel.

Dès que ces nouveaux titulaires auraient été pourvus de leurs bulles, ils les présenteront au gouvernement électoral et, après avoir prêté le serment d'être fidèles à l'état et aux lois, ils seront mis sans retard, difficulté, ni faix on possession de leur temporel.

Le métropolitain sera assujetti aux mêmes règles et formalités que ses suffragans. Il sera toujours commis par le saint siège, pour l'installation et la consécration des évêques dépendants de lui. Lui-même sera installé et consacré par le plus ancien des évêques.

Der Metropolit wird denselben Regeln und Formalitäten unterliegen wie seine Suffraganbischöfe. Er wird immer vom Heiligen Stuhl beauftragt werden, die Installation und Weihe der Bischöfe vorzunehmen, die von ihm abhängig sind. Er selbst wird vom ältesten Bischof installiert und geweiht.

Seit dem Wormser Konkordat war die Investitur ins Bischofsamt und die Belehnung/Übertragung der dazugehörigen Temporalien geregelt. Insofern wird in diesem Abschnitt die päpstliche Investitur, nach vorherigem Glaubensbekenntnis und Gehorsamseid des Ernannten mit einer bestätigenden päpstlichen Bulle erwartet. Zur Übertragung der Temporalien wird ein Treueid des Erwählten gegenüber der kurfürstlichen Regierung erfordert. Um diese beiden Rechtsakte scharf zu trennen, verlangt hier die kurfürstliche Regierung, dass in der päpstlichen Investiturbulle nichts erwähnt werden darf, was die kurfürstlichen Rechte mindern könnte oder Bezug zu den Temporalien hat. Bei den Aussagen zu dem im Textentwurf vorgesehenen Metropoliten für eine churpfalzbairische Kirchenprovinz wird hingegen nur lapidar festgestellt, dass er hinsichtlich der Formalitäten der Investitur den Suffraganbischöfen gleichgestellt sein soll, was ganz den Regelungen des Wormser Konkordats entspricht. Die vorgeschlagene Regelung, wer regelmäßig Hauptkonsekrator der Suffraganbischöfe und des Metropoliten sein soll, greift die Rechte der Metropolitverfassung auf, die schon im 4. Jahrhundert ausgebildet wurden.[745] Freilich zielen diese Bestimmungen des Entwurfs der kurfürstlichen Regierung nicht darauf hin, Rechte des Metropoliten wieder zu etablieren, die seit dem Konzil von Trient abgelöst worden sind,[746] sondern darauf, jede Bindung, jede Abhängigkeit, jeden Einfluss, jede Ausübung von kirchlicher (Weihe-)Gewalt von außen auf die bayerische Landeskirche auszuschließen. Die katholische Kirche in Churpfalzbaiern sollte daher zwar nach außen autark, aber auch gerade so, vollständig und dauerhaft der inneren Staatskirchenhoheit ausgeliefert und unterworfen sein. Dieses unbedingte Streben nach Autarkie, Sicherung der Souveränität, Selbständigkeit und Abgrenzung könnte durchaus als eine Manie derer bezeichnet werden, die für die kurfürstliche Politik Verantwortung trugen.

Abschnitt 9:[747] *Der Heilige Stuhl wird weiterhin, wie in der Vergangenheit, die Annaten, die Abgaben für Bestätigungen, das Pallium und andere Dinge, die*

745 Vgl. Hohl, Metropolitenamt, 5–11.

746 Vgl. Hohl, Metropolitenamt, 65.

747 Le saint siège continuera à percevoir comme par le passé les annates, taxes de confirmation, de pallium et autres quelconques, dont il s'est trouvé en possession,

sich in seiner Verfügung befinden, einziehen; und zwar in einem Maß und nach einem Tarif, die später bestimmt werden. Wenn seine Heiligkeit eine feste Einmalzahlung oder eine jährliche Summe bevorzugt, ist der Kurfürst bereit, sich für alles einzusetzen, was ihm genehm sein könnte.

Dieser Bereich führt Abschnitt 1 des Vorgängerentwurfs (17.07.1802) fort und referiert Bestimmungen des geltenden Reichskirchenrechts; hier wie dort werden ergänzend mögliche Verwaltungsvereinfachungen angeboten.

Abschnitt 10:[748] *Die Suffragane, die Mitglieder der Konsistorien und die Amtsträger der Bischöfe werden immer in die Kapitel aufgenommen und sie sind verpflichtet, unentgeltlich die Funktionen zu übernehmen, die die Bischöfe ihnen übertragen.*

In Zeiten des Ancien Régime ließen sich Domkapitulare[749] und sonstige Inhaber von Benefizien in den konkreten Aufgaben häufig gegen (eher geringe) Bezahlung vertreten. Dieses Verhalten soll mit diesem Abschnitt abgestellt werden. Wer Ämter und Benefizien beansprucht, muss auch die damit verbundenen Aufgaben erfüllen. Die kurfürstliche Regierung hatte diese Vorschrift auch für die Staatsbeamten festgelegt; hier wird die Disziplinarvorschrift auf die kirchlichen Funktionsträger übertragen, was im Selbstverständnis des Staatskirchentums gerechtfertigt erscheint. Natürlich ist es auch im Sinne der Kirche, dass die Inhaber von Benefizien die damit verbundenen Aufgaben persönlich erfüllen. Insofern fallen staatliche und kirchliche Vorstellungen hier durchaus zusammen.

Abschnitt 11:[750] *Seine Heiligkeit verpflichtet sich, keine Bulle zur Exemption von der bischöflichen Jurisdiktion auszustellen, jedem Bischof auf Lebenszeit die*

---

dans une proportion et d'après un tarif qui sera ultérieurement déterminé. Si sa sainteté préférait un fixe une fois payé, ou une somme annuelle, l'électeur est prêt à se prêter là-dessus à tout ce qui pourra lui être agréable.

748 Les suffragans, consistoires et officiaux des évêques seront toujours pris dans le corps des chapitres, ces individus étant obligés de remplir gratis les fonctions que les évêques leur délégueront.

749 Im französischen Text steht „*les suffragans*"; gemeint sind hier die Auxiliarbischöfe, die einem Diözesanbischof und nicht wie die Bischöfe einer Kirchenprovinz, die einem Metropoliten zugeordnet sind.

750 Sa sainteté s'engage à ne donner aucune bulle d'exemption de la juridiction épiscopale, à accorder à chaque évêque pour sa vie les facultés, dites quinquennales, ainsi que celles de relever tout religieux de ses vœux sur des raisons légitimes, ou à la demande du gouvernement; bien entendu que toutes ces facultés sans exception, devront être demandées et renouvelées à chaque changement de titulaire.

sogenannten Quinquennalfakultäten zu erteilen, genauso die Fakultät, jeden Religiosen von seinen Gelübden aus legitimen Gründen oder auf Bitten der Regierung zu entbinden; natürlich müssen alle diese Fakultäten ausnahmslos mit jeder Änderung des Titelinhabers erbeten und erneuert werden.

Wann immer eine Dispens für reservierte Fälle direkt vom Heiligen Stuhl beantragt werden sollte, wird zuerst der Ordinarius gehört und die Ausführung der Dispens wird ihn in forma commissaria übertragen.

Eine Kumulation der Benefizien wird in den Staaten des Kurfürsten nicht gestattet. Die Inhaber unterliegen der strengsten Residenzpflicht. Sie können davon nicht dispensiert werden, außer mit Zustimmung der Regierung, die grundsätzlich niemals gewährt wird, sondern nur aus schwerwiegenden Gründen und wenn es der öffentliche Dienst erfordert.

Hier werden verschiedene Sachverhalte angesprochen und zur Regelung vorgeschlagen. Festzuhalten bleibt, dass die bischöfliche Jurisdiktion zur Zeit der Konkordatsverhandlungen durch viele päpstlich gewährte Exemptionen für Orden, Klöster, Stifte, Universitäten u. a. durchbrochen war. Quinquennalfakultäten waren ein seit dem 17. Jahrhundert vom Heiligen Stuhl auf fünf Jahre beschränkt übertragenes Bündel von Vollmachten, um bestimmte, ansonsten dem Papst vorbehaltene, Sachverhalte zu dispensieren, etwa im Bereich des Eherechts und der Gelübde. Die regelmäßig erforderliche Erneuerung der Fakultäten war immer wieder ein Streitpunkt zwischen der Kurie und der deutschen Kirche, etwa auch beim Emser Kongress. Darüber hinaus war sie stets mit Gebühren verbunden. Von den Ordensgelübden konnte je nach Verpflichtungsgrad nur der Papst dispensieren. Mit dem Zweiten Vatikanischen Konzil und dem darauf gründenden Codex Iuris Canonici des Jahres 1983 wurden die Quinquenalvollmachten letztlich abgeschafft.[751]

Toutes les fois, qu'une dispense pour cas réservés serait demandée immédiatement au saint siège, l'ordinaire serait entendu avant tout, et l'exécution de la dispense lui serait commise in forma commissaria.

La pluralité des bénéfices ne pourra avoir lieu dans les états électoraux. Les titulaires seront astreints à la plus stricte résidence, ils ne pourront s'en dispenser qu'avec l'agrément du gouvernement, qui ne sera jamais accordé, que pour des motifs graves et quand le service public l'exigera.

751 Dahinter steht der Wechsel des Konzessionssystems des Trienter Konzils zum Reservationssystem des Zweiten Vatikanischen Konzils. Dessen Ausgangspunkt ist die Neubestimmung des Bischofsamtes und seiner Vollmachten. Das Bischofskollegium folgt dem Apostelkollegium nach. Bischöfe sind aufgrund göttlicher Einsetzung an die Stelle der Apostel getreten und haben eine Amtsvollmacht, die ihnen von Christus verliehen, also iure divino ist; diese ist potestas ordinaria,

Dann werden Dispensen für reservierte Fälle angesprochen; sie sollen nicht ohne Umgehung des Ortsordinarius beantragt werden können, und die gegebenenfalls erteilte Dispens soll nicht ohne Kenntnis und Mitwirkung des Ortsordinarius erteilt werden, also eben in forma commissaria[752] erteilt werden. Der Zweck dieser Regelung liegt darin, dass der Verkehr mit der Kurie kanalisiert wird und die ‚Landes-Ordinarien' und damit auch die Regierung informiert sind. Letztlich ist auch diese Regelung dazu gedacht, den Einfluss einer ‚ausländischen' Macht auf das (kirchliche) Leben in Churpfalzbaiern zu begrenzen und zu kontrollieren. Natürlich liegt es immer auch im Interesse der Ordinarien, um den Verkehr der Gläubigen mit der Kurie und deren Reaktion zu wissen.

Eine Kumulation von Benefizien in Churpfalzbaiern soll ausgeschlossen werden. Das ist konsequent gedacht, sowohl in staatlicher als auch in kirchlicher Perspektive, wenn der Benefizieninhaber auch den Dienst, der mit dem Benefizium verbunden ist, persönlich und mit vollem Einsatz ausüben soll; hier gilt das Sprichwort: Niemand kann auf mehreren Hochzeiten gleichzeitig tanzen.

Schließlich wird die Residenzpflicht der Inhaber kirchlicher Benefizien und Stellen eingeschärft. Mit dieser Vorschrift entspricht der kurfürstliche Entwurf ganz den kirchlichen Vorgaben des Konzils von Trient, das die Residenzpflicht festgeschrieben, die Kontrolle ihrer Einhaltung den Metropoliten und Diözesanbischöfen aufgetragen und Verstöße dagegen mit Disziplinarmaßnahmen versehen hat.[753] Auch diese Regelung entspricht ganz kirchlichem Interesse, verwunderlich ist nur, dass die kurfürstliche Regierung für die Genehmigung der Ausnahmen von der Residenzpflicht zuständig sein soll. Wie wenig Vertrauen wird damit der innerkirchlichen Führung entgegengebracht und wie sehr sieht sich die kurfürstliche Regierung als Dienst- und Disziplinarvorgesetzte der kirchliche Amts- und Stelleninhaber!

---

propria et immediata. Zu den Überlegungen vgl. Dogmatische Konstitution des Zweiten Vatikanischen Konzils Lumen Gentium, Art. 18–29, insbesondere die Art. 21–23 und 24–27; die Weiterführung der fundamentalen Aussagen zum Bischofsamt im Bischofsdekret des Konzils Christus Dominus und dort zur Dispensvollmacht Art. 8 und schließlich die Schlüsselnorm zum Bischofsamt im c. 381 § 1 CIC/1983.

752 Vgl. Kalb, § 10 Verwaltungsakt, in: HdbKathKR, 163–182, insbesondere 170.

753 Vgl. Conc. Trid., Sessio VI, de reform., c. 1, in: COD, Bd. 3, 681–682.

Abschnitt 12:[754] *Seine Heiligkeit wird gern bereit sein, sich der Bitte des Kurfürsten anzuschließen, damit die übermäßige Zahl der Ablässe auf die Zahl reduziert wird, die vom Konzil von Trient festgelegt wurde, das heißt einen Tag pro Monat für jede Pfarrkirche; und dass entsprechend dem, was Frankreich bereits gewährt wurde, alle Feste, einschließlich der Tage der (Kirch-)Weihen und der heiligen Schutzpatrone der Kirchen, auf Sonntage verlegt werden, mit der Ausnahme von Weihnachten, Christi Himmelfahrt, der Aufnahme der heiligen Jungfrau Maria und dem Fest Allerheiligen.*

Nachdem der Ablass in Lehre und Praxis ein (!) Kritikpunkte war, der die Reformation im 16. Jahrhundert auslöste, hielt das Reformkonzil von Trient in seinem Dekret über den Ablass[755] an der Vollmacht der Kirche fest, Ablässe zu gewähren sowie an der Lehre, dass der Ablass nützlich für das Seelenheil der Gläubigen sei; der Handel mit Ablässen war schon vorher vom Konzil untersagt worden.[756] Insbesondere wurden die Diözesanbischöfe aufgefordert, die Ablassvollmacht zuverlässig und mit Mäßigung anzuwenden sowie zu passenden Zeiten den Gläubigen Ablässe bekanntzumachen. Die Reduzierung der Feiertage war schon im Vorgängerentwurf (17. Juli.1802, Abschnitt 5) gefordert worden. Die Folge wäre eine liturgische Neuordnung gewesen, die das religiös-gesellschaftliche Leben umgestürzt hätte, wobei die erhoffte Folge eine Steigerung der ökonomischen Wirtschaftsleitung hätte sein sollen.

Abschnitt 13:[757] *Die Priester, Benefiziaten, Dignitäre und Kanoniker der Kathedralen werden hinsichtlich der Inbesitznahme der Temporalien und der Eidesleistung, dem Staat und den Gesetzen treu zu sein, den gleichen Formalitäten wie die Bischöfe unterworfen.*

Alle geistlichen Amtsträger und Stelleninhaber gelten den Bannerträgern des territorialistischen Staatskirchentums als Funktionäre, näherhin als Volkserzieher, in den Diensten der aufgeklärten Regierung, für die die Religion

754 Sa sainteté voudra bien se prêter à la demande que lui fera l'électeur, pour que le nombre excessif des indulgences soit réduit au nombre fixé par le concile de Trente d'une par mois pour chaque église paroissiale, et que conformément de ce qui a déjà été accordé à la France, toutes les fêtes y compris les dédicaces et celles des saints patrons des églises soient transférées aux dimanches, à l'exception de Noël, l'ascension, l'assomption de la sainte vierge, et la fête de tous les saints.

755 Vgl. Conc. Trid., Sessio XXV., de indulg., in: COD, Bd. 3, 796–797.

756 Vgl. Conc. Trid., Sessio XXI., de reform., c. 9, in: COD, Bd. 3, 731–732.

757 Les curés, bénéficiers, dignitaires et chanoines des cathédrales seront assujettis par la mise en possession du temporel et la prestation de serment, d'être fidèles à l'état et aux lois, aux mêmes formalités que les évêques.

eine Funktion des Staates zur Stabilisierung des Gemeinwesens und Bildung des Volkes ist. Insofern ist es konsequent, dass nicht nur die Bischöfe, in diesem Entwurf Abschnitt 8, sondern alle kirchlichen Amts- und Stelleninhaber denselben Verpflichtungen gegenüber dem Staat unterworfen werden; nicht zuletzt, weil ihre Versorgung mit Gütern, genauer Benefizien, geschieht, die die aufgeklärte Regierung als Eigentum des Gemeinwesens und damit der staatlichen Kontrolle unterstellt versteht.

Abschnitt 14:[758] *Alle kirchlichen Gerichtsfälle werden in erster Instanz vor dem Gericht des Bischofs verhandelt, von da in zweiter Instanz vor dem Metropoliten und erst in letzter Instanz wird sich der Heilige Stuhl der Sache annehmen. Jede Beschwerde oder jeder Rekurs, die gegen diese Form und jede Appellation, die unter Umgehung des mittleren Oberrichters eingelegt wird, wird sofort zurückgewiesen und als nichtig angesehen.*

Seine Durchlaucht kurfürstliche Hoheit weiß sich geehrt, da seine Heiligkeit sich nicht weigern wird, die endgültige Entscheidung dieser Art von kirchlichen Fällen, die seinem Gericht in letzter Instanz zufallen, an Richter vor Ort zu delegieren.

Der Kurfürst hofft auch, dass seine Heiligkeit bereit ist, dem Plan zuzustimmen, der ihm von den Bischöfen seiner Staaten vorgeschlagen wird und der eine neue Liturgie betrifft, die in allen Punkten mit der Liturgie der römischen Kirche übereinstimmt.

Auch in diesem Abschnitt sind verschiedenen Themen zur Regelung vorgeschlagen. Der hier aufgezeigte Instanzenzug für die Behandlung kirchlicher Fälle entspricht der kirchenrechtlichen Festlegung. Der Wunsch, die Verhandlungen in dritter und jeder höheren Instanz, die päpstlichen Gerichten zustehen, an ein eigens dafür delegiertes Gericht vor Ort bzw. im Land der ersten Instanz zu verhandeln, ist gemäß kirchlichem Prozessrecht möglich.

758 Toutes les causes ecclésiastiques seront portées en première instance au tribunal des évêques, de là en seconde instance devant le métropolitain, et ce ne sera qu'en dernière instance que le saint siège pourra en prendre connaissance. Tout appel ou recours qui serait interjetté contre cette forme et omisso medio, serait rejetté sur le champ et regardé comme nul et non avenu.

Son altesse sérénissime électorale se flatte du reste que sa sainteté ne se refusera pas à commettre la décision finale de ces sortes de causes ecclésiastiques dévolues à son tribunal en dernière instance à des juges délégués sur les lieux.

L'électeur espère de même que sa dite sainteté voudra bien revêtir de sa sanction le projet qui lui serait présenté par les évêques de ses états d'une nouvelle liturgie conforme en tous points à celle de l'église Romaine.

Der Wunsch, diese Delegation zu institutionalisieren, ist angemessen, weil oft die Richter vor Ort aufgrund ihrer kulturellen Kontextualität die Aussagen, Beweise und Umstände des Falles besser einschätzen können. Es darf allerdings vermutet werden, dass der churpfalzbairischen Regierung mit diesem Wunsch eher daran gelegen war, das Prinzip zu sichern, dass keine ausländische Macht über Sachverhalte und Personen des Inlandes eine Jurisdiktion ausübt, auch nicht in Dingen, die neben der weltlichen v. a. auch die spirituell-geistliche Ordnung berührt. Und wenn schon keine ausländische Diözesangewalt in den kurfürstlichen Staaten ausgeübt werden soll, wie in Abschnitt 1 ausdrücklich formuliert wurde, dann auch nicht die des Bischofs von Rom.

Die Forderung, dass der gerichtliche Instanzenzug (bischöfliches Gericht, Metropolitangericht, päpstliches Gericht bzw. delegiertes päpstliches Gericht) im Inland nicht durchbrochen werden darf, indem die Instanz des (mittleren) Oberrichters übersprungen wird (= omisso medio), sorgt dafür, dass möglichst viele Gerichtsfälle (schon) im Inland rechtskräftig abgeschlossen werden können und der Hl. Stuhl nicht angegangen werden muss.[759] Dies stärkt den Grad der Selbständigkeit der von kurfürstlicher Seite erwünschten Landeskirche und ebenso die Autarkie des Kurfürstentums.

Was den Plan einer erneuerten katholischen Liturgie in Bayern betrifft, die gleichzeitig ganz mit jener der römischen Kirche übereinstimmt, so ist zu vermuten, dass es sich hier um das Projekt einer Liturgiereform handelt. Vorstellbar ist dabei etwa die Verwendung der Volkssprache bei der Spendung der Sakramente und Sakramentalien, eine mit aufklärerischen Maßstäben von abergläubischen Tendenzen gereinigte Liturgie, neuer Volksgesang und erneuerte Andachtsübungen, sodass die Liturgie einen stärkeren katechetisch-pastoralen Akzent erhält.[760] Tatsächlich hat es im 18. Jahrhundert solche, auch

---

759 Ausgeschlossen werden soll, was in unserem Rechtssystem dem ‚Sprungrecht' in den Prozessordnungen der Gerichte ähnlich ist. Sprungrechtsrevision ist etwa im Zivilprozess die unmittelbar gegen die im ersten Rechtszug erlassenen Endurteile der Landgerichte eingelegte Revision unter freiwilliger einverständlicher Übergehung der Berufungsinstanz, vgl. § 556a ZPO. Zur Sprungrechtsbeschwerde vgl. etwa das Gesetz über das Verfahren in Familiensachen und in den Angelegenheiten der freiwilligen Gerichtsbarkeit (FamFG) § 75 Sprungrechtsbeschwerde.

760 Vgl. neuerdings zum Thema etwa: Florian Kluger, Liturgische Bildung in der Neuzeit: Taufe, Firmung und Eucharistie bei P. Nikolaus Cusanus SJ, Bischof Joseph A. Gall und Pastor Konrad Jakobs (= Bd. 43, Studien zur Pastoralliturgie), Regensburg, Pustet, 2019.

Der erste Bamberger Dompropst nach Abschluss des Bayerischen Konkordats von 1817, Franz Seraph von Lerchenfeld, war zunächst Kleriker der Diözese

von Bischöfen unterstützte Überlegungen gegeben, nicht zuletzt auch angeregt durch die Nähe zur protestantischen Liturgie in den neuerworbenen churpfalzbairischen Landesteilen. Bemerkenswert ist immerhin, dass sich hier die weltliche Regierung zum Fürsprecher einer Reform der Liturgie macht, die den Kernbereich kirchlichen Lebens ausmacht. Erklärbar ist diese Advokatenrolle nur mit der behaupteten Allzuständigkeit des Souveräns und seiner Regierung für alle Lebensbereiche und Lebensäußerungen der Menschen auf seinem Territorium.

1805 August 8, Punktation der neuen Diöcesaneinteilung in Pfalzbayern

Dieses Dokument[761] wurde dem Hl. Stuhl vom bayerischen Gesandten in Rom, Kasimir von Häffelin, präsentiert. Zuvor waren die Bemühungen Dalbergs um ein Reichskonkordat von den Vertretern der Kurie abgelehnt worden. Jedoch war Regensburg Anfang 1805 vom Hl. Stuhl gemäß dem Reichsdeputationshauptschlusses[762] zum Metropolitanerzbistum für alle Bistümer erhoben, die nicht in den Gebieten Preußens und Österreichs lagen, und Theodor von Dalberg zum Metropolitanerzbischof von Regensburg bestellt worden.[763] Damit schienen die Pläne Churpfalzbaierns auf eine Landeskirche mit eigenem Metropolitansitz höchst gefährdet, wenn nicht gar obsolet geworden zu sein.

Dazu kam, dass sich der bayerische Gesandte Cetto im Dezember 1804 und März 1805 bei Audienzen des Papstes dessen Beschwerden über die kirchlichen Verhältnisse in Churpfalzbaiern hatte anhören müssen.[764] Um zu retten, was zu retten war, empfahl Häffelin seiner Regierung kein Konkordat, also keine umfangreiche Regelung des Staat-Kirche-Verhältnisses anzustreben, sondern nur eine Punktation, damit die Diözesaneinteilung und Nomination zu den hohen Kirchenämtern im Sinne der Regierung geregelt werden könnte.[765] So ist

---

Regensburg und erhielt nach eigener Angabe von seinem Diözesanbischof, Fürstprimas Karl Theodor von Dalberg, das Privileg, in deutscher Sprache die Sakramente der Taufe, Ehe und Krankensalbung feiern zu dürfen, vgl. Jung, Dompropst Lerchenfeld, 41.

761 Text zitiert nach: Sicherer, Urkunde Nr. 7, 22–23; Textquelle: Königliches Staatsarchiv, ebd. 22. Eine knappe Inhaltsangabe findet sich bei Sicherer, Staat und Kirche, 97–98.

762 Vgl. Hauptschluss § 25, 516.

763 Vgl. Papst Pius VII., Bulle In universalis Ecclesiae, vom 01.02.1805, in: Bull. Rom. Cont., t. XII., 261–266.

764 Vgl. Sicherer, Staat und Kirche, 92.

765 Vgl. Sicherer, Staat und Kirche, 95–96. Häffelins Überzeugung war es, dass sich der Rest, nämlich die Beibehaltung der Staatskirchenhoheit, dann schon ergeben

ein kürzerer Text als der Vorgängerentwurf in vierzehn Abschnitten, entstanden, insbesondere wurden jene Passagen episkopalistisch-staatskirchlichen Einschlags, die in den beiden ersten bayerischen Regierungsentwürfen enthalten waren, gekürzt bzw. ausgeschieden.[766]

Abschnitt 1:[767] *Das Bistum von Freising wird nach München verlegt und als Erzbistum errichtet. Da die Hauptstadt und ein Teil Bayerns seit dem Tod des Fürstbischofs von Freising ohne Hirten ist, wird die Errichtung und die Umschreibung des Erzbistums München der erste Akt der väterlichen Fürsorge Seiner Heiligkeit sein. Er wird geruhen, unverzüglich seinen Legaten zu autorisieren, diesen neuen Metropolitansitz zu errichten.*

Der Wunsch, den Bischofssitz von Freising nach München zu verlegen und das Bistum gleichzeitig zu einem Metropolitanerzbistum für eine bayerische Kirchenprovinz zu erheben, wurde bereits im vorherigen Entwurf (31.05.1803, Abschnitt 1) eingeführt. Bemerkenswert ist hier die undiplomatische, fordernde Formulierung, dass seine Heiligkeit unverzüglich diese Akte durch seinen Legaten, gemeint ist wohl Annibale della Genga, dem Häffelin die Punktation in Rom übergeben hatte, veranlassen solle. Der angeführte Grund, dass Gläubige seit längerem eines Hirten entbehren,[768] ist zwar ein pastoraler, doch der Ton ist dennoch unangemessen, da die ausgebliebene Einsetzung eines neuen Bischofs von der churpfalzbairischen Regierung mitzuverantworten ist.

---

werde, etwa so wie in Frankreich, wo 1802 Organische Artikel zur Ergänzung des Konkordats von 1801 in einseitig staatlicher Setzung erlassen worden seien, vgl. ebd. Häffelin schrieb dazu an seine Regierung: „*Es ist gefährlich, offen eine Reform anzukündigen, welche jedwede kirchliche Gerichtsbarkeit aufhöbe; aber mit etwas Klugheit und Mäßigung wird man zu diesem wichtigen Ziele gelangen können… Ohne offenen Kampf muss man die geistliche Gewalt allmählig auf ihr natürliches Gebiet, d. i. auf das rein geistliche Gebiet einschränken und derselben keine unmittelbare oder mittelbare Jurisdiktion über das weltliche Gebiet belassen.*“, zitiert nach Doeberl, Konkordatsverhandlungen, 44–45.

766 Vgl. Doeberl, Konkordatsverhandlungen, 45.

767 L'évêché de Freising sera transféré à Munich et érigé en archevêché. La capitale et une partie de la Bavière se trouvant sans pasteur depuis la mort du prince évêque de Freising, l'érection et la circonscription de l'archevêché de Munich sera le premier objet de la sollicitude paternelle dès sa sainteté, et elle daignera autoriser son légat de procéder sans délai à former cette nouvelle métropole.

768 Schroffenberg trat 1789 das Amt des Bischofs von Freising an und verstarb 1803.

Abschnitt 2:[769] *Die Staaten Seiner Hoheit Durchlaucht pfalzbairischer Kurfürst werden in so viele Bistümer aufgeteilt, wie das geistige Wohl seiner Untertanen erfordern mag, und diese Einteilung wird so erfolgen, wie es am besten den geographischen Verhältnissen und dem größten Nutzen für das Wohl und den Dienst der Kirche entspricht.*

Hier wird in allgemeiner Weise eine Bistumsorganisation in den kurpfalzbayerischen Staaten angesprochen und dafür folgende Begründung gegeben: das geistige Wohl der Untertanen sowie die passenden geographischen Verhältnisse im Hinblick auf Wohl und Dienst der Kirche. Die daraus resultierenden Regelungsvorschläge sind demnach als Konkretisierung des hier genannten Prinzips zu betrachten.

Abschnitt 3:[770] *Die Bischofssitze von Würzburg, Bamberg und Passau bleiben erhalten, wobei die Grenzen der zuerst genannten beiden Bistümer so bleiben können, wie sie heute sind. (!)*

Nachdem der Bischofssitz von Freising bzw. München schon in Abschnitt 1 angesprochen wurde, wird nun vorgeschlagen, dass die fränkischen Bistümer Würzburg und Bamberg sowie das Bistum Passau erhalten bleiben sollen; die fränkischen Bistümer können demnach in ihren Grenzen unverändert bestehen bleiben. Das hier angeführte Ausrufezeichen findet sich in der Punktation und verweist auf das Abfassungsjahr 1805 und soll wohl signalisieren, dass nicht ohne Not von Seiten der churpfalzbaierischen Regierung an den Bistümern etwas verändert werden soll; wo Änderungen vorgeschlagen werden, gäbe es demnach einen notwendigen Grund.

Abschnitt 4:[771] *Das Bistum Passau jedoch, das alle Teile verloren hat, die sich jenseits des Inns und der Donau befinden, die 9/10 des Bistums bildeten, wird mit dem Teil Bayerns und der Oberpfalz vereint, der zuvor dem Bistum Regensburg zugehörte.*

---

769 Les états de son altesse sérénissime électorale Bavaro-Palatine seront divisés en autant de diocèses que le bien spirituel de ses sujets peut exiger, et cette division se fera dans la proportion géographique la plus commode et la plus avantageuse au bien et au service de l'église.

770 Les sièges épiscopaux de Wurzbourg, Bamberg et Passau seront conservés, et les limites diocésaines des deux premiers évêchés peuvent rester tels qu'ils sont aujourd'hui. (!)

771 Mais l'évêché de Passau ayant perdu toute la partie qui est au-delà de l'Inn et du Danube, ce qui formait les $^{9}/_{10}$ du diocèse, on y réunira la partie de la Bavière et du Haut Palatinat qui était ci-devant du diocèse de Ratisbonne.

Weiträumige Territorien des Bistums Passau sind durch die Säkularisation an Österreich gefallen, lagen aus bayerischer Sicht also im Ausland. Um den nun territorial unbedeutenden Bistumssprengel zu einer vernünftigen Größe zu erweitern, sollten ihm bayerische, näherhin (ober-)pfälzische Territorien zugeordnet werden, die bislang der Jurisdiktion des Regensburger Bischofs unterstanden. Regensburger Bischof war durch den Reichsdeputationshauptschluss der geistliche Fürst-Primas, Erzbischof Karl Theodor von Dalberg geworden,[772] dereinst Kurfürst-Metropolitanerzbischofs von Mainz und Erzkanzler des Heiligen römischen Reiches. Dalberg war aus churpfalzbairischer Sicht ein Ausländer; kein Ausländer aber soll im kurfürstlichen Territorium bischöfliche Jurisdiktion ausüben, wie es der Vorgängerentwurf (31.05.1803, Abschnitt 1) als Prinzip formulierte. Deshalb sollten die seiner geistlichen Jurisdiktion unterstehenden bayerischen Gebiete von seinem Sprengel abgetrennt und dem Passauer Sprengel zugeschlagen werden.

Abschnitt 5:[773] *Der Bischofssitz von Augsburg wird nach Dillingen verlegt. Da das Bistum Eichstätt unter die Herrschaft des Hauses Österreich geraten ist, werden dessen bayerische Teile und das Herzogtum Neuburg, die zu ihm gehörten, mit dem Bistum Dillingen vereint.*

Die Reichsstadt Augsburg war 1805, auch wenn das Gebiet des Hochstifts mit dem Reichsdeputationshauptschluss zu Gunsten Churpfalzbaierns säkularisiert worden war, eine freie und reichsunmittelbare Reichsstadt geblieben.[774] Ein in Augsburg residierender Bischof für das Bistum Augsburg wäre somit aus Sicht der churpfalzbairischen Regierung ein Ausländer gewesen.[775] Die vorgeschlagene Verlegung des Bischofssitzes aus der freien Reichsstadt Augsburg in die zum Kurfürstentum gehörige Stadt Dillingen erklärt sich also aus dem schon bekannten Prinzip, dass kein Ausländer geistliche Jurisdiktion in den Territorien Churpfalzbaierns ausüben soll. Aus demselben Grund sollen auch die churpfalzbairischen Territorien des Bistums Eichstätt, das sich 1805

772 Vgl. Hauptschluss, § 25, 516.

773 L'évêché d'Augsbourg sera transféré à Dillingen, et l'évêché d'Aichstaedt ayant passé sous la domination de la maison d'Autriche, la partie de la Bavière et du duché de Neubourg qui était du ressort de l'évêché d'Aichstaedt, sera réunie à celui de Dillingen.

774 Vgl. Hauptschluss, § 27, 517.

775 Bischof von Augsburg war seit 1768 Fürstbischof Clemens Wenzeslaus von Sachsen, der auch noch andere Fürstbistümer und das Kurfürsterzbistum Trier innehatte. Er verlor zwar durch die Säkularisation des Bistums seine reichsfürstliche Stellung, blieb aber Oberhirte des Bistums, das er bis zu seinem Tod 1812 leitete.

unter der Herrschaft des Hauses Österreich befand, aus der Jurisdiktion dieses Bistums gelöst und dem Bistum Augsburg mit Sitz in Dillingen zugeordnet werden.

Abschnitt 6:[776] *Das Herzogtum Düsseldorf wird ein eigenes Bistum mit Sitz in Düsseldorf, der Hauptstadt des Herzogtums, erhalten.*

Für das wittelsbachische Herzogtum Berg wird hier vorgeschlagen, ein eigenes Bistum mit einem Bischofssitz in der Hauptstadt Düsseldorf zu errichten; dieser Bischofssitz wäre nach Abschnitt 1 dieses Entwurfs dem Metropolitanerzbischofs von München zuzuordnen. Die Bistumsneugründung entspricht dem schon öfter wiederholten Prinzip, dass kein ausländischer (Erz-)Bischof, etwa der Erzbischof von Köln bzw. Aachen, kirchliche Jurisdiktion in churpfalzbairischen Territorien ausüben soll.[777] Unter dieser Prämisse erklärt sich die gewünschte Bistumsgründung dann auch mit den Grundsätzen einer Bistumseinteilung, die sowohl das geistige Wohl der Untertanen berücksichtigt als auch den geographischen Verhältnissen am besten entspricht sowie den größten Nutzen für das Wohl und den Dienst der Kirche verspricht; dies ist bereits in Abschnitt 2 dieses Entwurfs formuliert.

Abschnitt 7:[778] *Das Erzbistum München wird mit einer festen und sicheren Nettojahresrente von zwanzigtausend Gulden dotiert. Die Dotation der Bischöfe wird zwölftausend Gulden betragen, ebenfalls in sicheren Einnahmen und Pachten.*

Die Dotation wurde im Vorgängerentwurf (31.05.1803, Abschnitt 2) eingeführt. Dort unterschritt die Höhe der angebotenen Dotation schon das vom Reichsdeputationshauptschluss vorgesehen Mindestmaß, wobei hier das Angebot der kurfürstlichen Regierung noch geringer ist. Der Metropolitanerzbischof

---

776 Le duché de Dusseldorff aura un évêché particulier dont le siège sera à Dusseldorff capitale du duché.

777 Das rechtsrheinische Herzogtum Berg gehörte im 18. Jahrhundert zum Sprengel des Kurfürst-Metropoliterzbistums Köln. Dessen linksrheinische Gebiete wurden 1801 dem neu errichteten französischem (!) Bistum Aachen zugeordnet. Das rechtsrheinische Bistumsgebiet Kölns blieb nach dem Tod des Kurfürst-Metropolitanerzbischofs Maximilian Franz ab 1801 ohne Bischof, Domkapitel und Bistumssitz weiterbestehen. Zum Erzbistum Köln vgl. Joachim Oepen, Erzbistum Köln, in: Internetportal Rheinische Geschichte, abgerufen unter: http://www.rheinische-geschichte.lvr.de/Orte-und-Raeume/erzbistum-koeln-/DE-2086/lido/57d11a6076 c626 .53176868, Zugriff am 06.01.2020.

778 L'archevêché de Munich sera doté par une rente annuelle fixe, sûre et nette de vingt mille florins. La dote des évêchés sera de douze mille florins également en revenus sûrs et rentes foncières.

soll zwar die vom Reichsdeputationshauptschluss vorgesehene Mindestsumme von 20.000 Gulden bekommen, die anderen Bischöfe jedoch nur noch 60 % des Betrags. Hier zeigt sich wohl schon, dass das Land aufgrund der Kriegsausgaben stark ausgeblutet gewesen ist oder aber, dass man sich an den Reichsdeputationshauptschluss schon nicht mehr gebunden fühlte.

Abschnitt 8:[779] *Der Metropolit und jeder Bischof werden ein Kapitel haben, das aus zehn Kanonikern einschließlich der Dignitäre besteht. Die Rente des Propstes und Dekans wird 4.000 Gulden, die der Kanoniker 2.000 Gulden betragen. Eine angemessene Wohnung für jeden Einzelnen ist in dieser Schätzung nicht enthalten. Die Kirchen werden alle ihre eigenen Stiftungen haben.*

Die Einrichtung der Domkapitel und die Dotation der Dignitäre und Kapitulare wurden im Vorgängerentwurf (31.05.1803, Abschnitt 3) eingeführt. Die Zahl der Kanoniker ist gleichgeblieben, nämlich zehn; die Dotation, die sich nach dem Vorgängerentwurf in einem Rahmen zwischen 800 und 4.000 Gulden bewegen sollte, ist hier nun bestimmt angegeben. Die angemessene Wohnung für jeden Kanoniker wird separat geregelt.

Angefügt ist hier, etwas unmotiviert erscheinend, dass jede Kirche ihre eigene Kirchenfabrik/Kirchenstiftung haben wird. Damit wird zugesichert aber auch zugewiesen, dass sich jede Kirche um ihre Belange bei Bau und Betrieb kümmern muss; ihre Vertreter dürfen keine staatliche Unterstützung erwarten, entgegen dem was etwa zeitgleich in Frankreich geregelt worden war, wo der Staat mit der Säkularisation der Kirchengüter 1789 auch die Baulast und Besoldung der Geistlichen übernommen hatte.

Abschnitt 9:[780] *Neben dem (liturgischen) Dienst als Kanoniker werden sowohl Dignitäre als auch Kanoniker verpflichtet, dem Bischof in seinem Ratsgremium und anderen Aufgaben zu helfen.*

Die verpflichtende Mithilfe und Mitsorge von Stellen- und Benefizieninhabern in der bischöflichen Verwaltung des Bistums wurde im Vorgängerentwurf (31. Mai 1803, Abschnitt 10) eingeführt; diese sollten in das Domkapitel aufgenommen werden. Hier geht jedoch die Argumentation in die andere Richtung: Die

---

779 Le métropolitain et chaque évêque auront un chapitre composé de dix chanoines y compris les dignitaires. La rente du prévoit et du doyen sera de quatre, celle des chanoines de deux milles florins. Une habitation convenable pour chaque individu n'est pas comprise dans cette évaluation. Les églises auront toutes leurs fabriques particulières.

780 Tant les dignitaires que les chanoines seront obligés, outre le service canonial, à servir l'évêque dans son conseil et ses autres fonctions.

Mitglieder des Kapitels sollen Ämter und Aufgaben in der Diözesanleitung übernehmen. Damit wird der Tradition der Kapitel entsprochen und zugleich eindeutig Verantwortung übertragen bzw. Verantwortlichkeit benannt.

Abschnitt 10:[781] *In jeder Diözese wird es ein Seminar geben, wobei die Zahl der Studenten in einem angemessenen Verhältnis zu der Zahl der Priester stehen wird, die für den Dienst in den Pfarreien und Filialen benötigt werden.*

Die Ausbildung der Geistlichen in ausländischen Priesterseminaren war Staatsminister Montgelas schon lange ein Dorn im Auge und mit seinen Auffassungen von Staat bzw. Souveränität nicht zu vereinbaren.[782] Deshalb enthält der Entwurf die Zulassung von einem Priesterseminar je Diözese, entsprechend den kirchlichen Vorgaben.[783] Jedoch sollten nicht zu viele Geistliche ausgebildet werden, sondern nur so viele, wie für den Dienst in der Territorialseelsorge benötigt wurden. Diese Einschränkung entspricht zwar einer Personalplanung für die Beamtenschaft, um unnötige Personalkosten zu vermeiden, nicht jedoch einer Glaubensgemeinschaft, die stiftungsgemäß auf Sendung und Wachstum hin konzipiert ist und die jeden neuen professionellen Mitarbeiter hochschätzt; sie entspricht darüber hinaus auch nicht einer angemessenen Antwort auf eine persönliche geistliche Berufung.

Abschnitt 11:[784] *Das Patronatsrecht oder die Ernennung zu Bistümern und Pfründen steht seiner Hoheit churfürstliche Durchlaucht zu und genauso auch seinen Erben und Nachfolgern.*

Das Recht zur Ernennung von Bischöfen wurde schon in den beiden Vorgängerentwürfen gefordert (17. Juli 1802, Abschnitt 3; 31. Mai 1803, Abschnitt 4), das Recht zur Ernennung der Kanoniker im Vorgängerentwurf (31. Mai 1803, Abschnitt 4). Das Patronat wurde im selben Vorgängerentwurf für alle niederen Benefizien gefordert. Hier bezieht sich das geforderte Patronatsrecht auf

781 Dans chaque diocèse il y aura un séminaire, et le nombre des élèves sera proportionné à celui des prêtres nécessaires pour desservir les paroisses et les succursales.

782 Vgl. Ansbacher Mémoire, 30.

783 Das Konzil von Trient legte im Zusammenhang mit den Bestimmungen zum Priestertum ein kanonisches Alter für den Empfang der Priesterweihe fest, vgl. Conc. Trid., Sessio XXIII, de reform., c. 12, in: COD, Bd. 3, 750–753. Es wurde auch bestimmt, dass in jeder Diözese ein Seminar zur Ausbildung der Priester eingerichtet werden soll, vgl. Conc. Trid., Sessio XXIII, de reform., c. 18, in: COD, Bd. 3, 750–753.

784 Le droit de patronat ou la nomination aux évêchés et aux prébendes appartiendra à son altesse sérénissime électorale ainsi qu'à ses héritiers et successeurs.

die höheren Benefizien, also jene der Domkanoniker; in Bezug auf die niederen Benefizien schweigt sich diese Punktation aus. Offensichtlich ist es für die kurfürstliche Regierung überaus wichtig, die Besetzung der hohen kirchlichen Stellen in die Hand zu bekommen und für die Zukunft durch Erben bzw. Nachfolger des aktuellen Kurfürsten zu sichern. Denn bei entsprechender Personalauswahl lässt sich die Kirchenpolitik ex intra steuern, zumindest stark beeinflussen; so die Sicht der Regierungsvertreter.

Abschnitt 12:[785] *Die neu ernannten Bischöfe werden den Bedingungen und Formalitäten unterliegen, die in den heiligen Kanones vorgeschrieben sind; sie werden ihr Glaubensbekenntnis und ihren Gehorsamseid an den Heiligen Stuhl senden und ihre kanonische Investitur mit den Konfirmationsbullen empfangen. Erst nachdem ein Bischof vom Heiligen Stuhl empfohlen und bestätigt worden ist, wird ihn Hoheit kurfürstliche Durchlaucht in den Besitz seiner Temporalien einführen.*

Inhaltlich greift dieser Abschnitt die beiden Vorgängerentwürfe (17.07.1802, Abschnitt 1; 31.05.1803, Abschnitt 8) auf. Hierbei fällt allerdings auf, dass, anders als in den beiden Vorgängerentwürfen, kein zu leistender Treueid erwähnt wird, der vor der Einführung in die Temporalien abzulegen wäre. Freilich kann dieser Treueid als ein Bestandteil des ‚Ritus' der Einführung in die Temporalien von staatlicher Seite stillschweigend vorausgesetzt sein. Allerdings stellt sich hier die Frage, in welche Temporalien die Bischöfe (noch) eingeführt werden sollten, da es seit dem Reichsdeputationshauptschluss von 1803 und der darauf gründenden Säkularisation keine weltliche Herrschaft der Bischöfe mehr gab. Es ist also zu vermuten, dass die Formulierung aus den Vorgängerentwürfen unreflektiert übernommen wurde.

Abschnitt 13:[786] *Die Annaten, die Abgaben der Pallienbestätigung und andere Kanzleigebühren werden in einem angemessenen Verhältnis nach dem Einkommen der neuen Bischöfe bezahlt werden.*

Diese Bestimmung führt Regelungen der Vorgängertextentwürfe fort (17.07.1802, Abschnitt 1; 31.05.1803, Abschnitt 9). Die Höhe der Abgaben blieb

---

785 Les évêques nouvellement nommés seront soumis aux conditions et formalités prescrites dans les sacrés canons; ils enverront au saint siège leur profession de foi et leur serment d'obédience et en recevront l'investiture canonique dans les bulles de confirmation. Ce n'est qu'après qu'un évêque aura été préconisé et confirmé par le saint siège que son altesse sérénissime électorale le mettra en possession de ses revenus temporels.

786 Les annates, taxes de confirmation de pallium et autres faix de chancellerie seront réglés dans une proportion équitable d'après les revenus des nouveaux évêchés.

bislang unbestimmt, weshalb hier das Einkommen der Bischöfe zur Referenzgröße der Gebühren erklärt wird. Die Bindung an das Wiener Konkordat von 1448 wurde damit allerdings zur Gänze aufgegeben; vielleicht war damit das reichsweit geltende Konkordat schon als irrelevant abgeschrieben.

Abschnitt 14:[787] *Eine Kumulation der Benefizien wird in den Staaten seiner Hoheit kurfürstlicher Durchlaucht nicht gestattet. Die Inhaber unterliegen der strengsten Residenzpflicht und können davon nicht dispensiert werden, außer aus schwerwiegenden Gründen und wenn der öffentliche Dienst es erfordert.*

Hier geht es darum, dass Benefizien nicht angesammelt werden dürfen sowie um die strenge Residenzpflicht. Beide Sachverhalte sind im Vorgängerentwurf (31.05.1803, Abschnitt 11) nahezu wortgleich formuliert; die beiden vorgeschlagenen Regelungen entsprechen somit ganz den kirchlichen Interessen und Vorschriften; der Staat maßt sich hier im Modus der Staatskirchenhoheit die Rolle des Dienst- und Disziplinarherrn an.

4.2.1.3 Fazit zu den Verhandlungen in den Jahren 1802–1805

In den Jahren 1802 bis 1805 unterbreitete die churpfalzbairische Regierung der Kurie drei Dokumente, zwei Grundlagentexte zu einem Konkordat und eine Punktation (17.07.1802; 31.05.1803; 08.08.1805). Bei der Betrachtung der Texte ist festzustellen, dass die Scheidung des kirchlichen und staatlichen Gebietes absolutistisch-einseitig durch landesherrliche Verordnung und nicht auf vertragsmäßigem Weg geregelt werden sollte.[788] *„Diesem Standpunkt der Regierung entsprachen die drei Konkordatsentwürfe […] sie stimmen im Prinzip alle drei überein: in der Behauptung der Hoheit des Staates. Nur werden im ersten und noch ausführlicher im zweiten Regierungsentwurf Befugnisse des Landesherrn nicht bloß zur Ausübung der Kirchenhoheit, sondern auch eine Kirchengewalt gefordert, während der dritte Entwurf alle Punkte, welche zu langen Erläuterungen Anlass geben könnten, in der Schwebe lässt.“*[789]

Belegt wird diese Einschätzung Doeberls durch die Akte und Forderungen der bayerischen Regierung, die die Erstellung und Zustellung der Textentwürfe begleiteten: Trotz aller Bemühungen, ein Sonderkonkordat abzuschließen und

787 La pluralité des bénéfices ne pourra point avoir lieu dans les états de son altesse sérénissime électorale. Les titulaires seront astreints à la plus stricte résidence et n'en pourront être dispensés que pour des motifs graves et quand le service public l'exige.

788 Vgl. Sicherer, Staat und Kirche, 71.

789 Doeberl, Konkordatsverhandlungen, 38–39.

trotz aller bischöflichen und päpstlich-kurialen Proteste hielt die Regierung am strengen territorialistischen staatskirchlichen Kurs fest. Entsprechende Maßnahmen waren z. B. die Missachtung der bestellten päpstlichen Nuntien Ziucci und della Genga 1801, die Paritätsgesetzgebung mit dem Religionsedikt 1803, die Aufhebung der Präventivzensur 1803 sowie die Übernahme und Umgestaltung des gesamten Unterrichtswesens seit 1802. Außerdem beanspruchte die Regierung das Recht auf die Umschreibung der Diözesen, zur Nominierung von Bischöfen, zur Einführung eines vorgängigen Plazets, zur Besetzung von Pfarreien und Benefizien, zur Abschaffung der Privilegien des Klerus 1804, zur Regelung der Gottesdienste sowie der Predigt und Frömmigkeit.

Das alles entsprach den Reformen, die Staatsminister Montgelas schon längst konzipiert hatte. Für die Kurie waren die staatskirchlichen Maßnahmen in Bayern aber ein Grund, um anzunehmen, dass der bayerischen Regierung nicht an einem gleichberechtigten Austausch und gerechten Ausgleich mit der katholischen Kirche gelegen war. So ist es wenig erstaunlich, dass sich die Kurie nicht auf Verhandlungen zu einem Konkordat einließ.

4.2.2 Die zweite Etappe: 1806 bis 1809 – verpasste Chance

Die zweite Etappe zwischen Bayern und dem Hl. Stuhl zu einer Vereinbarung über die Verhältnisse zwischen Staat und Kirche zu kommen, vollzog sich unter den Vorzeichen einiger perichoretischer Ereignisse, von denen hier einige beispielhaft erwähnt werden sollen:

Der Sieg des Kaisers der Franzosen über den Kaiser des Heiligen Römischen Reichs; die Gründung des Rheinbunds und das Ende des Heiligen Römischen Reichs; die Erhebung des Kurfürstentums Bayern zum Königreich; das Hegemoniestreben Napoleons über ganz Europa und das Souveränitätsbeharren Papst Pius′ VII. in geistlicher und weltlicher Herrschaft; die Erlangung der außenpolitischen Souveränität für Bayern mit der Königswürde und die kirchlich-katholische Unordnung im Land, die pastoralen und katechetischen Schaden mit sich brachte. Vieles beeinflusste daher die Kirchenpolitik Bayerns, vieles die Politik des Hl. Stuhls, sodass einiges in Bewegung war. Die Verhandlungen, um zu einer Vereinbarung zwischen Staat und Kirche zu kommen, weckten daher – durchaus nicht unbegründet – Hoffnungen und Erwartungen.

4.2.2.1 Zum geschichtlichen Kontext 1806–1809

Die Kurie änderte ihren diplomatischen Kurs hinsichtlich der Ablehnung von Einzelkonkordaten mit einzelnen deutschen Fürsten mit Verlauf und Ende des dritten Koalitionskrieges, in dem die antifranzösische Koalition unter der

Führung Österreichs bei Austerlitz eine schwere Niederlage erlitten hatte. Im Frieden von Preßburg[790], 26. Dezember 1805, wurde Bayern, das an der Seite der Franzosen gekämpft hatte, die Königswürde zugestanden. Dazu heißt es im Vertrag: „*Die Kurfürsten von Bayern und Württemberg nehmen den Königstitel an, ohne jedoch aufzuhören Glieder des deutschen Bundes zu sein. Se. Majestät der Kaiser von Deutschland und Österreich erkennt sie in dieser Würde.*“[791] Bayern bleibt, so heißt es in einem Duktus, der gegenüber dem französischen Kaiserreich abwertet, Glied des Deutschen Bundes, confédération germanique (nicht des deutschen Reiches, l'Empire) und erlangt seine volle Souveränität, was nach dem Wortsinn die Exemption von der Reichsgewalt bedeutet: „*Ihre Majestäten die Könige von Bayern und Württemberg und Se. Durchlaucht der Kurfürst von Baden werden über die ihnen hier abgetretenen Ländereien sowohl, als über ihre alten Staaten die vollständige Souveränität und alle Gerechtsame, die damit verbunden und ihnen von Sr. Majestät dem Kaiser der Franzosen und Könige von Italien garantirt sind, so und auf die nämliche Weise ausüben, wie Se. Majestät der Kaiser von Deutschland und Österreich, und Se. Majestät der König von Preußen sie über ihre deutschen Staaten ausüben.*“[792]. Außerdem brachte der Sieg an der Seite Napoleons Bayern erhebliche territoriale Zugewinne[793]

790 Friede von Preßburg, d. i.: Friedens-Tractat zwischen Seiner Majestät dem Kaiser der Franzosen und Könige von Italien und Seiner Majestät dem Kaiser von Österreich, unterzeichnet zu Preßburg den 26. Dezember 1805, in: G. M. Kletke (Hg.), Die Staats-Verträge des Königreichs Bayern, Regensburg, Pustet, 1860, 161–168.

791 Friede von Preßburg, 163, Art. VII. Zur Deutung der Rangerhöhung und der Souveränität vgl. Doeberl, Entwicklungsgeschichte, 408–409.

792 Friede von Preßburg, 165, Art. XIV. Trotzdem konnte Bayern, obwohl Königreich geworden, die volle Souveränität erst mit dem Untergang des Deutschen Reiches in legitimer Weise behaupten; die Unklarheiten hinsichtlich der Souveränität erledigten sich dann bereits gut acht Monate später.

793 Friede von Preßburg, 163, Art. VIII.: „*Se. Majestät der Kaiser von Deutschland und Österreich leistet sowohl für sich, seine Erben und Nachfolger, als für die Prinzen seines Hauses, ihre Erben und resp. Nachfolger auf nachbenannte Fürstenthümer, Herrschaften, Domainen und Gebiete Verzicht, und überläßt und tritt ab an Se. Majestät den König von Bayern die Markgrafschaft Burgau und was dazu gehört, das Fürstenthum Eichstädt, denjenigen Theil des Gebietes von Passau, der Sr. königlichen Hoheit, dem Kurfürsten von Salzburg gehörte, und zwischen Böhmen, Österreich, der Donau und dem Inn gelegen ist, ferner die Grafschaft Tyrol, mit Inbegriff der Fürstenthümer Brixen und Trient; die sieben Herrschaften im Voralbergischen mit ihren Inklavirungen, die Grafschaft Hohenems, die Grafschaft Königsegg, Rothenfels, die Herrschaften Tettnang und Arzen und die Stadt Lindau nebst ihrem Gebiete.*“

und nur wenige Gebietsverluste. Als bedeutsamer, wenngleich nur kurzzeitiger Zugewinn, ist hier die Grafschaft Tirol inklusive der Fürstentümer Brixen und Trient sowie die sieben Herrschaften in Vorarlberg mit den Enklaven zu nennen, denn in diesen Territorien war der Bischof von Chur[794] als Oberhirte zuständig.

Unabhängig von den großen Umwälzungen präsentierte der bayerische Gesandte Häffelin am 25. März 1806 dem Kardinalstaatssekretär in Rom eine Punktation für eine neue Diözesaneinteilung in Bayern. Dieses Dokument könnte auch als ein Übergangsentwurf gesehen werden, worin sich noch die alten Positionen aus der Kurfürstenzeit finden, die nun mit dem Pathos des neuen Königtums verbrämt werden.

Es spricht daher für den realpolitisch sensiblen Kardinalsstaatssekretär Consalvi, dass der Heilige Stuhl die bayerische Königswürde und die bayerische Souveränität anerkannte und sich schon im April 1806 zu Verhandlungen über ein bayerisches Sonderkonkordat bereit erklärte. Im Übrigen trat nun auch ein Wechsel im Amt des Kardinalstaatssekretärs ein: Consalvi musste auf Drängen Napoleons am 17. Juni 1806 zurücktreten, stattdessen wurde am selben Tag Kardinal Filippo Casoni ins Amt berufen, der einen mehr prinzipiell-theoretisch außenpolitischen Kurs als sein Vorgänger verfolgte.

Nicht übergangen werden kann hier, dass sich am 12. Juli 1806 der Rheinbund (Etats confédérés du Rhin)[795] auf Drängen Napoleons, der als Protektor

---

794 Zur Geschichte des Bistums Chur zu Beginn des 19. Jahrhunderts: *„Auf die im Reichsdeputationshauptschluss von 1803 beschlossene Säkularisation Churs verzichtete die eidgenössische Tagsatzung 1804, weil die vorhandenen Vermögenswerte nicht ausreichten, um Bischof und Domkapitel zu entschädigen. Die weltlichen Hoheitsrechte des Bischofs erloschen, und die in Tirol gelegenen Besitzungen des Bistums (Fürstenburg) fielen an Österreich. […] Weitgehenden Veränderungen war zu Beginn des 19. Jahrhunderts das Diözesangebiet unterworfen: 1805 kamen Tirol und Vorarlberg zu Bayern, welches 1807 dem Bischof die Ausübung seiner Pflichten in diesen Gebieten untersagte. 1808 verzichtete Bischof Karl Rudolf Buol von Schauenstein [Zu Leben und Person: Gatz, Buol-Schauenstein, in: Gatz, Bischöfe, 83–85] auf die Zuständigkeit für die nun bayerischen Bistumsteile (ca. 80.000 Katholiken). Diese wurden 1809 provisorisch, 1816 endgültig zu den Diözesen Brixen und Trient geschlagen…“*, in: Surchat, Art. Chur, Diözese – Fürstbistum, 3, 19. und 20. Jahrhundert, in: Historisches Lexikon der Schweiz (HLS), Version vom 09.01.2010; URL: https://hls-dhs-dss.ch/de/articles/ 011403/2020-01-09/, Zugriff: 01.05.2020.

795 Zur Gründung und Bedeutung des Rheinbundes für Bayern vgl. Weis, Im napoleonischen Kontinentalsystem, in: HBG, Bd. IV/I, 20–44, hier insbesondere 25–28. Die Rheinbundakte, mit welcher der Austritt aus dem Reichsverband zum 01.08.1806 angekündigt wird, findet sich bei Zeumer, Reichsverfassung, 532.

des Bundes galt, unter dessen Führung als Militärbündnis zusammenschloss, wobei das Kaiserreich Frankreich nicht Mitglied war. Die ursprünglich sechzehn Mitglieder des Rheinbunds, deutsche Klein- und Mittelstaaten, respektive ihre Fürsten, trennten sich am 1. August 1806 vom deutschen Reichskörper, wobei sie als Grund angaben: „*Indem sie sich durch gegenwärtige Erklärung von ihrer bisherigen Verbindung mit dem deutschen Reichskörper lossagen, befolgen sie bloß das durch frühere Vorgänge und selbst durch Erklärungen der mächtigeren Reichsstände aufgestellte System.*“[796]

Karl Theodor von Dahlberg, der bisherige Reichserzkanzler, wurde Fürst-Primas des Bundes von Napoleons Gnaden. Als seinen Koadjutor bestellte er den Onkel Napoleons (!), den französischen Kardinal Fesch.[797] Dabei behielt sich Napoleon ausdrücklich vor, die Nachfolge Dahlbergs zu regeln, die doch nach den Regeln des Kirchenrechts dem Koadjutor[798] zusteht. Dahlberg ließ sich vermutlich auf diese Farce ein, in der Hoffnung, eine dritte deutsche Macht neben und gegen Preußen und Österreich sowie gemeinsam und zusammen mit diesen Mächten gegen Frankreich etablieren zu können. Außerdem war er wohl noch von der Vorstellung geleitet, die Restbestände der deutschen Reichskirche zu einer deutschen Nationalkirche mit einem eigenen Konkordat[799] zusammenfassen und damit für die deutschen Bischöfe eine Körperschaft bzw. ein Gegengewicht gegen eine zu mächtige und direkte Einflussnahme der Kurie auf die deutschen kirchlich-katholischen Belange formen zu können.

Nach der Austrittserklärung der Rheinbundstaaten aus dem Reichskörper sah sich Kaiser Joseph II. am 6. August 1806 gezwungen, die deutsche Kaiserkrone niederzulegen und zu verkünden: „*Wir erklären demnach durch Gegenwärtiges, daß Wir das Band, welches Uns bis jetzt an den Staatskörper des deutschen Reichs gebunden hat, als gelöst ansehen, daß Wir das reichsoberhauptliche Amt und Würde durch die Vereinigung der conföderirten rheinischen*

796 Zeumer: Reichsverfassung, 537.
797 Dokumente im Zusammenhang der Erhebung Feschs in: Huber/Huber, Staat und Kirche, 30–33.
798 Vgl. c. 403 §§ 1–3 CIC/1983: Der CIC/1983 differenziert in c. 403 zwischen verschiedenen Auxiliarbischöfen. Genannt wird der Auxiliarbischof, der in Deutschland gewöhnlich Weihbischof genannt wird (§ 1), der, der mit besonderen Vollmachten ausgestattet ist (§ 2) und der, der ebenfalls mit besonderen Vollmachten ausgestattet ist und das Recht der Nachfolge hat; dieser wird Koadjutor genannt (§ 3). So war es auch im CIC/1917 c. 350 und früher der Sache nach geregelt.
799 Text der Punktation Dalbergs für den Rheinbund (1807) in: Huber/Huber, Staat und Kirche, 34–36.

Stände als erloschen und Uns dadurch von allen übernommenen Pflichten gegen das deutsche Reich losgezählt betrachten."[800] Damit war das Hl. Römische Reich deutscher Nation mit seiner rund 1000 Jahre währenden Geschichte selbst Geschichte geworden; auch das Kurfürstentum Pfalzbayern erlosch mit diesem Akt.[801]

Für die bayerischen Konkordatsverhandlungen hatte die Kurie einen Bevollmächtigten, Nuntius Annibale della Genga, benannt. Dieser gehörte der kurialen Partei der Zelanti an – eine Gruppe, die streng auf die überkommenen kirchlichen Rechte und Positionen achtete und diese auch in den politisch-gesellschaftlichen Umwälzungen der Zeit gegenüber den Ansprüchen und Positionen der weltlichen Herrschaften zu bewahren suchte. Die bayerische Regierung bestimmte als zusätzlichen Bevollmächtigten in Sachen Konkordat, neben dem in Rom wirkenden Beauftragten Häffelin, den Präsidenten des Geheimen Schulkommissariats, den Regensburger Domkapitular Freiherrn Joseph Maria von Fraunberg. Dieser sollte zusammen mit Freiherr Aloys von Rechberg, dem bayerischen Gesandten beim Reichstag in Regensburg, die Interessen Bayerns hinsichtlich des abzuschließenden Konkordats vertreten. Rechberg sollte der hauptverantwortliche Bevollmächtigte in Regensburg, Fraunberg der Ersatzmann sein. Die Verhandlungen über das bayerische Konkordat sollten in Regensburg stattfinden, wobei es gegen diesen Ort von Seiten der Kurie Bedenken gab und die Hauptstadt München mit des Königs Gegenwart als der den Verhandlungen günstigere Ort eingeschätzt wurde.[802] Vom Nuntius selbst wurde der Einfluss Frankreichs auf die bayerische Politik und insbesondere die Rolle Montgelas' als ungünstig bzw. zumindest schwierig im Hinblick auf die Konkordatsverhandlungen bezeichnet.[803] Für die Verhandlungen zum

---

800 Erklärung des Kaisers Franz II. über die Niederlegung der deutschen Kaiserkrone, in: Zeumer: Reichsverfassung, 538. In Voraussicht der Ereignisse hatte der Kaiser schon 1804 den Titel eines Kaisers für das Kaisertum Österreich angenommen.

801 Zu den Nachwirkungen des Alten Reichs vgl.: Treml, Königreich, 31–32. Das Reich kam „*an den Zäsuren der folgenden Jahrhunderte stets ins Gespräch, bei allen Fragen an die deutsche Geschichte spielte es eine oft mehr als orientierende Rolle auch für die politischen Entscheidungen, von 1848 über 1871 und 1918 bis 1945.*", ebd. 31.

802 „*A me sarebbe sembrato che la trattativa degli affari di Baviera sarebbe riuscita a Mons. Nunzio più facile e più vantaggiosa se si fosse fatta a Monaco piuttosto che a Ratisbona.*" Kardinal Antonelli in einem Schreiben an Consalvi vom 31.07.1806, zitiert nach Doeberl, Konkordatsverhandlungen, Beilage 16, 154.

803 Della Genga schreibt über Montgelas, „*che questo ministro e ben deciso a non fare nessun concordato ed a condurre a spasso la S. Sede ed il suo Nunzio. Nasce questa determinazione non solo dal genio del ministro di nutrire il disordine religioso affine*

bayerischen Konkordat hatten die Bevollmächtigten von ihren Auftraggebern Instruktionen erhalten. Diese waren allerdings nicht miteinander kompatibel: „*Während nach der römischen Instruktion der Nuntius angewiesen war, auf Genugtuung für die 'Kränkungen' der katholischen Kirche in Bayern und auf Wiederherstellung der rechten Ordnung der kirchlichen Verhältnisse d. h. auf die Scheidung des weltlichen und geistlichen Gebiets zu drängen, soll nach der bayerischen Instruktion gerade der wichtigste Punkt, diese Scheidung, nicht auf vertragsmäßigem Wege, sondern einseitig und absolut durch organische Gesetze geregelt werden. Die bayerische Regierung beharrte also auch jetzt noch auf denselben Standpunkt, den sie bereits im Jahre 1803 eingenommen hatte.*“[804]

4.2.2.2 Zu den Textentwürfen 1806–1807

Die Konkordatsverhandlungen wurden Anfang August 1806 in Regensburg mit Vorbesprechungen begonnen. Grundlage war die von Häffelin am 25. März 1805 in Rom vorgelegte Punktation, die Montgelas seinerseits am 19. Juli 1806 mit Anmerkungen und Streichungen leicht verändert hatte. Im Hintergrund dieser Berichtigungen stand ein Gutachten,[805] das für die staatskirchenrechtliche Position Montgelas' und seiner Beamten aufschlussreich ist.

---

di estinguere a fatto la religione, ma dalla incertezza altresì della posizione politica del paese.“, zitiert nach Doeberl, Konkordatsverhandlungen, Beilage 14, 153.

804 Doeberl, Die Konkordatsverhandlungen, 65. Zum Inhalt der Instruktionen vgl. für den Nuntius della Genga ebd. 56–59, für Fraunberg ebd.: 64.

805 Johann Baptist Stürmer, Gutachterlicher Entwurf einer gesetzlichen Bestimmung des Verhältnisses zwischen Staat und Kirche mit besonderer Rücksicht auf die bairische Monarchie. Ein Beytrag zu dem bevorstehenden Kirchenconcordat, Nürnberg und Sulzbach, Seidelsche Buchhandlung, 1807.

Zu den Prinzipien und Positionen des Gutachtens: unbedingte Überordnung des Staates über die Kirche; kirchliche Immunitäten und Privilegien sind Unrecht gegenüber dem Staat und werden aufgehoben; die Kirche ist ein Verein zur Gottesverehrung; an der Spitze der bayerischen Territorialkirche steht ein Metropolitan-Erzbischof in München, der allein den Verkehr mit den auswärtigen kirchlichen Behörden führt und dem König monatlich darüber Bericht erstattet; alle auswärtigen Schriftstücke bedürfen des königlichen Placets; die Seminare werden vom Staat geleitet und verantwortet; der Erzbischof von Bayern wird vom deutschen Primas ordiniert werden; der Heilige Vater wird immer einige Bayern ins Kardinalskollegium aufnehmen; zum Gutachten vgl. M. Doeberl, Entwicklungsgeschichte Bayerns, Bd. 2, 501–502.

Nach den Vorgesprächen[806] präsentierte Nuntius della Genga am 8. August 1806 einen Konkordatsentwurf, der bis Ende Oktober 1806 einen lebhaften Austausch von Noten und Gegenentwürfen[807] auslöste. Am 27. Oktober 1806 übersandte der Nuntius der Kurie einen Konkordatsentwurf, der die erzielten Ergebnisse der Verhandlungen zwischen ihm und den bayerischen Bevollmächtigten zusammenfasste. Zu bearbeiten blieben noch drei Punkte:

a.) Die Klärung über die Exemption einiger Bistümer, insbesondere die Exemption des Bistums Bamberg.[808]
b.) Eine Festlegung des Jahres 1802 als ‚Normaljahr', an dem sich bemessen sollte, über welche Pfarreien die Bischöfe das freie Verleihungsrecht besitzen.
c.) Der Umfang der kirchlichen Gerichtsbarkeit.

Die Kurie ließ sich wegen der zeitgleichen großen politischen Ereignisse mit einer Reaktion Zeit. Schließlich bestand ihre Antwort in einem neuen Konkordatsentwurf, den der Nuntius am 6. Februar 1807 der bayerischen Regierung zukommen ließ.[809] Der römische Vorschlag fand seinerseits bei der bayerischen Regierung keine Zustimmung und so reagierte sie mit der Vorlage eines eigenen Entwurfs, der mit einer Note am 17. März 1807 übergeben wurde.[810] Nuntius

806 Zu diesen ersten Besprechungen, ihren Themen und Schwierigkeiten vgl. Doeberl, Die Konkordatsverhandlungen, 66–68.

807 An Dokumenten sind zu nennen: Entwurf der bayerischen Bevollmächtigten vom 05.09.1806; nicht amtlich mitgeteilter Konkordatsentwurf des Nuntius vom 20.09.1806; Konkordatsentwurf der bayerischen Seite vom 13.10.1806; Note der bayerischen Bevollmächtigten vom 22.10.1806.

808 In einer Note gab der Nuntius in einem Bericht an den Staatssekretär einen Grund an, warum die Bamberger Exemption aufrechterhalten werden müsse: „*Nach der Darstellung deutscher Geschichtsschreiber hat Kaiser Heinrich II. die Exemption der Bamberger Kirche von Papst Leo IX. gegen die Schenkung des Fürstentums Benevent erhalten. Das Recht des Papstes auf Benevent, das Napoleon im Mai 1806 seinen Minister Talleyrand willkürlich übertragen, ist bedingt durch die Fortdauer der Bamberger Exemption.*", zitiert nach Doeberl, Konkordatsverhandlungen, 78.

809 Der Entwurf beantwortete die offenen Fragen nicht klar und enthielt zudem zusätzlich in zwei Artikeln (Art. 1 und 15) allgemeine und grundsätzliche Forderungen. Zu den in Rom statt gehabten Veränderungen, den Ergänzungen des Nuntius und der Kommentierung der Veränderungen in den Artikeln 1 und 15 vgl. Doeberl, Konkordatsverhandlungen, 97–99. Zur Einschätzung des Nuntius zum römischen Entwurf vgl. ebd. 99–100.

810 Die wesentlichen bayerischen Positionen bei Doeberl, Konkordatsverhandlungen, 101–102.

della Genga sandte diesen bayerischen Konkordatsentwurf nach Rom und erwartete eine letzte Entscheidung, da weitere Zugeständnisse nicht zu erreichen seien.[811] Vor einer Antwort aus Rom spitzten sich allerdings die (kirchen-) politischen Probleme in dem von Bayern erworbenem Landesteil Tirol und den dort zuständigen Bischöfen von Brixen, Chur und Trient zu.[812] Schließlich präsentierte die Kurie durch den Uditore Troni am 10. Juli.1807 einen neuen Entwurf, der in der Hauptsache mit dem römischen Vorgängerentwurf (06. Februar 1807) übereinstimmte. Nun fanden noch diverse Gespräche statt, um in den festgefahrenen Konkordatsverhandlungen, in denen zuletzt die unterschiedlichen Positionen wieder profilierter vertreten wurden, voranzukommen. Doch da die Schwierigkeiten des Konkordats mit den kirchenpolitischen Problemen in Tirol verquickt wurden, war das eine nicht ohne das andere zu lösen. So wurden die Konkordatsverhandlungen Ende Juli 1807 zunächst unterbrochen. Da in Bayern am 1. Mai 1808 eine Konstitution in Kraft trat, die einige von der Kurie prinzipiell und strikt abgelehnte staatskirchenrechtliche Bestimmungen enthielt (z. B. die Parität der Konfessionen), wurden im Juni 1808 nur noch diplomatische Noten zu den unterschiedlichen Standpunkten und den Bedingungen zur Wiederaufnahme der Konkordatsverhandlungen ausgetauscht. Schließlich versandeten die Verhandlungen um ein Konkordat mit dem Tiroler Volksaufstand[813] sowie der Verschleppung Papst Pius' im Jahr 1809.[814]

In der zweiten Verhandlungsetappe sind im Zeitraum von fünfzehn Monaten (März 1806 bis Juli 1807) acht Texte mit amtlichem Charakter zu registrieren, die im Anhang 1 dokumentiert sind.[815] Davon sollen wegen ihrer Relevanz

---

811 Della Genga am 29.03.1807 an Consalvi mit Bezug auf den Konkordatsentwurf vom 17.03.1807: „*V. E. si degnerà ordinarmi quello che io debbo fare, poiché ogni ulteriore tentativo per avvicinarsi io lo credo del tutto inutile.*“, zitiert nach Doeberl, Beilage 40,194.

812 Zu den Vorgängen in Tirol vgl. Doeberl, Konkordatsverhandlungen, 103–110.

813 Zu den Gründen und zum Verlauf des Aufstands vgl. Weis, Im napoleonischen Kontinentalsystem, in: HBayKG, Bd. IV/I, 20–44, hier insbesondere 25–28.

814 Zum Abbruch bzw. zur Beendigung der Konkordatsverhandlungen in dieser Zeit, vgl. Doeberl, Konkordatsverhandlungen, 110–117.

815 Bayerische Punktation vom 25.03.1806. Text mit Quellenangabe bei Sicherer, Urkunde Nr. 8, 24–25; Text mit Übersetzung unten im Anhang 1 dieser Arbeit, 616.

Konkordatsentwurf des Nuntius vom 08.08.1806. Text mit Quellenangabe bei Sicherer, Urkunde Nr. 9, 25–30; Text mit Übersetzung im Anhang 1 dieser Arbeit, 619.

Bayerischer Konkordatsentwurf vom 05.09.1806. Text mit Quellenangabe bei Sicherer, Urkunde Nr. 10, 30–33; Text mit Übersetzung im Anhang 1 dieser Arbeit, 627.

für die fortschreitenden Verhandlungen hier im Folgenden fünf Texte näher dargestellt und kommentiert werden:

1. Die Punktation vom 25. März 1806; diese bildet das Scharnier von der ersten zur zweiten Etappe; ihr Inhalt wurde zur Arbeitsvorlage für den Nuntius und seinen Text vom 8. August 1808.
2. Der Konkordatsentwurf vom 8. August 1808; dieser ist die erste amtliche Einlassung des Hl. Stuhls zum Abschluss eines bayerischen Konkordats.
3. Der Konkordatsentwurf vom 5. September 1808; dieser ist eine Antwort Bayerns auf die römische Vorlage und markiert die bayerischen Zielvorstellungen.
4. Der Konkordatsentwurf vom 27. Oktober 1806; dieser ist ein Dokument weitestgehender Übereinstimmung der Unterhändler, der ein bayerisches Ultimatum integriert sowie die vorherigen Arbeitsentwürfe der Unterhändler im September/Oktober 1806 zusammenfasst.
5. Der Konkordatsentwurf vom 10. Juli 1807; dieser ist das römische Ultimatum, das die Unterhandlungen dieser Etappe beschloss; er führt den römischen Entwurf vom 6. Februar 1806 nahezu unverändert fort und ignoriert dabei den bayerischen Gegenentwurf vom 17. März 1807.

1806 März 25, Punktation der neuen Diözesaneinteilung des Königreichs Bayern

Unabhängig von den militärischen und staatspolitischen Ereignissen um den Jahreswechsel 1805/1806 präsentierte Häffelin am 25. März 1806 dem

---

Bayerischer Konkordatsentwurf vom 13.10.1806. Text mit Quellenangabe bei Sicherer, Urkunde Nr. 11, 33–37 mit Anm. 1–23; Text mit Übersetzung im Anhang 1, 632.

Gemeinsamer Konkordatsentwurf der Unterhändler vom 27.10.1806. Text mit Quellenangabe bei Sicherer, Urkunde Nr. 11, 33–37 mit Anm. 1–23 und ebd. Urkunde Nr. 12, 38–39; Text mit Übersetzung im Anhang 1 dieser Arbeit, 638.

Römischer Konkordatsentwurf vom20.06.1807. Text mit Quellenangabe bei Sicherer, Urkunde Nr. 13, 40–44; Text mit Übersetzung im Anhang 1 dieser Arbeit, 644.

Bayerischer Gegenentwurf vom 17.03.1807. Text mit Quellenangabe bei Sicherer, Urkunde Nr. 14, 44–47; Text mit Übersetzung im Anhang 1 dieser Arbeit, 650.

Römischer ultimativer Konkordatsentwurf vom 10.07.1807. Text mit Quellenangabe bei Sicherer, Urkunde Nr. 13, 40–44 mit Anm. 1–33; Text mit Übersetzung im Anhang 1 dieser Arbeit, 655.

Kardinalstaatssekretär den Entwurf einer Punktation über die neue Diözesaneinteilung des Königreichs Bayern,[816] die ganz dem bisherigen Duktus entsprach: „*Die bayerische Regierung strebte also auch jetzt ein Konkordat an, ohne sich geneigt zu zeigen, auf ihr territorialistischen Systems zu verzichten. Sie gedachte vielmehr die Einschwerttheorie trotz Konkordat zu behaupten.*“[817] Dieser Absicht widersprach Kardinalsstaatssekretär Consalvi dann entschieden in einer offiziellen Note vom 8. April 1806, indem er gegenüber dem bayerischen Gesandten klarstellte, dass die Gründung einer bayerischen Landeskirche nur erfolgen könne, nachdem die bayerische Regierung die neuen staatskirchenrechtlich-territorialistischen Gesetze aufgehoben, die Ursachen für die oft erhobenen Beschwerden abgestellt habe und sich schließlich zur Genugtuung für die Kränkungen der Kirche entschließe. Auch auf Seiten der Kurie war die Positionierung gleichgeblieben, d. h. die Weigerung, sich bei bestehenden Missständen auf Verhandlungen einzulassen, war weiterhin aufrecht. Hinter Consalvis klarer Zurückweisung der bayerischen Wünsche stand auch das von ihm vertretene kurial-kirchliche Verständnis, das die Souveränität des Staates durch das Naturrecht und die Offenbarung begrenzt sieht, das andererseits auch eine Souveränität der Kirche behauptet, näherhin also eine Kooperation zwischen staatlicher und kirchlicher Gewalt verlangt.

Der Text vom 25. März 1806 ist in Französisch verfasst und umfasst sechzehn Abschnitte.

Abschnitt 1:[818] *Das Königreich Bayern wird in so viele Diözesen aufgeteilt, wie es das geistige Wohl seiner Untertanen erfordern mag. Sie wird in der bequemsten geographischen Proportion und gemäß dem größten Vorteil für das Wohl und den Dienst der Kirche erfolgen.*

Der Abschnitt benennt, wie schon in den Vorgängertexten aufgeführt und guten Willen bekundend, die Prinzipien einer angemessenen Diözesaneinteilung: das Wohl der Gläubigen und die gesicherte organisatorische Effektivität des geistlichen Dienstes; der zweite Punkt liegt dabei auch im (finanziellen) Interesse des Staates.

---

816 Text zitiert nach: Sicherer, Urkunde Nr. 8, 24–25; Textquelle: Königliches Staatsarchiv, ebd. 24.

817 Doeberl, Entwicklungsgeschichte, 46.

818 Le royaume de Bavière sera divisé en autant de diocèses, que le bien spirituel de ses sujets peut exiger, et cette division se fera dans la proportion géographique la plus commode et la plus avantageuse au bien et au service de l'église.

Abschnitt 2:[819] *Die Stadt München als Hauptstadt des Königreichs wird als Metropolansitz errichtet. Dem Metropoliten von München werden alle Bischöfe der bayerischen Staaten untergeordnet.*

Hier drückt sich die von weltlicher Seite lange und in den Vorgängertexten fixierte Absicht aus, eine bayerische Landeskirche zu errichten, die kirchenrechtlich eine eigene Kirchenprovinz mit einem Metropoliten und Metropolitansitz in der Hauptstadt des Königreichs ist.

Abschnitt 3:[820] *Die Bischofssitze Bamberg, Passau, Augsburg, Eichstätt, Trient und Brixen bleiben erhalten. Freising wird als Bischofssitz aufgehoben, da er mit der Errichtung des Erzbistums München nutzlos ist.*

Die Aufzählung der Bischofssitze entspricht der zeitgenössischen territorialpolitischen Situation nach dem Preßburger Frieden. Im Vergleich zu vergangenen Auflistungen der Bistümer ist Tirol mit den Bischofssitzen Trient und Brixen dazugekommen; Würzburg musste an das (habsburgische) Großherzogtum Toscana abgetreten werden. Das alte kleine Bistum Chiemsee wird schon gar nicht mehr genannt und ist damit offensichtlich endgültig abgeschrieben; Freising soll, wie schon in den Vorgängertexten vorgeschlagen, zugunsten des nahe liegenden Metropolitansitzes München aufgehoben werden.

Abschnitt 4:[821] *Das Herzogtum Berg, das seit der Aufhebung der Erzdiözese Köln keinen Bischof mehr hat, wird seinen eigenen Bischof haben, dessen Sitz in Düsseldorf, der Hauptstadt des Herzogtums, errichtet wird.*

Das Herzogtum Berg mit dem vorgeschlagenen Bischofssitz Düsseldorf wurde im Vorgängertext (8. August 1805 Abschnitt 6) erstmals von staatlicher Seite in die Konkordatsverhandlungen eingeführt. Sein Territorium sollte vorwiegend aus Kölner rechtsrheinischem Restterritorium gebildet werden.

---

819 La ville de Munich comme capitale du royaume sera érigée en métropole, et au métropolitain de Munich seront subordonnés tous les évêques des états de Bavière.

820 Les sièges épiscopaux de Bamberg, de Passau, d'Augsbourg, d'Eichstaet, de Trente et de Brixen seront conservés. Celui de Freising sera supprimé devenant inutile par l'érection de l'archevêché de Munich.

821 Le duché de Berg, qui n'a plus d'évêque depuis la suppression de l'archevêché de Cologne, aura son évêque particulier, dont le siège sera établi à Düsseldorf, capitale du duché.

Abschnitt 5:[822] *Das Erzbistum München wird mit einer festen und sicheren Nettojahresrente von zwanzigtausend Gulden dotiert. Die Dotation der Bischöfe wird zwölftausend Gulden betragen, ebenfalls in sicheren Einnahmen und Pachten.*

Dieser Abschnitt entspricht wortwörtlich dem entsprechenden Abschnitt 7 des Vorgängertextes. Festzustellen bleibt, dass auch hier die Dotation der Diözesanbischöfe unter den Vorgaben des Reichsdeputationshauptschlusses § 51a bleibt. Interessant und beachtenswert ist des Weiteren, dass die Dotation des Erzbischofs und der Bischöfe aus immobiliengesicherten Einnahmen und Pachten fließen sollte. Es war wohl angedacht, säkularisierte kirchliche Liegenschaften in Fonds zu übertragen, die die Dotation der einzelnen Bischöfe sicherstellen sollten.[823]

Abschnitt 6:[824] *Der Metropolit und jeder Bischof werden ein Kapitel haben, das aus zehn Kanonikern einschließlich der Dignitäre besteht. Die Rente des Propstes und Dekans wird 4.000 Gulden, die der Kanoniker 2.000 Gulden betragen. Eine angemessene Wohnung für jeden Einzelnen ist in dieser Schätzung nicht enthalten. Die Kirchen werden alle ihre eigenen Stiftungen haben.*

Dieser Abschnitt stimmt somit wortwörtlich mit dem entsprechenden Abschnitt 8 des Vorgängertextes überein.

Abschnitt 7:[825] *Neben dem Chordienst der Kanoniker werden sowohl Dignitäre als auch Kanoniker verpflichtet, dem Bischof in seinem Ratsgremium und bei anderen Aufgaben zu helfen.*

---

822 L'archevêché de Munich sera doté par une rente annuelle fixe, sûre et nette de vingt mille florins. La dote des évêchés sera de douze mille florins également en revenus sûrs et rentes foncières.

823 Ein Beispiel eines solchen Fonds ist die Hannoversches Klosterkammer. Nach der Reformation und weiter nach der Säkularisation wurden die Güter der säkularisierten Klöster in den welfischen Herzogtümern (etwa um Göttingen, Hannover, Braunschweig) und später im Königreich Hannover separiert verwaltet. Die 1542 eingerichtete und 1818 neu verfasste Klosterkammer existiert bis heute. Die Erträge wurden und werden kirchlichen und religiösen Bedürfnissen zugeführt. Diese und weitere Informationen unter https://www.klosterkammer.de/ueber-die-klosterkammer/historie/, Zugriff: 10.02.2020.

824 Le métropolitain et chaque évêque auront un chapitre composé de dix chanoines, y compris les dignitaires. La rente du prévôt et du doyen sera de quatre, celle des chanoines de deux milles florins. Une habitation convenable pour chaque individu n'est pas comprise dans cette évaluation. Les églises auront toutes leurs fabriques particulières.

825 Tant les dignitaires, que les chanoines seront obligés outre le service canonial à servir l'évêque dans son conseil et ses autres fonctions.

Dieser Abschnitt entspricht wortwörtlich dem entsprechenden Abschnitt 9 des Vorgängertextes vom 8. August 1805, wo den Geistlichen konkrete Aufgaben und Arbeiten in der Diözesanverwaltung zugewiesen werden.

Abschnitt 8:[826] *In jeder Diözese wird es ein Seminar geben, wobei die Zahl der Studenten in einem angemessenen Verhältnis zu der Zahl der Priester stehen wird, die für den Dienst in den Pfarreien und Filialen benötigt werden.*

Dieser Abschnitt entspricht wortwörtlich dem entsprechenden Abschnitt 10 des Vorgängertextes.

Abschnitt 9:[827] *Der Erzbischof und die Bischöfe des Königreichs Bayern werden den gleichen Eid ablegen, den die des Kaiserreichs Frankreichs und des Königreichs Italien ihrem Souverän leisten.*

Ein Treueid der Bischöfe gegenüber dem Landesherrn wurde schon in zwei Vorgängerentwürfen (17. Juli 1802, Abschnitt 2; 31 und Mai 1803, Abschnitt 8) gefordert, jedoch ohne eine Formel vorzugeben. Der unmittelbare Vorgängerentwurf vom 8. August 1805 erwähnt den Eid nicht. Die Bestimmung bezieht sich auf die Eidesformel, die in der Konvention zwischen der französischen Regierung und Seiner Heiligkeit Pius VII., vom 15. Juli 1801, Artikel VI festgelegt ist.[828]

Abschnitt 10:[829] *Die Priester werden auch den Treueeid ablegen, wie in Frankreich und Italien.*

Ein Treueid der Priester gegenüber dem Landesherrn wurde zwar im Entwurf vom 31 Mai 1803, Abschnitt 13 gefordert, jedoch ohne eine Formel vorzugeben. Der unmittelbare Vorgängerentwurf vom 8. August 1805 erwähnt den

826 Dans chaque diocèse il y aura un séminaire et le nombre des élèves sera proportionné à celui des prêtres nécessaires pour desservir les paroisses et les succursales.

827 L'archevêque et les évêques du royaume de Bavière prêteront le même serment que ceux de l'empire François et du royaume d'Italie prêtent à leur souverain.

828 Vgl. Bulletin des lois de la République française, Série 3, Tome 6, Paris, Imprimerie de la République, Brumaire an XI, VI, 15. Der Text des Eids lautet übersetzt: *„Ich schwöre und verspreche Gott auf die heiligen Evangelien, Gehorsam und Treue gegenüber der durch die Verfassung der Französischen Republik geschaffenen Regierung zu bewahren. Ich verspreche auch, keine Kenntnis zu haben, an keinem Rat teilzunehmen, in keine Verbindung einzutreten, weder im Innern noch im Äußeren, die der öffentlichen Ruhe zuwiderläuft; und wenn ich in meiner Diözese oder andernorts erfahre, dass etwas zum Nachteil des Staates unternommen wird, werde ich es der Regierung zur Kenntnis bringen."*

829 Les curés prêteront aussi le serment de fidélité comme en France et en Italie.

Eid für Priester nicht. In Frankreich war die Eidesformel für die Priester dieselbe wie für die Bischöfe.[830]

Abschnitt 11:[831] *Das Patronatsrecht oder die Ernennung zu Bistümern, Dignitären und Pfründen der Kathedralen stehen Seiner Majestät, dem König von Bayern, sowie auch seinen Erben und Nachfolgern zu.*

Das staatliche Verlangen, auf die Besetzung der höheren Kirchenämter und Pfründe dauerhaft Einfluss nehmen zu können, ist ein Kernpunkt staatskirchenrechtlicher Theorie und Praxis. Entsprechend findet sich diese Forderung schon in den Vorgängertexten zu einem Konkordat: Entwurf vom 17. Juli 1802, Abschnitt 2; Entwurf vom 31. Mai 1803, Abschnitt 4; Entwurf vom 8. August 1805, Abschnitt 11.

Abschnitt 12:[832] *Die neu ernannten Bischöfe werden den Bedingungen und Formalitäten unterliegen, die in den heiligen Kanones vorgeschrieben sind; sie werden ihr Glaubensbekenntnis und ihren Gehorsamseid an den Heiligen Stuhl senden und ihre kanonische Investitur mit den Konfirmationsbullen empfangen.*

Dieser Abschnitt ist schon in Vorgängerentwürfen enthalten und anerkennt von staatlicher Seite die Notwendigkeit der päpstlichen Mitwirkung bei der Bestellung der Bischöfe. Insofern drückt sich hier aus, dass die angestrebte bayerische Landeskirche keine autonome, von Rom losgelöste Nationalkirche sein sollte.[833]

---

830 *„Les ecclésiastiques du second ordre prêteront le même serment entre les mains des autorités civiles désignées par le Gouvernement.“*, Bulletin des lois de la République française, Série 3, Tome 6, Paris, Imprimerie de la République, Brumaire an XI, VII, 15.

831 Le droit de patronat ou la nomination aux évêchés, aux dignités et aux prébendes des cathédrales appartiendra à sa majesté le roi de Bavière, à ses héritiers et successeurs.

832 Les évêques nouvellement nommés seront soumis aux conditions et formalités prescrites par les sacrés canons; ils enverront au saint siège leur profession de foi et leur serment d'obédience, et en recevront l'investiture canonique par les bulles de confirmation.

833 Eine andere (nicht die absolute Gegen-) Position erstrebte wohl der Fürst-Primas des Rheinbunds Karl Theodor von Dahlberg, der ein Einheitskonkordat für alle Rheinbundstaaten anzielte. Die Gegenposition ist eher verwirklicht in der Gründung orthodoxer autokephaler Landes- bzw. Nationalkirchen in der Vergangenheit und Gegenwart, z. B. in der Abtrennung der ukrainisch-orthodoxen autokephalen Kirche im Jahr 2018/2019 vom Moskauer Patriarchat.

Abschnitt 13:[834] *Die Annaten, die Abgaben der Pallienbestätigung und andere Kanzleigebühren werden in einem angemessenen Verhältnis nach dem Einkommen der neuen Bischöfe bezahlt werden.*

Regelungen zu Abgaben und Gebühren, die dem Hl. Stuhl zustehen, sind, wie die Regelung im Abschnitt 12 zeigen, auch eine Form der Anerkennung der Rechte und der Ordnung der katholischen Kirche. Regelungen finden sich in allen Vorgängertextentwürfen: Entwurf vom 17. Juli 1802, Abschnitt 1; Entwurf vom 31. Mai 1803, Abschnitt 9; Entwurf vom 8. August 1805, Abschnitt 13.

Abschnitt 14:[835] *Eine Kumulation der Benefizien wird im Königreich nicht gestattet. Die Inhaber unterliegen der strengsten Residenzpflicht und können davon nicht dispensiert werden, außer aus schwerwiegenden Gründen und wenn der öffentliche Dienst es erfordert.*

Die Bestimmung, dass nicht mehrere Benefizien von einem Amtsträger besessen bzw. angehäuft werden dürfen, ist erstmals im Entwurf zum Konkordat vom 31. Mai 1803, Abschnitt 11 enthalten, ebenso im Entwurf vom 8. August 1805, Abschnitt 14. Die Regelung entspricht staatlichem wie kirchlichem Interesse, da jeder Amtsinhaber nur eine Stelle ganz ausfüllen kann und deshalb nur für eine Stelle Bezüge beziehen soll. Ebenso ist die Bestimmung, die die Residenzpflicht einfordert, schon im Vorgängerentwurf vom 31. Mai 1803, Abschnitt 11 enthalten und auch im Entwurf vom 8. August 1805, Abschnitt 14. Auch diese Regelung entspricht sowohl staatlichem wie kirchlichem Interesse. Die Stelleninhaber sollen vor Ort sein, um ihren Dienst zu versehen.

Abschnitt 15:[836] *Die Bischöfe werden die Pfarreien und Filialen zum größten Nutzen und Komfort der Pfarrangehörigen nach dem Wunsch der Regierung einteilen.*

Gemäß kanonischem Recht ist es alleinige Sache des Diözesanbischofs, seine Diözese in Pfarreien,[837] Filialen oder Dekanaten einzuteilen, wobei er sich an den Bedürfnissen der Gläubigen und den Erfordernissen der Administration

834 Les annates, taxes de confirmation, de pallium et autres faix de chancellerie seront réglés dans une proportion équitable d'après les revenus des nouveaux évêchés.

835 La pluralité des bénéfices ne pourra pas avoir lieu dans le royaume de Bavière. Les titulaires seront astreints à la plus stricte résidence, et n'en pourront être dispensés, que pour des motifs graves et quand le service public l'exige.

836 Les évêques diviseront les paroisses et succursales d'après le vœu du gouvernement pour la plus grande utilité et commodité des paroissiens.

837 Als Grundlage vgl. Conc. Trid., Sessio XXIV, de reform. c. 13, fortgeführt im CIC/1983: c. 515 § 2: Pfarreien zu errichten, aufzuheben oder sie zu verändern, ist

orientieren wird. Die hier formulierte Bestimmung, dass die Einteilung der Bistümer in Pfarreien und Filialen durch die Bischöfe, dem Votum bzw. dem Wunsch der Regierung folgen soll, ist hingegen neu. Sie könnte motiviert sein von einer ähnlichen Bestimmung im französischen Konkordat: „*Die Bischöfe werden eine neue Umschreibung der Pfarreien in ihren Bistümern vornehmen, die nur mit Zustimmung der Regierung wirksam wird.*“[838]

1806 August 8, Konkordatsentwurf von Seiten des Apostolischen Stuhls

Der Vorgängerentwurf, die Punktation vom 25. März 1806, wurde zum Ausgangstext weiterer Konkordatsverhandlungen, nachdem dieser von Montgelas leicht überarbeitet und am 19. Juli dem Nuntius della Genga überreicht worden war.[839] Der vorliegende Text[840] wurde vom Nuntius gefertigt und dem bayerischen Bevollmächtigten Aloys Freiherr von Rechberg mit einer Note am 8. August 1806 überreicht. Dabei war der Nuntius überzeugt, dass er die Anregungen Montgelas' substantiell in den Entwurf eingearbeitet und sie nur so weiterentwickelt hatte, damit sie den Ansprüchen eines Konkordats genügen. So wagte er wohl zu hoffen, dass sich diese Artikel der Zustimmung Seiner Majestät erfreuen würden.[841]

Der Text[842] wird ausdrücklich als Entwurf eines Konkordats bezeichnet. Damit darf berechtigt erwartet werden, dass er quantitativ und qualitativ mehr beinhaltet als die Bistumsorganisation im Königreich Bayern, nämlich darüber hinaus die Themen der Höhe und Absicherung der Dotationen und Ordnung der kirchlichen Verhältnisse, z. B. die Verleihung der Kirchenämter, der Benefizien, der Aufsicht und der Sicherung kirchlichen Vermögens sowie der kirchlichen Disziplin. Zu erinnern ist hierbei, dass die churpfalzbairische Regierung im Juli 1802 einen ersten Grundlagentext für eine Vereinbarung mit der Kirche

---

allein Sache des Diözesanbischofs, der keine Pfarreien errichten oder aufheben oder nennenswert verändern darf, ohne den Priesterrat gehört zu haben.

838 Vgl. Bulletin des lois de la République française, Série 3, Tome 6, Paris, Imprimerie de la République, Brumaire an XI, IX, 15.

839 Bei Sicherer (Urkunde Nr. 8, 24–25, Anm. 1–5) sind die von Montgelas vorgenommenen, wenigen Veränderungen leicht nachzuvollziehen.

840 Text zitiert nach: Sicherer, Urkunde Nr. 9, 26–30; Textquelle: K. Staatministerium des K. Hauses und des Ausseren, ebd. 25.

841 So der Nuntius della Genga in seiner Note zur Überreichung des Konkordatsentwurf, vgl. Sicherer, Urkunde Nr. 9, 26.

842 Zur Darstellung und Erläuterung des Entwurfs vgl. Doeberl, Entwicklungsgeschichte, 68–74.

vorgelegt hat. Gut vier Jahre später, präsentierte die kirchliche Seite ihre erste Antwort, ihren ersten Textentwurf, in dem ihre Interessen und Erfahrungen mit dem Abschluss des französischen und italienischen Konkordats (1801 bzw. 1803) sowie ihr mögliches Entgegenkommen auf staatliche Präferenzen eingeflossen waren.

Der Text ist im Original in Französisch verfasst und gliedert sich in 30 Artikel.

Titel, Invocatio und Präambel:[843] *Konkordat zwischen Seiner Heiligkeit, Papst Pius VII. und Seiner Majestät, Maximilian Joseph König von Bayern. Im Namen der Allerheiligsten Dreieinigkeit. Seine Heiligkeit, der Pontifex Pius VII. und Seine Majestät, Maximilian Joseph König von Bayern, wünschen dringend, dass eine feste und stabile Ordnung für die kirchlichen Angelegenheiten in den Staaten Seiner Majestät aufgerichtet wird und haben über die folgende Art Einvernehmen erzielt.*

In der Präambel werden die Motivation und Zielrichtung des Konkordats angegeben. Nachdem nun seit der Säkularisation und der damit einhergehenden Verwüstung der kirchlichen Struktur fünf Jahre vergangen sind, ist der dringende Wunsch des Papstes und des Königs, der Kirche und des Staates, zu einer festen und stabilen Ordnung der kirchlichen Verhältnisse zu gelangen, mehr als verständlich.

Artikel 1:[844] *Der Status der katholischen, apostolischen und römischen Religion wird in allem unversehrt im ganzen Königreich Bayern erhalten bleiben.*

Obwohl sich doch die politischen und religiösen Verhältnisse in Bayern seit der Säkularisation gründlich geändert hatten, wird hier von Seiten des Staates für die katholische Kirche eine in die Zukunft reichende Sicherung des Status quasi als Staatsreligion erwartet.

Artikel 2:[845] *Seine Heiligkeit wird in München, der Hauptstadt des Königreichs, einen Metropolitansitz errichten. Der Bischofssitz von Freising und der von*

843 Concordat entre sa sainteté le souverain pontife Pie VII. et sa majesté, Maximilien Joseph roi de Bavière. Au nom de la très sainte trinité. Sa sainteté le souverain pontifice Pie VII. et sa majesté Maximilien Joseph roi de Bavière désirant très ardemment qu'il soit établi un ordre fixe et stable pour les affaires ecclésiastiques dans les états de sa majesté, sont convenus des articles suivants.

844 Art. 1. L'état la religion catholique, apostolique et Romaine restera en tout sauf et entier dans le royaume de Bavière.

845 Art. 2. Sa sainteté érigera à Munich capitale du royaume un siège métropolitain; le siège épiscopal de Frisingue et celui de de Chiemsée seront supprimés; on assignera à l'évêque de Chiemsée une pension viagère convenable à sa dignité.

Chiemsee werden aufgehoben; dem Bischof von Chiemsee wird eine lebenslange Rente zugewiesen, die seiner Würde angemessen ist.

Der Artikel setzt das Begehren nach einer weitgehend unabhängigen bayerischen Landeskirche um, indem hier die Einrichtung eines Metropolitansitzes im Königreich Bayern und damit eine Kirchenprovinz fixiert wird. Das Begehren, die Bischofssitze von Freising und Chiemsee aufzuheben, ist schon aus den diversen zuvor erstellten Punktationen zur Diözesaneinteilung bekannt, offensichtlich ist auch die kirchliche Seite damit einverstanden.

Artikel 3:[846] *Die Bischofssitze Bamberg, Passau, Augsburg, Eichstätt, Trient und Brixen bleiben erhalten. Das Bistum Chur bleibt im Tiroler Gebiet unverändert, und wenn der Heilige Vater die Diözesen in der Schweiz umschreibt, werden für diese Diözese geeignete Maßnahmen ergriffen.*

Bamberg, Passau und Trient behalten ihre Exemption. Augsburg, Eichstätt, Brixen und Chur werden als Suffragane dem Metropoliten von München unterstellt; das alles aber erst, nachdem die betroffenen Bischöfe und Kapitel ihre Zustimmung gegeben haben werden.

Hier werden nun die weiteren Bistümer des Königreichs Bayern mit ihren jeweiligen Besonderheiten erwähnt. Ein Problem des kirchlichen Verfassungsrechtes, das in diesem Entwurf zum ersten Mal thematisiert wird, stand der Bildung einer alle Bistümer im Königreich Bayern umfassenden Kirchenprovinz entgegen: die Exemption der Bistümer Bamberg, Passau und Trient. Zwar hatte das Konzil von Trient bestimmt, dass sich die exempten Bischöfe/Bistümer, die keiner Kirchenprovinz angehörten, einen benachbarten Metropoliten auswählten, an dessen Provinzialkonzilien teilnehmen und die dort beschlossenen Dekrete beachten sollten,[847] doch genossen sie ansonsten Freiheit von den Rechten der Metropoliten. Einer geschlossenen Landeskirche im Sinne der königlich-bayerischen Regierung konnte das jedoch nicht dienlich sein. Andererseits konnte aber die päpstliche Seite der Aufhebung der Exemption, insbesondere des Bistums Bamberg, auch nicht zustimmen. Denn die Exemption

---

846 Art. 3. Les sièges épiscopaux de Bamberg, Passau, d'Augsbourg, d'Eichstaett, de Trente et de Brixen seront conservés. Le diocèse de Coire en Tirol restera dans l'état qu'il est, et lorsque le saint père fera la circonscription des diocèses en Suisse, on prendra des mesures convenables à ce diocèse. – Bamberg, Passau et Trente conserveront leur exemption. Augsbourg, Eichstaett, Brixen et Coire seront subordonnés en qualité de suffragants au métropolitain de Munich, le tout cependant après que les évêques et chapitres intéressés y auront donné leur consentement.

847 Vgl. Conc. Trid., Sessio XXIV, de reform., c. 2, in: COD, Bd. 3, 761–762.

des Bistums Bamberg geht zurück auf Ereignisse um 1052/1053[848] für die im Gegenzug das Herzogtum Benevent in Süditalien dem Patrimonium Petri eingegliedert wurde. Wäre daher etwas am kirchenrechtlichen Status des Bistums Bamberg geändert worden, wäre der Besitz Benevents für den Papst zweifelhaft und angreifbar geworden. Hier zeigte sich ein spannendes Thema, um dessen Lösung noch zu ringen sein würde. Ein Bistum Berg, von dem in der Punktation vom 25. März 1806 noch die Rede war, wird hier nicht mehr erwähnt, weil nach Napoleons Wille das entsprechende Territorium einem anderen Fürsten zufallen sollte.[849]

Bemerkenswert ist, dass die Neueinteilung der Bistümer nicht ausschließlich vom Hl. Stuhl verfügt werden sollte, wie dies etwa nach Abschluss des französischen Konkordats von 1801 geschehen war, sondern dass im Falle Bayerns die Neueinteilung erst nach bzw. nur mit Zustimmung der betroffenen Bischöfe und Domkapitel erfolgen sollte. Auch hier ist bereits zu erahnen, dass sich Probleme ergeben würden.

Artikel 4:[850] *Die Dotation der Mensalgüter des Metropoliten und der Bischöfe wird in der dauerhaften Nutzung von Immobilien und Grundstücken bestehen, die sie selbst verwalten werden. Diese Dotation wird nicht weniger als ein jährliches Einkommen von 24.000 Gulden für die Metropolitankirche und 16.000*

---

848 Papst Benedikt VIII. hatte das im Jahr 1007 gegründete Bistum Bamberg, dem besonderen päpstlichem Schutz unterstellt. Diese Bevorzugung wiederholte bestätigend Papst Leo IX. mit einer Urkunde vom 06.11.1052. Am 03.01.1053 verlieh derselbe Papst mit einer Urkunde dem Bamberger Bischof Hartwig das Pallium. Kaiser Heinrich III. verzichtete am Weihnachtsfest 1052 in Worms auf alle Herrschaftsrechte über Benevent und viele andere Reichsgüter in Süditalien. Er erhielt dafür aber wiederum vom Papst besondere Recht über Fulda und Bamberg. Zu den Vorgängen vgl. Gresser, Papst Clemens II. und das Bistum Bamberg, Bamberg, University of Bamberg Press, 2007, 87–102, hier: 97–99.

849 Bayern trat das Herzogtum Berg mit der Hauptstadt Düsseldorf im Tausch gegen die Markgrafschaft Ansbach an Napoleon ab. Dieser formte damit und mit anderen Territorien das Großherzogtum Berg, einen französischen Satellitenstaat.

850 Art. 4. La dotation des menses du métropolitain et des évêques consistera à perpétuité en biens fonds et stables dont ils auront l'administration. Cette dotation ne sera pas moindre d'un revenu annuel de 24000 florins pour l'église métropolitaine et de 16000 florins pour les cathédrales, et chaque évêque aura une habitation commode et convenable à sa dignité. Tous les fonds, revenus, bien meubles et immeubles des fabriques tant des églises cathédrales que de l'église métropolitaine leur seront conservés dans leur intégrité, et s'ils n'étaient point suffisants, ils seront augmentés.

Gulden für Kathedralkirchen erbringen, und jeder Bischof wird eine geeignete und seiner Würde angemessene Wohnung erhalten. Alle Fonds, Einnahmen, beweglichen und unbeweglichen Güter der Kirchenfabriken, sowohl der Kathedral- als auch der Metropolitankirche, werden in ihrer Gesamtheit geschützt und wenn sie nicht ausreichen, werden sie erhöht.

Bemerkenswert ist in diesem Artikel: 1.) Die erstmalige Erwähnung, dass die Bischöfe ihre Mensalgüter selbst verwalten können; damit ist hier ein finanzielles Selbstverwaltungsrecht vorgesehen. 2.) Der Unterschied in der Höhe der Dotation zwischen dem Metropoliten und den anderen Bischöfen; der Ansatz für die Bischöfe liegt unter dem Limit von 20.000 Gulden, das im Reichsdeputationshauptschluss (§ 51 a) festgelegt worden war; erstaunlich ist, dass der kirchliche Vertreter schon nicht mehr auf die Bestimmungen des Reichsdeputationshauptschlusses rekurriert. 3.) Eine angemessene Wohnung wird jedem Bischof zugesagt. 4.) Eigentum und Besitz von Gütern der Kirchenfabriken der bischöflichen Kirchen werden in ihrer Gesamtheit geschützt bzw. garantiert; eine Bestandsgarantie ist vorgesehen. 5.) Falls die Erträge aus den Fonds und Gütern nicht ausreichen, werden diese aufgestockt; damit wird eine Anpassungsklausel eingeführt.

Artikel 5:[851] *Das Kapitel jeder Kirche wird aus mindestens zwölf Kanonikern bestehen, darunter zwei oder drei Dignitäten, und die Stelle des Kanonikers für die Theologie und den Bußkanoniker; die Zahl der Kanoniker des Kapitels der Metropolitankirche wird größer sein. Die Einnahmen der Kapitel werden auch aus fundierten Gütern bestehen, die sie selbst verwalten. Das Einkommen, das jeder Kanoniker genießt, der nach kanonischen Regeln Residenzpflicht hat, wird für den Propst und den Dekan 4.000 Gulden und für jeden Kanoniker 2.000 Gulden betragen, zusätzlich zu einer geeigneten Wohnung für jeden.*

Jede Kirche wird auch sechs Vikare haben. Für deren Dotation, zusätzlich zu einer geeigneten Wohnung, wird ein ausreichender Fonds unter Verwaltung des

---

851 Art. 5. Le chapitre de chaque église sera composé au moins de 12 chanoines y comprises deux ou trois dignités, et les prébendes du chanoine théologal et pénitencier. Le nombre des chanoines capitulaires de l'église métropolitaine sera plus grand. Les revenus des chapitres consisteront également en biens fonds, et ils en auront l'administration. Les revenus dont jouira chaque chanoine qui devra résider selon les règles canoniques, seront pour le prévôt et le doyen de 4000 florins et pour chaque chanoine de 2000 florins, outre une habitation convenable pour chacun.

Chaque église aura de plus six vicaires, pour la dotation desquels il sera assigné, outre une habitation convenable, un fond suffisant à la disposition des chapitres pour eu faire le partage en différents bénéfices auxquels ils nommeront.

Kapitels gebildet, der in verschiedene, von den Kapiteln festzulegende Benefizien aufgeteilt wird.

Dieser Artikel handelt im Wesentlichen von der personellen und finanziellen Ausstattung der Kapitel an den Bischofskirchen. Gewöhnlich hat ein Kapitel zwei Dignitäten, Propst und Dekan; hier wird jedoch eine dritte Dignität in Erwägung gezogen. Jedes Kapitel soll zwölf Kanoniker haben, das Metropolitankapitel mehr; der Vorgängerentwurf von staatlicher Seite war von zehn Kanonikern und zwei Dignitäten in jedem Kapitel ausgegangen. Zum Dienst an jeder Domkirche werden auch sechs Domvikare bestellt, die zuvor noch in keinem Entwurf erwähnt wurden; insgesamt also eine großzügige Personalausstattung.

Die finanzielle Ausstattung der Dignitäten und Kanoniker bewegt sich im Rahmen dessen, was sich auch in den staatlich verantworteten Vorgängerentwürfen findet. Die Dotation der Domvikare ist unbestimmt. Wichtig ist, dass die Kapitel ihre Dotationen wie die Bischöfe selbst verwalten können sollen; damit ist auch hier ein finanzielles Selbstverwaltungsrecht vorgesehen.

Artikel 6:[852] *Jede Diözese wird ihr eigenes Seminar haben, um da Kandidaten in der kirchlichen Disziplin gemäß dem Dekret des Konzils von Trient auszubilden. Wo es bischöfliche Seminare gibt, werden sie erhalten bleiben und wo es keine gibt, werden neue gegründet. Jedes Seminar wird entsprechend der Anforderung und der Größe der Diözese eine angemessene Ausstattung von dauerhaften und fundierten Gütern erhalten, die durch den Ordinarius frei verwaltet werden. Derselbe Ordinarius wird das Recht haben, die angemessenen Regeln gemäß dem vorzuschreiben, was vom Konzil von Trient verfügt wurde; er wird das Recht haben, Regenten, Lehrer und andere Amtsträger zu ernennen, Lehranstalten zu visitieren und die Lehre der Professoren zu prüfen und ihnen ihre Anstellung zu entziehen, wenn er es für angemessen hält.*

852 Art. 6. Chaque diocèse aura son propre séminaire, pour y former des candidats à la discipline ecclésiastique selon le décret du concile de Trente; où il y a des séminaires épiscopaux, ils seront conservés, et où il n'y en a pas, on en fondera des nouveaux. Chacun aura sela l'exigence et l'étendue du diocèse une dotation convenable en bien fonds et stables qui seront librement administrés par l'ordinaire. Le même ordinaire aura plein droit de prescrire les règlements convenables selon ce qui a été décrété par le même concile de Trente; il aura le droit de nommer les régents, les professeurs et les autres ministres, celui de visiter les écoles et d'examiner la doctrine des professeurs et de leur ôter leurs emplois lorsqu'il le juge convenable.

Was hier zu den Priesterseminaren gesagt wird, entspricht ganz den Vorgaben des Konzils von Trient,[853] d. h. jedes Bistum erhält ein Priesterseminar; dieses wird wirtschaftlich durch eigene Güter abgesichert, die der Staat in ausreichender Weise zu dotieren hat; die Güter werden vom Ordinarius frei verwaltet (kirchliches finanzielles Selbstverwaltungsrecht); der Ordinarius kann und hat eine Ordnung zu erlassen; er hat darüber hinaus die Personalhoheit und das Visitationsrecht.

Artikel 7:[854] *Häuser, die eingerichtet wurden, um die emeritierten und schuldig gewordenen Geistlichen aufzunehmen, werden erhalten oder gegründet. Ihnen werden ausreichende Mittel zugewiesen, die frei vom Ordinarius verwaltet werden. In diesen Häusern werden beide Gruppen in getrennten Bereichen untergebracht und versorgt, sodass die ersteren, gebeugt von Alter, Arbeit oder Gebrechen einen Hafen finden, während letztere an klerikale Ehrhaftigkeit erinnert oder nach dem Urteil des Bischofs noch härter bestraft werden.*

In diesem Artikel werden Häuser für Priester erwähnt, von denen in den Vorgängerentwürfen zu einem Konkordat bislang nicht die Rede war. Die Häuser sollen zwei Gruppen von Priestern aufnehmen, nämlich einerseits emeritierte und andererseits korrektionsbedürftige bzw. straffällig gewordene. Ihre Unterbringung soll aus verständlichen Gründen in verschiedenen Bereichen erfolgen. Diesen Häusern sollen ausreichende Mittel zugewiesen werden, deren Verwaltung dem Ordinarius als eigenes Recht zukommt.

Artikel 8:[855] *Alle Dotationen, sowohl von Mensalgütern und Kapiteln als auch von Seminaren, neuen Pfarreien und anderen frommen Stiftungen, müssen vorgenommen und das Grundbuch muss dem Heiligen Stuhl vorgelegt werden, bevor die Ratifizierungsurkunden dieser Konvention ausgetauscht werden.*

---

853 Vgl. Conc. Trid., Sessio XXIII, de reform., 18, in: COD, Bd. 3, 750–753.

854 Art. 7. Les maisons établies tant pour recueillir les ecclésiastiques émérites, que pour y envoyer les coupables seront conservées, ou on en fondera en leur assignant une dote suffisante qui sera administrée librement de l'ordinaire. Dans ces maisons les uns et les autres seront logés et nourris en des quartiers séparés; afin que les premiers cassés d'âge, de travaux ou d'infirmités y trouvent un port, et que les seconds y soient rappelés à l'honnêteté cléricale ou plus sévèrement punis selon le jugement de l'évêque.

855 Art. 8. Toutes les dotations tant des menses et chapitres que des séminaires, nouvelles paroisses et autres fondations pieuses devront se faire avant l'échange des ratifications de la présente convention et le cadastre en sera présenté au saint siège.

Hier findet sich eine Sicherungsklausel für die Bestimmungen zu Dotationen, Stiftungen, beweglichen und unbeweglichen Gütern. Zuerst sollen die staatlichen Zusagen erfüllt und, soweit es sich um Immobilien handelt, im Grundbuch eingetragen werden, bevor das beabsichtigte Konkordat ratifiziert wird. Die Absicht dieser Bestimmung ist klar, doch inwieweit sie in einem staatsabsolutistischen Gemeinwesen wirksam werden kann, war sicherlich auch schon den Zeitgenossen fraglich.

Artikel 9:[856] *Seine Majestät, die ein Zeichen setzen will, wie sehr sie den früheren Glanz der Kapitel erneuen will, willigt ein, ihnen die freie Wahl des Metropoliten und der Bischöfe zu überlassen, die nach den alten Konkordaten innerhalb von drei Monaten zu geschehen hat.*

Seine Heiligkeit wird frei für die vorgenannten Kirchen Vorsorge treffen, wenn sie durch Absetzung oder Entzug aufgrund Ihrer Autorität vakant wurden oder wenn es einen Mangel in der Wahl gibt, weshalb sie durch Seine Heiligkeit für nichtig und ungültig erklärt wird oder wenn die Wahl und das Ergebnis nicht rechtzeitig durchgeführt und vorgelegt wurde; das gleiche gilt, wenn die Postulation nicht zugelassen wurde.

Hier wird schlichtweg das zu dieser Zeit gültige Kirchenrecht zitiert:[857] Das Recht der Domkapitel der Erzbistümer und Bistümer im Heiligen Römischen Reich, die nicht direkt dem Apostolischen Stuhl unterstellt waren, den Diözesanbischof innerhalb eines Zeitraums von drei Monaten zu wählen; der Erwählte bedurfte dann freilich noch der päpstlichen Bestätigung; waren die Wahlen oder der Erwählte mit Mängeln behaftet oder wurde die Frist überschritten, fiel die Besetzung dem Apostolischen Stuhl zu; ebenso hatte der Apostolische Stuhl Vorsorge zu treffen, wenn der Bischofsitz durch seine Einwirkung vakant geworden war. Der Artikel will demnach konkordatsmäßig abgesicherte päpstliche Rechte wahren. Allerdings ist hier zu bedenken, dass

---

856 Art. 9. Sa majesté voulant donner une marque combien elle désire de relever l'ancienne splendeur des chapitres, consent à leur laisser la libre élection du métropolitain et des évêques qui devra se faire d'après les anciens concordats dans l'espace de 3 mois.

Sa sainteté pourvoira librement aux dites églises, si elles vaqueront par déposition ou privation faite par son autorité, ou s'il y a quelque vice dans l'élection pour lequel elle serait déclarée par sa sainteté nulle et invalide, ou si elle n'avait pas été faite et présentée dans le temps dû; de même si la postulation n'aura pas été admise.

857 Wiener Konkordat/Concordata nationis Germanicae 1448, cap 2 (Item in ecclesiis), 107, i. V. m. Papst Nicolaus III., Constitutio Cupientes ecclesiarum, Liber Sextus 1.6.16, in CorpIC, Bd. 2, 954–956.

oben in Artikel 3 dieses Entwurfs vorgeschlagen wurde, die Exemption der bayerischen Bistümer Bamberg, Passau und Trient zu erhalten. Die Kapitel dieser Bistümer hatten jedoch einen anderen Bestellungsmodus für ihre Bischöfe; die Bestellung kam hier dem Apostolischen Stuhl zu. Die Bischofsbestellung in den bayerischen Bistümern wäre demnach gemäß diesem Vorschlag nicht einheitlich geregelt worden.

Artikel 10:[858] *Neu gewählte Bischöfe unterliegen allen bisher üblichen Bedingungen und Formalitäten; der Informativprozess hinsichtlich ihrer Sitten und Lehre wird gemäß dem Konzil von Trient und der Konstitution von Urban VIII. geführt werden. Sie werden ihr Bekenntnis des Glaubens und der Treue an den Heiligen Stuhl senden und ihre kanonische Institution mit den Konfirmationsbullen erhalten.*

In diesem Artikel wird ebenfalls die geltende Rechtslage zum Informativprozess über Bischofskandidaten zitiert,[859] um Eingang in das angestrebte Konkordat zu finden.

Artikel 11:[860] *Die (Haupt-)Dignität nach der bischöflichen Würde in der Metropolitankirche und den Kathedralkirchen, sowie die wichtigsten Würden in den*

---

858 Art. 10. Les évêques nouvellement élus seront soumis à toutes les conditions et formalités usités jusqu'à présent; on formera le procès informatoire de leurs mœurs et de leur doctrine selon le concile de Trente et la constitution d'Urbain VIII. Ils enverront leur profession de foi et d'obéissance au saint siège, et en recevront l'institution canonique par les bulles confirmatoires.

859 Beim Konzil von Trient wurden allgemein gefasste Grundsätze für die (Nach-) Besetzung von Bischofsstühlen fixiert, vgl. Conc. Trid., Sessio XXV, de reform., c. 1, in: COD, Bd. 3, 784–785. Die summarischen Konditionen des Konzils wurden ausgefaltet von Papst Gregor XIV., Constitutio Onus Apostolicae, v. 01.05.1592, in: Canones et decreta Concilii Tridentini, ed. Richter, 489–494. Gregors Bestimmungen wurden weiter systematisiert mit ausführlichen Fragenkatalogen von Papst Urban VIII. (1623–1644); Instructio Particularis, Si processus inquisitionis. v. 1627, in: Canones et decreta Concilii Tridentini, ed. Richter, 495–500.

860 Art. 11. Les dignités majeures d'après les pontificales dans l'église métropolitaine et dans les cathédrales, de même les dignités principales dans les églises collégiales restent réservées à la collation du suprême pontife et du saint siège.

La provision aux autres dignités, canonicats et bénéfices (sauf les indults spéciaux et apostoliques de chaque église et les coutumes légitimes), lorsqu'ils viendront à vaquer aux mois de Janvier, Mars, Mai, Juillet, Septembre et Novembre se fera par le saint siège, et la collation se fera connaitre de Rome par les bulles apostoliques dans le lieu de bénéfice, selon la constitution de Gregoire XIII. trois mois après

Stiftskirchen bleiben der Verleihung durch den Papst und den Heiligen Stuhl vorbehalten.

Die Provision für andere Würden, Kanonikate und Benefizien (mit Ausnahme der besonderen und apostolischen Indulte jeder Kirche und der legitimen Bräuche), wenn sie in den Monaten Januar, März, Mai, Juli, September und November vakant werden, wird durch den Heiligen Stuhl geschehen. Die Provision wird von Rom durch apostolischen Bullen am Ort des Benefiziums bekanntgemacht gemäß der Konstitution Gregors XIII. innerhalb von drei Monaten nachdem bekannt wurde, dass es vakant ist. Für die anderen sechs Monate bleibt das Recht der ordentlichen Inhaber des Stellenbesetzungsrechts in vollem Umfang bestehen.

Ebenso bleibt in vollem Umfang die Reservierung der Vergabe aller Benefizien zugunsten des Höchsten Pontifex erhalten, die am römischen Hof vakant werden, gemäß dem geschriebenen Gesetz in: Cap. 2, 3, 34 und 35, de praebendis et dignitatibus, in 6°.

In diesem Artikel wird wiederum die geltende Rechtslage zur Verleihung und Provision von verschiedenen Stellen mit ihren Benefizien referiert, um als klärende Regelung in das angestrebte Konkordat aufgenommen zu werden.[861] Gemäß dem fortgeltenden Wiener Konkordat kam es dem Papst zu, die Dignität an den Kathedralkirchen zu besetzen, die unmittelbar nach der Bischofswürde folgte. Ebenso kam dem Papst die Besetzung der vornehmsten Dignität an den Kollegial- bzw. Stiftskirchen zu.[862] Die Provision für andere Würden, Kanonikate und Benefizien

---

qu'on aura su qu'il vaquait, restant en entier pour les six autres mois le droit des collateurs ordinaires; de même restant en son entier la réserve au suprême pontife de tout bénéfice qui vaquera en cour de Rome selon le droit écrit cap. 2, 3, 34 et 35 de praebendis et dignitatibus in 6°.

861 Zur sachlichen Klärung: „*Die Besetzung oder Verleihung eines Kirchenamtes oder Benefiziums heißt im allgemeinen Provision (provisio, de beneficio providere). Sie besteht in zwei Handlungen. Erstens in der Auswahl einer geeigneten Person (designatio personae), zweitens in der Übertragung des Benefiziums selbst (collatio tituli sive benficii). Steht das Recht zu beiden Handlungen ein und derselben Person zu, so nennt man es proviso plena, oder jus provisionis plena, auch ordentliche Provision. Ist das Recht unter zwei oder mehrere Personen geteilt, so heißt es provisio minus plena, oder jus provisionis minus plena, auch außerordentliche Provision.*“, in: Barth, Vorlesungen, Augsburg, Jenisch und Stage, 1842, 347.

862 Vgl. Wiener Konkordat/Concordata nationis Germanicae 1448, cap 3 (De ceteris dignitatibus), 108, unter Aufnahme älterer Bestimmungen umschrieben, nämlich: Papst Johannes XXII., Konstitution Execrabilis, v.1317 (= Extravag. Jo. XXII 3.1.), in: CorpIC, Bd. 2, 1207–1209; Benedikt XII., Konstitution Ad regimen, v. 1335 (= Extravag. Comm. 3.2.13), in: CorpIC, Bd. 2, 1266–1267.

in den sogenannten päpstlichen ‚ungeraden' Monaten wurde ebenfalls im Wiener Konkordat festgelegt und auch, dass in den anderen ‚geraden' Monaten die anderen Personen oder Institutionen ihr Besetzungsrecht ausüben können.[863] Die Reservierung der Vergabe von Benefizien, die am römischen Hof vakant geworden sind, ist ebenfalls im Wiener Konkordat verankert.[864]

Artikel 12:[865] *Seine Heiligkeit gewährt, dass die Höhe der Provisionen für die Stellen der Dignitäre, Kanoniker und anderer Benefizien in der Metropolitankirche, den Kathedralen, Stifts- und anderen Kirchen, die durch den Heiligen Stuhl erhoben werden, nur den Wert von 24 Golddukaten (sogenannte Kammergulden) ausmacht, wie es bis jetzt üblich war, ohne dass Annaten zu bezahlen sind.*

Und wenn sich der Zustand der Mensalgüter ändert, werden die Annaten, die Bestätigungssteuern, die Gebühren für die Verleihung der Pallien und andere Lasten der Kanzlei in einem angemessenen Verhältnis nach dem Einkommen der neuen Bischöfe angepasst werden, wobei als Grundlage die Regeln gelten, die einst das deutsche Konkordat festgesetzt hat.

Der Artikel verweist selbst gegen Ende als Rechtsgrundlage auf das deutsche Konkordat, d. i. das Wiener Konkordat.[866] Die Anpassungsklausel ist zwar sinnvoll und realitätsnah, allerdings nicht im Wiener Konkordat enthalten; dort ist eine Änderung der Bestimmungen zu den Annaten und Gebühren einem Konzil vorbehalten. Angesprochen ist hier also eine indexbasierte Anpassung, die gerechterweise zugunsten des Apostolischen Stuhls zuzugestehen wäre.

---

863 Vgl. Wiener Konkordat/Concordata nationis Germanicae 1448, cap 3 (De ceteris dignitatibus), 108.

864 Vgl. Wiener Konkordat/Concordata nationis Germanicae 1448, cap. 1 (Ad regimen ecclesie), 106–107, unter Rückgriff auf: Liber sextus 3, 4, 2.3.34.35, in: CorpIC, Bd. 2, 1021 bzw. 1031. Der Leitsatz zu Liber sextus 3,4,2 lautet programmatisch: „*Beneficia vacantia in curia alius quam papa conferre non potest: quod si fecerit, irrita est collatia*", in: ebd. 1021.

865 Art. 12. Sa sainteté accorde que dans les provisions aux dignités, canonicats et autres bénéfices dans l'église métropolitaine, les cathédrales, collégiales et autres églises, qui se feront par le saint siège, la valeur soit exprimée seulement en 24 ducats d'or de camera, comme il a été observé jusqu'à présent, sans qu'il soit payé des annates.

Et comme l'état des menses est changé, les annates, les taxes de confirmation, de pallium et autres fraix de chancellerie seront réglés, dans une proportion équitable d'après les revenus des nouveaux évêchés, en prenant pour base les règles que le concordat Germanique avait ci-devant établies.

866 Vgl. Wiener Konkordat/Concordata nationis Germanicae 1448, cap. 4 (Item circa provisionem), 109.

Artikel 13:[867] *Die Güter des Metropolitansitzes, der Kathedralen, Abteien, Stifts- und Pfarrkirchen, Klöster und Konvente beiderlei Geschlechts, der Benefizien, Schulen und frommen Stiftungen jeglicher Art dürfen weder entfremdet noch zu jährlichen Leistungen durch zivile Autoritäten herangezogen werden.*

Die Güter, die einst von den Bischöfen verwaltet wurden oder in Zukunft verwaltet werden, werden den Bischöfen unter Beobachtung der kanonischen Bestimmungen verbleiben.

Bestehende Männer- und Frauenklöster werden erhalten bleiben und die Freiheit haben, Novizen aufzunehmen.

Im ersten Teil des Artikels wird der allgemeine und umfassende Anspruch der Kirche verankert, dass die Güter verschiedener kirchlicher Rechtsträger Güter nicht entfremdet und nicht besteuert werden dürfen; Steuer ist ein Sonderfall der Entfremdung. Die Absicherung der Güter vor (staatlicher) Entfremdung[868] ist darin begründet, dass diese Güter mittel- oder unmittelbar auf Dauer für kirchliche Zwecke und Ziele bzw. die Erfüllung des Sendungsauftrags und Heiligungsdienstes der Kirche bestimmt sind.[869] Diese angestrebte Regelung richtet sich gegen die herzoglich-bairisch/churpfalzbairische Amortisationsgesetzgebung der Spätaufklärung des 18. Jahrhunderts.

Im zweiten Teil des Artikels wird angestrebt, dass die Bischöfe die ihnen einst und zukünftig zur Verwaltung zugewiesenen Güter gleichermaßen dauerhaft

---

867 Art. 13. Les biens de la métropole, des cathédrales, des abbayes, des églises collégiales et paroissiales, des monastères et couvents de l'un et de l'autre sexe, des bénéfices, des écoles et des fondations pieuses quelconques ne pourront ni être distraits, ni soumis à des prestations annuelles par l'autorité civile. – Les biens qui étaient ci-devant administrés par les évêques, ou qui le seront à l'avenir, leur resteront soumis en observant les sanctions canoniques. Les religieux et religieuses existants seront conservés et auront la liberté de prendre des novices.

868 Zur Sicherung der Güter vgl. X.3.13 (De rebus ecclesiae), 1–12, in: CorpIC, 512–516; für die Entfremdung von Kirchengut wird die Exkommunikation angedroht.

Die (staatliche) Steuerpflicht der Kleriker ist als ein Sonderfall der Entfremdung von Kirchengut zu verstehen, die Steuerimmunität der Kleriker schützt vor dieser Art der Entfremdung. Zur Steuerimmunität vgl. Papst Bonifaz VIII., Bulle Clericis laicos, v. 25.02.1296, in: X.3.23.3, in: CorpIC, 1062–1063. Die Bulle ist gegen die Besteuerung der Kleriker gerichtet, sie untersagt den Klerikern, Steuern an Laien zu zahlen und droht Laien, die Steuern von Klerikern erheben, die Exkommunikation an.

869 Dies gilt insbesonders für die Benfizien: „*Cum beneficia ad divinum cultum atque ecclesiastica munia obeunda sint constituta: ne qua in parte minuatur divinus cultus, sed ei debitum omnibus in rebus obsequium praestetur*“, Conc. Trid. Sessio XXI, de reform., c. 3, in: COD, Bd. 3, 729.

selbständig verwalten, also ohne Einflussnahme von Dritten, insbesondere des Staates. Dieses Verlangen ist mit dem Selbstverständnis der katholischen Kirche verbunden, Volk Gottes und von Christus gestiftete Gemeinschaft zu sein, wozu die Güteradministration für die eigenen Zwecke als ius nativum gehört.[870]

Im dritten Teil schließlich wird ein Bestandsschutz für Frauen- und Männerklöster angestrebt, wozu auch die Freiheit gehört, Novizinnen bzw. Novizen aufzunehmen.[871] Diese Passage richtet sich gegen die Säkularisation der Klöster durch den bayerischen Staat und das staatliche Verbot, Nachwuchs aufzunehmen,[872] wodurch die Klöster dem Aussterben geweiht waren. Hier wird also die Absicht greifbar, Säkularisationsbestimmungen rückgängig zu machen.

Artikel 14:[873] *Alle neuen Stiftungen oder frommen Vermächtnisse werden das gleiche Privileg genießen wie die alten. Auch wird alles, was die Kirche durch Schenkung, Testament, Erbe durch die Freizügigkeit der Gläubigen erwerben wird, ihr gehören, und sie wird es mit vollem Recht behalten.*

In diesem Artikel geht es um die rechtliche, steuerlich-privilegierte Gleichstellung der überkommenen mit den zukünftig auf verschiedene Arten von Seiten der Gläubigen zu erwerbenden bzw. zu empfangenden Zuwendungen;[874] und weiter darum, dass all diese Güter der Kirche wirklich gehören und ihr rechtlich ganz zu eigen sind. Denn nur so kann die Kirche auch den Willen der Geber, insbesondere Stifter, vollziehen und sicherstellen.

870 Vgl. D. XCVI, c. 1, in: CorpIC, 335–228.

871 Das Recht Nachwuchs aufzunehmen steht dem Oberen der jeweiligen Gemeinschaft zu, vgl. Sixtus V., Bulle Cum de omnibus, v. 06.11.1587, in: Magn. Bull. Rom., t. 2, 656–658.

872 Churpfalzbairischer Erlass v. 25.01.1802, der wesentlich vom Staatsrat Zentner konzipiert worden war. Der Erlass wurde nicht publiziert, sondern geheim verbreitet. Der Inhalt referiert bei Weis, Die Säkularisation der bayerischen Klöster 1802/1803, 40, Anm. 48.

873 Art. 14. Toutes les nouvelles fondations ou dotations pieuses jouiront du même privilège que les anciennes. Ainsi tout ce que l'église acquerra par donation, testament, lègue au libéralité des fidèles, lui appartiendra en propre et elle le retiendra de plein droit.

874 Zur von der Kirche beanspruchten Freiheit, ihr fromme Vermächtnisse zuzuwenden vgl. Martin V, Constitutio inter cunctas, v. 22.02.1418, in den Akten des Konzils von Konstanz, Mansi, 27, 1204–1213. Zu den Erbschaften vgl. X,3,26,1–20, insbesondere 11.17.19, in: CorpIC, Bd. 2, 538–546.

Artikel 15:[875] *Alle Pfarr- und Nebenkirchen mit all ihren beweglichen und unbeweglichen Gütern und den Benefizien, die dort fundiert sind, bleiben erhalten; die Bischöfe werden neue errichten, wo sie es für nötig oder nützlich halten.*

Wiederum geht es um die Sicherung von Gütern, hier besonders um die Güter der Kirchen und der dort fundierten Benefizien. Der Grund dafür ist die Sicherstellung des göttlichen Kultus/der göttlichen Liturgie sowie die Sicherung des Unterhalts der Geistlichen. Diese vollziehen nämlich den Kult in amtlicher Weise, feiern die Liturgie und erfüllen so das Vermächtnis des Stifters zum Heil der Welt. Außerdem ist hier eine zukunftsgerichtete Zusage gemacht. Die Bischöfe werden demnach neue Kirchen errichten und Benefizien fundieren, dort wo es nötig und nützlich sein wird. Hier wird also damit gerechnet, dass die Kirche trotz der Krise der Säkularisation nicht am Absterben ist, sondern dass sie Zukunft hat. So sind die wenigen Worte der Keim einer hoffnungsfrohen Vision.

Artikel 16:[876] *Die Bischöfe werden alle Pfarrstellen und Benefizien verleihen, die sie vor dem Jahr 1802 verliehen haben.*

In diesem Artikel wird zur Regelung der Pfarr- und Benefizienvergabe die Einführung eines Normaljahrs angezielt. Vorgesehen ist das Jahr 1802 und damit der Status, der vor Beginn der Säkularisation gegolten hat. Zugleich ist mit dieser Regelung der Mindestbestand an bischöflichem Einfluss auf die Pfarreien und Benefizien angezielt und fixiert. Die Bestimmung eines Normaljahres wurde vom Nuntius offensichtlich als probates Mittel betrachtet, in der entstandenen rechtlichen Unsicherheit eine akzeptable Ordnung zu schaffen, indem auf einen Status zurückgegangen wird, der vor den kirchenpolitisch-gesellschaftlichen Verwerfungen bestanden hat.[877]

---

875 Art. 15. Toutes les églises paroissiales et filiales avec tous leurs biens meubles et immeubles et les bénéfices y fondés seront conservés ; les évêques en établiront des nouvelles là où ils le croiront nécessaire ou utile.

876 Art. 16. Les évêques conféreront toutes les cures et bénéfices quelconques qu'ils conféraient avant l'an 1802.

877 Ein bekanntes Normaljahr dürfte wohl das Jahr 1624 sein. Es wurde mit dem Westfälischen Frieden 1648 fixiert, mit dem der Dreißigjährige Krieg beendet wurde. Die Normaljahresregelung sah vor, dass nach dem Ende des Krieges in den Territorien die 1624 vorherrschende Konfession als offizielles Bekenntnis festgeschrieben werden sollte. Damit wurde das ius reformandi der Landesherren, das beim Augsburger Religionsfrieden 1555 festgeschrieben worden war (Ergebnismotto: cuius regio – eius religio), eingeschränkt. So nimmt es nicht wunder, dass manche Fürsten die Normaljahrregelung des Friedensschlusses für ihre

Artikel 17:[878] *Wann immer ein Benefizium oder eine Pfarrstelle unter königlichem Patronat vakant wird, wird der Erzbischof oder Bischof drei geeignete Kleriker präsentieren, unter denen Seine Majestät einen wählen wird.*

Der Artikel sieht vor, dass selbst bei Stellen und Benefizien unter königlichem Patronat, der Ortsbischof nicht von der Mitwirkung ausgeschlossen wird und somit kirchliche Interessen gewahrt bleiben. Denn dadurch, dass der König als Patronatsherr aus drei präsentierten Klerikern auswählen solle, wird zugleich klar, dass der Ortsbischof die entscheidende Vorauswahl trifft. Mit diesem Text in einem Konkordat wäre daher das überkommene Patronatsrecht empfindlich eingeschränkt und für den Patronatsherrn deutlich entwertet worden.

Artikel 18:[879] *Was die Benefizien betrifft, die dem Patronatsrecht entweder in kirchlicher, laikaler oder gemischter Art unterliegen, werden die, denen das Recht zur Präsentation auf diese Benefizien vor dem Jahr 1802 zukam, das Recht weiterhin genießen, und die Bischöfe werden die kanonischen Institution denen erteilen, die die erforderliche Qualifikation besitzen.*

Der Artikel legt für Benefizien, die nicht dem königlichen Patronat oder dem Besetzungsrecht des Bischofs, sondern anderen Patronatsherren unterliegen, das Normaljahr 1802 fest. Die bis dahin rechtmäßig anerkannten Patronatsherren sollten demnach in ihren Rechten verbleiben. Zugleich – und das ist der springende Punkt – werden die Bischöfe den von den Patronatsherren Präsentierten die Institution ins Benefizium nicht verweigern, die die erforderlichen Qualifikationen besitzen. Das Benefizium ist ein bepfründetes Amt (offizium benefiziale), d. h. einerseits ein Kirchenamt (officium), das regelmäßig Teilhabe an der hoheitlichen Hirtengewalt der Kirche einschließt und andererseits eine Vermögensmasse (dos, preabenda, Pfründe) oder zumindest ein Anrecht auf sichere Einkünfte, die mit dem Kirchenamt bleibend verbunden ist.[880] Aus der

neuerworbenen oder länger ihnen zugehörigen Territorien nicht akzeptierten; etwa die Wittelsbacher unter Kurfürst Maximilian I. (amt. 1623–1651) bei der Rekatholisierung der Oberpfalz.

878 Art. 17. Toutes les fois qu'il vaquera un bénéfice ou une cure de patronage royal, l'archevêque ou l'évêque présentera trois sujets régnicoles et qui auront les qualités convenables, parmi, lesquels sa majesté en choisira un.

879 Art. 18. Quant aux bénéfices qui seront sujets au droit de patronage soit ecclésiastique, soit laïc, ou mixte ceux qui avoient légitimement le droit de présenter à ces bénéfices avant l'an 1802, continueront d'en jouir, et les évêques donneront l'institution canonique aux présentés qui ont les qualités requises.

880 Vgl. dazu: Lehrbuch des Kirchenrechts Eichmann/Mörsdorf, Bd. 2, 417–418. Das Benefizialwesen wurde mit dem Zweiten Vatikanum und dem Erlass des

Verknüpfung der Benefizien mit dem Amt ergibt sich, dass der Benefizieninhaber jedenfalls als wesentlichste Qualifikation die Priesterweihe[881] empfangen haben muss.

Artikel 19:[882] *Die Bischöfe werden die Pfarreien und Benefizien ihrer jeweiligen Diözesen verleihen, auf die jeweils von den Kapiteln der Stiftskirchen, den Abteien und Klöstern, die nicht mehr bestehen, präsentiert wurde; sie werden auch die neuen Pfarreien verleihen, die errichtet werden sollen.*

Infolge des Reichsdeputationshauptschlusses wurden viele Abteien, Klöster und Stifte, die selbst Präsentationsrechte zu Stellen und Benefizien, insbesondere Pfarreien, ausübten, aufgehoben, womit wegen des Verlustes des Vermögens für das Benefizium die Suppressio eintrat und alle damit verbundenen Rechte erloschen.[883] Für diese Pfarreien und Benefizien beansprucht der Artikel das Recht der Verleihung für den Ortsbischof. Dieser sollte die aufgehobenen kirchlichen Institutionen ‚beerben', nicht in der Rolle des Präsentationsberechtigten, sondern in der faktischen Rolle dessen, dem die Verleihung der vakanten Pfarreien und Benefizien frei zusteht,[884] wenn sonst niemand ein Recht geltend machen kann.

Die Ortsbischöfe werden auch die Pfarreien mit ihren Benefizien verleihen, die aus seelsorglicher Notwendigkeit und/oder pastoralem Nutzen zu errichten sein würden. Auch dieser Gedanke leitet sich von der Stellung des Ortsbischof ab, der die Pfarreien mit ihren Benefizien frei verleiht, wenn dem kein anderes Recht entgegensteht.

Artikel 20:[885] *Die Verleihung aller Pfründe, Pfarreien und Benefizien muss im Zeitraum durchgeführt werden, der von den Kanones bestimmt wird. Die*

CIC/1983 abgeschafft, wenngleich es z. B. in Pfründestiftungen noch weiterbesteht und -wirkt.

881 Vgl. VI.3.4.29; in: CorpIC, Bd. 2, 1030.

882 Art. 19. Les évêques confèreront les cures et bénéfices de leurs diocèses respectifs aux quels présentaient les chapitres des églises collégiales, les abbayes et monastères qui ne sont plus ; ils confèreront également les nouvelles cures à ériger.

883 Vgl. Eichmann/Mörsdorf, Kirchenrecht, Bd. 2, 426, e).

884 Vgl. X.3.7.3,6; in: CorpIC, Bd. 2, 483–484 bzw. 485–486. Zur Rechtsvermutung der freien Verleihung vakanter Benefizien durch den Ortsbischof vgl. Conc. Trid., Sessio XIV, de reform., c. 13, in: COD, Bd. 3, 718.

885 Art. 20. La collation de toutes les prébendes, cures et bénéfices se devra faire dans le temps réglé par les canons. La pluralité des prébendes ou autres bénéfices ne pourra avoir lieu en Bavière; les titulaires qui devront porter la tonsure et l'habit clérical, seront astreints à la plus stricte résidence conformément aux décrets du

Kumulation von Pfründen oder anderen Benefizien kann in Bayern nicht statthaben; Inhaber der Güter, die zur Tonsur und klerikalen Kleidung verpflichtet sind, unterliegen gemäß den Dekreten des Heiligen Konzils von Trient der strengsten Residenzpflicht; sie können davon nur von der zuständigen Autorität und aus schwerwiegenden Gründen und wenn das Gemeinwohl oder die Kirche dies verlangt, dispensiert werden.

In diesem Artikel sind verschiedene Sachverhalte angesprochen. Die Verleihung der Benefizien mit ihren Pfründen, insbesondere die der Pfarreien, hat durch den Ortsbischof innerhalb von sechs Monaten zu erfolgen, nachdem er Kenntnis von der Vakanz erhalten hat.[886] Die Benefizienkumulation ist durch das kanonische Recht und die Beschlüsse des Konzils von Trient abgewehrt.[887] Die Residenzpflicht wurde vom selben Konzil für die Kleriker ab dem Subdiakonat nachdrücklich festgeschrieben; die Befreiung davon war an strenge Bedingungen geknüpft worden.[888] Insgesamt sind hier Bestimmungen für das Konkordat vorgesehen, die den Interessen der bayerischen Regierung entsprochen haben, waren doch gerade das Verbot der Benefizienkumulation und die Residenzpflicht auch in den Textentwürfen zu einem Konkordat, die von bayerischer Seite verfasst worden waren, regelmäßig genannt und eingefordert worden.

Artikel 21:[889] *Die Bischöfe werden die Freiheit haben, Kleriker zu ordinieren, die sie für notwendig oder nützlich für ihre Kirchen halten, und sie können sogar, wenn diese über von den heiligen Kanones anerkannte Titel verfügen, sie zu den höheren Weihen zulassen; sie werden auch die Freiheit haben, denen, die sie für unwürdig halten, Weihen zu verweigern, ohne dass sie diesbezüglich durch irgendwelche Umstände verlegen sein müssten.*

Die hier angesprochenen Sachverhalte entsprechen ganz dem kanonischen Recht, dass die (Diözesan-)Bischöfe in der Erteilung der (Diakonats- und

---

saint concile de Trente; ils n'en pourront être dispensés que par l'autorité compétente et pour des motifs graves et quand le bien public ou de l'église le demande.

886 Vgl. 4. Laterankonzil (1215), c. 29 (= X.3.5.28), in: CorpIC. Bd. 2, 477–478.

887 Vgl. D. LXX, c. 2, in: CorpIC, Bd. 1, 257; Conc. Trid., Sessio XXIV, de reform., c. 16, in: COD, Bd. 3, 769. Bei dem kanonischen Verbot der Benefizienkumulation sind einige Differenzierungen zu beachten. Es gibt Ausnahmen von der Regel; darauf weist etwa der Unterschied zwischen ‚inkompatiblen' und ‚kompatiblen' Benefizien hin.

888 Vgl. Conc. Trid., Sessio VI, de reform., c. 2, in: COD, Bd. 3, 682–683.

889 Art. 21. Les évêques auront la liberté d'ordonner clercs tous ceux qu'ils croiront nécessaires ou utiles à leurs églises, et ils pourront même quand ils ont les titres

Priester-)Weihen und in der Ablehnung der Weihespendung frei sind. Für die Erteilung einer Weihestufe ist die Nützlichkeit des Weihewerbers der jeweiligen Weihestufe für den Dienst der Kirche in der jeweiligen Diözese ausschlaggebend.[890] Ist der Diözesanbischof subjektiv überzeugt, dass kanonische Gründe für die Verweigerung der Weihe vorliegen, muss er die Weihe ablehnen und darf dafür in keiner Weise behelligt werden.[891] Die Intention dieses Artikels ist es, jede Einflussnahme von außen auf das Herzstück der katholischen Glaubensgemeinschaft, nämlich das Sakrament des Ordo, abzuwehren. Grund dafür waren die Forderungen ‚aufgeklärter' Geister, die eine Mitsprache des Staates bei der Zulassung zu den Weihen angestrebt, jedenfalls aber, wie Montgelas, eine staatliche Mitwirkung an der Ausbildung der Seminaristen gefordert hatten.

Artikel 22:[892] *Es wird dem Metropoliten und jedem Bischof immer freistehen, sofort und ungehindert mit dem Heiligen Stuhl über geistliche Dinge und kirchliche Angelegenheiten zu kommunizieren. Auf die gleiche Weise werden sich alle Katholiken frei und sicher in Gewissensfragen und anderen spirituellen Bedürfnissen jeglicher Art an Seine Heiligkeit wenden können, ohne dass irgendein Hindernis entgegengesetzt wird.*

Die Kommunikation der Bischöfe und Gläubigen wird genauso ganz frei sein und ohne jedwede peinliche Bedingung. Auch haben die Bischöfe das Recht und die Freiheit ihre Verordnungen sowie pastoralen und sonstigen Anweisungen an den Klerus und die Gläubigen zu richten und sie können sie ungehindert veröffentlichen.

---

approuvés par les saints canons, les promouvoir aux ordres majeurs; ils auront également la liberté de refuser les ordres a ceux qu'ils en jugeront indignes, sans que sous aucun prétexte ils puissent être gênés à cet égard.

890 Vgl. C. 1, q. 1, c. 52.60, in CorpIC, Bd. 1, 378 bzw.380–381; Conc. Trid., Sessio XXIII, de reform., c. 16, in: COD, Bd. 3, 749–750.

891 Vgl. Conc. Trid., Sessio XXIII, de reform., c. 16, in: COD, Bd. 3, 749–750.

892 Art. 22. Il sera toujours libre au métropolitain et à chaque évêque de communiquer immédiatement et sans aucun empêchement avec le saint siège pour les choses spirituels (!) et les affaires ecclésiastiques. De même tous les catholiques pourront librement et sûrement recourir à sa sainteté dans les doutes de conscience et autres besoins spirituels quelconques sans qu'il y soit mis aucun obstacle. La communication des évêques et des fidèles jouira également de toute liberté et ne rencontra aucune gêne. Ainsi les évêques ont le droit et la liberté d'adresser au clergé et aux fidèles leurs ordonnances et instructions pastorales ou autres, et ils pourront les publier sans obstacle.

In diesem Artikel wird der unbeschränkte Austausch der Bischöfe und Gläubigen mit dem Hl. Stuhl thematisiert – ein Anliegen, dessen Verwirklichung für das (kirchen-)politische, administrative und spirituell-sakramentale Leben der katholischen Kirche unverzichtbar war und ist. Diese Bestimmung richtet sich gegen staatskirchliche Bestrebungen, um die Kommunikation der Glieder der katholischen Kirche mit dem Hl. Stuhl durch staatliche Stellen zu kontrollieren und zu reglementieren. Der zweite Teil des Artikels zielt auf die freie Kommunikation zwischen Bischöfen und Gläubigen ab und richtet sich somit gegen jede Form des staatlichen Plazets für kirchliche Verlautbarungen, wie es 1803 von der churpfalzbairischen Regierung eingeführt wurde und 1806 selbstverständlich noch Geltung hatte.

Artikel 23:[893] *Fälle, die aufgrund ihrer Natur oder aus Gründen der Personen kirchlicher Art sind, gehören vor ein kirchliches Gericht und müssen da verhandelt und entschieden werden.*

Der Artikel zielt ab auf die Sicherung der kirchlichen Gerichtsbarkeit, insbesondere auch über die Kleriker. Somit soll sich die Bestimmung für ein abzuschließendes Konkordat auf den Fortbestand des Gerichtsprivilegs (privilegium fori) der Kleriker richten,[894] das jedoch 1804 durch eine churpfalzbairische Verordnung abgeschafft wurde.

Artikel 24:[895] *Auch die Ehesachen, die die Gültigkeit von Ehen oder Heiratsversprechen oder das Recht auf Scheidung in Bezug auf Bett und Zusammenleben betreffen und solche, die die Testamente von kirchlichen Benefiziaten angehen, gehören in die Zuständigkeit des kirchlichen Richters und sind vor kirchlichen Gerichten zu verhandeln und zu entscheiden.*

Dieser Abschnitt behandelt die Sicherung der überkommenen kirchlichen Ehegerichtsbarkeit, zu der auch sachverwandte Bereiche gehören.[896] Zugleich

---

893 Art. 23. Les causes qui par leur nature ou à raison des personnes sont ecclésiastiques, appartiendront aux tribunaux ecclésiastiques et devront y être examinées et décidées.

894 Vgl. Conc. Trid., Sessio XXIII, de reform., c. VI, in: COD, Bd. 3, 747; Sessio XXV, de reform, c. XX, in: COD, Bd. 3, 795–796.

895 Art. 24. Ainsi les causes matrimoniales, qui concernent la validité des mariages, ou les promesses de mariage, ou le droit de divorce quant au lit et à la cohabitation, et celles qui concernent les testaments des ecclésiastiques bénéficiers, sont du ressort du juge ecclésiastique et seront examinées et décidées dans les tribunaux ecclésiastiques.

896 Zum grundsätzlichen kirchlichen Anspruch auf die Ehegerichtsbarkeit vgl. Conc. Trid., Sessio XXIV, Canones de sacramento matrimonii, c. 12, in: COD, Bd. 3, 755.

richtet sich die angestrebte Regelung gegen die Etablierung einer staatlichen Verlöbnis und Ehegerichtsbarkeit, die 1806 im Königreich ansatzweise eingeführt, jedoch von Montgelas schon in seinem Mémoire instructif von 1789 gefordert wurde.

Artikel 25:[897] *Bischöfe können schuldige Kleriker nicht nur durch kanonische Strafen bestrafen, sondern auch, indem sie sie in Häusern einsperren, die zu diesem Zweck bestimmt sind.*

Dieser Artikel räumt dem Bischof als Teil seines Hirtendienstes die Straf- und Disziplinargewalt über Kleriker ein. Die bischöfliche Gewalt zeigt sich u. a. in der Verhängung von Sühnestrafen und Strafbußen. In beiden Fällen kann ein Aufenthaltsgebot an einem Ort, etwa in einem Demeritenhaus, Korrektionshaus oder einem Kloster angeordnet werden.[898] Wie oben in Artikel 23 richtet sich auch diese Bestimmung auf die Fortführung des Gerichtsprivilegs der Kleriker.

Artikel 26:[899] *Er wird strengstens verboten, etwas zu sagen, zu tun oder zu schreiben, was geeignet ist, die guten Sitten zu verderben oder was gegen die katholische Religion, ihre Disziplin und ihre Amtsträger gerichtet ist. Die Veröffentlichung der Bücher wird so beobachtet, wie es das Konzil von Trient angeordnet hat.*

Und da es äußerst wichtig ist, dass an Schulen, Akademien oder Universitäten nichts gelehrt wird, was der katholischen Moral und dem Dogma entgegensteht, werden die Professoren vor ihrem Amtsantritt ihr Glaubensbekenntnis vor dem Bischof oder seinem Kommissar ablegen und sie werden für ihre Lehre verantwortlich sein. Seine Majestät wird sie von ihren Kanzeln entfernen, sobald die jeweiligen Bischöfe dies für notwendig halten.

---

897 Art. 25. Les évêques pourront punir les ecclésiastiques coupables non seulement par des peines canoniques, mais encore en les faisant enfermer dans les maisons destinées à cette fin.

898 Für Sühnestrafen vgl.: D. LXXXI, 7,8,10,11 in: CorpIC., Bd. 1, 282–284.
Für Strafbußen für Kleriker vgl: D. L, 34,41 in: CorpIC, Bd. 1, 193–195; X,5,38,6 in: CorpIC., Bd. 2, 885.

899 Art. 26. Il sera sévèrement défendu, qu'il ne soit dit, fait ou écrit quelque chose, qui soit propre à corrompre les bonnes mœurs on qui soit contre la religion catholique, sa discipline et ses ministres. On observera touchant la publication des livres ce que le concile de Trente a ordonné. Et comme il importe extrêmement qu'il ne soit rien enseigné dans les écoles, académies ou universités qui soit contraire à la morale et au dogme catholique, les professeurs, avant d'entrer en fonction feront leur profession de foi devant l'évêque ou son commissaire, et ils lui seront responsables de leur enseignement. Sa majesté les éloignera de leurs chaires dès que les évêques respectifs le croyant nécessaire.

In diesem Abschnitt ist die Zensur im weitesten Sinne angesprochen und zum Erhalt festgeschrieben. Die Zensur von Druckwerken ist (fast) so alt, wie der Druck selbst und wurde von staatlichen und kirchlichen Stellen ausgeübt.[900] Allerdings wurde im Jahr 1803 die Bücherzensur in Bayern entsprechend den Reformvorstellungen des Ministers Montgelas abgeschafft;[901] dagegen wendet sich der Artikel des vorliegenden Konkordatsentwurfs. Angesprochen wird zur Aufnahme in das Konkordat auch die überkommene Bindung der Professoren der höheren Lehranstalten an das christ-katholische Glaubensbekenntnis sowie das kirchlich-bischöfliche Visitationsrecht zur Überprüfung der Lehre und der Professoren.[902] Mit diesen Bestimmungen wurde die Sicherung des katholischen Charakters des Königreichs Bayerns und der katholischen Kirche als Staatskirche angezielt. Dies musste vorhersehbar die Ablehnung des Staates provozieren, der im Jahr 1803 die Parität der Konfessionen eingeführt hatte. Unter diesen Umständen war auch nicht zu erwarten gewesen, dass die Bischöfe bei der kirchenrechtlich gebotenen Entfernung unliebsam gewordener Professoren auf die Hilfe des Staates/Königs hätten hoffen dürfen.

Artikel 27:[903] *Alles, was kirchliche Angelegenheiten betrifft und was in diesen Artikeln nicht ausdrücklich erwähnt wird, bleibt in seiner Gesamtheit erhalten*

900 Zur kirchlichen Zensur: Der Index librorum prohibitorum wurde 1559 eingeführt, von den Konzilsvätern des Tridentinums sowie durch die Bulle Domini gregis custodiae Papst Pius' IV. v. 24.03.1564 bestätigt und erst nach dem Zweiten Vatikanischen Konzil abgeschafft. Zur Zensur vgl. Conc. Trid., Sessio XVIII., Decretum de librorum delictu, et omnibus ad concilium fide publica inviitandis, in: COD, Bd. 3, 723–724; Conc. Trid., Sessio XXV., Super indice librorum et catechismo, breviario et missali, in: COD, Bd. 3, 797. Zum Thema vgl Hubert Wolf. Index: der Vatikan und die verbotenen Bücher, München, Beck, 2007.

Zur staatlichen Zensur: Mit dem Wormser Edikt Kaiser Karls V. v. 08.05.1521 wurde zur Abwehr reformatorischer Gedanken die Vorzensur für alle in Druck gehenden Schriften eingeführt. In Bayern übernahmen der von Herzog Albrecht V. 1570 eingerichtete Geistliche Rat und die Universität Ingolstadt die Zensur; auch Montgelas war in seiner ersten Zeit im Staatsdienst im Bücherzensurkollegium beschäftigt.

901 In Folge und aufgrund der Karlsbader Beschlüsse wurde 1819 die Zensur im Königreich Bayern wiedereingeführt.

902 Vgl. Conc. Trid., Sessio XXV., de reform., c. 2, in: COD, Bd. 3, 785.

903 Art. 27. Tout ce qui concerne les matières ecclésiastiques et dont il n'est pas fait mention expresse en ces articles restera en son entier et sera réglé selon les lois ecclésiastiques. Et s'il s'élevait quelque difficulté, ou si sa majesté [désirait?] qu'il fut établie quelque chose dans les affaires ecclésiastiques, sa majesté pour conserver

und wird nach kirchlichen Gesetzen geregelt. Und wenn es irgendwelche Schwierigkeiten gibt oder wenn Seine Majestät wünscht, dass etwas in kirchlichen Angelegenheiten eingeführt würde, wird es Seine Majestät, um Eintracht und Harmonie zu erhalten, direkt mit dem Heiligen Stuhl oder den Bischöfen nach der Natur der Sache verhandeln.

Der Artikel enthält eine dreifache Sicherung, die die Anwendung des angezielten Konkordats sicherstellen soll:

a.) Nichts, was zwischen Kirche und Staat nicht im Konkordat geregelt ist, geht unter oder wird getilgt; dies stellt eine Art Bestandsgarantie für kirchliche und rechtliche Institutionen dar;
b.) Bei der Regelung dessen, was zwischen Kirche und Staat nicht im Konkordat geregelt ist, gilt die kirchliche und nicht die staatliche Rechtsordnung; dies bildet eine Bevorzugung der kirchlichen Rechtsordnung;
c.) Einseitige Veränderungen des Konkordats durch den Staat sollen nicht möglich sein; es ist daher bereits der Versuch zu unterbinden, was in Frankreich mit den Organischen Artikeln nach Abschluss des Konkordats geschah. Vielmehr sind bei auftretenden Änderungswünschen Verhandlungen aufzunehmen, um Eintracht und Harmonie zu bewahren. Vorausgesetzt ist damit beiderseits der Wille zu einer auskömmlichen Gestaltung des Miteinanders von Staat und Kirche, d. h. einer Kooperation zwischen Staat und Kirche; es ist die Fixierung der Friedenspflicht und eines Verständigungsgebotes für die Parteien.

Artikel 28:[904] *Der Erzbischof, die Bischöfe und die Priester werden Seiner Majestät denselben Eid leisten wie die Erzbischöfe, Bischöfe und Priester in Frankreich und Italien, nämlich:*

„Ich schwöre und verspreche auf Gottes heilige Evangelien Gehorsam und Treue Seiner Majestät dem König. Ebenso verspreche ich, keine Kommunikation zu pflegen, an keiner Beratung teilzunehmen, und keine verdächtige Verbindung weder im In- noch

---

la concorde et l'harmonie en traitera directement avec le saint siège ou les évêques selon la nature de la chose.

904 Art. 28. L'archevêque, les évêques et les curés prêteront à sa majesté le même serment que prêtent les archevêques, évêques et curés en France et en Italie, savoir:
Je jure et promets à dieu sur les saints évangiles de garder obéissance et fidélité à sa majesté. Je promets aussi de n'avoir aucune intelligence, de n'assister à aucun conseil, de n'entretenir aucune ligue, soit au dedans soit au dehors, qui soit contraire à la tranquillité publique; et si, dans mon diocèse ou ailleurs, j'apprends qu'il se trame quelque chose au préjudice de l'état, je le ferai connaitre au gouvernement.

im Ausland zu unterhalten, welche der öffentlichen Ruhe schädlich sein könnte, und wenn ich Kenntnis von einem Anschlag, sei es in meiner Diözese oder sonst irgendwo, zum Nachteil des Staates erhalten sollte, solches Seiner Majestät anzuzeigen.“

Der Abschnitt nimmt auf, was offensichtlich der staatlich-königlichen Seite wichtig und in den Konkordatsentwürfen von staatlicher Seite mehrfach vorgeschlagen worden ist. Da der Treue- und Gehorsamseid offensichtlich mit dem Abschluss des französischen Konkordats von 1801 kirchlicherseits akzeptiert war,[905] konnte er beim angestrebten Konkordat mit Bayern schwerlich abgelehnt werden; vor allem dann nicht, wenn der Eid im Wortlaut übernommen werden sollte. Zugleich wurde mit der Akzeptanz des Eides von kirchlicher Seite auch der Wille zur Loyalität der kirchlichen Amtsträger in der Tradition der Auslegung von Röm 13,1–8 signalisiert.

Artikel 29:[906] *Dieses Konkordat wird alle Gesetze, Verordnungen und Dekrete ersetzen, die bisher in kirchlichen Angelegenheiten in die Staaten Seiner Majestät eingeführt wurden.*

Dieser von kirchlicher Seite erwünschte Artikel greift all die kurialen und bischöflichen Beschwerden über die von staatlicher Seite in vergangenen Monaten und Jahren eingeführten Veränderungen in kirchlichen und staatskirchlichen Angelegenheiten auf und fordert nicht weniger als ihre Rücknahme. Damit wird kirchlicherseits offen angestrebt, das Rad der Geschichte zurückzudrehen. Zu erinnern ist hierbei, dass eine solche Generalrevision bereits von Papst Pius VII. und Kardinalstaatssekretär Consalvi als Bedingung für Konkordatsverhandlungen gefordert wurde.

Artikel 30:[907] *Die beiden Vertragsparteien haben vereinbart, dass sie und ihre Nachfolger alles, was in den vorstehenden Artikeln enthalten ist, stets treu und vollständig beachten.*

Dieser Artikel, der inhaltlich in vielen Verträgen zwischen souveränen Gemeinwesen verwendet wird, ist als Zusage der Perennität zu qualifizieren. Mit ihr wird die Absicht bekundet, eine dauerhafte Regelung abzuschließen, die den Imponderabilien der Zeitläufe entzogen sein soll.

---

905 Vgl. Convention entre le gouvernement Française et sa Sainteté Pie VII, v. 15.07.1801, Art. VI.

906 Art. 29. Le présent concordat serra substituer à toutes les loix, ordonnances et décrets qui ont été jusqu'à présent portés dans les états de sa majesté en matière ecclésiastique.

907 Art. 30. Les deux parties contractantes sont convenues pour elles et leurs successeurs d'observer à perpétuité fidèlement et entièrement tout ce qui est contenu dans les précédents articles.

Die Themen des Konkordatsentwurfs des Nuntius lassen sich somit wie folgt darstellen:

- Invocatio Trinitatis, Präambel mit Parteinennung und Absicht;
- Status der katholischen Kirche im Staat;
- Struktur der Landeskirche, Metropolitansitz und Suffragane;
- Dotation, Wohnung, Einkünfte der Bischöfe und Bischofskirchen;
- Struktur, Dotation, Wohnung der Kapitel;
- Seminare mit Dotation, Leitung; Freiheit der Bischöfe zu ordinieren;
- Emeriten- und Korrektionshäuser;
- Sicherungen der zugesagten Dotationen, Stiftungen und Güter der Kirche;
- Bischofsbestellung durch Wahl und Mitwirkung des Apostolischen Stuhles;
- Bestellung der Dignitäten sowie Kanoniker und Gebühren;
- Erhalt der bestehenden Klöster;
- Benefizien- und Stellenvergabe der Pfarreien; Normaljahr 1802 und Patronatsrechte;
- Für Benefiziaten, das Verbot mehrere Benefizien zu besitzen und Residenzpflicht;
- Freie Kommunikation der Bischöfe/Gläubigen mit der Kurie und untereinander;
- Kirchliche Gerichtsbarkeit; insbesondere in Ehesachen sowie in Bezug auf Vermögen und Disziplin der Kleriker;
- Staatlicher Schutz für katholische Glaubens- und Sittenlehre sowie Amtsträger, Zensur;
- Sicherung kirchlicher Angelegenheiten und der Geltung des kirchlichen Gesetzes sowie Schutz vor Veränderung des Konkordats;
- Treueid gegenüber dem Staat/König;
- Abrogation staatskirchlicher Bestimmungen;
- Vertragstreue gegenüber dem Konkordat.

1806 September 5, Konkordatsentwurf von Seiten des Königreichs Bayern

Auf den am 8. August 1806 von Nuntius della Genga vorgelegten Konkordatsentwurf antwortete der bayerische Bevollmächtigte Freiherr von Rechberg mit einem Entwurf[908] der bayerischen Seite, den er dem Nuntius della Genga am 5. September 1806 zukommen ließ.

908 Entwurf des abzuschließenden Concordats von dem bayerischen Bevollmächtigten dem apostolischen Nuntius mitgetheilt durch Note vom 5. September 1806. Text

Der Entwurf ist in Französisch verfasst und gliedert sich in zwölf Artikel und drei Sonderartikel. Der Entwurf des Nuntius gilt hier als Vergleichstext bzw. Vorgängertext.

Invocatio Dei, Präambel:[909] *Im Namen der heiligen Dreieinigkeit. Seine Heiligkeit, der souveräne Pontifex Pius VII. und Seine Majestät, der König von Bayern, die dringend eine feste und stabile Ordnung der kirchlichen Angelegenheiten in den Staaten Seiner Majestät ersehnen, haben zu diesem Zweck bestellt:*

Seine Heiligkeit den N.
Seine Majestät den N.

welche sich nach dem Austausch ihrer jeweiligen Vollmachten auf folgende Artikel geeinigt haben.

In der Präambel wird die Motivation des angezielten Konkordats angegeben. Es ist dies die dringend nötige, feste und stabile Ordnung der kirchlichen Struktur, die Papst und König ersehnen. Positiv zu würdigen ist, dass die Souveränität des Papstes akzeptiert und fixiert ist. Angefügt ist das formale Element der Bestimmung von Verhandlungsbevollmächtigten, freilich sind hier noch keine Namen genannt.

Artikel 1:[910] *Die katholische, apostolische und römische Religion wird in ihrer ganzen Reinheit erhalten bleiben.*

Der Vergleichsartikel des Entwurfs des Nuntius enthält eine Angabe zum zukünftigen Status der katholischen Konfession. Der Artikel hier bietet jedoch keine Mitteilung über den zukünftigen Status der katholischen Glaubensgemeinschaft im Staatswesen des Königreichs Bayern, insofern als ein Status eine Rollen- und Relationszuschreibung im staatlich-öffentlichen und zivilgesellschaftlichen Leben bedeutet. Vielmehr wird hier schlicht spiritualisiert, indem eine staatliche Absichtserklärung zur Bewahrung des qualitativ inneren Zustands (toute sa pureté/ganze Reinheit) der Glaubensgemeinschaft abgegeben wird. Für die Bewahrung/Erhaltung der ganzen Reinheit der

---

zitiert nach: Sicherer, Urkunde Nr. 10, 30–33; Textquelle: K. Staatministerium des K. Hauses und des Ausseren, ebd. 30.

909 Au nom de la sainte trinité. Sa sainteté le souverain pontife Pie VII. et sa majesté le roi de Bavière, désirant ardemment qu'il soit établi un ordre fixe et stable pour les affaires ecclésiastiques dans les états de sa majesté, ont commis à cet effet sa sainteté le sa majesté les lesquels, après l'échange de leurs pleinspouvoirs respectifs, sont convenus des articles suivants:

910 Art. 1. La religion catholique, apostolique et Romaine sera conservée dans toute sa pureté.

Glaubensgemeinschaft ist der Staat nicht zuständig; wenn er sich hingegen für zuständig erklärt, ist es grenzüberschreitende Anmaßung in aufgeklärt-staatskirchlichem Duktus. Im besten Fall kann den Worten des Artikels die staatliche Zusage entnommen werden, dass er sich in das innere, spirituell-geistliche Leben der katholischen Kirche nicht einmischen wird.

Artikel 2:[911] *In München wird eine (Metropolitan-)Erzdiözese errichtet, der die Bistümer von Bamberg, Passau, Augsburg, Eichstätt, Trient und Brixen unterstellt werden. Die Sitze von Freising und Chiemsee werden aufgehoben. Diejenigen der oben genannten Bischöfe, die bisher die Befreiung von der Jurisdiktion des Metropoliten genossen haben, werden sie auf Lebenszeit behalten.*

Hier wird die Bildung der Landeskirche mit der Gründung eines Metropolitansitzes ausgeführt, dem alle anderen Bischofssitze im Königreich Bayern als Suffragane zugeordnet werden. Der Fortbestand der bestehenden Exemptionen für die Bistümer Passau, Bamberg und Trient wird hier auf die Lebenszeit der entsprechenden Diözesanbischöfe beschränkt. Dies würde in überschaubarer Zeit auf eine einheitliche Landeskirche bzw. Kirchenprovinz für das bayerische Königreich hinauslaufen.

Artikel 3.[912] *Der Metropolit und die Bischöfe werden durch ein Kapitel unterstützt, das aus einem (Groß-)Propst, einem (Groß-)Dekan und dazu zwölf Kanonikern für den Metropolitanerzbischof und zehn für jeden der anderen Bischöfe besteht.*[913] *Für den Dienst an jeder Domkirche werden sechs Vikare bestellt, die mit den Einnahmen, der dafür speziell vorgesehenen einfachen Benefizien dotiert werden.*

911 Art. 2. Il sera érigé un archevêché à Munich, auquel seront subordonnés les évêchés de Bamberg, Passau, Augsbourg, Aichstaett, Trente et Brixen. Les sièges de Freysing et de Chimsée seront supprimés. Ceux des évêques désignés ci-dessus, qui ont joui jusqu'à présent de l'exemption de la jurisdiction métropolitaine, la conserveront leur vie durant.

912 Art. 3. Le métropolitain et les évêques seront assistés par un chapitre, composé d'un grand prévôt, d'un grand doyen, de douze chanoines pour l'église métropolitaine, de dix pour chacune des autres.

On attachera au service de chaque église cathédrale six vicaires qui seront dotés par les revenus de bénéfices simples qu'on affectera spécialement à cet usage.

913 Die Bezeichnung Großpropst und Großdekan mag zur Abgrenzung zu den Pröpsten und Dekanen dienen, die ihre Stelle nicht an der Kathedrale innehaben, sondern an anderen Kirchen bzw. in der Territorialseelsorge.

Hier werden die Domkapitel mit Dignitäten, Kanonikern und Vikaren differenziert nach Struktur und Anzahl der Geistlichen beschrieben.

Artikel 4:[914] *Die Dotation des Erzbischofs und der Bischöfe, der Kapitel und Vikare wird aus Immobilienfonds fließen, die sie verwalten werden. Die Dotation wird für den Erzbischof zwanzigtausend Gulden jährliches Einkommen betragen, für jeden der Bischöfe zwölftausend Gulden, für den Propst viertausend Gulden, für den Dekan viertausend Gulden, für die Kanoniker zweitausend Gulden, für die Vikare 800 Gulden; dazu jeweils eine angemessene Wohngelegenheit. Die genannten Immobilienfonds werden für diesen Gebrauch mit einer formellen Schenkungsurkunde ausgestattet, die Seine Majestät in doppelter Ausfertigung an jeden Bischof und jedes Kapitel schicken wird, damit eine der Kopien an die Kommissare Seiner Heiligkeit, das andere an die Archive des Königreichs übergeben wird. Kirchen, die bereits eigene Fabriken/Stiftungen haben, werden sie bewahren, ohne dass sie angerührt werden können.*

Hier wird zunächst von Dotationen und Einkünften gehandelt. Die Einkünfte des Metropolitanerzbischofs liegen deutlich höher als jene der anderen Bischöfe. Die Dignitäre, Kanoniker und Vikare erhalten in allen Bistümern jeweils dieselben Einkünfte; dies entspricht zwar der positiven Gleichbehandlung im Entwurf des Nuntius, ist jedoch in der Summe deutlich weniger. Die Einkünfte sollen aus Immobilienfonds fließen, deren Administration der Kirche obliegt. Bestehende kirchliche Fabriken/Stiftungen zum Unterhalt der Kirchen bleiben unberührt.

Artikel 5:[915] *Die Vorkehrungen, die die neue Verfassung der Diözesen erfordern, werden vom Heiligen Stuhl in Abstimmung mit der Regierung Seiner Majestät*

914 Art. 4. La dotation de l'archevêque et des évêques, des chapitres et des vicaires se fera en biens fonds, dont ils auront l'administration. Elle sera pour l'archevêque de vingt mille florins, pour chacun des évêques de douze mille florins, pour le prévôt de quatre mille florins, pour le grand doyen de quatre mille florins, pour les chanoines de deux mille florins, pour les vicaires de 800 florins de revenu avec une habitation convenable.

Les dits bien fonds seront appropriés à cet usage par un acte de donation formel que sa majesté fera expédier en double à chaque évêché et chapitre, pour l'un des exemplaires être remis aux commissaires de sa sainteté, l'autre être déposé dans les archives du royaume.

Les églises ayant déjà leurs fabriques particulières les conserveront faux qu'il puisse y être touché.

915 Art. 5. Les arrangements que pourrait exiger la nouvelle constitution des diocèses, se feront par le saint siège de concert avec le gouvernement de sa majesté, qui lui fournira à cet effet toutes les facilités nécessaires.

getroffen werden, die ihm alle notwendigen Mittel für diesen Zweck zur Verfügung stellen wird. Die beiden Hohen Vertragsschließenden ernennen Kommissare, die die Dotationsobjekte der Kathedralen und Kapiteln benennen und vereinbaren sollen.

Die Reorganisation der Diözesen erfordert das Zusammenwirken der Kurie und der Reichsregierung; die Regierung will damit sicherstellen, von diesen Akten nicht ausgeschlossen zu werden und bietet deshalb ihr Mitwirken an. Erstmals werden hier Kommissare erwähnt, die von jeder Partei ernannt werden und die Dotationsübertragungen vollziehen sollen – ein administrativpraktisches Arrangement.

Artikel 6:[916] *Von Seiner Heiligkeit wird in der Weise, wie es vereinbart wurde, zum Erzbistum, zu den Bistümern, den Dignitäten, den Präbenden und Vikarien eingesetzt.*

Der Artikel ist sehr vage gefasst. Klar ist, dass von Seiner Heiligkeit eingesetzt wird, unklar ist an dieser Stelle jedoch, wie die vereinbarte Weise lautet, nach der eingesetzt werden soll; dies wird in diesem Entwurf unten (Sonder- bzw. Geheimartikel 1) fixiert.

Artikel 7:[917] *Die Neuernannten, Erzbischof und Bischöfe, werden allen in den heiligen Kanons vorgeschriebenen Formalitäten unterliegen; sie werden ihr Glaubensbekenntnis und den Eid des kanonischen Gehorsams an den Heiligen Stuhl senden und ihre Konfirmationsbullen zur Institution empfangen.*

Hier wird an dem festgehalten, was bisher in Deutschland bezüglich der Annaten, Steuern und Kanzleigebühren praktiziert wurde. Der Artikel greift somit geltendes universales (Bestimmungen des Konzils von Trient) und partikulares (Wiener Konkordat von 1448) Kirchenrecht auf.

Les deux hautes parties contractantes nommeront des commissaires pour désigner et convenir des objets de la dotation des cathédrales et chapitres.

916 Art. 6. Il sera pourvu par sa sainteté à l'archevêché, aux évêchés, aux dignités, prébendes et vicaires de la manière dont il a été convenu.

917 Art. 7. L'archevêque, les évêques nouvellement nommés seront soumis à toutes les formalités prescrites par les sacrés canons; ils enverront au saint siégé leur profession de foi, et le serment d'obédience canonique, et en recevront des bulles de confirmation.

On s'en tiendra pour les annates, les taxes et fraix de chancellerie à ce qui s'est pratiqué jusqu'ici en Allemagne.

Artikel 8:[918] *In jeder Diözese wird es unter der Leitung des Bischofs ein Seminar geben, das ausreichend ausgestattet ist für eine solche Zahl von Schülern, die im Verhältnis zu den Priestern steht, die für den Dienst in den Pfarreien und Filialen als notwendig erachtet wird. Alle Kandidaten für die heiligen Weihen müssen dort ihr Theologiestudium absolvieren.*

Den Bischöfen steht es frei, Weihen zu erteilen und diejenigen davon auszuschließen, die sie gemäß den heiligen Kanones für unwürdig halten.

Sie werden weder bei der Anwendung der Disziplin noch bei den Strafen behindert, die sie den Priestern auferlegen, die sich eines Fehlverhaltens oder eines Vergehens in Ausübung des Dienstes schuldig gemacht haben, außer es wird kanonischer Rekurs eingelegt, und solange sie [die Bischöfe] gemäß den Gesetzen des Königreiches handeln.

Alle neuen Pfarreieinteilungen können nur mit bischöflicher Beteiligung geschehen.

Es wird den Bischöfen freistehen, mit dem Heiligen Stuhl in allen geistlichen und kirchlichen Angelegenheiten zu kommunizieren.

Sie können Vorschläge unterbreiten, um Heime einzurichten für Priester, die krank und in der Ausübung des heiligen Dienstes alt geworden sind. Seine Majestät setzt sich ein, solche Heime dort zu erhalten, wo sie existieren.

Ihre kirchlichen Gerichte werden in allen Fällen erkennen, die ihrer Natur nach spirituell und kirchlich sind.

Rein kirchliche Stiftungen können nur mit Zustimmung des Bischofs einer anderen Zweckbestimmung gewidmet werden.

---

918 Art. 8. Il y aura dans chaque diocèse, sous la direction de l'évêque, un séminaire suffisamment doté pour un nombre d'élèves, proportionné à celui des prêtres, qui sera jugé nécessaire au service des paroisses et des succursales. Tous les candidates aux ordres sacrés seront astreintes à y faire leur cours de théologie. Les évêques pourront conférer librement les ordres et en exclure ceux qu'ils en jugeraient indignes d'après les sacrés canons. Ils ne seront gênés ni dans l'exercice de la discipline, ni dans les punitions qu'ils jugeraient à propos d'infliger aux prêtres coupables de mauvaise conduite ou de délits relatifs aux fonctions de leur ministère sacré, sauf le recours canonique, et en se conformant aux loix du royaume. Toute nouvelle circonscription de paroisse ne pourra se faire qu'avec leur concurs. Il leur sera libre de communiquer avec le saint siège dans toutes les affaires spirituelles et ecclésiastiques. Ils pourront proposer des moyens de former des établissements, destinés à servir d'asyle aux prêtres devenus infirmes et qui auraient vieilli dans l'exercice du saint ministère. Sa majesté s'engage à conserver les instituts de ce genre là où ils existent. Leurs tribunaux ecclésiastiques connaitront aussi de toutes les causes, qui par leur nature sont spirituelles et ecclésiastiques.

Ce ne sera que de l'aveu des évêques qu'on pourra appliquer à une destination différente les fondations purement ecclésiastiques.

Dieser Artikel enthält eine Reihe von (Mitwirkungs-)Rechten, die den Diözesanbischöfen zuerkannt werden und außerdem einige Bestimmungen, die diese Rechte wieder begrenzen. Im Einzelnen ist zu bemerken: Die Kandidaten für die Weihen müssen in den bischöflichen Seminaren Theologie studieren. Dies bedeutet, dass theologische Bildung nicht irgendwo erworben werden kann, sondern nur an einem bestimmten Ort, was der Qualitätssicherung dient. In staatlicher Perspektive wird damit zugleich bestimmt, dass die Theologenausbildung in Bayern und damit unter staatlicher Beobachtung bzw. Aufsicht und nicht im Ausland stattzufinden hat; dies war im Übrigen bereits ein altes Anliegen von Montgelas. Die Disziplinarvollmacht der Bischöfe über die Kleriker ist in keinem Fall unbeschränkt; hier werden als Grenzen der Gewalt explizit der kanonische Rekurs sowie die staatlichen Gesetze erwähnt. Neue Pfarreieinteilungen, d. h. auch Neugründungen, können nicht ohne Mitwirkung der Bischöfe geschehen; die Bischöfe haben aber offensichtlich auch nicht das alleinige Initiativrecht zu Veränderungen an der Pfarreistruktur. Bischöfe können die Errichtung von Emeritenhäusern vorschlagen und wohl auch entsprechende Mittel; die Umsetzung soll jedoch Sache des Königs bzw. seiner Regierung sein. Kirchliche Gerichte sind auf innerkirchliche und spirituelle Angelegenheiten beschränkt. Kirchliche Stiftungen können nur bei Mitwirkung des Bischofs umgewidmet werden.

Artikel 9:[919] *Was die Vergabe von Pfarreien und Benefizien betrifft, so wird man beachten, was das eingeführte Recht oder die Gewohnheit ist.*

Auch dieser Artikel ist vage formuliert, wenn als Maßstab für die Pfarreien- und Benefizienvergabe pauschal auf Recht und Gewohnheit verwiesen wird. Denn die nach der Säkularisation sich abzeichnenden Konfliktfelder in diesem Bereich bedurften genauerer bzw. neuer Bestimmungen zur Vergabekompetenz; zu denken wäre hier insbesondere an die Pfarreien, bei deren Vergabe einst Klöster mitwirkten, die inzwischen säkularisiert waren.

Artikel 10:[920] *Die Kumulation der Benefizien wird in den Staaten Seiner Majestät nicht gestattet. Die Inhaber unterliegen der strengsten Residenzpflicht. Sie gilt gemäß den kanonischen Regeln neun Monate für die Dignitäre und Kanoniker.*

---

919 Art. 9. Quant à la collation des cures et bénéfices, on observera ce qui est de droit ou de coutume établie.

920 Art. 10. La pluralité des bénéfices ne pourra avoir lieu dans les états de sa majesté. La résidence des titulaires est de l'obligation la plus stricte. Elle sera de neuf mois pour les dignitaires et chanoines suivant les règles canoniques.

Das Verbot von mehreren Benefizien in einer Hand und die Residenzpflicht sind ein kirchliches und staatliches Anliegen. Die Anwesenheitspflicht für Domkapitulare erschließt sich als Reflex auf die gegenteilige Praxis der Mitglieder der untergegangen Kapitel.

Artikel 11:[921] *Der Erzbischof und die Bischöfe werden, bevor sie den Ertrag ihrer Temporalien genießen, vor dem Staatsminister, den Seine Majestät dafür geeignet hält, ihn entgegenzunehmen, folgenden Treueid ablegen: „Ich schwöre und verspreche auf Gottes heilige Evangelien Gehorsam und Treue Seiner Majestät dem König. Ebenso verspreche ich, keine Kommunikation zu pflegen, an keiner Beratung teilzunehmen, und keine verdächtige Verbindung weder im In- noch im Ausland zu unterhalten, welche der öffentlichen Ruhe schädlich sein könnte, und wenn ich Kenntnis von einem Anschlag, sei es in meiner Diözese oder sonst irgendwo, zum Nachteil des Staates erhalten sollte, solches Seiner Majestät anzuzeigen."*

Die Ablegung eines Treueides der Bischöfe gegenüber der staatlichen Autorität ist für die staatliche Vertragsseite unverzichtbar. Empfänger des Treueids ist hier nicht der König, sondern ein von ihm bestimmter Minister.

Artikel 12:[922] *Diese gütliche Übereinkunft wird als Grundgesetz des Staates angesehen und als solches veröffentlicht und gekennzeichnet; sie wird all das außer Kraft setzen, was ihr entgegenstehen könnte. Der Austausch der Ratifizierungsurkunden wird innerhalb von zwei Monaten oder, wenn möglich, früher erfolgen.*

Mit dem Angebot der staatlichen Seite, das Konkordat als Grundgesetz des Staates/loi fondamentale de l`état zu qualifizieren, das entgegenstehende Gebote annulliert, wird der Kirche eine Sicherungsklausel für den Inhalt gegeben; allerdings mit unbestimmter Wirkung und Verbindlichkeit. Die Angabe der Ratifizierungsfrist soll eine zügige Umsetzung des Konkordats befördern.

---

921 Art. 11. L'archevêque et les évêques, avant d'entrer dans la jouissance de leur temporel, prêteront devant celui des ministres d'état que sa majesté jugera à propos de commettre pour le recevoir, le serment de fidélité suivant:

Je jure et promets à dieu, sur les saints évangiles, de garder obéissance et fidélité à sa majesté. Je promets aussi de n'avoir aucune intelligence, de n'assister à aucun conseil, de n'entretenir aucune ligue, soit au dedans soit au dehors, qui soit contraire à la tranquillité publique; et si, dans mon diocèse ou ailleurs, j'apprends qu'il se trame quelque chose au préjudice de l'état, je le ferai savoir au gouvernement.

Les dignitaires, chanoines, curés et bénéficiers le prêteront en présence des administrations supérieures de la province.

922 Art. 12. La présente transaction sera réputée loi fondamentale de l'état, publiée et affichée comme telle; elle dérogera à toutes celles qui pourraient y être opposées.

Sonderartikel

Artikel 1:[923] *Seine Heiligkeit verpflichtet sich aufs Verbindlichste, ein in rechtlich-authentischer Form korrektes Indult auszufertigen, das Seine Majestät, seine Erben und Nachfolger des Königreichs Bayern für immer ermächtigt, in allen seinen Staaten die Erzbischöfe, Bischöfe, Dignitäre, die Präbendeninhaber und Vikare der Metropolitankirche und der Kathedralkirchen zu nominieren.*

Die Bestimmung dieses Artikels ist die Konkretisierung des Artikels 6 des vorliegenden Entwurfs. In Abänderung der überlieferten Bestimmungen zur Bischofsbestellung und zur Vergabe der Stellen in den Domkapiteln und in Ausweitung der bisher schon den bayerischen Fürsten gewährten (Mitwirkungs-)Rechte wird hier die Ernennung aller höheren kirchlichen Stellen im Königreich Bayern für den König reklamiert. In Ausweitung des Artikels 4 des staatskirchenrechtlich-absolutistisch geprägten Konkordatsentwurfs vom 31. Mai 1803 wird hier, neben den Bischöfen, Dignitäten und Kanonikern/Präbendaren, sogar noch die Ernennung der Vikare an den Bischofskirchen verlangt. Was die angestrebte Ernennung der Bischöfe betrifft, konnten sich die Vertreter der bayerischen Seite bei den Konkordatsverhandlungen immerhin auf Artikel V des französischen Konkordats von 1801 berufen, der das Recht der Bischofsernennungen dem Ersten Konsul der Republik zuschrieb.

Artikel 2:[924] *Seine Heiligkeit wünscht, dass die vereinbarten Veränderungen mit Zustimmung und Unterstützung derjenigen Bischöfe vorgenommen werden,*

L'échange des ratifications se fera dans le terme de deux mois, ou plutôt si faire se peut.

923 Articles séparés.

Art. 1. Sa sainteté s'engage de la manière la plus précise, a faire expédier dans les formes légales et authentiques un indult qui autorise sa majesté, ses héritiers et successeurs au royaume de Bavière à perpétuité, à nominer aux archevêchés, évêchés, dignités, prébendes et vicairies des églises métropolitaines et cathédrales de leurs états.

924 Art. 2. Sa sainteté, désirant que les changements dont on est convenu, se fassent avec le consentement et le concours de ceux des évêques dont la juridiction ecclésiastique s'étendait jusqu'ici dans les parties du royaume de Bavière qui doivent maintenant être soustraites à leur influence spirituelle, leur adressera en qualité de chef de l'église et de père commun des lettres, par lesquelles elle les invitera à faire ce sacrifice au bien commun des fidèles. Sa majesté leur en adressera de son côté à l'appui de celles de sa sainteté, et elle promet d'employer toute son influence, son pouvoir et son autorité, pour appuyer les mesures que le saint siège jugerait à propos de prendre ultérieurement, pour effectuer l'exécution prompte et complète des arrangements arrêtés par le présent traité.

deren kirchliche Zuständigkeit sich bisher auf Teile des Königreichs Bayern erstreckte, die aber nun ihrem geistigen Einfluss entzogen werden. Seine Heiligkeit, als Oberhaupt der Kirche und gemeinsamer Vater, wird sich schriftlich an sie wenden und sie einladen, dieses Opfer zum Gemeinwohl der Gläubigen zu bringen. Ihre Majestät wird sich seinerseits an sie wenden, um seine Heiligkeit zu unterstützen und verspricht, all ihren Einfluss, ihre Macht und ihre Autorität zu nutzen, um die Maßnahmen zu befördern, die der Heilige Stuhl später für angemessen halten wird, um die Vereinbarungen dieses Vertrags prompt und vollständig auszuführen.

Die Bestimmung dieses Artikels ist als Präzisierung des Artikels 5 des vorliegenden Entwurfs zu sehen, worin nur ein Zusammenwirken des Heiligen Stuhls und der königlichen Regierung zur Schaffung der angezielten Bistumsstruktur für erforderlich gehalten wurde. Da bei diesem Vorhaben mit heftigem Widerstand zu rechnen war, wird nun die Veränderung als Wunsch des Papstes deklariert und sein besonderes Engagement durch Briefe an die Bischöfe eingefordert.

Artikel 3:[925] *Die Regelung der Interessen und der Grenzen der Zuständigkeit des Bischofs von Chur in Tirol wird in einer eigenen Übereinkunft geordnet werden.*

Dieser Artikel ergänzt Artikel 2 des vorliegenden Entwurfs, in dem die Struktur der Landeskirche beschrieben ist, dort allerdings ohne die Nennung des Bistums Chur. Dieses Bistum hatte (nämlich nur) Gebietsanteile in Tirol, das zu dieser Zeit zum Königreich Bayern gehörte und keineswegs befriedet war. So überlagerten sich in Tirol politische, kirchenpolitische und kirchliche Spannungsfelder. Aus diesem Grunde empfahl sich für die kirchlichen Angelegenheiten des Bistums Chur in Tirol ein eigenes Abkommen.

Diese Sonderartikel bleiben geheim, bis sie ausgeführt werden. Sie sollen Teil des Hauptvertrags sein und werden die gleiche Kraft und denselben Wert haben, als ob sie Wort für Wort eingefügt wären. Zur Beurkundung dessen haben die Unterzeichner sie unterschrieben und mit dem gewöhnlichen Wappensiegel versehen.

---

925 Art. 3. Le règlement des intérêts et des limites de la juridiction de l'évêché de Coire dans le Tyrol est remis à une transaction particulière. Les présents articles séparés resteront secrets jusqu'à leur exécution; ils sont censés faire partie du traité principal, auront la même force et valeur que s'ils y étaient insérés mot à mot. En foi de quoi les soussignés les ont signés et y ont fait apposer le cachet ordinaire de leurs armes.

Die drei Sonderartikel sollten geheim gehalten werden. Denn in ihnen sind jene Punkte enthalten, von denen die bayerische Seite wusste, dass sie heikel waren, die, falls sie vor Vertragsunterzeichnung publik würden, bei verschiedensten Seiten zu Protesten führen und den Abschluss eines solchen Konkordates womöglich verhindern hätten können. Freilich: Wenn die Geheimhaltung bis zur Vertragsunterzeichnung gelang, sollten die drei Artikel volle Kraft und Bindung entfalten. Der Abschluss eines Konkordats mit geheimen Sonderartikeln hätte bedeutet, dass sich die staatliche Seite die Kurie zur Komplizin gemacht hätte, d. h. Papst und König hätten gemeinsam die katholischen Gläubigen und führenden Repräsentanten der Kirche und der Gesellschaft vor Ort übergangen.

Die Themen des vorliegenden Konkordatsentwurfs der bayerischen Bevollmächtigten lassen sich – mit knappen Hinweisen zu Abweichungen zum Entwurf des Nuntius vom 8. August 1806 – wie folgt benennen:

- Invocatio Trinitatis, Präambel mit Parteinennung und Absicht, neu: Bestimmung von Bevollmächtigten zur Verhandlung;
- Status der katholischen Kirche im Staat; verändert: die Aussage bezieht sich auf das geistig-spirituelle Leben der Glaubensgemeinschaft;
- Struktur der Landeskirche, Metropolitansitz und Suffragane; neu: bestehende Exemptionen sollen beendet werden; neu: Zusammenwirken von König und Papst zur Etablierung der neuen Diözesanstruktur; geheime Sonderregel für Teile des Bistums Chur in Tirol;
- Dotation, Wohnung, Einkünfte der Bischöfe und Bischofskirchen, Erwähnung von Wohnungen entfallen;
- Struktur, Dotation, Wohnung der Kapitel, Erwähnung von Wohnungen entfallen;
- Neu: Bestellung von Kommissaren zum Vollzug des Dotationsgeschäfts;
- Seminare mit Dotation, Lehre, Ordnung und Leitung; Freiheit der Bischöfe zu ordinieren;
- Emeritenhäuser und Korrektionshäuser; keine Rede mehr von Korrektionshäusern;
- Sicherungsbestimmungen für die zugesagten Dotationen, Stiftungen und Güter der Kirche; allerdings nicht so stark wie kirchlich gewünscht;
- Neu: Nominationsrecht für den König zu allen Bischofssitzen, Dignitären, Kanonikern und Vikaren an den Kathedralkirchen;
- Regelung von Gebühren;
- Keine Bestimmungen zum Erhalt der bestehenden Klöster;

- Bischöfliche Benefizien- und Stellenvergabe der Pfarreien, kein Normaljahr 1802, allgemeine Verweise;
- Verbot mehrere Benefizien zu besitzen und Residenzpflicht, neu: Nennung der kanonischen Residenzdauer von Monaten;
- Freie Kommunikation der Bischöfe/Gläubigen mit der Kurie und untereinander, neu: nur in geistlichen und kirchlichen Angelegenheiten;
- Kirchliche Gerichtsbarkeit für Fälle, die – neu: ihrer Natur nach kirchlich oder geistlich sind;
- Keine Aussagen zum staatlichen Schutz für katholische Glaubens- und Sittenlehre sowie Amtsträger, Zensur;
- Treueid gegenüber dem Staat/König;
- Abrogation staatskirchlicher Bestimmungen, neu: nur die, die entgegengestehen;
- Neu: Konkordat als Grundgesetz des Staates;
- Keine Norm zur Vertragstreue gegenüber dem Konkordat.

Kurz und in summa:

Die Bischöfe werden nachdrücklich an die kirchlichen Bestimmungen erinnert bzw. gebunden. Zugleich werden sie dem staatlichen Recht stärker unterworfen. Bischöflich-freie Rechte nach kanonischen Bestimmungen werden zu Mitwirkungsrechten geschmälert. Wichtige Sachverhalte für die Kirche werden vage formuliert oder übergangen.

Staatskirchenrechtliche Positionen bei der Ämtervergabe werden massiv beansprucht. Die staatliche Wunschvorstellung einer Landeskirche/bayerischen Kirchenprovinz wird klar gefordert und dazu die kuriale Unterstützung beansprucht.

1806-Oktober-27, Gemeinsamer Konkordatsentwurf der Bevollmächtigten

Nach dem Entwurf des Nuntius (8. August 1806) und dem Gegenentwurf der bayerischen Seite (5. September 1806) ergab sich zwischen den Verhandlungsbevollmächtigten, die sich in Regensburg aufhielten, ein lebhafter, wohl nicht nur schriftlicher Austausch, der sich im Wechsel von Noten und Konkordatsentwürfen manifestierte. Am 27. Oktober konnte Nuntius della Genga jedenfalls einen Konkordatsentwurf[926] zur Begutachtung nach Rom senden, der

926 Text erarbeitet nach Sicherer, Urkunde Nr. 11, 33–37 mit den dortigen Anmerkungen 1–23 (d. i. der Konkordatsentwurf von dem apostolischen Nuntius; den bayerischen Bevollmächtigten in nicht amtlicher Weise am 20.09.1806 mitgeteilt), Textquelle: K. Staatsministerium des K. Hauses und des Aeusseren, ebd. 33, und

die ,ultimativen' Zusagen des bayerischen Königs enthielt und ein Dokument weitestgehender Übereinstimmung darstellte. Nur drei Punkte waren dabei offen, zu deren klärender Festlegung sich jedoch der Nuntius nicht befugt sah. Er empfahl daher den Entwurf der Kurie zur Zustimmung. Der Entwurf ist in Lateinisch verfasst und gliedert sich in dreizehn Artikel und sieben Sonderartikel.

Invocatio Trinitatis, Präambel:[927] *Im Namen der Allerheiligsten Dreieinigkeit. Seine Heiligkeit Papst Pius VII. und Seine Majestät Maximilian Joseph, König von Bayern, von gleichem Verlangen beseelt, die Verhältnisse der katholischen Kirche im Königreich bestimmt und bleibend zu ordnen, sind deshalb über die folgenden Artikel übereingekommen.*

In der Präambel wird die schon formelhaft wirkende Motivation des angezielten Konkordats angegeben, nämlich die dringend nötige, feste und stabile Ordnung der kirchlichen Struktur, nach der Papst und König verlangen. Eine Bevollmächtigung in formelhafter Wendung ist hier nicht erwähnt, aber für eine Endausfertigung des Textes zu erwarten.

Artikel 1:[928] *Die römisch-katholisch-apostolische Religion wird im ganzen Königreich Bayern mit ihren Rechten ganz und unversehrt erhalten werden.*

Hier wird ein Kompromiss der beiden Vorgängerentwürfe zur zukünftigen Stellung der katholischen Kirche im Königreich Bayern geboten, d. h. nicht die Zusicherung der Position einer Staatskirche und nicht des ungetrübten spirituellen Lebens der Glaubensgemeinschaft, sondern die Zusage einer einheitlich-homogenen kirchlichen Organisation im Königreich verbunden mit der Anerkennung, dass diese kirchliche Organisation eigene Rechte hat. Da eine Organisation auch im sozialen Bereich wahrnehmbar ist, sind die zugehörigen Rechte nicht innerer Natur, sondern von gesellschaftlich-rechtlicher Relevanz. In heutiger Begrifflichkeit ausgedrückt: Die Kirche wird als juristische Person mit eigenen Rechten anerkannt.

---

unter Berücksichtigung der Note der bayerischen Bevollmächtigten an den apostolischen Nuntius vom 22.10.1806 mit den letzten von dem Könige genehmigten Aenderungen des Concordatsentwurfs, Text der Note bei: Sicherer, Urkunde Nr. 12, 38–9, Quelle: K. Staatsministerium des K. Hauses und des Aeusseren, ebd. 38.

927 In nomine sanctissimae trinitatis. Sanctitas sua supremus pontifex Pius VII. et majestas sua Maximilianus Josephus Bavariae rex debita sollicitudine cupientes, ut in iis, quae ad res ecclesiasticas pertinent, certus stabilisque in Bavariae regno constituatur ordo, in sequentes articulos convenerunt.

928 Art. 1. Religio catholica, apostolica, Romana cum juribus suis in toto Bavariae regno salva et illabata conservabitur.

Artikel 2:[929] *Seine Heiligkeit wird in München den Sitz eines Metropolitan-Erzbischofs errichten und zugleich die Bischofssitze von Freising und Chiemsee aufheben. Bamberg, Passau, Augsburg, Eichstätt, Trient und Brixen werden als Bischofssitze erhalten. Die Diözese Chur behält ihren Status in dem Teil, der nun zum Königreich Bayern gehört.*

Unbeschadet davon, dass die Exemption der Kirchen Bambergs, Passaus und Trients vorerst bestehen bleibt, werden dem Recht des Münchner Metropolitanerzbischof die Kirchen Augsburgs, Eichstätts, Brixens und Churs als Suffragane untergeordnet.

Vom Apostolischen Stuhl werden im Einverständnis mit dem Rat der Königlichen Majestät, wenn es die Notwendigkeit erfordert, die Diözesen in neuen Grenzen umschrieben werden, wenn die Zustimmung der betroffenen Bischöfe und Kapitel dazu vorliegt.

Hier wird die Gestalt einer zukünftigen bayerischen Landeskirche ausgeführt, wobei alle zu berücksichtigenden Punkte angesprochen werden: Errichtung eines Metropolitansitzes in München, Suppression von Freising und Chiemsee, Bestimmung der Suffraganbistümer Augsburg, Eichstätt, Brixen und Chur – letzteres in einer Sonderstellung, da es nur zum Teil zu Bayern gehört sowie vorerst fortbestehende Exemptionen von Bamberg, Passau und Trient und Einbeziehung der betroffenen Bischöfe und Bistümer bei nötigen Neuumschreibungen. Unklar bleiben damit die Regelung für Chur sowie die Fortdauer der Exemptionen, da zum Bestandswillen das Wörtchen „*vorerst*“ hinzugefügt ist. Immerhin wurde damit ein Artikel formuliert, der zumindest für beide Vertragsparteien akzeptabel schien.

Artikel 3:[930] *Die Dotationen zum Unterhalt des Erzbischofs und der Bischöfe werden auf Gütern und ständigen Fonds gegründet und ihrer Verwaltung übergeben*

---

929 Art. 2. Monachii sanctitas sua sedem eriget archiepiscopalem suppressis sedibus episcopalibus Frisingensi et Chiemensi. Bambergae, Passavii, Augustae, Eichstadii, Tridenti et Brixinae conservabuntur sedes episcopales. Dioecesis Curiensis in eo, quem nunc in ditione regni Bavarici habet, manebit statu. Salva pro nunc exemptione ecclesiarum Bambergensis, Passaviensis et Tridentinae juri metropolitico archiepiscopi Monacensis ut suffraganeae suberunt ecclesiae Augustana, Eichstadiensis, Brixinensis et Curiensis. Ab apostolica sede collatis cum regia majestate consiliis dioeceses novis finibus, quantum necessitas postulaverit, circumscribentur, praehabito ad haec consensu episcoporum et capitulorum quorum interest.

930 Art. 3. Dotatio mensarum archiepiscopi et episcoporum in bonis fundisque stabilibus ipsorum administrationi tradendis constituetur. Simili bonorum genere et administrationis jure instituentur capitula metropolitanae et cathedralium

werden. In gleicher Weise und mit gleichem Recht über die Güter und die Verwaltung werden das Metropolitan- und die Kathedralkapitel ausgestattet; das Metropolitankapitel wird aus einem Propst, einem Dekan und zwölf Kanonikern bestehen; die Kathedralkapitel aus Propst, Dekan und zehn Kanonikern. Die Benefizien der Vikare werden, wo sie bestehen, erhalten bleiben, sodass es in keiner Kirche weniger als sechs gibt. Eine Wohnung wird sowohl dem Erzbischof und den Bischöfen als auch den Kanonikern und Vikaren zugewiesen werden, und zwar entsprechend ihrer Würde und ihrem Stand.

Zum Vollzug des Dotationsgeschäfts, das innerhalb von zwei Monaten zu vollziehen ist, werden beide Vertragsparteien Kommissare ernennen und Seine Königliche Majestät wird von dem förmlichen Akt des Dotationsgeschäfts zwei Ausfertigungen versenden lassen, eine für den apostolischen Nuntius, die andere für das königliche Archiv.

Es wird dafür gesorgt werden, dass die Fonds, Einkünfte, beweglichen und unbeweglichen Güter der bischöflichen Kirchen und ihrer Fabriken ausreichend erhalten werden.

In diesem Artikel sind verschiedene Struktur- und Sicherungsregelungen für Bischöfe, Kapitel und (Dom-)Vikare aus verschieden Artikeln der Vorgängerentwürfe konzentriert zusammengefasst. Das Wichtigste dabei: Die Dotationen sollen aus (Immobilien-)Fonds fließen, deren Verwaltung den Bischöfen bzw. Kapiteln selbst obliegen soll. Allen Bischöfen, Kapitelsmitgliedern und Vikaren soll eine Wohnung angewiesen werden. Das Dotationsgeschäft soll innerhalb einer Frist von zwei Monaten vollzogen werden; die Absicht ist, dass das Konkordat nach der Unterzeichnung zügig in Kraft treten kann. Die Güter zur Deckung des Finanzbedarfs der Bischofskirchen und ihrer Fabriken sollen ausreichend erhalten werden.

Artikel 4:[931] *Seine Heiligkeit wird immer sorgen, dass, wann immer eine Metropolitan- oder Bischofskirche vakant wird, ein würdiger Hirte gemäß der förmlich*

---

ecclesiarum; et metropolitana habebit praepositum, decanum et duodecim canonicos, cathedrales praepositos, decanos et canonicos decem. Vicariorum beneficia, ubi extant, conserventur nec in ulla ecclesia pauciores erunt quam sex. Habitatio tam archiepiscopo et episcopis quam canonicis et vicariis assignanda illorum dignitati et statui respondeat. Ad negotium hujus dotationis intra bimestre perficiendum utraque contrahentium pars commissarios nominabit ac de formali dotationis actu duo exemplaria expediri jubebit regia majestas, unum pro nuntio apostolico, alterum pro archivio regio. Fabricarum denique ipsarumque ecclesiarum fundi, redditus, bona mobilia et immobilia ut conserventur sufficiantque curabitur.

931 Art. 4, Curabit semper sanctitas sua, ut, quando archiepiscopales et episcopales ecclesiae vacabunt, de digno pastore opportuna methodo juxta statutas formas provideatur. Idemque observabitur quoad dignitates, canonicatus et praebendas.

statuierten Art und Weise ernannt wird. Und dasselbe wird seine Heiligkeit beachten hinsichtlich der Dignitäten, Kanonikate und Präbenden.

Dieser Artikel ist vage abgefasst, weil nicht festgelegt wird, was mit der statuierten Art und Weise der Vorsorge/Provision genau gemeint ist bzw. wie sie in formalen Schritten ausgestaltet ist. Klar ist nur, dass der Papst die Verantwortung für die Vorsorge/Provision haben soll.

Artikel 5:[932] *In jeder Diözese sollen die bischöflichen Seminare erhalten oder dauerhaft gegründet werden. In ihnen sind die heranzubilden, deren Aufnahme und Theologiestudium die Bischöfe nach den Bedürfnissen oder Nutzen ihrer Diözese für richtig erachten werden. Die innere Ordnung, die Lehre, die Leitung und die Verwaltung der Seminare werden nach den kanonischen Formen der vollkommen freien Autorität und dem Recht der Bischöfe unterstehen.*

Jedes Bistum soll ein Seminar haben. Die Zahl der Aufzunehmenden, die Kosten verursacht, bemisst sich nach der Situation des jeweiligen Bistums. Der Bischof ist Herr des Seminars, freilich in den Grenzen des kanonischen Rechts.

Artikel 6:[933] *Zur Leitung der Diözese werden die Bischöfe frei sein:*

a) *sich aus den Kanonikern und Benefiziaten ihrer Kirchen Vikare, Ratgeber, Beamte/Offiziale und Helfer für die Verwaltung zu berufen,*

---

932 Art. 5. Sua singulis dioecesibus conserventur seminaria episcopalia aut stabiliter fundentur ad efformandos in iis, quos episcopi pro necessitate vel utilitate dioecesium accipiendos studiisque theologicis exercendos judicaverint. Horum autem seminariorum ordinatio, doctrina, gubernatio et administratio episcoporum auctoritati pleno liberoque jure subiiciuntur juxta formas canonicas.

933 Art. 6. Pro regimine dioecesium episcopis liberum erit
a) Vicarios, consiliarios, officiales et adjutores administrationis suae constituere ex canonicis et beneficiatis ecclesiae eiuscunque,
b) ad statum clericalem assumere et titulis per sacros canones approbatis ad ordines etiam majores promovere, quos necessarios aut utiles suis ecclesiis judicaverint, et quos e contrario pro indignis censuerint, ab ordinibus suscipiendis arcere, quin ab ullo quovis obtentu impediri queant,
c) causas, quae sive ratione sui ecclesiasticae sunt sive ratione connexionis suae immediatae cum sacris ad forum ecclesiasticum spectant, in foro eorum ecclesiastico cognosci et definiri.
d) in clericos reprehensione dignos poenis, quas convenientes judicaverint salvo recursu canonico, animadvertere,
e) cum clero et populo dioecesano pro munere officii pastoralis communicare, quemadmodum communicatio eorundem cum sancta sede super rebus spiritualibus et negotiis ecclesiasticis libera erit nulloque impedita obstaculo,

b) *in den klerikalen Stand aufzunehmen und mit den kanonischen Titeln zu den höheren Weihen zuzulassen, die sie für ihre Diözesen für nötig und nützlich erachten, und dagegen die, welche sie für den Weiheempfang für unwürdig erachten auszuschließen, ohne dass sie hierbei unter irgendeinem Vorwand gehindert werden können,*
c) *Geistliche Sachen, die entweder ihrer Natur nach kirchlich sind oder aus dem Grund ihrer unmittelbaren Verbindung mit den Heiligen (Sachen) ein kirchliches Gericht erfordern, sind bei ihrem kirchlichen Gericht zu verhandeln und zu entscheiden.*
d) *Gegen Geistliche, die eine Ahndung verdienen, sind Strafen zu verhängen, die ihnen angemessen erscheinen, unbeschadet des kanonischen Rekurses.*
e) *In der Ausübung des geistlichen Hirtendienstes mit dem Klerus und dem Volk der Diözese zu kommunizieren, dem gleicherweise wird ihre Verbindung mit dem Heiligen Stuhl über geistliche Dinge und kirchliche Angelegenheiten frei sein und kein Hindernis entgegenstehen*
f) *Im Einverständnis mit dem Rat seiner Königlichen Majestät, Pfarreien zu errichten oder zu teilen.*
g) *Für kranke und alte Kleriker schon bestehende Häuser zu erhalten oder, wo es keine gibt, einen Entschluss zu fassen, wie für diese gesorgt werden kann.*

Dieser Abschnitt versammelt einige wichtige bischöfliche Rechte und sichert den Bischöfen die Freiheit zu, entsprechende Akte zu vollziehen. Dabei sollte nicht unbeachtet bleiben, dass der Bischof zwar als Erstverantwortlicher für die Handlungen ermächtigt ist, doch sind seine Freiheiten durch kanonisches Recht und staatliche Mitsprache begrenzt.

Artikel 7:[934] *Die Bischöfe übertragen an Personen, die ihrer Majestät genehm sind, die Benefizien, sowohl die pfarrlichen wie auch andere, die weder dem königlichen noch einem privaten Patronatsrecht unterliegen. Die Bischöfe werden den Präsentierten, sofern sie die erforderlichen Eigenschaften besitzen, auf welchen Titel auch immer die Institution erteilen.*

---

f) collatis cum regia majestate consiliis parochias erigere aut dividere,
g) pro clericis infirmis et senibus constitutas jam domos conservare aut, sin desint, inire consilium, ut de illis provideatur.

934 Art. 7. Episopi conferrent personis suae majestati gratis beneficia tam parochialia quam alia, quae non vel iure patronatus regio vel privato subjecta sunt. Quaecumque titulo praesentatis debita requisita habentibus episcopi semper institutionem dabunt.

Der Artikel begrenzt das traditionelle bischöfliche Recht der Benefizien- und Stellenvergabe zweifach: Die Bischöfe verleihen zwar alle Benefizien, jedoch außer denen, die unter königlichem oder privatem Patronat stehen und nur an Personen, die der Majestät genehm sind. Und bei der Verleihung der Benefizien unter königlichem oder privatem Patronat haben sie den einzusetzen, der ihnen vom Patronatsherrn präsentiert wird, sofern der Präsentierte die kanonische Eignung zu der Stelle besitzt. Somit kommt es zu einer empfindlichen Einschränkung der Personalauswahl der Bischöfe.

Artikel 8:[935] *Dignitäten, Kanonikern und allen Benefiziaten ist der Besitz mehrerer Benefizien und Präbenden durch die Kanones verboten; genauso sind sie nach den Kanones streng verpflichtet zur neunmonatigen Residenz und zur persönlichen Erfüllung ihres Dienstes an ihren Präbenden und Benefizien.*

Hier wird das bekannte Verbot der Benefizienkumulation in einer Hand und die Residenzpflicht angeführt; zur Residenzdauer von neun Monaten wird hier – neu – die persönliche Erfüllung der Amtspflichten erwähnt. Damit wird die zu Zeiten der Reichskirche häufig übliche Praxis verhindert, dass sich ein Pfründeninhaber in der Erfüllung des Amtes, das mit der Pfründe verbunden war, gegen (geringe) Bezahlung von einem anderen Kleriker vertreten ließ. Diese Bestimmung war im Interesse der staatlichen und kirchlichen Seite. Da eine Pfründenkumulation gemäß den kirchlichen Kanones und dem Konkordat nicht mehr möglich sein sollte, erscheint die Aufnahme der Pflicht zur persönlichen Erfüllung der Aufgaben ins Konkordat von Seiten der Kurie kleinlich; schon allein deshalb, weil diese Bestimmung im staatlichen (!) Entwurf vom 5. September 1806 nicht enthalten war.

Artikel 9:[936] *Die Güter der oben genannten Kirchen, Kapitel und genauso der Seminare, Pfarreien sowie Benefizien werden ungeschmälert erhalten und können ohne die Autorität des Apostolischen Stuhls nicht entfremdet oder in jährliche Pensionen umgewandelt werden.*

---

935 Art. 8. Dignitarii, canonici, beneficiati omnes, uti a pluralitate beneficiorum et praebendarum secundum canones prohibentur, ita ad residentiam novem mensium et servitium personale in praebendis suis et beneficiis secundum eorundem rigorem adstringuntur.

936 Art. 9. Bona supradictarum ecclesiarum, capitulorum itemque seminariorum, parochiarum, beneficiorum integra conservanda sunt nec distrahi absque sedis apostolicae autoritate aut in pensiones annuas commutari poterunt. Quidquid ecclesia de novo legaliter acquisierit, faciet suum eodemque se veteres fundationes jure censebitur.

Was die Kirche neu auf legale Weise erwerben wird, wird ihr Eigentum sein und gleichberechtigt mit den älteren Kirchenstiftungen betrachtet werden.

Dieser Artikel bringt eine Sicherung der Güter der Kirche und das Recht zum legalen Gütererwerb sowie die Gleichberechtigung der neuen mit den älteren Gütern.

Artikel 10:[937] *Ihre Königliche Majestät wird es nicht gestatten, dass die katholische Religion und ihre Liturgie öffentlich angegriffen oder die Vorsteher der Kirchen in der Ausübung ihres Dienstes zum Schutz des Glaubens und der Sittenlehre gehindert werden.*

Hiermit ist der Schutz der katholischen Religion/Konfession und Liturgie vor öffentlichen Angriffen zugunsten der Kirche fixiert. Gleichzeitig ist damit auch einem staatlichen Interesse gedient, nämlich dem Schutz der öffentlichen Ordnung. Außerdem ist hier die Zusage gegeben für den ungehinderten Dienst der Vorsteher, jedoch nur in einer Klausel für den Dienst zum Schutz von Glauben und Sitten. Auch hier ist ein zeitgenössisches Interesse des Staates gegeben, die sittliche Erziehung des Volkes durch kirchliche Vorsteher auszuführen, die den Aufklärern nicht als Seelsorger, sondern als Sittenlehrer oder gar Sittenwächter genehm waren.

Artikel 11:[938] *Das Übrige, was kirchliche Angelegenheiten betrifft und in diesen Artikeln nicht ausdrücklich erwähnt wird, bleibt ungeschmälert bestehen und wird nach kirchlichen Gesetzen behandelt werden. Falls aber zukünftig Schwierigkeiten auftreten oder falls die Königliche Majestät an kirchlichen Angelegenheiten und was dazu gehört etwas verändern will, werden darüber zuvor mit dem Hl. Stuhl oder je nach Gegenstand mit den Bischöfen direkte Gespräche aufgenommen.*

Hier ist eine Bestimmung des Artikels 27 des Entwurfs des Nuntius vom 8. August 1806 inhaltlich voll übernommen. Der Inhalt ist ein umfassender Schutz für den Bestand kirchlicher Einrichtungen und Regelungen sowie ein Verständigungsgebot bei auftretenden Problemen oder Änderungswünschen.

---

937 Art. 10. Majestas regia non patietur, ut catholica religio ejusque ritus publice impetantur aut ecclesiarum antistites in exercendo munere suo pro custodienda fidei et morum doctrina impediantur.

938 Art. 11. Reliqua, quae res ecclesiasticas spectant et quorum in hisce articulis nulla expressa facta est mentio, integre manebunt et juxta ecclesiasticas leges administrabuntur. Si qua vero supervenerit difficultas aut si quid regia majestas super rebus ecclesiasticis easve attingentibus constituendum expedierit, de iis praevie cum sancta sede vel pro conditione negotii cum episcopis immediate conferetur.

Artikel 12:[939] *Der Erzbischof und die Bischöfe werden vor der Königlichen Majestät einen Treueeid mit folgendem Wortlaut ablegen: „Ich schwöre und verspreche auf Gottes heilige Evangelien Gehorsam und Treue Seiner Majestät dem König. Ebenso verspreche ich, keine Kommunikation zu pflegen, an keiner Beratung teilzunehmen, und keine verdächtige Verbindung weder im In- noch im Ausland zu unterhalten, welche der öffentlichen Ruhe schädlich sein könnte, und wenn ich Kenntnis von einem Anschlag, sei es in meiner Diözese oder sonst irgendwo, zum Nachteil des Staates erhalten sollte, solches Seiner Majestät anzuzeigen."*

Der Treueid gegenüber der staatlichen Autorität soll unstrittig Teil des abzuschließenden Konkordats sein. Von staatlicher Seite ist er unverzichtbar, von kirchlicher Seite seit dem Abschluss des französischen Konkordats 1801 akzeptiert. Der Eid kann demnach auch in der Funktion eines gutwilligen Zeichens der kirchlichen Loyalität gegenüber der staatlichen Ordnung im Sinne von Röm 13,1–8 gedeutet werden.

Artikel 13:[940] *Beide vertragschließenden Teile versprechen für sich und ihre Nachfolger die genaue Beobachtung all dessen, worüber man in diesen Artikeln gegenseitig übereingekommen ist. Und von der Königlichen Majestät wird die vorliegende Konvention zum Staatsgesetz erklärt werden, das alle Ordnungen aufhebt, die dieser Konvention entgegenstehen.*

Drei Elemente sind hier konzentriert enthalten: 1.) Das Versprechen beider Parteien, sich an die ausgehandelten Artikel zu halten. 2.) Die Zusage, dass das Konkordat/die Konvention zum Staatsgesetz erklärt wird; im Gegensatz zum staatlichen Entwurf vom 5. September 1806, Artikel 12 ist hier jedoch nicht mehr die Rede davon, dass das Konkordat zu einem Grundgesetz/loi fondmentale de l`état des Reiches werden soll. 3.) Das Konkordat soll alle entgegenstehenden Ordnungen/ordinationes aufheben; wohl sind damit alle entgegenstehenden staatlich-bayerischen Ordnungen gemeint. Doch was soll das

---

939 Art. 12. Archiepiscopus et episcopi coram regia majestate juramentum fidelitatis emittent sequentibus verbis expressum.

„Ego juro et promitto ad sancta dei evangelia obedientiam et fidelitatem regiae majestati; item promitto me nullam communicationem habiturum nullique consilio interfuturum nullamque suspectam unionem neque intra neque extra conservaturum, quae tranquillitati publicae noceat, et si tam in dioecesi mea quam alibi noverim aliquid in status damnum tractari, majestati suae manifestabo."

940 Art. 13. Utraque contrahentium pars spondet se successoresque suos omnia de quibus in his articulis utrinque conventum est, sancte se servaturos. Et a regia majestate praesens conventio pro lege status declarabitur eaque abrogatoria omnium ordinationum, quae eidem conventioni opponuntur.

Wort Ordnungen/ordinationes umfassen – tatsächlich alle Gesetze/leges, Verordnungen bzw. Dekrete/decreta? Und wer entscheidet, was entgegensteht oder nur danebensteht? Mit dieser Formulierung sind daher unzweifelhaft Interpretationsräume eröffnet bzw. werden Missverständnisse ermöglicht.

Separatartikel

Artikel 1:[941] *Zur Nomination des Königs zu den Sitzen des Erzbischofs und der Bischöfe und zu den Dignitäten, Kanonikaten und Präbenden im ganzen Königreich Bayern gewährt Seine Heiligkeit für immer ein apostolisches Indult der Königlichen Majestät Maximilian Joseph und seinen Nachfolgern.*

Dieser Artikel konkretisiert den obigen Artikel 4. Im Bruch mit der überlieferten Rechtslage und in Fortführung des Sonderartikels 1 des Entwurfs vom 5. September 1806 wird hier die Ernennung aller höheren kirchlichen Stellen im Königreich Bayern für den König und seine Nachfolger reklamiert und verlangt, dass dieses Sonderrecht durch ein päpstliches Indult eingeführt und gesichert wird.

Artikel 2:[942] *Die jährlichen Einkünfte aus der Dotation werden für den Erzbischof 20.000, für die Bischöfe 12.000 Gulden betragen; die jährlichen Einkünfte jedes Propstes und Dekans werden 4.000 Gulden, der Kanoniker 2.000, der Vikare 800 Gulden sein. Diese Einkünfte sollen in ihrem Betrag stets sicher und ungeschmälert erhalten werden.*

Die Regelung der Einkünfte wird hier aus dem bayerischen Entwurf vom 5. September 1809 fortgeführt. Der Ansatz für die Bischöfe ist deutlich niedriger als der Nuntius in seinem Entwurf vom 8. August 1806 vorgesehen hatte; doch das hatte für den Nuntius offensichtlich keine große Relevanz.

Artikel 3:[943] *Dem Bischof von Chiemsee, dessen Sitz in Bayern aufgehoben ist, wird für den Verlust, nachdem es geschehen ist, eine Kompensation angewiesen.*

---

941 Articuli separati

Art. 1. Pro nominatione regia ad archiepiscopalem et episcopales sedes et ad dignitates, cononicatus et praebendas in toto Bavariae regno sanctitas sua apostolicum indultum concedet majestati regis Maximiliani Josephi et heredibus et successoribus ejus in perpetuum.

942 Art. 2. Dotatio annuorum redituum pro archiepiscopo sit viginti millium, pro episcopis duodecim millium: annui reditus eiuscunque praepositi et decani erunt quater mille floreni, canonicorum bis mille, vicariorum 800 floreni; quorum redituum summae semper salvae et integrae conservandae erunt.

943 Art. 3. Episcopo Chiemensi, cujus in Bavaria sedes suppressa est, pro jactura quam passus est assignabitur compensatio.

Hier ist eine Folge des obigen Artikels 2 geregelt, nämlich die Kompensation des Bischofs von Chiemsee für sein aufzuhebendes Bistum.

Artikel 4:[944] *Wenn in der Schweiz durch die apostolische Autorität die Diözesen neu umschrieben werden, wobei das Werk unter Beratung Seiner Heiligkeit und der Königlichen Majestät begonnen wird, so wird für die Gebiete Bayerns, die dem Bischof von Chur unterstellt sind, Vorsorge getroffen. Bis dahin wird die Königliche Majestät diesem Bischof, auf dass er ehrenvoll neun Monate in Tirol residieren und in seiner Abwesenheit die bischöfliche Jurisdiktion durch einen Generalvikar ausüben lassen kann, Einkünfte anweisen, die er aus dem Territorium, nun bayerisch, einst österreichisch, erhält.*

Hier ist ebenfalls näher ausgeführt, was oben in Artikel 2 geregelt ist, dass nämlich der bayerische Tel des Bistums Chur als Suffragangebiet dem Metropoliten von München unterstellt wird. Bis dahin wird für die standesgemäßen materiellen Bedürfnisse des Churer Bischofs Vorsorge getroffen.

Artikel 5:[945] *Wenn die exempten Bischofssitze Bambergs, Passaus und Trients vakant werden, dann werden die Exemptionen der Sitze Passaus und Trients aufgehoben; und über das Ruhenlassen der Exemption Bambergs wird mit dem Heiligen Stuhl beratschlagt werden.*

Im obigen Artikel 2 steht, dass die Exemption der Bistümer Bamberg, Passau und Tirol vorerst bestehen bleiben sollen. Hier wird nun der Begriff „*vorerst*" präzisiert: Wenn die genannten Bistümer das nächste Mal vakant werden, sollen Passau und Trient ihre Exemption unmittelbar verlieren. Wenn der Bamberger Bischof stirbt, soll zwischen den Parteien beratschlagt werden, wie man die Exemption formell bestehen, praktisch aber dauerhaft wirkungslos ruhen lassen kann. Die Ausnahme Bambergs beruht auf dem besonderen Interesse des Hl. Stuhls am Status der Bamberger Kirche, den die bayerische Seite wohl zu akzeptieren bereit ist,

944 Art. 4. Quando in Helvetia nova diocesium circumscriptio per apostolicam auctoritatem facta fuerit, initis inter sanctitatem suam et regiam majestatem consiliis opera dabitur, ut pro iis ditionibus Bavaricis, quae episcopo Curiensi subsunt, provideatur. Interea regia majestas eidem episcopo cum onere residendi per novem menses in Tyroli et exercendi in absentia jurisdictionem episcopalem per vicarium generalem reditus assignabit quos in territorio nunc Bavariae prius Austriae percipiebat.

945 Art. 5. Quando exemptae sedes Bambergensis, Passaviensis et Tridentina vacaverint, exemptiones sedium Passaviensis et Tridentinae supprimantur et de cessatione exemptionis sedis Bambergensis cum sancta sede deliberabitur.

wenn auch nur in formaler Weise. Beide Seiten hegten wohl die Hoffnung, dass ein vorläufiges Ruhen, das Erlöschen geräuschlos vorbereiten könne.[946]

Artikel 6:[947] *Die von beiden Parteien bestimmten Kommissare, die das Dotationsgeschäft durchführen sollen, erhalten nach vorheriger gemeinsamer Beratung dazu Instruktionen.*

Hier wird der obige Artikel 3 mit dem Hinweis ergänzt, dass die Kommissäre für ihre Aufgabe Instruktionen erhalten werden, die vorher von den Parteien gemeinsam abzustimmen sind. Zweck ist wohl, dass die Kommissäre während des Vollzugs ihrer Aufgaben nicht in Streit geraten sollten und so für Staat und Kirche ein ungünstiges Bild der Disharmonie erzeugen würden.

Artikel 7:[948] *Diese Sonderartikel bleiben geheim, bis sie ausgeführt werden. Sie werden wie ein Teil des Hauptvertrags betrachtet und sie werden die dieselbe Kraft und denselben Wert haben als wären sie wortwörtlich eingefügt.*

Die Sonderartikel sollen geheim bleiben, damit sich vor der Vertragsunterzeichnung nicht öffentliche Diskussionen entfalten und Widerstände formieren würden sowie insbesondere auch deshalb, weil in diesen Sonderartikeln noch Punkte enthalten sind, über die noch kein abschließendes Einverständnis erzielt wurde. Wozu also schlafende Hunde wecken?

Die Themen des hier vorliegenden Konkordatsentwurfs, der von den bayerischen Bevollmächtigten und dem Nuntius erarbeitet und vom Nuntius nach Rom gesandt wurde, lassen sich – mit knappen Hinweisen – wie folgt benennen:

---

946 Der Vorgang erinnert an die Geschichte der katholischen Theologie an der Universität Bamberg: Mit dem Wintersemester 2009/10 wurde die Theologische Fakultät sistiert und stattdessen das Lehrangebot als ‚Institut für Katholische Theologie' in die größere Fakultät Geistes- und Kulturwissenschaften integriert, womit die Chance gegeben sein sollte, dass die katholische Theologie ihre Forschung und Lehre befruchtend in das Netz anderer geistes-, kultur-, human- und sozialwissenschaftlichen Fächer einbringen kann. Diese Sistierung wurde für fünfzehn Jahre vertraglich vereinbart. Grundlage der Sistierung ist das Zusatzprotokoll vom 19. Januar 2007 zum Bayerischen Konkordat vom 29. März 1924 in der Form eines Staatskirchenvertrags zwischen dem Hl. Stuhl und dem Freistaat Bayern, in: Bayerisches Gesetz- und Verordnungsblatt 2007, 351–355.

947 Art. 6. Designati ab utraque parte commissarii pro negotio dotationis perficiendo congruas ad illud instructiones collatis praevie consiliis accipient.

948 Art. 7. Hi articuli separati manebunt secreti usque ad eorum executionem; nihilominus partem efficere censentur ipsius conventionis principalis eandemque habeant vim ac valorem ac si eidem ad verbum essent inserti.

- Invocatio Trinitatis, Präambel mit Parteinennung und Absicht;
- Status der katholischen Kirche im Staat;
- Struktur der Landeskirche/Kirchenprovinz, Metropolitansitz und Suffragane; bestehende Exemptionen sollen beendet werden, Sonderregelung für Bamberg;
- Zusammenwirken von König und Papst zur Neuumschreibung und Etablierung der Diözesanstruktur, neu: unter Einbeziehung der Kirchen vor Ort;
- Dotation, Wohnung, Einkünfte der Bischöfe; Sonderregel für Teile des Bistums Chur in Tirol; Sonderregel für den Bischof von Chiemsee;
- Struktur der Kapitel, Dotation und Wohnung der Kanoniker und Vikare;
- Bestellung von Kommissaren zum Vollzug des Dotationsgeschäfts, neu: mit gemeinsamer Instruktion;
- Sicherung der Güter der bischöflichen Kirchen und Fabriken;
- Nominationsrecht für den König zu allen Bischofssitzen, Dignitären, Kanonikern und Vikaren an den Kathedralkirchen;
- Seminare mit Dotation, in Lehre, Ordnung, Leitung – hier ist der Bischof frei;
- Rechte des Bischofs zur Diözesanleitung:
  - o freie Berufung der Mitarbeiter;
  - o freies Ordinationsrecht;
  - o kirchliche Gerichtsbarkeit für geistliche Sachen oder Dinge, die unmittelbar mit geistlichen Sachen verbunden sind;
  - o Straf- und Disziplinarrecht gegenüber Klerikern;
  - o freie Kommunikation mit den Gläubigen und der Kurie und untereinander in geistlichen und kirchlichen Angelegenheiten;
  - o Pfarreien errichten oder teilen im Einverständnis mit dem Rat des Königs;
  - o Emeritenhäuser erhalten oder für ihre Errichtung zu sorgen.
- Sicherungsbestimmungen für die zugesagten Dotationen, Stiftungen und Güter der Kirchen, Kapitel, Seminare, Pfarreien und Benefizien; gesichertes Recht, neue Güter zu erwerben, die den überkommen Gütern gleichgestellt werden;
- Bischöfe übertragen Benefizien an Personen, die dem König genehm sind und keinem königlichen oder privaten Patronat unterliegen; Erteilung der Institution an Präsentierte;
- Verbot mehrere Benefizien zu besitzen und Residenzpflicht für die kanonischen neun Monate und neu: die persönliche Erfüllung des Dienstes;
- Schutz von Religion und Liturgie vor Angriffen und Schutz der Amtsträger in der Ausübung ihres Dienstes;
- Sicherung der kirchlichen Angelegenheiten und Geltung kirchlichen Gesetzes sowie Schutz vor Veränderung des Konkordats;

- Treueid gegenüber dem Staat/König;
- Konkordat als Staatsgesetz, neu: nicht als Grundgesetz des Staates;
- Abrogation staatskirchlicher Ordnungen, die dem Konkordat entgegenstehen.

Kurz und in summa:
Der Entwurf konzentriert verwandte Themen in einzelnen Artikeln, wodurch dieser übersichtlicher als die Vorgängerversionen ist. Auch zeigt sich deutlich, dass sich die Vorstellungen der Verhandlungspartner auf einen Kernbestand von Themen konzentrieren und dass auch bei den einzelnen Themen, die Übereinstimmung groß geworden ist. Die genannten Funktionen der Bischöfe für die Kirche werden an kanonische und staatliche Bestimmungen zurückgebunden. Es wird ein kleiner Katalog formuliert, der wichtige Rechte und Aufgaben des Bischofs bündelt.

Staatskirchenrechtliche Ansprüche bei der Ämtervergabe werden weiterhin entgegen überkommener Rechtslage massiv beansprucht. Die staatliche Wunschvorstellung einer Landeskirche/bayerischen Kirchenprovinz wird normiert und dazu die kuriale Unterstützung beansprucht. Kirchliche Positionen sind in den Bestimmungen des Konkordats weitgehend berücksichtigt, wenn auch im Umfang leicht zurückgenommen. Der staatliche Drang, innerkirchliche Sachverhalte mitzubestimmen, ist im Vergleich zum staatlichen Konkordatsentwurf vom 5. September 1806 weniger spürbar.

Die Formulierung von sechs inhaltlich-thematisch bestimmten und geheim zuhaltenden Sonderartikeln zeigt, dass das Konkordat eben noch nicht ausgereift war, dass es in der Einschätzung der Verhandlungspartner noch zu viel öffentliches Erregungspotential beinhaltete und noch Klärungsbedarf bestand.

1807-Juli-10, Römisches Ultimatum dieser Etappe

Dieser Konkordatsentwurf[949] schließt sich eng an den römischen Entwurf vom 6. Februar 1807 an. Dieser hatte seinerseits den Entwurf der Verhandlungsführer vom 27. Oktober 1806 im römischen Sinn verändert. Der hier zu betrachtende Entwurf ignoriert damit den staatlichen Entwurf vom 17. März 1807 weitgehend. Das zeigt, wie sich die Verhandlungsbereitschaft der römischen

---

949 Text zitiert und erarbeitet nach Sicherer, Urkunde Nr. 13, 39–44 mit den dort notierten Anmerkungen 1–33, (d. i. der von Rom umgearbeitete Entwurf, vom Nuntius Hannibal Grafen della Genga aus Augsburg durch den Auditor Graf von Troni an den bayerischen Bevollmächtigten Freiherrn von Fraunberg zusammen mit einer Note vom 06.02.1806 überreicht); Textquelle: K. Staatsministerium des K. Hauses und des Aeusseren, ebd. 39.

Seite verringert hat. Diese als sperrig oder auch höchst vorsichtig-absichernd zu bezeichnende Haltung hatte ihren Grund in der politischen und kirchenpolitischen politischen Situation in Tirol. Das römische Ultimatum wurde vom Auditor Grafen Troni dem bayerischen Bevollmächtigten Freiherrn von Fraunberg am 10. Juli 1807 überbracht. Es ist in lateinischer Sprache abgefasst und umfasst dreizehn Artikeln.

Invocatio Trinitatis, Präambel:[950] *Im Namen der Allerheiligsten Dreieinigkeit. Seine Heiligkeit Papst Pius VII. und Seine Majestät Maximilian Joseph, König von Bayern, von gleichem Verlangen beseelt, die Verhältnisse der Kirche im Königreich bestimmt und bleibend zu ordnen, sind deshalb über die folgenden Artikel übereingekommen.*

In der Präambel werden die Repräsentanten der vertragsschließenden Teile genannt, der römische Papst zusammen mit dem bayerischen König, und die Motivation des angezielten Konkordats angegeben: das Verlangen, für die katholische Kirche in Bayern feste und dauerhafte Verhältnisse zu schaffen.

Artikel 1:[951] *Die römisch-katholisch-apostolische Religion wird im ganzen Königreich Bayern unversehrt erhalten werden mit allen ihren Rechten und Prärogativen, welche sie aufgrund göttlicher Anordnung und der kanonischen Satzungen zu genießen hat.*

Ganz im Sinne der Kirche wird in diesem Abschnitt der Status der Kirche beschrieben. Besonders fällt auf, dass die Begründung für den unversehrten Erhalt der Kirche mit allen Rechten und Prärogativen ganz auf die göttliche Anordnung und die kanonischen Gesetze baut und nicht zumindest auch, was wohl möglich gewesen wäre, auf das Naturrecht, auf die Gleichberechtigung der Kirche zum Staat oder auf die überkommene bayerische Tradition. Es manifestiert sich hier, in deutlicher Abweichung zum gemeinsamen Entwurf der Unterhändler vom 27. Oktober 1806, Artikel 1, ein kirchliches Selbstbewusstsein, das vergangenen Zeiten päpstlicher hochmittelalterlicher Ansprüche und aktuellen Wunschvorstellungen verhaftet ist und schroff der staatlichen Gewalt präsentiert wird. Dabei werden dem Staat, jede Autonomie absprechend, die eigenen

---

950 In nomine sanctissimae trinitatis. Sanctitas sua supremus pontifex Pius VII. et majestas sua Maximilianus Josephus Bavariae rex debita sollicitudine cupientes, ut in iis, quae ad res ecclesiasticas pertinent, certus stabilisque in Bavariae regno constituatur ordo, in sequentes articulos convenerunt.

951 Art. 1. Religio catholica, apostolica, Romana in toto Bavariae regno sarta tecta conservabitur cum iis juribus et praerogativis omnibus, quibus fruit debet ex dei ordinatione et canonicis sanctionibus.

universalistischen Geltungsansprüche übergriffig aufgedrängt, ohne die seit Jahrzehnten eingetretenen staatlichen, kirchlichen und geistesgeschichtlichen Veränderungen zu berücksichtigen.

Artikel 2:[952] *Nachdem Seiner Heiligkeit die Dokumente der Zustimmung des Kapitels der vakanten Freisinger Kirche und dazu des derzeitigen Bischofs und des Kapitels der Kathedralkirche Chiemsee vorgelegt worden sein werden, woraufhin beide bischöfliche Sitze aufgehoben werden, wird München als neuer erzbischöflicher Sitz zusammen mit seinem Kapitel errichtet werden, und dieser Metropolitankirche werden, unter Beachtung dessen, was zu beachten ist, die bischöflichen Kirchen von Augsburg, Eichstätt und Brixen als Suffragane zugewiesen werden.*

Außerdem wird Seine Heiligkeit, wenn es die Notwendigkeit gebieten wird, die Umschreibung einer neuen Diözese mit der Zustimmung der Bischöfe und Kapitel, die es betrifft, festlegen.

Hier ist die Struktur einer Kirchenprovinz in Bayern, nicht einer bayerischen Kirchenprovinz/einer bayerischen Landeskirche beschrieben, nämlich: ein Metropolitansitz in München mit Suffragansitzen in Augsburg, Eichstätt und Brixen. Die anderen Bistümer im Königreich, Trient, Passau und Bamberg sollten also nach kurialer Auffassung exempt bleiben. Dies widersprach jedoch zur Gänze den staatlichen Vorstellungen, die dahingingen, alle Bischofssitze/Bistümer im Königreich in einer Kirchenprovinz unter einem Metropolitan-Erzbischof in einer homogenen Struktur als Landeskirche zusammenzufassen; vgl. dazu den Entwurf vom 27. Oktober 1806, Artikel 2 und Separatartikel 3 bis 5.

Artikel 3:[953] *Die Dotationen zum Unterhalt des Erzbischofs und der Bischöfe werden auf Gütern und ständigen Fonds errichtet und ihrer Verwaltung übergeben.*

---

952 Art. 2. Postquam sanctitati suae fuerint exhibita documenta consensuum - - - vacantis ecclesiae Frisingensis ac moderni episcopi - - - ecclesiae Chiemensis, praevia suppressione utriusque sedis episcopalis, Monachii eriget novam sedem archiepiscopalem cum suo capitulo atque huic metropolitanae ecclesiae, servatis servandis, episcopales ecclesias Augustanam, Eichstettensem et Brixinensem suffraganeas assignabit. –

Ac praeterea, si necessitas postulaverit, novam aliquarum diocesium, habito episcoporum et capitulorum, quorum interest consensu definiet circumscriptionem.

953 Artikel 3 des römischen Entwurfs vom 6.2.17 ist entfallen. Deshalb lautet nun

Art. 3. Dotatio mensarum archiepiscopi et episcoporum in bonis fundisque stabilibus ipsorum administrationi tradendis constituitur.

Mit Gütern gleicher Art und mit gleichem Recht zur Selbstverwaltung werden das Metropolitan- und die Kathedralkapitel errichtet; das Metropolitankapitel wird aus einem Propst, einem Dekan und zwölf Kanonikern bestehen; die Kathedralkapitel aus Dompropst, Domdekan und zehn Kanonikern. Die Benefizien der Vikare werden, wo sie bestehen, erhalten bleiben, sodass es in keiner Kirche weniger als sechs gibt.

Die jährlichen Einkünfte aus der Dotation werden für den Erzbischof 20.000 und für die Bischöfe 12.000 Gulden betragen. Die jährlichen Einkünfte eines jeden Propstes[954] *werden 4.000 Gulden, der Kanoniker 2.000, der Vikare 800 Gulden sein. Diese Einkünfte sollen in ihrem Betrag stets sicher und ungeschmälert erhalten werden.*

Eine Wohnung wird sowohl dem Erzbischof und den Bischöfen als auch den Kanonikern und Vikaren zugewiesen werden, die ihrer Würde und ihrem Stand entspricht.

Zum Vollzug des Dotationsgeschäfts, das innerhalb von zwei Monaten zu vollziehen ist, werden beide Vertragsparteien Kommissare ernennen und die Königliche Majestät wird von dem förmlichen Akt des Dotationsgeschäft zwei Ausfertigungen versenden lassen, eine für den apostolischen Nuntius, die andere für das königliche Archiv.

Die Fonds, Einkünfte, beweglichen und unbeweglichen Güter der bischöflichen Kirchen und ihrer Fabriken werden erhalten oder sie werden, wenn sie

---

Simili bonorum genere et administrationis jure instituentur capitula metropolitanae et cathedralium ecclesiarum; et metropolitana habebit praepositum, decanum et duodecim canonicos, cathedralium autem cathedrales praepositum, decanum et canonicos decem. Vicariorum beneficia ubi exstant conserventur nec in ulla ecclesia pauciores erunt quam sex.

Dotatio annuorum redituum pro archiepiscopo sit viginti millium florenorum, pro episcopis duodecim millium. Annui reditus cujuscunque, praepositi [et decani] erunt quater mille floreni, canonicorum bis mille, vicariorum 800, quorum redituum summae salvae et integrae semper conservandae erunt.

Habitatio tam archiepiscopo et episcopis quam canonicis et vicariis assignanda illorum dignitati et statui respondeat.

Ad negotium hujus dotationis intra bimestre perficiendum utraque contrahentium pars commissarios nominabit ac de formali dotationis actu duo exemplaria expediri jubebit (regia majestas), unum pro nuntio apostolico, alterum pro archivio regio.

Fabricarum denique ipsarumque ecclesiarum fundi, reditus, bona mobilia et immobilia conserventur et nisi sufficiant, sua majestas supplebit.

954 Mitzudenken ist hier: ‚und eines jeden Dekans'.

nicht genügen, in dem Umfang ergänzt, dass sie den jeweiligen Bedürfnissen entsprechen.

An wichtigen Bestimmungen ist in diesem Artikel zu erwähnen: Die Dotationen des Erzbischofs und der Bischöfe sowie der Kathedralkapitel werden auf Güter und Immobilienfonds fundiert. Die Güterverwaltung wird den kirchlichen Berechtigten übertragen. Die Struktur der Kapitel und die Einkünfte werden beschrieben. Das Recht auf angemessene Wohnung wird für einen bestimmten Personenkreis angeführt. Die Einzelheiten des Dotationsgeschäfts werden beschrieben. Eine Sicherungsklausel für das Vermögen der bischöflichen Kirchen und Fabriken wird festgeschrieben. Damit ist alles in dem Umfang bestimmt, wie es schon im gemeinsamen Entwurf der Unterhändler beider Seiten vom 27. Oktober 1806, Artikel 3 und Separatartikel 2 beschrieben war.

Artikel 4:[955] *Seine Heiligkeit wird in Erwägung der aus gegenwärtiger Übereinkunft für die Angelegenheiten der Kirche und der Religion hervorgehenden Vorteile Seiner Majestät dem König Maximilian Joseph und seinen Nachfolgern das apostolische Indult verleihen, zu den vakanten Kirchen im Königreiche Bayern würdige und taugliche Geistliche zu ernennen, welche die nach den heiligen Canones dazu erforderlichen Eigenschaften besitzen. Diesen Männern wird Seine Heiligkeit nach den kanonischen Formen die Institution erteilen.*

Die Annaten und Kanzleigebühren werden nach dem Maßstabe der jährlichen Einkünfte eines jeden Bischofs von Neuern festgesetzt werden.

Außerdem wird Seine Heiligkeit dem König Bayerns und dessen Nachfolgern für immer die Nomination sowohl zu den ersten Dignitäten wie auch zu

955 Art. 4. Sanctitas sua attenta utilitate, quae ex – - – hoc conventione manat in ea, quae ad res ecclesiae et religionis pertinent, majestati regiae Maximiliani Josephi ejusque successoribus apostolicum indultum concedet nominandi ad vacantes – - – ecclesias regni Bavariae dignos et idoneos ecclesiasticos viros, iis praeditos dotibus, quas sacri canones requirunt, talibus – - – viris eadem sanctitas sua canonicam dabit institutionem juxta formas canonicas, et annatarum atque cancellariae taxae proportionaliter ad uniuscujusque mensae annuos reditus de novo statuentur.

Praeterea sanctitas sua eidem Bavariae regi et successoribus ejus in perpetuum concedet nominationem tam ad primas dignitates quam ad canonicatus et praebendas in sex mensibus apostolicis (sive papalibus) in posterum vacaturos in metropolitana et cathedralibus, quae modo existunt in locis temporali dominio Bavariae regis subjectis; quoad alios sex menses in eorum tribus episcopus, in reliquis autem capitulum nominabit.

den Kanonikaten und Präbenden in den sechs apostolischen bzw. päpstlichen Monaten gewähren, wenn diese Stellen zukünftig in der Metropolitankirche und in den Kathedralkirchen vakant werden, die an Orten existieren, die der zeitlichen Herrschaft des Königs von Bayern unterworfen sind; was die anderen sechs Monate betrifft, wird in dreien der Bischof, in den restlichen das Kapitel zu diesen Stellen nominieren.

Der Artikel formuliert das Angebot der kirchlichen Seite im Hinblick auf das Verlangen der staatlichen Seite, bei der Besetzung der höheren kirchlichen Stellen wesentlich mitwirken zu können; das Recht des Königs zur Nomination/Ernennung zu allen Bischofssitzen im Königreich Bayern und die Zusicherung der päpstlichen Institution der Nominierten, falls sie die erforderlichen kanonischen Eigenschaften besitzen; die Regelung der Abgaben; das Recht des Königs zur Nomination der Pröpste der Kapitel; das Recht des Königs, in den päpstlichen Monaten, die Kanoniker und Präbendare zu nominieren, was den bisher gewährten päpstlichen Indulten an die bayerischen Herrscher entsprach; was die Ernennung der Kanoniker und Präbendare in den anderen Monaten betrifft, teilen sich die Nominierungen der jeweilige Bischof und das betroffene Kapitel. Interessant ist hier der Rückgriff auf die Besetzungsregelung der Domkapitel nach päpstlichen Monaten, die dem Wiener Konkordat von 1448 entspricht.

Mit der hier vorgeschlagenen königlichen Mitwirkung an den Besetzungen höherer Klerikerstellen entsprach die römische Seite freilich nicht den Wünschen der königlich-bayerischen Seite, alle Bischöfe und Dignitäten, Kanoniker und Präbendare der Kapitel zu nominieren, wie dies etwa im bayerischen Entwurf vom 5. September 1806, Sonderartikel 1 formuliert worden war.

Artikel 5:[956] *In jeder Diözese sollen die bischöflichen Seminare erhalten und für deren angemessene Dotation in beständigen Gütern vorgesorgt werden, in jenen Diözesen aber, in welchen solche Seminare fehlen, sollen sie mit einer neuen Dotation in ständigen Gütern gegründet werden, um in ihnen Heranwachsende auszubilden, die die Bischöfe nach dem Bedürfnis oder Nutzen ihrer Diözese aufzunehmen für richtig erachten.*

---

956 Art. 5. Sua singulis dioecesibus seminaria conserventur eaque provideantur congrua dotatione in bonis stabilitus, in iis autem dioecesibus, in huibus desunt, nova dotatione bonis stabilibus fundentur et ad efformandos in iis adolescentulos, quos episopi pro neccessitate et utilitate dioecesium recipiendes judicaverint.

Horum autem seminariorum ordinatio, doctrina, gubernatio ac administratio episcoporum auctoritati pleno liberoque jure subiiciuntur juxta formas canonicas.

Die innere Ordnung, die Lehre, die Leitung und die Verwaltung der Seminare werden nach den kanonischen Formen der vollkommen freien Autorität und dem Recht der Bischöfe unterstehen.

Hier ist über die Seminare alles in dem Umfang sachlich bestimmt, wie es schon im gemeinsamen Entwurf der Unterhändler beider Seiten vom 27. Oktober 1806, Artikel 5 beschrieben war. Ergänzt ist hier die Präzisierung, dass für bestehende und neu zu gründende Seminare mit einer angemessenen Dotation vorgesorgt werden soll; eine verständliche kirchlich-kuriale Sorge.

Artikel 6:[957] *In der Leitung der Diözesen sind die Bischöfe befugt, alles dasjenige frei auszuüben, was ihnen Kraft ihres pastoralen Hirtendienstes entweder durch Erklärung oder durch Anordnung der heiligen Canones zukommt, und insbesondere*

a) sich zu Vikaren, Ratgebern, Beamten und Helfern für die Verwaltung Geistliche jeder Art berufen;
b) geeignete Personen in den klerikalen Stand aufnehmen und mit den kanonischen Titeln zu den höheren Weihen zulassen, die sie für ihre Diözesen für

957 Art. 6. Pro regimine dioecesium episcopis id omne exercere liberum erit, quod in vim pastoralis eorum ministerii sive ex declaratione sive ex dispositione sacrorum canonum eis competit, ac praesertim
a) vicarios, consiliarios, officiales et adjutores administrationis suae constituere ecclesiasticos quoscunque,
b) ad statum clericalem assumere et titulis per sacros canones approbatis ad ordines etiam majores promovere, quos necessarios aut utiles suis ecclesiis judicaverint, et quos e contrario pro indignis censuerint, ab ordinibus suscipiendis arcere, quin ab ullo quovis obtentu impediri queant,
c) causas, quae sive ratione sui sive ratione personarum ecclesiasticae sunt atque inprimis causae matrimoniales, quae juxta canonem XII. sess. 24. concilii Tridentini ad judicem ecclesiasticum spectant, in foro eorum ecclesiastico cognoscere ac de iis sententiam ferre.
d) in clericos reprehensione dignos poenis, quas convenientes judicaverint, salvo recursu canonico, animadvertere,
e) cum clero et populo dioecesano pro munere officii pastoralis libere communicare, quemadmodum episcoporum, cleri et populi communicatio cum sancta sede super rebus spiritualibus et negotiis ecclesiasticis libera erit nulloque impedita obstaculo,
f) collatis cum regia majestate consiliis parochias erigere aut dividere,
g) pro clericis infirmis et senibus constitutas jam domos conservare aut sin desint inire consilium, ut de illis provideatur.

nötig und nützlich erachten und dagegen die, welche sie für den Weiheempfang für unwürdig erachten, ausschließen, ohne dass sie hierbei unter irgendeinem Vorwand gehindert werden können;

c) *Fälle, die entweder ihrer Natur nach oder um der Person willen kirchlich sind und jene Ehesachen, die gemäß Canon XII, Sessio 24 des Konzils von Trient einen kirchlichen Richter erfordern, bei ihrem kirchlichen Gericht verhandeln und entscheiden;*

d) *gegen Geistliche, die eine Ahndung verdienen, Strafen verhängen, die ihnen angemessen erscheinen, unbeschadet des kanonischen Rekurses;*

e) *in der Ausübung des geistlichen Hirtendienstes mit dem Klerus und dem Volk der Diözese frei kommunizieren; gleicherweise wird die Verbindung der Bischöfe, Kleriker und des Volkes mit dem Heiligen Stuhl über geistliche Dinge und kirchliche Angelegenheiten frei sein und kein Hindernis entgegenstehen;*

f) *im Einverständnis mit dem Rat seiner Königlichen Majestät Pfarreien errichten oder teilen;*

g) *für kranke und alte Kleriker schon bestehende Häuser erhalten oder, wo es keine gibt, einen Entschluss fassen, wie für diese gesorgt werden kann.*

Dieser Artikel knüpft sachlich an den Katalog bischöflicher Rechte für die Diözesanleitung an, der im Entwurf der Unterhändler vom 27. Oktober 1806, Artikel 6 formuliert ist. Abweichungen sind: Der Einführungssatz spricht nicht von der Freiheit der Bischöfe, sondern von Befugnissen, die im Hirtendienst und den dazugehörigen kirchlichen Erklärungen und Kanones begründet werden. Hier wird – merkwürdigerweise für eine Übereinkunft mit dem weltlichen Partner – die bischöfliche Diözesanleitung von kirchlicher Seite an kirchliche Vorgaben rückgebunden: a.) Die Bischöfe dürfen aus allen kirchlichen Männern/Geistlichen ihre Funktionsträger wählen, nicht nur aus Kanonikern und Benefiziaten; c.) der Zuständigkeitsbereich geistlicher Gerichtsbarkeit wird genauer bestimmt; aus Fällen, die wegen ihrer Natur kirchlich sind oder aus ihrer unmittelbar zum Heiligen in Verbindung stehen, wird neu: Fälle, die wegen ihrer Natur oder um der Person willen kirchlich sind und Ehesachen gehören vor das kirchliche Gesetz, dabei erscheint der Verweis auf das Konzil von Trient[958] redundant und überflüssig; der Sinn liegt hier in der Spitze gegen staatskirchenrechtliche Bestrebungen, neben der Aneignung des Verlöbnisrechtes auch die Ehegesetzgebung in den Jahren nach 1806 für den Staat zu reklamieren[959]; e.) geändert ist, dass die Kommunikation

958 Conc. Trid., Sess. XXIV, Canones de sacramento matrimonii, c. 12, in: COD, Bd. 3, 754 lautet: „*Si quis dixerit, causas matrimoniales non spectare ad iudices ecclesiasticos: a. s.*"

959 Vgl. oben 4.1.1.2.5 Montgelas' Visionen werden Reformen werden Praxis, 178.

mit Rom nicht nur für Bischöfe, sondern auch für alle anderen Gläubigen frei und unbehindert sein soll. Auffällig ist unter Buchstabe d.), dessen Text unverändert zur Vorlage blieb, dass hier nur erwähnt wird, dass Pfarreien errichtet oder geteilt werden, aber nicht, dass sie aufgehoben oder vereinigt werden können.

Artikel 7:[960] *Die Bischöfe übertragen an Personen, die ihrer Majestät genehm sind, die Benefizien, sowohl die pfarrlichen wie auch einfache, die sie selbst vor dem Jahr 1802 übertragen haben und die weder dem königlichen noch dem legitimen privaten Patronatsrecht, d. h. solche, die entweder durch Gründung oder durch Ausstattung oder durch Bau erworben sind, unterliegen.*

Jedoch zu den Benefizien, die entweder dem königlichen oder auch dem privaten (dem kirchlichen oder dem laikalen oder dem gemischten) Patronatsrecht unterliegen, präsentieren die betreffenden Patrone, die dieses Recht vor dem Jahr 1802 erlangten; die Bischöfe aber werden den Präsentierten, sofern sie bei ihnen die nötigen Eigenschaften vorfinden, die kanonische Institution erteilen.

Die Verleihung der Benefizien gleicher Art jedoch, die früher den Kapiteln der Kollegiatkirchen, Abteien und Klöstern zukam, die zurzeit faktisch nicht existieren, wird zukünftig den betreffenden Diözesanbischöfen zustehen.

Die Besetzung der pfarrlichen und weiterer (niederer) Benefizien war im gemeinsamen Entwurf beider Seiten vom 27. Oktober 1806, Artikel 7 nur sehr knapp geregelt und berücksichtigte zudem die Benefizien nicht, die in früherer Zeit von inzwischen untergegangenen kirchlichen Institutionen verliehen worden waren. Hier werden nun die Benefizien nach drei Gruppen geordnet sowie wird das Normaljahr 1802 eingeführt, indem auf den Entwurf des Nuntius vom 8. August 1806, Artikel 16, 18 und 19 rekurriert wird. Anzumerken ist hier: Die Bischöfe verleihen Benefizien, die schon vor 1802 bischöflich verliehen

960 Der Artikel 8 v. 6.2.1807 entfällt in diesem Entwurf, da sein Inhalt hier schon in Artikel 4 aufgenommen ist.

Art. 7. Episcopi conferent personis suae majestati gratis beneficia tam parochialia quam simplicia, quae ipsi conferebant ante annum 1802, quaeque non juri patronatus regio, vel privato legitime id est sive per fundationem sive per dotationem, sive per constructionem acquisito subjecta sunt. Quae vero beneficia ejuscunque naturae juri patronatus tam regio quam privato (sive illud ecclesiasticum sive laicale sive mixtum sit) subjecta sunt, ad ea praesentabunt eorum respecitivi patroni, qui legitime hoc jure potiebantur ante annum 1802; episcopi vero praesentatis, in quibus debita requisita agnoscent, canonicam dabunt institutionem. Eorum autem beneficiorum cujuscunque pariter naturae collatio, quae antea pertinebat ad capitula collegiatarum ecclesiarum, abbatias, monasteria in praesens de facto non existentia, ad dioecesanos respective episcopos in posterum spectabit.

wurden, an Personen, die der Majestät genehm sind. Damit gibt es in diesem Fall keine freie Verleihung, der König hat ein wichtiges Mitspracherecht. Es wird hier auch nicht unterschieden, in welcher Funktion die Bischöfe die Benefizien vor 1802 verliehen haben, ob als Bischof oder als Landesherr. Vielmehr wird die staatskirchlich günstigere Variante für alle Benefizien zugrunde gelegt: die Verleihung als Landesherr. Nur damit lässt sich das Mitwirkungsrecht des neuen Landesherren, dem König, begründen. Allerdings widerspricht die staatskirchliche Präsumtion dem Kirchenrecht, das von der freien bischöflichen Verleihung der Benefizien und Ämter ausgeht. Umso mehr erstaunt daher, dass sich diese Bestimmung in dem von der Kurie präsentierten Konkordatsentwurf findet.[961] Zu den unterschiedlichen Typen von Benefizien unter einem Patronatsrecht präsentieren die Patrone, die bis zum Jahr 1802 präsentierten und – so ist zu ergänzen – ihre Rechtsnachfolger. Die Bischöfe erteilen dann den Präsentierten die Institution, sofern sie die erforderliche Eignung besitzen. Die Benefizien, die bis 1802 von kirchlichen Institutionen verliehen wurden und in der Säkularisation untergingen, verleihen nun die Bischöfe; in diesem Fall ist es eine wirklich freie Verleihung.

Die Kombination der Gruppen und des Normaljahres ergibt insgesamt eine klare, streitvermeidende Struktur der Benefizien und Verleihungsberechtigten.

Artikel 8:[962] *Dignitäten, Kanonikern und allen Benefiziaten ist der Besitz mehrerer Benefizien und Präbenden durch die Kanones verboten; genauso sind sie nach den Kanones streng verpflichtet zur neunmonatigen Residenz und zur persönlichen Erfüllung ihres Dienstes an ihren Präbenden und Benefizien.*

Dieser Artikel ist wortwörtlich aus dem gemeinsamen Entwurf der Unterhändler beider Seiten vom 27. Oktober 1806, Artikel 8 übernommen.

Artikel 9:[963] *Die Güter der oben genannten Kirchen, Kapitel, Pfarreien, Benefizien, Klöster und Konvente für Männer und Frauen werden ungeschmälert*

961 Der Text dieses Artikels entspricht sachlich ganz dem kurialen Entwurf vom 06.02.1807, Artikel 9. Der staatliche Entwurf vom 17.03.1807 hatte wiederum den Art 7 des Entwurfs vom 27.10.1806 übernommen.

962 Art. 8. Dignitarii, canonici, beneficiati omnes, uti a pluritate beneficiorum et praebendarum secundum canones prohibentur, ita ad residentiam novem mensium et ad servitium personale in praebendis suis et beneficiis secundum eorumdem canonum rigorem adstringuntur. – .

963 Art. 9. Bona supradictarum ecclesiarum, capitulorum, parochiarum, beneficiorum, monasteriorum conventuumque utriusque sexus integra conservanda sunt

erhalten und können ohne die Autorität des Apostolischen Stuhls nicht entfremdet oder in jährliche Pensionen umgewandelt werden.

Der Artikel knüpft mit der Sicherung der Güter kirchlicher Rechtsträger eng an den gemeinsamen Entwurf der Unterhändler vom 27. Oktober 1806, Artikel 9 an. Jedoch: In der Vorlage wurden auch die Güter der Seminare aufgezählt, allerdings war noch keine Rede von Klöstern und Konventen, deren Güter werden hier genannt, doch nicht mehr die der Seminare. Die Güter der Seminare sind schon im obigen Artikel 5 besonders erwähnt. Die Nennung der Klöster und Konvente geht zurück auf den kurialen Entwurf bzw. Nuntius 8. August 1806, Artikel 11.

Artikel 10:[964] *Ihre Königliche Majestät wird nicht zulassen, dass die katholische Religion, ihre Liturgie und ihre Diener weder durch Wort noch Taten noch Schriften verächtlich gemacht werden oder die Vorsteher der Kirchen in der Ausübung ihres Dienstes zum Schutz der Glaubens- und Sittenlehre gehindert werden.*

Dieser Schutzartikel schließt sich an den gemeinsamen Entwurf der Unterhändler vom 27. Oktober 1806, Artikel 10 an. Dabei fällt auf, dass a.) neben der Religion/Konfession und ihrem Ritus/ihrer Liturgie/ihrem Kult auch die Diener der Religion vor Verächtlichmachung geschützt werden und es werden b.) die möglichen Formen der Anwürfe aufgezählt. Die Absicht ist, den Kreis der Schutzgüter geschützten Personen im kirchlichen Interesse möglichst weit zu ziehen und alle vorstellbaren Schädigungsformen auszuschließen.

Artikel 11:[965] *Alles Übrige, was kirchliche Angelegenheiten betrifft und in diesen Artikeln nicht ausdrücklich erwähnt wird, bleibt bestehen und wird gemäß geltender kirchlicher Disziplin behandelt; Doch sollte sich irgendein Problem ergeben, so behalten sich Seine Heiligkeit und die Königliche Majestät vor, sich darüber auszutauschen und es beizulegen.*

Dieser Artikel knüpft sachlich an den Entwurf der Unterhändler beider Seiten vom 27. Oktober 1806, Artikel 11 an und enthält die dreifache Sicherungsklausel

---

nec distrahi absque sedis apostolicae auctoritate aut in pensiones annuas commutari poterunt.

964 Art. 10. Majestas regia non patietur, ut catholica religio ejusque ritus et ministri sive verbo sive factis sive scriptis condemnantur aut ecclesiarum antistites in exercendo munere suo pro custodienda fidei et morum doctrina impediantur.

965 Art. 11. Quoad caetera vero res ecclesiasticas spectantia, quorum nulla expressa mentio in his articulis facta est, manebunt omnia et administrabuntur juxta vigentem ecclesiae disciplinam; sed aliqua difficultate superveniente sanctitas sua et majestas regia conferre sibi reservant.

vom Fortbestand kirchlicher Einrichtungen und Sachverhalte, der dafür geltenden kirchlichen Rechtsordnung und dem Verständigungsgebot bei Problemen. Der zweite Teil des Artikels ist gegenüber dem Entwurf textlich, aber nicht inhaltlich verkürzt. Dass die Bischöfe als Verhandlungspartner bei Problemen wegen des Konkordats nicht mehr genannt werden, sondern der Papst, ist sachgerecht, denn sie sind nicht Vertragspartner der Übereinkunft.

Artikel 12:[966] *Der Erzbischof und die Bischöfe werden vor der Königlichen Majestät einen Treueeid mit folgendem Wortlaut ablegen: „Ich schwöre und verspreche auf Gottes heilige Evangelien Gehorsam und Treue Seiner Majestät dem König. Ebenso verspreche ich, keine Kommunikation zu pflegen, an keiner Beratung teilzunehmen, und keine verdächtige Verbindung weder im In- noch im Ausland zu unterhalten, welche der öffentlichen Ruhe schädlich sein könnte, und wenn ich Kenntnis von einem Anschlag, sei es in meiner Diözese oder sonst irgendwo, zum Nachteil des Staates erhalten sollte, solches Seiner Majestät anzuzeigen.“*

Dieser Artikel über den Treueid ist wortwörtlich aus dem gemeinsamen Entwurf der Unterhändler beider Seiten vom 27. Oktober 1806, Artikel 12 übernommen.

Artikel 13:[967] *Beide vertragschließenden Teile versprechen für sich und ihre Nachfolger die genaue Beobachtung all dessen, worüber man in diesen Artikeln gegenseitig übereingekommen ist. Und von der Königlichen Majestät wird die vorliegende Konvention zum Staatsgesetz erklärt werden, das alle Gesetze, Ordnungen und Dekrete aufhebt, die in Angelegenheiten der Religion und der*

966 Art. 12. Archiepiscopus et episcopi coram regia mejestate juramentum fidelitatis emittent sequentibus verbis expressum:

„Ego juro et promitto ad sancta dei evangelia obedientiam et fidelitatem regiae majestati; item promitto me nullam communicationem habiturum nullique consilio interfuturum nullamque suspectam unionem neque intra, neque extra conservaturum, quae tranquillitati publicae noceat; et si tam in diocesi mea quam alibi noverim aliquid in status damnum tractari, majestati suae manifestabo.“

967 Art. 13. Utraque contrahentium pars spondet, se successoresque suos omnia, de quibus in his articulis utrinque conventum est, sancte servaturos et a majestate regia praesens conventio pro lege status declarabitur eaque abrogatoria omnium legum, ordinationum et decretorum circa res religionis et circa ecclesiasticam disciplinam a gubernio Bavarico hucusque latorum.

Eadem praeterea majestas regis spondet nihil unquam se suosque successores quavis de causa articulis hujus conventione addirituros aut in iis immutaturos esse absque sedis apostolicae auctoritate.

kirchlichen Disziplin von der Regierung Bayerns bis jetzt erlassen worden sind. Außerdem versprechen die Königliche Majestät für sich und ihre Nachfolger, dass nie aus irgendeinem Grund den Artikeln dieser Übereinkunft etwas hinzugefügt oder an ihnen etwas abgeändert wird, ohne dass die Autorität des Apostolischen Stuhls mitwirkt.

Dieser Artikel konzentriert mehrere Schutzbestimmungen aus Vorgängerentwürfen für das abzuschließende Konkordat, nämlich:

1. die Vertragstreue beider Parteien zur Übereinkunft (vgl. Entwürfe vom 6. Februar 1807, Artikel 15; vgl. 27. Oktober 1806, Artikel 13; 8. August 1806, Artikel 30),
2. die Erklärung der Konvention als Staatsgesetz (ebd.) mit
3. alleinstellender Wirkung zur Regelung aller kirchlichen Sachverhalte (vgl. Entwürfe vom 6. Februar 1807, Artikel 15; 8. August 1806, Artikel 29) und
4. ein Veränderungsverbot des Konkordats durch die staatliche Seite ohne Mitwirkung des Apostolischen Stuhls (vgl. Entwurf vom 6. Februar 1807, Artikel 13).

Besondere Beachtung verdienen die Punkte 3.) und 4.).

Zu 3.): Erstrebt wird, dass das Konkordat als Staatsgesetz „*alle Gesetze, Ordnungen und Dekrete aufhebt, die in Angelegenheiten der Religion und der kirchlichen Disziplin von der Regierung Bayerns bis jetzt erlassen worden sind.*" „*Alle*" erklärt sich selbst; „*bis jetzt*" könnte verstanden werden als von der Säkularisierung 1802 an bis jetzt oder vom Regierungsantritt Maximilian Josephs 1799 oder von Herzog Albrecht V. mit seiner Landesordnung von 1553 an. Wie auch immer: diese Passage will die gesamte staatskirchliche Gesetzgebung Bayerns rückgängig machen, ohne Rücksicht darauf, ob dies unter den geschehenen Veränderungen erstrebenswert oder möglich wäre. Es ist somit zu vermuten, dass hinter diesem Entwurf der Kurie die Zelanti im Kardinalskollegium stand – jene Partei, die jede Verständigung mit den modernen Staaten und der Aufklärung kategorisch ablehnte.

Zu 4.): In verschiedenen Vorgängerentwürfen war ein Verständigungsgebot als Schutzfunktion des Konkordats eingefügt, das bei Änderungswünschen der staatlichen Seite und bei auftretenden Problemen greifen sollte (vgl. Entwürfe vom 6. Februar 1807, Artikel 13; vgl. 27. Oktober 1806, Artikel 11, 8. August 1806, Artikel 27). Hier wird nun aber explizit, wie schon im vorhergehenden kurialen Entwurf (6. Februar 1807, Artikel 13), das Gegenstück zum Verständigungsgebot, nämlich ein Veränderungsverbot fixiert; dafür entfällt das Verständigungsgebot.

Der Punkt ist: Die Selbstverpflichtung zur genauen Beobachtung der getroffenen Übereinkunft, also die Fixierung der Vertragstreue beider Parteien und das Verständigungsgebot für Seine Majestät und Seine Heiligkeit in den Bestimmungen vorheriger Konkordatsentwürfe umschreiben sachlich ein Veränderungsverbot. Doch der Ton macht die Musik: Ein explizites Veränderungsverbot nur für die staatliche Seite, d. h. allein für die Königliche Majestät und ihre Nachfolger, ist daher eine kaum verhüllte Misstrauenserklärung, sprich ein Affront.

Die Themen des Konkordatsentwurfs, der als römisches Ultimatum gilt, lassen sich – mit knappen Hinweisen – wie folgt darstellen:

- Invocatio Trinitatis, Präambel mit Parteinennung und Absicht;
- Status der katholischen Kirche im Staat, neu formuliert im Sinne mittelalterlicher päpstlich-ekklesiologischer Geltungsansprüche;
- Struktur der Landeskirche als eine Kirchenprovinz und – neu – mehrere fortbestehende Exemptionen;
- Umschreibungen von Diözesen mit Konsultation der Kirchen vor Ort, aber neu: ohne staatliche Beteiligung;
- Dotation, Wohnung, Einkünfte der Bischöfe; Struktur der Kapitel, Dotation, Einkünfte und Wohnung der Kanoniker und Vikare; Bestellung von Kommissaren zum Vollzug des Dotationsgeschäfts; Sicherung der Güter der bischöflichen Kirchen und Fabriken und – neu: gegebenenfalls Ergänzung entsprechend den Bedürfnissen;
- Nominationsrecht für den König zu allen Bischofssitzen, den Pröpsten, Kanonikern und Präbendaren an den Kathedralkirchen, und zwar, – neu: in den päpstlichen Monaten; in drei anderen Monaten ernennen die Diözesanbischöfe, in den restlichen drei Monaten ernennen die Kapitel; Regelung der Annaten und Gebühren;
- Seminare mit Dotation erhalten bzw. errichten und dotieren; in Lehre, Ordnung und Leitung ist der Bischof frei;
- Rechte des Bischofs zur Diözesanleitung:
  - o freie Berufung der Mitarbeiter;
  - o freies Ordinationsrecht;
  - o kirchliche Gerichtsbarkeit für geistliche Sachen oder Personen, die unmittelbar mit geistlichen Sachen verbunden sind; insbesondere Ehesachen gemäß mit – neu – explizitem Verweis auf das Konzil von Trient;
  - o Straf- und Disziplinarrecht gegenüber Klerikern;
  - o freie Kommunikation mit den Gläubigen und der Kurie sowie untereinander in geistlichen und kirchlichen Angelegenheiten;

  - o Pfarreien errichten oder teilen im Einverständnis mit dem Rat des Königs;
  - o Emeritenhäuser erhalten oder für ihre Errichtung zu sorgen.
- Bischöfe übertragen Benefizien an Personen, die dem König genehm sind und die sie – neu – vor dem Normaljahr 1802 schon verliehen haben; von Patronatsherren präsentierten Geistlichen erteilen die Bischöfe die Institution; Bischöfe verleihen Benefizien der untergegangenen kirchlichen Institutionen;
- Verbot mehrere Benefizien zu besitzen und Residenzpflicht für die kanonischen neun Monate sowie persönliche Erfüllung des Dienstes;
- Sicherungsbestimmungen für die zugesagten Dotationen, Stiftungen und Güter der Kirchen, Kapitel, Pfarreien, Benefizien und Klöster und Konvente; entfallen: das Recht, neue Güter zu erwerben, die den überkommen Gütern gleichgestellt werden;
- Schutz von Religion, Liturgie und Dienern der Kirche vor Verächtlichmachung mit – neu – Wort, Tat, Schrift, und Schutz der Amtsträger in der Ausübung ihres Dienstes;
- Sicherung kirchlicher Angelegenheiten und der Geltung kirchlichen Gesetzes und Schutz vor Veränderung des Konkordats;
- Treueid gegenüber dem Staat/König;
- Treue Beobachtung des Konkordats durch die Parteien; das Konkordat wird als Staatsgesetz erklärt; neu: das Konkordat hebt alle bisherigen staatskirchlichen Gesetze in Bayern auf; neu: Versprechen nur der staatlichen Partei, das Konkordat nicht zu verändern;

Kurz und in summa:

Der Entwurf ist themenkonzentriert wie schon der Konkordatsentwurf vom 27. Oktober 1806, der von den Bevollmächtigten gemeinsam erarbeitet wurde.

Bemerkenswert ist, wie sehr im Text einzelner Artikel die kirchliche Position in Begründungen und Verweisen profiliert und mit Referenz auf kirchliche Daten untermauert sowie die Mitwirkung der staatlichen Seite nicht (mehr) erwähnt wird.

In vorherigen Entwürfen schon zugestandene staatskirchenrechtliche Ansprüche bei der Ämtervergabe werden zurückgenommen und die alten reichskirchenrechtlichen Bestimmungen gemäß dem Wiener Konkordat wieder eingeführt. Die staatliche Wunschvorstellung einer Landeskirche bzw. einer bayerischen Kirchenprovinz wird durchkreuzt; im Staat soll es zwar eine Kirchenprovinz doch immerhin auch drei exempte Bistümer geben.

Besonders fallen die Bestimmungen zum Status der katholischen Kirche in Bayern (Artikel 1) und das Verlangen einer Abrogation aller bisherigen staatskirchlichen Gesetzgebung im Königreich Bayern verbunden mit einer ängstlich-misstrauischen (Ab-)Sicherungsmanie (Artikel 13) auf. Diese Ausführungen machen einem neutralen Beobachter unmittelbar einsichtig, dass dieses römische Ultimatum von königlich-bayerischer Seite nicht als unterschriftsreif anerkannt werden konnte.

Im Grunde ist diese zweite Etappe der Konkordatsverhandlungen bestimmt von der unbeweglichen und kompromisslosen Haltung der Kurie, die den vom päpstlichen Nuntius mit ausgearbeiteten Entwurf vom 27. Oktober 1806, in dem ein bayerisches Ultimatum berücksichtigt worden war, nicht mittragen wollte. Stattdessen langte die Kurie mit ihrem Ultimatum vom 10. Juli 1807 wieder beim Ausgangsentwurf des Nuntius vom 8. August 1806 an, wobei sie des Nuntius' Entwurf insbesondere in den Artikeln 1 und 13 für die bayerische Seite in unerträglicher Weise sprachlich und inhaltlich verschärfte. Es kann daher der Eindruck gewonnen werden, dass die Kurie den Abbruch der Verhandlungen provozieren wollte. Was auch immer die Verantwortlichen der Kurie befürchtet haben mögen, was auch immer sie provoziert haben mag – so konnte keine Übereinkunft erzielt werden.

4.2.2.3 Fazit zu den Verhandlungen 1806–1807 und Ausblick bis 1814

In den Jahren zwischen 1806 und 1809 sowie den Folgejahren bis nach dem Sturz Napoleons 1814 ist es in Bayern nicht zur Verständigung einer konkordatär abgesicherten Kooperation zwischen Staat und Kirche gekommen.

Dies lag jedoch nicht (etwa nur) am territorialistisch-staatskirchenrechtlichen Standpunkt der bayerischen Regierung. Für die zielgerichtete Verhandlungsbereitschaft der bayerischen Regierung spricht vielmehr ihr ureigenes Interesse an einem eigenen Konkordat, angesichts der geäußerten Absicht Napoleons für alle deutschen Fürstentümer des Rheinbunds ein gemeinsames Konkordat mit dem Heiligen Stuhl herbeizuführen. Ein Rheinbundkonkordat musste jedoch in Bayern die Befürchtung wachrufen, dass die gerade mit der Königswürde erreichte unbeschränkte Souveränität wieder beschränkt werden würde. Von daher war die bayerische Regierung aus prinzipiellen Überlegungen gegen den Abschluss eines Konkordats für den Rheinbund und unbedingt für den Abschluss eines eigenen (Sonder-)Konkordats zwischen Bayern und dem Heiligen Stuhl.[968] In einer gewissen Weise stellt sich damit diese Situation parallel

968 Am Scheitern eines Konkordats für den Rheinbund musste sogar auch der Kurie gelegen sein. „*Die Kurie, die soeben im französischen Konkordat die Voraussetzungen*

zu jener dar, als sich Bayern nach der durch den Reichsdeputationshauptschluss legitimierten Säkularisation der geistlichen Fürstentümer gegen den Abschluss eines gemeinsamen Reichskonkordats gestellt hat; ja, sogar der Gegenspieler war derselbe geblieben: Kurfürst-Reichserzkanzler Karl Theodor von Dalberg, der nun als Fürstprimas das Oberhaupt des Rheinbundes war und wiederum eine einheitliche kirchliche Neuordnung für Deutschland erreichen wollte.

Das Scheitern der Konkordatsverhandlungen in den Jahren 1806/1807 bis hin zum Jahr 1809 lag im Wesentlich daran, dass die Kurie und das Kardinalskollegium, nicht etwa nur der Kardinalstaatssekretär, die Verhandlungen zu langsam betrieben und sie unnachgiebig den Widerruf aller (!) einseitig vom Staat erlassenen kirchenpolitischen Gesetze verlangten.[969] Dies war jedoch *„ein Zuviel der römischen Forderungen. Das kann man ruhig zugeben, ohne mit Sicherer behaupten zu wollen, die Kurie habe eine Unterordnung des Staates unter die Kirche angestrebt. Die Kurie wollte die Koordination, aber strenger als die bayerische Regierung sie anzunehmen geneigt war.“*[970] Mit dem Scheitern der Konkordatsverhandlungen war jedenfalls ein Kairos verpasst worden.

Die Entwicklungen der gesamteuropäischen Politik der nächsten Jahre nach 1809 seien hier ebenfalls noch benannt, da sie zeigen, warum zunächst keine Wiederaufnahme der Verhandlungen für ein Konkordat erfolgte. Der Kirchenstaat wurde von Napoleon dem französischen Kaiserreich einverleibt, also annektiert. Napoleon besiegte mit der französischen Armee und den verbündeten Bayern das österreichische Aufgebot. Ab dem Jahr 1811 bereitete sich Napoleon auf einen Russlandfeldzug vor, der unter gewaltigen Menschenopfern scheiterte. Dabei hatten auch die bayerischen Truppenkontingente verheerende Verluste zu beklagen. Nach dem Feldzug, der die Rheinbundfürsten ernüchtert hatte und das deutsche Nationalgefühl verstärkte, begannen die Befreiungskriege, an deren absehbaren Ende Bayern mit dem Vertrag von Ried am 8. Oktober 1813 aus dem Rheinbund austrat, sich mit Österreich verbündete

---

für einen zentralisierten Wideraufbau durchgesetzt hatte, konnte nicht wünschen, dass in Deutschland von neuem ein eigenständiger kirchlicher Organismus begründet wurde.“, so Aubert, Die katholische Kirche und die Restauration, 163.

969 Listl (Die konkordatäre Entwicklung von 1817–1988, in: HBG, Bd. III., 427–463, hier 428–429) meint dagegen, die Konkordatsverhandlungen *„scheiterten jedoch schließlich an den exzessiven staatskirchenhoheitlichen Forderungen des Ministers Montgelas und vor allem auch an dem Kirchenkonflikt, den das rücksichtslose Vorgehen der bayerischen Beamten bei der Säkularisation in dem von Bayern besetzten Nord- und Südtirol ausgelöst hatte.“*

970 Doeberl, Entwicklungsgeschichte, 51.

und Frankreich den Krieg erklärte. Napoleon dankte schließlich nach weiteren verlorenen Schlachten im April 1814 in Paris bedingungslos ab.

4.2.2.4 Geistesgeschichtliche Wandlungen

In den Jahren nach der Französischen Revolution etablierte sich eine gegen die Rationalität der Aufklärung gerichtete Geisteshaltung unter jüngeren deutschen Intellektuellen: Die Romantik, die mit ihrer Betonung von Stimmung, Gefühl und Mystik als komplementäre Ergänzung der Aufklärung zu beschreiben ist. *„Es war nicht das Negative, nicht die Ablehnung, was die Romantik zu einer bedeutsamen geistigen Bewegung werden ließ, sondern das Positive, das Vorstoßen und Vordringen in neue Sphären des Lebens und des Geistes, das Erspüren neuer Lebens- und Kunstwerte, das Anknüpfen an verwandte Epochen und der Einsatz des allumfassenden und alldurchdringenden Gefühls im Ringen um die Gestaltung des Lebens. Anstelle der vorherrschenden Ratio war das Schauen der Seele getreten, der ganze Mensch sollte sich um die Erkenntnis mühen, die Kraft des Herzens vor allem durfte nicht ausgeschaltet sein, wo es um die Ordnung des Lebens, um die Erkenntnis der Weltzusammenhänge ging.“*[971]

4.2.2.4.1 Von der Naturphilosophie zur Naturwissenschaft

Bis weit ins 18. Jahrhundert war die Naturphilosophie dadurch geprägt, dass sie der natürlichen Religion und der Moralphilosophie eine sichere Grundlage liefern sowie zur Erkenntnis des Schöpfers und des Lenkers des Universums leiten sollte. Noch Friedrich Wilhelm Joseph Schelling (1775–1854) erhebt in Abgrenzung zu Kants ‚Metaphysische Anfangsgründe der Naturwissenschaft‘ (1786) den Anspruch, eine ‚positive‘ Naturphilosophie zu entwickeln, die Aussagen über das Sein der Naturerscheinungen macht. Ebenfalls im 18. Jahrhundert entwickelten die Kameralisten an den aufgeklärten Höfen Europas, etwa Johann Heinrich Gottlob von Justi (1717–1771) mit Anleihen bei Montesquieu sowie Christian Wolff und Samuel Pufendorf, eine merkantilistisch-ökonomische Strategie zur Staatsentwicklung, die sich vor allem auf die Landesbeschreibung und statistische Erhebungen stützte.

Unter diesen Voraussetzungen vollzog sich die Ausbildung moderner Naturwissenschaften, die hier exemplarisch mit Carl von Ritter[972] (1779–1859) belegt werden soll. Ritter, der in Halle 1796–1798 Kameralistik studiert hatte, legte ab 1804 die Grundlagen der wissenschaftlichen, klassischen Geographie. Sein

971 Heuschele, Einleitung zu Novalis Christentum, 4.
972 Zu Leben, Werk und Würdigung Ritters vgl. Lindgren, Ritter, 655–656.

Forschungsschwerpunkt lag allerdings nicht auf dem Gebiet der physikalischen Geographie, sondern vielmehr im Sinne der neuen romantischen Geistesströmung auf den Beziehungen zwischen Natur und Umwelt einerseits sowie dem Menschen und seiner Kultur andererseits. Dabei war Ritter einem bestimmten philosophischen Kontext verhaftet: *„Wenn man die klassische Geographie in den angedeuteten Herkunftsgeschichten liest, kann man sogar sagen: Diese Geographie war nicht nur von vornherein eine Sinn- und Gesinnungswissenschaft; sie war in der Art wie sie ihren Gegenstand konstituierte, eine Art 'materialistische Theologie' […] In diesem Raum bzw. dieser Landschaft waren ja – im Ganzen wie in allen gegenständlichen Details – materielles Sein, menschliche Bedeutsamkeit sowie göttlicher Schöpfungs- und Orientierungssinn untrennbar, sozusagen eucharistisch miteinander verschmolzen; es handelte sich um eine zwar materielle, aber doch unmittelbar lesbare Welt.“*[973]

4.2.2.4.2 Die Ratio verlangt nach Stimmung – Intellektuelle der Romantik

Die Aufklärung ist der erste, die Romantik aber *„ist der zweite Impuls der europäischen Moderne.“*[974] Der Ausgangsort und das erste Zentrum der Philosophen und Literaten der heraufziehenden Romantik war ab 1794 die Universitätsstadt Jena.[975] Dort versammelten sich u. a. Karl Wilhelm Friedrich Schlegel (1772–1829) und seine Frau Dorothea (1764–1839), die beide 1808 in Köln zum Katholizismus konvertierten; August Wilhelm Schlegel (1767–1845) und seine Frau Caroline (1763–1809), Johann Gottlieb Fichte (1762–1814), Friedrich Wilhelm Joseph Schelling (1775–1854) und Novalis[976] (eigentlich Georg Philipp Friedrich von Hardenberg, 1772–1801), der Meister des Gefühls und des Ahnens, der zugleich hellwach seine Zeit analysierte. Novalis sah die Französische Revolution, die fortgeschrittenen Eroberungszüge Napoleons, die Besetzung des Kirchenstaats mit der Entführung des Papstes und die bevorstehende Eroberung der deutschen Länder als Anzeichen des Zusammenbruchs

---

973 Hard, Der Spatial Turn, 271.

974 Stefan Matuschek, Der gedichtete Himmel. Eine Geschichte der Romantik. München Beck, 2021, 9. Diese Arbeit beschäftigt sich mit der Romantik als Phänomen der Geistergeschichte im europäischen Kontext.

975 Zur Romantik und ihren Anfängen in Jena vgl. Andrea Wulf, Fabelhafte Rebellen. Die frühen Romantiker und die Erfindung des Ich, München, Bertelsmann, 2022²; zur Epoche der Romantik und den Nachwirkungen des Romantischen vgl. Rüdiger Safranski, Romantik. Eine deutsche Affäre, Frankfurt, Fischer, 2021⁸.

976 Zu Leben und Werk Novalis' vgl. Gerhard Schulz, Novalis. Leben und Werk Friedrich von Hardenbergs, München, Beck, 2011.

der mittelalterlichen Welt und ihres christlichen Ordo. Seine Gedanken fasste er zusammen in einer Rede mit dem Titel ‚Europa',[977] die den Verlust des Alten bedauert und für die Zukunft ein Wiedererstarken der christlichen Religion herbeisehnt. Die Grundzüge der Rede sind typisch für die Gedankenwelt Novalis' und der Romantik, wobei in der Romantik die Religion eher als ein ästhetisches Phänomen, denn als konkret-dogmatisch Glaubensgemeinschaft gesehen wird. Was Novalis/Hardenberg als Gegenpol und Ergänzung zur kühl-rationalen Aufklärung, die in eine metaphysische Obdachlosigkeit[978]geführt hatte, den Lesern schenken wollte ist: *„die Erfüllung unserer eigensten besten Sehnsucht: die Heimkehr zu uns selbst, die Versöhnung der Widersprüche in uns und um uns, die Durchdringung von Leben und Tod, von Tag und Nacht, Morgen und Abend. Es gibt ein schönes Wort von ihm: 'Wo gehen wir denn hin? – Immer nach Hause!' Wer sich ihm anvertraut, der findet aus der Wirrsal der Zerstreuung und der Widersprüche, der Gegensätze auch, den Weg nach Hause, d. h. in die Tiefe jenes Urgrund, aus dem alles Leben kommt, zu dem alles Leben geht, zu Gott. Gott freilich nicht in einem pantheistischen Sinne gemeint, sondern in dem christlichen, war es doch die Gestalt des Mittlers Christus, die er, mindestens auf der Höhe seines Lebens, nicht missen konnte.“*[979]

Von Jena aus verlagerte sich das Zentrum der Romantik nach Heidelberg, der alten Hauptstadt der wittelsbachischen Pfalz, mit den Vertretern Carl Joachim

977 Der ursprüngliche Titel hieß schlicht Europa, bei der späteren Veröffentlichung (ungekürzt erstmals 1826!) wurde der Titel erweitert zu: Die Christenheit oder Europa. Ein Fragment, in: Ludwig Tieck, Friedrich Schlegel (Hgg.): Novalis. Schriften. Bd. 1. Berlin, Reimer, 1826^4, 187–208. Zur Interpretation vgl. Safranski, Romantik, 125–132, Zur Interpretation der Rede vgl. Schulz, Novalis, 135–151.

978 Matuschek (Der gedichtete Himmel, 11) beschreibt das Gemeinte als: *„die Not der modernen Individuen, die von Glaubensfragen umgetrieben werden, ohne dass sie irgendwo Antwort fänden oder akzeptieren könnten. Romantik ist [dagegen] eine Methode, mit dieser Situation zurechtzukommen.“*

979 Heuschele, Einleitung zu Novalis Christentum, 18–19. Dagegen fehlt von Goethe ein konsistentes Bekenntnis zum christlich-personalen Gottesbild. Er, zu dem Novalis in Kontakt und Austausch stand, sprach sich gegen die Veröffentlichung der Rede Europa aus. *„Denn Novalis greift mit seinem Aufsatz von höchster Warte aus in ein damals viel diskutiertes Thema ein, eben die Wiederherstellung eines einheitlichen Europa auf christlicher Grundlage. […] [Goethe] fürchtete, das Bekenntnis könnte missverstanden werden als ein Bekenntnis zum Katholizismus im Sinne der Zeit, während es doch ein Bekenntnis zum Katholizismus als der allumfassenden Religion des Abendlandes darstellt.“*, ebd. 16. *„Wo gehen wir denn hin? – Immer nach Hause!“*, ist ein Zitat aus: Novalis, Heinrich von Ofterdingen, Berlin, 1802, 23.

Friedrich Ludwig (genannt Achim) von Arnim (Lutheraner, 1781–1831), Clemens Wenzeslaus Brentano de La Roche (Katholik, 1778–1842) und Joseph Karl Benedikt Freiherr von Eichendorff (Katholik, 1788–1857) und vielen anderen[980].

Zuletzt war Berlin ein Zentrum der Literaten der Romantik; wofür Ernst Theodor Wilhelm (seit 1805: Amadeus, E.T.A.) Hoffmann (Lutheraner, 1776–1822) stehen mag, der sein Wirken in Berlin begann, dann 1808 bis 1813 in Bamberg und anschließend wieder in Berlin arbeitete. Zu nennen ist hier unbedingt auch Elisabeth Catharina Ludovica Magdalena (genannt Bettina oder Bettine) Arnim (geborene Brentano, Katholikin, 1785–1859 in Berlin). Nachdem ihr Ehemann, Achim von Arnim, früh verstorben war, trat Bettina, die Schwester Clemens' Brentanos, als bedeutende Schriftstellerin der Romantik hervor. *„In einer Zeit, da Clemens Brentano und Friedrich Schlegel längst die Fahne der politischen und katholischen Reaktion hochhalten, dreht Bettina, diese 'Sibylle der romantischen Literaturperiode' erst auf: Sie wird immer politischer und radikaler, engagiert sich auch sozial, solidarisiert sich mit Verfolgten und Unterdrückten.“*[981]

---

980 Zu nennen sind auch, obwohl nicht in Heidelberg lebend, die Brüder Jacob (1785–1863) und Wilhelm (1786–1859) Grimm. Mit Arnim und Brentano in Verbindung stand: Johann Joseph Görres (Zu Leben, Werk und Einordnung: Roegele, Görres, 532–536). Görres, ein Katholik, 1776 in Koblenz geboren, lehrte an der Hochschule in Heidelberg in den Jahren 1806/1807 bis 1808, wo er naturwissenschaftlich-medizinische und literaturwissenschaftlich-philosophische Vorlesungen abhielt. Während der Befreiungskriege veröffentlichte Görres von der Romantik und der deutschen Nationalbewegung bestimmte politische Schriften. Um 1819 wandelte sich Görres vom liberalen zum religiösen und immer weniger politischen Schriftseller. 1827 wurde er an die Universität München berufen, wo er mit seinen Anhängern ein Zentrum des politischen Katholizismus formte. In seinem Spätwerk zeigte sich Görres der christlichen Mystik zugewandt. Er starb am 29.01.1848 als ein Mann, *„in dem das Herz eines Revolutionärs, das historische Bewußtsein eines Konservativen, der Scharfblick des Naturforschers, die Phantasie eines Dichters und die politische Leidenschaft des geborenen Publizisten beisammenwohnten.“*, ebd. 535.

981 Thiele, Bettina von Arnim, 66. Die Bezeichnung ‚Sibylle der romantischen Literaturperiode‘ bezieht sich auf eine Rezension des von Bettina von Arnim im Jahr 1835 (!) herausgegebenen Titels: ‚Goethes Briefwechsel mit einem Kinde‘ (2 Bd.), der auf Brieftexten zwischen 1807–1811 beruht. *„Goethes Briefwechsel mit einem Kinde erregt in allen Zirkeln den lebhaftesten Enthusiasmus, enthusiastischen Haß*

4.2.2.4.3 *Romantische Malerei – offen für mystisch-religiöse Horizonte*

Von den Literaten der Romantik gingen starke Impulse auf die Malerei aus. Caspar David Friedrich[982] (1774–1840) gilt als bedeutender Künstler (Maler, Graphiker und Zeichner) der deutschen Frühromantik, dessen Werke einen originären Beitrag zur modernen Kunst leisten. Friedrich, geboren in Greifswald (damals in Schwedisch Pommern) und protestantisch-pietistisch geprägt, erhielt seine künstlerische Ausbildung in seiner Heimatstadt Greifswald und in Kopenhagen. 1798 siedelte er nach Dresden über, von wo er in den Sog der Romantiker (Novalis, Jean Paul, Schelling, die Gebrüder Schlegel und Steffens[983]) geriet und durch die auch Dresden *„zu einem Mittelpunkt der deutschen romantischen Bewegung wurde.“*[984] Angeregt war Friedrich von einigen Axiomen der Romantiker in Jena. Dazu gehörte die Überzeugung, dass *„die Kunst das einigende Band zwischen Geist und Natur“*[985] sei. Außerdem hatte Schelling vertreten: *„Die Natur soll der sichtbare Geist, der Geist die unsichtbare Natur seyn. Hier also, in der absoluten Identität des Geistes in uns und der Natur außer*

---

auf der einen, enthusiastische Liebe und Bewunderung auf der anderen Seite. (…) Aber es hilft Alles nichts. Seit der Sontag und Hegel war Berlin in keine so große Parteispaltung, in keine so leidenschaftliches Pro und Contra geraten, als in diesen Tagen durch den genialen, romantischen, mystischen, wundersam herumirrlichtelierenden Kobold Bettina, die Sibylle der romantischen Literaturperiode, und doch das von herzinniger Liebe gequälte Kind Goethes, des legitimen olympischen Vaters, der deutschen Poesie! Hier nutzt kein Besänftigungswalzer einer objektiven Kritik.“, Mundt, Zodiacallichter, 328. Die zugrundeliegenden, von Arnim mehr oder weniger überarbeiteten Texte, finden sich in den Sammlungen von Goethes Briefen, etwa in der chronologischen Präsentation ausgewählter Briefe und Briefabschnitte, in: Ernst Hartung (Hg.), Vom tätigen Leben, Goethes Briefe aus der zweiten Hälfte seines Lebens, Ebenhausen bei München, Wilhelm Langwiesche-Brandt, 1917; hier 174–179, 186–187,202–203, 205, 218–227.

982 Literaturhinweise zu Friedrich: Caspar-David-Friedrich-Gesellschaft e. V.. Rezeption – Literaturhinweise, URL: https://www.caspar-david-friedrich-gesellschaft.de/rezeption.html, Zugriff: 01.08.2020. Zu Leben, Werk und Deutung vgl. Einem, Friedrich, 602–603; ebenso, zusätzlich mit einer Werkauswahl: Seite „Caspar David Friedrich“, in: Wikipedia, Die freie Enzyklopädie. Stand: 31. Mai 2020, URL: https://de.wikipedia.org/w/index.php?title=Caspar_David_Friedrich&oldid=200508683, Zugriff: 02.08.2020.

983 Henrick Steffens, ein norwegischen Forscher und Naturphilosoph, hinterließ eine kurze Charakterisierung Novalis`, abgedruckt bei: Safranski, Romantik, 110.

984 Einen, Friedrich, Caspar David, 602.

985 Wulf, Fabelhafte Rebellen, 404.

uns, muß sich das Problem, wie eine Natur außer uns möglich seye, auflösen."[986] Damit war das Ich „*identisch mit der Natur [...] und damit war der Aufenthalt in der Natur – sei es in einem Wald oder auf einem Berg, bei einer Wanderung oder beim Blick in den Himmel – auch immer eine Reise zu sich selbst.*"[987] Auf diesen Gedanken konstruierte Friedrich seine Bild-Erfindungen, die auf einer kalkulierten, ästhetischen Wirkung beruhten. Diese widersprechen damit der Assoziation, dass romantische Malerei eine gefühlvolle Ausdruckskunst ist. In den vielen Werken Friedrichs wird ein radikaler Bruch mit den barocken und klassizistischen Traditionen der Landschaftsmalerei greifbar. Das Spektrum der Bildmotive und -themen aus Landschaft und Religion verschmilzt er vorzugsweise zu Sinnbildern von Weite, Einsamkeit, Tod, Jenseitsvorstellungen und Erlösungshoffnungen. Seine Welt- und Selbstsicht ist melancholisch gestimmt und kann als exemplarisch für den romantischen Künstlertypus und sein Werk gelten. Friedrichs Bildwerk bietet, da die Bildkontexte zumeist unbestimmt bleiben, sinnoffene Räume der Deutung, die der in seiner Gefühlswelt ästhetisch angeregte Betrachter selbst ausloten und interpretatorisch füllen kann.

Der Umschwung der Geistesströmung, weg von der als zu nüchtern und gottlos empfundenen Aufklärung und hin zur Romantik, hatte einen renommierten katholisch-theologischen Begleiter in der Gestalt des Professors und späteren Bischofs von Regensburg, Johann Michael Sailer. Dieser war über die Familie Brentano vernetzt mit suchenden, ahnenden oder enthusiastischen Intellektuellen – den Literaten, Wissenschaftlern und Künstlern der neuen Epoche.[988]

4.2.2.5 Ein neues kirchliches Selbstbewusstsein in Bayern

Bayern hatte unter Montgelas das System der territorialistischen Staatskirchenhoheit ausgebaut und gefestigt. Durch die Säkularisation, den Untergang des Heiligen Römischen Reiches und die Errichtung des Königreichs Bayern sowie das Bündnis mit Napoleon wirkte die Staatskirchenhoheit unangreifbar und jeder Versuch, kirchliche Eigenständigkeit zur Geltung zu bringen, erschien 1810 als ein aussichtsloses und zum Scheitern verurteiltes Unterfangen. In

---

986 Friedrich Wilhelm Joseph von Schelling, Ideen zu einer Philosophie der Natur, Leipzig, Breitkopf und Härtel, 1797, Einleitung LXIV.

987 Wulf, Fabelhafte Rebellen, 404

988 Die Verknüpfungen werden dargelegt in: Konrad Baumgartner, Die Familie Brentano (Frankfurter Linie) und Johann Michael Sailer, in: Laumer, Sailer, 317–346.

Bayern gab es (jedenfalls zunächst) nur zaghafte Unternehmungen und vereinzelt Personen, die sich mit diesem tatsächlichen und/oder nur propagierten Zustand nicht abfinden wollten. Eine Gruppe, die sich aus einigen Gesinnungsgenossen zusammenfand, waren die ‚Konföderierten'. Zu den Gründern und Promotoren der Gruppe gehörten Weihbischof Gregor Zirkel[989] in Würzburg sowie der Geistliche Rat und Kirchenrechtsprofessor Franz Andreas Frey aus Bamberg, die wegen ihrer Politik gegen das Staatskirchentum, ihrer Förderung einer in ihren inneren Angelegenheiten frei bzw. selbsttätig agierenden Kirche sowie aufgrund ihres Bezugs zur Gruppe der Konföderierten vorgestellt werden sollen; manche Wiederholungen/Überschneidungen lassen sich dabei in der Darstellung nicht vermeiden.

4.2.2.5.1 Die Konförderierten

Die Verbindung der beiden fränkischen Bistümer Würzburg und Bamberg verstärkte sich im 18. Jahrhundert, weil etliche Jahre lang die Fürstbistümer in Personalunion geführt wurden, etwa Bischöfe aus dem Hause Schönborn hier und/oder dort das Amt des Fürstbischofs bekleideten oder die Fürstbischöfe beider Bistümer nah verwandt waren und weitere adlige Familien in beiden Domkapiteln häufig vertreten waren. Gerade angesichts der drohenden Säkularisation versuchten die beiden Fürstbischöfe von Bamberg und Würzburg, Christoph Franz von Busek[990] und Georg Karl von Fechenbach[991] abgestimmt und angemessen zu reagieren. Da Fechenbach der Koadjutor Buseks war, vereinte er nach dem Tod des Onkels in Bamberg (wieder einmal) beide Bistümer in einer Hand, sodass zu konstatieren ist: *„Zwischen Bamberg und Würzburg bestand eine Handlungsachse, die sich bis zum Tod des Fürstbischofs Fechenbach am 9. April 1808 bewährt hatte.“*[992]

Nach dem Tod Fechenbachs waren die Bistümer ohne Bischof und die für die geistliche Leitung der Bistümer Bamberg und Würzburg verantwortlichen Geistlichen waren vom Kirchenrecht gehalten, sich in jurisdiktionellen Belangen an den nächsten Bischof zu wenden. Das war der (Fürst-)Bischof von Eichstätt, Joseph Graf von Stubenberg[993] (1740–1824), der seit 1791 sein Bistum

989 Zu Leben und Person: Wittstatt, Zirkel, in: Gatz, Bischöfe, 839–841, 89–90.

990 Zu Leben und Person vgl. Neundorfer, Busek, in: Gatz, Bischöfe, 89–90.

991 Zu Leben und Person vgl. Soder, Fechenbach zu Laudenbach, in: Gatz, Bischöfe, 181–182.

992 Schuler, Bamberger Kirche, 201–237.

993 Stubenberg stammte aus altem steirischen Adel, war Eichstätter Fürstbischof und später zusätzlich erster Erzbischof von Bamberg. Zur Biographie: vgl. Knöpfler, Stubenberg, 705–708. Lengenfelder, Erzbischof Joseph Graf von Stubenberg, 53–73,

leitete. Fürstbischof Stubenberg hatte großes Vertrauen zu Euchar Adam (1748–1830) und machte ihn zum Offizial des bischöflichen Gerichts und faktisch zum Leiter des Geistlichen Rates. Euchar Adam[994] wurde insbesondere nach der Säkularisation zum einflussreichen Gestalter der Geschicke des Eichstätter Bistums.[995] Ihm war daran gelegen, die staatskirchenrechtlichen Eingriffe des bayerischen Staates in das Leben und Recht der Kirche möglichst einzudämmen. In dieser Zielsetzung war Adam mit Weihbischof Georg Zirkel in Würzburg und Geistlichem Rat Franz Andreas Frey in Bamberg verbunden. So erweiterte sich das Duo des Bamberger und Würzburger Ordinariats zu einem Trio der fränkischen Ordinariate, die sich ab 1812 verstärkt untereinander austauschten und Absprachen trafen. Für den ‚Verein der Ordinariate', dem Mitglieder der jeweiligen Geistlichen Räte der Bistümer angehörten, wurde die Bezeichnung der ‚Konföderierten'[996] geprägt. Die Hauptaktivitäten der Konföderierten lagen

---

vgl. Reiter, Stubenberg, in: Gatz, 747–749. Stubenberg wurde mit der Besitzergreifung am 3.12.1821 der erste Bamberger Erzbischof und damit der Nachfolger eines Vorfahren: Wulfing von Stubenberg war 1304–1318 Fürstbischof von Bamberg. Die Namen beider Bischöfe finden sich zusammen mit den Jahren ihrer Amtszeit in der Bischofsreihe auf Steinplatten an den Chorschranken im nördlichen Seitenschiff des Bamberger Doms.

994 Adam wurde 1748 im mittelfränkischen Pleinfeld geboren; er erwarb an der Universität Ingolstadt 1768 den Magistergrad in Philosophie; studierte dann bis 1772 in Rom am Collegium Germanicum und schloss nach der Priesterweihe 1770 mit dem Doktorgrad in Theologie seine Studien ab. Stationen seiner Laufbahn waren: Kaplan, Subregens und Regens des Priesterseminars in Eichstätt, von 1787 bis 1830 wirkte er als Offizial des bischöflichen geistlichen Gerichts, von 1790 bis 1821 übernahm er im (korporativen) Geistlichen Rat faktisch die Rolle eines Generalvikars.

Adam wurde zur Führungskraft in der Gruppe von Laien und Geistlichen (Eichstätter Kreis), die sich um 1814 zum Widerstand gegen die kirchliche Gängelung durch den Staat und für die kirchliche Freiheit einsetzten und kirchenpolitisch aktiv wurden. Nach dem Inkrafttreten des Bayerischen Konkordats wurde Adam 1821 im neuerrichteten Kathedralkapitel Domdekan. Im Jahr 1827 wurde er mit dem Personaladel und Ritter des königlichen bayerischen Zivilverdienstordens ausgezeichnet. In Eichstätt starb Euchar von Adam im Jahr 1830.

995 Zu den Aktivitäten Adams in der Funktion als Vertrauter des Fürstbischofs gegen die staatskirchlichen Angriffe und seine Zusammenarbeit mit anderen kirchlichen Amtsträgern anderer Orte vgl. Lengenfelder, Stubenberg, 63–64.

996 Zu den Konföderierten und ihren Aktivitäten vgl. Hausberger, Staat und Kirche, 159–166; Sicherer Staat und Kirche, 196–199; Doeberl, Entwicklungsgeschichte, Bd. 2, 577–578.

in den Jahren 1815/16, als eine öffentliche Hinwendung zu anderen Ordinariaten sowie zum König und Papst erfolgte.

Im Umfeld und in Beziehung zu den Konföderierten fanden Laien und weitere Geistliche zusammen, die teilweise auch Gruppen bildeten. Zu nennen sind etwa der ‚Eichstätter Kreis', in dem Offizial Euchar Adam führend wirkte und mit ihm Ignaz Hayn (Dr. theol, Dr. iur. can., bischöflicher Hofkaplan) sowie der Gelehrtenverein, der sich um Weihbischof Zirkel gesammelt hatte, der v. a. literarisch aktiv war. Hierbei zeigt sich, dass verschiedene Personen und Gruppen für die kirchlichen Interessen aktiv wurden. Dabei ist zu vermerken, dass sich manche Personen hier und da engagierten und als Unterstützer auftraten. Man geht wohl nicht fehl, wenn man die , Konföderierten´ als ein Netzwerk[997] beschreibt.

4.2.2.5.2 Weihbischof Gregor Zirkel

Gregor Zirkel[998] wurde 1762 in Sylbach (heute: Stadt Haßfurt) geboren. Er studierte Philosophie in Bamberg und wurde 1780 in Bamberg zum Dr. phil.

---

997 Dafür spricht, dass die Autoren, die sich mit den Konföderierten und ihrem Umfeld beschäftigten, etwa Ludwig, Sicherer, Doeberl, Hausberger, Schuler, jeweils unterschiedliche Mitglieder, Führungspersonen, Gruppen und bestehende Beziehungen der Personen/Gruppen untereinander anführen und die Aktivitäten verschieden gewichten. Zu den Führungspersönlichkeiten der Konföderierten zählt Hausberger (Staat und Kirche, 159) neben, Zirkel, Frey und Adam etwa auch den ehemaligen Abt des Klosters Prüfening Rupert Kornmann und Karl Egger, Pfarrer in Kleinaitingen bei Augsburg und Schüler des Kanonisten Jacob Anton Zallinger zum Thurn, der ein Streiter für das Eigenrecht der Kirche gewesen war.

998 Zu Leben, Schriften und Wirkung vgl. Schulte, Zirkel, 360–361. Auf diesen Artikel stützt sich, wenn nicht anders angegeben, die hier gebotene Darstellung Zirkels. Zirkel wurde 1786 zum Priester geweiht, für sechs Jahre in der Seelsorge eingesetzt, 1789 zum Subregens des Priesterseminars berufen. Im Jahre 1795 erfolgte die Berufung zum außerordentlichen Professor, 1797 zum ordentlichen Professor der theologischen Fakultät im Fachbereich ‚Orientalische Sprachen'. 1799 wurde Zirkel schließlich zum Regens des Seminars ernannt.

1814 erhielt der Weihbischof das Komturkreuz des bayerischen Verdienstordens der Bayerischen Krone, verbunden mit der Erhebung in den persönlichen Adelsstand und der Ernennung zum Reichsrat der Krone Bayerns auf Lebenszeit. Als mit Abschluss des bayerischen Konkordats das Bistum Speyer wiedereingerichtet wurde, nominierte der König am 25. Oktober 1817 Zirkel, der sich selbst für den Abschluss des Konkordats engagiert hatte, zum Bischof von Speyer. Doch noch bevor die päpstliche Bestätigung eintraf, verstarb Zirkel am 18. Dezember 1817; weshalb Gregor von Zirkel nicht in der Speyerer Bischofsliste geführt wird.

promoviert. Er trat 1781 in das Priesterseminar in Würzburg ein, studierte an der Universität in Würzburg Theologie, schloss 1786 mit dem Lizentiat ab und wurde im selben Jahr zum Priester geweiht. 1791 erwarb Zirkel den theologischen Doktorgrad. Am 27. April 1802 bestimmte Fürstbischof Georg Karl von Fechenbach, Zirkel zum Weihbischof in Würzburg, gleichzeitig übernahm er die Leitung der geistlichen Regierung im Fürstbistum. Die Bischofsweihe empfing er im Oktober desselben Jahres vom Würzburger Bischof.

Unter der Regierung des Habsburgers Ferdinand von Toskana als Großherzog von Würzburg (1806–1814) blühte das kirchliche Leben unter Zirkels Führung wieder kräftig auf. Nach dem Tod des Fürstbischofs Fechenbach 1808 leitete Zirkel das Bistum als Haupt des Generalvikariats. Zur Verhinderung irreligiöser Denkweisen verbot Zirkel 1807 den Seminaristen, Vorlesungen des Theologen Michael Schlosser zu besuchen[999] und 1809 setzte er den Ausschluss aller protestantischen Professoren von der Universität durch.

In den Jahren ab 1808 scharte der Weihbischof einen gelehrten Freundeskreis um sich, der auf eine literarische Verteidigung der katholischen Kirche abzielte, wozu der Weihbischof ab 1810 die Herausgabe der ‚Litteraturzeitung (!) für katholische Religionslehrer‘[1000] als Sprachrohr anregte und unterstützte. Zirkel erkannte immer mehr die Notwendigkeit des Zusammenschlusses der gelehrten Katholiken, um den katholischen Geist zu erneuern und zu stärken. Denn: *„Nur dann, wenn das katholische Volk in wiedererwachtem Glaubenseifer*

999 Zur Kontroverse um Prof. Schlosser und dem Verbot, ihn zu hören vgl. Ludwig, Weihbischof Zirkel, Bd. 2, 208–219, besonders 213.

1000 Litteraturzeitung für katholische Religionslehrer, hg. v. Franz Karl Felder (1766–1818, Bischöflicher Geistlicher Rat und Pfarrer von Waltershofen), ab 1818 von Kaspar Anton Freiherr von Mastiaux (1766–1828, ehem. augsburg. Domherr, königl. bairischer Geheimer Rat), Landshut, Thomann, 1810 ff.

Die theologisch-pastorale Zeitschrift ist ab 1810 beeinflusst von Michael Sailer (1751–1832), der zu dieser Zeit in Landshut Theologieprofessor war. Sailer wird so charakterisiert: *„Im Übergang ‘von der Aufklärung zur Romantik’ (Ph. Funk) moderne philosophische Strömungen (Kant) kritisch aufnehmend, entwickelte S., auf festem kirchlichen Boden stehend, eine pastoral orientierte Theologie, die sich durch konfessionelle Irenik, biblisch-patristische Fundierung und ihre Christozentrik auszeichnete, die die übernatürlich-mystische Seite der „Kirche der wahren Christen“ betonte und die Moraltheologie als Tugendlehre wieder von der Glaubenslehre her entwickelte“*, so Wolf, Sailer, 356–357. Zu Sailer und seinem Wirken in weitgespannten Kontakten vgl. den Sammelband mit Artikeln von Konrad Baumgartner, in: Laumer (Hg.), Johann Michael Sailer (1751–1832). Ein Leben in Begegnungen, Regensburg, Pustet, 2022.

einen moralischen Druck auf die Regierungen ausübe, würden die sich zur Nachgiebigkeit verstehen."[1001] Um das gesteckte Ziel zu erreichen, entwarf Zirkel einen Gründungsaufruf für einen Gelehrtenverein samt Statuten unter dem Datum des 6. Juli 1814.[1002] Der Zweck des Vereins sollte die Aufrechterhaltung, Verteidigung und Auslegung der römisch-katholischen Religion sein, wozu man sich publizistisch engagieren und dazu Felders Literaturzeitung bedienen wollte.[1003] Die nach Zirkels Ansicht zur Mitarbeit geeigneten Personen teilte er dem Herausgeber Felder mit: Personen, „*die als kirchlich treu galten. Es sind wenig genug.*"[1004]

Als Würzburg 1814 erneut an Bayern fiel, blieb Zirkel der unerschütterliche Verteidiger der kirchlichen Rechte gegenüber der staatskirchenrechtlich orientierten bayerischen Regierung unter Minister Montgelas.

Gregor Zirkel neigte etwa bis zu seinem fünfzigsten Lebensjahr der Aufklärung und episkopalistisch-febronianistischen Gedanken zu. Dafür steht seine Schrift ‚Aphorismen über das Verhältniß der Kirche zum Staate', die er zwar schon 1784 verfasste, aber noch 1803 dem kurfürstlichen Generalkommissar in Würzburg überreichte.[1005] Nach 1803, dem Jahr der Säkularisation und des

---

1001 Ludwig, Weihbischof Zirkel, Bd. 2, 294.

1002 Zirkels Aufruf und Statuten des katholischen Gelehrtenvereins in: Ludwig, Weihbischof Zirkel, Bd. 2, 294–307. Der Gelehrtenverein (Literarischer Verein zur Aufrechterhaltung, Verteidigung und Auslegung der katholischen Religion) veröffentlichte in der von Felder herausgegebenen Literaturzeitung.

1003 Vgl. Vereinsstatuten § 1, § 5, in: Ludwig, Weihbischof Zirkel, Bd. 2, 301.

1004 Ludwig, Weihbischof Zirkel, Bd. 2, 307. An diesem Ort auch die Liste der zur Mitarbeit vorgeschlagenen Personen (ebd. 307–308), darunter vier Bamberger Priester: Geistlicher Rat Franz Andreas Frey, Geistlicher Rat und Regens Franz Stapf, Dogmatikprofessor Friedrich Brenner (nach ihm ist heute der theologischer Promotionspreis der Erzdiözese Bamberg benannt) und Pater Pius Brunnquell (geboren 1752 in Bamberg, gestorben ebd.; bis zur Säkularisation Dominikaner, dann Weltgeistlicher; Stifter der Bamberger Metropolitanbibliothek).

1005 Schulte (Zirkel, 360–361) schreibt dazu: „*Aber trotz seines streng kirchlichen Standpunktes gestand er in einem zuerst im J. 1784 veröffentlichten Promemoria 'Entwurf' und 'Aphorismen über das Verhältniß der Kirche zum Staate', welches er dem kurfürstlichen Generalcommissär Friedrich Grafen v. Thürheim am 1. August 1804 überreichte, dem Staate eine „gerechte Aufmerksamkeit auf den kirchlichen Unterricht und auf die Bildungsanstalten des Lehrstandes" zu, vindicirte darin der Kirche 'eine dem Staatsinteresse parallele Richtung', und nahm überhaupt einen Standpunkt ein, welcher mit dem heutigen römischen schlecht übereinstimmt*". Weihbischof Zirkels Skizze des 1784 erstmals erschienen ‚Entwurfs über das Verhältnis der Kirche zum Staate' ist abgedruckt bei Ludwig, Weihbischof Zirkel,

Anfangs bayerischer Herrschaft in Würzburg, wurde Zirkel schnell zu einem dezidierten Verfechter der kirchlichen Lehre und Rechte, insbesondere des von der bayrischen Regierung gegen den Würzburger Fürstbischof beanspruchte Rechts der Ernennungen der Pfarrer, das durch die Nachfolge in der Landeshoheit an den weltlichen Fürsten gefallen sei. Zur Verteidigung des bischöflichen Besetzungsrechtes publizierte Zirkel 1806 eine entsprechende Schrift.[1006]

Im Jahr 1804, zu einer Zeit als die kurfürstlich-bayerische Regierung der Kurie die ersten Konkordatsentwürfe/Punktationen vorlegte, arbeitete Zirkel ein Schriftstück mit 24 Absätzen aus, in dem er *„gewissermaßen schon die Grundzüge eines künftigen Konkordats festlegt, die Notwendigkeit eines engeren Anschlusses an Rom hervorgehoben, alles Wesentliche der bisher innegehabten Rechte und Privilegien der Kirche vindiziert und nur in einigen Punkten dem Staat Zugeständnisse gemacht“*[1007] werden. Dabei ist zu bemerken, dass Weihbischof Zirkel nach der Säkularisation und bis 1814 noch das Zustandekommen eines Reichs- bzw. Bundekonkordates anstrebte und damit dem einstigen Kurfürst-Reichserzkanzler-Metropolitanerzbischof bzw. Fürstprimas des Rheinbundes Dahlberg und seinem Konstanzer Generalvikar Wessenberg verbunden war. Erst nach dem Wiener Kongress trat Zirkel entschieden für ein bayerisches Konkordat ein, ohne dabei das Wohl der gesamten deutschen Kirche aus dem Blick zu verlieren.[1008]

Bd. 1, 344–347. Weihbischof Zirkels ‚Aphorismen über das Verhältnis des Staates zur Kirche‘ in der Fassung des Jahres 1803 abgedruckt ebd. 347–377. Zur Deutung der ‚Aphorismen‘ ebd., Bd. 1, 274–282.

1006 Zirkel, Geschichte des Patronatsrechts in der Kirche. Ein Beytrag zur Beylegung des zwischen dem landesherrlichen Patronat- und bischöflichen Diöcesanrechte erhobenen Streites, sine ira et studio, Deutschland, 1806, anonym. Zum Inhalt und zur Auslegung der Schrift vgl. Ludwig, Weihbischof Zirkel, Bd. 2, 64–82. Die Arbeit trug das Motto ‚Der Freiheit der Religion und des Gewissens‘, ebd. 64–65.

1007 Ludwig, Weihbischof Zirkel, Bd. 1, 268. Die 24 Vorschläge, erhoben aus dem Archiv des Ordinariats Würzburg, ebd. 268–271.

1008 Vgl. Ludwig, Weihbischof Zirkel, Bd. 2, 382–402. Zirkel war im Juli 1808 sogar bereit gewesen, angesichts der ungeordneten strukturellen und untragbaren pastoralen kirchlichen Verhältnisse im Bistum Würzburg mit der Regierung des Großherzogs von Toskana eine Art Vor- bzw. Teilkonkordat eines allgemeinen deutschen Konkordats abzuschließen (ebd. 398–402), worin er sich auch zur kirchlichen Verfassung auslässt, indem er ein direktes Verhältnis zwischen Episkopat und Primat wünscht und alle Zwischeninstanzen wie Metropoliten, Primasse und Patriarchen abgeschafft sehen will (ebd. 402–403).

Im Jahr 1815 schrieb Zirkel dem Eichstätter Offizial Eucharius Adam einen Brief, in dem er die starken Aktivitäten der febronianischen Partei konstatierte. Die Führer des Gelehrtenvereins (Zirkel, Frey, Stapf, Groß von Trockau) trafen sich danach in Bamberg, um das weitere Vorgehen abzustimmen. Zirkel fiel es zu, vehement in Wort und Schrift die nationalkirchlichen Vorstellungen zu bekämpfen, die Ignaz Heinrich von Wessenberg 1815 unter dem Titel ‚Die deutsche Kirche: ein Vorschlag zu ihrer neuen Begründung und Einrichtung'[1009] publizierte, worin sich auch ein Entwurf für ein deutsches Bundeskonkordat[1010] und daran anschließende Organische Artikel[1011] finden. Gegen Wessenberg verfasste Zirkel 1817 die Schrift ‚Die deutsche katholische Kirche, oder Prüfung des Vorschlages zur neuen Begründung und Errichtung der deutschen Kirche.'[1012] Mit Wessenberg stimmt Zirkel überein in der Kritik an den

---

1009 Wessenberg, Deutsche Kirche, 1815. Der febronianistisch-nationalkirchliche Duktus von Wessenbergs Schrift zeigt sich beispielhaft etwa in folgender Aussagen: Die Einrichtung der Kirche müsse so geschehen, *„dass sie dem Episkopat in Deutschland gegen die ungebührlichen Ansprüche und Anmassungen der Römischen Kurie würcksamen Schutz gewähre.“*, ebd. 19. Wessenberg plädiert für ein deutsches Bundeskonkordat. Wollte man nämlich eine passende Einrichtung der deutschen Kirche *„durch Privat-Konkordate zwischen den einzelnen deutschen Höfen und dem Römischen zu Stande bringen, so würde man den Zweck gewiß verfehlen. Denn 1.) würde dieser Weg dem Römischen Hofe die größte Leichtigkeit verschaffen, das Divide et impera zu spielen.“*, ebd. 19. Zum gesamten Inhalt der Schrift vgl. Ludwig, Weihbischof Zirkel, Bd. 2, 429–434. Als Generalvikar war Wessenberg kirchenpolitisch aktiv, zugleich sorgte er sich um Sicherstellung einer theologisch zeitgemäßen Pastoral, um die Seelsorge und die Seelsorger, vgl. dazu: Konrad Baumgartner, Bemühungen um Seelsorge und Seelsorger im Kreis um Sailer und Wessenberg, in: Laumer, Sailer, 219–229, besonders 222–228.

1010 Wessenbergs Entwurf eines Bundeskonkordats mit 31 Artikeln, in: Wessenberg, Deutsche Kirche, 35–50.

1011 Organische Artikel in 30 Nummern, in: Wessenberg, Deutsche Kirche, 51–60.

1012 Zirkel, Die deutsche katholische Kirche, oder Prüfung des Vorschlages zur neuen Begründung und Errichtung der deutschen Kirche, Deutschland (i. e. Frankfurt a. M.), 1817. Wogegen sich Zirkel in seiner Schrift wenden will, erläutert er im Vorbericht des Buches so: *„Der Vorschlag, welchen der Verfasser der Schrift [Wessenberg], die deutsche Kirche betitelt, zur neuen Begründung und Einrichtung derselben macht, enthält alle Elemente um diese Kirche selbst aufzulösen und von ihr nur ein Schattenbild übrig zu lassen. Die Kirche wird von ihrem Fundamente, das da ist Christus, der Sohn des lebendigen Gottes, hinweggerückt und zu einer blos weltlichen Anstalt gemacht, das bischöfliche Hirtenamt wird in ein, durchaus subalternes Verhältnis gesetzt, die hierarchische Gewalt gelähmet und endlich wird*

zerstörerischen Auswüchsen der Aufklärung und der die Kirche knechtenden Staatskirchenherrschaft. Der Weihbischof erkannte jedoch die grundlegende Gefahr der Idee einer Nationalkirche: Zur Durchsetzung und Etablierung einer deutschen Nationalkirche hätte es unbedingt der Mitwirkung der staatlichen Herrschaftsträger bedurft. Die Freiheit einer solchen mit staatlicher Geburtshilfe in der Weltzeit angekommenen Kirche wäre jedoch eine sehr beschränkte und abhängige gewesen. Die Sicherung der Unabhängigkeit der Kirche vom Staat sah Zirkel nur durch die Ausrichtung über die Berge hinweg (ultramontan) gesichert. Zirkel machte sich damit zum kämpferischen Verteidiger der kirchlich-kurialen Auffassung.

Infolge des Bamberger Treffens wurde der Eichstätter Fürstbischof Joseph von Stubenberg angegangen und gebeten, dass er sich um die Einigung der Ordinariate bemühen sollte, damit diese in einer konzertierten Aktion von den deutschen Landesherren umfangreichere (Freiheits-)Rechte für die Kirche fordern und jeweils dem Papst den traurigen Zustand ihrer Diözesen schildern würden.[1013] Tatsächlich wandten sich die Diözesanvorstände Eichstätts, Bambergs, Augsburgs und Würzburgs an Papst Pius VII., um ihm von den Beschwernissen der Kirche sowie den Gefahren für den Glauben und die kirchliche Ordnung in den deutschen Staaten zu berichten und ihn außerdem um seine Fürsorge und Hilfe zu bitten. Der Papst antwortete am 20. Juli 1816 wertschätzend und ermutigend.[1014]

Um dieselbe Zeit, Anfang 1816, wurde ein Aufruf an die deutschen Landesherrn gedruckt, wohl von Zirkel konzipiert und von Frey verfasst, in dem im Namen der *„Katholiken Deutschlands einige fundamentale Akte der Wiederherstellung der kirchlichen Struktur und zur freien Religionsausübung gefordert werden."*[1015]

---

das Band, das die Gläubigen umschlingen und mit dem Mittelpunkte der katholischen Einheit vereinigen sollte, gelöset oder doch nur schlaff gezogen. Dafür will für Deutschland ein neuer Mittelpunkt durch Errichtung eines deutschen Patriarchates gesuchet werden.“, ebd. III. Zum Inhalt und zur Interpretation der Schrift vgl. Ludwig, Weihbischof Zirkel, Bd. 2, 434–455.

1013 Zu diesem Vorgang vgl. Ludwig, Weihbischof Zirkel, Bd. 2, 406–408.

1014 Vgl. Ludwig, Weihbischof Zirkel, Bd. 2, 408.

1015 Der Aufruf in: Ludwig, Weihbischof Zirkel, Bd. 2, 567–571. Die inhaltlichen Forderungen: Wiedererrichtung und Dotation der Bistümer und Seminare sowie Dotation von Bischöfen und Kapiteln aus Säkularisationsgut; Anerkennung der bischöflichen Leitungsvollmacht und Aufsichtsrechte für zahlreichen und weitgefasste kircheninternen Angelegenheiten; freie kirchliche Güterverwaltung. Gerechte Regelung des Verhältnisses von Kirche und Staat; neue Ausrichtung

Sodann verfasste Zirkel eine umfangreiche Denkschrift an den König, die über den Eichstätter Fürstbischof Stubenberg an König Maximilian Joseph im Juni 1816 gelangte.[1016] In dieser Petition sind viele Themen versammelt, die in den Jahren seit 1806 in den zwischen der Kurie und der bayerischen Regierung ausgetauschten Konkordatsentwürfen aufgegriffen oder eben verworfen wurden. Interessant ist hier insbesondere die ausführliche Behandlung des Religionsunterrichts[1017] in immerhin zwei Paragraphen von insgesamt sechzehn. Aufschlussreich ist, wie das Verhältnis von Staat und Kirche beschrieben wird, nämlich in Form einer Kooperation auf der Basis einer inneren Einheit. Bei Zirkel liest sich das so:

„*Wo immer eine Vermischung des Staates und der Kirche stattfindet, wie in den protestantischen Ländern, hat diese Vermischung mehr zum Scheine als in der Wahrheit statt. Staat und Kirche oder äußeres und inneres Recht, welche sich darin sichtbar aufteilen, oder Gott und Welt sind ewig und zwar der ganzen Gattung nach unterschieden. Daher heißt es auch: Gebt dem Kaiser, was des Kaisers, und Gott, was Gottes ist. Einigen sich aber diese beiden Gewalten in einem sittlichen Verein, so teilt sich diese Einheit dem öffentlichen und privaten, dem äußeren und inneren Menschenleben mit. Das äußere Recht tritt in die Formen des inneren und veredelt sich darin, und das innere Recht wird zum natürlichen Träger des äußeren. Der Staat erteilt der Kirche Schutz, die Kirche dem Staate Heiligkeit.*“[1018] Die Definition ist poetisch ausgeführt und verbirgt damit, dass die Kooperation eben ganz aus kirchlicher Perspektive beschrieben ist. Kritisch ist zu fragen: Will sich denn das staatliche, äußere Recht am kirchlich-naturrechtlichen inneren Recht veredeln? Kann das innere Recht überhaupt das äußere Recht veredeln oder verunreinigt eine solche Begegnung nur das äußere Recht? Kann die Kategorie der Heiligkeit für einen aufgeklärten

---

der sittlich-moralischen und religiösen Erziehung der Jugend; Stärkung einer angemessenen bischöflichen Disziplinargewalt gegenüber Geistlichen; die Übertragung der Erziehungsaufgaben an wertgebundenen Institutionen.

1016 Zur Petition vgl. Ludwig, Weihbischof Zirkel, Bd. 2, 409–421 (eine umschreibende Inhaltsangabe); Sicherer, Staat und Kirche, 207–209. Unterzeichnet war die Petition von Stubenberg, Zirkel, den Generalvikaren Bambergs, Augsburgs, Passaus und Fuldas (da einige Gemeinden Fuldas in Bayern lagen). Der Erzbischof von Regensburg, Dahlberg, der ehemaligen Kurfürst-Erzbischof, hatte die Unterzeichnung abgelehnt, ebenso der Freisinger Weihbischof Wolf, vgl. Ludwig, Weihbischof Zirkel, Bd. 2, 421.

1017 Paragraphen 6 und 7, Ludwig, Weihbischof Zirkel, Bd. 2, 412–413.

1018 Ludwig, Weihbischof Zirkel, Bd. 2, 420.

Staat ein erstrebenswertes Prädikat sein? Letztlich bleibt diese Einladung zur Kooperation dem alten Rahmen kirchlicher Denker, wie er etwa von Bellarmin beschrieben wurde, verhaftet, nämlich in der Weise, dass Staat und Kirche je ihr Eigenrecht haben, doch die Kirche im Zweifelsfall das edlere, bessere, mehr anzustrebende und letztlich mächtigere Recht vertrete.

Neben der Petition haben bayerische Ordinariate auf Ersuchen der königlichen Regierung Stellungnahmen abgegeben, die darüber Aufschluss geben sollten, welche Gründe für den vom Volk bitter beklagten Priestermangel und dem daraus resultierenden pastoralen Notstand verantwortlich seien und welche Maßnahmen dagegen zu ergreifen wären. Das Gutachten des Bamberger Vikariats mit Datum vom 27. Juni 1816 wurde wohl wesentlich von den Räten Frey, Groß von Trockau und Stapf ausgearbeitet.[1019] Schließlich ist hier noch an die umfangreiche Stellungnahme vom 30. Juli 1816 der theologischen Sektion der Universität Landshut zum selben Thema zu erinnern.[1020] In diesem Gutachten, wohl von Sympathisanten bzw. Mitgliedern von Zirkels Gelehrtenkreis verfasst, werden neben unmittelbar einleuchtenden Vorschlägen zur Stärkung des Priesternachwuchses auch etliche Maßnahmen empfohlen, die heute eher abwegig erscheinen, wie die Sicherung eines eigenen Gerichtsstandes für Kleriker, die aber aus der Sicht mancher kirchlicher Vertreter für die laufenden Konkordatsverhandlungen offensichtlich relevant waren.

4.2.2.5.3 Franz Andreas Frey

Franz Andreas Frey[1021] wurde 1763 in Bamberg geboren. Er besuchte die Schule und das Priesterseminar in seiner Heimatstadt, empfing 1787 die Priesterweihe

1019 Zum Ersuchen der Regierung und der Bamberger Stellungnahme vgl. Ludwig, Weihbischof Zirkel, Bd. 2, 424–428.

1020 Das Gutachten wurde später veröffentlicht unter: Freymüthige Darstellung der Ursachen des Mangels an katholischen Geistlichen. Nebst den sichersten Mitteln zur Abhülfe. Ein Gutachten der theologischen Fakultät zu Landshut; unterzeichnet von Director Schneider, den Professoren Zimmer, Sailer, Mall und Direktor Roider. Mit kritischen Anmerkungen und wichtigen Zusätzen begleitet, Dr. Fridolin Huber, Pfarrer zu Deißlingen im Kapitel Rotweil, Rotweil am Nekar, 1818. Zum Inhalt des Gutachtens vgl. Sicherer, Staat und Kirche, 209–210. Hinter der Veröffentlichung des Gutachtens vermutet Sicherer den Eichstätter Kreis, d. h. die Konföderierten, ebd. 210, Anm. 34. Dafür spricht, dass als Unterzeichner des Gutachtens auch Michael Sailer, ein Mitglied des Zirkel´schen Gelehrtenkreises erscheint.

1021 Die Angaben zur Biographie beziehen sich in diesem Abschnitt soweit nicht anders angegeben auf: Schulte, Frey, 357–359, ebd. auch ein Verzeichnis

und erwarb im folgenden Jahr den Grad eines Lizentiaten der Theologie. Neben der Aufgabe eines Hofmeisters für zwei junge Adelige der Grafen von Horneck studierte er in Bamberg und Würzburg Jura. 1794 legte er die juristischen Prüfungen ab, begann Lehrveranstaltungen zu halten, wurde unter Fürstbischof von Erthal wirklicher Geistlicher Rat und erwarb schließlich 1798 den Grad eines Lizentiaten beider Rechte. Noch im selben Jahr wurde er Beisitzer bei einem Schöffengericht und 1801 Rechtsberater und Sekretär des Generalvikariats. Nach der Säkularisation lehrte Frey am Bamberger Lyceum die Fächer Kirchenrecht, Kirchengeschichte und allgemeine Dogmatik bis zu seinem Tod. Frey übte durch seine Vorlesungen und Schriften einen bedeutenden Einfluss aus, da er in einer Zeit tätig war, *„wo es darauf ankam, welche Richtung fortan die herrschende sein sollte."*[1022] Ihm war daran gelegen, als Geistlicher seine kirchliche Sicht auf verschiedene Themen öffentlich bekanntzumachen und als Kirchenpolitiker eine Plattform zu haben. Deshalb arbeitete er in den Jahren von 1809 bis 1814 an der ‚Theologischen Zeitschrift'[1023] mit, in der er zahlreiche Artikel und Rezensionen veröffentlichte.[1024] Frey stellt in der Vorrede seines ‚Kritischen Commentars'[1025] fest: *„Die alten Behauptungen welche aus der*

---

der umfangreicheren Veröffentlichungen Freys, die zumeist anlassbezogen erschienen.

Zu Leben und Wirken umfassend die Monographie von Schuler, Die Bamberger Kirche im Ringen um eine freie Kirche im freien Staat. Das Werden und Wirken des Bamberger Kirchenrechtlers und Kirchenpolitikers Franz Andreas Frey (1763–1820) in den Auseinandersetzungen mit dem josephinistischen Staatskirchentum, o. Ort, ohne Jahr (1979).

1022 Schulte, Frey, 358

1023 Theologische Zeitschrift in Verbindung mit einer Gesellschaft Gelehrter herausgegeben von Dr. Johann Joseph Batz, Professor für Theologie zu Bamberg, Bamberg und Würzburg, Goebhard, 1 (1809) I bis 6 (1814) X. Ziel und Absicht der Zeitschrift ist, *„den Geistlichen mit den Fortschritten der für ihn interessanten Wissenschaften, und dem Gange des Zeitgeistes, inwiefern derselbe, auch im Gebiete der Religion und der geistlichen Amtsführung überhaupt mit Energie sich äußert, stets auf eine leichte und wenig kostspielige Art bekannt zu machen, und zum stets fortgesetzten Streben nach allseitiger Bildung zu ermuntern."*, ebd. 1 (1809), Vorrede, 1.

1024 Zu Freys Engagement für die Zeitschrift, vgl.: Schuler, Bamberger Kirche, 174–187; seine Beiträge und Rezensionen ebd.178–187.

1025 Franz Andreas Frey, Kritischer Commentar über das Kirchenrecht, frey bearbeitet nach Anton Michl's Kirchenrecht für Katholiken und Protestanten, 3 Teile,

Schule der Ultramontanen hervorgegangen waren, sind zwar seit Febronius' und Lochstein's Zeiten aufgegeben und verdrängt worden."[1026] *Dafür seien die oberflächlichen Urteile der Josephiner aufgekommen und gedankenlos zum Schaden der Kirche wiederholt worden.*[1027] Frey konstatiert, dass der Josephinismus, also die absolute Staatskirchenhoheit, nachteilig *„für die heiligen Rechte der Gewissensfreiheit, die Religiosität und Moralität, die Ruhe und den Frieden der Kirche gewesen sey.“*[1028] So trat er für die Glaubens- und Gewissensfreiheit des Individuums, für die Freiheit und Unabhängigkeit der Kirche vom Staate in inneren Dingen, aber auch für die Rechte des Staates ein. Ihm schien es im Interesse der Kirche und des Staates ein *„vorzügliches Zeitbedürfnis [zu sein], eine kritische Darstellung des Religions-, Kirchen- und Staatskirchenrechts in steter Hinsicht auf die katholische Kirche, als welche vermöge ihrer wesentlichen Grundverfassung die größten Kämpfe zu bestehen hat, zu versuchen. Bey der Bearbeitung dieses Gegenstandes hatte ich immer das Evangelium, die Natur der Sache und die bewährteste Lehrmeisterin, die Geschichte im Auge.“*[1029]

Freys kirchlicher Standpunkt zeigte sich, als er energisch daran ging, für überkommene kirchliche Rechtstitel zu kämpfen. Er verteidigte das kirchliche Stellenbesetzungsrecht gegen das von staatlicher Seite beanspruchte landesherrliche Patronat, wobei er wie oben ausgeführt in diesem Anliegen ganz mit Weihbischof Gregor Zirkel in Würzburg übereinstimmte. Schon kurz nach der Säkularisation, als der staatliche Anspruch zur Stellenbesetzung

---

Bamberg, Dederich, 1812–1820. Zur Würdigung des Kommentars vgl. Schuler, Bamberger Kirche, 201–237. Seinem Kommentar stellte Frey vor: *„Reddite Caesari, quae sunt Caesaris, et Deo, quae sunt Dei.“*, also: Gebt dem Kaiser, was des Kaisers ist, und Gott, was Gottes ist. (Mt 22, 21). Und: *„Est modus in rebus, sunt certi denique fines, Quos ultra citroque [eigentlich: citraque] nequit consitere rectum.“* (Horaz, Satiren, I, 1, 106–107), also: Ein Maß ist den Dingen gesetzt und es gibt feste Grenzen; jenseits wie diesseits kann nicht bestehen, was Recht ist.

1026 Frey, Kritischer Commentar, I. Theil, Vorrede, IV.

1027 Die Schriftsteller nach den Reformern der josephinistischen Periode *„haben durchgehend ihre Feder, wie man den Stahl mit dem Magneten zu bestreichen pflegt, nur mit den Grundsätzen dieser Schriftsteller bestrichen, ohne tiefer zu prüfen, und die Rechte des Staates und der Kirche genauer zu untersuchen. Dies hatte dann eine weitere schlimme Folge, daß jene feindliche Parthey, die mit nichts Geringerem umgeht, als die Grundsätze des Kirchenrechts zu untergraben, ein weiteres Terrain erhielt, um die Flamme der Verwüstung nur noch weiter zu verbreiten.“*, Frey, Kritischer Commentar, I. Theil, Vorrede, IV.

1028 Frey, Kritischer Commentar, I. Theil, Vorrede, IV.

1029 Frey, Kritischer Commentar, I. Theil, Vorrede, V.

publiziert wurde,[1030] ließ Frey eine Verteidigung des bischöflichen Stellenbesetzungsrechts unter dem Titel ‚Ueber das landesherrliche Patronatsrecht'[1031] erscheinen. Wohl davon provoziert verfasste nun Johann Philipp von Gregel ein Gutachten zugunsten des landesherrlichen Patronats.[1032] Um das Stellenbesetzungsrecht als ein genuin kirchlich-bischöfliches Recht zu erweisen, verfasste Frey (anonym; ‚Von einem Unparteiischen') seine ‚Bemerkungen über J. Ph. Gregel's Schrift'[1033]. Dabei geht Frey davon aus, dass die Kirche im Staat eine moralische Anstalt sei, die vom Staat selbst geduldet und genehmigt sei. Da aber das Ziel dieser Gesellschaft vom Staat verschieden sei, könne die Kirche die Rechte einer Gesellschaft behaupten, ohne selbst vom Staat vereinnahmt zu werden und Übergriffe des Staates erdulden zu müssen.[1034] Mit dieser Position, die der von Bellarmin gleicht, kommt Frey aufgrund historischer Studien und Quellenforschung zu seinem Ergebnis hinsichtlich der Zuständigkeit für die Stellenvergabe: „*Es bleibt also unwidersprechlich wahr, dass die Besetzung der Pfarreyen und Beneficien den geistlichen Fürsten als Bischöffen zugekommen, und daß diese Handlung eine eigentlich bischöfliche gewesen ist, welche wenigstens nicht einzig als der Ausfluß der landesherrlichen Gewalt, die dazu die Fürstbischöffe erst lange nach der Existenz ihrer Bißthümer erlangten, angesehen werden müsse.*"[1035]

Frey, der seit 1791 Stiftsherr des Kaiserlichen Kollegiatstifts zum Hl. Stephan zu Bamberg war, erreichte gegen staatliche Ansprüche, dass die Kanoniker, zunächst der Bamberger, dann aber auch aller bayerischen und gar deutschen

1030 Verordnung, das landesherrliche Patronat über Pfarreyen und andere Beneficien in den fränkischen Fürstenthümern betreffend, in: Regierungsblatt für die Churpfalzbairischen Fürstenthümer in Franken, 1 (1803), 171. Die Verordnung wurde von Graf Thürheim unterzeichnet am 26.08.1803.

1031 Franz Andreas Frey, Ueber das landesherrliche Patronatsrecht. Eine neue Erfindung, o. Ort., 1804. Zum Thema und Freys Engagement zum Thema vgl. Schuler, Bamberger Kirche, 149–165.

1032 Gregel, Johann Philipp von, Das landesherrliche Patronatrecht: nach den veränderten Verhältnissen der bischöflichen Gerechtsame betrachtet, Würzburg, 1805. Zu Gregel, der in Würzburg lehrte und für seine Schrift eine Rüge des Würzburger Weihbischofs Zirkel erhielt, siehe oben Abschnitt 2.4.2.1.4, Anm. 160.

1033 Bemerkungen über J. Ph. Gregel's Schrift: Das landesherrliche Patronatrecht, von einem Unparteyischen (= Franz Andreas Frey), o. O, 1805.

1034 Vgl. Schuler, Bamberger Kirche, 165.

1035 Frey, Bemerkungen, 68–69.

Stifte, trotz der Säkularisation das Wohnrecht in ihren Kurien behielten.[1036] Der staatliche Anspruch, i. S. v. pars pro toto, auf Freys Wohnsitz, die Curie Ottmandi, wurde mit einem Dekret der kurfürstlichen Landesdirektion an den Stiftskastner 1804 geltend gemacht.[1037] Freys Gutachten ‚Über das Eigenthum an den Stiftswohnungen[1038] legt mit Bezug auf die Geschichte der Stifte, ihrer Statuten und der Absicht des Reichsdeputationshautschlusses die Art des Eigentums an den Curien/Stiftswohnungen dar. Er erbringt damit den klaren Beweis, *„dass sich die Landes-Direktion bei ihrem Anspruch auf die Kanonikatshäuser der Nebenstifte zu Bamberg offensichtlich ins Unrecht setzt, da sie im Begriff steht, sich an Privateigentum zu vergreifen.“*[1039] Dieses Gutachten aus dem Jahr 1806 brachte den Prozess, der seit 1804 anhängig war und in dessen Verlauf der König angerufen wurde, am 28. Juli 1809 vor dem Oberappellationsgericht (!) des Königreichs Bayern zu einem für die Stiftsherren gutem Ende.[1040] Das Ende der Auseinandersetzung schaffte einen Präzedenzfall, den andere Kanoniker zur Verteidigung ihrer Rechtsansprüche bemühen konnten. Außerdem zeigte sich, dass die Kirche bzw. die kirchlichen Amtsträger in Bayern nicht rechtlos waren, sondern durchaus zu ihrem Recht kommen konnten. So war der Vorgang, über den Streitgegenstand und den rechtlichen Erfolg hinaus, vor allem eine Ermutigung für alle, die für die Wahrung kirchlicher Rechte i. w. S. gegen ein omnipotent erscheinendes Staatskirchentum eintraten. Übrigens waren auch die Würzburger Stiftskanoniker mit derselben Problematik konfrontiert worden. Und: *„Man geht wohl kaum fehl, wenn man annimmt, daß Frey und Zirkel auch diese Angelegenheit in Abstimmung miteinander zu bewältigen suchten.“*[1041]

Geistlicher Rat Frey lehnte wie Weihbischof Zirkel alle Vorschläge zur Schaffung einer deutschen Nationalkirche mit einem Primas an der Spitze ab und stellte sich damit gegen den Erzbischof von Regensburg, Karl Theodor von

---

1036 Zu dieser Rechtsfrage und Freys Engagement vgl. Schuler, Bamberger Kirche, 316–331.

1037 Vgl. Schuler, Bamberger Kirche, 320.

1038 Anonym (= Franz Andreas Frey), Ueber das Eigenthum an den Stiftswohnungen der Canoniker in Deutschland: zur Erläuterung der §§ 52 u. 64 des jüngsten Reichsschlusses vom 25ten Febr. 1803; mit stäter Rücksicht und Anweisung auf die in den drey Kollegiatstiften zu Bamberg bestehende Verfassung, o. Ort (Bamberg), 1806, 92 Seiten.

1039 Schuler, Bamberger Kirche, 327.

1040 Vgl. Schuler, Bamberger Kirche, 330–331.

1041 Schuler, Bamberger Kirche, 320.

Dalberg, dem einstigen Kurfürst-Reichserzkanzler-Metropolitanerzbischof von Mainz und Fürstprimas der Rheinbundstaaten sowie dessen Generalvikar für das Bistum Konstanz, Ignatz Heinrich von Wessenberg.[1042] Es darf an dieser Stelle genügen hinzuweisen, dass sich bei dieser Thematik Frey wieder ganz eng mit Weihbischof Zirkel von Würzburg verbunden wusste. Frey erkannte, dass Wessenberg bereit war, mit dem Staatskirchentum zusammenzuarbeiten, um innerkirchlich eine als Nationalkirche verfasste deutsche Kirche mit einem Primas als Haupt und Einheitsprinzip etablieren zu können. Frey war wie Zirkel überzeugt, dass sich die Vertreter des Staatskirchentums nicht als Steigbügelhalter (miss-)brauchen lassen würden, ohne danach die Kirche noch enger an sich zu binden und ihrem Diktat zu unterwerfen. Um der Freiheit der Kirche willen richtete Frey seine Hoffnung über die Berge hinweg (ultramontan) nach Rom. Wie sehr sich Frey an den Ideen Wessenbergs und seiner Geistesverwandten abarbeitete, zeigen zehn Schriften, die er alle anonym in den Jahren von 1816–1820 erscheinen ließ.[1043]

Frey meinte, ebenso wie Weihbischof Zirkel, dass der Kardinalstaatssekretär Seiner Heiligkeit, Consalvi, beim Wiener Kongress in der Verteidigung der kirchlichen Rechte und der Restauration der kirchlichen Verhältnisse in Deutschland zu nachsichtig agiert habe. Da ihm ein einheitliches Konkordat für die ganze deutsche Kirche zu gefährlich im Hinblick auf die nationalkirchlichen Ambitionen eines Wessenbergs erschien, engagierte sich daher

---

1042 Dabei ist nicht zu verschweigen, dass Frey noch um 1810 durchaus Sympathien für ein Rheinbundkonkordat mit einem Primas an der Spitze der deutschen Kirche hegte, also als Unterstützer der Ambitionen Dahlbergs galt. Erst nach dem Wiener Kongress, bei dem Dahlberg und Wessenberg ihre Vorstellung einer Nationalkirche ungeschminkt vorgetragen hatten, grenzte sich Frey zunehmend deutlicher von ihnen ab. Frey gab hinsichtlich der Konkordatsfrage mehrere Betrachtungen heraus: Zu einem Rheinbundkonkordat: Anonym (= Franz Andreas Frey), Erläuternde Bemerkungen zu der vortrefflichen Schrift: Von dem Frieden der Kirche in den Staaten der rheinischen Conföderation; ausgesprochene Wünsche Karls, Erzbischofs- Metropoliten, o. Ort (Bamberg und Würzburg), 1811, 73 S. Hier stimmt er Dahlbergs Vorschlag zu, wegen der zerrütteten kirchlichen Situation in Deutschland das Französische Konkordat von 1801 für die Rheinbundstaaten zu übernehmen. Zu deutschen Sonderkonkordaten: An die Souveräne der rheinischen Conföderation: Ueber das denselben zugesprochene Recht, ihren Staaten eigene Landesbischöfe und eine bischöfliche Diöcesan-Eintheilung nach Gutfinden zu geben; nebst einem gutachtlichen Entwurf zu einem künftigen Konkordate. Ein abgedrungenes Wort zu seiner Zeit von Dr. Fr. einem katholischen Kanonisten, Bamberg und Würzburg, 1813.

1043 Vgl. Schuler, Bamberger Kirche, 377, Anm. 96.

Frey mit den Konföderierten eifrig für den Abschluss eines bayerischen (Sonder-)Konkordats.[1044]

Im Nachgang zum Konkordatsabschluss verlangte die Regierung von den kirchlichen Amtsträgern einen Amtseid auf die bayerische Verfassung von 1818. Der geforderte Eid stieß jedoch auf Ablehnung der Kurie. Zur Lösung der Krise berief deshalb 1819 der päpstliche Nuntius, Francesco Serra-Cassano, eine Konferenz nach München ein. Bei dieser Versammlung wurde eine kirchlich vertretbare Deutung des Eides gefunden, für die Frey den lateinischen Entwurf geliefert hatte.[1045] Franz Andreas Frey verstarb bis zuletzt kirchenrechtlich tätig und kirchenpolitisch engagiert am 24. Juni 1820 in Bamberg.

Für die kirchliche Entwicklung in Bayern zu Beginn des 19. Jahrhunderts lässt sich konstatieren:

Im Kontext der geistesgeschichtlichen Wandlung zur Romantik wurden Geistliche und Laien für die Interessen und Ziele der katholischen Kirche aktiv und entwickelten ein neues kirchlich-katholisches Selbstbewusstsein.

Weihbischof Zirkel und Geistlicher Rat Frey standen – neben und mit anderen Protagonisten – für eine Gruppe von Geistlichen und Laien (die Konföderierten), die das kirchenpolitische und auch gesellschaftlich-politische Leben zu Gunsten der kanonischen Rechtsordnung und der Freiheit der Kirche vor staatlicher Einflussnahme beeinflussen und stärken wollten. Im (vorgreifenden) Bezug auf die Bestimmungen des dann im Jahr 1817 unterzeichneten Konkordats ist aus heutiger Sicht zu konstatieren, dass die Konföderierten ihr Ziel zumindest mittelbar erreicht haben.

Bei den Konföderierten zeigten sich auch erste ultramontane Tendenzen in Deutschland, die sich gegen die Bevormundung der Kirche seitens des Staates und gegen nationalkirchliche Bestrebungen wandten. Sie stellten sich daher, nachdem eine Restitution der Reichskirche obsolet geworden war, gegen den Abschluss eines Reichs- bzw. Bundeskonkordats, von dem sie die Gefahr einer febronianistischen Prägung der deutschen Kirche befürchteten. In der gegebenen Situation traten sie *„lebhaft für eine Koordination von Kirche und Staat ein. Das Konkordat mit dem Hl. Stuhl, dem von Gott gesetzten 'Zentral- und Einheitspunkt', sollte der bayerischen Kirche ihre Freiheit und Unabhängigkeit garantieren.“*[1046]

1044 Zu diesem Engagement Freys vgl. Schuler, Bamberger Kirche, 367–375.

1045 Vgl. Schuler, Bamberger Kirche, 341.

1046 Hausberger, Staat und Kirche, 160.

Ob Zufall oder nicht: Die Denkschrift der bayerischen Diözesanvorstände wurde dem König im Juni 1816 übersandt, just zu der Zeit, als die Regierung in neue Konkordatsverhandlungen mit dem Heiligen Stuhl eintreten wollte. *„Wenn immer Häffelins Auftrag lautete, auf die rasche Organisation der bayerischen Kirche anzutragen und jede Grundsatzdiskussion zu vermeiden: mit der Eichstätter Denkschrift vom Sommer 1816 war dem Vorhaben der Regierung ein energischer Riegel vorgeschoben."*[1047]

4.2.3 Die dritte Etappe: 1814 bis 1817 – Einigungswille mit prekärem Ergebnis

Zu Beginn des 19. Jahrhunderts hatten sich die intellektuelle Strömung und geistige Stimmung in den deutschen Landen zu ändern begonnen: Die Aufklärung wurde von der Romantik abgelöst. Gleichzeitig ist daran zu erinnern, dass der Wandel der geistigen Stimmung mit nachfolgenden politisch-gesellschaftlichen Vorgängen unlösbar verknüpft war – einige Hinweise mögen dazu an dieser Stelle genügen:

Die Bewunderung der französischen Kultur und des militärischen Genies Napoleons hatte sich gründlich hin zum Franzosenhass gewandelt.[1048] Die Völkerschlacht bei Leipzig im Jahr 1813 wurde als Sieg über den französischen Aggressor verstanden sowie als Befreiung deutscher Lande und deutscher Kultur gedeutet. Die gewonnene Völkerschlacht kann daher als Katalysator der deutschen Nationalbewegung verstanden werden. Eine Folge des Befreiungskrieges war die Gründung des Deutschen Bundes 1815, der zugleich im Sinne der Nationalbewegung mit der Hoffnung verknüpft war, dass sich ein deutscher Nationalstaat mit einer deutschen, gewählten Volksvertretung bilde.[1049] Im Jahr

---

1047 Hausberger, Staat und Kirche, 166.

1048 Die kollektive Bewunderung gegenüber der Grand Nation/Armee mag mit einem kollektiven Minderwertigkeitsgefühl verbunden gewesen sein, das in Hass und Verachtung umschlug. Ein Beispiel für Franzosenhass und deutsche Rachegelüste ist das 1812 von Ernst Moritz Arndt verfasste Gedicht ‚Der Gott, der Eisen wachsen ließ', in: Friedrich Silcher/Friedrich Erk (Hgg.), Allgemeines Deutsches Kommersbuch, Lahr, Schauenburg, 1896[55], Nr. 15, 15. Darin heißt die 5. Strophe: „Laßt klingen, was nur klingen kann, die Trommeln und die Flöten! Wir wollen heute Mann für Mann mit Blut das Eisen röten, mit Henkerblut, Franzosenblut – o süßer Tag der Rache! Das klinget allen Deutschen gut, das ist die große Sache!", ebd.

1049 Die deutsche Nationalbewegung war in diesen Jahren eng mit dem politischen Liberalismus verflochten. Dessen linker Flügel zielte auf eine nationale

1815 wurde in Jena auch die ‚Urburschenschaft‘ unter dem Wahlspruch ‚Ehre, Freiheit, Vaterland‘ gegründet. Sie war der Zusammenschluss von Jenaer Studenten, die für die nationale Einheit aller Deutschen und die Befreiung von obrigkeitsstaatlichem Regiment eintraten.[1050]

Die Heilige Allianz, die die Herrscher von Österreichs, Russlands und Preußens 1815 gebildet hatten, leitete gegen die Prinzipien und Ziele der Aufklärung, der französischen Revolution und der deutschen Nationalbewegung die staatlich-politische Restauration Europas ein, für die durchaus die Bereitschaft bestand, die Kirche(n) als Helfer mit einzubinden.

Die katholische Kirche hatte die napoleonische Ära mit der Rückkehr des Papstes Pius VII. nach Rom im Mai 1814 und der (begonnenen) Restauration des Kirchenstaates überwunden. In einzelnen europäischen Staaten, die selbst in gesellschaftspolitischen Umwälzungen eine neue Ordnung suchten, musste sich jedoch die Kirche bemühen, ihre Verhältnisse zugunsten der Pastoral zu ordnen. Dies war insbesondere in Deutschland eine Herausforderung, da viele Souveräne über die kirchlichen Belange mitbestimmen wollten, womit die Gefahr der übermäßigen Pluralisierung der Verhältnisbestimmung gegeben war. In Bayern stellte sich wie in vielen anderen deutschen Territorien zusätzlich das innerkirchliche Problem, dass die (Diözesan-)Bischöfe vor Ort nahezu nicht mehr vorhanden, im wahrsten Sinne des Wortes ausgestorben waren. Am Jahresende 1817 gab es in Deutschland nur noch drei Diözesanbischöfe, nämlich in Hildesheim, Passau und Eichstätt.

4.2.3.1 Zum geschichtlichen Kontext 1814–1817

Nach der (ersten) Abdankung Napoleons ordnete der Wiener Kongress (September 1814 bis Juni 1815) die politische Landkarte Europas neu. Die einflussreichsten Mächte waren Österreich, Preußen, Russland, Großbritannien und Frankreich, das nach Napoleons Sturz wieder die Staatsform einer Monarchie

---

Demokratie ab: Die überkommene Kleinstaaterei wurde als unzeitgemäß wahrgenommen und sollte durch einen liberalen deutschen Nationalstaat gleichberechtigter Staatsbürger überwunden werden, vgl. Hans-Ulrich Wehler, Nationalismus. Geschichte – Formen – Folgen, München, Beck, 2011⁴, 76.

1050 *„Viele der späteren Burschenschafter hatten als Freiwillige an den Befreiungskriegen gegen Napoleon in den Jahren 1813 bis 1815 teilgenommen und widersetzten sich nun den Beschlüssen des Wiener Kongresses vom Sommer 1815, der eine Zersplitterung Deutschlands in 38 Teilstaaten festgeschrieben hatte.“*, Sekretariat der Deutschen Burschenschaft, Burschenschaftliche Geschichte, URL: https://burschenschaft.de/die-burschenschaft#toggle-id-1, Zugriff: 11.12.2022.

angenommen hatte. Der Kirchenstaat war durch Kardinalstaatssekretär Consalvi repräsentiert und bildete keineswegs die unbedeutendste Partei im Kongressgeschehen. Dies hatte vor allem zwei Gründe: Einerseits verfügten sowohl Papst Pius VII. als auch sein Kardinalsstaatssekretär Consalvi ob ihres unbeugsamen Widerstands gegen Napoleon über eine außerordentlich hohe moralische Reputation und zum anderen war im Kirchenstaat nach des Papstes Rückkehr aus Napoleons Gefangenschaft sofort begonnen worden, weitegehend die alte Verfassung und Ordnung wieder zu errichten, d. h. zu restaurieren. Somit stellte sich der Papst mit dem Kirchenstaat als Modell der staatlich-politischen Restauration dar. Mit dem Ziel der Restauration gab es nun jedenfalls eine Gemeinsamkeit zwischen der Kirche und den europäischen Fürsten sowie zwischen der Kurie und der königlich-bayerischen Regierung. Trotzdem gelang es Consalvi nicht, dass der Kirchenstaat zur Gänze territorial restituiert wurde.

Das Thema eines Konkordats für Deutschland war ein (!) Thema beim Wiener Kongress. Karl Theodor von Dalberg, der einstige Fürstprimas des Rheinbunds und nunmehrige Erzbischof von Regensburg, war vertreten durch seinen Generalvikar für das Bistum Konstanz, Ignatz Heinrich Freiherr von Wessenberg. Dieser verfolgte beim Kongress mit großem Geschick das Anliegen Dalbergs, nämlich den Abschluss eines gesamtdeutschen Konkordats.[1051] Auf diese Weise sollte eine von Rom weitgehend unabhängige deutsche Nationalkirche mit einem Primas an der Spitze formiert werden. Diese im Grunde seit der Säkularisation gehegten Pläne Dalbergs[1052] und Wessenbergs stießen jedoch auf breite Ablehnung unter den Bevollmächtigten der Souveräne sowie die wachsende Gegnerschaft des Kardinalstaatssekretärs Consalvi[1053] und insbesondere

1051 Vgl. dazu die *Denkschrift des Generalvikars Frhr. V. Wessenberg über die Begehren der katholischen Kirche in Deutschland hinsichtlich der Bundesakte* in: Huber/Huber, Staat und Kirche, 109–111, insbesondere 111; zu weiteren Positionen Wessenbergs vgl. ebd. 111–113.

1052 Es ist zu erinnern an das schon 1803 von Dalberg anvisierte Reichskonkordat und, ebenfalls von Dalberg vertreten, an das Projekt eines Rheinbundkonkordats nach 1806.

1053 Zunächst hatte sich Consalvi, wie auch Metternich im Interesse einer Stärkung Österreichs, für ein Reichskonkordat eingesetzt, weil eine gesamtdeutsche Regelung Vorteile für die katholische Kirche gebracht hätte. Nachdem Consalvi aber genauere Kenntnis über die nationalkirchlichen Bestrebungen und febronianistisch-episkopalistischen Tendenzen erhalten hatte, die Dalberg und Wessenberg mit dem Konkordatsprojekt verfolgten, lehnte er es entschieden ab, vgl. Listl, Konkordatäre Entwicklung, 429.

auf den erbitterten Widerstand Bayerns, das sich – wieder einmal – in seiner vollen Souveränität bedroht fühlte. Der bayerische Bevollmächtigte, Feldmarschall Fürst von Wrede, hatte deshalb von Montgelas die eindeutige Weisung erhalten, *„auf eine allgemein einzuführende Verfassung der Hierarchie Deutschlands unter keinen Umständen einzugehen; es müsse jeden größeren Staat überlassen bleiben, hierüber unmittelbar mit der Kurie zu verhandeln.“*[1054] Letztlich waren die bayerischen Interventionen auch verantwortlich dafür, dass in die Bundesakte des Deutschen Bundes[1055] keine Richtlinien über das Verhältnis von Staat und Kirche aufgenommen wurden, wofür sich Staatssekretär Consalvi freilich anfangs mit großem Nachdruck eingesetzt hatte.[1056]

Nach dem Kongress in Wien versuchten sowohl Consalvi als auch Dalberg und Wessenberg auf der im November 1816 nach Frankfurt einberufenen Bundesversammlung ihre Interessen zu vertreten. Bei dieser Versammlung sollte eine Gesamtregelung der kirchlichen Verhältnisse besprochen und

---

1054 Zitiert nach Hausberger, Staat und Kirche, 143.

1055 Text: Deutsche Bundesakte, v. 08.06.1815, in: documentArchiv.de (Hg.), URL: http://www.documentArchiv.de/nzjh/dtba.html, Zugriff: 16.05.2020.

Zum Überblick vgl.: Anselm Doering-Manteuffel, Die deutsche Frage, 1–8. Die Bundesakte vom 08.06.1815 war die Verfassungsurkunde des Dt. Bundes, der bis 1866 existierte. Mit dem Bund sollte sowohl die Gründung eines deutschen Nationalstaates als auch eine wirksame Liberalisierung der politischen Strukturen im Innern der Mitgliedsstaaten verhindert werden. Durch die Mitgliedschaft nicht deutscher Monarchen im Bund, die in ihrer Herrschaft über deutsche Territorien begründet war, war der Deutsche Bund in das europäische Staatensystem integriert. Durch die Aufnahme der Bundesakte in die Kongressakte des Wiener Kongresses am 09.06.1817 wurde die dt. Verfassungsurkunde zugleich Teil des Ius Publicum Europaeum, vgl. ebd. 7.

In der Bundesakte (Art. 13) wurden die Mitgliedsstaaten verpflichtet, landständische Verfassungen zu verabschieden; dem entsprach das Königreich Bayern mit seiner Verfassung von 1818 und wandelte sich so zu einer konstitutionellen Monarchie. In Artikel 16 der Akte wird die Parität der verschiedenen christlichen Religionsparteien/Konfessionen hinsichtlich der bürgerlichen und politischen Rechte in allen Ländern und Gebieten des Bundes festgeschrieben.

1056 *„Mit der Errichtung des Deutschen Bundes hatte der Wiener Kongress unter die 1806 vollzogene Auflösung des Heiligen Römischen Reiches in quasi-souveräne Einzelstaaten den Schlussstrich gezogen. Der Versuch, die Ordnung der kirchlichen Belange in das neue staatspolitische System einzubeziehen, war am Gegensatz kurialer und nationalkirchlicher Wünsche, am Ränkespiel Metternichs und ganz entschieden am Souveränitäts- und Unabhängigkeitsstreben der Könige von Bayern und Württemberg gescheitert.“*, vgl. Hausberger, Staat und Kirche, 149.

verabschiedet werden. Doch auch hier widersetzte sich die bayerische Regierung allen Versuchen einer Einigung. „*Baiern sei groß genug, um seine eigene geschlossene Kirche zu haben. Dass Baiern seiner Geistlichkeit gegen den Papst etwas vergeben werde, sei bei den geläuterten Grundsätzen seine Regierung nicht zu befürchten.*"[1057] Mit dieser Überzeugung gedachte die bayerische Regierung ihren staatskirchenrechtlichen Partikularismus zu behaupten;[1058] und so geschah es auch.

Die Kurie erkannte endgültig an, dass für die katholische Kirche in Deutschland eine einheitliche Regelung der kirchlichen Belange nicht erreicht werden konnte. Mit dieser Erkenntnis gab die Kurie deshalb – wie schon einmal im Jahr 1806 – den Weg zu Sonderverhandlungen über ein bayrisches Konkordat frei.

Bayern änderte ab 1813 den politischen Kurs: Nach langem Zögern des Königs scherte er aus dem Rheinbund und dem Bündnis mit Frankreich aus und schloss sich der Koalition gegen Napoleon und Frankreich an. Im bayerisch-österreichischen Vertrag von Ried[1059] (8. Oktober 1813) trafen sich daher der bayerische Drang als europäische Mittelmacht politisch zu überleben mit Österreichs Interesse, mit Bayern einen starken Verbündeten unter den deutschen Mächten gegen Preußen zu finden. So ist es auch verständlich, dass Österreich dem Königreich Bayern für den Wechsel territoriale Entschädigungen zusagte. Am 3. Juni 1814 wurde eine bayerisch-österreichische geheime Konvention[1060] in Paris abgeschlossen, mit der (als Hauptinhalt) verbindlich erklärt wurde, dass Vorarlberg und Tirol von Bayern an Österreich abgetreten werden und im Gegenzug dafür Bayern das Großherzogtum Würzburg und das Fürstentum Aschaffenburg erhalten sollte. Im Münchner Vertrag[1061] (14. April 1816) erhielt Österreich von Bayern das salzburgische Gebiet rechts der Salzach und das Innviertel sowie weitere kleinere Territorien. Im Gegenzug erhielt

1057 Zentner an Wessenberg, zitiert nach Hausberger, Staat und Kirche, 152

1058 Für seine Verweigerung gegenüber einer gemeinsamen Kirchenpolitik des Bundes konnte sich Bayern auf Artikel 7 der Bundesakte berufen, dort heißt es: „*Wo es aber auf Annahme oder Abänderung der Grundgesetze, auf organische Bundes Einrichtungen, in jura singulorum oder Religions-Angelegenheiten ankommt, kann weder in der engern Versammlung noch in Pleno ein Beschluß durch Stimmenmehrheit gefaßt werden.*"

1059 Vertragstext dt.-frz. in: Die Staats-Verträge des Königreichs Bayern, 236–242.

1060 Geheimer Staatsvertrag zwischen Oesterreich und Baiern, geschlossen zu Paris am 3. Juni 1814, in: Acten des Wiener Congresses in den Jahren 1814 und 1815, 122–128.

1061 Vertragstext dt.-frz. in: Die Staats-Verträge des Königreichs Bayern, 310–325.

Bayern das böhmische Amt Redwitz, die Ämter Hammelburg, Brückenau und Weyers aus dem Territorium des Fürstentums Fulda sowie neben anderen territorialen und finanziellen Zusicherungen vor allem die neu geschaffene Rheinpfalz. Die territorialen Veränderungen[1062] mussten sich auf die Formulierung der Konkordatsentwürfe auswirken, da Bayern anstrebte, dass die Außengrenzen des Königreichs mit den Grenzen der Bistümer in Bayern deckungsgleich[1063] sein sollten.

Das Jahr 1816/1817 war (auch) in Bayern ein Hungerjahr – die Getreidepreise stiegen auf das Dreifache. Die Hungersnot führte schließlich zu Aufständen, die in Schweinfurt, Memmingen und Lindau durch das Militär niedergeschlagen wurden. Die königliche Regierung verlor stark an Ansehen, und die Not bildete einen weiteren Grund, den Rücktritt Montgelas' zu fordern.[1064] Tatsächlich wurde Maximilian Joseph Graf von Montgelas im Februar 1817 seiner ministeriellen Ämter enthoben. Dabei war Montgelas der Initiator eines bayerischen Konkordats und kontinuierlich streng den Zielen der Aufklärung verbunden, d. h. ein Garant einer kühl kalkulierenden Diplomatie.

Nach Abschluss der Konkordatsverhandlungen durch die Bevollmächtigten, aber noch vor der Publizierung und lange vor der Vollstreckung bzw. Umsetzung des Konkordats, wurde am 26. Mai 1818 eine Bayerische Verfassung[1065] vom König erlassen. Diese löste die Verfassung vom 1. Oktober 1808 ab. Für die Proklamation der neuen Verfassung waren Bestimmungen der Deutschen Bundesakte von 1815 ausschlaggebend. Zum einen schrieb Art. 13 der Akte jedem Bundesmitglied die ‚Einrichtung' einer landständischen Verfassung vor, zum anderen verlangte Art. 10, dass die Bundesversammlung die Abfassung von Grundgesetzen des Bundes und dessen organische Einrichtung in Rücksicht auf seine auswärtigen, militärischen und inneren Verhältnisse als erstes Geschäft angehen sollte. Das hieß nichts anderes als die Abfassung einer Bundesverfassung, mit der die Souveränitätsrechte der Bundesstaaten eingeschränkt worden wären. Mit der Verfassung von 1818 kam daher das Königreich

---

Die rechtsrheinischen wittelsbachischen Gebiete der alten Rheinpfalz bzw. Kurpfalz mit Mannheim und Heidelberg waren jedoch trotz österreichischer Absichtserklärungen nicht zurückzuerhalten.

1062 Zu den geplanten und tatsächlich vollzogenen territorialen Veränderungen vor und nach dem Wiener Kongress vgl. Weis, Begründung des modernen bayerischen Staates, 96–101.

1063 Vgl. dazu den bayerischen Konkordatsentwurf vom 31. Mai 1803, Artikel 1.

1064 Zur Hungersnot und Montgelas' Handeln vgl. Weis, Montgelas, Bd. 2, 773–777.

1065 Eine knappe Vorstellung dazu bietet Hartmann, Bayerns Weg, 376–377.

Bayern einer vom österreichischen Staatskanzler Metternich angezielten Verfassung des Deutschen Bundes zuvor.[1066] Da König Maximilian Joseph die Verfassungsurkunde selbst beeidete, band er sich mit seinen politisch relevanten Akten an die Verfassungsbestimmungen. Damit war der König nicht mehr unumschränkter Souverän des Staates und Bayern war eine konstitutionelle Monarchie geworden. Festzuhalten ist: Die Verfassung von 1818 war nicht Ausfluss einer Anwandlung des Königs, der Gewaltenteilung und Volkssouveränität bzw. Demokratie den Weg zu bereiten, sondern vielmehr, von Montgelas angestoßen und projektiert wieder einmal ein staatspolitischer Schachzug zur Sicherung der größtmöglichen bayerischen Souveränität. Möglicherweise kann die Verfassung von 1818 auch als die Wahl des kleineren Übels eingeordnet werden; wenn schon Einschränkung der königlichen Souveränität, dann lieber durch eine bayerische Ständeversammlung als durch eine gesamtdeutsche Bundesversammlung. Diese bayerische Verfassung von 1818 blieb – mit einigen Änderungen und Anpassungen – im Grundbestand bis zum Ende der Monarchie 1918 in Geltung.

4.2.3.2 Zu den Textentwürfen 1814–1817

Auf die neuen Konkordatsverhandlungen war Bayern schon vorbereitet: Nach dem 1. Pariser Friedensschluss am 30. Mai 1814 begannen angesichts der verheerenden seelsorgerlichen Notlage in Bayern auf Regierungsebene die Vorbereitungen zu neuen Konkordatsverhandlungen mit dem Heiligen Stuhl. Am 6. Dezember 1814 lag ein internes Papier der bayerischen Regierung zu einem Konkordatsentwurf vor. Am 1. September 1816 überreichte der bayerische Bevollmächtigte, Bischof Kasimir von Häffelin, mit einer Note an den Kardinalstaatssekretär eine von ihm ausgearbeitete Punktation, die sich auf die Ernennung der Bischöfe und Umschreibung der Bistümer konzentrierte. Aufgrund dieser Punktation begannen erneute Verhandlungen zwischen dem Königreich Bayern und dem Apostolischen Stuhl. Die Kurie brachte im Oktober 1816 einen eigenen Entwurf einer Konvention in die Verhandlungen

1066 Nach dem Zweiten Weltkrieg erwies sich dieses Vorgehen nicht mehr als zielführend: Am 08.12.1946 wurde die bis heute geltende Bayerische Verfassung verabschiedet und das Grundgesetz für die Bundesrepublik Deutschland am 23. Mai 1949 verkündet. Doch Art 31 des Grundgesetzes lautet lapidar: Bundesrecht bricht Landesrecht. Ein Grund neben den Vorgaben der alliierten Siegermächte war und ist, dass der Dt. Bund von 1815 ein Staatenbund war, die Bundesrepublik Deutschland jedoch als Bundesstaat konzipiert worden ist.

ein, der als qualifizierte Antwort auf die bayerische Punktation gelten sollte. Mitte Dezember 1816 übermittelte Häffelin seiner Regierung nach München das Ergebnis weiterer Verhandlungen, das relativ nah an der römischen Konvention lag.[1067] Die bayerische Regierung, insbesondere Minister Montgelas, waren jedoch unzufrieden mit dem dürftigen Verhandlungsergebnis, bei dessen Annahme wesentliche staatskirchenrechtliche Positionen, die bisher von der Krone beansprucht worden waren, hätten aufgegeben werden müssen. Der sachlich nicht zuständige Minister des Innern, Graf Karl Friedrich von Thürheim, erließ in Vertretung für den Außenminister Graf Aloys von Rechberg, des Nachfolgers des am 2. Februar 1817 entlassenen Grafen von Montgelas, am 9. Februar 1817 eine eigenmächtige Instruktion[1068] an den Bevollmächtigten Häffelin in Rom, dem die bisherige klare Formulierung der Positionen fehlte und, da die Instruktion ausdrücklich vom zuständigen Außenminister Rechberg bestätigt worden war, an einen Wechsel der bayerischen Kirchenpolitik denken lassen konnte. Der Konkordatsentwurf[1069] der Kurie vom 23. April 1817, der ultimativen Charakter trug, ging nur in wenigen Punkten auf die von Häffelin in die Verhandlungen eingebrachten bzw. vorgebrachten Weisungen der bayerischen Regierungsinstruktion ein. Als Antwort formulierte das bayerische Innenministerium eine erneute Instruktion mit Datum vom 10. Mai 1817 für den römischen Gesandten. Häffelin erreichte bei Consalvi, dass dem König ein freies Ernennungsrecht für einige Bischofssitze und Dompräbenden zustehen sollte; im Gegenzug verlangte jedoch Consalvi die Aufhebung der staatskirchenrechtlichen Gesetzgebung und eine für die Bischöfe günstigere Vergaberegelung der Pfründen.

Am Fronleichnamsfest 1817, es war der 5. Juni, unterschrieben Staatssekretär Consalvi und der bayerische Bevollmächtigte Bischof Häffelin im Vatikan das von

1067 Zur Erläuterung des Ergebnisses vgl. Hausberger, Staat und Kirche, 170–172. Hausberger meint: „*Gemessen an den römischen Forderungen vom Oktober 1816 nehmen sich die Zugeständnisse, die Häffelin in wochenlangen Verhandlungen erreichen konnte, mehr als bescheiden aus.*“, ebd. 172. Die mageren Erfolge Häffelins werden auch mit der Unterstellung begründet, der fast 80-jährige ehrgeizige Prälat habe nachdem Kardinalshut gestrebt und sei deshalb gegenüber der Kurie nachgiebig gewesen.

1068 Vgl. dazu Hausberger, Staat und Kirche, 177–178

1069 Text des Konkordatsentwurfs bei Sicherer, Urkunde Nr. 18, 63–71. Zur Erläuterung vgl. Hausberger, Staat und Kirche, 181–182.

ihnen ausgehandelte Konkordat. Dabei war Häffelin überzeugt, dass er die Weisungen der Regierung genau befolgt habe.[1070]

In der dritten Verhandlungsetappe sind im Zeitraum von Dezember 1814 bis zur (ersten) Unterzeichnung des Bayerischen Konkordats im Juni 1817 insgesamt sechs Texte mit amtlichem Charakter zu registrieren, die im Anhang 1 dokumentiert sind.[1071] Davon sollen wegen ihrer Relevanz für die fortschreitenden Verhandlungen im Folgenden vier Texte näher dargestellt und kommentiert werden:

1. Der Entwurf des bayerischen Beamten Hollerer, eine (interne) Positionsbestimmung der bayerischen Regierung, vom 6. Dezember 1814.
2. Die bayerische Punktation vom 1. September 1816, die der Kurie zur Kenntnis gegeben worden ist und mit der die Konkordatsverhandlungen wieder in Gang gekommen sind.
3. Der römische Konkordatsentwurf vom 15. Oktober 1816, der der bayerischen Punktation antwortet und die kirchliche Position markiert.
4. Der Text des Konkordats, der am 5. Juni 1817 unterzeichnet worden ist.

1070 Häffelin hatte die Weisungen in den Instruktionen überschritten. Die Unterschrift unter ein unvorteilhaftes Konkordat ist aber auch dem Regierungs- und Ministerwechsel geschuldet; Innenminister Thürheim wollte wohl das Konkordat zeitnah abschließen, was ihn dazu verleitete, eilig und eigenmächtig zu agieren, vgl. dazu und weitere Erwägungen zur Verantwortung des Abschlusses bei Hausberger, Staat und Kirche, 183–187.

1071 Bayerischer Entwurf des Beamten Hollerer bzw. Positionsbestimmung der bayerischen Regierung vom 06.12.1814. Text bei Karl Adolf Constantin von Höfler, Concordat und Constitutionseid der Katholiken in Bayern: eine historische Denkschrift mit Benützung bisher unbekannter Actenstücke, Augsburg, Schmid, 1847, 29–35. Text im Anhang 1 unten, 661.

Bayerische Punktation vom 01.09.1816. Text bei Sicherer, Urkunde Nr. 16, 52–54. Text mit Übersetzung im Anhang 1 unten, 666.

Römischer Konkordatsentwurf vom 15.10.1816. Text bei Sicherer, Urkunde Nr. 17, 54–62. Text mit Übersetzung im Anhang 1 unten, 669.

Bayerischer, nachverhandelter Text vom 07.12.1816. Text bei Sicherer, Urkunde Nr. 17, 54–62 mit Anmerkungen 1–24. Text mit Übersetzung im Anhang 1 unten, 682.

Römischer Konkordatsentwurf mit ultimativem Charakter vom 23.04.1817. Text bei Sicherer, Urkunde Nr. 18, 62–64. Text mit Übersetzung im Anhang 1 unten, 694.

Konkordat, unterzeichnet am 05. Juni 1817. Text bei Sicherer, Urkunde Nr. 18, 62–64 mit Anmerkungen 1–29. Text mit Übersetzung im Anhang 1 unten, 706.

1814-12-06, Konkordatsentwurf Bayerns

Noch vor Beginn des Wiener Kongresses gelangte die bayerische Regierung zur Überzeugung, dass ein bayerisches (Sonder-)Konkordat angezielt werden müsse. Der Verfasser des Textes[1072] war Leonhard Ritter von Holler[1073], ein Katholik, der für die neu aufgenommenen Konkordatsverhandlungen wichtige Grundlagenarbeit leistete. Auf diesen Text (sollte er je nach Rom gelangt sein) antwortete die Kurie jedoch nicht, sei es, weil die bayerische Vorlage indiskutabel erschien oder sei es, weil man sich während des Wiener Kongresses nicht äußern wollte. Zur Datierung ist zu bemerken, dass Höfler in seiner Veröffentlichung den Text auf das Jahr 1807 datiert, womit er nicht zu dieser Etappe der Konkordatsverhandlungen gehören würde. Dagegen weist jedoch

1072 Der Text ist entnommen aus Höfler, Concordat und Constitutionseid, 29–35, er wurde behutsam der heutigen Rechtschreibung angepasst. Zu den leitenden Prinzipien dieses Textes und ihrer Rechtfertigung vgl. Hausberger, Staat und Kirche, 140–141. Zur Erläuterung des Entwurfs vgl. ebd. 157–159.

1073 Zu Leben und Würdigung Hollers: Eisenhart, Holler, 758–759. Holler lebte von 1780 bis 1851 (oder gemäß dem Gedenkstein im Geburtsort Wolfsbach, Gemeinde Ensdorf, Kreis Amberg-Sulzbach bis 1858, vgl. https://de.wikipedia.org/wiki/Leonhard_von_Holler#cite_ref-1, Zugriff: 17.05.2020). Studium der Rechtswissenschaft in Landshut, 1805 Stadtkommissar und Polizeidirektor in Schweinfurt, 1806 Rat bei der Landesdirektion in Bamberg, 1808 Rat der Kirchensektion im Staatsministerium des Innern (Oberkirchenrat), 1817 Ministerialrat im Ministerium des Innern. Holler übernahm bei den neu aufgenommenen Konkordatsverhandlungen eine umfassende Geschäftsaufgabe. Er verfasste „*die hervorragendsten Concordats-Actenstücke, wobei er gründliche Kenntnisse des Kirchenstaatsrechtes an den Tag legte, seltene Redactionsgabe bewies und die Rechte des Staates gegenüber den Ansprüchen des römischen Stuhles mit Geschick und Gewandtheit – wenn auch nicht immer mit Erfolg zu vertreten wußte.*“ (ebd. 758–759). Holler formulierte im Oktober 1814 ‚Die Diöcesanverfassung des Königreiches und die hierarchische Verfassung in Baiern‘. Aus ihr erwuchs im Dezember 1814 ein ‚förmlicher Concordatsentwurf‘. Ferner verfasste er Entwürfe der Instruktionen der Regierung für den Gesandten Häffelin – jene vom 05.08.1816 und die vom 09.02.1817. Letztere ist „*das umfangreichste Actenstück, welches im langen Verlaufe der Concordatsverhandlungen ausgearbeitet wurde, und enthält die wiederholte Weisung, das Concordat 'auf Bestellung und Besetzung der Bisthümer' zu beschränken, der Einmischung von Puncten jedoch, über die nothwendig Discussionen eintreten, auf alle mögliche Art auszuweichen,*“ ebd. 759. Holler arbeitete auch an der Redaktion der sogen. 2. Verfass.-Beilage, dem Religionsedikt vom 26. Mai 1818 mit.

Sicherer überzeugend nach, dass der Text der Konkordatsentwurf Hollers vom 6. Dezember 1814 ist.[1074]

Der Konkordatsentwurf ist in deutscher Sprache verfasst und umfasst achtzehn Artikel.

I. *In Bayern wird ein Erzbischof sein, welcher über die sämtlichen übrigen ihm untergeordneten Bischöfe die Metropolitangewalt ausübt. Der Erzbischof wird in seiner Diözese zugleich Bischof sein. Die Diözese des Erzbischofs wird diejenige sein, in welcher sich die königliche Haupt- und Residenzstadt befindet. Der Sitz derselben wird zu Freising sein.*

Hier wird die von bayerischer Seite erwünschte Einsetzung eines Erzbischofs für das Königreich Bayern formuliert, der, wie sich erst aus dem zweiten Halbsatz ergibt, außerdem Metropolit, also Vorsteher einer – hier noch nicht näher bestimmten – Kirchenprovinz sein soll. Dieser Metropolitan-Erzbischof wird zugleich, wie es kirchenrechtlich Usus ist,[1075] selbst Diözesanbischof sein und zwar der Diözese, in der sich die bayerische Haupt- und Residenzstadt München befindet, und er wird seinen Bischofssitz in Freising haben. Der Duktus des Artikels wirkt gestelzt, d. h. zusammengestückelt aus einigen Versatzstücken eines kirchlichen Lehrbuchs. Interessant ist indes, dass nicht, wie in früheren bayerischen Entwürfen vorgesehen wird, dass der Freisinger Bischofssitz nach München verlegt (z. B. Punktation vom 8. August 1805, Artikel 1) bzw. ganz aufgehoben (z. B. Konkordatsentwurf vom 5. September 1806, Artikel 2) werden soll.

II. *Zu Augsburg, Bamberg, Eichstätt, Passau, Regensburg, Salzburg und Würzburg werden Bischöfe sein. – Das Bistum Chiemsee bleibt supprimiert. Anmerkung: Dieser Artikel versteht sich von dem damaligen Umfange des Königreiches und muss sich notwendig bei eintretender Territorialveränderung nach dieser modifizieren.*

In diesem Abschnitt werden nun in Ergänzung zu Artikel 1 die Bischofssitze der Bistümer im Königreich Bayern genannt, die dem Metropolitansitz in München als Suffraganbistümer zugeordnet werden; damit ist eine Kirchenprovinz umschrieben. Die Unterdrückung bzw. Aufhebung des Sitzes von Chiemsee ist schon seit dem Konkordatsentwurf des Nuntius (8. August 1808, Artikel 2) staatlich und kirchlich sanktioniert. Die aufgeführte Anmerkung ist berechtigt, hat sich doch die Zahl der unter bayerischer Herrschaft stehenden

---

1074 Vgl. Sicherer, Staat und Kirche, 191–192, Anm. 4.

1075 Vgl. C. 2, C. IX, q. 3, in: CorpIC, Bd. 1, 606–607, unter Rückgriff auf das Konzil von Antiochia im Jahr 341, Canon 9.

Bischofssitze mehrmals gewandelt. Würzburg etwa kam erst im Juni 1814 (wieder und endgültig) unter bayerische Herrschaft.

III. *Die Gerichtsbarkeit des Erzbistums und der Bistümer in Bayern kann sich über die Grenze des Königreichs ebenso wenig ausdehnen, als eine ausländische Diözesan-Gerichtsbarkeit in die Staaten seiner Königlichen Majestät sich erstrecken kann. Sowohl nach diesem Grundsatze als auch in Beziehung auf eine zweckmäßigere Arrondierung im Innern soll eine neue Einteilung der Diözesen vorgenommen werden, bei welcher so viel möglich die Grenzen der Bistümer mit den Grenzen der Kreise des Königreiches in Übereinstimmung gebracht werden sollen. Zur Vollziehung dieses Geschäftes sollen von Seiten Seiner Königlichen Majestät und Seiner päpstlichen Heiligkeit Kommissare ernannt werden.*

Hier wird bestimmt, dass die kirchlichen Grenzen der bayerischen Bistümer mit den Grenzen des Königreichs identisch sein sollen und dass innerhalb des Königreichs möglichst die Grenzen jedes Reichskreises mit den Grenzen je eines Bistums übereinstimmen sollen; ein Geschäft, um das sich Kommissare beider Seiten kümmern sollten. Damit war die bayerische Kirchenprovinz zugleich als bayerische Landeskirche umschrieben – ein Ziel, das schon in den ältesten bayerischen Entwürfen für eine Übereinkunft mit der katholischen Kirche anvisiert (z. B. Grundlagentext vom 31. Mai 1803, Artikel 1) worden war.

IV. *Dem Erzbischof und jedem Bischof wird ein Kapitel beigegeben. Das Metropolitankirchen-Kapitel wird aus einem Propst, Dechant und zehn Domkapitularen, – und ein Domkapitel aus einem Propst, Dechant und sechs Domkapitularen bestehen. Die Kapitel bilden den eigentlichen bischöflichen Rat und besorgen künftig die Geschäfte der bisher unter dem Namen von Konsistorien, Generalvikariate etc. bestandenen bischöflichen Stellen in ihrem ganzen Umfange. Die sämtlichen Domherren führen deswegen zugleich den Titel geistlicher Räte. Der Propst soll der Regel nach zugleich Weihbischof und Generalvikar sein. Doch bleibt der Bischof nach Umständen befugt, einen anderen Generalvikar aus den übrigen Kapitularen zu ernennen.*

Jeder Domherr muss Priester sein. Kein Priester darf zum Domherrn ernannt werden, der nicht in den bayerischen Staaten geboren, sich in seinen Studien ausgezeichnet, sich jederzeit untadelhaft betragen hat und wenigstens ein Jahr in der Seelsorge gestanden ist. Die Fähigkeit des Eintritts in ein Domkapitel ist durchgehend bedingt durch die Erlangung des Grades eines Doktors oder Lizentiaten der Theologie oder des kanonischen Rechtes auf einer inländischen Universität. Die Statuten der bayerischen Domkapitel werden seiner Königlichen Majestät durch den Erzbischof zur Bestätigung vorgelegt werden.

Jedes Kapitel erhält sechs Chorvikarien, welche neben den ihnen obliegenden kirchlichen Verrichtungen den ganzen Dienst der Kanzlei, der erz- und respektiven bischöflichen Stellen zu versehen haben.

In diesem Abschnitt werden die Einrichtung der Kapitel des Erzbistums und der Bistümer sowie die Anforderungen und Aufgaben der Kapitelgeistlichen näher beschrieben. Zu bemerken ist hierzu: Die Zahl der Kapitulare ist gegenüber dem gemeinsamen Entwurf der Unterhändler beider Seiten (27. Oktober 1806, Artikel 3) um zwei Stellen für das Metropolitankapitel und um vier (!) Stellen für die Domkapitel reduziert. Die Kapitulare sollen als Geistliche Räte alle leitenden Funktionsstellen der bischöflichen Verwaltung bzw. des bischöflichen Heiligungsdienstes übernehmen und damit eine echte Aufgabe für die Kirche erfüllen sowie Ausgaben für weitere Amtsträger sparen. Dass jeder Domherr/Domkapitular ein Priester sein muss, der sich in Lehre, Seelsorge und Leben bewährt hat und in Theologie oder Kirchenrecht promoviert sein sollte, entsprach 1814 universalem Kirchenrecht.[1076] Die Forderung, dass die Kapitulare *„Inländer"* sein mussten, die ihre Studien an *„inländischen"* Universitäten absolviert hatten, entspricht dem alten staatskirchlichen Kontrollzwang und Schutzmechanismus, um zu verhindern, dass gegen den aufgeklärtem Staat schädliche und/oder feindliche Lehren eingeführt werden;[1077] ebenso ist das Verlangen zu bewerten, dass die Statuten der Kapitel der Regierung vorzulegen sind. Jedem Kapitel wurden sechs Domvikare als Helfer für die administrativen Aufgaben zugeteilt. Insgesamt fällt auf, wie sehr sich der Staat mit den in diesem Artikel gesammelten Vorschriften in die Personalplanung und Stellenbeschreibung höherer kirchlicher Stellen und Ämter einmischt, parallel zu den diesbezüglichen kirchlichen Normen. Da die kirchlichen Gesetze dem Verfasser keineswegs unbekannt gewesen sein dürften, spricht dies hier für einen staatskirchenrechtlich-etatistischen Vertreter der Spätaufklärung, der Kirchengewalt beansprucht.

1076 Vgl. Conc. Trid., Sess. XXIV, de ref., c. 12, in: COD, Bd. 3, 766–767.

1077 Vgl. Montgelas: Ansbacher Mémoire, 30: *„Ils y contractent une foule de préjugés, favorables à leur ordre, mais destructeurs de l'autorité souveraine et de la subordination sociale."* Zur Forderung, dass die Domherren Inländer sein müssen, findet sich ein Anhalt in der Bayerischen Verfassung von 1808: Erster Titel. Hauptbestimmungen. *„§. 7. Nur Eingeborne, oder im Staate Begüterte, können Staatsämter bekleiden. Das Indigenat kann nur durch eine königliche Erklärung oder ein Gesetz ertheilt werden."*, in: Verfassung des Königreichs Bayern vom 1. Mai 1808, 134. In diesem Sinne gelten die Domkapitulare als Inhaber von Staatsämtern; das ist nicht unbegründet, wenn sie vom König ernannt werden.

V. *Das jährliche Einkommen des Erzbischofs wird in 20.000 Gulden Rhein. und eines Bischofs in 10.000 Gulden bestehen.*
Der Dompropst und der Domdechant wird 4.000 Gulden, ein Domkapitular 2.000 Gulden jährliche Einkünfte erhalten.

Für die Funktion des Weihbischofes und Generalvikars wird eine jährliche Remuneration von 500 Gulden bestimmt.

Die Besoldung eines Chorvikars wird in jährlichen 800 Gulden bestehen, mit Einrechnung jener Einkünfte, welche ihnen aus den bei den Kathedralkirchen noch vorhandenen Benefizien angewiesen werden können, und der Bezüge an Accidentien bei der Ordinariatskanzlei, welche für diesen Zweck überlassen werden.

Mit der Funktion eines Sekretärs ist eine jährliche Zulage von 200 Gulden und ebenso mit der des Registrators von 150 Gulden verbunden.

Dem Erzbischof, den Bischöfen, den Dignitarien und übrigen Domkapitularen, dann den Chorvikarien sollen die ihrem Stande angemessenen freien Wohnungen angewiesen werden.

Hier ist die Besoldung der Bischöfe und Kapitelsmitglieder sowie der Funktionsträger geregelt. Über die Angemessenheit der Einkommen soll hier nichts bemerkt werden; positiv ist jedenfalls, dass – ganz im Sinne einer staatlichen Besoldungstabelle – die Einkommen für alle Stufen der Hierarchie und Funktionszulagen in allen Bistümern gleich geregelt sind.

VI. *Die Dotation des Erzbistums und der Bistümer soll in liegenden Gütern, oder in ständigen auf solche Güter gelegten Renten bestehen, welche nach dem in der Konstitution des Königreiches gegebenem Ausspruch der Unveräußerlichkeit des ganzen Kultus-Stiftungs-Vermögens jeder Art weder eingezogen noch je veräußert werden können. Auch die Metropolitan- und die Domkirchen werden ihre eigenen Fonds zu Ihrer Unterhaltung und zur Beschaffung der notwendigsten Bedürfnisse erhalten. Die Administration der Fonds des Erz- und der Bistümer soll dem Erzbischof, den Bischöfen und den Kapiteln mit Vorbehalt der Seiner Königlichen Majestät zustehenden obersten Einsicht überlassen werden.*

Das Dotationsgeschäft soll durch die zur Bestimmung der Diözesan-Grenzen ernannten Kommissare nach vollbrachter Grenzbeschreibung gleichfalls bearbeitet, und sobald möglich vollendet werden. Seine Königliche Majestät werden ein förmliches Dotation-Instrument ausstellen, doppelt fertigen und ein Exemplar davon dem päpstlichen Stuhle, oder dessen Abgeordneten übergeben, das andere aber in dem königlichen Archive hinterlegen lassen.

In diesem Abschnitt werden die kirchlichen Güter, ihre Beschaffung, Verwaltung und Sicherung behandelt. Die Dotationen der Bistümer soll in Immobilien erfolgen bzw. aus Immobilien solcher Fonds gewonnen werden, die gemäß der Verfassung unantastbar und unveräußerlich sind.[1078] Die Erträge sind – so ergibt der Zusammenhang – für die Bischöfe und Kapitelsmitglieder bestimmt. Auch die Kirchenfabriken/Kirchenstiftungen werden solche Fonds haben, allerdings nur – so der Text – für die Beschaffung der notwendigsten (!) Bedürfnisse. Die Güterverwaltung wird den Bischöfen und Kapiteln übertragen, allerdings unter Vorbehalt der Einsicht durch den Staat, also unter staatlicher Kontrolle. Das Dotationsgeschäft soll durch Kommissare beider Seiten durchgeführt werden und die Immobilien für die Dotationen werden durch königliche Urkunden gesichert; so war es auch schon im Entwurf vom 27. Oktober 1806, Artikel 3 vorgesehen.

VII: *Seine Königliche Majestät, so wie Allerhöchstdero Erben und Nachfolger werden den Erzbischof, die Bischöfe, die Dignitarien und die übrigen Domkapitulare auf ewige Zeiten ernennen.*

Seine päpstliche Heiligkeit werden den von Seiner Königlichen Majestät zu den erz- und den bischöflichen Sitzen ernannten Personen in der üblichen Form die kanonische Investitur durch die Bestätigungs-Bullen verleihen, sofern ihre persönlichen Eigenschaften keiner in den Kirchengesetzen gegründeten Einwendung unterliegen. Sollte aber der Papst ohne zureichenden Grund diese Investitur binnen sechs Monaten von dem Tage der ihm überbrachten Anzeige an nicht erteilen, so soll der Metropolitan, oder bei dessen Abgang, wenn es sich um den Erzbischof frägt, der älteste Bischof des Königreiches zur Institution des ernannten Bischofs schreiten, so dass ein bischöflicher Sitz nicht länger als ein Jahr vakant bleibe.

Der Verfasser des Entwurfs verlangt hier das königliche Nominationsrecht für die bayerischen (Erz-)Bischöfe sowie die Ernennung aller Dignitäten und

1078 Verfassung des Königreichs Bayern vom 1. Mai 1808, Rechtskraft ab 01. Oktober 1808, erlassen von König Maximilian I. Joseph von Bayern, in: Pölitz, Die Constitutionen, 132–147. In dieser Verfassung lautet: Erster Titel Hauptbestimmungen, § 6: „*Uebrigens wird allen Religionstheilen, ohne Ausnahme, der ausschließliche und vollkommene Besitz der Pfarr-, Schul- und Kirchengüter, wie sie nach der Verordnung vom 1. Oct. 1807 unter die 3 Rubriken: des Kultus, des Unterrichts und der Wohlthätigkeit in einer Administration vereinigt sind, bestätigt. Diese Besitzungen können weder unter irgend einem Vorwande eingezogen, noch zu einem fremden Zwecke veräußert werden. Dasselbe gilt auch von den Gütern, welche seiner Zeit zu den errichtenden Bisthümern und Capiteln zur Dotation angewiesen werden sollen.*“, ebd., 134. Die in § 6 genannte Verordnung ist das: Organische Edict über die General-Administration des Stiftungs- und Communal-Vermögens vom 1. Oktober 1807, in: Königlich-Baierisches Regierungsblatt, 1808, 216–231.

Kapitulare der bayerischen Kapitel entgegen dem überkommenen Recht des Wiener Konkordats von 1448, das die Besetzung der Bischofsstühle grundsätzlich der Wahl der Domkapitel überlässt und die Bestellung der Kapitulare zwischen päpstlicher Kurie, Diözesanbischof und Domkapitel verteilt. Die Forderung geht auch über die Rechte der bayerischen Fürsten hinaus, die ihnen durch besonderes Indult gewährt worden sind; aufgegriffen und fortgeführt wird hier, was schon im bayerischen Entwurf vom 31. Mai 1803, Artikel 4 gefordert wurde. Zudem wird die päpstliche Bestätigung der königlichen Nomination, also die Institution verlangt, sofern nicht kanonisch begründete Einwendungen geltend gemacht werden können. Die vorgesehene Regelung, dass der Metropolit bzw. der dienstälteste Suffraganbischof bei ausbleibender päpstlicher Investitur die Amtsübertragung vornehmen solle, mag eine Anleihe aus dem Text des von päpstlicher Seite nicht anerkannten Konkordats von Fontainebleau vom 13. Januar 1813 sein.[1079] Diese Regelung mag einen pastoralen Nutzen haben und sich auf die Praxis des 1. Jahrtausends berufen können, in kirchenrechtlicher Hinsicht war sie jedoch zu Beginn des 19. Jahrhunderts für die Kurie sicher nicht (mehr) akzeptabel.

VIII. *Die Annaten und die Kanzlei-Taxen sollen nach Verhältnis der Einkünfte des Erzbistums und eines jeden Bistums von neuem nach einer billigen Proportion berechnet, und nach diesem Maßstabe künftig bezahlt werden.*

Im Wiener Konkordat 1448, Abschnitt 4, war in Aussicht gestellt worden, dass die Annaten, wo sie zu hoch erscheinen, einer Prüfung unterworfen und nach gerechtem Urteil neu festgesetzt werden. Die Annaten und Gebühren waren im Übrigen schon seit dem ersten bayerischen Grundlagentext zu einem

1079 Concordat de Fontainebleau comme Loi de Empire, Artikel 4, 486. „*Dans les six mois qui suivront la notification d'usage de la nomination pas l'Empereur aux archevêchés et évêchés de l'Empire et du royaume d'Italie, le Pape donnera l'institution canonique, conformément aux concordats, et en vertu du présent indult. L'information préalable sera faite par le métropolitain. Les six mois expires sans que le Pape ait accordé l'institution, le métropolitain, et a son défaut, ou, s'il s'agit du métropolitain, l'évêque le plus ancien de la province, procédera à l'institution de l'évêque nomme, de manière qu'un siège ne soit jamais vacant plus d'une année.*" Hier ist die zeitliche Nähe zum untersuchten königlich-bayerischen Konkordatsentwurf vom 06.12.1814 zu beachten. Der inhaltliche Zusammenhang der Bestimmungen zwischen dem Konkordat von Fontainebleau und dem bayerischen Konkordatsentwurf spricht übrigens ebenfalls für die Spätdatierung des Textes im Sinne Sicherer (Staat und Kirche, 191–192, Anm. 4), also für das Jahr 1814 sowie gegen Höfler und das Jahr 1807.

Konkordat (17. Juli 1802; vgl. insbesondere den Entwurf vom 8. August 1805, Artikel 13) ein Thema der Konkordatsentwürfe.

IX. *Der Erzbischof und die Bischöfe sollen Seiner Majestät des Königs vor Antritt ihres Amtes folgenden Eid der Treue schwören: „Ich schwöre und verspreche zu Gott auf dem heiligen Evangelium, der Konstitution und den Gesetzen zu gehorchen, dem König treu zu sein. Ich verspreche auch an keiner geheimen Verbindung weder im Inlande, noch im Auslande mittel- oder unmittelbar Anteil zu nehmen, und alles, was an mir liegt, zur Erhaltung der öffentlichen Ruhe beizutragen. Wenn ich erfahre, dass irgendwo etwas zum Nachteile Seiner Königlichen Majestät und des Staates angesponnen werde, so will ich es der Regierung unverzüglich anzeigen."*

Durch den nämlichen Eid werden auch alle übrigen Geistlichen in Bayern ihre Staatsbürger-Treue versichern.

Hier wird der Amtseid der Kleriker angeführt, der sinngemäß seit dem kurialen Entwurf vom 8. August 1806, Artikel 28 in die Konkordatsentwürfe aufgenommen worden ist. Die Eidesleistung relativiert sich jedoch etwas, wenn berücksichtigt wird, dass jeder bayerische Staatsbürger mit Vollendung des 21. Lebensjahres einen Treueid auf den König respektive die Verfassung ablegen musste.[1080]

X. *Der Erzbischof und die Bischöfe werden ihr Amt nach den kanonischen Satzungen verwalten. Sie werden die Disziplinargewalt und das Korrektionsrecht über die Geistlichkeit ihres Sprengels ausüben, jedoch vorbehaltlich des gesetzlichen Rekurses.*

In diesem Abschnitt wird in staatskirchenrechtlicher Manier vom Staat die kirchenrechtsgemäße Amtsführung der Diözesanbischöfe gefordert sowie die kanonische Disziplinargewalt und das Strafrecht der Bischöfe gegenüber Klerikern dem staatsgesetzlichen Rekurs unterworfen.

XI. *Die Berufungen über die Erkenntnisse der bischöflichen Stellen gehen an den Erzbischof und dessen Kapitel. Auf dem Grunde des den bayerischen Staatsuntertanen durch die Staatskonstitution garantierten juris de non evocando, darf über die Erkenntnisse des Metropolitansitzes kein Appellationszug an eine auswärtige*

1080 Verfassung des Königreichs Bayern vom 1. Mai 1808, Erster Titel. Hauptbestimmungen, § 8 lautet: „*Ein jeder Staatsbürger, der das 21. Jahr zurückgelegt hat, ist schuldig, vor der Verwaltung seines Kreises einen Eid abzulegen, daß er der Constitution und den Gesetzen gehorchen – dem Könige treu seyn wolle*", Verfassung des Königreichs Bayern vom 1. Mai 1808, 135.

Gerichtsbarkeit stattfinden. Der Rekurs an den päpstlichen Stuhl in geistlichen Rechtssachen bleibt zwar in den geeigneten Fällen gestattet. Seine päpstliche Heiligkeit werden jedoch die Jurisdiktion der päpstlichen Instanz in solchen Fällen jedes Mal einem anderen Bischof in Bayern als judicii in partibus übertragen.

Hier wird der Instanzenzug der geistlichen Gerichtsbarkeit im Königreich beschrieben. Da in der Bayerischen Verfassung das Ius de non evocando der Untertanen verankert ist,[1081] darf kein Gerichtszug an ein Gericht führen, das außerhalb Bayerns liegt. Demgemäß wäre ein Rekurs an den päpstlichen Stuhl, etwa als dritte Instanz in Ehesachen, nicht möglich, weshalb die Möglichkeit eines delegierten päpstlichen Gerichts mit Sitz in Bayern, also aus römischer Sicht ein iudicium in partibus, angestrebt wird. Der Inhalt des Abschnitts ist bereits in geschmeidigerer Wortwahl im bayerischen Konkordatsentwurf vom 31. Mai 1803, Abschnitt 14 vorgeschlagen worden. Insgesamt wird hier das Anliegen verfolgt, jede fremde Jurisdiktion über bayerische Untertanen auszuschließen – ein Kernanliegen staatskirchenrechtlicher Politik.

XII. *Seine päpstliche Heiligkeit werden auch dem bayerischen Erzbischof die Erledigung der bisher dem päpstlichen Stuhle vorbehaltenen Dispensations-Gegenstände durch ein besonderes Indult übertragen.*

Für den bayerischen Metropolitanerzbischof wird hier die Dispensvollmacht für die Fälle der (zahlreichen) päpstlicher Reservation verlangt – ein Anliegen das schon im bayerischen Konkordatsentwurf vom 31. Mai 1803, Abschnitt 11 vorgeschlagen wurde. Auch mit diesem Anliegen wird dafür gesorgt, dass kirchenrechtlich relevante Entscheidungen innerhalb des Landes erledigt werden.

XIII. *Die bereits für jede Diözese bestehenden bischöflichen Priester-Seminare sollen beibehalten werden und stets in der Art ausgestattet sein, dass sie zur Aufnahme der nach dem Bedürfnisse der Diözese erforderlichen jungen Kleriker,*

1081 Das ius de non evocando meint, dass ein Bürger des Königreichs Bayern (besser: ein Untertan des bayerischen Königs) in keiner Instanz vor ein nicht bayerisches Gericht geladen/gerufen werden durfte. Das Gegenstück ist das privilegium de non evocando; dieses gab einem Territorialherren, etwa dem bayerischen König, das Recht, seinen Untertanen zu verbieten, eine höhere bzw. andere Gerichtsinstanz anzurufen. In der bayerischen Verfassung von 1808 war das als strafbewehrtes Verbot verankert: „*§ 8. Alle jene, welche außer den durch Herkommen oder Verträge bestimmten Fällen, eine fremde Gerichtsbarkeit über sich erkennen, verfallen in dieselbe Strafe, und können nach Umständen mit einer noch schärfern belegt werden.*“ Verfassung des Königreichs Bayern vom 1. Mai 1808, 135.

um in demselben zum Dienste der Seelsorge bis zu ihrer wirklichen Exponierung vorbereitet zu werden, hinreichend seien. Die Einrichtung dieser Diözesan-Seminare ist mit dem Vorbehalt der Oberaufsicht Seiner Königlichen Majestät den Bischöfen freigelassen. Die Ernennung der Direktoren dieser Seminare steht Seiner Königlichen Majestät zu.

Die bischöflichen Seminare, ein Herzstück bischöflich-kirchlicher Zukunftssorge, werden erstmals im bayerischen Konkordatsentwurf vom 8. August 1805, Abschnitt 10 behandelt; der erste Abschnitt stimmt hier inhaltlich mit dem Text überein. Dass die Einrichtung der Seminare der königlichen Oberaufsicht unterliegen und die Auswahl der Seminardirektoren dem König zustehen soll, ist dem staatskirchenrechtlichen Denken geschuldet, doch dem Kirchenrecht widerspricht. Im Entwurf der Bevollmächtigten vom 27. Oktober 1806, Artikel 5 wurde daher die innere Ordnung, Leitung und Verwaltung des Seminars ganz dem Bischof überlassen.

XIV. *Während der Erledigung des bischöflichen Stuhles kommt die Verwaltung der bischöflichen Rechte notwendig dem Kapitel zu. Der Weihbischof setzt in diesem Falle die Pontifikal-Handlungen fort.*

Die Einkünfte der Erz- und der Bischöfe während der Sedisvakanz fallen nach dem Sterbemonate dem Schatz der Krone zu.

Die Interkalar-Renten der unbesetzten Stellen der Kapitel wachsen zum nämlichen Zeitpunkt an der Dotation des Bistums zu.

Die Bestimmungen dieses Abschnitts sind unter den Konkordatsentwürfen beispiellos und provokant gegenüber der kirchlichen Seite. Im kanonischen Recht sind für die Vakanz von Bischofsstühlen Vorkehrungen getroffen. Die Verteilung der Einkünfte vakanter Stellen widerspricht der oben in Abschnitt VI. zugesagten Selbstverwaltung der Güter der Bischöfe und Kapitel.

XV. *Seine Königliche Majestät verbleiben für jetzt und für alle Zukunft in dem Besitze des Patronats und Präsentation-Rechts bei allen Pfarreien und Benefizien, wo es Allerhöchstdieselben bisher ausgeübt hatten. Die Besetzung aller nicht stabilen untergeordneten Hilfspriester-Stellen, Kaplaneien, Expposituren oder der in dieser Eigenschaft stehenden sogenannten Kuratien, Vikariate u. d. gl. mit Ausnahme der Prediger in der königlichen Haupt- und Residenz-Stadt bleibt den Bischöfen überlassen.*

In diesem Abschnitt werden verschiedene Themen geregelt, jedoch nicht eindeutig. Der König behält seine bisherigen Patronate bzw. Präsentationsrechte bei; hier bleibt jedoch unklar, auf welchen Zeitpunkt, welchen Stichtag bzw. welches (Normal-)Jahr sich dies bezieht. Es stellt sich die Frage, ob das von kurialer Seite (Entwurf vom 8. August 1806, Artikel 16) genannte Normaljahr

1802 oder der faktische Stand des Jahres 1814 gemeint ist, nachdem der König nach der Säkularisation selbst Pfarreien eingerichtet und Pfarreien als neuer Landesherr besetzt hat, die die Bischöfe bis 1802 als Landesherren besetzten oder die von untergegangenen kirchlichen Institutionen besetzt worden waren. Die unklare Bestimmung birgt jedenfalls Konfliktstoff. Nicht einmal die Besetzung der Stellen der Hilfspriester bleibt in der Haupt- und Residenzstadt ganz dem Bischof überlassen. Mit dieser Regelung übt der König bzw. seine Regierung entgegen den kanonischen Bestimmungen der vorgesehenen freien Kollation als Normalfall einen bedeutenden Einfluss über die Personalauswahl der Pfarrgeistlichkeit aus.

XVI. *Mehrere Benefizien oder Präbenden zugleich zu besitzen, ist in Bayern nicht gestattet. Die Dignitarien und Domkapitularen müssen ihre Residenz an dem Sitze der Kapitel für immer nehmen, solange sie deshalb nicht eine besondere Dispens mit königlicher Bewilligung für sich haben. Der Bischof kann Ihnen Urlaubsbewilligungen zur Entfernung von Geschäften und dem bischöflichen Sitze erteilen, jedoch darf diese Erlaubnis nicht länger als auf drei Monate für ein Individuum in einem Jahre erstreckt werden. Auch dürfen von den Kapitelsmitgliedern zur nämlichen Zeit nur so viele abwesend sein als die ihnen auferlegten Funktionen gestatten. Die Bischöfe können ohne Vorwissen und Bewilligung Seiner Majestät des Königs außer Landes gar nie verreisen und im Inlande nicht über acht Tage, die Reisen in seiner Diözese in Visitation oder in andern Funktionen seines Amtes ausgenommen, von ihrem Amtssitze sich entfernen.*

Das Verbot, mehrere Benefizien bzw. Präbenden in einer Hand zu vereinen und die Einschärfung der Residenzpflicht – beides auch ein kirchliches Anliegen – findet sich schon im bayerischen Konkordatsentwurf vom 31. Mai 1803, Abschnitt 11. Was hier markant auffällt, ist nicht nur die genaue Regelung der Residenzpflicht für Bischöfe, Dignitäten und Kapitulare, sondern dass die Befreiung von der Residenzpflicht und die sehr beschränkt möglichen Abwesenheiten als staatlich-königliche Angelegenheit reklamiert werden. Hiermit wird deutlich, dass die (höhere) Geistlichkeit als im Staatsdienst stehend betrachtet und damit den Regelungen des höheren Berufsbeamtentums unterworfen wird.

XVII. *In Bayern können keine Gesetze oder Verordnungen der Kirchengewalt ohne Einsicht und Genehmigung Seiner Königlichen Majestät publiziert und vollzogen werden. Nur unter diesen Bedingungen können daher auch Bullen, Breven oder Verordnungen des päpstlichen Stuhles, sofern sie bayerische Staats-Untertanen angehen, zur Bekanntmachung und Vollstreckung kommen.*

In diesem Abschnitt wird das Plazet des Landesherrn, das eine lange Geschichte hat, für inländische bischöfliche und ausländische päpstliche kirchliche Verordnungen und Anordnungen verpflichtend festgeschrieben. Die Forderung des Plazets ist in der Reihe der verschiedenen Entwürfe zu einem Konkordat seit 1802 neu; im Gegensatz dazu hatten sich die Bevollmächtigten beider Seiten im Entwurf vom 27. Oktober 1806, Artikel 6 darauf geeinigt, dass die Kommunikation zwischen der Kurie, den Bischöfen und den anderen Gläubigen frei und unbehindert sein solle, jedenfalls und immerhin in geistlichen Angelegenheiten und in Ausübung des Hirtendienstes.

XVIII. *Diese Konvention soll für die Nachfolger der beiden hohen kontrahierenden Teile verbindlich sein.*

Diese Bestimmung des letzten Abschnitts ist das Minimum, was von Vertragsschließenden zu erwarten ist: Verbindlichkeit, Pacta sunt servanda.[1082]

Holler, der Verfasser des vorliegenden Entwurfs, besaß das volle Vertrauen von Montgelas. So überrascht es nicht, dass der Text ganz in der Tradition der staatskirchenhoheitlichen Prinzipien des aufgeklärten Staatsverständnisses verfasst wurde. Leitendes Interesse des Textes war es, die Kirche unter die staatskirchenrechtliche Hoheit zu bringen bzw. zu halten, ihr den Platz einer Staatsanstalt zuzuweisen, die sowohl in ihrer Organisation als auch in ihrem Handeln sowie im Personaleinsatz ganz der staatlichen Kontrolle untergeordnet sein sollte. Der Duktus der Formulierungen ist schärfer als die bayerischen Entwürfe der ersten Etappe der Konkordatsverhandlungen in den Jahren 1802 bis 1805, sodass kaum vorstellbar ist, der Text sei für die Hände und Augen kirchlicher Amtsträger bestimmt gewesen. Jedenfalls ist der in der bayerischen Ministerialbürokratie entstandene Text ein Zeugnis der staatlichen (Selbst-)Versicherung und Fixierung der eigenen staatskirchenrechtlichen Positionen und Überzeugungen.

1816-09-01, Punktation der neuen Diözesaneinteilung von bayerischer Seite

Das hier zu betrachtende Dokument[1083] wurde vom bayerisch-königlichen Gesandten und Bevollmächtigten für die Konkordatsverhandlungen, Bischof Kasimir von Häffelin, zusammen mit einer Note in Rom dem Kardinalsstaatssekretär Ercole Consalvi übergeben. Der Text ist eine Punktation zur Diözesaneinteilung, d. h. er beabsichtigte keine umfassende Klärung des Verhältnisses

1082 Vgl. X, 1,35,1, in: CorpIC, Bd. 2, 203–204.

1083 Text zitiert nach: Sicherer, Urkunde Nr. 16, 52–54; Textquelle: K. Staatsarchiv, ebd. 52.

zwischen Staat und Kirche.[1084] Somit schließt sich dieser Text inhaltlich an die Entwürfe zu Punktationen vom 8. August 1805 und vom 25. März 1806 an. Das Dokument ist in französischer Sprache verfasst und umfasst zwölf Abschnitte.

1.[1085] *Das Königreich Bayern wird in so viele Diözesen aufgeteilt, wie es das geistige Wohl seiner Untertanen erfordern mag. Diese Aufteilung wird in dem geographischen Zuschnitt erfolgen, der am nützlichsten für die Gläubigen, am passendsten für den Dienst der Kirche und am angemessensten zur Einhaltung der kirchlichen Disziplin sein wird.*

Hier werden die Prinzipien einer angemessenen Diözesaneinteilung für Staat und Kirche benannt: das geistige Wohl der Gläubigen, die organisatorische Effektivität des geistlichen Dienstes und die Sicherung der Disziplin.

2.[1086] *Der Bischofssitz von Freising, der wegen seiner Nähe zur Hauptstadt und unter vielen anderen Gesichtspunkten die größten Vorteile für einen Metropoliten bietet, wird als Erzbistum errichtet. Die Sitze von Bamberg, Würzburg, Passau, Augsburg, Eichstätt, Regensburg und Speyer bleiben erhalten.*

Die Bischöfe werden dem Metropoliten untergeordnet. Jene Bischöfe aber, die sich bis heute der Exemption vom Metropoliten erfreuen, bewahren sie auf

---

1084 Vgl. zur Punktation Hausberger, Staat und Kirche, 167.
„Die neue Punktation fordert die Errichtung einer bayerischen Landeskirche unter einem Metropoliten, dem sieben Bischöfe unterstehen sollten. Sie gewährt die Dotation der Bistümer (in etwas niedrigerem Ausmaß) und der Domkapitel, verlangt aber das königliche Nominationsrecht zu allen Bistümern, Dignitäten und Kanonikaten. Den Bischöfen wird die Leitung ihres Seminars sowie die Entscheidung über die Würdigkeit der Weihekandidaten zugestanden, doch müssen Letztere ihre Studien an einer inländischen Anstalt vollendet haben. Der Entwurf enthält noch einige Artikel, deren Inhalt nie Schwierigkeiten bereitet hat, aber nichts über die strittigen Gegenstände. Die Münchner Regierung will die Erörterungen umgehen.“, so Doeberl, Konkordatsverhandlungen, 119. *„Das Ziel der bayerischen Regierung ging dahin, unter Wahrung der bestehenden staatlichen Kirchenhoheitsrechte möglichst bald zu einer Einigung mit Rom zu gelangen.“*, meint Listl, Konkordatäre Entwicklung, 431.

1085 1. Le royaume de Bavière sera divisé en autant de diocèses, que le bien spirituel de ses sujets peut l'exiger, et cette division se fera dans la proportion géographique, qui soit la plus utile aux fidèles, la plus commode au service des églises, et la plus propre au maintien de la discipline ecclésiastique.

1086 2. Le siège épiscopal de Freising qui par sa proximité de la capitale et sous beaucoup d'autres rapports offre le plus d'avantages à un métropolitain, sera érigé en archevêché. Les sièges de Bamberg, Wurzbourg, Passau, Augsbourg, Eichstaedt, Ratisbonne et Spire seront conservés.

Lebenszeit; aber mit ihrem Tod wird Seine Heiligkeit geruhen, mit seiner Autorität und gemäß den kanonischen Gesetzen ihre Nachfolger dem Metropoliten zu unterstellen.

Hier wird wieder das staatskirchenrechtlich erstrebte Ziel einer bayerischen Landeskirche in der kirchenverfassungsrechtlichen Form einer bayerischen Kirchenprovinz formuliert. Das geschieht knapp, ohne etwa auf die Aufhebung des Bistums Chiemsee einzugehen und ohne die Verlegung des Bischofssitzes von Freising nach München zu thematisieren. Für die bestehende Exemption der Bistümer Passau und Bamberg wird eine einfache, in der Zukunft liegende Lösung vorgeschlagen; sie soll demnach bestehen, solange die Titelinhaber noch leben und danach erlöschen. Zu bemerken ist hier jedoch, dass Georg Karl von Fechenbach, seit 1795 Fürstbischof von Würzburg und seit 1805 auch Bischof von Bamberg, bereits 1808 verstorben und kein neuer Bischof ins Amt gekommen war. Damit wäre zumindest in Bamberg das Erlöschen der Exemption im Jahr 1814 schon gegeben gewesen. Der Passauer Bischof Leopold Leonhard Reichsgraf von Thun und Hohenstein[1087], 1796 konsekriert, war 1814 als Fürstbischof im Amt und blieb es bis zu seinem Tod 1826.

3.[1088] *Die Sitze des Metropoliten und jedes Bischofs werden ein Kapitel haben, das sich zusammensetzt aus einem Dompropst, einem Domdekan sowie acht Kanonikern für den Metropolitansitz und sechs für jeden Bischofssitz. Für den Dienst an jeder Kathedralkirche werden sechs Präbendare oder Domvikare bestellt.*

Knapp wird hier die Struktur der Domkapitel am Metropolitan- und den anderen Bischofssitzen beschrieben; der Unterschied besteht dabei allein in der Zahl der Domkapitulare.

4.[1089] *Die Dotation des Erzbischofs und der Bischöfe, der Kapitel und der Vikare wird in Grundbesitz erfolgen, über den sie die Verwaltung haben werden.*

Les évêques seront subordonnés au métropolitain. Ceux cependant qui ont joui jusqu'à présent de l'exemption métropolitaine, la conserveront leur vie durant; mais à leur mort sa sainteté daignera par son autorité et d'après les loix canoniques soumettre leurs successeurs au métropolitain.

1087 Zu Leben und Person vgl. Leidl, von Thun, in: Gatz, Bischöfe, 762–763.

1088 3. La métropole et chaque évêché auront un chapitre composé d'un grand prévôt, d'un gran doyen et de huit chanoines pour la métropole et de six pour chaque évêché. On attachera au service de chaque église cathédrale six prébendés ou vicaires.

1089 4. La dotation de l'archevêque et des évêques, des chapitres et des vicaires se fera en bienfonds, dont ils auront l'administration. Elle sera pour l'archevêque de vingt mille, pour chaque évêque de dix mille, pour le prévôt de quatre mille,

Die Dotation wird für den Erzbischof 20.000, für jeden Bischof 10.000 Gulden, für den Propst 4.000, für den Dekan 4.000 Gulden, für die Kanoniker 2.000, die Vikare 800 Gulden Einkünfte erbringen und eine angemessene Wohnung.

Die Grundstücke werden zu diesem Zweck durch einen formellen Akt der Schenkung übertragen, den Seine Majestät in doppelter Ausfertigung versenden lassen wird; davon wird ein Exemplar dem Kommissar oder Delegierten Seiner Heiligkeit überreicht, und das andere wird in den Archiven des Königreichs niedergelegt werden.

Die Kirchen, die schon ihre eigenen Fabriken haben, werden diese behalten, ohne dass sie von diesen Akten berührt werden.

Die Güter, die zur Dotation des Bistums Speyer dienen, sind teilweise verlorengegangen, teilweise sind sie umstritten. Deshalb verpflichtet sich Seine Majestät dem Bischof von Speyer 12.000 Franken jährlich zu zahlen und ihm sechs Kleriker zu unterhalten, entweder Kanoniker oder Vikare, von denen die ersteren 1.500 und die anderen 900 Franken erhalten, bis es ihm glücklichere Umstände erlauben werden, die Dotation der Kathedrale von Speyer zu vervollständigen.

Dieser Abschnitt handelt von den Einkünften der Bischöfe, Dignitäten Kapitulare und Vikare. Zu bemerken ist hier, dass die Dotationen in Grundbesitz erfolgen, wobei die Verwaltung bei den Bischöfen bzw. Kapiteln liegt. Alle genannten Geistlichen erhalten Wohnungen zugewiesen. Die Dotationsgrundstücke werden durch formale Urkunden übertragen. Die Kirchenfabriken werden unversehrt erhalten. Für das Bistum Speyer, wo es, da linksrheinisch gelegen und einstmals von Frankreich annektiert, keine säkularisierten Kirchengüter gab, die die bayerische Krone für die Dotationen nutzen konnte, bedurfte es einer Sonderregelung: Der König verpflichtete sich hier den Bischof und ein Rumpfkapitel zu unterhalten. Interessant ist dabei, dass die Dotation des Bischofs von Speyer nicht in Gulden (florins), sondern in Franken (francs) angegeben ist.

5.[1090] *Die Vorkehrungen, die die neue Einrichtung der Diözesen erfordern, werden durch den Heiligen Stuhl veranlasst in Abstimmung mit der Regierung Seiner Majestät, die ihm alle nötigen Erleichterungen zu diesem Zweck bereitstellen wird.*

---

pour le doyen de quatre mille, pour les chanoines de deux mille, les vicaires de huit cents florins de revenus avec une habitation convenable.

1090 5. Les arrangements que la nouvelle constitution des diocèses peut exiger, se feront par le saint siège de concert avec le gouvernement de sa majesté, qui lui fournira toute la facilité nécessaire à cet effet.

Die neuen inneren und äußeren Diözesaneinrichtungen erfordern das Zusammenwirken der Kurie und der bayerischen Regierung. Die Regierung will hier sicherstellen, dass sie bei diesen Akten nicht ausgeschlossen wird und bietet daher im eigenen Interesse ihre Mithilfe an. Vorlage ist hier der bayerische Konkordatsentwurf vom 5. September 1806, Artikel 5.

6.[1091] *Neben dem Chordienst werden sowohl Dignitäre als auch Kanoniker verpflichtet, dem Bischof in seinem Ratsgremium und bei anderen Aufgaben zu helfen. Seine Majestät behält sich vor, denen, die den Dienst des Generalvikars ausüben, eine jährliche Zulage von 500 Gulden und denen, die den Dienst des (bischöflichen) Sekretärs übernehmen, 200 Gulden dazuzugeben.*

Hier werden den Geistlichen konkrete Aufgaben und Arbeiten in der Diözesanverwaltung zugewiesen. Titel und Einkünfte verlangen Engagement und Einsatz. Dies gilt für die Kirche wie für den Staat. Sonderaufgaben sollen mit Zulagen honoriert werden.

7.[1092] *In jeder Diözese wird es unter der Leitung des Bischofs ein Seminar geben, wobei die Zahl der Studenten in einem angemessenen Verhältnis zu der Zahl der Priester stehen wird, die für die Pfarreien und Filialen benötigt werden. Alle Kandidaten für die heiligen Weihen sind verpflichtet, im Seminar die nötige Zeit zu verbringen, um sich für den heiligen Dienst zu bilden und vorzubereiten. Die Bischöfe können die heiligen Weihen frei erteilen und davon die ausschließen, die sie gemäß den heiligen Canones dazu für unwürdig erachten.*

Hinsichtlich der Priesterseminare werden knappe Festlegungen getroffen: Es sollen nur so viele Priester ausgebildet werden, wie benötigt werden. Ohne Seminarausbildung kann niemand geweiht werden. Die Seminarleitung liegt beim Bischof. Der Bischof ist frei, Weihen zu erteilen oder zu verweigern.

1091 6. Tant les dignitaires que les chanoines et les prébendés seront obligés outre le service canonial à servir l'évêque dans son conseil et ses autres fonctions. Sa majesté se réserve d'ajouter à celui qui fera les fonctions de grand vicaire une gratification annuelle de cinq cent florins, et à celui qui fait les fonctions de secrétaire deux cent florins.

1092 7. Dans chaque diocèse il y aura un séminaire sous la direction de l'évêque et le nombre des élèves sera proportionné à celui des prêtres nécessaires pour desservir les paroisses et les succursales. Tous les candidats aux ordres sacrés seront tenus de passer au séminaire le temps nécessaire pour se former et préparer au saint ministère.

Les évêques pourront conférer librement les ordres sacrés et en exclure ceux, qu'ils en jugeront indignes d'après les sacrés canons.

8.[1093] *Seine Majestät der König wird aufgrund des Titels ‚Gründer' das Patronatsrecht oder das Recht der Nomination haben zu den Stellen der Bischöfe, der Dignitäten und der Präbendare.*

Dem König wird hier zugeschrieben, dass er die Bischöfe, Dignitäre und Kapitulare ernennt. Der (Rechts-)Titel dafür ist, dass der König der Gründer der Kirchen ist bzw. aus der Perspektive der Punktation 1814 sein wird. Die Denkfigur dazu lautet: Die bischöflichen Kirchen/die Bistümer sind mit der Säkularisation im Jahr 1802 untergegangen, d. h. die Rechtspersonen sind damit erloschen. Die mit der Punktation angestrebte Etablierung der kirchlichen Verfassungsstruktur in Form von Bistümern und einer Kirchenprovinz in Bayern sei eine (Neu-)Gründung auf königliche Initiative und mit königlich-staatlichem Vermögen. Gegen diesen Gedankengang sei hier nur darauf verwiesen, dass die kirchlichen Rechtspersonen bei der Säkularisation nicht aufgehoben wurden, sondern für den kirchlichen Rechtskreis weiterbestanden, jedenfalls noch bis ins Jahr 1814; mag auch die Aufhebung für den staatlichen Rechtskreis erfolgt sein. In dieser Situation eine (neue) kirchliche Rechtsperson von Staats wegen errichten zu wollen, da (immer noch) eine entsprechende kirchliche Rechtsperson existiert, zeigt die strikte staatskirchenrechtliche Perspektive der Verfasser der Punktation auf die Kirche und ihre Einrichtungen; dass die Kirche eine Gemeinschaft ist, in der sich geistige und materielle Ideen, Bedürfnisse, Strukturen und Güter mischen und die somit als Institution und in ihren Gläubigen verschiedenen Ordnungen angehört,[1094] wird hingegen nicht erkannt bzw. ausgeblendet.

1093 8. Sa majesté le roi, à titre de fondateur, aura le droit de patronat, ou la nomination aux évêchés, aux dignités et aux prébendes.

1094 Im Jahr 1814 war die prägnante Formel des Zweiten Vatikanischen Konzils zur Beschreibung der Kirche noch nicht gefunden: „*Die mit hierarchischen Organen ausgestattete Gesellschaft und der geheimnisvolle Leib Christi, die sichtbare Versammlung und die geistliche Gemeinschaft, die irdische Kirche und die mit himmlischen Gaben beschenkte Kirche sind nicht als zwei verschiedene Größen zu betrachten, sondern bilden eine einzige komplexe Wirklichkeit, die aus menschlichem und göttlichem Element zusammenwächst. Deshalb ist sie in einer nicht unbedeutenden Analogie dem Mysterium des fleischgewordenen Wortes ähnlich. Wie nämlich die angenommene Natur dem göttlichen Wort als lebendiges, ihm unlöslich geeintes Heilsorgan dient, so dient auf eine ganz ähnliche Weise das gesellschaftliche Gefüge der Kirche dem Geist Christi, der es belebt, zum Wachstum seines Leibes (vgl. Eph 4,16) (11).*", Vaticanum II, Lumen Gentium, Art. 8.

9.[1095] *Die neu ernannten Bischöfe werden den Bedingungen und Formalitäten unterliegen, die in den heiligen Canones vorgeschrieben sind; sie werden ihren Gehorsamseid an den Heiligen Stuhl senden und ihre kanonische Investitur mit den Konfirmationsbullen empfangen.*

Dieser Abschnitt ist schon in Vorgängerentwürfen enthalten. Er anerkennt von staatlicher Seite, dass die päpstliche Mitwirkung bei der Bestellung der Bischöfe unverzichtbar ist und dass die angestrebte bayerische Landeskirche mit Rom verbunden bleiben sein soll.

10.[1096] *Erst nachdem ein Bischof vom Heiligen Stuhl empfohlen und bestätigt worden ist, wird ihn Seine Majestät in den Besitz seiner Temporalien einführen.*

Eine klare Regelung: Ohne päpstliche Konfirmation als Bischof kann niemand die mit dem Bischofsamt verbundenen Temporalien, sprich Einkünfte, nutzen; auch hierin ist eine Rückbindung an den Apostolischen Stuhl zu erkennen. Allerdings ist zu fragen, von welchen Temporalien gesprochen wird, da die Güter säkularisiert worden sind.

11.[1097] *Die Annaten, die Abgaben zur Bestätigung und für das Pallium und andere Kanzleigebühren werden in einem gerechten und angemessenen Verhältnis nach den Einkünften der neuen Bischöfe geregelt werden.*

Regelungen zu Abgaben und Gebühren, die dem Hl. Stuhl zustehen, sind auch eine Form der Anerkennung der Rechte und Ordnung der katholischen Kirche. Die Neuregelung der Gebühren ist recht, gemäß des Wiener Konkordats von 1448, und billig, gemäß den veränderten bischöflichen Einkünften nach der Säkularisation.

12.[1098] *Eine Kumulation der Benefizien wird im Königreich Bayern nicht gestattet. Die Inhaber unterliegen der strengsten Residenzpflicht. Sie umfasst gemäß den kanonischen Regeln neun Monate für die Dignitäten und Kanoniker.*

1095 9. Les évêques nouvellement nommés seront soumis aux conditions et formalités prescrites par les sacrés canons; ils enverront au saint siégé leur serment d'obédience et en recevront l'investiture canonique par les bulles de confirmation.

1096 10. Ce n'est qu'après qu'un évêque aura été préconisé et confirmé par le saint siège, que sa majesté le mettra en possession de ses revenus temporels.

1097 11. Les annates, taxes de confirmation, de pallium, et autres frais de chancellerie seront réglés dans une proportion juste et équitable d'après les revenus des nouveaux évêchés.

1098 12. La pluralité des bénéfices ne pourra point avoir lieu dans le royaume de Bavière. Les titulaires seront astreints à la plus stricte résidence. Elle sera de neuf mois pour les dignitaires et chanoines suivant les règles canoniques.

Die beiden hohen vertragsschließenden Parteien werden Kommissare ernennen, um das auszuführen, worüber man mit diesem Vertrag übereingekommen ist

Die Bestimmung, dass nicht mehrere Benefizien von einem Amtsträger besessen werden dürfen, ist eine durchgehende Forderung in bayerischen Konkordatsentwürfen; diese liegt im staatlichen sowie kirchlichen Interesse, da sich jeder Amtsinhaber ganz einer Stelle widmen und deshalb auch nur für eine Stelle Bezüge beziehen soll. Ebenso ist die Bestimmung, die neunmonatige Residenzpflicht einzuhalten im staatlichem wie kirchlichem Interesse; Stelleninhaber sollen vor Ort sein, um ihren Dienst zu erfüllen. Die Bestimmung, von beiden Seiten Kommissare zu ernennen, um die Bestimmungen des Vertrags/ Konkordats umzusetzen, ist sachgerecht und im Interesse beider Seiten.

Der Text dieser Punktation ist bei weitem nicht so scharf formuliert wie der Entwurf Hollers vom 6. Dezember 1814. Das mag daran liegen, dass Bayern inzwischen zur Absicherung seiner Souveränität gegen ein Konkordat für den Deutschen Bund und für ein eigenes Sonderkonkordat kämpfte, was jedoch nur gelingen konnte, wenn die kurialen Verhandlungspartner nicht schon sprachlich vor den Kopf gestoßen würden.

Die Punktation ist kurzgefasst und auf das nötigste konzentriert, um die kirchlichen Verhältnisse in Bayern zu ordnen. Freilich wurden dabei nur einige wenige Punkte geregelt: die kirchliche Verfassung, Bischöfe, Kapitel, Ernennung, Pflichten, Seminare, Einkünfte, Abgaben. Vieles blieb daher ungenau, vieles blieb ungeregelt und in manchen Formulierungen bricht ungebrochen hart die staatskirchenrechtlich-etatistische Position der Verfasser aus den knappen und glatten Sätzen hervor.

1816-10-15, Römischer Konkordatsentwurf

Auf die Punktation der königlich-bayerischen Regierung vom 1. September 1816 ging die Kurie ein. Allerdings nahm sie für Ihre Antwort nicht allein die Punktation zum Ausgangspunkt, sondern präsentierte einen Konkordatsentwurf,[1099] der nicht nur die Bistumsorganisation und die damit unmittelbar

---

Les deux hautes parties contractantes nommeront des commissaires pour exécuter ce dont on est convenu par ce traité.

1099 Text zitiert nach: Sicherer, Urkunde 17, 54–62; Textquelle: Königliches Staatsministerium des Königlichen Hauses und des Aeusseren. Original aus der Kanzlei der Curie, ebd. 54. Zum Inhalt vgl. Doeberl, Konkordatsverhandlungen, 120–121; Listl, Konkordatäre Entwicklung, 431.

zusammenhängenden Themen der Kapitel und Dotationen sowie die Priesterausbildung berührte, sondern das Verhältnis zwischen Staat und Kirche wesentlich umfänglicher behandelte. Es lässt sich feststellen: „*Der römische Entwurf vom Herbst 1816 enthält geringere Zugeständnisse als die Kurie im Jahre 1807 zu machen bereit war.*"[1100] Besonderen Anstoß bei der bayerischen Regierung erregten die Bestimmungen in den Artikeln 1 und 17, welche die Wiederherstellung des früheren Koordinationsverhältnisses zwischen Staat und Kirche und die Preisgabe des staatskirchlichen Territorialismus fordern.[1101] Der vorliegende römische Entwurf für ein Konkordat wurde von einem Bevollmächtigten der Kurie dem bayerischen Gesandten in Rom, Bischof Häffelin, mit Datum vom 15. Oktober 1816 übergeben. Der Text ist im Original in lateinischer Sprache verfasst und umfasst 19 Artikel.

Invocatio Trinitatis, Präambel:[1102] *Übereinkunft zwischen Seiner Heiligkeit Papst Pius VII. und Seiner Majestät, Maximilian Joseph, König von Bayern. Im Namen der Allerheiligsten Dreieinigkeit. Seine Heiligkeit Papst Pius VII. und Seine Majestät Maximilian Joseph, König von Bayern, von gleichem Verlangen beseelt, die Verhältnisse der Kirche im Königreich Bayern und den dazu gehörigen Ländern bestimmt und bleibend zu ordnen, sind deshalb über die folgenden Artikel übereingekommen.*

Die Präambel ist wortwörtlich aus dem kurialen Konkordatsentwurf vom 10. Juli 1807 übernommen. Hierin werden die Repräsentanten der vertragsschließenden Teile und die Motivation für das angezielte Konkordat genannt, nämlich das Verlangen, für die katholische Kirche in Bayern feste und dauerhafte Verhältnisse zu schaffen.

Artikel 1.[1103] *Die Römisch-katholisch-apostolische Religion wird in dem ganzen Umfang des Königreichs Bayern und den dazugehörigen Ländern unversehrt*

1100 Doeberl, Konkordatsverhandlungen, 120. Doeberl zielt damit auf das römische Ultimatum vom 10.07.1807.

1101 Vgl. Doeberl, Konkordatsverhandlungen, 120.

1102 Conventio inter sanctissimum dominum Pium VII. summum pontificem et majestatem suam Maximilianum Josephum Bavariae regem.
In nomine sanctissimae trinitatis. Sanctitas sua summus pontifex Pius VII. et majestas sua Maximilianus Josephus Bavariae rex, debita sollicitudine cupientes, ut in iis, quae ad res ecclesiasticas pertinent, certus stabilisque in Bavariae regno terrisque ei subjectis constituatur ordo, in sequentes articulos convenerunt.

1103 Art. 1. Religio catholica, apostolica, Romana in toto Bavariae regno terrisque ei subjectis sarta tecta conservabitur cum iis juribus et praerogativis, quibus frui debet ex dei ordinatione et canonicis sanctionibus quibusque sub religiosissimis Bavariae ducibus gaudebat.

mit jenen Rechten und Prärogativen erhalten werden, welche sie nach göttlicher Anordnung und den kanonischen Satzungen zu genießen hat und derer sie sich unter den sehr gläubigen/frommen bayerischen Herzögen erfreut hat.

Der Artikel greift den Entwurf vom 10. Juli 1806, Artikel 1 inhaltlich auf. Der Geltungsbereich wird pleonastisch verstärkt. Die Begründung für den unversehrten Erhalt des bisherigen Status der katholischen Kirche in Bayern wird auf die göttliche Anordnung und die kanonischen Satzungen, also systemimmanent begründet. Als zusätzliche, neue Begründung wird hier ein moralisierendes Traditionsargument eingeführt: So wie es einst für die katholische Kirche zu Zeiten der frommen katholischen bayerischen Herzöge bestellt war, so soll es auch zukünftig (wieder) sein, wenn nur die bayerischen Könige fromm wie ihre Vorfahren sind. Die angeführten Begründungen berücksichtigen jedoch die europaweiten, realpolitischen und kulturellen Veränderungen der Jahre seit 1789 ebenso wenig wie den gesellschaftlichen Wandel des politischen Gemeinwesens und seines Hauptes seit 1802. Das Verlangen der Kurie, das sich in diesem Artikel ausdrückt, muss daher auf die bayerische Verhandlungsseite anachronistisch und damit unerfüllbar gewirkt haben.

Artikel 2.[1104] *Seine Heiligkeit, die die vollumfängliche Zustimmung der betroffenen Ordinarien und Kapitel einholt und bewahrt, was zu bewahren ist, wird die Diözesen des Königreichs Bayern nach folgender Art einrichten:*

1104 Art. 2. Sanctitas sua, exquisito ordinariorum et capitulorum interesse habentium consensu et servatis servandis, Bavariae regni dioeceses sequenti ratione constituet:

Monachii sedem constituet metropolitanam, et Frisingensem episcopalem sedem in metropolitanam eriget, atque hanc ecclesiam acque principaliter Monachiensi ecclesiae uniet, ita ut Frisingensis ecclesia concathedralis sit cum ecclesia Monachiensi et earum antistes archiepiscopus Monachii et Frisingae sit nuncupandus. Eidem autem antistiti episcopales ecclesias Augustanam, Passaviensem, Ratisbonensem, praevia metropoliticae qualitatis suppressione, et Campidunensem ut infra erigendam in suffraganeas assignabit.

Pari modo Bambergensem cathedralem ecclesiam in metropolitanam eriget illique suffraganeas assignabit ecclesias episcopales Herbipolensem, Eichstettensem et Spirensem.

Campidunum abbatiam ordinis sancti Benedicti nullius dioecesis eriget in episcopatum, adjunctis illius territorio tam parte Bavarica Constantiensis dioecesis quam proximiori Augustanae dioecesis parte, servata tamen ac respective restabilita regularitate monasterii, ita ut in posterum abbas a capitulo monachorum electus episcopus etiam sit, salva electionis confirmatione, quam electus una cum provisione ecclesiae episcopalis a sede apostolica petere et obtinere teneatur.

In München wird ein Metropolitansitz errichtet, und der bischöfliche Sitz Freisings wird zum Metropolitansitz erhöht. Und dann wird diese Kirche mit der führenden Münchner Kirche vereint, sodass Freisings Kirche die Konkathedrale wird zur Kirche Münchens und deren Vorsteher den Titel eines Erzbischofs von München und Freising führen wird.

Diesem bischöflichen Vorsteher werden die bischöflichen Kirchen von Augsburg, Passau, Regensburg, dessen metropolitane Stellung zuvor aufgehoben wird und Kempten, das wie unten folgt zu errichten ist, als Suffragane unterstellt.

In gleicher Weise wird die Kathedralkirche Bambergs als Metropolitankirche aufgerichtet und ihr als bischöfliche Suffragankirchen Würzburg, Eichstätt und Speyer zugewiesen.

Die Benediktinerabtei Kempten, eine Territorialabtei, wird als Bischofssitz errichtet, dem als Territorien hinzugefügt werden sowohl der bayerische Teil der Diözese Konstanz als auch die nächstgelegenen Teile der Diözese Augsburg, vorbehaltlich und hinsichtlich der Wiederaufrichtung der klösterlichen Regel, sodass zukünftig der vom Mönchskapitel gewählte Abt auch Bischof sein wird, unbeschadet davon, dass der Gewählte gehalten ist, die Wahlbestätigung zusammen mit der Provision für die bischöfliche Kirche vom Apostolischen Stuhl zu erbitten und zu erhalten hat.

Das Aschaffenburger Territorium, einst gehörig zur Mainzer nun zur Regensburger Diözese und der bayerische Teil der Fuldaer Diözese werden der Diözese Würzburg angefügt.

Territorium Aschaffenburgense, olim ad Moguntinam, nunc ad Ratisbonensem dioecesim pertinens, et partem Bavaricam Fuldensis dioecesis Herbipolensi dioecesi adjunget.

Simili modo partem Bavaricam dioecesis Salisburgensis et territorium exemptae praepositurae Berchtolgadensis partim Passaviensi, partim Monacensi dioecesi uniet, cui quidem dioecesi, praevia suppressione sedis Chiemensis, hujus quoque ecclesiae dioecesim assignabit.

Novi singularum dioecesium fines, in quantum necesse erit, designabuntur.

Loca autem omnia, quae hujus articuli a dioecesibus, ad quos actu pertinent, dismembranda et aliis dioecesibus unienda erunt, ab actualibus eorum ordinariis (sive intra sive extra fines regni Bavariae constitutis) gubernabuntur, donec praesenti conventione plenae executioni mandata et finibus singularum dioecesium designatis novi ordinarii illorum locorum regimen actu consecuti erunt.

Supradictarum ecclesiarum, quae metropolitanis ecclesiis Monachii et Bambergae erigendis subjiciendae erunt, antistites actu viventes, qui a jure metropolitico nunc exempti sunt, quoad vixerint, exemptionis privilegio gaudebunt.

Auf gleiche Weise wird der bayerische Teil der Salzburger Diözese und das Gebiet der exempten Propstei Berchtesgaden, zum Teil mit der Passauer andern teils mit der Münchner Diözese vereinigt werden. Dieser Diözese wird auch das Territorium der Diözese Chiemsee, deren Sitz zuvor aufgehoben wird, zugewiesen werden.

Die neuen Grenzen der einzelnen Diözesen werden, soweit es nötig sein sollte, noch genauer bestimmt werden.

Alle anderen Orte, die Kraft dieser Artikel von Diözesen, zu denen sie gegenwärtig gehören, abzutrennen und mit anderen Diözesen zu verbinden sind, werden von ihren jetzigen Ordinarien (seien sie inner- oder außerhalb der Grenzen des Königreichs Bayern eingesetzt) regiert/geführt, bis die volle Ausführung dieser Übereinkunft angeordnet und die Grenzziehung der einzelnen Diözesen durch Regierungsakte ihrer designierten neuen Ortsordinarien durchgeführt sein wird.

Die Vorsteher der obengenannten Kirchen, die jetzt von der Metropolitangewalt exempt sind, doch deren Kirchen den zu errichtenden Metropolitankirchen Münchens und Bambergs zu unterstellen sind, erfreuen sich, solange sie leben, des Privilegs der Exemption.

In diesem Artikel 2 wird aus kurialer Sicht ein Vorschlag für die neue bayerische Bistumsorganisation unterbreitet. Es wird das Metropolitanerzbistum München und Freising gebildet. Dem (Metropolitan-)Erzbischof von München und Freising, der eine Konkathedrale in Freising hat, womit die überkommene Relevanz dieses Ortes bewahrt und gesichert wird, werden die Bischöfe/Bistümer von Augsburg, Passau, Regensburg[1105] und Kempten, bisher eine Benediktinerabtei, als Suffragane/Suffraganbistümer zugeordnet. Hier wird ein neuer Punkt in die seit 1802 währenden Unternehmungen zu einer Übereinkunft zwischen bayerischem Staatswesen und katholischer Kirche von der Kurie eingeführt: Das Bistum Bamberg soll zum Erzbistum für einen Metropolitanerzbischof erhöht werden, dem die Bischöfe/Bistümer von Würzburg, Eichstätt und Speyer als Suffragane/Suffraganbistümer zugeordnet werden. Was hier in wenigen Worten geschrieben steht, ist bedeutungsvoll in zweierlei Hinsicht. Zum einen: Warum sollte das Bistum Bamberg erhöht werden und nicht etwa

1105 Das Bistum (seit 1803 Erzbistum) und Hochstift Regensburg war 1810 an Bayern gekommen und säkularisiert worden, (Kurfürst- und Metropolitan-)Erzbischof Karl Theodor von Dalberg versah aber weiterhin seinen geistlichen Hirtendienst; ihm und dem Bistum, sollten nun nach den Vorstellungen der Kurie die Metropolitanrechte aberkannt werden. Außerdem sollte das Gebiet um Aschaffenburg vom Regensburger Erzbistum abgetrennt und der Würzburger Diözese zugeteilt werden.

Würzburg, das in seiner vorgesehenen Umschreibung das größere Bistum ist und außerdem wesentlich älter ist bzw. aus dessen Bistumssprengel im Jahr 1007 ein erheblicher Teil zur territorialen Ausstattung des Bamberger Bistums abgetrennt wurde? Die Erhöhung Bambergs hatte für die Kurie den Vorzug, die Exemption des Bistums, die sich bei den Konkordatsverhandlungen als Problem gezeigt hatte, umgehen zu können.[1106] Denn durch die Erhöhung Bambergs zum Metropolitanerzbistum ist die Oberhoheit eines anderen Metropoliten ausgeschlossen worden, von der die Exemption des Bistums befreien sollte. Zum anderen: Schon aus dem bayerischen Grundlagentext zu einem Konkordat vom 31. Mai 1803, Artikel 1 geht hervor, dass die bayerische Regierung alle Bischöfe unter einem Metropolitanerzbischof und alle Bistümer in Bayern in einer Kirchenprovinz zusammengeschlossen wissen wollte, um damit eine homogene Struktur einer bayerischen Landeskirche zu erreichen. Dies hätte jedoch erfordert, die bestehende Exemption von Bistümern von der Metropolitangewalt irgendwie[1107] aufzuheben. Im vorliegenden Konkordatsentwurf schlägt nun die Kurie die Errichtung einer zweiten Kirchenprovinz in Bayern mit Bamberg als Erzbistum und dem Bamberger Bischof als Metropoliten vor. Damit ist das

1106 Die heutige Geschichtsschreibung geht davon aus, dass Bamberg zwar vom Gründer und der Gründerin, Heinrich II. und seiner Gemahlin Kunigunde, unter den besonderen Schutz der römischen Kirche gestellt worden war, dass aber damit keine kirchenrechtlich formale Aufhebung der Mainzer Metropolitanrechte über das Gebiet und den Bischof des Bamberger Sprengels verbunden wurde und auch in den folgenden Zeiten nie erfolgte. Jedoch schlich sich nach der Bamberger Gründung die Auffassung der Exemption Bambergs von der Metropolitangewalt ein und verfestigte sich, vielleicht weil der Bamberg Bischof Suitger zu Papst Clemens II., der neben dem römischen Bistum zugleich auch noch Bischof von Bamberg blieb und seinem ‚geliebten Bamberg' etliche Gunsterweise zukommen ließ, sodass sowohl die Kurie als auch die königlich-bayerische Regierung bei den Konkordatsverhandlungen davon ausgingen, dass Bamberg im kirchenrechtlichen Sinn exempt sei. Vgl. dazu auch die Ausführungen oben Kap. 4, 1806 August 8, Art. 3.

1107 Als Lösung bot sich an, wie für Bamberg hier vorgesehen, das exempte Bistum zum Metropolitanerzbistum zu erhöhen oder einen eigenen päpstlichen Rechtsakt zu setzen, der die Metropolitaneigenschaft des Bischofs und des Bistums aufhob. Zur Vorbereitung der Aufhebung der Exemption war etwa in der bayerischen Punktation vom 01. September 1816, Abschnitt 2 vorgesehen, die Metropolitaneigenschaft mit dem Tod der aktuellen Titelinhaber ‚einschlafen' zu lassen. Bei Bamberg wurde mit dieser Lösung des ‚Einschläferns' wohl von kurialer Seite gezögert, vgl. Konkordatsentwurf der Bevollmächtigten beider Seiten vom 27. Oktober 1806, Separatartikel 5.

Ziel der bayerischen Regierung seit dem Jahr 1803, nämlich die Formung einer homogenen bayerischen Landeskirche, verbaut sowie die Gefahr einer Nationalkirche mit nur einer kirchlich-hierarchischen Spitze ausgeschlossen.[1108]

Der Artikel enthält jedoch eine weitere inhaltlich Neuerung in den bisherigen Konkordatsverhandlungen: Es wird vorgeschlagen, dass aus der Territorialabtei Kempten[1109] des Benediktinerordens ein Bischofsitz/Bistum wird und dessen Vorsteher ein Abt-Bischof sein soll. Bis zu diesem Konkordatsentwurf war Kempten und seine 1803 säkularisierte und damit zu Bayern gehörige Abtei, die sich seit 1483 der Exemption von der Jurisdiktion der Konstanzer Bischöfe erfreute, nie als Bischofssitz in Erwägung gezogen worden. Warum nun der Gedanke der Erhebung der Abtei zu einem Bischofssitz und (relativ kleinräumigen) Bistum? Vielleicht wurde der Vorschlag ins Spiel gebracht, um die gewachsene geistliche Struktur des Territoriums zu erhalten, vielleicht auch auf Weisung und Wunsch des Papstes, denn schließlich war Papst Pius VII. ein Benediktinerabt auf dem Stuhl Petri.

Die folgenden Bestimmungen des Artikels beschreiben sachgerechte Zuordnungen von Territorien zu Diözesen und deren Arrondierung. Dass das Aschaffenburger Gebiet dem Bistum Würzburg zugeordnet wird, ist aus territorialer und pastoraler Sicht nahezu zwingend, wenn das Gebiet denn schon zu einem bayerischen Bistum gehören sollte. Genauso sachgerecht ist die Zuordnung der bayerisch gewordenen Territorien der ehemaligen Fürstabtei Fulda und des Salzburger Bistums sowie die Zuordnung der Territorien der aufgehobenen Fürstpropstei Berchtesgaden und des im Zuge des Konkordatsabschlusses aufzuhebenden Bistums Chiemsee. Im Hintergrund steht hier das Prinzip,

---

1108 Zu erinnern ist, dass die Kurie der Kirchenstruktur der Alten Reichskirche mit ihrer Verflechtung von kirchlichen und staatlichen Funktionen der Bischöfe und Kaiser sowie der reichskirchlich-episkopalistischen Bestrebungen (Stichworte: Febronianismus, Koblenzer Gravamina, Emser Punktation, Salzburger Kongress) kritisch gegenüberstand. Ein Repräsentant dieser reichskirchlichen Tendenzen war der Mainzer Kurfürst-Metropolitanerzbischof und Reichserzkanzler Karl Theodor von Dalberg, dann Fürstprimas des Rheinbundes, dessen Wirken und (eigenen oder zugeschriebenen) Absichten hinsichtlich eines einheitlichen Konkordats für das Reich nach der Säkularisation, dann für alle Rheinbundstaaten nach 1806 und für den Deutschen Bund im Gefolge des Wiener Kongresses 1814 bei der Kurie immer noch mit der Gefahr einer deutschen romdistanzierten Nationalkirche in Verbindung gebracht und kritisch vermerkt worden waren.

1109 Zur Territorial- und Fürstabtei Kempten um 1800 vgl. Immler, Kempten, Fürstabtei: Territorium und Verwaltung, 2009.

das schon im bayerischen Konkordatsentwurf vom 8. August 1805, Abschnitt 2 fixiert wurde: „*Die Staaten Seiner Hoheit Durchlaucht pfalzbairischer Kurfürst werden in so viele Bistümer aufgeteilt, wie das geistige Wohl seiner Untertanen erfordern mag, und diese Einteilung wird so erfolgen, wie es am besten den geographischen Verhältnissen und dem größten Nutzen für das Wohl und den Dienst der Kirche entspricht.*"

Im Artikel wird des Weiteren ausgeführt, dass bis zur vollen Umsetzung des Konkordats und der neuen Grenzumschreibungen, die bisherigen Ordinarien der Orte (und v. a. der Gläubigen an diesen Orten) weiterhin wie bisher zuständig sein sollen – eine Übergangsregelung, die für klare kirchenrechtliche Zuständigkeiten in geistlich-spirituellen Belangen sorgt.

Am Ende wird noch eine Sonderregelung für die bislang exempten Vorsteher der im Artikel zuvor genannten Kirchen aufgeführt: Die Exemption soll bis zum Tod des bisherigen Titelinhabers fortdauern. Für Bamberg ist diese Regelung überflüssig, da es Metropolitansitz werden soll. Damit hatte die Regelung nur noch für den Bischof von Passau[1110] eine Bedeutung, als ein privilegium ad personam.

Artikel 3.[1111] *Die Kapitel der Metropolitankirchen werden aus zwei Dignitäten bestehen, nämlich dem Propst und dem Dekan, und aus zwölf Kanonikern. Auch*

1110 Passau erreichte 1722 die Exemption von der Kirchenprovinz Salzburg; mit dem Tod des letzten Fürstbischofs Leopold Leonhard Reichsgraf von Thun und Hohenstein 1826 verlor das Bistum seine Exemption.

1111 Art. 3. Capitula metropolitanarum ecclesiarum habebunt duas dignitates, nempe praepositum ac decanum, et duodecim canonicos; capitula vero cathedralium ecclesiarum habebunt duas pariter dignitates, scilicet praepositum ac decanum et decem canonicos; quodlibet praeterea capitulum tam metropolitanam quam cathedrale habebit praebendarios seu vicarios saltem octo.

In singulis capitulis duo ex praebendis canonicalibus altera pro canonico theologe, altera pro canonico poenitentiario assignabuntur.

Ad constituenda praedictarum ecclesiarum capitula assumentur canonici actu viventes, quorum capitula de facto dissoluta reperiuntur. Quod si illi numerum capitularium supra praefinitum non attingant, supplebuntur; si vero excedant, omnes quidem capitulum constituent, antiquiores tamen praebenda, quae articulo quarto hujus conventionis constituitur, gaudebunt; junioribus autem provisum erit, prout ad praesens providetur, donec senioribus decedentibus eorum praebendas consequentur.

Ex dignitatibus, canonicis et praebendariis illi, quos episcopi idoneos judicabunt ad exercenda officia vicariorum, officialium et consiliariorum, praeter chori servitium ad praedicta munia obeunda tenebuntur. Majestas tamen regia

die Kapitel der bischöflichen Kathedralkirchen werden zwei Dignitäten haben, nämlich einen Propst und einen Dekan und zehn Kanoniker. Außerdem werden sowohl das Metropolitan- wie auch die Kathedralkapitel mindestens acht Präbendare bzw. Vikare haben.

Aus jedem Kapitel werden zwei Kanoniker gemäß den Kanones bestellt, der eine als Theologe, der andere als Pönitentiar.[1112]

Zur Errichtung der (neuen) Kapitel der vorgenannten Kirchen werden die lebenden Kanoniker, deren faktisch aufgelöste (alte) Kapitel wiedereingerichtet werden, aufgenommen. Falls diese die oben definierte Zahl der Kanoniker nicht erreichen, werden sie ergänzt; wenn sie diese aber überschreiten, bilden sie alle das Kapitel, wobei sich die Früheren (Älteren) der Präbenden erfreuen, die

---

iis, qui officio tam vicarii generalis quam officialis fungentur, quingentos florenos annuos, iis vero, qui secretarii episcopalis partes agent, bis centum florenos assignabit;

quam quidem praestationem annuam majestas sua vicariis, officialibus et secretariis archiepiscopalibus et episcopalibus solvi faciet, etiamsi ad haec munera obeunda ecclesiastici, qui de gremio capituli et praebendariorum non sint, ab archiepiscopis et episcopis eligantur.

Si vero archiepiscopus vel episcopus propter infirmitatem aut senectutem muneribus suis fungi non possit, dignitario seu canonico, qui ad episcopi suffraganei munus a sede apostolica promovebitur, praeter respectivos praebendae suae redditus floreni insuper annui mille ad ejus vitam assignabuntur.

1112 Zum Kapitelstheologen findet sich eine Bestimmung des Tridentinums zu Schriftauslegung und Predigt, vgl. Conc. Trid. Sessio V, Decretum secundum: super lectione et praedicatione, 2, in: COD, Bd. 3, 667. Der Bußkanoniker ist seit alter Zeit als Beauftragter des Bischofs bekannt. Beim Konzil von Trient wurde eine Bestimmung zu seiner Einsetzung erlassen, vgl. Conc. Trid. Sessio XXIV, de reform., c. 8, in: COD, Bd. 3, 764.

Der CIC/1917 handelt vom Bußkanoniker im c. 401 und vom Kapitelstheologen in c. 400, worin seine Aufgabe so beschrieben wird: „*Canonici theologi est, diebus et horis ab Episcopo cum Capituli consilio designatis, publice in ecelesia explanare sacram Scripturam; sed Episcopus, si id utilius iudicet, potest eidem alia doctrinae catholicae argumenta in ecclesia explicanda committere.*" Der CIC/1983 bestimmt in c. 508 § 1: „*Der Bußkanoniker ebenso der Kathedral- wie einer Kollegiatkirche hat kraft seines Amtes die ordentliche Befugnis, die er aber nicht delegieren kann, im sakramentalen Bereich von Beugestrafen loszusprechen, die nicht festgestellte Tatstrafen und nicht dem Apostolischen Stuhl vorbehalten sind; …*" Das Statut des Bamberger Metropolitankapitels vom 20. Mai 2018, § 24 I bestimmt präzisierend, dass der Bußkanoniker vom Erzbischof aus dem Kreis der Kanoniker bestimmt wird. Das Amt des Kapitelstheologen ist im CIC/1983 nicht vorgesehen.

gemäß Artikel 4 dieser Übereinkunft geschaffen werden; die Jüngeren aber werden vorgemerkt, so wie es nun bestimmt ist, bis sie nach dem Tod der Älteren auf deren Präbenden nachrücken.

Die Dignitäten, Kanoniker und Präbendare, die von den Bischöfen als geeignet beurteilt werden, um die Ämter der Vikare, Offiziale und Ratgeber zu übernehmen, sind verpflichtet, diese Aufgaben zusätzlich zum Chordienst anzunehmen.

Seine Königliche Majestät werden übrigens denjenigen, welche entweder die Stelle eines Generalvikars oder eines Offizials bekleiden, jährlich 500 Gulden, jenen aber, denen das Amt eines bischöflichen Sekretärs übertragen ist, 200 Gulden zuwenden.

Seine Majestät wird diesen Jahresfestbetrag für die erzbischöflichen und bischöflichen Vikare, Offiziale und Sekretäre auch auszahlen lassen, wenn diese Dienste von Klerikern ausgefüllt werden, die zwar nicht aus der Mitte der Kapitulare und Präbendare hervorgehen, doch von einem Erzbischof und den Bischöfen ausgewählt worden sind.

Wenn aber ein Erzbischof oder ein Bischof wegen Krankheit oder Alter seinen Dienst nicht mehr ausüben kann, werden dem Dignitär oder Kanoniker, der vom Apostolischen Stuhl zum Dienst des Hilfsbischofs befördert wird, neben den Einkünften seiner Präbende zusätzlich jährlich 1.000 Gulden auf Lebenszeit zugewiesen.

Dieser Artikel formuliert Bestimmungen zur Zusammensetzung der Metropolitan- und Kathedralkapitel und einigen Funktionsstellen der Diözesanverwaltung. Die Kapitel werden aus einem Propst und einem Dekan als Dignitäten, aus weiteren zehn Kapitularen in den Metropolitankapiteln und zehn Kapitularen in den Kathedralkapiteln sowie aus Domvikaren bestehen; aus den Kapitularen werden ein (Kapitel-)Theologe und der Bußkanoniker (Pönitentiar) bestellt. Es folgt eine Übergangsregelung zur Besetzung der Kapitel. Demnach werden zuerst die eventuell noch lebenden Domkapitelsmitglieder der Domkapitel der faktisch aufgelösten[1113] reichskirchlichen Bistümer berücksichtigt. Sind es zu wenig alte/‚(über-)lebende' Kapitulare, werden sie durch Neuernennungen ergänzt; sind es zu viele, wird eine Reihung der überzähligen

1113 Die Formulierung *„deren faktisch aufgelöste Kapitel"* (quorum capitula de facto dissoluta reperiuntur) ist insofern bemerkenswert, als dass zumindest aus Sicht der kurialen Verfasser dieses Entwurfs 1816 die alten Domkapitel nicht de jure aufgelöst worden sind, d. h, dass sie als kirchliche Rechtspersonen noch bestehen und es noch ordentliche Mitglieder dieser Kapitel gibt. Denn diese Geistlichen sollen vorzugsweise bei der Neubesetzung der Kapitel berücksichtigt werden.

Kapitulare nach Ernennungsalter gebildet, womit eine Reihenfolge des Nachrückens auf die neuen Präbenden sichergestellt ist.

Die Kapitelmitglieder sind verpflichtet, neben dem Chordienst unentgeltlich weitere Aufgaben in der bischöflichen Verwaltung wahrzunehmen, wie es ähnlich schon im bayerischen Grundlagentext vom 31. Mai 1806, Abschnitt 10 verlangt wurde.

Für die Übernahme der besonderen Funktionsstellen des Generalvikars und des Gerichtsvikars (Offizials), die beide je besonders an der bischöflichen Gewalt partizipieren sowie der Aufgaben eines bischöflichen Sekretärs gibt es eine besondere königlich-staatliche Gehaltszuwendung auch dann, wenn die Inhaber der Stellen keine Kapitelsmitglieder sind. Damit ist anerkannt, dass sowohl der Generalvikar als auch der Gerichtsvikar und der Bischofssekretär in einem besonderen Vertrauensverhältnis zum Bischof stehen und deshalb der Diözesanbischof in ihrer Ernennung frei sein muss. Schließlich wird – eine erstmals eingebrachte Regelungsmaterie – auch dem Geistlichen, der zur Unterstützung eines kranken oder durch Alter eingeschränkten Diözesanbischofs als Auxiliarbischof (Weihbischof bzw. Koadjutor) eingesetzt wird, eine Gehaltszulage auf Lebenszeit zugesprochen.

Artikel 4.[1114] *Die Einkünfte zum Unterhalte der Erzbischöfe und Bischöfe werden auf beständige Güter und Fonds gegründet werden, welche der freien Verwaltung der Erzbischöfe und Bischöfe übergeben werden.*

1114 Art. 4. Redditus mensarum archiepiscopalium et episcopalium in bonis fundisque stabilibus, liberae archiepiscoporum et episcoporum administrationi tradendis, constituentur. Simili bonorum genere et administrationis jure gaudebunt capitula metropolitanarum et cathedralium ecclesiarum et vicarii seu praebendarii praedictarum ecclesiarum servitio addicti.

Quantitas reddituum annuorum erit, ut sequitur:

Dioecesis Monacensis.

Pro archiepiscopo florenorum viginti millium. Pro praeposito florenorum quatuor mille. Pro decano florenorum quatuor mille. Pro quolibet e sex canonicis senioribus florenorum bis mille. Pro quolibet e sex canonicis junioribus florenorum mille sex centum. Pro quolibet ex quatuor senioribus vicariis florenorum octingentorum. Pro quolibet ex quatuor junioribus vicariis florenorum sex centum.

Dioecesis Bambergensis.

Pro archiepiscopo florenorum quindecim millium. Pro praeposito florenorum trium millium. Pro decano florenourm trium millium. Pro quolibet e sex canonicis senioribus florenorum mille octingentorum. Pro quolibet e sex canonicis junioribus florenorum mille quatuor centum. Pro quolibet ex quatuor senioribus vicariis florenorum septingentorum. Pro quolibet ex quatuor junioribus vicariis florenorum quingentorum.

Dioeceses Augustana, Ratisbonensis et Herbipolensis.

Pro quolibet episcopo florenorum decem millium. Pro quolibet praeposito florenorum bis mille quingentorum. Pro quolibet decano florenorum bis mille quingentorum. Pro quolibet e quinque canonicis senioribus florenorum mille quingentorum. Pro quolibet e quinque canonicis junioribus florenorum mille. Pro quolibet ex quatuor senioribus vicariis florenorum sex centum. Pro quolibet ex quatuor junioribus vicariis florenorum quatuor centum.

Dioecesis Passaviensis, Eichstettensis, Spirensis et Campidunensis.

Pro quolibet episcopo florenorum octo millium. Pro quolibet praeposito florenorum bis mille. Pro quolibet decano florenorum bis mille. Pro quolibet e quinque canonicis senioribus florenorum mille bis centum. Pro quolibet e quinque canonicis junioribus florenorum nongentorum. Pro quolibet ex quatuor vicariis senioribus florenorum sexcentorum. Pro quolibet ex quatuor vicariis junioribus florenorum quatuor centum.

Quorum omnium reddituum summae salvae semper et integrae conservandae et tempore vacationis archiepiscopalium et episcopalium sedium, dignitatum, canonicatuum, praebendarum seu vicariatuum in utilitatem respectivarum ecclesiarum percipiendae et conservandae erunt.

Habitatio insuper tam archiepiscopis et episcopis quam dignitatibus, canonicis et vicariis, illorum dignitati et statui respondens, assignabitur.

Praetera, si in palatio archiepiscopali vel episcopali locus conveniens non adsit pro curia vel consistorio archiepiscopali vel episcopali et pro asservatione chartarum ad ecclesiae consistorium et vicariatum spectantium, majestas sua aliam domum aptam in recensitos usus assignabit.

Ad negotium hujusmodi reddituum, fundorum et bonorum assignationis dioecesium intra trimestre post ratificationem praesentis conventionis perficiendum utraque contrahentium pars commissarios nominabit, ac de formali restitutionis vel designationis actu tria exemplaria in authentica forma expediri jubebit regia majestas, unum pro nuntio apostolico, alterum pro archivo regis, tertium pro archivo singularum ecclesiarum.

Alia beneficia, ubi extant, conservabuntur.

Quod pertinet ad dioecesim Spirensem, firma ejus dotatione in bonis fundisque stabilibus, prout supra conventum est, quoniam tamen per temporum circumstantias assignari nunc praedictae dioecesi fundi ac bona stabilia non possunt, interea, usque dum haec assignatio fieri valeat, providebitur a majestate sua per assignationem annuae praestationis in summa, pro episcopo florenorum quinque millium quingentorum, pro dignitatibus unicuique florenorum mille biscentum, pro quinque canonicis senioribus mille florenorum in singulos, pro quolibet ex quinque canonicis junioribus florenorum sex centum, pro unoquoque

In gleicher Art der Güter werden auch die erzbischöflichen und bischöflichen Kapitel und die bei ihnen angestellten Vikare oder Präbendare ausgestattet und das Recht der Selbstverwaltung erhalten. Der Betrag der jährlichen Einkünfte wird folgender sein:

Diözese München
Für den Erzbischof 20.000 fl. Für den Propst 4.000 fl. Für den Dekan 4.000 fl. Für jeden der sechs älteren Kanoniker 2.000 fl. Für jeden der sechs jüngeren Kanoniker 1.600 fl. Für jeden der vier älteren Vikare 800 fl. Für jeden der vier jüngeren Vikare 600 fl.

Diözese Bamberg
Für den Erzbischof 15.000 fl. Für den Propst 3.000 fl. Für den Dekan 3.000 fl. Für jeden der sechs älteren Kanoniker 1.800 fl. Für jeden der sechs jüngere Kanoniker 1.400 fl. Für jeden der älteren vier Vikare 700 fl. Für jeden der vier jüngeren Vikare 500 fl.

Diözesen Augsburg, Regensburg und Würzburg
Für den Bischof l0.000 fl. Für den Propst 2.000 fl. Für den Dekan 2.000 fl. Für jeden der fünf älteren Kanoniker 1.500 fl. Für jeden der fünf jüngeren Kanoniker 1.000 fl. Für jeden der vier älteren Vikare 600 fl. Für jeden der vier jüngeren Vikare 400 fl.

Diözesen Passau, Eichstädt, Speyer und Kempten
Für den Bischof 8.000 fl. Für den Propst 2.000 fl. Für den Dekan 2.000 fl. Für jeden der fünf älteren Kanoniker 1.200 fl. Für jeden der fünf jüngeren Kanoniker 900 fl. Für jeden der vier älteren Vikare 600 fl. Für jeden der vier jüngeren Vikare 400 fl.

---

ex quatuor vicariis senioribus florenorum sex centum, pro quolibet ex quatuor vicariis junioribus florenorum quatuor centum.

Quod vero pertinet ad dioecesim Campidunensem, si monasterium Campidunense suis bonis ac redditibus careat, eidem tradentur tot fundi bonaque stabilia, quot constituent totalem summam redditum annuorum, qui supra episcopo, dignitatibus, canonicis et vicariis Campidunensis dioecesis respective assignati sunt.

Fabricarum denique ipsarumque ecclesiarum fundi, redditus, bona mobilia et immobilia conservabuntur, et, nisi pro ecclesiarum manutentione, pro divini cultus expensis et inservientium necessariorum salariis sufficiant, sua majestas supplebit.

Alle diese Einkünfte sollen in ihrem Betrage stets vollständig und ungeschmälert erhalten werden. Zur Zeit der Erledigung eines erzbischöflichen oder bischöflichen Stuhls, der Dignitäten, Kanonikate, Präbenden oder Vikariate wird der Betrag der vorgenannten Einkünfte zum Nutzen der betreffenden Kirchen erhoben und erhalten.

Eine Wohnung, die ihrer Würde und ihrem Stand entspricht, wird außerdem sowohl den Erzbischöfen und den Bischöfen als auch den Dignitäten, Kanonikern und Vikaren zugewiesen werden.

Falls sich außerdem in der erzbischöflichen oder bischöflichen Residenz kein geeigneter Ort findet für die Kurie oder das Offizialat des Erzbischofs oder Bischofs und für die Verwahrung der Papiere des kirchlichen Gerichts und Vikariats, wird Seine Majestät ein anderes angemessenes Haus für den Gebrauch bestimmen.

Zum Vollzug des Geschäfts der Anweisung dieser Einkünfte, Fonds und Güter, das innerhalb einer Dreimonatsfrist nach der Ratifikation vorliegender Übereinkunft vollzogen sein soll, wird jeder der beiden vertragsschließenden Parteien Kommissare ernennen; Seine Majestät werden von dem förmlichen Akt der Erstattung oder Zuweisung drei Exemplare in authentischer Form ausfertigen lassen, eines für den apostolischen Nuntius, das andere für das Königliche Archiv, das dritte für das Archiv der jeweiligen Kirchen.

Andere Benefizien werden, wo solche vorhanden sind, erhalten werden.

Was die Diözese Speyer betrifft, wird an deren Dotation in Gütern und ständigen Fonds festgehalten, so wie man oben übereingekommen ist. Da aber nun wegen besonderer Verhältnisse gegenwärtig für diese Diözese keine Güter und ständigen Fonds angewiesen werden können, so wird inzwischen, bis diese Zuweisung vollzogen werden kann, durch Seine Majestät durch die Anweisung von Jahresfestbeträgen vorgesorgt werden, und zwar: für den Bischof 5.500 fl. Für jede Dignität 1.200 fl. Für jeden der fünf älteren Kanoniker 1.000 fl. Für jeden der fünf jüngeren Kanoniker 600 fl. Für jeden der vier älteren Vikare 600 fl. Für jeden der vier jüngeren Vikare 400 fl.

Was aber die Diözese Kempten betrifft, so werden ihr, auch wenn das Kloster Kemptens seine Güter und Einkünfte entbehren wird, so viele Güter und ständige Fonds übertragen, wie die ganze Summe der jährlichen Einkünfte ausmacht, die oben dem Bischof, den Dignitäten, Kanonikern und Vikaren der Kemptner Diözese entsprechend zugewiesen sind.

Die Fonds, Einkünfte, beweglichen und unbeweglichen Güter der bischöflichen Kirchen und ihrer Fabriken werden erhalten werden, und wenn dieselben zur Unterhaltung der Kirchen, zu den Ausgaben für den Gottesdienst und zu den Gehältern der nötigen Diener nicht zureichen, so werden Seine Majestät den Fehlbetrag decken.

Dieser umfangreiche Artikel handelt von den Einkünften der (Erz-)Bischöfe und Kapitelsmitglieder, ihrer Herkunft, Sicherung, Bestimmung sowie von den Wohnungen der angesprochenen Geistlichen, weiteren Benefizien und nötigen Amtsräumen. Die Einkünfte der (Erz-)Bischöfe und Kapitelmitglieder sollen, so die überkommene kuriale Erwartung, auf die Erträge von dauerhaften Gütern und Fonds, das meint Immobilien, gegründet werden, die der kirchlichen Selbstverwaltung unterstehen. Die Einkünfte sollen stets und ungeschmälert erhalten werden. Die Höhe der Einkünfte wird für die Erzbischöfe und Bischöfe, Dompröpste und Domdekane, dienstältere und dienstjünger Kanoniker, dienstältere und dienstjüngere Kanoniker der einzelnen Erzbistümer und Bistümer detailliert angegeben. Hier überrascht, da von der Kurie angeregt, die Stufung der Einkünfte nach einer Kategorisierung der Diözesen. Für die Diözese Speyer soll der König die Zahlung und Sicherung der Einkünfte der Bischöfe und Kapitelmitglieder übernehmen,[1115] für die Diözese Kempten sollen vom König die Güter zugewiesen werden, die für die Erträge der Einkünfte des vorgesehenen Abtbischofs von Kempten und seines Kapitels benötigt werden.[1116] Die (Erz-)Bischöfe und Kapitelmitglieder sollen Anspruch auf eine standesgemäße Wohnung haben. Zur Anweisung der Einkünfte und Güter sollen von beiden Vertragspartnern Kommissäre ernannt werden; dazu werden Urkunden in dreifacher Ausfertigung erstellt werden. Weitere Benefizien für Geistliche, die eventuell an Domkirchen noch vorfindlich sind, sollen erhalten werden. Ebenso sollen alle Güter und Einkünfte der Domkirchen und ihrer Kirchenfabriken erhalten werden und, ein verständliches kuriales Anliegen,

1115 Die linksrheinischen, darunter auch speyerische Kirchengüter waren schon vor dem Reichsdeputationshauptschluss 1803 von Frankreich annektiert und säkularisiert worden, sodass der bayerische König nicht mehr darüber verfügen konnte. Die rechtsrheinischen Kirchengüter des reichskirchlichen Bistums Speyer waren nach dem Reichsdeputationshauptschluss 1803 säkularisiert worden, doch sie unterstanden nun größtenteils den Landesfürsten von Baden und Württemberg, waren also auch der Verfügung des bayerischen Königs entzogen, sodass die Einkünfte der Bischöfe und Kapitelsmitglieder des Bistums Speyer nun auf staatlicher Zuweisungen gegründet werden mussten.

1116 Die Fürstabtei Kempten war durch den Reichsdeputationshauptschluss der Säkularisierung durch Bayern anheimgegeben worden. Die Güter standen also unter der Verfügungsgewalt des bayerischen Königs, der daraus Immobilien zur Dotation der Einkünfte zuweisen konnte.

wo nötig durch den König/Staat so ergänzt werden, dass die Einkünfte für den ‚Betrieb' der Domkirchen (Unterhalt, Angestellte, Kirchenbedarf) ausreichen.

In diesem Artikel sind Themen zu konstatieren, die von der Kurie neu in die Verhandlungen eingebracht werden, nämlich: In der Zeit, in der bischöfliche Sitze und Stellen von Kapitelmitgliedern vakant sind, sollen die Einkünfte der Domkirche zufließen; eine Regelung, die dafür sorgen soll, dass der Kirche zustehende Einkünfte nicht vorenthalten, sondern einem angemessenen Ersatzzweck zufließen. Falls sich in den Residenzen der (Erz-)Bischöfe nicht genug Raum findet, soll von königlich-staatlicher Seite für eine Unterbringung der Kurie oder des Offizialats sowie für das Archiv der Akten des Generalvikariats und des Offizialats in einem angemessenen Haus gesorgt werden. Diese von der Kurie angestrebte Regelung darf nicht als kleinlich gelten, jedenfalls nicht unter Berücksichtigung der Bürokratisierungstendenzen im Zeitalter von Montgelas und dem von der Kirche stets hochgeschätzten Wert der Archive. Das Geschäft der Übertragung der Güter, auf denen die Einkünfte gründen, soll innerhalb von drei Monaten nach der Ratifikation des Konkordats abgeschlossen sein. Diese Regelung ist verständlich, damit die Vermögensübertragung und der Fluss der Einkünfte nicht etwa von staatlicher Seite verzögert würde.

Artikel 5.[1117] *In jeder Diözese sollen die bischöflichen Schulen und Seminare erhalten und mit einer hinreichenden Dotation in Gütern und ständigen Fonds versehen werden; in jenen Diözesen aber, in welchen solche Anstalten nicht vorhanden sind, sollen sie unverzüglich mit einer gleichartigen Dotation in Gütern und ständigen Fonds gegründet werden.*

1117 Art. 5. Suae singulis dioecesibus scholae et seminaria episcopalia conserventur et dotatione congrua in bonis fundisque stabilibus provideantur; in iis autem dioecesibus, in quibus desunt, cum eadem pariter dotatione in bonis fundisque stabilibus sine mora fundentur.

In seminariis autem admittentur atque ad normam concilii Tridentini educabuntur atque instituentur adolescentes, quos episcopi pro necessitate vel utilitate dioecesium in iis recipiendos judicaverint.

Horum seminariorum et scholarum ordinatio, doctrina, gubernatio et administratio episcoporum auctoritati pleno liberoque jure subjicientur. Rectores quoque et professores seminariorum ab episcopis nominabuntur et, quotiescumque necessarium aut utile ab ipsis judicabitur, removebuntur.

Hi autem omnes, uti et scholarum magistri, nonnisi praemissa initio cujuslibet anni fidei professione a Pio IV. publicata, ad exercendas suas functiones admittentur.

In die Seminare werden jene Heranwachsenden aufgenommen und dort nach Vorschrift des Konzils von Trient gebildet und unterrichtet, deren Aufnahme die Erzbischöfe und Bischöfe nach dem Bedürfnis oder Nutzen der Diözese für gut finden werden.

Die innere Ordnung, der Unterricht, die Leitung und die Verwaltung der Seminare und Schulen werden der rechtmäßigen vollen und freien Vollmacht der Bischöfe unterstellt.

Die Vorsteher und Lehrer der Seminare werden von den Bischöfen ernannt und, so wie sie es für nötig oder nützlich erachten sollten, auch wieder entlassen werden.

Allen diesen Personen, wie auch den Lehrern an den Schulen, wird die Ausübung ihrer Aufgaben nicht gestattet, wenn sie nicht am Anfang jeden Jahres das Glaubensbekenntnis ablegen, das von Pius IV. veröffentlicht wurde.

Dieser Artikel basiert auf den Inhalten, die schon der Entwurf des Nuntius della Genga vom 8. August 1806, Artikel 6 ausführte. Neu ist hingegen, dass die Vorsteher und Lehrer der Seminare und die Lehrer an den Schulen jedes Jahr als Bedingung der Dienstausübung das von Papst Pius IV. publizierte Glaubensbekenntnis[1118] ablegen sollen. Gemäß der Publikationsbulle sollten das Glaubensbekenntnis Geistliche bei der Übernahme eines neuen Amtes ablegen, hier aber wird auch von (Schul-)Lehrern, die gegebenenfalls keine Geistlichen sind, die Ablegung des Bekenntnisses verlangt, und zwar jährlich! Das ist eine verschärfte Auslegung der Bulle Pius' IV. und konnte von Seiten Bayerns und der bayerischen Katholiken als Gängelung empfunden werden. Bei aller Sorge um die Sicherung des katholischen Glaubens im Miteinander der Menschen in einem konfessionell gemischten Staatswesen erscheint daher diese Vorschrift doch sehr vom Misstrauen geprägt.

1118 Gemeint ist das Glaubensbekenntnis der Kirchenversammlung zu Trient. Papst Pius IV. hat es mit der Bulle Iniunctum nobis, v. 13.11.1564 vorgeschrieben, als dessen Kompilator gilt Petrus Canisius; es greift das die Beschlüsse des Konzils von Trient auf und weist damit eine starke antireformatorische Tendenz auf. Das Glaubensbekenntnis sollte der Abwehr von (protestantischen) Irrlehren dienen. Deshalb bestimmte die Bulle, dass alle Bischöfe, Dignitäre und Kanoniker, Ordensobere und Vorsteher von Abteien, Klöstern und Häusern sowie alle Inhaber von Pfründen, mit denen irgendeine Art von Seelsorge verbunden ist, bei der Übernahme ihres (jeweils neuen) Amtes diese ‚Professio Fidei Tridentina' ablegen mussten; damit verbunden war die Gehorsamsverpflichtung gegenüber dem Papst und der römisch-katholischen Kirche.

Artikel 6.[1119] *Seine Majestät wird nach Beratung mit den Erzbischöfen und Bischöfen für die Bereitstellung eines hinlänglich dotierten Hauses sorgen, in welchem kranke und alte wohlverdiente Geistliche Unterstützung und Zuflucht finden können.*

Das Anliegen von Emeritenhäusern wird erstmals im Konkordatsentwurf (vom 8. August 1806, Artikel 7) des Nuntius und Bevollmächtigten, della Genga, eingeführt. Zunächst scheint es von der Kurie impertinent zu sein, vom König die Dotation des Hauses zu erwarten. Doch die Forderung ist verständlich, denn woher sollten die Bistümer Ertrag bringende Güter nehmen, die ihnen durch die Säkularisation abhandengekommen waren? Ein bisschen fad klingt die Forderung trotzdem, denn im römischen Ultimatum der zweiten Etappe (Entwurf vom 10. Juli 1807, Artikel 6g) wird es noch als Recht und Aufgabe der Diözesanbischöfe bezeichnet, ein solches Emeritenhaus zu erhalten oder für seine Errichtung zu sorgen.

Artikel 7.[1120] *Seine Königliche Majestät wird angesichts der Vorteile, welche die religiösen Orden der Kirche und dem Staate gebracht haben und zukünftig auch noch bringen könnten, und um einen Beweis Ihrer Bereitwilligkeit gegenüber dem Heiligen Stuhl zu geben, einige Klöster der Mönchsorden beiderlei Geschlechts nach Abstimmung beider vertragsschließenden Parteien auswählen und, mit eine angemessenen Dotation in Gütern und ständigen Fonds ausgestattet, wiedererrichten; es sollen vorzüglich Klöster sein, die zum Unterrichte der Jugend in der Religion und den Wissenschaften nützlich sein können. Diese Klöster und ihre Gemeinschaften, sowohl der Mönche als auch der Mendikanten und auch der Nonnen, die bis jetzt bestehen, werden erhalten bleiben. Die Leitung aber hat nach der Konstitution der jeweiligen Ordensregeln zu erfolgen.*

1119 Art. 6. Majestas sua regia, collatis cum archiepiscopis et episcopis consiliis, assignabit pariter cum sufficienti dote domum, in qua infirmi ac senes clerici bene meriti solamen et asylum reperiant.

1120 Art. 7. Insuper majestas sua considerans, quot utilitates ecclesia atque ipse status a religiosis ordinibus perceperint ac percipere in posterum possint, et ut promptam suam erga sanctam sedem voluntatem probet, aliqua monasticorum ordinum utriusque sexus coenobia, de utriusque partis contrahentis consensu designanda, praecipue ea, quae ad instituendam in religione et scientiis juventutem utilia esset possunt, cum convenienti dotatione in bonis fundisque stabilibus restituet; illasque, quae adhuc extant, tam monachorum quam mendicantium nec non monialium communitates conservabit. Regularium autem regimen ad normam constitutionem respectivorum ordinum procedet.

Hier wird die Thematik der Klöster, die schon einmal verhalten erwähnt wurde (Entwurf vom 8. August 1806, Artikel 13), neu und selbstbewusst aufgegriffen. Klöster für Mönche und Nonnen sollen (wieder-)eingerichtet und ihre Kommunitäten erhalten werden. Dazu wird ein Nützlichkeits- und ein Traditionsargument und schließlich ein moralischer Appell bemüht. Die Ausstattung der Klöster soll durch königliche Dotation erfolgen. Im Gegenzug werden die geistlichen Gemeinschaften die Jugend in Religion und Wissenschaften unterrichten. Dieser Vorschlag bezeichnet über den Inhalt hinaus v. a. einen geistigen Wandel: War es doch ein Hauptargument der kirchenkritischen Aufklärung (mindestens) seit der Mitte des 18. Jahrhunderts, dass Klöster zu schließen seien, da sie für die Gesellschaft unnütz seien und die Jugend mit ihrem Unterricht verderben würden. Und nun, unter dem Leitenden Minister und Außenminister des Königreichs Bayern, Graf Maximilian von Montgelas, der als Exponent der freigeistigen französischen Aufklärung par excellence zu gelten hat, präsentiert die Kurie den Vorschlag, in Bayern Klöster, deren Güter einst auf Betreiben Montgelas' säkularisiert wurden, zu restituieren und wegen ihrer Nützlichkeit auf Staatskosten zu dotieren. Damit war ein neues Verhältnis zwischen Staat und Kirche nicht nur zu erahnen, sondern schon greifbar bezeichnet.

Artikel 8.[1121] *Die Güter der obengenannten Kirchen, erzbischöflichen und bischöflichen Mensen, der Kapitel, Vikariate, Seminare, Klöster, Konvente, Pfarreien, Benefizien, Kirchenfabriken, Schulen und aller anderen frommen Stiftungen werden immer und ungeschmälert erhalten und können ohne die Mitwirkung der Autorität des Apostolischen Stuhls weder veräußert noch in Pensionen verwandelt noch neuen Bürgschaften unterworfen werden.*

Die Kirche wird auch das Recht haben, neue Besitzungen zu erwerben und was sie sowohl beweglich als auch unbeweglich neu erwirbt, soll ihr zu Eigen und rechtlich

1121 Art. 8. Bona supradictarum ecclesiarum, mensarum archiepiscopalium et episcopalium, capitulorum, vicariorum, seminariorum, monasteriorum, conventuum, parochiarum, beneficiorum, fabricarum, scholarum omniumque aliarum piarum fundationum semper et integre conservanda erunt nec distrahi vel in pensiones mutari vel novis praestationibus sine apostolicae sedis auctoritatis interventu subjici poterunt.

Ecclesia insuper jus habebit novas acquirendi posssessiones et quidquid de novo sive mobile sive immobile acquisierit, faciet suum, et censebitur eodem jure ac veteres fundationes ecclesiasticae cujuscumque generis, quarum, uti et illarum quae in posterum fient, nulla vel suppressio vel unio fieri poterit absque apostolicae sedis auctoritatis interventu.

mit den älteren Kirchenstiftungen welcher Art auch immer gleichgestellt sein, welche so wenig wie die künftig zu errichtenden Stiftungen ohne Mitwirkung des Apostolischen Stuhls jemals aufgehoben oder vereinigt werden können.

Die Absicht des Artikels ist im ersten Teil die dauerhafte, ungeschmälerte und zweckbestimmte Sicherung aller (möglichen) Güter aller (denkbaren) kirchlichen und mit der Kirche verbundenen Einrichtungen und Vermögensmassen. Das Anliegen selbst wurde schon im ersten Entwurf für ein Konkordat von kirchlicher Seite (vom 8. August 1806, Artikel 13) eingebracht. Der zweite Teil des Artikels zielt auf a.) das Recht neue Güter zu erwerben und b.) auf die Gleichstellung der künftigen neuen mit den schon im kirchlichen Besitz befindlichen Gütern, ist also ebenfalls eine Vermögenssicherungsklausel. Das Vorbild für diese Bestimmung findet sich im Entwurf vom 8. August 1806, Artikel 14.

Artikel 9.[1122] *Jedes Mal, wenn ein erzbischöflicher oder bischöflicher Sitz vakant wird, treten die Kapitulare innerhalb von zwei Monaten als Kapitel zusammen und bestimmen vier fähige und würdige Männer der Kirche, teils aus der Mitte des Kapitels teils aus dem übrigen Säkular- oder Regularklerus. Aus diesen vier Männern wird Seine Majestät den anzeigen, von dem er wünscht, dass er vor den übrigen zu dem vakanten Sitz erhoben wird. Und dieser wird innerhalb von drei Monaten vom Tag der vom Kapitel durchgeführten Wahl an beim Heiligen Stuhl*

1122 Art. 9. Quotiescumque archiepiscopalis vel episcopalis sedes vacaverit, canonici intra bimestre capitulariter congregati designabunt quatuor habiles et dignos ecclesiasticos viros, partim de gremio capituli, partim ex reliquo clero sive saeculari sive regulari, ex quibus quatuor viris majestas sua indicabit illum, quem prae caeteris ad vacantem sedem promoveri cupiet, isque intra tres menses a die electionis a capitulo factae computandos ad sanctam sedem pro obtinenda juxta huc usque solutam formam provisione apostolica recurrere debebit, priusquam vero eam obtinuerit, regimini seu administrationi ecclesiae, ad quam designatus est, nullo modo se immiscere poterit. Quod si vero intra bimestre nulla facta sit electio, sancta sedes eligentium supplebit neglegentiam.

Annatarum autem et cancellariae taxae proportionabiliter ad uniuscujusque mensae annuos redditus de novo statuentur.

Cum autem ad praesens plures episcopales sedes vacent nec commode a capitulis supradicta electio fieri possit, sanctitas sua, attenta utilitate, quae ex hac conventione manat in ea, quae ad res ecclesiae et religionis pertinent, majestati regis Maximiliani Josephi apostolicum indultum concedet nominandi pro hac prima vice ad vacantes archiepiscopales et episcopales ecclesias personas iis dotibus praeditas, quas sacri canones requirunt; excepta tantum Campidunensi ecclesia ut supra erigenda, cui pro hac prima vice de episcopo abbate a summo pontifice providebitur.

nachsuchen müssen, um die apostolische Provision in der geläufigen Form zu erhalten. Doch bevor er diese erlangt, wird er sich in keiner Weise in die Leitung bzw. Verwaltung der Kirche, für die er bestimmt ist, einmischen können.

Wenn aber die Wahl nicht innerhalb von zwei Monaten erfolgt, wird der Heilige Stuhl die Pflichtvergessenheit des Wählens ersetzen.

Die Annaten und Kanzleigebühren werden nach dem Maßstab der jährlichen Einkünfte eines jeden Bischofs von Neuem festgesetzt werden.

Da aber gegenwärtig mehrere bischöfliche Sitze vakant sind und von den Kapiteln nicht zweckmäßig die oben genannten Wahlen durchgeführt werden können, wird Seine Heiligkeit angesichts der Vorteile, die aus dieser Übereinkunft für die Sache der Kirche und der Religion erwächst, Seiner Majestät dem König Maximilian Joseph ein apostolisches Indult gewähren, um für dieses erste Mal zu den vakanten erzbischöflichen und bischöflichen Kirchen Personen zu ernennen, welche die nach den heiligen Canones dazu erforderlichen Eigenschaften besitzen; davon ausgenommen ist nur die Kirche Kemptens, die wie oben beschrieben zu errichten ist und für deren Abtbischof dieses erste Mal durch den höchsten Pontifex Vorsorge getroffen werden wird.

In diesem Artikel wird ein Besetzungsverfahren für die Bischofssitze angeboten und eine Übergangsregelung vorgeschlagen, mit der das Verfahren in Gang gebracht werden kann, und an eine milde Regelung zu den Gebühren im Zusammenhang mit der Besetzung von Bischofsstühlen erinnert. Das von der Kurie vorgeschlagene Besetzungsverfahren ist ein Kompromiss aus dem überkommenen Wahlrecht der Domkapitel und der stets nachdrücklich erhobenen Forderung der bayerischen Seite, dem König ein Nominationsrecht der Bischöfe einzuräumen. Der Kompromiss besteht im Wesentlichen darin, dass die Domkapitel durch Wahl vier Kandidaten aufstellen, aus denen der König den ihm genehmen Kandidaten zum Bischof nominiert. Der Clou der Kompromisslösung ist, dass zwar der König den Bischof nominieren kann, allerdings nur aus einer Vierergruppe, die von Vertretern der Kirche zusammengestellt worden ist, d. h. wer durch den König Bischof wird, muss zuvor von einem innerkirchlichen Gremium als episopabel qualifiziert worden sein.

Die weiteren im Artikel genannten Fristen entsprechen den überkommenen Regelungen. Die jährliche Festsetzung der Annaten ist ebenfalls kein neues Angebot der Kurie. Die Übergangsregelung zur Besetzung der Bischofstühle war dadurch bedingt, dass die Domkapitel durch unterbliebene Nachbesetzungen nach der Säkularisierung 1802 nicht mehr oder nur sehr bedingt zu verantwortbaren Wahlakten fähig waren bzw. im Falle Kemptens bislang kein Kapitel bestand.

Das von der Kurie vorgeschlagene bischöfliche Besetzungsverfahren zeigt, dass die Kurie von den in Deutschland (noch) geltenden kirchenrechtlichen

Bestimmungen zur Bischofswahl durch das Domkapitel des Wiener Konkordats von 1448 abzurücken bereit war. Zugleich wird damit dokumentiert, dass nach den weltlichen Staaten und Fürsten nun auch die Kurie und der Papst den Untergang der Reichskirche mit dem Heiligen Römischen Reich im Jahr 1806 rechtlich akzeptierten.

Artikel 10.[1123] *Seine Heiligkeit reserviert sich die Verleihung der Propststellen sowohl in den Metropolitan- als auch Kathedralkirchen, die in ihrer Art bestehen oder entsprechend einzurichten sind an Orten, die der weltlichen Herrschaft des Königs Bayerns unterstellt sind. Der Papst gewährt dem König und seinen Nachfolgern die Nomination sowohl zu den Dekanestellen als auch zu den Kanonikaten und Präbenden an diesen Kirchen in den päpstlichen Monaten für die zukünftigen Vakanzen. Was die übrigen sechs Monate betrifft, wird in dreien von ihnen der zuständige Erzbischof oder Bischof, in den übrigen das Kapitel dazu nominieren.*

Zu den Dignitäten und den Kanonikaten sind vor anderen die zu ernennen, die neben den vom heiligen Konzil von Trient geforderten Eigenschaften für ihre Arbeit in der Seelsorge mit Lob bedacht wurden oder sich beim Bischof in der Verwaltung der Diözese mit hilfreichem Tun hervorgetan haben.

Die Kanonikate des Theologen und Pönitentiars mit ihren Präbenden werden gemäß den Formvorschriften des heiligen Konzils von Trient immer vom

---

1123 Art. 10. Sanctitas sua, reservata sibi collatione praepositurae tam in metropolitanis quam in cathedralibus ecclesiis, quae modo existunt aut respective erigendae sunt in locis temporali dominio Bavariae regis subjectis, eidem regi et successoribus ejus concedet nominationem tam ad decanatum quam ad canonicatus et praebendas in iisdem ecclesiis in mensibus papalibus in posterum vacaturas. Quoad alios autem sex menses, in eorum tribus archiepiscopus aut episcopus respective, in reliquis autem tribus capitulum nominabit.

Ad dignitates autem et canonicatus ii prae caeteris nominentur, qui praeter qualitates a sacro concilio Tridentino praescriptas in sacris ministeriis cum laude versati sint aut episcopo in administranda dioecesi adjutricem operam praestiterint.

Theologalem vero et poenitentiariam praebendas canonicales ad formam sacri concilii Tridentini semper archiepiscopi aut episcopi conferent. Quod si praebendae praedictae vacaverint in mensibus, in quibus nominatio vigore apostolici indulti ad regem spectabit, majestas regia ad cannonicatum, qui primus post collationem praebendae theologalis aut poenitentiariae in mensibus sive ordinariis sive capitularibus vacaverit, nominabit.

Dignitarii, canonici et beneficiati omnes residentiales, uti a pluralitate beneficiorum et praebendarum juxta sacros canones prohibentur, ita ad residentiam secundum eorum canonum rigorem, salva sedis apostolicae auctoritate, adstringuntur.

Erzbischof oder Bischof übertragen. Wenn die vorgenannten Präbenden in Monaten vakant werden, in denen die Nomination kraft apostolischen Indults an den König fällt, wird die Königliche Majestät zu dem Kanonikat nominieren, das zuerst nach der Verleihung der Präbende des Theologen oder des Pönitentiars frei wird, sei es in den Monaten des Nominationsrechts der Ordinarien oder der Kapitel.

So wie den Dignitäten, Kanonikern und allen zur Residenz verpflichteten Benefiziaten der Besitz mehrerer Benefizien und Präbenden nach den heiligen Canones verboten ist, so sind sie gemäß Bestimmungen auch streng zur Residenz verpflichtet, unbeschadet der Autorität des apostolischen Stuhles.

Dieser Artikel handelt von der Besetzung der Stellen der Dignitäten der Kapitel und der Besetzung der Kanonikate, von der von ihnen geforderten Qualifikation, den Sonderfällen des Kapiteltheologen und des Pönitentiars sowie der Beschränkung auf ein Benefizium und der Residenzpflicht.

Die Ernennung der Pröpste der Kapitel reserviert sich der Papst. Die Dekane nominiert der König. Ebenso nominiert der König auf die Stellen der Kanoniker und der Domvikare in den päpstlichen Monaten. In den anderen sechs Monaten werden zu diesen Stellen in drei Monaten die (Erz-)Bischöfe und in den restlichen drei Monaten die Kapitel nominieren.

Wie beim Vorschlag für die Bestellung der Bischöfe wird auch bei diesem kurialen Vorschlag vom Wiener Konkordat für die Deutsche Nation abgewichen; darüber hinaus wurde auch abgewichen vom kirchlichen Konkordatsentwurf vom 8. August 1806, Artikel 11. Bei diesen beiden Dokumenten war nämlich die Verleihung der Dignitäten und (Pfründen von) Kanonikaten und Stellen der Domvikare in den päpstlichen Monaten dem Papst reserviert worden. Hier wird nun die Nomination der Dignität des (Dom-)Dekans, der Kanoniker und Domvikare, deren Stellen in den päpstlichen Monaten vakant werden, dem König zur Nomination konzediert. Allerdings: Was hier zugestanden wird, ist weniger als das, was die Kurie in ihrem Entwurf mit ultimativem Charakter vom 10. Juli 1807, Artikel 4 dem König zuzugestehen bereit war.

Neu eingebracht wird von Seiten der Kurie, was (selbst-)verständlich und nachvollziehbar ist, dass die Dignitäten, Kanoniker und Domvikare neben guter Ausbildung zur rechten/ richtigen Glaubenslehre und untadeligem Lebensstil möglichst auch über praktische Erfahrungen in Seelsorge und/oder Verwaltung verfügen und dafür ausgezeichnet worden sein sollten.[1124]

1124 Für die Bestimmungen des Konzils von Trient zu den Qualitäten der Geistlichen, die zu Dignitäten oder Kanonikaten befördert werden sollen, vgl. Conc. Trid., Sessio XXIV, de. reform., c. 12, in: COD, Bd. 3, 766–767.

Der nächste Abschnitt des Artikels handelt von der Ausnahme für den Kapiteltheologen und Pönitentiar, die immer vom Diözesanbischof zu nominieren sind, wobei, sollte im Turnus der Nomination der König an der Reihe sein, dieser jedenfalls den nächsten Kanoniker nominiert. Diese Ausnahmeregelung für den Theologen und Pönitentiar ist in ihrer besonderen Zuordnung zum Amt des Diözesanbischofs begründet: Der Theologe nimmt engen Anteil am Verkündigungsdienst und der Lehrautorität des Bischofs, der Pönitentiar hat Anteil am Leitungsdienst des Bischofs, insofern die sakramentale Lossprechung von Sünden und Beugestrafen Leitungsvollmacht vorausgesetzt wird.

Die den Artikel abschließenden Bestimmungen zur Residenzpflicht und zum Verbot mehrere Pfründen zu besitzen sind seit Beginn der Konkordatsverhandlungen sowohl von kirchlicher als auch staatlicher Seite akzeptiert und – wie schon dargelegt – in den Bestimmungen des Konzils von Trient begründet.

Artikel 11.[1125] *Die Erzbischöfe und Bischöfe übertragen sowohl pfarrliche als auch einfache Benefizien, die sie vor dem Jahr 1802 übertragen haben und die weder dem königlichen Patronatsrecht noch dem legitimen privaten (aus Gründung, Ausstattung oder Bau erworben) unterliegen.*

Allerdings zu den Benefizien welcher Art auch immer, die entweder dem königlichen oder auch dem privaten (dem kirchlichen oder dem laikalen oder

1125 Art. 11. Archiepiscopi et episcopi conferent beneficia tam parochialia quam simplicia, quae ipsi conferebant ante annum 1802, quaeque juri patronatus regio vel privato legitime, id est sive per fundationem, sive per dotationem, sive per constructionem acquisito, subjecta non sunt.

Quae vero beneficia tam parochialia quam simplicia hujusmodi juri patronatus tam regio quam privato, (sive illud ecclesiasticum, sive laicale, sive mixtum sit) subjecta sunt, ad ea praesentabunt eorum respective patroni, qui legitime hoc jure potiebantur ante annum 1802. Archiepiscopi vero et episcopi praesentatis, in quibus debita agnoscent requisita, canonicam dabunt institutionem.

Ad ea autem beneficia, quae antea pertinebant ad capitula collegiatarum ecclesiarum, ad abbatias et monasteria in praesens de facto non existentia quaeque non restituantur, si simplicia fuerint, sanctitas sua de speciali indulto concedet majestati regis Bavariae jus ad ea nominandi; si vero fuerint parochialia, archiepiscopi aut episcopi indicent concursum ad formam concilii Tridentini et tres personas idoneas in concursu approbatas regiae majestati proponent, ut ex iis unam archiepiscopo vel episcopo praesentet, cui archiepiscopus vel episcopus canonicam dabit institutionem.

Praesentatio autem et nominatio ad omnia ista beneficia intra tempus a canonibus praescriptum fient; secus ea beneficia libere ab archiepiscopo vel episcopo conferentur.

dem gemischten) Patronatsrecht unterliegen, präsentieren die betreffenden Patrone, die dieses Recht vor dem Jahr 1802 erlangten; die Erzbischöfe und Bischöfe werden aber den Präsentierten, sofern sie bei ihnen die nötigen Eigenschaften vorfinden, die kanonische Institution erteilen.

Doch die Verleihung der Benefizien, die früher den Kapiteln der Kollegiatkirchen, Abteien und Klöstern zukam, die zurzeit faktisch nicht existieren und nicht wiedererrichtet werden, wird, falls es einfache Benefizien sind, durch die Majestät, den bayerischen König, erfolgen; Seine Heiligkeit gewährt dazu dem König durch ein spezielles Indult das Recht zur Nomination. Falls es aber Pfarrbenefizien sind, werden die Erzbischöfe und Bischöfe ein Treffen gemäß der Formvorschrift des Trienter Konzils anberaumen und drei geeignete Personen, die sich bei diesem Treffen qualifiziert haben, der Königlichen Majestät vorschlagen, damit eine von ihnen dem Erzbischof oder Bischof präsentiert wird und welcher der Erzbischof oder Bischof die kanonische Institution geben wird.

Doch die Präsentation und Nomination zu all diesen Benefizien hat innerhalb des von den Canones vorgeschrieben Zeitraums zu geschehen; andernfalls werden diese Benefizien frei vom Erzbischof oder Bischof übertragen.

Dieser Artikel behandelt die Vergabe von (pfarrlichen und einfachen) Benefizien. Dazu präsentiert die Kurie eine klare Regelung, die auf der Einführung des Normaljahres 1802 beruht; ein Vorschlag der schon im kirchlichen Entwurf vom 8. August 1806, Artikel 16–20 eingeführt und im kirchlichen Entwurf vom 10. Juli 1807 weitergeführt wurde, hier aber die dem König günstigste Form erhält. Entscheidend ist hier die Neuerung, dass die Kurie zur kirchlichen Findung von drei Kandidaten, die dem König vorgeschlagen werden, damit dieser einen von ihnen zum Benefizium nominiere, ein Qualifizierungstreffen aller möglichen Kandidaten, den sogenannten Pfarrkonkurs vorschlägt. Das Qualifizierungstreffen, der Concurs, entspricht einer Bestimmung des Konzils von Trient.[1126] Die seit langer Zeit eingeführte und einzuhaltende Frist, innerhalb derer die Benefizien zu verleihen sind, um durch lange Vakanzen nicht die Seelsorge ungebührlich einzuschränken, beträgt nach Kirchenrecht sechs Monate.[1127]

Artikel 12.[1128] *In der Leitung der Diözesen sind die Erzbischöfe und Bischöfe befugt, alles dasjenige frei auszuüben, was ihnen Kraft ihres Hirtenamtes sowohl*

1126 Vgl. Conc. Trid., Sessio XXIV, de. reform., c. 18, in: COD, Bd. 3, 770–772; fortgeführt im CIC/1917 c. 459 § 4 für Pfarreien, deren Verleihung dem Bischof zusteht und c. 1462 für Pfarreien, die einem Patronat unterliegen.

1127 Vgl. 4. Laterankonzil (1215), c. 29 (= X.3.5.28), in: CorpIC. Bd. 2, 477–478.

1128 Art. 12. Pro regimine dioecesium archiepiscopis et episcopis id omne exercere liberum erit, quod in vim pastoralis eorum ministerii sive ex declaratione, sive ex

aus der Erklärung oder der Anordnung der heiligen Canones nach der gegenwärtigen und durch die vom Heiligen Stuhl bestätigten Kirchendisziplin zusteht, insbesondere:

a) Geistliche, welche sie dafür geeignet finden werden, zu Vikaren, Ratgebern und Helfern ihrer Verwaltung zu bestimmen;

b) diejenigen in den geistlichen Stand aufzunehmen und mit den kanonischen Titeln zu den höheren Weihen zu befördern, welche sie für ihre Diözese notwendig und nützlich erachten, wenn dieselben vorher die von den Bischöfen selbst oder ihren Vikaren unter Mitwirkung der Synodal-Examinatoren vorzunehmende Prüfung bestanden haben, dagegen diejenigen, welche sie unwürdig finden, vom Empfange der Weihen auszuschließen, ohne dass sie hierin unter irgendeinem Vorwand gehindert werden können;

---

dispositione sacrorum canonum secundum praesentem et a sancta sede adprobatam ecclesiae disciplinam competit, ac praesertim

a) vicarios, consiliarios et adjutores administrationis suae constituere ecclesiasticos quoscumque, quos ad praedicta officia idoneos judicaverint,

b) ad statum clericalem assumere et approbatis a sacris canonibus titulis ad ordines etiam majores, praevio examine ab ipsis episcopis vel eorum vicariis cum examinatoribus synodalibus instituendo, promovere, quos necessarios aut utiles suis dioecesibus judicaverint; et e contrario, quos indignos censuerint, a susceptione ordinum arcere, quin ab ullo quovis obtentu impediri queant,

c) causas, quae sive ratione sui, sive ratione personarum ecclesiasticae sunt, atque in primis causas matrimoniales, quae juxta canonem 12. sess. 24. concilii Tridentini ad judices ecclesiasticos spectant, in foro eorum cognoscere ac de iis sententiam ferre,

d) in clericos reprehensione dignos poenis, quas convenientes judicaverint, salvo recursu canonico, animadvertere hancque in finem habere domum, in qua immorigeri clerici emendentur poenitentiamque agant, poenis quoque canonicis animadvertere in quoscumque fideles ecclesiasticarum legum et sacrorum canonum transgressores,

e) cum clero et populo dioecesano pro munere officii pastoralis communicare suasque instructiones et ordinationes pastorales de rebus ecclesiasticis libere publicare; praeterea episcoporum, cleri et populi communicatio cum sancta sede in rebus spiritualibus et negotiis ecclesiasticas libera erit, nullo impedietur obstaculo,

f) collatis cum regia majestate, praesertim pro convenienti reddituum assignatione, consiliis parochias erigere, dividere vel unire,

g) praescribere vel indicare preces publicas aliaque pia opera, cum id bonum ecclesiae vel status aut populi postulet, et invigilare, ut in ecclesiasticis funcitonibus, praesertim autem in missa et in administratione sacramentorum, ecclesiae formulae usurpentur et latina lingua semper adhibeatur.

c) *Fälle, die entweder aufgrund ihrer Natur oder aufgrund der betroffenen Personen kirchliche sind und insbesondere Ehesachen, welche nach dem Canon 12 Sess. 24 des Konzils von Trient einen geistlichen Richter erfordern, vor ihrem Gericht zu verhandeln und durch Urteil zu entscheiden;*
d) *gegen Geistliche, welche eine Ahndung verdienen, unbeschadet des kanonischen Rekurses, eine solche anzuordnen und für dieses Ziel ein Haus zu nutzen, in dem sich Kleriker aufhalten, damit sie gebessert würden und Buße tun; und auch kanonische Strafen zu verhängen über Gläubige, wegen Übertretungen der kirchlichen Gesetze und der heiligen Canones;*
e) *in der Ausübung des geistlichen Hirtendienstes mit dem Klerus und dem Volk der Diözese zu kommunizieren und ihre Instruktionen und pastoralen Anordnungen zu kirchlichen Angelegenheiten frei zu publizieren; außerdem wird die Kommunication der Bischöfe, des Klerus und des Volkes mit dem Heiligen Stuhl in geistlichen Dingen und kirchlichen Angelegenheiten frei sein und ihr überhaupt kein Hindernis entgegengesetzt werden;*
f) *im Einverständnis mit der Königlichen Majestät, insbesondere zur Anweisung angemessener Bezüge, Pfarreien zu errichten, zu teilen und zu vereinigen;*
g) *öffentliche Gebete und andere fromme Übungen vorzuschreiben und anzusagen, wenn dieses das Wohl der Kirche, des Staates, oder des Volkes verlangt und darauf zu achten, dass bei den kirchlichen Verrichtungen, besonders aber in der Messe und der Ausspendung der Sakramente die kirchlichen Formeln benutzt und stets die lateinische Sprache verwandt wird.*

Seit dem Konkordatsentwurf des Nuntius vom 20. September 1806, Artikel 6[1129] gibt es in den Entwürfen einen Artikel, der verschiedene Rechte der Diözesanbischöfe beinhaltet. Zur Fassung dieses Artikels im Vergleich zum kurialen Entwurf mit ultimativem Charakter vom 10. Juli 1807 ist hier zu bemerken: Der Einleitungssatz wurde zunehmend durch Präzisierungen erweitert. Hier wurde, wohl um jedenfalls die Auslegungskompetenz dem Heiligen Stuhl zu sichern, neu der Rückgriff auf „*gegenwärtige und vom Heiligen Stuhl bestätigte Kirchendisziplin*“ eingefügt.

Zu a.): Hier ist die überflüssige Bemerkung neu eingefügt, dass geeignete Geistliche für Sonderaufgaben gewählt werden sollen – welche denn sonst?

Zu b.): Die Bischöfe können rechtmäßig Männer in den geistlichen Dienst aufnehmen und ihnen die höheren Weihen erteilen, wenn sie, das ist neu eingefügt, vorher die Synodalprüfung bestanden haben. Damit ist

1129 Sicherer, Urkunde Nr. 11, 33–37.

das Weiherecht der Diözesanbischöfe von kurialer Seite mit dem vorherigen Nachweis der Qualifikation verknüpft und eingeschränkt. Für einen staatskirchenrechtlichen (!) Vertrag erscheint diese binnenkirchliche Bestimmung[1130] jedoch deplatziert; freilich ist sie gerechtfertigt, wenn damit ein Entgegenkommen gegenüber der staatlichen Forderung nach gut ausgebildeten Seelsorgern signalisiert werden sollte.

Zu d.): Ergänzt ist hier neu, dass für die Korrektion der Kleriker ein eigenes Haus genutzt werden kann und neu ist auch die Forderung, dass es das Recht des Bischofs sei, über Gläubige (Laien) Strafen zu verhängen; die Einfügung ist aus kirchenrechtlich-systematischer Sicht richtig; inwiefern sie für ein Konkordat opportun ist, da sie gegenüber dem Staat im Sinne der societas perfecta Lehre ein eigenes Strafrecht über alle Kirchenglieder reklamiert, steht auf einem anderen Blatt.

Zu e.): Eingefügt ist hier neu das Recht des Bischofs, eigene Instruktionen und pastorale Anordnungen zu kirchlichen Angelegenheiten für den Klerus und das Volk seines Bistums zu publizieren. Damit wird das Recht zur Kommunikation in einer Weise konkretisiert und präzisiert, die sich klar gegen jede vorgängige staatliche Genehmigung kirchlicher Publikationen, das sogenannte Placet, wendet. Dabei waren von Montgelas 1803 die Regelungen zum Placet in Bayern ausgeweitet worden.

Zu f.): Hier wird neu angegeben, warum sich die Bischöfe bei der Errichtung von Pfarreien, mit dem König ins Benehmen setzen sollen, nämlich zur Anweisung angemessener Bezüge. Neu ist hier, dass sich der Bischof auch bei der Vereinigung von Pfarreien mit dem König bzw. der königlichen Regierung abstimmen soll; allerdings passt dann das Argument der Bezüge nicht.

Zu g.): Unter diesem Abschnitt wurde bislang das Recht des Bischofs aufgeführt, Emeritenhäuser für alte Priester zu erhalten oder zu errichten. Diese Bestimmung ist in diesem Konkordatsentwurf in Artikel 6 separat behandelt.

Eine neue Regelungsmaterie ist das hier aufgeführte Recht, für das Wohl von Kirche, Staat und Volk öffentliche Gebete und fromme Übungen vorzuschreiben. Mit

1130 Das Synodalexamen wurde durch das Konzil von Trient festgeschrieben: „*Episopus autem, […] ordinandorum genus, personam, aetatem, institutionem, mores, doctrinam et fidem diligenter investiget et examinet.*“, in: Conc. Trid., Sessio XXIII, de. reform., c. 7, in: COD, Bd. 3, 747. Siehe dazu ebenso: c. 14, ebd. 749.

diesem Recht wird zugleich eine bischöfliche Pflichtaufgabe konstituiert, nämlich zu wachen, dass bei kirchlichen Amtshandlungen und der Feier der Sakramente die amtlichen Spendeformeln und die lateinische Sprache angewandt werden. Hier ist wohl anzunehmen, dass es der Kurie weniger um das Recht der Anordnung öffentlicher Gebete, denn um die Verankerung der amtlichen Liturgie und Sprache ging.[1131]

Artikel 13.[1132] *Die Herausgabe und Einführung der Bücher unterliegen der Zensur der Ordinarien hinsichtlich der Themen, die den Glauben oder die Sitten oder die kirchliche Disziplin betreffen und sie werden nicht gedruckt oder eingeführt, bis zu ihrer Empfehlung.*

Hier wird unverhohlen die Bücherzensur gefordert, die 1803 in Bayern durch Montgelas abgeschafft wurde. Die Thematik ist in kurialen Konkordatsentwürfen nicht neu, wurde aber im kirchlichen Entwurf vom 8. August 1806, Artikel 26 nur in einem größeren Kontext und in einem Satz erwähnt. Mit dem anachronistischen Verlangen der vorgängigen Bücherzensur durch kirchliche (!) Institutionen, erwachsen aus der Sorge vor antikirchlichen und libertinären Positionen bzw. Publikationen, stellt sich die Kirche in einem ganz ungünstigen, antiaufklärerischen Licht dar; so als ob es kirchlichen Verantwortungsträgern entgangen wäre, dass sich die öffentliche Meinung nicht (mehr) durch Zensur steuern lässt.

Artikel 14.[1133] *Seine Majestät wird strikt verbieten, dass die katholische Religion sowie ihre Riten und ihre Liturgie weder durch Worte, Taten oder Schriften*

1131 Die Regelung hier kann als Reaktion auf die Forderung aus einem frühen Konkordatsentwurf (vom 31. Mai 1803, Art. 14) verstanden werden: „*Der Kurfürst hofft, dass seine Heiligkeit bereit ist, dem Plan zuzustimmen, der ihm von den Bischöfen seiner Staaten vorgeschlagen wird, und der eine neue Liturgie betrifft, die in allen Punkten mit der Liturgie der römischen Kirche übereinstimmt.*" Zu damaligen Tendenzen siehe die oben beim betreffenden Entwurf gemachte Erläuterung. Allerdings könnte der erste Teil des Rechts auch auf die im Jahr 1816 herrschende Hungersnot zurückgehen und eine Kompetenzübertragung von der Kurie an die Ortsbischöfe reflektieren.

1132 Art. 13. Libri typis mandandi vel introducendi ordinarii etiam censurae subjucientur circa res ad fidem vel ad mores vel ad ecclesiasticam disciplinam pertinentes nec, nisi eo suffragante, imprimantur aut introducantur.

1133 Art. 14. Majestas sua districte prohibebit, ne catholica religio ejusque ritus vel liturgia sive verbis, sive factis, sive scriptis contemnatur aut ecclesiarum antistites vel ministri in exercendo munero suo, pro custodienda praesertim fidei ac morum doctrina et disciplina ecclesiae, quocumque modo impediantur.

verunglimpft werden oder die Vorsteher und Diener der Kirchen in der Ausübung ihres Dienstes besonders zum Schutz der Lehre des Glaubens und der Sitten und der kirchlichen Disziplin in irgendeiner Weise gehindert werden.

Da Seine Majestät außerdem wünschen, dass den Dienern der Religion die ihnen nach göttlichen Geboten schuldige Ehrerbietung bezeugt werde, wird Seine Majestät nicht dulden, dass irgendetwas geschehe, was zu deren Verächtlichmachung führen könnte, noch erlauben, dass Kleriker von Laien vor die Richter zitiert und mit geringem Volk vermengt werden.

Der erste Teil des Artikels stimmt mit dem kurialen Entwurf vom 10. Juli 1807, Artikel 10 überein. Allerdings ist hier der Stil verschärft worden: 1807 hieß es, dass die Majestät es nicht ertragen/nicht zulassen wird, dass die Religion verunglimpft wird; hier heißt es nun, dass die Majestät es streng verbieten wird. Die große Neuerung des Artikels besteht jedoch im zweiten Abschnitt. Hier wird für die Diener der Religion, gemeint sind wohl Ordensleute und alle Kleriker, eine ehrerbietige und damit standesbetonende Sonderbehandlung aufgrund göttlicher Gebote gefordert. Dabei wird nicht näher angegeben, welche göttlichen (!) Gebote[1134] hier gemeint sind, abgesehen davon, dass ein Rekurs auf göttliches Gebot nur ein schwaches Argument im Kontext eines Konkordats ist. Außerdem wird mit demselben Motiv der Abgrenzung des klerikalen Standes eine Sonderbehandlung vor dem Gesetz und vor den anderen Bürgern, den Angehörigen des geringen Volkes, verlangt. Letztlich wird die Wiedereinführung des privilegium fori der Kleriker gefordert, das in Bayern durch die Gesetzgebung Montgelas' im Jahr 1803/1804 abgeschafft wurde. Es entbehrt nicht einer gewissen Impertinenz, diese kurialen Regelungswünsche dem Wortlaut nach als Wunsch des Königs auszugeben.

Desiderans praeterea, ut debitus juxta divina mandata sacris ministris honor servetur, non patietur quidquam fieri, quod eos in contemptum adducere possit, neque permittent, ut clerici a laicis judicibus evocentur et cum infima plebe confundantur.

1134 Im Hintergrund steht hier die Lehre des Konzils von Trient über den Ordo. Vgl. Sessio XXIII, Vera et catholica doctrina de sacramento ordinis ad condemnandos errores nostri temporis, in: COD 742–744. Eine Konkretisierung bietet die Bestimmung, dass das privilegium fori erst für Kleriker ab einem Alter von 14 Jahren gilt, vgl. Conc. Trid., Sessio XXIII, de. reform., c. 6, in: COD 747. Im CIC/1917 c. 119 findet sich die Bestimmung: „*Omnes fideles debent clericis, pro diversis eorum gradibus et muneribus, reverentiam seque sacrilegii delicto commaculant, si quando clericis realem iniuriam intulerint.*"

Artikel 15.[1135] *Die Erzbischöfe und Bischöfe werden vor der Königlichen Majestät einen Treueeid mit folgendem Wortlaut ablegen: „Ich schwöre und verspreche auf Gottes heilige Evangelien Gehorsam und Treue Seiner Majestät dem König. Ebenso verspreche ich, keine Kommunikation zu pflegen, an keiner Beratung teilzunehmen, und keine verdächtige Verbindung weder im In- noch im Ausland zu unterhalten, welche der öffentlichen Ruhe schädlich sein könnte, und wenn ich Kenntnis von einem Anschlag, sei es in meiner Diözese oder sonst irgendwo, zum Nachteil des Staates erhalten sollte, solches Seiner Majestät anzuzeigen."*

Die Eidesleistung ist in dieser Form seit dem Entwurf des Nuntius (8. August 1806, Artikel 28) unverändert. Auffällig ist nur, dass 1806 noch die Priester zur Eidesleistung verpflichtet wurden, hier aber nicht.

Artikel 16.[1136] *Das Übrige, was kirchliche Angelegenheiten und Personen betrifft und in diesen Artikeln nicht ausdrücklich erwähnt wird, bleibt alles bestehen und wird gemäß geltender und anerkannter kirchlicher Disziplin behandelt werden.*

Sollte aber in Zukunft ein Anstand aufkommen, so behalten sich Seine Heiligkeit und Seine Königliche Majestät vor, sich darüber zu verständigen und die Sache auf freundschaftliche Weise beizulegen.

Die Fassung des Artikels stimmt inhaltlich mit dem kurialen Entwurf vom 10. Juli 1807, Artikel 11 überein. Enthalten ist im Artikel die dreifache Sicherungsklausel vom Fortbestand kirchlicher Einrichtungen und Sachverhalte, der dafür geltenden kirchlichen Rechtsordnung und dem Verständigungsgebot bei Problemen. Zur Präzisierung und um keinesfalls etwas zu vergessen, werden zu den kirchlichen Angelegenheiten hier auch die Personen genannt sowie wird die geltende kirchliche Disziplin zur geltenden und anerkannten kirchlichen Disziplin erweitert; Probleme sollen nicht nur gelöst, sondern freundschaftlich beigelegt werden.

1135 Art. 15. Archiepiscopi et episcopi coram regia majestate juramentum fidelitatis emittent, sequentibus verbis expressum:

„Ego juro et promitto ad sancta dei evangelia obedientiam et fidelitatem regiae majestati; item promitto, me nullam communicationem habiturum, nulliique consilio interfuturum, nullamque suspectam unionem neque intra neque extra conservaturum, quae tranquillitati publicae noceat; et si tam in dioecesi mea quam alibi noberim aliquid in status damnum tractari, majestati suae manifestabo."

1136 Art. 16. Caetera, quae ad res et personas ecclesiasticas spectant, quorum nulla in his articulis expressa facta est mentio, manebunt omnia et administrabuntur juxta vigentem et approbatam ecclesiae disciplinam; si qua vero in posterum supervenerit difficultas, sanctitas sua et regia majestas secum conferre et rem amice componere sibi reservant.

Artikel 17.[1137] *Die gegenwärtige Übereinkunft wird alle von der Bayerischen Regierung bis jetzt in Religionssachen und der Kirchendisziplin erlassenen Gesetze, Verordnungen und Verfügungen ersetzen, die gleichsam sofort als aufgehoben angesehen werden.*

Der hier formulierte kurze Artikel war nahezu wortgleich ein Teil des Artikels 13 vom Entwurf vom 10. Juli 1807. Der schwerwiegende Inhalt verlangt, dass das gesamte geschichtlich gewachsene und in den Jahren seit 1799 forciert ausgebaute bayerische Staatskirchenrecht *(„bis jetzt!“)* aufgehoben bzw. als gegenstandslos erklärt wird. Damit ist impliziert, dass das abzuschließende Konkordat zukünftig die alleinige Grundlage zur Regelung des Staat-Kirche-Verhältnisses sein soll.

Artikel 18.[1138] *Beide vertragsschließenden Teile versprechen für sich und ihre Nachfolger die genaue Beobachtung all dessen, worüber man in diesen Artikeln gegenseitig übereingekommen ist, und Seine Königliche Majestät werden gegenwärtige Übereinkunft als Staats-Gesetz erklären. Ferner verspricht die Königliche Majestät für sich und ihre Nachfolger, nie aus irgendeinem Grunde den Artikeln dieser Übereinkunft etwas anzufügen, oder daran etwas abzuändern, oder dieselben auszulegen ohne des Apostolischen Stuhls Autorität und Mitwirkung.*

Auch dieser Artikel war in sehr ähnlichen Formulierungen bereits ein Teil des Artikels 13 vom Entwurf vom 10. Juli 1807. Er nimmt mehrere Schutzbestimmungen aus Vorgängerentwürfen auf, nämlich: a.) die Selbstverpflichtung der Parteien zur Vertragstreue – eine durchaus übliche Klausel; b.) die Erklärung der Konvention/des Konkordats als Staatsgesetz – eine nachvollziehbare Absicherung für die kirchliche Seite; c.) ein Veränderungs- und sogar das ist neu, ein Interpretationsverbot des Konkordats durch die staatliche Seite ohne Mitwirkung des Apostolischen Stuhls – eine nach den Erfahrungen der Kurie mit den einseitig von Napoleon erlassenen Organischen Artikel im Gefolge des Abschlusses des Französischen Konkordats 1801 verständliche Schutzklausel

---

1137 Art. 17. Praesens conventio substituitur omnibus legibus, ordinationibus et decretis a gubernio Bavarico circa res religionis et circa ecclesiasticam disciplinam hucusque latis, quae veluti abrogata illico habebuntur.

1138 Art. 18. Utraque contrahentium pars spondet se successoresque suos omnia, de quibus in his articulis utrinque conventum est, sancte servaturos, et a majestate regia praesens conventio lex status declarabitur.

Praeterea eadem majestas regia spondet, nihil umquam se successoresque suos quavis de causa articulis hujus conventionis additfuros neque in iis quidquam immutaturos vel eosdem declaraturos esse absque sedis apostolicae auctoritate et cooperatione.

im kirchlichen Interesse, die dadurch problematisch wird, da die Verbote gemäß dem Wortlaut nicht auch für die kirchliche Seite gelten sollen.

Artikel 19.[1139] *Die Übergabe der Ratifikationsurkunden dieser Übereinkunft soll innerhalb von 40 Tagen vom Datum der Unterzeichnung an erfolgen oder früher, wenn es geschehen kann.*

Hier wird ein neuer Inhalt in die Ausarbeitung eines Konkordats eingebracht, eine Frist, in der der ausgearbeitete Text von beiden Vertragsparteien ratifiziert werden und damit Verbindlichkeit erlangen soll. Das Ziel ist klar: Das Konkordat soll möglichst schnell umgesetzt werden, damit nicht etwa neue Diskussionen die Ratifizierung verhindern und die unsäglich zerrütteten pastoralen und kirchlichen Verhältnisse – auch zum Wohl des Staates – beendet sein würden.

Der vorliegende Konkordatsentwurf übernimmt viele Inhalte und Formulierungen aus Vorgängerentwürfen, sei es des Nuntius oder der Kurie. Insbesondere sind zu nennen der Entwurf des zu Konkordatsverhandlungen bevollmächtigten Nuntius della Genga vom 8. August 1806 und der kuriale Entwurf vom 10. Juli 1807, der als Entwurf mit ultimativem Charakter der zweiten Etappe der Konkordatsverhandlungen 1806/1807 gelten darf. Obwohl also auf Vorgängerentwürfe zurückgegriffen wurde, finden sich doch bemerkenswerte Veränderungen bzw. Neuerungen bei den behandelten Themen.

- Invocatio Trinitatis, Präambel mit Parteinennung und Absicht;
- Statussicherung der katholischen Kirche im Staat, kirchlich-systemimmanente Argumentation, ganz im Sinne mittelalterlicher päpstlich-ekklesiologischer Geltungsansprüche;
- Struktur der Kirche in Bayern; neu: nicht eine, sondern zwei Kirchenprovinzen und zwei Metropolitanerzbischöfe in München und Bamberg; kein Fortbestand exempter Bistümer und Bischöfe; die Schaffung eines neuen Bistums aus der ehemaligen Fürstabtei Kempten;
- Struktur der Kapitel, Dotation, Einkünfte und Wohnung der Kanoniker und Vikare; neu: Übergangsregelung zur Besetzung der Kapitel; Nennung von einigen Funktionsstellen, darunter die Stellen von Auxiliarbischöfen;
- Festlegung der Einkünfte der Erzbischöfe und Bischöfe, der Dignitäten, Kapitulare, Domvikare; die Einkünfte sollen aus Dotationsgütern fließen, die auf Immobilien zu gründen sind und der freien Verwaltung der Bischöfe bzw. Kapitel unterliegen; Wohnungen für die Bischöfe und Kapitelsmitglieder

1139 Art. 19. Ratificationum hujus conventionis traditio fiet intra quadraginta dies ab ejusdem data aut citius, si fieri poterit.

je nach Würde und Stand; Bestellung von Kommissaren zum Vollzug des Dotationsgeschäfts innerhalb von drei Monaten nach Ratifikation des Konkordats; Ausfertigung von Dotationsurkunden durch den König; Sicherung der Güter der bischöflichen Kirchen und Fabriken und gegebenenfalls Ergänzung der Güter durch den König entsprechend den Bedürfnissen;
neu: die Einkünfte sind gestaffelt je nach dem in welcher Diözese die Geistlichen ihren Dienst verrichten; neu: der König soll Gebäude für Kurie, Offizialat und Archiv zur Verfügung stellen; an den Domkirchen existierende Benefizien sollen bestehen bleiben; Sonderregelungen für die Diözese Speyer und Kempten;

- Seminare zur Priesterausbildung sind mit Dotation zu erhalten bzw. zu errichten und zu dotieren; Grundlage sind die Beschlüsse des Konzils von Trient; in Lehre, Ordnung, Leitung, Berufung und Entlassung des Lehrpersonals ist der Bischof frei; neu: die Lehrpersonen an Seminaren und Schulen sollen jährlich ein antireformatorisches Glaubensbekenntnis ablegen;
- Errichtung und Erhaltung von Emeritenhäusern, neu: dafür soll der König und nicht mehr die Bischöfe erstverantwortlich sein;
- Neu: (Wieder-)Errichtung und Dotation von Ordensklöstern zur Bildung der Jugend durch den König; Sicherung der noch bestehenden Kommunitäten;
- Sicherungsbestimmungen für alle möglichen kirchlichen Einrichtungen und Verbot der Umnutzung ohne Mitwirkung des Apostolischen Stuhls; Recht, neue Güter zu erwerben, die den überkommen Gütern im Recht und in der Absicherung gleichgestellt werden;
- Regelung zur Bischofserhebung mit Übergangsregeln; neu: Vorschlag eines Kompromisses, wonach der König aus einem innerkirchlichem Vierer-Vorschlag auswählt und nominiert;
- Regelung zur Verleihung der Dignitäten, Kanoniker und Vikare an den Domkirchen, Übergangsregelungen, Residenzpflicht und Verbot der Kumulation mehrerer Benefizien; neu: Nomination der Dompröpste durch den Papst, Nominationsrecht für den König zu allen Stellen der Domdekane, Kanoniker und Präbendaren an den Kathedralkirchen in den päpstlichen Monaten; Sonderregelung bei der Bestellung des Kapitelstheologen und Pönitentiars; geforderte Qualifikation der Kapitelsmitglieder;
- Benefizienvergabe und Fristen; neuer Regelungsvorschlag mit einem Normaljahr und Einführung eines Qualifizierungstreffens (Pfarrkonkurs): Bischöfe verleihen alle Benefizien, die vor 1802 von Bischöfen verliehen wurden; den von Patronatsherren (auch vom König) präsentierten Geistlichen erteilen die Bischöfe die Institution; der König verleiht die niedrigen Benefizien der untergegangenen kirchlichen Institutionen; Pfarrbenefizien solcher Art

werden verliehen, indem der König aus den Kandidaten eines Pfarrkonkurses einen nominiert.
- Rechte des Bischofs zur Diözesanleitung:
  - o freie Berufung der Mitarbeiter;
  - o freies Ordinationsrecht derer, die das neu eingeführte Synodalexamen abgelegt haben;
  - o kirchliche Gerichtsbarkeit für geistliche Sachen oder Personen, die unmittelbar mit geistlichen Gütern verbunden sind; insbesondere Ehesachen mit Verweis auf das Konzil von Trient;
  - o Straf- und Disziplinarrecht gegenüber Klerikern; neu: kanonisches Strafrecht gegenüber allen Gläubigen;
  - o freie Kommunikation mit den Gläubigen und der Kurie sowie untereinander in geistlichen und kirchlichen Angelegenheiten; neu: freie Publikation kirchlicher Instruktionen und Anordnungen;
  - o Pfarreien errichten oder teilen im Einverständnis mit dem König; neu: auch Pfarreien zu vereinigen;
  - o Neu: Recht der Bischöfe, öffentliche Gebete und fromme Übungen vorzuschreiben; Aufsichtspflicht, dass die liturgischen Formen und lateinische Sprache in den Gottesdiensten verwendet werden;
- Neu: Einführung einer Vorzensur für Druckerzeugnisse durch die Ordinarien;
- Schutz von Religion, Liturgie und Dienern der Kirche vor Verächtlichmachung in Wort, Tat, Schrift, und Schutz der Amtsträger in der Ausübung ihres Dienstes; neu: Forderung nach Standesprivilegien für Kleriker;
- Treueid gegenüber dem Staat/König;
- Bestandsicherung aller kirchlicher Angelegenheiten unter der Geltung kirchlichen Gesetzes und Verständigungsgebot bei Auslegungsproblemen des Konkordats;
- das Konkordat hebt alle bisherigen staatskirchlichen Gesetze in Bayern auf;
- Treue Beobachtung des Konkordats durch die Parteien; das Konkordat wird als Staatsgesetz erklärt; Versprechen nur der staatlichen Partei, das Konkordat nicht zu verändern;
- Neu: Ratifikationsfrist und damit Inkraftsetzung innerhalb von 40 Tagen nach Unterzeichnung durch die Bevollmächtigten;

Kurz und in summa:

Der Entwurf ist sachgerecht themenkonzentriert, wozu die Materie in 19 Artikeln geordnet wird. Die Vorstellungen zur Benefizien- und Ämtervergabe sind neu und überraschend klar geregelt.

Bemerkenswert ist, wie sehr die kirchliche Position in Begründungen und Verweisen profiliert und mit Referenz auf innerkirchliche Daten (Konzil von Trient, göttliche Weisungen, heilige Canones) manchmal auch kleinlich untermauert wird. Das damit gegebene Kommunikations- und (wichtiger) das Vermittlungsproblem gegenüber einer aufklärerisch-kirchenkritisch geprägten Staatsbürokratie und nicht-katholischen bayerischen Bürgern ist offensichtlich nicht realisiert oder billigend in Kauf genommen worden. Einige Bestimmungen fallen als besonders kirchlich akzentuiert auf: Die Bestimmungen zum Status der katholischen Kirche in Bayern mit Bezug auf die Zeit der frommen Herzöge (Artikel 1). Die ängstlich-misstrauisch anmutenden (Ab-)Sicherungsklauseln zugunsten der Kirche, ihrer Güter, Institutionen und Rechtsanwendung (Artikel 4, 5, 8, 14); das Verlangen einer Abrogation aller bisherigen staatskirchlichen Gesetzgebung im Königreich Bayern (Artikel 17); die Bestimmungen zur Treueverpflichtung, dem Verständigungsgebot und Veränderungsverbot im Hinblick auf das Konkordat (Artikel 16, 18). Einige Bestimmungen verdienen das Prädikat anachronistisch, etwa: der erstrebte Status der katholischen Kirche im Königreich (Artikel 1); der antireformatorische Eid für alle Lehrer an Seminaren und Schulen (Artikel 5); das Verlangen nach einer kirchlichen Vorzensur der Druckschriften (Artikel 13); die Standesprivilegien für die Kleriker (Artikel 14). Dem Staat/dem König werden im realistischen Rahmen Kosten und Aufgaben zugewiesen sowie Mitwirkungsrechte eingeräumt. Jedoch wird die (jahrhundertealte) staatliche Zielvorstellung einer Landeskirche bzw. einer bayerischen Kirchenprovinz durchkreuzt. Denn es soll zwei Kirchenprovinzen und zwei Metropolitanerzbischöfe geben.

Insgesamt ist der Eindruck zu gewinnen, dass sich die Kurie mit diesem Entwurf entweder nicht souverän, sondern gegenüber dem Staat übervorsichtig positioniert hat oder ganz auf die Menge überkommener Ansprüche, auf Glanz und Gloria sowie den Nimbus des Sakralen gesetzt hat. Für das Letztere spricht, dass die Kurie in Form und Stil dieses Entwurfs auf den Regierungsentwurf Hollers vom 6. Dezember 1814 reagiert hat, um sich als eine dem Staat ebenbürtige Institution zu positionieren – eine societas perfecta, die dem Staat auf Augenhöhe begegnet. Wie auch immer: Dieser Entwurf konnte nicht das letzte Wort sein.

1817-06-05, Konkordat, die Fassung der bevollmächtigten Unterhändler

Die Kurie hatte mit ihrem Entwurf vom Oktober 1816 ihre Zielvorstellung fixiert, von der sie nicht bereit war, sich abbringen zu lassen. Deshalb zeitigten auch die Verhandlungen Häffelins, die er aus eigenen Stücken und/oder aufgrund der zwei Instruktionen seiner bayerischen Regierung führte, keine wesentlichen Änderungen mehr. Abwandlungen in der Höhe der Besoldung der Mitglieder der Kapitel der Dom- und Metropolitankirchen sowie einige Änderungen am Modus der Verleihung der Benefizien und am Stellenbesetzungsrecht sind, obwohl sie zu zwei weiteren Entwürfen (7. Dezember 1816 und 23. April 1817) geführt haben, als marginal einzuschätzen. Nach weiteren Verhandlungen im Mai 1817, die einige Veränderungen im Vergleich zum kurialen Entwurf vom 15. Oktober 1816 bewirkten, unterzeichneten der bayerische Gesandte Kasimir von Häffelin und der Kardinalsstaatssekretär Seiner Heiligkeit, Ercole Consalvi, am 5. Juni 1817 den Text des ausgehandelten Konkordats[1140]. Dieses umfasst ein Proömium sowie 19 Artikel und ist sowohl in Latein als auch in Deutsch abgefasst worden. In der folgenden Betrachtung des Konkordatstextes wird der römische-kuriale Konkordatsentwurf vom 15 Oktober 1816 als Referenztext herangezogen, um aufzuzeigen, wo der Text verändert bzw. weiterentwickelt wurde.

Titel, Invocatio Trinitatis, Präambel:[1141] *Übereinkunft zwischen Seiner Heiligkeit Papst Pius VII. und Seiner Majestät, Maximilian Joseph, König von Bayern. Im Namen der Allerheiligsten Dreieinigkeit. Seine Heiligkeit Papst Pius VII. und Seine Majestät Maximilian Joseph, König von Bayern, von gleichem Verlangen beseelt, die Verhältnisse der Kirche im Königreich Bayern und den dazu gehörigen Ländern bestimmt und bleibend zu ordnen, sind deshalb über die folgenden Artikel übereingekommen.*

Der Text ist gegenüber dem Vergleichstext unverändert und entspricht wortwörtlich sogar dem kurialen Konkordatsentwurf vom 10. Juli 1807. Es werden die Repräsentanten der vertragsschließenden Teile und die Motivation für den Abschluss des Konkordats genannt, nämlich: das Verlangen, für die katholische Kirche in Bayern feste und dauerhafte Verhältnisse zu schaffen.

1140 Text zitiert nach: Sicherer, Urkunde Nr. 18, 63–71, unter Berücksichtigung der Anmerkungen 2–29; Textquelle: K. Staatsministerium des K. Hauses und des Aeusseren, ebd. 63.

1141 Conventio inter sanctissimum dominum Pium VII. summum pontificem et majestatem suam Maximilianum Josephum Bavariae regem.

In nomine sanctissimae trinitatis. Sancititas sua summus pontifex Pius VII. et majestas sua Maximilianus Josephus Bavariae rex, debita sollicitudine cupientes, ut in iis, quae ad res ecclesiasticas pertinent, certus stabilisque in Bavariae regno terrisque ei subjectis constituatur ordo, in sequentes articulos convenerunt:

Artikel 1:[1142] *Die Römisch-katholische-apostolische Religion wird in dem ganzen Umfange des Königreichs Bayern und in den dazu gehörigen Ländern unversehrt mit jenen Rechten und Prärogativen erhalten werden, welche sie nach göttlicher Anordnung und den kanonischen Satzungen zu genießen hat.*

In diesem Artikel wird vom Status der katholischen Kirche im Königreich Bayern gehandelt. Gegenüber dem Vergleichstext ist nur der letzte Halbsatz, der auf die gläubigen /frommen katholischen bayerischen Herzöge rekurrierte, entfallen. Der Rechtsstatus der katholischen Kirche wird mit kirchlich-systemimmanenten Argumenten begründet. In einem konfessionell/religiös-pluralen Gemeinwesen ist mit einem solchen Text von vornherein Konfliktstoff aufgenommen.

Artikel 2:[1143] *Seine Heiligkeit wird mit Beobachtung der erforderlichen Rücksichten die Diözesen des Königreiches Bayern in folgender Art einrichten:*

Der bischöfliche Sitz von Freising wird nach München verlegt und zum Metropolitansitz erhoben, der als Sprengel das bisherige Territorium der Freisinger

---

1142 Art. 1. Religio catholica, apostolica, Romana in toto Bavariae regno terrisque ei subjectis sarta tecta conservabitur cum iis juribus et praerogativis, quibus frui debet ex dei ordinatione et canonicis sanctionibus.

1143 Art. 2. Sanctitas sua, servatis servandis, Bavariae regni dioeceses sequenti ratione constituet:

Sedem Frisingae Monachium transferet eamque eriget in metropolitanam, quae pro dioecesi sua habebit territorium actuale Frisingensis dioecesis; ejus tamen ecclesiae antistites ejusque successores archiepiscopi Monachii et Frisingae nuncupandi erunt.

Eidem antistiti episcopales ecclesias Augustanam, Ratisbonensem, praevia metropoliticae qualitatis suppressione, et Passaviensis in suffraganeas assignabit.

Bambergensem cathedralem ecclesiam in metropolitanam eriget illique suffraganeas assignabit ecclesias epicopales Herbipolensem, Eichstettensem et Spirensem.

Territorium Aschaffenburgense, olim ad Moguntinam nunc ad Ratisbonensem dioecesim pertinens, et partem Bavaricam Fuldensis dioecesis Herbipolensi dioecesi adjunget.

Partem autem Bavaricam Constantiensis cum exempto territorio Campidunensi Augustanae dioecesi uniet.

Simili modo partem Bavaricam dioecesis Salisburgensis et territorium exemptae praepositurae Berchtolgadensis partim Passaviensi, partim Monacensi dioecesi uniet, cui quidem dioecesi, praevia suppressione sedis Chiemensis, hujus quoque ecclesiae dioecesim assignabit.

Novi singularum dioecesium fines, in quantum necesse erit, designabuntur.

Diözese umfassen wird. Der Vorsteher dieser Kirche und dessen Nachfolger werden den Titel eines Erzbischofs von München und Freising führen.

Diesem Vorsteher werden die bischöflichen Kirchen von Augsburg, Regensburg, dessen metropolitane Stellung zuvor aufgehoben wird, und Passau als Suffragankirchen unterstellt.

Die Bamberger Kathedralkirche wird zur Metropolitankirche erhoben und derselben werden die bischöflichen Kirchen von Würzburg, Eichstädt und Speyer als Suffragankirchen zugeteilt.

Das Aschaffenburger Territorium, einst gehörig zur Mainzer nun zur Regensburger Diözese, und der bayerische Teil der Fuldaer Diözese werden der Diözese Würzburg angefügt.

Der in Bayern gelegene Teil der Diözese Konstanz wird nebst dem exempten Bezirk von Kempten der Augsburger Diözese einverleibt.

Auf gleiche Weise werden der bayerische Teil der Salzburger Diözese und das Gebiet der exempten Propstei Berchtesgaden, teils mit der Passauer, teils mit der Münchner Diözese vereinigt werden. Dieser Diözese wird auch das Territorium der Diözese Chiemsee, deren Sitz zuvor aufgehoben wird, zugewiesen werden.

Die neuen Grenzen der einzelnen Diözesen werden, soweit es nötig sein sollte, noch genauer bestimmt werden.

Dieser Artikel, der die Bistumseinteilung regelt, ist gegenüber dem Vergleichstext inhaltlich und/oder sprachlich verändert. Entscheidend ist, dass die Einrichtung von zwei Kirchenprovinzen in Bayern mit den Metropolitansitzen in München und Freising sowie Bamberg fortgeführt wird. Im Einzelnen ist zu bemerken: Der Einleitungspassus ist verkürzt. Was den Sitz von München und Freising betrifft, ist das Prozedere seiner Errichtung als Metropolitansitz klarer und knapper beschrieben. Als Suffragan wird hier Kempten nichts mehr genannt. Das Vorhaben, aus der säkularisierten (Fürst- und) Territorialabtei des Benediktinerordens ein Bistum zu formen, ist offensichtlich aufgegeben worden. Somit entfallen hier auch die weiteren Vorschriften, die im Vergleichstext Kempten betrafen. Die Einrichtung der Bamberger Kirchenprovinz, mit Bamberg als Sitz eines Metropolitanerzbischofs und Würzburg, Eichstätt und Speyer als Sitzen von Suffraganbischöfen, bleibt hingegen unverändert. Die Eingliederung der in Bayern liegenden Territorien der Diözese Mainz (um Aschaffenburg) und der einstigen Fürstabtei Fulda (südlich der Rhön) in die Diözese Würzburg wird unverändert vom Vergleichstext fortgeschrieben. Das gleiche gilt für die Zuordnung von Gebieten der Salzburger Erzdiözese in Bayern und der säkularisierten Fürstpropstei Berchtesgaden an die Diözese Passau und die Erzdiözese München und Freising[1144] sowie die Aufhebung der Diözese Chiemsee und die Zuordnung seines Gebietes an die Erzdiözese München und Freising. Da eine Diözese Kempten nicht (mehr) errichtet werden soll, ist hier neu bestimmt, dass die in Bayern liegenden Territorien der Diözese Konstanz und die einst von bischöflicher Jurisdiktion exempten Gebiete der Territorialabtei Kempten der Diözese Augsburg zugeschlagen werden. Unverändert bleibt hingegen die Klausel, dass die einzelnen Diözesangrenzen bei Bedarf noch genauer zu bestimmen sind.

Entfallen ist hier der Passus, mit dem im Vergleichstext die bis zur Umsetzung des Konkordats fortgeltende Jurisdiktion der bisherigen Ordinarien festgehalten wurde. Nicht mehr erwähnt ist auch das lebenslang geltende Privileg der Exemption von der Metropolitangewalt für die Bischöfe, die sich beim Konkordatsabschluss dieser Exemption erfreuten. Dafür spricht, dass sich letztlich in Bayern nur noch der Passauer Bischof dieses Privilegs erfreute und dass es ein Privileg ad personam war, das sich durch den Lauf der Zeit von allein erledigen würde.[1145]

Artikel 3:[1146] *Die Kapitel der Metropolitankirchen bestehen aus zwei Dignitäten, nämlich dem Propst und dem Dekan, und aus zehn Kanonikern. Auch die*

1144 Im Text des Artikels steht „*München*". Offensichtlich wurde hier von der Redaktion einfach ein veralteter Textbaustein übernommen. Denn nach Artikel 1 dieses Konkordats ist es ja nicht die Erzdiözese *München*, sondern die Erzdiözese *München und Freising.*

1145 Die Aufnahme dieses Privilegs der Exemption des Passauer Bischofs von der Metropolitangewalt in den Konkordatstext hätte zugleich die Erinnerung an die Exemption in einer wichtigen staatskirchlichen Urkunde konserviert. Daran konnte jedoch weder die königliche Regierung noch der Kurie gelegen sein. Es wäre nämlich eine gefährliche Erinnerung in dem Sinn gewesen, dass irgendwann irgendjemand aus der einstigen Exemption der Passauer Bischöfe einen Vorteil würde ziehen wollen.

1146 Art. 3. Capitula metropolitanarum ecclesiarum habebunt duas dignitates, nempe praepositum ac decanum, et decem canonicos, capitula vero cathedralium ecclesiarum habebunt pariter duas dignitates, scilicet praepositum ac decanum, et octo canonicos. Quodlibet praeterea capitulum tam metropolitanum quam cathedrale habebit praebendarios seu vicarios saltem sex. Si vero in posterum Ecclesiarum istarum redditus per novas fundatriones aut bonorum augmentationes incrementum tale perceperint, ut plures Praebendae erigit possint, Canonicorum, et Vicariorum numerus ultra augebitur.

In quovis capitulo archiepiscopi et episcopi ad formam concilii Tridentini duos ex canonicis designabunt, qui partem theologi et partem poenitentiarii respective agent.

Kapitel der bischöflichen Kirchen werden zwei Dignitäten, nämlich einen Propst und einen Dekan und acht Kanoniker haben. Nebst diesen werden bei jedem, sowohl Metropolitan- als bischöflichen Kapitel wenigstens mindestens sechs Präbendare oder Vikare angestellt werden. Sollten jedoch zukünftig die Einkünfte dieser Kirchen durch neue Stiftungen oder der Vermehrung der Güter so anwachsen, dass weitere Präbenden errichtet werden können, wird die Zahl der Kanoniker und Vikare erhöht werden.

Bei jedem Kapitel werden die Erzbischöfe und Bischöfe nach Vorschrift des Konzils von Trient aus den Kanonikern zwei Kanoniker bestellen, einen als Theologen und den zweiten entsprechend als Pönitentiar.

Aus den Dignitäten, Kanonikern und Präbendaren sind die, welche die Erzbischöfe oder Bischöfe zur Ausübung der Ämter der Vikare, Offiziale und sonstigen Ratgeber geeignet finden, verpflichtet, sich diesen Aufgaben neben dem Chordienst zu widmen.

Die Königliche Majestät werden außerdem denjenigen, welche die Stelle eines Generalvikars bekleiden, jährlich 500 ft.; jenen aber, welchen das Amt eines bischöflichen Sekretärs übertragen ist, 200 fl. zuweisen.

In diesem Artikel werden die Zusammensetzung der Kapitel und einige Funktionsstellen der Diözesanverwaltung behandelt. Die Struktur und der grundsätzliche Inhalt des Artikels stimmen mit dem Vergleichstext überein. Neu ist jedoch, dass es in den Metropolitankapiteln nicht zwölf, sondern nur noch zehn Kanoniker, in den Kathedralkapiteln nicht zehn, sondern nur noch acht Kanoniker und in allen Kapiteln nicht acht, sondern nur noch sechs Präbendare bzw. Domvikare geben soll. Das bedeutet für den Staat, der die Einkünfte der Kapitelsmitglieder sicherzustellen hat, immerhin die Reduzierung der Vorsorge für 16 Kanonikerstellen und 16 Domvikarsstellen.[1147] Aus kirchlich-kurialer Sicht dürfte die

Ex dignitatibus, canonicis et praebendariis illi, quos archiepiscopi et episcopi ad exercenda officia vicariorum, officialium et consiliariorum caeteris praefenderos judicaverint, ad haec munia obeunda praeter chori servitium tenebuntur.

Majestas tamen regia iis, qui officio vicario generalis fungentur, 500 florenos annuos, iis vero, qui secretarii episcopalis partes agent, 200 florenos assignabit.

1147 Der Vergleichstext vom Oktober 1816 geht von zwei Erzdiözesen und sieben Diözesen mit insgesamt 94 Kanonikern und 72 Domvikaren aus, dazu neun Bischöfe, neun Dompröpste und neun Domdekane; alles in allem also 193 Personen mit Ansprüchen auf Einkünfte. Das vorliegende Konkordat sieht, da Kempten kein Bistum werden soll, vor: je acht (Erz-)Bischöfe, Dompröpste und Domdekane, dazu 68 Kanoniker und 48 Domvikare. Insgesamt also 140 Personen mit Ansprüchen auf Einkünfte.

Reduzierung nicht als wesentlich gesehen worden sein, da die Funktionalität der Kapitel dadurch nicht gemindert wurde. Damit die Reduzierung nicht so schroff wirkt, ist wohl von Seiten des Staates die besänftigende Versicherung eingefügt worden, dass bei steigenden Einnahmen und Gütern der Domkirchen die Zahl der Präbenden erhöht und neue Stellen für Kanoniker und Domvikare geschaffen würden. Erläuternd wird hier präzisiert, dass der Kapiteltheologe und Bußkanoniker jedes Kapitels vom jeweiligen Diözesanbischof, also den Erzbischöfen bzw. Bischöfen der einzelnen Diözesen, bestellt werden sollen, wie es das Konzil von Trient bestimmt hat. Alle anderen Bestimmungen sind vom Vergleichstext wortwörtlich übernommen.

Artikel 4:[1148] *Die Einkünfte zum Unterhalt der Erzbischöfe und Bischöfe werden auf Güter und ständige Fonds gegründet werden, welche der freien Verwaltung der Erzbischöfe und Bischöfe übergeben werden.*

1148 Art. 4. Redditus mensarum archiepiscopalium et episcopalium in bonis fundisque stabilibus, liberae archiepiscoporum et episcoporum administrationi tradendis constituentur. Simili bonorum genere et administrationis jure gaudebunt capitula metropolitanarum et cathedralium ecclesiarum et vicarii seu praebendarii praedictarum ecclesiarum servitio addicti. Quantitas reddituum annuorum, deductis oneribus, erit ut sequitur.

Dioecesis Monacensis. Pro archiepiscopo florenorum viginti millium. Pro praeposito florenorum quatuor millium. Pro decano florenorum quatuor millium. Pro quolibet e quinque canonicis senioribus florenorum bis millium. Pro quolibet e quinque canonicis junioribus florenorum mille sexcentorum. Pro quolibet e tribus vicariis senioribus flororum octingentorum. Pro quolibet e tribus vicariis junioribus florenorum sexcentorum.

Dioecesis Bambergensis. Pro archiepiscopo florenorum quindecim millium. Pro praeposito florenorum trium millium quingentorum. Pro decano florenorum trium millium quingentorum. Pro quolibet e quinque canonicis senioribus florenorum mille octingetorum. Pro quolibet e quinque canonicis junioribus florenorum mille quadringentorum. Pro quolibet e tribus vicariis senioribus florenorum octingentorum. Pro quolibet e tribus vicariis junioribus florenorum sexcentorum.

Dioeceses Augustana, Ratisbonensis et Herbipolensis. Pro quolibet episcopo florenorum decem millium. Pro quolibet praeposito florenorum trium millium. Pro quolibet decano florenorum trium millium. Pro quolibet e quatuor senioribus florenorum mille sexcentorum. Pro quolibet e quatuor canonicis junioribus florenorum mille quadringentorum. Pro quolibet e tribus vicariis senioribus florenorum octingentorum. Pro quolibet e tribus vicariis junioribus florenorum sexcentorum.

Dioeceses Passaviensis, Eichstettensis et Spirensis. Pro quolibet episcopo florenorum octo millium. Pro quolibet praeposito florenorum bis millium

In gleicher Art werden auch die erzbischöflichen und bischöflichen Kapitel, und die bei diesen angestellten Vikaren oder Präbendare ihre Ausstattung mit dem Recht der Selbstverwaltung erhalten.

---

quingentorum. Pro quolibet decano florenorum bis mille quingentorum. Pro quolibet e quatuor canonicis senioribus florenorum mille sexcentorum. Pro quolibet e quatuor canonicis junioribus florenorum mille quadringentorum. Pro quolibet e tribus vicariis senioribus florenorum octingentorum. Pro quolibet e tribus vicariis junioribus florenorum sexcentorum.

Quorum omnium reddituum summae salvae semper et integrae conservandae erunt, et bona fundique ex quibus provenient nec distrahi nec in pensiones mutari nec novis praestationibus subjici poterunt.

Tempore autem vacationis archiepiscopalium et episcopalium sedium, dignitatum, canonicatuum, praebendarum seu vicariatuum praedictae reddituum summae in utilitatem respectivarum ecclesiarum percipiendae et conservandae erunt.

Habitatio insuper tam archiepiscopis et episcopis quam dignitatibus, canonicis senioribus et vicariis pariter senioribus illorum dignitati et statui respondens assignabitur.

Pro curia archiepiscopali et episcopali, pro capitulo et archivo majestas sua domum aptam assignabit.

Ad negotium hujusmodi reddituum, fundorum et bonorum assignationis intra trimestre post ratificationem praesentis conventionis, si fieri poterit, vel ad summum intra semestre, perficiendum utraque contrahentium pars commissarios nominabit, ac de formali praedictae dotationis actu tria exemplaria in authentica forma expediri jubebit regia majestas, unum pro archivo regio, alterum pro nuntio apostolico, tertium denique pro archivo singularum ecclesiarum.

Alia beneficia, ubi extant, conservabuntur.

Quod pertinent ad dioecesim Spirensem, quoniam ob speciales circumstantias ei nunc fundi ac bona stabilia assignari non possunt, interea, usque dum haec assignatio fieri valeat, providebitur a majestate sua per assignationem praestationis annuatim solvendae in summa:

Pro episcopo florenorum sex millium. Pro praeposito florenorum mille quingentorum. Pro decano florenorum mille quingentorum. Pro quovis ex octo canonicis florenorum mille. Pro quovis e sex vicariis florenorum sexcentorum.

Fabricarum denique ipsarumque ecclesiarum fundi, redditus, bona mobilia et immobilia conservabuntur et nisi pro ecclesiarum manutentione, pro divini cultus expensis et inservientium necessariorum salariis sufficant sua majestas supplebit.

Der Betrag der jährlichen Einkünfte wird nach Abzug der Lasten wie folgt sein:

Diözese München
Für den Erzbischof 20.000 fl. Für den Probst 4.000 fl. Für den Dechant 4.000 fl. Für jeden der fünf älteren Kanoniker 2.000 fl. Für jeden der fünf jüngeren Kanoniker 1.600 fl. Für jeden der drei älteren Vikare 800 fl. Für jeden der drei jüngeren Vikare 600 fl.

Diözese Bamberg
Für den Erzbischof 15.000 fl. Für den Probst 3.500 fl. Für den Dekan 3.500ft. Für jeden der fünf älteren Kanoniker 1.800 fl. Für jeden der fünf jüngeren Kanoniker 1.400 fl. Für jeden der drei älteren Vikare 800 fl. Für jeden der drei Jüngern Vikare 600 fl.

Diözesen Augsburg, Regensburg und Würzburg
Für den Bischof 10.000ft. Für den Probst 3.000 fl. Für den Dekan 3.000 fl. Für jeden der vier älteren Kanoniker 1.600 fl. Für jeden der vier jüngeren Kanoniker 1.400 fl. Für jeden der drei älteren Vikare 800 fl. Für jeden der drei jüngeren Vikare 600 fl.

Diözesen Passau, Eichstädt und Speyer
Für den Bischof 8.000 fl. Für den Probst 2.500 fl. Für den Dekan 2.500 fl. Für jeden der vier älteren Kanoniker 1.600 fl. Für jeden der vier jüngeren Kanoniker 1.400 fl. Für jeden der drei älteren Vikare 800 fl. Für jeden der drei jüngeren Vikare 600 fl.

Alle diese Einkünfte sollen in ihrem Betrag stets vollständig und ungeschmälert erhalten werden, und die Güter und Fonds, aus denen sie hervorgehen, können weder veräußert noch in Pensionen umgewandelt noch neuen Verfügungen unterworfen werden.

Zur Zeit der Vakanz eines erzbischöflichen oder bischöflichen Stuhls, der Dignitäten, Kanonikate, Präbenden oder Vikariate wird der Betrag der vorgenannten Einkünfte zum Nutzen der betreffenden Kirchen erhoben und erhalten.

Eine Wohnung, die ihrer Würde und ihrem Stand entspricht, wird außerdem sowohl den Erzbischöfen und Bischöfen als auch den Dignitäten, den älteren Kanonikern und den älteren Vikaren zugewiesen werden.

Für die erzbischöfliche und bischöfliche Kurie, für das Kapitel und das Archiv werden Seine Majestät ein geeignetes Gebäude bestimmen.

Zum Vollzug des Geschäfts der Anweisung dieser Einkünfte, Fonds und Güter, welches möglichst innerhalb von drei Monaten oder wenigstens innerhalb eines halben Jahres nach der Ratifikation vorliegender Übereinkunft und bevor vom Apostolischen Stuhl die kanonische Institution den Erzbischöfen und Bischöfen gegeben wird, vollzogen sein soll, wird jeder der beiden vertragsschließenden Teile Kommissare ernennen. Und Seine Majestät werden von dem förmlichen Akt der vorerwähnten Anweisung drei Exemplare in authentischer Form ausfertigen lassen, eines für das königliche Archiv, das andere für den apostolischen Nuntius, das dritte schließlich für die Archive der einzelnen Kirchen.

Andere Benefizien werden, wo solche vorhanden sind, erhalten werden.

Was die Diözese Speyer betrifft, wird, da ihr nun wegen der besonderen Verhältnisse, keine Güter und ständige Fonds angewiesen werden können, inzwischen, bis diese Zuweisung vollzogen werden kann, durch Seine Majestät vorgesorgt werden durch die Anweisung von Jahresfestbeträgen in barer Summe:

Für den Bischof 6000 ft. Für den Probst 1500 fl. Für den Dekan 1500 fl. Für jeden der acht Kanoniker 1000 fl. Für jeden der Vikare 600 fl.

Die Fonds, Einkünfte, beweglichen und unbeweglichen Güter der bischöflichen Kirchen und ihrer Fabriken werden erhalten werden, und wenn diese zum Unterhalt der Kirchen, zu den Ausgaben für den Gottesdienst und zu den Gehältern der nötigen Diener nicht zureichen, so werden Seine Majestät den Fehlbetrag decken.

Wie im Artikel des Vergleichstextes werden hier die Einkünfte der (Erz-) Bischöfe und Kapitelsmitglieder, ihre Herkunft, Sicherung, Bestimmung sowie die Wohnungen der angesprochenen Geistlichen, weitere Benefizien und die nötigen Amtsräume geregelt; das vorher angedachte Bistum Kempten findet hier natürlich keine Erwähnung mehr. Die wichtigste Bestimmung ist gleichgeblieben, nämlich, dass die Einkünfte der (Erz-) Bischöfe und Kapitelmitglieder auf die Erträge von dauerhaften Gütern und Fonds, das heißt Immobilien, gegründet werden sollen, die der kirchlichen Selbstverwaltung unterstehen. Die Einkünfte sollen stets und ungeschmälert erhalten werden. Neu ist hier jedoch, die eingefügte Bestimmung, dass die Güter und Fonds, aus denen Einkünfte fließen, in keiner anderen Weise genutzt oder verwendet werden können.

Neu ist weiters, dass auf den hier genannten Betrag der Einkünfte keine weiteren Lasten mehr erhoben werden, also eine Art Nettoeinkommen vorliegt. Es handelt sich somit um eine Sicherungsklausel (Quantitas reddituum annuorum, deductis oneribus, erit ut sequitur) zugunsten der Kleriker.

Die Höhe der Einkünfte der Bezugsberechtigten der Erzdiözese München und Freising[1149] entspricht der Höhe in den Bestimmungen des Vergleichstextes.

1149 Im Text des Artikels steht „*Diözese München*". Offensichtlich wurde hier von der Redaktion einfach ein veralteter Textbaustein übernommen. Denn nach Artikel 1 dieses Konkordats ist es ja nicht die Diözese *München*, sondern die Erzdiözese *München und Freising*.

Ebenso bleibt unverändert die Höhe der Einkünfte der anderen bayerischen Bischöfe.

Die Höhe der Einkünfte der Dompröpste, Domdekane, älteren und jüngeren Kanoniker sowie der älteren und jüngeren Domvikare der Erzdiözese Bamberg und der Diözesen Augsburg, Regensburg, Würzburg, Passau, Eichstätt und Speyer werden durchwegs erhöht gegenüber den Bestimmungen des Vergleichstextes. Grund für die Erhöhung der Einkünfte könnte neben der Reduzierung der Kanonikate und Domvikarsstellen (vgl. Art. 3 des Textes) die Tatsache sein, dass in Kempten kein Bischofssitz errichtet werden soll, wovon im Vergleichstext noch ausgegangen war, also insgesamt mehr Geld zu verteilen gewesen ist. Die Erhöhung könnte auch den gestiegenen Lebenshaltungskosten geschuldet sein oder eine Anpassung an die Einkünfte der Kanoniker vor der Säkularisation; die Bamberger Kanoniker hatten etwa ein jährliches (Minderst-)Einkommen von 2.500 Gulden.[1150]

Zu den Wohnungen ist zu bemerken, dass Dienstwohnungen nach diesem Text nur noch für die Bischöfe, die Dignitäre, die älteren Kanoniker und älteren Domvikare vorgesehen sind. Für eine nicht unerhebliche Zahl von Kapitelsmitgliedern wurde mit diesem Text der Staat somit nicht verpflichtet, eine Wohnung zur Verfügung zu stellen.[1151] Die entsprechenden Häuser und Wohnungen für Kapitelmitglieder, die vor der Säkularisierung wohl durchwegs in kirchlichem Besitz gestanden hatten, konnte nun der Staat selbst bewirtschaften.[1152] Berücksichtigend, dass die Domkapitel der Reichskirche oft wesentlich mehr Personen umfassten,[1153] bedeutet die Zuweisung der Dienstwohnung im

1150 Vgl. Mann, Das Bamberger Domkapitel, 319–346, hier: 322.

1151 Der Vergleichstext vom Oktober 1816 geht aus von zwei Erzdiözesen und sieben Diözesen mit insgesamt 193 Personen mit Ansprüchen auf Einkünfte und Wohnungen. Nach Entfall der Diözese Kempten und der Reduzierung der Stellen je Kapitel für Kanoniker und Domvikare, von denen nur noch die jeweils vier bzw. drei älteren Stelleninhaber Kapitel einen Wohnungsanspruch haben, bleiben gemäß dem vorliegenden Konkordatstext nur noch 82 Personen mit Wohnungsanspruch.

1152 Berücksichtigend, dass die Domkapitel der Reichskirche oft wesentlich mehr Personen umfassten, die alle in Wohnungen/Gebäuden lebten, die im kirchlichen Besitz waren, bedeutet die Zuweisung der relativ wenigen Dienstwohnungen im Rahmen des Konkordats und die strake Reduzierung der einkunftsberechtigten Kapitelsmitglieder eine Art Nachbeben der Säkularisation.

1153 Das Bamberger Domkapitel zählte um 1800 vor der Säkularisierung 34 Mitglieder, denen eine Präbende als (Teil vom) Einkommen zustand, 20 Domkapitulare und 14 Domizellare, vgl. Mann, Bamberger Domkapitel, 321, Anm. 6.

Rahmen des Konkordats einen mageren Ausgleich für die Kirche, einen erheblichen Gütergewinn für den Staat und für die noch lebenden Mitglieder der alten Domkapitel eine Krisensituation.[1154]

Das Dotationsgeschäft soll innerhalb von drei Monaten nach der Ratifizierung vollzogen sein, wenn das aber nicht gelingt, dann und das ist neu, wenigstens innerhalb eines halben Jahres, jedenfalls vor der päpstlichen Institution der (Erz-)Bischöfe. Diese Ergänzung berücksichtigt die umfangreichen, notwendigen Dotationsgeschäfte und schreibt ein Zug-um-Zug-Verfahren zugunsten der Kirche vor. Alle anderen Inhalte des Artikels entsprechen den Bestimmungen des Vergleichstextes vollinhaltlich und nahezu wortwörtlich.

Artikel·5:[1155] *In jeder Diözese sollen die bischöflichen Seminare erhalten, und mit einer hinreichenden Dotation in Gütern und ständigen Fonds versehen werden; in jenen Diözesen aber, in welchen solche Anstalten nicht vorhanden sind, sollen sie unverzüglich mit einer gleichartigen Dotation in Gütern und ständigen Fonds gegründet werden.*

In die Seminare werden jene Heranwachsenden aufgenommen und darin nach Vorschrift des heiligen Konzils von Trient gebildet und unterrichtet, welche die

---

1154 Nicht alle betroffenen Kanoniker haben den Wegfall ihres Wohnrechts bzw. die Enteignung ihres Wohnsitzes hingenommen. Franz Andreas Frey, Bamberger Geistlicher Rat und Domkapitular, hatte schon kurz nach der Säkularisierung im eigenen Namen und im Namen anderer gegen die staatliche Enteignung geklagt und 1809 recht bekommen, dass die Domherrenhöfe weiterhin in der Verfügung der Domkanoniker stehen.

1155 Art. 5. Sua singulis dioecesibus seminaria episcopalia conserventur et dotatione congrua in bonis fundisque stabilibus provideantur; in iis autem dioecesibus, in quibus desunt, sine mora cum eadem pariter dotatione in bonis fundisque stabilibus fundentur.

In seminariis autem admittentur atque ad normam sacri concilii Tridentini efformabuntur atque instituentur adolescentes quos archiepisopi et episcopi pro necessitate vel utilitate dioecesium in iis recipiendos judicaverint. Horum seminariorum ordinatio, doctrina, gubernatio et administratio archiepisoporum et episcoporum auctoritati pleno liberoque jure subjectae erunt juxta formas canonicas.

Rectores quoque et professores seminariorum ab archiepisopi et episcopis nominabuntur et, quotiescunque necessarium aut utile ab ipsis judicabitur, removebuntur.

Cum episcopis incumbat, sanae doctrinae circa catholicam fide et bonis moribus invigilare, in hujus officii exercitio etiam circa scholas publicas nullo modo impedientur.

Erzbischöfe und Bischöfe nach Bedürfnis oder Nutzen der Diözese für gut finden werden. Die innere Ordnung, der Unterricht, die Leitung und die Verwaltung der Seminare werden der vollkommen freien Vollmacht der Erzbischöfe und Bischöfe gemäß den kanonischen Formen unterstellt. Die Vorsteher und Lehrer in diesen Seminaren werden von den Erzbischöfen und Bischöfen ernannt, und, so wie sie es für nötig oder nützlich erachten sollten, auch wieder entlassen werden. Da es den Bischöfen zukommt, über die gesunde Lehre des katholischen Glaubens und der guten Sitten zu wachen, werden sie in der Ausübung dieses Amtes auch hinsichtlich der öffentlichen Schulen in keiner Weise gehindert werden.

Wie im Artikel des Vergleichstexts werden hier die bischöflichen Seminare geregelt. Zuerst fällt auf, dass explizit nur (noch) die bischöflichen Seminare erwähnt werden, bischöfliche Schulen hingegen nicht (mehr). Damit bleibt allein den Klerikalseminaren die Dotation erhalten; die ‚kleinen' Seminare werden als bischöfliche Schulen behandelt, für die die Kirche allein aufzukommen hat.[1156] Die Seminare unterstehen der vollen und freien Vollmacht der Diözesanbischöfe, freilich – und das ist neu eingefügt – entsprechend den kanonischen Festlegungen. Aufgegeben wurde hier, dass alle Dozenten an den Seminaren und auch an den Schulen jährlich das (antiprotestantische) Glaubensbekenntnis Papst Pius' IV. ablegen sollten. Diesem Ansinnen der Kurie konnte im endgültigen Konkordatstext von einer Regierung eines konfessionell gemischten Staatswesens nicht (einmal mehr schriftlich) entsprochen werden. Immerhin wird – und das ist neu – den Bischöfen in Ausübung ihres Hirtendienstes ein Wächteramt hinsichtlich des Glaubens und der Sitten (auch) in öffentlichen Schulen eingeräumt. Dabei kann sich diese Aufsicht nicht nur auf den Religionsunterricht beziehen – diese Aufsicht war stets Recht der Kirche und kanonisches Recht –, sondern muss als ein Inspektionsrecht hinsichtlich des gesamten Unterrichtsgeschehen verstanden werden.[1157] Alle anderen Inhalte zu den Seminaren entsprechen nahezu wortwörtlich den entsprechenden Passagen des Vergleichstextes.

1156 Ein kleines Seminar war wie in vielen anderen Diözesen etwa das Ottonianum in Bamberg, das als Internat für Gymnasialschüler bis zu seiner Auflösung im Jahr 2002 fungierte und der Vorbereitung zum Eintritt in das große Seminar Henricianum diente, in dem die Alumnen/Priesteramtskandidaten lebten und leben. Hausberger (Staat und Kirche, 205) macht die Unterscheidung am Begriff der adolescentes fest; mit Adulescentia wurde im klassischen Latein die Lebensspanne zwischen etwa dem 17. und 30. Lebensjahr bezeichnet.

1157 Vgl. Hausberger, Staat und Kirche, 205–206.

Artikel 6:[1158] *Seine Majestät wird nach Beratung mit den Erzbischöfen und Bischöfen für die Bereitstellung eines hinlänglich dotierten Hauses sorgen, in welchem kranke und alte wohlverdiente Geistliche Unterstützung und Zuflucht finden können.*

Dieser Artikel handelt von der Bereitstellung eines Emeritenhauses für jede Diözese, wofür der König bzw. seine Regierung zu sorgen haben. Der Text stimmt mit dem Vergleichstext wortwörtlich überein.

Artikel 7:[1159] *Seine Königliche Majestät werden darüber hinaus in Anbetracht der Vorteile, welche die religiösen Orden der Kirche und dem Staate gebracht haben, und auch noch bringen könnten, und um einen Beweis Ihrer Bereitwilligkeit gegenüber den Heiligen Stuhl zu geben, dafür sorgen, dass einige Klöster der Mönchsorden beiderlei Geschlechts mit einer angemessenen Dotation wiedererrichtet werden, wozu der Rat des Apostolischen Stuhls eingeholt wird. Diese Klöster sollen insbesondere zum Unterrichte der Jugend in der Religion und den Wissenschaften und zur Unterstützung der Pfarrer dienen.*

Hier wird von der Wiedererrichtung von Klöstern durch den König bzw. die königliche Regierung gehandelt. Gegenüber dem Vergleichstext ist der Inhalt gestrafft. Ansprechpartner zur Abstimmung ist hier direkt der Apostolische Stuhl; keine Ansprechpartner sind wie noch im Vergleichstext die (Erz-) Bischöfe. Das ist insofern sachgerecht, da die Mönchsorden und ihre Klöster von der diözesanbischöflichen Jurisdiktion weitgehend exempt sind. Eine in die Zukunft weisende Bestands- und Erhaltungszusage für Klöster, die seit der Säkularisation (immer noch) bestehen, wird nicht mehr gegeben, weil damit keine Konkordatsmaterie erfasst wird.

Artikel 8:[1160] *Die Güter der Seminare, Pfarreien, Benefizien, Kirchenfabriken und aller anderen frommen Kirchenstiftungen werden stets und ungeschmälert*

1158 Art. 6. Majestas sua regia, collatis cum archiepiscopis et episcopis consiliis, assignabit pariter cum sufficienti dote domum, in qua infirmi ac senes clerici benemeriti solamen et asylum reperiant.

1159 Art. 7. Insuper majestas sua considerans, quot utilitates ecclesia atque ipse status a religiosis ordinibus perceperint ac percipere in posterum possint, et ut promptam suam erga sanctam sedem voluntatem probet, aliqua monasticorum ordinum utriusque sexus coenobia, ad instituendam praesertim in religione et litteris juventutem et in parochorum subsidium, inito cum sancta sede consilio, cum convenienti dotatione instauri curabit.

1160 Art. 8. Bona seminariorum, parochiarum, beneficiorum, fabricarum omniumque aliarum piarum fundationum semper et integre conservanda erunt nec distrahi nec in pensiones mutari poterunt.

erhalten, und können weder veräußert noch in Pensionen umgewandelt werden. Die Kirche wird auch das Recht haben, neue Besitzungen zu erwerben, und was sie neu erwirbt, soll ihr zu Eigen und rechtlich mit den älteren Kirchenstiftungen gleichgestellt sein, welche so wenig wie die künftig zu errichtenden Stiftungen ohne Mitwirkung des Apostolischen Stuhls jemals aufgehoben oder vereinigt werden können, jedoch mit Vorbehalt der Rechte, welche den Bischöfen nach dem heiligen Konzil von Trient zustehen.

Der Artikel handelt von der Sicherung der gegenwärtigen und zukünftig zu erwerbenden Güter kirchlicher Rechtsträger und Vermögensmassen. Gegenüber dem Vergleichstext ist der Artikel etwas gestrafft, enthält aber denselben Inhalt. Durch die Umstellung ergibt sich, wohl unbeabsichtigt, aber neu, dass nicht einmal mit der Autorität des Apostolischen Stuhles kirchliche Güter in Pensionen umgewandelt oder für Bürgschaften genutzt werden können. Damit ist der bestehende kirchliche Vermögensstock, der auch aus landeseigenen Mitteln (Güter und Immobilienfonds) gebildet ist, im Interesse des bayerischen Staates und der bayerischen Kirche noch mehr vor schädigendem Zugriff und Verlust gesichert. Ganz im eigenen Interesse ist es natürlich, dass die staatliche Amortisationsgesetzgebung für die kirchlichen Güter zumindest dem Wortlaut nach ausgeschlossen wird. Außerdem können die gegenwärtigen und zukünftigen kirchlichen Güter und Stiftungen, die ungeschmälert zu erhalten sind, nur mit Mitwirkung des Apostolischen Stuhls vereinigt oder aufgehoben werden, wobei – und das ist neu – die Rechte der Diözesanbischöfe gemäß den Bestimmungen des Trienter Konzils[1161] zu beachten sind.

Artikel 9:[1162] *Seine Heiligkeit werden in Erwägung des Nutzens, der aus gegenwärtiger Übereinkunft für die Angelegenheiten der Kirche und der Religion*

Ecclesia insuper jus habebit, novas acquirendi possessiones, et quidquid de novo acquisierit, faciet suum et censebitur eodem jure ac veteres fundationes ecclesiasticae, quarum, uti et illarum, quae in posterum fient, nulla vel suppressio vel unio fieri poterit absque apostolicae sedis auctoritatis interventu, salvis facultatibus a sacro concilio Tridentino episcopis concessis.

1161 Zu den Beteiligungs- und Kontrollrechtenrechten der Bischöfe und der ihnen geschuldeten Rechenschaftspflicht in Vermögensfragen vgl. Conc. Trid., Sessio XXII, de. reform., c. 6, c. 9, in: COD 740.

1162 Art. 9. Sanctitas sua attenta utilitate, quae ex hac conventione manat in ea, quae ad res ecclesiae et religionis pertinent, majestati regis Maximiliani Josephi ejusque successoribus catholicis per litteras apostolicas statim post ratificationem praesentis conventionis expedientas in perpetuum concedet indultum nominandi ad tres ecclesias, nempe ad metropolitanam Monacensem et ad cathedrales

hervorgeht Seiner Majestät dem König Maximilian Joseph und seinen katholischen Nachfolgern durch apostolische Briefe, die sofort nach der Ratifizierung der vorliegenden Übereinkunft ausgefertigt werden, auf ewige Zeiten das Indult verleihen, zu drei Kirchen zu ernennen; nämlich zur Metropolitankirche Münchens und zu den Kathedralkirchen Würzburgs und Regensburgs würdige und geeignete kirchliche Männer, die über das von den heiligen Canones Geforderte verfügen; diesen Männern also wird Seine Heiligkeit die Institution nach den gewöhnlichen Formen erteilen.

Für die übrigen Kirchen des Königreichs Bayern wird folgende Ordnung beachtet: Jedes Mal, wenn ein erzbischöflicher oder bischöflicher Sitz vakant wird, treten die Kapitulare innerhalb von zwei Monaten als Kapitel zusammen, um Seiner Königlichen Majestät einen Vorschlag von vier fähigen und würdigen Männer der Kirche zu unterbreiten, die die erforderlichen kanonischen Eigenschaften besitzen; Aus diesen Männern, teils aus der Mitte des Kapitels teils aus dem übrigen Welt- oder Ordensklerus, wird Seine Majestät einen ernennen. Dieser wird innerhalb von drei Monaten vom Tag des vom Kapitel gemachten Vorschlags an beim Heiligen Stuhl nachsuchen müssen, um die apostolische

---

Herbipolensem et Ratisbonensem, dignos et idoneos ecclesiasticos viros iis dotibus praeditos, quas sacri canones requirunt; talibus autem viris sanctitas sua canonicam dabit institutionem juxta formas consuetas.

Pro reliquis autem essclesiis regni Bavariae sequens servabitur ordo:

Quotiscunque archiepiscopalis vel epsicopalis sedes vacaverit, canonici intra bimestre capitulariter congregati majestati suae regiae propositionem quatuor ecclesiasticos viros supradicta requisita habentes, partim de gremio capituli partim ex reliquo clero sive seculari sive regulari, ex quibus quatuor viris majestas sua unum nominabit, isque intra tres menses a die propositionis a capitulo factae computandos ad sanctam sedem pro obtinenda provisione apostolica recurrere debebit.; tali autem viro sanctitas sua canonicam institutionem dabit juxta formas consuetas.

Priusquam vero eam obtinuerit regimini seu administrationi ecclesiae, ad quam designatus est, nullo modo se immiscere poterit.

Cum autem nunc plures sedes vacent et capitula nondum ordinata sint, propterea que ab ipsis supradicta quatuor candidatorum propositio fieri non possit, sanctitas sua per apostolicas litteras ut supra expediendas majestati sua regi Maximiliano Josepho apostolicum indultum concedt nominandi intra duos meses a die ratificationis praesentis conventionis compudandos ad ecclesias, quae ad praesens vacant; eadam vero sanctitate sua nominatis supradicta requisita habentibus canonicam institutionem dabit juxta formas consuetas.

Annatarum vero et cancellariae taxae proportionabiliter ad uniuscujusque mensae annuos redditus de novo statuentur.

Provision in der geläufigen Form zu erhalten. Doch bevor er diese erlangt, wird er sich in keiner Weise in die Leitung bzw. Verwaltung der Kirche, für die er bestimmt ist, einmischen können.

Da aber gegenwärtig mehrere bischöfliche Sitze vakant sind und die Kapitel noch nicht eingerichtet sind und außerdem von ihnen nicht zweckmäßig die Vorschläge der oben erwähnten Kandidaten unterbreitet werden können, wird Seine Heiligkeit der Königliche Majestät Maximilian Joseph ein apostolisches Indult gewähren, um innerhalb von zwei Monaten vom Tag der Ratifikation der vorliegenden Übereinkunft an gerechnet zu den Kirchen, die gegenwärtig unbesetzt sind, Ernennungen auszusprechen. Seine Heiligkeit aber wird die Ernannten, die die oben erwähnten Erfordernisse erfüllen, die kanonische Institution gemäß den gewöhnlichen Formen erteilen. Die Annaten und Kanzleigebühren werden nach dem Maßstab der jährlichen Einkünfte eines jeden Bischofs von Neuem festgesetzt werden.

In diesem Artikel wird im Wesentlichen das Besetzungsverfahren für die Bischofssitze abgehandelt und eine Übergangsregelung vorgeschlagen, um das entsprechende Verfahren in Gang zu bringen. Obwohl der Artikel hier gegenüber dem Vergleichstext gestrafft und etwas anders gruppiert wird, gibt es im Grunde nur eine – allerdings bedeutsame – Neuerung, die die Besetzung von Bischofsstühlen betrifft.

Neu legt der vorliegende Konkordatstext fest, dass drei der vorgesehenen acht bayerischen Bischofssitze, nämlich München (und Freising), Würzburg und Regensburg, zukünftig aufgrund eines Indults vom bayerischen König und seinen katholischen Nachfolgern (alleine) ernannt werden. Als Grund wird angegeben, dass das Konkordat für die Kirche und Religion sehr vorteilhaft sei und, so ist zu ergänzen, dieses staatliche Entgegenkommen einem königlichem Gunsterweis gleichkomme, für den im Gegenzug das Nominationsrecht zu drei Bischofssitzen erwartet werden dürfe, d. h. drei Bischofssitze, die durchaus nach Status, Katholikenzahl und Fläche als bedeutsam einzuschätzen sind.

Alle anderen fünf Bischofssitze, nämlich Passau, Augsburg, Bamberg, Eichstätt und Speyer, sollen nach dem System des Vergleichstextes besetzt werden: Das Kapitel erstellt durch Wahl einen Vierervorschlag, aus dem der König die ihm genehme Person zum Bischof nominiert. Gleichgeblieben ist hingegen der Vorschlag der Übergangsregelung, wonach dem König, da die Kapitel die ihnen zugedachte Aufgabe noch nicht wahrnehmen können, die Erstnominierung für alle acht Bischofssitze sowie der Vorschlag zur Ermittlung der Höhe der Gebühren für die Bischofserhebung zukommen soll. Mit der Regelung zur Bischofsernennung hat im vorliegenden Konkordatstext die staatliche Seite mehr Gewicht bekommen, als es im kurial verantworteten Vergleichstext vorgesehen war.

Artikel 10:[1163] *Die Propsteien, sowohl bei den Metropolitan- als auch den Kathedralkirchen, wird Seine Heiligkeit verleihen. Zum Dekan wird die Königliche Majestät ernennen. Sie nominiert auch zu je zwei Kanonikaten in drei Kirchen, nämlich in München, Würzburg und Regensburg. Was die übrigen Kanonikate betrifft, wird folgendes Verfahren beachtet:*

Jedes Mal, wenn die Präbende eines Kanonikers frei wird, wird der Erzbischof oder Bischof der betreffenden Kirche, nachdem er sich nach dem Votum seines Kapitels erkundigt hat, einige würdige und erprobte kirchliche Männer Seiner Majestät vorschlagen; wen aber aus diesen der König ernennt, dem wird der Erzbischof oder Bischof die kanonische Institution geben.

In den Kapiteln sowohl der Metropolitan- als auch der Kathedralkirchen werden zukünftig nur die aufgenommen, die neben den vom heiligen Konzil von

1163 Art. 10. Praepositurās tam in metropolitanis quam in cathedralibus ecclesiis conferet sanctitas sua.

Ad decanatus nominabit regia majestas, quae nominabit etiam ad duos canonicatus in tribus ecclesiis, nempe Monacensis, Herbipolensi et Ratisbonensi.

Quod pertinet ad reliquos canonicatus sequens ordo serbitur:

Quotiescunque praependa canonicalis vacaverit archiepiscopus vel episcopus ecclesiae respectivae, exquisitis capituli sui suffragiis, aliquot dignos et qualitatibus infra recensendis praeditos ecclesiasticos viros majestati suas proponet; quem autem ex iis rex nominabit, ei archiepiiscopos vel episcopos canonicam dabit institutionem.

In capitula ecclesiarum tam metropollitanarum quam cathedralium alii in posterum non admittentur quam qui praeter qualitates a sacro concilio Tridentino requisitas in animarum cura et sacris ministeria cum laude versati sint aut archieposcopo vel episopo in administranda dioescesi adjutricem operam praestiterint vel virtutis ac scientias meritis se conspicuos reddiderint.

Vicariatus vero in iisdem metropolitanis et cathedralibus eclesiis libere ab archiepiscopo vel episcopo conferentur.

Pro hac vice tamen, quoniam capitulis nondum constitutis omnia ea, quae hoc articulo statuta sunt, servari non possunt, nuntius apostolicus collatis cum majestate sua consiliis et auditis interesse habentibus nova capitula instituet. Idem circa vicarios seu praebendarios observabitur.

Dignitarii, canonici et beneficiati omnes residentiales, uti a pluralitate beneficiorum et praebendarum juxta sacros canones prohibentur, ita ad residentiam secundum eorum canonum rigorem, salva semper sedis apostolicae auctoritate, adstringuntur.

Trient geforderten Eigenschaften auch für ihre Arbeit in der Seelsorge und ihren Dienst mit Lob bedacht wurden oder sich beim Erzbischof oder Bischof in der Verwaltung der Diözese mit hilfreichem Tun hervorgetan haben oder sich durch Tugend und Wissenschaft Verdienste und Auszeichnung erworben haben.

Die Vikariate aber werden in diesen Metropolitan- oder Kathedralkirchen frei vom Erzbischof oder Bischof verliehen.

Für dieses Mal aber, da die Kapitel noch nicht bestellt sind und sie all das, was in diesem Artikel festgelegt ist, nicht ausführen können, wird der apostolische Nuntius im Einverständnisse mit Seiner Majestät und mit Rücksicht auf die einschlägigen Interessen die neuen Kapitel einsetzen. Das Gleiche wird hinsichtlich der Vikare bzw. Präbendare beobachtet werden.

So wie den Dignitären, Kanonikern und allen zur Residenz verpflichteten Benefiziaten der Besitz mehrerer Benefizien nach den heiligen Canones untersagt ist, so sind sie auch nach der Strenge dieser Canones zur Residenz verpflichtet, stets unbeschadet der Autorität des apostolischen Stuhles.

In diesem Artikel wird das Besetzungsverfahren für die Dignitäten, Kanonikate und Domvikarien geregelt und eine Übergangsregelung vorgeschlagen, mit der das vorgeschlagene Verfahren in Gang gebracht werden kann. Außerdem sind für die Dignitäten und Kanoniker die notwendigen Qualifikationen festgelegt und Regelungen zur Residenzpflicht und der verbotenen Benefizienkumulation enthalten. Obwohl der Artikel hier gegenüber dem Vergleichstext gestrafft und etwas anders gruppiert wird, gibt es im Grunde nur wenige bedeutsame Neuerungen zu verzeichnen.

Neu ist jedoch, dass dem König ein Besetzungsrecht von je zwei Kanonikaten an den Kirchen von München (und Freising), Würzburg und Regensburg zukommt, d. h. an den Bischofssitzen, an denen der König auch das (alleinige) Nominationsrecht für die Bischöfe hat. Mit dieser Regelung bekommt der König auf diese nicht unbedeutenden Sitze einen verstärkten Einfluss.

Neu ist auch die Regelung der Besetzung aller anderen Kanonikate. Zur (Nach-)Besetzung eines Kanonikats schlägt der jeweilige (Erz-)Bischof nach Rücksprache mit dem jeweiligen Kapitel dem König einige geeignete Personen vor, von denen der König den auswählt, der ihm am genehmsten ist. Entfallen ist hier die im Vergleichstext komplizierte Regelung bei der Besetzung des Kapitelstheologen und des Bußkanonikers; sie hat sich dadurch erledigt, dass die Dignitäre und Kanoniker nach Artikel 3 dieses Textes gehalten sind, neben dem Chordienst die Aufgaben zu übernehmen, die der Bischof ihnen aufgrund ihrer Eignung zuweist, womit die Koppelung eines bestimmten Kanonikats mit einer speziellen Aufgabe und einer Person aufgegeben ist. Mit der vorliegenden

Regelung wird der kirchlichen Seite jedenfalls ein erheblicher Einfluss auf die Zusammensetzung der Kapitel zugesichert.

Neu ist hier, dass die erste Besetzung der Kanonikate und Domvikarien erstmalig durch den Nuntius geschehen soll, und zwar im Einverständnis mit dem König und unter Wahrung der Interessen der Kapitel; damit ist wohl gemeint, dass beispielsweise die noch lebenden Kanoniker der alten Domkapitel bei der Neubesetzung berücksichtigt werden. Unverändert ist hingegen folgendes geblieben: Die Dompropsteien werden vom Papst verliehen; die Domdekane werden vom König ernannt; die strenge Verpflichtung zur Residenz bleibt; ebenso das Verbot der Kumulation von Benefizien und Pfründen; die Domvikarien werden von den Bischöfen frei vergeben.

Artikel 11:[1164] *Seine Königliche Majestät präsentiert sowohl auf pfarrliche als auch einfache Benefizien auf die seine glorreichen Vorgänger, die Herzöge und Kurfürsten Bayerns, präsentierten.*

Die Erzbischöfe und Bischöfe aber verleihen weiterhin die Benefizien frei, die ihre Vorgänger in der Zeit der Herzöge und Kurfürsten frei verliehen haben. Zu den Benefizien aber, die privaten Patronatsrechts sind, wird von ihrem zuständigen Patron präsentiert. Die Erzbischöfe und Bischöfe aber werden den wie oben beschrieben Präsentierten, in denen sie die erforderlichen Eigenschaften erkennen, die kanonische Institution erteilen. Die Präsentation und Verleihung zu allen diesen Benefizien muss innerhalb der nach den kanonischen Vorschriften bestimmten Zeit geschehen, andernfalls werden diese Benefizien frei von den Erzbischöfen und Bischöfen vergeben werden.

Dieser Artikel handelt von der Vergabe der Benefizien. Gegenüber dem Vergleichstext liegt hier eine klare, kurze und unkomplizierte Regelung der Materie vor. Entfallen ist die Erwähnung des Pfarrkonkurses, die Präsentation mehrerer Kandidaten und die Auswahl der genehmen Person, denn es geht in diesem Artikel darum, wer zum Benefizium präsentiert und nicht darum, wie der

---

1164 Art. 11. Majestas sua regia praesentabit ad ea benficia tam parochalia quam simplicia, ad quae gloriosissimae ejus antecessores duces et electores Bavariae praesentabant. Archiepiscopi autem et episcopi libere conferre pergent ea, quae ipsorum praedecessores tempore ducem et electorum Bavariae libere conferebant. Quae vero juris patronatus privatorum sunt, ad ea praesentabunt eorum respective patroni. Archiepisopui autem et episcopi praesentatis ut supra, in quibus debita agnoscent requisita, canonicam dabunt institutionem. Praesentatio autem et collatio (!) ad omnia ista beneficia intra tempus a canonibus praescriptum fiet, secus ea beneficia libere ab archiepiscopo vel episcopo conferentur.

Verleihende diese Person ermittelt bzw. gefunden hat. Mit dem Verweis auf die Zeit der ‚glorreichen Herzöge und Kurfürsten' ist eine zeitliche Zäsur als entscheidendes Kriterium eingeführt; faktisch dürfte damit das Jahr 1802 gemeint sein. Die Regelung besagt: Wo im jetzigen Königreich Bayern einst die Herzöge bzw. Kurfürsten präsentiert haben, da präsentiert nun (weiterhin die staatliche Autorität, nämlich) der König die Benefiziaten und die Bischöfe erteilen die Einsetzung. Wo im Königreich Bayern einst die Bischöfe (bis 1802) die Stellen frei verliehen haben, da verleihen sie auch weiterhin frei die Benefizien. Wo Patronatsherren zu Benefizien präsentierten, präsentieren sie auch weiterhin und die Bischöfe erteilen die Einsetzung. Allerdings geht dieser Konkordatstext nicht wie der Vergleichstext auf die Benefizien ein, die einst von den untergegangenen Kapiteln der Kollegiatkirchen, den Abteien und Klöstern verliehen wurden, woraus erhebliches Konfliktpotential resultierte. Ganz im Sinne der Seelsorge ist die Bestimmung, dass die Präsentation (praesentatio) durch Patronatsherren bzw. Verleihung (collatio) durch die Bischöfe der Benefizien innerhalb der überkommenen kanonischen Frist, d. i. sechs Monate geschehen soll.

Artikel 12:[1165] *In der Leitung der Diözesen sind die Erzbischöfe und Bischöfe befugt, alles dasjenige frei auszuüben, was ihnen Kraft ihres Hirtenamtes sowohl*

1165 Art. 12. Pro regimine dioecesium archiepiscopis et episcopis id omne exercere liberum erit, quod in vim pastoralis eorum ministerii sive declaratione sive ex dispositione sacrorum canonum secundum praesentem et a sancta sede adprobatam ecclesiae disciplinam competit, ac praesertim
a) vicarios, consiliarios et adjutores administrationis suae constituere ecclesiasticos quoscunque, quos ad praedicta officia idoneos judicaverint,
b) ad statum clericalem assumere et approbatis a sacris canonibus titulis ad ordines etiam majores, praevio examine ab ipsis episcopis vel eorum vicariis cum examinatoribus synodalibus instituendo, promovere, quos necessarios aut utiles suis dioecesibus judicaverint, et e contrario, quos indignos consuerint, a susceptione ordinum arcere, quin ab ullo quovis obtentu impediri queant,
c) causas ecclesiasticas atque inprimis causas matrimoniales, quae juxta canonem 12. sess. 24. concilii Tridentini ad judices ecclesiasticos spectant, in foro eorum ecclesiastico cognoscere ac de iis sententiam ferre, exceptis causis mere civilibus clericorum, nempe contractuum, debitorum, haereditatum, quarum cognitionem et decisionem sanctitas sua laicis judicibus indulget,
d) in clericos reprehensione dignos et honestum clericalem habitum eorum ordini et dignitati congruentem non deferentes poenas a concilio Tridentino statutas aliasque, quas convenientes judicaverint, salvo canonico recursu infligere, eosque in seminariis aut domibus ad id destinandis custodiere,
poenis quoque canonicis animadvertere in quoscunque fideles ecclesiasticarum legum et sacrorum canonum transgressores,

aus der Erklärung oder der Anordnung der heiligen Canones nach der gegenwärtigen und durch die vom Heiligen Stuhl bestätigten Kirchendisziplin zusteht, insbesondere:

a) zu Vikaren, Ratgebern und Helfern ihrer Verwaltung Geistliche zu bestimmen, welche sie dafür geeignet finden werden;
b) diejenigen in den geistlichen Stand aufzunehmen, und mit den kanonischen Titeln zu den höheren Weihen zu befördern, welche sie für ihre Diözese notwendig und nützlich erachten, wenn dieselben vorher die von den Bischöfen selbst oder ihren Vikaren unter Mitwirkung der Synodal-Examinatoren vorzunehmende Prüfung bestanden haben, dagegen diejenigen, welche sie unwürdig finden, vom Empfange der Weihen auszuschließen, ohne dass sie hierin unter irgend einem Vorwand gehindert werden können;
c) kirchliche Fälle und insbesondere Ehesachen, welche nach dem Canon 12 Sess. 24 des Konzils von Trient einen geistlichen Richter erfordern, vor ihrem Gericht zu verhandeln, und durch Urteil zu entscheiden; jedoch außer den bürgerlichen Angelegenheiten der Kleriker, etwa Verträge, Schuld- und Erbsachen, deren Verhandlung und Entscheidung Seine Heiligkeit Richtern aus dem Laienstand gestattet.
d) gegen Geistliche, welche eine Ahndung verdienen, oder keine ehrbare geistliche, ihrem Stande und ihrer Würde angemessene Kleidung tragen, die von dem Konzil von Trient bestimmten oder ihnen sonst zweckmäßig scheinenden Strafen unter Vorbehalt des kanonischen Rekurses zu verhängen, und sie in Seminaren oder in dazu bestimmten Häusern zu verwahren; und auch kanonische Bußen zu verhängen über Gläubige wegen deren Übertretungen der kirchlichen Gesetze und der heiligen Canones.

---

e) cum clero et populo dioecesano pro munere officii pastoralis libere communicare, suasque instructiones et ordinationes de rebus ecclesiaticis libere publicare, praeterea episcoporum cleri et populi communicatio cum sancta sede in rebus spiritualibus et negotiis ecclesiasticis libera erit, nulloque impediatur obstaculo.

f) collatis cum regia majestate praesertim pro convenienti reddituum assignatione consiliis parochias erigere, dividere vel unire,

g) praescribere vel indicare praeces publicas aliaque pia opera, cum id bonum ecclesiae vel status aut populi postulet et invigilare, ut in ecclesiasticis functionibus, praesertim autem in missa et in administratione sacramentorum, ecclesiae formulae usurpentur et latina lingua adhibeatur.

e) in der Ausübung des geistlichen Hirtendienstes mit dem Klerus und dem Volk der Diözese frei zu kommunizieren und ihre Belehrungen und Anweisungen zu kirchlichen Themen frei zu publizieren, außerdem wird die Kommunikation der Bischöfe, des Klerus und des Volkes mit dem Heiligen Stuhl in geistlichen Dingen und kirchlichen Angelegenheiten frei sein und nichts wird sie daran hindern.

f) im Einverständnis mit der Königlichen Majestät, insbesondere zur Anweisung angemessener Bezüge, Pfarreien zu errichten, zu teilen und zu vereinigen;

g) Öffentliche Gebete und andere fromme Übungen vorzuschreiben und anzusagen, wenn dieses das Wohl der Kirche, des Staates, oder des Volkes verlangt, und darauf zu achten, dass bei den kirchlichen Verrichtungen, besonders aber in der Messe und der Ausspendung der Sakramente die kirchlichen Formeln und stets die lateinische Sprache verwandt werden.

In diesem Artikel sind grundlegende Rechte der (Erz-)Bischöfe angeordnet. Die Einleitung, die Bestimmungen unter den Buchstaben a), b), f), g) sind wortwörtlich vom Vergleichstext übernommen, unter Buchstabe e) sind die *„pastoralen Anordnungen“* ohne Sinnverlust zu *„Anordnungen“* worden.

Neu ist hingegen die Textfassung unter Buchstabe c). Die nähere Bestimmung kirchlicher Fälle, also solcher, die ihrer Natur nach oder wegen der betroffenen Personen kirchlich sind, ist ohne Sinnverlust, aber mit Verlust der Klarheit entfallen. Angefügt wurde aber, dass zivilrechtliche Gerichtsfälle von Klerikern, die ja kirchliche Personen sind, trotzdem vor Laien verhandelt und von Laien entschieden werden dürfen, sodass solche Streitsachen von Zivilgerichten entschieden werden. Damit sind klerikale Gerichts- und Standesprivilegien negiert, was durchaus der Trennung von Kirche und Staat entspricht und in einem mehrkonfessionellen und mehrreligiösen Gemeinwesen nötig ist. Neu ist auch die Textfassung unter Buchstabe d). Das im Vergleichstext allgemein statuierte Strafrecht der Bischöfe gegenüber Klerikern wird unter Nennung eines konkreten Falls erweitert, nämlich dass Geistliche unziemliche Kleidung tragen.[1166] Schließlich wird bestimmt, dass die Kleriker zum Strafvollzug in Häusern oder, das ist neu, Seminaren verwahrt werden sollen. Man kann sich des Eindrucks nicht erwehren, dass hier die kuriale Seite eher Zitate aus dem kanonischen Strafrecht durchgesetzt, denn einen Text für einen Vertrag

1166 Zur Pflicht, geistliche Kleidung zu tragen mit der Strafandrohung des Entzugs von Ämtern und Benefizien vgl. Conc. Trid., Sessio XIV, de reform. cler, c. 6, in: COD, Bd. 3, 716–717.

zwischen Häuptern zweier souveräner Rechtspersonen angezielt hat. Die Neufassung der Bestimmungen kann daher nur als misslungen und korrekturbedürftig bezeichnet werden.

Artikel 13:[1167] *Wenn die Erzbischöfe und Bischöfe der Regierung Anzeige erstatten, dass Bücher im Königreich entweder gedruckt oder eingeführt worden seien, deren Inhalt dem Glauben, den guten Sitten oder der Kirchenzucht entgegensteht, so wird die Regierung dafür sorgen, dass die Verbreitung solcher Bücher in gebührender Weise verhindert wird.*

In diesem Artikel geht es um den Schutz des Glaubens, der guten Sitten und der Kirchenzucht vor zerstörerischen Inhalten in Druckwerken. Der Artikel des Vergleichstextes ist hier subtil, doch bedeutsam verändert, wobei die inhaltliche Zielrichtung bewahrt wurde.

Neu ist, dass hier das Wort „*Zensur*" nicht mehr erwähnt wird. Außerdem ist der Akteur der angezielten Schutzfunktion hier die Regierung, die die Verbreitung der von den Bischöfen – natürlich aufgrund von kirchlicher Zensur – entdeckten und zur Anzeige gebrachten Bücher verhindern wird. Mit der Neuformulierung wird den Zuständigkeiten im staatlichen Gemeinwesen Rechnung getragen. Denn: Nicht die Bischöfe, nur die Regierung ist berechtigt und ermächtigt, die Verbreitung bestimmter Bücher zu unterbinden. Im Sinne klarer Zuständigkeiten, darf sich die Regierung nicht zum Büttel der Bischöfe machen lassen. Freilich zeigt sich hier auch die Raffinesse der textlichen Neuformulierung: Sprachlich ist die Unabhängigkeit des Staates korrekt wiedergegeben, doch sachlich bleiben die Bischöfe die Verantwortlichen für angestrebte Zensurmaßnahmen.

Artikel 14:[1168] *Seine Majestät verbietet streng, dass die katholische Religion, ihre Gebräuche und Liturgie durch Worte, Taten oder Schriften verächtlich gemacht,*

1167 Art. 13. Quoties archiepisopi et episcopi libros aut in regno impressos aut in illud introductos gubernio indicabunt, qui aliquid fidei, bonis moribus aut ecclesiae disciplinae contrarium contineant, gubernium curabit, ut eorum divulgatio debito modo impediatur.

1168 Art. 14. Majestas sua districte prohibebit, ne catholica religio ejusque ritus vel liturgia sive verbis, sive factis, sive scriptis contemnatur aut ecclesiarum antistites vel ministeri in exercendo munere suo, pro custodienda praesertim fidei ac morum doctrina et disciplina ecclesiae, quocumque modo impediantur. Desiderans praeterea, ut debitus juxta divina mandata sacris ministris honor servetur, non patietur quidquam fieri, quod dedecus ipsis affere aut eos in contemptum adducere possit; immo vero jubebit ut in quacumque occasione ab omnibus regni

oder dass die Vorsteher oder Diener der Kirche in Ausübung ihres Amtes, besonders in Wahrung der Glaubens- und Sittenlehre und der Kirchenzucht gehindert werden. Da Seine Königliche Majestät ferner wünscht, dass den Dienern der Religion die ihnen nach göttlichen Geboten gebührende Achtung bezeigt werde; so werden sie nicht gestatten, dass irgendetwas zu deren Herabwürdigung oder Verachtung geschehe, sondern vielmehr anordnen, dass ihnen von allen Obrigkeiten des Königreichs Bayern bei jeder Gelegenheit mit besonderer Achtung und in ehrenvoller Art, die ihrem Stand geschuldet ist, behandelt werden.

In diesem Artikel geht es um den Schutz, die Ausübung und Repräsentanten der Religion/der Konfession. Der erste Teil des Artikels stimmt wortwörtlich mit dem Vergleichstext überein. Im zweiten Teil stimmt der Anfang mit dem Vergleichstext überein, also die königlich gewünschte Achtung der Religionsdiener aufgrund göttlicher Gebote und deren Schutz vor despektierlichem Verhalten im weitesten Sinn. Der Schluss reklamiert hier aber keinen besonderen Gerichtsstand, sondern formuliert lediglich den königlichen Wunsch, dass die Religionsdiener von den Obrigkeiten stets geachtet und ehrenvoll behandelt werden. Somit ist in diesem Artikel insgesamt die im Vergleichstext nachdrücklich geforderte Sonderbehandlung der Kleriker auf ein Maß reduziert worden, wie es wohl allen Vertretern der (zivilen und auch kirchlichen) Obrigkeit zu Beginn des 19. Jahrhunderts zugekommen ist.

Artikel 15:[1169] *Die Erzbischöfe und Bischöfe werden vor der Königlichen Majestät einen Treueid mit folgendem Wortlaut ablegen: „Ich schwöre und gelobe auf Gottes heilige Evangelien Gehorsam und Treue Seiner Majestät dem Könige. Ebenso verspreche ich, keine Communication zu pflegen, an keinem Ratschlag Teil zu nehmen, und keine verdächtige Verbindung weder im Inland noch auswärts zu unterhalten, welche der öffentlichen Ruhe schädlich sein könnte, und wenn ich von einem Anschlag zum Nachteil des Staates, sei es in meiner Diözese oder sonst irgendwo Kenntnis erhalten sollte, solches Seiner Majestät anzuzeigen.“*

Bavariae magistratibus peculiari reverentia atque honore eorum dignitati debito cum ipsis agatur.

1169 Art. 15. Archiepiscopi et epsicopi coram regia majestate juramentum fidelitatis emittent sequentibus verbis expressum.

Ego juro et promitto ad sancta dei evangelia obendientiam et fidelitatem regiae majestati; item promitto me nullam communicationem habiturum nullique consilio interfuturum nullamque suspectam unionem neque intra neque extra conservaturum, quae tranquillitati publicae noceat; et si tam in dioecesi mea quam alibi noverim, aliquid in status damnum tractari, majestati suae manifestabo.

Dieser Artikel mit der Eidesformel des Treueides der (Erz-)Bischöfe stimmt wortwörtlich mit dem Artikel des Vergleichstextes überein.

Artikel 16:[1170] *Das Übrige, was kirchliche Angelegenheiten und Personen betrifft und in diesen Artikeln nicht ausdrücklich erwähnt wird, bleibt alles bestehen und wird gemäß geltender und anerkannter kirchlicher Disziplin behandelt werden. Sollte aber in Zukunft ein Anstand aufkommen, so behalten sich Seine Heiligkeit und Seine Königliche Majestät vor, sich darüber zu verständigen und die Sache auf freundschaftliche Weise beizulegen.*

Dieser Artikel mit den Sicherungsklauseln für den Bestand und den Rechtskreis kirchlicher Interessen sowie dem Verständigungsgebot stimmt wortwörtlich mit dem Artikel des Vergleichstextes überein.

Artikel 17:[1171] *Die gegenwärtige Übereinkunft wird alle von der Regierung bis jetzt in Religionssachen erlassenen Gesetze, Verordnungen und Verfügungen ersetzen.*

Dieser Artikel, der dem Bayerischen Staat den schwerwiegenden Verzicht auf alle bislang erlassenen staatskirchenrechtlichen Regelungen abverlangt, ist gegenüber dem Vergleichstext etwas gestrafft, aber inhaltlich gleichgeblieben.

Artikel 18:[1172] *Beide vertragsschließenden Teile versprechen für sich und ihre Nachfolger die genaue Beobachtung alles dessen, worüber man in diesen Artikeln gegenseitig übereingekommen ist, und Seine Königliche Majestät werden gegenwärtige Übereinkunft als Staats-Gesetz erklären. Ferner verspricht diese Königliche Majestät für sich und ihre Nachfolger, nie aus irgendeinem Grunde den Artikeln dieser Übereinkunft etwas anzufügen, oder daran etwas abzuändern, oder dieselben auszulegen ohne des Apostolischen Stuhls Autorität und Mitwirkung.*

1170 Art. 16. Caetera, quae ad res et personas ecclesiasticas spectant, quorum nulla in his articulis expressa facta est mentio, manebunt omnia et administrabuntur juxta vigentem et approbatam ecclesiae disciplinam; si qua vero in posterum supervenerit difficultas, sanctitas sua et regia majestas secum conferre et rem amice componere sibi reservant.

1171 Art. 17. Praesens conventio substituitur omnibus legibus, ordinationibus et decretis a gubernio circa res religionis hucusque latis.

1172 Art. 18. Utraque contrahentium pars spondet, se successoresque suos omnia, de quibus in his articulis utrinque conventum est, sancte servaturos, et a majestate regia praesens conventio lex status declarabitur.

Praeterea esdem majestas sua regia spondet, nihil unquam se successoresque suos quavis de causa articulis hujus conventionis additurος neque in iis quidquam immutaturos vel eosdem declaraturos esse absque sedis apostolicae auctoritate et cooperatione.

Die Bestimmung dieses Artikels, der ein Treueversprechen beider Seiten, den Erlass des Konkordats in der Form eines Staatsgesetzes und eine besondere Pflicht des Königs zur unversehrten Bewahrung des Konkordats enthält, ist wortwörtlich aus dem Vergleichstext übernommen.

Artikel 19:[1173] *Die Übergabe der Ratifikationsurkunden dieser Übereinkunft soll innerhalb von 40 Tagen vom Datum der Unterzeichnung an erfolgen, oder früher, wenn es geschehen kann.*

Die Bestimmung dieses Artikels, der eine Frist zur zügigen Ratifizierung des Konkordats enthält, ist wortwörtlich aus dem Vergleichstext übernommen.

Der von den Unterhändlern unterzeichnete, paraphierte Konkordatstext vom 5. Juni 1817 übernimmt die Struktur des Vergleichstextes (d. i. der Entwurf der Kurie vom 15. Oktober 1816) und in weiten Teilen auch wortwörtlich die Formulierung einzelner Artikel und somit auch die Inhalte. Trotzdem ist doch eine Reihe von Veränderungen zu konstatieren, die hier im Überblick benannt werden sollen.

Titel, Invocatio Trinitatis, Präambel; der Text wurde unverändert übernommen.

Artikel 1: Status der katholischen Kirche; wurde inhaltlich unverändert übernommen.

Artikel 2: Diözesaneinteilung in Bayern mit zwei Kirchenprovinzen; entfallen sind der Bezug auf ein zu gründendes Bistum Kempten sowie ein Hinweis auf die Fortdauer der Jurisdiktion der Hirten bis zur Umsetzung des Konkordats; entfallen ist der Hinweis auf die lebenslange Exemption einzelner Bischöfe von der Metropolitangewalt.

Artikel 3: Zusammensetzung der Kapitel und Besetzung einiger Funktionsstellen; neu ist die Reduzierung der Kanonikerstellen um jeweils zwei Kanonikate in jedem der acht Kapitel.

1173 Art. 19. Ratificationum hujus conventionis traditio fiet intra quadraginta dies ab ejusdem data aut citius, si fieri poterit.

Artikel 4:	Einkünfte und Leistungen für die Bischöfe und Kapitelsmitglieder, die auf Immobilienfonds gegründet werden; neu ist die Präzisierung, dass die Einkünfte sozusagen Nettoeinkünfte sein sollen; die Einkünfte der Dignitäten, Kanoniker und Vikare werden höher angesetzt; die Zahl der wohnungsberechtigten Kapitelsmitglieder wird jedoch reduziert; das Dotationsgeschäft ist vor der päpstlichen Institution der Bischöfe zu vollziehen.
Artikel 5:	Bischöfliche Seminare; hier werden die bischöflichen Schulen nicht mehr erwähnt. Entfallen ist für die Dozenten und Lehrkräfte die verpflichtende Ablegung eines antireformatorischen Glaubensbekenntnisses. Den Bischöfen wird ein Recht der Schulaufsicht (auch) über staatlich-öffentliche Schulen übertragen.
Artikel 6:	Einrichtung eines Emeritenhauses; wurde wortwörtlich übernommen.
Artikel 7:	Wiedererrichtung von Klöstern durch den Staat; entfallen ist die staatliche Bestandsgarantie für die seit der Säkularisationszeit (immer) noch bestehenden Klöster bzw. Konvente.
Artikel 8:	Sicherung der gegenwärtigen und zukünftig zu erwerbenden Güter kirchlicher Rechtsträger und Vermögensmassen; neu ist die wohl unbeabsichtigte Formulierung, die ein absolutes Veräußerungsverbot der bestehenden Güter und Vermögensmassen bedeutet.
Artikel 9:	Besetzung von Bischofstühlen; neu ist, dass dem König das Nominationsrecht für die Bischofssitze von München und Freising, Würzburg und Regensburg eingeräumt wird und weiters, dass die Erstbesetzung aller Bischofsstühle erstmalig durch den König geschehen soll.
Artikel 10:	Besetzung der Domkapitel. Neu ist, dass die Besetzung der Kanonikate mit einem Verfahren zwischen Bischof und König geregelt wird. Neu ist auch, dass der König das Besetzungsrecht für je zwei Kanonikate der Kapitel von München und Freising, Würzburg und Regensburg erhält sowie dass die erste Besetzung der Kanonikate und Domvikarien erstmalig durch den Nuntius geschehen soll.

Artikel 11: Vergabe der Benefizien; neu ist die klare, kurze und unkomplizierte Regelung der Materie; entfallen sind die Erwähnung des Pfarrkonkurses, die Präsentation mehrerer Kandidaten sowie eine Regelung zur Besetzung der Benefizien der untergegangenen kirchlichen Institutionen.

Artikel 12: Grundlegende Rechte der (Erz-)Bischöfe zur Leitung ihrer Bistümer; neu ist unter c.) die Klarstellung, dass bürgerliche Rechtssachen von Klerikern von staatlichen Laienrichtern entschieden werden; neu ist unter d.) das illustrierende Beispiel zum Bischöflichen Strafrecht gegenüber Klerikern und der Ort zur Strafverbüßung verurteilter Kleriker.

Artikel 13: Schutz des Glaubens, der gute Sitten und der Kirchenzucht vor zerstörerischen Inhalten in Druckwerken; neu ist, dass das Wort Zensur nicht erwähnt wird und dass der Staat als Akteur der Schutzaktionen in der Formulierung erscheint.

Artikel 14: Schutz der Religionsausübung und der Repräsentanten der Religion; entfallen ist die ausdrücklich fixierte Sonderbehandlung von Klerikern.

Artikel 15: Treueid der Bischöfe; wurde wortwörtlich übernommen.

Artikel 16: Sicherungsklausel kirchlicher Institutionen, Interessen und Verständigungsgebot; wurde wortwörtlich übernommen.

Artikel 17: Abrogation aller staatskirchenrechtlichen Bestimmungen; wurde etwas gestrafft, aber vollinhaltlich übernommen.

Artikel 18: Treueversicherung beider Seiten und Selbstverpflichtung des Königs; wurde wortwörtlich vom Vergleichstext übernommen.

Artikel 19: Ratifizierungsfrist; wurde wortwörtlich vom Vergleichstext übernommen.

Kurz und in summa:
Der Entwurf übernimmt die Ordnung der Materie in 19 Artikeln. Die ausdrücklichen Verweise auf innerkirchliche Rechtsquellen wurden reduziert. Entfallen sind das Verlangen, dass die Lehrkräfte ein antireformatorisches Glaubensbekenntnis ablegen (Artikel 5), der Verzicht auf die Ausübung einer kirchlichen Vorzensur der Druckschriften bzw. die angemessene Umformulierung der Thematik (Artikel 13) und der Verzicht auf die Forderung nach klerikalen Standesprivilegien (Artikel 14). Die zahlreichen (Ab-)Sicherungsklauseln zugunsten der Kirche, ihrer Güter, Institutionen und Rechtsanwendung (Artikel 4, 5, 8, 14) bleiben unverändert; ebenso der Statusanspruch der katholischen

Kirche (Artikel 1), das Verlangen einer Abrogation der bisherigen staatskirchlichen Gesetzgebung im Königreich Bayern (Artikel 17), die Bestimmungen zur Treueverpflichtung, dem Verständigungsgebot und dem Veränderungsverbot im Hinblick auf das Konkordat (Artikel 16, 18).

Dem Staat/König werden das Besetzungsrecht für drei Bischofssitze und die Besetzung von je zwei Kanonikaten in den Kapiteln derselben Bistümer eingeräumt.

Es ergibt sich der Eindruck, dass die kirchliche Seite bei diesem Entwurf etwas an glänzend-triumphalistischen Pathos aufgegeben hat und trotzdem die für sie wichtigen Positionen behaupten konnte. Die staatliche Seite konnte dagegen ihre Position im gegenseitigen Verhältnis durch die konzedierten Besetzungsrechte von Bischöfen und Kanonikern deutlich verbessern.

4.2.3.3 Fazit zu den Verhandlungen in den Jahren 1814–1817

Die nachrevolutionären und nachnapoleonischen Bestrebungen der staatlichen Herrschaftsstabilisierung in Europa fielen zusammen mit dem Entstehen der deutschen Nationalbewegung und dem gesellschaftlichen Übergang von der feudalen zur bürgerlichen Gesellschaft. In die geistigen Wandlungen und gesellschaftlich-politischen Übergangsprozesse waren die Katholiken, Amtsträger wie Laien, als Betroffene, Interessierte und Akteure mit eingebunden.

Der königlich-bayerischen Regierung war an einer Übereinkunft mit der Kurie zur Ordnung der kirchlichen Verhältnisse insbesondere deshalb gelegen, weil die pastorale Notlage zu einem sozialen Problem geworden war. So hatte die bayerische Regierung schon im Jahr 1814 einen Konkordatsentwurf vorbereitet, der aber nicht weiterverfolgt wurde. Beim Wiener Kongress setzte sich Bayern sehr engagiert gegen ein für ganz Deutschland geltendes ‚Einheitskonkordat' ein, in dem es eine Gefährdung seiner Souveränität erkannte. Mit derselben Zielsetzung und demselben Motiv verhinderte Bayern auch eine einheitliche Regelung der Kirchenangelegenheiten bei der Abfassung der deutschen Bundesakte im Juni 1815 und eine Übereinkunft zum selben Thema bei der Bundesversammlung im November 1816. Der Vertreter der Kurie, Kardinalstaatssekretär Consalvi, hatte zwar anfangs auf ein ‚Einheitskonkordat' für Deutschland hingearbeitet, als er aber gewahr wurde, dass damit die Gefahr der Etablierung einer Art von Nationalkirche gegeben war, wandte er sich von dieser Vorstellung ab. Sowohl die bayerische Regierung als auch die Kurie setzten nun, da sich beide in der Ablehnung eines Einheitskonkordats – aus verschiedenen Gründen – einig waren, erstmals und vorbehaltlos zusammen auf ein bayerisches Konkordat – endlich, möchte man meinen. Für beide Seiten war dabei klar, dass ein hinhaltendes Taktieren keinen Vorteil bringen würde. Es wäre wohl bei den Bürgern und Gläubigen als Skandalon aufgefasst worden, den drängenden kirchlich pastoralen Nöten, die gleichzeitig auch politisch-soziale Probleme waren, nicht durch eine schnelle Übereinkunft gegenzusteuern. Kurz: Die päpstliche Kurie und die königliche Regierung befanden sich unter Erfolgszwang; unter Druck standen insbesondere die beiden verantwortlichen Beauftragten zur Ausarbeitung einer Übereinkunft.

Im September 1816, nach dem Wiener Kongress und nach Abfassung der deutschen Bundesakte, legte die bayerische Seite eine Punktation vor, mit der im Wesentlichen die Bistumsorganisation geregelt werden sollte. Aus kirchlicher Sicht konnte das Angebot jedoch nicht ausreichen, sondern es bedurfte vielmehr einer Übereinkunft, die auch das Verhältnis von Staat und Kirche grundsätzlich regelte. In dieser Sicht war die Kurie inzwischen von den Eingaben und Nachrichten der Konföderierten in Bayern bestärkt worden. Der kuriale Konkordatsentwurf war sehr auf die Fixierung der kirchlichen Positionen bedacht und gestand der staatlichen Seite nicht (einmal das) zu, was im kurialen Konkordatsentwurf vom 10. Juli 1807 am Ende der zweiten Verhandlungsetappe der staatlichen Seite zugestanden worden war. Mit dem Konkordatsentwurf vom Oktober 1816 war daher im Grunde die kirchliche Position festgelegt. Zwei weitere Entwürfe vom Dezember 1816 und April 1817 brachten nur marginale Veränderungen. Erst im Mai 1817 konnten von bayerische Seite noch einige für Bayern günstige Veränderungen erreicht werden. Es ist daher anzunehmen, dass der bayerische Bevollmächtigte zur Überzeugung gelangt war, dass auf dem Verhandlungsweg kein besseres Ergebnis mehr erzielt werden konnte. In diesem Zusammenhang ist auch daran zu erinnern, dass die bayerische Regierung, da sie näher am Ort der bürgerlich-kirchlichen Unzufriedenheit und Erfolgserwartungen war, unter höherem Erfolgsdruck stand als die Kurie. So kam es zum Abschluss der Konkordatsverhandlungen und zur Unterzeichnung durch die beiderseitigen Bevollmächtigten, Bischof Kasimir von Häffelin und Kardinalstaatssekretär Ercole Graf Consalvi. Es war also vor allem die Festigkeit der Kurie, insbesondere des Kardinalstaatssekretärs Consalvi und weniger eine durch den Wechsel im bayerischen Außenministerium von Montgelas zu Rechberg eingetretene nachgiebige Schwäche der bayerischen Außenpolitik und auch keine Anbiederung des altgewordenen und/oder schwach gewordenen Häffelins an die Kurie, die eine substantielle Veränderung des Inhalts des angestrebten Konkordats zugunsten der bayerischen Seite nicht zuließ. So hatte man nun einen Konkordatstext fixiert, allerdings war das erzielte Ergebnis prekär – inhaltlich und damit auch formal, was sich rasch zeigen sollte.

5 Das Bayerische Konkordat 1817

Mit den Unterschriften der beiden Unterhändler, für Bayern Kasimir von Häffelin und für den Hl. Stuhl Ercole Consalvi, war ein Konkordat paraphiert worden, das nur noch der Ratifizierung des Königs und des Papstes bedurfte. So mochte man im Sommer 1817 gedacht haben und möchte man auch heute noch, insbesondere deshalb, weil die Verantwortlichen, Papst und Kurie, König und königliche Regierung formalrechtlich an kein weiteres Zustimmungsgremium gebunden waren.

Doch nun traten zunehmend Probleme auf, die daher rührten, dass das Konkordat in der Zeit von September 1816 bis Juni 1817 unter dem Druck entstanden war, schnell zu einem Abschluss zu kommen. Deshalb war die bayerische Regierung bereit, Aussagen im Konkordatstext stehen zu lassen, die der Geschichte und dem Gehalt der bayerischen Staatskirchenpolitik strikt entgegenstanden und die auch den zeitgenössischen gesellschaftlichen Verhältnissen im Königreich nicht entsprachen. Anders gewendet: Die Kurie wollte aus pastoralen Gründen ebenfalls einen zügigen Konkordatsabschluss, stand aber dabei nicht unter dem gleichen Druck wie die königliche Regierung. Außerdem war an der Kurie bekannt, dass engagierte Katholiken in Bayern einen harten Verhandlungskurs zugunsten der kirchlichen Rechtsstellung unterstützten. Von daher muss wohl festgestellt werden, dass die Kurie ihre etwas bessere Verhandlungsposition ausnutzte, um ihre Vorstellungen nachdrücklich zu vertreten, um nicht zu sagen, zu diktieren.

Die bayerische Seite konnte jedoch den von Häffelin präsentierten Text nicht gutheißen. Zu viele bislang ausgeübte Kirchenhoheitsrechte wären verloren gewesen und ihre Preisgabe hätte das Ansehen der Regierung im eigenen Land, insbesondere unter den Protestanten, Freigeistern, Aufklärern und Liberalen beschädigt. So begann die bayerische Regierung nach Wegen und Mitteln zu suchen, das erzielte Konkordat erträglich zu machen. In diesem Sinn kamen daher von bayerischer Seite folgende Punkte zur Ausführung: Nachverhandlungen, Verzögerung des In-Kraft-Tretens und Neutralisierung von Konkordatsbestimmungen. Natürlich nahm die kirchliche Seite solche Maßnahmen nicht passiv hin, sondern widersetzte sich nach anfänglichem Nachgeben vehement der Veränderung und Relativierung des Konkordats. So dauerte es schließlich etwa vier Jahre nach Paraphierung und Ratifizierung, bis im Jahr 1821 das Konkordat endlich umgesetzt wurde.

Das Ringen zwischen dem Hl. Stuhl und dem Königreich Bayern um die Deutung, die Verpflichtungen, Ansprüche und Verbindlichkeiten des Konkordats soll in diesem Kapitel nachgezeichnet werden. Danach wird der im bayerischen Gesetzblatt publizierte Text des ratifizierten Konkordats geboten, wobei der Inhalt knapp angegeben und interpretiert wird sowie die vorgenommenen Veränderungen gegenüber dem paraphierten Text erwähnt werden.

5.1 Der holprige Weg zu Ratifizierung, Publikation und Wirksamkeit

Als das vom bayerischen Bevollmächtigten Häffelin und dem Kardinalstaatssekretär Consalvi unterschriebene Konkordat in München ankam, löste es in der Ministerrunde heftige Diskussionen aus. Bemerkenswert erscheint dabei die Auffassung des Innenministers Thürheim, der ganz in der Tradition von Montgelas, eine Politik der geheimen Vorbehalte befürwortete,[1174] d. h., dass man zwar bereit war, das Konkordat zu unterzeichnen, sich zugleich aber vorbehielt, den Text entgegen den Buchstaben zu interpretieren bzw. durch separate Verordnungen zu unterlaufen. Allein so zu denken, zeigt, unter welchem Druck die königliche Regierung stand, das Vorhaben des Konkordats zu einem Abschluss zu bringen und es zeigt auch, dass die Konkordanz, die Übereinstimmung von Herz und Gesinnung, nicht hergestellt war.

5.1.1 Nachverhandlungen und Ratifizierung

Der bayerische Staatsminister des Äußeren und des königlichen Hauses, Aloys Graf von Rechberg, fertigte unter dem 7. August 1817 ein Gutachten, in dem er aus bayerischer Sicht die staatskirchenrechtlichen Mängel des abgeschlossenen Konkordats aufführte, sie klassifizierte und bewertete sowie eine strategische Lösung der problematischen Punkte skizzierte, ebenfalls ganz im Sinne eines eventuell nötigen, stillschweigenden Vorbehalts.[1175] Der Ministerrat einigte sich am 7. September 1817 darauf, dem Bevollmächtigten Häffelin in Rom durch eine Instruktion[1176] zu beauftragen, wenigstens die wesentlichsten landesherrlichen Rechte im Text des Konkordats nachzubessern. Zur Sicherheit

1174 Vgl. dazu Sicherer, Staat und Kirche, 239.

1175 Gutachten bei Sicherer, Urkunde Nr. 19, 71–77; Quelle: K. Staatsministerium des K. Hauses und Aeusseren. Zum vom Staatsminister empfohlenen Vorbehalt vgl. die Ausführungen bei Sicherer, Staat und Kirche, 241–243.

1176 Der Text der Instruktion bei Höfler, Concordat und Constitutionseid, 77–99.

der Ausführung des Auftrags und um Häffelin zu überwachen, wurde die Instruktion vom Bruder des Außenministers, dem geheimen Legationsrat Anton Johann Nepomuk Graf von Rechberg, nach Rom gebracht. Kardinalsstaatssekretär Consalvi gab nach, sodass der Vertragstext in einigen (marginalen) Punkten geändert wurde „*mit Rücksicht darauf, dass der Abschluss eines Konkordats mit Bayern auch anderen Konkordaten, insbesondere mit dem Wiener Hof für das Kaisertum Österreich, die Wege ebnen könnte.*“[1177] Als aber von bayerischer Seite auch Forderungen nach dem Beibehalten landesherrliche Rechte erhoben wurden, wollte Consalvi die Verhandlungen am 4. Oktober 1817 abbrechen. Nur dem Eingreifen des französischen Gesandten beim Heiligen Stuhl war es zu verdanken, dass die Verhandlungen nicht endgültig scheiterten. Am 14. Oktober 1817 sandte Häffelin den mit der Kurie weiter- bzw. nachverhandelten Konkordatstext nach München. Als der Text der bayerischen Ministerrunde vorlag, einigten sich die Minister auf Vorschlag des Außenministers, Graf von Rechberg, darauf, eingedenk dessen, dass das Französische Konkordat von 1801 durch die von Napoleon einseitig erlassenen gallikanisch-staatskirchenrechtlich geprägten Organischen Artikel neutralisiert worden war, nun selbst beim ausgehandelten bayerischen Konkordat eine Politik des geheimen Vorbehalts zu verfolgen. Dies bedeutete, dem König die Ratifizierung zu empfehlen, dabei selbst aber eine dem Konkordat widersprechende, dissidente Gesinnung zu behalten und gegebenenfalls entsprechend zu handeln – eine Entscheidung, die sich später immer wieder neu als konfliktträchtig und unheilvoll herausstellen sollte.[1178]

Nach der Zustimmung des bayerischen Ministerrats ratifizierte König Maximilian I. Joseph den Entwurf durch seine Unterschrift am 28. Oktober 1817,[1179] wobei als Datum der 5. Juni 1817 beibehalten wurde. Die päpstliche Ratifizierung erfolgte dann am 14. November 1817.[1180]

1177 Doeberl, Konkordatsverhandlungen, 124.

1178 Vgl. Listl, Konkordatäre Entwicklung, 433.

1179 Die königliche Ratifizierung ist zusammen mit dem Text des Konkordats publiziert worden, in: Conventio inter Sanctissimum Dominum Pium VII. Summum Pontificem et Majestatem Suam Maximilianum Josephum Bavariae Regem – Übereinkunft zwischen Sr. Heiligkeit Pius VII. und Sr. Majestät, Maximilian Joseph, König von Baiern, lt. – dt., in: Gesetzblatt für das Königreich Baiern, 1818, Stück XVIII, 399–436.

1180 Die päpstliche Ratifizierung ist publiziert zusammen mit dem Text des Konkordats, in: Conventio inter sanctissimum Dominum Pium VII. Summum pontificem et majestatem suam Maximilianum Josephum Bavariae regem, in: Bull. Rom. Cont., Rom 1849, XIV, 434–440.

Hierbei ist festzuhalten, dass der Text, den der König aufgrund der Nachverhandlungen am 28. Oktober 1817 für das Königreich Bayern ratifizierte, nicht der Text war, den Staatssekretär Consalvi erstmals am 5. Juni 1817 zusammen mit dem bayerischen Bevollmächtigten Häffelin unterzeichnet hatte. Häffelin hatte mit Note vom 28. Oktober 1817 den Auftrag erhalten, Kardinalsstaatssekretär Consalvi die am 5. Juni 1817 unterzeichnete Ausfertigung des Konkordatstextes zurückzugeben. Diese sollte ersetzt werden durch eine Textfassung, deren Wortlaut mit der Fassung der königlichen Ratifikation identisch war und, rückdatiert auf den 5. Juni 1817, erneut von beiden Bevollmächtigten unterzeichnet und besiegelt werden sollte. Die römische Kurie stimmte diesem Vorschlag zu. Mit Datum vom 22. November 1817 sandte Häffelin die auf den 5. Juni 1817 datierte und vom Papst unterzeichnete zweite und verbindliche Ausfertigung des Konkordats zurück nach München.[1181] Kurz: Das Bayerische Konkordat vom 5. Juni 1817 wurde textlich im Oktober 1817 fixiert und im Oktober bzw. November d. J. durch die Souveräne ratifiziert.

5.1.2 Verzögerte Publikation – publizistischer Kampf und Widerspruch

Natürlich wurde die Ratifizierung des Konkordats durch den bayerischen König von der Kurie in Rom begrüßt. Am 15. November 1817 verkündete der Papst den Abschluss des Konkordats in einem feierlichen Konsistorium. An den bayerischen König richtete er am 21. November 1817 ein Dankschreiben. Was nun noch fehlte, war die Publikation des Konkordats als Staatsgesetz entsprechend Artikel 18 des ratifizierten Konkordats durch die bayerische Regierung.

Die dann tatsächlich eingetretene Verzögerung führte dazu, da der Text des Konkordats trotz der Geheimhaltungsabsicht der bayerischen Regierung bekannt wurde, dass ein Parteienstreit, v. a. in Form publizistischer Auseinandersetzungen im Königreich Bayern, aber auch in Deutschland über das Konkordat begann.

Eine andere Deutung besagt, dass die Bekanntwerdung des Konkordatstextes von der Regierung gewollt war und der Parteienstreit der Regierung einen willkommenen Grund lieferte, die Publikation hinauszuschieben. Die Regierung verschob daher *„die Publikation, weil sie von Anfang an, d. i. seit dem Jahre 1802, die Absicht hatte, den staatskirchenrechtlichen Territorialismus aufrecht zu halten und die Souveränität des Staates über die Kirche auch in kirchlichen Angelegenheiten durch organische Artikel zu sichern. Sie sei in dieser*

1181 Zu diesen Vorgängen vgl. Listl, Konkordatäre Entwicklung, 434, Fußnote 29.

Verzögerung nicht ungern bestärkt worden durch den entstandenen Kampf der Parteien um das Konkordat."[1182]

In diesem Streit standen sich somit gegenüber: einerseits liberal-katholische Kreise, die die Ideale der Aufklärung verinnerlicht hatten, sowie politische Reformanhänger und Befürworter des staatskirchliche Territorialismus, aber auch einflussreiche protestantische Kreise, andererseits strengkirchliche katholische Gruppen, unter ihnen die Konföderierten, die das Konkordat verteidigen und seine Umsetzung nachdrücklich einforderten.

Die Repräsentanten der protestantischen Gläubigen waren offensichtlich so beunruhigt, dass ihre Sorgen und Bedenken von der Regierung wahrgenommen und zerstreut werden mussten, wozu am 12. März 1818 ein königliches Reskript erlassen wurde.[1183]

Für die Kurie und die sie unterstützenden Katholiken gab es trotzdem Gründe, im Hinblick auf das Konkordat und seine Publikation Gutes zu erhoffen. Denn am 15. März 1818 äußerte sich der König dem Papst gegenüber sehr zufrieden über das Konkordat, das die Beziehungen zwischen Kirche und Staat nun in einer Weise ordne, sodass keinerlei Auseinandersetzungen mehr zu befürchten seien. Zugleich bat der König den Papst um den Kardinalspurpur für den bayerischen Gesandten Bischof Kasimir von Häffelin, der sich durch seinen Einsatz für den Abschluss des Konkordats um Kirche und Staat verdient gemacht habe. Gegen die Widerstände vieler Kardinäle erfüllte Papst Pius VII. schließlich die Bitte des Königs und verlieh am 6. April 1818 Häffelin im Konsistorium die Kardinalswürde.[1184]

1182 Doeberl, Konkordatsverhandlungen, 125. Zum publizistischen Kampf um das Konkordat und den Schlüsselfiguren der verschiedenen Lager vgl. Hausberger, Staat und Kirche, 210–222.

1183 Der Text bei Sicherer, Urkunde Nr. 20, 77–78.

1184 Bull. Rom. Cont. t. XV, 33 Zur Kardinalserhebung Häffelins vgl. Hausberger Staat und Kirche, 220–221. Siehe auch die Darstellung aufgrund der vatikanischen Quellen bei Bastgen, Bayern, I, 201–216. Gründe gegen die Verleihung des Kardinalspurpurs fanden sich in der Vergangenheit Häffelins, der einst dem Illuminatenorden angehört und zumindest zeitweise im Konkubinat gelebt hatte.

5.1.3 Die bayerische Verfassung von 1818 im Widerstreit zum Konkordat

Das Konkordat war (immer) noch nicht als Staatsgesetz verkündet, als am 26. Mai 1818 die neue Bayerische Verfassung[1185] in Kraft trat. Dieser Verfassung waren insgesamt zehn Edikte als Beilagen angefügt. Beilage II beinhaltete das Religionsedikt; *Zweyte Beylage zur Verfassungs-Urkunde des Reichs. Tit. IV. § 9 Über die äußern Rechts-Verhältnisse der Einwohner des Königreichs Bayern, in Beziehung auf Religion und kirchliche Gesellschaften.*[1186] Dem Religionsedikt wiederum war als Anhang I das Konkordat mit dem Hl. Stuhl[1187] beigegeben.

In den Text der Verfassung waren Bestimmungen aufgenommen worden, welche dem Konkordat offen widersprachen. So heißt es etwa in Titel IV § 9 der Verfassung: *„Die in dem Königreiche bestehenden drey christlichen Kirchen-Gesellschaften genießen gleiche bürgerliche und politische Rechte."* Die hier ausgesprochene Parität widerstreitet den Rechten und Prärogativen, die der katholischen Kirche gemäß Art. 1 des Konkordats zukommen. Im selben Verfassungsartikel heißt es ferner: *„Die geistliche Gewalt darf in ihrem eigentlichen Wirkungskreise nie gehemmt werden, und die weltliche Regierung darf in rein geistlichen Gegenständen der Religions-Lehre und des Gewissens sich nicht einmischen, als in soweit das Obersthoheitliche Schutz- und Aufsichts-Recht eintritt, wonach keine Verordnungen und Gesetze der Kirchen-Gewalt ohne vorgängige Einsicht und das Placet des Königs verkündet und vollzogen werden dürfen."* Die im ersten Teil des Abschnitts den Kirchen eingeräumten Freiheiten werden demnach sofort relativiert mit Verweis auf das Schutz- und Aufsichtsrecht des Staates (ius advocatiae, ius inspectionis), aus dem auch das vorgängige Plazet (placetum regium) für kirchlich-amtliche Veröffentlichungen abgeleitet wird. Die hier genannten

---

1185 Die Verfassungsurkunde wurde am 26.05.1818 verkündet, am 27.05.1818 vom König beeidet und am 06.06.1818 in Gesetzblatt für das Königreich Bayern 1818, Stück VII, 101–140 publiziert.

1186 Das Religionsedikt wurde am 17.06.1818 veröffentlicht, Gesetzblatt für das Königreich Bayern 1818, Stück IX, 149–180.

1187 Am 22.07.1818 erfolgte die Publizierung des die innern Katholischen Kirchen-Angelegenheiten im Königreiche ordnende Concordat mit Sr. Päbstl. Heiligkeit Pius VII. (Anhang I zu dem 103. §. des Edicts über die äußern Rechtsverhältnisse der Einwohner des Königreichs Bayern, in Beziehung auf Religion und kirchliche Gesellschaften in der Beylage II zu dem Tit. IV § 9 der Verfassung-Urkunde des Königreichs Bayern), Gesetzblatt für das Königreich Bayern 1818, Stück XVIII, 397–436.

Anhang II zum Religionsedikt war übrigens das Edikt über die innern Angelegenheiten der protestantischen Gesamtgemeinde in dem Königreiche.

staatlichen Rechte, die den überkommenen Kirchenhoheitsrechten der Zeit vor der Säkularisation entsprechen, stehen somit dem Konkordatstext entgegen.

Das Religionsedikt zur neuen Bayerischen Verfassung war im Wesentlichen eine überarbeitete Fassung des Religionsedikts vom 24. März 1809,[1188] das u. a. die Religions- und Gewissensfreiheit, die konfessionelle Parität sowie das Schutz- und Aufsichtsrecht des Staates in Form eines königlichen Plazets enthalten hatte. Im Religionsedikt von 1818 finden sich nun folgende Materien geregelt: volle Religions- und Gewissensfreiheit; Bekenntnisfreiheit für Volljährige; Regelung über die Religionszugehörigkeit von Kindern aus konfessionsverschieden Ehen; Parität von Katholiken, Lutheranern und Reformierten; freie Eigenverwaltung in Belangen der inneren Religionsverhältnisse (iura in sacra); staatlicher Anspruch ausschließlicher Gesetzgebungs- und Gerichtsgewalt über äußere Religionsangelegenheiten (iura circa sacra); weitreichende Mitbestimmung des Staates bei res mixtae; staatliche Kontrolle gegen Missbrauch geistlicher Gewalt (recursus ab abusus) und königliches Plazet für alle kirchlichen Anordnungen.

So ergab sich die Situation, dass das Konkordat der neuen bayerischen Verfassung und dem neuen Religionsedikt unvermittelt entgegenstand. Dabei war das Konkordat, das ja erst wenige Monate vorher von bayerischer Seite ratifiziert worden war, mit der Absicht angestrebt und geschlossen worden, die aus den früher beanspruchten Rechten des Staatskirchentums herrührenden Konflikte zwischen staatlichem und kirchlichem Recht zu lösen sowie die daraus hervorgehenden Probleme zu beseitigen.

Als daher die Nachrichten und Texte der neuen bayerischen Verfassung nebst Beilagen und Anhängen in Rom eintrafen, war die Kurie alarmiert.[1189] Um sie zu beruhigen wurde von der bayerischen Regierung ausgerechnet ein Konföderierter, Kanonikus Hellferich,[1190] nach Rom gesandt, der noch kurze

---

1188 Vgl. Königlich-Bairisches Regierungsblatt 1809, 897–920.

1189 Listl (Konkordatäre Entwicklung, 437) schriebt etwa: „*An der römischen Kurie war man über die Tatsache, dass das Konkordat nicht als selbständiges Gesetz, sondern als bloßer Annex zur Verfassung und zum Religionsedikt veröffentlicht werden sollte, verständlicherweise empört*".

Reaktionen zur neuen Verfassung finden sich in einem anonymen Bericht (‚Les articles de la constitution de Bavière […] ont alarmé la cour de Rome.') vom 20.07.1818 und in einem Schreiben des bayerischen Geschäftsträgers in Neapel (‚la nouvelle constitution, qu'on regarde dans les salons du Vatican comme l'ouvrage des illuminés.') vom 11.08.1818. Die Texte bei Sicherer, Urkunde Nr. 21 und 22, 78–80.

1190 Joseph Anton Hellferich (es gibt unterschiedliche Schreibweisen des Namens!), geboren am 18.01.1762 in Miltenberg (Bastgen, Bayern, I, 410, gibt als Geburtsort Amberg an), gestorben am 26.03.1837 in Bamberg. Hellferich kam im Zuge seiner

Zeit zuvor die bayerische Religionspolitik polemisch gegeißelt hatte. Außerdem erging am 9. September 1818 eine königliche Depesche[1191] an den bayerischen Gesandten in Rom, Kardinal Häffelin, mit der das Kommen Hellferichs angekündigt wurde und der König zu erkennen gab, dass er um die Reaktionen an der Kurie wisse und trotzdem an der Konstitution und den als integralen Bestandteil dazugehörigen Gesetzen (im französischen Original: ‚loix organiques'[1192]) nichts verändern könne, da es dazu der Zustimmung der Kammern der Ständeversammlung bedürfe. Schließlich, so der Text der Depesche weiter, gelte es, die Besonderheiten der deutschen Verhältnisse und die Tatsache zu berücksichtigen, dass im Königreich 1,2 Millionen Protestanten leben, die ihre

---

theologischen Studien ins Bistum Speyer, wurde Kanonikus in Bruchsal, danach Sekretär des Speyrer Weihbischofs Andreas Seelmann; dieser war in Oberleiterbach im Bistum Bamberg geboren worden, war Kirchenrechtler und Offizial sowie Kanoniker am Stift St. Gangolf in Bamberg, bevor er als Regens nach Bruchsal berufen wurde; Seelmann galt als Promotor der katholischen Aufklärung und Reform. Hellferich wurde schließlich Präbendar der Speyrer Domkirche und blieb bis zum Ende der napoleonischen Ära pastoral in Speyer tätig. Seit 1814 gehörte Häffelin zum Kreis um den Würzburger Weihbischof Gregor von Zirkel und setzte sich mit Zirkel gegen die Bestrebungen Wessenbergs zur Schaffung einer deutschen Nationalkirche ein. Hellferich begab sich mit dem Wormser Domdekan Wambold zu Umstatt und dem Mannheimer Advokaten Carl Joseph Schies zum Kongress nach Wien, um dort als ‚Oratoren' die deutschen kirchlichen Interessen zu vertreten. Die drei arbeiteten mit Kardinalstaatssekretär Consalvi zusammen. Nach dem Wiener Kongress zog Hellferich zunächst mit Consalvi nach Rom, wo er sich weiterhin für die Belange der deutschen Katholiken einsetzte. 1817/1818 war er neben dem bayerischen Gesandten Häffelin im Auftrag der königlich bayerischen Regierung am Zustandekommen des Bayerischen Konkordats beteiligt. Er war umtriebig und gut vernetzt mit zahlreichen Persönlichkeiten des kirchlichen und politischen Bereichs. Am 28.10.1821 wurde er zum Domkapitular des Erzbistums Bamberg ernannt und am 11.11.1821 als solcher installiert.

Zu Helferich auch eine abwertende Einschätzung des päpstlichen Nuntius in Wien, Leardi, wiedergegeben bei Hausberger, Staat und Kirche, 238–239; vgl. auch die abwertende Charakterisierung bei Bastgen, Bayern, I, 409–412.

1191 Der Text der königlichen Depesche bei Sicherer, Urkunde Nr. 23, 81–82.

1192 Diese Wortwahl erinnert wohl nicht unabsichtlich an die napoleonischen ‚articles organiques', mit denen das französische Konkordat von 1801 weitgehend zum Nachteil der Kirche ausgehebelt worden ist; das bayerische Religionsedikt von 1818 war also ein Organisches Gesetz nach dem Vorbild der französischen Organischen Artikel von 1801; damit sollte ein feierlich abgeschlossenes Konkordat (= Übereinkunft!) für den Staat erträglich gemacht werden.

Rechte auf die Gewissensfreiheit vor den Bundestag in Frankfurt bringen würden, wo das Konkordat öffentlich schon mit Missfallen aufgenommen worden sei. Er, der König, sorge treu und zuverlässig für die Umsetzung des Konkordats, wovon sich der Kanonikus Hellferich habe überzeugen können. Falls sich Rom der Evidenz der Gründe verweigere, könne er eine solche Blindheit, die unkalkulierbare Folgen zeitigen werde, nur beklagen.

Der Gesandte zog seine Schlüsse aus der Depesche und gab am 27. September 1818 im Namen des Königs eine Erklärung[1193] des Inhalts ab, dass sich das Religionsedikt auf die Nicht-Katholiken beziehe, während für die Katholiken das Konkordat als Norm zu gelten habe und dass sich außerdem der im Religionsedikt geforderte Eid auf die Verfassung nur auf die bürgerliche Ordnung beziehe, keinesfalls aber jemanden binde, gegen die Gesetze Gottes und der Kirche zu handeln.

Natürlich löste die Erklärung Häffelins im Namen des Königs bei Papst und Kurie Erleichterung und Freude aus. Im geheimen Konsistorium am 2. Oktober 1818 gab der Papst die Deklaration den Kardinälen bekannt und lobte in seiner Ansprache[1194] den bayerischen Monarchen, der den Schmerz des Hl. Stuhls vollständig beseitigt habe. Aufgrund der Erklärung Häffelins wurde nun auch der für Bayern ausersehene Nuntius Francesco Serra di Cassano angewiesen, nach München abzureißen, wobei ihm als landeskundigen Berater ein Benediktiner des Klosters Malmedy der 1794 aufgehobenen Reichsabtei Stablo-Malmedy, Paul Dumont, beigeordnet wurde.

Der Erklärung Häffelins wurde jedoch durch königliches Reskript vom 7. November 1818, das teilweise den Wortlaut der Verfassung verwendete, als

---

1193 Text der Erklärung Häffelins bei Hausberger, Staat und Kirche, 242–243 mit Angaben zu den kurialen und staatlichen Quellen. Hausberger konstatiert: Es standen die Sätze der Erklärung, „*die das Religionsedikt nur für die Nichtkatholiken gelten ließen und den Verfassungseid ausschließlich auf die bürgerliche Ordnung bezogen, nicht nur im Widerspruch zur Instruktion, sondern auch, was wesentlich stärker ins Gewicht fiel, in Unvereinbarkeit mit dem geltenden Landesrecht. Denn der König war nicht befugt, die einmal gegebene Verfassung ohne Mitwirkung der Kammern abzuändern oder auszulegen.*“, ebd. 243. Mit dieser Erklärung hat sich Kardinal Häffelin jedenfalls als vertrauenswürdiger Gesandter der bayerischen Regierung desavouiert.

1194 Der Text der Allocutio in: Bul. Rom. Cont., XV, 119–121, darin ist der Text der Erklärung Häffelins in lateinischer Sprache eingeschoben, ebd. 120; die Erklärung ist in Italienisch als ‚Dichiarazione di s. m. il re di Bavierera‘ der Allocutio im Bullarium angefügt, ebd. 120–121.

nicht zutreffend widersprochen.[1195] Das Reskript ging davon aus, dass sich die Erklärung Häffelins nur auf das Edikt für die Protestanten beziehen könne, weil sich das Religionsedikt als ein für alle Untertanen gleich verbindliches Staatsgrundgesetz verstehe. Der König sei daher entschlossen, die Übereinkunft mit dem Heiligen Stuhl treu und pünktlich vollziehen zu lassen, bestehe aber auch mit Festigkeit darauf, dass das Religionsedikt, welches die unveräußerlichen Majestätsrechte sichere (das ist die Perspektive und Wortwahl des Staatskirchentums des Absolutismus) und die äußeren Rechtsverhältnisse der verschiedenen Kirchengesellschaften regle, genau befolgt und der auf die Verfassungsurkunde geleistete Eid gewissenhaft beobachtet werde.

Mit dem Reskript wird zugleich die Gewichtung der Gesetzestexte aus bayrischer Sicht zementiert: Die Verfassung und das Religionsedikt gelten als allgemeines Staatsgrundgesetz, das Konkordat und das Protestantenedikt als Staatsgesetze. Mit dem königlichen Reskript blieb somit der Widerspruch zwischen Konkordat und Edikt bestehen.

Nicht unerwähnt soll hier bleiben, dass es im November 1818 auch im Hinblick auf die im Konkordat vereinbarten Dotationen noch erheblichen Konfliktstoff und Klärungsbedarf gab.

5.1.4 Auseinandersetzungen um den Verfassungseid

Die bayerische Konstitution und das damit verbundene Religionsedikt waren für die Kurie nicht akzeptabel. Papst Pius VII. protestierte beim König mit einem Apostolischen Schreiben[1196] vom 13. Januar 1819 und teilte dem Herrscher die von ihm aus den Vorgängen und den Erklärungen der bayerischen Seite zum Konkordat, zur Verfassung und zum Religionsedikt gezogene Folgerung mit, nämlich: Dass es geboten sein könnte, den Katholiken zu raten, keinen bedingungslos Eid auf die neue Gesetzgebung abzulegen, den die Regierung von ihnen verlange. Er erwarte ferner, dass die Dinge wieder in den Stand versetzt werden, in dem sie sich vor der Erklärung im königlichen Reskript vom 7. November 1818 befanden. Zugleich vertraue er darauf, dass er nicht

1195 Der Text des königlichen Reskripts in Deutsch bei Sicherer, Urkunde Nr. 25, 85–86. Dem Reskript liegt eine scharfsinnige und nüchternstaatskirchenrechtliche Analyse von Häffelins Erklärung und ihren möglichen Folgen durch Finanzminister Lerchenfeld zugrunde; diese findet sich bei Sicherer, Urkunden Nr. 24, 82–85.

1196 Der Text des italienisch abgefassten Apostolischen Schreibens bei Sicherer, Urkunde Nr. 26, 87–88.

gezwungen werde, seiner heiligen Pflicht zum Schutz von Kirche und Glaube nachkommen zu müssen. Am selben Tag sandte Kardinalstaatssekretär Consalvi eine Note[1197] an den bayerischen Außenminister in der er darlegte, welches Erstaunen und welche Bitterkeit das königliche Reskript, mit dem Häffelins Erklärung zurückgezogen worden war, beim Papst ausgelöst habe und dass der Papst, falls es beim gegenwärtigen Stand bliebe, sich genötigt fühlen würde, den geforderten uneingeschränkten Eid auf die Verfassung und die weitere damit zusammenhängende Gesetzgebung für die Katholiken im Königreich Bayern zurückweisen zu müssen. Außerdem teilte der Nuntius in München, Serra-Cassano, dem bayerischen Außenminister im Januar 1818 eine Erörterung[1198] mit, in der er grundsätzlich darlegte, inwiefern die bayerische Verfassung und das dazugehörige Religionsedikt den Grundsätzen und Prinzipien der katholischen Religion widersprächen. Er führte an einigen Belegstellen konkrete Beispiele des Widerspruchs aus, der zwischen dem Religionsedikt als Anlage 2 zur Bayerischen Verfassung und dem Konkordat bestand und nicht aufzulösen sei, weshalb auch die wiederholt beteuerte Versicherung der bayerischen Seite, das Konkordat treu und genau umzusetzen, unmöglich einzulösen sei.[1199] Dieser Lehrerörterung kommt *„eine besondere Bedeutung zu, da in ihr die Unvereinbarkeit von modernem staatsrechtlichen und streng kirchlich-kanonistischem [sic!] Denken schroff zutage tritt.“*[1200]

1197 Text und Quellenangabe der italienisch verfassten Note bei Sicherer, Urkunde Nr. 27, 89–91. Die Note des Kardinalstaatssekretärs Consalvis macht deutlich, dass Häffelin auch für die Kurie als vertrauenswürdiger Verhandlungspartner ausgeschieden ist. Häffelin beschwert sich in einem Brief an den Kronprinzen Ludwig, dass er für die Unbill verantwortlich gemacht werde, die er hatte nicht vermeiden und nicht verhindern können. *„Ganz unberechtigt war diese Klage, wie die Zukunft erweisen sollte, nicht. Denn seit Erlass der Verfassungsurkunde stand zwischen Bayern und dem Heiligen Stuhl eine Streitfrage zur Lösung an, für die es im Grunde keine Lösung gab, zumindest nicht eine beide Seiten befriedigende.“*, Hausberger, Staat und Kirche, 260.

1198 Fogli dottrinali alla Constituzione di Baviera e suoi annessi. Text und Quellenangabe der italienisch abgefassten Erörterung bei Sicherer, Urkunde Nr. 28, 91–95.

1199 *„Del paralello con i soli articoli del concordato riportati di sopra con le corrispondenti articoli dell᾽ appendice seconda rendesi per modo manifesta la reciprova loro opposizione, che niuno potrà mai ragionevolmente persuadersi, che con la conservazione dell᾽ appendice seconda sia compatibile quella fedele e scrupulosa osservanza del concordato, che ripetutamente si promette e che intrinsecamente è impossibile a realizarsi.“*, ebd 95.

1200 Hausberger, Staat und Kirche, 261.

Mit zunehmender Deutlichkeit und Schärfe legen daher Papst, Kardinalstaatssekretär und Nuntius dar, dass der Widerspruch zwischen Konkordat und bayerischer Gesetzgebung unüberbrückbar geworden ist. Damit wurde zugleich begründet, insbesondere durch die Darlegungen des Nuntius, dass der Papst nicht umhinkommen werde, den von bayerischer Seite geforderten Eid auf die Verfassung (und das damit verbundene Religionsedikt) in der Art zu qualifizieren, dass dieser den bayerischen Katholiken nicht ohne Einschränkung abverlangt werden darf, weil die Verfassung und Gesetzgebung den kirchlichen Interessen und den konstitutiven Prinzipien der katholischen Religion und Kirche widersprechen.

Die römischen Dokumente trafen just zu der Zeit in München ein, als die Eröffnung der Ständeversammlung, die in die Erste Kammer der Reichsräte und die Zweite Kammer der Abgeordneten gegliedert war, am 23. Januar 1819 bevorstand. Zur Kammer der Reichsräte gehörten die designierten Metropolitanerzbischöfe von München und Freising, Lothar Anselm Freiherr von Gebsattel[1201] sowie von Bamberg, Joseph Graf von Stubenberg, außerdem der ernannte Bischof von Regensburg, Johann Nepomuk Freiherr von Wolf.[1202] Für die Zweite Kammer waren zehn geistliche Vertreter bestimmt worden, darunter Johann Neubauer[1203], Pfarrer von Amlingstadt.[1204]

1201 Lothar Karl Anselm Joseph Freiherr von Gebsattel (1761–1846). 1796 Wahl zum Domdekan in Würzburg. Nach der Säkularisation stand er im Dienste des neuen Landesherrn von Würzburg, Ferdinand von Toscana. Als 1814 das ehemalige Fürstbistum an Bayern fiel, zog er sich ins Privatleben zurück. Als Erzbischof mühte er sich um Einigkeit im bayerischen Episkopat und führte einen zähen Kampf um die unveräußerlichen Rechte der Kirche, wodurch er in den Fragen des unbedingten Verfassungseides, der Kollationsrechte, der Mischehen und des königlichen Placets in Konflikt mit dem Staat geriet. Biographische Daten vgl. Sieweck, Gebsattel, 123.

1202 Allgemeines Intelligenzblatt für das Königreich Baiern, 1819, 1, 7.9.

1203 Johann Neubauer, aus Reichenbach bei Teuschnitz im Frankenwald. Geboren am 3. März 1755, Priesterweihe am 19. April 1783. Als Kooperator, Kaplan und Kurat eingesetzt in Hallstadt, Weismain, Hollfeld, Gößweinstein und Bayreuth, Pfarrer in Amlingstadt seit 1795, Definitor 1799, Schulkommissar des Landgerichtsbezirks Bamberg I 1804, Distriktschulinspektor 1810, Dekan 1812. Mitglied der Ständeversammlung der Perioden 1819 und 1822 als Abgeordneter der Geistlichkeit des Obermain- und Rezatkreises. 1834 Auszeichnung mit der Medaille des königlich-bayerischen Ludwigordens, 1834 auch Erzbischöflicher Geistlicher Rat. Der rührige und ausgezeichnete Seelsorger verstarb am 26 März 1840 in Amlingstadt. Angaben aus dem General-Personal-Schematismus der Erzdiözese Bamberg 1007–1907, Nr. 7031.

1204 Zur Ernennung vgl. Intelligenzblatt für das Königreich Baiern, 1819, 7, 113.

Vor dem Beginn der Sitzungen hatten die Mitglieder beider Kammern den Eid auf die Konstitution abzulegen bzw. den Text mit ihrer Unterschrift einzusenden, der lautete: „*Ich schwöre Treue dem Könige, Gehorsam dem Gesetze, Beobachtung und Aufrechterhaltung der Staatsverfassung und in der Ständeversammlung nur des ganzen Landes allgemeines Wohl und Beste ohne Rücksicht auf besondere Stände oder Klassen nach meiner innern Überzeugung zu berathen; – So wahr mir Gott helfe und sein heiliges Evangelium.*“[1205] Um diesen Verfassungseid entspann sich eine hartnäckige Auseinandersetzung,[1206] da mit dem Eid die Diskrepanz zwischen staatlicher Gesetzgebung und dem Konkordat zugunsten der staatlichen Normsetzung aufgelöst wurde. Diese dem geforderten, aus staatlicher Sicht natürlich bedingungslos zu leistendem Eid inhärente Konsequenz war jedenfalls den bayerischen Bischöfen durch die vorhergehenden diplomatischen Akte zwischen der Kurie und der bayerischer Regierung bekannt. Tatsächlich gab es deshalb zwei Mitglieder des Reichsrats der Krone Bayerns, nämlich die Erzbischöfe von München und Freising sowie Bamberg und einige Mitglieder der Kammer der Abgeordneten, die den Eid auf die Verfassung nicht ablegen wollten bzw. verweigerten oder den schon abgelegten Eid widerriefen.

Gebsattel, der als Metropolitan-Erzbischof von München und Freising vorgesehen war, hatte zunächst einen bedingungslosen Eid eingereicht. Wenige Tage später zog er, wohl auf Drängen des Nuntius, seinen Eid zurück, wobei

---

1205 Gesetzblatt für das Königreich Bayern 1818, St. VII, 132–133. Daneben gab es einen schlichteren Untertaneneid, ebd. 137.

1206 Zu den Auseinandersetzungen vgl. Hausberger, Staat und Kirche, 261–272; Sicherer, Urkunde Nr. 29–34, 95–103; Höfler, Concordat und Constitutionseid, 111–174; Konstitutions-Eid in Baiern, Authentische Aktenstücke, in: Litteraturzeitung für katholische Religionslehrer, Jhrg. 10, II (1819), 145–155, 161–172. Pfarrer Johann Neubauer von Amlingstatdt hat offensichtlich den unbedingten Konstitutionseid geleistet. Er erscheint nicht bei den geistlichen Abgeordneten, die eine Petition, einen bedingten Eid leisten zu dürfen, beim König einreichten. Der Text der Eingabe bei Sicherer, Urkunde Nr. 36, 105; Textauszug und Angabe der Unterzeichner bei Höfler, Concordat und Constitutionseid, 155–156. Zu den Verweigerern eines bedingungslosen Konstitutionseides gehörte auch Adam Friedrich Groß von Trockau, seit 1812 Präsident der Bamberger Geistlichen Regierung und vom König zum Bischof von Würzburg ausersehen. Bei der Wahl der Abgeordneten der Vertreter der grundbesitzenden Familien mit eigener Gerichtsbarkeit des Obermainkreises war ebenfalls der Konstitutionseid einzureichen; diesen Eid versah am 02.01.1819 von Groß mit einer Bedingung, vgl. Höfler, Concordat und Constitutionseid, 148–149

er zugleich einen modifizierten Eid mit einer Vorbehaltsklausel im Sinne der Erklärung Häffelins vom 27. September 1818 anbot. Die Regierung war jedoch nicht gewillt in der Frage eines bedingungslosen Eides nachzugeben, worauf sich Gebsattel am 27. Januar 1819 für seine Weigerung auf eine päpstliche Weisung berief und ausführte, dass er sich auch durch die königliche Versicherung, das Konkordat gewissenhaft umzusetzen, nicht umstimmen lasse.[1207] Daraufhin erließ der König am 30. Januar nach Beratung mit seinen Ministern ein Reskript, das den Reichsratspräsidenten, Feldmarschall Karl Philipp Fürst von Wrede, anwies, Gebsattel seinen unzureichenden Eid zurückzugeben und seine Eigenschaft als Reichsrat und Teilnahme an den Sitzungen des Rats auszusetzen.[1208] Bevor diese Maßnahme griff, präsentierte Gebsattel am 31. Januar 1819 eine neue Eidesformel. Diese war in Zusammenarbeit mit dem Nuntius Francesco di Serra-Cassano entworfen worden und lautete: „*Juramentum constitutioni praesto, sub hac conditione, ut non respiciat nisi ordinem civilem, nec ullo modo me ad aliquid obliget, quod aut dogmatibus aut dei et ecclesiae catholicae legibus adversari potest.*"[1209] Mit der vagen Klausel, dass der Eid unter der Bedingung geleistet werden solle, dass er nur die bürgerliche Ordnung betreffe und zu nichts verpflichte, was den Glaubenslehren oder den Gesetzen Gottes und der katholischen Kirche widerspreche, war die Verhältnisbestimmung von Konkordat und Religionsedikt sowie von Staat und Kirche nichtssagend übergangen worden.

Tatsächlich akzeptierte die bayerische Regierung diese Eidesformel, denn ganz in staatskirchenrechtlicher Tradition gehörten nach Ansicht der Regierung die staatlichen Regelungen der kirchlichen Angelegenheiten zur bürgerlichen Ordnung, weshalb der Eid im Grunde doch unbedingt geleistet worden war. Deshalb ließ die Regierung Gebsattel auch zur Kammer der Reichsräte und deren Verhandlungen zu.[1210] Die Eidesformel mit Vorbehalt wurde in den Akten des Innenministeriums aufbewahrt. Bei der Eröffnung des Reichstags legte Gebsattel und andere betroffene Geistliche den Verfassungseid ohne Einschränkung ab. In den Akten des Reichsrats (!) wurde von dem bedingungsweisen Konstitutionseid also nichts bekannt; freilich war jedoch das Ringen

1207 Vgl. Sicherer, Urkunde Nr. 32, 101–102.

1208 Vgl. Sicherer, Urkunde Nr. 33, 102–103.

1209 Sicherer, Urkunde Nr. 34, 103. Sein Schreiben schließt Gebsattel mit der Wendung: „*In der zuversichtlichen Hoffnung, dass diese Aeusserung als passend angesehen werden wird, ersterbe ich in der tiefsten Erniedrigung*", ebd.

1210 Vgl. Königliches Reskript vom 01.02.1819 bei Sicherer, Urkunde Nr. 38, 106–107.

um Form und Inhalt der Eidesleistung Gebsattels und mancher Abgeordneter in der Öffentlichkeit bekannt geworden.

Stubenberg, zum Bamberger Metropolitanerzbischof ausersehen,[1211] war zugleich (immer noch) Fürstbischof von Eichstätt. Dieser bestätigte die Einladung zur Ständeversammlung, reichte aber kein Schriftstück mit dem Verfassungseid ein, sondern entschuldigte sich vielmehr, wegen seiner Gebrechlichkeit an der Versammlung nicht teilnehmen zu können. Da der Reichsratspräsident Wrede auf den Eid drang, reichte Stubenberg am 26. Januar 1819 eine Eidesformel mit dem Zusatz ein: *„unbeschadet der Rechte unserer heiligen Kirche und dessen sichtbaren höchsten Oberhauptes und seiner Nachfolger."*[1212] Nach weiterem Drängen Wredes berief sich Stubenberg auf die in der Konstitution (von 1818, Titel IV, § 9) zugesicherte Gewissensfreiheit und erklärte sich nur bereit, einen Eid im Sinne der Häffelin'schen Erklärung abgeben zu können. Als Wrede ihn aufforderte den Eid mit der Formel und in der Form wie Gebsattel abzulegen, lehnte Stubenberg aus Gründen des Gewissens und der Ehre ab. Denn er erkannte, da sein Fall der Eidesverweigerung bislang nicht öffentlich geworden war, dass die Bedingung in der Eidesformel in den Akten des Innenministeriums verschwände, im Reichsrat und der Öffentlichkeit aber ein unbedingter Eid und der Schein seiner unbedingten Zustimmung registriert würde.[1213] So würde ein von ihm, Stubenberg, *„unbedingt geleisteter Eid Aergerniß bey meiner Heerde, Verachtung bey meinem Klerus, Geringschätzung bey jedem gutdenkenden Katholiken und strenge Verantwortung bey dem Statthalter Christi zur unausbleiblichen Folge haben."*[1214] Stubenbergs Weigerung, einen bedingungslosen Konstitutionseid abzulegen, zog für ihn keine weiteren Schwierigkeiten nach sich, da er an den Beratungen der Ständeversammlung nicht teilnehmen wollte.

1211 Nomination am 05.02.1818, Präkonisation und Translation von Eichstätt nach Bamberg am 06.04.1818, vgl.; Lengenfelder, Stubenberg, 64. Amtliche staatliche Ernennung am 13.09.1821, vgl. Regierungs- und Intelligenzblatt für das Königreich Baiern, 1821, 307, zu Rang und Titulatur der Diözesanbischöfe, ebd. 1822, 80–85; Besitzergreifung am 03.12.1821 durch den Vertreter Adam Friedrich Groß von Trockau, Lengenfelder, Stubenberg, 65, Stubenberg blieb für das Bistum Eichstätt als Administrator zuständig; er hatte das Erzbistum Bamberg nie betreten.

1212 Konstitutions-Eid, Authentische Aktenstücke, 151–152; die ganze Korrespondenz zwischen Wrede und Stubenberg zum Konstitutionseid ebd. 145–155, 161–172.

1213 Vgl. Konstitutions-Eid, Authentische Aktenstücke, 171.

1214 Konstitutions-Eid, Authentische Aktenstücke 171.

Es war somit in der Frage des Verfassungseids der Schein einer Verständigung erreicht worden. Keine Verständigung wurde jedoch erreicht in der Frage der Dotationen kirchlicher Amtspersonen und Einrichtungen, obwohl das Konkordat doch schon im November 1817 von beiden Seiten ratifiziert worden war. Die diesbezüglichen Verhandlungen waren ganz ins Stocken geraten, sodass an der Kurie sogar erwogen wurde, den erst vor Kurzem eingetroffenen Nuntius wieder abzuziehen.[1215]

5.1.5 Verhandlungen bis zur Tegernseer Erklärung 1821

Offen und damit ein Hindernis zum Vollzug des Konkordats war die Kontroverse, die insbesondere der Nuntius in seiner lehrhaften Erörterung vom 13. Januar 1819 angerissen hatte und die sich an einzelnen sich widersprechenden Punkten zwischen Verfassung, Religionsedikt und Konkordat festmachte.[1216] Länger als ein Jahr musste die Kurie auf eine offizielle Stellungnahme der bayerischen Regierung warten, die aus einem Brief des Königs und einer Note des Außenministers Rechberg bestand, die dem Kardinalsstaatsekretär Consalvi am 7. Januar 1820 übergeben wurden.

Der König versicherte in seinem Brief, dass ihm der Vollzug des Konkordats am Herzen liege. Für weitere Ausführungen verwies der König auf die Note seines Außenministers Rechberg.[1217] Dieser rechtfertigte einige Punkte der Konstitution mit Hinweis auf die allgemeine Rechtslage in Deutschland und führte aus, dass der König die einmal für sich verbindlich angenommene Verfassung nicht ändern und Häffelins Erklärung vom 27. September 1818 nicht anerkennen könne. So verbindlich die Schreiben auch abgefasst waren, hielten sie doch unbeirrt an den staatskirchenrechtlichen Bestimmungen der Verfassung fest.

Danach wandte sich Consalvi, um einen Bruch mit der bayerischen Regierung zu vermeiden, am 8. März 1820 in einer Note[1218] an den bayerischen Außenminister Graf von Rechberg. Darin schrieb er, dass es ihm nur mit Mühe gelungen sei, Papst Pius VII., der von der Partei der Zelanti unter den Kardinälen beeinflusst wurde, davon abzuhalten, den bayerischen Katholiken den

1215 Vgl. Hausberger, Staat und Kirche, 272. Sicherer, Urkunde Nr. 39,107–114, hier 112.

1216 Für die überblicksartige Darstellung der weiteren Entwicklung bis zur Tegernseer Erklärung dient als Grundlage Hausberger, Staat und Kirche, 273–291, wo archivalischen Quellen ausgeführt und genannt sind.

1217 Vgl. Hausberger, Staat und Kirche, 275–276.

1218 Sicherer, Urkunde Nr. 39,107–114.

unbedingten Verfassungseid zu untersagen, wie er es Anfang des Jahres 1818 angekündigt hatte.[1219]

Consalvi schlug vor, dass der König den Konflikt, der um das Konkordat seit dem Erlass der bayerischen Verfassung entstanden sei und seitdem andauere, durch die Abgabe einer Erklärung beenden solle, mit der klargestellt werde, dass sich der Verfassungseid auf die bürgerliche Ordnung beschränke und zu nichts verpflichte, was den göttlichen und kirchlichen Gesetzen entgegenstehe.[1220] Unschwer kann in dieser Formulierung die Klausel erkannt werden, die 1819 vom bayerischen Nuntius für die Eidesleistung des ernannten Erzbischofs von München und Freising zum Eintritt in den Reichsrat der Krone Bayerns entworfen und von der bayerischen Regierung akzeptiert worden war.[1221] Diese Forderung war jetzt so wie in Gebsattels Fall für die bayerische Seite aufgrund ihrer Interpretation der bürgerlichen Ordnung annehmbar. Außerdem regte Consalvi eine Erklärung des Königs an, dass, sollte sich im Rechtsleben ein Widerspruch zwischen dem Konkordat und dem Religionsedikt auftun, die konkordatäre Regelung den Vorrang haben solle.[1222] Damit wäre zwar die

---

1219 Vgl. Sicherer, Urkunde Nr. 39,110.

1220 Vgl. Sicherer, Urkunde Nr. 39,111.

1221 Consalvi verweist bei diesem Vorschlag jedoch auf die Versicherung, die der französische König Ludwig XVIII im Jahr 1817 abgegeben hat, mit der er einen Ausgleich zwischen den fortgeltenden Organischen Artikeln des Jahres 1802 und dem im Jahr 1801 abgeschlossenen französischen Konkordat schuf, das ebenfalls weiterhin Geltung besaß:

„*Si donc sa majesté le roi de Bavière voulait bien déclarer comme le roi de France, que le serment à prêter à la constitution n'est relatif qu'à de qui concerne l'ordre civil, et que tel est l'engagement que contractent ses sujets en prêtant ce serment sans qu'ils puissent être obliges par cet acte à rien qui soit contraire aux lois de dieu et de l'église, […] Je ne sais pas penser que sa majesté le roi de Bavière puisse trouver de la difficulté a faire ce que sa majesté le roi de France a fait dans le même cas.*“, zitiert nach Sicherer, Urkunde Nr. 39,111. Damit wäre zu schließen, dass der Nuntius auf die Formel des französischen Königs zurückgriff, vielleicht auf einen Wink Consalvis hin.

1222 „*… il est absolument nécessaire que sa majesté ajoute dans la déclaration qu'elle ferait, que dans le cas où l'édit de religion se trouvât en contradiction avec les stipulations de concordat, qui fait aussi partie intégrante de la constitution, et qui a été fait pour régler les affaires ecclésiastique de ses sujets catholiques, ce seront les dispositions du concordat qu'on devra observer.*“, zitiert nach Sicherer, Urkunde Nr. 39,111.

Der Vorrang der Regelungen des Konkordats ist übrigens in Artikel XVII des Konkordats selbst impliziert und formell durch die königliche Ratifizierung

Erklärung Häffelins vom September 1817 vom König nicht förmlich anerkannt, aber doch faktisch in Kraft gesetzt worden. Dieser Forderung konnte jedoch die bayerische Seite nicht akzeptieren, weil damit die Verbindlichkeit der gesamten Verfassung mit dem Religionsedikt relativiert und der in diesen Dokumenten fixierte staatskirchenrechtliche Anspruch aufgegeben worden wäre. Consalvis Anregungen zu einer königlichen Erklärung wurde immerhin von der bayerischen Regierung als Grundlage weiterer Absprachen, die sich in diplomatischen Noten niederschlugen, akzeptiert.[1223] Um den Inhalt und den Wortlaut der von Consalvi geforderten Erklärung wurde jedoch zwischen den Parteien bis zum August 1821 gerungen.

Der bayerische Außenminister legte dar, dass der König eine Erklärung, die einer Verfassungsinterpretation gleichkäme, nicht ohne Beteiligung der Stände abgeben könne, ohne sich und seine Regierung dem Vorwurf des Verfassungsbruchs auszusetzen.[1224] Aufgrund der Darlegungen des Außenministers entschied sich daher Consalvi, die Katholiken und die Kirche Bayerns nicht in einen Zwiespalt bzw. in eine Auseinandersetzung mit dem Staat zu bringen und nicht vollumfänglich auf seine geforderte Erklärung zu bestehen, sondern sich vielmehr mit einigen Korrekturen am vorgeschlagenen Text der bayerischen Seite zu begnügen.[1225] Für dieses Stadium der Textfassung stellt Sicherer pointiert fest: *„So war schliesslich der große Principienkampf zwischen weltlicher Gesetzgebung und canonischem Recht in einen Widerstreit zweier kleiner, für den weniger scharf blickenden Leser gleich bedeutender Sätze übergegangen.“*[1226] Consalvis Textvorschlag wurde Gegenstand weiterer redaktioneller Arbeiten im

---

rezipiert worden. Freilich bedarf auch dieser Artikel einer Klärung seiner inhaltlichen Reichweite.

1223 Die Haltung und das weitere Vorgehen der bayrischen Seite stützte sich auf das Gutachten des Staatsrats und Generaldirektors des Innenministeriums Freiherrn von Zentner; das Gutachten vom 30.03.1820 bei Sicherer, Urkunde Nr. 40,114–119.

1224 Vgl. die Versionen der Erklärung aus bayerischer Sicht von Staatsrat Zentner (30.03.1820, Hausberger, Staat und Kirche, 279 mit Anm. 116) und vom Ministerrat (22.04.1820, ebd. 280 mit Anm. 118); Note, mit offiziellem und vertraulichem Teil, des Außenministers Rechberg an Kardinalsstaatssekretär Consalvi vom 30.04.1820 bei Sicherer, Urkunde Nr. 41,119–124.

1225 Vgl. Vertrauliche Note des Kardinalsstaatssekretärs Consalvi an Außenminister Rechberg vom 02.08.1820 bei Sicherer, Urkunde Nr. 42, 124–129; der Text der Erklärung gemäß Consalvi, ebd. 127–128.

1226 Sicherer, Staat und Kirche, 332.

Ministerrat am 22. August 1820. Den eingebrachten Textänderungen gab Consalvi im Oktober nur teilweise nach, da ihre Annahme dem Papst Schmerz und bleibende Beunruhigung bereitete.[1227] Die bayerische Regierung beharrte aber im Februar 1821 auf ihrer Version, deren Annahme durch den Papst Consalvi im April 1821 angezeigt und dann am 15. Mai 1821 vom bayerischen Außenminister dem Nuntius in München übergeben wurde. Als die bayerische Seite im August 1821 noch einen Zusatz am Text anbringen wollte, verwahrte sich der Nuntius allerdings heftig dagegen. In all den Redaktionsverhandlungen musste die Regierung schlussendlich nichts von ihrem staatskirchenrechtlichen Standpunkt aufgeben, sondern nur kirchenpolitische Kosmetik betreiben. Die Kurie gab sich jedoch im Hinblick auf die zerrütteten kirchlichen Verhältnisse in Bayern damit zufrieden. So wurde die Königlich allerhöchste Entschließung, den Vollzug des Konkordats betreffend, die sogenannte Tegernseer Erklärung[1228] am 15. September 1821 mit folgendem Wortlaut veröffentlicht:

„Nachdem die wichtigsten Anstände, welche bisher den Vollzug des päbstlichen Stuhle unterm 5. Juny 1817 abgeschlossenen und von Uns unterm 24. Oktober des nämlichen Jahres ratificirten Concordats, verzögert haben, nunmehr beseitiget sind, so ist es Unser Wille, daß dasselbe in allen seinen Theilen in volle Ausübung gebracht, und daß hiernach der Publication und Vollziehung der zur Ausführung der Circumskription der neuen Diöcesen in unserem Königreiche unterm 1. April 1818 ergangenen päbstlichen Bulle, welche anfängt mit den Worten 'Dei ac Domino Nostri Jesu Christi' nebst den darauf sich beziehenden Executions-Dekreten des für dieses Geschäft von seiner päbstlichen Heiligkeit an Unser Hoflager in der Person des Herrn Franz Serra, aus dem Herzogl. Geschlecht Cassano, Erzbischofes von Nicäa etc. abgeordneten apostolischen Nuntius kein weiteres Hinderniß gesetzt werden soll.
Zugleich fügen Wir zur Beseitigung aller Missverständnisse über den Gegenstand und die Beschaffenheit des von Unsern katholischen Untertanen auf die Konstitution abzulegenden Eides die Erklärung bei, dass, indem Wir Unsern getreuen Untertanen die Konstitution gegeben haben, Unsere Absicht nicht gewesen sei, dem Gewissen derselben im Geringsten einen Zwang anzutun, dass daher nach den Bestimmungen der Konstitution selbst der von Unsern katholischen Untertanen auf dieselbe abzulegende Eid lediglich auf die bürgerlichen Verhältnisse sich beziehe, und dass sie dadurch zu nichts werden verbindlich gemacht werden, was den göttlichen Gesetzen oder den katholischen Kirchensatzungen entgegen wäre. Auch erklären wir neuerdings, dass das Konkordat, welches als Staatsgesetz gilt, als solches angesehen, und vollzogen werden soll, und dass allen Behörden obliege, sich genau nach seinen Bestimmungen zu achten."

1227 Vgl. die Note Consalvis an Rechberg vom 21.10.1820, in: Sicherer, Staat und Kirche, 334 mit Anm. 100.

1228 In: Regierungs- und Intelligenzblatt für das Königreich Bayern, München 1821, 803–806.

Ohne in eine Exegese der Entschließung einzusteigen, ergibt sich aus ihrem Text:

Das Konkordat gilt als von beiden Seiten ratifiziert; die Ratifizierungsurkunden wurden durch den König schon im Oktober 1817, durch den Papst im November 1817 unterzeichnet.

Eine päpstliche Bulle zur Umschreibung der neuen bayerischen Diözesen ist bereits ausgefertigt worden; es handelt sich um die Bulle Dei ac Domino Nostri Jesu Christi, die am 1. April 1818 ausgestellt worden war,[1229] aber noch der offiziellen Publikation durch den Nuntius bedurfte.

Offensichtlich sind auch schon Dekrete ausgefertigt, die für die praktische Umsetzung des Inhalts der Bulle erforderlich sind; hierbei ist insbesondere zu denken an die päpstlichen Ernennugsdekrete für die Metropolitanerzbischöfe und Bischöfe Bayerns sowie weitere kirchliche Amtspersonen und Dekrete für den Vollzug der Dotationsgeschäfte der Diözesen, Bischöfe und Domkapitel; für die Dotationen ist somit nach andauernden Schwierigkeiten im Mai 1821 eine Lösung gefunden worden.

Was den Konstitutionseid angeht, ist festgehalten, dass er nur hinsichtlich der bürgerlichen Ordnung verpflichtet und zu nichts nötigt, was sich gegen göttliches Gesetz und katholische Kirchensatzungen richtet; dabei bleibt jedoch offen, was in welchem Umfang mit bürgerlicher Ordnung gemeint ist.

Das Konkordat soll als Staatsgesetz angesehen bzw. vollzogen werden sowie sollen alle Behörden seine Bestimmungen genau beachten; dabei bleibt der Vorrang oder Nachrang des Konkordats im Verhältnis zu Verfassung und Religionsedikt ungeklärt, sodass es keine gesetzliche Regel gab, wie im Fall eines Normenkonflikts zu verfahren ist.

Mit dieser Erklärung des Königs Maximilian Joseph, der die Entschließung aufgrund der Beratungen und mit Zustimmung seines Ministerrats abgab und deren Wortlaut Papst Pius VII. zugestimmt hatte, wurde der Widerspruch zwischen Konkordat und Religionsedikt nicht beseitigt, aber die Ablegung des Verfassungseides durch die Kurie zugestanden und der Kirche eine weitere königliche Versicherung gegeben, dass die Befugnisse, die der Kirche vom Konkordat zugesichert wurden, aufrechterhalten blieben und eingehalten werden sollten. Obwohl die Erklärung des Königs im Gesetzblatt (Regierungs- und Intelligenzblatt für das Königreich Baiern) veröffentlicht wurde und als Dokument des bayerischen Staatsrechts erschien, konnte sie zur Lösung potentieller Konflikte zwischen Kurie und Reichsregierung, Konkordat und Verfassung nichts beitragen. Die Tegernseer Erklärung war demnach der ungeeignete

1229 Bull. Rom. Cont. Rom 1853, XV, 17–31.

Versuch, zwischen Dokumenten des kanonischen und des staatlichen Rechtsanspruch auf höchster Ebene zu vermitteln.[1230]

Am Sontag, den 23. September 1821, verlas der Nuntius Serra-Cassano die päpstliche Zirkumskriptionsbulle Bulle Dei ac Domini Jesu Christi in der Münchner Frauenkirche, womit er sie zugleich promulgierte; zeitgleich wurde diese in den Bayerischen Domkirchen bekanntgemacht. Damit konnte die katholische Kirche in Bayern gleichsam neu konstituiert und organisiert werden und somit die Grundlage für die dann doch blühende kirchliche Entwicklung im 19. Jahrhundert und darüber hinaus geschaffen werden. Somit konnte für ganz Bayern festgestellt werden: „*Nach Jahrzehnten der Zerrüttung erhielt die bayerische Kirche wieder eine feste Organisation. Die durch die große Säkularisation geschlagenen Wunden waren damit wenigstens teilweise geheilt.*“[1231]

In Bamberg wurde am Sonntag, den 11. November 1821 das Metropolitankapitel eingesetzt, der erste Domprobst war Franz von Lerchenfeld, der erste Domdekan Melchior Ignatz Stenglein.[1232] Der Amtsantritt des Erzbischofs, Joseph Graf von Stubenberg, erfolgte mit der Besitzergreifung der Erzdiözese am Montag, den 3. Dezember 1821. Bei diesem Akt ließ sich jedoch der Erzbischof wegen schwacher Gesundheit durch Adam Friedrich Groß zu Trockau vertreten.

1230 Es gilt hier für Papst und König, für Kurie und Regierung, was schon für die Bemühungen Kardinal Häffelins im September 1817 konstatiert wurde: „*seit Erlass der Verfassungsurkunde stand zwischen Bayern und dem Heiligen Stuhl eine Streitfrage zur Lösung an, für die es im Grunde keine Lösung gab, zumindest nicht eine beide Seiten befriedigende.*“, Hausberger, Staat und Kirche, 260.

1231 Hausberger, Staat und Kirche, 290.

1232 Zur Errichtung: Urban, Bamberg wird Erzbistum, 75–78; Bastgen, Bayern, I, 481–482; hier auch die Namen der weiteren Domkapitulare.

Dompropst Lerchenfeld (1775–1846) war der Bruder des amtierenden bay. Finanzministers, der ihn als Bischofskandidat für Regensburg (vergeblich) protegierte. Der Dompropst war ein Freund der Bücher und gründete eine eigene Bibliothek, die in die Bibliothek des Bamberger Metropolitankapitel einging, vgl. dazu: Jung, Dompropst Lerchenfeld, 37–43.

Domdekan Stenglein (1745–1827) war Professor an der Bamberger Universität und danach seit 1791 Geistlicher Rat und Mitglied des (alten) Domkapitels. Nach der Säkularisation des Hochstifts wurde er Landesdirektionsrat für geistliche Angelegenheiten.

5.2 Das Konkordat im Gesetzblatt für das Königreich Bayern (22. Juli 1818)

Das Konkordat wurde im Juli 1818 im Gesetzblatt für das Königreich Baiern veröffentlicht.[1233] Es handelt sich um jene Textversion, die tatsächlich durch König und Papst im Jahr 1817 ratifiziert wurde. Die Veröffentlichung erfolgte aus staatspolitisch-taktischen Erwägungen (nun erst) nach Erlass der Konstitution für das Königreich Bayern im Mai 1818.

Das Konkordat wird im Gesetzblatt als Conventio bzw. Übereinkunft bezeichnet. Es beginnt mit einem Proömium, es folgen dann die 19 Artikel der Übereinkunft; am Ende steht die Bestätigung des Königs, dass er sich alle Artikel zu Eigen macht.

Der Text ist in einer lateinischen und deutschen Fassung publiziert. In der folgenden Betrachtung des Konkordats wird der deutsche amtliche Text geboten und anschließend eine knappe Inhaltsangabe[1234]; der lateinische Text findet sich in den Fußnoten. Außerdem wird der von den Unterhändlern Consalvi und Häffelin verhandelte Konkordatstext vom 5. Juni 1817 als Referenz herangezogen, um aufzuzeigen, wo und wie der Text des Konkordats verändert bzw. weiterentwickelt wurde.

5.2.1 Der amtliche Text des Konkordats

Titel, Invocatio Trinitatis, Präambel, Unterhändler:[1235] *UEBEREINKUNFT ZWISCHEN SR. HEILIGKEIT PABST PIUS VII. UND SR. MAJESTÄT, MAXIMILIAN JOSEPH, KÖNIG VON BAIERN.*

1233 Das Konkordat vom 5. Juni 1817. Lateinischer und deutscher Text veröffentlicht in: Gesetzblatt für das Königreich Baiern, 1818, Stück XVIII, 397–436; 399–436. Der amtliche lateinische und deutschen Text befindet sich unten im Anhang 1 unten, 718.

1234 Zum Inhalt vgl. die Darlegungen bei Hausberger, Staat und Kirche, 203–209; Listl, Konkordatäre Entwicklung, 434–435.

1235 CONVENTIO INTER SANCTISSIMUM DOMINUM PIUM VII. SUMMUM PONTIFICEM ET MAJESTATEM SUAM MAXIMILIANUM JOSEPHUM BAVARIAE REGEM.

In Nomine Sanctissimae Trinitatis. Sanctitas Sua Summus Pontifex Pius VII., et Majestas Sua Maximilianus Josephus Bavariae Rex debita sollicitudine cupientes, ut in iis, quae ad res Ecclesiasticas pertinent, certus stabilisque in Bavariae Regno terrisque ei subjectis constituatur ordo, solemnem propterea Conventionem inire decreverunt.

Im Namen der Allerheiligsten Dreieinigkeit. Seine Heiligkeit Pabst Pius VII. und Seine Majestät Maximilian Joseph, König von Baiern, von gleichem Verlangen beseelt, die Katholischen Kirchen-Verhältnisse im Königreiche Baiern und den dazu gehörigen Landen auf eine bestimmte und bleibende Weise zu ordnen, haben beschlossen, hierüber eine feyerliche Uebereinkunft zu treffen. Zu diesem Ende haben Seine Heiligkeit Pabst Pius VII. zu Ihrem Bevollmächtigten ernannt: Seine Eminenz, den Herrn Hercules Consalvi, der heiligen Römischen Kirche Cardinal-Diaconen zu St. Agatha ad suburbam, Ihren Staats-Secretaire; und Seine Majestät, Maximilian Joseph, König von Baiern, Seine Exzellenz den Freiherrn Casimir von Häffelin, Bischof von Chersones, Allerhöchst Ihren bevollmächtigten Minister bei dem heiligen Stuhle; welche nach Auswechslung ihrer beiderseitigen Vollmachten über folgende Artikel übereingekommen sind.

Titel und Invocatio stimmen mit dem Referenztext wortwörtlich überein. Die Präambel nennt die Repräsentanten der Vertragsparteien, Papst und König sowie das Motiv für den Abschluss des Konkordats, nämlich: das Verlangen, für die katholische Kirche in Bayern feste und dauerhafte Verhältnisse zu schaffen. Von der wortwörtlichen Übernahme weicht nur der letzte Halbsatz der Präambel ab, wo eine feierlichere Wendung als im Vergleichstext steht, die sich nicht nur auf die einzelnen, vereinbarten Artikel, sondern eben auf die gesamte *„feyerliche Übereinkunft"* bezieht. Neu gegenüber dem Vergleichstext ist, dass die Bevollmächtigten beider Parteien (Consalvi und Häffelin) mit ihren Titeln Staatssekretär bzw. Bevollmächtigter Minister genannt werden, die die Übereinkunft erzielt haben.

Artikel 1:[1236] *Die Römisch-katholische-apostolische Religion wird in dem ganzen Umfange des Königreichs Baiern und in den dazu gehörigen Gebieten unversehrt mit jenen Rechten und Prärogativen erhalten werden, welche sie nach göttlicher Anordnung und den canonischen Satzungen zu genießen hat.*

Hinc Sanctitas Sua Summus Pontifex Pius VII. in suum Plenipotentiarium nominavit Eminentissimum Dominum Herculem Consalvi Sanctae Romanae Ecclesiae Cardinalem Diaconum Sanctae Agathae ad Suburbam Suum a Secretis Status;

Et Majestas Sua Maximilianus Josephus Bavariae Rex Excellentissimum Dominum Baronem Casimirum de Haeffelin, Episcopum Chersonesi, Suum Ministrum Plenipotentiarium apud Sanctam Sedem. Qui post sibi mutuo tradita respectivae Plenipotentiae Instrumenta in sequentes articulos convenerunt.

1236 Art. I. Religio Catholica Apostolica Romana in toto Bavariae Regno terrisque ei subjectis sarta tecta conservabitur cum iis juribus, et praerogativis, quibus frui debet ex Dei ordinatione, et Canonicis sanctionibus.

Dieser Artikel, eine wortwörtliche Übernahme aus der Textvorlage, behandelt den Rechtstatus der katholischen Kirche im Königreich Bayern und proklamiert ihre unversehrt zu erhaltene Integrität. Dazu werden kirchlich-systemimmanente Argumente herangezogen, die in einem konfessionell/religiös pluralen Gemeinwesen kaum geeignet sind, Zuspruch zu erhalten als vielmehr Widerspruch zu erregen.

Artikel 2:[1237] *Seine päbstliche Heiligkeit werden mit Beobachtung der erforderlichen Rücksichten die Diöcesen des Königreiches Baiern in folgender Art bestimmen:*

Der bischöfliche Sitz von Freising wird nach München verlegt, und zum Metropolitan-Sitze erhoben. Sein Sprengel bleibt der dermalige Umfang der Freisinger Diöces, und die Vorsteher dieser Kirche werden den Namen eines Erzbischofs zu München und Freising führen.

Diesem Erzbischof werden die bischöflichen Kirchen von Augsburg, Passau und Regensburg, letztere mit Aufhebung ihrer MetropolitanEigenschaft als Suffragan-Kirchen untergeordnet. Jedoch soll der jetzt lebende Bischof von Passau das Privilegium der Exemption auf seine Lebensdauer genießen. Die bischöfliche

---

1237 Art. II. Sanctitas Sua, servatis servandis, Bavariae Regni Dioeceses sequenti ratione constituet:

Sedem Frisingae Monachium transferet, eamque eriget in Metropolitanam, quae pro Dioecesi sua habebit territorium actuale Frisingensis Dioecesis; ejus tamen Ecclesiae Antistes, ejusque Successores Archiepiscopi Monachii et Frisingae nuncupandi erunt.

Eidem Antistiti Episcopales Ecclesias Augustanam, Passaviensem, et Ratisbonensem praevia Metropoliticae qualitatis suppressione, in Suffraganeas assignabit. Antistes tamen Passaviensis Ecclesiae actu vivens exemntionis privilegio, quoad vixerit, gaudebit.

Bambergensem Cathedralem Ecclesiam in Metropolitanam eriget, illique in Suffraganeas assignabit Ecclesias Episcopales Herbipolensem, Eichstettensem et Spirensem.

Territorium Aschaffenburgense olim ad Moguntinam, nunc ad Ratisbonensem Dioecesim pertinens, et partem Bavaricam Fuldensis Dioecesis Herbipolensi Dioecesi adjunget.

Partem autem Bavaricam Constantiensis Dioecesis cum exempto territorio Campidunensi Augustanae Dioecesi uniet.

Simili Modo partem Bavaricam Dioecesis Salisburgensis et territorium exemptae Praepositurae Berchtolgadensis partim Passaviensi, partim Monacensi Dioecesi uniet, cui quidem Dioecesi, praevia suppressione Sedis Chiemensis, hujus quoque Ecclesiae Dioecesim assignabit.

Novi singularum Dioecesium fines, in quantum necesse erit, designabuntur.

Kirche von Bamberg wird zur Metropolitan-Kirche erhoben, und derselben werden die bischöflichen Kirchen von Würzburg, Eichstädt und Speyer als Suffragan-Kirchen zugetheilt.

Das vormals zur Mainzer, gegenwärtig zur Regensburger Diöces gehörige Gebiet von Aschaffenburg und der Antheil der Fuldaer Diöces in Baiern werden mit der Würzburger Diöces vereinigt. Der in Baiern gelegene Theil der Diöces Konstanz wird nebst dem exempten Bezirke von Kempten der Augsburger Diöces einverleibt. Auf gleiche Weise wird der Baierische Theil der Salzburger Diöces, und das Gebiet der exempten Probstey Berchtesgaden, theils mit der Passauer, theils mit der Münchner Diöces vereinigt werden. Mit letzterer wird auch der Bezirk des Bißthums Chiemsee, welches ganz aufgehoben wird, verbunden. Die neuen Grenzen der einzelnen Diöcesen werden, so weit es nöthig befunden wird, noch bestimmter ausgeschieden werden.

Dieser Artikel, der die Bistumseinteilung im Königreich Bayern regelt, ist hinsichtlich der folgenden Umschreibung und Zuschreibung der Territorien gegenüber dem Vergleichstext unverändert:[1238] die Errichtung von zwei Kirchenprovinzen mit den Metropolitansitzen in München und Freising sowie Bamberg und die Zuordnung von jeweils drei Suffragansitzen. Unverändert bleibt auch die Klausel, dass die einzelnen Diözesangrenzen bei Bedarf noch genauer zu bestimmen sind.

Abweichend vom Vergleichstext ist bei gleicher Wortwahl die Reihung der Suffragandiözesen, die der Erzdiözese München und Freising zugeschrieben werden; zuvor: Augsburg, Regensburg und Passau, hier: Augsburg, Passau und Regensburg. Der Grund für die Umstellung mag sein, dass mit der Zuordnung Regensburgs zum Metropolitansitz München und Freising noch die Aufhebung von Regensburgs „*Metropolitan-Eigenschaft*" festzuschreiben war und dass dieser Zusatz sich besser am Ende als inmitten der Aufzählung liest.

Neu gegenüber dem Vergleichstext vom 5. Juni 1817, allerdings in inhaltlicher Kontinuität zum kurialen Entwurf vom 15. Oktober 1816, Artikel 2, ist, dass in dieser Urkunde das Privileg lebenslanger Exemption von der Metropolitangewalt für den aktuell lebenden Bischof der Diözese Passau verankert wurde. Diese Einfügung ist insofern erstaunlich, da die Exemption von der Metropolitangewalt doch nur innerkirchliche Relevanz besitzt und somit im Konkordat, das die äußeren Rechtsbeziehungen der Kirche zum Staat regeln

1238 Dabei ist auch der Redaktionsfehler des Vorgängertextes übernommen worden. Im Text dieses Artikels steht, dass Territorien der Diözese „*München*" zugeordnet werden, anstatt der Diözese „*München und Freising*".

will, deplatziert erscheint. Sie verwundert darüber hinaus auch, weil das Erlöschen des Privilegs beim hochbetagten Bischof absehbar war und das Konkordat jedenfalls in längerfristiger Perspektive abgeschlossen wurde. So zeugt die Aufnahme der Ausnahmeregelung hinsichtlich der Metropolitangewalt ins Konkordat von einer Vermischung der kirchlichen und staatlichen Sphäre, die in diesem Fall wohl dem kirchlichen Drängen entsprungen sein dürfte.

Artikel 3:[1239] *Die Capitel der Metropolitan-Kirchen bestehen aus zwey Dignitarien, nämlich dem Probste und dem Dechanten, und aus zehn Canonikern. Auch die Capitel der bischöflichen Kirchen werden zwey Dignitarien, nemlich einen Probst und einen Dechant und acht Canoniker haben. Nebst diesen werden bey jedem sowohl Metropolitan- als bischöflichen Capitel wenigstens sechs Präbendirte oder Vicare angestellt werden. Sollten aber in Zukunft die Renten dieser Kirchen durch neue Stiftungen oder sonstige Vermehrung ihres Gutes einen solchen Zuwachs erhalten, daß mehrere Präbenden errichtet werden könnten; so wird die Zahl der Canoniker und Vicare noch weiter vermehrt werden.*

Bei jedem Capitel werden die Erzbischöfe und Bischöfe nach Vorschrift des heiligen Conciliums von Trient aus den Canonikern einen als Theologen und einen zweyten als Pönitentiar aufstellen.

Alle Dignitarien und Canoniker werden nebst dem Chordienste den Erzbischöfen und Bischöfen in Verwaltung ihrer Diöcese als Räthe dienen. Doch soll

---

1239 Art. III. Capitula Metropolitanarum Ecclesiarum habebunt duas Dignitates, nempe Praepositum, ac Decanum, et decem Canonicos; Capitula vero Cathedralium Ecclesiarum habebunt pariter duas Dignitates, scilicet Praepositum, ac Decanum, et octo Canonicos. Quodlibet praeterea Capitulurn tam Metropolitanum, quam Cathedrale habebit Praebendatos seu Vicarios saltem sex. Si vero in posterum Ecclesiarum istarum redditus per novas fundationes aut bonorum augmentationes incrementum tale perceperint, ut plures Praebendae erigi possint, Canonicorum, et Vicariorum numerus ultra augebitur.

In quovis Capitulo Archiepiscopi et Episcopi ad formam Sacri Concilii Tridentini duos ex Canonicis designabunt, qui partes Theologi, et partes Poenitentiarii respective agent.

Dignitates et Canonici omnes, praeter Chori servitium, Archiepiscopis et Episcopis in administrandis Dioecesibus suis a consiliis servient. Archiepiscopis tamen et Episcopis plane liberum erit ad specialia munia et negotia officii sui illos pro beneplacito applicare. Simili modo Vicariorum officia Archiepiscopi et Episcopi assignabunt.

Majestas tamen Regia iis qui officio Vicarii Generalis funguntur, quingentos florenos annuos, iis vero, qui Secretarii Episcopalis partes agent, biscentos florenos assignabit.

es den Erzbischöfen und Bischöfen frey stehen, deren Verwendung zu den einzelnen besonderen Verrichtungen und Geschäften ihres Amtes nach Gutbefinden zu bestimmen. Eben so werden sie auch den Vicaren ihre Amtsverrichtungen anweisen.

Seine Königliche Majestät werden übrigens denjenigen, welche die Stelle eines General-Vicars bekleiden, jährlich 500 fl.; jenen aber, welchen das Amt eines bischöflichen Secretaire's übertragen ist, 200 fl. auswerfen.

In diesem Artikel wird von der Zusammensetzung der Kapitel, den Aufgaben und einigen Funktionsstellen der Diözesanverwaltung gehandelt. Die Struktur und der grundsätzliche Inhalt des Artikels stimmen mit dem Vergleichstext überein.

Der erste und vierte Abschnitt ist wortwörtliche Übernahmen aus dem Vorgängertext, der zweite Abschnitt weist inhaltlich unerhebliche Veränderungen auf, der dritte Abschnitt ist wegen einer inhaltlichen Neufassung auch sprachlich umgeformt.

In den (Metropolitan-)Kapiteln soll es insgesamt eine Personalausstattung von 132 Personen geben – eine deutliche Reduzierung gegenüber früheren Konkordatsentwürfen.[1240]

Neu ist im dritten Abschnitt des Artikels die Zuweisung von Aufgaben an die Kapitelmitglieder gefasst und akzentuiert. Festgehalten wird weiters die Aufgabe des Chordienstes für alle Kapitelmitglieder; und: Alle und nicht nur einige Dignitäre und Kanoniker haben ihrem Bischof als Ratgeber in der Diözesanverwaltung zu dienen. Die weiteren Dienste der Kapitelmitglieder werden nicht durch beispielhafte Erwähnung näher spezifiziert. Die Bischöfe sind in der Aufgabenzuweisung frei. In der Konsequenz heißt das, dass alle Dignitäre und Kanoniker zum Chordienst verpflichtet und alle Ratgeber des Bischofs sind und alle jedwede Aufgabe annehmen müssen, die ihnen ihr Bischof in der Diözesanverwaltung zuweist. Das stärkt zweifellos die Rolle der Bischöfe in der Stellenbesetzung, da sich kein Kapitelmitglied der zugewiesenen Aufgabe entziehen kann, weil sie ihm nicht standesgemäß erscheint und niemand Anspruch auf eine Stelle erheben kann, weil es schon beim Vorgänger so gewesen ist; so z. B., dass etwa der Dompropst immer die Aufgabe des Gerichtsvikars übernehmen muss und niemand beanspruchen kann, eine Aufgabe fortzuführen, wenn der Bischof sie einem anderen übertragen will. Zugleich bedeutet dieser Abschnitt auch, dass alle Dignitäre und Kanoniker als Räte in

1240 Der Entwurf vom Oktober 1816 hatte noch mit 184 anspruchsberechtigten Dignitären, Kapitularen und Domvikaren gerechnet.

der Diözesanverwaltung ein Informationsrecht haben und dass es eine geordnete Form der Beratung geben muss. Außerdem müssen die vom Bischof zugewiesenen weiteren Dienste tatsächlich mit der Diözesanverwaltung bzw. den Geschäften des Bischofs (ad specialia munia et negotia officii sui) zu tun haben. Der Dienst des Bußkanonikers könnte wohl die Aufgabe eines Domkapitulars sein; ein Einsatz als kanonischer Pfarrer oder Pfarradministrator würde dem wohl nicht entsprechen. Die Veränderungen des Artikels, insbesondere des dritten Absatzes, stellen eine hilfreiche Klärung des Zueinanders von Bischöfen und Domkapiteln/Dignitären und Kanonikern dar. Der Zusammenhang zwischen Kapitelmitgliedschaft, Aufgabe und sozialer Herkunft der Person ist damit aufgelöst.

Artikel 4:[1241] *Die Einkünfte zum Unterhalte der Erzbischöfe und Bischöfe werden auf Güter und ständige Fonds gegründet werden, welche der freyen Verwaltung der Erzbischöfe und Bischöfe übergeben werden.*

1241 Art. IV. Redditus Mensarum Archiepiscopalium et Episcopalium in bonis fundisque stabilibus liberae Archiepiscoporum et Episcoporum administrationi tradendis constituentur.

Simili bonorum genere et administrationis jure gaudebunt Capitula Metropolitanarum, et Cathedralium Ecclesiarum, et Vicarii seu Praebendarii praedictarum Ecclesiarum servitio addicti.

Quantitas redditiuum annuorum, deductis oneribus, erit ut sequitur:

Dioecesis Monacensis. Pro Archiepiscopo florenorum viginti milium, pro Praeposito florenorum quatuor millium, pro Decano florenorum quatuor millium, pro quolibet e quinque Canonicis senioribus florenorum bis millium, pro quolibet e quinque Canonicis junioribus florenorum mille sexcentorum, pro quolibet e tribus Vicariis senioribus florenorum octingentorum, pro quolibet. e tribus Vicariis junioribus florenorum sexcentorum;

Dioecesis Bambergensis. Pro Archiepiscopo florenorum quindecim millium, pro Praeposito florenorum trium millium quingentorum, pro Decano florenorum trium millium quingentorum, pro quolibet e quinque Canonicis senioribus florenorum millium octingentorum, pro quolibet e quinque Canonicis junioribus florenorum millium quadringentorum, pro quolibet e tribus Vicariis senioribus florenorum octingentorum, pro quolibet e tribus Vicariis junioribus florenorum sexcentorum;

Dioeceses Augustana, Ratisbonensis et Herbipolensis. Pro quolibet Episcopo florenorum decem millium, pro quolibet Praeposito florenorum trium millium, pro quolibet Decano florenorum trium millium, pro quolibet e quatuor Canonicis senioribus florenorum mille sexcentorum, pro quolibet e quatuor Canonicis junioribus florenorum mille quadringentorum, pro quolibet e tribus Vicariis

In gleicher Art werden auch die erzbischöflichen und bischöflichen Capitel, und die bey denselben angestellten Vicare oder Präbendirten ihre Ausstattung mit dem Rechte der Selbstverwaltung erhalten.

---

senioribus florenorum octingentorum, pro quolibet e tribus Vicariis junioribus florenorum sexcentorum;

Dioeceses Passaviensis, Eichstettensis et Spirensis. Pro quolibet Episcopo florenorum octo millium, pro quolibet Praeposito florenorum bis mille quingentorum, pro quolibet Decano florenorumbis mille quingentorum, pro quolibet e quatuor Canonicis senioribus florenorum mille sexcentorum, pro quolibet e quatuor Canoriicis junioribus florenorum mille quadringentorum, pro quolibet e tribus Vicariis senioribus florenorum octingentorum, pro quolibet e tribus Vicariis junioribus florenorum sexcentorum.

Quorum omnium reddituum summae salvae semper et integrae conservandae erunt, et bona fundique, ex quibus provenient, nec distrahi, nec in pensiones mutari poterunt.

Tempore autem vacationis Archiepiscopalium et Episcopalium Sedium, Dignitatum Canonicatuum, Praebendarum seu Vicariatuum, praedictae reddituum summae in utilitatem respectivarum Ecclesiarum percipiendae et conservandae erunt.

Habitatio insuper tarn Archiepiscopis et Episcopis, quam Dignitatibus, Canonicis senioribus, et Vicariis pariter senioribus, illorum dignitati et statui respondens assignabitur.

Pro Curia Archiepiscopali et Episcopali, pro Capitulo et Archivo Majestas Sua domum aptam assignabit.

Ad negotium hujusmodi reddituum, fundorum, et bonorum assignationis intra trimestre post ratificationem praesentis Conventionis, si fieri poterit, vel ad summum intra semestre perficiendum utraque Contrahentium pars Commissarios nominabit, ac de formali praedictae assignationis actu tria exemplaria in authentica forma expediri jubebit Regia Majestas, unum pro Archivio Regio, alterum pro Nuntio Apostolico, tertium denique pro Archivo singularum Ecclesiarum.

Alia Beneficia, ubi extant, conservabuntur.

Quod pertinet ad Dioecesim Spirensem, quoniam ob speciales circumstantias ei nunc fundi ac bona stabilia assignari non possunt, interea usque dum haec assignatio fieri valeat, providebitur a Majestate Sua per assignationem praestationis annuatim solvendae in summa:

Pro Episcopo florenorum sex millium, pro Praeposito florenorum mille quingentorum, pro Decano florenorum mille quingentorurn, pro quovis ex octo Canonicis florenorum mille, pro quovis e sex Vicariis florenorum sexcentorum.

Fabricarum denique ipsarumque Ecclesiarum fundi, redditus, bona mobilia et immobilia conservabuntur, et nisi pro Ecclesiarum manutentione, pro divini cultus expensis et inservientium necessariorum salariis sufficiant, Sua Majestas supplebit.

Der Betrag der jährlichen Einkünfte, nach Abzug der Lasten wird folgender seyn:

Diöces München.

Für den Erzbischof 20.000 fl. Für den Probst 4.000 fl. Für den Dechant 4.000 fl. Für jeden der fünf älteren Canoniker 2.000 fl. Für jeden der fünf jüngeren Canoniker 1.600 fl. Für jeden der drey ältern Vicare 800 fl. Für jeden der drey jüngern Vicare 600 fl.

Diöces Bamberg.

Für den Erzbischof 15.000 fl. Für den Probst 3.500 fl. Für den Dechant 3.500 ft. Für jeden der fünf ältern Canoniker 1.800 fl. Für jeden der fünf jüngern Canoniker 1.400 fl. Für jeden der drey ältern Vicare 800 fl. Für jeden der drey jüngern Vicare 600 fl.

Diöcesen Augsburg, Regensburg und Würzburg.

Für den Bischof 10.000 fl. Für den Probst 3.000 fl. Für den Dechant 3.000 fl. Für jeden der vier ältern Canoniker 1.600 fl. Für jeden der vier jüngern Canoniker 1.400 fl. Für jeden der drey ältern Vicare 800 fl. Für jeden der drey jüngern Vicare 600 fl.

Diöcesen Passau, Eichstädt und Speyer.

Für den Bischof 8.000 fl. Für den Probst 2.500 fl. Für den Dechant 2.500 fl. Für jeden der vier ältern Canoniker 1.600 fl. Für jeden der vier jüngern Canoniker 1.400 fl. Für jeden der drey ältern Vicare 800 fl. Für jeden der drey jüngern Vicare 600 fl.

Alle diese Einkünfte sollen in ihrem Betrage stets vollständig und ungeschmälert erhalten werden, und die Güter und Fonds weder veräußert, noch in Geld-Besoldungen verwandelt werden können. Zur Zeit der Erledigung eines erzbischöflichen oder bischöflichen Stuhls, der Dignitäten, Canonicate, Präbenden oder Vicariate wird der Betrag der vorerwähnten Einkünfte zum Besten der betreffenden Kirchen erhoben und erhalten.

Sowohl den Erzbischöfen und Bischöfen als den Dignitarien, den älteren Canonikern und den älteren Vicaren wird eine ihrer Würde und ihrem Stande entsprechende Wohnung angewiesen werden.

Für die erzbischöfliche und bischöfliche Curie, für das Capitel und das Archiv werden Seine Majestät ein geeignetes Gebäude bestimmen.

Zu dem Vollzuge des Geschäfts der Anweisung dieser Einkünfte, Fonds und Güter, welches innerhalb eines Vierteljahres nach Ratification gegenwärtiger Uebereinkunft, wenn es thunlich ist, oder wenigstens innerhalb eines halben Jahres beendigt seyn soll, wird jeder der beyden contrahirenden Theile Commissarien ernennen, und Seine Majestät werden von dem förmlichen Acte der vorerwähnten Anweisung drey Exemplare in authentischer Form ausfertigen lassen, eines für das Königliche Archiv, das andere für den apostolischen Nuntius, das dritte endlich für die Archive der betreffenden Kirchen.

Andere Beneficien werden, wo solche vorhanden sind, erhalten werden.

Da für die Dióces Speyer wegen besonderer Verhältnisse gegenwärtig keine Güter und ständige Fonds angewiesen werden können; so werden Seine Majestät einstweilen und bis eine solche Anweisung möglich seyn wird, durch Aussetzung von Jahres-Gehalten Fürsorge treffen, nämlich: Für den Bischof 6.000 fl. Für den Probst 1.500 fl. Für den Dechant 1.500 fl. Für jeden der acht Canoniker 1.000 fl. Für jeden der sechs Vicare 600 ft.

Die Fonds, Einkünfte, beweglichen und unbeweglichen Güter der bischöflichen Kirchen und ihrer Fabriken werden erhalten werden, und wenn dieselben zur Unterhaltung der Kirchen, zu den Ausgaben für den Gottesdienst und zu den Gehalten der nöthigen Diener nicht zureichen, so werden Seine Majestät den Abgang decken.

Der umfangeiche Artikel wurde, abgesehen von der inhaltlich unbedeutenden Auslassung eines Halbsatzes, wortwörtlich vom Vergleichstext, also der Übereinkunft der Unterhändler Consalvi und Häffelin vom 5. Juni 1817, übernommen. Es wird hier gehandelt von den – lastenfreien – Einkünften der (Erz-) Bischöfe und Kapitelmitglieder, ihre Herkunft, Sicherung, Bestimmung sowie vom Recht auf angemessene Wohnung einiger Kleriker, weitere Benefizien und nötigen Amtsräumen.

Damit wird die wichtige Bestimmung fortgeführt, dass die Einkünfte der (Erz-)Bischöfe und Kapitelmitglieder auf die Erträge von dauerhaften Gütern und Fonds, d. h. Immobilien, gegründet werden sollen, die der kirchlichen Selbstverwaltung unterstehen. Die Einkünfte sollen dabei stets und ungeschmälert erhalten werden. Die Güter und Fonds, aus denen sie fließen, dürfen nicht veräußert oder umgewandelt werden; hier ist ein Halbsatz entfallen. Es bleibt festzuhalten, dass mit der genauen Bestimmung der Einkünfte kirchlicher Institutionen und Personen der Staat einen teilweisen Ausgleich für die Folgen der Säkularisation übernimmt. Diese Dotationen erfolgten jedoch nicht aus Motiven der Großzügigkeit, sondern um die kirchliche Handlungsfähigkeit aufrechtzuerhalten. Die Fragen der Dotationen bzw. die Bestimmung der Güter und Fonds, aus denen die Einkünfte fließen sollten, war bei der Publikation des Konkordats im Gesetzblatt noch nicht geklärt, auch nicht nach der Tegernseer Erklärung des Königs. Als die Circumskriptionsbulle der (Erz-)Diözesen im Königreich Bayern verkündet wurde, ist man daher übereingekommen, dass der Staat provisorisch die im Konkordat zugesagten Einkünfte direkt bezahlen sollte, bis eine konkordatsgemäße Lösung erzielt sei. Zu der ist es jedoch bekanntermaßen bis heute nicht gekommen, sodass man schließlich beiderseits geneigt war, die Einkünfte dauerhaft nicht mittels einer aufwändigen Güterverwaltung, sondern in bar zu zahlen und zu erhalten[1242]

Artikel 5:[1243] *In jeder Diöcese sollen die bischöflichen Seminarien erhalten, und mit einer hinreichenden Dotation in Gütern und ständigen Fonds versehen werden; in jenen Diöcesen aber, in welchen solche Anstalten nicht vorhanden sind, sollen sie ehestens mit einer Dotation der nämlichen Art hergestellt werden.*

In die Seminarien werden jene Candidaten aufgenommen und darin nach Vorschrift des heiligen Conciliums von Trient gebildet und unterrichtet, deren Aufnahme die Erzbischöfe und Bischöfe nach dem Bedürfnisse oder Nutzen der Diöcese für gut finden werden. Dieinnere Einrichtung, der Unterricht, die Leitung und die Verwaltung der Seminarien werden nach den canonischen Formen der vollkommen freyen Aufsicht der Erzbischöfe und Bischöfe untergeben.

Die Vorsteher und Lehrer in diesen Seminarien werden von den Erzbischöfen und Bischöfen ernannt, und, so wie sie es für nöthig oder nützlich erachten sollten, auch wieder entfernt werden.

Da den Bischöfen obliegt, über die Glaubens- und Sittenlehre zu wachen, so werden sie in Ausübung dieser Amtspflicht auch in Beziehung auf die öffentlichen Schulen keineswegs gehindert werden.

1242 Die Verzögerung der Dotationen mit Immobilien und die fortgesetzte direkte Zahlung der Einkünfte an die Kirche lag nicht nur an der klammen Finanzlage des Königreichs, sondern auch an der Scheu der Verantwortlichen in den Diözesen, sich mit einer umfangreichen bürokratischen Güterverwaltung beschäftigen zu müssen, vgl. dazu: Hausberger, Staat und Kirche, 205, Anm. 6; die Problematik beispielhaft für das Bistum Würzburg skizziert bei: Wehner, Bistum Würzburg, 252–254.

1243 Art. V. Sua singulis Dioecesibus Seminaria Episcopalia conserventur, et dotatione congrua in bonis fundisque stabilibus provideantur; in iis autem Dioecesibus, in quibus desunt, sine mora cum eadem pariter dotatione in bonis fundisque stabilibus fundentur.

In Seminariis autem admittentur atque ad normam Sacri Consilii Tridentini efformabuntur atque instituentur adolescentes, quos Archiepiscopi et Episcopi pro necessitate vel utilitate Dioecesium in iis recipiendos judicaverint. Horum Seminariorum ordinatio, doctrina, gubernatio, et administratio Archiepiscoporum et Episcoporum auctoritati pleno liberoque jure subjectae erunt juxta formas Canonicas.

Rectores quoque et Professores Seminariorum ab Archiepiscopis et Episcopis nominabuntur, et quotiescunque necessarium aut utile ab ipsis judicabitur, removebuntur.

Cum Episcopis incumbat Fidei ac morum doctrinae invigilare, in hujus officii exercitio etiam circa Scholas publicas nullo modo impedientur.

Der Artikel handelt von der Einrichtung und dem Unterhalt von Priesterseminaren in jeder Diözese und ihrer Dotation, von der Freiheit der Bischöfe hinsichtlich Lehre, Kandidaten und Lehrpersonal sowie von der bischöflichen Schulaufsicht. Die ersten drei Absätze des Artikels übernehmen den Vorgängertext wortwörtlich, im vierten Absatz (Schulaufsicht) gibt es eine sprachliche Abweichung: Während es im Vorgängertext darum ging, über die gesunde Lehre hinsichtlich des katholischen Glaubens und der guten Sitten zu wachen, soll nun die Lehre mit dem Maßstab von Glaube und Sitte überwacht werden. Dies bedeutet eine inhaltliche Akzentverschiebung von einer spezifisch katholischen hin zu einer mehr allgemein christlichen (‚ökumenischen') Sichtweise. Inhalt und Ziel der Aufsicht ist es, sicherzustellen, dass der Unterricht christlichem Glauben und christlicher Ethik entspricht. Mehr durfte in einem konfessionell gemischten Gemeinwesen von einer Aufsicht an allen öffentlichen Schulen nicht verlangt, mehr musste vom Staat in eigenem zeitbedingten Interesse von Sittlichkeit und Ordnung nicht gefordert werden.

Artikel 6:[1244] *Seine Majestät werden mit Beyrathe der Erzbischöfe und Bischöfe für die Herstellung eines hinlänglich dotierten Hauses sorgen, in welchem kranke und alte wohlverdiente Geistliche Unterstützung und Zuflucht finden können.*

Mit diesem Artikel verpflichtet sich der König, in jeder Diözese ein Haus für emeritierte Geistliche einzurichten und ausreichend zu dotieren. Der Artikel ist wortwörtlich vom Vorgängertext übernommen.

Artikel 7:[1245] *Seine Königliche Majestät werden in Anbetracht der Vortheile, welche die religiösen Orden der Kirche und dem Staate gebracht haben, und in der Folge auch noch bringen könnten, und um einen Beweis Allerhöchst-Ihrer Bereitwilligkeit gegen den heiligen Stuhl, zu geben, einige Klöster der geistlichen Orden beyderlei Geschlechts entweder zum Unterrichte der Jugend in der Religion und den Wissenschaften, oder zur Aushülfe in der Seelsorge, oder zur Kranken-Pflege, im Benehmen mit dem heiligen Stuhle mit angemessener Dotation herstellen lassen.*

1244 Art. VI. Majestas Sua Regia, collatis cum Archiepiscopis et Episcopis consiliis, assignabit pariter cum sufficienti dote domum, in qua infirmi ac senes Clerici benemeriti solamen et asylum reperiant.

1245 Art. VII. Insuper Majestas Sua considerans, quot utilitates Ecclesia atque ipse Status a Religiosis Ordinibus perceperint, ac percipere in posterum possint, et ut promptam suam erga Sanctam Sedem voluntatem probet, aliqua Monasticorum Ordinum utriusque Sexus Coenobia ad instituendam in Religione et Litteris juventutem, et in Parochorum subsidium, aut pro cura infirmorum, inito cum Sancta Sede consilio, cum convenienti dotatione instaurari curabit.

Der Staat erklärt sich damit in Rücksprache mit dem Heiligen Stuhl bereit, einige Männer- und Frauenklöster wieder zu errichten und angemessen zu dotieren. Religiose sollen sich der religiösen und gehobenen Bildung der Jugendlichen widmen, in der Pfarrseelsorge mithelfen und – das ist hier neu eingefügt – sich der Krankenpflege widmen. Mit diesem erweiterten Einsatzspektrum wurde den verschiedenen Charismen, insbesondere den weiblichen geistlichen Instituten, ein Betätigungsfeld erschlossen; zugleich kommt der Dienst dem Gemeinwohl zugute, was die staatliche Dotation und Zulassung rechtfertg. Bis auf die genannte Einfügung ist hier der Vorgängertext übernommen.

Artikel 8:[1246] *Die Güter der Seminarien, Pfarreyen, Beneficien, Kirchen-Fabriken und aller übrigen Kirchen-Stiftungen werden stets und ungeschmälert erhalten, und können weder veräußert noch in Pensionen verwandelt werden. Die Kirche wird auch das Recht haben, neue Besitzungen zu erwerben, und was sie neu erwirbt, soll ihr Eigenthum und gleicher Rechte mit den ältern Kirchenstiftungen theilhaftig seyn, welche so wenig als die künftig zu errichtenden ohne Zustimmung des apostolischen Stuhls jemals eingezogen, oder vereinigt werden können, jedoch mit Vorbehalt der Rechte, welche den Bischöfen nach dem heiligen Concilium von Trient zustehen.*

Dieser Artikel dient der Sicherung und dem ungeschmälerten Bestand der kirchlichen Güter sowie dem Recht der Kirche, weitere Güter zu erwerben. Auf die Geltung der staatlichen Amortisationsgesetze wird in Bezug auf die kirchlichen Rechts- und Vermögensträger verzichtet. Das gegenwärtige Vermögen wird im Bestand garantiert, das Recht auf den Erwerb von neuem Besitz und Eigentum wird zugesprochen.

Neu im vorliegenden Text ist, dass nicht mehr von frommen Stiftungen, sondern von kirchlichen Stiftungen/Kirchen-Stiftungen die Rede ist. Damit ist der Kreis der Vermögensträger klarer, weil weiter gefasst, umschrieben. Neu ist auch der Wechsel des Verbs in Bezug auf die den Bischöfen vom Trienter Konzil übertragenen Vollmachten: von facultatibus concessis zu facultatibus tributis,

---

1246 Art. VIII. Bona Seminariorum, Parochiarum, Beneficiorum, Fabricarum, omniumque aliarum Ecclesiasticarum fundationum semper et integre conservanda erunt, nec distrahi, nec in pensiones mutari poterunt.

Ecclesia insuper jus habebit, novas acquirendi possessiones, et quidquid de novo acquisierit, faciet suum, et censebitur eodem jure ac veteres fundationes Ecclesiasticae, quarum, uti et illarum, quae in posterum fient, nulla vel suppressio vel unio fieri poterit absque Sedis Apostolicae auctoritatis interventu, salvis facultatibus a Sacro Concilio Tridentino Episcopis tributis.

d. h von zugestandenen zu zugeteilten Vollmachten – eine sprachliche, aber keine inhaltliche Veränderung.

Artikel 9:[1247] *Seine Heiligkeit werden in Erwägung der aus gegenwärtiger Uebereinkunft für die Angelegenheiten der Kirche und der Religion hervorgehenden Vortheile Seiner Majestät dem Könige Maximilian Joseph und Seinen Katholischen Nachfolgern durch apostolische Briefe, welche sogleich nach der Ratification dieser Uebereinkunft ausgefertigt werden sollen, auf ewige Zeiten das Indult verleihen, zu den erledigten erzbischöflichen und bischöflichen Stühlen im Königreiche Baiern würdige und taugliche Geistliche zu ernennen, welche die nach den canonischen Satzungen dazu erforderlichen Eigenschaften besitzen. Denselben wird Seine Heiligkeit nach den gewöhnlichen Formen die canonische Einsetzung ertheilen. Ehe sie aber diese erhalten haben, sollen sie sich auf keine Weise in die Leitung oder Verwaltung der Kirchen, zu welchen sie ernannt sind, einmischen können.*

Die Annaten und Canzley-Taxen werden nach dem Maaßstabe der jährlichen Einkünfte eines jeden Bischofs von Neuern festgesetzt werden.

Der Artikel handelt vom königlichen Ernennungsrecht für die Erzbischöfe und Bischöfe und den damit verbundenen Gebühren. Im Vergleich zum Vorgängertext hat dieser Artikel eine deutliche sachliche und eine damit verbundene sprachliche Umformungen erfahren.

Neu ist, dass dem König und seinen katholischen Nachfolgern kraft päpstlichen Indults[1248] dauerhaft das Ernennungsrecht für alle und nicht nur drei (erz-) bischöflichen Sitze in Bayern eingeräumt wird. Der König ernennt und verleiht damit das Recht auf das bischöfliche Amt (ius ad rem), der Papst verleiht mit

1247 Art. IX. Sanctitas Sua, attenta utilitate, quae ex hac Conventione manat in ea, quae ad res Ecclesiae et Religionis pertinent, Majestati Regis Maximiliani Josephi, ejusque Successoribus Catholicis per Litteras Apostolicas statim post ratificationem praesentis Conventionis expediendas in perpetuum concedet Indultum nominandi ad vacantes Archiepiscopales et Episcopales Ecclesias Regni Bavarici dignos et idoneos Ecclesiasticos Viros iis dotibus praeditos, quas Sacri Canones requirunt. Talibus autem Viris Sanctitas Sua Canonicam dabit Institutionern juxta formas consuetas.

Priusquam vero eam obtinuerint, regimini seu administrationi Ecclesiarum respectivarum, ad quas designati sunt, nullo modo sese immiscere poterunt.

Annatarum vero et Cancellariae taxae proportionabiliter ad unius cujusque Mensae annuos redditus de novo statuentur.

1248 Pius VII., Indultum nominandum ad duas archiepiscopales et sex episcopales ecclesias in ditione Bavarica pro serenissimo rege Bavariae, v. 17.11.1818, in: Bull. Rom. Cont., Rom 1849, XIV, 432–433.

der Einsetzung das Recht zum Amt (ius in re). Dieses Nominationsrecht zu allen bayerischen Bischofsstühlen ist übrigens ein Rückgriff auf den Konkordatsentwurf der Kurie vom 10. Juli 1807, Artikel 4.

Vom Vorgängertext wurde übernommen, dass, wenn die Ernannten die kanonische Eignung besitzen, ihnen die päpstliche Institution erteilt wird. Wortwörtlich übernommen wurde auch die Festlegung, dass sich die Ernannten vor ihrer Institution nicht in die Amtsgeschäfte der ihnen zugedachten Diözesen einmischen dürfen, ebenso die Zusicherung, dass die Höhe der kurialen Abgaben neu festgesetzt werden wird.

Das Ernennungsrecht des Königs zu allen bayerischen Bischofsstühlen kann im Sinn staatskirchenrechtlicher Bestrebungen nicht hoch genug veranschlagt werden. Der König konnte durch sein Ernennungsrecht die gesamte kirchlich-hierarchische Spitzengruppe im Königreich bestimmen. Damit rückte die Kirche nahe an die Art einer staatlichen Institution heran, d. h. nahe an die Grenze des institutionalisierten Staatskirchentums. Aus diesem kurialen Zugeständnis ist zu ermessen, wie wichtig der Kurie das gesamte Konkordat und manche Einzelbestimmungen des Konkordats gewesen sein müssen.

Artikel 10:[1249] *Die Probsteyen, sowohl bey den Metropolitan- als den Bischöflichen Kirchen wird Seine Heiligkeit verleihen. Die Ernennung der Dechanten*

1249 Art. X. Praeposituras tam in Metropolitanis quam in Cathedralibus Ecclesiis conferet Sanctitas Sua; ad Decanatus nominabit Regia Majestas, quae etiam ad Canonicatus in sex mensibus Apostolicis sive Papalibus nominabit.

Quoad alios autem sex menses, in eorum tribus Archiepiscopus et Episcopus, in reliquis vero tribus Capitulum nominabit.

In Capitula Ecclesiarum tam Metropolitanarum quam Cathedralium in posterum alii non admittentur, quam indigeni, qui praeter qualitates a Sacro Concilio Tridentino requisitas, in animarum cura, et sacris Ministeriis cum laude versati sint, aut Archiepiscopo vel Episcopo in administranda Dioecesi adjutricem operam praestiterint, vel virtutis ac scientiae meritis conspicuos sese reddiderint.

Vicariatus vero in iisdem Metropolitanis et Cathedralibus Ecclesiis libere ab Archiepiscopo vel Episcopo conferentur.

Pro hac vice tamen, quoniam, Capitulis nondum constitutis, omnia ea, quae hoc articulo statuta sunt, servari non possunt, Nuntius Apostolicus, collatis cum Majestate Sua consiliis et auditis interesse habentibus, nova Capitula constituet. ldem circa Vicarios seu Praebendatos observabitur.

Dignitates, Canonici, et Beneficiati omnes residentiales uti a pluralitate Beneficiorum et Praebendarum juxta Sacros Canones prohibentur, ita ad residentiam secundum eorum Canonum rigorem, salva semper Sedis Apostolicae auctoritate, adstringuntur.

steht Seiner Königlichen Majestät zu, Allerhöchstwelche auch zu den Canonicaten in den sechs apostolischen oder päbstlichen Monaten ernennen werden. Von den übrigen sechs Monaten werden in drey die Erzbischöfe und Bischöfe, in den andern drey aber die Capitel zu denselben ernennen.

In die Capitel der erzbischöflichen und bischöflichen Kirchen können nur Landeseingehohrne aufgenommen werden. Diese sollen neben den vom heiligen Concilium zu Trient geforderten Eigenschaften in der Seelsorge und andern Kirchendiensten rühmlich gearbeitet, oder den Erzbischöfen und Bischöfen in der Verwaltung der Diöcese Beyhülfe geleistet, oder sich sonst durch Tugend und Wissenschaften Verdienste und Auszeichnung erworben haben.

Die Stellen der Vicare an den Metropolitan- und Cathedral-Kirchen werden von den Erzbischöfen und den Bischöfen frey besetzt.

Jedoch wird für den gegenwärtigen Fall, wo die Capitel noch nicht bestellt sind, folglich die Bestimmungen dieses Artikels noch nicht sämmtlich beobachtet werden können, der apostolische Nuntius im Einverständnisse mit Seiner Majestät und mit Rücksicht auf die einschlägigen Interessen die neuen Capitel einsetzen. Das nämliche gilt auch von den Vicaren.

So wie den Dignitarien, Canonikern und allen zur Residenz verpflichteten Beneficiaten der Besitz mehrerer Beneficien für eine Person nach den canonischen Satzungen untersagt ist, so sind sie auch nach der Strenge dieser Vorschriften zur Residenz, unbeschadet jedoch der Autorität des apostolischen Stuhles, durchaus verbunden.

In diesem Artikel werden die Besetzungsverfahren für die Dignitäten, Kanonikate und Domvikarien behandelt und eine Übergangsregelung vorgeschlagen, mit der das Verfahren in Gang gebracht werden kann. Außerdem sind für die Dignitäten und Kanoniker die notwendigen Qualifikationen festgelegt und Regelungen zur Residenzpflicht und der verbotenen Benefizienkumulation enthalten.

Unverändert zum Vergleichstext ist geblieben: Die Dompropsteien werden vom Papst verliehen. Die Domdekane werden vom König ernannt. Es gilt entsprechend den kanonischen Bestimmungen die strenge Verpflichtung zur Residenz und das Verbot der Kumulation von Benefizien bzw. Pfründen.[1250] Es

1250 Das System der Verknüpfung von Ämtern und Benefizien/Pfründen ist nach dem Zweiten Vatikanischen Konzil im CIC/1983 aufgegeben worden. Freilich gilt der Gedanke weiterhin, dass nicht mehrere Ämter und/oder Dienste in einer Person vereinigt werden sollen. Ein Domkapitular soll nicht zugleich Pfarrer sein. Ein Pfarrer soll grundsätzlich eine Pfarrei innehaben, vgl. c. 515 § 1 CIC/1983; zur Ausnahme c. 526 § 1. Wenn einem Pfarrer doch mehrere Pfarreien anvertraut

werden persönlichen Qualifikationen zur Aufnahme in die Kapitel verlangt, also die kanonische Eignung und die Bewährung bzw. Auszeichnung im Dienst für den Bischof oder in sonstiger Weise sowie die Eigenschaft ein „*Eingeborener*“ zu sein; die Domvikarien werden von den Bischöfen frei vergeben. Unverändert ist auch, dass die erste Besetzung der Dignitäten, Kanonikate und Domvikarien erstmalig durch den Nuntius geschehen soll, und zwar im Einverständnis mit dem König und unter Wahrung der einschlägigen Interessen.[1251] Damit ist wohl gemeint, dass die noch lebenden Kanoniker der alten Domkapitel bei der Neubesetzung berücksichtigt werden.

Neu sind im Unterschied zum Vergleichstext vom 5. Juni 1817 die einheitlichen Regelungen zur Besetzung der Kanonikate aller bayerischen Diözesen. Dazu wird die Unterscheidung von päpstlichen und nicht päpstlichen Monaten für die Besetzung der Kanonikate, wie im kurialen Entwurf vom Oktober 1816, Art. 10 ausgeführt, wieder aufgegriffen. Ebenso wird, wie dort beschrieben, die alleinige Zuständigkeit der Verleihenden festgeschrieben, je nachdem in welchem Monat ein Kanonikat vakant wurde. Das heißt: in den sechs päpstlichen Monaten ernennt der König, in den verbleibenden sechs Monaten in dreien der jeweilige (Erz-)Bischof, in den anderen drei das jeweilige Kapitel. Mit dieser Regelung ist das Besetzungsverfahren vereinfacht, übersichtlich und der Einfluss zwischen Staat und Kirche auf die Besetzung der Kanonikate ausgeglichen. Die inhaltliche Neufassung bedingte jedoch gegenüber dem Vorgängertext auch eine sprachliche Neuformulierung, daneben wurden einige kleinere sprachliche und stilistische Veränderungen vorgenommen.

Artikel 11:[1252] *Der König von Baiern wird auf alle Pfarreyen, Curat- und einfache Beneficien präsentiren, auf welche Seine Vorfahrer die Herzoge und Churfürsten*

---

sind, erhält er keinesfalls mehrere Gehälter/Vergütungen; da wirkt sich die Ausnahmeregelung von c. 526 § 1 nicht aus.

1251 Zur Errichtung der Domkapitel vgl. Bastgen, Bayern, I, 407–437. Zur Problematik der Erstbesetzung der Kapitel (Dignitäten, Kanoniker und Domvikare) vgl. ebd. 415–417.

1252 Art. XI. Rex Bavariae ad ea Beneficia tam Parochialia, quam Curata ac Simplicia praesentabit, ad quae ex legitimo jure patronatus sive per dotationem, sive per fundationem, sive per constructionem acquisito ejus antecessores Duces et Electores praesentabant.

Praeterea Majestas Sua praesentabit ad ea Beneficia, ad quae Corporationes Ecclesiasticae actu non existentes praesentabant.

Subditi Majestatis Suae, qui jure patronatus legitime, ut supra, gaudent, ad Beneficia respectiva tam Parochialia, quam Curata, ac Simplicia hujusmodi juri patronatus subjecta praesentabunt.

aus gültigem Patronats-Rechte, es mag sich dieses nun auf Dotation, Fundation oder Bauführung gründen, präsentirt haben.

Außerdem werden Seine Majestät zu allen jenen Beneficien präsentiren, zu welchen geistliche Corporationen, die gegenwärtig nicht mehr bestehen, präsentirten.

Die Unterthanen Seiner Majestät, welche sich im rechtmäßigen Besitze des Patronatsrechts nach obigen Titeln befinden, werden ferner zu den Pfarreyen, Curat- und einfachen Beneficien, die unter ihrem Patronatsrechte stehen, präsentiren.

Die Erzbischöfe und Bischöfe aber werden den präsentirten Geistlichen, wenn sie die erforderlichen Eigenschaften besitzen, nach vorgängiger Prüfung über Wissenschaft und Sitten, welche die Bischöfe selbst vorzunehmen haben, wenn es sich um Pfarreyen oder Curat-Beneficien handelt, die canonische Einsetzung ertheilen.

Uebrigens muß die Präsentation zu allen diesen Beneficien innerhalb der nach den canonischen Vorschriften bestimmten Zeit geschehen, außerdem werden sie frey von den Erzbischöfen und Bischöfen vergeben werden.

Alle übrige Pfarreyen, Curat- und einfachen Beneficien, welche die vorigen Bischöfe der nunmehrigen acht Kirchen in Baiern frey besetzt haben, werden von den Erzbischöfen und Bischöfen an Personen, die von Seiner Majestät genehmigt werden, frey vergeben.

In diesem Artikel wir von der Vergabe der Benefizien gehandelt. Gegenüber dem Vergleichstext lassen sich Klärungen und sprachliche Präzisierungen wie Umstellungen feststellen, wobei der Inhalt grundsätzlich fortgeführt wird. Mit dem Verweis auf die Zeit der *„glorreichen Herzöge und Kurfürsten"* ist eine zeitliche Zäsur als entscheidendes Kriterium eingeführt; faktisch dürfte damit das Jahr 1802 gemeint sein. Neu ist hingegen, dass zu den im Vorgängertext genannten Pfarr- und einfachen Benefizien nun noch die Curatbenefizien erwähnt werden; es geht damit in diesem Artikel um alle (möglichen Arten von) Benefizien. Die Regelung besagt: Wo im jetzigen Königreich Bayern einst

---

Archiepiscopi vero et Episcopi praesentatis debita requisita habentibus, praemisso circa doctrinam et mores examine ab ipsis Ordinariis instituendo, si de Parochialibus, aut de Curatis Beneficiis agatur, Canonicam dabunt Institutionem.

Praesentatio autem ad omnia ista Beneficia intra tempus a Canonibus praescriptum fiet, secus ea libere ab Archiepiscopis et Episcopis conferentur.

Reliqua vero Beneficia omnia tam Parochialia, quam Curata, ac Simplicia, quae antecessores Antistites octo Ecclesiarum Regni Bavariae conferebant, libere ab Archiepiscopis et Episcopis personis Majestati Suae gratis conferentur.

die Herzöge bzw. Kurfürsten präsentiert haben, da präsentiert nun (weiterhin die staatliche Autorität, nämlich) der König die Benefiziaten und Pfründeinhaber. Neu erwähnt wird hier der Grund für das Präsentationsrecht, nämlich das legitime Patronatsrecht, das durch verschiedene Akte erworben worden ist. Neu ist auch, und damit wird eine Fehlstelle des Vorgängertextes gefüllt, dass der König auf all die Benefizien geistlicher Körperschaften präsentiert, die aktuell nicht mehr bestehen. Gemeint sind hier etwa die Benefizien, zu denen einst Klöster und Kapitel präsentierten. Wo Patronatsherren zu den Benefizien präsentierten, präsentieren sie auch weiterhin. Neu ausgefaltet ist hier, dass es um Patronatsherren geht, die dem König untertan sind, dass das legitime Patronatsrecht auf verschiedenen Titeln beruhen kann und dass hier alle Arten von Benefizien umfasst sind. Die Bischöfe erteilen den Präsentierten die kanonische Einsetzung, wenn sie die erforderlichen Eigenschaften besitzen, wozu die empfangene Priesterweihe zählt. Neu ist, dass die Präsentierten sich vor der Einsetzung einer vom Bischof organisierten Eignungsprüfung zu unterziehen haben, falls es sich um ein Pfarr- oder Curatbenefizium handelt. Damit soll im Sinn des Trienter Konzils sichergestellt werden, dass die Präsentierten wirklich über das Rüstzeug für eine fruchtbare Pastoral verfügen. Ganz im Sinne der Seelsorge ist die Bestimmung, dass die Präsentation (praesentatio) zu den Benefizien innerhalb der kanonischen Frist, d. i. sechs Monate geschehen soll; andernfalls steht dem Bischof die freie Übertragung des Benefiziums zu. Neu ist auch, dass die im Vorgängertext genannte Verleihung (collatio) hier entfallen ist, denn die Verleihung findet nur bei den Benefizien statt, deren Besetzung dem Bischof zusteht; dies wird im nächsten Abschnitt weiter ausgeführt. Wo im Königreich Bayern einst die Bischöfe (bis 1802) die Benefizien frei verliehen haben, da steht ihnen weiterhin die freie Verleihung (Collatio) alle Arten von Benefizien zu, jedoch nur – und das ist neu – an Personen, die dem König genehm sind.

Die Neufassung des Artikels klärt zugunsten des Staates die bislang fehlende Regelung zu den Benefizien, die einst von geistlichen Corporationen besetzt wurden. Ebenfalls zugunsten des Staates ist die Regelung, dass die Bischöfe, sofern ihnen eine freie Stellen- und Benefiziumsvergabe zukommt, nur Personen auswählen dürfen, die zugleich dem König genehm sind.[1253] Unter dieser

1253 Diese für die Bischöfe einschränkende Festlegung ist bei Hausberger (Staat und Kirche, 207) verschleiert dargestellt, weil er hinsichtlich der Pfründe/Benefizien das königliche *„Bestätigungsrecht“* in einer Textpassage, die der *„freien bischöflichen Vergabe“* unterliegenden in einer anderen Passage aufführt.

Bedingung ist die Vergabe nicht frei. Somit kann der allergrößte Teil aller Benefizien im Königreich nicht ohne staatliche Beteiligung vergeben werden; die sonstigen Patronatsherren, die das Präsentationsrecht haben, sind ausdrücklich als Untertanen des Königs und damit als Hörige staatlicher Gesetze und Weisungen qualifiziert.

Artikel 12:[1254] *In Leitung der Diöcesen sind die Erzbischöfe und Bischöfe befugt, alles dasjenige auszuüben, was ihnen vermöge ihres Hirtenamtes Kraft der*

1254 Art. XII. Pro regimine Dioecesium Archiepiscopis et Episcopis id omne exercere liberum erit, quod in vim pastoralis eorum ministerii sive ex declaratione, sive ex dispositione Sacrorum Canonum secundum praesentem et a Sancta Sede adprobatam Ecclesiae disciplinam competit, ac praesertim:
a) Vicarios, Consiliarios, et Adjutores administrationis suae constituere Ecclesiasticos quoscumque quos ad praedicta officia idoneos judicaverint;
b) Ad statum Clericalem assumere, et approbatis a Sacris Canonibus titulis ad Ordines etiam majores, praevio examine ab ipsis Archiepiscopis et Episcopis aut eorum Vicariis cum Examinatoribus Synodalibus instituendo, promovere, quos necessarios aut utiles suis Dioecesi bus judicaverint, et e contrario, quos indignos censuerint, a susceptione Ordinum arcere, quin ab ullo quovis obtentu impediri queant;
c) Causas Ecclesiasticas atque inprimis causas Matrimoniales, quae juxta Canonem 12. sess. 24. Sacri Concilii Tridentini ad Judices Ecclesiasticos spectant, in Foro eorum cognoscere, ac de iis sententiam ferre, exceptis causis mere civilibus Clericorum, exempli gratia contractuum, debitorum, haereditatum, quas Laici Judices cognoscent et definient;
d) In Clericos reprehensione dignos aut honestum Clericalem habitum eorum Ordini, et dignitati congruentem non deferentes, poenas a Sacro Concilio Tridentino statutas, aliasque quas convenientes judicaverint, salvo Canonico recursu, infligere, eosque in Seminariis aut domibus ad id destinandis custodire; censuris quoque animadvertere in quoscumque fideles Ecclesiasticarum Legum et Sacrorum Canonum transgressores;
e) Cum Clero et Populo Dioecesano pro munere officii Pastoralis communicare, suasque Instructiones, et ordinationes de rebus Ecclesiasticis libere publicare; praeterea Episcoporum, Cleri et Populi communicatio cum sancta Sede in rebus spiritualibus et negotiis Ecclesiasticis prorsus libera erit;
f) Collatis cum Regia Majestate, praesertim pro convenienti reddituum assignatione, consiliis, Parochias erigere, dividere vel unire;
g) Praescribere vel indicare preces publicas, aliaque pia opera, cum id bonum Ecclesiae, vel Status, aut Populi postulet, et invigilare, ut in Ecclesiasticis functionibus, praesertim autem in Missa et in Administratione Sacramentorum Ecclesiae formulae in lingua Latina usurpentur.

Erklärung oder Anordnung der canonischen Satzungen nach der gegenwärtigen und vom heiligen Stuhle bestätigten Kirchendisciplin zusteht, und insbesondere

a) zu Vicaren, Rathgebern und Gehülfen in ihrer Verwaltung Geistliche, welche sie immer hiezu tauglich finden werden, aufzustellen;

b) Alle diejenigen in den geistlichen Stand aufzunehmen, und mit den canonischen Titeln zu den höhern Weihen zu befördern, welche sie für ihre Diöcese nothwendig und nützlich erachten, wenn dieselben vorher die von den Erzbischöfen und Bischöfen selbst oder ihren Vicaren mit Beyziehung der Synodal-Examinatoren vorzunehmende Prüfung bestanden haben, dagegen diejenigen, welche sie unwürdig finden, vom Empfange der Weihen auszuschließen, ohne daß sie hierin unter irgend einem Vorwande gehindert werden können;

c) Geistliche Sachen und insbesondere Ehesachen, welche nach dem Canon 12 Seß. 24 des heiligen Conciliums von Trient vor den geistlichen Richter gehören, bey ihrem Gerichte zu verhandeln, und zu entscheiden. Ausgenommen davon sind die rein bürgerlichen Angelegenheiten der Geistlichen, z. B. Verträge, Schuld- und Erbschafts-Sachen, worüber den weltlichen Richtern die Verhandlung und Entscheidung zusteht;

d) Gegen Geistliche, welche eine Ahndung verdienen, oder keine ehrbare geistliche, ihrem Stande und ihrer Würde anständige Kleidung tragen, die von dem heiligen Concilium von Trient bestimmten oder ihnen sonst zweckmäßig scheinenden Strafen unter Vorbehalt des canonischen Recurses zu verhängen, und dieselben in die Seminaren oder andere dazu bestimmte Häuser zu versetzen, auch gegen jeden der Gläubigen, welche sich der Uebertretungen der Kirchensatzungen und der heiligen Canonen schuldg machen, kirchliche Censuren anzuwenden;

e) Nach Erforderniß des geistlichen Hirtenamts sich dem Clerus und dem Volke der Diöcese mitzutheilen, und ihren Unterricht und ihre Anordnungen in kirchlichen Gegenständen frey kund zu machen; übrigens bleibt die Communication der Bischöfe, des Clerus und des Volkes mit dem heiligen Stuhle in geistlichen Dingen und kirchlichen Angelegenheiten völlig frey;

f) Im Einverständnisse mit Seiner Königlichen Majestät, besonders wegen Anweisung angemessener Bezüge, Pfarreyen zu errichten, zu theilen, und zu vereinigen;

g) Oeffentliche Gebete und andere fromme Uebungen vorzuschreiben und anzusagen, wenn dieses das Wohl der Kirche, des Staates, oder des Volkes erheischt, und darauf zu sehen, daß bey den kirchlichen Verrichtungen, besonders aber in der Messe und der Ausspendung der Sacramente die lateinischen Kirchenformeln gebraucht werden.

In diesem Artikel wird, wie im Artikel des Referenztextes vom 5. Juni 1817, den Diözesanbischöfen die Befugnis zugesichert, ihr Amt entsprechend den kanonischen Satzungen und der geltenden Kirchendisziplin frei auszuüben. Eine nicht taxative Aufzählung erläutert dabei, welche Rechte der verschiedenen bischöflichen Aufgaben gemeint sind.

Die einleitende, allgemeine Aussage, die den Diözesanbischöfen grundsätzlich alle Rechte zur freien Leitung der Diözese einräumt, ist durch den Partikel „*ex*" (sive *ex* declaratione, sive ex dispositione) erweitert.

Die Bestimmung unter a), das Recht zur freien Auswahl von Mitarbeitern und Ratgebern in der Diözesanverwaltung, ist wortwörtlich vom Vergleichstext übernommen. Sinn der Bestimmung ist, dass der Bischof in der Zuteilung von Aufgaben und der Auswahl seiner Mitarbeiter frei sein soll, da dies durch das notwendige Vertrauensverhältnis in der Leitungsverantwortung für die Diözese gefordert ist.[1255]

Unter Buchstabe b) werden das Recht zur freien Aufnahme oder Ablehnung von Bewerbern für den Klerikerstand sowie das Recht, Weihebewerber zuzulassen oder abzulehnen, fixiert. Sachlich stimmt die Bestimmung mit dem Vorgängertext überein. In der Ausformulierung sind hier die „*Archiepsicopi*" zu den „*Episcopi*" ergänzt worden, die Generalvikare sind von den Bischöfen nicht durch „*vel*", sondern durch „*aut*" abgegrenzt. Der pastorale Dienst in einer Diözese wird vom Bischof und insbesondere dem höheren Klerus ausgeübt. Mit dem angeführten Recht soll sichergestellt werden, dass der Diözesanbischof die Personalhoheit für und über die Mitarbeiter seines Vertrauens ausüben kann,[1256] damit die Pastoral entsprechend der Bedürfnissen und Möglichkeiten der Diözese fruchtbar geschehen kann.

Die Ausführungen unter Buchstabe c) handeln vom Recht der bischöflichen Gerichtsbarkeit in kirchlichen Angelegenheiten insbesondere der Ehegerichtsbarkeit im Sinne der Vorschriften des Trienter Konzils[1257] und dem Recht der

---

1255 Hier ist eine Parallelisierung bzw. Erweiterung zu Art. 3 des Textes zu erkennen, der statuiert, dass die Diözesanbischöfe frei sind, den Mitgliedern der Domkapitel die Aufgaben zuzuweisen, für die sie dem Bischof als geeignet erscheinen.

1256 Im Hintergrund steht die Vorstellung, dass der Bischof mit dem Presbyterium eine personale Gemeinschaft bildet, wie Jesus mit seinen Jüngern. Jesus hat sich seine Jünger frei zu Mitarbeitern erwählt und in seinen Dienst berufen, so soll es dann auch zwischen Bischof und Presbytern/Klerikern sein. „*Nicht ihr habt mich erwählt, sondern ich habe euch erwählt und euch dazu bestimmt, dass ihr hingeht und Frucht bringt und eure Frucht bleibt*", Joh 15,16.

1257 Conc. Trid., Sessio XXIV, c. 12, in: COD, Bd. 3, 754: „*Si quis dixerit, causas matrimoniales non spectare ad iudices ecclesiasticos: a. s.*"

Gerichtsbarkeit über Geistliche, wobei die rein bürgerlichen Angelegenheiten von Geistlichen ausgeschlossen sind. Der Inhalt des Textes stimmt sachlich mit dem Vergleichstext überein.

Unter sprachlicher Perspektive ist die Bestimmung des Gerichts für die Ehesachen als *„kirchliches"* Gericht (in foro eorum ecclesiastico) entfallen, wohl weil die Richter schon als *„kirchliche"* (judices ecclesiasticos) qualifiziert sind. Außerdem ist zu vermerken, dass im Vorgängertext die Zuständigkeit laikaler Richter für bürgerliche Streitsachen von Klerikern als Zugeständnis des Papstes formuliert war (quarum cognitionem et decisionem sanctitas sua laicis judicibus indulget). Das wurde hier – neu – ganz im Sinne und auf der eingeschlagenen Linie der Negation klerikaler Gerichts- und Standesprivilegien bereinigt (quas Laici Judices cognoscent et definient). Wenn der weltlichen Gerichtsbarkeit Rechtshändel unterstellt sind, dann bildet die richterliche Kompetenz eine Anteilhabe an der weltlich-staatlichen Vollmacht, für die die innerkirchlich relevante Differenz von Laien und Klerikern keine Rolle spielt. Würde der Staat die Differenz akzeptieren, wären nicht nur katholische Laien, sondern alle Angehörigen anderer Konfessionen und Religionen als Richter von bürgerlichen Streitsachen der Kleriker inkompetent; das würde jedoch die Gerichtsverfassung des mehrkonfessionellen und mehrreligiösen Staates stark einschränken und das Vertrauen in sie beschädigen. Ziel der Bestimmungen in diesem Absatz ist somit die Klärung der Zuständigkeit bischöflich-kirchlicher oder staatlicher Gerichte. Das ist allerdings nur bedingt gelungen: Geistliche Sachen gehören vor das bischöfliche Gericht und kirchliche Richter, jedoch stellt sich hierbei die Frage, was mit diesen geistlichen Sachen und welche Fälle damit gemeint sind. Eine taxative Aufzählung ist offensichtlich nicht möglich und ein eindeutiges Kriterium nicht zu fixieren. So ergibt sich eine mögliche Quelle des Streits um die Zuständigkeit und/oder wird das bischöfliche Recht inhaltsleer, weil die Bestimmung zu wenig konkret ist. In einer Sache ist die Zuständigkeit jedoch ausdrücklich fixiert: Ehesachen zu entscheiden, ist das Recht der bischöflichen Gerichtsbarkeit; dies ist hier als Spezialfall der geistlichen Sachen bestimmt. Die Urteile der kirchlichen Gerichte haben keine bürgerlichen Wirkungen; für diese sind staatliche Gerichte ganz im Sinne der von Montgelas durchgesetzten Reform des Staates zuständig. Bischöfliche Gerichte sind also in Ehesachen nur partiell, eben für die geistliche Ebene zuständig. Und: So wie die staatlichen Gerichte für die bürgerlichen Wirkungen der Ehesachen zuständig sind, so sind sie es auch für die bürgerlichen Angelegenheiten der Kleriker. Grundsätzlich betrachtet klärt der Abschnitt c) dieses Artikels eindeutig: Alles, was in Streitfällen bürgerliche Wirkung entfalten soll, unterliegt weltlichen

Gerichten und Richtern, die, welchen kirchlichen Standes sie immer sein mögen, Anteil an der staatlichen Herrschaft haben.[1258]

Unter Buchstabe d) wird das Sanktionsrecht der Bischöfe gegenüber Klerikern und allen anderen Gläubigen aufgeführt. Der die Kleriker betreffende Teil des Abschnitts ist wortwörtlich vom Vorgängertext übernommen, der alle Gläubigen betreffende Teil ist modifiziert insofern hier nicht mehr von Strafen (poenae), sondern von Zensuren (cesurae) die Rede ist.[1259]

Das unspezifisch statuierte Recht der Bischöfe, gegen Kleriker Sühnestrafen zu verhängen, ist wie schon im Vorgängertext durch den Spezialfall des Tragens von unziemlicher Kleidung durch Geistliche erweitert.[1260] Es steht daher den Bischöfen zu, Kleriker in Seminare oder eigens dafür bestimmte Häuser zu versetzen, womit der Spezialfall einer Sühnestrafe angeführt wird. Die verhängten Strafen für bestimmte Taten haben sich an den Bestimmungen des Konzils von Trient zu orientieren. Es können jedoch auch (andere und weitere) zweckmäßig erscheinende Strafen verhängt werden.[1261] Dem Straftäter steht der hierarchische Rekurs offen. Bischöfe können Zensuren (Beugestrafen) zur Wiederherstellung der kirchlichen Disziplin und Rechtsordnung über alle Gläubigen, also

---

1258 In dieser Scheidung im Konkordat von 1817 ist grundgelegt, dass sich die bischöflichen Diözesangerichte heute faktisch nur noch mit Ehesachen beschäftigen. Andererseits steht der im Konkordat fixierten Trennung von geistlichen und bürgerlichen Sachen zumindest das teilkirchenrechtlich (auch) in Bayern etablierte und staatlich anerkannte kirchliche Arbeitsrecht mit eigener Gerichtsbarkeit entgegen.

1259 Das kanonische Recht kennt verschiedene Strafmittel für Rechtsverstöße, so die Unterscheidung von poena (Sühnestrafe, etwa: Aufenthaltsgebot, Entzug von Rechten und Ämtern, Strafversetzung, Entlassung aus dem Klerikerstand) und censura (Besserungs- bzw. Beugestrafe, etwa: Exkommunikation, Interdikt, Suspension).

1260 Zur Pflicht geistliche Kleidung zu tragen mit der Strafandrohung des Entzugs von Ämtern und Benefizien vgl. Sessio XIV, de reform. c. 6, in: COD, Bd. 3, 716–717.

1261 Es handelt sich hier um eine Öffnungsklausel, da das kanonische Recht bis heute keine taxative Auflistung aller Straftatbestände kennt und keine eindeutige Bestimmung aller möglichen Strafmittel. Bei etlichen Straftatbeständen ist festgelegt, dass eine gerechte Strafe zu verhängen sei. Womit jedoch offen bleibt, was als Strafe konkret verhängt werden kann bzw. soll. Die Neufassung des Strafrechts im CIC/1983 (liber VI, De Sanctionibus Poenalibus in Ecclesia) durch Papst Franziskus im Jahr 2021 (Apostolische Konstitution Pascite Gregem Dei qua liber VI Codicis Iuris Canonici reformatur, v. 23.05.2021) hat da mehr Klarheit und Eindeutigkeit bei der Strafzumessung geschaffen, bleibt aber trotzdem hinter dem Standard des staatlichen Strafrechts zurück.

Kleriker und Laien, verhängen. Im Kern handelt dieser Abschnitt des Artikels vom Recht der Bischöfe, die kirchliche Disziplin und Rechtsordnung mit kirchlichen Mitteln zu schützen. Aufnahme in das Konkordat können diese Bestimmungen finden, da die Strafen (poenae) gegen Kleriker, selbst wenn sie Wirkungen im bürgerlichen Bereich entfalten, aus staatlicher Sicht als innerkirchliches Disziplinarrecht verstanden werden können, in Entsprechung zum staatlichen Beamtendisziplinarrecht.[1262] Die Zensuren (censurae) aber kann der Staat akzeptieren, weil sie, sofern sie auf Sachverhalte der bürgerlichen Ordnung abzielen, wiederum nur Kleriker treffen und somit als Teil des Disziplinarrechtes verstanden werden können. Inwieweit sich Gläubige vom Entzug geistlicher Güter betreffen lassen, ist für den Staat im Sinne der (fortschreitenden Distanzierung) von geistlicher und weltlicher Sphäre irrelevant; insbesondere deshalb, weil mit dem innerkirchlichen Strafrecht die Ansprüche des zivilen Strafrechts keinesfalls aufgehoben sind. So wichtig das bischöfliche Strafrecht der Kurie auch gewesen sein mochte, um es im Konkordat zu fixieren, so macht der Text doch zugleich die begrenzte Wirksamkeit auf den innerkirchlichen Bereich deutlich. Denn der Text bestimmt nicht, dass die staatliche Gewalt dazu verpflichtet wäre, einen straffällig gewordener Kleriker tatsächlich dem bischöflichen Urteil zu unterwerfen und etwa ein verfügtes Aufenthaltsgebot durchzusetzen.

In Abschnitt e) des Artikels wird das bischöfliche Recht behandelt, sich als geistliche Hirten, dem Klerus und dem Volk mitzuteilen und ihre Lehre und Weisungen hinsichtlich kirchlicher Themen frei zu verkünden. Außerdem wird die freie Kommunikation aller Gläubigen in geistlichen Sachen und kirchlichen Angelegenheiten mit dem Heiligen Stuhl zugesichert. Inhaltlich stimmt der Text hier mit dem Vergleichstext überein. Das Recht der Bischöfe, sich dem Klerus und Volk mitzuteilen, ist nicht mehr eigens als *„frei“* (libere) qualifiziert, was jedoch der Sache keinen Einbruch tut, da die Bischöfe das Recht haben, ihre Lehren und Weisungen frei und ungehindert zu veröffentlichen (libere publicare); damit wurde also eine Doppelung beseitigt. Ebenfalls nicht sinnentstellend ist, dass am Ende des Absatzes die Versicherung entfallen ist, dass der freie Austausch mit dem Heiligen Stuhl durch nichts behindert werden soll (nulloque impediatur obstaculo), da stattdessen formuliert wird, dass der Austausch nicht nur frei, sondern völlig frei sein wird (prorsus libera erit).

1262 Die gewählten konkreten Beispiele im Konkordatstext, wie etwa unangemessene Klerikerkleidung als Straftatbestand und Aufenthaltsgebot für straffällig gewordene Kleriker, weisen in diese Richtung.

Es versteht sich, dass die angeführten Freiheitsrechte des Abschnitts für die innerkirchliche Kommunikation existentiell sind. Zugleich fällt jedoch auf, dass diese Rechte im Umfang beschränkt sind. Stichworte dafür sind: Erfordernis des Hirtenamts; in kirchlichen Gegenständen; in geistlichen Dingen und kirchlichen Angelegenheiten. Einerseits ist zu vermerken, dass auch für viele (tages- und gesellschafts-)politische Themen eine Relevanz für Kirche und Glaube aufgezeigt werden und damit ein bischöflicher Mitteilungsbedarf bestehen kann, andererseits können bischöfliche Beiträge zu diesen Themen, insofern sie über die Feier der Liturgie und die enge Bibelauslegung hinausgehen, auch als Grenzüberschreitung zurückgewiesen werden. Somit verbleibt das innerkirchliche Kommunikationsgeschehen in einem prekären Verhältnis zu einem Staat, der für sich die Mittel hat, seine Sicht von kirchlich bzw. weltlich durchzusetzen.

In Abschnitt f) des Artikels wird vom bischöflichen Recht gehandelt, im Einverständnis mit dem König, wegen der Anweisung angemessener Bezüge, Pfarreien zu errichten, zu teilen und zu vereinigen. Der Abschnitt ist wortwörtlich vom Vergleichstext übernommen und damit auch die mangelhafte Formulierung: In der Aufzählung möglicher Veränderung von Pfarreien fehlt – neben der Errichtung, Teilung und Vereinigung – die Aufhebung. Die Frage von Bezügen von Pfarrern ist demnach nur mittelbar mit den Veränderungen von Pfarreien verknüpft. Daher entsteht nur bei der Errichtung einer neuen Pfarrei eine neue Stelle, sodass auch nur dann die Frage der Bezüge virulent wird. Offen bleibt jedoch wegen der unscharfen Formulierung des Abschnitts, ob der Bischof nur bei der Neuerrichtung einer Pfarrei (und damit eines neuen Pfarramtes) das Einverständnis mit dem König herstellen muss, wie es die Sachlogik nahelegt oder auch in den anderen Fällen, wie es der Text insinuiert. Die Entscheidung eines Bischofs, eine neue Pfarrei zu errichten, soll wesentlich von den pastoralen Notwendigkeiten bestimmt sein und nicht von der Frage der Bezüge für den Pfarrer. Da hier die Neuerrichtung einer Pfarrei mit den Bezügen und diese mit dem Einverständnis des Königs verknüpft wird, kommt es dem König bzw. seiner Regierung zu, über die pastoralen Gründe zumindest mitzuentscheiden. Die staatliche Gewalt urteilt somit über innerkirchliche Sachverhalte: die Pastoral sowie die territoriale und personelle Struktur einer Diözese. Darin ist jedenfalls eine Quelle künftiger Grenzüberschreitungen hinsichtlich des Vollzugs kanonisch fixierter bischöflicher Rechte[1263] zu erkennen.

1263 Zu den Befugnissen der Bischöfe aus pastoralen Gründen über die Pfarreien zu disponieren: vgl. Sess. XXIV, de reform. c. 13, in: COD, Bd. 3, 768; CIC/1983, c. 515 § 2: Dem Diözesanbischof kommt es zu, Pfarreien zu errichten, aufzuheben

In Abschnitt g) des Artikels wird das bischöfliche Recht behandelt, öffentliche Gebete und fromme Übungen je nach Bedarf anzuordnen sowie darüber zu wachen, dass bei kirchlichen Amtshandlungen die kirchlichen Formulare in lateinischer Sprache verwandt werden. Der Abschnitt entspricht damit bis auf den letzten Halbsatz dem Vergleichstext. Dort wurde festgelegt, dass die kirchlichen Formulare zu gebrauchen und die lateinische Sprache zu benutzen sei. Hier wurde daher ohne Sinnänderung gekürzt, dass nämlich die kirchlichen Formulare und die lateinische Sprache zu gebrauchen sind. In diesem Abschnitt finden sich ein Recht und eine Verpflichtung beisammen, die jeweils binnenkirchliche Sachverhalte betreffen und für die man nur schwer ein sachbezogenes staatliches Interesse ausmachen kann. Es kann davon ausgegangen werden, dass die Kurie mit diesem Abschnitt den Bischof als oberste diözesane Instanz in Fragen der Liturgie stärken und die amtliche lateinische Liturgie in Form und Sprache[1264] verankern wollte.

---

oder sie zu verändern; bei nennenswerten Veränderungen hat er den Priesterrat zu hören.

1264 Die Regelung hier kann als später Reflex auf die Forderung in dem frühen Konkordatsentwurf (vom 31. Mai 1803, Art. 14) verstanden werden: „*Der Kurfürst hofft, dass seine Heiligkeit bereit ist, dem Plan zuzustimmen, der ihm von den Bischöfen seiner Staaten vorgeschlagen wird, und der eine neue Liturgie betrifft, die in allen Punkten mit der Liturgie der römischen Kirche übereinstimmt.*"

Zur Verwendung der amtlichen Bücher und Formen beim Gottesdienst:

Conc. Trid., Sessio VII, Decretum Primum [De sacramentis], canones de sacramenti in genere, 13, in: COD, Bd. 3, 685: „*Si quis dixerit, receptos et approbatos ecclesiae catholicae ritus in solmni sacramentorum administratione adhiberi consuetos aut contemni, aut sine peccato a ministris pro libito omitti, aut in novos alios per quemcumque ecclesiarum pastorem mutuari posse: a. s.*"

CIC/1917: c. 1261, c. 733 § 1: „*In Sacramentis conficiendis, administrandis ac suscipiendis accurate serventur ritus et caeremoniae quae in libris ritualibus ab Ecclesia probatis praecipiuntur.*"

CIC 1983 c. 839 § 2 (Aufgabe der Bischöfe, dafür zu sorgen, dass die Gebete, frommen und heiligen Übungen mit den Normen der Kirche voll übereinstimmen); c. 846 § 1 (Bei der Feier der Sakramente sind die von der zuständigen Autorität gebilligten liturgischen Bücher getreu zu beachten; deshalb darf niemand dabei eigenmächtig etwas hinzufügen, weglassen oder ändern).

Zur Verpflichtung auf die Riten und Formen vgl. die Frage bei der Feier der Priesterweihe an die Kandidaten: „*Seid ihr bereit, gemäß der kirchlichen Überlieferung die Mysterien Christi in gläubiger Ehrfurcht zu feiern zum Lobe Gottes und zum Heil seines Volkes?*", in: Die Feier der Diakonenweihe und der Priesterweihe nach dem römischen Pontifikale, Volksausgabe, hrsg. v. den Liturgischen Instituten Salzburg, Trier und Zürich, Freiburg, Herder, 1971, 34.

Artikel 13:[1265] *Wenn die Erzbischöfe und Bischöfe der Regierung Anzeige erstatten, daß Bücher in dem Königreiche gedruckt oder eingeführt worden seyen, deren Inhalt dem Glauben, den guten Sitten oder der Kirchenzucht zuwider ist; so wird dieselbe Sorge tragen, daß deren Verbreitung in der gesetzlichen Weise verhindert werde.*

In diesem Artikel geht es um den Schutz des (christkatholischen) Glaubens, der guten Sitten und der (katholischen) Kirchenzucht vor zerstörerischen Inhalten in Druckwerken. Der Artikel stimmt mit dem Vergleichstext wortwörtlich überein. Akteur des kirchlichen Schutzbedürfnisses ist ad extra der Staat, ad intra aber die Kirche, deren Bischöfe, aufgrund von Zensur oder Denunziation, kirchenfeindliche Druckwerke entdecken und beim Staat anzeigen. Freilich ist eine hemmende Formulierung eingefügt, damit die königliche Regierung nicht zum bloßen Vollzugsorgan kirchlicher Bücherzensur wird: Die Regierung wird die Verbreitung der angezeigten Druckwerke gemäß den Gesetzen verhindern, die der Staat mehr oder weniger effektiv in ihrer Wirksamkeit formulieren kann.

Artikel 14:[1266] *Seine Majestät werden nicht zugeben, daß die Katholische Religion, ihre Gebräuche und Liturgie durch Worte, Thaten oder Schriften verächtlich gemacht, oder daß die Vorsteher oder Diener der Kirche in Ausübung ihres Amtes, besonders in Wahrung der Glaubens- und SittenLehre und der Kirchen-Zucht gehindert werden.*

Da Seine Königliche Majestät ferner wollen, daß den Dienern der Religion die ihnen nach göttlichen Geboten gebührende Achtung bezeigt werde; so werden

---

An der lateinischen Sprache als angemessene Liturgiesprache halten noch die Konzilsväter des Vaticanum II fest: „*Der Gebrauch der lateinischen Sprache soll in den lateinischen Riten erhalten bleiben, soweit nicht Sonderrecht entgegensteht.*“, Zweites Vatikanische Konzil, Sacrosanctum Concilium – Constitutio de Sacra Liturgia, in: AAS 56 (1964), 97–138, und (lat.-deutsch) in: LThK², Bd. 12, 14–109, hier: 36 § 1.

1265 Art. XIII. Quoties Archiepiscopi, et Episcopi libros aut in Regno impressos, aut in illud introductos Gubernio indicabunt, qui aliquid fidei, bonis moribus, aut Ecclesiae disciplinae contrarium contineant, Gubernium curabit, ut eorum divulgatio debito modo impediatur.

1266 Art. XIV. Majestas Sua prohibebit, ne Catholica Religio, ejusque ritus vel Liturgia sive verbis, sive factis, sive scriptis contemnatur, aut Ecclesiarum Antistites vel ministri in exercendo munere suo, pro custodienda praesertim fidei ac morum doctrina, et disciplina Ecclesiae impediantur. Desiderans praeterea ut debitus, juxta divina mandata, sacris ministris honor servetur, non patietur quidquam fieri, quod dedecus ipsis afferre, aut eos in contemtum adducere possit, immo vero jubebit, ut in quacumque occasione ab omnibus Regni Magistratibus peculiari reverentia atque honore eorum dignitati debito cum ipsis agatur.

Allerhöchstdieselben nicht gestatten, daß irgend etwas zu deren Herabwürdigung oder Verachtung geschehe, sondern vielmehr verfügen, daß ihnen von allen Obrigkeiten bey jeder Gelegenheit mit besonderer Achtung, und in der ihrem Stande gebührenden Art begegnet werde.

In diesem Artikel wird der Kirche, ihrem Gottesdienstvollzug, ihren Einrichtungen sowie ihren Vorstehern und Dienern staatlicher Schutz gegen jede Art von Verächtlichmachung zugesichert. Außerdem wird versichert, dass die kirchlichen Amtsträger in ihrem Dienstvollzug nicht behindert, sondern ihre Person und ihr Dienst insbesondere von den staatlichen Behörden geachtet werden. Der Artikel stimmt mit dem Vergleichstext inhaltlich voll überein. Am Ende des ersten Abschnitts sind die Worte *„quocumque modo"*, die nur verstärkenden Charakter hatten, entfallen. Im zweiten Abschnitt sind die *„regni Bavariae magistratibus"* zu den *„Regni magistratibus"* geworden; damit ist klar, dass im bayerischen Konkordat bayerische Beamten gemeint sind. Neben der berechtigten Schutzfunktion für die Kirche und ihre Diener, also Amtsträger und Helfer, wird hier auch eine besondere Stellung der kirchlichen Dienstpersonen festgeschrieben, was zeigt, dass mit dem Konkordat eben keine scharfe Trennung von Staat und Kirche vollzogen wurde bzw. vollzogen werden sollte. Dies lag einerseits daran, dass sich die Kirche wohl in der privilegierenden Gleichsetzung ihrer Amtsträger mit staatlichen Honoratioren gefiel und andererseits an der alten staatskirchlichen Idee, dass die Kirche und ihre Diener Teil des Staates seien. Damit war zumindest vordergründig beiden Seiten gedient und der Weg zu einer restaurativen Allianz von Thron und Altar schon geebnet.

Artikel 15:[1267] *Die Erzbischöfe und Bischöfe werden in die Hände Seiner Königlichen Majestät den Eid der Treue in folgenden Worten ablegen: „Ich schwöre und gelobe auf Gottes heilige Evangelien Gehorsam und Treue Seiner Majestät dem Könige. Eben so verspreche ich, keine Communication zu pflegen, an keinem Rathschlage Theil zu nehmen, und keine verdächtige Verbindung weder im Innlande noch auswärts zu unterhalten, welche der öffentlichen Ruhe schädlich seyn könnte, und wenn ich von einem Anschlage zum Nachtheile des Staates, sey*

1267 Art. XV. Archiepiscopi et Episcopi coram Regia Majestate juramentum fidelitatis emittent sequentibus verbis expressum:

„Ego juro et promitto ad Sancta Dei Evangelia obedientiam et fidelitatem Regiae Majestati; item promitto, me nullam communicationem habiturum, nullique consilio interfuturum, nullamque suspectam unionem neque intra neque extra conservaturum, quae tranquillitati publicae noceat, et si tam in Dioecesi mea quam alibi noverim aliquid in Status damnum tractari, Majestati Suae manifestabo."

es in meiner Diöcese oder sonst irgendwo Kenntniß erhalten sollte, solches Seiner Majestät anzuzeigen."

Der Artikel handelt von der Pflicht und Form des Gehorsams- und Treueid, den die Diözesanbischöfe vor dem König abzulegen haben. Der Text hier stimmt mit dem Referenztext und weiteren vorherigen Konkordatsentwürfen seit dem gemeinsamen Entwurf von Kurie und Königreich vom 27. Oktober 1806 überein. Bemerkenswert ist, dass der Eid vor dem König abzulegen ist. Die deutsche Übersetzung des lateinischen Textes (coram Regia Majestate, in die Hände seiner Königlichen Majestät) schließt damit die Eidesleistung vor einem Beauftragten des Königs, etwa eines Ministers oder Präsidenten einer Kreis- bzw. Bezirksregierung aus. Form und Inhalt des Treueids erinnern an den Lehenseid. Der Bischof wird zum Gefolgsmann des Königs, an den er sich bindet und dem er loyal zu sein verspricht. Der Treueid mit der persönlichen Verpflichtung auf die Person des Souveräns war jedoch zum Zeitpunkt der Publikation des Konkordats in Bayern deplatziert. Denn der König war ja nicht mehr persönlich der Souverän, er hatte mit dem Wandel zur konstitutionellen Monarchie durch die Verfassung vom Mai 1818 der Staatssouveränität den Platz überlassen.

Artikel 16:[1268] *Durch gegenwärtige Uebereinkunft werden die bisher in Baiern gegebenen Gesetze, Verordnungen und Verfügungen, in so weit sie derselben entgegen sind, als aufgehoben angesehen werden.*

Der handelt von der Aufhebung aller der Übereinkunft/dem Konkordat entgegenstehenden bayerischen Regelungen. Im Referenztext findet sich die entsprechende Thematik mit ähnlicher Wortwahl in Artikel 17. Während der Referenztext festlegt, dass mit der vorliegenden Übereinkunft alle von der Regierung bis jetzt in Religionssachen erlassenen Gesetze, Verordnungen und Verfügungen ersetzen werden, wird hier – neu – mit einem eingefügten Nebensatz die wichtige Einschränkung getroffen, dass nur die von staatlicher Seite in Religionsangelegenheiten erlassenen Regelungen durch die vorliegende Übereinkunft abgeschafft werden, die ihr entgegenstehen, „*in quantum illi adversantur*". Im Referenztext wäre die gesamte historisch gewachsenen Staatskirchengesetzgebung abgeschafft worden und stattdessen allein das Konkordat gesetzt worden. Zur staatskirchenrechtlichen ‚tabula rasa' ist es in der Endfassung des Konkordats nicht gekommen, nur was dem Konkordat widerspricht, gilt als aufgehoben. Somit ist eine Quelle möglichen zukünftigen

1268 Art. XVI. Per praesentem Conventionem Leges, Ordinationes et Decreta in Bavaria huc usque lata, in quantum illi adversantur, abrogata habebuntur.

Streits aufgetan, nämlich dann, wenn zu entscheiden ist, ob eine überkommene staatskirchenrechtliche Bestimmung dem Konkordat widerspricht oder nicht. Mit dieser Regelung, einer Art Generalklausel für die Fortgeltung von staatskirchenrechtlichen Setzungen, wird staatskirchenrechtliches Erbe in die Beziehungen zwischen dem Königreich Bayern und der katholischen Kirche im 19. Jahrhundert eingetragen.

Artikel 17:[1269] *Alles Uebrige, was kirchliche Gegenstände und Personen betrifft, wovon in diesen Artikeln nicht ausdrückliche Meldung geschehen ist, wird nach der Lehre der Kirche und nach der bestehenden und angenommenen Disciplin derselben behandelt werden. Sollte aber in Zukunft sich ein Anstand ergeben, so behalten Sich Seine Heiligkeit und Seine Königliche Majestät vor, Sich darüber zu benehmen, und die Sache auf freundschaftliche Weise beyzulegen.*

Dieser Artikel handelt von der Sicherungsklausel für die kirchlichen Interessen bezüglich der im Konkordat nicht ausdrücklich geregelten Materien und von einem Verständigungsgebot bei Differenzen über kirchliche Angelegenheiten zwischen kirchlicher und staatlicher Seite. Im Vergleichstext vom 5. Juni 1817 findet sich die entsprechende Thematik mit ähnlicher Wortwahl in Artikel 16. Der erste Teil des Artikels ist gegenüber dem Referenztext in kirchlicher Intention verschärft, was allerdings nur im lateinischen Text ersichtlich ist. *„Caetera… manebunt omnia et administrabuntur“ wird zu „Caetera… dirigentur omnia et administrabuntur“*. Außerdem wird als Regelungsmaßstab für kirchliche Angelegenheiten nicht nur die *„ecclesiae disciplina“*, sondern hier – neu – auch noch die *„doctrinae ecclesiae“* eingefügt. Der zweite eil ist bis auf die anschließende Einfügung *„qua“* am Satzanfang wortwörtlich vom Vorgängertext übernommen. Dieser Artikel kann daher als eine Entsprechung zum vorhergehenden Artikel gesehen werden. Jener ist eine Generalklausel für den Fortbestand staatskirchenrechtlicher Setzungen neben dem Konkordat, dieser hingegen eine Generalklausel dafür, dass bei allen staatskirchenrechtlichen Ansprüchen kirchliche Angelegenheiten nach kirchlicher Lehre und Disziplin zu regeln sind. Dabei ist festzustellen, dass sich die beiden Generalklauseln unverbunden nebeneinander befinden und dass hinter ihnen nicht gleichberechtigte Durchsetzungskräfte stehen.

1269 Art. XVII. Caetera, quae ad res et personas Ecclesiasticas spectant, quorum nulla in his Articulis expressa facta est mentio, dirigentur omnia et administrabuntur juxta doctrinam Ecclesiae, ejusque vigentem et approbatam disciplinam.

Si vero in posterum supervenerit difficultas, Sanctitas Sua, et Regia Majestas secum conferre et rem amice componere sibi reservant.

Artikel 18:[1270] *Beyde contrahirende Theile versprechen für Sich und Ihre Nachfolger die genaue Beobachtung alles dessen, worüber man in diesen Artikeln gegenseitig übereingekommen ist, und Seine Königliche Majestät werden gegenwärtige Uebereinkunft als Staats-Gesetz erklären. Ferner versprechen Seine Königliche Majestät für Sich und Ihre Nachfolger, nie aus irgend einem Grunde den Artikeln dieser Uebereinkunft etwas beyzufügen, oder daran etwas abzuändern, oder dieselben auszulegen ohne Dazwischenkunft und Mitwirkung des apostolischen Stuhls.*

In diesem Artikel findet sich eine gegenseitige Versicherung zur Einhaltung der Konkordatsbestimmungen (Treuverpflichtung), die königliche Versicherung, das Konkordat als Staatsgesetz zu verkünden sowie ein einseitiges staatliches Veränderungs- und Interpretationsverbot. Dieser Artikel stimmt wortwörtlich mit dem Referenztext und dem Entwurf vom 15. Oktober 1816 überein und war inhaltlich schon enthalten in Art. 13 des Entwurfs vom 10. Juli 1807. Auch dieser Artikel enthält Sicherungsklauseln zugunsten der Kirche: die Zusicherung königlicher (Konkordats-)Treue, die Verankerung des Konkordats in der staatlichen Gesetzgebung und das Veränderungsverbot, das das Verständigungsgebot im vorhergehenden Artikel 17 verstärkt. Zu diesen Sicherungsklauseln ist zu bemerken: So viele formulierten und fixierten Sicherungsklauseln zeigen ein großes Sicherheitsbedürfnis der Kurie, das aus den Erfahrungen vergangener Zeit wohl gerechtfertigt ist und sie zeigen darüber hinaus ein Misstrauen gegenüber dem Verhandlungspartner, das durchaus gerechtfertigt erscheint. Es ist daher gerade die Tragik der Inkraftsetzung des Konkordats, dass zum Zeitpunkt der Publikation des Konkordatstextes im staatlichen Gesetzblatt, diese Sicherungsklauseln, wenn schon nicht gebrochen, so doch durch die inzwischen verabschiedete bayerische Verfassung vom Mai 1818 ausgehebelt waren. Es kam daher nicht mehr auf die Treue des Königs an, da er nicht mehr der freie Souverän war. Denn Bayern war eine konstitutionelle Monarchie geworden, sodass es auf die Vertragstreue der Regierung und der Kammern der Ständeversammlung ankam. Außerdem war das Konkordat durch die neue Verfassung, näherhin durch das dort integrierte Religionsedikt

1270 Art. XVIII. Utraque Contrahentium pars spondet, Se, Successoresque Suos omnia, de quibus in his Articulis utrinque conventum est, sancte servaturos, et a Majestate Regia praesens Conventio Lex Status declarabitur.

Praeterea Majestas Sua Regia spondet, nihil unquam Se, Successoresque Suos, quavis de causa, Articulis hujus Conventionis addituros, neque in iis quidquam immutaturos, vel eosdem declaraturos esse absque Sedis Apostolicae auctoritate et cooperatione.

in seiner Verbindlichkeit relativiert. Obwohl zwar keine textliche Veränderungen am Konkordat vorgenommen wurden, so war doch die staatspolitische Grundlage verändert worden. Damit ist festzustellen: Die Sicherungsklauseln dieses Konkordatsartikels waren bei ihrer staatlichen Publikation schon Makulatur.

Artikel 19:[1271] *Die Auswechslung der Ratificationen gegenwärtiger Uebereinkunft soll innerhalb 40 Tagen vom Tage der Unterzeichnung an, oder früher, wenn es geschehen kann, erfolgen.*

Der Artikel bestimmt, dass die Ratifikation des ausgehandelten Konkordatstextes durch die Souveräne zügig erfolgen soll. Die Bestimmung findet sich wortwörtlich schon im Vergleichstext und zuvor im Entwurf vom 15. Oktober 1816. Das Ziel der Bestimmung ist, dass das Konkordat schnell Verbindlichkeit erlangen sollte, damit die zerrütteten pastoralen und kirchlichen Verhältnisse – auch zum Wohl des Staates – beendet würden. Nun hat sich ergeben, dass das Konkordat innerhalb von 40 Tagen nach den letzten verhandelten Textkorrekturen (14. Oktober 1817) im November 1817 von König und Papst ratifiziert worden war; allerdings hat dann die königliche Regierung die Publikation und verbindliche Umsetzung des Konkordats verhindert. So hat die Bestimmung des letzten Konkordatsartikels, obwohl sie dem Buchstaben nach eingehalten worden ist, ihr Ziel zuungunsten kirchlicher, zugunsten staatlicher Interessen und Positionen verfehlt.

Gegeben zu Rom den 5. des Monats Junius im Jahre 1817.
Hercules, Cardinal Consalvi. *Casimir Häffelin, Bischof von Chersones.*

1271 Art. XIX. Ratificationum hujus Conventionis traditio fiet intra quadraginta dies ab ejusdem data, aut citius, si fieri poterit.

Datum Romae, die 5. Jun. anni 1817.

Hercules Cardinalis Consalvi Casimirus Häffelin Episcopus Chersonensis

Nos praefatam Conventionem cum omnibus suis Articulis acceptamus, ratihabemus, et confirmamus, simulque firmiter promittimus, Nos omnia, de quibus ita conventum est, sancte servaturos, atque curam ha bituros, ut ab omnibus subditis Nostris stricte observentur.

In quarum fidem praesentes hasce litteras propria manu subscripsimus et Sigillo regio Nostro muniri jussimus.

Dabantur Monachii in Palatio Nostro Regio die vigesima quarta Octobris anno Domini millesimo octingentesimo decimo septimo, regni autem Nostri duodecimo.

Maximilianus Iosephus. (L. S.)

Direkt unter dem Text des Konkordats folgen die Angaben zu Ort und Datum der Unterzeichnung und die Namen der jeweiligen Bevollmächtigten, die beim Referenztext, der noch als Entwurf zu gelten hat, (noch) nicht angegeben waren. Es mag auffallen, dass hier die Unterhändler ohne ihren Funktionstitel, Staatssekretär Seiner Heiligkeit bzw. bevollmächtigter Minister seiner Königlichen Majestät, genannt werden; dies ist aber schon in der Präambel, in der die Unterhändler der Bestimmungen benannt sind, hinreichend festgehalten. Zu erinnern bleibt, dass die Datumsangabe Fiktion ist, da die ratifizierte Fassung ihre letzte Formulierung eben in der hier behandelten Form im Oktober 1817 erhielt und danach mit Zustimmung der Souveräne rückdatiert wurde.

So haben Wir vorstehende Uebereinkunft mit allen ihren Artikeln angenommen, ratificirt und bestätigt, und versprechen zugleich fest, daß Wir Alles, worüber sonach übereingekommen worden, genau einhalten und Sorge tragen werden, daß dasselbe von allen Unsern Untergebenen streng beobachtet werde. Zu dessen Beglaubigung haben Wir gegenwärtige Urkunde Allerhöchsteigenhändig unterzeichnet, und mit Unserem Königlichen Insiegel versehen lassen. Gegeben in Unserem Königlichen Pallaste zu München am Vier und zwanzigsten October im Jahre des Herrn Ein Tausend Acht hundert und siebzehn Unserer Königlichen Regierung im Zwölften.

Maximilian Joseph. (L. S.)

Zur Beglaubigung: Egid von Kobell, Königlicher Staatsrath und General-Secretaire.

Es folgt im Publikationstext des Konkordats der Absatz mit der Ratifizierungserklärung des Königs und seine Selbstverpflichtung auf die Übereinkunft sowie das Versprechen, den Bestand der Übereinkunft persönlich und durch die Untergebenen einzuhalten und zu sichern. Die Ratifizierung wird beglaubigt durch die Unterschrift des Königs mit Orts- und Datumsangabe sowie dem königlichen Siegel. Königliche Unterschrift und Siegel werden wiederum beglaubigt durch die Unterschrift des Staatsrats Kobell[1272].

1272 Egid von Kobell (auch andere Schreibweisen), geb. 1772 in Mannheim, gest. 1847 in München. 1789 Kanzlist der kurfürstlichen Kanzlei in Mannheim; wechselte 1793 im Staatsdienst nach München; 1799 Konferenzsekretär beim Staats- und Conferenz-Ministerium in München; 1808 Generalsekretär des neu eingerichteten Geheimen Rates; 1817 nach Umformung des Gremiums in den Staatsrat als dessen Generalsekretär. Berater bei der Abfassung der Bayerischen Verfassung von 1818; 1834 Mitglied der griechischen Regentschaft;1835/36 Gesandter in außerordentlicher Sendung in Athen; ab 1836 wieder im Dienst der bayerischen Regierung. Kobell war (Herzog, Kurfürst, König) Max Joseph schon aus

Die königliche Selbstverpflichtung mag eine zeitgemäße Formel staatsrechtlicher Verträge sein; in ihr schließt der König die Verpflichtung zur Konkordatstreue ein. Dies ergibt sich allerdings auch aus Artikel 18, in dem die Veröffentlichung des Konkordats als Staatsgesetz zugesichert wird; dieses haben die Untergebenen des Königs (selbstverständlich) streng zu beobachten. Dass die königliche Ratifizierung, die Unterschrift und das Siegel von einem Staatsrat beglaubigt werden, ist ein Hinweis auf die Stellung des Königs. Er ist Repräsentant des Staates und Staatsoberhaupt. Allerdings ist er in seinem Handeln und seinen Akten an die Regierung gebunden. Staatsrat und Geheim-Sekretär Kobell zeichnet gegen, um zu beglaubigen, dass es sich tatsächlich um die königliche Unterschrift und das königliche Siegel handelt; Kobell unterzeichnet zugleich, um zu bestätigen, dass das, was da unterschrieben und gesiegelt wurde, tatsächlich mit den Entscheidungen im Staatsrat übereinstimmt. Kobell ist damit Notar und Kontrolleur zugleich.

5.2.2 Vergleich mit dem Text vom 5. Juni 1817 nach Struktur, Inhalt und Form

Der von König und Papst im Oktober/November 1817 ratifizierte Konkordatstext übernimmt die Struktur des Vergleichstextes (d. i. der von den Unterhändlern paraphierte Konkordatstext vom 5. Juni 1817) und erwartungsgemäß in weiten Teilen auch wortwörtlich die Formulierung der Artikel und somit auch die Inhalte. In Bezug auf Veränderungen aufgrund der letzten Nachverhandlungen ist folgendes festzustellen:

Titel und Invocatio Trinitatis stimmen wortwörtlich mit dem Vorgängertext überein; hier wurde der Text unverändert übernommen. Von der Präambel wurde der erste Abschnitt bis auf eine Umformulierung im letzten Halbsatz wörtlich übernommen. Entscheidend ist jedoch der neue zweite Abschnitt der Präambel, der die verantwortlichen Bevollmächtigten der Souveräne mit ihren Titeln nennt, die über die Artikel übereingekommen sind.

---

kurpfälzischer Zeit bekannt und dürfte deshalb in die Vertrauensstellung als Generalsekretär des obersten fürstlichen Beratungsgremiums gelangt sein. Zu Leben und Bedeutung vgl. Eisenhart, Kobell, 349–350; Luise von Kobell, Unter den vier ersten Königen Bayerns; zur Herkunft und Geschichte der Familie bis 1799 vgl. die Einleitung ebd. 1–48.

Artikel 1: Status der katholischen Kirche; wird wortwörtlich übernommen.

Artikel 2: Diözesaneinteilung in Bayern mit zwei Kirchenprovinzen; die Bestimmung der kirchlichen Einteilung mit zwei Metropolitansitzen bzw. Kirchenprovinzen bleibt unverändert, allerdings wird die Reihung der Suffragane in der Kirchenprovinz München und Freising verändert. Neu ist, dass wiederum (vgl. den Entwurf vom 15. Oktober 1816, Artikel 2) eine Exemptionsklausel von der Metropolitangewalt aufgenommen wird; sie betrifft jedoch nur den Bischof von Passau.

Artikel 3: Zusammensetzung der Kapitel, Aufgaben der Kapitulare und Besetzung einiger Funktionsstellen; neu ist im dritten Abschnitt festgehalten, dass alle Kapitelmitglieder zum Chordienst verpflichtet werden und alle Ratgeber des Bischofs in der Diözesanverwaltung sind.

Artikel 4: Einkünfte, Leistungen und Wohnungen für die Bischöfe und Kapitelsmitglieder, die auf Immobilienfonds gegründet werden; dieser lange Artikel wird, abgesehen von einer inhaltlich unbedeutenden Auslassung eines Halbsatzes, wortwörtlich vom Vergleichstext übernommen.

Artikel 5: Bischöfliche Seminare und Schulaufsicht; im vierten Absatz wird die Schulaufsicht von einer Verpflichtung auf das katholische Verständnis von Glaube und Sitte neu und offener gefasst, nämlich als eine Überwachung der Lehren am Maßstab von Glaube und Sitte.

Artikel 6: Einrichtung eines Emeritenhauses; wird wortwörtlich fortgeführt.

Artikel 7: Wiedererrichtung von Klöstern durch den Staat; das bisherige Betätigungsfeld, religiöse und höhere Bildung und Pfarrseelsorge, wird erweitert um die Aufgabe der Krankenpflege.

Artikel 8: Sicherung der gegenwärtigen und zukünftig zu erwerbenden Güter kirchlicher Rechtsträger und Vermögensmassen; neu umschrieben wird der erfasste Kreis der Stiftungen; demnach stehen nicht mehr nur bestehende fromme Stiftungen, sondern alle kirchlichen Stiftungen/Kirchen-Stiftungen unter Schutz.

Artikel 9: Königliches Nominationsrecht der Bischöfe und damit verbundene Gebühren; neu wird bestimmt, dass alle Bischofssitze in Bayern vom König aufgrund eines päpstlichen Indults nominiert werden.

Artikel 10: Bestellung der Mitglieder der Domkapitel; neu ist, dass die Besetzung aller Kanonikate aller Diözesen gleich geregelt wird; je nach Monat der Vakanz ernennen König oder Diözesanbischof oder das Kapitel; der König hat das Besetzungsrecht in sechs Monaten.

Artikel 11: Besetzung von Pfarr-, Kuratie- und einfachen Benefizien; neu werden die Curatbenefizien zu den Pfarr- und einfachen Benefizien in den Geltungsbereich aufgenommen. Neu erwähnt werden die Legitimationsgründe für bestehende Präsentationsrechte sowie bestimmt, dass der König zu den Benefizien der untergegangenen kirchlichen Institutionen präsentiert; eine Regelung, die im Vorgängertext gefehlt hat. Neu wird festgehalten, dass es außer dem König weitere Präsentationsberechtigte gibt, die des Königs Untertanen sind. Neu wird bestimmt, dass präsentierte Benefiziaten für Pfarr- und Curatbenefizien eine kirchlich-bischöfliche Eignungsprüfung ablegen müssen. Neu ist, dass das Wort „*Collatio*" im Zusammenhang mit den Präsentationen nicht mehr genannt wird und dass der Bischof bei Benefizien, die er frei verleihen kann, nur Personen auswählen darf, die dem König genehm sind.

Artikel 12: Bischöfliche, diözesane Leitungsrechte; unter Wahrung der Aussageabsicht werden in den Absätzen weitgehend die Formulierungen des Vorgängertextes übernommen. Inhaltlich jedoch ist neu unter c.) die Klarstellung, dass die Urteilsfindung durch Laien in Streitsachen, an denen Kleriker beteiligt sind, kein päpstliches Zugeständnis bildet; die entsprechende Formulierung wird somit beseitigt. Neu ist unter d.), dass im Zusammenhang mit Nichtklerikern von Zensuren (censurae) und nicht Strafen (poenae) die Rede ist.

Artikel 13: Schutz des Glaubens, der guten Sitten und der Kirchenzucht vor zerstörerischen Inhalten in Druckwerken; der Artikel stimmt mit dem Vorgängertext wortwörtlich überein.

Artikel 14:	Schutz der Religionsausübung und der Repräsentanten der Religion; der Text stimmt inhaltlich, mit geringen sprachlichen Änderungen, mit dem Vorgängertext überein.
Artikel 15:	Treueid der Bischöfe; der Text stimmt wortwörtlich mit dem Vorgängertext überein.
Artikel 16:	Abrogation von allen bisherigen staatskirchenrechtlichen Bestimmungen; der Text wird sprachlich und inhaltlich gravierend verändert. Die generelle Abrogation der staatskirchenrechtlichen Bestimmungen wird eingeschränkt auf: sofern die staatlichen Regelungen dem Konkordat entgegenstehen.
Artikel 17:	Schutz des kirchlichen Rechtsbereichs – Verständigungsgebot; der Text wird sprachlich leicht verändert. Entfallen ist die Bestandsgarantie für kirchliche Institutionen. Inhaltlich neu ist, dass neben der kirchlichen Lehre auch die kirchliche Disziplin als Orientierungsmarke kirchlicher Interessen gelten soll.
Artikel 18:	Treuezusage, Selbstverpflichtung und Veränderungsverbot; der Text wird wortwörtlich vom Vorgängertext übernommen.
Artikel 19:	Ratifizierungsfrist; der Text wird wortwörtlich vom Vorgängertext übernommen.

Kurz gefasst heißt das:
Der Entwurf bleibt bei der Ordnung der Materie in 19 Artikeln. Die Artikeln 16 und 17 wurden umgestellt; nun stehen alle Artikel zum Schutz und zur Sicherung des Konkordatinhalts zusammen am Ende des Konkordats.

Sinngemäß oder wortwörtlich unverändert blieb bzw. blieben: die Erklärung des Status der katholischen Kirche (Artikel 1); die Einteilung der Kirche in Bayern in zwei Provinzen mit je drei Suffraganen (Artikel 2); die Bestimmungen zu Einkünften, Leistungen und Wohnungen für die Bischöfe und Kapitelsmitglieder (Artikel 4); die Bestimmungen zum Haus für Emeriten (Artikel 6); die Regelungen zum Schutz des Glaubens, der guten Sitten und der Kirchenzucht in Druckwerken (Artikel 13); der Schutz der Religionsausübung und von kirchlichen Amtsträgern (Artikel 14); der Treueeid der Bischöfe (Artikel 15); die Treueversicherung beider Seiten und die Selbstverpflichtung des Königs (Artikel 18); die Ratifizierungsbestimmungen (Artikel 19).

Neu gefasst bzw. verändert wurde: Eingefügt wurde (wieder einmal) eine Exemptionsklausel von der Metropolitangewalt ad personam für den Bischof von Passau (Artikel 2); die Domkapitulare sind alle Ratgeber des Bischofs und alle zur Erfüllung der zugewiesenen Aufgaben in der Diözesanverwaltung und zum Chorgebet verpflichtet (Artikel 3); die Schulaufsicht hinsichtlich Glaube und Sitten wurde weiter, weniger katholisch gefasst (Artikel 5); das Betätigungsfeld der Orden und Kongregationen wurde um die Krankenpflege ergänzt (Artikel 7); der besondere Vermögensschutz gilt allen bestehenden und zukünftigen Kirchenstiftungen/kirchlichen Stiftungen (Artikel 8); zu allen bayerischen Bischofssitzen erhält der bayerische König das Nominationsrecht (Artikel 9); die Besetzung aller Kanonikate aller Domkapitel erfolgt nach einem einheitlichen Verfahren (Artikel 10); auch Curat-Benefizien werden in die Vergaberegelungen der Benefizien aufgenommen; Legitimationsgründe für Präsentationsrechte werden genannt; alle Benefizien untergegangener kirchlicher Institutionen werden allein vom König vergeben; präsentierte Personen müssen sich vor der Institution einer bischöflichen Eignungsprüfung unterziehen; Bischöfe können bei der Vergabe von Benefizien nur Personen wählen, die dem König genehm sind (Artikel 11); es ist kein päpstliches Zugeständnis, dass Laien über Streitsachen der Kleriker entscheiden und im Zusammenhang von Laien wird nicht mehr von bischöflichen Strafen, sondern von Zensuren gesprochen (Artikel 12); die Aufhebung der staatskirchlichen Gesetze betrifft nur Regelungen, die dem Konkordat entgegenstehen (Artikel 16); neben der Lehre ist auch die kirchliche Disziplin eine Orientierungsmarke für kirchliche Interessen, wenn es um Sachverhalte geht, die im Konkordat nicht ausdrücklich geregelt sind (Artikel 17).

5.2.3 Tendenz und Bedeutung für das Verhältnis von Staat und Kirche

Es wurden in den Nachverhandlungen zum paraphierten Text und vor der Ratifizierung immerhin in elf von neunzehn Artikeln des Konkordats inhaltliche Veränderungen vorgenommen. Damit wurde die Position des Königs/des Staates gegenüber der Kirche gestärkt, v. a. durch den gesteigerten Einfluss auf die Vergabe kirchlicher Stellen (Nominationsrecht für alle Bischöfe, Vergabe aller Benefizien aller untergegangenen kirchlichen Institutionen), aber auch dadurch, dass nur ein nicht genau definierter Teil der bisherigen staatskirchenrechtlichen Bestimmungen zur Disposition gestellt wurde. Mit der Überarbeitung erreichte die Kirche dagegen nur einige, v. a. sprachlich-stilistische Verstärkungen ihrer Sicherungsklauseln und Präzisierungen der Bestimmungen, die den Innenbereich betreffen.

Insgesamt gesehen fixiert der Endtext des Konkordats für die staatliche Seite erhebliche Mitwirkungsrechte in der kirchlichen Ämtervergabe und damit die mittelbare Steuerungsmöglichkeit innerkirchlicher Angelegenheiten; die Kirche wird hingegen mit ihrer Lehre und Disziplin verstärkt auf ihren Binnenbereich begrenzt.

Dieses ratifizierte und publizierte Konkordat schuf demnach nur eine schwache Grundlage für eine Koordinierung von Staat und Kirche. Das fixierte Verhältnis von Staat und Kirche räumte zweifellos dem Staat ein Übergewicht ein; immerhin verschaffte es auch der Kirche eine Rechtsgrundlage für eine institutionell und finanziell gesicherte Existenz und entsprechend der kanonischen Verfassung den Vollzug ihres Sendungsauftrags im Königreich Bayern.

6 Auswertung, Aspekte und Nachwirkung

In diesem Kapitel werden die Einzelergebnisse der Arbeit konzentriert, zusammengeführt und ausgewertet.

Ausgangspunkt sind die thematischen Inhalte der einzelnen Artikel bzw. Abschnitte des Konkordats, deren erste Erwähnung im Lauf der Konkordatsverhandlungen und deren chronologische Fortführung bzw. Veränderung aufgezeigt werden; außerdem wird dargelegt, welche Relevanz die Bestimmungen für das Staat-Kirche Verhältnis entfalten oder eben auch nicht haben können.

In einem weiteren Abschnitt werden übergreifende, inhaltliche Schwerpunkte des Konkordats aufgezeigt und erläutert.

Danach folgen ergänzende Aspekte des Konkordats, d. h. detaillierte Bemerkungen und allgemeine Beobachtungen zum Gesamttext; womit Kontinuitäten, Diskontinuitäten sowie persönliche, rechts- und geistesgeschichtliche Verflechtungen greifbar werden, die den Kontext der Herkunft des Konkordats und die Bedingungen seiner Anwendung bestimmten.

Neben der praktischen Wirkungsgeschichte ist mit dem Konkordat auch eine literarisch-wissenschaftlich-wertende Geschichte verknüpft, die in ihrer Bandbreite angerissen und mit der die Relevanz des Konkordats für das Staat-Kirche-Verhältnis unterstrichen und beleuchtet wird.

Schließlich werden noch Wirkungen und Nachwirkungen des Konkordats vorgestellt, die bis in die Gegenwart reichen.

6.1 Chronologische Genese und kanonistisch-staatskirchenrechtliche Relevanz der einzelnen Konkordatsbestimmungen

Die Konkordatsverhandlungen von 1802 bis 1818 waren ein diskontinuierlicher, sich nach und nach konzentrierender Prozess, in dem Themen eingebracht, verändert, verworfen oder fortgeführt wurden. Die diachrone Betrachtung der Genese der Bestimmungen offenbart dabei die besonderen Interessen der Verhandlungspartner und ihr Ringen um eine Annäherung. Die nähere Betrachtung und Interpretation der einzelnen Bestimmungen zeigen dann, dass die fixierten Inhalte für das Staat-Kirche-Verhältnis sehr unterschiedliche Virulenz bzw. Wirksamkeit besitzen.

Proömium

Das Proömium stellt das Vorhaben und das Ergebnis der Verhandlungen, das in die Zukunft weist, mit der Invocatio unter die Autorität einer höheren Macht; es gibt die Urheber und Vertragspartner, den Inhalt und das Ziel der Übereinkunft sowie die jeweiligen Bevollmächtigten der Vertragspartner an.

Ein Proömium findet sich erstmals beim ersten kirchlichen Textentwurf (8. August 1806), allerdings ohne die Nennung der Verhandlungsbevollmächtigten. Im staatlichen Folgeentwurf sind dann im Proömium auch Leerstellen für die Namen der Bevollmächtigten vorgesehen. Die restlichen Entwürfe der zweiten Etappe haben dann nahezu wortwörtlich denselben Text als Proömium, ohne die Nennung der Bevollmächtigten; dasselbe gilt für die Entwürfe der dritten Etappe (ab dem 15. Oktober 1816) und den paraphierten Text vom 5. Juni 1817. Erst im ratifizierten Text werden die Bevollmächtigten wieder angeführt.

Das Proömium folgt im Aufbau offensichtlich einer diplomatischen Form. Das auswechselbare Spezifikum besteht dabei in den Namen der Vertragspartner und ihrer Bevollmächtigten, die mit voller Titulatur angeführt werden. Da es sich um ein Konkordat, eine Übereinkunft zur Ordnung der katholisch-kirchlichen Angelegenheiten in einem staatlichen Gemeinwesen handelt, sind Inhalt und Absicht der Übereinkunft als formelhaft, weil allgemein, zu bezeichnen. Denn grundsätzlich ist es Zweck eines jeden Konkordats die kirchlichen Verhältnisse in einem Staat auf Dauer zu ordnen – alles andere wäre Poesie. Interessant ist auch, dass sich beide Vertragspartner unter dieselbe höhere Autorität gestellt wissen, den dreifaltigen Gott, womit bei aller Differenz doch ein gemeinsames Fundament beider Parteien gegeben ist.

Artikel 01: Status der katholischen Kirche

Dieser Artikel enthält eine Proklamation der Stellung der katholischen Kirche im ganzen Königreich Bayern und die Zusicherung ihrer Integrität und (Vor-)Rechte.

Schon im ersten Grundlagentext (17. Juli 1802, Abschnitt 1) wird der Status der Kirche von staatlicher Seite in einem Nebensatz als Staatskirche (… que l'église catholique, là où elle est la religion de l'état, contribue…), d. h. als Kirche unter der Hoheit des Staates definiert, der Kirchenhoheit, d. h. Kirchengewalt beansprucht. Danach erscheint die Forderung nach einem besonderen Status für die katholische Kirche im ersten vom Apostolischen Stuhl vorgelegten Konkordatsentwurf (8. August 1806, Art. 1). Der besondere Status wurde dann in einem staatlichen Entwurf (5. September 1806) auf die Reinheit der Religion bezogen, also moralisierend-spiritualisierend entschärft. Im gemeinsamen Entwurf der Verhandlungsführer vom 27. Oktober 1806 fand eine Einigung auf die Schutzzusage eines besonderen, überkommenen Rechtsstatus statt. Gelegentlich wurde der Text begründend mit einem vergleichenden Hinweis auf die Zeit der frommen Herzöge (Entwurf vom 15. Oktober 1816) erweitert, danach entfiel dieser Verweis wieder.

Die im Konkordatstext schlussendlich formulierte Proklamation ist ganz vom kirchlichen Standpunkte und Selbstverständnis her formuliert. Sie beansprucht für die katholische Kirche eine Vorzugsstellung unter den Religionen bzw. Konfessionen. Inhaltlich ist impliziert, dass die Kirche im Staat und in der Gesellschaft eine einheitlich-homogene Struktur aufweist und als anerkannte Körperschaft über einen eigenen Rechtsstand im und gegenüber dem Staat verfügt. Angezielt wird somit eine Vorzugsstellung der katholischen Kirche gegenüber anderen Konfessionen und Religionen sowie eine Kooperation gleichberechtigter Gemeinwesen zwischen Kirche und Staat, die jeweils als societas perfecta im Sinne Bellarmins und Ickstatts gedacht sind.

Die rein kirchlich-systemimmanente Begründung mit göttlichem und kanonischem Recht, wobei auch andere Argumente hätten eingeführt werden können, nimmt weder die politischen und geistesgeschichtlichen Umwälzungen der Jahre seit 1789 zur Kenntnis noch die Tatsache, dass Bayern infolge der territorialen Zugewinne nach der Säkularisierung, der Mediatisierung und den napoleonischen Kriegen ein religiös heterogenes Gemeinwesen geworden ist. Der Inhalt des Artikels wurde jedenfalls von der Kurie konsequent und nachdrücklich angestrebt. Der darin enthaltene politische und argumentative Anachronismus war jedoch nicht geeignet, ernsthaft und schon gar nicht dauerhaft akzeptiert zu werden.

Artikel 02: Diözesaneinteilung in Bayern.

Die churfürstlich-bairische Regierung eröffnete, so ist zu erinnern, mit einem Grundlagentext (17. Juli 1802) die Verhandlungen zur Reorganisation der Kirche in Bayern. Zunächst ging es dabei v. a. um eine neue Organisation und Umschreibung der Bistümer. Erste Priorität hatte für die staatliche Seite die Schaffung einer bayerischen Landeskirche, deren Bistümer so umschrieben wurden, dass die staatlichen Außengrenzen alle Bistümer einschlossen und v. a. keine kirchliche Jurisdiktion in Bayern von einem kirchlichen Hierarchen/Bischof ausgeübt wurde, der nicht in Bayern residierte. Zu dieser Vision einer Landeskirche gehörte auch die Errichtung einer Kirchenprovinz mit einem

Metropolitansitz und Metropoliten in München, dem alle anderen Bischöfe der Landeskirche als Suffragane zugeordnet sind.

In der ersten Etappe der Verhandlungen hat daher die staatliche Seite in ihren drei Entwürfen ganz im Sinne des Staatskirchenrechts die Vollmacht beansprucht, die Bistumseinteilung vorzunehmen, Bischofssitze zu schaffen, zu verlegen oder aufzugeben und die bestehende Metropolitanverfassung zu verändern. Zu erinnern ist, dass bei der Schaffung und Umschreibung der Landeskirche und der Bistümer im Laufe der Jahre der Verhandlungen immer das aktuell unter bayerischer Herrschaft stehende Territorium mit entsprechenden Bischofssitzen berücksichtigt wurde.

Erstmals wird eine Liste mit staatlicherseits explizit gewollten Bischofssitzen aufgeführt im Entwurf vom 31. Mai 1803. Diese umfasst: München, Augsburg, Würzburg, Bamberg, Passau; hinzu kommen im Entwurf vom 8. August 1805 Bischofssitze in Dillingen und Düsseldorf.

In der zweiten Etappe werden in der Punktation vom 25. März 1806 folgende bayerische Bischofssitze genannt: München, Bamberg, Passau, Augsburg, Eichstätt, Trient, Brixen und Düsseldorf. Im ersten Konkordatsentwurf der Kurie (8. August 1806) werden folgende Kathedralsitze für das Königreich Bayern aufgeführt: München, Bamberg, Passau, Augsburg, Eichstätt, Trient und Brixen.

In der dritten Etappe der Konkordatsverhandlungen legte Bayern einen Text vor (6. Dezember 1814), der folgende Bischofssitze aufführt: Freising, Augsburg, Bamberg, Eichstätt, Passau, Regensburg, Salzburg und Würzburg. In der Punktation vom 1. September 1816 werden als Bischofstädte benannt: Freising, Bamberg, Würzburg, Passau, Augsburg, Eichstätt, Regensburg und Speyer.

Im Konkordatsentwurf der Kurie vom 15. Oktober 1816 ergibt sich eine große Änderung. Bis dahin war immer eine Kirchenprovinz für die bayerische Landeskirche vorgesehen, deren Vorsteher, der Metropolitanerzbischof, seinen Sitz in München bzw. Freising haben sollte. In diesem Entwurf werden nun von Seiten der Kurie zwei Kirchenprovinzen angezielt: Eine Kirchenprovinz mit dem Sitz eines Metropolitanerzbischofs in München und den Suffraganen in Augsburg, Passau, Regensburg und Kempten sowie eine Kirchenprovinz mit dem Sitz eines Metropolitanerzbischofs in Bamberg mit den Suffragankirchen Würzburg, Eichstätt und Speyer.

Der paraphierte Konkordatstext (5. Juni 1817) und das ratifizierte Konkordat führen als Kathedralkirchen in Bayern auf: München und Freising mit einem Metropolitansitz und mit den Suffragankirchen in Augsburg, Regensburg und Passau sowie einen Metropolitansitz in Bamberg mit den Suffragandiözesen Würzburg, Eichstädt und Speyer. Die Aufteilung der genannten Diözesen in zwei Kirchenprovinzen hat bis heute Bestand, wenn auch das Territorium der Diözese Speyer seit 1946 nicht mehr zu Bayern gehört.

Mit dem Thema der Festlegung der Bischofssitze ist auch das Thema der Exemption eines Diözesanbischofs (persönlich und zeitlich begrenzt) oder einer Diözese (strukturell und zeitlich unbestimmt) von der Metropolitangewalt verknüpft – ein Privileg, das weit in die kirchliche Rechtsgeschichte zurückreicht. Im Laufe der Verhandlungen zum Bayerischen Konkordat lassen sich dabei folgende Veränderungen ausmachen: In der ersten Etappe der Bemühungen um eine Übereinkunft sehen die staatlichen Textentwürfe nicht vor, dass einzelne Diözesen von der Metropolitangewalt exempt sein sollten. Der Textentwurf der Kurie vom 8. August 1806 hält dagegen für die Diözesen Bamberg, Passau und Trient die Exemption fest. Der Konkordatsentwurf Bayerns vom 5. September 1806 sieht vor, die Exemption der Diözesen Bamberg, Passau und Trient aufzuheben, jedoch die Exemption den aktuell dort amtierenden Diözesanbischöfen auf Lebenszeit zuzusprechen. Diese Position führt die staatliche Seite auch in ihrer Punktation vom 1. September 1816 fort. Im paraphierten Konkordatstext vom 5. Juni 1817 sind hingegen keine Exemptionen von der Metropolitangewalt erwähnt. Im ratifizierten Konkordat ist jedoch wiederum die Exemption von der Metropolitangewalt aufgenommen, und zwar auf Lebenszeit für den amtierenden Diözesanbischof von Passau. Das Thema hat sich für die Diözesen Bamberg und Trient aus bayerischer Sicht erledigt: Bamberg wurde selbst zum Metropolitansitz, Trient lag nicht (mehr) auf bayerischem Territorium.

Mit Artikel 2 wurde Realität, was staatlicherseits lange Zeit angestrebt wurde und insbesondere unter Kurfürst/König Maximilian Joseph und seinen Leitenden Minister Freiherrn von Montgelas aus staatskirchlichen-territorialistischen Prinzipien heraus forciert worden war: die Bildung einer eigenen ‚Landeskirche' für die bayerische ‚Nation'. Diese umfasste schlussendlich acht Diözesen, die in sich zusammenhängende Territorien bildeten. Dazu wurden bei der Neuordnung alte Jurisdiktionsbezirke aufgehoben und ihr Gebiet sowie auch Teil-Territorien außerbayerischer Hierarchen den (neu-)bestimmten Diözesen einverleibt bzw. zugeschlagen. So konnte erreicht werden, dass niemand, sei es auch ‚nur' im Bereich der geistlichen Angelegenheiten, vom Ausland her einen Einfluss neben der staatlichen Herrschaft im Königreich geltend machen konnte. Allerdings sind die Ziele in Bezug auf die Bildung der Landeskirche unter staatlicher Herrschaft im Konkordat nicht vollständig erreicht worden, da es nicht zur Bildung einer einzigen bayerischen Kirchenprovinz mit dem Metropolitansitz in München kam. Dabei wäre dem Metropolitanerzbischof die Rolle des Obersten oder Ersten Bischofs Bayerns, also eines Primas der bayerischen Nationalkirche zugefallen. So abenteuerlich heute eine solche Titulatur auch klingen mag, sie lag ganz im Sinne eines politischen Gemeinwesens, das seine kürzlich erlangte Souveränität nicht nur staatspolitisch zu verteidigen, sondern auch mit Mitteln der Staatskirchenhoheit ideell zu stärken suchte. Die Kurie aber ließ sich nicht auf die Bildung einer einzigen und somit monohierarchischen Struktur in Bayern ein. Vielmehr wurde eine zweite Kirchenprovinz mit dem Sitz eines Metropoliten in Bamberg gebildet. Somit waren schon strukturell Visionen einer bayerischen Nationalkirche mit einem bayerischen Primas unterbunden.[1273]

Zur Bildung einer rechtlich homogen, strukturierten bayerischen Landeskirche wollte die staatliche Seite die bestehenden Exemptionen von Diözesen beseitigt wissen. Denn die Bischöfe exempter Diözesen unterstanden der direkten Aufsicht des Hl. Stuhls, einer auswärtigen geistlichen Macht, was einen Widerspruch zur reklamierten, uneingeschränkten Kirchenhoheit in Bayern bedeutete. Das Ziel der staatlichen Seite, exempte Diözesen im Land zu beseitigen, wurde mit dem Konkordat erreicht: die zwei Metropolitanerzdiözesen hatten jeweils drei Suffragandiözesen; die im Konkordat fixierte, persönliche Exemption des amtierenden Passauer Diözesanbischofs von der Metropolitangewalt tat dem keinen Eintrag – dieser Bischof starb 1826. Allerdings machen die dem Passauer Bischof gewährte Exemption, an sich ein innerkirchlich gewährtes Privileg, und ihre Aufnahme ins Konkordat deutlich, wie begrenzt aufgrund nötiger innerkirchlicher Rücksichtnahmen die Kurie bei den Konkordatsverhandlungen war.

Artikel 03: Die Kapitel an den Domkirchen und besondere Dienste

Eine mittelalterliche Bistumsgründung lief vereinfacht gesagt nach folgendem Schema ab: Ein Bischofssitz wurde bestimmt, das Territorium umschrieben, Güter gestiftet, eine Kirche für die bischöfliche Kathedra (vgl. Kathedrale)

1273 In diesem Sinne ist die Wahl der Metropolitansitze aussagekräftig: München für die Kerngebiete des alten Kurfürstentums und die bayerisch-schwäbische Bevölkerungsgruppe, Bamberg für die territorialen Neuerwerbungen der fränkischen Hochstifte und die fränkisch-pfälzische Bevölkerungsgruppe. Ein Antagonismus der bis heute bei verschiedenen staatlichen und kirchlichen Anlässen zitiert wird. Bis heute ist auch die Gepflogenheit des Heiligen Stuhls zu erkennen, in relativ kleinen Staatswesen zwei Kirchenprovinzen zu errichten bzw. bestehen zu lassen, etwa in Österreich, Tschechien, Slowenien, der Slowakei. Eine Ausnahme ist Belgien mit einem Metropolitanerzbistum, einem Metropolitanerzbischof, der zugleich Primas ist und 7 Diözesen; allerdings besteht die Kirchenprovinz aus zwei kulturell sehr unterschiedlichen Volksgruppen bzw. Nationalitäten.

ausgewählt oder errichtet und ein Domkapitel als Kommunität von Geistlichen eingerichtet, denen die Sorge für die Liturgie der Kathedrale und zumeist die Pflege der Memoria des Stifters/der Stifterin/der Stifter übertragen wurde. Im Handeln mit, neben und manchmal auch gegen den Diözesanbischof erwiesen sich die Domkapitel als Wahrer der Interessen des Bistums, weswegen ihnen schon bald bedeutsame Rechte zukamen, wie etwa das Bischofswahlrecht. Bei allem geschichtlichen Wandel blieben die Domkapitel im Heiligen Römischen Reich Deutscher Nation bis zur Säkularisation wirkmächtige Institutionen.

In den bayerischen Textentwürfen vom 31. Mai 1803, 8. August 1805 und 8. August 1805 wird für alle bayerischen Diözesen jeweils ein Kapitel eingeplant, das jeweils die zwei Dignitäten, Propst und Dekan sowie acht Kanoniker vorsieht. Der kuriale Entwurf vom 8. August 1806 geht für alle Kapitel von mindestens zwölf Kapitularen aus, inklusive der Dignitäten, des Kapiteltheologen und des Bußkanonikers sowie den sechs Domvikaren. Die weiteren Textentwürfe der zweiten Verhandlungsetappe gehen davon aus, dass die Metropolitankapitel aus je zwei Dignitäten, zwölf Kanonikern und mindestens sechs Domvikaren bestehen sollen; die Domkapitel aus je zwei Dignitäten, zehn Kanonikern und mindestens sechs Domvikaren bestehen sollen. Im bayerischen Grundlagentext vom 6. Dezember 1814 sind vorgesehen: je Metropolitankapitel ein Propst, ein Dekan, zehn Kanoniker und sechs Domvikare; je Domkapitel ein Propst, ein Dekan, sechs Kanoniker und sechs Domvikare. Die bayerische Punktation vom 1. September 1816 reduziert die Zahl der Kanoniker weiter: je Metropolitankapitel auf einen Dompropst, einen Domdekan, acht Kanonikern und sechs Domvikare; und je Domkapitel auf einen Dompropst, einen Domdekan, sechs Kanonikern und sechs Domvikare. Im gemeinsam von den Verhandlungsbevollmächtigten abgestimmten Konkordatsentwurf vom 15. Oktober 1816 wird die Zahl der Kanoniker und Domvikare erhöht. Dort heißt es, dass die Kapitel der Metropolitankirchen aus zwei Dignitäten, Propst und Dekan und aus zwölf Kanonikern bestehen werden; die Domkapitel sollen zwei Dignitäten und zehn Kanoniker haben; alle Kapitel sollen mindestens acht Domvikare aufweisen. Im paraphierten und ratifizierten Konkordat ist dann die Zahl der Kanoniker reduzierend festgelegt: je Metropolitankapitel ein Propst, ein Dekan, zehn Kanoniker und mindestens sechs Domvikare; je Domkapitel ein Propst, ein Dekan, sechs Kanoniker und mindestens sechs Domvikare. Bei der – insgesamt gesehen eher geringen – Schwankung der Zahl der Kanoniker und Domvikare in den Textentwürfen ist zu erinnern, dass vor der Säkularisation die Zahl der Domkapitulare und Domvikare regelmäßig deutlich höher war.

Im Grundlagentext des Jahres 1803 war festgelegt, dass in die Kapitel diejenigen Geistlichen aufgenommen werden sollten, die Aufgaben und Dienste in der

Leitung der Diözesen ausübten. In der Punktation von 1805 werden die Aufgaben der Domkapitulare bestimmt als Chordienst, Beratung der Bischöfe und Übernahme von Diensten in der Diözesanverwaltung. In den Textentwürfen der zweiten Etappe der Verhandlungen wird nicht näher auf die Aufgaben der Domkapitulare eingegangen. Der bayerische Entwurf vom Dezember 1814 bietet zu den Aufgaben der Mitglieder der Domkapitel klare Bestimmungen. Die Domherren gelten als Geistliche Räte der Bischöfe. Sie besorgen alle Geschäfte der bischöflichen Verwaltung in den Konsistorien und Generalvikariaten. Die Domvikare besorgen den Kanzleidienst. Dazu werden Zugangsqualifikationen und Stellenzuweisungen fixiert. Im Entwurf der Kurie vom 15. Oktober 1815 werden als Wirkungsbereiche der Mitglieder der Domkapitel festgelegt: Chordienst, Beratung und Übernahme von Aufgaben in der Diözesanverwaltung. Diese Trias findet sich dann auch im (paraphierten und ratifizierten) Konkordatstext. Entscheidend ist hierbei, dass die Mitglieder der Kapitel, neben dem liturgischen Chordienst, von den Bischöfen in die Verwaltung der Diözese einzubinden sind und pflichtgemäß mitzuarbeiten haben. Damit wird vorgebeugt, dass die Mitgliedschaft in einem Kapitel als unverbindlicher Ehrentitel gedeutet wird. Mit der Bestimmung, dass die Kanoniker als Räte der Bischöfe gelten, ist ein gewisses Maß der Mitgestaltung und Mitverantwortung der Domkapitulare an der Leitung und Verwaltung ihrer Diözese sichergestellt. Im Vergleich zu früheren Zeiten ist das allerdings nur noch ein sehr bescheidenes Maß der Mitwirkung.

Artikel 04: Leistungen für Bischöfe/Kapitelmitglieder und Vermögensverwaltung

Einkunftsart und Einkunftshöhe

Zu erinnern ist, dass der Reichsdeputationshauptschluss vom 25. März 1803 (§ 51a) Einkünfte für amtierende Diözesanbischöfe in Höhe von 20.000 Gulden fixiert hat. Es war daran gedacht, dass Immobilien und sichere Fonds den einzelnen Bischöfen (als kirchliche Institution und juristischer Person) als Dotation übertragen werden, deren üblicher Nutzungsertrag die angezielte Höhe der vorgesehenen jährlichen Einkünfte als eine Art Rendite erbringen würde. Dieser Grundsatz, die angemessenen und notwendigen Einkünfte kirchlicher Amtspersonen und Institutionen aus dem Ertrag von Dotationen zu sichern, bleibt in den verschiedenen Textentwürfen bis hin zum ratifizierten Konkordat erhalten.

Schon im ersten bayerischen Grundlagentext von 1802 ist bestimmt, dass den Bischöfen angemessene Einkünfte aus vom Staat bestimmten Dotationen zufließen sollen. Der bayerische Grundlagentext von Mai 1803 legt erstmals die fest fixierte jährliche Höhe der Einkünfte der Bischöfe aus Dotationen fest, nämlich: Erzbistum München 20.000 Gulden, Bistum Passau 12.000 Gulden, Würzburg und Bamberg je 16.000 Gulden, Augsburg von 14.000 Gulden; für die Domkapitulare sollten Einkünfte zwischen 4.000 und 800 Gulden in Anschlag kommen. Die Punktation vom 8. August 1805 legt als Einkünfte der Bischöfe fest: Erzbistum München 20.000 Gulden, alle anderen Bischöfe je 12.000 Gulden; für Pröpste und Dekane je 4.000 Gulden, für Kanoniker 2.000 Gulden.

In der zweiten Etappe setzt der erste kuriale Konkordatsentwurf vom August 1806 die Einkünfte der Bischöfe wie folgt an: München 24.000 Gulden, alle anderen Bischöfe 16.000 Gulden, Pröpste und Dekane je 4.000 Gulden, alle Kanoniker je 2.000 Gulden; die Domvikare sollen ebenfalls aus den Erträgen eines Fonds ihre Einkünfte erhalten. Im letzten Entwurf der zweiten Verhandlungsetappe vom 10. Juli 1807 werden die jährlichen Einkünfte wie folgt angegeben: für den Erzbischof 20.000, für die Bischöfe 12.000 Gulden, für die Pröpste und Dekane je 4.000 Gulden, für die Kanoniker 2.000, für die Domvikare je 800 Gulden.

Im bayerischen Entwurf vom 6. Dezember 1814 werden die Bezüge der Bischöfe verringert und es ergeben sich folgende Einkünfte: für den Erzbischof 20.000, für die Bischöfe 10.000 Gulden, für die Pröpste und Dekane je 4.000 Gulden, für die Kanoniker je 2.000, für die Domvikare je 800 Gulden. Der Konkordatsentwurf vom 15. Oktober 1816 bringt eine Differenzierung in den Einkünften bei Bischöfen, Dignitäten, Kanonikern und Vikaren nach ihren Diözesen und bei den Kanonikern und Vikaren zusätzlich nach Dienstalter. So liegt das Einkommen der Diözesanbischöfe nun zwischen 20.000 und 8.000 Gulden, das der Pröpste und Dekane zwischen 4.000 und 2.500 Gulden, der Kanoniker zwischen 2.000 und 1.400 Gulden und jenes der Vikare zwischen 800 und 600 Gulden. Die Differenzierung der Einkünfte und ihre Höhe werden auch im paraphierten und im ratifizierten Konkordat übernommen; allerdings ist die Differenzierung in bzw. für alle Bistümer gleich.

Zusammengefasst lässt sich sagen, dass die Summe aller vorgesehenen Einkünfte der Diözesanbischöfe, Dignitäten, Kanoniker und Domvikare im Laufe der Verhandlungsjahre gesunken ist, erst langsam, dann mit der Differenzierung nach Diözese und Lebensalter recht deutlich. Unabweisbar spiegeln sich in dieser fortschreitenden Reduzierung der zugesicherten Einkünfte für kirchliche Amtsträger die wirtschaftlichen Probleme des Königreiches Bayern wider. Es bewahrheitet sich hier, dass sich die Säkularisierung kirchlicher Güter keineswegs als der von zeitgenössischen Staatsökonomen erhoffte Goldbrunnen erwies; säkularisiert und zweckentfremdet sprudelten manche Quellen eben nicht mehr.

Wohnungen

In den ersten Entwürfen Bayerns zu einer Übereinkunft mit der Kurie wurde das Wohnrecht der hohen Geistlichkeit explizit ausgespart. Erstmals sieht daher der Entwurf der Kurie vom August 1806 vor, dass den Bischöfen, Dignitäten und Kanonikern eine angemessene und geeignete Dienstwohnung zusteht. Der gemeinsam erarbeitete Entwurf vom 27. Oktober 1806 bestimmt, dass jeder Bischof sowie alle Dignitäten, Kanoniker und Vikare jeweils eine eigene Wohnung zugewiesen bekommen; ebenso ist dies im Text des römischen Ultimatums vom 10. Juli 1807 und im Entwurf vom 15. Oktober 1816 fixiert. Im paraphierten und ratifizierten Konkordat wird den Erzbischöfen und Bischöfen, den Dignitäten sowie den (jeweils nur älteren) Kanonikern und Vikaren eine Wohnung zugewiesen. Durch diese Entwicklung verloren gut 58 Personen ihr Wohnrecht. Auch diese Reduzierung in den letzten Monaten der Konkordatsverhandlungen war wohl den wirtschaftlichen Verhältnissen des Staates geschuldet.

Gebäude für Archiv, Kapitel und Kurie

Mit fortschreitenden Konkordatsverhandlungen rückten weitere Materien in den Fokus. Im Entwurf der Kurie vom 15. Oktober 1816 fand sich die Festlegung, dass von staatlicher Seite für ein Haus Vorsorge getroffen wird, in dem die Diözesanverwaltung und das Archiv untergebracht werden können, falls dafür in der bischöflichen Residenz kein Platz sei. Im paraphierten und ratifizierten Konkordat ist dann die Bedingung des Platzmangels in den bischöflichen Residenzen entfallen, außerdem wird zugesagt, dass die staatliche Seite dafür sorgen wird, die Kurie, das Archiv und auch das Kapitel unterzubringen.

Vermögensverwaltung

Der bayerische Konkordatsentwurf der Kurie vom 8. August 1806 sichert erstmals zu, dass die Bischöfe und Domkapitel ihre Güter selbst verwalten können – ein für die Kurie ganz wichtiger Grundsatz. Das finanzielles Selbstverwaltungsrecht findet sich dann auch im gemeinsam von Kurie und Regierung abgestimmten Entwurf vom 27. Oktober 1806 sowie in allen Entwürfen bis zum ratifizierten Konkordat.

Faktisch hat es sich ergeben, dass für die im Konkordat fixierten Dotationen nicht Immobilien und die aus ihnen fließende Rendite zugewiesen, sondern die vorgesehenen Einkünfte als Staatsleistungen jährlich direkt bezahlt wurden; das mag den damals angespannten finanziellen Verhältnissen des Königreichs geschuldet sein. Niemand ist jedoch dazu verpflichtet, darin ein Anzeichen dafür zu sehen, dass die bayerische Regierung nicht daran dachte, das Konkordat tatsächlich umzusetzen.[1274] Gleichwohl begründen sich in dieser Änderung der praktischen Umsetzung des Konkordats von 1817 die bis zum heutigen Tag bestehenden Staatsleistungen für Bischöfe sowie Kanoniker und Vikare der Domkapitel in Bayern. Dabei ist jedoch eines zu bemerken: Die Leistungen in Immobilien hätten die im Konkordat fixierten Dotationen als Ausgleich für die Säkularisation und zur Erfüllung der kirchlichen Aufgaben deutlicher erkennbar werden lassen als die Geldzahlungen. Diese monetäre Abgeltung wird nämlich mit wachsendem zeitlichen Abstand immer mehr als Alimentierung der Kirche verstanden, die in einer zunehmend säkularen Gesellschaft als ungerechtfertigt erscheint und (auch polemisch) angegriffen wird.

Die direkten Staatsleistungen (und auch die bereitgestellten Dienstwohnungen) können als Anhalt gelten, dass Bischöfe und Kanoniker Gehaltsempfänger der bayerischen Krone bzw. des bayerischen Staates geworden sind. Von da aus und unter Rücksicht darauf, dass alle Bischöfe und Kanoniker zu Untertanen des Königs bzw. bayerische Staatsbürger geworden sind,[1275] könnte man behaupten, dass sie in die Abhängigkeit einer weltlicher Macht geraten sind bzw. sich bis heute nicht daraus befreien konnten oder befreien wollten. Ansätze einer Ehrenrettung insbesondere des heutigen höheren Klerus liefert seit 1. Januar 2013 ein Gesetz[1276], mit dem der bayerische Staat die Zuweisung der Einkünfte der Bischöfe und Kanoniker und für andere bezugsberechtigte Geistlicher so geregelt hat, dass die Summe der Einkünfte vom Staat pauschaliert an eine

1274 *„Die Tatsache, dass der Staat anstelle der im Konkordat zugesicherten Dotation der Bischofsstühle und Domkapitel durch liegende Güter oder Fonds seinen Verpflichtungen nur durch jährliche Geldleistungen nachkam, bewies die mangelnde Bereitschaft des Staates zur Erfüllung der von ihm in einem feierlichen Vertrag übernommenen Verpflichtungen.“*, meint Listl (Konkordatäre Entwicklung, 441).

1275 In diesem Sinne öfters und durchaus polemisch verstanden, etwa: *„Mit der Trennung der fürstlichen und der bischöflichen Würde hatte man die Bischöfe aus dem gleichrangigen Gegenüber zu den weltlichen Fürsten entfernt, sie zu Untertanen gemacht […] Mit der Verbeamtung von Klerikern im neuen späteren Königreich war der Weg zu einem bayerischen Staatskirchentum vorgezeichnet, der das gesamte 19. Jahrhundert bestimmen sollte“*, Steger, Nur neugotisch?, 54.

1276 Gesetz zur Ausführung konkordats- und staatskirchenvertraglicher Verpflichtungen Bayerns (AGKStV), v. 07. April 1925 in der in der Bayerischen Rechtssammlung (BayRS 2220-3-K) veröffentlichten bereinigten Fassung, zuletzt

kirchliche Stelle überwiesen wird, die sie aufteilt und weiterleitet an die bayerischen (Erz-)Diözesen. Die Bezugsberechtigten erhalten somit de facto ihre Einkünfte aus Diözesanmitteln, also nur (noch sehr) indirekt vom Staat.

Erhalt der Vermögensausstattung und Fabrikstiftungen der Domkirchen

Schon im Entwurf vom 8. August 1806 war die Sicherungsformel zum Erhalt des Vermögens der Domkirchen und Ihrer Fabriken aufgenommen und wurde dann mehr oder weniger explizit in den nachfolgenden Entwürfen weitergeführt. Im Entwurf vom 10. Juli 1807 wurde etwa die Sicherungsklausel ergänzt um die Maßgabe, fehlende Mittel zum Unterhalt und Betrieb der Domkirchen durch die Erhöhung des Grundstockvermögens sicherzustellen. Als Verantwortlicher für die eventuell nötige Aufstockung wurde der König mit dem Konkordatsentwurf vom 15. Oktober 1816 bestimmt. Der Unterhalt und der Betrieb der (Dom-)Kirchen erforderte erhebliche Mittel, die dauerhaft nur durch die Erträge aus (Immobilien-)Vermögen gedeckt werden konnten. Wollte der Staat die Domkirchen nicht zuletzt auch als Kulturgüter erhalten, musste er daher – nach durchgeführter Säkularisation kirchlicher Vermögen und Immobilien – für eine solide finanzielle Grundausstattung sorgen.

Artikel 05: Seminare, Klerikerausbildung und Schulaufsicht

Seminare als Orte der Formung und Ausbildung der kirchlichen Amtsträger waren (und sind) für die katholische Kirche von eminenter Bedeutung. Nicht zuletzt deshalb gab es seit dem Konzil von Trient eine ganze Reihe von Bestimmungen zu den Seminaren sowie deren Einrichtung, Unterhalt, innere Ordnung und Organisation sowie Lehrpersonal. All das wollte die Kurie im Konkordat aufgenommen und gesichert wissen. Damit sollte jede Einflussnahme von außen auf das Herzstück der katholischen Glaubensgemeinschaft, nämlich auf das Sakrament des Ordo und die Loyalität der künftigen Amtsträger, abgewehrt werden.

Erstmals wurde das (Priester-)Seminar in der Punktation vom 8. August 1805 erwähnt. Gemäß den Vorgaben des Konzils von Trient wurde bestimmt, dass es in jeder Diözese ein Seminar geben sollte. Im Sinne der Prinzipien des Staatskirchenrechts war damit gesichert, dass keinesfalls ein Kandidat außerhalb Bayerns studierte. Um aus staatskirchenrechtlicher Sicht keine Ressourcen

---

geändert durch Gesetz vom 11. Dezember 2012 (Gesetz- und Verordnungsblatt, 641).

zu verschwenden, sollte die Zahl der Studenten in angemessener Relation zum Bedarf der Diözese stehen.

Im ersten kurialen Entwurf vom 8. August 1806 wird daher ganz aus kirchlicher Sicht und im Rückgriff auf das Konzil von Trient festgelegt: jede Diözese soll ein Seminar haben; jedes Seminar soll ausreichend zu seinem Unterhalt dotiert sein; die Mittel sind dem Ordinarius zur freien Verwaltung zu unterstellen; der Ordinarius kann und hat eine Seminarordnung zu erlassen sowie verfügt er über die Personalhoheit und das Visitationsrecht. Im staatlichen Entwurf vom 5. September 1806 ist die Verpflichtung aufgenommen, dass die Kandidaten für die Weihen in den bischöflichen Seminaren Theologie studieren müssen. Das besagt, dass theologische Bildung nicht irgendwo erworben wird, sondern an einem bestimmten Ort, was jedenfalls der Qualitätssicherung dient. In staatlicher Hinsicht wird damit zugleich bestimmt, dass die Theologenausbildung in Bayern unter staatlicher Beobachtung bzw. Aufsicht und nicht im Ausland stattzufinden hat; das war bereits ein altes Anliegen Montgelas'. Im gemeinsam abgestimmten Entwurf vom 27. Oktober 1806 wird die innere Ordnung, Leitung und Verwaltung des Seminars ganz dem Bischof überlassen.

Der streng staatskirchenrechtlich gehaltene Entwurf vom 6. Dezember 1814 bestimmt, dass sich der König bei der Einrichtung bzw. inneren Ordnung der Seminare ein Recht der Oberaufsicht vorbehalte und die Ernennung der Direktoren dem König zustehe. Die staatliche Punktation vom 1. September 1816 überträgt wiederum den Bischöfen die Verantwortung zur Leitung der Seminare ohne ein königliches Vorbehaltsrecht. Der Entwurf der Kurie vom 15. Oktober 1816 ist wiederum ganz im kirchlichen Sinn formuliert. Neben den Seminaren, so wird hier bestimmt, sind auch die bischöflichen Schulen dauerhaft zu dotieren. Außerdem sollen alle Lehrkräfte an den Seminaren und den Schulen jährlich ein (im Duktus antiprotestantisches) Glaubensbekenntnis ablegen. Im paraphierten Text des Konkordats vom 5. Juni 1817 werden die Schulen aus der Unterhaltspflicht und Dotation wieder herausgenommen, darüber hinaus entfällt die Vorschrift zur jährlichen Ablegung deines Glaubensbekenntnisses. Dagegen ist neu aufgenommen die Schulaufsicht der Bischöfe auch in den staatlichen Schulen, näherhin der Dienst, über die gesunde Lehre des katholischen Glaubens und der guten Sitten zu wachen. Diese Dienstpflicht der Bischöfe wird im ratifizierten Text dahingehend abgeschwächt, dass das Wächteramt der Bischöfe das Ziel hat, keine Verstöße gegen die (allgemein christliche) Glaubens- und Sittenlehre zuzulassen.

Die kirchliche Zielsetzung zur umfangreichen und peniblen Absicherung der Seminare und ihre enge Bindung an den Diözesanbischof war nicht unmotiviert. Denn ‚aufgeklärte' Geister, wie etwa Montgelas, forderten eine staatliche

Mitwirkung an der Ausbildung der Seminaristen. Der Staat konnte sich gegenüber dem Sakrament des Ordo unbeteiligt geben, doch an der Loyalität der kirchlichen Amtsträger gegenüber dem Staat und seiner geistigen Grundlagen war auch ihm unbedingt gelegen. Kirche und Staat wollten daher loyale Priester bzw. Lehrer für breite Volksschichten. Dies erklärt auch die verschiedenen Umformungen, Neuansätze und Überarbeitungen der Thematik in den Konkordatsverhandlungen. Die Bestimmungen zum Priesterseminar im ratifizierte Konkordat spiegeln klar die Anliegen der Kirche wider; so ist die Freiheit der Priesterausbildung zumindest formal abgesichert worden. Das in diesem Artikel zugestandene Recht der bischöflichen Schulaufsicht hinsichtlich der Glaubens- und Sittenlehre an öffentlichen Schulen hat sich als Stein des Anstoßes erwiesen, da dagegen die Angehörigen anderer Konfessionen protestierten. Immerhin ist hier der staatliche Wille festzuhalten, den schulischen Unterricht auf die Grundlage christlichen Glaubens und christlicher Sitten zu gründen. Allerdings könnte in der Regelung auch ein Nachklang der einstigen, in der Tradition der Aufklärung stehenden staatlichen Inanspruchnahme kirchlicher Instanzen für die Volkserziehung gesehen werden.[1277]

Artikel 06: Einrichtung eines Emeritenhauses

Die Sorge um die Unterbringung von kranken und alten Priestern wird erstmals im kurialen Konkordatsentwurf vom 8. August 1806 thematisiert. Demzufolge sollen Häuser erhalten bzw. eingerichtet und dotiert werden sowie soll die Vermögensverwaltung dem Ordinarius zufallen. In denselben Häusern sollen auch, allerdings in einem anderen Bereich, die straffälligen Kleriker untergebracht werden. Als Konsequenz bleibt daher das Anliegen der Emeritenhäuser in den Konkordatsentwürfen der zweiten Etappe erhalten. Die Sorge, diese Häuser weiterzuführen oder zu errichten, wird als bischöfliche Aufgabe gesehen. In der dritten Etappe der Verhandlungen greift der kuriale Entwurf vom 15. Oktober 1816 das Anliegen der Emeritenhäuser wieder auf, wobei der König nach Beratung mit den Bischöfen für die Erhaltung oder Einrichtung und Dotation der Häuser verantwortlich sein soll. Die Häuser sollen kranken und alten, wohlverdienten Geistlichen Unterstützung und Zuflucht bieten. Es ist allerdings nicht mehr davon die Rede, dass in diesen Häusern auch straffällig

---

1277 „*Ganz dem Ideal der Aufklärung verpflichtet, suchte die Regierung aus den Pfarrern Volkserzieher zu machen, denen man in Folge, etwa in der Schulaufsicht, eine bedeutende Rolle für das Funktionieren der Gesellschaft zuwies.*“, Christian Steger, Nur neugotisch?, 54.

gewordene Geistliche untergebracht werden sollen; die Formulierung dieses Entwurfs wird bis in das ratifizierte Konkordat fortgeführt.

Die Emeritenhäuser sind zunächst sicherlich eine innerkirchlich zu lösende Aufgabe, die erst mit fortschreitenden Verhandlungen ihren Platz in den Textentwürfen erlangt und Klärung findet. Die Ausstattung der Häuser muss dem König zufallen, denn die Bischöfe verfügen nach der Säkularisation nicht (mehr) über entsprechende Dotationsgüter. So wäre die Beteiligung des Staates an der finanziellen Ausstattung der Emeritenhäuser sowohl eine Pflichtschuldigkeit infolge der Säkularisation als auch im Sinne der Fürsorge gegenüber Geistlichen zu verstehen, die im aktiven Dienst als Volkserzieher wirken mussten. Inwieweit diese Emeritenhäuser eingerichtet und vom angezielten Personenkreis angenommen wurden, ist an dieser Stelle nicht relevant.

Artikel 07: (Wieder-)Errichtung von Klöstern

Im Grundlagentext vom 17. Juli 1802 bekräftigt die kurfürstliche Regierung, dass die Säkularisation der Klöster nicht rückgängig gemacht werden könne, also nicht verhandelbar sei. Im kurialen Entwurf vom 8. August 1806 wird jedoch vorgeschlagen, dass die noch bestehenden Klöster erhalten bleiben, ihre Güter gesichert werden und durch die Aufnahme von Novizen weiterbestehen sollen. In der zweiten Verhandlungsetappe ist jedoch in den folgenden staatlichen und kurialen Entwürfen zu einem Konkordat vom Fortbestand der noch bestehenden Klöster keine Rede mehr.

Im Entwurf der Kurie vom 15. Oktober 1816, nun in der dritten Etappe, wurde das Thema der Klöster wieder in die Verhandlungen eingebracht, mit einem erstaunlichen Textvorschlag. Klöster für Mönche und Nonnen sollen wiedereingerichtet bzw. mit ihren Kommunitäten erhalten werden. Die Klöster sollen dabei durch den König dotiert werden. Im Gegenzug werden die geistlichen Gemeinschaften die Jugend in Religion und Wissenschaften unterrichten. Damit wurde ein neues Verhältnis zwischen Staat und Kirche greifbar bezeichnet. Im paraphierten Konkordat wurde der Aufgabenbereich mit der Pfarrseelsorge erweitert. Im ratifizierten Text wurde außerdem noch die Krankenpflege als Aufgabe der Klöster bzw. ihrer Mönche und Nonnen bestimmt.

In Anbetracht der Tatsache, wie die Klöster in der spätabsolutistischen Aufklärungszeit als Hort der Volksverdummung, der geistigen Finsternis und des wirtschaftlich-finanziellen Parasitentum der Staatswirtschaft geschmäht wurden, kam es zu erstaunlichen Entwicklungen in den Konkordatsverhandlungen; für diese Entwicklung und das daraus resultierende Ergebnis liegen polyvalente Möglichkeiten der Begründung und Interpretation vor. Mit der (Wieder-)

Errichtung von Klöstern und Konventen könnte der staatliche Versuch einer Schadensbegrenzung der Säkularisationsfolgen verbunden sein. Dafür würden die den Religiosen übertragenen Aufgaben sprechen. In eine ähnliche Richtung zielt, dass sich der Staat die Mitglieder der geistlichen Gemeinschaften in seinem Programm der sozialen und kulturellen Landesentwicklung dienstbar machen wollte. Möglich wäre auch, dass die Kirche auf die Verwirklichung ihrer Sendung gedrängt hat; dafür waren Klöster seit jeher eine nahezu perfekte Institution, die in sich Liturgie, Verkündigung und Diakonie vereinten, sodass der Staat nach der geistesgeschichtlichen Wende zur Romantik diesem kirchlichen Drängen schließlich nachgab. Das 19. Jahrhundert wurde jedenfalls in Bayern zu einer Blütezeit neuer und älterer geistlicher Gemeinschaften und ihrer Charismen zum Segen der Bevölkerung und der Kirche.

Artikel 08: Schutz der Güter und Eigentumserwerb

Die von staatlicher Seite verfassten Texte der ersten Verhandlungsetappe kennen keine Sicherungsklausel für kirchliche Güter und Vermögensrechte. Denn in diesen Texten wird vielmehr die Rechtsfigur/der Rechtsakt der Einführung kirchlicher Amtsträger in die Temporalien aufgegriffen. Die Einführung in die Temporalien beruht darauf, dass die Güter und Rechte, die zum geistigen Amt gehören, als Lehen vergeben werden und dass jedes Gut im weltlichen Herrschaftsbereich unter der Oberhoheit des Herrschers steht.

In den Entwurf des Nuntius della Genga bzw. der Kurie vom 8. August 1806 wurde daher eine Sicherungsformel zum Erhalt des Vermögens der Domkirchen und Ihrer Fabriken aufgenommen. Diese wurde dann mehr oder weniger explizit in den nachfolgenden Entwürfen weitergeführt bis zum ratifizierten Text. Im selben Konkordatsentwurf von 1806 ist jedoch auch eine allgemeine Sicherungsklausel für kirchliche Güter verschiedenster kirchlicher Institutionen enthalten, die weder entfremdet noch zu jährlichen Leistungen, etwa Steuern, durch zivile Autoritäten herangezogen werden dürfen. Ebenso wird zugesichert, dass die Kirche auf verschiedene Weise neues Eigentum rechtmäßig erwerben und behalten kann, wobei die neuen Güter (steuerlich-privilegiert) den älteren Gütern gleichgestellt werden. In einem weiteren Artikel desselben Entwurfs wird die Erhaltung der Güter und fundierten Benefizien der Pfarr- und Nebenkirchen gefordert. Im staatlichen Folgeentwurf vom 5. September 1806 ist von allen diesen vermögensrechtlichen Sicherungen praktisch nichts enthalten. Im gemeinsam abgestimmten Entwurf vom 27. Oktober 1806 sind dann wiederum gestrafft, aber in der Sache umfangreich, Sicherungsklauseln für die Güter der bischöflichen Kirchen und Fabriken, für zugesagte Dotationen, Stiftungen und

Güter der kirchlichen Institutionen sowie das Erwerbsrecht für neue Güter und dessen Gleichstellung mit überkommenen Gütern aufgenommen. Im römischen Ultimatum zur zweiten Verhandlungsetappe (10. Juli 1807) ist zwar eine umfassende Sicherungsklausel für kirchliche Güter enthalten, das Erwerbsrecht neuer Güter fehlt allerdings. Eingefügt wird die Mitwirkungspflicht des Apostolischen Stuhls bei Veränderungen der Stiftungen.

Der staatliche Entwurf vom 6. Dezember 1814, also der erste Entwurf der dritten Etappe, realisiert, dass die Kurie auf Sicherungsklauseln für kirchliche Güter niemals verzichten wird. Deshalb wird für die Dotationen der Bistümer bestimmt, dass ihre Dotationsgüter als Vermögen klassifiziert werden, *„welche nach dem in der Konstitution des Königreiches gegebenem Ausspruch der Unveräußerlichkeit des ganzen Kultus-Stiftungs-Vermögens jeder Art weder eingezogen, noch je veräußert werden können.“* Die staatliche Punktation vom 1. September 1816 kennt keine Sicherungsklausel für kirchliche Güter, sondern kehrt vielmehr wieder zurück zur Vorstellung des Rechtsakts der Einführung kirchlicher Amtsträger in die Temporalien – im Jahr 1816 ein anachronistisches Rechtsinstitut. Im römischen Entwurf vom 15. Oktober 1816 sind nun alle kirchlich geforderten und erwünschten Sicherungsklauseln versammelt: die dauerhafte, ungeschmälerte und zweckbestimmte Sicherung aller (möglichen) Güter aller (denkbaren) kirchlichen und mit der Kirche verbundenen Einrichtungen und Vermögensmassen; das Recht, neue Güter zu erwerben und die Gleichstellung der künftigen neuen mit den schon im kirchlichen Besitz befindlichen Gütern; das Mitwirkungsrecht der Kurie bei angezielten Veränderungen der Stiftungen. Im paraphierten Konkordat vom 5. Juni 1817 und ratifizierten Konkordatstext wird diese Bestimmungen übernommen, wobei die Verdoppelungen zu den Bestimmungen anderer Artikel entfallen sind und der Vorbehalt bischöflicher Rechte in der Vermögensverwaltung kirchlicher Güter eingefügt wurde.

Das kirchliche Vermögen, seine Zugehörigkeit sowie die Sicherung und Dispositionsmöglichkeiten waren Punkte von höchster Wichtigkeit in den Konkordatsverhandlungen, wobei es hier nicht nur um den schnöden Mammon ging, sondern auch um den Status der Kirche und ihren Handlungsspielraum. Wer über die kirchlichen Güter verfügen kann, verfügt über Macht und Gestaltungsoptionen, d. h. über Status und Souveränität, – oder eben nicht. Die Sicherung der Güter vor (staatlicher) Entfremdung ist darin begründet, dass sie mittel- oder unmittelbar für kirchliche Zwecke und Ziele bzw. die Erfüllung des Sendungsauftrags und des Heiligungsdienstes der Kirche bestimmt sind. Die Regelung beabsichtigt, die herzoglich-bairisch/churpfalzbairische antikirchliche Amortisationsgesetzgebung der Spätaufklärung des 18. Jahrhunderts aufzuheben und für die Zukunft abzuwehren. Die Sicherung der kirchlichen Güter bedeutet zugleich, dass die Handlungsfähigkeit der Kirche sichergestellt wird und ist damit ein Element der Freiheit der Kirche und auch eine Bedingung der Möglichkeit, die Kirche als societas perfecta zu begreifen. Insgesamt ist dieser Artikel uneingeschränkt zu Gunsten der Kirche gefasst, zugleich ist nach dem Wortlaut jeder staatliche Zugriff auf kirchliches Vermögen ausgeschlossen. Der Staat konnte das akzeptieren, denn obwohl das kirchliche Vermögen nicht zu versteuern war, so war es doch an das Land gebunden und trug damit als Wirtschaftskraft der Kirche zur Wirtschaftsleistung des Königreichs bei. Diese Erkenntnis war vor der Säkularisierung verloren gegangen, hier wurde sie wieder ins bzw. als Recht gesetzt.

Artikel 09: Königliches Nominationsrecht für Bischöfe

Die Ernennung kirchlicher Amtsträger, insbesondere der Diözesanbischöfe, stand bei den Bemühungen um eine Übereinkunft mit der katholischen Kirche von Anfang an auf der Agenda der bayerischen Regierung. So wird schon im bayerischen Grundlagentext vom 17. Juli 1802 nach dem Vorbild des Französischen Konkordats von 1801 das Recht gefordert, dass das Nominationsrecht zu den Bischofssitzen/der Bischöfe, dem Kurfürsten sowie seinen Erben und Nachfolgern übertragen wird. Im nächsten Grundlagentext Bayerns vom 31. Mai 1803, ebenso in der Punktation vom 8. August 1805 und der Punktation vom 25. März 1806, wird das dem Herrscher zu übertragende Nominationsrecht für die Bischöfe fortgeschrieben.

Der kuriale Konkordatsentwurf vom 8. August 1806 rekurriert auf das geltende Kirchenrecht und unterstellt dem Herrscher, nunmehr König, den Willen, dass die Domkapitel den Diözesanbischof in freier Wahl innerhalb von drei Monaten bestimmen und in bestimmten Ausnahmesituationen der Papst frei die Besetzung vornehmen wird. Der nächste (staatliche) Entwurf vom 5. September 1806 kehrt in einem vage gefassten, öffentlichen Artikel und einem klar gefassten Geheimartikel zur bekannten staatlichen Position zurück: Dem König, seinen Erben und Nachfolgern soll das Nominationsrecht für alle Bischöfe in Bayern zukommen. Das wird in der Folge genauer bestimmt: Das Recht soll durch eine Ermächtigung auf unbestimmte Zeit mittels eines päpstlichen Indults übertragen werden, das in rechtlich-authentischer Form auszufertigen ist. Von dieser Position weicht auch der gemeinsam abgestimmte Entwurf kurialer und staatlicher Abgesandter von 27. Oktober 1806 nicht ab. Das römische Ultimatum dieser Verhandlungsetappe vom 10. Juli 1807 zeigt ein kuriales Entgegenkommen, das begründet ist in den vorhersehbaren Vorteilen für die Kirche aus dem abzuschließenden Konkordat: es wird bestimmt, dass der

Papst dem König und seinen Nachfolgern das apostolisches Indult verleiht, zu den vakanten Kirchen im Königreiche Bayern die Bischöfe zu ernennen. Es sollen dies Geistliche sein, die würdig und tauglich sind und die erforderlichen kanonischen Eigenschaften besitzen; den so Ernannten wird der Papst die Institution erteilen. Außerdem wird geregelt, dass die fälligen kirchlich-kurialen Gebühren in Relation zu den jährlichen Einkünften jedes Bischofs neu festgesetzt werden. Mit diesen Bestimmungen sind wesentliche Aussagen gemacht und die Grenzen kirchlichen Entgegenkommens für die weiteren Verhandlungen fixiert worden.

Der streng staatskirchenrechtlich formulierte Entwurf vom 6. Dezember 1814 bestimmt in fordernden Worten das königliche Nominationsrecht für die Bischöfe auf ewige Zeiten. Der Papst soll die Investitur innerhalb von sechs Monaten erteilen, falls keine kanonischen Einwendungen vorliegen, andernfalls soll der Metropolit bzw. der dienstälteste Diözesanbischof in der Kirchenprovinz die Investitur vornehmen, um längere Vakanzen zu vermeiden. Diese Bestimmung geht (möglicherweise) auf den Text des – von kurial-päpstlicher Seite nicht anerkannten – Konkordats von Fontainebleau vom 13. Januar 1813 zurück. Die bayerische Punktation vom 01. September 1816 formuliert straff und klar, dass dem König das Recht zukommt, die Bischöfe zu nominieren. Interessant ist hier insbesondere die Begründung, mit der man auf das päpstliche Indult meint, verzichten zu können: es ist der dem König zugeschriebene Titel des (Neu-)Gründers der bayerischen Kirche nach der Säkularisation, aus dem das Patronats- oder Nominationsrecht erfließt.[1278] Der Konkordatsentwurf der Kurie vom 15. Oktober 1816 präsentiert ein Mischverfahren aus kirchlicher und staatlicher Mitwirkung zur Bestimmung der bayerischen Bischöfe. Jedes Mal, wenn ein erzbischöflicher oder bischöflicher Sitz vakant würde, treten die Domkapitulare zusammen und bestimmen vier Männer der Kirche. Aus diesem Quartett solle der König seinen Wunschkandidaten benennen. Dieser werde dann beim Heiligen Stuhl um die päpstliche Provision nachsuchen. Sollte aber die Wahl nicht innerhalb von zwei Monaten erfolgen, wird der Heilige Stuhl die Kandidaten benennen. Die Annaten und Kanzleigebühren sollten nach dem Maßstab der jährlichen Einkünfte eines jeden Bischofs von Neuem festgesetzt werden. Da gegenwärtig mehrere Bischofssitze vakant seien und die (alten und

1278 Den König als (Neu-)Gründer der bayerischen Kirche zu verstehen, war auch in zeitgenössischen kirchlichen Kreisen verbreitet. So bezeichnet etwa Friedrich Brenner, Subregens in Bamberg, den König als ehrenwerten Neugründer der Kirche von Bamberg, vgl. unten: 542.

reduzierten) Domkapitel die Wahlen nicht zweckmäßig durchführen können, wird seine Heiligkeit angesichts der Vorteile, die aus dieser Übereinkunft für die Sache der Kirche und der Religion erwächst, dem König Maximilian Joseph ein apostolisches Indult gewähren, um die (Erz-)Bischöfe für dieses erste Mal zu ernennen. Das von der Kurie vorgeschlagene Modell vermittelt zwischen dem überkommenen kanonischen Bischofswahlrecht der Domkapitel und der stets nachdrücklich erhobenen Forderung der bayerischen Seite, dem König ein Nominationsrecht der Bischöfe einzuräumen. Der Kompromiss besteht darin, dass der König den Bischof nominieren kann, allerdings nur aus einer Vierergruppe, die von Vertretern der Kirche zusammengestellt worden ist, d. h. wer durch den König Bischof wird, muss zuvor von einem innerkirchlichen Gremium als episopabel qualifiziert worden sein. Der von der Kurie präsentierte Vorschlag fand auf staatlicher Seite keine Zustimmung.

Der paraphierte Konkordatstext vom 5. Juni 1817 kehrte daher (teilweise) zurück zu den Aussagen, die die Kurie am Ende der zweiten Verhandlungsetappe in ihrem Entwurf vom 10. Juli 1807, also rund zehn Jahre zuvor, schon gebilligt hatte. Dem König wird das alleinige Ernennungsrecht der Bischöfe für die (Erz-)Diözesen München und Freising, Würzburg und Regensburg eingeräumt, mittels eines auf ewige Zeiten verliehenen Indults, das in apostolischen Briefen fixiert ist, die wiederum sofort nach der Ratifizierung der vorliegenden Übereinkunft ausgefertigt werden. Die Begründung für dieses Ernennungsrecht sind die Vorteile für die katholische Kirche und Religion, die aus der Übereinkunft entstehen. Das Nominationsrecht bezieht sich auch auf die Nachfolger des Königs, allerdings – so wird präzisiert – nur auf die katholischen Nachfolger. Der König darf nur würdige und taugliche Geistliche nominieren, die die erforderlichen kanonischen Eigenschaften besitzen. Wenn der König solche Geistlichen ernennt bzw. benennt, dann wird der Papst die kanonische Einsetzung erteilen. Die fälligen Annaten und Gebühren werden für jeden Bischof in Relation zu seinen jährlichen Einkünften neu festgesetzt. Die Bischöfe der anderen fünf (Erz-)Diözesen sollen nach dem von der Kurie vorgeschlagenen Mischverfahren (15. Oktober 1816) besetzt werden. Die Domkapitel bestimmen ein Quartett, aus dem der König seinen Wunschkandidaten ernennt bzw. benennt. Der Benannte muss dann beim apostolischen Stuhl um die Provision nachsuchen. Bevor er diese erhält, wird er sich nicht in die Leitung und Verwaltung der Diözesen einmischen, für die er ernannt wurde.

Der ratifizierte und publizierte Konkordatstext wurde in diesem Punkt zugunsten der staatlichen Seite nachverhandelt: Der König und seinen katholischen Nachfolgern wird nun das alleinige Ernennungsrecht für die (Erz-)Bischöfe aller (nicht nur drei) bayerischen (Erz-)Diözesen eingeräumt.

Die anderen Bestimmungen werden aus dem paraphierten Konkordatstext übernommen.

Dieser Artikel erfüllt nach langen Jahren der Verhandlungen das ursprüngliche Verlangen der staatlichen Seite, nämlich die Ernennung der Bischöfe der Diözesen durch den Landesherrn. Durch päpstliches Indult wird die im Vergleich zu anderen Abkommen außergewöhnliche Mitwirkung der bayerischen Könige an der Bestellung der Bischöfe fixiert. Das Besondere an dieser königlichen Mitwirkung der Bischofsbestellung ist der Wechsel, der sich im Vergleich zu der Zeit der Reichskirche ergeben hat: Seit dem Wormser Konkordat (1122) ist es grundsätzlich Sache der Domkapitel gewesen, den Bischof der Diözese zu wählen. Zugleich wird durch den Artikel dokumentiert, dass nun auch die Kurie und der Papst den Untergang der Reichskirche mit dem Heiligen Römischen Reich im Jahr 1806 rechtlich akzeptierten. Der Ausschluss der Domkapitel von der Bischofsbestellung bedeutet zugleich eine Depotenzierung dieser Kollegien.

Zuzugeben ist, dass mit der königlichen Nomination die Erzbischöfe und Bischöfe in die Stellung höchster Staatsbeamter eingerückt sind. In der staatskirchenhoheitlichen Theorie war damit sichergestellt, dass es im und neben dem Staat keine gleichberechtigte andere Institution mit ihren Vertretern, keinen ‚*Staat im Staat*' gibt. Somit konnte ein weiterer Baustein einer bayerischen Landeskirche unter bayerischer Hoheit fixiert werden.

Artikel 10: Bestellung der Mitglieder der Domkapitel

Im bayerischen Grundlagentext vom 31. Mai 1803 wird für den Kurfürsten die Ernennung der Dignitäre der Kapitel und der Kanoniker, also aller Mitglieder der Domkapitel beansprucht. Außerdem wurde bestimmt, dass die Mitglieder der Domkapitel als Inhaber von Benefizien über die nötigen Qualifikationen für ihren Dienst verfügen und Landeseingeborene sein müssen. Eine Kumulation von Benefizien ist nicht statthaft sowie unterliegen die Inhaber der Benefizien der Residenzpflicht, die streng auszulegen ist. Die Forderungen dieses Entwurfs sind im staatskirchenhoheitlichen Denken eines Montgelas' begründet und hätten dem Landesherrn ein weitestgehendes Steuerungsinstrument gegeben, wer überhaupt in die höhere Geistlichkeit Churpfalzbaierns aufgenommen werden und damit auch zukünftig episcopabel sein könnte. Die Forderungen nach Qualifikation, Residenzpflicht und Verfügbarkeit der Stelleninhaber für das jeweilige Amt erfüllten damit sowohl staatliche als auch kirchlich-kanonische Interessen. Der Bayerische Grundlagentext vom 8. August 1805 und die Punktation vom 25. März 1806 führen die Forderungen nach dem landesherrlichen

Ernennungsrecht, nun auch für Erben und Nachfolger des Landesherrn, für die Mitglieder der Domkapitel, das Verbot der Benefizienkumulation und die Residenzpflicht fort. Entfallen ist jedoch in beiden Texten die Forderung, dass die Mitglieder der Domkapitel Landeseingeborene sein sollten.

Der erste vom Nuntius erarbeitete Konkordatsentwurf vom 8. August 1806 bestimmt für alle bayerischen Domkapitel, dass die Stelle des Dompropstes immer vom Papst besetzt wird. Alle anderen Dignitäten, Kanonikate und Benefizien an den Domkirchen werden, falls sie in den päpstlichen Monaten vakant werden, vom Papst besetzt, in den anderen Monaten von den gesetzmäßigen Inhabern des Stellenbesetzungsrechts; wobei aber alle bislang erteilten und genehmigten Indulte und Reservierungen bestehen bleiben. Auch das Verbot der Benefizienkumulation und die Residenzpflicht für die Inhaber der Benefizien an den Domkirchen ist verankert. Es dürfte daher nicht überraschen, dass der Nuntius in seinen Vorschlägen schlicht das geltende kanonische Recht, näherhin die Anordnungen des Konzils von Trient, in den Konkordatsentwurf eingearbeitet hat. Der gemeinsam abgestimmte Entwurf der staatlichen und kirchlichen Unterhändler vom 27. Oktober 1806 bestimmt in fortlaufenden Artikeln, dass der Papst für die Besetzung der Dignitäten und Kanonikate zuständig sein soll. Dies wird im angefügten ersten Sonderartikel weitergeführt, indem der Papst dieses Recht per Indult dem König überträgt. Das Verbot der Benefizienkumulation und die Residenzpflicht, hier zeitlich fixiert auf neun Monate, werden fortgeführt. Im römischen Ultimatum der zweiten Verhandlungsetappe (10. Juli 1807) wird von kirchlicher Seite vorgeschlagen, dass der König und seine Nachfolger im Hinblick auf die bayerischen Domkapitel für immer das Recht haben sollen, den Dompropst und die Domdekane zu bestimmen und auch zu den Kanonikaten und Präbenden in den sechs päpstlichen Monaten zu ernennen. Was die anderen sechs Monate betrifft, wird in dreien der Bischof und in den anderen drei das Kapitel zu diesen Stellen nominieren. Damit wurden die in der Vergangenheit den bayerischen Landesherrn gewährten Sonderrechte berücksichtigt und die Orientierung an päpstlichen Monaten aufgegriffen, die mit dem Wiener Konkordat von 1448 eingeführt worden war. Das Verbot der Benefizienkumulation und die neunmonatige Residenzpflicht pro Jahr werden fortgeführt.

Der streng im Sinne Montgelas' staatskirchenhoheitlich formulierte Text vom 6. Dezember 1814 reklamiert die Ernennung der Dignitäre und Kanonikate der bayerischen Domkapitel für den König, seine Erben und Nachfolger und führt ebenfalls das Verbot der Benefizienkumulation sowie die Residenzpflicht an. Erstmals wird hier auch ein Qualifikationsprofil für Kapitelmitglieder benannt: Priesterweihe, Landeseingeborener, akademische Promotion, untadeliges Verhalten, Erfahrung in der Seelsorge. Diese Anforderungen entsprachen den gängigen kirchlichen Vorschriften, wurden hier aber als staatliches Verlangen vorgetragen. Die straffe staatliche Punktation vom 1. September 1816 greift den Kernbestand der staatlichen Forderungen auf: Ernennung der Dignitäten und Kanoniker durch den König, Verbot der Benefizienkumulation und neunmonatige Residenzpflicht pro Jahr. Der kuriale Entwurf vom 15. Oktober 1816 bestimmt unter teilweisem Rückgriff auf den kurialen Entwurf vom 10 Juli 1807 für die Stellenbesetzung an den bayerischen Domkirchen: die Besetzung der Stellen der Dompröpste wird nun wieder dem Papst reserviert und nur die Stelleninhaber der Domdekanei werden vom König (und seinem Nachfolger) ernannt; zu den Kanonikaten und Präbenden ernennt der König in den päpstlichen Monaten; in den übrigen Monaten wird in dreien der zuständige Erzbischof bzw. Bischof, in den übrigen das Kapitel ernennen; als Qualifikationsprofil werden die vom Trienter Konzil geforderten Eigenschaften benannt und die Erfahrung in der Seelsorge oder ihre nachgewiesenen hilfreichen Kenntnisse in der Diözesanverwaltung; erwähnt wird wiederum das Verbot, mehrere Benefizien und Präbenden zu besitzen sowie die Residenzpflicht, jedoch unbeschadet der Autorität des apostolischen Stuhles. Was hier zugestanden wird, ist allerdings weniger als das, was die Kurie in ihrem Entwurf mit ultimativem Charakter vom 10. Juli 1807 dem König zubilligte. Der paraphierte Konkordatstext vom 5. Juni 1817 legt für die Besetzung der Domkapitel eine Vermittlung zwischen kirchlichen und staatlichen Ansprüchen vor, wonach die Dompröpste vom Papst ernannt werden. Die Domdekane werden vom König bestimmt; die Erben und Nachfolger werden hier nicht erwähnt. Der König wird allein je zwei Kanonikate für die Kapitel der (Erz-)Diözesen München und Freising, Würzburg und Regensburg benennen. Für alle anderen Kanonikate wird der jeweilige (Erz-)Bischof, nach Absprache mit dem entsprechenden Kapitel, dem König einige geeignete Geistliche vorschlagen, aus deren Gruppe der König seinen Favoriten benennt, der dann vom jeweiligen Bischof instituiert wird. Die Vikariate aber werden in diesen Metropolitan- oder Kathedralkirchen frei vom Erzbischof oder Bischof verliehen. Fortgeführt aus Vorgängertexten werden das Qualifikationsprofil gemäß den Bestimmungen des Trienter Konzils, das Verbot der Benefizien- oder Präbendenkumulation und die strenge Verpflichtung zur Residenz. Mit der freien Vergabe des Königs von zwei Kanonikaten in drei Diözesen, in denen er auch die Bischöfe frei nominieren darf (vgl. Art. 9 desselben Entwurfs), käme hier dem König ein bedeutender Einfluss auf die höhere Geistlichkeit in drei bedeutenden Diözesen zu. Der Ausgleich für die Kirche besteht jedoch darin, dass der König bei der Besetzung aller anderen Kanonikate nur aus einer kirchlich bestimmten

Gruppe auswählen darf. Es mag zwar mit dem Text eine Vermittlung der Ansprüche theoretisch gelungen sein, praktisch war es jedoch eine umständliche Regelung. Im Zuge der Nachverhandlungen zum ratifizierten und publizierten Text ergaben sich Veränderungen unter Rückgriff auf frühere staatliche und kirchliche Textentwürfe. Dabei wurde bestimmt: Die Dompropsteien werden vom Papst verliehen; die Domdekane werden vom König ernannt; die Besetzung der Kanonikate aller bayerischen Diözesen ist einheitlich geregelt mithilfe der Unterscheidung von päpstlichen und nicht päpstlichen Monaten und durch Fixierung der alleinigen Zuständigkeit der Verleihenden, je nachdem in welchem Monat ein Kanonikat vakant wurde. Das heißt, in den sechs päpstlichen Monaten ernennt der König, in den verbleibenden sechs Monaten ernennt in dreien der jeweilige (Erz-)Bischof, in den anderen drei das jeweilige Kapitel. Weiters gilt die strenge Verpflichtung zur Residenz und das Verbot der Kumulation von Benefizien und Pfründen entsprechend den kanonischen Bestimmungen, außerdem werden persönliche Qualifikationen zur Aufnahme in die Kapitel und die Eigenschaft ein Landeseingeborener zu sein verlangt; die Domvikarien werden von den Bischöfen frei vergeben.

Dem Landesherrn fällt eine von zwei Dignitäten im Kapitel zur Besetzung zu, außerdem die Hälfte aller Kanonikate. Damit steuert der König die Besetzung der Domkapitel wesentlich mit, deren Mitglieder das Ratskollegium des Bischofs bilden und die an Leitungs- und Schaltstellen der bischöflichen Diözesanverwaltung wirken. Auf diese Weise kann der König mitbeeinflussen, wer in die höhere Geistlichkeit des Königreichs aufsteigt und von da aus, auf einer Stelle als Dignitär oder gar Bischof, die Kirchenpolitik und das Verhältnis der Kirche zum Staat mitgestalten wird. Die Stellen der Dompropstei und die anderen Kanonikate werden innerkirchlich vergeben. Damit scheint ein Ausgleich zwischen kirchlichen und staatlichen Ansprüchen, zwischen kanonischem Recht und Bestimmungen älterer Konkordate einerseits sowie den alten Stellenbesetzungsrechten bayerischer Landesherrn andererseits gelungen zu sein. Was die politisch-kirchenpolitische Positionierung und Loyalität der Dignitäten und Kanoniker betrifft, ist jedoch allein mit dem Faktum, durch wen sie in Amt und Würden gelangt sind, nichts entschieden.

Artikel 11: Besetzung von Pfarreien, Kuratien und einfachen Benefizien

Seit dem 6. Jahrhundert hat sich im Verfassungsgefüge der Kirche flächendeckend die Pfarrei als kirchliche Basiseinheit durchgesetzt. Die Pfarrei ist demnach ein Teil des Volkes Gottes, das in einem bestimmten Gebiet wohnt und von einem Pfarrer im Auftrag des zuständigen Diözesanbischofs zur Entfaltung der persönlichen Berufung der Gläubigen und zur Erfüllung der kirchlichen Sendung vor Ort geleitet wird.[1279] Das Amt des Pfarrers war bis zum Zweiten Vatikanischen Konzil mit einer Vermögensmasse (Pfründe bzw. Benefizium) verbunden, die selbst bzw. deren Ertrag zum Unterhalt des Pfarrers bestimmt war. Neben den mit einem Amt verbundenen Vermögensmassen gab es auch Vermögen, die zur Bestreitung einzelner seelsorgerlicher Aufgaben dienten. Wer befugt war, die Ämter und Dienste in der Pfarrseelsorge zu vergeben, der konnte steuern, wer als Seelsorger wirken und über die Vermögensmassen verfügen durfte. Aus dieser Verbindung erklärt sich, warum der Vergabe der Ämter und Dienste mit ihren sogenannten niederen Benefizien bei den Konkordatsverhandlungen so viel Aufmerksamkeit zuteilwurde.

Im staatlichen Grundlagentext vom 31. Mai 1803, der ganz im Geist der Staatskirchenhoheit verfasst ist, ist vorgesehen, dass rechtmäßige Patronatsrechte, z. B. von Adligen gründend auf dem Bau der Kirche, zur Besetzung von Benefizien bestehen bleiben sollte. Alle Patronate zur Benefizienvergabe, die vormals die Bischöfe ausübten, sollten nun dem Souverän als Nachfolger der Fürstbischöfe zufallen, ohne zwischen den Gründen des Patronats, d. h. zwischen Diözesanbischof und Landesherr zu unterscheiden. Außerdem sollte die durch päpstliches Indult zugestandene Benefizienvergabe in den päpstlichen Monaten in allen Landesteilen bestehen bleiben bzw. eingeführt werden sowie die Benefizien nur an Landeseingeboren vergeben werden, die über die erforderlichen kanonischen Befähigungen verfügten. Dabei galt auch für die niederen Benefizieninhaber das Verbot der Kumulation von Benefizien und die Residenzpflicht. Die Punktationen vom 8. August 1805 und vom 25. März 1806 schrieben somit das Verbot der Benefizienkumulation und die Residenzpflicht der Benefizieninhaber fort.

Der erste kirchliche Konkordatsentwurf, verfasst vom Nuntius della Genga am 8. August 1806, bedient sich zur Regelung der Ämter- und Benefizienvergabe des geltenden kirchlichen Rechts und (Wiener) Konkordatsrechts und präsentiert sich damit als totaler Gegenentwurf zu den staatlichen Ansprüchen: Die Besetzung in den päpstlichen Monaten steht dem Papst zu, in den anderen Monaten den anderen Besetzungsberechtigten, unbeschadet bestehender

1279 Die verfassungsrechtliche Legaldefinition lautet aktuell gem. CIC/1983, c. 515 § 1: Die Pfarrei ist eine bestimmte Gemeinschaft von Gläubigen, die in einer Teilkirche auf Dauer errichtet ist und deren Seelsorge unter der Autorität des Diözesanbischofs einem Pfarrer als ihrem eigenen Hirten anvertraut wird.

Sonderregelungen. Benefizien, die am römischen Hof vakant geworden sind, werden ebenfalls vom Papst besetzt. Die Bischöfe werden alle Pfarrstellen und -benefizien verleihen, die sie bereits vor 1802 verliehen haben. Die Bischöfe werden auch alle Stellen besetzen, die vor der Säkularisation von inzwischen untergegangenen kirchlichen Rechtsträgern vergeben wurden. Bei Stellen, die dem Patronat des Königs unterliegen, bleibt dem König das Besetzungsrecht, doch hat dieser aus einem vom Bischof erstellten Dreiervorschlag zu wählen. Andere Präsentationsrechte anderer juristischer oder natürlicher Personen, die vor 1802 bestanden, bleiben weiterhin bestehen. Zukünftig zu errichtende Pfarrstellen und -benefizien werden vom Bischof vergeben; das Verbot der Benefizienkumulation und die Residenzpflicht werden angemahnt. Der staatliche Entwurf vom 5. September 1806 verweist zur Vergabe der Benefizien nur auf das eingeführte Recht und die Gewohnheit, spricht aber klar das Verbot der Benefizienkumulation und die Residenzpflicht aus. Der von den Unterhändlern Bischof Häffelin und Nuntius della Genga gemeinsam abgestimmte Entwurf vom 27. Oktober 1806 versucht die unterschiedlichen Ansprüche zu vermitteln, indem bei der Stellen- und Benefizienvergabe möglichst oft ein Zusammenwirken von Kirche und Staat vorgesehen wird; königliche und private Präsentationsrechte zu Ämtern mit ihren Benefizien aus früheren Zeiten (vor 1802) bleiben bestehen; alle anderen Benefizien übertragen die Bischöfe an Personen, die dem König genehm sind; das Verbot der Benefizienkumulation und die Residenzpflicht werden im gemeinsamen Interesse fortgeschrieben. Das römische Ultimatum vom 10. Juli 1807 übernimmt alle Regelungen des Entwurfs vom Oktober 1806 und ergänzt, dass die Bischöfe auch alle Stellen besetzen werden, die vor der Säkularisation von inzwischen untergegangenen kirchlichen Rechtsträgern vergeben wurden.

Der staatliche, nun wieder streng staatskirchenhoheitlich stilisierte Entwurf vom 6. Dezember 1814 beansprucht für den König jene Präsentations- und Patronatsrechte zu den Stellen, die er bisher ausgeübt hat; demnach besetzen die Bischöfe die anderen Pfarrbenefizien. Die anderen niederen Benefizien werden von den Bischöfen besetzt, mit Ausnahme bestimmter Stellen in der Hauptstadt; die Benefizienkumulation wird untersagt, die Residenzpflicht vorgeschrieben. Diese Bestimmungen werden auch im staatlichen Entwurf vom 1. September 1816 fortgeführt. Der kuriale Entwurf vom 15. Oktober 1816 greift die Entwürfe der Jahre 1806/1807 auf und formuliert sie zu Gunsten des Königs um: Die Diözesanbischöfe übertragen alle Benefizien, die sie vor dem Jahr 1802 übertragen haben. Zu Benefizien, die dem königlichen oder privaten Patronatsrecht unterliegen, präsentieren die Patrone, die dieses Recht vor dem Jahr 1802 erlangten. Die Verleihung der Benefizien, die früher den inzwischen untergegangenen kirchlichen Institutionen zukam, wird, falls es einfache Benefizien sind, durch den König erfolgen, falls es aber Pfarrbenefizien sind, werden die Bischöfe in einem Pfarrkonkurs einen Dreiervorschlag ermitteln, aus dem der König den zukünftigen Stelleninhaber zur Präsentation wählt. Natürlich wird auch hier das Verbot der Benefizienkumulation und die Residenzpflicht erwähnt. Der von Bischof Häffelin und Kardinalstaatssekretär Consalvi paraphierte Konkordatsentwurf vom 5. Juni 1817 bestimmt kurz und knapp: Der König präsentiert auf alle Benefizien, auf die seine Vorgänger in der Herrschaft präsentierten. Die Diözesanbischöfe verleihen weiterhin alle Benefizien frei, die bereits ihre Vorgänger frei verliehen haben. Auf die Benefizien, die privaten Patronatsrechts sind, wird von ihrem zuständigen Patron präsentiert. Erwähnt wird auch hier das Verbot der Benefizienkumulation und die Residenzpflicht; vergessen sind allerdings die Benefizien und -stellen, die einst von inzwischen untergegangene Institutionen vergeben wurden. Der nachverhandelte und ratifizierte Konkordatstext legt fest: Der König präsentiert auf alle (Pfarr, Kurat- und einfache) Benefizien, auf die seine Vorgänger in der Herrschaft aufgrund welchen Rechtes auch immer präsentierten. Der König wird auch zu all jenen Benefizien präsentieren, zu denen die inzwischen untergegangenen kirchlichen Institutionen präsentierten. Bayerische Untertanen, die rechtmäßig ein Patronatsrecht aufgrund bestimmter Titel besitzen, werden weiterhin zu den verschiedenen Arten der Benefizien präsentieren. Die präsentierten Geistlichen zu Pfarr- und Kuratbenefizien werden die Institution von den Bischöfen erhalten, nachdem sich diese vorher mittels einer Prüfung von der Eignung der Präsentierten überzeugt haben. Alle übrigen Pfarr-, Kurat- und einfachen Benefizien, welche die Vorgänger der jetzigen acht bayerischen Bischöfe frei besetzt haben, werden die (Erz-)Bischöfe an Personen vergeben, die dem König genehm sind. Das Verbot der Benefizienkumulation und die Residenzpflicht finden sich (natürlich) auch in diesem Entwurf.

Im Verlauf der Verhandlungen sind von den Verhandlungspartnern als Ausgangspunkt einseitige Extrempositionen hinsichtlich der Vergabe von Stellen mit ihren Benefizien formuliert worden. Einmal gab es den Vorschlag, dass viele Stellen im gemeinsamen Zusammenwirken von Bischöfen und König hätten vergeben werden sollen – eine ziemlich aufwändige Prozedur im Hinblick auf die vielen Stellen im Königreich. Zweimal wurden pragmatische Lösungen vorgelegt, die darauf beruhten, dass die Bischöfe bzw. der König die Stellen besetzen/besetzt, die ihre jeweiligen Vorgänger in der Amtsausübung vergeben haben, wobei die Stellen, die einst von inzwischen untergegangenen kirchlichen Institutionen vergeben wurden, einmal den Bischöfen zugewiesen und einmal vergessen wurden. In den Nachverhandlungen des paraphierten

Textes kam eine einseitige Regelung zugunsten des Königs zustande, die dann auch ratifiziert wurde. Das Ergebnis ist, dass die Bischöfe keine Stellen mehr vollkommen frei vergeben können, denn: Der König präsentiert auf all die Stellen, auf die seine Vorgänger in der Landesherrschaft präsentierten; außerdem präsentiert er auf all die Stellen, auf die die inzwischen untergegangenen kirchlichen Institutionen präsentierten. Zu den Patronatsstellen aus früherer Zeit wird weiterhin von den Patronatsherren präsentiert; und immer, wenn die vom König oder anderen Patronatsherren Präsentierten die kanonischen Eigenschaften besitzen und ihre Eignung durch ein bischöfliches Prüfverfahren, das ganz in der staatlich und kirchlich erwünschten Qualitätssicherung der geistlichen Amtsträger ist, nachgewiesen haben, sind sie von den Bischöfen einzusetzen. Den Bischöfen bleibt somit nur ein beschränktes Besetzungsrecht auf die Stellen, die ihre Amtsvorgänger vergeben konnten; denn die von den Bischöfen in Aussicht genommenen Geistlichen müssen dem König genehm sein.

In staatskirchenhoheitlicher Perspektive waren die Geistlichen in der Pfarrseelsorge ‚Erzieher des Volkes', weshalb die Stellenzuweisung von höchstem staatlichen Interesse war. Die Bestimmungen dieses Artikels sicherten nun dem Landesherrn einen außerordentlich hohen Einfluss auf die Vergabe der zahlreichen kirchlichen Ämter und Dienste in der Fläche des Königreich, die der Seelsorge dienten, aber auch kontinuierlich zur Unterweisung bzw. Führung des Volkes nutzbar waren.

Artikel 12: Bischöflich-diözesane Leitungsrechte

Das geistig-geistliche und gesellschaftliche Leben der Gläubigen der katholischen Kirche ist wesentlich und auf vielfältige Weise mit dem Wirken des Diözesanbischofs verknüpft und durch einen kirchenrechtlichen Rahmen bestimmt. Das Konzil von Trient schrieb dem Diözesanbischof einerseits eine hierarchische exklusive Spitzen- und Rechtsstellung gegenüber den Gliedern seiner Diözese zu, andererseits wurden ihm unzählige Verantwortlichkeiten und Pflichten auferlegt, für deren Erfüllung er dem Apostolischen Stuhl gegenüber verantwortlich war. Um die Diözese im Sinne seiner Pflichten und Verantwortlichkeiten leiten zu können, musste der Diözesanbischof seine innerkirchlichen Rechte im staatlichen Kontext frei ausüben können. Die Sicherung der bischöflichen Freiheit war somit ein Motiv für die Kurie, ein Konkordat zu verhandeln und abzuschließen. Wesentliche bischöfliche Rechte hinsichtlich des Priesterseminars und der Besetzung der Seelsorgestellen mit Benefizium werden bereits in den Artikeln 5 und 11 behandelt.

In den ersten vier Textvorschlägen, alle von staatlicher Seite verfasst, erscheinen keine Bestimmungen, die hinsichtlich der Erfordernisse des Bischofsamtes formuliert sind. Bestimmungen, die sich auf die Rechtsstellung der Bischöfe in Bayern beziehen, sind vom Prinzip der Staatssouveränität diktiert. So wurde etwa vorgesehen (Grundlagentext vom 31. Mai 1803), dass die Quinquennalfakultäten den Bischöfen nicht befristet, sondern vom Papst auf unbestimmte Zeit übertragen werden sollten, damit die Bischöfe Bayerns nicht von Entscheidungen des Apostolischen Stuhles abhängig wären.

Im ersten Konkordatsentwurf der kirchlichen Seite vom 8. August 1806 erscheinen einzelne bischöfliche Rechte in verschiedenen Artikeln, etwa: die Freiheit (nicht) zu ordinieren; die freie Kommunikation mit dem Hl. Stuhl und mit ihren Diözesanen; die Publikationsfreiheit ihrer Anordnungen; gerichtliche Entscheidungen über kirchliche Personen und Angelegenheiten, wie Ehesachen, Testamente der Geistlichen/Benefiziaten und das Strafrecht gegenüber Klerikern. Im staatlichen Entwurf vom 5. September 1806 wird eine Reihe bischöflicher Rechte in einem Artikel zusammengestellt. Manche der Rechte des Vorgängerentwurfs sind entfallen (wie etwa die freie Publikation bischöflicher Verordnungen), andere sind dazugekommen (Beteiligungsrecht an der Pfarreieinteilung); manche Rechte sind wiederum an die staatliche Zustimmung rückgebunden worden (Strafrecht über die Kleriker). Im gemeinsam abgestimmten Entwurf vom 27. Oktober 1806 werden erstmals nach der Einleitungsformel *„Zur Leitung der Diözese werden die Bischöfe frei sein“* sieben Bestimmungen katalogisiert. Es sind dies folgende Rechte: freie Mitarbeiterwahl; Ordinationsfreiheit, kirchliche Sachen vor ihrem Gericht zu entscheiden; Strafen über Kleriker zu verhängen; Kommunikationsfreiheit mit Klerus und Volk sowie mit dem Heiligen Stuhl in geistlichen Angelegenheiten und das Recht, zusammen mit dem König Pfarreien zu errichten oder zu teilen bzw. sich um ein Emeritenhaus zu kümmern. Entscheidend ist hier, dass die Rechte tatsächlich aus bischöflicher Perspektive formuliert sind. Derselbe Katalog mit sieben Rechten findet sich im Übrigen auch im römischen Ultimatum der zweiten Verhandlungsetappe (10. Juli 1807).

In der dritten Etappe wird der Katalog wiederaufgegriffen im kirchlichen Entwurf vom 15. Oktober 1816, wobei hier die einzelnen Rechte bzw. Abschnitte differenzierter formuliert sind. Dabei wird insbesondere das Strafrecht über die Kleriker ergänzt um das Recht, auch über Laien kanonische Strafen zu verhängen. Außerdem ist anstelle des Rechts, sich um die Einrichtung eines Emeritenhauses zu kümmern, das Recht getreten, bei bestimmten öffentlichen Gelegenheiten besondere Gebete und Gottesdienste anzuordnen und die Nutzung der lateinischen Sprache für liturgische Vollzüge zu überwachen.

Der paraphierte und ratifizierte Konkordatstext führt dann diesen Katalog an Rechten fort.

Das Konkordat ist ein Vertrag zwischen einem kirchlichen und einem weltlichen Souverän, d. h. zwischen Papst und bayerischem König. Die Bischöfe in ihrer Rechtsstellung werden so indirekt ein Teil des Konkordats, weil an ihrer Amtsführung aus verschiedenen Gründen sowohl der Papst als auch der König interessiert ist. Im Lauf der Verhandlungen zeigt sich, dass in den Konkordatsentwürfen zuerst der Staat auf die Vollmachten der Bischöfe einging und sie weitgefasst wissen wollte, um seine Souveränität, als ein in jeder Hinsicht von ausländischen Mächten unabhängiges Gemeinwesen zu festigen. Diese Position wurde jedoch fortschreitend immer weniger forciert. Stattdessen verstärkte sich in den Konkordatsentwürfen kontinuierlich das Bestreben der Kurie, die Bischöfe und ihre im Konkordat erwähnten Rechte sprachlich in die geltende kanonische Rechtsordnung einzubinden. Am Ende steht tatsächlich ein Katalog von Rechten, der den Bischöfen die freie Leitung ihrer Diözesen in Gemeinschaft mit dem Papst und gemäß dem kanonischen Recht sowie mit vom Staat zugesicherten Freiheitsrechten ermöglicht. Dieser nicht taxative Katalog garantierte ein kirchliches Leben und bischöfliches Wirken, das dem Grundverständnis der Kirche entsprach.

Artikel 13: Schutz von Glaube, Sitte und Disziplin durch Schriftgutkontrolle

Der Schutz von Glaube (und Glaubenslehre) und Sitte (und Disziplin) liegt zuallererst im kirchlichen Interesse und motiviert die Kontrolle des Schriftguts. So wird im ersten Kirchlichen Textentwurf zum Konkordat vom 8. August, erarbeitet vom Nuntius della Genga, eine umfangreiche Schutzvorschrift eingeführt, die es verbietet, etwas zu sagen, zu tun oder zu schreiben, was gegen die guten Sitten, die katholische Religion, ihre Disziplin und ihre Amtsträger gerichtet ist. Die Veröffentlichung der Bücher soll demnach nach den Bestimmungen des Trienter Konzils erfolgen, d. h. Schriftwerke müssen zuerst eine kirchliche (!) Zensur durchlaufen. Im kurialen Entwurf vom 10. Juli 1807, dem römischen Ultimatum dieser Verhandlungsetappe, wird dem König die Aufgabe zugewiesen, dafür zu sorgen, dass die katholische Religion, ihre Liturgie und ihre Diener weder durch Wort noch Taten oder Schriften verächtlich gemacht werden. Im von den Unterhändlern gemeinsam erarbeiteten Entwurf vom 15. Oktober 1816 ist vorgesehen, dass die Herausgabe und Einführung der Bücher, die den Glauben oder die Sitten oder kirchliche Disziplin betreffen, der Zensur der Ordinarien unterliegen und zur Veröffentlichung der kirchlichen Empfehlung bedürfen. Im paraphierten Entwurf vom 5. Juni 1817 ist vorgesehen, dass die Ordinarien die Druckwerke prüfen und gegebenenfalls der Regierung die Werke anzeigen, deren Inhalt dem Glauben, den guten Sitten oder der Kirchenzucht entgegensteht. Die Regierung werde dann dafür sorgen, dass die Verbreitung solcher Bücher in gebührender Weise verhindert wird. Die ratifizierte Fassung weist schließlich einige feine Veränderung des Textes auf. Den Bischöfen bleiben somit die Prüfung und die Anzeige anstößiger Druckwerke, während die Regierung dafür sorgen wird, dass die Verbreitung nicht in ‚gebührender' (da bliebe Raum für Willkür), sondern in ‚gesetzlicher' Weise (also nach fixierten staatlichen) Regeln verhindert wird.

Der Verhandlungsverlauf zeigt einen Wandel auf. Zuerst wird für alle Druckwerke, die in Bayern herausgegeben oder eingeführt werden sollen, eine generelle Schriftgutzensur und Druckerlaubnis nach den Bestimmungen des Trienter Konzils gefordert. Am Ende steht die bischöfliche Anzeige von Schriften, die vorher von kirchlicher Seite geprüft worden sind, bei der Regierung, die die Verbreitung der Schriften gemäß den Gesetzen verhindern wird oder nicht, wenn es keinen gesetzlich definierten Grund gibt. Selbstverständlich hatte auch der Staat ein Interesse am Inhalt des Schriftguts, weil ihm nicht daran gelegen sein konnte, Unruhe und Spaltung im Volk aufkommen zu lassen. Allerdings macht die ratifizierte Fassung des Konkordats deutlich, dass der Staat bei der Kontrolle des Schriftguts das Heft in der Hand hat und gemäß seinen Gesetzen, nicht etwa gemäß der katholischen Auffassung, entscheidet, was herausgegeben und eingeführt werden darf. Im Übrigen kann dieser Artikel als Reflex auf den Treueid der Bischöfe (Artikel XV) verstanden werden, den die Bischöfe ablegen musste und der jeden Bischof verpflichtete: „…, *wenn ich von einem Anschlage zum Nachtheile des Staates, sey es in meiner Diöcese oder sonst irgendwo Kenntniß erhalten sollte, solches Seiner Majestät anzuzeigen.*" Ein Anschlag kann dabei auch ein Schriftwerk gegen die den Staat mittragende Religion/Konfession sein, wenn dadurch öffentliches Ärgernis erregt würde.

Artikel 14: Schutz der Kirche, ihrer Einrichtungen und Amtspersonen

Neben dem Inhalt christlichen Glaubens und Lebensstils ist der Kirche auch daran gelegen, dass die Institution und ihre Amtsträger geschützt werden. Begründet ist dieses Anliegen im Ziel, dass Kirche und Amtsträger ungestört und ungehindert ihrer Sendung nachgehen können. Kirchliche Verkündigung, Liturgie und Diakonie brauchen demnach einen verlässlichen und geschützten

Rahmen, um Wirkung entfalten zu können – eine Erkenntnis, die schon in 1 Tim 2,1–6 ihren Niederschlag fand.

Im Entwurf des Nuntius vom 8. August 1806 wird erstmals das Schutzbegehren für die Religion bzw. katholische Konfession und Amtsträger in die Verhandlungen zusammen mit der Bücherzensur eingebracht. Im gemeinsam abgestimmten Entwurf vom 27. Oktober 1806 wird differenzierend formuliert, dass die Königliche Majestät es nicht gestattet, die katholische Religion und ihre Liturgie öffentlich anzugreifen oder die Vorsteher der Kirchen in der Ausübung ihres Dienstes zum Schutz des Glaubens und der Sittenlehre zu behindern. Das heißt: Verantwortlich für den Schutz ist der König; Religion und Liturgie unterliegen beständiger Verteidigung; die Amtsträger werden nicht an sich, sondern in Ausübung ihres Dienstes geschützt. Im römischen Ultimatum der zweiten Etappe, Entwurf vom 10. Juli 1807, ist die Schutzklausel für Religion und Amtsträger wieder entfallen. Erst im römischen Konkordatsentwurf vom 15. Oktober 1816 wird das Thema wieder aufgegriffen und in kirchlich-klerikalistischer Perspektive breit entfaltet: Der König werde verbieten, die katholische Religion, ihre Riten oder ihre Liturgie zu verunglimpfen oder die kirchlichen Vorsteher und Diener in der Ausübung ihres Dienstes besonders zum Schutz der Glaubenslehre, der Sitten und der Disziplin irgendwie zu behindern. Außerdem wünsche der König, dass den Religionsdienern mit der nach göttlichen Geboten schuldigen Ehrerbietung begegnet wird und nichts zu ihrer Verächtlichmachung geschieht. Er werde auch nicht erlauben, dass Kleriker von Laien angeklagt und mit geringem Volk vermengt werden. In der paraphierten und ratifizierten Fassung des Konkordats bleibt der königliche Schutz der äußerlich objektiven Seite des Kultes und der Kultausübung zugesagt. Wird jedoch der innerkirchliche Anspruch einer Sonderbehandlung der Religionsdiener angezielt (göttliches Gebot), so wird diese für die staatlich-gesellschaftliche Praxis nicht gewährt, sondern schlicht beständige Achtung und Respekt durch die staatlichen Obrigkeiten zugesichert.

Diese Bestimmungen des Artikels schützen die Religion und Religionsausübung, wobei der König bzw. der Staat den Schutz garantiert. Der Artikel drückt die staatliche Wertschätzung kirchlichen Wirkens aus, weil dies offensichtlich als staatsdienlich eingeschätzt wird, wodurch jedoch zugleich jede Erwähnung innerkirchlicher oder göttlicher Gebote als textliches Ornament qualifiziert wird. Allein aus staatlichem Interesse ergibt sich, dass das Wirken der Kirche nicht behindert werden darf und dass die Vorsteher oder Diener der Kirche – es mag hier die Assoziation zu Amtsvorstehern oder Gerichtsdienern in den Sinn kommen – in ihrer Stellung und ihrem Ansehen dem weltlichen Behördenpersonal gleichgestellt werden.

Artikel 15: Treueid der Bischöfe

Schon im ersten bayerischen Grundlagentext vom 17. Juli 1802 ist ein Treueid der Bischöfe gegenüber dem Landesherrn (d. i. der Kurfürst) bzw. seinen Regierungsbehörden vorgesehen. Auch die Einführung in die Temporalien sollte im Namen und unter der Autorität des Landesfürsten erfolgen. Die Punktation vom 8. August 1805 nennt den Treueid nicht explizit, allerdings noch immer die Einführung in die Temporalien. In der Punktation vom 25. März 1806 wird der Treueid wieder explizit gefordert und in Bezug auf den Wortlaut auf das Französische Konkordat von 1801 verwiesen. Der erste kuriale Konkordatsentwurf vom 8. August 1806 sieht hingegen keinen Treueid der Bischöfe gegenüber dem Landesherrn vor. Mit dem staatlichen Entwurf vom 5. September 1806 ist der Text des Treueids so fixiert, wie er sich letztlich im ratifizierten Konkordat findet. Mit dem gemeinsam abgestimmten Entwurf vom 27. Oktober 1806 war auch der Einleitungssatz mit dem Adressaten fixiert: Der Eid sollte abgelegt werden coram regia majestate/in die Hände des Königs.

Aus der Bestimmung zum Treueid kann abgeleitet werden, dass die Bischöfe aus bayerischer Sicht in die Stellung von Staatsbeamten einrücken oder zumindest staatlich abhängige Funktionsträger werden sollten. Bischöfe der katholischen Kirche in Bayern sollten demnach Landesbischöfe einer Landeskirche werden. Aus kirchlicher Sicht war dabei wichtig, dass der Eid tatsächlich unmittelbar vor dem König abgelegt wurde, nicht etwa vor seinen Vertretern bzw. Regierungsmitgliedern. Zu erwähnen ist hier, dass in einigen Entwurfstexten der Treueid gegenüber dem König auch von allen Priestern gefordert wurde, und zwar in den staatlichen Entwürfen vom 31. Mai 1803, 25. März 1806, 5. September 1806 und 6. Dezember 1814 sowie im kirchlichen (!) Entwurf vom 8. August 1806.

Artikel 16: Abrogation von staatskirchenrechtlichen Bestimmungen

Mit der Schwächung der kaiserlichen Gewalt im Gefolge der Reformation und des dreißigjährigen Krieges wurde die katholische Kirche (auch) in katholischen Territorien wie dem Herzogtum/Kurfrstentum Bayern zunehmend durch eine territorialistisch-staatskirchenrechtliche Politik und Gesetzgebung in ihrer Wirksamkeit eingeschränkt. Die mit spätabsolutistisch-aufklärerischer Attitüde forcierte Reformgesetzgebung des Ministers Montgelas bildete dabei den Höhepunkt der Staatskirchenherrschaft in Bayern. Dagegen anzugehen war das Ziel einiger kirchlicher Gruppen, z. B. der Konföderierten, mit dem Ziel einer freien Kirche im freien Staat. Natürlich wollten auch die verfasste Kirche und die Kurie im Zuge der Konkordatsverhandlungen die einengende staatskirchenrechtliche Gesetzgebung der Alten Ordnung (ancien régime) beseitigen, d. h. die Rücknahme der Staatskirchengesetze war die conditio sine qua non für die Kurie, um die Konkordatsverhandlungen überhaupt anzugehen.

Im ersten kirchlichen Entwurf, verfasst vom Nuntius della Genga mit Datum vom 8. August 1806, wird das Thema kurz und vollständig eingeführt: Das Konkordat soll demnach alle Gesetze, Verordnungen und Dekrete ersetzen, die bisher in kirchlichen Angelegenheiten in die Staaten Seiner Majestät eingeführt wurden. Im folgenden staatlichen Entwurf vom 5. September 1806 wird formuliert: Die Übereinkunft wird all das außer Kraft setzen, was ihr entgegenstehen könnte. Der von den Unterhändlern abgestimmte Entwurf vom 27. Oktober 1806 bringt die vereinende Formulierung beider Positionen: Die Konvention wird alle Ordnungen aufheben, die dieser Konvention entgegenstehen. Die folgenden kirchlichen Entwürfe und selbst noch der Text des paraphierten Konkordatstextes vom 5. Juni 1817 übergehen jedoch dabei den die Reichweite begrenzenden Nebensatz. Erst in den Nachverhandlungen des Konkordats wird wieder der im staatlichen Interesse liegende Zusatz aufgenommen, nämlich, dass staatliche Gesetze aufgehoben werden, insoweit sie dem Konkordat entgegenstehen.

Festzuhalten ist, dass ursprünglich jedwede staatliche Normierung der Vergangenheit abgeschafft wurde, die mit Bezug auf kirchliche Sachverhalte erlassen worden war. Am Ende stand jedoch eine Formulierung, die jene bisherigen Normierungen aufhob, die dem ratifizierten Konkordat entgegenstanden. Damit wurden die Möglichkeiten zu Interpretation und Dissens, welche Normierungen denn nun als aufgehoben anzusehen sind, erheblich erweitert – und zwar zugunsten der staatlichen Seite. Da das Konkordat erst nach der Verkündigung der Verfassungsurkunde und des Religionsediktes in Bayern veröffentlicht wurde, konnte die Bestimmung dieses Artikels von vornherein nicht (mehr) wirksam werden; vielmehr wurde dabei das gesamte Konkordat in Widerspruch zur Verfassung und dem Religionsedikt mit neuen staatskirchenrechtlichen Normen gesetzt.

Artikel 17: Schutz des kirchlichen Rechtsbereichs – Verständigungsgebot

Das Konkordat kann nur einzelne kirchliche Themen und Angelegenheiten sowie Grundzüge des Staat-Kirche-Verhältnisse regeln. Dass alle anderen kirchlichen Angelegenheiten, Sachen und Personen nach kirchlicher Lehre und Disziplin behandelt werden, wird hier zugesichert und geschützt. Wenn Zweifel oder Unklarheiten darüber auftreten, ob allein kirchliche Interessen bzw. auch konkordatäre Bestimmungen oder staatliche Interessen berührt werden, muss daher eine Verständigung erzielt werden.

Das Thema des Abschnitts ist vor allem für die Kirche von Interesse. So bringt etwa der Nuntius Della Genga in seinem Entwurf vom 8. August 1806 ein: alles, was kirchliche Angelegenheiten betrifft und nicht im Konkordat behandelt ist, bleibt in seiner Gesamtheit erhalten und wird nach kirchlichen Gesetzen geregelt; und wenn es irgendwelche Schwierigkeiten oder Wünsche gibt, wird es zwischen König und Papst bzw. Bischöfen verhandelt. Die Bestimmung wird mit kleinen inhaltlichen Akzentuierungen und sprachlichen Variationen auch im abgestimmten Entwurf der Unterhändler vom 27. Oktober 1806 sowie in den Texten der Kurie vom 10. Juli 1807 und vom 15. Oktober 1816 bis in die paraphierte Konkordatsfassung weitergeführt; d. h. es handelt sich hier um eine Schutz- und Sicherungszusage, dass alles, was kirchliche Angelegenheiten betrifft und nicht ausdrücklich im Konkordat geregelt wird, erhalten bleiben und nach kirchlichen Normen geregelt werden soll. Erst in den Nachverhandlungen zur Ratifikationsfassung des Konkordats ist die sichernde Bestandsklausel für kirchliche Institutionen entfallen. Geblieben ist jedoch die Zusage, dass kirchliche Angelegenheiten nach kirchlicher Lehre und kirchlichem Gesetz zu regeln sind sowie das Verständigungsgebot bei Unstimmigkeiten, die sich aus den Schutz- und Sicherungsbestimmungen des Artikels ergeben könnten.

Die ursprüngliche Funktion der Bestimmung kann als eine Schutz- und Sicherheit gebende Abgrenzung der kirchlichen von der staatlichen Sphäre bestimmt werden; eine klare Scheidung der Rechtsbereiche zweier Entitäten, die nur im Konkordat eine bestimmte thematische Schnittmenge aufweisen, die ein Zusammenwirken erfordert. Die klare Scheidung der Rechtsbereiche ist somit die unverzichtbare Grundlage einer dauerhaften und gleichberechtigten Kooperation. Mit der taktisch terminierten Publikation des Konkordats nach dem Inkrafttreten der neuen Verfassung ist daher die Schutz- und Sicherungsfunktion der Bestimmung angegriffen worden.

Artikel 18: Treuezusage, Selbstverpflichtung und Veränderungsverbot

Das Versprechen der Vertragspartner für sich und ihre Nachfolger, die Übereinkunft genau zu beachten, darf als gewichtige, diplomatische Formel verstanden werden. Das gleiche gilt für die Selbstverpflichtung, nichts eigenmächtig an der Übereinkunft zu verändern oder auszulegen.

Nuntius della Genga bringt die Sicherungsklausel für das Konkordat in seinem Text vom 8. August 1806 erstmals in die Verhandlungen ein; es ist dies ein beiderseitiges Versprechen für sich und die Nachfolger das Konkordat treu und vollständig zu beachten. Die staatliche Seite sichert im Entwurf vom 5. September 1806 zu, das Konkordat als Grundgesetz des Staates zu verkünden. Der zwischen den Parteien abgestimmte Entwurf vom 27. Oktober 1806 fügt das Treueversprechen der Parteien zusammen, mit der Verpflichtung das Konkordat als Staatsgesetz (nicht Staatsgrundgesetz) zu verkünden. Der Text des römischen Ultimatums vom 10. Juli 1807 hält fest: das Versprechen der Parteien, das Konkordat treu zu beachten; die Veröffentlichung des Konkordats in Bayern als Staatsgesetz; das Versprechen nur der staatlichen Partei, das Konkordat keinesfalls zu verändern, ohne dass der Vertragspartner, der apostolische Stuhl, mitwirkt. Damit sind schon die Inhalte des entsprechenden Artikels und der Level der Anforderungen des ratifizierten Textes unbeschadet sprachlicher Variationen fixiert.

Im Lauf der Konkordatsverhandlungen wurden die Elemente des Artikels, das beiderseitige Versprechen der Vertragspartner für sich und ihre Nachfolger das Konkordat treu zu befolgen sowie die Fixierung der staatlichen Publikationsform und das einseitiges Veränderungsverbot für die staatliche Seite zusammengefügt und präzisiert. Treuezusage, Publikationsform und Veränderungsverbot haben die Funktion, den Konkordatsinhalt für die Zukunft zu sichern und die guten Absichten der Vertragspartner zu schützen; die Schutzfunktion dient v. a. der kirchlichen Seite und ihren Interessen.

Artikel 19: Ratifizierungsfrist

Die Angabe einer Ratifizierungsfrist ist eine rein formale Bestimmung. Sie mag geeignet sein, die Dringlichkeit eines Vertrags hervorzuheben und die Ratifizierung anzumahnen. Gleichzeitig ist mit der Ratifizierung der Text rechtlich festgelegt und vor Veränderungen geschützt.

Im staatlichen Textentwurf vom 5. September 1806 wird erstmals eine Ratifizierungsfrist eingeführt; der Austausch der Ratifizierungsurkunden wird innerhalb von zwei Monaten oder, wenn möglich, sogar früher erfolgen. Das Thema wird im kirchlichen Entwurf vom 15. Oktober 1816 wieder aufgegriffen in einer Textform, die über die paraphierte bis zur ratifizierten Fassung des Konkordats beibehalten wird.

Nach der Ratifizierung des Textes durch König und Papst wurde das Konkordat durch die verzögerte Publikation in Bayern in seiner Wirksamkeit durch die bayerischen Behörden gehemmt, solange bis die neue Verfassung des

Königreiches die Rahmenbedingungen für die Anwendung des Konkordats grundlegend verändert hatte. Unter den neuen Bedingungen hätte der Papst das Konkordat wohl nicht ratifiziert, allerdings wäre das Rad hinter die Ratifizierung zurückzudrehen nicht ohne den Vorwurf des Vertragsbruches möglich gewesen: pacta sunt servanda.

Schlusspassage

Nach Artikel 19 folgen die Angaben zu Ort und Datum der Unterzeichnung und die Namen der jeweiligen Bevollmächtigten. Also: Rom, 5. Juni 1817, Hercules, Cardinal Consalvi, Casimir Häffelin, Bischof von Chersones.

Es folgt der Absatz mit der Selbstverpflichtung des Königs auf die Übereinkunft wozu er die vorliegende Urkunde der Übereinkunft unterzeichnen und siegeln (lassen) wird; dies wird durch einen Regierungsvertreter als rechtmäßig im Sinne der bayerischen Verfassung beglaubigt.

Dabei ist klar, dass eine solche, bayerischen Formalitäten entsprechende Schlusspassage erst im Originaldokument zur Anwendung kommt; diese schafft somit erst das Original.

6.2 Inhaltliche Schwerpunkte des Konkordats

Die neunzehn Artikel des Bayerischen Konkordats von 1817 sind in verschiedenen Anläufen und Entwürfen seit 1802 entstanden. Es war daher ein Ringen darum, welche Themen im Konkordat behandelt werden sollten und wie die unterschiedlichen Interessen der Partner zu einem bestimmten Thema in eine beiderseits akzeptable Formulierung gefasst werden könnten. Das Ergebnis war eine doppelte Übereinkunft, ein Konkordat, an dem beide Vertragspartner mitwirkten und zu dem sich formal beide Partner bekannten. Die Konkordanz der Partner zur Übereinkunft vorausgesetzt, lassen sich im Text aus der Perspektive des Kirche-Staat-Verhältnisses verschiedene Schwerpunkte ausmachen, die in folgenden Artikelgruppen wiedergegeben werden.

6.2.1 Stellung der Kirche in Staat und Gesellschaft: Artikel 1, 16 und 17

Entscheidend für das Verständnis des ganzen Konkordats sind die inhaltlich miteinander verwobenen Bestimmungen der Artikel 1, 16 und 17.

Mit den Bestimmungen dieser Artikel (Status der Kirche in Bayern; Abrogation bzw. Relativierung des bestehenden Staatskirchenrechts; Schutz des kirchlichen Rechtsbereichs) setzte die Kirche dem Wortlaut nach einen

Anspruch durch, der sich weder mit der kirchlichen noch der staatlichen Realität am Anfang des 19. Jahrhunderts in Übereinstimmung bringen ließ. Bayern legte damals seinen Charakter als katholischer Staat ab und die Kirche verlor ihre Stellung als herrschende Staatskirche angesichts der bedeutenden protestantischen Bevölkerung, die durch die territorialen Veränderungen im Gefolge der napoleonischen Kriege in das Gemeinwesen aufgenommen worden war. Doch veränderte sich nicht nur das bayerische Staatswesen, sondern auch die Kirche, die sich zunehmend von der im 17. und 18. Jahrhundert bestimmenden national-reichskirchlich ausgerichteten Strömung abwandte. Bischöfe, Theologen und Intellektuelle beeinflussten das Kirchenvolk mit Ansätzen einer ultramontanen Haltung, was dazu führte, dass sich breite katholische Bevölkerungskreise nach dem Fall Napoleons und dem politisch reaktionären Wiener Kongress dem wiedererstarkten Papsttum zuwandten. Dementsprechend wurden papstfreundliche und der Kurie genehme Forderungen aus dem bayrischen Kirchenvolk nachdrücklich an die königlich-bayerische Regierung herangetragen, die diese schlichtweg nicht ignorieren konnte.

Der formulierte Rechtsanspruch der Kirche musste trotzdem oder gerade deswegen auf Seiten des Staates eine einschränkende Interpretation der Konkordatsbestimmungen oder eine Neutralisierung provozieren, um v. a. den gesellschaftlichen Frieden im konfessionell gemischten Königreich aufrechterhalten zu können. Eine Interpretation der Bestimmungen des Konkordats griff daher alsbald Raum mit dem (Rechts-)Konstrukt der Mentalreservation. Eine Form der Neutralisierung wurde von staatlicher Seite darin gefunden, dass das Konkordat nicht als eigenes Staatsgesetz verkündet, sondern gleichrangig mit anderen Staatsgesetzen verbunden wurde, die den Konkordatsbestimmungen entgegengesetzt waren. Damit war jedoch ein ständiges Konfliktpotential geschaffen, das jederzeit v. a. von staatlichen Verantwortungsträgern aktiviert oder entschärft werden konnte.

6.2.2 Schaffung einer bayerischen Landeskirche: Artikel: 2, 3 und 4

Mit den Artikeln 2, 3 und 4 (Diözesaneinteilung in Bayern; Zusammensetzung der Kapitel, Aufgaben und Funktionen; Einkünfte, Leistungen und Wohnung) wurde Realität, was schon im bayerischen Stammesherzogtum unter den Agilolfingern angezielt sowie von staatlicher Seite im Sinne aufgeklärter staatskirchlich-territorialistischer Prinzipien gefordert worden war und seit den ersten Überlegungen zu einem Konkordat 1802 verfolgt wurde: die Bildung einer bayerischen Landeskirche.

Die Diözesaneinteilung erfolgte in Abstimmung mit der Kurie so, dass es in Bayern kein Territorium geben sollte, das kirchlich einem nicht bayerischen Bischof unterstellt war. Im Sinne der Staatssouveränität konnte somit in geistlichen Angelegenheiten außer dem Papst niemand Einfluss von außerhalb auf bayerische Belange nehmen. Die (Neu-)Organisation der Metropolitan- und Kathedralkapitel und ihre Personalausstattung brachten eine Standardisierung mit sich in Bezug auf die Zahl der Dignitäten, Kanoniker und Domvikare in den Domkapiteln, die Zugangsvoraussetzungen und persönlichen Qualifikationen, die Aufgaben und Pflichten sowie die staatlich dotierten Funktionsstellen. Die Mitgliedschaft in einem Kapitel bedeutete demnach in Bayern mehr als ein eher unverbindlicher Ehren- oder Versorgungstitel nachgeborener adliger Söhne.[1280] Eine weitere Standardisierung war die genaue Festlegung der Einkünfte der Bischöfe und Mitglieder der Kapitel sowie die Zuweisung von Wohnungen und Dienstgebäuden.

Damit ist aufgrund der Bestimmungen der Artikel 2, 3 und 4 tatsächlich eine Landeskirche mit einheitlicher, standardisierter Struktur, Stellenbeschreibung, Personalausstattung, Vergütungstabelle und Eignungsvoraussetzungen entstanden, d. h. eine an die staatlichen Behörden, Hierarchie und Beamtenschaft angepasste kirchliche Organisation zum geistigen Wohl der Katholiken und mittelbar auch des Staates, der sich für das Wohlergehen der Bürger verantwortlich wusste; ganz im Sinne des absolutistisch-aufklärerischen Staatskirchentums und der dieses vermittelnde protestantischen Kollegialtheorie.

6.2.3 Fortschreibung landesherrliche Rechte: Artikel 9, 10, 11 und 15

Die Artikel 9, 10, 11 und 15 des Konkordats (Nominationsrecht des Königs für die Bischöfe; Bestellung der Mitglieder der Bischofskirchen; Besetzungsrechte für Pfarrstellen; Treueid der Bischöfe) sind höchst bedeutsam, da sie dem Landesherrn einen großen Einfluss auf die Personalauswahl für kirchliche Ämter und Dienste einräumen.

Den Diözesanbischöfen kommt die Verantwortung für die Ausbildung der Geistlichen und auch die Entscheidung über die Weihespendung oder Verweigerung der Weihe zu. Doch nominiert der König alle (Erz-)Bischöfe, bestimmt den Domdekan und entscheidet allein über die Vergabe von 50 % aller

1280 Die Zahl adliger Mitglieder ist in den Domkapiteln nach Inkrafttreten des Konkordats rapide zurückgegangen, vgl. dazu die Dokumentation der Mitglieder der Domkapitel in den Jahren von 1821–1846 in: Bastgen, Bayern, I, 473–487.

Kanonikate der Domkapitel. Damit ist zweifellos ein erheblicher Einfluss auf die Vergabe von Leitungspositionen gegeben; ein Einfluss, der einen sich selbst verstärkenden Trend besitzt, weil auch die vom König nominierten Bischöfe, Pröpste und Kanoniker wiederum Anteil an der Auswahl der nächsten Kanoniker haben und mitbestimmen, wer in der Kirche höhere Ämter erhält. Damit war die Krone weitgehend gegen unliebsame hohe kirchliche Repräsentanten geschützt, was nicht unerheblich war, da Bischöfe in der Kammer der Reichsräte Sitz und Stimme hatten. Der von den Bischöfen in die Hände des Königs zu leistende Treueid bildet damit eine weitere absichernde Bindung der höchsten kirchlichen Vertreter im Königreich an den König.

Zusätzlich kam dem König bei der Vergabe sehr vieler Stellen in der Pfarrseelsorge eine entscheidende Rolle zu. Damit war es möglich zu steuern, wer an der alltäglichen Einflussnahme auf das Staatsvolk als Lehrer und Erzieher oder auch – modern gesprochen – Influencer beteiligt wurde. Nicht zuletzt war mit dem durch das Konkordat gegebene Mitwirkungsrecht des Königs an der Vergabe von höchsten, hohen und niedrigen kirchlichen Ämtern und Diensten auch ein Einfluss auf die mit den Stellen verbundenen Vermögensmassen/Benefizien gesichert.

Die hier erwähnten Bestimmungen des Konkordats führen staatskirchenrechtliche Bestimmungen aus der Zeit des Herzogtums und Kurfürstentums fort. Viele unterschiedliche, ortsgebundene und auf verschiedenen, sogar päpstlich konzedierten Titeln beruhende Rechte sind in landesweit homogen geltende Normen zur Mitwirkung des Staates bzw. des Königs an der kirchlichen Stellenbesetzung transformiert worden. Die alte komplexe Rechtsmaterie wurde damit reduziert, die Grundlage für die Absicherung staatlicher Interessen an und in der Kirche in modernem Gewand geschaffen.

6.2.4 Sicherung der kirchlichen Sendung: Artikel 5, 6, 7 und 12

Die Folgen der Säkularisation, die den Zusammenbruch der Reichskirche und ihrer Strukturen mit sich brachte, erschwerten zunehmend das kirchliche Leben und die ordentliche Seelsorge. Dazu kam es, weil v. a. die kirchenamtlich zuständigen Personen (Bischöfe, Pfarrer, Äbte und weitere Seelsorger) fehlten bzw. deren Stellen nicht mehr besetzt wurden. Außerdem war die Präsenz der Kirche in der zivil-säkularen Sphäre immer unsicherer und ungesicherter geworden. Diese Missstände zu beheben, war das Ziel der Kirche, das mit den Bestimmungen der Artikel 5–7 und 12 realisiert werden sollte.

Die Einrichtung und Dotation von Priesterseminaren in jeder Diözese, verbunden mit dem Recht, die Seminarausbildung in all ihren Aspekten zu regeln und auch das Ordinationsrecht bedeutete die Sicherstellung der Bedingung der Möglichkeit, geeignete Seelsorger heranzubilden. Die bischöfliche Schulaufsicht war ein Beitrag zur Sicherung des christlichen Charakters der bürgerlichen Gesellschaft und zugleich ein Zeugnis dafür, dass die Regierung Gewicht auf eine wertgebundene Erziehung legte. Die komplementäre kirchliche Einrichtung zu den Seminaren waren die in jeder Diözese einzurichtenden Emeritenhäuser. Die Trias von wertgebundener Schule, kirchlich verantworteter Priesterausbildung und der Fürsorge für alte und kranke Priester kann demnach als langfristige Strategie der Personalgewinnung, -führung und -entwicklung gesehen werden, die mittelbar der Seelsorge dient.

Die (Wieder-)Errichtung von Klöstern bedeutet die Einrichtung von geistig-spirituellen Leuchttürmen im Land. Es sind dies Orte, die mit Liturgie und der Verkündigung und Diakonie ins Land – auch im staatlichen Interesse – ausstrahlen, zugleich sind sie getragen und geprägt von Kommunitäten entschlossener Christusnachfolgerinnen und -nachfolgern.

Neben den eher institutionell-kirchlichen Aspekten zur Sicherung der Seelsorge treten die bischöflichen Rechte zur administrativ-seelsorgerlichen Leitung ihrer Diözesen. Die im Konkordat aufgeführte Liste an Befugnissen beschränkt sich in diesem Zusammenhang auf das Wesentliche und ist nicht taxativ zu verstehen. Die bischöflichen Befugnisse werden kirchlich-dogmatisch begründet, mit Verweisen auf das Hirtenamt, die kanonischen Satzungen und die aktuell geltende Kirchendisziplin. In einzelnen Formulierungen werden die Befugnisse beschränkt durch kirchliche und staatliche Verfahrensbestimmungen sowie Beteiligungsrechte. Die Befugnisse gewähren keine freie Ausübung, sondern lediglich einen definierten Freiheitsraum. Diese eingehegten Befugnisse entsprechen somit der Machtposition der Diözesanbischöfe in der kirchlichen Hierarchie und in einem Gemeinwesen, das christlich geprägt gewesen ist. Papst und König, Kurie und Regierung hatten demnach ein Interesse daran, die starke Rolle der Bischöfe zu sichern und sie gleichzeitig zu kontrollieren, um innerkirchlichen Dissens, gesellschaftspolitische Irritationen und Spannungen im Staat-Kirche-Verhältnis möglichst zu vermeiden. Die Konkordatsbestimmungen zur wertgebundenen Schulbildung, zu Priesterseminaren und Emeritenhäusern, zu Klöstern und zur Führungsrolle eines kirchlich und staatlich anerkannten (Diözesan-)Bischofsamts sichern im kirchlichen Sinn die Voraussetzung dafür, dass die Kirche ihre Sendung durch qualifizierte Seelsorger und Hirten in der Liturgie, Diakonie, Verkündigung und im Dienst an der Communio der (katholischen) Christen in Bayern erfüllen kann.

6.2.5 Sicherung der Kirche als Institution: Artikel 8, 13 und 14

Die Artikel 8, 13 und 14 (Sicherung der Güter und Eigentumserwerb; Schutz von Glaube, Sitte und Disziplin durch Schriftgutkontrolle; Schutz der Kirche, ihrer Einrichtungen und Amtsträger) sichern der Kirche die Erfüllung ihrer Sendung unter abgesicherten Rahmenbedingungen zu.

Dass diese Absicherung durch staatliche Zusagen geschieht und damit die Kirche in die Nähe einer Staatsanstalt rückt, macht die Kirche nicht zu einer staatlich gesteuerten Einrichtung, sondern ist Zeichen der angezielten Kooperation von Kirche und Staat. Die staatlichen Schutz- und Unterstützungszusagen konnten beim Abschluss des Konkordats sogar im Sinne der Forderung der Konföderierten interpretiert werden: eine freie Kirche in einem freien Staat, der so souverän ist, dass er sich auch selbst binden kann.

Aus Sicht der Kirche ist festzuhalten, dass bei allem Streben, gegenüber dem Staat einen Selbststand zu gewinnen, die Kirche doch für die Wohlfahrt der Menschen im Staat eintreten will. Dazu gehört auch der Schutz der Gemeinschaft und das Engagement im Staat, wie es sich etwa aus Röm 13,1–8 und 1 Tim 2, 1–6 ableiten lässt. Insofern ist die Nähe zum Staat nicht zu vermeiden, sofern nicht die Staatsführung im Sinne von Apk 13 verteufelt werden soll und eine Fundamentalopposition angestrebt wird.

Die Schnittmenge der Auffassungen, was der Gesellschaft und den Menschen guttut oder schadet, war zur Zeit des Konkordatsabschlusses zwischen kirchlichen und staatlichen Repräsentanten erheblich. Gerade diese Überschneidung der Interessen und Wertevorstellungen rechtfertigt jedoch allein die von der Kirche angezielte Kooperation mit dem Staat und den Abschluss eines Konkordats. Wer in diesem Zusammenhang süffisant von einer Verweltlichung der Kirche oder einer Oberhoheit des Staates über die Kirche spricht, verkennt, dass die Kirche den Menschen in ihrer konkreten Situation dienen muss, da sie sonst ihre Sendung verfehlt oder um es mit einem Buchtitel eines Bischofs des ausgehenden 20. Jahrhunderts auszudrücken: *„Eine Kirche, die nicht dient, dient zu nichts“*.[1281]

Die Bestimmungen in den Artikeln 8, 13 und 14 tragen dem Bewusstsein Rechnung, dass die Kirche keine Gemeinschaft von Gesinnungsgenossen, sondern von Gläubigen ist, die in Wort und Tat für Jesus Christus und seine Botschaft Zeugnis ablegen will. Der Ursprung und das Ziel der Kirche sind überirdisch, ihre Sendung vollzieht sie in dieser Welt (vgl. Joh 17,14–18) und

---

1281 Gaillot, Jacques, Eine Kirche, die nicht dient, dient zu nichts! Erfahrungen eines Bischofs. Unter Mitarbeit von Catherine Guigon. Herder, Freiburg i. Br. 1990,

dazu braucht es möglichst abgesicherte und damit absehbare irdische Mittel und Handlungsoptionen.

6.2.6 Schutz des Konkordats: Artikel 18 und 19

Die Artikel 18 und 19 des Konkordats (beiderseitige Treuezusage, Selbstverpflichtung des Königs und einseitiges Veränderungsverbot; Vereinbarung einer Ratifikationsfrist) dienen der Sicherung und absehbaren Umsetzung des gesamten Konkordats als ein Gesamtpaket. Die Bestimmungen beider Artikel lagen – zumindest als der Text verhandelt und paraphiert war – im Interesse beider Parteien.

Artikel 18 ist jedoch nicht durchgehend symmetrisch formuliert: Die Zusage, sich treu an die abgefassten Konkordatsartikel zu halten, also insbesondere die Rechte der Vertragspartei zu respektieren, übernehmen beide Parteien gleichverpflichtet. Dabei darf vorausgesetzt werden, dass sich die Treueverpflichtung auf den Sinn des Textes, genauso wie er steht und nicht wie er gedeutet werden könnte, beziehen soll. Die Publikation des Konkordats als Staatsgesetz verpflichtet einseitig die staatliche Partei, da es um die Bekanntmachung des Konkordats in Bayern, d. h. für die bayerischen Bürger und Beamten geht. Auch das formulierte Veränderungsverbot bezieht sich nur auf die staatliche Seite, da nur diese im Geltungsgebiet des Konkordats, dem Staatsgebiet, ohne Einvernehmen mit dem Apostolischen Stuhl Konkordatsveränderungen veranlassen und via facti durchsetzen könnte, nicht aber die Kurie bzw. Kirche. Die kurze Ratifikationsfrist in Artikel 19 ist insofern als Schutz für das vereinbarte Konkordat zu interpretieren, als damit beabsichtigt war, die Vereinbarung aus einem rechtlich unverbindlichen Schwebezustand in einen verbindlichen und einseitig nicht veränderbaren Rechtstext zu überführen. Bekanntlich ist das jedoch nicht gelungen, da zwischen Paraphierung und In-Kraft-Treten staatspolitische Grundlagen verändert wurden.

Die beiden Artikel (18, 19) kommen dem großen Bedürfnis der Kurie nach Schutz und Absicherung des Konkordats als ein integraler rechtlicher Gesamttext entgegen, was daran liegt, dass Kirche und Staat zwar gleichberechtigte Verhandlungspartner des Rechtstextes waren, aber in der Rechtsanwendung und -durchsetzung die Kirche stets in einer wesentlich schwächeren Position war und ist.

6.3 Ergänzende Aspekte zum Verständnis des Konkordats

In diesem Abschnitt sollen einige Aspekte aufgegriffen und entfaltet werden, die den Kontext der Verhandlungen und des gewordenen Konkordats ausleuchten. Mögen die einzelnen Aspekte auch fragmentarisch nacheinander angeführt werden, so gleichen sie doch Puzzleteilen, die am Ende miteinander zu einem stimmigeren Verständnis beitragen.

6.3.1 Das Konkordat als Indikator einer Sattelzeit

Der Abschluss des Bayerischen Konkordats ist in der Sattelzeit[1282] des späten 18. und frühen 19. Jahrhunderts zu verorten. In dieser Hinsicht gelten die Französische Revolution mit ihren Folgen, etwa der Säkularisierung geistlicher Territorien, nicht als Ursache, sondern als Indizien des unumkehrbaren Prozesses sich wandelnder Verhältnisse des Ancien Regimes zu einer neuen Zeit mit neuen Formen der Politik, Staatsform, Kirche, Geistesströmung und Gesellschaftsstruktur. Das Gegenstück zur Französischen Revolution ist der Wiener Kongress, der die neue europäische Macht- und Territorialverteilung fixierte; das Pendant zum Ende der geistesgeschichtlichen Epoche der Aufklärung ist die zunehmend bestimmende Romantik und jenes zum Untergang der Reichskirche ist der Abschluss des Bayerischen Konkordats von 1817, mit dem die Neuordnung der katholischen Kirche begann; so kann dieses als ein Indiz und Indikator der Sattelzeit zwischen 18./19. Jahrhundert begriffen werden.

Die angestrebte neue (Zu-)Ordnung von Kirche und Staat sollte aus staatlicher Sicht in Form eines Grundlagentextes bzw. einer Punktation erfolgen, mit der allein die äußeren Strukturen und die Organisation der Kirche geregelt worden wäre. Damit konnte jedoch die Kurie nicht einverstanden sein. Am Ende der Verhandlungen stand daher das Konkordat von 1817, das auch eine Verhältnisbestimmung von Staat und Kirche sowie Zusicherungen für den Erhalt kirchlicher Institutionen und die kirchliche Sendung enthält. Das Konkordat selbst ist eingepasst in vorhergehende und nachfolgende Konkordatsabschlüsse.

Vorläufer des bayerischen Konkordats waren das französische Konkordat von 1801 und insbesondere das italienische Konkordat von 1803. Beide Konkordate waren inhaltliche Vorbilder und inspirierend bis in einzelne Textpassagen hinein, etwa hinsichtlich der Formulierung des Treueids der Bischöfe.

1282 Zum Begriff vgl. Kosseleck, Reinhart, Einleitung, in: Otto Brunner, u. a. (Hgg.), Geschichtliche Grundbegriffe, Bd. 1, Stuttgart, Klett-Cotta, 1979, XIII–XXVII, hier: XV. Gemeint ist eine Zeit, die sich unter verschiedenen Aspekten als Übergangszeit zwischen größeren Epochen erweist; hier etwa zwischen Ständegesellschaft und Bürgerlichkeit, Aufklärung und Romantik, Absolutismus und Konstitutionalismus.

Diese beiden Konkordate waren mehr oder weniger stark von Napoleon diktiert. Bei aller Abhängigkeit von diesen Vorgängerkonkordaten konnte durch die Verhandlungen der Parteien doch etwas Neues, ein Konkordat sui generis, entstehen. Nach Abschluss des Bayerischen Konkordats wurde das Sizilische Konkordat[1283] am 16. Februar 1818 abgeschlossen; Diözesanumschreibungen in der Form päpstlicher Zirkumskriptionsbullen[1284] mit der Festlegung von Bischofssitzen, der Struktur der Kapitel und der Besoldung im Sinne von Punktationen wurden vorgenommen für: Polen (1818),[1285] Preußen (1821),[1286] die Provinzen am Oberrhein (1821),[1287] Frankreich (1821)[1288] und Hannover (1824).[1289]

Die Sattelzeit ist daher eine Zeit der Umgestaltung, d. h. in der Veränderung gibt es auch bleibende Faktoren oder anders ausgedrückt eine Kontinuität in der Diskontinuität, auch im Hinblick auf das Konkordat. Die Kontinuität ist begründet in dem gemeinsamen christlich-religiösen Fundament, das für die Verhandlungsparteien, die Parteivertreter und die ‚Nutznießer', die breiten (katholischen oder protestantischen) Volksschichten gilt. Dieser Sachverhalt trifft für das französische Konkordat 1801 sowie das bayerische Konkordat von 1817 bis hin zur Punktation für Preußen im Jahr 1821 zu und gilt daher insbesondere für das Königreich Bayern, in dem nahezu die gesamte Bevölkerung, viele und hohe Repräsentanten der bayerischen Aufklärung, Beamte und Minister und der Fürst selbst selbstverständlich Christen waren; die meisten davon katholisch, gerade auch die Fürstenfamilie.[1290] Die Diskontinu-

---

1283 Der Text findet sich in: Raccolta di concordati su materie ecclesiastiche tra la Santa Sede e le autorità civili, bearb. v. Angelo Mercati, Rom, Tip. Poliglotta Vaticana, 1919, 620–637.

1284 *„In der Sache macht es dabei keinen Unterschied, ob man sich, wie in Bayern, der Form des offenen Konkordats bedienet [...] oder ob man [...] den Weg der verdeckten Vereinbarung vorzog. Denn auch in diesen Fällen handelt es sich um eine verbindliche staatlich-kirchliche Übereinkunft."*, so die Auffassung von Huber/Huber, Staat und Kirche,169.

1285 Raccolta di concordati, 638–648.

1286 Raccolta di concordati, 648–666.

1287 Raccolta di concordati, 667–676.

1288 Raccolta di concordati, 678–688.

1289 Raccolta di concordati, 689–696.

1290 Das christliche Fundament der Kirche bzw. Kurie näher darzulegen, erübrigt sich hier; das christliche (Selbst-)Verständnis des bayerischen Staates und seiner Führung ergibt sich aus dem Gottesbezug und dem Rückbezug auf Gott in der bayerischen Verfassung von 1818, die mit den Worten beginnt: *„Maximilian Joseph, von Gottes Gnaden König von Baiern"*. Einen solchen Bezug zu Gott

ität der Sattelzeit im Hinblick auf die Veränderungsprozesse im Staat-Kirche-Verhältnis, die zum Konkordat führten, lag in einem gegenseitigen Emanzipationsprozess. Den Auftakt machte das Begehren des Staates, jeden organisierten Eigenstand der Kirche im Gemeinwesen zu verhindern und kirchliche Einmischung ins Regierungshandeln zu unterbinden, um so die Freiheit zu haben, die Staatssouveränität zur Geltung zu bringen. Dieses Begehren provozierte jedoch im Verlauf der Verhandlungen als Re-Aktion (!) den kirchlichen Widerstand, der die Einmischung des Staates in die kirchlichen Belange verhindern wollte, um die Freiheit des kirchlichen, geistigen und organisatorischen Lebens sicherzustellen. Das Ergebnis, das Konkordat, sicherte nicht die autonome Freiheit beider Parteien, Staat und Kirche, sondern führte, nach anderen geschichtlichen Vorstufen, zu einer weiteren Spiritualisierung der Kirche und Säkularisierung des Staates. So wurde eine Distanz zwischen beiden Entitäten geschaffen, die ihrerseits erst den Ansatz zur konstruktiven Koordination von Staat und Kirche ermöglichte.

6.3.2 Die Protagonisten Montgelas und Consalvi

Maximilian von Montgelas und Ercole Consalvi können als Protagonisten der beiden Vertragsparteien gesehen werden, die die Erarbeitung und Konzeption des bayerischen Konkordats von 1817 sachlich zu verantworten hatten. Dies gilt, auch wenn Consalvi für einige Monate das Amt des Staatssekretärs niederzulegen gezwungen und Montgelas einige Monate vor der Ratifizierung des Konkordats als Minister entlassen wurde. Consalvi und Montgelas sind auch Protagonisten der geistigen Haltung der jeweiligen Verhandlungspartei, in denen die unterschiedliche Position zur Idee und Zielsetzung der Aufklärung, insbesondere seit der Mitte des 18. Jahrhunderts, aufscheint. Sie sind daher als sachliche und geistige Protagonisten die Vertreter bzw. Identifikationsfiguren der gesellschaftlichen und/oder kirchlichen Gruppen, die ihnen in der geistigen Ausrichtung und konkreten Arbeit nahestanden. Aufgrund des exemplarischen, geistesgeschichtlich-biographischen Charakters der beiden Personen scheint eine skizzenhafte Zuordnung als ein Element der Entstehungsgeschichte des Bayerischen Konkordats gerechtfertigt.

hatte die Bayerische Verfassung von 1919 nicht. Vgl. zum Gottesbezug in dt. Verfassungen des 19./20. Jahrhunderts: Horst Dreier, Staat ohne Gott. Religion in der säkularen Moderne, München Beck, 2018, insbesondere 171– 175. Dreier führt das Wort ‚Präambel-Gott' ein, durchaus ein vieldeutiger und polyvalenter Begriff.

Zwischen Montgelas, dem ersten Minister des bayerischen Fürsten und Consalvi, dem Staatssekretär Seiner Heiligkeit, lassen sich deutliche Unterschiede in Biographie und Wirken benennen. Der entscheidende Differenzpunkt dürfte jedoch die Position zur geistigen Bewegung der Aufklärung gewesen sein. Montgelas bekam die Ideen und Ziele der Aufklärung von Jugend an mit, hieß sie gut und integrierte sie als Handlungsmaxime und kirchenkritisch-antiklerikalen geistigen Unterbau in seine staatspolitische Tätigkeit. Consalvi wurde dagegen in einem kirchenfreundlich-aufklärungskritischen Bildungshorizont geformt und erzogen, sodass er den Positionen des antiken, scholastisch geläuterten und von Bellarmin den frühneuzeitlichen Bedingungen angepassten Naturrechtsdenken verpflichtet war. Für Montgelas war der Staat alles, der Leviathan, der alles Leben und jede Gemeinschaft absorbiert. Für Consalvi konnte der Staat in der Folge Bellarmins zwar ein sinngestütztes natürliches Eigenrecht haben, jedoch in einer Sphäre, die der Kirche mit ihrer eigenen übernatürlich gesetzten Sinnstiftung nicht übergeordnet, sondern (bestenfalls) beigeordnet ist. Es darf daher angenommen werden, dass sich die weiteren wesentlichen Unterschiede der beiden Persönlichkeiten aus dieser geistigen Fundamentaldifferenz ableiten bzw. begründen lassen.

Neben dem Unterschied der geistigen Fundamente beider Männer sind jedoch auch einige Gemeinsamkeiten zu konstatieren. Das erste, eher zufällig und belanglos erscheinende Faktum ist, dass beide nahezu zur selben Zeit geboren wurden: Montgelas 1759 und Consalvi 1757. Beide Männer erlebten daher in etwa demselben Lebensalter die umstürzende Epoche der Französischen Revolution mit den die europäische Geschichte prägenden Auswirkungen; sie erfuhren die Säkularisierung im Heiligen Römischen Reich und in anderen christlichen Staatsgebilden, den Untergang des alten deutschen Kaiserreichs und schließlich die Phase der (Neu-)Stabilisierung Europas durch die ‚Heilige Allianz' mit dem Sieg über Napoleon, dem Wiener Kongress 1815 und der einsetzenden Restauration in Frankreich, dem Kirchenstaat und weiteren europäischen Ländern.

In dieser Zeit der europäischen Krise und ihrer Bewältigung arbeiteten, wirkten, gestalteten Montgelas und Consalvi; der eine als (Erster) Minister eines im besten Fall mittelmäßig-bedeutsamen Landes, der andere als Staatssekretär eines Gemeinwesens, das seine Bedeutung aus der religiös überhöhten Rolle des Apostolischen Stuhls herleitete.

Montgelas und Consalvi waren Gestalter, Reformer, Macher, Diplomaten, doch arbeiteten beide Männer nicht auf eigene Rechnung und nicht in eigener politischer Verantwortung. Sie waren vielmehr Dienstmänner für andere, d. h. alles, was sie erwirkten, wurde bei allem eigenen Geschick oder Missgeschick dem Landesherrn bzw. dem Papst zugerechnet.

Montgelas und Consalvi genossen jedoch offensichtlich beide das Vertrauen ihrer Herren. Im Gegenzug waren sie loyal, aber freilich nicht im Sinne eines bedingungslosen Gehorsams. Die Haltung der beiden Diplomaten fand ihr Pendant bei ihren Souveränen. Sowohl der Kurfürst/König Maximilian Joseph als auch Papst Pius VII. wussten demnach dankbar zu schätzen, was ihre Agenten für sie und in ihrem Namen erwirkten. Trotzdem banden sich die Fürsten nicht unbedingt an ihre Chefdiplomaten: König Maximilian I. Josef entließ Montgelas auf Druck einer innenpolitischen Parteiung, die in politischer Gegnerschaft zu Montgelas stand und Papst Pius VII. entfernte Consalvi zumindest vorübergehend wegen des außenpolitischen Drucks, den Napoleon aufbaute. Zu konstatieren ist hier, dass sowohl Montgelas und Maximilian Joseph als auch Consalvi und Papst Pius nicht in persönlicher Freundschaft verbunden waren, sondern im Zutrauen, dass der jeweils andere für dasselbe Ziel stand: die Souveränität Bayerns bzw. die Souveränität des Nachfolgers Petri in temporalibus et spiritualibus.

Vereint waren Montgelas und Consalvi darin, dass sie beide mit ihrer staatspolitischen Mission scheiterten: Die Reformen, die Montgelas gemäß der reinen Lehre der Staatssouveränität vorantrieb, wurden gestoppt von einer politischen Partei, die die Schärfe der Aufklärung nicht durchhalten wollte und eine romantische Epoche einleitete. Consalvi wurde mit seinen gemäßigten Reformen im Staat von einer Partei blockiert, die keine gesellschaftlich-politische Veränderung zulassen wollte und den Weg in eine reaktionäre Restauration einschlug.

Montgelas' und Consalvis' Persönlichkeiten und Wirken ergänzen sich somit in einer tragischen Paradoxie. Montgelas' Scheitern eröffnete der Kirche in Bayern langfristig neuen Frei- und Lebensraum im Staat – ein Erfolg der Kirchenpolitik des Kardinalstaatssekretärs. Consalvis staatspolitisches Scheitern führte die Kirche zunehmend im eigenen Land in den politischen Krisenmodus und im europäischen Kontext geistig-geistlich in den Antimodernismus – eine Niederlage, die niemandem nutzte.

6.3.3 Verfehlte kirchliche Legitimationsstrategie mit dem Konzil von Trient

Bei den Verhandlungen zum Konkordat wurden Sachverhalte behandelt, die für den Lebensvollzug der Kirche wesentlich waren und für die schon innerkirchlich-verbindliche Regelungen bestanden. Den kirchlichen Vorgaben im Lauf der Verhandlungen zur Umsetzung zu verhelfen, war Aufgabe der kirchlichen Unterhändler. Vom ersten kirchlichen Textentwurf an, vorgelegt vom Nuntius della Genga am 08. August 1806, war der Referenzpunkt für die kirchliche Verhandlungsseite das Konzil von Trient mit diversen Beschlüssen kirchenrechtlich-disziplinarischen Inhalts. Der Nuntius bezieht sich in seinem Entwurf explizit auf das Konzil an folgenden fünf Stellen: Art. 6, bzgl. der Einrichtung von Priesterseminaren; Art. 6, bzgl. der inneren Ordnung der Seminare; Art. 10, bzgl. des Informativprozesses zur Prüfung der Kandidaten zum Bischofsamt; Art. 20, bzgl. der Residenzpflicht der Inhaber von Benefizien; Art. 26, bzgl. der geforderten Bücherzensur. Der Entwurf vom 10. Juli 1807 (‚Römisches Ultimatum') begnügt sich mit nur einem expliziten Bezug auf das Konzil von Trient; Art 6c, bzgl. der in Ehesachen zuständigen kirchlichen Gerichte. Das schließlich 1817 ratifizierte und publizierte Konkordat bezieht sich wiederum an sechs Stellen explizit auf das Konzil und zwar in: Art. 3, bzgl. der Bestellung des Bußkanonikers und des Kapiteltheologen in den Kapiteln der (Erz-)Diözesen; Art. 5, bzgl. der Formung und Bildung der Seminaristen; Art. 8, bzgl. der Sicherung der bischöflichen Rechte hinsichtlich der Verwaltung von kirchlichen Stiftungen; Art. 10, bzgl. der von Priestern für die Aufnahme in die Kapitel geforderten Eigenschaften; Art. 12c, bzgl. der Zuständigkeit kirchlicher Gerichte für geistliche Dinge und für Ehesachen; Art. 12d, bzgl. des von Bischöfen zu beachtende Strafmaß gegen ahndungswürdige Geistliche.

Das Faktum des Rückbezugs auf das Konzil von Trient an sich und die jeweiligen konkreten Rückbezüge im Konkordat und den Entwurfstexten lassen folgende Schlüsse zu:

Der Rückbezug auf das Konzil von Trient verdeutlicht, dass die behandelte Materie in sachlicher Kontinuität zur aus der Vergangenheit überkommenen kirchlich-verbindlichen Lehre und Disziplin steht. Der Rückbezug zielt zugleich darauf, dass (auch) zukünftig die im Konkordat konkret geregelte Materie mit Lehre und Disziplin der Kirche übereinstimmt. Die Rückbezüge haben demnach die Absicht, der kirchlichen Vertragsseite Legitimation aus der Geschichte einer großen Institution zu verleihen und zugleich die getroffenen Regelungen für die Zukunft zu legitimieren. Allerdings wird der legitimierende Aspekt der Rückbezüge dadurch relativiert, dass sie hinsichtlich der Zahl und der Materie nicht konsequent und einheitlich erfolgt sind und damit willkürlich erscheinen. Der Bezug auf das Trienter Konzil ist dabei ohnehin überflüssig, weil es für den Vertragstext unerheblich ist, worauf sich die Parteien in ihren Verhandlungen stützen. Schließlich können die Rückbezüge auf das Trienter Konzil ihren kirchlich-legitimierenden Aspekt nur innerkirchlich entfalten, wobei vor diesem Publikum die Legitimation nicht nötig ist. Außerkirchlich aber versagt die Legitimierung durch konziliare Zitate, weil eine aufgeklärt-antiklerikale gesellschaftliche Führungsschicht und eine Regierung mit einem theoretisch unterfütterten Konzept der Staatskirchenhoheit genau eine solche Legitimationsstrategie ablehnen und überwinden wollen.

6.3.4 Cluster aus Personen, Orten und Standpunkten

Die geistig-politische Vorgeschichte und Geschichte der Konkordatsverhandlungen ist mit repräsentativen Personen und leitenden Ideen verknüpft, darüber hinaus und konkret außerdem mit Personen der sogenannten zweiten oder gar dritten Reihe, die sich soziologischen, geographischen sowie (kirchen-)politischen Räumen zuordnen lassen. Daraus erschließen sich Cluster, die den zeitlich-geistigen Horizont der Entstehung des Konkordats aufhellen.

6.3.4.1 Akademische Aufklärer in Würzburg und Ingolstadt für die Staatskirchenhoheit

Juristen des aufgeklärten Spätabsolutismus in Bayern bereiteten den Boden für die ausgedehnten Ansprüche des Staatskirchentums im 18. Jahrhundert. Zu nennen ist hier etwa Wiguläus Xaver Alois Kreitmayr, der als juristisch ausgebildeter Staatskanzler unter zwei Kurfürsten und Verfasser von Gesetzbüchern im Sinn der Aufklärung agierte, weniger theoretisch als vielmehr in praktischer Ausweitung der Staatskirchenhoheit. Andere Personen kamen durch die auf das Naturrecht gegründete Jurisprudenz zum Postulat der Staatskirchenhoheit, die sie im Staatsdienst praktisch vorantrieben. Hier zeigt sich eine Verknüpfung der Personen mit Prinzipien, die hier ansatzweise angerissen werden soll.

Der Protestant Christian **Wolff** (1679–1754) mit Professuren in Halle und später in Marburg war etwa ein bedeutender philosophische Lehrer und Vertreter eines aufgeklärten Naturrechts.

Einer von Wolffs Schülern war der Katholik Johann Adam **Ickstatt** (1702–1776), der 1730–1741 eine Rechtsprofessur in Würzburg innehatte und danach für einige Jahre als Prinzenerzieher von Maximilian Joseph in München wirkte.

Ickstatt war Teil der Würzburger Schule (sein Kollege war Johann Kaspar Barthel), seine Schüler waren unter vielen anderen Georg Christoph Neller und Johann Georg Weishaupt; sein Nachfolger auf dem Lehrstuhl in Würzburg war ein anderer seiner Schüler, nämlich Johann Jakob Joseph **Sündermahler** (1712–1775).

Ab 1746 war Ickstatt Professor in Ingolstadt, wo **Johann Georg Weishaupt** (1716–1753), ein Schüler Ickstatts aus dessen Würzburger Zeit, zum Juraprofessor ernannt wurde.

Unter Johann Georg Weishaupt wurde wiederum Johann Georg **Lori** (1723–1787) promoviert, der anschließend in Ingolstadt als Extraordinarius für juristische Disziplinen wirkte.

Johann Georg Weishaupts Sohn, **Johann Adam Weishaupt** (1748–1830), war ein Patenkind Ickstatts. Er wurde wie sein Vater Juraprofessor in Ingolstadt, außerdem war er führend an der Ausbreitung des Illuminatenordens beteiligt.

Die vorgenannten Rechtsgelehrten vertraten Überzeugungen, die in der Rechtsphilosophie der Aufklärung protestantischen Kontextes wurzelten und über die Würzburger Universität mit ihrer aufgeklärt-katholischen Rechtsschule sowie die bayerische Landesuniversität in Ingolstadt im Kurfürstentum Lehre und Praxis der staatlichen Kirchenpolitik beeinflussten. Die Professoren gerieten jedoch im akademischen Dienst in Ingolstadt in Konflikt mit den rechtswissenschaftlichen Lehrern aus dem Jesuitenorden. Sie beförderten die Idee, die Gedanken und Prinzipien der Staatskirchenhoheit und waren teilweise an der Gründung der bayerischen Akademie der Wissenschaften, die überkonfessionell konzipiert war, beteiligt oder wurden Mitglieder dieser Akademie. Darüber hinaus gehörten sie teilweise dem Illuminatenorden an, der sich als radikal-aufgeklärte und antikirchlich-intellektuelle Elite verstand.

6.3.4.2 Männer aus der Pfalz bestimmen die Kirchenpolitik

Eine jüngere Generation von Staatsmännern prägte die Entfaltung der Staatssouveränität in der Staats- und Kirchenpolitik Bayerns zu Beginn des 19. Jahrhunderts, also in der Zeit der Konkordatsverhandlungen. Auffällig ist dabei, dass diese aus der Pfalz kamen, wobei ‚Pfalz' hier räumlich und/oder philosophisch-kulturell als der französischen Aufklärung nahestehend verstanden wird. Zu nennen sind hier beispielhaft folgende Personen, die nach Geburtsjahrgang angeordnet werden:

Kasimir von **Häffelin** (1737–1827) wurde in Minfeld im Herzogtum Pfalz-Zweibrücken geboren. Er wurde in einem Jesuitenkolleg in Nancy in Lothringen erzogen und studierte danach bis 1765 im kurpfälzischen Heidelberg. Häffelin empfing 1763 die Priesterweihe, wurde danach Hofkaplan beim pfälzischen Kurfürsten Karl Theodor und folgte diesem nach München, wo er verschiedene kirchliche und staatliche Funktionen und Ämter ausübte sowie die Bischofsweihe empfing. Von Kurfürst/König Maximilian Joseph wurde er als linientreuer Aufklärer übernommen und 1803 mit der Gesandtschaft beim Hl. Stuhl und damit auch mit den Verhandlungen zum Abschluss des Konkordats betraut.

Georg Friedrich von **Zentner** (1752–1835) wurde in der Kurpfalz nahe Mannheim geboren, studierte in Göttingen Jura und wurde schließlich in Ingolstadt in Jura promoviert; ab 1779 wirkte er als Professor für Staatsrecht und Reichsgeschichte in Heidelberg; 1799 trat er in den bayerischen Staatsdienst ein, wurde ein wichtiger Mitarbeiter des Leitenden Ministers Montgelas, wirkte bei den Konkordatsverhandlungen entscheidend mit und wurde letztlich Minister.

Anton von **Cetto** (1756–1847) wurde in Zweibrücken geboren, studierte Jurisprudenz in Würzburg bei Barthel und in Göttingen. Danach trat er in den Staatsdienst des Herzogs von Pfalz-Zweibrücken ein, arbeitete mit Montgelas zusammen und wurde dann in den Dienst Maximilian Josephs übernommen, unter dem er als Gesandter und Diplomat wirkte. In zweiter Ehe war er mit einer Dame einer morganatischen wittelsbachischen Nebenlinie, Zweybrücken-Vorbach, verheiratet.

Maximilian von **Montgelas** (1759–1838) wurde zwar in München geboren, erhielt seine Ausbildung und Formung für den Staatsdienst jedoch im Westen. Er besuchte in Nancy in Lothringen ein Kolleg und studierte danach in Straßburg Philosophie und Jurisprudenz bei Christoph Wilhelm Koch. Er legte an der bayerischen Landesuniversität in Ingolstadt das juristisches Examen ab, trat dann in den bayerischen Staatsdienst ein, musste wegen der Zugehörigkeit zum Illuminatenorden die Stelle aufgeben und fand eine neue Anstellung beim Herzog von Pfalz-Zweibrücken. Bekanntlich nahm ihn der spätere Herzog/Kurfürst/König Max Josef in seine Dienste als engsten Berater und Ersten Minister.

Aloys Franz Xaver Graf von **Rechberg**-Rothenlöwen (1766–1849) wurde an den Höfen von Salzburg und München erzogen. Nach Ablegung des Hofratsexamens 1787 trat er in den Dienst des Herzogs Karl August von Pfalz-Zweibrücken ein und wurde dort in den diplomatischen Dienst eingeführt. Unter Herzog/Kurfürst/König Maximilian Joseph übernahm er wichtige Gesandtschaften, Verhandlungsaufträge und Verwaltungsaufgaben und wurde schließlich Minister des Äußeren und Königlichen Hauses.

Karl Philipp von **Wrede** (1767–1838) wurde in Heidelberg geboren und arbeitete dort auch nach dem Studium juristischer Fächer unter Zentner als Hofgerichtsrat. Mit Beginn der Koalitionskriege wechselte Wrede ins Militär und stieg im bairischen Königreich zum Feldmarschall auf. Nach der napoleonischen Ära übernahm Wrede auch diplomatische und innenpolitische Aufgaben, u. a. als Präsident der Kammer der Reichsräte der Krone.

Carl Ernst von **Gravenreuth** (1771–1826) wurde in Stenay/Lothringen geboren. Er studierte in Göttingen Jura und trat 1794 in den Dienst von Maximilian

Joseph, dem Herzog von Pfalz-Zweibrücken und späteren pfalz-bairischen Kurfürsten/bairischen König. Ab 1799 übernahm er diplomatische Missionen und später hohe Stellen in der Landesverwaltung. Wie Cetto war auch Gravenreuth mit einer Dame der wittelsbachischen Nebenline Zweybrücken-Vorbach verheiratet.

Die genannten Männer waren allesamt vertraut mit den Ideen und Maßnahmen der französischen Revolutionäre und Aufklärer. Ihr Lebensprinzip und Selbstverständnis war und hieß Aufklärung[1291] und sie gelangten durch die pfälzischen Kurfürsten bzw. Herzöge in den Staatsdienst. Mit den pfälzischen Wittelsbachern kamen sie beim Wechsel der dynastischen Linie nach Bayern, wo der Boden akademisch und praktisch-politisch schon vorbereitet war. Hier konnten sie die Staats- und Kirchenpolitik des Kurfürstentums bzw. Königreichs ganz im Sinne des Staatsabsolutismus und der Staatskirchenhoheit mitbestimmen. Ein Ergebnis ihres einflussreichen Wirkens war eine weitverbreitete aufklärerisch-liberale und antiklerikale Gesinnung bei den führenden Staatsmännern und der höheren Beamtenschaft im Königreich, die fast das ganze 19. Jahrhundert währen sollte.

6.3.4.3 Die Konföderierten aus Franken für eine freie Kirche

Die Staatsrechtslehre war über die (Spät-)Aufklärung zum Staatsabsolutismus gelangt. Im Hinblick auf das politisch-gesellschaftliche Leben führte das zu einer Revolution von oben und hinsichtlich der Kirche zur Staatskirchenhoheit mit Übergriffen in das geistliche Leben der Kirche und – ganz konsequent – zur Säkularisierung. Mit dem letztgenannten Ereignis marginalisierte jedoch die staatliche Seite ihr Gegenüber im Staat-Kirche-Verhältnis Bayerns dermaßen, dass es de facto zu einem Nicht-Verhältnis geworden war.

Die Konkordatsverhandlungen zwischen Bayern und dem Hl. Stuhl waren ein zähes Ringen, um wieder ein beiderseits akzeptables Verhältnis zwischen

---

1291 Zur Charakterisierung dieser Führungsriege schreibt Junkelmann (Gravenreuth, 13): „*Die Prägung durch die Aufklärung war der ganzen Generation der Reformpolitiker zueigen, die im frühen 19. Jahrhundert das moderne Bayern schuf. Das gilt für Gravenreuth ebenso wie für Montgelas, Cetto, Bray, Zentner, Utzschneider, Hazzi, die drei Brüder Arretin und viele mehr – nicht zuletzt für König Max I. Joseph. Sie alle verband grundsätzliche Menschenfreundlichkeit bei gleichzeitiger Skepsis gegenüber der Urteilskraft des Durchschnittsbürgers, das Vertrauen in eine ebenso aufgeklärte wie autoritäre, die Revolution von oben betreibende Beamtenschaft und die Zuversicht, durch Erziehung und Förderung des Talents, gleich welchen Standes, dem Fortschritt Bahn zu brechen.*“

Staat und Kirche herzustellen. In Bayern wurde die Kurie dabei von den Konföderierten unterstützt, einer amorphen kirchlichen Widerstandsgruppe, die sich kirchenpolitisch aktiv gegen die extensiv ausgeübte Staatskirchenhoheit wandte. Als Schlüsselfiguren bzw. Parteigänger der Konföderierten seien beispielhaft genannt:

Euchar **Adam** (1748–1830) wurde im mittelfränkischen Pleinfeld geboren. Er erwarb in Ingolstadt den Magistergrad in Philosophie, studierte dann in Rom am Collegium Germanicum und schloss nach der Priesterweihe 1770 mit dem Doktorgrad in Theologie seine Studien ab. Adam amtete von 1787 bis 1830 als Offizial des bischöflich-geistlichen Gerichts in Eichstätt und übernahm von 1790 bis 1821 im (korporativen) Geistlichen Rat faktisch die Rolle eines Generalvikars für das Bistum. Er wurde zunehmend zur Führungskraft in der Gruppe von Laien und Geistlichen (Eichstätter Kreis), die sich um 1814 kirchenpolitisch zum Widerstand gegen die kirchliche Gängelung durch den Staat und für die kirchliche Freiheit einsetzten. Zugleich stimmte er sich als Vertreter der Eichstätter Bistums mit den Ordinariaten Bambergs und Würzburgs ab.

Adam Friedrich Freiherr von **Groß zu Trockau** (1758–1840) wurde in Würzburg geboren. Er studierte in Würzburg und Göttingen Philosophie und Jura und war danach Praktikant am Reichskammergericht in Wetzlar. Groß wurde 1784 Domkapitular in Bamberg, 1758 auch in Würzburg; seit 1795 war er Präsident der weltlichen Regierung in Bamberg. Nach der Säkularisation studierte er Theologie und wurde zum Dr. theol. promoviert. Er verfasste in dieser Zeit zahlreiche Denkschriften und Aufsätze zu kirchlichen und kirchenpolitischen Problemen. Im Jahr 1812 wurde Groß vom König zum Präsidenten des Geistlichen Rats und Generalvikar in Bamberg ernannt; vom Apostolischen Stuhl erhielt er die Bestellung zum Apostolischen Vikar in Bamberg und empfing 1813 die Priesterweihe durch die Hand von Weihbischof Zirkel. Als Ordinarius in Bamberg suchte er mit anderen Geistlichen Räten die kirchenpolitische Abstimmung mit Zirkel und Adam in Würzburg bzw. Eichstätt und den dortigen Ordinariaten.

Gregor **Zirkel** (1762–1817) wurde in Sylbach bei Haßfurt geboren. Er studierte Philosophie in Bamberg und wurde 1780 in Bamberg zum Dr. phil. promoviert. Danach trat er 1781 in das Priesterseminar in Würzburg ein, studierte Theologie, schloss 1786 mit dem Lizentiat ab und wurde im selben Jahr zum Priester geweiht. 1791 erwarb Zirkel den theologischen Doktorgrad. Im Jahr 1802 wurde er zum Weihbischof in Würzburg bestimmt und empfing die Bischofsweihe. Zirkel engagierte sich literarisch und praktisch gegen die Praxis der Staatskirchenhoheit. Er suchte die Zusammenarbeit mit dem Bamberger und später auch mit den Eichstätter Geistlichen Räten und deren Ordinariaten. Um sich scharte er den Gelehrtenverein, der in einer Literaturzeitung die Interessen des Weihbischofs gegen die Kirchenpolitik Bayerns und auch gegen nationalkirchliche Bestrebungen unterstützend begleitete.

Franz Andreas **Frey** (1763–1820) wurde in Bamberg geboren, empfing 1787 die Priesterweihe und erwarb 1789 den Grad eines Lizentiaten der Theologie. Anschließend und parallel zu eigenen Lehrveranstaltungen an der Bamberger Universität studierte Frey in Bamberg und Würzburg Jura und erwarb 1798 den Grad eines Lizentiaten beider Rechte; danach wurde er Mitglied des Geistlichen Rats. Nach der Säkularisation lehrte Frey am Bamberger Lyceum die Fächer Kirchenrecht, Kirchengeschichte und allgemeine Dogmatik bis zu seinem Tod 1820. Frey kämpfte – durchaus erfolgreich und nachhaltig – juristisch, literarisch und dozierend für die Interessen der Kirche gegen die Übergriffe der staatskirchenhoheitlichen Praxis. Dabei wusste er sich mit Weihbischof Zirkel und anderen kirchlichen Intellektuellen eng verbunden.

Pius **Brunnquell** OP (1752–1828) wurde in Bamberg geboren, trat 1770 in den Dominikanerkonvent in Bamberg ein und empfing 1775 die Priesterweihe. Im eigenen Ordenshaus war er Lektor für Philosophie, später für Theologie. Nach der Säkularisation wirkte er als Weltgeistlicher in Bamberg. Zur Verteidigung der Religion verfasste er einige Schriftenschrieb er außerdem Artikel gegen manche Neuerungen und ‚Neuerer', die in verschiedenen theologischen Zeitschriften (oft anonym) erschienen. Weihbischof Zirkel empfahl ihn zur Mitarbeit an der Literaturzeitung des Gelehrtenvereins.

Franz **Stapf** (1766–1820) wurde in Bamberg geboren. Er studierte Philosophie und wurde zum Dr. phil. promoviert. Im Anschluss an das Theologiestudium empfing er 1790 die Priesterweihe. Nach dem Einsatz in der Seelsorge und als Regens des Klerikalseminars wurde er 1805 Geistlicher Rat und 1806 Professor der Moral in Bamberg und übernahm 1810 auch die Professur für Dogmatik. Auch er war von Weihbischof Zirkel zur Mitarbeit an der Literaturzeitung empfohlen worden.

Dogmatikprofessor Friedrich **Brenner** (1784–1848) wurde in Bamberg geboren. Er promovierte in Philosophie in Bamberg, studierte anschließend Theologie und empfing 1807 die Priesterweihe. Brenner wurde 1808 in Landshut zum Dr. theol. Promoviert – zur Zeit als dort Johann Michael Sailer als gefeierter Theologieprofessor wirkte. Brenner war neben anderen Aufgaben ab 1820 Professor für Kirchengeschichte und Kirchenrecht am Lyzeum in Bamberg und kurz danach auch für Dogmatik. 1821 wurde er in das neuerrichtete Domkapitel berufen. Auch er war zur Mitarbeit an der Literaturzeitung von Weihbischof Zirkel empfohlen worden.

Die vorgenannten Personen bildeten eine Gruppe der Konföderierten, die engagierte Geistliche umfasste, die die Geschicke der drei fränkischen Bistümer leiteten; zwei Bischofssitze waren seit 1805 bzw. 1807 vakant, Eichstätts Bischof war 1803 schon ein alter Mann. Alle Geistlichen hatten ihre akademischen Grade an anerkannten von der Aufklärung geprägten Universitäten erworben und wirkten (mit einer Ausnahme, Brunnquell) als Geistliche Räte ihrer Bistümer. Die Geistlichen in leitenden Stellungen erlebten und erlitten das bedrängte kirchliche Leben nach der Säkularisation praktisch mit. Daraus erwuchs ihnen die Motivation, sich kraftvoll gegen das von Montgelas dirigierte Staatskirchenregiment zu wenden.

Dabei ist es wohl kein Zufall, dass sich der Widerstand gegen die bayerische Kirchenpolitik v. a. in den ehemaligen Hochstiften des fränkischen Reichskreises regte. Diese waren nach der Säkularisation zu Bayern gekommen, wobei in ihnen die politischen und kirchlichen Lebensumstände doch nicht so heruntergekommen waren, wie dies die Herolde der Säkularisation propagiert hatten. Dass sich bei den Konföderierten (auch) vier in Bamberg geborene und hier wirkende Geistliche Räte bzw. Dozenten befanden, die sich in ihrem Wirkungskreis für die Freiheit der Kirche einsetzten, dürfte Zufall sein, ehrenvoll für die Bamberger Bistumsgeschichte ist es allemal.

6.3.5 Irenische Personalentscheidungen im Kontext des Konkordatsabschlusses?

Dem König kam es zu, die Stellen der Regierungsposten zu vergeben. Außerdem hatte er nach dem Konkordatsabschluss, eine Vielzahl kirchlicher Ämter zu nominieren (Bischöfe) oder zu besetzen (etwa Domkapitulare und Pfarrer), bei den Würden der Kardinäle und Bischöfe hatte der Papst zu entscheiden bzw. mitzuwirken.

Personalentscheidungen sind einst wie heute grundsätzlich daran orientiert, für eine Stelle mit einem bestimmten Anforderungsprofil die dafür am meisten qualifizierte Person zu finden. Dabei wird deutlich, dass bestimmte Personen für Standpunkte und Programme stehen oder eben nicht (mehr) stehen. Nicht zuletzt bestimmen auch die beschränkten Finanzen die Personalauswahl.[1292]

1292 Die königliche Regierung war bemüht, möglichst Geistliche in Würden und Ämtern zu bringen, denen nach der Säkularisation wegen des Wegfalls ihrer Stellungen, hohe Pensionen zu zahlen waren. Durch die Reaktivierung etwa eines ehemaligen Abtes musste eben nur ein Geistlicher versorgt werden, nicht einem ‚Newcomer' ein Gehalt bezahlt werden und dem ehemaligen Abt weiterhin seine Pension.

Unter diesen Prämissen erfolgten im Umfeld des Konkordatsabschlusses Personalentscheidungen auf königlich-bayerischer und päpstlich-kirchlicher Seite, die durchaus bemerkenswert sind. Einige Personalfälle sollen hier in der Chronologie der ‚besonderen' Entscheidung benannt werden.

Gregor **Zirkel** (1762–1817) war seit 1802 Weihbischof in Würzburg und engagierte sich leidenschaftlich gegen die praktizierte Staatskirchenhoheit der bayerischen Behörden. Seine Zugehörigkeit zu den Konföderierten und seine kirchenpolitische Abstimmung mit den Ordinariaten Eichstätts und Bambergs war allgemein bekannt. Nichtsdestotrotz wurde Zirkel 1814 von König Maximilian I. Joseph mit dem Komturkreuz des bayerischen Zivilverdienstordens der Bayerischen Krone ausgezeichnet. Damit verbunden war auch die Erhebung in den persönlichen Adelsstand und die Ernennung zum Reichsrat der Krone Bayerns auf Lebenszeit. Damit nicht genug nominierte der König den Weihbischof am 25. Oktober 1817 zum ersten Bischof der wieder errichteten Diözese Speyer. Zirkel starb jedoch vor der päpstlichen Bestätigung aus Rom, am 18. Dezember 1817. Warum auch immer der König Zirkel zum Diözesanbischofsamt nominiert hatte, der Zustimmung der Kurie konnte er bei dieser Personalie sicher sein, war Zirkel doch innerkirchlich hochgeschätzt und anerkannt.

Es mag erstaunen, dass hier auch Maximilian Joseph von **Montgelas** (1759–1838) zu nennen ist. Bekanntlich war Montgelas unter Kurfürst/König Maximilian Joseph der Erste Minister. Er bekleidete damit das Amt des Ministers für Auswärtige Geschäfte und zeitweise zusätzlich das Innen- sowie Finanzministerium. In seiner Stellung konnte er jedenfalls die Regierungstätigkeit lenken und auch praktisch umsetzen. Montgelas blieb seinen Prinzipien der Staatssouveränität und Staatskirchenhoheit unbeirrbar treu; selbst als sich die geistesgeschichtlichen Fundamente veränderten. Montgelas' Prinzipien wurden anachronistisch, sodass seine Politik zu politischen Widerständen führte, nicht zuletzt auf Seiten des Kronprinzen Ludwig. König Maximilian I. Joseph zog daher die Konsequenz mittels der Entlassung seines Ersten Minister am 2. Februar 1817. Damit und danach kamen auch die Konkordatsverhandlungen wieder voran und die bayerische Regierung akzeptierte einen Text, den Graf Montgelas wohl nie gebilligt hätte.

Kasimir von **Häffelin** (1737–1827) verstand es, in den politischen Wechselfällen und politischen Widerfahrnissen nicht unterzugehen. Er hatte verschiedene Aufgaben und Ämter übernommen, erfüllt und wieder abgegeben. Im Jahr 1803 fand er als Staats- und Kirchenmann, Diplomat und Bischof sowie als Gesandter des bayerischen Kurfürsten/Königs Maximilian Joseph beim Hl. Stuhl eine einzigartig passende Aufgabenstellung. Ihm oblag die Verhandlung des bayerischen Konkordats und die Aufgabe, die fortgesetzten scharfen staatskirchenrechtlichen Maßnahmen der bayerischen Kirchenpolitik dem Hl. Stuhl in einer Weise zu vermitteln, die dem bayerischen Monarchen ein grundsätzliches Wohlwollen der Kurie bewahrte. Im März 1818 bat der König den Papst um den Kardinalspurpur für Häffelin. Gegen die starken Widerstände vieler Kardinäle, die Häffelin eine lange Liste von Verfehlungen zuschrieben, erfüllte Papst Pius VII. die Bitte des Königs und verlieh am 6. April 1818 Häffelin die Kardinalswürde. Diese Kardinalserhebung war ein päpstliches Entgegenkommen an den bayerischen König, ein Zugeständnis, um der Umsetzung des Konkordats näherzukommen.

Joseph Maria von **Fraunberg** (1768–1842) empfing 1791 die Priesterweihe in Regensburg. Im Jahr 1802 übernahm er die Leitung des kurfürstlichen General-Schuldirektoriums, womit ihm auch die Aufgabe zufiel, kirchliche Hochschulen aufzulösen bzw. im Rang herabzustufen. In den Jahren 1806/1807 wirkte Fraunberg an den Konkordatsverhandlungen in Regensburg mit und zog sich danach einige Jahre in sein Heimatbistum zurück. Später beteiligte er sich wiederum auf königlicher Seite an der Personalauswahl zur Umsetzung des Konkordats. Für den König war Fraunberg ein sicherer Bischofskandidat. Doch die Nuntien della Genga und Severoli schrieben schlecht und despektierlich über ihn – insbesondere warfen sie ihm die Nähe zu Montgelas vor und dass er des Königs Liebling sei. In der Folge konnten nur die Interventionen des Königs und seines Außenministers Rechberg die Verstimmungen um Fraunberg beseitigen. Nach dem gescheiterten Versuch der Regierung, Fraunberg als Bischof von Würzburg zu bestellen, nominierte der König den endlich doch kirchlich vollständig rehabilitierten Fraunberg im Dezember 1819 als Bischof von Augsburg. Nach der Zustimmung der Kurie empfing Fraunberg am 11. September 1821 durch die Hand des Nuntius Serra di Cassano die Bischofsweihe und trat sein Amt im November 1821 an. Schon im Mai 1824 wurde Fraunberg als zweiter Erzbischof nach Bamberg transferiert. Fraunbergs Erhebung zum Bischofsamt muss daher als ein Zugeständnis der Hl. Stuhls gegenüber den königlichen Personalwünschen eingeordnet werden.

Adam Friedrich **von Groß** zu Trockau (1758–1840) war seit 1795 Präsident der weltlichen Regierung im Fürstbistum Bamberg. Vom König erhielt er 1812 die Bestellung als Präsident des Geistlichen Rats und Generalvikars in Bamberg, vom Apostolischen Stuhl die Einsetzung als Apostolischer Vikar in Bamberg. Als Ordinarius Bambergs gehörte er zu den Konföderierten und suchte die staatliche Kirchenpolitik zu unterlaufen. Vom Wiener Nuntius Severoli wurde über ihn noch 1815 ein schlechtes Zeugnis an den Hl. Stuhl übermittelt. Trotz seiner kritischen Haltung zur Staatskirchenpolitik und trotz des schlechten Zeugnisses des Nuntius wurde Groß am 06. September 1818 zum Bischof von Würzburg nominiert, am 2. Oktober desselben Jahres vom Papst präkonisiert und schließlich am 18. November 1821 in Eichstätt durch Nuntius Serra di Cassano zum Bischof geweiht. Das offensichtliche Wirken für die kirchlichen Interessen als Generalvikar und der Empfang der Priesterweihe konnten Gros offensichtlich beim Hl. Stuhl rehabilitieren, von königlicher Seite bestand das Vertrauen bereits seit der Ernennung zum Generalvikar.

Euchar von **Adam** (1748–1830) war 1787 bis 1830 als Offizial des bischöflichen geistlichen Gerichts in Eichstätt tätig und übernahm von 1790 bis 1821 die Rolle eines Generalvikars für das Bistum. Adam sammelte eine Gruppe, die sich für die kirchliche Freiheit von staatlicher Bevormundung engagierte, außerdem gehörte er zu den Konföderierten. Nach Abschluss des Konkordats wurde Adam 1821 erster Domdekan im neuerrichteten Domkapitel Eichstätts. Im selben Jahr wurde er auszeichnend zum Ritter des bayerischen Zivilverdienstordens der Bayerischen Krone ernannt und in den persönlichen Adelsstand erhoben. Die Ordensverleihung an Adam dürfte von kirchlicher Seite wohlwollend zur Kenntnis genommen worden sein. Sie bedeutet die königliche Anerkennung des segensreichen Wirkens Adams für die Gläubigen nach der Säkularisation.

Damit stellt sich jedoch die Frage, was aus diesen beispielhaften Personalentscheidungen im Kontext des Konkordatsabschlusses abzuleiten ist. Der König hat sich als sehr souverän erwiesen, als er seinen langjährigen Ersten Minister Montgelas entließ und damit eine Reizfigur für die Vertreter der Kirche aus dem kirchenpolitischen Spiel nahm. Mag diese Entlassung v. a. innenpolitisch ausgelöst worden sein, so entsprach sie kirchenpolitisch zweifellos dem Zug der Zeit: Sie beseitigte ein Hindernis in den Konkordatsverhandlungen und für den Abschluss des Konkordats. Mit der Kardinalserhebung Häffelins konnte sich offensichtlich der König mit seinem Wunsch durchsetzen bzw. hatte sich der Papst dem Drängen gefügt – nicht um Häffelin auszuzeichnen, sondern um die Beziehung zwischen Hl. Stuhl und Bayern nicht zu trüben. Mit der Nominierung Frauenbergs zum Bischof wollte der König offensichtlich die langjährigen loyalen Dienste eines Mannes auszeichnen, der bei allem Wirken in der Politik ein Mann der Kirche geblieben war, wovon schließlich auch der Hl. Stuhl überzeugt werden konnte. Warum der König bei der Verleihung höchster Zivilverdienstorden und bei den Stellenbesetzungen für Diözesanbischöfe bzw. Domkapitularstellen auf Personen zurückgriff, die zuvor als Konföderierte aktiv und bekannt waren (Zirkel, Groß, Adam), erschließt sich allerdings nicht auf den ersten Blick. Vielleicht setzte der König auf den bewährten Sachverstand der Männer oder er wollte tatsächlich das seelsorgliche Engagement anerkennen. Es könnte jedoch auch sein, dass diese und (viele) andere Personalentscheidungen von staatlicher wie kirchlicher Seite schlichtweg getroffen oder geduldet wurden, um insgesamt nach Jahren harter Auseinandersetzung einen versöhnlichen Neuanfang zu ermöglichen. Beide Seiten hatten wohl gegenüber verschiedenen politischen und kirchlichen Gruppen und Parteien ein Interesse daran, das Staat-Kirche-Verhältnis harmonisch zu gestalten; und dass damit erste Anzeichen einer neuen Allianz zwischen Thron und Altar sichtbar wurden, kann entweder als Rückschritt in vergangene Zeiten und/oder als Anpassung an protestantische Kirchenverfassung kritisiert oder eben als gut bedachte und gut gewollte Grundlegung einer gelingenden Kooperation von Staat und Kirche in dem einen und einzigen bayerischen Gemeinwesen anerkannt werden; dies darf jedenfalls dem König und dem Papst zugutegehalten werden.

6.3.6 Dämpfung staatlicher Spitzenaussagen und Kontinuität kirchlicher Ansprüche

Noch vor dem Reichsdeputationshauptschluss des Jahres 1803, der die Herrschaftssäkularisation der Fürstbistümer im Heiligen Römischen Reich durch weltliche Fürsten mit einem juristischen Feigenblättchen versah und noch vor der faktischen Inbesitznahme der Hochstifte Bamberg und Würzburg im September 1802, zeigte die kurbayerische Regierung Interesse an einer Neueinteilung der Diözesen und einigen dazugehörigen Punkten. Zu jener Zeit fühlten sich Kurfürst Max IV. Joseph und sein Erster Minister Montgelas auf der Siegerstraße mit ihren Wünschen zu territorialen Erwerbungen, zur Umsetzung der absoluten Staatssouveränität und zum Ausbau der Staatskirchenhoheit. Dem bayerischen Selbstbewusstsein entsprach daher der Grundlagentext vom 17. Juli 1802 mit bemerkenswerten Formulierungen.

Das Recht, Bischöfe zu nominieren, wird dem Kurfürsten und seinen Erben und Nachfolgern übertragen; Abschnitt 3.

> Diese Forderung ist gegen das jahrhundertelang geltende Recht gerichtet, wonach die Domkapitel die Diözesanbischöfe wählen.

Der Kurfürst wünscht, dass der Papst ihm eine Bulle zum Thema der Reduzierung der Feiertage gewährt, ähnlich der, die nach Frankreich gesandt worden war; Abschnitt 5.

> Mit diesem Wunsch will der Kurfürst in die liturgische Rangordnung von Festen und in die kirchliche Feiertagsregelung eingreifen.

Der Papst soll zustimmen, dass diejenigen Ordensleute von ihren klösterlichen Gelübden entbunden werden, die ihm von der Regierung empfohlen werden; Abschnitt 6.

Damit ist eine Beeinflussung der päpstlichen Dispensvollmacht hinsichtlich Ordensleute verbunden, die durch die Säkularisation entwurzelt wurden.

Der Papst soll sich bereiterklären, dem Kult seine Würde und ursprüngliche Einfachheit wieder zu geben, indem er ihn von allem Aberglauben und kleingläubigen Formen der Frömmigkeit befreit. Die vom Kurfürsten vorgeschlagene Maßnahme sei die Einzige, die alle im Schoß der Kirche vereinen und der Religion erneut den Respekt verschaffen kann, den sie leider verloren hat; Abschnitt 7.

Es ist jedenfalls befremdlich, dass eine kurfürstliche Regierung dem Oberhaupt der katholischen (Welt-)Kirche sowohl Ziel als auch Mittel einer liturgischen Erneuerung vorschlägt und dieses Vorgehen mit dem Interesse der Einheit des Glaubens und dem Respekt vor der Kirche begründet.

Falls ein Nuntius an den kurfürstlichen Hof entsandt wird, soll er aus drei (vom Kurfürsten vorgeschlagenen) Personen ausgewählt werden. Er wird seine Vollmachten nur mit Genehmigung der Regierung ausüben. Die Nuntiatur wird als eine solche eingerichtet, die für ihren Inhaber zum Kardinalat führt. Der Nuntius wird auf eine einfache Bitte des Kurfürsten hin vom Papst abberufen; Abschnitt 8.

Es war und ist Usus, dass der Papst seinen Stellvertreter bei einer weltlichen Regierung frei auswählt, ernennt und auch abberuft, dass der Nuntius innerkirchlichen Vollmachten gerade unabhängig von der Zustimmung einer Regierung ausübt und dass die Laufbahn sowie Stellung der Nuntien bzw. Nuntiaturen allein im Ermessen des Papstes liegt.

In den Abschnitten des ersten Grundlagentextes manifestiert sich die von der bayerischen Regierung, insbesondere des Königs und Montgelas', empfundene staatskirchenrechtliche Selbstherrlichkeit gegenüber dem Heiligen Stuhl. Diese nährte sich aus dem Bewusstsein mit der Entwicklung der Staatssouveränität in Bayern weit vorangekommen zu sein. In den nachfolgenden Textentwürfen zum Konkordat sind diese extremen Positionen aufgegeben worden, d. h. im Austausch und Abgleich der Positionen mit den Vertretern der kirchlichen Position, also im dialogischen Verhandlungsmodus, bis auf eine Ausnahme zurückgenommen worden bzw. verschwunden. Einzig durchgehalten vom ersten Grundlagentext bis zum abgeschlossenen Konkordat wurde der staatliche Anspruch auf die königliche Nominierung der Bischöfe (Art. 9); dieser eine Punkt kann allerdings für die staatliche Seite, wie mehrmals dargelegt, nicht hoch genug gewichtet werden. Ob die erste bayerische Punktation vom 17. Juli 1802 nun ein bewusst markanter Auftakt von Verhandlungen sein sollte, mit dem man sehr weitgehende Ansprüche markierte, von denen man gewillt war, später Abstriche zu machen, oder ob man durch die (geistes-)geschichtlichen Wandlungen zur Einsicht kam, die Extrempositionen nicht halten zu können – die bayerische Diplomatie scheint insgesamt gesehen im Hinblick auf Ausgang und Ergebnis der Konkordatsverhandlungen recht flexibel, zielgerichtet und geschickt gewesen zu sein.

Die kirchliche Seite legte erstmals am 08. August 1806 einen Konkordatsentwurf vor, der die römische Position markierte. Erinnerlich lag zu diesem Zeitpunkt die faktische Herrschaftssäkularisation der Fürstbistümer schon vier Jahre zurück und die Säkularisation der Klöster, Stifte und Abteien war gerade in Abwicklung begriffen. Mit der Niederlegung der Kaiserkrone ging das Heilige Römische Reich deutscher Nation am 01. August 1806 und mit ihm auch die Reichskirche unter – Bayern wurde ein ‚souveränes' Königreich von Napoleons Gnaden. Gegenüber den neuen kirchenpolitischen Realitäten und dem staatssouveränen Selbstbewusstsein der königlich-bayerischen Regierung geriet jedoch die Kirche zunehmend in die Defensive. In diesem Kontext legte der Nuntius den ersten kirchlichen Entwurf vor. Als besonders pointierte kirchlich-kuriale Aussagen dürfen gelten:

Der Status der katholischen, apostolischen und römischen Religion wird in allem unversehrt im ganzen Königreich Bayern erhalten bleiben (Art. 1).

Diese Forderung zielt auf einen privilegierten Status der Kirche im Staatswesen, das seinerseits der Kirche nur aufgeklärt-distanziert gegenüberstehen kann. Dies kann nicht anders sein, da der aufgeklärte Staat einen religiösen Wahrheitsanspruch prinzipiell nicht erkennen und anerkennen kann.

Die Dotation der Mensalgüter des Metropoliten und der Bischöfe wird in der dauerhaften Nutzung von Immobilien und Grundstücken bestehen, die sie selbst verwalten werden (Art. 4). Die Einnahmen der Kapitel werden auch aus fundierten Gütern stammen, die sie selbst verwalten (Art. 5).

Die Kirche will hier die dauerhafte (finanzielle) Unabhängigkeit der Kirche vom staatlichen Wohlwollen durch selbstverwaltetes Grundeigentum sichern. Unbedacht bleibt dabei, dass die Immobilienansammlung der Kirche erhebliche Wirtschaftsflächen und Erträge dem freien Wirtschaftskreislauf entzieht und die Wirtschaftskraft des Staates schwächt.

Der Glanz der Domkapitel soll erneuert werden, indem ihnen die freie Wahl der Diözesanbischöfe überlassen wird (Art. 9).

Die Kirche knüpft damit an die jahrhundertealte Rechtstradition der Reichskirche an, die das Diözesanbischofsamt dem unmittelbaren Einfluss des weltlichen Herrschers/Königs entzieht und, wenn auch nur rudimentär, die Beteiligung der Ortskirche an der Bischofsbestellung bewahrt. Das Anliegen widerspricht diametral der Forderung der staatlichen Bischofsbestellung.

Der Hl. Stuhl, die Diözesanbischöfe und die katholischen Christen sollen jederzeit frei und ungehindert über geistliche und kirchliche Angelegenheiten miteinander kommunizieren können. Ebenso sollen die Bischöfe das Recht haben, ihre Verordnungen und Anweisungen auch zu publizieren (Art. 22).

Gegen das staatskirchenrechtlich verankerte Plazet verlangt die Kirche für sich Freiheit, um die Ausübung der Vollmachten und Weisungskompetenzen der verschiedenen hierarchischen Stufen zu sichern.

Es soll einen kirchlichen Gerichtsstand geben für Fälle, die kirchliche Belange bzw. kirchliche (Amts-)Personen betreffen, insbesondere sollen Eheversprechen, Ehegültigkeitsverfahren und Ehetrennungsverfahren sowie die Erbsachen von Personen, die ein Benefizium innehaben, vor ein kirchliches Gericht kommen (Art. 23; 24).

Die Kirche will hier für sie wichtige Sachverhalte in eigener Kompetenz regeln und beurteilen. Das Anliegen widerspricht allerdings dem umfassenden staatlichen Souveränitätsanspruch über alle Bürger und bürgerlichen Angelegenheiten.

Alles, was kirchliche Angelegenheiten betrifft und was im Konkordat nicht ausdrücklich erwähnt wird, soll erhalten bleiben und nach kirchlichen Gesetzen geregelt werden (Art. 27). Das Konkordat soll alle staatlichen Rechtssetzungen aufheben, die bisher in kirchlichen Angelegenheiten in bayerischen Landen eingeführt worden sind (Art. 29).

Das Konkordat kann nur eine bestimmte kleine Anzahl von kirchlichen Sachverhalten regeln. Für die anderen unbestimmten Fälle will die Kirche den Bestand und dafür die Anwendung des kirchlichen Rechts sichern. Damit soll außer den konkordatären Regelungen nur noch das kirchliche Recht für kirchliche Angelegenheiten zur Anwendung kommen; das bedeutet die Abschaffung jeden Staatskirchenrechts.

Im ersten Text des Nuntius, der für die anstehenden Konkordatsverhandlungen im Auftrag der Kurie einen Textentwurf präsentiert hat, zeigt sich eine reaktive Haltung. In der Vorlage wird eine Doppelstrategie fassbar: Möglichst zu bewahren, was aus der Zeit der Reichskirche für Bayern überkommen ist und dem kanonischen Recht entspricht sowie die Freiheit und Unabhängigkeit der Kirche gegenüber einem fremd gewordenen Staatswesen abzusichern. In den nachfolgenden Verhandlungen bis zum Konkordatsabschluss hat die Kurie ihre Positionen nachdrücklich verteidigt. Nur im Punkt der Bischofsbestellung (Art. 9) wurde, sozusagen im letzten Augenblick, die staatliche Position vollständig akzeptiert. Bei anderen Sachverhalten hat sich die Kirche zu einschränkenden bzw. reduzierende Formulierungen ihrer angezielten Position bewegen lassen. Bei der Formulierung des Status der katholischen Kirche im Königreich

Bayern (Art. 1) ist es der Kirche dagegen sogar gelungen, rein innerkirchliche Lehr- und Rechtskriterien einzufügen.

Mit Blick auf die gesamten Verhandlungen gewinnt man den Eindruck, dass der erste kuriale Entwurf vom 08. August 1806 eine Position markierte, die nahe am Minimum des kirchlichen Verständnishorizontes lag und keinen großen Spielraum zuließ. Prima facie könnte daher die weitgehende Aufnahme der kirchlichen Positionen ins Konkordat als Erfolg der kirchlichen Diplomatie gewertet werden; doch es war nur ein Zugeständnis des Staates unter stillschweigendem Vorbehalt, der wie dargestellt alsbald wirksam geworden ist. Die kirchlichen Positionen wurden kontinuierlich und nahezu intransigent verfolgt, doch ein nachhaltigen Erfolg blieb aus.

6.4 Bewertungen des Konkordats im Spiegel wissenschaftlicher Arbeiten und anderer Texte

Das bayerische Konkordat von 1817 provozierte nach seinem Bekanntwerden publizistische (Gegen-)Reaktionen. Nach der Tegernseer Erklärung des Königs vom September 1821 wurde das Konkordat umgesetzt bzw. vollzogen. Seit seiner amtlichen Publikation 1818 wurde das Konkordat zum Gegenstand einer Forschungs- und Interpretationsgeschichte, die bis heute andauert. Einige Autoren sollen im Folgenden mit ihren Werken zum Konkordat vorgestellt werden, um die Bandbreite der Einschätzungen zu dokumentieren.

Brenner, Friedrich: Kaiser Heinrich der Heilige und König Maximilian Joseph in Bezug auf Bambergs kirchliche Verfassung, 1818

Brenner[1293] verfasste eine kleine Schrift von 38 Seiten mit dem Titel ‚Kaiser Heinrich der Heilige und König Maximilian Joseph in Bezug auf Bambergs kirchliche Verfassung; eine historische Parallele, veranlasst durch das zwischen Sr. Majestät Maximilian Joseph König von Baiern und Sr. Heiligkeit Papst Pius VII abgeschlossene Konkordat‘[1294]. Schon der Untertitel verweist auf Inhalt und

1293 Friedrich Brenner (1784–1848) wurde in einfachen Verhältnissen in Bamberg geboren. Er war promoviert in Philosophie und Theologie. 1821 wurde er in das neuerrichtete Domkapitel und auch zum königlich-geistlichen Rat berufen, 1844 wurde er Domdekan und gab erst 1845 die Tätigkeit als Professor am Lyzeum endgültig auf. Zu Biographie, Werken und weiteren Nachweisen vgl. Lauchert, Brenner, 221–224.

1294 Bamberg und Würzburg, Goebhardtischen Buchhandlungen, 1818; die Seitenangaben in Klammern im Text beziehen sich auf diese Ausgabe.

Methode: eine Parallelisierung von Akteuren und die kirchliche Verfassung Bambergs, wobei ausgiebig Quellen als Belege zitiert werden.

Brenner (2) sieht die Gründung des Bistums Bamberg im Jahr 1007 als erste Geburt und den Abschluss des Konkordats von 1817 mit der Ratifizierung des Konkordats durch Papst Pius VII. am 6. November 1817 als eine (Wieder-) Geburt des (Erz-)Bistums Bamberg. Beide Male sei ein Bayerischer Fürst der Stifter oder um bei einem Bild zu bleiben, der Geburtshelfer gewesen; beide hätten darüber hinaus Bamberg eine kirchliche Verfassung gegeben. In einem ersten Abschnitt (3–13) führt Brenner die Parallele von Heinrich und Maximilian Joseph aus, die beide bayerische Fürsten gewesen sind: Heinrich als in Bamberg geborener oder zumindest seit Kindertagen mit Bamberg vertrauter Herzog von Bayern, Maximilian als König von Bayern. Im zweiten Abschnitt (14–18) wendet sich Brenner der Stiftung der jeweiligen kirchlichen Verfassung zu. Heinrich habe die kirchliche Verfassung Bambergs durch seine Stiftung und die auf der Synode in Frankfurt herbeigeführte Bestätigung als Bistum begründet und diese befestigt durch die Unterstellung unter den Schutz des hl. Petrus, also des römischen Bischofs. Maximilian Joseph sei es dann gewesen (18), der dem Anfang die Vollendung gegeben habe, der in bischofsloser Zeit in das verwaiste Land das Schöpferwort gesprochen habe und der die Kirche Heinrichs, als der Bischofsstuhl verwaist gewesen ist, nicht nur zum zweiten Mal gründete, sondern auch nach seinem Sinne verherrlichte, d. h. Bamberg zum Erzbistum machte. Im dritten Abschnitt (19–22) legt Brenner dar, dass Würzburg zur Zeit Heinrichs einst Erzbistum über Bamberg werden wollte, nun aber unter Maximilian Joseph dem Erzbistum Bamberg nachgeordnet sei. Dann, im vierten Abschnitt (23–27) beschreibt Brenner, dass das Bistum Eichstätt unter Heinrich nichts zur Ausstattung Bambergs habe beitragen wollen, unter Maximilian Joseph nun aber zum Glanze des Erzbistums Bamberg als Suffraganbistum beitrage. Im fünften Abschnitt (28–32) führt Brenner aus, dass König Heinrich einst den ersten Bischof Bambergs einsetzte, König Maximilian Joseph aber den ersten Erzbischof. Gleicherweise sei es mit dem bischöflichen und erzbischöflichen Kapitel geschehen. Brenner stellt daher resümierend fest (32), dass den Bamberger Gläubigen die einstige Verfassung ehrwürdig und heilig sein müsse, weil sie von einem Heiligen eingeführt worden sei, und auch die gegenwärtige kirchliche Verfassung sei ehrwürdig und heilig, weil sie gleichsam ein frischer, doch weit schönerer und fruchtbarerer Spross des alten Stammes sei.

Brenner war also voll des Lobes über das neue Konkordat und den Landesherrn. Dieses Lob wird keine kriecherische Lobhudelei gewesen sein, sondern sich ehrlich aus der großen Freude gespeist haben, dass mit Abschluss des Konkordats die schlimmen Zustände der Säkularisationszeit nun überwunden und in eine stabile Ordnung überführt werden und damit die bischofslose Zeit absehbar enden werde sowie Bamberg Sitz eines Metropolitanerzbischofs werden sollte und dass v. a. die Kirche nun wieder ungestört ihre Sendung erfüllen könne. Es muss daher angenommen werden, dass Brenner sein Werk in Druck gab, bevor die neue Verfassung mitsamt dem Religionsedikt veröffentlicht wurde; ansonsten hätte er wohl weniger euphorisch formuliert.

Ranke, Franz Leopold von; Staatsverwaltung des Kardinalsstaatssekretärs Consalvi, 1832

Rankes[1295] ‚Geschichte der Päpste'[1296] erregte Aufsehen wegen des Themas, seiner Forschungsmethode und Form. Das Werk wurde 1841 auf den katholischen Index der verbotenen Bücher gesetzt. Auf das Bayerische Konkordat kommt Ranke in seiner Abhandlung über die Staatsverwaltung des Kardinalsstaatssekretärs Consalvi zu sprechen, die er 1832 veröffentlichte.[1297] Er schreibt also aus einer geringen zeitlichen Distanz zum Konkordatsabschluss als Protestant und ausgewiesener Historiker. Ranke führt zum bayerischen Konkordats abwägend und erklärend aus (404–405):

Das bayerische Konkordat sei den Ansprüchen der Geistlichkeit günstiger, als zu erwarten war. Die Gründe dafür seien, dass zahlreiche Diözesen eingerichtet und gut ausgestattet worden sind. Für die Ordnung und Organisation

---

1295 Ranke (1795–1886) gilt als einer der Gründerväter der modernen Geschichtswissenschaft. Er wuchs in einer evangelisch-lutherischen Familie im Unstruttal auf. Von 1815–1817 studierte er Klassische Philologie und (evangelische) Theologie in Leipzig. Brüder und Verwandte Rankes waren Professoren und Seelsorger der evangelischen Kirche. Ranke wurde 1834 ordentlicher Professor der Geschichte an der Universität in Berlin. König Maximilian II. von Bayern richtete 1858 auf Rankes Veranlassung die Historische Kommission bei der Bayerischen Akademie der Wissenschaften ein, deren Präsident Ranke wurde. Rankes umfangreiches wissenschaftliches Werk, dessen Grundlagen die Quellenforschung und Quellenkritik waren, brachte ihm breite Zustimmung und zahlreiche wissenschaftliche Ehrungen. Zu Leben und Werk: Muhlack, Ranke, 140–142.

1296 3 Bde., Berlin, Duncker & Humblot, 1834–1836.

1297 Zitiert nach: Leopold von Ranke, Die Römischen Päpste in den letzten vier Jahrhunderten, vollständige Ausgabe in zwei Bänden, mit einem Vorwort von Walther Peter Fuchs, Frankfurt am Main, Insel Verlag, 1986, hier: Bd 2, Kardinal Consalvi und seine Staatsverwaltung unter dem Pontifikat Pius' VII., 349–481; die folgenden Seitenangaben in Klammern im Text beziehen sich auf diese Ausgabe.

der Seminare seien allein die Bischöfe verantwortlich. Außerdem habe der König zugesagt, wieder einige Männer- und Frauenklöster einzurichten und zu dotieren. In Rücksicht darauf sei dem König die Ernennung der Bischöfe überlassen worden. Die Annaten und den unmittelbaren Einfluss auf die Kapitel habe sich die Kurie vorbehalten. Bei der Besetzung der Kapitel seien die meisten Vorschläge vom Münchner Hof gemacht worden. Die Ratifizierung des Konkordats sei gewiss ein bedeutender Schritt, zumal wenn man erwarte, dass dieses Konkordat ein Vorbild für weitere deutsche Staaten sein werde.

Die aufgetretenen Schwierigkeiten zwischen Paraphierung und Umsetzung des Konkordats kommentiert Ranke wie folgt (412): Nach seinem Bekanntwerden habe das bayrische Konkordat lebhaften Widerspruch gefunden. Denn die organischen Gesetze Bayerns stimmten mit dem Konkordat nicht immer deutlich überein. Selbst nach der Ratifikation gab es neue Schwankungen. Es seien daher ausweichende Erklärungen von bayerischer Seite nötig gewesen sowie sei der kuriale Wunsch zumindest den Schein zu wahren erforderlich gewesen, um einen Abbruch der Sache zu verhindern.

Das Konkordat ist somit für Staat und Kirche ausgewogen verfasst worden, doch sei es in seinen praktischen Auswirkungen, Rankes Darlegungen folgend, durch die von Bayern erlassenen Gesetze zugunsten des Staates gelenkt worden.

Sicherer, Hermann von; Staat und Kirche in Bayern, 1874

Im Jahr 1874 veröffentlichte Sicherer[1298] das Werk ‚Staat und Kirche in Bayern vom Regierungs-Antritt des Kurfürsten Maximilian Joseph IV. bis zur Erklärung von Tegernsee 1799–1821'.[1299] Sicherer *„konnte mit Genehmigung der*

1298 Sicherer (1839–1901) stammte aus einer katholischen Familie, wurde in Eichstätt geboren und wuchs in München auf. Sein Großonkel war der Freiburger Erzbischof Hermann von Vicari. Sicherer begann ein Philosophiestudium, wechselte aber bald zur Jurisprudenz. 1862 wurde er zum Doktor beider Rechte promoviert. Aufgrund eines Reisestipendiums hörte er in Berlin Leopold von Ranke und Theodor Mommsen. Er wurde 1871 ordentlicher Professor für deutsche Rechts- und Staatsgeschichte an der Universität München. Seit 1898 gehörte er der historischen Klasse der königlich bayerischen Akademie der Wissenschaften an. Zu Leben und Werk vgl. Seuffert, Art. Sicherer, Hermann von, in: Anton Bettelheim (Hg.), Biographisches Jahrbuch und deutscher Nekrolog. Bd. 7, Berlin, Reimer, 1905, 437–442; Landau, Art. Sicherer, Hermann von, in: NBD 24 (2010), 307–308.

1299 München, Kaiser, 1874; die folgenden Seitenangaben in Klammern im Text beziehen sich auf diese Ausgabe.

Regierung staatliche Akten benutzen und bekannte sich als etatistischer Liberaler, der zwischen kath. Kirche und Staat einen 'principiellen Gegensatz' sieht, der als 'Kampf um die Souveränität' ausgetragen wurde."[1300] Während des Kulturkampfes nach 1870 wurde das Buch zur staatskirchenrechtlichen Argumentation zur Begründung der Staatsaufsicht über die Kirchen benutzt, was dem Verfasser Anfeindungen von Vertretern des ultramontan orientierten politischen Katholizismus einbrachte.[1301]

Sicherer, das bestimmt seine Darstellungsweise, sieht das Verhältnis zwischen Staat und Kirche in den Jahren von 1799 bis 1821, also die Zeit in der sich die Verhandlungen, die Ratifizierung und die Umsetzung des Konkordats ereignete, als eine Zeit des Kampfes an. So beschreibt er die Ereignisse zwischen 1806 und 1814 in seinem Buch unter der Überschrift: Vierter Abschnitt. Kampf und Waffenruhe, 141–188 (Inhaltsübersicht). Die Erklärung von Tegernsee ist somit für Sicherer das Ende bzw. der Ausgang des Kampfes (336–337). Dabei stellt er mit Blick auf das abgeschlossene und ratifizierte Konkordat, also im Herbst 1817, fest, dass damit die volle Verwirklichung des kurialistischen Systems gesichert erschien (255). Doch sei mit der Tegernseer Erklärung die seit Beginn des 19. Jahrhunderts angestrebte Gründung einer bayerischen Landeskirche zum Abschluss gekommen (336–337). Auch der Kampf (sic.) zwischen dem kurialistischen System und der modernen Gesetzgebung habe einen Abschluss gefunden. Der Kampf sei ausgebrochen, als sich die weltliche Gewalt von den Vorschriften des kirchlichen Rechts mit einer freiheitlichen Gesetzgebung (etwa: Parität der Konfessionen, Pressefreiheit) zu emanzipieren begann und die Kirche nur als eine Korporation im Staat mit einer beschränkten Autonomie anerkannte. Das Konkordat selbst habe nur einen unvollständigen Sieg des kurialistischen Systems dargestellt. Der Höhepunkt des Kampfes sei erreicht worden, als sich der König entschloss, die neubegründeten öffentlichen Einrichtungen durch eine Verfassung zu sichern. Der Anspruch der kirchlichen Gesetzgebung auf den unbedingten Vorrang vor dem weltlichen Recht sei jedoch an der Verfassung gescheitert. Als es darauf ankam, den entscheidenden Kampf mit der Formulierung der Tegernseer Erklärung zu wagen, habe Rom den Rückzug angetreten und sich mit einer Erklärung begnügt, die dem Konkordat eine landesgesetzliche, also eine durch die Verfassung beschränkte

---

1300 Landau, Sicherer, 307.

1301 Sicherer schrieb, so Hausberger (Staat und Kirche, VI), bei aller „Schärfe des Begrifflichen – auch voreingenommen in der Sache, schrieb im liberalen, deutlich antiklerikalen Staatsdenken" der Zeit des bayerischen Kulturkampfes.

Geltung zuschrieb (337). Das habe die Kurie freilich verhüllt, indem sie sich mit dem Ergebnis zufrieden gezeigt habe (337). Als es später zu Auseinandersetzungen um den Vorrang gekommen sei, habe die Regierung stets nur betont, dass eine königliche Erklärung das Verfassungsrecht nicht habe ändern können, doch dass die Kurie mit der Tegernseer Erklärung das Prinzip der Regierung anerkannt hatte, habe man dagegen nicht hervorgehoben (338). Das Verhältnis von Konkordat und Religionsedikt sei aus Sicht der Regierung klar geregelt, wenn dagegen der Vorrang der päpstlichen Gesetzgebung verwirklicht werden soll, handle es sich um eine alles erschütternde Machtfrage, um den Widerstreit zweier Rechtssysteme sowie den Kampf zweier Herrscher um die Souveränität im Land, es sei *„mit Einem Worte der Kampf um die Souveränität“* (339). Diesen Kampf habe, so ist nach Sicherers Ausführungen zu folgern, der Staat für sich entschieden.

Doeberl, Michael; Entwicklungsgeschichte Bayerns, 1912

Doeberl[1302] konnte, angeregt durch den bayerischen Kultusminister, in den Jahren 1906 und 1912 die ersten beiden Bände der ‚Entwicklungsgeschichte Bayerns‘ vorlegen, die bis ins Jahr 1825 reichten; der dritte Band wurde posthum 1931 herausgegeben. In diesem Werk, ergänzten und durchdrangen sich quellengestützte, wissenschaftliche Darstellung mit Patriotismus, staatsloyaler Haltung und Heimatverbundenheit.

1302 Doeberl (1861–1928) wurde in einer katholischen Kaufmannsfamilie in Waldsassen geboren, besuchte das Gymnasium in Kloster Metten und studierte in München Geschichte und klassische Philologie. Nach dem Abschluss trat er in den Schuldienst ein. Neben der Lehrtätigkeit setzte er die akademische Qualifikation mit Promotion und Habilitation fort und wirkte danach als Privatdozent und Honorarprofessor. 1909 wurde Doeberl in das Staatsministerium für Kultus und Schulangelegenheiten berufen und dort 1914 Ministerialrat. Ab 1915 war er ordentliches Mitglied der Bayerischen Akademie der Wissenschaften. 1917 übernahm Doeberl als Professor den Lehrstuhl für bayerische Landesgeschichte. Ein Schwerpunkt seiner Publikationen lag in der Geschichte Bayerns im 19. Jahrhundert. Doeberl war Monarchist, stand nach der Gründung der Republik der Bayerischen Volkspartei nahe und lehnte dementsprechend die Zentralisierungsbestrebungen der Reichsorgane ab. Zu Leben und Werk vgl. Hermann Oncken, Nekrolog auf Michael Doeberl, in: Jahrbuch der Bayerischen Akademie der Wissenschaften 1928/29, München, 1929, 73–78; Max Spindler, Der bayerische Historiker Michael Doeberl 1861–1928, in: 100 Jahre Corps Germania München, München, 1963, 16–23. Zur Verwurzelung Doeberls in der Oberpfalz vgl. https://www.oberpfaelzer-kloester.de/2021/03/19/michael-doeberl-1861-1928/, Zugriff: 12.07.2021.

Doeberl behandelt wegen der Fülle seines Stoffes das Konkordat in seiner ‚Entwicklungsgeschichte Bayerns' knapp.[1303] Er meint (502): Montgelas habe das von ihm entwickelte territorialistische Programm der absoluten Vorrangstellung des Staates gegenüber der Kirche nur zum Teil, nämlich gegenüber dem Klerus durchsetzen können. Ihm sei aber die völlige Einordnung der kirchlichen Organisation in das Staatswesen der souveränen Staatsgewalt nicht gelungen. Im Hinblick auf das ratifizierte Konkordat stellt Doeberl fest (584): Die bayerische Regierung habe zum Teil die Einrichtung einer bayerischen Landeskirche erreicht, jedoch um den Preis, dass die kirchenpolitische Gesetzgebung des 19. Jahrhunderts und früherer Zeiten in Fragen gestellt wurde. Doeberl listet (584–585) sechs Zugeständnisse auf, die die Kurie gemacht habe, um das Konkordat zum Abschluss zu bringen; für die Krone formuliert er neun Zugeständnisse.[1304] Anstelle einer eigenen Bewertung referiert Doeberl die durch einen Diplomaten vermittelte Meinung des österreichischen Staatskanzlers Metternich zu Konkordaten im Allgemeinen und zum Bayerischen Konkordat im Besondern (585): Metternich hielt demnach Konkordate für überflüssig; selbst das Bayerische sah er als einen Gräuel an und verheimlichte darüber nicht seine Missbilligung. Die Tegernseer Erklärung von 1821 bezeichnet Doeberl als einen Waffenstillstand (588) und berichtet, dass eine Zeitlang in der Erklärung eine Niederlage des Staates erblickt wurde, stellt dann aber selbst fest, dass sie nach dem Staatsrecht keine rechtliche Wirkung hätte haben können, da dazu nach der Verfassung von 1818 die Mitwirkung der Stände nötig gewesen wäre (589).

Doeberl stellt ‚nur' die Fakten dar, die ihm zugänglich waren. Einer eigenen Bewertung und profilierten Stellungnahme enthält er sich. Er referiert andere Meinungen, die als seine eigenen zu gelten haben; warum sonst würde er sie anführen? Wenn er im Konkordat mitsamt der Tegernseer Erklärung keine Niederlage des Staates sieht, aber auch nicht von Sieg oder Niederlage der Kirche spricht, dann lässt sich daraus folgern, dass er das Konkordat mit Gewinnen und Verlusten für beide Seiten qualifiziert, aber doch mit einer Tendenz zugunsten des Staates.

1303 Michael Doeberl, Entwicklungsgeschichte Bayerns, Bd. 2, München, Oldenbourg, 1928[3]; die folgenden Seitenangaben in Klammern im Text beziehen sich auf diese Ausgabe.

1304 Als kirchliches Zugeständnis führt M. Doeberl die Errichtung von zwei Kirchenprovinzen an. Doch gerade das war kein Akt der Zustimmung zugunsten, sondern gegen den Wunsch der Krone, die ja nur eine bayerische Kirchenprovinz unter einem Metropolitanerzbischof gewünscht hatte. Von Zugeständnis könnte daher hier nur insofern gesprochen werden, als sich die Territorien aller bayerischen Diözesen ganz im bayerischen Staatsgebiet befanden, also kein ausländischer Bischof in Bayern Jurisdiktion besaß.

Geiger, Karl August; Das bayerische Konkordat vom 5. Juni 1817, 1918

Geiger[1305] veröffentlichte sein Werk ‚Das bayerische Konkordat vom 5. Juni 1817‘[1306] im Jahr 1918, das, was Motivation und Darstellung betrifft, als praktisch-apologetische Schrift zu verstehen ist. Es war die Zeit am Ende des ersten Weltkriegs, als die Ordnung des überkommenen Verhältnisses zwischen Staat und Kirche wankte und zu zerbrechen drohte. Geiger würdigt schon im Vorwort das Konkordat, das seine Geltung länger behauptet habe als andere zuvor, die bereits dem Zeitgeist zum Opfer gefallen wären; dagegen habe das bayerische Konkordat seine Lebenskraft und Existenzberechtigung auch im Kulturkampf erwiesen, als immer wieder zur Lösung aller kirchenpolitischen Streitfragen auf die Trennung von Kirche und Staat hingewiesen und hingearbeitet worden sei (III). Geiger sieht im Konkordat von 1817 eine neue Gestalt des Verhältnisses von Kirche und Staat und eine neue Rechtsgrundlage zur Entfaltung der segensreichen Tätigkeit der Kirche im Staat (IV). Er meint, das Konkordat sei für Kirche und Staat wertvoll genug, um auch künftig aufrechterhalten zu werden, denn es bringe dem König mit den Besetzungsrechten eine Stellung, die kein früherer Bayerischer Fürst gehabt habe und die Kirche habe ein festes staatsrechtliches Fundament und eine Regelung des Gesamtverhältnisses zum Staat erhalten (163). Die Anerkennung der Säkularisierung habe der Kirche zugleich die Dotationen als öffentlich-rechtliche Verbindlichkeiten gebracht (163). Geiger, der im Hinblick auf die Kirche an der Vorstellung der societas perfecta (165) festhält, sieht im koordinierten Verhältnis von Staat und Kirche trotz aller Mängel den größten Vorteil für Staat und Kirche, der durch eine Trennung

---

1305 Geiger (1863–1937) studierte Theologie in München und empfing 1885 die Priesterweihe. Schon 1886 wurde er zum Dr. theol. promoviert, wirkte anschließend als Kaplan in Augsburg und wurde 1888 Hofkurat des Schlosses Nymphenburg. Im Jahr 1902 übernahm er die Professuren für Kirchenrecht und Philosophie am königlichen Lyzeum in Dillingen, das der Priesterausbildung des Augsburger Bistums diente. Geiger veröffentlichte Studien zu pastoral-praktischen Fragestellungen (Handbuch für die gesamte Pfarramtsverwaltung im Königreiche Bayern, erschienen in mehreren Auflagen; Die bayerische Kirchen-Gemeinde-Ordnung vom 24. September 1912, erschienen 1913; Die Wahl des Glaubensbekenntnisses nach bayerischem Recht. – Ein Kommentar zu §§ 5–11 der II. Beilage zur Verfassung, erschienen 1899). Die biographischen Daten sind entnommen von: https://de.wikipedia.org/wiki/Karl_August_Geiger, Stand: 03.04.2020, Zugriff: 30.06.2021.

1306 Das bayerische Konkordat von 5. Juni 1817. Säkularerinnerung von Dr. Karl August Geiger, Regensburg, Manz, 1818; die folgenden Seitenangaben in Klammern im Text beziehen sich auf diese Ausgabe.

der beiden jedenfalls verloren gehe (166). Das Konkordat, so Geigers Resümee, habe bislang beiden Seiten mehr Gewinne als Nachteile gebracht und es biete auch für die Zukunft die sicherste Bürgschaft für eine gedeihliche Kulturentwicklung, an welcher Staat und Kirche gleichmäßig mitzuwirken haben (166).

Geiger sieht das Konkordat somit positiv für beide Seiten. Er ist daher ein Verteidiger des Konkordats, das eine Koordination von Kirche und Staat darstellt und verlangt. Vor allem aber will Geiger das bzw. ein Konkordat erhalten, da die Aufhebung oder Abschaffung nach die Trennung von Kirche und Staat nach dem französischen Beispiel und das jedenfalls zum Nachteil der Kirche mit sich bringen würde. Geiger entscheidet also nicht, ob das Konkordat dem Staat oder der Kirche vorteilhafter ist, sondern ihm ist wichtig herauszustellen, dass das Konkordat von 1817 in jedem Fall besser für die Kirche war als ein ungeordnetes Verhältnis von Staat und Kirche. Damit plädiert Geiger dafür, auch zukünftig dafür zu sorgen, dass das Staat-Kirche-Verhältnis in Bayern durch ein Konkordat geregelt wird; das geschah dann mit dem (neuen) Bayerischen Konkordat von 1924.

Doeberl, Anton; Die Bayrischen Konkordatsverhandlungen in den Jahren 1806 und 1807, 1924

Anton Doeberl[1307] behandelt in seiner Studie ‚Die Bayrischen Konkordatsverhandlungen in den Jahren 1806 und 1807‘[1308] gemäß dem Titel zwar nur einen

1307 Anton Doeberl (auch Döberl, 1879–1940), übrigens ein Neffe von Michael Doeberl, wurde 1904 für die Diözese Regensburg zum Priester geweiht und zunächst in der nördlichen Oberpfalz eingesetzt. Nach einem Jahr als Kaplan am Campo Santo Teutonico in Rom, der ihm Gelegenheit zu Quellenforschungen in den Vatikanischen Archiven gab, war er wieder in der heimatlichen Pfarrseelsorge eingesetzt; ab 1926 zugleich als Regens des Priesterseminars. 1935 wurde er Mitglied des Domkapitels und 1940 Generalvikar. Nur wenige Monate später verstarb er. Neben seiner amtlichen Tätigkeit publizierte Doeberl ab 1912 bis 1939 eine ganze Reihe von Büchern, Aufsätzen und Beiträgen zu kirchengeschichtlichem Themen des 19. Jahrhunderts und zu kirchlichen Führungspersönlichkeiten des Bistums Regensburg. Sein besonderes Interesse galt Bischof Johann Michael Sailer. Die Informationen sind Internetseiten entnommen. Zur Biographie: Anton Doeberl, in: Kritische Online-Edition der Tagebücher Michael Kardinal von Faulhabers (1911–1952), URL: https://www.faulhaber-edition.de/kurzbiografie.html?idno=01972, Zugriff am 12.07.2021; Doeberl, Anton, Indexeintrag: Deutsche Biographie, https://www.deutsche-biographie.de/pnd12214046X.html, Zugriff: 12.07.2021.

1308 Die Bayrischen Konkordatsverhandlungen in den Jahren 1806 und 1807, mit einem Anhang ungedruckter Aktenstücke auf Grund der Vatikanischen

wichtigen Abschnitt der Konkordatsverhandlungen, doch kommt er in einem Ausblick auch auf das Bayerische Konkordat von 1817 zu sprechen.

Doeberl ist überzeugt, dass der Text des Konkordats einen Kompromiss darstelle, da der Staat von einer reinen Punktation und die Kirche von manchen strengen kanonischen Forderungen zurückgewichen sei (124–125). Der Kirche sei es darum gegangen, gegenüber der Ein-Schwert-Theorie des absolutistischen Staates, das Prinzip der Koordination der beiden Gewalten zu wahren (125). Die Kirche habe deshalb nicht an allen überkommenen Rechten der Advokatie des Staates gerüttelt, sondern mit dem Ernennungsrecht des Königs Zugeständnisse an den modernen Staat gemacht; sie habe sich mit dem Widerruf nur der Gesetze begnügt, die der Glaubenslehre entgegenstehen (125). Der Staat aber habe dem Konkordat die Spitze abbrechen wollen und das Verhältnis von Kirche und Staat sowie die Beziehungen zu den Konfessionen wieder einseitig regeln wollen, das sei das Motiv für die Verabschiedung der Verfassung von 1818 und dem dazugehörenden Religionsedikt gewesen; wobei dem Religionsedikt der praktische Vorrang vor dem Konkordat zugekommen sei (126–127). Die Tegernseer Erklärung von 1821 habe zwar den Widerspruch zwischen Konkordat und Religionsedikt nicht beseitigt, aber zumindest ermöglicht, dass der Verfassungseid abgelegt (128) und damit das Konkordat vollzogen werden konnte. Das Konkordat habe die ursprünglichen Ziele der Kirche nicht voll erfüllt, doch seit der Tegernsee Erklärung sei ein modus vivendi gefunden worden und bei allen auftretenden Erschütterungen habe doch stets das Bestreben gesiegt, die Harmonie zwischen Kirche und Staat im beiderseitigen Interesse wiederherzustellen (128).

Bei Doeberls Darstellung ist zu berücksichtigen, dass er seine Studie verfasste, als das Konkordat von 1817 mit dem Untergang der Monarchie praktisch nicht mehr handhabbar war, dass über ein neues Konkordat verhandelt wurde und dass in Bayern die bayerische Volkspartei als Partei des politischen Katholizismus einen gewichtigen (kirchen-)politischen Einfluss ausübte. Seine Einschätzung des Konkordats als kirchlicher Interessenvertreter lautet somit: Der Wortlaut des Konkordats von 1817 war gut und

---

Archivalien, München und Freising, Datterer, 1924; die folgenden Seitenangaben in Klammern im Text beziehen sich auf diese Ausgabe. Ein Verdienst Doeberls besteht darin, dass er die Dokumente aus dem Vatikanischen Archiv (v. a. Berichte des Nuntius della Genga und des Uditore Troni) im Anhang seiner Arbeit zugänglich gemacht hat.

ausgewogen. Der Staat habe durch die Verfassung von 1818 und das Religionsedikt aus staatskirchenrechtlichen Interessen eine Störung des Vollzugs zu seinen Gunsten in das Verhältnis von Staat und Kirche eingetragen. Diese sei aber in gegenseitigem Interesse stets klein gehalten worden. Was es nun brauche, so lässt sich folgern, ist daher ein neues Konkordat, das das Prinzip der Koordination von Kirche und Staat wieder aufgreift und neu festschreibt.

Bastgen, Beda; Bayern und der Heilige Stuhl in der ersten Hälfte des 19. Jahrhunderts, 1940

Bastgen[1309] schloss das Werk ‚Bayern und der Heilige Stuhl in der ersten Hälfte des 19. Jahrhunderts'[1310] im Jahr 1939 ab – eine Frucht seiner intensiven Archivstudien. Bastgen war insbesondere daran gelegen, die einzelnen

1309 Hubert Jacob (Pater Beda) Bastgen (1876–1946) stammte aus einer katholischen Handwerkerfamilie in Cochem. Er studierte von 1896 bis 1900 Theologie in Trier und wurde dort 1900 zum Priester geweiht. Nach kurzer Kaplanszeit studierte er weiter und wurde 1906 in Breslau zum Dr. Theol., 1907 in Berlin zum Dr. Phil. und 1908 in Rom (Accademia dei Nobili Ecclesiastici) zum Dr. iur. can promoviert. Bastgen habilitierte sich 1910 in Straßburg, wo er dann Kirchengeschichte und Kirchenrecht lehrte. Von 1916 bis 1918 verhandelte er mit über eine Kirchenunion der bulgarisch-orthodoxen Kirche mit der römisch-katholischen Kirche. Bastgen veröffentlichte zahlreiche Werke aufgrund seiner Forschungen, die er in den Vatikanischen Geheimarchiven von 1920–1930 betrieb. 1932 trat Bastgen als P. Beda in die Benediktinerabtei Schäftlarn ein und setzte dort seine wissenschaftliche Tätigkeit und Publikationen fort, wobei die Schwerpunktthemen die Bischofsstuhlbesetzungen, Mischehen und das Staat-Kirche Verhältnis waren. Die biographischen Hinweise sind entnommen aus URL: https://rpb.lbz-rlp.de/cgi-bin/wwwalleg/srchrnam.pl?db=rnam&recnums=0011301, Stand: 11.07.2006, Zugriff: 09.08.2022, hier Verweise auf weitere Biographien, etwa: Reimund Haas: Hubert Bastgen (1876–1946) und seine Forschungen aus dem Vatikanischen Archiv, in: Römische Quartalsschrift für christliche Altertumskunde und Kirchengeschichte, 88 (1993), 156–186.

1310 Bayern und der Heilige Stuhl in der ersten Hälfte des 19. Jahrhunderts, nach den Akten des Wiener Nuntius Severoli und der Münchener Nuntien Serra-Cassano, Mercy d'Argenteau und Viale-Prelà sowie den Weisungen des römischen Staatssekretariates aus dem Vatikanischen Geheimarchiv, 2. Bde., München, Stahl, 1940; die folgenden Seitenangaben in Klammern im Text beziehen sich auf diese Ausgabe.

Verhandlungsschritte zur Errichtung der neuen bayerischen Bistümer und Domkapitel nachzuzeichnen und dazu auch die Personalentscheidungen für die Stellenbesetzungen der Bischofsstühle und Domkapitel darzustellen. Da die Stellenbesetzungen nach dem Erlass der neuen Bayerischen Verfassung samt dem dazugehörigen Religionsedikt und der Tegernseer Erklärung unstrittig blieben, enthält sich Bastgen einer Gesamtbeurteilung des Konkordats bzw. belässt es bei wenigen, aber gleichwohl aufschlussreichen Zitaten. Bastgen zitiert die Äußerung eines österreichischen Staatsministers (193, Anm. 30): Der habe sich beklagt über die verhassten Grundsätze, die der römische Hof noch anwende bei der Einmischung in rein bürgerliche Dinge, die dem eisernen Zeitalter entsprächen, die Rom in den Konkordaten festhalte; das alles stehe den österreichischen Grundsätzen circa sacra entgegen, sodass das Konkordat nicht zu dulden sei. Und (ebd.) der König würde als Trottel bezeichnet werden, weil er sich von den österreichischen Grundsätzen des Staatskirchenrechts entfernt und von den römischen Prinzipien habe fangen lassen. Beda überliefert die Äußerung des Nuntius Leardi (195), dass durch die Verfassung von 1818 und das Religionsedikt auf einem Umweg sehr viele Punkte des Konkordats in den Block gespannt und vereitelt worden wären; der Rückgriff auf das frühere Religionsedikt und die Parität der Konfessionen sei aus böswilliger Verschlagenheit geschehen; man könne aus diesen Machenschaften klar den Zweck ersehen, dass damit das Konkordat fast unmöglich ausgeführt werden könne. Bastgen zitiert aus einem Bericht Helfferichs (196 mit Anm. 38): Was das Edikt anstößig macht, sei, dass es offen die Grundsätze verkünde, die der Staat bezüglich des ius circa sacra jahrhundertelang angewandt habe. Bastgen lässt also in seiner Darstellung des Konkordatsabschlusses und seiner Umsetzung erkennen, dass er das Bayerische Konkordat von 1817 für einen wichtigen Fortschritt zugunsten der kirchlichen Interessen und Freiheit sieht, mit dem das überkommene Staatskirchentum überwunden werden sollte. Der Vorteil der Kirche, im Grunde ein berechtigter Ausgleich, sei aber staatlicherseits hintertrieben worden, sodass das Konkordat kaum zur Geltung habe gelangen können.

Berücksichtigend, dass Bastgen sein Werk in der Hochzeit des Nationalsozialismus und nach Abschluss des Bayerischen Konkordats von 1924 bzw. des Reichskonkordats von 1933 veröffentlichte, ist in Bastgens Arbeit zum Bayerischen Konkordat von 1817 die Position zu erkennen, dass die Kirche, wie einst und auch in der Gegenwart, durch böswillige staatliche Aktionen in ihren Rechten geschmälert wird; zugleich kann jedoch in seinem Werk auch der Aufruf vernommen werden, dass die Kirche auf ihre konkordatsgemäßen Rechte bestehen müsse.

Hausberger, Karl; Staat und Kirche nach der Säkularisation, 1983

Hausbergers[1311] Habilitationsschrift ‚Staat und Kirche nach der Säkularisation. Zur bayerischen Konkordatspolitik im frühen 19. Jahrhundert'[1312] ist ein wichtiges Referenzwerk dieser Studie.

Hausberger beginnt sein Werk unter der Prämisse, dass sich das Konkordat vom 5. Juni 1817 bei aller Problematik gut hundert Jahre lang als tragfähiges Fundament für Kirche und Staat im Königreich Bayern erwiesen habe (VI). Mit der Tegernseer Erklärung wurde das Konkordat umgesetzt. Als Grund, diese Erklärung trotz des Widerspruchs zwischen Konkordat und Verfassung anzunehmen, nennt Hausmann die Hoffnung der Kurie, die Regierung werde loyal zum Konkordat stehen (290). Indem Hausberger diese Hoffnung als trügerisch qualifiziert, weil im gesamten 19. Jahrhundert das Staatskirchentum in Geltung geblieben sei (290–291), bezeichnet er zugleich die Regierung als illoyal. Diese Position belegt er dadurch, dass er die ambivalente Geschichte des Verhältnisses zwischen Staat und Kirche bis zum Untergang der Monarchie nachzeichnet (293–307). Hausberger schätzt – das ist aus seine Position zu folgern – zwar nicht das Konkordat selbst als einseitig vorteilhaft für Staat oder Kurie ein, geht aber davon aus, dass es durch die Illoyalität des Staates in der Auslegung des Konkordats zum Vorteil des Staates und zum Nachtteil der Kirche gekommen sei. Trotzdem habe sich kein anderer europäischer Staat, obwohl es vielfältige Auseinandersetzungen im Verhältnis von Staat und Kirche, Konkordat und Verfassung in Bayern gegeben habe, rühmen können, eine so dauerhafte Rechtsordnung der kirchlichen Verhältnisse zu besitzen, so Hausbergers irenisches Fazit.[1313] (307)

1311 Hausberger wurde 1944 in der Nähe von Landshut geboren, besuchte das Gymnasium in Straubing, studierte ab 1964 Katholische Theologie, wurde 1972 zum Priester geweiht und wirkte bis 1976 als Kaplan und Religionslehrer. Er wurde 1972 promoviert zum Doktor der Theologie, 1981 erfolgte die Habilitation und 1982 übernahm er den Lehrstuhl für Historische Theologie als Professor für mittlere und neue katholische Kirchengeschichte an der Universität Regensburg. 2009 wurde Hausberger emeritiert. Er ist weiterhin als Autor und Herausgeber tätig. Die biographischen Daten sind entnommen aus: https://de.wikipedia.org/wiki/Karl_Hausberger, Stand: 22. Juni 2021, Zugriff: 30.06.2021.

1312 In der Reihe: MThS, Histor Abteilung, 23. Bd, St. Ottilien, EOS Verlag, 1983; die folgenden Seitenangaben in Klammern im Text beziehen sich auf diese Ausgabe.

1313 Hausberger beruft sich dabei auf das Urteil von Georg Franz-Willing, Die Bayerische Vatikangesandtschaft 1803–1934, München, 1965, 25.

Voll, Otto; Handbuch des Bayerischen Staatskirchenrechts, 1985

Otto J. Voll, Ministerialdirigent im Bayerischen Staatsministerium für Unterricht und Kultus, verfasste unter Mitwirkung des Ministerialrats Johann Störle das Handbuch des Bayerischen Staatskirchenrechts.[1314] Das Buch sei aus dem Bedürfnis entstanden, für den Verwaltungsalltag eine Handreichung zu Rechtsprechung und Literatur sowie die Rechtsprobleme des Staatskirchenrechts zu schaffen[1315] (V). Dem Sachteil im engeren Sinn ist ein Kapitel über die geschichtlichen Grundzüge der Entwicklung des deutschen und bayerischen Staatskirchentums vorangestellt.

Die Ausführungen zum Bayerischen Konkordat von 1817 finden sich unter der Überschrift ‚Das 19. Jahrhundert als Jahrhundert der Konkordate und die Kirchenhoheit des konstitutionellen Staates' (20–22). Das Bayerische Konkordat von 1817 sei mit seinen 19 Artikeln eine umfassende Regelung der Beziehungen zwischen dem Hl. Stuhl und dem Königreich Bayern; es hatte den Rang einer Verfassungsnorm, ja es sei Teil der Verfassung gewesen (21). Freilich hätten die Vorschriften des Religionsedikts (als Beilage zur Verfassung von 1818) dem König noch in recht weitem Umfang ermöglicht, in das kirchliche Geschehen einzugreifen (21). Insgesamt führte jedoch die Neuordnung der staatlichen Verhältnisse im 19. Jahrhundert zu dem entscheidenden Ansatz für den späteren Gehalt der Beziehungen zwischen Staat und Kirche im Sinne der Religionsfreiheit und der kirchlichen Selbstbestimmung, indem sie wenigstens schon einer begrenzten Distanzierung beider Sphären diente (22).

Volls Äußerungen aus Sicht der staatlichen Verwaltungsbürokratie ist zu entnehmen, dass er das Konkordat von 1817 als Teil eines staatlichen Veränderungsprozesses versteht, der im Hinblick auf die Kirche vom Staatskirchentum zu einer Kirchenhoheit des nun konstitutionellen Staates führte. Trotz mancher bleibender staatlich-königlicher Vorbehalte seien der katholischen Kirche auch begrenzte Selbstbestimmungsrechte zugesprochen worden. Staatliche Neuordnung zusammen mit dem Konkordat sei daher sowohl für den Staat als auch für die Kirche vorteilhaft gewesen, weil damit ein Schritt im Prozess der

1314 München, Boorberg, 1985; die folgenden Seitenangaben in Klammern im Text beziehen sich auf diese Ausgabe.

1315 Aufgrund derselben Motivation verfasste und begründete Otto Voll (zusammen mit Josef Voll) den Kommentar zum Bayerischen Stiftungsgesetz, inzwischen neu bearbeitet von Johann Störle, 6. Auflage, München, Boorberg, 2016, inkl. Ergänzungsblatt Stand: 01.05.2018.

gegenseitigen Distanzierung vollzogen worden sei, dem bis ins 20. Jahrhundert weitere Schritte folgten.[1316]

Für Voll ist damit das Konkordat für beide Seiten, Staat und Kirche, gleichermaßen von Vorteil gewesen.

Listl, Josef; Die Konkordatäre Entwicklung von 1817 bis 1988, 1991

Listl[1317] behandelt in einem Artikel mit dem Titel ‚Die konkordatären Entwicklung von 1817–1988'[1318] auch das Bayerische Konkordat von 1817. Dabei schickt er weiteren Erläuterungen die Feststellung voraus (428), dass mit dem Bayerische Konkordat von 1817 die kirchlichen Verhältnisse einigermaßen (!) geordnet worden seien und das Konkordat andere deutsche Staaten unter Zugzwang gebracht hätte, ebenfalls rechtliche Vereinbarungen über die kirchliche Neuordnung, zumeist in Form von Zirkumskriptionsbullen, mit dem Hl. Stuhl zu treffen.

Der Autor benennt (435) die Ziele, die der Staat mit dem Konkordatsabschluss erreicht und welche früheren Kontrollrechte er im Gegenzug aufgegeben habe. Nach dem Wortlaut des Konkordats gewährte es dem Staat unbestreitbar

1316 Was Voll aus staatlicher Perspektive als Distanzierungsprozess beschreibt, ist aus kirchlicher Sicht, vgl. etwa Franz Andreas Frey und seine Bemühung um eine freie Kirche in einem freien Staat, als Schritt kirchlicher Emanzipation bzw. Befreiung von staatlicher Bevormundung zu benennen.

1317 Listl (Josef, auch Joseph, 1929–2013) trat nach dem Abitur der Gesellschaft Jesu bei, studierte an den Ordenshochschulen in München-Pullach sowie St. Georgen in Frankfurt und wurde 1958 zu Priester geweiht. Ab 1960 studierte er an der Universität Bonn Rechtswissenschaft, legte das erste Staatsexamen ab, wurde 1970 promoviert und habilitierte sich 1977. Listl war Gründungsdirektor und langjähriger Leiter des Instituts für Staatskirchenrecht der Diözesen Deutschlands in Bonn und zugleich Professor für Kirchenrecht an der Katholisch-Theologischen Fakultät der Universität Augsburg. Er forschte zum Verhältnis von Staat und Kirche sowohl mit dem Blick des staatlichen Rechts als auch aus der Perspektive des katholischen Kirchenrechts. Zur Biographie Listls und seiner kirchlichen Würdigung vgl. Gerda Riedl, Zum Tod von Professor Dr. Joseph Listl SJ (1929–2013) – ein Nachruf, erschienen auf der Homepage des Bistums Augsburg, URL: https://bistum-augsburg.de/Nachrichten/Zum-Tod-von-Professor-Dr.-Joseph-Listl-SJ-1929-2013-ein-Nachruf_id_188665, eingestellt: 28.08.2013, Zugriff: 05.07.2021.

1318 Josef Listl, Die Konkordatäre Entwicklung von 1817–1988, in: HBayKG, Bd. 3, 427–463; die folgenden Seitenangaben in Klammern im Text beziehen sich auf diese Ausgabe.

immer noch weitgehende Einflussrechte, dies bedeutete aber wegen der darin enthaltenen Garantie der staatsunabhängigen bischöflichen Kirchenleitung ein bedeutsames Abgehen von der früheren Staatskirchenhoheit (435). Freilich sei das Konkordat dann durch die Verfassung und das Religionsedikt zu einem bloß drittrangigen (!) Annex der Verfassung geworden (437). Die Tegernseer Erklärung sei ein Formelkompromiss, letztlich ein Scheinkompromiss gewesen, der in der Staatspraxis zwischen Kirche und Staat eine einträchtige Kooperation ermöglicht habe (439). Die Kurie habe sich darauf eingelassen in der wirklichkeitsfernen trügerischen Hoffnung, dass die Staatsregierung das Konkordat loyal auslegen und anwenden werde, wo doch im gesamten 19. Jahrhundert in Deutschland das Staatskirchentum in Geltung geblieben sei. Die Tegernseer Erklärung habe Konflikte zwischen Staat und Kirche nicht ausgeschlossen, sondern vielmehr vorprogrammiert (440). Außerdem beweise die Ersetzung der im Konkordat zugesicherten Dotationen durch jährliche Geldleistungen die mangelnde Bereitschaft des Staates, seinen vertragsmäßig eingegangenen Verpflichtungen nachzukommen (441). Listl zeichnet nach dieser Schlussfolgerung die von Entspannung und Streit gekennzeichnete Geschichte des Verhältnisses zwischen Staat und Kirche bis zum Untergang der Monarchie nach.

Listls Darlegungen bedeuten im Resümee, dass das Konkordat zwar für beide Seiten ausgewogen abgefasst, aber dann in seinen Wirkungen durch das illoyale Agieren der königlichen Regierung einseitig zum Vorteil des Staates gewendet worden sei.

Weis, Eberhard; Die Begründung des modernen Bayerischen Staates unter König Max I. (1799–1825), 2003

Weis[1319] behandelt das Bayerische Konkordat von 1817 im Rahmen eines Artikels mit dem Titel ,Die Begründung des modernen bayerischen Staates unter

1319 Weis (1925–2013) wuchs in Schmalkalden auf und kam nach 1945 in die Gegend Münchens. Er studierte Geschichte, Französisch und Deutsch. 1952 wurde er in Geschichte promoviert, absolvierte anschließend die bayerische Archivausbildung und arbeitete danach im bayerischen Archivdienst. 1969 habilitierte sich Weis mit einer biographischen Studie zu Maximilian von Montgelas. Im selben Jahr wurde er ordentlicher Professor an der FU Berlin; schon 1970 in Münster und von 1974 bis zu seiner Emeritierung 1991 hatte Weis den Lehrstuhl für Geschichte der Frühen Neuzeit an der Ludwig-Maximilians-Universität in München inne. Sein Forschungsschwerpunkt war das Europa im Umbruch 1750–1850, wobei er die französische und deutsche, speziell die bayerische

König Max I. (1799–1825)'.[1320] Der Autor vertritt dabei die Überzeugung (110), dass der ratifizierte Text des Konkordats zumindest einige missverständliche Formulierungen enthalten habe, die den Eindruck erwecken konnten, als ob Bayern auf Religionstoleranz und Konfessionsparität sowie auf alte und neue Kirchenhoheitsrechte verzichten wolle, weshalb die königliche Regierung, im Sinne einer einseitigen, authentischen Erklärung und Auslegung, vor der Publizierung des Konkordats die neue Verfassung und das dazugehörige Religionsedikt verabschiedet habe. Den Gewinn des Staats durch das Konkordat erkennt Weis (110–111) in der Schaffung einer Kirchenorganisation innerhalb der Grenzen Bayerns und der umfangreichen Mitwirkungsrechte bei der Bestellung kirchlicher Amtsträger, allen voran das Nominationsrecht für alle (Erz-)Bischöfe, die dem König außerdem einen Treueeid leisten mussten. Als Zugeständnisse des Staates benennt Weis (111) den Verzicht auf Kontrollrechte über die Kirche, die Unterhaltsleistungen für Bischöfe und Domkapitel, die Errichtung einiger Klöster, weiterer Hilfsleistungen und die Ausdehnung der kirchlichen Gerichtsbarkeit. Der Blick allein schon auf das Konkordat vermittle den Eindruck (111), als habe der Staat dabei mehr gewonnen, und wegen der staatskirchenrechtlich anstößigen Passagen sei das Religionsedikt erlassen worden, wodurch am Ende das Konkordat als einfaches Gesetz gegenüber Verfassung und Religionsedikt nur subsidiären Charakter besessen habe (112). Die Tegernseer Erklärung habe nur einen Widerspruch verdeckt, ohne ihn aufheben zu können; die Staatspraxis habe sich nach dem Religionsedikt gerichtet, dennoch wurde ein modus vivendi gefunden (112–113), der, wie die königliche Nomination der (Erz-)Bischöfe zeigt, immerhin bis zum Ende der Monarchie 1918 gehalten habe (113).

Geschichte dieser Epoche bearbeitete. Weis war seit 1979 ordentliches Mitglied der Bayerischen Akademie der Wissenschaften und der Kommission für bayerische Landesgeschichte. Sein wissenschaftliches Werk wurde mit etlichen Preisen und ehrenhaften Mitgliedschaften bedacht. Eberhard Weis starb 2013. Die biographischen Angaben stammen von: https://de.wikipedia.org/wiki/Eberhard_Weis, zuletzt geändert am 29.04.2022, Zugriff: 09.08.2022. Würdigung von Weis und seines Werkes durch die Historische Kommission der Bayerischen Akademie der Wissenschaften, URL: https://www.historischekommission-muenchen.de/fileadmin/user_upload/dateien/sonstige/Nachruf_Eberhard_Weis.pdf, eingestellt: 17.06.2012, Zugriff: 09.08.2022.

1320 In: Alois Schmid (Hg.): HBG. Bd. IV,1, 3–126, insbesondere, 109–113; die folgenden Seitenangaben in Klammern im Text beziehen sich auf diese Ausgabe.

Weis nimmt bei der Bewertung des Konkordats konsequent nur die Perspektive des Staates ein: Schon das Konkordat sei trotz mancher Zugeständnisse ein Gewinn für den Staat gewesen. Der Vorteil sei abgesichert worden, indem nachteilige Interpretationsmöglichkeiten des Konkordats durch die Verfassung und das Religionsedikt ausgeschlossen wurden. Die für die praktische Staatsverwaltung unerhebliche Tegernseer Erklärung war somit eine kirchenpolitisch einladende Geste an die Kurie, sich auf einen modus vivendi gesichtswahrend einzulassen.

Zusammenschau und Folgerungen der Autoren zum Konkordat

Bei der Zusammenschau und Auswertung der Stellungnahmen der Autoren, unter ihnen 50 % Priester,[1321] aus der Zeit von 1817 bis 2003 zum Bayerischen Konkordat von 1817 ergeben sich komprimiert folgende Aussagen:

Brenner, Priester und Professor am Lyzeum und Domkapitular, ist voll des Lobes über das unterzeichnete Konkordat. Die mit dem Bayerischen Konkordat von 1817 auch für das Erzbistum Bamberg geschaffene Verfassung sei weit schöner und fruchtbarer als die frühere. Brenner sieht daher das Konkordat als vorteilhaft für die Kirche an.

Ranke, ein protestantischer Historiker, meint, dass das Konkordat für Staat und Kirche ausgewogen verfasst worden sei, doch sei es in seinen praktischen Auswirkungen durch die von Bayern erlassenen Gesetze zugunsten des Staates verändert worden.

Sicherer, ein liberaler Verfechter des Staatskirchentums, konstatiert, dass der Text des Konkordats zugunsten der Kirche und zur Sicherung des kurialistischen Systems ausgefallen sei. Doch zum Nachteil der kirchlich fixierten Position im Konkordatstext sei die Rettung der staatlichen Souveränität durch den Erlass der Verfassung gelungen.

Michael Doeberl, Katholik, Historiker und Staatsbeamter, meint, dass das Konkordat mit Gewinnen und Verlusten für beide Seiten ausformuliert und fixiert worden sei. Durch die nachfolgende staatliche (Verfassungs-)Gesetzgebung sei jedoch das Konkordat im praktischen Vollzug tendenziell zugunsten des Staates ausgefallen.

Geiger, Priester und Professor am Lyzeum, sieht den Konkordatstext ausgewogen für beide Seiten ausformuliert. Auch die praktische Anwendung schätzt er als positiv für beide Seiten ein, weil der Konkordatstext eine geordnete

1321 Das sind die Autoren: Brenner, Geiger, Anton Doeberl, Bastgen, Hausberger, Listl.

Koordination von Kirche und Staat darstellt und verlangt. Besseres konnte es für die Kirche 1817, aber auch für das zukünftige Staat-Kirche-Verhältnis in Bayern nicht geben.

Anton Doeberl, Priester, Historiker und Domkapitular, meint, dass der Konkordatstext 1817 ausgewogen für eine Koordination von Kirche und Staat verfasst worden sei. Der Staat habe dann durch die Verfassung von 1818 und das Religionsedikt aus staatskirchenrechtlichen Interessen eine Änderung zu seinen Gunsten bewirkt. Wichtig sei jedoch nach wie vor, am Prinzip der Koordination von Kirche und Staat festzuhalten.

Bastgen, Priester, Historiker und Kirchenrechtler, konstatiert, dass das Bayerische Konkordat von 1817 für einen wichtigen Fortschritt zugunsten der kirchlichen Interessen und Freiheit steht. Dieser Vorteil aufgrund der festgeschriebenen Koordination von Kirche und Staat anstelle des überkommene Staatskirchentums sei staatlicherseits hintertrieben worden. Die praktische Anwendung des Konkordats sei somit zugunsten des Staates und des Staatskirchentums erfolgt.

Hausberger, Priester und Historiker, stellt fest, dass das Konkordat ausgewogen für Staat und Kirche formuliert worden sei. Doch durch die Illoyalität des Staates in der Auslegung sei es zum Vorteil des Staates und zum Nachtteil der Kirche gekommen. Der Wert des Konkordates von 1817 ergebe sich aus der Dauerhaftigkeit der rechtlichen Ordnung der kirchlichen Verhältnisse.

Voll, bayerischer Ministerialdirigent, meint, dass sowohl der Konkordatstext als auch die Anwendung des Konkordats für Staat und Kirche gleichermaßen vorteilhaft gewesen sei, trotz mancher bleibender Vorbehalte zugunsten des Staates. Der Vorteil liege demnach in der Wandlung vom Staatskirchentum zur Kirchenhoheit des Staates und in der Entwicklung hin zur Trennung bei gleichzeitiger Koordinierung von Staat und Kirche.

Listl, Priester, Rechtswissenschaftler und Kirchenrechtler, resümiert, dass das Konkordat von 1817 zwar für beide Seiten ausgewogen abgefasst, aber dann in seinen Wirkungen durch das illoyale Agieren der königlichen Regierung einseitig zum Vorteil des Staates gewendet worden sei.

Weis, bayerischer Staatsbeamter und Historiker, äußert, dass schon das Konkordat trotz mancher Zugeständnisse an die Kirche ein Gewinn für den Staat gewesen sei. Der Vorteil sei gesichert worden, indem nachteilige Interpretationsmöglichkeiten des Konkordats durch die (Verfassungs-)Gesetzgebung ausgeschlossen wurden.

Daraus folgt für die Bewertung des Konkordatstextes: Von elf Autoren sind acht, davon fünf Priester, überzeugt, dass der Text des Konkordats von 1817 für Staat und Kirche ausgewogen formuliert wurde. Zwei Autoren, ein Priester und ein Vertreter des Staatskirchentums, kommen hingegen zur Auffassung, dass der Konkordatstext zugunsten der Kirche verfasst worden ist. Ein Autor vertritt die Meinung, dass das Konkordat selbst schon zum Nachteil der Kirche verfasst war. Das Konkordat wird somit über die Zeiten hinweg mit deutlicher Mehrheit als gelungen und ausgewogen für beide Seiten gewürdigt.

Für die Einschätzung der Wirkungsgeschichte bzw. praktischen Anwendung ergibt sich folgendes Ergebnis: Von zehn[1322] Autoren, vertreten acht, davon vier Priester, die Auffassung, dass das Konkordat durch die staatliche (Verfassungs-)Gesetzgebung zum Nachteil der Kirche und zum Vorteil des Staates verändert worden sei. Zwei Autoren, ein Priester und ein Ministerialbeamter, sind der Meinung, dass die Anwendung des Konkordats für Staat und Kirche gleichermaßen vorteilhaft, also ausgewogen gewesen sei. Die Geschichte der Konkordatsumsetzung wird über die Zeiten hinweg mit deutlicher Mehrheit als Veränderung und Anwendung des Konkordats zugunsten des Staates gesehen.

Wenn auch der Entfaltungsrahmen des ratifizierten Konkordats durch die nachfolgende, einseitige und illoyale staatliche Gesetzgebung verändert wurde, sei doch, so meinen einige Autoren, das Konkordat in Text und Wirkungsgeschichte auf einer anderen Ebene noch positiv zu würdigen. Denn es zielte a.) eine geordnete Koordination von Kirche und Staat an und habe das auch in seiner Anwendung eingefordert, so sinngemäß die Autoren Geiger, M. Doeberl und Bastgen; darüber hinaus leitete es b.) den Wandel vom Staatskirchentum zur Kirchenhoheit des Staates ein und somit die Entwicklung hin zur Trennung von Staat und Kirche bei gleichzeitiger Koordinierung im 20. Jahrhundert, so zumindest sinngemäß der Autor Voll.

Insgesamt ist daher aufgrund der unterschiedlich aufgegriffenen und akzentuierten Aspekte festzuhalten, dass das Bayerische Konkordat von 1817 in Text und Wirkungsgeschichte für Kirche und Staat und ihr gegenseitiges Verhältnis positiv zu bewerten ist. Es markiert nämlich – auch jenseits der konkreten Formulierung und schwankenden praktischen Anwendung – einen Neuansatz im Staat-Kirche-Verhältnis, der den Weg zur gegenseitigen Distanzierung oder anders ausgedrückt, zur gegenseitigen Emanzipation beider Institutionen bei gleichzeitiger Verwiesenheit und Koordination eröffnete.

1322 Brenner kann hier nicht gezählt werden, da er seine Würdigung des Konkordats schon 1817 verfasste, also vor der nachfolgenden staatlichen Gesetzgebung.

6.5 Wirkung und Nachwirkungen des Konkordats

Nach der Abgabe der Tegernseer Erklärung durch den König wurde das bayerische Konkordat umgesetzt, das mit Datum vom 05. Juni 1817 abgeschlossen worden war. Nun kamen die Regelungen des Konkordats in vielen konkreten Einzelereignissen zum Tragen, etwa in der Ernennung je eines Dompropstes für die Domkapitel durch den König. Darüber hinaus entfaltete das Konkordat im Ganzen einen Einfluss auf das kirchlich-staatliche Verhältnis und die bayerische Kirchengeschichte, der knapp aufzuzeigen ist.

6.5.1 Das bleibend ungeklärte Verhältnis von Staat und Kirche

Die Tegernseer Erklärung konnte keine Wirkung entfalten; in Bezug auf die tatsächlichen Rechtsverhältnisse hatte sie keine Bedeutung für die Zuordnung von Religionsedikt und Konkordat. Eine allerhöchste Entschließung eines Königs, der sich selbst durch Eid an die Verfassung (von 1818) gebunden hatte, konnte die Widersprüche zwischen den einzelnen Bestimmungen der Verfassung und den zu ihr gehörenden weiteren Dokumenten nicht beseitigen und keine Änderung der Rechtslage herbeiführen bzw. keine rechtsverbindliche Interpretation oder Auslegungsregel statuieren. Es hätte daher keine Handlung des Königs gebraucht, sondern vielmehr die Zustimmung des Landtags des Königreichs. Allein die Geschichte der Entstehung der Tegernseer Erklärung, ein diplomatisches Ringen um Formulierungen, macht somit deutlich, dass man das heikle Thema der Grenze zwischen kirchlichem und staatlichem Zuständigkeitsbereich sowie des Verhältnisses zwischen Kirche und Staat nicht angegangen, sondern umgangen hat.[1323]

Die staatliche Seite betonte zwar immer wieder die Verbindlichkeit des Konkordats und den Willen, die Bestimmungen des Konkordats umsetzen zu wollen. Gleichzeitig bestanden die Vertreter der königlichen Regierung jedoch darauf, dass man nicht bereit war (entgegen dem Wortlaut des Konkordats!) dessen Vorrang anzuerkennen; Vielmehr beharrte man auf der Verbindlichkeit der Verfassung und des Religionsediktes für alle Bürger des Königreichs. Die Kurie hatte sich auf den Scheinkompromiss der Tegernseer Erklärung wegen der pastoralen Notlage eingelassen; von den acht bayerischen Bischofsstühlen waren ja sechs verweist. Andererseits hegte die Kurie die *„trügerische Hoffnung, die bayerische Regierung werde ungeachtet des Religions Ediktes den*

1323 Vgl. dazu den Abschnitt ‚Würdigung der Erklärung von Tegernsee nach ihrer rechtlichen und kirchenpolitischen Bedeutung', in: Geiger, Das bayerische Konkordat, 153–158.

Bestimmungen des Konkordats in loyaler Weise begegnen. Trügerisch war diese Hoffnung deshalb, weil auch in Bayern wie im übrigen Deutschland, das ganze 19. Jahrhundert hindurch der Staatskirchentum in Geltung blieb, wenn auch in den einzelnen Epochen nach Maßgabe der politischen und kirchlichen Gesamtkonstellation mehr oder minder stark ausgeprägt."[1324]

Vom politischen und kirchenpolitischen Kontext einerseits und dem persönlichen und amtlichen Standort der einzelnen Mitglieder der verschiedenen Kabinette andererseits hing es daher ab, wie sich der bayerische Staat entweder mehr an den im Konkordat garantierten Rechten der Kirche orientierte oder aber doch wieder starke staatskirchenhoheitliche Auffassungen hinsichtlich des innerkirchlichen Lebens durchsetzen wollte.[1325]

Unter König Ludwig I., der bei aller Förderung der katholischen *Kirche „streng über die Einhaltung des staatskirchlichen Systems*"[1326] wachte, wurde in der Ära des Innenministers Abel (amt. 1837–1847) eine betont prokatholische Politik verfolgt.[1327] Unter König Ludwig II. begann unter dem liberalen, sehr einflussreichen Kultusminister Johann Lutz (amt. 1867–1890), der von 1880 bis 1890 das Gesamtministerium führte, ein schleichender und zugleich wirksamer Kulturkampf gegen die katholische Kirche.[1328]

6.5.2 Gesicherte Kooperation und Rechtsfrieden

Für das 19. Jahrhundert kommt dem Konkordat von 1817 eine wesentliche gesellschaftspolitische Bedeutung zu. Obwohl das Konkordat durch einseitige staatliche Formalakte in seiner Bedeutung und Wirksamkeit eingeschränkt worden war, blieb doch sein Text ein von staatlicher und königlicher Seite aus respektiert und das trotz mancher Wirrungen und Spannungen im Verhältnis von Staat und Kirche. Mit dem unangetasteten Text wurde zugleich die gegenseitige Verwiesenheit von Kirche und Staat und die im Text bewahrte sowie als notwendig erkannten Kooperation präsent gehalten. Gegen diesen schriftlich fixierten und in der Gesellschaft anerkannten Grundsatz konnten sich die von verschiedenen Seiten vorgebrachten geistesgeschichtlichen und politischen

---

1324 Hausberger, Staat und Kirche, 290–291.

1325 Listl, Konkordatäre Entwicklung, 441–447, nennt dazu einzelner Episoden von 1821 bis zum Ende der Monarchie, z. B. den Streit um die Mischehen 1831, das Gesetz gegen die Wirksamkeit einiger Orden 1872.

1326 Hartmann, Bayerns Weg, 391.

1327 Vgl. Hartmann, Bayerns Weg, 391–394.

1328 Vgl. Hartmann, Bayerns Weg, 433–435.

Forderungen einer strikten Trennung von Kirche und Staat nicht durchsetzen. Einer Laizität, gar einer offensiven, wie sie beispielsweise mit dem französischen Konkordat von 1905 realisiert wurde, war damit in Bayern und im deutschen Raum der Ansatzpunkt entzogen.[1329]

In etlichen Bestimmungen des Konkordats von 1817 sind vermögensrechtliche Regelungen, näherhin Staatsleistungen für kirchliche Personen, Einrichtungen und Zwecke geregelt und abgesichert. Diese Staatsleistungen – ursprüngliche waren rentable Güterfonds angedacht, die aus verschiedenen Gründen in direkte monetäre Transferleistungen umgewandelt worden waren – sind keinesfalls eine freiwillige Selbstverpflichtung, die etwa auf einer wertschöpfenden oder ideellen Anerkennung kirchlichen Wirkens beruhte. Vielmehr sind sie eine Substitution für das aufgrund des Reichsdeputationshauptschlusses säkularisierte Kirchengut, eine Ersatzleistung, die ihrerseits im Reichsdeputationshauptschluss verbindlich gemacht war. Mit der Fixierung der Staatsleistungen war zugleich eine stillschweigende Anerkennung der Säkularisation von kirchlich-päpstlicher Seite gegeben.[1330] Damit war den privaten und öffentlichen Besitz- und Rechtsnachfolgern von säkularisiertem Kirchengut der ruhige Besitz dieser Güter gesichert, sodass *„für dieselben auch keine Gewissensverbindlichkeit zur Rückerstattung an die Kirche mehr besteht.“*[1331] Der Rechtsfrieden war somit langfristig gesichert.

6.5.3 Das Bayerische Konkordat von 1924

Nach dem ersten Weltkrieg veränderten sich die verfassungsrechtlichen Grundlagen mancher Staaten, das galt besonders für Deutschland, wo durch Revolutionen die kaiserlich-reichsdeutsche und (u. a.) königlich-bayerische Monarchie durch die Staatsform der Republik ersetzt wurden. Der Vollzug des bayerischen Konkordats von 1817 war in wesentlichen Punkten auf die monarchische Staatsform und den katholischen Monarchen zugeschnitten gewesen und außerdem war es formal mit der Bayerischen Verfassung von 1818 verknüpft, welche die konstitutionelle Monarchie als Staatsform des Königreiches Bayern etabliert hatte. Aufgrund des Wechsels der Staatsform und des

---

1329 Vgl. Geiger, Das bayerische Konkordat, 161–162.

1330 Diese wurde für den deutschen Bereich nie rechtlich, sondern nur faktisch hingenommen; im Gegensatz zu den Regelungen im französischen Konkordat vom 10.09.1801, Art 13.

1331 Geiger, Das bayerische Konkordat, 163.

nunmehr fehlenden Verfassungsorgans des Königs war jedoch das Konkordat von 1817 zwischen dem Königreich Bayern und dem Hl. Stuhl mehr als fragwürdig geworden. Dennoch wurde das Konkordat zunächst pragmatisch fortgeführt, indem etwa der Treueid der Bischöfe nicht mehr vor dem König, sondern gegenüber den Vertretern des Volksstaats abgelegt wurde, wie es das Kultusministerium verlangte; ebenso trat die neue Regierung in die Besetzungsrechte des Königs auf Pfarrstellen ein. Um das bayerische Staatswesen neu zu konstituieren, verabschiedeten der bayerische Landtag und die Staatsregierung eine neue Verfassung am 12. August 1919,[1332] die am 15. September 1919 in Kraft trat; diese wird nach ihrem Beratungs- und Abstimmungsort häufig als Bamberger Verfassung bezeichnet.[1333] Diese Bayerische Verfassung, die durch die Weimarer Reichsverfassung[1334] in ihrem Regelungsbereich eingeschränkt war, enthielt eine ganze Reihe von Bestimmungen, die die Eigenart Bayerns im Deutschen Reich bewahrten und sicherten. Hinsichtlich der Religion finden sich in der Bamberger Verfassung nur wenige Bestimmungen in den Artikeln 17–19, die insgesamt die hergebrachten Rechte der Religionsgesellschaften bzw. Kirchen übernehmen und sichern.[1335] Diese Artikel *„haben mit weitem Abstand die meisten rechtswissenschaftlichen Stellungnahmen zur Verfassungsurkunde ausgelöst."*[1336] Mit der Bayerischen Verfassung von 1919 war das Staatswesen

1332 Verfassungsurkunde des Freistaats Bayern, beschlossen am 12. August 1919 vom Landtag, verkündet am 14.08.1919 und in Kraft getreten am 15. September 1919, publiziert im Gesetz- und Verordnungsblatt für den Freistaat Bayern 1919, Nr. 58, 531–553. Die Verfassungsurkunde findet sich mit Hinweisen auf nachfolgende Veränderungen unter: URL: http://www.verfassungen.de/by/verf19-i.htm, Zugriff: 20.06.2022; ein Scan des Originaldokuments, also der im Landtag verteilte Entwurf mit den am 12.08. noch beschlossenen Veränderungen, findet sich unter URL: https://www.bavarikon.de/object/bav:GDA-OBJ-00000BAV80000828?lang=de, Zugriff: 20.06.2022. Die Bayerische Verfassung von 1919 wurde durch die bis heute geltende Verfassung des Freistaats Bayern vom 02.12.1946 aufgehoben.

1333 Zum Jubiläum der Verfassung fand 2019 in Bamberg eine Tagung statt: Die Beiträge sind dokumentiert in: Horst Gehringer, u. a. (Hgg.), Demokratie in Bayern. Bamberg, Verlagsdruckerei Schmidt, 2019.

1334 Verfassung des Deutschen Reichs bzw. Weimarer Reichsverfassung: beschlossen am 31.07.1919, verkündet am 11.08.1919 und in Kraft getreten am 14.08.1919, in: Deutsches Reichsgesetzblatt, Bd. 1919, Nr. 152, 1383–1418.

1335 Zum Staatskirchenrecht in dieser Verfassung vgl. Wittrek, Vom Eigen-Sinn der Bayerischen Verfassung, 83–111.

1336 Wittrek, Vom Eigen-Sinn der Bayerischen Verfassung, 105.

neu geordnet worden und so von staatlicher Seite eine Grundlage gegeben, auch das Verhältnis des Freistaats Bayern zur Katholischen Kirche neu abzustecken. Das war insofern nötig, da die Weimarer Reichsverfassung, die der Bayerischen Verfassung vorgeordnet ist, im Artikel 137 lapidar feststellt: *„Sie [Die Religionsgesellschaft] verleiht ihre Ämter ohne Mitwirkung des Staates oder der bürgerlichen Gemeinde."* Damit konnte das Konkordat von 1817 nicht einmal mehr stillschweigend fortgeführt werden.

Auch die Kirche reagierte auf die gewandelten Staatsverfassungen im Gefolge des Weltkriegs. Papst Benedikt XV. (amt. 1914–1922) erklärte 1921 in einer Konsistorialansprache, dass etliche Konkordate der vergangenen Zeit wegen der grundstürzenden politischen Veränderungen der letzten Jahre ihre Anwendbarkeit verloren hätten.[1337] Eines der vom Papst intendierten Konkordate war das Bayrische Konkordat vom 5. Juni 1817. Schon zuvor, im Dezember 1919 war der erste Anstoß zu neuen Konkordatsverhandlungen durch den päpstlichen Nuntius in Bayern, Eugenio Pacelli[1338], erfolgt. Im Januar 1920 stimmten Landtag und Regierung zu, förmliche Verhandlungen zu beginnen. Überraschend schnell im Vergleich zur Verhandlungsdauer zum Konkordat von 1817 konnten am 29. März 1924 Nuntius Pacelli, Ministerpräsident von Knilling, der Kultusminister und der Finanzminister den Text paraphieren. Das Konkordat[1339] wurde von bayerischer Seite am

---

1337 Vgl. Allocutio, v. 21.11.1921, in: AAS 13 (1921), 521.

1338 Eugenio Maria Giuseppe Giovanni Pacelli (1876–1958), geboren in Rom, Priesterweihe 1899, seit 1901 beschäftigt im Staatssekretariat, Promotion in Kirchenrecht und Professor für Kirchenrecht an der päpstlichen Diplomatenakademie, enger Mitarbeiter von Pietro Gasparri (der den CIC/1917 hauptverantwortlich konzipierte und ausarbeitete), 1917 Bischofsweihe und Nuntius für das Königreich Bayern, ab 1920 auch bei der dt. Reichsregierung. Pacelli wurde 1929 zum Kardinal kreiert und 1930 Kardinalsstaatssekretär. In seinen diplomatischen Dienst und seine Amtszeit fielen folgende Konkordatsabschlüsse: Bayern 1924, dt. Reich1929 Preußen, Baden 1932, Österreich 1933, dt. Reich 1933. Pacelli wurde 1939 zum Papst gewählt und nahm den Namen Pius XII. an. Seine Pontifikat war geprägt vom Bemühen zur Friedenssicherung, dem Schutz der Verfolgten und Vertrieben, im Jahr 1950 dogmatisierte er die Lehre von der leiblichen Aufnahme Mariens in den Himmel, er veröffentlichte 40 Enzykliken, um die päpstlichekatholische Lehre auszulegen; vgl. Roger Aubert, Art. Pius XII., in: $LThK^2$, Bd. 8, 538–539.

1339 Konkordat zwischen seiner Heiligkeit Papst Pius XI. und dem Staate Bayern – Concordato fra Sua Santitá Papa Pio XI e lo Stato Bavarese, vom 29.03.1924, publiziert am 22.01.1925, Text: Proömium und Art. 1–16, dt.-it., in: Gesetz- und Verordnungsblatt für den Freistaat Bayern, 1925, 53–60.

15. Januar 1925 mit einem Mantelgesetz[1340] ratifiziert und der Staatsvertrag als Anlage 1 angefügt.

Zum Inhalt[1341] des Konkordats von 1924 sei bemerkt: Es werden mehr Sachverhalte als im Vorgängerkonkordat bzw. detaillierter geregelt, wie etwa: Orden, Hochschulen, Lehrerbildung, Religionsunterricht, Seelsorge in den Anstalten. Die vermögensrechtlichen Verpflichtungen wurden weitgehend anerkannt und beibehalten, wie etwa die staatlichen Dotationen für Bischöfe, Kanoniker und andere bezugsberechtigte Kleriker. Neu eingeführt wurde das Recht der Kirche, Umlagen auf Grundlage der bürgerlichen Steuerlisten zu erheben.[1342] Ganz neu musste die Ernennung der Erzbischöfe und Bischöfe sowie die Besetzung der Kanonikate in den Domkapiteln geregelt werden; der Treueid der Bischöfe in die Hände des Königs entfiel. Das bayerische Konkordat von 1924 darf als gelungen betrachtet werden, weil es trotz der politischen Verwerfungen zwischen 1933 und 1948 bis ins Jahr 1965 ohne jede Anpassung, Ergänzung oder Änderung gegolten hat und bis heute, inzwischen mit etlichen Anpassungen, Gültigkeit hat.

Das Bayerische Konkordat von 1924 *„beruht auf der verfassungsrechtlichen Grundlage der Anerkennung einer zwar vom Staat grundsätzlich getrennten, eigenberechtigten und sich selbst verwaltenden, jedoch in öffentlich-rechtlicher Stellung befindlichen und konkordatsgesicherten Kirche, die in Deutschland aufgrund des Art. 137 der Weimarer Reichsverfassung den Rechtsstatus einer Körperschaft des öffentlichen Rechts besitzt.*“[1343] Durch das bayerische Konkordat

---

Zur Vorgeschichte des Konkordats, zur Paraphierung und Ratifizierung, zur Gliederung, zum Inhalt und zur Würdigung vgl. Hermann-Joseph Busley, Bayerisches Konkordat, 1924, publiziert am 02.06.2009; in: Historisches Lexikon Bayerns, URL: https://www.historisches-lexikon-bayerns.de/Lexikon/Bayerische s_Konkordat,_1924, Zugriff: 25.06.2022; zu den Konkordatsverhandlungen vgl. auch Listl, Konkordatäre Entwicklung, 448–452. Der Text findet sich unten im Anhang 3, 742.

1340 Gesetz zu dem Konkordate mit dem Heiligen Stuhle und den Verträgen mit den Evangelischen Kirchen, in: Gesetz- und Verordnungsblatt für den Freistaat Bayern, 1925, 53. *„Das Konkordat mit dem Heiligen Stuhle vom 29. März 1924 (Anlage 1) wird als Staatsvertrag genehmigt.*“, ebd.

1341 Vgl. Listl, Konkordatäre Entwicklung, 454–455.

1342 Für die übernommenen Verpflichtungen des Staates und die finanziellen Rechte der Kirche ist insbesondere Art. 10 des Konkordats einschlägig.

1343 Listl, Konkordatäre Entwicklung, 452–453. Zur heutigen Diskussion und Problematik des Körperschaftsstatus von Kirchen und anderen Religionsgemeinschaften in Deutschland vgl. die Aufsätze im Sammelband: Essener Gespräche zum

von 1924 wurde *„auf dem Gebiete der Beziehungen zwischen Staat und Kirche das verfassungs- und vertragsrechtlich begründete freiheitliche Kooperationssystem geschaffen, das für die staatskirchenrechtliche Grundordnung der Bundesrepublik Deutschland heute kennzeichnend ist."*[1344] Im Grunde wurde damit eingeholt, was die gemäßigten Vertreter und ehrlichen Makler des Hl. Stuhls und der ausklingenden Epoche der Aufklärung in Bayern schon mit dem bayerischen Konkordat von 1817 erreichen wollten.

6.5.4 Neue kirchliche Eigensicht – geklärtes Verhältnis zum Staat

Im Jahr 1965 erfuhr das Bayerische Konkordat von 1924 seine erste Veränderung. In diesem Jahr wurde auch das Zweite Vatikanische Konzil von Papst Paul VI. (amt. 1963–1978) beendet, das 1962 von Papst Johannes XXIII. (amt. 1958–1963) eröffnet worden war.

Bei diesem Konzil vergewisserte sich die Kirche ihrer selbst, genauer: sie versicherte sich dessen, was ihre eigene Rolle im Willen Gottes sei, der den Menschen in Jesus Christus Licht und Leben in Fülle schenken will. Die dogmatische Konstitution über die Kirche, Lumen Gentium,[1345] beginnt mit den Worten, „Jesus Christus ist das Licht der Völker." (Lumen Gentium, 1). Die Kirche wird in diesem Lehrschreiben neben den biblischen Bildworten *„Leib Christi"*, *„Schafstall"*, *„Pflanzung"* oder *„Leib Christi"* v. a. aber als *„Volk Gottes"* beschrieben und umschrieben (Lumen Gentium, 9–17). Dieses Volk Gottes kann jedoch nicht nur statisch gesehen und als Institution beschrieben werden, sondern vielmehr ist in diesem Begriff eine Dynamik mitgegeben. Das Volk Gottes ist auf dem Weg, geführt von Jesus Christus sowie gestärkt vom Heiligen Geist. Das Volk Gottes hat dabei keinen Sinn und Zweck in sich, sondern ist *„Zeichen und Werkzeug"* (Lumen Gentium, 1), dessen Gott sich bedient, um der Welt und insbesondere den einzelnen Menschen das Heil zu bringen. In dieser Sicht muss Kirche nicht perfekt sein, sondern dienstbereit gegenüber Gott, um ihre Sendung zum Wohl der Menschen in deren konkreter Lebenssituation zu erfüllen.[1346]

Thema Staat und Kirche, Der Rechtsstatus religiöser Verbände, hrsg. v. Burkhard Kämper und Klaus Pfeffer, Bd. 53, Münster, Aschendorff, 2022.

1344 Listl, Konkordatäre Entwicklung, 453.

1345 Lumen Gentium – Constitutio dogmatica de ecclesia, in: AAS 57 (1965), 5–75 und (lat.-deutsch) in: LThK², Bd. 12, 156–347

1346 Für die Sendung der Kirche aus einem neuen Selbstverständnis hat Papst Franziskus anschauliche Worte gefunden (Apostolisches Schreiben Evangelii Gaudium,

Die in Lumen Gentium getroffene Selbstdefinition der katholischen Kirche ist Grundlage für eine neue lehrmäßige Bestimmung des Staat-Kirche-Verhältnisses geworden. Denn die Selbstsicht (ad intra) hat eine neue Selbstpositionierung in der Welt (ad extra) mit sich gebracht. Diese wurde in anderen Dokumenten des Konzils formuliert und eingetragen, insbesondere mit der Pastoralkonstitution über die Kirche in der Welt von heute, Gaudium et Spes.[1347] In diesem Dokument hat die Kirche ihr Verhältnis zu den modernen Staaten und Gesellschaften in theoretischer Darlegung und mit praktisch-konkreten Hinweisen bestimmt. Die Kirche wird unter anderem nicht mehr allein als eine dem Staat gegenüber eigen-artige (!) aber gleichberechtigte Gemeinschaft (societas perfecta) postuliert.[1348] Mit der Anerkennung der Autonomie der irdisch-gesellschaftlich-staatlichen Wirklichkeiten wurde vielmehr zugleich die eigenständige Kompetenz der Laien in Angelegenheiten des zivilen Lebens gewürdigt. Damit wurde die alte staatstheoretische Position relativiert, wonsch das kirchliche Leitungsamt, ausgeübt von den Hirten der Kirche, auch über die profan-staatlichen Belange zu entscheiden habe.[1349] Dieser konziliare

---

v. 24.11.2013, in: AAS 105 (2013), 1019–1137, hier: Nr. 49; dt. Übersetzung: VApSt 194, Bonn 2013): *„Mir ist eine 'verbeulte' Kirche, die verletzt und beschmutzt ist, weil sie auf die Straßen hinausgegangen ist, lieber, als eine Kirche, die aufgrund ihrer Verschlossenheit und ihrer Bequemlichkeit, sich an die eigenen Sicherheiten zu klammern, krank ist. […] Ich hoffe, dass mehr als die Furcht, einen Fehler zu machen, unser Beweggrund die Furcht sei, uns einzuschließen in die Strukturen, die uns einen falschen Schutz geben, in die Normen, die uns in unnachsichtige Richter verwandeln, in die Gewohnheiten, in denen wir uns ruhig fühlen, während draußen eine hungrige Menschenmenge wartet und Jesus uns pausenlos wiederholt: 'Gebt ihr ihnen zu essen!' (Mk 6,37).“* Die ekklesiologische Gegenposition Franziskus zu einer Ekklesiologie der societas perfecta wird skizziert von Loiero, ‚Evangelii Gaudium' als Anfrage an die Wahrhaftigkeit kirchlicher Praxis, in: Koziel/ Scherbaum (Hgg.), Der Wahrheitsanspruch der Theologie, Heiligenkreuz, Be+Be, 2020, 238–255.

1347 Gaudium et Spes – Constitutio pastoralis de ecclesia in mundo huius temporis, in: AAS 58 (1966), 1025–1115 und (lat.-deutsch) in: LThK^2, Bd. 14, 280–591.

1348 Die Lehre von der societas perfecta reichte von Bellarmin bis zu Papst Leo XIII. (Enzyklika Immortale Dei. De Civitatum Constitutione Christiana, v. 01.11.1885, in: ASS XVIII, S. 161–180, hier besonders 165); Und dann weiter bis ins 20. Jhdt. etwa bei Geiger (Das bayerische Konkordat, 165): *„Die Kirche ist eine souveräne Gesellschaft, eine von Staaten nach Ursprung und Bestand durchaus unabhängige Rechtserscheinung und besitzt deshalb eine eigene, von ihrem göttlichen Stifter verliehene, selbstständige Gesetzgebungsgewalt.“*

1349 Vgl. Gaudium et spes, Nr. 36, 75, 76.

Lehrgehalt bedeutet für das Verhältnis von Staat und Kirche, dass die Kirche ihr staats-analoges Selbstverständnis zugunsten der Selbstwahrnehmung als eines Akteurs (unter anderen) in der Zivilgesellschaft verändert hat; Und es heißt auch, in der Theorie der Zwei-Schwerter-Lehre gesprochen, dass das weltliche Schwert – direkt (Bonifaz VIII.) oder indirekt (Bellarmin) – zu führen, von den Trägern des geistigen Schwertes nicht mehr beansprucht wird. In biblischer Perspektive wird damit das jesuanische Wort ernstgenommen: Mein Königtum ist nicht von dieser Welt, Joh 18,36.

Mit der neuen Selbstsicht und -positionierung ist jedoch noch ein Neuansatz verbunden: In der Erklärung über die Religionsfreiheit, Dignitatis humanae[1350] des Konzils bekennt sich die Kirche zur positiven und negativen Religionsfreiheit der einzelnen Personen.[1351] Darüber hinaus erklärt das Konzil auch die positive und negative Religionsfreiheit hinsichtlich religiöser Gemeinschaften.[1352] Das bedeutet, dass es in einem staatlichen Gemeinwesen keine Bevorzugung einer religiösen Gemeinschaft vor anderen religiösen Gemeinschaften geben darf. Damit ist der Art. 1 des Bayerischen Konkordats von 1817, der implizit einen besonderen Status der katholischen Kirche in Bayern fixierte, von der Kirche inhaltlich aufgegeben worden.

Mit der dogmatischen Konstitution Lumen Gentium, der Pastoralkonstitution Gaudium et Spes und der Erklärung zur Religionsfreiheit des letzten Konzils hat sich die Kirche theologisch und rechtlich zu den Errungenschaften, auch zu den Defiziten, jedenfalls zu den Gegebenheiten der modernen Welt bekannt und zugleich zu einer neuen Rolle ihrer Glieder in der Welt und für die Welt gefunden. In diesem Sinn kann man die Aussagen des Zweiten Vatikanischen Konzils hinsichtlich zu Welt, Gesellschaft und Staat als das (vorläufig hochoffizielle) Ende eines Annäherungsprozesses ansehen, der für Bayern mit

---

1350 Dignitatis humanae – Declaratio de libertate religiosa, in: AAS 58 (1966), 929–946 und (lat.-deutsch) in: LThK^2, Bd. 13, 712–747.

1351 Vgl. Dignitatis humanae, Nr. 2.

1352 Vgl. Dignitatis humanse, Nr. 4. *„Die Freiheit als Freisein von Zwang in religiösen Dingen, die den einzelnen zukommt, muß ihnen auch zuerkannt werden, wenn sie in Gemeinschaft handeln. Denn die Sozialnatur des Menschen wie auch der Religion selbst verlangt religiöse Gemeinschaften.“*, ebd. Nr. 4. Damit werden Positionen in die kirchliche Lehre eingetragen, die naturrechtlich in der Würde der Person gegründet sein mögen, nichtsdestotrotz politisch-gesellschaftliche Relevanz durch die Forderungen der Aufklärung erhielten und in die Verfassung des Königreichs Bayern von 1818 aufgenommen worden waren.

den Konkordatsverhandlungen und dem Abschluss des Konkordats von 1817 seinen Anfang nahm. Mit der von den Konzilsvätern in der Praxis angezielten sowie in der Lehre fixierten freiheitsbestimmten Kooperation zwischen Kirche und Staat bleibt es damit auch der Freiheit des Einzelnen aufgegeben, für sich zu entscheiden, wie er dem Herrenwort gerecht wird: *„Gebt dem Kaiser, was dem Kaiser gehört, und Gott, was Gott gehört.“*, Mt 22,21.

Abkürzungsverzeichnis

Abkürzungen, die hier nicht eigens aufgeführt sind, richten sich nach: Lexikon für Theologie und Kirche, hg. v. Walter Kasper u. a., Band 11, Freiburg 2001[3], 699–746.

BDisp	= Disputationes de controveriis christianae fidei adversus huius temporis haereticos, in: Robert Bellarmin, Opera omnia, Hg. Justinus Fèvre, 12 Bde, Paris 1870–1874; Nachdruck: Frankfurt/Main, Minerva, 1965, Bd. 1, 43 bis Bd. 6, 515.
Bull. Rom. Cont.	= Bullarii romani continuatio summorum pontificum Clementis XIII. Clementis XIV. Pii VI. Pii VII. Leonis XII. et Pii VIII. constitutiones, literas in forma brevis epistolas ad principes viros, et alios atque alloquutiones complectens, t. I-XX, Rom, Reverendae Camerae Apostolicae, 1835–1857.
CIC/1917	= Codex Iuris Canonici, Pii X. Pontificis Maximi Iussu Digestus Benedicti Papae XV. Auctoritate Promulgatus, Romae 1918.
CIC/1983	= Codex Iuris Canonici, Auctoritate Ioannis Pauli II. Promulgatus, Vatican City 1983.
CorpIC	= Corpus Iuris Canonici, Emil Friedberg (Hg.), 2 Bd., Leipzig 1879 und 1881.
Conc. Trid.	= Concilium Tridentinum, auch: Tridentinum, Konzil von Trient, 1545–1563, drei Sitzungsperioden, XXV Sessiones.
GdC	= Die Geschichte des Christentums. Religion Politik Kultur, dt. Ausgabe hrsg. von Norbert Brox, u. a., Sonderausgabe 2010, 14 Bd., Freiburg 2010.
HBG	= Handbuch der bayerischen Geschichte, hg. v. Max Spindler, 1. Aufl. 1969/75, 2. Aufl., München, C. H. Beck, 1981 ff.
LThK[2]	= Lexikon für Theologie und Kirche, Josef Höfer, u. a. (Hgg.), Sonderausgabe, 14 Bd., Freiburg 1986[2].
LThK[3]	= Lexikon für Theologie und Kirche, Walter Kasper u. a. (Hgg.), 11 Bd., Freiburg 1993–2001[3].

Mag. Bull. Rom.	= Magnum Bullarium Romanum: A Beato Leone Magno Usque Ad S.D.N. Benedictum XIII opus absolutissimum, Laertii Cherubini, e. a. auctum, ed. novissima, Luxemburgi, Chevalier, 1727–1748.
Mirbt-Aland	= Quellen zur Geschichte des Papsttums und des römischen Katholizismus, bearb. v. Carl Mirbt/Kurt Aland, 6. Aufl., Tübingen, 1967.

Quellen und Literatur

Quellensammlungen

Acta Apostolicae Sedis, Commentarium officiale, Rom 1909 ff.

Acten des Wiener Congresses in den Jahren 1814 und 1815, hg. v. Johann Ludwig Klüber, Erlangen, Palm, 1818, URN: urn:nbn:de:bvb:12-bsb10556623-5, Zugriff: 06.08.2022.

Actenstücke zur Geschichte des Verhältnisses von Staat und Kirche im 19. Jahrhundert mit Anmerkungen, hg. v. Hugo von Kremer-Auenrode, Teil 1, Leipzig, Duncker & Humblot, 1873.

Allgemeines Intelligenzblatt für das Königreich Baiern, München, 1818–1820.

Acta Sanctae Sedis in compendium opportune redacta et illustrata, vol. 1–41, Rom, Typ. Poly. S. C. Propaganda Fide, 1865–1908.

Bullarii Romani Continuatio summorum pontificum Clementis XIII. Clementis XIV. Pii VI. Pii VII. Leonis XII. et Pii VIII. constitutiones, literas in forma brevis epistolas ad principes viros, et alios atque alloquutiones complectens, t. I–XX, Rom, Reverendae Camerae Apostolicae, 1835–1857.

Canones et decreta Concilii Tridentini: ex editione Romana a. MDCCCXXXIV. repetiti; accedunt S. Congr. Card. Conc. Trid. Interpretum declarationes ac resolutiones … et constitutiones pontificiae recentiores ad ius commune spectantes e Bullario Romano selectae, ed. Aemilius Ludovicus Richter, Leipzig, Tauchnitz, 1853.

Churpfalzbairisches Regierungsblatt, München, 1802–1805.

Conciliorum Oecumenicorum Decreta, Curantibus J. Alberigo et al., Ed., Istituto per le scienze religiose, Bologna 1972, in: Dekrete der ökumenischen Konzilien, im Auftrag der Görres-Gesellschaft ins Deutsche übertragen und hg. v. Josef Wohlmuth, 3 Bde., Paderborn 1998–2002.

Corpus Iuric Canonici, hrsg. v. Emil Ludwig Richter/Emil Friedberg, 2 Bd., Leipzig, Tauchnitz 1839. Nachdruck: Graz, Akad. Druck- und Verlagsanstalt, 1959.

Corpus juris ecclesiastici Catholicorum novioris, quod per Germaniam obtinet, bearb. v. Corbinian Gärtner, 2 Bde., Salzburg, Zaunrith, 1797 und 1799.

Deutsche Reichstagsakten unter König Albrecht II., 2. Abteilung, 1439, hg. v. Helmut Weigel, Stuttgart, Perthes A. G., 1935.

Die Constitutionen der europäischen Staaten seit den letzten 25 Jahren, hg, v. Karl Heinrich Ludwig Pölitz, 2. Teil, Leipzig und Altenburg, Brockhaus, 1817.

Die Staats-Verträge des Königreichs Bayern (…) von 1806 bis einschließlich 1858, hg. v. G. M. Kletke, Regensburg, Pustet, 1860, URN: urn: nbn: de: bvb:12-bsb10387059-7, Zugriff: 06.08.2022.

Die Wahlkapitulationen der römisch-deutschen Könige und Kaiser 1519–1792, bearb. v. Wolfgang Burgdorf, Göttingen, Vandenhoeck & Ruprecht, 2015.

Gesetzblatt für das Königreich Baiern, München, 1818–1873.

Kaiser und Reich. Verfassungsgeschichte des Heiligen Römischen Reiches Deutscher Nation vom Beginn des 12. Jahrhunderts bis zum Jahre 1806 in Dokumenten, hg. v. Arno Buschmann, Teil I: Vom Wormser Konkordat 1122 bis zum Augsburger Reichsabschied von 1555, 2. Aufl., Baden-Baden 1994.

Königlich-Baierisches Regierungsblatt, München, 1806–1817.

Konstitutions-Eid in Baiern, Authentische Aktenstücke, in: Litteraturzeitung für katholische Religionslehrer, hg. v. Kaspar Anton, Freiherr von Mastiaux, Landshut, Thomann, Jhrg. 10, II (1819), 145–155, 161–172.

Magnum Bullarium Romanum: A Beato Leone Magno Usque Ad S.D.N. Benedictum XIII opus absolutissimum, Laertii Cherubini, e. a. auctum, ed. novissima, Luxemburgi, Chevalier, 1727–1748.

Monumenta Germaniae Historica inde ab a. C. 500 usque ad a. 1500; Indices v. O. Holder-Egger u. K. Zeumer, Hannover – Berlin 1826 ff.

Patrologiae cursus completus/Series Latina, ed. Jacques-Paul Migne, 217 Bde. und 4 Reg-bde., Paris 1841–1864.

Quellensammlung zur Geschichte der Deutschen Reichsverfassung in Mittelalter und Neuzeit, hg. v. Karl Zeumer, Tübingen, Mohr, 1913.

Quellen zur Geschichte des Papsttums und des römischen Katholizismus, bearb. v. Carl Mirbt/ Kurt Aland, 6. Aufl., Tübingen, 1967.

Quellen zur Verfassungsgeschichte des Römischen Reiches im Spätmittelalter (1250–1500), ausgewählt und übersetzt von Lorenz Weinrich, Darmstadt, Wissenschaftliche Buchgesellschaft, 1983.

Raccolta di concordati su materie ecclesiastiche tra la Santa Sede e le autorità civili, bearb. v. Angelo Mercati, Rom, Tip. Poliglotta Vaticana, 1919.

Regierungsblatt für die Churpfalzbairischen Fürstenthümer in Franken, Würzburg, 1803–1805.

Regierungsblatt für die Kurpfalzbaierische Provinz in Schwaben, Ulm, 1803–1805.

Regierungs- und Intelligenzblatt für das Königreich Bayern, München, 1821 ff.

Sacrorum conciliorum nova et amplissima collectio, hg. v. Giovanni Domenico Mansi, Paris u. a. 1758 ff., unveränderter Nachdruck, Leipzig 1901 ff.

Staat und Kirche im 19. und 20. Jahrhundert. Dokumente zur Geschichte des deutschen Staatskirchenrechts, hrsg. v. Ernst Rudolf Huber, Wolfgang Huber, 2. Bd., Berlin, Duncker & Humblot, 1973–1976.

Urkunden und Akten für rechtsgeschichtliche und diplomatische Vorlesungen und Übungen, bearb. v. Karl Brandi, Berlin/Leipzig 1932.

Einzelquellen und Primärtexte

Ambrosius, Expositio evangelii secundum Lucam, ed. Karl Schenkl (= CSEL, 32/4), Wien, 1902.

Anonym, Freimütige Gedanken (voll Geist, und Kraft, und innerer LocalKenntniß) über die Hierarchie in der deutschen Christenheit, in: Stats-Anzeigen 9 (1786), 385–408, URN: urn:nbn:de:bvb:12-bsb10616676-2 Zugriff: 06.08.2022.

Arnoldi, Heinrich Aloys, Tagebuch über die zu Ems gehaltene Zusammenkunft…, 1786, hg. v. Matthias Höhler, Mainz, Kirchheim, 1915.

Articles Organiques de la Convention du 26 Messidor an IX, in: Bulletin des lois de la République française, 172, Paris Imprimerie nationale des lois, 1802, 17–36, URL : https://gallica.bnf.fr/ark:/12148/bpt6k65397933/f73.image, 08.05.2019.

Articles secrets et convention additionélle du traité de Campo-Formio, conclu le 26. Vendémaire an 6. (17. Oct. 1797.), Geheime Artikel und Additional-Convention zu dem Friedenstraktat von Campo-Formio, geschlossen den 17. Oktober 1797, Bibliotheka Regia Monacensis/ Bayerische Staatsbibliothek, URL: https://books.google.de/books?id=SSJAAAAcAAJ&dq=Trait%C3%A9%20de%20paix%20de%20Campo%20Fomio&hl=de&pg=PA1#v=onepage&q= Trait%C3%A9%20de%20paix%20de%20Campo%20Formio&f=false, Zugriff: 06.08.2022.

Augsburger Reichs- und Religionsfrieden vom 25.09.1555, in: Arno Buschmann (Hg.), Kaiser und Reich. Verfassungsgeschichte des Heiligen Römischen Reiches Deutscher Nation vom Beginn des 12. Jahrhunderts bis zum Jahre 1806 in Dokumenten, Teil I: Vom Wormser Konkordat 1122 bis zum Augsburger Reichsabschied von 1555. 2. Aufl. Baden-Baden 1994, 221–227.

Bad Emsische Punktation, in: Corbinian Gärtner (Bearb.), Corpus juris ecclesiastici Catholicorum novioris, quod per Germaniam obtinet, vol. II. Salzburg, Zaunrith 1799, 347–364.

Bayerische Landtsordnung, Herzog Albrecht V. (Hg.), München, Berg, 1598, URN: urn:nbn:de:bvb:12-bsb10141515-6, Zugriff: 06.08.2022.

Bellarmin, Robert, Disputationes de controveriis christianae fidei adversus huius temporis haereticos, in: Opera omnia, Hg. Justinus Fèvre, 12 Bde, Paris 1870–1874; Nachdruck: Frankfurt/Main, Minerva, 1965. Bd. 1, 43 bis Bd. 6, 515.

Bellarmin, Robert, De potestate summi pontificis in rebus temporalibus adversus Gulielmum Barclay, in: Opera omnia, Hg. Justinus Fèvre, 12. Bd., Paris 1870–1874; Nachdruck: Frankfurt/Main, Minerva, 1965, Bd. 12.

Bodin, Jean, Les six livres de la République, Paris, Jacques du Puys, 1576, URL: https://gallica.bnf.fr/ark:/12148/btv1b86268103/f15.image.r=Auteur Bodin, Jean (1530–1596).

Brenner, Friedrich, Kaiser Heinrich der Heilige und König Maximilian Joseph, in Bezug auf Bambergs kirchliche Verfassung. Eine historische Parallele, veranlaßt durch das zwischen Sr. Majestät Maximilian Joseph König von Baiern und Sr. Heiligkeit Papst Pius VII. abgeschlossene Konkordat, Bamberg und Würzburg, Goebhardtischen Buchhandlungen, 1818, URN: urn:nbn:de:bvb:12-bsb10332002-9, Zugriff: 06.08.2022.

Bulla Aurea Karoli VI. Imperatoris Anno MCCCLVI Promulgata – Die Goldene Bulle Kaiser Karls IV. vom Jahr 1356, bearb. v. Fritz, Wolfgang, (= MHG Leges, Fontes Iuris 11), Weimar, Hermann Böhlaus Nachfolger, 1972.

Caesar, Aquilin Julius, Geschichte der Nuntiaturen Deutschlands, Nürnberg, 1790, URN: urn:nbn:de:bvb:12-bsb10029170-4, Zugriff: 12.03.2022.

Canones et decreta Concilii Tridentini ex editione Romana a. MDCCCXXXIV repetiti: Accedunt S. congr. card. conc. Trid. interpretum declarationes ac resolutiones ex ipso resolutionum thesauro bullario Romano et Benedicti XIV. S. P. operibus et constitutiones pontificiae recentiores ad ins commune spectantes e bullario Romano selectae. Assumpto socio Friderico Schulte J. U. D. edidit Aemilius Ludovicus Richter, Leipzig, Tauchnitz, 1853.

Clairveaux, Bernhard von, De consideratione libri quinque, in: PL, 182, 727–808.

Codex Iuris Canonici, Auctoritate Ioannis Pauli II. Promulgatus, Vatican City 1983.

Codex Iuris Canonici, Pii X. Pontificis Maximi Iussu Digestus Benedicti Papae XV. Auctoritate Promulgatus, Romae 1918.

Concordat de Fontainebleau comme Loi de Empire, in: Bulletin des lois de la République française 488, 4. Série, Tom. 18, Paris, Imprimerie nationale, 1813, 485–487.

Concordat und Constitutionseid der Katholiken in Bayern: eine historische Denkschrift mit Benützung bisher unbekannter Actenstücke, hg. v. Karl Adolf Constantin von Höfler, Augsburg, Schmid, 1847, URN: urn:nbn:de:bvb:12-bsb10374546-6, Zugriff: 06.08.2022.

Consalvi, Ercole, Mémoires du cardinal Consalvi (Nouvelle édition illustrée, augmentée d'un fascicule inédit sur le concile de 1811), hg. v. Jacques Crétineau-Joly, Paris, Maison de la bonne presse, 1895, URL: https://gallica.bnf.fr/ark:/12148/bpt6k54931229, Zugriff : 07.03.2023.

Constitution civile du clergé, décret adopté par l'Assemblée nationale constituante le 12 juillet 1790, sanctionnée par Louis XVI le 24 août 1790, URL: https://fr.wikisource.org/wiki/Constitution_civile_du_clerg%C3%A9_du_12_juillet_1790, Zugriff : 07.03.2023.

Constitution vom 1. Mai 1808, erlassen v. Maximilian I. Joseph von Bayern, in: Die Constitutionen der europäischen Staaten seit den letzten 25 Jahren, hg, v. Karl Heinrich Ludwig Pölitz, Teil 2, 132–142, Leipzig und Altenburg, Brockhaus, 1817, URL: https://de.wikisource.org/wiki/ Constitution_vom_1._Mai_1808, Zugriff: 08.09.2019.

Convention entre le Gouvernement français et sa Sainteté Pie VIII, Paris, le 26 messidor an IX (15 juillet 1801), in: Bulletin des lois de la République française, 172, Paris Imprimerie nationale des lois, 1802, 172, 13–16, URL: https://gallica.bnf.fr/ark:/12148/bpt6k65397933/ f69.image,%20, Zugriff: 07.03.2023.

Convention inter Rempublicam Italicam et Sanctitatem Suam Pium VII., in: Augustin Theiner, Histoire des deux concordats de la République Française et de la République cisalpine: Conclus en 1801 et 1803 entre Napoléon Bonaparte et le saint-siége, Suivie d'une relation de son couronnement comme empereur des Français par Pie VII. D'après des documents inédits, extraits des archives secrètes du Vatican et de celles de France, Tome 2, 3. Partie, Paris, Dentu, 1869, 270–276, URN: urn:nbn:de:bvb:12-bsb10544024-5, Zugriff: 06.08.2022.

Conventio inter Sanctissimum Dominum Pium VII. Summum Pontificem et Majestatem Suam Maximilianum Josephum Bavariae Regem – Übereinkunft zwischen Sr. Heiligkeit Pius VII. und Sr. Majestät, Maximilian Joseph, König von Baiern, lt. – dt., in: Gesetzblatt für das Königreich Baiern, 1818, Stück XVIII, 399–436, URN: urn:nbn:de:bvb:12-bsb10345287-8, Zugriff: 16.04.2020.

Copia Recessus Monachiensis Concordatorum Cum Ordinariis Bavariae. 1583, bei: Friedrich Wimmer, Bibliographie des bayerischen Concordates von 1583. Mit fragmentarischen Notizen aus der Geschichte der Publication dieses Concordates, in: Beyträge zur Geschichte, Topographie und Statistik des Erzbisthums München und Freising V (1854), 181–208.

Cunctos populos, (= Dreikaiseredikt), v. 28. Februar 380, erlassen v. d. römischen Kaisern Theodosius I., Gratian und Valentinian II, in: Theodor Mommsen/Paul Martin Meyer (Hgg.), Theodosiani libri XVI cum constitutionibus Sirmondianis et leges novellae ad Theodosianum pertinentes, 2 Bde., Berlin, Weidmann, 1905, XVI, 1, 2.

Damianus, Petrus, Sermones Ordine Mense Servato, in: PL, 144, 501–924.

Dante, Alligheri, Monarchia, Studienausgabe lateinisch/deutsch, Einleitung, Übersetzung und Kommentar von Ruedi Imbach und Christoph Flüeler, Stuttgart, Reclam, 1989,

Declaratio cleri Gallicani, 19.03.1682, in: De potestate ecclesiastica et temporali sive declaratio cleri Gallicani anni 1682: S. scripturae, sanctorum patrum, conciliorum, Romanorum pontificum. etc. testimoniis firmata, Ed. Du Pin, Louis Ellies, Maguntiaci, Crass 1788, 18–21.

Décret des biens du clergé mis à la disposition de la Nation, in: Archives parlementaires de 1787 à 1860: recueil complet des débats législatifs & politiques des Chambres françaises, imprimé par ordre du Corps législatifs sous la direction de J. Mavidal et É. Laurent, Série 1 (1787–1799), Bd. 9, 649, URL: https://gallica.bnf.fr/ark:/12148/bpt6k49524b/f653.image, Zugriff: 07.03.2023.

Dekret Haec sancta, v. 06.04.1415, Konzil von Konstanz, in: Mansi, 27, 585–586.

Dekret Frequens, v. 09.10.1417, Konzil von Konstanz, in: Mansi, 27, 1159.

Deutsche Bundesakte, v. 08.06.1815, in: documentArchiv.de (Hg.), URL: http://www.documentArchiv.de/nzjh/dtba.html, Zugriff: 25.03.2023.

Die Bibel. Einheitsübersetzung der Heiligen Schrift, Gesamtausgabe, Stuttgart, Katholische Bibelanstalt GmbH, 2016.

Edict über die Religionsfreiheit in den churfürstlichen Herzogtümern Franken und Schwaben, erlassen von Kurfürst Maximilian IV. Joseph, am 10.10.1803, in: Churpfalzbairisches Regierungsblatt 1803, 15–18.

Edict über die äußern Rechtsverhältnisse der Einwohner des Königreichs Bayern, in Beziehung auf Religion und kirchliche Gesellschaften (II. Beilage zur Verfassungsurkunde vom 26. Mai 1818), erlassen von König Maximilian I. Joseph, publiziert am 17.06.1818, in: Gesetzblatt für das Königreich Baiern 1818, Stück IX, Sp. 149–180, URL mit Änderungen und Ergänzungen: http://www.verfassungen.de/by/verf18-i.htm, Zugriff: 08.11.2020.

Edikt über die äusseren Rechts-Verhältnisse der Einwohner des Königreiches Baiern in Beziehung auf Religion und kirchliche Gesellschaften, zur näheren Bestimmung der §§ VI. und VII. des ersten Titels der Konstitution von 1808, erlassen von König Maximilian I. Joseph, in: Königlich-Baierisches Regierungsblatt, 1809, 897–920.

Endres, Johann Nepomuk, De necessario Jurisprudentiae Naturalis cum Ecclesiastica nexu, Würzburg, Kleyer, 1761, URN: urn:nbn:de:bvb:12-bsb10835209-0, Zugriff: 06.08.2022.

Erklärung der Rheinbundes-Staaten über ihren Austritt aus dem Reiche v. 1. August 1806, in: Karl Zeumer (Hg.), Quellensammlung zur Geschichte der Deutschen Reichsverfassung in Mittelalter und Neuzeit. Tübingen, Mohr, 1913, 537.

Erklärung des Kaisers Franz II. über die Niederlegung der deutschen Kaiserkrone, v. 06.08.1806, in: Karl Zeumer (Hg.): Quellensammlung zur Geschichte der Deutschen Reichsverfassung in Mittelalter und Neuzeit, Tübingen, Mohr, 1913, 538.

Febronius, Justinus, (= Johann Nikolaus von Hontheim), De statu Ecclesiae et legitima potestate Romani Pontificis, Bullioni (= Frankfurt/Main), apud Guillelmum Evrardi, 1763–1773, URN: urn:nbn:de:bvb:12-bsb11222665-2, Zugriff: 08.08.2022.

Frey, Franz Andreas, Bemerkungen über J. Ph. Gregel's Schrift: Das landesherrliche Patronatrecht, o. O, 1805, URL: http://opacplus.bsb-muenchen.de/title/822918/ft/bsb10544359?page=5, Zugriff: 17.08.2020.

Frey, Franz Andreas, Kritischer Commentar über das Kirchenrecht, frey bearbeitet nach Anton Michl's Kirchenrecht für Katholiken und Protestanten, 3 Teile, Bamberg, Dederich, 1812–1820.

Friede von Preßburg, d. i.: Friedens-Tractat zwischen Seiner Majestät dem Kaiser der Franzosen und Könige von Italien und Seiner Majestät dem Kaiser von Österreich, unterzeichnet zu Preßburg den 26. Dezember 1805, in: G. M. Kletke (Hg.), Die Staats-Verträge des Königreichs Bayern in Bezug auf Justiz-, Polizei-, Administrations-, Territorial- u. Grenz- , Bundes-, Kirchen-, Militär-, Handels-, Schifffahrt-, Post-, Eisenbahn-, Telegraphen- und Münz-Angelegenheiten: von 1806 bis einschließlich 1858, Regensburg, Pustet, 1860, 161–168.

Frieden von Lunéville, in: Landesverband Westfalen-Lippe, Internet-Portal Westfälische Geschichte, URL: https://www.lwl.org/westfaelische-geschichte/portal/Internet/finde/langDatensatz.php?urlID=808&url_tabelle=tab_quelle, Zugriff am: 27.07.2019.

General-Personal-Schematismus der Erzdiözese Bamberg 1007–1907. Eine Beigabe zum Jubeljahre der Bistumsgründung. Mit Hilfe der Gesamt-Diözesan-Geistlichkeit zusammengestellt, bearb. v. Friedrich Wachter, u. a., Bamberg, Nagengast, 1908.

Gesetz zur Ausführung konkordats- und staatskirchenvertraglicher Verpflichtungen Bayerns (AGKStV), v. 07. April 1925 in der in der Bayerischen Rechtssammlung (BayRS 2220-3-K) veröffentlichten bereinigten Fassung, zuletzt geändert durch Gesetz vom 11. Dezember 2012, Gesetz- und Verordnungsblatt, 641.

Gravamina trium Archiepiscoporum-Electorum, Moguntinensis, Trevierensis et Coloniensis contra Curiam Apostolicam Anno 1769 ad caesarem delata, in: Corbinian Gärtner, Corpus juris ecclesiastici Catholicorum novioris, quod per Germaniam obtinet, vol. II. Salzburg, Zaunrith 1799, 330–346, URN: urn:nbn:de:bvb:12-bsb10726543-5, Zugriff: 06.08.2022.

Gregel, Johann Philipp von, Das landesherrliche Patronatrecht: nach den veränderten Verhältnissen der bischöflichen Gerechtsame betrachtet, Würzburg, 1805, URN: urn:nbn:de:bvb:12-bsb10726591-6, Zugriff: 06.08.2022.

Häffelin, Kasimir von, Worin besteht die wahre Volksaufklärung? Eine akademische Rede, in welcher das ächte Verhältniß der Wissenschaften gegen die Staatsverwaltung u. jenes der Staatsverwaltung gegen die Wissenschaften aus historischen Gründen dargethan wird…, München, Lindauer, 1799, URN: urn:nbn:de:bvb:12-bsb11000972-4, Zugriff: 06.08.2022.

Haus der bayerischen Geschichte, Karte: Die Territorien der Wittelsbacher 1777, URL: https://www.hdbg.eu/koenigreich/index.php/objekte/index/herrscher_id/1/id/338, Zugriff: 13.08.2022.

Haus der Bayerischen Geschichte, Politische Geschichte Bayerns. Glossar. Geistlicher Rat, URL: http://www.hdbg.de/polges/pages/glossar.htm#gegenref, Zugriff: 05.06.2019.

Haus der Bayerischen Geschichte, Zentner, Georg Friedrich von, URL: www.koenigreichbayern.hdbg.de, Zugriff: 14.08.2022.

Hauptschluss der außerordentlichen Reichsdeputation vom 25. Februar 1803, in: Karl Zeumer (Hg.): Quellensammlung zur Geschichte der Deutschen Reichsverfassung in Mittelalter und Neuzeit, Tübingen, Mohr, 1913, 509–531, URL: https://de.wikisource.org/wiki/Hauptschlu%C3%9F_der_au%C3%9Ferordentlichen_Reichsdeputation_vom_25._Februar_1803, Zugriff: 08.08.2022.

Heinrich IV., Brief an die deutschen Bischöfe, 1076, ep. 13, hg. v. Carl Erdmann (= MGH, Dt. MA 1), Leipzig, Whiersemann, 1937, 17–20.

Heinrich IV., Brief an die römischen Kardinäle, Kleriker und Laien, 1082, ep. 17, hg. v. Carl Erdmann (= MGH, Dt. MA 1), Leipzig, Whiersemann, 1937, 24–26.

Hobbes, Thomas, Leviathan or the matter forme and power of a commonwealth ecclesiastical and civil, London, G. Routledge, 1894[4]. URL: https://archive.org/details/cu31924030436533/ mode/2up?view=theater, Zugriff: 08.08.2022.

Ickstatt, Johann Adam von: Meditationes praeliminares de studio juris ordine atque methodo scientifica instituendo, Wirceburgum, Engmann, 1731, URN: urn:nbn:de:bvb:12-bsb10655473-1, Zugriff: 06.08.2022.

Justi, Johann Heinrich Gottlob von, Die Grundfeste zu der Macht und Glückseligkeit der Staaten, Bd. 2, Königsberg und Leipzig, Woltersdorf Witwe, 1761, URN: urn:nbn:de:bvb:12-bsb10688046-0, Zugriff: 06.08.2022.

Konkordat zwischen Seiner Heiligkeit Papst Pius XI. und dem Staate Bayern, vom 29. März 1924, publiziert am 22. Januar 1925, in: Gesetz- und Verordnungsblatt für den Freistaat Bayern, 1925, 53–60.

Konkordat zwischen Seiner Heiligkeit Pabst Pius VII. und Seiner Majestät, Maximilian Joseph, König von Baiern (= Das, die innern Katholischen Kirchen-Angelegenheiten im Königreiche ordnende Konkordat, Anhang I. zu dem § 103 des Edicts über die äußern Rechtsverhältnisse der Einwohner des Königreichs Baiern in Beziehung auf Religion und Kirchliche Gesellschaften in der Beylage II. zu dem Tit. IV § 9 der Verfassungs-Urkunde des Königreichs Baiern vom 26.05.1818) vom 5. Juni 1817, publiziert am 22.07.1818, in: Gesetzblatt für das Königreich Baiern 1818, Stück XVIII, 397–436.

Lactantius Lucius Caecilius Firmianus, De mortibus persecutorum, in: PL, 7, 189–276.

Lang, Karl Heinrich Ritter von, Memoiren des Karl Heinrich von Lang. Skizzen aus meinem Leben und Wirken, meinen Reisen und meiner Zeit. In zwei Theilen, Braunschweig, Vieweg, 1841.

Lex Baiuvariorum, in: Ernst von Schwind (Hg.), (= MGH Leges, LL nat. germ, 5,2), Hannover, Hahn, 1926, 267–473.

Ludwig IV., Konstitution Licet Iuris, v. 06.08.1338, in: Mirbt-Aland, Nr. 759.

Luther, Martin, Von weltlicher Obrigkeit, wie weit man ihr Gehorsam schuldig sei, 1523, in: Kurt Aland (Hg.), Luther Deutsch. Die Werke Martin Luthers. In neuer Auswahl für die Gegenwart, Bd. 7: Martin Luther. Der Christ in der Welt. 2. erw., neubearb. Auflage, Göttingen, Vandenhoeck & Ruprecht, 1967, 9–51.

Marsilius von Padua, Defensor Pacis, hg. v. Scholz, Richard (= MHG Leges, Fontes Iuris 7), Hannover, Hahnsche Buchhandlung, 1933.

Melanchthon, Philipp, De potestate et primatu Papae, Nürnberg, 1541.

Mirabeau, Honoré G., Preußische Monarchie und Französische Revolution. Briefe nach Deutschland und Kapitel aus der „Preußischen Monarchie" in der Übersetzung von Jakob Mauvillon, hg. v. Horst Günther, Frankfurt, Insel, 1989,

Montgelas, Maximilian Joseph von, Mémoire présenté à M(onsei)g(neu)r le Duc le 30 Septembre 1796, eigenhändiges Manuskript in Französisch, Übersetzung: Oliver Zeidler nach der Transkription von Eberhard Weis in ZBLG 33 (1970), 243 bis 256, Denkschrift, überreicht seiner Durchlaucht, dem

Herzog, am 30. September 1796, sog. „Ansbacher Memoire", URL: https://www.hdbg.eu/koenigreich/uploads/0d047916d8800a8a09e7cba3d9cb451f.pdf, Zugriff: 10.09.2019.

Neller, Georg Christoph, Prinicipia iuris publici ecclesiastici catholicorum ad statum Germaniae accomodata in usum tyronum, Frankfurt/Main, Eslinger, 1768, URN: urn:nbn:de:bvb:12-bsb11255558-7, Zugriff: 06.08.2022.

Origenes, Contra Celsum, Buch 7–8, in: M. Borret (Hg.), SC, Bd. 150, Paris 1969, 350.352; dt. Übersetzung: Paul Koetschau, Des Origenes acht Bücher gegen Celsus, 2. Teil, in: BKV², Bd. 53, München, Kösel & Pustet, 1927.

Osterwald, Peter von, Veremunds von Lochstein Gründe sowohl für, als wider die geistliche Immunität in zeitlichen Dingen, hg. u. mit Anmerkungen begl. von F. L. W, 2. verb. Aufl., Straßburg 1767; URN: urn:nbn:de:bvb:12-bsb11066361-5, Zugriff: 12.03.2022.

Pax Wormatiensis cum Calixto II., hg. v. Ludwig Weiland, (= MGH Leges, Const. 1), Hannover, Hahnsche Buchhandlung, 1893, 159–161, Nr. 107–108, URL: https://www.dmgh.de/ mgh_const_1/index.htm#page/159/mode/1up, Zugriff: 6.08.2022.

Platon, Ἀπολογία Σωκράτους, in: Platonis Opera, ed. John Burnet, Oxford, University Press, 1903, URL: http://www.perseus.tufts.edu/hopper/text?doc=urn:cts:greekLit:tlg0059.tlg002.perseus-grc1:17, Zugriff: 11.03.2023.

Pragmatique Sanction de Charles VII., 07.07.1438, in: Ordonnances des rois de France de la troisième race, Vol. 13, Contenant les ordonnances depuis le commencement du règne de Charles VII, jusques et compris l'année 1447, par M. de Vilevault, Paris, 1782, 267–291, URL: https://gallica.bnf.fr/ark:/12148/bpt6k108684h/f368.image.r, 8.02.2019.

Pufendorf, Samuel von, De habitu religionis Christianae ad vitam civilem, Bremae, Schwerdfeger, 1687, URN: https://mdz-nbn-resolving.de/urn:nbn:de:bvb:12-bsb11066633-6, Zugriff : 07.03.2023.

Ranke, Leopold von, Rom 1815–23. Staatsverwaltung des Cardinals Consalvi, in: Historisch-politische Zeitschrift, Bd. 1, Hamburg, Perthes, 1832, 624–774. Zitierter Nachdruck in: Kardinal Consalvi und seine Staatsverwaltung unter dem Pontifikat Pius' VII., in: Ders., Die römischen Päpste in den letzten vier Jahrhunderten. Mit einem Vorwort von Walter Peter Fuchs. Bd. 2, Frankfurt am Main, Insel Verlag, 1986, 349–481.

Repertorium der unter Kaiser Joseph II. ergangenen Verordnungen und Gesetze, in: Joseph Kropatschek (Hg.), Handbuch aller unter der Regierung des Kaisers Joseph des II. für die K.K. Erbländer ergangenen Verordnungen und Gesetze in einer Sistematischen Verbindung, Bd. 2, Wien, Johann Georg Moesle, 1785, 477–523.

Rhenser Weistum, v. 16.07.1338, Verein der Kurfürsten, in: Mirbt-Aland, Nr. 758.

Rousseau, Jean Jacque, Du contrat social ou Principes du droit politique, Amsterdam, Marc Michel Rey, 1762.

Schelling, Friedrich Wilhelm Joseph von Schelling, Ideen zu einer Philosophie der Natur, Leipzig, Breitkopf und Härtel, 1797.

Schlegel, Karl Wilhelm Friedrich von, Signatur des Zeitalters, in: Friedrich von Schlegel (Hg.) Concordia: eine Zeitschrift, Heft 1–6 (1820–1825), Wien, Wallishausser, 1823, 1–70, URN: urn:nbn:de:bvb:12-bsb10611727-2, Zugriff: 06.08.2022.

Schmidt, Philipp Anton, Institutiones Juris Ecclesiatici Germaniae adcommodatae, 2 Bände, Bamberg und Würzburg, Goebhardt, 17783, URN: urn:nbn:de:bvb:12-bsb10548185-6, Zugriff: 25.03.2023.

Secondat, Charles de, Baron de Montesquieu, De l'Esprit des Loix, ou du rapport que les loix doivent avoir avec la constitution de chaque gouvernement, mœurs, climat, religion, commerce, etc.; à quoi l'auteur a ajouté des recherches sur les lois romaines touchant les successions, sur les lois françaises et sur les lois féodales, Vol. II, s. d., Genève, Barrillot & Fils, 1748.

Stürmer, Johann Baptist, Gutachterlicher Entwurf einer gesetzlichen Bestimmung des Verhältnisses zwischen Staat und Kirche mit besonderer Rücksicht auf die bairische Monarchie. Ein Beytrag zu dem bevorstehenden Kirchenconcordat, Nürnberg und Sulzbach, Seidelsche Buchhandlung, 1807.

Tabula seu Conspectus Gravaminum tam generalium quam particularium Rev^{orum} Rev^{orum} DD. Archipraesulum et Epsicoporum, quorum Dioeceses se in utriusque Bavariae Ducatum et Superiorem Palatinatum extendunt. De anno 1772, abgedruckt als Beilage Nr. 43, in: Pfeilschifter-Baumeister, Salzburger Kongreß, 751–753.

Tabulae Sanctionis Pragmaticae Germanorum sub Alberto II. Imperatore in comitiis Moguntinis A. MCCCCXXXIX…, in: Sanctio pragmatica Germanorum illustrata, Christoph Wilhelm Koch (Ed.), Argentoratum, Rollandi et Jacobi, 1789, 93–104, URN: urn:nbn:de:bvb:12-bsb10515653-6, Zugriff: 06.08.2022.

Tabulae Concordatorum inter Nicolaum V. Pont. et Fridericum III. Imp. Vindobonae initorum, A. MCCCCXLVIII die XVII Febr. (= Wiener Konkordat), abgeschlossen zwischen König Friedrich III. und Papst Nikolaus V. am 17. Februar 1448, in: Weinrich, Quellen zur Verfassungsgeschichte des Römischen Reiches, 498–507.

Verfassung des Königreichs Bayern vom 1. Mai 1808, Rechtskraft ab 01. Oktober 1808, erlassen von König Maximilian I. Joseph von Bayern, in: Karl

Heinrich Ludwig Pölitz (Hg.), Die Constitutionen der europäischen Staaten seit den letzten 25 Jahren, Teil 2, Leipzig, Brockhaus, 1817, 132–147, URL: https://de.wikisource.org/wiki/Constitution_vom_1._Mai_1808, Zugriff: 19.05.2020.

Verfassungsurkunde für das Königreich Bayern, verkündet am 26. Mai 1818 von König Maximilian I. Joseph von Bayern, publiziert am 06.06.1818 im Gesetzblatt für das Königreich Bayern, Stück VII, Sp. 101–140, URL mit Änderungsindex und Hinweisen: http://www.verfassungen.de/by/verf18-i.htm, Zugriff: 08.11.2020.

Verfassungsurkunde des Freistaats Bayern, beschlossen am 12. August 1919, vom Landtag, bekanntgemacht am 14. August 1919, verkündet und in Kraft getreten am 15. September 1919, publiziert im Gesetz- und Verordnungsblatt für den Freistaat Bayern 1919, Nr. 58, 531–553, die Verfassungsurkunde findet sich mit Hinweisen auf nachfolgende Veränderungen unter: URL: http://www.verfassungen.de/by/verf19-i.htm, Zugriff: 20.06.2022.

Wessenberg, Ignatz Heinrich von, Die deutsche Kirche: ein Vorschlag zu ihrer neuen Begründung und Einrichtung, o. O., 1815, URN: urn:nbn:de:bvb:12-bsb10777327-5, Zugriff: 06.08.2022.

Zallinger zum Thurn, Jakob Anton, Institutionum Juris Naturalis et Ecclesiastici Publici libri V, Augsburg, Rieger, 1784, URN: urn:nbn:de:bvb:12-bsb10047381-6, Zugriff: 06.08.2022.

Zirkel, Gregor, Die deutsche katholische Kirche, oder Prüfung des Vorschlages zur neuen Begründung und Errichtung der deutschen Kirche, Deutschland (Frankfurt a. M.), 1817, URN: urn:nbn:de:bvb:12-bsb10028671-2, Zugriff: 06.08.2022.

Päpstliche Dokumente und Verlautbarungen

Ordnung der Dokumente: alphabetisch nach Papstname und Datum.

Benedikt XV., Allocutio, Konsistorialansprache, 21.11.1921, in: AAS 13 (1921), 521.

Bonifaz VIII., Bulle Clericis laicos, v. 25.02.1296, in: X.3.23.3, in: CorpIC, 1062–1063.

Bonifaz VIII., Bulle unam sanctam, v. 18.11.1302, in: Mirbt-Aland, Nr. 746.

Franziskus, Apostolisches Schreiben Evangelii Gaudium, v. 24.11.2013, in: AAS 105 (2013), 1019–1137.

Franziskus, Apostolisches Schreiben Candor lucis aeternae, zum 700. Todestag von Dante Alighieri, v. 25.03.2021, in: L`Osservatore Romano, Wochenausgabe in dt. Sprache, 51 (2021), Nr. 13/14 (02.04.2021), 5–8.

Franziskus, Apostolische Konstitution Pascite Gregem Dei qua liber VI Codicis Iuris Canonici reformatur, v. 23.05.2021, URL: https://www.vatican.va/content/francesco/la/apost_constitutions/documents/papa-francesco_costituzione-ap_20210523_pascite-gregem-dei.html, Zugriff: 09.08.2022.

Franziskus, Costituzione Apostolica 'Praedicate Evangelium' sulla Curia Romana e il suo servizio alla Chiesa e al Mondo, 19.03.2022, URL: https://press.vatican.va/content/salastampa/it/bollettino/pubblico/2022/03/19/0189/00404.html, Zugriff: 09.04.2022; dt. Text: Deutsche Bischofskonferenz (Hg.), Apostolische Konstitution PAEDICATE EVANGELIUM von Papst Franziskus über die Römische Kurie und ihren Dienst für die Kirche in der Welt (Verlautbarungen des Apostolischen Stuhls, Nr. 236, 19.03.2022), Bonn 2022.

Gelaius I, Ep. ad Anastasium Imperatorem, 494, in: PL, 59, 41–47.

Gregor II., Litterae Decretales, v. 15.05.716, in: MGH Leges, LL 3, 451–454.

Gregor VII., epistula ad Herimano ep. Metensi, v. 15.03.1081, in: MGH Epp. sel. II, lib. VIII, 21, 544–563.

Gregor VII., Dictatus Papae, 1075, in: MGH Epp. sel. 2, 1, lib. II, 55a, 201–208.

Gregor XIV., Constitutio Onus Apostolicae, v. 01.05.1592, in: Canones et decreta Concilii Tridentini, ed. Richter, 489–494.

Leo X., Bulle Primitiva illa ecclesia, v. 19.12.1516, in: Magn. Bull. Rom., t. XIII., 572–577, URN: urn:nbn:de:bvb:12-bsb10488307-0, Zugriff: 06.08.2022.

Leo X., Bulle Decet Romanum Pontificem, v. 03.01.1521, in: Bullar. A.V., AD IX., L., CLXX; ASV, Reg. Vat., 1160, f. 305r; Quelle übernommen von: URL: https://web.archive.org/web/ 20060925221133/http://asv.vatican.va/de/doc/1521.htm, Zugriff: 08.08.2022.

Leo XIII., Enzyklika Immortale Dei, v. 01.11.1885, in: ASS XVIII (1885), 161–180.

Johannes XXIII., Motu Proprio Cum Gravissima, v. 15.04.1962, in: AAS 54 (1962), 256–258.

Martin V., Constitutio Inter cunctas, v. 22.02.1418, in: Mansi, 27, 1204–1213.

Pius IV., Bulle Iniunctum nobis, v. 13.11.1564, in: DH, 1862–1870.

Pius IV., Indultum super collatione beneficiorum curatorum et non curatorum in mensibus pontificiis vacantium per Bavariam ac Dominia Ducibus Bavariae subjecta, v. 20.05.1563, in: Sammlung von Urkunden zu einer zukünftigen Geschichte der Unterhandlungen Bayerns mit dem römischen Stuhle, in: Oberbay. Archiv für vaterländiche Geschichte, Bd. 4, München, Franz, 1812, 340–341, Nr. 16.

Pius VI., Breve Cum semper, v. 07.09.1799, in: Teutsche Staatskanzlei, hg. v. Johann August Reuß, Ulm, Stettin, 1800, 268–273, URN: urn:nbn:de:bvb:12-bsb10725632-5, Zugriff: 06.08.2022.

Pius VI., Pii Papae Sexti responsio ad metropolitanos Moguntium, Trevirensem, Coloniensem et Salisburgensem super Nunciaturis Apostolicis, v. 14.11.1789, Romae, Leodii Typis Jacobi Tutot, 1790, URN: urn: nbn: de: bvb:12-bsb10507851-1, Zugriff: 06.08.2022.

Pius VI., Breve Convenit provide, v. 15.12.1789, in: Bull. Rom. Cont., t. VIII, 372–376.

Pius VII., Ansprache [die er als Cardinal Chiaramonti u. Bischof v. Imola] an die Gemeinde seines damaligen Kirchensprengels am Weihnachtstag (25.12.) 1797 gerichtet hat, Sulzbach, 1816, URN: urn: nbn: de: bvb:12-bsb10716056-6, Zugriff: 06.08.2022.

Pius VII., Apostolische Konstitution Post diuturnas, v. 30.10.1800, in: Bull. Rom. Cont., t. XI, 48–70.

Pius VII./Legat a latere Caprara, Apostolisches Indult Reductio festorum in dioecesibus Galliarum, v. 09.04.1802, in: Bull. Rom. Cont., t. XI, 323–325.

Pius VII., Bulle In universalsi Ecclesiae, v. 01.02.1805, in: Bull. Rom. Cont., t. XII, 261–266.

Pius VII., Breve Quum memoranda, v. 10.06.1809, Text ital. und lat. in: Lettere apostoliche in forma di breve colle quali si dichiarano scomunicati, gli autori, gli esecutori, ed i fautori della usurpazione del dominio di Roma e degli altri stati appartenenti alla s. sede, Rom 1809.

Pius VII., Moto proprio Quando per ammirabile disposizione, sulla organizzazione dell'amministrazione pubblica, v. 06.07.1816, Rom, Vincenzo Poggioli stampatore della Rev. Cam. Apost., 1816, URN: urn: nbn: de: bvb:824-dtl-0000108106, Zugriff: 02.12.2019.

Pius VII., Conventio inter sanctissimum Dominum Pium VII. Summum pontificem et majestatem suam Maximilianum Josephum Bavariae regem, v. 14.11.1817, in: Bull. Rom. Cont., t. XIV, 434–440.

Pius VII., Bulle Dei ac Domini Nostri, v. 01.04.1818, in: Bull. Rom. Cont., t. XV, 17–31.

Pius VII., Allocatio habita in consistorio secreta diei II. Octobris MDCCCXVIII super declaratione habita a rege Bavariae relate ad statum rerum ecclesiasticarum illius regni, v. 02.10.1818, in: Bull. Rom. Cont., t. XV, 119–121.

Pius VII., Indultum nominandum ad duas archiepiscopales et sex episcopales ecclesias in ditione Bavarica pro serenissimo rege Bavariae, v. 17.11.1818, in: Bull. Rom. Cont., t. XIV, 432–433.

Sixtus V., Bulle Cum de omnibus, v. 06.11.1587, in: Magn. Bull. Rom., t. 2, 656–658.

Urban VIII., Instructio Particularis, Si processus inquisitionis, v. 1627, in: Canones et decreta Concilii Tridentini, ed. Richter, 495–500.

Konzilsdokumente des Vaticanum II

Christus Dominus – Decretum de pastorali episcoporum munere in ecclesia, in: AAS 58 (1966), 673–696 und (lat.-deutsch) in: LThK^2, Bd. 13, 148–247.

Dignitatis humanae – Declaratio de libertate religiosa, in: AAS 58 (1966), 929–946 und (lat.-deutsch) in: LThK^2, Bd. 13, 712–747.

Gaudium et Spes – Constitutio pastoralis de ecclesia in mundo huius temporis, in: AAS 58 (1966), 1025–1115, und (lat.-deutsch) in: LThK^2, Bd. 14, 280–591.

Lumen Gentium – Constitutio dogmatica de ecclesia, in: AAS 57 (1965), 5–75, und (lat.-deutsch) in: LThK^2, Bd. 12, 156–347.

Sacrosanctum Concilium – Constitutio de Sacra Liturgia, in: AAS 56 (1964), 97–138, und (lat.-deutsch) in: LThK^2, Bd. 12, 14–109.

Sekundärliteratur

Ackerl, Isabella, Laura Maria Caterina Bassi, in: Starke Frauen, Wiesbaden, marixverlag, 2019^2.

Albrecht, Dieter, Art. Maximilian I., in: NDB 16 (1990), 477–480.

ARD Alpha, Thema: Höhlenmalerei. Die ältesten Wandbilder der Welt, URL: https://www.br.de/ wissen/hoehle-hoehlenmalerei-kunst-100.html, Stand. 05.02.2021, Zugriff: 06.01.2023.

Aretin, Karl Otmar Freiherr von, Art. Cetto, Anton Freiherr von, in: NDB 3 (1957), 185–186.

Arnold, Franz Xaver, Die Staatslehre des Kardinals Bellarmin, München, Hueber, 1934.

Aubert, Roger, Art. Pius VII., in: LTHK^2, Bd. 8, 533–535.

Aubert, Roger, Art. Pius VII., in: LTHK^3, Bd. 8, 327–329.

Aubert, Roger, Art. Pius XII., in: LThK^2, Bd. 8, 538–539.

Aubert, Roger, Die Katholische Kirche und die Revolution, in: HKG, Bd. VI/1, 62–67, 86–92.

Aubert, Roger, Die Katholische Kirche und die Restauration, in: HKG, Bd. VI/1, 114–117.

Aubert, Roger, Die Katholische Kirche und die Revolution, in: HKG, Bd.VI/1, 3–104.

Aymans, Winfried, Mörsdorf, Klaus, Kanonisches Recht, Lehrbuch aufgrund des Codex Iuris Canonici, Bd. I, Paderborn, Schöningh, 1991^{13}.

Barth, Anton von, Vorlesungen über sämmtliche Hauptfächer der Staats- und Rechtswissenschaft: zum Selbststudium für jeden Staatsbürger allgemein verständlich bearbeitet/7: Vorlesungen über das katholische und protestantische Kirchenrecht; T. 1, (das katholische Kirchenrecht), Augsburg, Jenisch und Stage, 1842.

Baumgärtel-Fleischmann, Renate (Hg.), Franz Ludwig von Erthal. Fürstbischof von Bamberg und Würzburg. 1779–1795, Bamberg, Diözesanmuseum Bamberg, 1995.

Baumgartner, Konrad, Bemühungen um Seelsorge und Seelsorger im Kreis um Sailer und Wessenberg, in: Laumer, Sailer, 219–229.

Baumgartner, Konrad, Die Familie Brentano (Frankfurter Linie) und Johann Michael Sailer, in: Laumer, Sailer, 317–346.

Bastgen, Beda, Bayern und der Heilige Stuhl in der ersten Hälfte des 19. Jahrhunderts. Nach den Akten des Wiener Nuntius Severoli und der Münchner Nuntien Serra-Cassano, Mercy d'Argenteau und Viale Prelà, sowie den Weisungen des römischen Staatssekretariats aus dem vatikanischen Geheimarchiv (Beiträge zur altbayerischen Kirchengeschichte 17). Bd. I u. II, München 1940.

Berbig, Hans Joachim, Das kaiserliche Hochstift Bamberg vom Westfälischen Frieden bis zur Säkularisation, 2 Bde., Wiesbaden, Steiner, 1976.

Berger, Klaus, Die Apokalypse des Johannes, Kommentar, Bd. 2: Apk 11–22, Freiburg, Herder, 2017.

Bertrams, Wilhelm, Der neuzeitliche Staatsgedanke und die Konkordate des ausgehenden Mittelalters, Rom, Gregorian Biblical Book Shop, 1950, 142–150.

Bischof, Franz Xaver, Ein bayerischer Kirchenmann an der römischen Kurie. Kardinal Kasimir von Häffelin (1737–1827), in: Alois Schmidt (Hg.), Von Bayern nach Italien. Transalpiner Transfer in der frühen Neuzeit, München, Beck, 2010, 277–294.

Bistum Eichstätt: Art. Eichstätter Domkapitel feiert 200-jähriges Jubiläum, Homepage des Bistums Eichstätt, URL: https://www.eichstaetter-dom.de/index.php?id=41233&L=6&tx_ news_pi 1%5Bnews%5D=34901&cHash=ae b1d342c399dd3d1a0dcb3370e05cbc, Zugriff am 31.12.2022.

Bloch, Tamara, Die Stellungnahmen der römisch-katholischen Amtskirche zur Frage der Menschenrechte seit 1215, Frankfurt am Main, Lang, 2008, 56.

Boehart, William, Politik und Religion. Studien zum Fragmentenstreit (Reimarus, Goeze, Lessing), Schwarzenbeck, Martienss, 1988.

Boehm, Laetitia, Bayerns Beitrag zur Akademiebewegung, in: HBG, Bd. II, München Beck 1988², 960–965.

Borris, Ernst und Erika von, Dt. Literaturgeschichte, Bd. 1, München, DTV, 1991.

Bott, Gerhard (Hg.), Die Grafen von Schönborn. Kirchenfürsten, Sammler, Mäzene. Nürnberg, Germanisches Nationalmuseum, 1989.

Boutry, Philippe, Art. Pio VII, papa, in: Istituto della Enciclopedia Italiana (Hg.), Dizionario Biografico degli Italiani, Bd. 84, Rom, Società Grafica Romana, 2015, 11–22, URL: https://www.treccani.it/enciclopedia/papa-pio-vii_%28Dizionario-Biografico%29/, Zugriff: 07.03.2023.

Bürki, Hans, Der erste Brief des Paulus an Timotheus, in: Werner de Boor und Adolf Pohl (Hgg.), Wuppertaler Studienbibel, Reihe Neues Testament, Wuppertal, Brockhaus, 1997[7].

Burgdorf, Wolfgang, Art. Rechberg, Aloys Graf von, in: NDB 21 (2003), 229–230.

Busley, Hermann-Joseph, Bayerisches Konkordat, 1924, publiziert am 02.06.2009; in: Historisches Lexikon Bayerns, URL: https://www.historisches-lexikon-bayerns.de/Lexikon/Bayerisches_Konkordat,_1924, Zugriff: 25.06.2022.

Busley, Hermann-Joseph, Das Konkordat mit den bayerischen Bischöfen der Salzburger Kirchenprovinz, in: Kirche in Bayern. Verhältnis zu Herrschaft und Staat im Wandel der Jahrhunderte, hg. v. Bayerisches Hauptstaatsarchiv, 1984, 141–142.

Caesar, Aquilin Julius, Geschichte der Nuntiaturen Deutschlands, Nürnberg, 1790, 127–128, URN: urn:nbn:de:bvb:12-bsb10029170-4, Zugriff: 07.08.2022.

Carnevale, Diego, Art. Serra di Cassano, Francesco, in: Istituto della Enciclopedia Italiana (Hg.), Dizionario Biografico degli Italiani, Bd. 92 (2018), Rom, Società Grafica Romana, 2018, 223–224.

Chenu, Marie-Dominique, Art. Unam sanctam, in: LThK[2] 10, 462.

Cognet, Louis, Der Gallikanismus Ludwigs XIV., in: HKG, Bd. V, 74–80.

Deutsche Bibelgesellschaft, Stuttgart, Die Offenbarung des Johannes (Johannesapokalypse) (Apk), URL: http://www.bibelwissenschaft.de/bibelkunde/neues-testament/offenbarung/, Zugriff: 13.08.2018.

Dibelius, Martin, Die Pastoralbriefe, in: Handbuch zum Neuen Testament, Bd. 13, Tübingen, Mohr, 1931[2].

Dieter, Albrecht, Art. Maximilian I., in: NDB 16 (1990), 477–480.

Dietrich, Thomas, Art. Bellarmin, in: LThK[3], Bd. 2, 189–191.

Doeberl, Ludwig, Maximilian von Montgelas und das Prinzip der Staatssouveränität, München, Schmidt, 1925.

Doeberl, Anton, Die bayerischen Konkordatsverhandlungen in den Jahren 1806 und 1807 auf Grund der vatikanischen Archivalien dargestellt, mit einem Anhang ungedruckter Aktenstücke. (Historische Forschungen und Quellen, Bd. 7/8), München, Datterer, 1924.

Doeberl, Michael, Spindler, Max, Entwicklungsgeschichte Bayerns: Vom Westfälischen Frieden bis zum Tode König Maximilians I. Oldenbourg. 3., erw. Aufl. München 1928.

Doering-Manteuffel, Anselm, Die deutsche Frage und das europäische Staatensystem 1815–1871, München, Oldenbourg, 2010.

Dreier, Horst, Staat ohne Gott. Religion in der säkularen Moderne, München Beck, 2018.

Dünzl, Franz, Fremd in dieser Welt? Das frühe Christentum zwischen Weltdistanz und Weltverantwortung, Freiburg, Herder, 2015.

Dreyfus, François-Georges, Um 1830: Nationalismus, Religion und Kultur, in: GdC, Bd. 10, 704–758.

Eichmann Eduard/Mörsdorf Klaus, Lehrbuch des Kirchenrechts auf Grund des Codex Iuris Canonici, begr. v. E. Eichmann, neu bearbeitet und hg. v. K. Mörsdorf, 3 Bd., Paderborn, Schöningh, 1958[9].

Einem, Herbert von, Art. Friedrich, Caspar David, in: NDB 5 (1961), 602–603.

Eisenhart, August Ritter von, Art., Holler, Leonhard von, in: ADB 12 (1880), 758–759.

Eisenhart, August Ritter von, Art., Kobell, Egid Ritter von, in: ADB, 16 (1882), 349–350.

Eisenhart, August Ritter von, Art. Kreittmayr, Aloysius Freiherr von, in: ADB 17 (1883), 102–115.

Eisenhart, August Ritter von, Art. Lori, Johann Georg von, in: ADB 19 (1884), 183–195.

Endres, Rudolf, Die Eingliederung Frankens in den neuen bayerischen Staat, in: Hubert Glaser (Hg.): Wittelsbach und Bayern. Band III/1. Krone und Verfassung. König Max I. Joseph und der neue Staat. Beiträge zur Bayerischen Geschichte und Kunst 1799–1825, München, Hirmer, 1980. 83–94.

Evangelischer Pressedienst, Art. Marx weist Kritik zu Missbrauchs-Aufarbeitung der Kirchen zurück, in: Sonntagsblatt. 360⁰ EVANGELISCH, Ausgabe v. 19.12.2022, 22.

Feldkamp, Michael F., Apostolische Nuntiatur, München, in: Historisches Lexikon Bayerns, URL: http://www.historisches-lexikon-bayerns.de/Lexikon/Apostolische_Nuntiatur,_München, publiziert am 29.11.2006, Zugriff: 13.08.2022.

Frerk, Carsten, Art. Zur Ablösung der Staatsleistungen, v. 27.06.2022, in: Homepage der Forschungsgruppe für Weltanschauungen, URL: https://fowid.de/meldung/zur-abloesung-staatsleistungen, Zugriff: 01.01.2023.

Flüeler, Christoph, Der philosophiehistorische Kontext, in: Dante Alighieri, Monarchia, Studienausgabe lateinisch/deutsch, Stuttgart, Reclam, 1989, 26–50.

Fuchs, Joseph, Art. Koch, Christoph Wilhelm Edler von, in: NDB 12 (1979), 260–261.

Fuchs, Peter, Art., Karl Theodor, in: NDB 11 (1977), 252–258.

Galetota, Gustavo, Art. Bellarmin, Roberto (1542–1621), TRE, Bd. 5, 521–531.

Gatz, Erwin, Buol-Schaubenstein, in: Ders., Bischöfe, 83–85.

Gatz, Erwin (Hg.), Die Bischöfe der deutschsprachigen Länder 1785/1803 bis 1945: ein biographisches Lesebuch, Berlin, Duncker & Humblot, 1983.

Geiger, Karl August, Das bayerische Konkordat vom 5. Juni 1817. Säkular-Erinnerungen, Regensburg, Manz, 1918.

Gehringer, Horst, Josef Maria Johann Nepomuk Freiherr von Fraunberg (1768–1842), in: Josef Urban (Hg.), Die Bamberger Erzbischöfe. Lebensbilder, Bamberg, 1997.

Gehringer, Horst, u. a. (Hgg.), Demokratie in Bayern. Die Bamberger Verfassung von 1819 (= Veröffentlichungen des Stadtarchivs Bamberg, Nr. 30), Bamberg, Schmidt, 2019.

Gelmi, Josef, Art. Consalvi, in: LTHK[3], Bd. 2, 1301.

Gerlein, Thomas, Das Haus Schönborn mit seinen Linien Buchheim, Wiesentheid und Schönborn. Über 700 Jahre Gesamtgeschichte mit Stammfolgen, in: Deutsche Fürstenhäuser Heft 39, Werl, Börde, 2012.

Germann, Michael, Der Weg zur Ablösung der Staatsleistungen an die Kirchen, in: Konrad-Adenauer-Stiftung e. V., Monitor, Religion und Politik, November 2022, pdf-Dokument unter URL: https://www.kas.de/de/monitor/detail/-/content/abloesung-der-staatsleistungen-nach-art-140-gg-i-v-m-art-138-abs-1-wrv, Zugriff: 01.01.2023.

Gnilka, Joachim, Das Matthäusevangelium 14,1-28.20, in: HThK, Bd. I/2, Sonderausgabe, Freiburg, Herder, 1988.

Gnilka, Joachim, Johannesevangelium, in: Die Neue Echter Bibel: Kommentar zum Neuen Testament mit der Einheitsübersetzung, hrsg. v. Joachim Gnilka und Rudolf Schnackenburg, Bd. 4, Würzburg, Echter,1934.

Goez, Werner, Art. Zwei-Schwerter-Lehre, in: Lexikon des Mittelalters (10 Bände. Artemis, München/Zürich 1980–1999), Bd. 9, 725–726.

Graf, Friedrich-Wilhelm, Art. Zweireichelehre, in: LThK[3], Bd. 10, 1515–1519.

Greiner, Drothea, 100 Jahre Kirchenkreis Bayreuth. Predigt am 06.05.2021 in Bayreuth, Stadtkirche, URL: https://www.kirchenkreis-bayreuth.de/100-jahre-kirchenkreis-bayreuth-0, Zugriff: 25.03.2023.

Gresser, Georg, Papst Clemens II. und das Bistum Bamberg, in: Christine und Klaus van Eickels (Hgg.), Das Bistum Bamberg in der Welt des Mittelalters, Bamberg, University of Bamberg Press, 2007, 87–102.

Guth, Klaus, Heiliger Bischof Otto. Missionar und Vermittler zwischen Kaiser und Papst, in: Michael Kleiner (Hg.), Unterm Sternenmantel.1000 Jahre Bistum Bamberg. Die Geschichte in Lebensbildern, Bamberg, Heinrichs-Verlag, 2006.

Hamerle, Andreas, Geschichte der Päpste, Bd. 3, Klagenfurt, St. Josef-Bücherbruderschaft, 1907.

Hammermayer, Ludwig, Art. Lori, Johann Georg von, in: NDB 15 (1987), 180–183.

Hammermayer, Ludwig, Das Kraitmayrsche Gesetzeswerk, in: HBG, Bd. II, München, Beck, 1988², 1248–1252.

Hammermayer, Ludwig, Staatskirchliche Reformen und Salzburger Kongress, in: HBG, Bd. II, München, Beck, 1988², 1269–1274.

Hammermayer, Ludwig, Auf dem Weg zur Säkularisation, in: HBG, Bd. II, München, Beck, 1988², 1275–1283.

Hard, Gerhard, Der Spatial Turn, von der Geographie her beobachtet, in: Jörg Döring, Tristan Thielmann (Hgg.) Spatial Turn, Das Raumparadigma in den Kultur- und Sozialwissenschaften, Bielefeld, transcript, 2006², 283–315.

Hartmann, Peter Claus, Bayerns Weg in die Moderne. Vom Stammesherzog zum Freistaat heute, Regensburg, Pustet, 2012³.

Hartung, Ernst (Hg.), Vom tätigen Leben, Goethes Briefe aus der zweiten Hälfte seines Lebens, Ebenhausen bei München, Wilhelm Langwiesche-Brandt, 1917.

Hausberger, Karl, Staat und Kirche nach der Säkularisation: Zur bayerischen Konkordatspolitik im frühen 19. Jahrhundert (MTSs: 1, Hist. Abteilung, Bd. 23), St. Ottilien, EOS, 1983.

Hausberger, Karl/Hubensteiner, Benno, Bayerische Kirchengeschichte, München, Süddeutscher Verlag, 1987.

Heigel, Karl Theodor von, Maximilian I./als König von Bayern, in: ADB (1885), 31–39.

Heigel, Karl Theodor von, Art. Haeffelin, Kasimir Freiherr von, in: ADB 49 (1904), 697–698.

Heigel, Karl Theodor von, Art. Rechberg, Aloys Graf von, in: ADB 27 (1888), 493–496.

Heuschele, Otto, Einleitung, zu: Novalis, Die Christenheit oder Europa. Ein Fragment, hg. u. eingeleitet v. Otto Heuschele, Reclam, Stuttgart, 1969, 3–20.

Hohl, Heinrich, Das Amt des Metropoliten und die Metropolitanverfassung in der Lateinischen Kirche (= BzMK 59), Essen, Ludgerus, 2010.

Honecker, Martin, Art. Zwei-Reiche-Lehre, 1. Begriff, in: Staatslexikon, Bd. 5, Sonderausgabe, Freiburg, Herder, 1995, 1185–1188.

Imbach, Ruedi, Zur Deutung der Monarchia, in: Dante Alighieri, Monarchia, Studienausgabe lateinisch/deutsch, Stuttgart, Reclam, 1989, 50–57.

Immler, Gerhard, Kempten, Fürstabtei: Territorium und Verwaltung, in: Historisches Lexikon Bayerns, URL: https://www.historisches-lexikon-bayerns.de/Lexikon/Kempten,_F%C3%BCrstabtei:_Territorium_und_Verwaltung, publiziert am 15.09.2009, Zugriff: 01.06.2020.

Iserloh, Erwin, Luthers Kirchenlehre und seine Zwei-Reiche-Lehre. Das Landesherrliche Kirchenregiment, in: HKG, Bd. IV, 222–233.

Iserloh, Erwin, Das Scheitern des Universalismus und der Augsburger Religionsfriede, in: HKG, Bd. IV, 290–312.

Jacoby, Daniel, Art. Weishaupt, Adam, in: ADB 41 1896, 539–550.

Jaspers, Karl, Einführung in die Philosophie. München, Pieper, 1985^{12}.

Jedin, Hubert, u. a., Zur Einführung, in: HKG, Bd. V, V–XII.

Jung, Norbert, Dompropst Franz Seraph von Lerchenfeld als Begründer der Dompropsteibibliothek. Biographie eines Bibliophilen, in: Birgit Kastner, Maria Kunzelmann, Carola M. Schmidt (Hgg.), Erlesen, 200 Jahre Bibliothek des Metropolitankapitels Bamberg (= Veröffentlichungen des Diözesanmuseums Bamberg, Bd. 31), Regensburg, Schnell & Steiner, 2022, 37–43.

Jung, Norbert, Johann Jakob Sündermahler (1711–1775). Ein Jurist der Aufklärungszeit, in: Günter Dippold/Alfred Meixner (Hgg.), Staffelsteiner Lebensbilder (= Staffelsteiner Schriften, 11), Staffelstein, 2000, 91–99.

Jung, Norbert, Art. Pius Brunnquell: Beweise für die Unauflöslichkeit der Ehe, in: Birgit Kastner, Maria Kunzelmann, Carola M. Schmidt (Hgg.), Erlesen, 200 Jahre Bibliothek des Metropolitankapitels Bamberg (= Veröffentlichungen des Diözesanmuseums Bamberg, Bd. 31), Regensburg, Schnell & Steiner, 2022, 146–147.

Junkelmann, Marcus, Max Emanuel. Der blaue König, Regensburg, Pustet, 2018.

Junkelmann, Marcus, Sie allein können Bayern retten. Carl Ernst von Gravenreuth. Eine Kariere zwischen Napoleon und Montgelas, Regensburg, Pustet, 2022.

Just, Leo, Art. Gallikanismus, in: LThK^2 4, 499–503.

Just, Leo, Art. Febronianismus, in: LThK^2 4, 46–47.

Kämper, Burkhard/Thönnes, Hans-Werner (Hgg.), Das Verhältnis von Staat und Kirche in der Orthodoxie (= Essener Gespräche zum Thema Staat und Kirche, Heft 45), Münster Aschendorff, 2011.

Kalb, Herbert, § 10 Verwaltungsakt und Verwaltungsverfahren, in: HdbKathKR³. 163–182.

Kant, Immanuel, Art. Beantwortung der Frage: Was ist Aufklärung?, in: Berlinische Monatsschrift 4 (1784), 481–494.

Kist, Johannes, Art. Franz Ludwig Freiherr von Erthal, in: NDB 5 (1961), 371–372.

Kist, Johannes, Fürst- und Erzbistum Bamberg, Bamberg, Historischer Verein, 1962³.

Klausnitzer, Wolfgang/Koziel, Bernd Elmar, Christus als Bild Gottes. Fundamentaltheologische Erwägungen zur Einheit der vielen Bilder von Gott, Würzburg, Echter, 2019,

Klausnitzer, Wolfgang, Der Primat des Bischofs von Rom, Freiburg, Herder, 2004.

Klausnitzer Wolfgang, Das Papstamt im Disput zwischen Lutheraner und Katholiken, Innsbruck, Tyrolia, 1987.

Kluger, Florian, Liturgische Bildung in der Neuzeit: Taufe, Firmung und Eucharistie bei P. Nikolaus Cusanus SJ, Bischof Joseph A. Gall und Pastor Konrad Jakobs (= Bd. 43, Studien zur Pastoralliturgie), Regensburg, Pustet, 2019.

Knöpfler, Alois, Art. Stubenberg, Joseph Graf von, in: ADB 36 (1893), 705–708.

Körner, Hans-Michael, Das bayerischen Staatskirchentum von seinen Anfängen bis zum Ende der Monarchie: Tendenzen, Positionen und Konflikte, Skript zum Vortrag am 02.07.2013 im Rahmen der 3. Sommerakademie der Abtei St. Bonifaz, München 2013.

Koselleck, Reinhart, Einleitung, in: Otto Brunner, u. a. (Hgg.), Geschichtliche Grundbegriffe, Bd. 1, Stuttgart, Klett-Cotta, 1979, XIII–XXVII.

Kraus, Andreas, Das geistliche Franken, in: HBG, Bd. III/I, München, Beck, 1979², 628–643.

Kraus, Franz Xaver, Art. Hontheim, Nikolaus von, in: ADB 13 (1881), 83–94.

Krausen, Edgar, Haeffelin, Kasimir Freiherr von/seit 1790 in: NDB 7 (1966), 429.

Landau, Peter, Art. Sicherer, Hermann von, in: NBD 24 (2010), 307–308.

Landau, Peter, Goethes verlorene juristische Dissertation und ihre Quellen. Versuch einer Rekonstruktion, in: Bay. Akademie der Wissenschaften, phil. -hist. Klasse, Sitzungsberichte, Jahrgang 2007, Heft 2, München, Beck, 2007.

Lang, Karl Heinrich Ritter von, Memoiren des Karl Heinrich von Lang. Skizzen aus meinem Leben und Wirken, meinen Reisen und meiner Zeit, 2 Bde., Braunschweig, Vieweg, 1841.

Lauchert, Jakob, Art. Brenner, Friedrich, in: ADB 47 (1903), 221–224.

Laumer, August (Hg.), Johann Michael Sailer (1751–1832). Ein Leben in Begegnungen, Regensburg, Pustet, 2022.

Leidl, August, von Thun, in: Gatz, Bischöfe, 762–763.

Lengenfelder, Bruno, Erzbischof Joseph Graf von Stubenberg (1740–1824), in: Andreas Hölscher /Norbert Jung (Hgg.), Die Erzbischöfe von Bamberg. Lebensbilder, Petersberg, Imhof, 2015, 53–73.

Lenhart, Ludwig, Art. Dalberg, Carl Theodor Freiherr von, in: NDB 3 (1957), 489–490.

Lenk, Leonhard, Art. Eck, Leonhard von, in: NDB 4 (1959), 277–279.

Lentz, Thierry, 1815. Der Wiener Kongress und die Neugründung Europas, München, Siedler, 2014[2].

Leser, Emanuel, Art. Erthal, Friedrich Karl von, in: ADB 7 (1878), 552–557.

Levison, Wilhelm, Die mittelalterliche Lehre von den beiden Schwertern, in: Deutsches Archiv für die Erforschung des Mittelalters, Bd. 9 (1952), Zeitschriftenteil, 14–42.

Lindgren, Uta, Art. Ritter, Carl. in: NDB 21 (2003), 655–656.

Link, Christoph, Art. Kirche und Staat, IV. Das Verhältnis von Kirche und Staat aus evangelischer Sicht, in: Staatslexikon, hg. v. d. Görres Gesellschaft: Sonderausgabe, Bd. 3, Freiburg, Herder, 1995[7], 482–485.

Listl, Joseph, Die konkordatäre Entwicklung von 1817–1988, in: HBayKG, Bd. III, 427–463.

Listl, Joseph, Kirche und Staat in der neueren katholischen Kirchenrechtswissenschaft, (= Staatskirchenrechtliche Abhandlungen, Bd. 7), Berlin, Duncker & Humblot, 1978.

Loiero, Savatore, „Evangelii Gaudium“ als Anfrage an die Wahrhaftigkeit kirchlicher Praxis, in: Bernd Elmar Koziel / Matthias Scherbaum (Hgg.), Der Wahrheitsanspruch der Theologie in Geschichte und Gegenwart, FS Wolfgang Klausnitzer zum 70. Geburtstag, Heiligenkreuz, Be+Be, 2020, 238–255.

Looshorn, Johannes, Die Geschichte des Bisthums Bamberg, Bd. 7: Das Bisthum Bamberg 1729–1808, Lfg. 2: 1747–1808, Bamberg, Handels-Druckerei, 1910.

Ludwig, August Friedrich, Weihbischof Zirkel von Würzburg in seiner Stellung zur theologischen Aufklärung und zur kirchlichen Restauration, Bd. I, Paderborn, Schöningh, 1904.

Luz, Ulrich, Das Evangelium nach Matthäus (Mt 18–25), in: EKK, Bd. I/3, Zürich und Düsseldorf, Benziger, 1997.

Mann, Christoph, Das Bamberger Domkapitel im späten 18. Jahrhundert. Lebensstile, Parteiungen, Reformfähigkeit, in: Mark Häberlein u. a. (Hgg.), Bamberg in der Frühen Neuzeit (Bamberger Historische Studien, 1), Bamberg 2008, 319–346.

Mantey, Volker, Zwei Schwerter – Zwei Reiche, Martin Luthers Zwei-Reiche-Lehre vor ihrem spätmittelalterlichen Hintergrund (= Spätmittelalter und Reformation, Neue Reihe, 26), Tübingen, Mohr, 2005.

Matuschek, Stefan, Der Gedichtete Himmel. Eine Geschichte der Romantik. München Beck, 2021.

Menke, Karl-Heinz, Jesus ist Gott der Sohn. Denkformen und Brennpunkte der Christologie, Regensburg, Pustet, 2012[3].

Merzbacher, Friedrich, Art. Zwei-Schwerter-Lehre, in: LThK[2], Bd. 10, 1429–1430.

Merzbacher, Friedrich, Der Kanonist Johann Nepomuk Endres (1730–1791). Leben und Werk eines deutschen Kirchenrechtslehrers vor der Säkularisation, in: AKathKR 139 (1970), 42–68.

Meyer, Andreas, Wiener Konkordat, 1448, in: Historisches Lexikon Bayerns, URL: http://www.historisches-lexikon-bayerns.de/Lexikon/Wiener_Konkordat,_1448, publiziert am 19.04.2010, Zugriff: 11.05.2019.

Mezler, Helmut, Art. Caesar, Aquilin Julius, in: NDB 3 (1957), 87–88.

Mezzadri, Luigi, La chiesa e la rivoluzione francese, Torino, 1989.

Michaud, Claude, Der Josephinismus in der Habsburgermonarchie (1740–1792), in: GdC, Bd. 10, 15–25.

Mikat, Paul, Art. Kirche und Staat, I. Einleitung, in: Staatslexikon. Recht, Wirtschaft, Gesellschaft (hg. v. d. Görres-Gesellschaft), Sonderausg., Bd. 3, Freiburg, Herder, 1995[7], 468.

Mikat, Paul, Art. Zweischwerterlehre, in: LThK[3], Bd. 10, 1519–1520.

Miko, Norbert, Art. Consalvi, in: LTHK[2], Bd. 3, 42–43.

Mirbt, Carl, Art. Konkordate und Circumscriptionsbullen, in: Real-Enzyklopädie für protestantische Theologie und Kirche, begr. v. Johann Jakob Herzog, hg. v. Albert Hauck, 10. Bd., Kanonensammlungen bis Konstantin, Leipzig, Hinrichs, 1901[3], 703–732, URL: https://digitale-bibliothek-mv.de/viewer/resolver?urn=urn:nbn:de:gbv:9-g-1505869, Zugriff: 10.04.2020.

Molinski, Waldemar, Art. Integralismus, in: Herders Theol. Taschenlexikon, Bd. 3, 368–370, 369.

Monsagrati, Giuseppe, Art. Leone XII, papa, in: Istituto della Enciclopedia Italiana (Hg.), Dizionario Biografico degli Italiani, Bd. 64, Rom, Società Grafica Romana, 2005, 527–537.

Müller, Winfried, Die Säkularisation von 1803, in: HBayKG, Bd. 3, 1–84.

Müller, Winfried, Zwischen Säkularisation und Konkordat. Die Neuordnung des Verhältnisses von Staat und Kirche 1803–1821, in: HBayKG, Bd. 3, 85–129.

Muhlack, Ulrich, Art. Ranke, Leopold von, in: NDB 21 (2003), 140–142.

Mundt, Theodor, Zodiacallichter, in: Literarischer Zodiacus. Journal für Zeit und Leben, Wissenschaft und Kunst, hg. v. Theodor Mundt, Leipzig, Reichenbach, 1835.

Nersinger, Ulrich, Teodolfo Kardinal Mertel (1806–1899). Der Letzte seines Standes, in: L'Osservatore Romano, Wochenausgabe in dt. Sprache, 50 (2020) Nr. 47, 5.

Neukam, Wilhelm, Der Übergang des Hochstifts Bamberg 1802/03, in: Schottenloher, Otto (Schriftltg.) Bayern, Staat und Kirche, Land und Reich, Forschungen zur bayerischen Geschichte vornehmlich im 19. Jahrhundert, München, Zink, 1961, 243–291.

Neundorfer, Bruno, Buseck, in: Gatz, Bischöfe, 89–90.

Neusner, Jacob, My Argument with the Pope, in: Jerusalem Post, 29.05.2007, zitiert nach der dt. Übersetzung v. Walter Homolka, Der Jude Jesus – Eine Heimholung, Freiburg, Herder, 2020, 203.

Nikolaou, Theodor, Das Verhältnis von Staat und Kirche aus orthodoxer Sicht, in: Burkhard Kämper/Hans-Werner Thönnes (Hgg.), Das Verhältnis von Staat und Kirche in der Orthodoxie (= Essener Gespräche zum Thema Staat und Kirche, Heft 5), Münster Aschendorff, 2011, 125–137.

Novalis/Hardenberg, Georg Philipp Friedrich von, Die Christenheit oder Europa. Ein Fragment, in: Ludwig Tieck, Friedrich Schlegel (Hgg.): Novalis. Schriften. Bd. 1. Berlin, Reimer, 1826[4], 187–208.

Oberlinner, Lorenz, „Ein ruhiges und ungestörtes Leben führen." Ein Ideal für christliche Gemeinden?, in: Bibel und Kirche 40 (1991), 98–106.

Oefele, Edmund von, Art. Ickstatt, Johann Adam Freiherr von, in: ADB 13 (1881), 740–741.

Oncken, Hermann, Nekrolog auf Michael Doeberl, in: Jahrbuch der Bayerischen Akademie der Wissenschaften 1928/29, München, 1929, 73–78.

Ow, Leo Freiherr von, Art. Berchem, Maximilian Graf von, in: NDB 2 (1955), 63–64.

Padovese, Luigi, Il problema della politica nelle prime comunità christiane, Casale Monferrato, Piemme, 1998, 78.

Pfeilschifter-Baumeister, Georg, Der Salzburger Kongreß und seine Auswirkung 1770–1777, Der Kampf des bayr. Episkopats gegen die staatskirchenrechtliche Aufklärung unter Kurfürst Max III. Joseph (1745–1777), Verhandlungen zu einem ersten bayr. Einheitskonkordat, Paderborn, Schöningh, 1929.

Pitzer, Volker, Art. Febronius/Febronianismus, in: TRE, Bd. 11, 67–69.

Plongeron, Bernard, Aufhebung der Blockade: das Papsttum zur Zeit Consalvis, in: GdC, Bd. 10, 649–666.

Plongeron, Bernard, Die Moderne – ein Kind der Revolution, in: GdC, Bd. 10, 305–477.

Plogeron, Bernard, Von Napoleon zu Metternich, in: GdC, Bd. 10, 621–649.

Pulte, Matthias, Grundfragen des Staatskirchen- und Religionsrechts, Würzburg, Echter, 2016,

Raab, Heribert, Art. Hontheim, Nikolaus von, in: NDB 9 (1972), 604–605.

Raab, Heribert (Hg), Kirche und Staat. Von der Mitte des 15. Jahrhunderts bis zur Gegenwart, in: dtv Dokumente, München, dtv, 1966.

Raab, Heribert, Der reichskirchliche Episkopalismus von der Mitte des 17. bis zum Ende des 18. Jahrhunderts, in: HKG, Bd. V, 477–507.

Raab, Heribert, Staatskirchentum und Aufklärung in den weltlichen Territorien des Reiches – Theresianismus und Josephinismus, in: HKG, Bd. V, 514–523.

Raab, Heribert, Der Untergang der Reichskirche in der großen Säkularisation, in: HKG, Bd. V. 533–554.

Raab, Heribert, Raab, Wiederaufbau und Verfassung der Reichskirche, in: HKG, Bd. V, 152–180.

Rall, Hans, Art. Kreittmayr, Aloysius Freiherr von, in: NDB 12 (1979), 741–743.

Reindel, Kurt, Die Errichtung einer neuen Bistumsorganisation, in: HBG, Bd. I, München, Beck, 1981², 226–233.

Reinwald, Johann Ludwig Christian, Baierische Nationallieder am Ende des achtzehnten Jahrhunderts, und im letzten Jahre der Sklaverei, o. Ort, [1800], ohne Seitenzählung, URN: urn:nbn:de:bvb:12-bsb10381580-5, Zugriff: 02.11.2019.

Reiter, Ernst, Stubenberg, in: Gatz, Bischöfe, 747–749.

Riedl, Gerda, Zum Tod von Professor Dr. Joseph Listl SJ (1929–2013) – ein Nachruf, URL: https://bistum-augsburg.de/Nachrichten/Zum-Tod-von-Professor-Dr.-Joseph-Listl-SJ-1929-2013-ein-Nachruf_id_188665, eingestellt: 28.08.2013, Zugriff: 05.07.2021.

Roegele, Otto, Art. Görres, Joseph von, in: NDB 6 (1964), 532–536.

Roloff, Jürgen, Der erste Brief an Timotheus, in: Josef Blank u. a. (Hgg.), EKK, Bd. XV, Zürich, Benziger, 1988.

Rosa, Mario, Art. Benedetto XIV, papa, in: Dizionario Biografico degli Italiani, Vol. 8, 393–408, Rom, Treccani, 1966.

Roveri, Alessaandro, Art. Consalvi, Ercole, in: Dizionario Biografico degli Italiani, Vol. 28, Rom, Società Grafica Romana, 1983, 33–43, URL: https://www.treccani.it/enciclopedia/ercole-consalvi_(Dizionario-Biografico), Zugriff: 07.03.2023.

Sander, Hans-Joachim, Andersorte und der geistliche Weg des Glaubens, in: Domschule Würzburg. Andersorte. Entdeckungen einer katholischen Akademie unterwegs, Würzburg, Echter, 2015, 17–31.

Schieffer, Rudolf, Art. Zweigewaltenlehre, Gelasianische, in: Lexikon des Mittelalters, Bd. 9, München, LexMA-Verlag, 1998, 720.

Schilling, Heinz, 1517. Weltgeschichte eines Jahres, München, Beck, 2017.

Schlier, Heinrich, Der Römerbrief, in: HThK, Bd. VI, 2002.

Schmid, Alois, Art. Maximilian III. Joseph, in: NDB 16 (1990), 485–487.

Schmid, Alois, Peregrinatio prinicpis. Die „Italienische Raiß" des Erbprinzen Maximilian I. 1593, in: Alois Schmid (Hg.), Von Bayern nach Italien. Transalpiner Transfer in der frühen Neuzeit, München, Beck, 2010, 51–72.

Schnackenburg, Rudolf, Das Johannesevangelium, 3. Teil, Kap. 13–21, in: HThK, Bd. IV/3, 2001.

Schottenloher, Otto, Art. Erasmus von Rotterdam, Desiderius, in: NDB 4 (1959), 554–560.

Schröder, Jan, Art. Pufendorf, Samuel, in: Staatslexikon, hg. v. d. Görres Gesellschaft: Sonderausgabe, Bd. 4, Freiburg, Herder, 1995[7], 619–621.

Schuler, Euchar-Franz, Die Bamberger Kirche im Ringen um eine freie Kirche im freien Staat. Das Werden und Wirken des Bamberger Kirchenrechtlers und Kirchenpolitikers Franz Andreas Frey (1763–1820) in den Auseinandersetzungen mit dem josephinistischen Staatskirchentum, o. O., o. J. (1979).

Schulte, Johann Friedrich von, Art. Barthel, Johann Kaspar, in: ADB 2 (1875), 103.

Schulte, Johann Friedrich von, Art. Endres, Johann Nepomuk, in: ADB 6 (1877), 110.

Schulte, Johann Friedrich von, Art. Frey, Franz Andreas, in: ADB 7 (1878), 357–359.

Schulte, Johann Friedrich von, Art. Gregel, Johann Philipp von, in: ADB 9 (1879), 625–626.

Schulte, Johann Friedrich von, Art., Neller, Georg Christoph, in: ADB 23 (1886), 421–423.

Schulte, Johann Friedrich von, Art. Osterwald, Peter von, in: ADB 24 (1887), 525–526.

Schulte, Johann Friedrich von, Art., Reiffenstuel, Johann Georg, in: ADB 27 (1888), 695–696.

Schulte, Johann Friedrich von, Art. Schmidt, Philipp Anton, in: ADB 32 (1891), 12–13.

Schulte, Johann Friedrich von, Art. Zirkel, Gregor, in: ADB 45 (1900), 360–361.

Schulz, Gerhard, Novalis. Leben und Werk Friedrich von Hardenbergs, München, Beck, 2011.

Schwaiger, Georg, Art. Leo XII., in: LThK², Bd. 6, 952–953.

Schwaiger, Georg, Dalberg, in: Gatz, Bischöfe, 110–113.

Sekretariat der Deutschen Burschenschaft, Burschenschaftliche Geschichte, URL: https://burschenschaft.de/die-burschenschaft#toggle-id-1, Zugriff: 07.08.2022.

Seuffert, Lothar von, Art. Sicherer, Hermann von, in: Anton Bettelheim (Hg.), Biographisches Jahrbuch und deutscher Nekrolog. Bd. 7, Berlin, Reimer, 1905, 437–442.

Sicherer, Hermann von, Staat und Kirche in Bayern vom Regierungs-Antritt des Kurfürsten Maximilian Joseph IV. bis zur Erklärung von Tegernsee, 1799 bis 1821, nach amtlichen Actenstücken, München, Kaiser, 1874. Zur Zitation des zweiteiligen Bandes: geschichtlich darstellender Textteil mit 339 Seiten = Sicherer, Staat und Kirche, Seitenangabe; belegender Urkundenteil mit 45 Urkunden auf 136 Seiten = Sicherer, Urkunde Nr. n, Seitenangabe.

Silcher, Friedrich/Erk, Friedrich (Hgg.), Allgemeines Deutsches Kommersbuch, Lahr, Schauenburg, 55. Aufl., 1896[55]

Skalweit, Stefan, Art. Talleyrand, in: LThK2², Bd. 9, 1279–1280.

Soder, Erik, Fechenbach zu Laudenbach, in: Gatz, Bischöfe, 181–182.

Soder, Erik, Groß zu Trockau, in: Gatz, Bischöfe, 261–263.

Spindler, Max, Der bayerische Historiker Michael Doeberl 1861–1928, in: 100 Jahre Corps Germania München, München, 1963, 16–23.

Stasiewski, Bernhard, Das Staatskirchentum in Bayern, in: HKG, Bd. V, 524–530.

Steger, Christian, Nur neugotisch? Das pastorale Programm im historischen Kirchenbau 1870–1914, Regensburg, Pustet, 2013.

Stigloher, Marcellus, Die Errichtung der päpstlichen Nuntiatur in München und der Emser Congreß, Regensburg, Manz, 1867, 59, URN: urn: nbn: de: bvb:12-bsb10392947-9, Zugriff: 12.03.2022.

Süddeutsche Zeitung, Kurfürst Maximilian I. Der Mann, der Bayern zum totalen katholischen Staat formte, Online-Ausgabe, 23. Dezember 2017, 14:39 Uhr, URL: https://www.sueddeutsche.de/bayern/kurfuerst-maximilian-i-der-mann-der-bayern-zum-totalen-katholischen-staat-formte-1.3747240, Zugriff: 30.09.2022.

Surchat, Pierre, Art. Chur, Diözese – Fürstbistum, 3, 19. und 20. Jahrhundert, in: Historisches Lexikon der Schweiz (HLS), Online-Version vom 09.01.2010; URL: https://hls-dhs-dss.ch/de/articles/011403/2020-01-09/, Zugriff: 30.09.2022.

Thiele, Johannes, Bettina von Arnim, in: Starke Frauen, die inspirieren und bewegen, Wiesbaden, matrixverlag, 2019², 66.

Thoman, Marcel, Art. Wolff Christian, in: Staatslexikon, hg. v. d. Görres Gesellschaft: Sonderausgabe d. 7. völlig neu bearbeiteten Auflage, Bd. 5, Freiburg, Herder, 1995, 1130–1131.

Thomas, Jules, Le concordat de 1516, ses origines, son histoire au XVIe siècle, Paris, Picard, 1910.

Treml, Manfred, Königreich Bayern (1896–1918), in: Ders. (Hg.) Geschichte des modernen Bayern. Königreich und Freistaat, Regensburg, Pustet, 2021, 15–184.

Troeltsch, Ernst, Die Aufklärung, 1897, in: Hans Baron (Hg.), Gesammelte Schriften von Ernst Troeltsch, Bd. IV (Aufsätze zur Geistesgeschichte und Religionssoziologie), Tübingen, Mohr, 1925, Nachdruck Aalen 1981, 339.

Tromp, Sebastian, Art. Bellarmin, Robert Franz Romulus, in: LThK², Bd. 2, 160–162.

Ullrich, Philipp Emil, Reihenfolge d. Kapitulare und Vikare d. Stiftes Haug zu Würzburg v. J.1691–1803, Archiv d. Hist. Ver. v. Unterfranken, Bd. 31, 1888, 109–142.

Unterburger, Klaus, Das Bayerische Konkordat von 1583. Die Neuorientierung der päpstlichen Deutschlandpolitik nach dem Konzil von Trient und deren Konsequenzen für das Verhältnis von weltlicher und geistiger Gewalt, (= Münchner Kirchenhistorische Studien, Bd. 11), Stuttgart, Kohlhammer, 2006.

Urban, Josef, Bamberg wird Erzbistum, in: Hans Ammerich (Hg.), Das Bayerische Konkordat 1817, Weißenhorn, Konrad, 2000, 49–78.

Urban, Josef, Fraunberg, in: Gatz, Bischöfe, 206–208.

Urban, Josef, Vom Bistum zum Erzbistum Bamberg, in: Ders. (Hg.), Die Bamberger Bischöfe, Bamberg, Archiv des Erzbistums, 1997, 25–58.

Vielhauer, Philipp, Geschichte der urchristlichen Literatur. Einleitung in das Neue Testament, die Apokryphen und die Apostolischen Väter, Berlin, de Gruyter, 1975.

Weber, Heinrich, Die Privilegien des alten Bistums Bamberg, Historisches Jahrbuch der Görres Gesellschaft, Köln, 20. Jhrg. (1899), 326–345, 617–639.

Wehler, Hans-Ulrich, Nationalismus. Geschichte – Formen – Folgen, München, Beck, 2011[4].

Wehner, Thomas, Das Bistum Würzburg im Spannungsfeld zwischen Säkularisation, Konkordat und Neuorganisation, in: Hans Ammerich, Das Bayerische Konkordat 1817, Weißenhorn, Konrad, 2000, 231–271.

Weitlauff, Manfred, Art. Osterwald, Peter von, in: NDB 19 (1999), 622–623.

Weis, Eberhard, Die Begründung des modernen bayerischen Staates unter König Max I. (1799–1825), in: HBG, Bd. IV/I, München 2003[2], 4–126.

Weis, Eberhard, Die Säkularisation der bayerischen Klöster 1802/1803, Neue Forschungen zu Vorgeschichte und Ergebnissen, Vortrag am 2. Juli 1982, Sitzungsberichte der philosophisch-historische Klasse der Bayerischen Akademie der Wissenschaften München, München, Verlag der Bay. Akademie d. Wissenschaften, 1983.

Weis, Eberhard, Maximilian I., König von Bayern, in: NDB 16 (1990), 487–490.

Weis, Eberhard, Montgelas, Bd. 1, Zwischen Revolution und Reform 1759–1799, München 1988[2].

Weis, Eberhard, Montgelas, Bd. 2, Der Architekt des modernen Bayerischen Staates 1799–1838, München 2005.

Weis, Eberhard, Montgelas, Maximilian Graf von, in: NDB 18 (1997), 55–63.

Weiser, Alfons, Die Apostelgeschichte, Kapitel 1–12, in: Ökumenischer Taschenbuch Kommentar zum Neuen Testament, Erich Gräßer, Karl Kertelge (Hgg.), Bd. 5/1, Würzburg, Echter, 1981.

Weishaupt, Johann Adam, Das verbesserte System der Illuminaten mit allen seinen Einrichtungen und Graden, Frankfurt und Leipzig, Grattenauer, 1787, URN: urn: nbn: de: bvb:12-bsb10381739-2, Zugriff: 17.08.2019.

Weiß, Dieter Joachim, Bamberg, Hochstift: Territorium und Struktur, publiziert am 08.03.2010; in: Historisches Lexikon Bayerns, URL: http://www.historisches-lexikon-bayerns.de/Lexikon/Bamberg,_Hochstift:_Territorium_und_Struktur, Zugriff: 11.05.2019.

Weiß, Dieter Joachim, Die Bamberger Bischöfe von 1693 bis 1802, in: Germania Sacra, Dritte Folge 12, Die Bistümer der Kirchenprovinz Mainz, Das exempte Bistum Bamberg 4, Berlin, de Gruyter, 2016.

Wendehorst, Alfred, Art. Groß von Trockau, Friedrich in: NDB 7 (1966), 146–147.

Wichterich, Richard, Sein Schicksal war Napoleon. Leben und Zeit des Kardinalstaatssekretärs Ercole Consalvi 1757–1824, Heidelberg, Kerle, 1951.

Wimmer, Friedrich, Bibliographie des bayerischen Concordates von 1583. Mit fragmentarischen Notizen aus der Geschichte der Publication dieses Concordates, in: Beyträge zur Geschichte, Topographie und Statistik des Erzbisthums München und Freising V (1854), 93–208. URN: urn:nbn:de:bvb:12-bsb10799720-5, Zugriff: 22.06.2019.

Wittrek, Fabian, Vom Eigen-Sinn der Bayerischen Verfassung. Die Bamberger Verfassung im Konzert der übrigen Landesverfassungen der Zwischenkriegszeit, in: Gehringer, Horst, u. a. (Hgg.), Demokratie in Bayern. Die Bamberger Verfassung von 1819, Bamberg, Schmidt, 2019, 83–111.

Wittstatt, Klaus, Zirkel, in: Gatz, Bischöfe, 839–841.

Witulski, Thomas, Die Johannesoffenbarung und Kaiser Hadrian: Studien zur Datierung der neutestamentlichen Apokalypse, Göttingen, Vandenhoeck & Ruprecht, 2007.

Wolf, Hubert, Art. Sailer, Johann Michael von, in: NDB 22 (2005), 356–357.

Wolf, Huber, Index: der Vatikan und die verbotenen Bücher, München, Beck, 2007.

Wurzbach, Constantin von, Art. Zallinger zum Thurn, Jakob Anton, in: Biographisches Lexikon des Kaiserthums Oesterreich, 59 (1890), 114–115.

Zamoyski, Adam, 1815 – Napoleons Sturz und der Wiener Kongress, München, Beck, 2014.

Zeller, Dieter, Der Brief an die Römer, in: Jost Eckert und Otto Knoch (Hgg.), Regensburger Neues Testament, Regensburg, Pustet, 1985.

Zippelius, Reinhold, Staat und Kirche. Eine Geschichte von der Antike bis zur Gegenwart, Tübingen, Mohr, 2009[2].

Anhang 1: Texte zum Bayerischen Konkordat 1817

In diesem Anhang werden Dokumente angeführt, die als Grundlagentext, Punktation oder Entwurf im Hinblick auf ein abzuschließendes Konkordat im Lauf der Verhandlungen von 1802–1817/1821 zwischen dem Kurfürstentum/Königreich Bayern und dem Hl. Stuhl verfasst und publiziert wurden.

Bei den Texten, die aus diplomatischer Gepflogenheit oder kurialem Selbstverständnis in französischer oder lateinischer Sprache verfasst wurden, wird auch eine deutsche Übersetzung geboten. Dabei oszilliert die Schwierigkeit der Übersetzungen stets zwischen der Texttreue, den Erfordernissen der deutschen Sprache und dem rechtssprachlichen Duktus.

Der Vollständigkeit wegen sind am Ende dieses Anhangs die Texte der offiziellen Publikation des Konkordats in Bayern und die sogenannte Tegernseer Erklärung angefügt; sie werden trotz mancher Fremdheit im Deutsch der Abfassungszeit geboten.

Zur ersten Etappe, 1802–1806

1802-07-17, Grundlagentext zu einem Konkordat mit dem Hl. Stuhl

Grundlagen zu einem Concordate mit dem heiligen Stuhl, dem bayerischen Gesandten in Paris mitgetheilt durch kurfürstliche Depesche vom 17. Juli 1802.

Quelle: Königliches Staatsarchiv München, zitiert nach: Sicherer, Urkunden Nr. 2, 10–11.

1. L'électeur accordera sans aucune difficulté au pape la confirmation des évêques médiats de ses états avec la jouissance des annates et les autres droits que le concordat germanique lui a déjà concédés pour l'expédition des bulles; en convenant cependant d'un tarif fixe pour prévenir toute contestation future. Il s'entend de soi même que cette évaluation se fera sur le pied le plus libéral et d'après le principe, qu'il est juste que l'église catholique, là où elle est la religion de l'état, contribue avec générosité à l'entretien de son chef spirituel.	1. Der Kurfürst gewährt ohne jede Einschränkung dem Papst die Bestätigung der mediatisierten Bischöfe seiner Staaten mit Beibehalt der Annaten und anderen Rechte, die ihm das deutsche Konkordat bereits für den Versand von Bullen gewährt hat; wobei er jedoch einem festen Tarif zustimmt, um künftigen Streit vorzubeugen. Es versteht sich, dass diese Schätzung auf das weiteste Maß und nach dem Grundsatz erfolgen wird, dass es sich ziemt, dass die katholische Kirche, da, wo sie die Religion des Staates ist, großzügig zur Unterstützung ihres geistlichen Hauptes beiträgt.
2. Il n'y aurait rien d'innové à ce qui existe aujourd'hui sur le serment à prêter par les évêques au siège de Rome lors de leur installation, mais l'électeur exigera aussi comme une condition sine qua non, que la mise en possession du temporel ait lieu en son nom et sous son autorité, et que le nouvel installé prête serment de fidélité par devant l'administration supérieure de la province où sa cathédrale sera située.	2. Es wird nichts erneuert, was heute festgelegt ist über den abzulegenden Eid der Bischöfe bei ihrer Installation gegenüber dem römischen Stuhl, doch der Kurfürst fordert als conditio sine qua non, dass die Besitzergreifung der Temporalien in seinem Namen und seiner Autorität erfolgt und dass der Neuinstallierte einen Treueeid leistet bei der obersten Verwaltungsinstanz der Provinz, in der sich seine Kathedra befinden wird.
3. Le droit de nomination sera dévolu à l'électeur, et à ses héritiers et successeurs.	3. Das Ernennungsrecht wird dem Kurfürsten und seinen Erben und Nachfolgern übertragen.

4. S'il y a quelque chose de réglé dans la convention de Paris sur l'entretien futur des métropolitains et évêques, ainsi que la constitution hiérarchique en Allemagne, ces articles seront, comme de raison, strictement observés. Si non, il s'entendra avec le saint siège sur la constitution ecclésiastique de ses états, et la dotation du métropolitain et des évêques sur un pied conforme à la dignité de leur ministère, et au rang qu'ils doivent tenir dans l'état.	4. Wenn in der Pariser Konvention über den künftigen Unterhalt der Metropoliten und Bischöfe sowie in der hierarchischen Verfassung in Deutschland etwas geregelt ist, werden die Bestimmungen sinngemäß strikt eingehalten; wenn nicht, wird er [der Kurfürst] sich mit dem Heiligen Stuhl über die kirchliche Verfassung seiner Staaten verständigen sowie die Dotation der Metropoliten und Bischöfe entsprechend der Würde ihres Dienstes und des Ranges, den sie im Staat einnehmen sollen, vereinbaren.
5. Il désire que le pape lui accorde au sujet des fêtes une bulle pareille à celle qui à été expediée a la France.	5. Der Kurfürst wünscht, dass der Papst ihm eine Bulle zum Thema der Feiertage gibt, ähnlich jener, die nach Frankreich gesandt wurde.
6. Qu'il consente à relever de leur vœu monastique ceux des réguliers qui lui seront recommandés par le gouvernement et munis d'un certificat de doctrine et de bonne conduite de la part de leur évêque diocésain.	6. Der Papst stimmt zu, diejenigen Ordensleute von ihren klösterlichen Gelübden zu entbinden, die ihm von der Regierung empfohlen und mit einer Urkunde ihres Diözesanbischofs über Lehre und gute Führung ausgestattet worden sind.

7. Qu'il se prête à seconder les intentions que l'électeur n'a cessé de manifester, de rendre au culte sa majesté et sa simplicité primitives, en le dégageant de toutes les superstitions et petites pratiques de dévotion qui sont étrangères au fonds de la religion catholique et n'ont jamais appartenus à son essence. Il croit répondre par là non seulement aux intentions éclairées du chef de l'église, mais parler en même temps pour ses vrais intérêts. Le moyen qu'il propose à son attention est le seul qui puisse réunir tout le monde dans le giron de l'église et rendre à la religion le respect qu'elle a malheureusement perdu.	7. Er [der Papst] erklärt sich bereit, die anhaltend geäußerten Absichten des Kurfürsten zu unterstützen, dem Kult seine Würde und ursprüngliche Einfachheit wieder zu geben, indem er ihn von allem Aberglauben und kleinlichen Andachtsübungen befreit, die dem Grund der katholischen Religion fremd sind und niemals zu seinem Wesen gehörten. Er glaubt, dass er damit nicht nur den aufgeklärten Absichten des Kirchenoberhauptes entspricht, sondern gleichzeitig für seine wahren Interessen spricht. Das Mittel, das er seiner Beachtung empfiehlt, ist das einzige, das alle im Schoß der Kirche vereinen und der Religion erneut den Respekt verschaffen kann, den sie leider verloren hat.
8. Le nonce qui résidera à sa cour, si celle de Rome juge à propos d'en envoyer un, serait toujours choisi parmi trois sujets qui lui seraient présentés et entre lesquels il se décidera. Il remettrait au ministère, á son arrivée, une copie légalisée de ses facultés et ne les exercerait qu'après eu avoir reçu l'autorisation de la part du gouvernement. La place serait aussi mise à l'avenir au nombre de celles que conduisent au cardinalat. L'électeur se flatte que, si le sujet devenait désagréable, il serait changé sans difficulté sur la simple demande qu'il en fera.	8. Der Nuntius, – der an seinem Hof residieren wird, wenn es Rom für angemessen hält, einen zu entsenden -, wird stets aus drei Personen ausgewählt, die dem Papst vorgeschlagen werden und unter denen er sich entscheiden wird. Bei seiner Ankunft wird der Nuntius dem Minister eine beglaubigte Kopie seiner Vollmacht übergeben und diese erst ausüben, wenn er die Genehmigung der Regierung erhalten hat. Diese Nuntiatur wird zukünftig zu den Stellen gehören, die zum Kardinalat führen. Der Kurfürst darf davon ausgehen, dass der Nuntius aufgrund seiner einfachen Bitte ersetzt werden wird, falls er ihm unangenehm werden sollte.

9. L'électeur ne se prêtera jamais à aucune mesure tendant à restreindre la liberté raisonnable de penser et d'écrire, à donner la moindre attente aux édits de tolérance, ni à mettre en question la légitimité des réformes qu'il à faites dans les couvents d'après les droits de sa souveraineté.	9. Der Kurfürst wird sich nie zu einer Maßnahme bereit erklären, die darauf zielt, die vernunftgemäße Freiheit des Denkens und Schreibens einzuschränken, die geringste Veränderung der Toleranzedikte zuzugeben oder die Legitimität der Reformen in Frage zu stellen, die er in den Klöstern gemäß seinen Souveränitätsrechten durchgeführt hat.

1803-05-31 bzw. 1803-06-06, Grundlagentext zu einem Konkordat mit dem Hl. Stuhl

Grundlagen zu einem Concordate mit dem heiligen Stuhl, den bayerischen Gesandten in Wien und in Paris mitgetheilt durch kurfürstliche Depeschen vom 31. Mai und vom 6. Juni 1803.

Quelle: Königliches Staatsarchiv München, zitiert nach: Sicherer, Urkunden Nr. 4, 14–17.

1. Les états Bavarois auront un archevêque métropolitain résidant à Munich, des évêques suffragans à Augsbourg, à Wurzbourg, à Bamberg, à Passau; ces évêchés ayant toujours existés conserveront leurs anciennes limites. L'archevêché de Munich seroit substitué à cet égard à Freising.	1. Die bayerischen Länder werden einen Metropolitanerzbischof haben, der in München residiert, sowie Suffraganbischöfe in Augsburg, Würzburg, Bamberg, Passau. Diese schon immer bestehenden Bistümer werden ihre alten Grenzen behalten. Das Erzbistum München wird dabei das Bistum Freising ersetzen.
La juridiction que l'archevêque de Salzbourg et l'évêque de Ratisbonne exercoient ci-devant dans les provinces électorales, sera réunie à ces nouveaux diocèses et partagée entre eux dans la proportion géographique la plus commode et la plus avantageuse au bien et au service de l'église.	Die Jurisdiktion, die der Erzbischof von Salzburg und der Bischof von Regensburg über die kurfürstlichen Provinzen ausüben, wird (abgetreten und) mit den neuen Diözesen vereint; in der Weise, dass es am besten den geographischen Verhältnissen entspricht und am vorteilhaftesten für das Wohl und den Dienst der Kirche ist.

On se réserve à s'entendre là-dessus avec celui que le saint siège commettra, de manière à ce qu'on ne s'écarte jamais de la règle immuable que toute juridiction diocésaine étrangère ne sauroit avoir lieu dans aucun des états de son altesse sérénissime électorale. Les petits états, dont les possessions sont trop peu étendues pour fournir à l'entretien d'un évêque particulier, pourront continuer à faire partie des diocèses auxquels ils ressortis soient jusqu'ici. L'électeur est prêt à leur accorder là-dessus toutes les facilités qu'ils pourront désirer.	Wir behalten uns das Recht vor, dies mit dem Heilige Stuhl abzustimmen, damit wir niemals von der unveränderlichen Regel abweichen, nach der keine ausländische Diözesangewalt in den Staaten seiner Durchlaucht kurfürstlichen Hoheit ausgeübt werden darf. Kleinstaaten, deren Besitz zu gering ist, um für den Unterhalt eines eigenen Bischofs zu sorgen, werden weiterhin Teil der Diözesen sein können, zu denen sie bislang gehört haben. Der Kurfürst ist bereit, ihnen alle von ihnen gewünschten Erleichterungen zu gewähren.
2. L'archevêché de Munich seroit dôté par une rente annuelle fixe sûre et nette de 20,000 florins, l'évêché de Passau de 12,000 florins, ceux de Wurzbourg et de Bamberg de 16,000 florins, d'Augsbourg de 14,000 florins.	2. Das Erzbistum München wird mit einer fest fixierten und jährlich sicheren Nettorente von 20.000 Gulden dotiert. Das Bistum Passau bekommt 12.000 Gulden, Würzburg und Bamberg je 16.000 Gulden und das von Augsburg 14.000 Gulden Dotation solcher Art.
3. Le métropolitain et chaque évêque auront un chapitre composé de dix chanoines, y compris les dignitaires. Les chanoines seront dotés convenablement, de manière que le minimum de ce qui leur sera accordé, ne soit pas au-dessous de 800 florins, et le maximum au-dessus de 4000 florins sans en excepter les dignitaires.	3. Der Metropolit und jeder Bischof werden ein Kapitel haben, das aus zehn Kanonikern, einschließlich der Dignitäre, besteht. Die Kanoniker werden standesgemäß ausgestattet, so dass das Minimum dessen, was ihnen gewährt wird, nicht unter 800 Gulden und das Maximum nicht über 4.000 Gulden, ohne Ausnahme der Dignitäre, liegt.

4. La nomination à l'archevêché, aux évêchés, aux dignités collégiales ainsi qu'aux prébendes, sera dévolue de plein droit à son altesse sérénissime électorale ainsi qu'à ses héritiers et successeurs.	4. Das Recht zur Ernennung des Erzbischofs, der Bischöfe, der Dignitäre der Kapitel und auch der Präbenden/ Kanonikate wird vollkommen übertragen auf seine Durchlaucht kurfürstliche Hoheit sowie ihre Erben und Nachfolger.
5. Quant au patronage des bénéfices mineurs les droits des particuliers seront maintenus là où ils sont en possession légitime. Celui que les évêques exerçaient ci-devant, est reconnu appartenir au souverain comme successeur et représentant naturel des ci-devant princes évêques. L'indult dont sont altesse sérénissime électorale jouit déjà pour les mois papaux dans ses anciens états, sera étendu aux nouveaux.	5. Was das Patronat über die niederen Benefizien betrifft, so werden die Rechte Einzelner dort gewahrt, wo sie sich in rechtmäßigem Besitz befinden. Diejenigen Patronate, die die Bischöfe zuvor ausgeübt haben, fallen dem Souverän als natürlichem Nachfolger und Vertreter der oben genannten Fürstbischöfe zu. Das Indult (zur Vergabe von Benefizien), das Durchlaucht kurfürstliche Hoheit bereits für die päpstlichen Monate in seinen früheren Staaten genießt, wird auf die neuen Territorien ausgedehnt.
6. On ne nommera aux bénéfices que des naturels du pays, réunissants toutes les qualités prescrites par les canons.	6. Die Benefizien werden nur Einheimischen verliehen, die über alle Eigenschaften verfügen, die von den Canones vorgeschrieben sind.
7. Les résignations n'auront plus lieu que dans des cas très rares et prévus par les canons. Dans aucun cas, elles ne pourront préjudicier aux droits des patrons, et particulièrement à la nomination électorale. Il en seroit de même, si un évêché ou bénéfice venait à vaquer par déposition ou privation.	7. Rücktritte vom Amt werden nur in den seltenen Fällen stattfinden, die von den Canones vorgesehen sind. In keinem Fall dürfen sie die Rechte der Patronatsherren und insbesondere die der kurfürstlichen Ernennung schmälern. Das Gleiche gilt, wenn ein Bistum oder Benefizium durch Absetzung oder Entzug zur Vergabe ansteht.

8. Les évêques nouvellement nommés enverront au saint siège, immédiatement après leur nomination, leur profession de foi et leur serment d'obédience, et en recevront l'investiture canonique par des bulles de confirmation, dans lesquelles on omettra cependant tout ce qui pourroit être préjudiciable aux droits de l'électeur, et toute expression qui auroit rapport au temporel. Dès que ces nouveaux titulaires auroient été pourvus de leurs bulles, ils les présenteront au gouvernement électoral et, après avoir prêté le serment d'être fidèles à l'état et aux lois, ils seront mis sans retard, difficulté, ni faix on possession de leur temporel. Le métropolitain sera assujetti aux mêmes règles et formalités que ses suffragans. Il sera toujours commis par le saint siège, pour l'installation et la consécration des évêques dépendants de lui. Lui même sera installé et consacré par le plus ancien des évêques.	8. Die neu ernannten Bischöfe werden unmittelbar nach ihrer Ernennung ihr Glaubensbekenntnis und ihren Gehorsamseid an den Heiligen Stuhl senden und ihre kanonische Investitur durch Bestätigungsbullen empfangen, in denen jedoch alles wegzulassen ist, was die Rechte des Kurfürsten mindern könnte, und jeder Ausdruck, der sich auf die Temporalien bezieht. Sobald diese neuen Titelinhaber mit ihren Bullen ausgestattet sind, werden sie diese der kurfürstlichen Regierung vorlegen. Nachdem sie dann den Eid abgelegt haben, dem Staat und den Gesetzen treu zu sein, werden sie ohne Verzug, Schwierigkeit und Last in den Besitz ihrer Temporalien eingesetzt. Der Metropolit wird denselben Regeln und Formalitäten unterliegen wie seine Suffraganbischöfe. Er wird immer vom Heiligen Stuhl beauftragt werden, die Installation und Weihe der Bischöfe vorzunehmen, die von ihm abhängig sind. Er selbst wird vom ältesten Bischof installiert und geweiht.
9. Le saint siège continuera à percevoir comme par le passé les annates, taxes de confirmation, de pallium et autres quelconques, dont il s'est trouvé en possession, dans une proportion et d'après un tarif qui sera ultérieurement déterminé. Si sa sainteté préférait un fixe une fois payé, ou une somme annuelle, l'électeur est prêt à se prêter là-dessus à tout ce qui pourra lui être agréable.	9. Der Heilige Stuhl wird weiterhin, wie in der Vergangenheit, die Annaten, die Abgaben für Bestätigungen, das Pallium und andere Dinge, die sich in seiner Verfügung befinden, einziehen; dies in einem Maß und nach einem Tarif, die später bestimmt werden. Wenn seine Heiligkeit eine feste Einmalzahlung oder eine jährliche Summe bevorzugt, ist der Kurfürst bereit, sich für alles einzusetzen, was ihr angenehm sein könnte.

10. Les suffragans, consistoires et officiaux des évêques seront toujours pris dans le corps des chapitres, ces individus étant obligés de remplir gratis les fonctions que les évêques leur délégueront.	10. Die Suffragane, die Mitglieder der Konsistorien und Amtsträger der Bischöfe werden immer in die Kapitel aufgenommen und sie sind verpflichtet, unentgeltlich die Funktionen zu übernehmen, die die Bischöfe ihnen übertragen.
11. Sa sainteté s'engage à ne donner aucune bulle d'exemption de la juridiction épiscopale, à accorder à chaque évêque pour sa vie les facultés, dites quinquennales, ainsi que celles de relever tout religieux de ses vœux sur des raisons légitimes, ou à la demande du gouvernement; bien entendu que toutes ces facultés sans exception, devront être demandées et renouvelées à chaque changement de titulaire. Toutes les fois, qu'une dispense pour cas réservés seroit demandée immédiatement au saint siège, l'ordinaire seroit entendu avant tout, et l'exécution de la dispense lui seroit commise in forma commissaria. La pluralité des bénéfices ne pourra avoir lieu dans les états électoraux. Les titulaires seront astreints à la plus stricte résidence, ils ne pourront s'en dispenser qu'avec l'agrément du gouvernement, qui ne sera jamais accordé, que pour des motifs graves et quand le service public l'exigera.	11. Seine Heiligkeit verpflichtet sich, keine Bulle zur Exemption von der bischöflichen Jurisdiktion auszustellen, jedem Bischof auf Lebenszeit die sogenannten Quinquennalfakultäten zu erteilen sowie jeden Religiosen von seinen Gelübden aus legitimen Gründen oder auf Bitten der Regierung zu entbinden; natürlich müssen alle diese Fakultäten ausnahmslos mit jeder Änderung des Titelinhabers erbeten und erneuert werden. Wann immer eine Dispens für reservierte Fälle direkt vom Heiligen Stuhl beantragt worden ist, wird der Ordinarius zu allem gehört. Die Ausführung der Dispens wird ihm in forma commissaria übertragen. Eine Kumulation der Benefizien wird in den Staaten des Kurfürsten nicht gestattet. Die Inhaber unterliegen der strengsten Residenzpflicht. Sie können davon nicht dispensiert werden ohne Zustimmung der Regierung, die niemals gewährt wird, außer bei schwerwiegenden Gründen und wenn es der öffentliche Dienst erfordert.

12. Sa sainteté voudra bien se prêter à la demande que lui fera l'électeur, pour que le nombre excessif des indulgences soit réduit au nombre fixé par le concile de Trente d'une par mois pour chaque église paroissiale, et que conformément de ce qui a déjà été accordé à la France, toutes les fêtes y compris les dédicaces et celles des saints patrons des églises soient transférées aux dimanches, à l'exception de Noël, l'ascension, l'assomption de la sainte vierge, et la fête de tous les saints.	12. Seine Heiligkeit wird gern bereit sein, sich der Bitte des Kurfürsten anzuschließen, dass die übermäßige Zahl der Ablässe auf die Zahl reduziert wird, die vom Konzil von Trient festgelegt worden ist, das heißt einen Tag pro Monat für jede Pfarrkirche; und dass, – entsprechend dem, was Frankreich bereits gewährt worden ist -, alle Feste, einschließlich der Tage der (Kirch-)Weihen und der heiligen Patrone der Kirchen, auf Sonntage verlegt werden, mit der Ausnahme von Weihnachten, Christi Himmelfahrt, der Aufnahme der heiligen Jungfrau Maria und dem Fest Allerheiligen.
13. Les curés, bénéficiers, dignitaires et chanoines des cathédrales seront assujettis par la mise en possession du temporel et la prestation de serment, d'être fidèles a l'état et aux lois, aux mêmes formalités que les évêques.	13. Die Priester, Benefiziaten, Dignitäre und Kanoniker der Kathedralen werden hinsichtlich der Inbesitznahme der Temporalien und der Eidesleistung, dem Staat und den Gesetzen treu zu sein, den gleichen Formalitäten wie die Bischöfe unterworfen.

14. Toutes les causes ecclésiastiques seront portées en première instance au tribunal des évêques, de là en seconde instance devant le métropolitain, et ce ne sera qu'en dernière instance que le saint siège pourra en prendre connaissance. Tout appel ou recours qui serait interjeté contre cette forme et omisso medio, serait rejeté sur le champ et regardé comme nul et non avenu. Son altesse sérénissime électorale se flatte du reste que sa sainteté ne se refusera pas à commettre la décision finale de ces sortes de causes ecclésiastiques dévolues à son tribunal en dernière instance à des juges délégués sur les lieux. Lélecteur espère de même que sa dite sainteté voudra bien revêtir de sa sanction le projet qui lui serait présenté par les évêques de ses états d'une nouvelle liturgie conforme en tous points à celle de l'église Romaine.	14. Alle kirchlichen Gerichtsfälle werden in erster Instanz vor dem Gericht des Bischofs verhandelt, von da in zweiter Instanz vor dem Metropoliten und erst in letzter Instanz wird sich der Heilige Stuhl der Sache annehmen. Alle Beschwerden oder Rekurse, die dagegen verstoßen, und jede Appellation, die unter Umgehung des Oberrichters (= omisso medio) eingelegt wird, werden sofort zurückgewiesen und als nichtig angesehen. Seine Durchlaucht kurfürstliche Hoheit weiß sich geehrt, da seine Heiligkeit sich nicht weigern wird, die endgültige Entscheidung dieser Art von kirchlichen Fällen, die seinem Gericht in letzter Instanz zufallen, an Richter vor Ort zu delegieren. Der Kurfürst hofft auch, dass seine Heiligkeit bereit ist, dem Plan zuzustimmen, der ihm von den Bischöfen seiner Staaten vorgeschlagen wird, und der eine neue Liturgie betrifft, die in allen Punkten mit der Liturgie der römischen Kirche übereinstimmt.

1805-08-08, Punktation der neuen Diözesaneinteilung in Pfalzbayern

Punctation der neuen Diöcesaneintheilung in Pfalzbayern, von dem kurfürstlichen Gesandten in Rom dem Nuntius Hannibal Grafen de la Genga übergeben im August 1805.

Ponctuation préliminaire de la nouvelle division ou circonscription des évêchés dans les états de son altesse sérénissime électorale Bavaro-Palatine.

Quelle: Königliches Staatsarchiv München, zitiert nach: Sicherer, Urkunden Nr. 7, 22–23.

1. L'évêché de Freising sera transféré à Munich et érigé en archevêché. La capitale et une partie de la Bavière se trouvant sans pasteur depuis la mort du prince évêque de Freising, l'érection et la circonscription de l'archevêché de Munich sera le premier objet de la sollicitude paternelle dès sa sainteté, et elle daignera autoriser son légat de procéder sans délai à former cette nouvelle métropole.	1. Der Bischofssitz in Freising wird nach München verlegt und als Erzbistum errichtet. Da die Hauptstadt und ein Teil Bayerns seit dem Tod des Fürstbischofs von Freising ohne Hirten sind, wird die Errichtung und Umschreibung des Erzbistums München der erste Akt der väterlichen Fürsorge Seiner Heiligkeit sein. Sie wird geruhen, unverzüglich seinen Legaten zu autorisieren, diesen neuen Metropolitansitz zu errichten.
2. Les états de son altesse sérénissime électorale Bavaro-Palatine seront divisés en autant de diocèses que le bien spirituel de ses sujets peut exiger, et cette division se fera dans la proportion géographique la plus commode et la plus avantageuse au bien et au service de l'église.	2. Die Staaten Seiner Hoheit Durchlaucht pfalzbairischen Kurfürsten werden in so viele Bistümer aufgeteilt, wie das geistige Wohl seiner Untertanen erfordern mag, und diese Einteilung wird so erfolgen, wie es am besten den geographischen Verhältnissen und dem größten Nutzen für das Wohl und den Dienst der Kirche entspricht.
3. Les sièges épiscopaux de Wurzbourg, Bamberg et Passau seront conservés, et les limites diocésaines des deux premiers évêchés peuvent rester tels qu'ils sont aujourd'hui. (!)	3. Die Bischofssitze von Würzburg, Bamberg und Passau werden erhalten sowie können, und die Grenzen der ersten beiden Bistümer können so bleiben, wie sie heute sind.
4. Mais l'évêché de Passau ayant perdu toute la partie qui est au-delà de l'Inn et du Danube, ce qui formait les $^{9}/_{10}$ du diocèse, on y réunira la partie de la Bavière et du Haut Palatinat qui était ci-devant du diocèse de Ratisbonne.	4. Das Bistum Passau jedoch, das alle Teile verloren hat, die sich jenseits des Inns und der Donau befunden und die 9/10 des Bistums gebildet haben, wird mit dem Teil Bayerns und der Oberpfalz vereint, der zuvor dem Bistum Regensburg zugehörte.

5. L'évêché d'Augsbourg sera transféré à Dillingen, et l'évêché d'Aichstaedt ayant passé sous la domination de la 6. maison d'Autriche, la partie de la Bavière et du duché de Neubourg qui était du ressort de l'évêché d'Aichstaedt, sera réunie à celui de Dillingen.	5. Der Bischofssitz von Augsburg wird nach Dillingen verlegt. Da das Bistum Eichstätt unter die Herrschaft des Hauses Österreich geraten ist, werden dessen bayerische Teile und das Herzogtum Neuburg, die ihm gehörten, mit dem Bistum Dillingen vereint.
6. Le duché de Dusseldorff aura un évêché particulier dont le siège sera à Dusseldorff capitale du duché.	6. Das Herzogtum Düsseldorf wird ein eigenes Bistum mit Sitz in Düsseldorf, der Hauptstadt des Herzogtums, erhalten.
7. L'archevêché de Munich sera doté par une rente annuelle fixe, sûre et nette de vingt mille florins. La dote des évêchés sera de douze mille florins également en revenus sûrs et rentes foncières.	7. Das Erzbistum München wird mit einer festen und sicheren Nettojahresrente von 20.000 Gulden dotiert. Die Dotation der Bischöfe wird 12.000 Gulden betragen, ebenfalls aus sichern Grundeinnahmen.
8. Le métropolitain et chaque évêque auront un chapitre composé de dix chanoines y compris les dignitaires. La rente du prévoit et du doyen sera de quatre, celle des chanoines de deux milles florins. Une habitation convenable pour chaque individu n'est pas comprise dans cette évaluation. Les églises auront toutes leurs fabriques particulières.	8. Der Metropolit und jeder Bischof werden ein Kapitel haben, das aus zehn Kanonikern einschließlich der Dignitäre besteht. Die Rente des Propstes und Dekans wird 4.000 Gulden, die der Kanoniker 2.000 Gulden betragen. Eine angemessene Wohnung für jeden Einzelnen ist in dieser Schätzung nicht enthalten. Die Kirchen werden alle ihre eigenen Stiftungen haben.

9. Tant les dignitaires que les chanoines seront obligés, outre le service canonial, à servir l'évêque dans son conseil et ses autres fonctions.	9. Neben dem Dienst als Kanoniker werden sowohl Dignitäre als auch Kanoniker verpflichtet, dem Bischof in seinem Ratsgremium und bei anderen Aufgaben zu helfen.
10. Dans chaque diocèse il y aura un séminaire, et le nombre des élèves sera proportionné à celui des prêtres nécessaires pour desservir les paroisses et les succursales.	10. In jeder Diözese wird es ein Seminar geben, wobei die Zahl der Studenten in einem angemessenen Verhältnis zu der Zahl der Priester stehen wird, die für die Pfarreien und Filialen benötigt werden.
11. Le droit de patronat, ou la nomination aux évêchés et aux prébendes appartiendra à son altesse sérénissime électorale ainsi qu'à ses héritiers et successeurs.	11. Das Patronatsrecht oder die Ernennung zu Bistümern und Pfründen steht seiner Hoheit kurfürstlichen Durchlaucht zu und genauso auch ihren Erben und Nachfolgern.
12. Les évêques nouvellement nommés seront soumis aux conditions et formalités prescrites dans les sacrés canons; ils enverront au saint siège leur profession de foi et leur serment d'obédience et en recevront l'investiture canonique dans les bulles de confirmation. Ce n'est qu'après qu'un évêque aura été préconisé et confirmé par le saint siège que son altesse sérénissime électorale le mettra en possession de ses revenus temporels.	12. Die neu ernannten Bischöfe werden den Bedingungen und Formalitäten unterliegen, die in den heiligen Canones vorgeschrieben sind; sie werden ihr Glaubensbekenntnis und ihren Gehorsamseid an den Heiligen Stuhl senden und ihre kanonische Investitur mit den Konfirmationsbullen empfangen. Erst nachdem ein Bischof vom Heiligen Stuhl ernannt und bestätigt worden ist, wird ihn Seine Hoheit kurfürstliche Durchlaucht in den Besitz seiner Temporalien einführen.

13. Les annates, taxes de confirmation de pallium et autres faix de chancellerie seront réglés dans une proportion équitable d'après les revenus des nouveaux évêchés.	13. Die Annaten, die Abgaben der Pallienbestätigung und andere Kanzleigebühren werden in einem angemessenen Verhältnis nach den Einkünften der neuen Bischöfe geregelt werden.
14. La pluralité des bénéfices ne pourra point avoir lieu dans les états de son altesse sérénissime électorale. Les titulaires seront astreints à la plus stricte résidence et n'en pourront être dispensés que pour des motifs graves et quand le service public l'exige.	14. Eine Kumulation der Benefizien wird in den Staaten Seiner Hoheit kurfürstlicher Durchlaucht nicht gestattet. Die Inhaber unterliegen der strengsten Residenzpflicht und können davon nicht dispensiert werden, außer aus schwerwiegenden Gründen und wenn der öffentliche Dienst es erfordert.

Zur zweiten Etappe, 1806–1809

1806-03-25, Punktation der neuen Diözesaneinteilung des Königreichs Bayern

Punctation der neuen Diöcesaneintheilung des Königreichs Bayern, von dem königlichen Gesandten in Rom dem Cardinalstaatssecretär mitgetheilt durch Note vom 25. März 1806.[1353]

Ponctuation préliminaire de la nouvelle division des évêchés du royaume de Bavière.

Quelle: Königliches Staatsarchiv München, zitiert nach: Sicherer, Urkunden Nr. 8, 24–25.

1353 Die Punctation, welche der Minister der auswärtigen Angelegenheiten, Freiherr von Montgelas, am 19. Juli 1806 in München dem apostolischen Nuntius, Hannibal Graf de la Genga, übergab, zeigt einige von Montgelas beliebte bzw. veranlasste Abweichungen, die sich in den folgenden Anmerkungen finden.

1. Le royaume de Bavière sera divisé en autant de diocèses, que le bien spirituel de ses sujets peut exiger, et cette division se fera dans la proportion géographique la plus commode et la plus avantageuse au bien et au service de l'église.[1354]	1. Das Königreich Bayern wird in so viele Diözesen aufgeteilt, wie es das geistige Wohl seiner Untertanen erfordern mag. Die Einteilung wird in der bequemsten geographischen Proportion und gemäß dem größten Vorteil für das Wohl und den Dienst der Kirche erfolgen.
2. La ville de Munich comme capitale du royaume sera érigée en métropole, et au métropolitain de Munich seront subordonnés tous les évêques des états de Bavière.	2. Die Stadt München als Hauptstadt des Königreichs wird als Metropolitansitz errichtet. Dem Metropoliten von München werden alle Bischöfe der bayerischen Staaten untergeordnet.
3. Les sièges épiscopaux de Bamberg, de Passau, d'Augsbourg, d'Eichstaet, de Trente et de Brixen seront conservés. Celui de Freising sera supprimé devenant inutile par l'érection de l'archevêché de Munich.	3. Die Bischofssitze Bamberg, Passau, Augsburg, Eichstätt, Trient und Brixen bleiben erhalten. Freising wird als Bischofssitz aufgehoben, da er mit der Errichtung des Erzbistums München nutzlos ist.
4. Le duché de Berg, qui n'a plus d'évêque depuis la suppression de l'archevêché de Cologne, aura son évêque particulier, dont le siège sera établi à Düsseldorf, capitale du duché.[1355]	4. Das Herzogtum Berg, das seit der Aufhebung der Erzdiözese Köln keinen Bischof mehr hat, wird einen eigenen Bischof erhalten, dessen Sitz in Düsseldorf, der Hauptstadt des Herzogtums, errichtet wird.
5. L'archevêché de Munich sera doté par une rente annuelle fixe, sûre et nette de vingt mille florins. La dote des évêchés sera de douze mille florins également en revenus sûrs et rentes foncières.	5. Das Erzbistum München wird mit einer festen und sicheren Nettojahresrente von 20.000 Gulden dotiert. Die Dotation der Bischöfe wird 12.000 Gulden betragen, ebenfalls in sicheren Grundeinnahmen.

1354 In der Punctation vom 19. Juli 1806 weggelassen.
1355 In der Punctation vom 19. Juli 1806 weggelassen.

6. Le métropolitain et chaque évêque auront un chapitre composé de dix chanoines, y compris les dignitaires. La rente du prévôt et du doyen sera de quatre, celle des chanoines de deux milles florins. Une habitation convenable pour chaque individu n'est pas comprise dans cette évaluation. Les églises auront toutes leurs fabriques particulières.	6. Der Metropolit und jeder Bischof werden ein Kapitel haben, das aus zehn Kanonikern einschließlich der Dignitäre besteht. Die Rente des Propstes und Dekans wird 4.000 Gulden, die der Kanoniker 2.000 Gulden betragen. Eine angemessene Wohnung für jeden Einzelnen ist in dieser Schätzung nicht enthalten. Die Kirchen werden alle ihre eigenen Stiftungen haben.
7. Tant les dignitaires, que les chanoines seront obligés outre le service canonial à servir l'évêque dans son conseil et ses autres fonctions.	7. Neben dem Chordienst werden sowohl Dignitäre als auch Kanoniker verpflichtet, dem Bischof in seinem Ratsgremium und bei anderen Aufgaben zu helfen.
8. Dans chaque diocèse il y aura un séminaire et le nombre des élèves sera proportionné à celui des prêtres nécessaires pour desservir les paroisses et les succursales.[1356]	8. In jeder Diözese wird es ein Seminar geben, wobei die Zahl der Studenten in einem angemessenen Verhältnis zu der Zahl der Priester stehen wird, die für die Pfarreien und Filialen benötigt werden.
9. L'archevêque et les évêques du royaume de Bavière prêteront le même serment que ceux de l'empire François et du royaume d'Italie prêtent à leur souverain.	9. Der Erzbischof und die Bischöfe des Königreichs Bayern werden den gleichen Eid ablegen, den die des Kaiserreichs Frankreich und des Königreichs Italien ihrem Souverän leisten.
10. Les curés prêteront aussi le serment de fidélité comme en France et en Italie.	10. Die Priester werden auch den Treueeid ablegen, wie in Frankreich und Italien.

1356 Zwischen diesem und dem folgenden Absatz ist in der Punctation vom 19. Juli 1806 eingeschaltet: 7. Les droits de patronage particulier seront maintenus. Toutes les fois qu'il vaquera un bénéficie ou une cure de patronage royal l'archevêque ou l'évêque présentera trois sujets regnicoles et qu'auront les qualités convenables, parmi lesquels sa majesté en choisira un.

11. Le droit de patronat ou la nomination aux évêchés, aux dignités et aux prébendes des cathédrales appartiendra à sa majesté le roi de Bavière, à ses héritiers et successeurs.	11. Das Patronatsrecht oder die Ernennung zu Bistümern, zu Dignitären und zu den Pfründen der Kathedralen stehen Seiner Majestät, dem König von Bayern, zu, auch seinen Erben und Nachfolgern.
12. Les évêques nouvellement nommés seront soumis aux conditions et formalités prescrites par les sacrés canons; ils enverront au saint siège leur profession de foi et leur serment d'obédience, et en recevront l'investiture canonique par les bulles de confirmation.	12. Die neu ernannten Bischöfe werden den Bedingungen und Formalitäten unterliegen, die in den heiligen Canones vorgeschrieben sind; sie werden ihr Glaubensbekenntnis und ihren Gehorsamseid an den Heiligen Stuhl senden und ihre kanonische Investitur mit den Konfirmationsbullen empfangen.
13. Les annates, taxes de confirmation, de pallium et autres faix de chancellerie seront réglés dans une proportion équitable d'après les revenus des nouveaux évêchés.[1357]	13. Die Annaten, die Abgaben der Pallienbestätigung und andere Kanzleigebühren werden in einem angemessenen Verhältnis nach dem Einkommen der neuen Bischöfe bezahlt werden.
14. La pluralité des bénéfices ne pourra pas avoir lieu dans le royaume de Bavière. Les titulaires seront astreints à la plus stricte résidence, et n'en pourront être dispensés, que pour des motifs graves et quand le service public l'exige.	14. Eine Kumulation der Benefizien wird in den Staaten seiner Hoheit kurfürstlicher Durchlaucht nicht gestattet. Die Inhaber unterliegen der strengsten Residenzpflicht. und können davon nicht dispensiert werden, außer aus schwerwiegenden Gründen und wenn der öffentliche Dienst es erfordert.
15. Les évêques diviseront les paroisses et succursales d'après le vœu du gouvernement pour la plus grande utilité et commodité des paroissiens	15. Die Bischöfe werden die Pfarreien und Filialen zum größten Nutzen und Komfort der Pfarrangehörigen nach dem Wunsch der Regierung einteilen.

1357 In der Punctation vom 19. Juli 1806 ist eingefügt: En prennent pour base les règles que la concordat Germanique avoir établies ci-devant.

1806-08-08, Konkordatsentwurf von Seiten des Apostolischen Stuhls

Entwurf des abzuschließenden Concordats vom apostolischen Nuntius Hannibal della Genga an den bayerischen Bevollmächtigten Aloys Freiherr von Rechberg mitgeteilt durch Note vom 8. August 1806.

Quelle: Staatsministerium des K. Hauses und des Aeusseren, zitiert nach Sicherer, Urkunden Nr. 9, 25–30.

Concordat entre sa sainteté le souverain pontife Pie VII. et sa majesté, Maximilien Joseph roi de Bavière. Au nom de la très sainte trinité Sa sainteté le souverain pontifice Pie VII. et sa majesté Maximilien Joseph roi de Bavière désirant très ardemment qu'il soit établi un ordre fixe et stable pour les affaires ecclésiastiques dans les états de sa majesté, sont convenus des articles suivants.	Konkordat zwischen Seiner Heiligkeit dem Papst Pius VII. und Seiner Majestät, Maximilian Joseph König von Bayern. Im Namen der sehr heiligen Dreieinigkeit Seine Heiligkeit, der Pontifex Pius VII. und Seine Majestät Maximilian Joseph König von Bayern wünschen dringend, dass eine feste und stabile Ordnung für die kirchlichen Angelegenheiten in den Staaten Seiner Majestät aufgerichtet wird und haben über die folgenden Artikel Einvernehmen erzielt.
Art. 1. L'état la religion catholique, apostolique et Romaine restera en tout sauf et entier dans le royaume de Bavière.	Art. 1. Der Status der katholischen, apostolischen und römischen Religion wird in allem unversehrt im ganzen Königreich Bayern erhalten bleiben.
Art. 2. Sa sainteté érigera à Munich capitale du royaume un siège métropolitain; le siège épiscopal de Frisingue et celui de de Chiemsée seront supprimés; on assignera à l'évêque de Chiemsée une pension viagère convenable à sa dignité.	Art. 2. Seine Heiligkeit wird in München, der Hauptstadt des Königreichs, einen Metropolitansitz errichten. Der Bischofssitz von Freising und der von Chiemsee werden aufgehoben; dem Bischof von Chiemsee wird eine lebenslange Rente zugewiesen, die seiner Würde angemessen ist.

Art. 3. Les sièges épiscopaux de Bamberg, Passau, d'Augsbourg, d'Eichstaett, de Trente et de Brixen seront conservés. Le diocèse de Coire en Tirol restera dans l'état qu'il est, et lorsque le saint père fera la circonscription des diocèses en Suisse, on prendra des mesures convenables à ce diocèse. – Bamberg, Passau et Trente conserveront leur exemption. Augsbourg, Eichstaett, Brixen et Coire seront subordonnés en qualité de suffragants au métropolitain de Munich, le tout cependant après que les évêques et chapitres intéressés y auront donné leur consentement.	Art. 3. Die Bischofssitze Bamberg, Passau, Augsburg, Eichstätt, Trient und Brixen bleiben erhalten. Das Bistum Chur bleibt im Tiroler Gebiet unverändert, und wenn der Heilige Vater die Diözesen in der Schweiz umschreibt, werden für diese Diözese geeignete Maßnahmen ergriffen. – Bamberg, Passau und Trient behalten ihre Exemption. Augsburg, Eichstätt, Brixen und Chur werden als Suffragane dem Metropoliten von München unterstellt; das alles aber erst nachdem die betroffenen Bischöfe und Kapitel ihre Zustimmung gegeben haben werden.
Art. 4. La dotation des menses du métropolitain et des évêques consistera à perpétuité en biens fonds et stables dont ils auront l'administration. Cette dotation ne sera pas moindre d'un revenu annuel de 24000 florins pour l'église métropolitaine et de 16000 florins pour les cathédrales, et chaque évêque aura une habitation commode et convenable à sa dignité. Tous les fonds, revenus, bien meubles et immeubles des fabriques tant des églises cathédrales que de l'église métropolitaine leur seront conservés dans leur intégrité, et s'ils n'étaient point suffisants, ils seront augmentés.	Art. 4. Die Dotation der Mensalgüter des Metropoliten und der Bischöfe wird in der dauerhaften Nutzung von Immobilien und Grundstücken bestehen, die sie selbst verwalten werden. Diese Dotation wird nicht weniger als ein jährliches Einkommen von 24.000 Gulden für die Metropolitankirche und 16.000 Gulden für Kathedralkirchen erbringen, und jeder Bischof wird eine geeignete und seiner Würde angemessene Wohnung erhalten. Alle Fonds, Einnahmen, beweglichen und unbeweglichen Güter der Kirchenfabriken, sowohl der Kathedral- als auch der Metropolitankirche, werden in ihrer Gesamtheit geschützt, und wenn sie nicht ausreichen, werden sie erhöht.

Art. 5. Le chapitre de chaque église sera composé au moins de douze chanoines y comprises deux ou trois dignités, et les prébendes du chanoine théologal et pénitencier. Le nombre des chanoines capitulaires de l'église métropolitaine sera plus grand. Les revenus des chapitres consisteront également en biens fonds, et ils en auront l'administration. Les revenus dont jouira chaque chanoine qui devra résider selon les règles canoniques, seront pour le prévôt et le doyen de 4000 florins et pour chaque chanoine de 2000 florins, outre une habitation convenable[1358] pour chacun. Chaque église aura de plus six vicaires, pour la dotation desquels il sera assigné, outre une habitation convenable, un fond suffisant à la disposition des chapitres pour eu faire le partage en différents bénéfices auxquels ils nommeront.	Art. 5. Das Kapitel jeder Kirche wird aus mindestens zwölf Kanonikern bestehen, darunter zwei oder drei Dignitäten und die Stellen des Kanonikers für die Theologie und des Bußkanonikers; die Zahl der Kanoniker des Kapitels der Metropolitankirche wird größer sein. Die Einnahmen der Kapitel werden auch aus fundierten Gütern bestehen, die sie selbst verwalten. Das Einkommen, das jeder Kanoniker genießt, der nach kanonischen Regeln wohnen muss, wird für den Propst und den Dekan 4.000 Gulden und für jeden Kanoniker 2.000 Gulden betragen, zusätzlich zu einer geeigneten Wohnung für jeden. Jede Kirche wird auch sechs Vikare haben. Für deren Dotation, zusätzlich zu einer geeigneten Wohnung, ein ausreichender Fonds unter Verwaltung des Kapitels gebildet wird, um in verschiedene von den Kapiteln festzulegende Benefizien aufgeteilt zu werden.

1358 Am Rande ist von der Hand della Gengas eingeschaltet: et son entretien.

Art. 6. Chaque diocèse aura son propre séminaire, pour y former des candidats à la discipline ecclésiastique selon le décret du concile de Trente; où il y a des séminaires épiscopaux, ils seront conservés, et où il n'y en a pas, on en fondera des nouveaux. Chacun aura sela l'exigence et l'étendue du diocèse une dotation convenable en bien fonds et stables qui seront librement administrés par l'ordinaire. Le même ordinaire aura plein droit de prescrire les règlements convenables selon ce qui a été décrété par le même concile de Trente; il aura le droit de nommer les régents, les professeurs et les autres ministres, celui de visiter les écoles et d'examiner la doctrine des professeurs et de leur ôter leurs emplois lorsqu'il le juge convenable.	Art. 6. Jede Diözese wird ihr eigenes Seminar haben, um Kandidaten für kirchliche Disziplin gemäß dem Dekret des Konzils von Trient auszubilden; wo es bischöfliche Seminare gibt, werden sie erhalten bleiben, und wo es keine gibt, werden neue gegründet. Jedes Seminar wird entsprechend der Anforderung und der Größe der Diözese eine angemessene Ausstattung von gut finanzierten und stabilen Mitteln erhalten, die durch den Ordinarius frei verwaltet werden. Derselbe Ordinarius wird das Recht haben, die angemessenen Regeln gemäß dem vorzuschreiben, was vom Konzil von Trient verfügt wurde; er wird das Recht haben, Regenten, Lehrer und andere Amtsträger zu ernennen, Lehranstalten zu visitieren und die Lehre der Professoren zu prüfen und ihnen ihre Anstellung zu entziehen, wenn er es für angemessen hält.
Art. 7. Les maisons établies tant pour recueillir les ecclésiastiques émérites, que pour y envoyer les coupables seront conservées, ou on en fondera en leur assignant une dote suffisante qui sera administrée librement de l'ordinaire. Dans ces maisons les uns et les autres seront logés et nourris en des quartiers séparés; afin que les premiers cassés d'âge, de travaux ou d'infirmités y trouvent un port, et que les seconds y soient rappelés à l'honnêteté cléricale ou plus sévèrement punis selon le jugement de l'évêque.	Art. 7. Die Häuser, die eingerichtet wurden, um sowohl die emeritierten als auch die schuldig gewordenen Geistlichen aufzunehmen, werden bewahrt, oder sie werden gegründet. Ihnen werden ausreichende Mittel zugewiesen, die frei vom Ordinarius verwaltet werden. In diesen Häusern werden beide Gruppen in getrennten Bereichen untergebracht und versorgt; so dass die ersteren, gebeugt von Alter, Arbeit oder Gebrechen, einen Hafen finden, und dass letztere an klerikale Ehrhaftigkeit erinnert oder nach dem Urteil des Bischofs noch härter bestraft werden.

Art. 8. Toutes les dotations tant des menses et chapitres que des séminaires, nouvelles paroisses et autres fondations pieuses devront se faire avant l'échange des ratifications de la présente convention et le cadastre en sera présenté au saint siège.	Art. 8. Alle Dotationsgeschäfte, sowohl von Mensalgütern und Kapiteln als auch von Seminaren, neuen Pfarreien und anderen frommen Stiftungen müssen ausgeführt und das Grundbuch muss dem Hl. Stuhl vorgelegt werden, bevor die Ratifizierungsurkunden dieser Konvention ausgetauscht werden.
Art. 9. Sa majesté voulant donner une marque combien elle désire de relever l'ancienne splendeur des chapitres, consent à leur laisser la libre élection du métropolitain et des évêques qui devra se faire d'après les anciens concordats dans l'espace de 3 mois. Sa sainteté pourvoira librement aux dites églises, si elles vaqueront par déposition ou privation faite par son autorité, ou s'il y a quelque vice dans l'élection pour lequel elle serait déclarée par sa sainteté nulle et invalide, ou si elle n'avoit pas été faite et présentée dans le temps dû; de même si la postulation n'aura pas été admise.	Art. 9. Seine Majestät, die ein Zeichen setzen will, wie sehr sie den früheren Glanz der Kapitel erneuen will, willigt ein, ihnen die freie Wahl des Metropoliten und der Bischöfe zu überlassen, die nach den alten Konkordaten innerhalb von drei Monaten zu geschehen hat. Seine Heiligkeit wird frei für die vorgenannten Kirchen Vorsorge treffen, wenn sie durch Absetzung oder Entzug aufgrund seiner Autorität vakant wurden oder wenn es einen Mangel in der Wahl gibt, weshalb sie durch seine Heiligkeit für nichtig und ungültig erklärt wird, oder wenn die Wahl nicht durchgeführt oder das Ergebnis nicht rechtzeitig vorgelegt wurde; das Gleiche gilt, wenn die Postulation nicht zugelassen wurde.
Art. 10. Les évêques nouvellement élus seront soumis à toutes les conditions et formalités usités jusqu'à présent; on formera le procès informatoire de leurs mœurs et de leur doctrine selon le concile de Trente et la constitution d'Urbain VIII. Ils enverront leur profession de foi et d'obéissance au saint siège, et en recevront l'institution canonique par les bulles confirmatoires.	Art. 10. Neu gewählte Bischöfe unterliegen allen bisher gebräuchlichen Anforderungen und Formalitäten; der Informativprozess hinsichtlich ihrer Sitten und Lehre wird gemäß dem Konzil von Trient und der Konstitution von Urban VIII. geführt werden. Sie werden ihr Bekenntnis des Glaubens und der Treue dem Heiligen Stuhl senden und ihre kanonische Institution mit den Konfirmationsbullen erhalten.

Art. 11. Les dignités majeures d'après les pontificales dans l'église métropolitaine et dans les cathédrales, de même les dignités principales dans les églises collégiales restent réservées à la collation du suprême pontife et du saint siège.	Art. 11. Die Stellen der höchsten Dignitäten (Würdenträger) nach den bischöflichen Würden in der Metropolitankirche und den Kathedralkirchen sowie die wichtigsten Würden in den Stiftskirchen bleiben der Verleihung durch den Papst und dem Heiligen Stuhl vorbehalten.
La provision aux autres dignités, canonicats et bénéfices (sauf les indults spéciaux et apostoliques de chaque église et les coutumes légitimes), lorsqu'ils viendront à vaquer aux mois de Janvier, Mars, Mai, Juillet, Septembre et Novembre se fera par le saint siège, et la collation se fera connaitre de Rome par les bulles apostoliques dans le lieu de bénéfice, selon la constitution de Gregoire XIII. trois mois après qu'on aura su qu'il vaquait, restant en entier pour les six autres mois le droit des collateurs ordinaires; de même restant en son entier la réserve au suprême pontife de tout bénéfice qui vaquera en cour de Rome selon le droit écrit cap. 2, 3, 34 et 35 de praebendis et dignitatibus in 6^{0}.	Die Provision für andere Würden, Kanonikate und Benefizien (mit Ausnahme der besonderen und apostolischen Indulte jeder Kirche und legitimen Bräuche), wenn sie in den Monaten Januar, März, Mai, Juli, September und November vakant werden, wird durch den Heiligen Stuhl geschehen. Die Provision wird gemäß der Konstitution Gregor XIII. von Rom durch apostolische Bullen am Ort des Benefiziums bekanntgemacht innerhalb von drei Monaten nachdem bekannt wurde, dass dieses vakant ist. Für die anderen sechs Monate bleibt das Recht der ordentlichen Inhaber des Stellenbesetzungsrechts in vollem Umfang bestehen. Ebenso bleibt in vollem Umfang die Reservierung der Vergabe aller Benefizien zugunsten des Höchsten Pontifex erhalten, die am römischen Hof vakant werden, gemäß dem geschriebenen Gesetz in: Cap. 2, 3, 34 und 35, praebendis et dignitatibus, in 6^{0}.

Art. 12. Sa sainteté accorde que dans les provisions aux dignités, canonicats et autres bénéfices dans l'église métropolitaine, les cathédrales, collégiales et autres églises, qui se feront par le saint siège, la valeur soit exprimée seulement en 24 ducats d'or de camera, comme il a été observé jusqu'à présent, sans qu'il soit payé des annates. - Et comme l'état des menses est changé, les annates, les taxes de confirmation, de pallium et autres fraix de chancellerie seront réglés, dans une proportion équitable d'après les revenus des nouveaux évêchés, en prenant pour base les règles que le concordat Germanique avait ci-devant établies.	Art. 12. Seine Heiligkeit gewährt, dass die Höhe der Provisionen für die Stellen der Dignitäre, Kanoniker und andere Benefizien in der Metropolitankirche, den Kathedralen, Stifts- und anderen Kirchen, die durch den Heiligen Stuhl erhoben werden, nur den Wert von 24 Golddukaten der Kammer ausmachen, wie es bis jetzt üblich war, ohne dass Annaten zu bezahlen sind. - Und wenn sich der Zustand der Mensalgüter ändert, werden die Annaten, die Bestätigungssteuern, die Palliengebühren und andere Lasten der Kanzlei in einem angemessenen Verhältnis nach dem Einkommen der neuen Bischöfe angepasst werden, wobei als Grundlage die Regeln gelten, die einst das deutsche Konkordat festgesetzt hat.
Art. 13. Les biens de la métropole, des cathédrales, des abbayes, des églises collégiales et paroissiales, des monastères et couvents de l'un et de l'autre sexe, des bénéfices, des écoles et des fondations pieuses quelconques ne pourront ni être distraits, ni soumis à des prestations annuelles par l'autorité civile. Les biens qui étaient ci-devant administrés par les évêques, ou qui le seront à l'avenir, leur resteront soumis en observant les sanctions canoniques. Les religieux et religieuses existants seront conservés et auront la liberté de prendre des novices.	Art. 13. Die Güter des Metropolitansitzes, der Kathedralen, Abteien, Stifts- und Pfarrkirchen, Klöster und Konvente beiderlei Geschlechts, der Benefizien, Schulen und frommen Stiftungen jeglicher Art dürfen weder entfremdet noch zu jährlichen Leistungen durch zivile Autoritäten herangezogen werden. Die Güter, die einst von den Bischöfen verwaltet worden waren oder in Zukunft verwaltet werden, werden den Bischöfen unter Beobachtung der kanonischen Bestimmungen verbleiben. Bestehende Männer- und Frauenklöster werden erhalten bleiben und die Freiheit haben, Novizen aufzunehmen.

Art. 14. Toutes les nouvelles fondations ou dotations pieuses jouiront du même privilège que les anciennes. Ainsi tout ce que l'église acquerra par donation, testament, lègue au libéralité des fidèles, lui appartiendra en propre et elle le retiendra de plein droit.	Art. 14. Alle neuen Stiftungen oder frommen Vermächtnisse werden das gleiche Privileg genießen wie die alten. Auch wird alles, was die Kirche durch Schenkung, Testament, Erbe oder durch die Freizügigkeit der Gläubigen erwerben wird, ihr gehören, und sie wird es mit vollem Recht behalten.
Art. 15. Toutes les églises paroissiales et filiales avec tous leurs biens meubles et immeubles et les bénéfices y fondés seront conservés; les évêques en établiront des nouvelles là où ils le croiront nécessaire ou utile.	Art. 15. Alle Pfarr- und Nebenkirchen mit all ihren beweglichen und unbeweglichen Gütern und den Benefizien, die dort fundiert sind, bleiben erhalten; die Bischöfe werden neue errichten, wo sie es für nötig oder nützlich halten.
Art. 16. Les évêques conféreront toutes les cures et bénéfices quelconques qu'ils conféraient avant l'an 1802.	Art. 16. Die Bischöfe werden alle Pfarrstellen und Benefizien verleihen, die sie vor dem Jahr 1802 verliehen haben.
Art. 17. Toutes les fois qu'il vaquera un bénéfice ou une cure de patronage royal, l'archevêque ou l'évêque présentera trois sujets régnicoles et qui auront les qualités convenables, parmis, lesquels sa majesté en choisira un.	Art. 17. Wann immer ein Benefizium oder eine Pfarrstelle unter königlichem Patronat vakant wird, wird der Erzbischof oder Bischof drei geeignete Kleriker präsentieren, unter denen Seine Majestät einen wählen wird.
Art. 18. Quant aux bénéfices qui seront sujets au droit de patronage soit ecclésiastique, soit laic, ou mixte ceux qui avoient légitimement le droit de présenter à ces bénéfices avant l'an 1802, continueront d'en jouir, et les évêques donneront l'institution canonique aux présentés qui ont les qualités requises.	Art. 18. Was die Benefizien betrifft, die dem Patronatsrecht entweder kirchlicher oder laikaler oder gemischter Art unterliegen, werden die, denen das Recht zur Präsentation auf diese Benefizien vor dem Jahr 1802 zukam, das Recht weiterhin genießen, und die Bischöfe werden die kanonische Institution denen erteilen, die die erforderliche Qualifikation besitzen.

Art. 19. Les évêques conféreront les cures et bénéfices de leurs diocèses respectifs aux quels présentaient les chapitres des églises collégiales, les abbayes et monastères qui ne sont plus; ils conféreront également les nouvelles cures à ériger.	Art. 19. Die Bischöfe werden die Pfarreien und Benefizien ihrer jeweiligen Diözesen verleihen, auf die einst von den Kapiteln der Stiftskirchen, den Abteien und Klöstern, die nicht mehr bestehen, präsentiert worden ist; sie werden auch die neuen Pfarreien verleihen, die errichtet werden sollen.
Art. 20. La collation de toutes les prébendes, cures et bénéfices se devra faire dans le temps réglé par les canons. La pluralité des prébendes ou autres bénéfices ne pourra avoir lieu en Bavière; les titulaires qui devront porter la tonsure et l'habit clérical, seront astreints à la plus stricte résidence conformément aux décrets du saint concile de Trente; ils n'en pourront être dispensés que par l'autorité compétente et pour des motifs graves et quand le bien public ou de l'église le demande.	Art. 20. Die Verleihung aller Pfründe, Pfarreien und Benefizien muss in dem Zeitraum durchgeführt werden, der von den Kanones bestimmt wird. Die Kumulation von Pfründen oder anderen Benefizien ist in Bayern nicht statthaft. Inhaber der Güter, die zur Tonsur und klerikalen Kleidung verpflichtet sind, unterliegen gemäß den Dekreten des Heiligen Konzils von Trient der strengsten Residenzpflicht. Sie können davon nur von der zuständigen Autorität und aus schwerwiegenden Gründen dispensiert werden, wenn das öffentliche oder kirchliche Wohl das verlangen.
Art. 21. Les évêques auront la liberté d'ordonner clercs tous ceux qu'ils croiront nécessaires ou utiles à leurs églises, et ils pourront même quand ils ont les titres approuvés par les saints canons, les promouvoir aux ordres majeurs; ils auront également la liberté de refuser les ordres a ceux qu'ils en jugeront indignes, sans que sous aucun prétexte ils puissent être gênés à cet égard.	Art. 21. Die Bischöfe werden die Freiheit haben, Kleriker zu ordinieren, die sie für notwendig oder nützlich für ihre Kirchen halten, und sie können sie genauso, wenn diese über von den heiligen Kanones anerkannte Titel verfügen, zu den höheren Weihen zulassen; sie werden auch die Freiheit haben, denen, die sie für unwürdig halten, Weihen zu verweigern, ohne dass sie diesbezüglich durch irgendwelche Umstände verlegen sein müssten.

Art. 22. Il sera toujours libre au métropolitain et à chaque évêque de communiquer immédiatement et sans aucun empêchement avec le saint siège pour les choses spirituels (!) et les affaires ecclésiastiques. De même tous les catholiques pourront librement et sûrement recourir à sa sainteté dans les doutes de conscience et autres besoins spirituels quelconques sans qu'il y soit mis aucun obstacle. La communication des évêques et des fidèles jouira également de toute liberté et ne rencontra aucune gêne. Ainsi les évêques ont le droit et la liberté d'adresser au clergé et aux fidèles leurs ordonnances et instructions pastorales ou autres, et ils pourront les publier sans obstacle.	Art. 22. Es wird dem Metropoliten und jedem Bischof immer freistehen, sofort und ungehindert mit dem Heiligen Stuhl über geistliche Dinge (!) und kirchliche Angelegenheiten zu kommunizieren. Auf die gleiche Weise werden sich alle Katholiken frei und sicher in Gewissensfragen und anderen spirituellen Bedürfnissen jeglicher Art an seine Heiligkeit wenden können, ohne dass irgendein Hindernis entgegengesetzt wird. Die Kommunikation der Bischöfe und der Gläubigen wird genauso ganz frei sein, ohne jede Peinlichkeit. Auch haben die Bischöfe das Recht und die Freiheit ihre Verordnungen sowie pastoralen und sonstigen Anweisungen an den Klerus und die Gläubigen zu richten, und sie können sie ungehindert veröffentlichen.
Art. 23. Les causes qui par leur nature ou à raison des personnes sont ecclésiastiques, appartiendront aux tribunaux ecclésiastiques et devront y être examinées et décidées.	Art. 23. Fälle, die ihrer Natur nach oder aufgrund der betroffenen Personen kirchlicher Art sind, gehören vor ein kirchliches Gericht und müssen da verhandelt und entschieden werden.
Art. 24. Ainsi les causes matrimoniales, qui concernent la validité des mariages, ou les promesses de mariage, ou le droit de divorce quant au lit et à la cohabitation, et celles qui concernent les testaments des ecclésiastiques bénéficiers, sont du ressort du juge ecclésiastique et seront examinées et décidées dans les tribunaux ecclésiastiques.	Art. 24. Auch die Ehesachen, die die Gültigkeit von Ehen oder Heiratsversprechen oder das Recht auf Scheidung in Bezug auf Bett und Zusammenleben betreffen, und solche, die die Testamente von kirchlichen Benefiziaten angehen, gehören in die Zuständigkeit des kirchlichen Richters und sind vor kirchlichen Gerichten zu verhandeln und zu entscheiden.

Art. 25. Les évêques pourront punir les ecclésiastiques coupables non seulement par des peines canoniques, mais encore en les faisant enfermer dans les maisons destinées à cette fin.	Art. 25. Bischöfe können schuldige Kleriker nicht nur durch kanonische Strafen bestrafen, sondern auch, indem sie sie in Häuser einsperren, die zu diesem Zweck bestimmt sind.
Art. 26. Il sera sévèrement défendu, qu'il ne soit dit, fait ou écrit quelque chose, qui soit propre à corrompre les bonnes mœurs on qui soit contre la religion catholique, sa discipline et ses ministres. On observera touchant la publication des livres ce que le concile de Trente a ordonné. Et comme il importe extrêmement qu'il ne soit rien enseigné dans les écoles, académies ou universités qui soit contraire à la morale et au dogme catholique, les professeurs, avant d'entrer en fonction feront leur profession de foi devant l'évêque ou son commissaire, et ils lui seront responsables de leur enseignement. Sa majesté les éloignera de leurs chaires dès que les évêques respectifs le croyant nécessaire.	Art. 26. Es wird strengstens verboten, etwas zu sagen, zu tun oder zu schreiben, was geeignet ist, die guten Sitten zu verderben, oder was gegen die katholische Religion, ihre Disziplin und ihre Amtsträger gerichtet ist. Die Veröffentlichung der Bücher wird so beobachtet, wie es das Konzil von Trient angeordnet hat. Und da es äußerst wichtig ist, dass an Schulen, Akademien oder Universitäten nichts gelehrt wird, was der katholischen Moral und dem Dogma entgegensteht, werden die Professoren vor ihrem Amtsantritt ihr Glaubensbekenntnis vor dem Bischof oder seinem Kommissar ablegen, und sie werden für ihre Lehre verantwortlich sein. Seine Majestät wird sie von ihren Kanzeln entfernen, sobald die jeweiligen Bischöfe dies für notwendig halten.

Art. 27. Tout ce qui concerne les matières ecclésiastiques et dont il n'est pas fait mention expresse en ces articles restera en son entier et sera réglé selon les lois ecclésiastiques. Et s'il s'élevait quelque difficulté, ou si sa majesté [désirait?] qu'il fut établie quelque chose dans les affaires ecclésiastiques, sa majesté pour conserver la concorde et l'harmonie en traitera directement avec le saint siège ou les évêques selon la nature de la chose.	Art. 27. Alles, was kirchliche Angelegenheiten betrifft und was in diesen Artikeln nicht ausdrücklich erwähnt wird, bleibt in seiner Gesamtheit erhalten und wird nach kirchlichen Gesetzen geregelt. Und wenn es irgendwelche Schwierigkeiten gibt, oder wenn Seine Majestät wünscht, dass etwas in kirchlichen Angelegenheiten eingeführt werden sollte, wird Seine Majestät dies, um Eintracht und Harmonie zu erhalten, mit dem Heiligen Stuhl oder den Bischöfen je nach der Natur der Sache direkt verhandeln.
Art. 28. L'archevêque, les évêques et les curés prêteront à sa majesté le même serment que prêtent les archevêques, évêques et curés en France et en Italie, savoir: Je jure et promets à dieu sur les saints évangiles de garder obéissance et fidélité à sa majesté. Je promets aussi de n'avoir aucune intelligence, de n'assister à aucun conseil, de n'entretenir aucune ligue, soit au dedans soit au dehors, qui soit contraire à la tranquillité publique; et si, dans mon diocèse ou ailleurs, j'apprends qu'il se trame quelque chose au préjudice de l'état, je le ferai connaitre au gouvernement.	Art. 28. Der Erzbischof, die Bischöfe und die Priester werden Seiner Majestät denselben Eid leisten wie die Erzbischöfe, Bischöfe und Priester in Frankreich und Italien, nämlich: Ich schwöre und verspreche Gott auf die heiligen Evangelien, Gehorsam und Treue zu Seiner Majestät zu bewahren. Ich verspreche auch, keine Kenntnis zu haben, an keinem Rat teilzunehmen, keine Verbindung zu pflegen, weder innerhalb noch außerhalb, was der öffentlichen Ruhe zuwiderläuft; und wenn ich in meiner Diözese oder anderswo erfahre, dass etwas zum Nachteil des Staates vor sich geht, werde ich es der Regierung mitteilen.
Art. 29. Le présent concordat serra substituer à toutes les loix, ordonnances et décrets qui ont été jusqu'à présent portés dans les états de sa majesté en matière ecclésiastique.	Art. 29. Dieses Konkordat wird alle Gesetze, Verordnungen und Dekrete ersetzen, die bisher in kirchlichen Angelegenheiten in die Staaten Seiner Majestät eingeführt worden sind.

Art. 30. Les deux parties contractantes sont convenues pour elles et leurs successeurs d'observer à perpétuité fidèlement et entièrement tout ce qui est contenu dans les précédents articles.	Art. 30. Die beiden Vertragsparteien haben vereinbart, dass sie und ihre Nachfolger alles, was in den vorstehenden Artikeln enthalten ist, stets treu und vollständig beachten.

1806-09-05, Konkordatsentwurf von Seiten des Königreichs Bayern

Entwurf des abzuschließenden Concordats von dem bayerischen Bevollmächtigten dem apostolischen Nuntius mitgetheilt durch Note vom 5. September 1806.

Quelle: Staatsministerium des K. Hauses und des Aeusseren, zitiert nach Sicherer, Urkunden Nr. 10, 30–22

Au nom de la sainte trinité. Sa sainteté le souverain pontife Pie VII. et sa majesté le roi de Bavière, désirant ardemment qu'il soit établi un ordre fixe et stable pour les affaires ecclésiastiques dans les états de sa majesté, ont commis à cet effet sa sainteté le sa majesté les lesquels, après l'échange de leurs pleinspouvoirs respectifs, sont convenus des articles suivants:	Im Namen der Heiligen Dreieinigkeit. Seine Heiligkeit, der souveräne Pontifex Pius VII. und Seine Majestät, der König von Bayern, die dringend eine feste und stabile Ordnung der kirchlichen Angelegenheiten in den Staaten Seiner Majestät ersehnen, haben zu diesem Zweck bestellt: seine Heiligkeit den N. Seine Majestät den N., welche sich nach dem Austausch ihrer jeweiligen Vollmachten auf folgende Artikel geeinigt haben:
Art. 1. La religion catholique, apostolique et Romaine sera conservée dans toute sa pureté.	Art. 1. Die katholische, apostolische und römische Religion wird in ihrer ganzen Reinheit erhalten bleiben.

Art. 2. Il sera érigé un archevêché à Munich, auquel seront subordonnés les évêchés de Bamberg, Passau, Augsbourg, Aichstaett, Trente et Brixen. Les sièges de Freysing et de Chimsée seront supprimés. Ceux des évêques désignés ci-dessus, qui ont joui jusqu'à présent de l'exemption de la jurisdiction métropolitaine, la conserveront leur vie durant.	Art. 2. In München wird eine (Metropolitan-)Erzdiözese errichtet, der die Bistümer von Bamberg, Passau, Augsburg, Eichstätt, Trient und Brixen unterstellt werden. Die Sitze von Freising und Chiemsee werden aufgehoben. Diejenigen der oben genannten Bischöfe, die bisher die Befreiung von der Jurisdiktion des Metropoliten genossen haben, werden sie auf Lebenszeit behalten.
Art. 3. Le métropolitain et les évêques seront assistés par un chapitre, composé d'un grand prévôt, d'un grand doyen, de douze chanoines pour l'église métropolitaine, de dix pour chacune des autres. On attachera au service de chaque église cathédrale six vicaires qui seront dotés par les revenus de bénéfices simples qu'on affectera spécialement à cet usage.	Art. 3. Der Metropolit und die Bischöfe werden durch ein Kapitel unterstützt, das aus einem (Groß-)Propst, einem (Groß-)Dekan und dazu zwölf Kanonikern für den Metropolitanerzbischof und zehn für jeden der anderen Bischöfe besteht.[1359] Für den Dienst an jeder Domkirche werden sechs Vikare bestellt, die mit den Einnahmen, der dafür speziell vorgesehenen einfachen Benefizien dotiert werden.

1359 Die Bezeichnung Großpropst und Großdekan dient zur Abgrenzung zu den Pröpsten und Dekanen, die ihre Stelle nicht an der Kathedrale innehaben, sondern an Stiftskirchen, Abteien, Klöstern oder in der Territorialseelsorge.

Art. 4. La dotation de l'archevêque et des évêques, des chapitres et des vicaires se fera en biens fonds, dont ils auront l'administration. Elle sera pour l'archevêque de vingt mille florins, pour chacun des évêques de douze mille florins, pour le prévôt de quatre mille florins, pour le grand doyen de quatre mille florins, pour les chanoines de deux mille florins, pour les vicaires de 800 florins de revenu avec une habitation convenable. Les dits bien fonds seront appropriés à cet usage par un acte de donation formel que sa majesté fera expédier en double à chaque évêché et chapitre, pour l'un des exemplaires être remis aux commissaires de sa sainteté, l'autre être déposé dans les archives du royaume. Les églises ayant déjà leurs fabriques particulières les conserveront faux qu'il puisse y être touché.	Art. 4. Die Dotation des Erzbischofs und der Bischöfe, der Kapitel und Vikare wird aus Güterfonds fließen, die sie verwalten werden. Die Dotation wird für den Erzbischof zwanzigtausend Gulden jährliches Einkommen betragen, für jeden der Bischöfe zwölftausend Gulden, für den Propst viertausend Gulden, für den Dekan viertausend Gulden, für die Kanoniker zweitausend Gulden, für die Vikare 800 Gulden; dazu jeweils eine angemessene Wohngelegenheit. Die genannten Immobilienfonds werden für diesen Gebrauch durch formelle Schenkungsurkunden ausgestattet, die Seine Majestät in doppelter Ausfertigung an jeden Bischof und jedes Kapitel schicken wird, damit eine der Kopien an die Kommissare Seiner Heiligkeit, die andere an die Archive des Königreichs übergeben wird. Kirchen, die bereits eigene Fabriken haben, werden sie bewahren, ohne dass sie davon berührt werden können.
Art. 5. Les arrangements que pourrait exiger la nouvelle constitution des diocèses, se feront par le saint siège de concert avec le gouvernement de sa majesté, qui lui fournira à cet effet toutes les facilités nécessaires. Les deux hautes parties contractantes nommeront des commissaires pour désigner et convenir des objets de la dotation des cathédrales et chapitres.	Art. 5. Die Vorkehrungen, die die neue Verfassung der Diözesen erfordert, werden vom Heiligen Stuhl in Abstimmung mit der Regierung Seiner Majestät getroffen werden, die ihm alle notwendigen Mittel für diesen Zweck zur Verfügung stellen wird. Die beiden Hohen Vertragsschließenden ernennen Kommissare, die die Dotationsobjekte der Kathedralen und Kapiteln benennen und vereinbaren sollen.

Art. 6. Il sera pourvu par sa sainteté à l'archevêché, aux évêchés, aux dignités, prébendes et vicaires de la manière dont il a été convenu.	Art. 6. Von Seiner Heiligkeit wird zum Erzbistum, zu den Bistümern, den Dignitäten, den Präbenden und Vikarien eingesetzt; so, wie es vereinbart worden ist.
Art. 7. L'archevêque, les évêques nouvellement nommés seront soumis à toutes les formalités prescrites par les sacrés canons; ils enverront au saint siégé leur profession de foi, et le serment d'obédience canonique, et en recevront des bulles de confirmation. On s'en tiendra pour les annates, les taxes et fraix de chancellerie à ce qui s'est pratiqué jusqu'ici en Allemagne.	Art. 7. Die Neuernannten, Erzbischof und Bischöfe, werden allen in den heiligen Kanones vorgeschriebenen Formalitäten unterliegen; sie werden ihr Glaubensbekenntnis und den Eid des kanonischen Gehorsams an den Heiligen Stuhl senden und ihre Konfirmationsbullen empfangen. Es wird an dem festgehalten, was bisher in Deutschland bezüglich der Annaten, Steuern und Kanzleigebühren praktiziert wurde.
Art. 8. Il y aura dans chaque diocèse, sous la direction de l'évêque, un séminaire suffisamment doté pour un nombre d'élèves, proportionné à celui des prêtres, qui sera jugé nécessaire au service des paroisses et des succursales. Tous les candidates aux ordres sacrés seront astreintes à y faire leur cours de théologie. Les évêques pourront conférer librement les ordres et en exclure ceux qu'ils en jugeraient indignes d'après les sacrés canons.	Art. 8. In jeder Diözese wird es unter der Leitung des Bischofs ein Seminar geben, das ausreichend ausgestattet ist für eine solche Zahl von Schülern, die im Verhältnis zu den Priestern steht, die für den Dienst in den Pfarreien und Filialen als notwendig erachtet werden. Alle Kandidaten für die heiligen Weihen müssen dort ihr Theologiestudium absolvieren. Den Bischöfen steht es frei, Weihen zu erteilen und diejenigen davon auszuschließen, die sie gemäß den heiligen Kanones für unwürdig halten.

Ils ne seront gênés ni dans l'exercice de la discipline, ni dans les punitions qu'ils jugeraient à propos d'infliger aux prêtres coupables de mauvaise conduite ou de délits relatifs aux fonctions de leur ministère sacré, sauf le recours canonique, et en se conformant aux loix du royaume.	Sie werden weder bei der Anwendung der Disziplin noch bei den Strafen behindert, die sie den Priestern auferlegen, die sich eines Fehlverhaltens oder eines Vergehens in Ausübung des Dienstes schuldig gemacht haben, außer es wird kanonischer Rekurs eingelegt, und solange sie gemäß den Gesetzen des Königreiches handeln.
Toute nouvelle circonscription de paroisse ne pourra se faire qu'avec leur concurs.	Alle neuen Pfarreieinteilungen können nur mit bischöflicher Beteiligung geschehen.
Il leur sera libre de communiquer avec le saint siège dans toutes les affaires spirituelles et ecclésiastiques.	Es wird ihnen freistehen, mit dem Heiligen Stuhl in allen geistlichen und kirchlichen Angelegenheiten zu kommunizieren.
Ils pourront proposer des moyens de former des établissements, destinés à servir d'asyle aux prêtres devenus infirmes et qui auraient vieilli dans l'exercice du saint ministère. Sa majesté s'engage à conserver les instituts de ce genre là où ils existent.	Sie können Vorschläge unterbreiten, um Heime einzurichten für Priester, die krank und in der Ausübung des heiligen Dienstes alt geworden sind. Seine Majestät setzt sich ein, solche Heime dort zu erhalten, wo sie existieren.
Leurs tribunaux ecclésiastiques connaitront aussi de toutes les causes, qui par leur nature sont spirituelles et ecclésiastiques.	Ihre kirchlichen Gerichte werden auch in allen Fällen erkennen, die ihrer Natur nach geistliche und (rein inner-)kirchliche Sachverhalte betreffen.
Ce ne sera que de l'aveu des évêques qu'on pourra appliquer à une destination différente les fondations purement ecclésiastiques.	Rein kirchliche Stiftungen können nur mit Zustimmung des Bischofs einer anderen Zweckbestimmung gewidmet werden.
Art. 9. Quant à la collation des cures et bénéfices, on observera ce qui est de droit ou de coutume établie.	Art. 9. Was die Vergabe von Pfarreien und Benefizien betrifft, so wird man beachten, was das eingeführte Recht oder die Gewohnheit ist.

Art. 10. La pluralité des bénéfices ne pourra avoir lieu dans les états de sa majesté. La résidence des titulaires est de l'obligation la plus stricte. Elle sera de neuf mois pour les dignitaires et chanoines suivant les règles canoniques.	Art. 10. Die Kumulation der Benefizien wird in den Staaten Seiner Majestät nicht gestattet. Die Inhaber unterliegen der strengsten Residenzpflicht. Sie gilt gemäß den kanonischen Regeln neun Monate für die Dignitäre und Kanoniker.
Art. 11. L'archevêque et les évêques, avant d'entrer dans la jouissance de leur temporel, prêteront devant celui des ministres d'état que sa majesté jugera à propos de commettre pour le recevoir, le serment de fidelité suivant: »Je jure et promets à dieu, sur les saints évangiles, de garder obéissance et fidélité à sa majesté. Je promets aussi de n'avoir aucune intelligence, de n'assister à aucun conseil, de n'entretenir aucune ligue, soit au dedans soit au dehors, qui soit contraire à la tranquillité publique; et si, dans mon diocèse ou ailleurs, j'apprends qu'il se trame quelque chose au préjudice de l'état, je le ferai savoir au gouvernement.« Les dignitaires, chanoines, curés et bénéficiers le prêteront en présence des administrations supérieures de la province.	11. Der Erzbischof und die Bischöfe werden, bevor sie den Ertrag ihrer Temporalien genießen, vor dem Staatsminister, den Seine Majestät dafür geeignet hält, ihn anzunehmen, folgenden Treueid ablegen: „Ich schwöre und verspreche auf Gottes heilige Evangelien Gehorsam und Treue Seiner Majestät dem König. Ebenso verspreche ich, keine Kommunikation zu pflegen, an keiner Beratung teilzunehmen und keine verdächtige Verbindung weder im Innoch im Ausland zu unterhalten, welche der öffentlichen Ruhe schädlich sein könnte, und wenn ich Kenntnis von einem Anschlag, sei es in meiner Diözese oder sonst irgendwo, zum Nachteil des Staates erhalten sollte, solches Seiner Majestät anzuzeigen." Die Dignitäten, Kanoniker, Pfarrer und Benefiziaten werden ihren Eid in Gegenwart der obersten Verwaltungsorgane der Provinz ablegen.

Art. 12. La présente transaction sera réputée loi fondamentale de l'état, publiée et affichée comme telle; elle dérogera à toutes celles qui pourraient y être opposées. L'échange des ratifications se fera dans le terme de deux mois, ou plutôt si faire se peut.	Art. 12. Diese gütliche Übereinkunft wird als Grundgesetz des Staates angesehen und als solches veröffentlicht und gekennzeichnet; sie wird all das außer Kraft setzen, was ihr entgegenstehen könnte. Der Austausch der Ratifizierungsurkunden wird innerhalb von zwei Monaten oder, wenn möglich, früher erfolgen.
Articles séparés.	Sonderartikel.
Art. 1. Sa sainteté s'engage de la manière la plus précise, a faire expédier dans les formes légales et authentiques un indult qui autorise sa majesté, ses héritiers et successeurs au royaume de Bavière à perpétuité, à nominer aux archevêchés, évêchés, dignités, prébendes et vicairies des églises métropolitaines et cathédrales de leurs états.	Art. 1. Seine Heiligkeit verpflichtet sich aufs Verbindlichste, ein in rechtlich-authentischer Form korrektes Indult auszufertigen, das Seine Majestät, ihre Erben und Nachfolger im Königreich Bayern für immer ermächtigt, in allen Staaten des Reichs die Erzbischöfe, Bischöfe, Dignitäre, die Präbendeninhaber und Vikare der Metropolitankirche und der Kathedralkirchen zu nominieren.

Art. 2. Sa sainteté, désirant que les changements dont on est convenu, se fassent avec le consentement et le concours de ceux des évêques dont la juridiction ecclésiastique s'étendait jusqu'ici dans les parties du royaume de Bavière qui doivent maintenant être soustraites à leur influence spirituelle, leur adressera en qualité de chef de l'église et de père commun des lettres, par lesquelles elle les invitera à faire ce sacrifice au bien commun des fidèles. Sa majesté leur en adressera de son côté à l'appui de celles de sa sainteté, et elle promet d'employer toute son influence, son pouvoir et son autorité, pour appuyer les mesures que le saint siège jugerait à propos de prendre ultérieurement, pour effectuer l'exécution prompte et complète des arrangements arrêtés par le présent traité.	Art. 2. Seine Heiligkeit wünscht, dass die vereinbarten Veränderungen mit Zustimmung und Unterstützung derjenigen Bischöfe vorgenommen werden, deren kirchliche Zuständigkeit sich bisher auf Teile des Königreichs Bayern erstreckt hat, die aber nun ihrem geistigen Einfluss entzogen werden. Seine Heiligkeit, als Oberhaupt der Kirche und gemeinsamer Vater, wird sich schriftlich an diese Bischöfe wenden und einladen, dieses Opfer zum Gemeinwohl der Gläubigen zu bringen. Ihre Majestät wird sich ihrerseits an diese Bischöfe wenden, um seine Heiligkeit zu unterstützen, und verspricht, all ihren Einfluss, ihre Macht und ihre Autorität zu nutzen, um die Maßnahmen zu befördern, die der Heilige Stuhl später für angemessen halten würde, um die Vereinbarungen dieses Vertrags prompt und vollständig auszuführen.
Art. 3. Le règlement des intérêts et des limites de la juridiction de l'évêché de Coire dans le Tyrol est remis à une transaction particulière.	Art. 3. Die Regelung der Interessen und der Grenzen der Zuständigkeit des Bischofs von Chur in Tirol wird in einer eigenen Übereinkunft geordnet werden.
Les présents articles séparés resteront secrets jusqu'à leur exécution; ils sont censés faire partie du traité principal, auront la même force et valeur que s'ils y étaient insérés mot à mot. En foi de quoi les soussignés les ont signés et y ont fait apposer le cachet ordinaire de leurs armes.	Diese Separatartikel bleiben geheim, bis sie ausgeführt werden. Sie sollen Teil des Hauptvertrags sein und werden die gleiche Kraft und denselben Wert haben, als ob sie Wort für Wort eingefügt wären. Zur Beurkundung dessen haben die Unterzeichner sie unterschrieben und mit dem gewöhnlichen Wappensiegel versehen.

1806-10-13, Konkordatsentwurf von Seiten des Königreichs Bayern

Concordatsentwurf, den die bayerischen Bevollmächtigten dem apostolischen Nuntius mit Note vom 13. Oktober 1806 übergaben.

Zitiert und erarbeitet nach Sicherer, Urkunden Nr. 11, d. i. der Konkordatsentwurf von dem apostolischen Nuntius den bayerischen Bevollmächtigten in nicht amtlicher Weise am 20. September 1806 mitgeteilt (Quelle: K. Staatsministerium des K. Hauses und des Aeusseren), 33–37, mit den Anmerkungen 1–23.

In nomine sanctissimae trinitatis. Sanctitas sua supremus pontifex Pius VII. et majestas sua Maximilianus Josephus Bavariae rex debita sollicitudine cupientes, ut in iis, quae ad res ecclesiasticas pertinent, certus stabilisque in Bavariae regno constituatur ordo, in sequentes articulos convenerunt.	Im Namen der Allerheiligsten Dreieinigkeit. Seine Heiligkeit Papst Pius VII. und Seine Majestät Maximilian Joseph, König von Bayern, von gleichem Verlangen beseelt, die Verhältnisse der katholischen Kirche im Königreich bestimmt und bleibend zu ordnen, sind deshalb über die folgenden Artikel übereingekommen.
Art. 1. Religio catholica, apostolica, Romana cum juribus suis in toto Bavariae regno salva et illabata conservabitur.	Artikel 1: Die römisch-katholisch-apostolische Religion wird im ganzen Königreich Bayern mit ihren Rechten ganz und unversehrt erhalten werden.

Art. 2. Monachii sanctitas sua sedem eriget archiepiscopalem suppressis sedibus episcopalibus Frisingensi et Chiemensi. Bambergae, Passavii, Augustae, Eichstadii, Tridenti et Brixinae conservabuntur sedes episcopales. Dioecesis Curiensis in eo, quem nunc in ditione regni Bavarici habet, manebit statu. Salva pro nunc exemptione ecclesiarum Bambergensis, Passaviensis et Tridentinae juri metropolitico archiepiscopi Monacensis ut suffraganeae suberunt ecclesiae Augustana, Eichstadiensis, Brixinensis et Curiensis. Ab apostolica sede collatis cum regia majestate consiliis dioeceses novis finibus, quantum necessitas postulaverit, circumscribentur, praehabito ad haec consensu episcoporum et capitulorum quorum interest.	Artikel 2: Seine Heiligkeit wird in München den Sitz eines Metropolitan-Erzbischofs errichten und zugleich die Bischofssitze von Freising und Chiemsee aufheben. Bamberg, Passau, Augsburg, Eichstätt, Trient und Brixen werden als Bischofssitze erhalten. Die Diözese Chur behält ihren Status in dem Teil, der nun zum Königreich Bayern gehört. Unbeschadet davon, dass die Exemption der Kirchen Bambergs, Passaus und Trients vorerst bestehen bleibt, werden dem Recht des Münchner Metropolitanerzbischof die Kirchen Augsburgs, Eichstätts, Brixens und Churs als Suffragane untergeordnet. Vom Apostolischen Stuhl werden im Einverständnis mit dem Rat der Königlichen Majestät, wenn es die Notwendigkeit erfordert, die Diözesen in neuen Grenzen umschrieben werden, wenn die Zustimmung der betroffenen Bischöfe und Kapitel dazu vorliegt.
Art. 3. Dotatio mensarum archiepiscopi et episcoporum in bonis fundisque stabilibus ipsorum administrationi tradendis constituetur. Simili bonorum genere et administrationis jure instituentur capitula metropolitanae et cathedralium ecclesiarum; et metropolitana habebit praepositum, decanum et duodecim canonicos, cathedrales praepositos, decanos et canonicos decem.	Artikel 3: Die Dotationen zum Unterhalt des Erzbischofs und der Bischöfe werden auf Güter und ständige Fonds gegründet und ihrer Verwaltung übergeben werden. In gleicher Weise und mit gleichem Recht über die Güter und die Verwaltung werden das Metropolitan- und die Kathedralkapitel ausgestattet; das Metropolitankapitel wird aus einem Propst, einem Dekan und zwölf Kanonikern bestehen; die Kathedralkapitel aus Propst, Dekan und zehn Kanonikern.

Vicariorum beneficia, ubi extant, conserventur nec in ulla ecclesia pauciores erunt quam sex. Habitatio tam archiepiscopo et episcopis quam canonicis et vicariis assignanda illorum dignitati et statui respondeat. Ad negotium hujus dotationis intra bimestre perficiendum utraque contrahentium pars commissarios nominabit ac de formali dotationis actu duo exemplaria expediri jubebit regia majestas, unum pro nuntio apostolico, alterum pro archivio regio. Fabricarum denique ipsarumque ecclesiarum fundi, redditus, bona mobilia et immobilia ut conserventur sufficiantque curabitur.	Die Benefizien der Vikare werden, wo sie bestehen, erhalten bleiben, so dass es in keiner Kirche weniger als sechs gibt. Eine Wohnung wird sowohl dem Erzbischof und den Bischöfen als auch den Kanonikern und Vikaren zugewiesen werden, und zwar entsprechend ihrer Würde und ihrem Stand. Zum Vollzug des Dotationsgeschäfts, das innerhalb von zwei Monaten zu vollziehen ist, werden beide Vertragsparteien Kommissare ernennen und Seine Königliche Majestät werden von dem förmlichen Akt des Dotationsgeschäft zwei Ausfertigungen versenden lassen, eines für den apostolischen Nuntius, das andere für das königliche Archiv. Es wird dafür gesorgt werden, dass die Fonds, Einkünfte, beweglichen und unbeweglichen Güter der bischöflichen Kirchen und ihrer Fabriken ausreichend erhalten werden.
Art. 4. Curabit sanctitas sua ut, quando archiepiscopalis et episcopales ecclesiae vacabunt, de digno pastore opportuna methodo juxta statutas formas provideatur. In promovendis autem ad episcopales dignitates omnes et singulae hactenus in Germania usitatae formae secundum canones et apostolicas constitutiones omnino observabuntur. Immutato autem antiquo mensarum statu tam annatae quam taxae cancellariae de novo proportionaliter statuantur juxta redditus annuos unicuique ecclesiae assignandos.	Artikel 4: Seine Heiligkeit wird vorsorgen, dass, wann immer die Metropolitan- oder eine Bischofskirche vakant wird, ein würdiger Hirte gemäß der förmlich statuierten Art und Weise ernannt wird. Bei der Erhebung zu den bischöflichen Würden sind alle und jede bisher in Deutschland geübten Förmlichkeiten aufgrund der Canones und der apostolischen Konstitutionen ganz genau zu beachten. Unverändert aber bleibt die alte Messung sowohl der Annaten als auch der Kanzleigebühren bestehen, die nach dem Maßstab der jährlichen Einkünfte eines jeden Bischofs von Neuem festgesetzt werden.

Art. 5. Sua singulis dioecesibus conserventur seminaria episcopalia aut stabiliter fundentur ad efformandos in iis, quos episcopi pro necessitate vel utilitate dioecesium accipiendos studiisque theologicis exercendos judicaverint. Horum autem seminariorum ordinatio, doctrina, gubernatio et administratio episcoporum auctoritati pleno liberoque jure subiiciuntur juxta formas canonicas.	Artikel 5: In jeder Diözese sollen die bischöflichen Seminare erhalten oder dauerhaft gegründet werden. In ihnen sind die heranzubilden, deren Aufnahme und Theologiestudium die Bischöfe nach den Bedürfnissen oder Nutzen ihrer Diözese für richtig erachten werden. Die innere Ordnung, die Lehre, die Leitung und die Verwaltung der Seminare werden nach den kanonischen Formen der vollkommen freien Autorität und dem Recht der Bischöfe unterstehen.
Art. 6. Pro regimine dioecesium episcopis liberum erit a) Vicarios, consiliarios, officiales et adjutores administrationis suae constituere ex canonicis et beneficiatis ecclesiae eiuscunque, b) ad statum clericalem assumere et titulis per sacros canones approbatis ad ordines etiam majores promovere, quos necessarios aut utiles suis ecclesiis judicaverint, et quos e contrario pro indignis censuerint, ab ordinibus suscipiendis arcere, quin ab ullo quovis obtentu impediri queant, c) causas, quae sive ratione sui sive ratione personarum ecclesiasticae sunt et in foro ecclesiastico cognosci et definiri debent, in eorum foro ecclesiastico cognoscere et definire,	Artikel 6: Zur Leitung der Diözese wird der Bischof frei sein: a) sich aus den Kanonikern und Benefiziaten seiner Kirchen Vikare, Ratgeber, Beamte/Offiziale und Helfer für die Verwaltung zu berufen, b) in den klerikalen Stand aufzunehmen und mit den kanonischen Titeln zu den höheren Weihen zuzulassen, die sie für ihre Diözesen für nötig und nützlich erachten, und dagegen die, welche sie für den Weiheempfang für unwürdig erachten, auszuschließen, ohne dass sie hierbei unter irgendeinem Vorwand gehindert werden können, c) geistliche Sachen, die ihrer Natur nach oder der Person nach kirchlich sind und von einem kirchlichen Gericht zu behandeln und zu entscheiden sind, bei ihrem Gericht zu verhandeln und zu entscheiden.

d) in clericos reprehensione dignos poenis, quas convenientes judicaverint salvo recursu canonico, animadvertere,	d) gegen Geistliche, die eine Ahndung verdienen, Strafen zu verhängen, die ihnen angemessen erscheinen, unbeschadet des kanonischen Rekurses,
e) cum clero et populo dioecesano pro munere officii pastoralis communicare, quemadmodum communicatio eorundem cum sancta sede super rebus spiritualibus et negotiis ecclesiasticis libera erit nulloque impedita obstaculo,	e) in der Ausübung des geistlichen Hirtendienstes mit dem Klerus und dem Volk der Diözese zu kommunizieren; gleicherweise wird ihre Verbindung mit dem Heiligen Stuhl über geistliche Dinge und kirchliche Angelegenheiten frei sein und ihr kein Hindernis entgegenstehen,
f) collatis cum regia majestate consiliis parochias erigere aut dividere,	f) im Einverständnis mit dem Rat seiner Königlichen Majestät, Pfarreien zu errichten oder zu teilen,
g) pro clericis infirmis et senibus constitutas jam domos conservare aut, sin desint, inire consilium, ut de illis provideatur.	g) für kranke und alte Kleriker schon bestehende Häuser zu erhalten oder, wo es keine gibt, einen Entschluss zu fassen, wie für diese gesorgt werden kann.
Art. 7. De collatione dignitatum, praebendarum etc.[1360]	Artikel 7: Von der Verleihung der Dignitäten, Präbenden etc.
Art. 8. De collatione parochiarum.[1361]	Artikel 8: Von der Verleihung der Pfarreien.

1360 Der Entwurf des Artikels wurde hier nicht weiter ausgeführt, sondern an anderer Stelle weiterer Bearbeitung überlassen.

1361 Der Entwurf des Artikels wurde hier nicht weiter ausgeführt, sondern an anderer Stelle weiterer Bearbeitung überlassen.

Art. 9. Quae beneficia subjecta sunt juri patronatus privati, ad ea praesentabunt eorum respectivi patroni, episcopi vero praesentatis debita requisita habentibus canonicam institutionem dabunt.	Artikel 9: Auf die Benefizien, die unter einem privaten Patronatsrecht stehen, werden die betroffenen Patrone weiterhin präsentieren; die Bischöfe aber werden den Präsentierten die kanonische Einsetzung erteilen, sofern sie die erforderlichen Eigenschaften besitzen.
Art. 10. Dignitarii, canonici, beneficiati omnes, uti a pluralitate beneficiorum et praebendarum secundum canones prohibentur, ita ad residentiam novem mensium et servitium personale in praebendis suis et beneficiis secundum eorundem rigorem adstringuntur.	Artikel 10: Dignitäten, Kanonikern und allen Benefiziaten ist der Besitz mehrerer Benefizien und Präbenden durch die Kanones verboten; genauso sind sie nach den Kanones streng verpflichtet zur neunmonatigen Residenz und zur persönlichen Erfüllung ihres Dienstes an ihren Präbenden und Benefizien.
Art. 11. Bona supradictarum ecclesiarum, capitulorum itemque seminariorum, parochiarum, beneficiorum integra conservanda sunt nec distrahi absque sedis apostolicae autoritate aut in pensiones annuas commutari poterunt. Quidquid ecclesia de novo legaliter acquisierit, faciet suum eodemque se veteres fundationes jure censebitur.	Artikel 11: Die Güter der oben genannten Kirchen, Kapitel und genauso der Seminare, Pfarreien und Benefizien werden ungeschmälert erhalten und können ohne die Autorität des Apostolischen Stuhls nicht entfremdet oder in jährliche Pensionen umgewandelt werden. Was die Kirche neu auf legale Weise erwerben wird, wird ihr Eigentum sein und gleichberechtigt mit den älteren Kirchenstiftungen betrachtet werden.
Art. 12. Majestas regia non patietur, ut catholica religio ejusque ritus publice impetantur aut ecclesiarum antistites in exercendo munere suo pro custodienda fidei et morum doctrina impediantur.	Artikel 12: Ihre Königliche Majestät wird es nicht gestatten, dass die katholische Religion und ihre Liturgie öffentlich behindert oder die Vorsteher der Kirchen in der Ausübung ihres Dienstes zum Schutz des Glaubens und der Sittenlehre gehindert werden.

Art. 13. Reliqua, quae res ecclesiasticas spectant et quorum in hisce articulis nulla expressa facta est mentio, integre manebunt et juxta ecclesiasticas leges administrabuntur. Si qua vero supervenerit difficultas aut si quid regia majestas super rebus ecclesiasticis easve attingentibus constituendum expedierit, de iis praevie cum sancta sede vel pro conditione negotii cum episcopis immediate conferetur.	Artikel 13: Alles Übrige, was kirchliche Angelegenheiten betrifft und in diesen Artikeln nicht ausdrücklich erwähnt wird, bleibt ungeschmälert bestehen und wird nach kirchlichen Gesetzen behandelt werden. Falls aber zukünftig Schwierigkeiten auftreten oder falls die Königliche Majestät an kirchlichen Angelegenheiten und was dazu gehört etwas verändern will, werden darüber zuvor mit dem Hl. Stuhl oder je nach Gegenstand mit den Bischöfen direkte Gespräche aufgenommen.
Art. 14. Archiepiscopus et episcopi coram regia majestate juramentum fidelitatis emittent sequentibus verbis expressum. „Ego juro et promitto ad sancta dei evangelia obedientiam et fidelitatem regiae majestati; item promitto me nullam communicationem habiturum nullique consilio interfuturum nullamque suspectam unionem neque intra neque extra conservaturum, quae tranquillitati publicae noceat, et si tam in dioecesi mea quam alibi noverim aliquid in status damnum tractari, majestati suae manifestabo."	Artikel 14: Der Erzbischof und die Bischöfe werden vor der Königlichen Majestät einen Treueeid mit folgendem Wortlaut ablegen: „Ich schwöre und verspreche auf Gottes heilige Evangelien Gehorsam und Treue Seiner Majestät dem König. Ebenso verspreche ich, keine Kommunikation zu pflegen, an keiner Beratung teilzunehmen und keine verdächtige Verbindung weder im In- noch im Ausland zu unterhalten, welche der öffentlichen Ruhe schädlich sein könnte, und wenn ich Kenntnis von einem Anschlag, sei es in meiner Diözese oder sonst irgendwo, zum Nachteil des Staates erhalten sollte, solches Seiner Majestät anzuzeigen."

Art. 15. Utraque contrahentium pars spondet se successoresque suos omnia de quibus in his articulis utrinque conventum est, sancte se servaturos. Et a regia majestate praesens conventio pro lege status declarabitur eaque abrogatoria omnium ordinationum, quae eidem conventioni opponuntur.	Artikel 15: Beide vertragschließenden Teile versprechen für sich und ihre Nachfolger die genaue Beobachtung all dessen, worüber man in diesen Artikeln gegenseitig übereingekommen ist. Und von der Königlichen Majestät wird die vorliegende Konvention zum Staatsgesetz erklärt werden, das alle Ordnungen aufhebt, die dieser Konvention entgegenstehen.
Articuli separati	Separatartikel
Art. 1. Pro nominatione regia ad archiepiscopalem et episcopales sedes in toto Bavariae regno sanctitas sua apostolicum indultum concedet majestati regis Maximiliani Josephi et heredibus et successoribus ejus in perpetuum.	Artikel 1: Für die Nomination des Königs zu den Sitzen des Erzbischofs und der Bischöfe im ganzen Königreich Bayern gewährt seine Heiligkeit für immer ein apostolisches Indult der Königlichen Majestät Maximilian Joseph und seinen Nachfolgern.
Art. 2. Dotatio annuorum redituum pro archiepiscopo sit viginti millium, pro episcopis duodecim millium: annui reditus eiuscunque praepositi et decani erunt quater mille floreni, canonicorum bis mille, vicariorum 800 floreni; quorum redituum summae semper salvae et integrae conservandae erunt.	Artikel 2: Die jährlichen Einkünfte aus der Dotation werden für den Erzbischof 20.000, für die Bischöfe 12.000 Gulden betragen; die jährlichen Einkünfte jedes Propstes und Dekans werden 4.000 Gulden, der Kanoniker 2.000, der Vikare 800 Gulden sein. Diese Einkünfte sollen in ihrem Betrag stets sicher und ungeschmälert erhalten werden.
Art. 3. Episcopo Chiemensi, cujus in Bavaria sedes suppressa est, pro jactura quam passus est assignabitur compensatio.	Artikel 3: Dem Bischof von Chiemsee, dessen Sitz in Bayern aufgehoben ist, wird für den Verlust, nach der Aufhebung des Sitzes, eine Kompensation angewiesen.

Art. 4. Quando in Helvetia nova diocesium circumscriptio per apostolicam auctoritatem facta fuerit, initis inter sanctitatem suam et regiam majestatem consiliis opera dabitur, ut pro iis ditionibus Bavaricis, quae episcopo Curiensi subsunt, provideatur. Interea regia majestas eidem episcopo cum onere residendi per novem menses in Tyroli et exercendi in absentia jurisdictionem episcopalem per vicarium generalem reditus assignabit quos in territorio nunc Bavariae prius Austriae percipiebat.	Artikel 4: Wenn in der Schweiz durch die apostolische Autorität die Diözesen neu umschrieben werden, wobei das Werk unter Beratung Seiner Heiligkeit und der Königlichen Majestät begonnen wird, so wird für die Gebiete Bayerns, die dem Bischof von Chur unterstellt sind, Vorsorge getroffen. Bis dahin wird die Königliche Majestät diesem Bischof, auf dass er ehrenvoll neun Monate in Tirol residieren und in seiner Abwesenheit die bischöfliche Jurisdiktion durch einen Generalvikar ausüben lassen kann, Einkünfte anweisen, die er aus dem Territorium, nun bayerisch, einst österreichisch, erhält.
Art. 5. Quando exemptae sedes Bambergensis, Passaviensis et Tridentina vacaverint, exemptiones istae supprimantur.	Artikel 5: Wenn die exempten Bischofssitze Bambergs, Passaus und Trients vakant werden, dann werden diese Exemptionen aufgehoben.
Art. 6. Designati ab utraque parte commissarii pro negotio dotationis perficiendo congruas ad illud instructiones collatis praevie consiliis accipient.	Artikel 6: Die von beiden Parteien bestimmten Kommissare, die das Dotationsgeschäft durchführen sollen, erhalten nach vorheriger gemeinsamer Beratung dazu Instruktionen.
Art. 7. Hi articuli separati manebunt secreti usque ad eorum executionem; nihilominus partem efficere censentur ipsius conventionis principalis eandemque habeant vim ac valorem ac si eidem ad verbum essent inserti.	Artikel 7: Diese Sonderartikel bleiben geheim, bis sie ausgeführt werden. Sie werden wie ein Teil des Hauptvertrags betrachtet und sie werden dieselbe Kraft und denselben Wert haben, als wären sie wortwörtlich eingefügt.

1806-10-27, Gemeinsame Konkordatsentwurf der Bevollmächtigten

Zitiert und erarbeitet nach Sicherer, Urkunden Nr. 11, d. i. der Konkordatsentwurf von dem apostolischen Nuntius den bayerischen Bevollmächtigten in nicht amtlicher Weise am 20. September 1806 mitgeteilt (Quelle: K. Staatsministerium des K. Hauses und des Aeusseren), 33–37, mit den Anmerkungen 1–23, unter Berücksichtigung der

Note der bayerischen Bevollmächtigten an den apostolischen Nuntius vom 22. Oktober 1806 mit den letzten von dem Könige genehmigten Aenderungen des Concordatsentwurfs, Sicherer, Urkunden, Nr. 12, 38–39, Quelle: K. Staatsministerium des K. Hauses und des Aeusseren.

In nomine sanctissimae trinitatis. Sanctitas sua supremus pontifex Pius VII. et majestas sua Maximilianus Josephus Bavariae rex debita sollicitudine cupientes, ut in iis, quae ad res ecclesiasticas pertinent, certus stabilisque in Bavariae regno constituatur ordo, in sequentes articulos convenerunt.	Im Namen der Allerheiligsten Dreieinigkeit. Seine Heiligkeit Papst Pius VII. und Seine Majestät Maximilian Joseph, König von Bayern, von gleichem Verlangen beseelt, die Verhältnisse der katholischen Kirche im Königreich bestimmt und bleibend zu ordnen, sind deshalb über die folgenden Artikel übereingekommen.
Art. 1. Religio catholica, apostolica, Romana cum juribus suis in toto Bavariae regno salva et illabata conservabitur.	Artikel 1: Die römisch-katholisch-apostolische Religion wird im ganzen Königreich Bayern mit ihren Rechten ganz und unversehrt erhalten werden.

Art. 2. Monachii sanctitas sua sedem eriget archiepiscopalem suppressis sedibus episcopalibus Frisingensi et Chiemensi. Bambergae, Passavii, Augustae, Eichstadii, Tridenti et Brixinae conservabuntur sedes episcopales. Dioecesis Curiensis in eo, quem nunc in ditione regni Bavarici habet, manebit statu. Salva pro nunc exemptione ecclesiarum Bambergensis, Passaviensis et Tridentinae juri metropolitico archiepiscopi Monacensis ut suffraganeae suberunt ecclesiae Augustana, Eichstadiensis, Brixinensis et Curiensis.	Artikel 2: Seine Heiligkeit wird in München den Sitz eines Metropolitane-Erzbischofs errichten und zugleich die Bischofssitze von Freising und Chiemsee aufheben. Bamberg, Passau, Augsburg, Eichstätt, Trient und Brixen werden als Bischofssitze erhalten. Die Diözese Chur behält ihren Status in dem Teil, der nun zum Königreich Bayern gehört. Unbeschadet davon, dass die Exemption der Kirchen Bambergs, Passaus und Trients vorerst bestehen bleibt, werden dem Recht des Münchner Metropolitanerzbischof die Kirchen Augsburgs, Eichstätts, Brixens und Churs als Suffragane untergeordnet.
Ab apostolica sede collatis cum regia majestate consiliis dioeceses novis finibus, quantum necessitas postulaverit, circumscribentur, praehabito ad haec consensu episcoporum et capitulorum quorum interest.	Vom Apostolischen Stuhl werden im Einverständnis mit dem Rat der Königlichen Majestät, wenn es die Notwendigkeit erfordert, die Diözesen in neuen Grenzen umschrieben werden, wenn die Zustimmung der betroffenen Bischöfe und Kapitel dazu vorliegt.

Art. 3. Dotatio mensarum archiepiscopi et episcoporum in bonis fundisque stabilibus ipsorum administrationi tradendis constituetur.	Artikel 3: Die Dotationen zum Unterhalt des Erzbischofs und der Bischöfe werden auf Güter und ständige Fonds gegründet und ihrer Verwaltung übergeben werden.
Simili bonorum genere et administrationis jure instituentur capitula metropolitanae et cathedralium ecclesiarum; et metropolitana habebit praepositum, decanum et duodecim canonicos, cathedrales praepositos, decanos et canonicos decem.	In gleicher Weise und mit gleichem Recht über die Güter und die Verwaltung werden das Metropolitan- und die Kathedralkapitel ausgestattet; das Metropolitankapitel wird aus einem Propst, einem Dekan und zwölf Kanonikern bestehen; die Kathedralkapitel aus Propst, Dekan und zehn Kanonikern.
Vicariorum beneficia, ubi extant, conserventur nec in ulla ecclesia pauciores erunt quam sex.	Die Benefizien der Vikare werden, wo sie bestehen, erhalten bleiben, so dass es in keiner Kirche weniger als sechs gibt.
Habitatio tam archiepiscopo et episcopis quam canonicis et vicariis assignanda illorum dignitati et statui respondeat.	Eine Wohnung wird sowohl dem Erzbischof und den Bischöfen als auch den Kanonikern und Vikaren zugewiesen werden, und zwar entsprechend ihrer Würde und ihrem Stand.
Ad negotium hujus dotationis intra bimestre perficiendum utraque contrahentium pars commissarios nominabit ac de formali dotationis actu duo exemplaria expediri jubebit regia majestas, unum pro nuntio apostolico, alterum pro archivio regio.	Zum Vollzug des Dotationsgeschäfts, das innerhalb von zwei Monaten zu vollziehen ist, werden beide Vertragsparteien Kommissare ernennen und Seine Königliche Majestät werden von dem förmlichen Akt des Dotationsgeschäfts zwei Ausfertigungen versenden lassen, eine für den apostolischen Nuntius, die andere für das königliche Archiv.
Fabricarum denique ipsarumque ecclesiarum fundi, redditus, bona mobilia et immobilia ut conserventur sufficiantque curabitur.	Es wird dafür gesorgt werden, dass die Fonds, Einkünfte, beweglichen und unbeweglichen Güter der bischöflichen Kirchen und ihrer Fabriken ausreichend erhalten werden.

Art. 4, Curabit semper sanctitas sua, ut, quando archiepiscopales et episcopales ecclesiae vacabunt, de digno pastore opportuna methodo juxta statutas formas provideatur. Idemque observabitur quoad dignitates, canonicatus et praebendas.	Artikel 4: Seine Heiligkeit wird immer sorgen, dass, wann immer eine Metropolitan- oder Bischofskirche vakant wird, ein würdiger Hirte gemäß der förmlich statuierten Art und Weise ernannt wird. Und dasselbe wird seine Heiligkeit beachten hinsichtlich der Dignitäten, Kanonikate und Präbenden.
Art. 5. Sua singulis dioecesibus conserventur seminaria episcopalia aut stabiliter fundentur ad efformandos in iis, quos episcopi pro necessitate vel utilitate dioecesium accipiendos studiisque theologicis exercendos judicaverint. Horum autem seminariorum ordinatio, doctrina, gubernatio et administratio episcoporum auctoritati pleno liberoque jure subiiciuntur juxta formas canonicas.	Artikel 5: In jeder Diözese sollen die bischöflichen Seminare erhalten oder dauerhaft gegründet werden. In ihnen sind die heranzubilden, deren Aufnahme und Theologiestudium die Bischöfe nach den Bedürfnissen oder dem Nutzen ihrer Diözese für richtig erachten werden. Die innere Ordnung, die Lehre, die Leitung und die Verwaltung der Seminare werden nach den kanonischen Formen der vollkommen freien Autorität und dem Recht der Bischöfe unterstehen.
Art. 6. Pro regimine dioecesium episcopis liberum erit a) Vicarios, consiliarios, officiales et adjutores administrationis suae constituere ex canonicis et beneficiatis ecclesiae eiuscunque, b) ad statum clericalem assumere et titulis per sacros canones approbatis ad ordines etiam majores promovere, quos necessarios aut utiles suis ecclesiis judicaverint, et quos e contrario pro indignis censuerint, ab ordinibus suscipiendis arcere, quin ab ullo quovis obtentu impediri queant,	Artikel 6: Zur Leitung der Diözese werden die Bischöfe frei sein: a) sich aus den Kanonikern und Benefiziaten ihrer Kirchen Vikare, Ratgeber, Beamte/Offiziale und Helfer für die Verwaltung zu berufen, b) in den klerikalen Stand aufzunehmen und mit den kanonischen Titeln zu den höheren Weihen zuzulassen, die sie für ihre Diözesen für nötig und nützlich erachten, und dagegen die, welche sie für den Weiheempfang für unwürdig erachten, auszuschließen, ohne dass sie hierbei unter irgendeinem Vorwand gehindert werden können,

c) causas, quae sive ratione sui ecclesiasticae sunt sive ratione connexionis suae immediatae cum sacris ad forum ecclesiasticum spectant, in foro eorum ecclesiastico cognosci et definiri.	c) geistliche Sachen, die entweder ihrer Natur nach kirchlich sind oder aus dem Grund ihrer unmittelbaren Verbindung mit den Heiligen (Sachen) ein kirchliches Gericht erfordern, sind bei ihrem kirchlichen Gericht zu verhandeln und zu entscheiden.
d) in clericos reprehensione dignos poenis, quas convenientes judicaverint salvo recursu canonico, animadvertere,	d) gegen Geistliche, die eine Ahndung verdienen, Strafen zu verhängen, die ihnen angemessen erscheinen, unbeschadet des kanonischen Rekurses,
e) cum clero et populo dioecesano pro munere officii pastoralis communicare, quemadmodum communicatio eorundem cum sancta sede super rebus spiritualibus et negotiis ecclesiasticis libera erit nulloque impedita obstaculo,	e) in der Ausübung des geistlichen Hirtendienstes mit dem Klerus und dem Volk der Diözese zu kommunizieren; gleicherweise wird ihre Verbindung mit dem Heiligen Stuhl über geistliche Dinge und kirchliche Angelegenheiten frei sein und kein Hindernis entgegenstehen,
f) collatis cum regia majestate consiliis parochias erigere aut dividere,	f) im Einverständnis mit dem Rat seiner Königlichen Majestät, Pfarreien zu errichten oder zu teilen,
g) pro clericis infirmis et senibus constitutas jam domos conservare aut, sin desint, inire consilium, ut de illis provideatur.	g) für kranke und alte Kleriker schon bestehende Häuser zu erhalten oder, wo es keine gibt, einen Entschluss zu fassen, wie für diese gesorgt werden kann.

Art. 7. Episopi conferrent personis suae majestati gratis beneficia tam parochialia quam alia, quae non vel iure patronatus regio vel privato subjecta sunt. Quaecumque titulo praesentatis debita requisita habentibus episcopi semper institutionem dabunt.	Artikel 7:[1362] Die Bischöfe übertragen an Personen, die Ihrer Majestät genehm sind, die Benefizien, sowohl die pfarrlichen wie auch die anderen, die weder dem königlichen noch einem privaten Patronatsrecht unterliegen. Die Bischöfe werden den Präsentierten, sofern sie die erforderlichen Eigenschaften besitzen, auf welchen Titel auch immer die Institution erteilen.
Art. 8. Dignitarii, canonici, beneficiati omnes, uti a pluralitate beneficiorum et praebendarum secundum canones prohibentur, ita ad residentiam novem mensium et servitium personale in praebendis suis et beneficiis secundum eorundem rigorem adstringuntur.	Artikel 8: Dignitäten, Kanonikern und allen Benefiziaten ist der Besitz mehrerer Benefizien und Präbenden durch die Kanones verboten; genauso sind sie nach den Kanones streng verpflichtet zur neunmonatigen Residenz und zur persönlichen Erfüllung ihres Dienstes an ihren Präbenden und Benefizien.
Art. 9. Bona supradictarum ecclesiarum, capitulorum itemque seminariorum, parochiarum, beneficiorum integra conservanda sunt nec distrahi absque sedis apostolicae autoritate aut in pensiones annuas commutari poterunt. Quidquid ecclesia de novo legaliter acquisierit, faciet suum eodemque se veteres fundationes jure censebitur.	Artikel 9: Die Güter der obengenannten Kirchen, Kapitel und genauso der Seminare, Pfarreien und Benefizien werden ungeschmälert erhalten und können ohne die Autorität des Apostolischen Stuhls nicht entfremdet oder in jährliche Pensionen umgewandelt werden. Was die Kirche neu auf legale Weise erwerben wird, wird ihr Eigentum sein und gleichberechtigt mit den älteren Kirchenstiftungen betrachtet werden.

1362 Der bisherige Artikel 7 (Entwurf vom 13.10.1806) ist inhaltlich im Artikel 4 dieses Entwurfs geklärt.
Die bisherigen Artikel 8 und 9 (Entwurf vom 13.10.1806) sind in dem Artikel 7 dieses Entwurfs verarbeitet. Dadurch verschiebt sich die Nummerierung der Artikel.

Art. 10. Majestas regia non patietur, ut catholica religio ejusque ritus publice impetantur aut ecclesiarum antistites in exercendo munere suo pro custodienda fidei et morum doctrina impediantur.	Artikel 10: Ihre Königliche Majestät wird es nicht gestatten, dass die katholische Religion und ihre Liturgie öffentlich angegriffen oder die Vorsteher der Kirchen in der Ausübung ihres Dienstes zum Schutz des Glaubens und der Sittenlehre behindert werden.
Art. 11. Reliqua, quae res ecclesiasticas spectant et quorum in hisce articulis nulla expressa facta est mentio, integre manebunt et juxta ecclesiasticas leges administrabuntur. Si qua vero supervenerit difficultas aut si quid regia majestas super rebus ecclesiasticis easve attingentibus constituendum expedierit, de iis praevie cum sancta sede vel pro conditione negotii cum episcopis immediate conferetur.	Artikel 11: Das Übrige, was kirchliche Angelegenheiten betrifft und in diesen Artikeln nicht ausdrücklich erwähnt wird, bleibt ungeschmälert bestehen und wird nach kirchlichen Gesetzen behandelt werden. Falls aber zukünftig Schwierigkeiten auftreten oder falls die Königliche Majestät an kirchlichen Angelegenheiten und was dazu gehört etwas verändern will, werden darüber zuvor mit dem Hl. Stuhl oder je nach Gegenstand mit den Bischöfen direkte Gespräche aufgenommen.
Art. 12. Archiepiscopus et episcopi coram regia majestate juramentum fidelitatis emittent sequentibus verbis expressum. „Ego juro et promitto ad sancta dei evangelia obedientiam et fidelitatem regiae majestati; item promitto me nullam communicationem habiturum nullique consilio interfuturum nullamque suspectam unionem neque intra neque extra conservaturum, quae tranquillitati publicae noceat, et si tam in dioecesi mea quam alibi noverim aliquid in status damnum tractari, majestati suae manifestabo."	Artikel 12: Der Erzbischof und die Bischöfe werden vor der Königlichen Majestät einen Treueeid mit folgendem Wortlaut ablegen: „Ich schwöre und verspreche auf Gottes heilige Evangelien Gehorsam und Treue Seiner Majestät dem König. Ebenso verspreche ich, keine Kommunikation zu pflegen, an keiner Beratung teilzunehmen und keine verdächtige Verbindung weder im Innoch im Ausland zu unterhalten, welche der öffentlichen Ruhe schädlich sein könnte, und wenn ich Kenntnis von einem Anschlag, sei es in meiner Diözese oder sonst irgendwo, zum Nachteil des Staates erhalten sollte, solches Seiner Majestät anzuzeigen."

Art. 13. Utraque contrahentium pars spondet se successoresque suos omnia de quibus in his articulis utrinque conventum est, sancte se servaturos. Et a regia majestate praesens conventio pro lege status declarabitur eaque abrogatoria omnium ordinationum, quae eidem conventioni opponuntur.	Artikel 13: Beide vertragschließenden Teile versprechen für sich und ihre Nachfolger die genaue Beobachtung all dessen, worüber man in diesen Artikeln gegenseitig übereingekommen ist. Von der Königlichen Majestät wird die vorliegende Konvention zum Staatsgesetz erklärt werden, das alle Ordnungen aufhebt, die dieser Konvention entgegenstehen.
Articuli separati	Separatartikel
Art. 1. Pro nominatione regia ad archiepiscopalem et episcopales sedes et ad dignitates, cononicatus et praebendas in toto Bavariae regno sanctitas sua apostolicum indultum concedet majestati regis Maximiliani Josephi et heredibus et successoribus ejus in perpetuum.	Artikel 1: Zur Nomination des Königs zu den Sitzen des Erzbischofs und der Bischöfe und zu den Dignitäten, Kanonikaten und Präbenden im ganzen Königreich Bayern gewährt seine Heiligkeit für immer ein apostolisches Indult der Königlichen Majestät Maximilian Joseph und seinen Nachfolgern.
Art. 2. Dotatio annuorum redituum pro archiepiscopo sit viginti millium, pro episcopis duodecim millium: annui reditus eiuscunque praepositi et decani erunt quater mille floreni, canonicorum bis mille, vicariorum 800 floreni; quorum redituum summae semper salvae et integrae conservandae erunt.	Artikel 2: Die jährlichen Einkünfte aus der Dotation werden für den Erzbischof 20.000, für die Bischöfe 12.000 Gulden betragen; die jährlichen Einkünfte jedes Propstes und Dekans werden 4.000 Gulden, der Kanoniker 2.000, der Vikare 800 Gulden sein. Diese Einkünfte sollen in ihrem Betrag stets sicher und ungeschmälert erhalten werden.
Art. 3. Episcopo Chiemensi, cujus in Bavaria sedes suppressa est, pro jactura quam passus est assignabitur compensatio.	Artikel 3: Dem Bischof von Chiemsee, dessen Sitz in Bayern aufgehoben ist, wird für den Verlust, nachdem es geschehen ist, eine Kompensation angewiesen.

Art. 4. Quando in Helvetia nova diocesium circumscriptio per apostolicam auctoritatem facta fuerit, initis inter sanctitatem suam et regiam majestatem consiliis opera dabitur, ut pro iis ditionibus Bavaricis, quae episcopo Curiensi subsunt, provideatur. Interea regia majestas eidem episcopo cum onere residendi per novem menses in Tyroli et exercendi in absentia jurisdictionem episcopalem per vicarium generalem reditus assignabit quos in territorio nunc Bavariae prius Austriae percipiebat.	Artikel 4: Wenn in der Schweiz durch die apostolische Autorität die Diözesen neu umschrieben werden, wobei das Werk unter Beratung Seiner Heiligkeit und der Königlichen Majestät begonnen wird, so wird für die Gebiete Bayerns, die dem Bischof von Chur unterstellt sind, Vorsorge getroffen. Bis dahin wird die Königliche Majestät diesem Bischof, auf dass er ehrenvoll neun Monate in Tirol residieren und in seiner Abwesenheit die bischöfliche Jurisdiktion durch einen Generalvikar ausüben lassen kann, Einkünfte anweisen, die er aus dem Territorium, nun bayerisch, einst österreichisch, erhält.
Art. 5. Quando exemptae sedes Bambergensis, Passaviensis et Tridentina vacaverint, exemptiones sedium Passaviensis et Tridentinae supprimantur et de cessatione exemptionis sedis Bambergensis cum sancta sede deliberabitur.	Artikel 5: Wenn die exempten Bischofssitze Bambergs, Passaus und Trients vakant werden, dann werden die Exemptionen der Sitze Passaus und Trients aufgehoben; und über das Ruhenlassen der Exemption Bambergs wird mit dem Heiligen Stuhl beratschlagt werden.
Art. 6. Designati ab utraque parte commissarii pro negotio dotationis perficiendo congruas ad illud instructiones collatis praevie consiliis accipient.	Artikel 6: Die von beiden Parteien bestimmten Kommissare, die das Dotationsgeschäft durchführen sollen, erhalten nach vorheriger gemeinsamer Beratung dazu Instruktionen.
Art. 7. Hi articuli separati manebunt secreti usque ad eorum executionem; nihilominus partem efficere censentur ipsius conventionis principalis eandemque habeant vim ac valorem ac si eidem ad verbum essent inserti.	Artikel 7: Diese Sonderartikel bleiben geheim, bis sie ausgeführt werden. Sie werden wie ein Teil des Hauptvertrags betrachtet und sie werden dieselbe Kraft und denselben Wert haben als wären sie wortwörtlich eingefügt.

1807-02-06, Konkordatsentwurf in Rom umgearbeitet

Entwurf vom Nuntius Hannibal Grafen della Genga aus Augsburg durch den Auditor Grafen von Troni an den bayerischen Bevollmächtigten Freiherrn von Fraunberg zusammen mit einer Note vom 6. Februar 1807 überreicht.

Quelle: K. Staatsministerium des K. Hauses und des Aeusseren, zitiert nach Sicherer, Urkunden Nr. 13, 40–44.

In nomine sanctissimae trinitatis. Sanctitas sua supremus pontifex Pius VII. et majestas sua Maximilianus Josephus Bavariae rex debita sollicitudine cupientes, ut in iis, quae ad res ecclesiasticas pertinent, certus stabilisque in Bavariae regno constituatur ordo, in sequentes articulos convenerunt.	Im Namen der Allerheiligsten Dreieinigkeit. Seine Heiligkeit Papst Pius VII. und Seine Majestät Maximilian Joseph, König von Bayern, von gleichem Verlangen beseelt, die Verhältnisse der Kirche im Königreich bestimmt und bleibend zu ordnen, sind deshalb über die folgenden Artikel übereingekommen.
Art. 1. Religio catholica, apostolica, Romana in toto Bavariae regno praerogativa et juribus religionis dominantis gaudebit.	Artikel 1: Die römisch-katholisch, apostolische Religion wird sich im ganzen Königreich Bayern der Vorrechte und Rechte der vorherrschenden Religion erfreuen.
Art. 2. Postquam sanctitati suae fuerint exhibita documenta consensuum capituli vacantis ecclesiae Frisingensis ac moderni episcopi et capituli cathedralis ecclesiae Chiemensis, praevia suppressione utriusque sedis episcopalis, Monachii eriget novam sedem archiepiscopalem cum suo capitulo atque huic metropolitanae ecclesiae, servatis servandis, episcopales ecclesias Augustanam, Eichstettensem et Brixinensem suffraganeas assignabit.	Artikel 2: Nachdem Seiner Heiligkeit die Dokumente der Zustimmung des Kapitels der vakanten Freisinger Kirche und dazu des derzeitigen Bischofs und des Kapitels der Kathedralkirche Chiemsees vorgelegt worden sein werden, woraufhin beide bischöfliche Sitze aufgehoben werden, wird München als neuer erzbischöflicher Sitz zusammen mit seinem Kapitel errichtet werden und dieser Metropolitankirche werden, unter Beachtung dessen, was zu beachten ist, die bischöflichen Kirchen von Augsburg, Eichstätt und Brixen als Suffragane zugewiesen werden.

Eveniente autem imposterum vacatione sedium episcopalium Bambergensis, Tridentinae ac Passaviensis apostolicae sedi immediate subjectarum sanctitas sua de illarum vel exemptionis continuatione vel dicto juri metropolitico subjectione decernet ac praeterea, si necessitas postulabit, novam aliquarum diocesium, habito episcoporum et capitulorum, quorum interest consensu definiet circumscriptionem.	Tritt aber die nächste Vakanz der bischöflichen Sitze Bambergs, Trients oder Passaus ein, die unmittelbar dem Apostolischen Stuhl unterstellt sind, dann entscheidet ihre Heiligkeit entweder für die Fortdauer von deren Exemption oder für deren Unterwerfung unter das genannte Metropolitanrecht. Außerdem wird seine Heiligkeit, wenn es die Notwendigkeit gebieten wird, die Umschreibung einer neuen Diözese mit der Zustimmung der Bischöfe und Kapitel, die es betrifft, festlegen.
Art. 3. Quando in Helvetia nova diocesium circumscriptio per auctoritatem apostolicam facta fuerit, initis inter sanctitatem suam et regiam majestatem consiliis opera dabitur, ut pro iis ditionibus Bavaricis, quae episcopo Curiensi subsunt, provideatur. Interea regia majestas, episcopo cum onere residendi per novem menses in Tyroli et exercendi in absentia jurisdictionem episcopalem per vicarium generalem reditus assignabit, quos in territorio nunc Bavariae prius Austriae percipiebat.	Artikel 3: Wenn in der Schweiz durch die apostolische Autorität die Diözesen neu umschrieben werden, wobei das Werk unter Beratung Seiner Heiligkeit und der Königlichen Majestät begonnen wird, so wird für die Gebiete Bayerns, die dem Bischof von Chur unterstellt sind, Vorsorge getroffen. Bis dahin wird die Königliche Majestät diesem Bischof, auf dass er ehrenvoll neun Monate in Tirol residieren und in seiner Abwesenheit die bischöfliche Jurisdiktion durch einen Generalvikar ausüben lassen kann, Einkünfte anweisen, die er aus dem Territorium, nun bayerisch, einst österreichisch, erhält.

Art. 4. Dotatio mensarum archiepiscopi et episcoporum in bonis fundisque stabilibus ipsorum administrationi tradendis constituitur. Simili bonorum genere et administrationis jure constituentur capitula metropolitanae et cathedralium ecclesiarum; et metropolitana habebit praepositum, decanum et duodecim canonicos, cathedralium autem quaelibet praepostium, decanum et canonicos decem. Vicariorum beneficia ubi exstant conserventur nec in ulla ecclesia pauciores erunt quam sex.	Artikel 4: Die Dotationen zum Unterhalt des Erzbischofs und der Bischöfe werden auf Güter und ständige Fonds errichtet und ihrer Verwaltung übergeben werden. In gleicher Weise und mit gleichem Recht über die Güter und die Verwaltung werden das Metropolitan- und die Kathedralkapitel ausgestattet; das Metropolitankapitel wird aus einem Propst, einem Dekan und zwölf Kanonikern bestehen; die Kathedralkapitel aus Propst, Dekan und zehn Kanonikern. Die Benefizien der Vikare, werden, wo sie bestehen, erhalten bleiben, so dass es in keiner Kirche weniger als sechs gibt.
Dotatio annuorum redituum pro archiepiscopo sit viginti millium florenorum, pro episcopis duodecim millium. Annui reditus cujuscunque, praepositi [et decani] erunt quater mille floreni, canonicorum bis mille, vicariorum 800, quorum redituum summae salvae et integrae semper conservandae erunt.	Die jährlichen Einkünfte aus der Dotation werden für den Erzbischof 20.000, für die Bischöfe 12.000 Gulden betragen. Die jährlichen Einkünfte eines jeden Propstes [und Dekans] werden 4.000 Gulden, der Kanoniker 2.000, der Vikare 800 Gulden sein. Diese Einkünfte sollen in ihrem Betrag stets sicher und ungeschmälert erhalten werden.
Praeterea tam archiepiscopo et episcopis quam canonicis et vicariis illorum dignitati et statui correspondens habitatio assignetur.	Außerdem wird eine Wohnung sowohl dem Erzbischof und den Bischöfen als auch den Kanonikern und Vikaren zugewiesen werden, die jeweils ihrer Würde und ihrem Stand entspricht.

Ad negotium hujus dotationis intra bimestre perficiendum utraque contrahentium pars commissarios nominabit ac de formali dotationis actu duo exemplaria expediri jubebit [regia majestas?], unum pro nuntio apostolico, alterum pro archivio capituli.	Zum Vollzug des Dotationsgeschäfts, das innerhalb von zwei Monaten zu vollziehen ist, werden beide Vertragsparteien Kommissare ernennen und Seine Königliche Majestät werden von dem förmlichen Akt des Dotationsgeschäfts zwei Ausfertigungen versenden lassen, eine für den apostolischen Nuntius, die andere für das Archiv des Kapitels.
Fabricarum denique ipsarumque ecclesiarum fundi, reditus, bona mobilia et immobilia conserventur vel, si non sufficiant, in ea quantitate suppleantur, quae singularum necessitatibus respondeant.	Die Fonds, Einkünfte, beweglichen und unbeweglichen Güter der bischöflichen Kirchen und ihrer Fabriken werden erhalten, oder, wenn sie nicht genügen, in dem Umfang ergänzt werden, dass sie den jeweiligen Bedürfnissen entsprechen.
Art. 5. Sanctitas sua attenta utilitate, quae ex articulo praesertim 15. hujus conventionis manat in ea, quae ad res ecclesiae et religionis pertinent, majestati regis Maximiliani Josephi ejusque successoribus apostolicum indultum concedet nominandi ad vacantes archiepiscopalem e episcopales ecclesias regni Bavariae dignos et idoneos ecclesiasticos viros, iis praeditos dotibus, quas sacri canones requirunt, talibusque viris eadem sanctitas sua canonicam dabit institutionem juxta formas consuetas, et annatarum atque cancellariae taxae proportionaliter ad uniuscujusque mensae annuos reditus de novo statuentur.	Artikel 5: Seine Heiligkeit werden in Erwägung der aus gegenwärtiger Übereinkunft, insbesondere des Artikels 15, für die Angelegenheiten der Kirche und der Religion hervorgehenden Vorteile Seiner Majestät dem König Maximilian Joseph und seinen Nachfolgern das apostolische Indult verleihen, zu den erledigten erzbischöflichen und bischöflichen Stühlen im Königreiche Bayern würdige und taugliche Geistliche zu ernennen, welche die nach den heiligen Canones dazu erforderlichen Eigenschaften besitzen. Und diesen wird seine Heiligkeit nach den gewöhnlichen Formen die Institution erteilen. Die Annaten und Kanzleigebühren werden nach dem Maßstabe der jährlichen Einkünfte eines jeden Bischofs von Neuem festgesetzt werden.

Art. 6. Sua singulis dioecesibus conserventur seminaria episcopalia aut stabiliter fundentur ad efformandos in iis, quos episcopi pro necessitate vel utilitate dioecesium recipiendos judicaverint.	Artikel 6: In jeder Diözese sollen die bischöflichen Seminare erhalten oder dauerhaft gegründet werden. In ihnen sind die heranzubilden, deren Aufnahme und Theologiestudium die Bischöfe nach den Bedürfnissen oder dem Nutzen ihrer Diözese für richtig erachten werden.
Congrua quodlibet seminarium juxta exigentiam et amplitudinem dioecesium gaudeat dotatione in bonis stabilibus libere administrandis ab ordinario.	Jedes Seminar soll entsprechend den Erfordernissen und der Weitläufigkeit der Diözese mit einer hinreichenden Dotation in beständigen Gütern ausgestattet werden, die der Ordinarius frei verwaltet.
Horum autem seminariorum ordinatio, doctrina, gubernatio ac administratio episcoporum auctoritati pleno liberoque jure subiiciuntur juxta formas canonicas.	Die innere Ordnung, die Lehre, die Leitung und die Verwaltung der Seminare werden nach den kanonischen Formen der vollkommen freien Autorität und dem Recht der Bischöfe unterstehen.
Art. 7. Pro regimine dioecesium episcopis id omne exercere liberum erit, quod in vim pastoralis eorum ministerii sive ex declaratione sive ex dispositione sacrorum canonum eis competit, ac praesertim a) vicarios, consiliarios et adjutores administrationis suae constituere ecclesiasticos quoscunque, b) ad statum ecclesiasticum assumere et titulis per sacros canones approbatis ad ordines etiam majores promovere, quos necessarios aut utiles suis ecclesiis judicaverint, et quos e contrario pro indignis censuerint, ab ordinibus suscipiendis arcere, quin ab ullo quovis obtentu impediri queant,	Artikel 7: In der Leitung der Diözesen sind die Bischöfe befugt, alles dasjenige auszuüben, was ihnen kraft ihres pastoralen Hirtendienstes entweder durch Erklärung oder durch Anordnung der heiligen Canones zukommt, und insbesondere a) sich kirchliche Vikare, Ratgeber und Helfer für die Verwaltung jeder Art zu berufen, b) in den klerikalen Stand aufzunehmen und mit den kanonischen Titeln zu den höheren Weihen zuzulassen, die sie für ihre Diözesen für nötig und nützlich erachten, und dagegen die, welche sie für den Weiheempfang für unwürdig erachten auszuschließen, ohne dass sie hierbei unter irgendeinem Vorwand gehindert werden können,

c) causas, quae tam ratione sui quam ratione personarum ecclesiasticae sunt, et hinc causas matrimoniales, quae juxta canonem XII. sessionis 24. concilii Tridentini ad judices ecclesiasticos spectant, in foro eorum ecclesiastico cognoscere et definire,	c) Fälle, die entweder aufgrund ihrer Natur oder aufgrund der beteiligten Personen kirchlich sind, und jene Ehesachen, die gemäß Canon XII, Sessio 24 des Konzils von Trient einen kirchlichen Richter erfordern, sind bei ihrem kirchlichen Gericht zu verhandeln und zu entscheiden.
d) in clericos reprehensione dignos poenis, quas convenientes judicaverint, salvo recursu canonico, animadvertere,	d) gegen Geistliche, die eine Ahndung verdienen, Strafen zu verhängen, die ihnen angemessen erscheinen, unbeschadet des kanonischen Rekurses,
e) cum clero et populo dioecesano pro munere officii pastoralis libere communicare, quemadmodum episcoporum, cleri et populi communicatio cum sancta sede super rebus spiritualibus et negotiis ecclesiasticis libera erit nulloque impedita obstaculo,	e) in der Ausübung des geistlichen Hirtendienstes mit dem Klerus und dem Volk der Diözese frei zu kommunizieren, gleicherweise wird die Verbindung der Bischöfe, Kleriker und des Volkes mit dem Heiligen Stuhl über geistliche Dinge und kirchliche Angelegenheiten frei sein und kein Hindernis entgegenstehen,
f) collatis cum regia majestate consiliis parochias erigere aut dividere,	f) im Einverständnis mit dem Rat seiner Königlichen Majestät, Pfarreien zu errichten oder zu teilen,
g) pro clericis infirmis et senibus constitutas jam domos conservare aut sin desint inire consilium, ut de illis provideatur.	g) für kranke und alte Kleriker schon bestehende Häuser zu erhalten oder, wo es keine gibt, einen Entschluss zu fassen, wie für diese gesorgt werden kann.

Art. 8. Quarum dignitatum, praebendarum et canonicatuum collatio ad apostolicam sedem juxta concordata Germaniae spectabat, pro iis deinceps conferendis sanctitas sua regiae majestati ejusque successoribus indultum apostilicum concedet; reliquarum vero dignitatum, praebendarum et canonicatuum collatio penes collatores ordinarios manebit.	Artikel 8: Zur Verleihung der Dignitäten, Präbenden und Kanonikate, die gemäß dem deutschen Konkordat dem Apostolischen Stuhl zukommt, wird – für deren zukünftige Übertragungen – durch ihre Heiligkeit der Königlichen Majestät und ihren Nachfolgern ein apostolisches Indult gewährt. Die Verleihung der übrigen Dignitäten, Präbenden und Kanonikate verbleibt jedoch im Besitz der ordentlichen Verleiher.
Art. 9. Episcopi conferent personis suae majestati gratis beneficia tam parochialia quam simplicia, quae ipsi conferebant ante annum 1802, quaeque non juri patronatus regio, vel privato legitime (id est) per fundationem sive per dotationem, sive per constructionem acquisito subjecta sunt. Quae vero beneficia eujuscunque naturae juri patronatus tam regio quam privato (sive illud ecclesiasticum sive laicale sive mixtum sit) subjecta sunt, ad ea praesentabunt eorum respecitivi patroni, qui legitime hoc jure ante annum 1802 potiebantur; episcopi vero praesentatis, in quibus debita requisita agnoscent, canonicam dabunt institutionem.	Artikel 9: Die Bischöfe übertragen an Personen, die Ihrer Majestät genehm sind, die Benefizien, sowohl die pfarrlichen wie auch einfache, die sie selbst vor dem Jahr 1802 übertragen haben und die weder dem königlichen Patronatsrecht noch dem legitim erworbenen privaten Patronatsrecht, (d. h.) aufgrund der Gründung entweder durch Bau oder Finanzierung, unterliegen. Jedoch zu den Benefizien, welcher Art auch immer, die entweder dem königlichen oder auch dem privaten (dem kirchlichen oder dem laikalen oder dem gemischten) Patronatsrecht unterliegen, präsentieren die Inhaber der betreffenden Patronate, die dieses Recht vor dem Jahr 1802 erlangten; die Bischöfe aber werden den Präsentierten, sofern sie bei ihnen die nötigen Eigenschaften vorfinden, die kanonische Institution erteilen

Eorum autem beneficiorum cujuscunque pariter naturae collatio, quae antea pertinebat ad capitula collegiatarum ecclesiarum, abbatias, monasteria in praesens de facto non existentia, ad dioecesanos respective episcopos in posterum spectabit.	Doch die Verleihung der Benefizien gleicher Art, die früher den Kapiteln der Kollegiatkirchen, Abteien und Klöstern zukam, die zurzeit faktisch nicht existieren, wird zukünftig den betreffenden Diözesanbischöfen zustehen.
Art. 10. Dignitarii, canonici, beneficiati residentiales omnes, uti a pluritate beneficiorum et praebendarum secundum canones prohibentur, ita ad residentiam novem mensium et ad servitium personale in praebendis suis et beneficiis secundum eorumdem rigorem adstringuntur, salva tamen semper sedis apostolicae auctoritate.	Artikel 10: Dignitäten, Kanonikern und allen zur Residenz verpflichteten Benefiziaten ist der Besitz mehrerer Benefizien und Präbenden durch die Kanones verboten; genauso sind sie nach den Kanones streng verpflichtet zur neunmonatigen Residenz und zur persönlichen Erfüllung ihres Dienstes an ihren Präbenden und Benefizien, immer unbeschadet der Autorität des Apostolischen Stuhls.
Art. 11. Bona supradictarum ecclesiarum, capitulorum itemque seminariorum, parochiarum, beneficiorum, monasteriorum conventuumque utriusque sexus integra conservanda sunt nec distrahi absque sedis apostolicae auctoritate aut in pensiones annuas commutari poterunt. Quidquid ecclesia de novo acquisiverit, faciet suum et censebitur eodem jure ac veteres fundationes ecclesiasticae cujuscunque generis, quarum nulla vel suppressio vel unio fieri poterit sine sedis apostolicae auctoritatis interventu.	Artikel 11: Die Güter der oben genannten Kirchen, Kapitel und genauso der Seminare, Pfarreien, Benefizien, Klöster und Konvente für Männer und Frauen werden ungeschmälert erhalten und können ohne die Autorität des Apostolischen Stuhls nicht entfremdet oder in jährliche Pensionen umgewandelt werden. Was die Kirche neu erwirbt, wird ihr Eigentum sein und gleichberechtigt mit den älteren Kirchenstiftungen, welcher Art auch immer, betrachtet werden, von denen keine weder durch Aufhebung noch durch Vereinigung verändert werden kann ohne die Mitwirkung der Autorität des Apostolischen Stuhls.

Art. 12. Majestas regia districte prohibebit, ne catholica religio ejusque ritus et ministri impetantur aut ecclesiarum antistites in exercendo munere suo pro custodienda fidei et morum doctrina horumque probitate impediantur.	Artikel 12: Ihre Königliche Majestät wird strikt verbieten, dass die katholische Religion, ihre Liturgie und ihre Diener angegriffen werden oder die Vorsteher der Kirchen in der Ausübung ihres Dienstes zum Schutz des Glaubens, der Sitten und der bewährten Lehre gehindert werden.
Art. 13. Quoad caetera vero res ecclesiasticas spectantia, quorum nulla expressa mentio in his articulis facta est, manebunt omnia et administrabuntur juxta vigentem ecclesiae disciplinam; neque licebit unquam absque sedis apostolicae auctoritate quidquam ipsis articulis, etiam pro eorum qualicunque declaratione aut interpretatione vel causa addere illorumque executionem impedire; sed aliqua difficultate superveniente sanctitas sua et majestas regia conferre sibi reservant.	Artikel 13: Das Übrige, was kirchliche Angelegenheiten betrifft und in diesen Artikeln nicht ausdrücklich erwähnt wird, bleibt bestehen und wird gemäß geltender kirchlicher Disziplin behandelt werden. Und nie wird es jemandem gestattet, ohne die Autorität des Apostolischen Stuhls, irgendetwas diesen Artikeln, auch für deren Erklärung oder Interpretation oder Begründung, anzufügen und deren Ausführung zu behindern. Doch Seine Heiligkeit und die Königliche Majestät behalten sich vor, gemeinsam jedwedes Problem beizulegen.

Art. 14. Archiepiscopus et episcopi coram regia mejestate juramentum fidelitatis emittent sequentibus verbis expressum: »Ego juro et promitto ad sancta dei evangelia obedientiam et fidelitatem regiae majestati; item promitto me nullam communicationem habiturum nullique consilio interfuturum nullamque suspectam unionem neque intra, neque extra conservaturum, quae tranquillitati publicae noceat; et si tam in diocesi mea quam alibi noverim aliquid in status damnum tractari, majestati suae manifestabo.«	Artikel 14: Der Erzbischof und die Bischöfe werden vor der Königlichen Majestät einen Treueeid mit folgendem Wortlaut ablegen: „Ich schwöre und verspreche auf Gottes heilige Evangelien Gehorsam und Treue Seiner Majestät dem König. Ebenso verspreche ich, keine Kommunikation zu pflegen, an keiner Beratung teilzunehmen und keine verdächtige Verbindung, weder im Inoch im Ausland, zu unterhalten, welche der öffentlichen Ruhe schädlich sein könnte, und wenn ich Kenntnis von einem Anschlag, sei es in meiner Diözese oder sonst irgendwo, zum Nachteil des Staates erhalten sollte, solches Seiner Majestät anzuzeigen."
Art. 15. Utraque contrahentium pars spondet, se successoresque suos omnia, de quibus in his articulis utrinque conventum est, sancte servaturos et a majestate regia praesens conventio pro lege status declarabitur eaque abrogatoria omnium legum, ordinationum et decretorum circa res religionis et circa ecclesiasticam disciplinam a gubernio Bavarico hucusque latorum.	Artikel 15: Beide vertragschließenden Teile versprechen für sich und ihre Nachfolger die genaue Beobachtung all dessen, worüber man in diesen Artikeln gegenseitig übereingekommen ist. Von der Königlichen Majestät wird die vorliegende Konvention zum Staatsgesetz erklärt werden, das alle Gesetze, Ordnungen und Dekrete aufhebt, die in Angelegenheiten der Religion und der kirchlichen Disziplin von der Regierung Bayerns bis jetzt erlassen worden sind.

1807-03-17, Gegenentwurf der bayerischen Regierung

Der Gegenentwurf wurde dem apostolischen Nuntius mitgetheilt von dem Bevollmächtigten Freiherrn von Fraunberg durch Note vom 17. März 1807.

K. Staatsministerium des K. Hauses und des Aeusseren. Sicherer, Urkunden 14, 44–47;

Rückgriff auf Entwurf v. 22.10.1806; wobei die dortigen Separatartikel in den laufenden Text integriert werden.

In nomine sanctissimae trinitatis. Sanctitas sua supremus pontifex Pius VII. et majestas sua Maximilianus Josephus Bavariae rex debita sollicitudine cupientes, ut in iis, quae ad res ecclesiasticas catholicorum pertinent, certus stabilisque in Bavariae regno constituatur ordo, in sequentes articulos convenerunt:	Im Namen der Allerheiligsten Dreieinigkeit. Seine Heiligkeit Papst Pius VII. und Seine Majestät Maximilian Joseph, König von Bayern, von gleichem Verlangen beseelt, die Verhältnisse der katholischen Kirche im bayerischen Königreich bestimmt und bleibend zu ordnen, sind deshalb über die folgenden Artikel übereingekommen.
Art. I. Religio catholica, apostolica, Romana cum juribus suis in toto Bavariae regno salva et illibata conservabitur.	Artikel 1: Die römisch-katholisch-apostolische Religion wird im ganzen Königreich Bayern mit ihren Rechten ganz und unversehrt erhalten werden.
Art. II. Monachii sanctitas sua sedem eriget archiepiscopalem supressis sedibus episcopalibus Frisingensi et Chiemensi: Bambergae, Passavii, Augustae, Eichstadii, Tridenti et Brixinae conservabuntur sedes episcopales. Dioecesis Curiensis in eo, quem nunc in ditione regni Bavarici habet, manebit statu. Salva pro nunc exemptione ecclesiarum Bambergensis, Passaviensis et Tridentinae juri metropolitico archiepiscopi Monacensis ut suffraganeae suberunt ecclesiae Augustana, Eichstadiensis, Brixinensis, et Curiensis.	Artikel 2: Seine Heiligkeit wird in München den Sitz eines Metropolitan-Erzbischofs errichten und zugleich die Bischofssitze von Freising und Chiemsee aufheben. Bamberg, Passau, Augsburg, Eichstätt, Trient und Brixen werden als Bischofssitze erhalten. Die Diözese Chur behält ihren Status in dem Teil, der nun zum Königreich Bayern gehört. Unbeschadet davon, dass die Exemption der Kirchen Bambergs, Passaus und Trients vorerst bestehen bleibt, werden dem Recht des Münchner Metropolitanerzbischof die Kirchen Augsburgs, Eichstätts, Brixens und Churs als Suffragane untergeordnet.

Quando autem exemptae sedes Bambergensis, Passaviensis et Tridentina vacaverint, exemptiones sedium Passaviensis, Tridentinae et Bambergensis supprimantur. Ab apostolico sede collatis cum regia majestate consiliis dioeceses novis finibus, quantum necessitas postulaverit, circumscribentur praehabito ad haec consensu episcoporum et capitulorum quorum interest.	Wenn aber die exempten Bischofssitze Bambergs, Passaus und Trients vakant werden, dann werden die Exemptionen der Sitze Passaus, Trients und Bambergs aufgehoben. Vom Apostolischen Stuhl werden im Einverständnis mit dem Rat der Königlichen Majestät, wenn es die Notwendigkeit erfordert, die Diözesen in neuen Grenzen umschrieben werden, wenn die Zustimmung der betroffenen Bischöfe und Kapitel dazu vorliegt.
Art. III. Quando in Helvetia nova dioecesium circumscriptio per authoritatem apostolicam facta fuerit, initis inter sanctitatem suam et regiam majestatem consiliis, opera dabitur, ut pro iis ditionibus Bavaricis, quae episcopo Curiensi subsunt, provideatur. Interea regia majestas eidem episcopo cum onere residendi per novem menses in Tyroli et exercendi in absentia jurisdictionem episcopalem per vicarium generalem reditus assignabit, quos in territorio nunc Bavariae prius Austriae percipiebat.	Artikel 3: Wenn in der Schweiz durch die apostolische Autorität die Diözesen neu umschrieben werden, wobei das Werk unter Beratung Seiner Heiligkeit und der Königlichen Majestät begonnen wird, so wird für die Gebiete Bayerns, die dem Bischof von Chur unterstellt sind, Vorsorge getroffen. Bis dahin wird die Königliche Majestät diesem Bischof, auf dass er ehrenvoll neun Monate in Tirol residieren und in seiner Abwesenheit die bischöfliche Jurisdiktion durch einen Generalvikar ausüben lassen kann, Einkünfte anweisen, die er aus dem Territorium, nun bayerisch, einst österreichisch, erhält.

Art IV. Dotatio mensarum archiepiscopi et episcoporum in bonis fundisque stabilibus ipsorum administrationi tradendis constituetur. Simili bonorum genere et administrationis jure instituentur capitula metropolitanae et cathedralium ecclesiarum, et metropolitana habebit praepositum, decanum et duodecim canonicos, cathedrales praepositos, decanos et canonicos decem. Vicariorum beneficia, ubi extant conserventur nec in ulla ecclesia pauciores erunt quam sex.	Artikel 4: Die Dotationen zum Unterhalt des Erzbischofs und der Bischöfe werden auf Güter und ständige Fonds gegründet und ihrer Verwaltung übergeben werden. In gleicher Weise und mit gleichem Recht über die Güter und die Verwaltung werden das Metropolitan- und die Kathedralkapitel ausgestattet; das Metropolitankapitel wird aus einem Propst, einem Dekan und zwölf Kanonikern bestehen; die Kathedralkapitel aus Propst, Dekan und zehn Kanonikern. Die Benefizien der Vikare werden, wo sie bestehen, erhalten bleiben, so dass es in keiner Kirche weniger als sechs gibt.
Dotatio annuorum redituum pro archiepiscopo sit viginti millium, pro episcopis duodecim millium. Annui reditus cujuscumque praepositi et decani erunt quater mille floreni, canonicorum bis mille, vicariorum 800 floreni, quorum redituum summae semper salvae et integrae conservandae erunt.	Die jährlichen Einkünfte aus der Dotation werden für den Erzbischof 20.000, für die Bischöfe 12.000 Gulden betragen; die jährlichen Einkünfte jedes Propstes und Dekans werden 4.000 Gulden, der Kanoniker 2.000, der Vikare 800 Gulden sein. Diese Einkünfte sollen in ihrem Betrag stets sicher und ungeschmälert erhalten werden.
Habitatio tam archiepiscopo et episcopis quam canonicis et vicariis assignanda illorum dignitati et statui respondeat.	Eine Wohnung wird sowohl dem Erzbischof und den Bischöfen als auch den Kanonikern und Vikaren zugewiesen werden, und zwar entsprechend ihrer Würde und ihrem Stand.
Ad negotium hujus dotationis intra bimestre perficiendum utraque contrahentium pars commissarios nominabit ac de formali dotationis actu duo exemplaria expediri jubebit regia majestas, unum pro nuntio apostolico, alterum pro archivio regio.	Zum Vollzug des Dotationsgeschäfts, das innerhalb von zwei Monaten zu vollziehen ist, werden beide Vertragsparteien Kommissare ernennen und Seine Königliche Majestät werden von dem förmlichen Akt des Dotationsgeschäfts zwei Ausfertigungen versenden lassen, eine für den apostolischen Nuntius, die andere für das königliche Archiv.

Fabricarum denique ipsarumque ecclesiarum fundi, reditus, bona mobilia et immobilia, ut conserventur sufficiantqae, curabitur.	Es wird dafür gesorgt werden, dass die Fonds, Einkünfte, beweglichen und unbeweglichen Güter der bischöflichen Kirchen und ihrer Fabriken ausreichend erhalten werden.
Art. V. Pro nominatione regia ad archiepiscopalem et episcopales sedes et ad dignitatis, canonicatus et praebendas in toto Bavariae regno sanctitas sua attenta utilitate, quae ex hac conventione manat in ea, quae ad res ecclesiae et religionis pertinent, apostolicum indultum concedet majestati regis Maximiliani Josephi et haeredibus et successoribus ejus in perpetuum, eademque sanctitas sua dabit institutionem canonicam juxta formas consuetas viris a majestate regia ad archiepiscopalem vel episcopales sedes nominatis et dotibus, quas sacri canones requirunt, praeditis. Annatarum atque cancellariae taxae proportionaliter ad uniuscujusque mensae annuos reditus de novo statuentur.	Artikel 5: Zur Nomination des Königs zu den Sitzen des Erzbischofs und der Bischöfe und zu den Dignitäten, Kanonikaten und Präbenden im ganzen Königreich Bayern gewährt seine Heiligkeit, in Erwägung der aus gegenwärtiger Übereinkunft für die Angelegenheiten der Kirche und der Religion hervorgehenden Vorteile, Seiner Majestät dem König Maximilian Joseph und seinen Erben und Nachfolgern für immer ein apostolisches Indult. Seine Heiligkeit wird auch nach den gewöhnlichen Formen die kanonische Institution den Männern erteilen, die von der Königlichen Majestät zum erzbischöflichen oder zu den bischöflichen Sitzen ernannt und die mit den Eigenschaften versehen sind, die von den heiligen Canones erfordert werden. Die Annaten und Kanzleigebühren werden nach dem Maßstabe der jährlichen Mensaleinkünfte von Neuem festgesetzt werden.

Art. VI. Sua singulis dioecesibus conseventur seminaria episcopalia aut stabiliter fundentur ad efformandos in iis, quos episcopi pro necessitate vel utilitate dioecesium recipiendos judicaverint. Horum autem seminariorum ordinatio, doctrina, gubernatio ac administratio episcoporum auctoritati pleno liberoque jure subiiciantur juxta formas canonicas.	Artikel 6: In jeder Diözese sollen die bischöflichen Seminare erhalten oder dauerhaft gegründet werden. In ihnen sind die heranzubilden, deren Aufnahme die Bischöfe nach den Bedürfnissen oder dem Nutzen ihrer Diözesen für richtig erachten werden. Die innere Ordnung, die Lehre, die Leitung und die Verwaltung der Seminare werden nach den kanonischen Formen der vollkommen freien Autorität und dem Recht der Bischöfe unterstehen.
Art. VII. Pro regimine dioecesium episcopis liberum erit, a) vicarios, consiliarios, officiales et adjutores administrationis suae constituere ex canonicis et beneficiatis ecclesiae cujuscumque, b) ad statum ecclesiasticum assumere et titulis per sacros canones approbatis ad ordines etiam majores promovere, quos necessarios aut utiles suis ecclesiis judicaverint et quos e contrario pro indignis censuerint, ab ordinibus suscipiendis arcere, quin ab ullo quovis obtentu impediri queant, c) causas, quae sive rationi sui ecclesiasticae sunt sive ratione connexionis suae immediatae cum sacris ad forum ecclesiasticum spectant, in foro eorum ecclesiastico cognoscere et definire,	Artikel 7: Zur Leitung der Diözese wird der Bischof frei sein: a.) sich aus den Kanonikern und Benefiziaten seiner Kirchen Vikare, Ratgeber, Beamte/Offiziale und Helfer für die Verwaltung zu berufen, b.) in den klerikalen Stand aufzunehmen und mit den kanonischen Titeln zu den höheren Weihen zuzulassen, die sie für ihre Diözesen für nötig und nützlich erachten, und dagegen die, welche sie für den Weiheempfang für unwürdig erachten, auszuschließen, ohne dass sie hierbei unter irgendeinem Vorwand gehindert werden können, c.) Fälle, die entweder wegen ihrer Natur nach kirchlich sind oder wegen ihrer unmittelbaren Verbindung mit dem Heiligen (Sachen) ein kirchliches Forum erfordern, sind bei ihrem kirchlichen Gericht zu verhandeln und zu entscheiden.

d) in clericos reprehensione dignos poenis, quas convenientes judicaverint, salvo recursu canonico animadvertere,	d.) gegen Geistliche, die eine Ahndung verdienen, Strafen zu verhängen, die ihnen angemessen erscheinen, unbeschadet des kanonischen Rekurses,
e) cum clero et populo dioecesano pro munere officii pastoralis libere communicare, quemadmodum episcoporum, cleri et populi communicatio cum sancta sede super rebus spiritualibus et negotiis ecclesiasticis libera erit nulloque impedita obstaculo,	e.) in der Ausübung des geistlichen Hirtendienstes mit dem Klerus und dem Volk der Diözese frei zu kommunizieren, desgleichen wird die Kommunikation der Bischöfe, der Kleriker und des Volkes mit dem Heiligen Stuhl über geistliche Dinge und kirchliche Angelegenheiten frei sein und kein Hindernis entgegenstehen,
f) collatis cum regia majestate consiliis parochias erigere aut dividere	f.) im Einverständnis mit dem Rat seiner Königlichen Majestät, Pfarreien zu errichten oder zu teilen,
g) pro clericis infirmis et senibus constitutas jam domos conservare aut si desint inire consilium ut de illis provideatur.	g.) für kranke und alte Kleriker schon bestehende Häuser zu erhalten oder, wo es keine gibt, einen Entschluss zu fassen, wie für diese gesorgt werden kann.
Art. VIII. Episcopi conferent personis suae majestati gratis beneficia tam parochialia quam alia, quae non vel juri patronatus regio vel privato subjecta sunt. Quocunque titulo praesentatis debita requisita habentibus episcopi semper institutionem dabunt.	Artikel 8: Die Bischöfe übertragen an Personen, die ihrer Majestät genehm sind, die Benefizien, sowohl pfarrliche wie auch andere, die weder dem königlichen noch einem privaten Patronatsrecht unterliegen. Die Bischöfe werden den Präsentierten, sofern sie die erforderlichen Eigenschaften besitzen, auf welchen Titel auch immer, die Institution erteilen.

Art IX. Dignitarii, canonici, beneficiati omnes, uti a pluralitate beneficiorum et praebendarum secundum canones prohibentur, ita ad residentiam novem mensium et ad servitium personale in praebendis suis et beneficiis secundum eorumdem rigorem adstringuntur.	Artikel 9: Allen Dignitäten, Kanonikern und Benefiziaten ist der Besitz mehrerer Benefizien und Präbenden durch die Kanones verboten; genauso sind sie nach den Kanones streng verpflichtet zur neunmonatigen Residenz und zur persönlichen Erfüllung ihres Dienstes an ihren Präbenden und Benefizien.
Art. X. Bona supradictarum ecclesiarum, capitulorum itemque seminariurum, parochiarum, beneficiorum integra conservanda sunt nec distrahi absque sedis apostolicae auctoritate aut in pensiones annuas commutari poterunt. Quidquid ecclesia de novo legaliter acquisiverit, faciet suum eodemque ac veteres fundationes jure censebitur.	Artikel 10: Die Güter der oben genannten Kirchen, Kapitel und genauso der Seminare, Pfarreien, Benefizien werden ungeschmälert erhalten und können ohne die Autorität des Apostolischen Stuhls nicht entfremdet oder in jährliche Pensionen umgewandelt werden. Was die Kirche neu auf legale Weise erwerben wird, wird ihr Eigentum sein und so gleichberechtigt wie die älteren Kirchenstiftungen betrachtet werden.
Art. XI. Majestas regia non patietur, ut catholica religio ejusque ritus publice impetantur aut ecclesiarum antistites in exercendo munere suo pro custodienda fidei et morum doctrina impediantur.	Artikel 11: Ihre Königliche Majestät wird es nicht gestatten, dass die katholische Religion und ihre Liturgie öffentlich angegriffen oder die Vorsteher der Kirchen in der Ausübung ihres Dienstes zum Schutz des Glaubens und der Sittenlehre gehindert werden.

Art. XII. Reliqua, quae ad res ecclesiasticas spectant et quorum in hisce articulis nulla expressa facta est mentio, integra manebunt et juxta ecclesiasticas leges administrabuntur. Si qua vero supervenerit difficultas aut si quid regia majestas super rebus ecclesiasticis easve attingentibus constituendum expedierit, de iis praevie cum sancta sede vel pro conditione negotii eum episcopis immediate conferetur.	Artikel 12: Alles Übrige, was kirchliche Angelegenheiten betrifft und in diesen Artikeln nicht ausdrücklich erwähnt wird, bleibt ungeschmälert bestehen und wird nach kirchlichen Gesetzen behandelt werden. Falls aber zukünftig Schwierigkeiten auftreten oder falls die Königliche Majestät an kirchlichen Angelegenheiten und was dazu gehört etwas verändern will, werden darüber zuvor mit dem Hl. Stuhl oder – je nach Gegenstand – mit den Bischöfen direkte Gespräche aufgenommen.
Art. XIII. Archiepiscopus et episcopi coram regia majestate juramentum fidelitatis emittent sequentibus verbis expressum: »Ego juro et promitto ad sancta dei evangelia obedientiam et fidelitatem regiae majestati; item promitto, me nullum communicationem habiturum nullique consilio interfuturum nullumque suspectam unionem, neque intra neque extra, conservaturum, quae tranquillitati publicae noceat, et si tam in dioecesi mea quam alibi noverim aliquid in status damnum tractari, majestati suae manifestabo.«	Artikel 13: Der Erzbischof und die Bischöfe werden vor der Königlichen Majestät einen Treueeid mit folgendem Wortlaut ablegen: „Ich schwöre und verspreche auf Gottes heilige Evangelien Gehorsam und Treue Seiner Majestät dem König. Ebenso verspreche ich, keine Kommunikation zu pflegen, an keiner Beratung teilzunehmen und keine verdächtige Verbindung weder im Innoch im Ausland zu unterhalten, welche der öffentlichen Ruhe schädlich sein könnte, und wenn ich Kenntnis von einem Anschlag, sei es in meiner Diözese oder sonst irgendwo, zum Nachteil des Staates erhalten sollte, solches Seiner Majestät anzuzeigen.“

Art. XIV. Utraque contrahentium pars spondet, se successoresque suos omnia, de quibus in his articulis utrinque conventum est, sancte servaturos, et a majestate regia praesens conventio pro lege status declarabitur eaque abrogatoria omnium ordinationum, quae eidem conventioni opponuntur.	Artikel 14: Beide vertragschließenden Teile versprechen für sich und ihre Nachfolger die genaue Beobachtung all dessen, worüber man in diesen Artikeln gegenseitig übereingekommen ist. Und von der Königlichen Majestät wird die vorliegende Konvention zum Staatsgesetz erklärt werden, das alle Ordnungen aufhebt, die dieser Konvention entgegenstehen.

1807-07-10, Römisches Ultimatum dieser Etappe

Das Ultimatum wurde vom Auditor Grafen Troni dem bayerischen Bevollmächtigten Freiherrn von Fraunberg am 10. Juli 1807 überbracht.

Zitiert und erarbeitet nach Sicherer, Urkunden Nr. 13, 39–44, d. i. der von Rom umgearbeitete Entwurf vom Nuntius Hannibal Grafen della Genga aus Augsburg durch den Auditor Grafen von Troni an den bayerischen Bevollmächtigten Freiherrn von Fraunberg zusammen mit einer Note vom 6. Februar 1806 überreicht (Quelle: K. Staatsministerium des K. Hauses und des Aeusseren), unter Berücksichtigung der Anmerkungen 1–33.

In nomine sanctissimae trinitatis.	Im Namen der Allerheiligsten Dreieinigkeit.
Sanctitas sua supremus pontifex Pius VII. et majestas sua Maximilianus Josephus Bavariae rex debita sollicitudine cupientes, ut in iis, quae ad res ecclesiasticas pertinent, certus stabilisque in Bavariae regno constituatur ordo, in sequentes articulos convenerunt.	Seine Heiligkeit Papst Pius VII. und Seine Majestät Maximilian Joseph, König von Bayern, von gleichem Verlangen beseelt, die Verhältnisse der Kirche im Königreich bestimmt und bleibend zu ordnen, sind deshalb über die folgenden Artikel übereingekommen.

Art. 1. Religio catholica, apostolica, Romana in toto Bavariae regno sarta tecta conservabitur cum iis juribus et praerogativis omnibus, quibus fruit debet ex dei ordinatione et canonicis sanctionibus.	Artikel 1: Die römisch-katholisch, apostolische Religion wird im ganzen Königreich Bayern unversehrt erhalten werden mit allen ihren Rechten und Prärogativen, welche sie aufgrund göttlicher Anordnung und der kanonischen Satzungen zu genießen hat.
Art. 2. Postquam sanctitati suae fuerint exhibita documenta consensuum – – – vacantis ecclesiae Frisingensis ac moderni episcopi – – – ecclesiae Chiemensis, praevia suppressione utriusque sedis episcopalis, Monachii eriget novam sedem archiepiscopalem cum suo capitulo atque huic metropolitanae ecclesiae, servatis servandis, episcopales ecclesias Augustanam, Eichstettensem et Brixinensem suffraganeas assignabit. - - - Ac praeterea, si necessitas postulaverit, novam aliquarum diocesium, habito episcoporum et capitulorum, quorum interest consensu definiet circumscriptionem.	Artikel 2: Nachdem Seiner Heiligkeit die Dokumente der Zustimmung des Kapitels der vakanten Freisinger Kirche und dazu des derzeitigen Bischofs und des Kapitels der Kathedralkirche Chiemsees vorgelegt worden sein werden, woraufhin beide bischöfliche Sitze aufgehoben werden, wird München als neuer erzbischöflicher Sitz zusammen mit seinem Kapitel errichtet werden und dieser Metropolitankirche werden, unter Beachtung dessen, was zu beachten ist, die bischöflichen Kirchen von Augsburg, Eichstätt und Brixen als Suffragane zugewiesen werden. - - - Außerdem wird seine Heiligkeit, wenn es die Notwendigkeit gebieten wird, die Umschreibung einer neuen Diözese mit der Zustimmung der Bischöfe und Kapitel, die es betrifft, festlegen.
Art. 3 v. 6.2.1807 entfällt	
Art. 3. Dotatio mensarum archiepiscopi et episcoporum in bonis fundisque stabilibus ipsorum administrationi tradendis constituitur.	Artikel 3: Die Dotationen zum Unterhalt des Erzbischofs und der Bischöfe werden auf Güter und ständige Fonds errichtet und ihrer Verwaltung übergeben werden.

Simili bonorum genere et administrationis jure instituentur capitula metropolitanae et cathedralium ecclesiarum; et metropolitana habebit praepositum, decanum et duodecim canonicos, cathedralium autem cathedrales praepositum, decanum et canonicos decem. Vicariorum beneficia ubi exstant conserventur nec in ulla ecclesia pauciores erunt quam sex.	Mit Gütern gleicher Art und mit gleichem Recht zur Selbstverwaltung werden das Metropolitan- und die Kathedralkapitel errichtet; das Metropolitankapitel wird aus einem Propst, einem Dekan und zwölf Kanonikern bestehen; die Kathedralkapitel aus Dompropst, Domdekan und zehn Kanonikern. Die Benefizien der Vikare, werden, wo sie bestehen, erhalten bleiben, so dass es in keiner Kirche weniger als sechs gibt.
Dotatio annuorum redituum pro archiepiscopo sit viginti millium florenorum, pro episcopis duodecim millium. Annui reditus cujuscunque, praepositi [et decani] erunt quater mille floreni, canonicorum bis mille, vicariorum 800, quorum redituum summae salvae et integrae semper conservandae erunt.	Die jährlichen Einkünfte aus der Dotation werden für den Erzbischof 20.000, für die Bischöfe 12.000 Gulden betragen. Die jährlichen Einkünfte eines jeden Propstes [und Dekans] werden 4.000 Gulden, der Kanoniker 2.000, der Vikare 800 Gulden sein. Diese Einkünfte sollen in ihrem Betrag stets sicher und ungeschmälert erhalten werden.
Habitatio tam archiepiscopo et episcopis quam canonicis et vicariis assignanda illorum dignitati et statui respondeat.	Eine Wohnung wird sowohl dem Erzbischof und den Bischöfen als auch den Kanonikern und Vikaren zugewiesen werden, die ihrer Würde und ihrem Stand entspricht.
Ad negotium hujus dotationis intra bimestre perficiendum utraque contrahentium pars commissarios nominabit ac de formali dotationis actu duo exemplaria expediri jubebit [regia majestas?], unum pro nuntio apostolico, alterum pro archivio regio.	Zum Vollzug des Dotationsgeschäfts, das innerhalb von zwei Monaten zu vollziehen ist, werden beide Vertragsparteien Kommissare ernennen und die Königliche Majestät wird von dem förmlichen Akt des Dotationsgeschäft zwei Ausfertigungen versenden lassen, eines für den apostolischen Nuntius, das andere für das königliche Archiv.

Fabricarum denique ipsarumque ecclesiarum fundi, reditus, bona mobilia et immobilia conserventur et nisi sufficiant, sua majestas supplebit.	Die Fonds, Einkünfte, beweglichen und unbeweglichen Güter der bischöflichen Kirchen und ihrer Fabriken werden erhalten, oder sie werden, wenn sie nicht genügen, in dem Umfang ergänzt, dass sie den jeweiligen Bedürfnissen entsprechen.
Art. 4. Sanctitas sua attenta utilitate, quae ex hoc conventione manat in ea, quae ad res ecclesiae et religionis pertinent, majestati regiae Maximiliani Josephi ejusque successoribus apostolicum indultum concedet nominandi ad vacantes ecclesias regni Bavariae dignos et idoneos ecclesiasticos viros, iis praeditos dotibus, quas sacri canones requirunt, talibus viris eadem sanctitas sua canonicam dabit institutionem juxta formas canonicas, et annatarum atque cancellariae taxae proportionaliter ad uniuscujusque mensae annuos reditus de novo statuentur.	Artikel 4: Seine Heiligkeit werden in Erwägung der aus gegenwärtiger Übereinkunft für die Angelegenheiten der Kirche und der Religion hervorgehenden Vorteile Seiner Majestät dem König Maximilian Joseph und seinen Nachfolgern das apostolische Indult verleihen, zu den vakanten Kirchen im Königreiche Bayern würdige und taugliche Geistliche zu ernennen, welche die nach den heiligen Canones dazu erforderlichen Eigenschaften besitzen. Diesen Männern wird seine Heiligkeit nach den kanonischen Formen die Institution erteilen. Die Annaten und Kanzleigebühren werden nach dem Maßstabe der jährlichen Einkünfte eines jeden Bischofs von Neuern festgesetzt werden.

Praeterea sanctitas sua eidem Bavariae regi et successoribus ejus in perpetuum concedet nominationem tam ad primas dignitates quam ad canonicatus et praebendas in sex mensibus apostolicis (sive papalibus) in posterum vacaturos in metropolitana et cathedralibus, quae modo existunt in locis temporali dominio Bavariae regis subjectis; quoad alios sex menses in eorum tribus episcopus, in reliquis autem capitulum nominabit.	Außerdem wird seine Heiligkeit dem König Bayerns und dessen Nachfolgern für immer die Nomination sowohl zu den ersten Dignitäten wie auch zu den Kanonikaten und Präbenden in den sechs apostolischen bzw. päpstlichen Monaten gewähren, wenn diese Stellen zukünftig in der Metropolitankirche und in den Kathedralkirchen vakant werden, die an Orten existieren, die der zeitlichen Herrschaft des Königs Bayerns unterworfen sind; was die anderen sechs Monate betrifft, wird in dreien der Bischof, in den restlichen das Kapitel zu diesen Stellen nominieren.
Art. 5. Sua singulis dioecesibus seminaria conserventur eaque provideantur congrua dotatione in bonis stabilitus, in iis autem dioecesibus, in huibus desunt, nova dotatione bonis stabilibus fundentur et ad efformandos in iis adolescentulos, quos episopi pro neccessitate et utilitate dioecesium recipiendes judicaverint. Horum autem seminariorum ordinatio, doctrina, gubernatio ac administratio episcoporum auctoritati pleno liberoque jure subiiciuntur juxta formas canonicas.	Artikel 5: In jeder Diözese sollen die bischöflichen Seminare erhalten und für deren angemessene Dotation in beständigen Gütern vorgesorgt werden, in jenen Diözesen aber, in welchen solche Seminare fehlen, sollen sie mit einer neuen Dotation in ständigen Gütern gegründet werden, um in ihnen Heranwachsende auszubilden, die die Bischöfe nach dem Bedürfnis oder Nutzen ihrer Diözese aufzunehmen für richtig erachten. Die innere Ordnung, die Lehre, die Leitung und die Verwaltung der Seminare werden nach den kanonischen Formen der vollkommen freien Autorität und dem Recht der Bischöfe unterstehen.

Art. 6. Pro regimine dioecesium episcopis id omne exercere liberum erit, quod in vim pastoralis eorum ministerii sive ex declaratione sive ex dispositione sacrorum canonum eis competit, ac praesertim	Artikel 6: In der Leitung der Diözesen sind die Bischöfe befugt, alles dasjenige frei auszuüben, was ihnen kraft ihres pastoralen Hirtendienstes entweder durch Erklärung oder durch Anordnung der heiligen Canones zukommt, und insbesondere
a) vicarios, consiliarios, officiales et adjutores administrationis suae constituere ecclesiasticos quoscunque,	a) sich zu Vikaren, Ratgebern, Beamten und Helfern für die Verwaltung Geistliche jeder Art zu berufen,
b) ad statum clericalem assumere et titulis per sacros canones approbatis ad ordines etiam majores promovere, quos necessarios aut utiles suis ecclesiis judicaverint, et quos e contrario pro indignis censuerint, ab ordinibus suscipiendis arcere, quin ab ullo quovis obtentu impediri queant,	b) in den klerikalen Stand aufzunehmen und mit den kanonischen Titeln zu den höheren Weihen zuzulassen, die sie für ihre Diözesen für nötig und nützlich erachten, und dagegen die, welche sie für den Weiheempfang für unwürdig erachten auszuschließen, ohne dass sie hierbei unter irgendeinem Vorwand gehindert werden können,
c) causas, quae sive ratione sui sive ratione personarum ecclesiasticae sunt atque in primis causae matrimoniales, quae juxta canonem XII. sess. 24. concilii Tridentini ad judicem ecclesiasticum spectant, in foro eorum ecclesiastico cognoscere ac de iis sententiam ferre.	c) Fälle, die entweder ihrer Natur nach oder um der Person willen kirchlich sind, und jene Ehesachen, die gemäß Canon XII, Sessio 24 des Konzils von Trient einen kirchlichen Richter erfordern, sind bei ihrem kirchlichen Gericht zu verhandeln und zu entscheiden.
d) in clericos reprehensione dignos poenis, quas convenientes judicaverint, salvo recursu canonico, animadvertere,	d) gegen Geistliche, die eine Ahndung verdienen, Strafen zu verhängen, die ihnen angemessen erscheinen, unbeschadet des kanonischen Rekurses,

e) cum clero et populo dioecesano pro munere officii pastoralis libere communicare, quemadmodum episcoporum, cleri et populi communicatio cum sancta sede super rebus spiritualibus et negotiis ecclesiasticis libera erit nulloque impedita obstaculo, f) collatis cum regia majestate consiliis parochias erigere aut dividere, g) pro clericis infirmis et senibus constitutas jam domos conservare aut sin desint inire consilium, ut de illis provideatur.	e) in der Ausübung des geistlichen Hirtendienstes mit dem Klerus und dem Volk der Diözese frei zu kommunizieren, gleicherweise wird die Verbindung der Bischöfe, Kleriker und des Volkes mit dem Heiligen Stuhl über geistliche Dinge und kirchliche Angelegenheiten frei sein und kein Hindernis entgegenstehen, f) im Einverständnis mit dem Rat seiner Königlichen Majestät, Pfarreien zu errichten oder zu teilen, g) für kranke und alte Kleriker schon bestehende Häuser zu erhalten oder, wo es keine gibt, einen Entschluss zu fassen, wie für diese gesorgt werden kann.
Art. 8 v. 6.2.1807 entfällt, Inhalt ist oben im neuen Artikel 4 verarbeitet.	
Art. 7. Episcopi conferent personis suae majestati gratis beneficia tam parochialia quam simplicia, quae ipsi conferebant ante annum 1802, quaeque non juri patronatus regio, vel privato legitime id est sive per fundationem sive per dotationem, sive per constructionem acquisito subjecta sunt.	Artikel 7: Die Bischöfe übertragen an Personen, die ihrer Majestät genehm sind, die Benefizien, sowohl die pfarrlichen wie auch einfache, die sie selbst vor dem Jahr 1802 übertragen haben und die weder dem königlichen noch dem legitimen privaten Patronatsrecht, d. h. solche, die entweder durch Gründung oder durch Ausstattung oder durch Bau erworben sind, unterliegen.

Quae vero beneficia eujuscunque naturae juri patronatus tam regio quam privato (sive illud ecclesiasticum sive laicale sive mixtum sit) subjecta sunt, ad ea praesentabunt eorum respecitivi patroni, qui legitime hoc jure potiebantur ante annum 1802; episcopi vero praesentatis, in quibus debita requisita agnoscent, canonicam dabunt institutionem. Eorum autem beneficiorum cujuscunque pariter naturae collatio, quae antea pertinebat ad capitula collegiatarum ecclesiarum, abbatias, monasteria in praesens de facto non existentia, ad dioecesanos respective episcopos in posterum spectabit.	Jedoch zu den Benefizien, die entweder dem königlichen oder auch dem privaten (dem kirchlichen oder dem laikalen oder dem gemischten) Patronatsrecht unterliegen, präsentieren die betreffenden Patrone, die dieses Recht vor dem Jahr 1802 erlangten; die Bischöfe aber werden den Präsentierten, sofern sie bei ihnen die nötigen Eigenschaften vorfinden, die kanonische Institution erteilen. Die Verleihung der Benefizien gleicher Art jedoch, die früher den Kapiteln der Kollegiatkirchen, Abteien und Klöstern zukam, die zurzeit faktisch nicht existieren, wird zukünftig den betreffenden Diözesanbischöfen zustehen.
Art. 8. Dignitarii, canonici, beneficiati omnes, uti a pluritate beneficiorum et praebendarum secundum canones prohibentur, ita ad residentiam novem mensium et ad servitium personale in praebendis suis et beneficiis secundum eorumdem canonum rigorem adstringuntur.	Artikel 8: Allen Dignitäten, Kanonikern und allen Benefiziaten ist der Besitz mehrerer Benefizien und Präbenden durch die Kanones verboten; genauso sind sie nach den Kanones streng verpflichtet zur neunmonatigen Residenz und zur persönlichen Erfüllung ihres Dienstes an ihren Präbenden und Benefizien.
Art. 9. Bona supradictarum ecclesiarum, capitulorum, parochiarum, beneficiorum, monasteriorum conventuumque utriusque sexus integra conservanda sunt nec distrahi absque sedis apostolicae auctoritate aut in pensiones annuas commutari poterunt.	Artikel 9: Die Güter der obengenannten Kirchen, Kapitel, Pfarreien, Benefizien, Klöster und Konvente für Männer und Frauen werden ungeschmälert erhalten und können ohne die Autorität des Apostolischen Stuhls nicht entfremdet oder in jährliche Pensionen umgewandelt werden.

Art. 10. Majestas regia non patietur, ut catholica religio ejusque ritus et ministri sive verbo sive factis sive scriptis condemnantur aut ecclesiarum antistites in exercendo munere suo pro custodienda fidei et morum doctrina impediantur.	Artikel 10: Ihre Königliche Majestät wird nicht zulassen, dass die katholische Religion, ihre Liturgie und ihre Diener weder durch Wort noch Taten noch Schriften verächtlich gemacht werden oder die Vorsteher der Kirchen in der Ausübung ihres Dienstes zum Schutz der Glaubens- und Sittenlehre gehindert werden.
Art. 11. Quoad caetera vero res ecclesiasticas spectantia, quorum nulla expressa mentio in his articulis facta est, manebunt omnia et administrabuntur juxta vigentem ecclesiae disciplinam; sed aliqua difficultate superveniente sanctitas sua et majestas regia conferre sibi reservant.	Artikel 11: Das Übrige, was kirchliche Angelegenheiten betrifft und in diesen Artikeln nicht ausdrücklich erwähnt wird, bleibt bestehen und wird gemäß geltender kirchlicher Disziplin behandelt; Doch sollte sich irgendein Problem ergeben, so behalten sich seine Heiligkeit und die Königliche Majestät vor, sich darüber auszutauschen und es beizulegen.
Art. 12. Archiepiscopus et episcopi coram regia mejestate juramentum fidelitatis emittent sequentibus verbis expressum: »Ego juro et promitto ad sancta dei evangelia obedientiam et fidelitatem regiae majestati; item promitto me nullam communicationem habiturum nullique consilio interfuturum nullamque suspectam unionem neque intra, neque extra conservaturum, quae tranquillitati publicae noceat; et si tam in diocesi mea quam alibi noverim aliquid in status damnum tractari, majestati suae manifestabo.«	Artikel 12: Der Erzbischof und die Bischöfe werden vor der Königlichen Majestät einen Treueeid mit folgendem Wortlaut ablegen: „Ich schwöre und verspreche auf Gottes heilige Evangelien Gehorsam und Treue Seiner Majestät dem König. Ebenso verspreche ich, keine Kommunikation zu pflegen, an keiner Beratung teilzunehmen, und keine verdächtige Verbindung weder im Innoch im Ausland zu unterhalten, welche der öffentlichen Ruhe schädlich sein könnte, und wenn ich Kenntnis von einem Anschlag, sei es in meiner Diözese oder sonst irgendwo, zum Nachteil des Staates erhalten sollte, solches Seiner Majestät anzuzeigen.“

Art. 13. Utraque contrahentium pars spondet, se successoresque suos omnia, de quibus in his articulis utrinque conventum est, sancte servaturos et a majestate regia praesens conventio pro lege status declarabitur eaque abrogatoria omnium legum, ordinationum et decretorum circa res religionis et circa ecclesiasticam disciplinam a gubernio Bavarico hucusque latorum.	Artikel 13: Beide vertragschließenden Teile versprechen für sich und ihre Nachfolger die genaue Beobachtung all dessen, worüber man in diesen Artikeln gegenseitig übereingekommen ist. Und von der Königlichen Majestät wird die vorliegende Konvention zum Staatsgesetz erklärt werden, das alle Gesetze, Ordnungen und Dekrete aufhebt, die in Angelegenheiten der Religion und der kirchlichen Disziplin von der Regierung Bayerns bis jetzt erlassen worden sind.
Eadem praeterea majestas regis spondet nihil unquam se suosque successores quavis de causa articulis hujus conventione addirituros aut in iis immutaturos esse absque sedis apostolicae auctoritate.	Außerdem versprechen die Königliche Majestät für sich und ihre Nachfolger, dass nie aus irgendeinem Grund den Artikeln dieser Übereinkunft etwas hinzugefügt oder an ihnen etwas abgeändert wird, ohne dass die Autorität des Apostolischen Stuhls mitwirkt.

Zur dritten Etappe, 1814–1821

1814-12-06, Konkordatsentwurf Bayerns

Zitiert nach: Karl Adolf Constantin von Höfler, Concordat und Constitutionseid der Katholiken in Bayern: eine historische Denkschrift mit Benützung bisher unbekannter Actenstücke, Augsburg, Schmid, 1847, 29–35, URL: http://mdz-nbn-resolving.de/urn:nbn:de:bvb:12-bsb10374546-6, Zugriff: 18.04.2020.

Der Text des von Höfler dargebotenen Konkordatsentwurfs wurde behutsam der heutigen Rechtschreibung angepasst.

Entwurf zu einem Konkordate
mit dem päpstlichen Stuhle v. J. 1807[1363]

I.

In Bayern wird ein Erzbischof sein, welcher über die sämtlichen übrigen ihm untergeordneten Bischöfe die Metropolitangewalt ausübt. Der Erzbischof wird in seiner Diözese zugleich Bischof sein.

Die Diözese des Erzbischofs wird diejenige sein, in welcher sich die königliche Haupt- und Residenzstadt befindet. Der Sitz derselben wird zu Freising sein.

II.

Zu Augsburg, Bamberg, Eichstätt, Passau, Regensburg, Salzburg und Würzburg werden Bischöfe sein. – Das Bistum Chiemsee bleibt supprimiert.

Anmerkung: dieser Artikel versteht sich von dem damaligen Umfange des Königreiches und muss sich notwendig bei eintretender Territorialveränderung nach dieser modifizieren.

III.

Die Gerichtsbarkeit des Erzbistums und der Bistümer in Bayern kann sich über die Grenze des Königreichs ebenso wenig ausdehnen, als sich eine ausländische Diözesan-Gerichtsbarkeit in die Staaten seiner Königlichen Majestät sich erstrecken kann.

Sowohl nach diesem Grundsatze als auch in Beziehung auf eine zweckmäßigere Art Arrondierung im Innern soll eine neue Einteilung der Diözesen vorgenommen werden, bei welcher so viel möglich die Grenzen der Bistümer mit den Grenzen der Kreise des Königreiches in Übereinstimmung gebracht werden sollen.

Zur Vollziehung dieses Geschäftes sollen von Seite Seiner Königlichen Majestät, und seiner päpstlichen Heiligkeit Kommissare ernannt werden.

1363 Entgegen der hier von Höfler gegebenen Zeitangabe ist der Konkordatsentwurf aus verschiedenen Gründen für das Jahr 1814 als Ergebnis eines Vortrags anzusetzen, den Staatsrat Holler im Auftrag des Staatsministers Montgelas' und unter Aufsicht Georg Friedrich von Zentners erarbeitet und am 11.08.1814 vorgetragen hat; der dann in eine schriftliche Ausarbeitung vom 03.10.1814 gefasst und am 06.12.1814 als förmlicher Konkordatsentwurf der Regierung präsentiert wurde, vgl. dazu: Sicherer, Staat und Kirche, 190–195, Anm. 4.

IV. Dem Erzbischof und jedem Bischof wird ein Kapitel beigegeben. Das Metropolitankirche-Kapitel wird aus einem Propst, Dechant und zehn Domkapitularen, – und ein Domkapitel aus einem Propst, Dechant und sechs Domkapitularen bestehen. Die Kapitel bilden den eigentlichen bischöflichen Rat, und besorgen künftig die Geschäfte der bisher unter dem Namen von Konsistorien, Generalvikariate etc. bestandenen bischöflichen Stellen in ihrem ganzen Umfange. Die sämtlichen Domherrn führen deswegen zugleich den Titel geistlicher Räte. Der Propst soll der Regel nach zugleich Weihbischof und Generalvikar sein. Doch bleibt der Bischof nach Umständen befugt, einen anderen Generalvikar aus den übrigen Kapitularen zu ernennen. Jeder Domherr muss Priester sein. Kein Priester darf zum Domherrn ernannt werden, der nicht in den bayerischen Staaten geboren, sich in seinen Studien ausgezeichnet, sich jederzeit untadelhaft betragen hat und wenigstens ein Jahr in der Seelsorge gestanden ist. Die Fähigkeit des Eintritts in ein Domkapitel ist durchgehend bedingt durch die Erlangung des Grades eines Doktors oder Lizentiaten der Theologie, und des kanonischen Rechtes auf einer inländischen Universität. Die Statuten der bayerischen Domkapitel werden seiner Königlichen Majestät durch den Erzbischof zur Bestätigung vorgelegt werden. Jedes Kapitel erhält sechs Chorvikarien, welche neben den ihnen obliegenden kirchlichen Verrichtungen den ganzen Dienst der Kanzlei der erz- und respektiven bischöflichen Stellen zu versehen haben.
V. Das jährliche Einkommen des Erzbischofs wird in 20.000 Gulden Rhein. Und eines Bischofs in 10.000 Gulden bestehen. Der Dompropst und Domdechant wird 4.000 Gulden, ein Domkapitular 2.000 Gulden jährliche Einkünfte erhalten. Für die Funktion des Weihbischofes und Generalvikars wird eine jährliche Remuneration von 500 Gulden bestimmt. Die Besoldung eines Chorvikars wird in jährlichen 800 Gulden bestehen, mit Einrechnung jener Einkünfte, welche ihnen aus den bei den Kathedralkirchen noch vorhandenen Benefizien angewiesen werden können, und der Bezüge an Accidentien bei der Ordinariatskanzlei, welche für diesen Zweck überlassen werden.

Mit der Funktion eines Sekretärs ist eine jährliche Zulage von 200 Gulden und ebenso mit der des Registrators von 150 Gulden verbunden.
Dem Erzbischof, den Bischöfen, den Dignitarien und übrigen Domkapitularen, dann den Chorvikarien sollen die ihrem Stande angemessenen freien Wohnungen angewiesen werden.

VI.
Die Dotation des Erzbistums und der Bistümer soll in liegenden Gütern, oder in ständigen auf solche Güter gelegten Renten bestehen, welche nach dem in der Konstitution des Königreiches gegebenem Ausspruch der Unveräußerlichkeit des ganzen Kultus-Stiftungs-Vermögens jeder Art weder eingezogen, noch je veräußert werden können.
Auch die Metropolitan- und die Domkirchen werden ihre eigenen Fonds zu Ihrer Unterhaltung und zur bei Schaffung der notwendigsten Bedürfnisse erhalten.
Die Administration der Fonds des Erz- und der Bistümer soll dem Erzbischof, den Bischöfen und den Kapiteln mit Vorbehalt der Seiner Königlichen Majestät zustehenden obersten Einsicht überlassen werden.
Das Dotationsgeschäft soll durch die zur Bestimmung der Diözesan-Grenzen ernannten Kommissare nach vollbrachter Grenzbeschreibung gleichfalls bearbeitet, und sobald möglich vollendet werden.
Seine Königliche Majestät werden ein förmliches Dotation-Instrument ausstellen, doppelt fertigen und ein Exemplar davon dem päpstlichen Stuhle, oder dessen Abgeordneten übergeben, das andere aber in dem königlichen Archive hinterlegen lassen.

VII.
Seine Königliche Majestät, so wie Allerhöchstdero Erben und Nachfolger werden den Erzbischof, die Bischöfe, die Dignitarien und die übrigen Domkapitularen auf ewige Zeiten ernennen.
Seine päpstliche Heiligkeit werden den von Seiner Königlichen Majestät zu den erz- und den bischöflichen Sitzen ernannten Personen in der üblichen Form die kanonische Investition durch die Bestätigung-Bullen verleihen, sofern ihre persönlichen Eigenschaften keiner in den Kirchengesetzen gegründeten Einwendung unterliegen.

Sollte aber der Papst ohne zureichenden Grund diese Investition binnen sechs Monaten von dem Tage der ihm überbrachten Anzeige an nicht erteilen, so soll der Metropolitan, oder bei dessen Abgang, wenn es sich um den Erzbischof frägt, der älteste Bischof des Königreiches zur Institution des ernannten Bischofs schreiten, so dass ein bischöflicher Sitz nicht länger als ein Jahr vakant bleibe.
VIII. Die Annaten und die Kanzlei-Taxen sollen nach Verhältnis der Einkünfte des Erzbistums und eines jeden Bistums von neuem nach einer billigen Proportion berechnet, und nach diesem Maßstabe künftig bezahlt werden.
IX. Der Erzbischof und die Bischöfe sollen Seiner Majestät des Königs vor der Antretung ihres Amtes folgenden Eid der Treue schwören: „Ich schwöre und verspreche zu Gott auf dem heiligen Evangelium, der Konstitution und den Gesetzen zu gehorchen, dem König treu zu sein. Ich verspreche auch an keiner geheimen Verbindung weder im Inlande noch im Auslande mittel- oder unmittelbar Anteil zu nehmen, und alles, was an mir liegt, zur Erhaltung der öffentlichen Ruhe beizutragen. Wenn ich erfahre, dass irgendwo etwas zum Nachteile Seiner Königlichen Majestät und des Staates angesponnen werde, so will ich es der Regierung unverzüglich anzeigen." Durch den nämlichen Eid werden auch alle übrigen Geistlichen in Bayern ihre Staatsbürger-Treue versichern.
X. Der Erzbischof und die Bischöfe werden ihr Amt nach den kanonischen Satzungen verwalten. Sie werden die Disziplinargewalt und das Korrektionsrecht über die Geistlichkeit ihres Sprengels ausüben, jedoch vorbehaltlich des gesetzlichen Rekurses.
XI. Die Berufungen über die Erkenntnisse der bischöflichen Stellen gehen an den Erzbischof und dessen Kapitel. Auf dem Grunde des den bayerischen Staatsuntertanen durch die Staatskonstitution garantierten juris de non evocando, darf über die Erkenntnisse des Metropolitansitzes kein Appellationszug an eine auswärtige Gerichtsbarkeit stattfinden.

Der Rekurs an den päpstlichen Stuhl in geistlichen Rechtssachen bleibt zwar in den geeigneten Fällen gestattet; Seine päpstliche Heiligkeit werden jedoch die Jurisdiktion der päpstlichen Instanz in solchen Fällen jedes Mal einem anderen Bischof in Bayern als judici in partibus übertragen.
XII. Seine päpstliche Heiligkeit werden auch dem bayerischen Erzbischof die Erledigung der bisher dem päpstlichen Stuhle vorbehaltenen Dispensations-Gegenstände durch ein besonderes Indult übertragen.
XIII. Die bereits für jede Diözese bestehenden bischöflichen Priester-Seminare sollen beibehalten werden und stets in der Art ausgestattet sein, dass sie zur Aufnahme der nach dem Bedürfnisse der Diözese erforderlichen jungen Kleriker, um in demselben zum Dienste der Seelsorge bis zu ihrer wirklichen Exponierung vorbereitet zu werden, hinreichend seien. Die Einrichtung dieser Diözesan-Seminare ist mit dem Vorbehalte der Oberaufsicht Seiner Königlichen Majestät den Bischöfen freigelassen. Die Ernennung der Direktoren dieser Seminare steht Seiner Königlichen Majestät zu.
XIV. Während der Erledigung des bischöflichen Stuhles kommt die Verwaltung der bischöflichen Rechte notwendig dem Kapitel zu. Der Weihbischof setzt in diesem Falle die Pontifikal-Handlungen fort. Die Einkünfte der Erz- und der Bischöfe während der Sedisvakanz fallen nach dem Sterbemonate dem Schatz der Krone zu. Die Interkalar-Renten der unbesetzten Stellen der Kapitel wachsen zum nämlichen Zeitpunkte an der Dotation des Bistums zu.
XV. Seine Königliche Majestät verbleiben für jetzt und für alle Zukunft in dem Besitze des Patronats und Präsentation-Rechts bei allen Pfarreien und Benefizien, wo es Allerhöchstdieselben bisher ausgeübt hatten. Die Besetzung aller nicht stabilen untergeordneten Hilfspriester-Stellen, Kaplaneien, Exposit000000 oder der in dieser Eigenschaft stehenden sogenannten Kuratien, Vikariate u. d. gl. mit Ausnahme der Prediger in der königlichen Haupt- und Residenz-Stadt bleibt den Bischöfen überlassen.

XVI. Mehrere Benefizien oder Präbenden zugleich zu besitzen, ist in Bayern nicht gestattet. Die Dignitarien und Domkapitularen müssen ihre Residenz an dem Sitze der Kapitel für immer nehmen, solange sie deshalb nicht eine besondere Dispens mit Königlicher Bewilligung für sich haben. Der Bischof kann Ihnen Urlaubsbewilligungen zur Entfernung von Geschäften und den bischöflichen Sitze erteilen, jedoch darf diese Erlaubnis nicht länger als auf drei Monate für ein Individuum in einem Jahre erstreckt werden. Auch dürfen von den Kapitelsmitgliedern zur nämlichen Zeit nur so viele abwesend sein als die ihnen auferlegten Funktionen gestatten. Die Bischöfe können ohne Vorwissen und Bewilligung Seiner Majestät des Königs außer Landes gar nie verreisen und im Inlande nicht über acht Tage, die Reisen in seiner Diözese in Visitation oder in andern Funktionen seines Amtes ausgenommen, von ihrem Amtssitze sich entfernen.
XVII. In Bayern können keine Gesetze oder Verordnungen der Kirchengewalt ohne Einsicht und Genehmigung Seiner Königlichen Majestät publiziert und vollzogen werden. Nur unter diesen Bedingungen können daher auch Bullen, Breven oder Verordnungen des päpstlichen Stuhles, sofern sie bayerische Staats-Untertanen angehen, zur Bekanntmachung und Vollstreckung kommen.
XVIII. Diese Konvention soll für die Nachfolger der beiden hohen kontrahierenden Teile verbindlich sein.

1816-09-01, Punktation der neuen Diözesaneinteilung von bayerischer Seite

Punctation der neuen Diöcesaneintheilung des Königreichs Bayern, von dem königlichen Gesandten in Rom dem Cardinalstaatssecretär übergeben mit Note vom 1. September 1816.

Quelle: Königliches Staatsarchiv, zitiert nach Sicherer, Urkunden Nr. 16, 52–54.

Der Text ist in französischer Sprache verfasst und umfasst zwölf Abschnitte mit Rückgriff auf ältere bayerische Entwürfe, z. B. 25.03.1806;

1. Le royaume de Bavière sera divisé en autant de diocèses, que le bien spirituel de ses sujets peut l'exiger, et cette division se fera dans la proportion géographique, qui soit la plus utile aux fidèles, la plus commode au service des églises, et la plus propre au maintien de la discipline ecclésiastique.	1. Das Königreich Bayern wird in so viele Diözesen aufgeteilt, wie es das geistige Wohl seiner Untertanen erfordern mag. Diese Aufteilung wird in dem geographischen Zuschnitt erfolgen, der am nützlichsten für die Gläubigen, am passendsten für den Dienst der Kirche und am angemessensten zur Einhaltung der kirchlichen Disziplin sein wird.
2. Le siège épiscopal de Freising qui par sa proximité de la capitale et sous beaucoup d'autres rapports offre le plus d'avantages à un métropolitain, sera érigé en archevêché. Les siéges de Bamberg, Wurzbourg, Passau, Augsbourg, Eichstaedt, Ratisbonne et Spire seront conservés. Les évêques seront subordonnés au métropolitain. Ceux cependant qui ont joui jusqu'à présent de l'exemption métropolitaine, la conserveront leur vie durant; mais à leur mort sa sainteté daignera par son autorité et d'après les loix canoniques soumettre leurs successeurs au métropolitain.	2. Der Bischofssitz von Freising, der wegen seiner Nähe zur Hauptstadt und unter vielen anderen Gesichtspunkten die größten Vorteile für einen Metropoliten bietet, wird als Erzbistum errichtet. Die Sitze von Bamberg, Würzburg, Passau, Augsburg, Eichstätt, Regensburg und Speyer bleiben erhalten. Die Bischöfe werden dem Metropoliten untergeordnet. Jene Bischöfe aber, die sich bis heute der Exemption vom Metropoliten erfreuen, bewahren sie auf Lebenszeit; aber mit ihrem Tod wird seine Heiligkeit geruhen, mit seiner Autorität und gemäß den kanonischen Gesetzen ihre Nachfolger dem Metropoliten zu unterstellen.
3. La métropole et chaque évêché auront un chapitre composé d'un grand prévôt, d'un gran doyen et de huit chanoines pour la métropole et de six pour chaque évêché. On attachera au service de chaque église cathédrale six prébendés ou vicaires.	3. Die Sitze des Metropoliten und jedes Bischofs werden ein Kapitel haben, das sich zusammensetzt aus einem Dompropst, einem Domdekan sowie acht Kanonikern für den Metropolitansitz und sechs für jeden Bischofssitz. Für den Dienst an jeder Kathedralkirche werden sechs Präbendare oder Domvikare bestellt.

4. La dotation de l'archevêque et des évêques, des chapitres et des vicaires se fera en bienfonds, dont ils auront l'administration.	4. Die Dotation des Erzbischofs und der Bischöfe, der Kapitel und der Vikare wird in Grundbesitz erfolgen, über den sie die Verwaltung haben werden.
Elle sera pour l'archevêque de vingt mille, pour chaque évêque de dix mille, pour le prévôt de quatre mille, pour le doyen de quatre mille, pour les chanoines de deux mille, les vicaires de huit cents florins de revenus avec une habitation convenable.	Die Dotation wird für den Erzbischof 20.000, für jeden Bischof 10.000 Gulden, für den Propst 4.000, für den Dekan 4.000 Gulden, für die Kanoniker 2.000, die Vikare 800 Gulden Einkünfte erbringen und eine angemessene Wohnung.
Les bien fonds seront appropriés à cet usage par un acte de donation formel, que sa majesté fera expédier en double pour chaque évêché et chapitre, dont un des exemplaires sera remis au commissaire ou délégué de sa sainteté, et l'autre sera déposé aux archives du royaume.	Die Grundstücke werden zu diesem Zweck durch einen formellen Akt der Schenkung übertragen, den Seine Majestät in doppelter Ausfertigung versenden lassen wird; davon wird ein Exemplar dem Kommissar oder Delegierten Seiner Heiligkeit überreicht, und das andere wird in den Archiven des Königreichs niedergelegt werden.
Les églises ayant déjà leurs fabriques particulières, les conserveront, sans qu'il puisse y être touché.	Die Kirchen, die schon ihre eigenen Fabriken haben, werden diese behalten, ohne dass sie von diesen Akten berührt werden.
Les biens qui devoient servir de dotation à l'évêché de Spire, ayant été en partie perdus, et l'autre partie étant en litige, sa majesté s'oblige à payer à l'évêque de Spire douze mille francs par an et à lui entretenir six ecclésiastiques, soit chanoines ou vicaires, dont les premiers auront quinze cent francs et les autres neuf cent francs, jusqu'à ce que des circonstances plus heureuses lui permettront de compléter la dotation de la cathédrale de Spire.	Die Güter, die zur Dotation des Bistums Speyer dienen, sind teilweise verlorengegangen, teilweise sind sie umstritten. Deshalb verpflichtet sich Seine Majestät dem Bischof von Speyer 12.000 Franken jährlich zu zahlen und ihm sechs Kleriker zu unterhalten, entweder Kanoniker oder Vikare, von denen die ersteren 1.500 und die anderen 900 Franken erhalten werden, bis es ihm glücklichere Umstände erlauben werden, die Dotation der Kathedrale von Speyer zu vervollständigen.

5. Les arrangements que la nouvelle constitution des diocèses peut exiger, se feront par le saint siège de concert avec le gouvernement de sa majesté, qui lui fournira toute la facilité nécessaire à cet effet.	5. Die Vorkehrungen, die die neue Einrichtung der Diözesen erfordern, werden durch den Heiligen Stuhl veranlasst in Abstimmung mit der Regierung Seiner Majestät, die ihm alle nötigen Erleichterungen zu diesem Zweck bereitstellen wird.
6. Tant les dignitaires que les chanoines et les prébendés seront obligés outre le service canonial à servir l'évêque dans son conseil et ses autres fonctions. Sa majesté se réserve d'ajouter à celui qui fera les fonctions de grand vicaire une gratification annuelle de cinq cent florins, et à celui qui fait les fonctions de secrétaire deux cent florins.	6. Neben dem Chordienst werden sowohl Dignitäre als auch Kanoniker verpflichtet, dem Bischof in seinem Ratsgremium und anderen Aufgaben zu helfen. Seine Majestät behält sich vor, denen, die den Dienst des Generalvikars ausüben, eine jährliche Zulage von 500 Gulden, und denen, die den Dienst des Sekretärs übernehmen, 200 Gulden dazuzugeben.
7. Dans chaque diocèse il y aura un séminaire sous la direction de l'évêque et le nombre des élèves sera proportionné à celui des prêtres nécessaires pour desservir les paroisses et les succursales. Tous les candidats aux ordres sacrés seront tenus de passer au séminaire le temps nécessaire pour se former et préparer au saint ministère. Les évêques pourront conférer librement les ordres sacrés et en exclure ceux, qu'ils en jugeront indignes d'après les sacrés canons.	7. In jeder Diözese wird es unter der Leitung des Bischofs ein Seminar geben, wobei die Zahl der Studenten in einem angemessenen Verhältnis zu der Zahl der Priester stehen wird, die für die Pfarreien und Filialen benötigt werden. Alle Kandidaten für die heiligen Weihen sind verpflichtet, im Seminar die nötige Zeit zu verbringen, um sich für den heiligen Dienst zu bilden und vorzubereiten. Die Bischöfe können die heiligen Weihen frei erteilen und davon die ausschließen, die sie gemäß den heiligen Canones dazu für unwürdig erachten.

8. Sa majesté le roi, à titre de fondateur, aura le droit de patronat, ou la nomination aux évêchés, aux dignités et aux prébendes.	8. Seine Majestät der König wird, aufgrund des Titels als Gründer, das Patronatsrecht oder das Recht der Nomination haben zu den Stellen der Bischöfe, der Dignitäten und der Präbendare.
9. Les évêques nouvellement nommés seront soumis aux conditions et formalités prescrites par les sacrés canons; ils enverront au saint siégé leur serment d'obédience et en recevront l'investiture canonique par les bulles de confirmation.	9. Die neu ernannten Bischöfe werden den Bedingungen und Formalitäten unterliegen, die in den heiligen Canones vorgeschrieben sind; sie werden ihren Gehorsamseid an den Heiligen Stuhl senden und ihre kanonische Investitur mit den Konfirmationsbullen empfangen.
10. Ce n'est qu'après qu'un évêque aura été préconisé et confirmé par le saint siège, que sa majesté le mettra en possession de ses revenus temporels.	10. Erst nachdem ein Bischof vom Heiligen Stuhl empfohlen und bestätigt wurde, wird ihn Seine Majestät in den Besitz seiner Temporalien einführen.
11. Les annates, taxes de confirmation, de pallium, et autres frais de chancellerie seront réglés dans une proportion juste et équitable d'après les revenus des nouveaux évêchés.	11. Die Annaten, die Abgaben zur Bestätigung und für das Pallium und andere Kanzleigebühren werden in einem gerechten und angemessenen Verhältnis nach den Einkünften der neuen Bischöfe geregelt werden.
12. La pluralité des bénéfices ne pourra point avoir lieu dans le royaume de Bavière. Les titulaires seront astreints à la plus stricte résidence. Elle sera de neuf mois pour les dignitaires et chanoines suivant les règles canoniques. Les deux hautes parties contractantes nommeront des commissaires pour exécuter ce dont on est convenu par ce traité.	12. Eine Kumulation der Benefizien wird im Königreich Bayern nicht gestattet. Die Inhaber unterliegen der strengsten Residenzpflicht. Sie umfasst gemäß den kanonischen Regeln neun Monate für die Dignitäten und Kanoniker. Die beiden hohen vertragsschließenden Parteien werden Kommissare ernennen, um das auszuführen, worüber man mit diesem Vertrag übereingekommen ist.

1816-10-15, Römischer Konkordatsentwurf

Römischer Concordatsentwurf von den Bevollmächtigten der Curie dem bayerischen Gesandten in Rom übergeben im Herbst 1816.

Quelle: K. Staatsministerium des K. Hauses und des Aeusseren. Original aus der Kanzlei der Curie, zitiert nach Sicherer, Urkunden Nr. 17, 54–62.

Conventio inter sanctissimum dominum Pium VII. summum pontificem et majestatem suam Maximilianum Josephum Bavariae regem. In nomine sanctissimae trinitatis. Sanctitas sua summus pontifex Pius VII. et majestas sua Maximilianus Josephus Bavariae rex, debita sollicitudine cupientes, ut in iis, quae ad res ecclesiasticas pertinent, certus stabilisque in Bavariae regno terrisque ei subjectis constituatur ordo, in sequentes articulos convenerunt.	Übereinkunft zwischen Seiner Heiligkeit Papst Pius VII. und Seiner Majestät, Maximilian Joseph, König von Bayern. Im Namen der Allerheiligsten Dreieinigkeit. Seine Heiligkeit Papst Pius VII. und Seine Majestät Maximilian Joseph, König von Bayern, von gleichem Verlangen beseelt, die Verhältnisse der Kirche im Königreich Bayern und den dazu gehörigen Ländern bestimmt und bleibend zu ordnen, sind deshalb über die folgenden Artikel übereingekommen.
Art. 1. Religio catholica, apostolica, Romana in toto Bavariae regno terrisque ei subjectis sarta tecta conservabitur cum iis juribus et praerogativis, quibus frui debet ex dei ordinatione et canonicis sanctionibus quibusque sub religiosissimis Bavariae ducibus gaudebat.	Art. 1. Die Römisch-katholische, apostolische Religion wird in dem ganzen Umfang des Königreichs Bayern und den dazugehörigen Ländern unversehrt mit jenen Rechten und Prärogativen erhalten werden, welche sie nach göttlicher Anordnung und den kanonischen Satzungen zu genießen hat, und deren sie sich unter den sehr gläubigen/frommen bayerischen Herzögen erfreut hat.

Art. 2. Sanctitas sua, exquisito ordinariorum et capitulorum interesse habentium consensu et servatis servandis, Bavariae regni dioeceses sequenti ratione constituet:	Art. 2. Seine Heiligkeit, die die vollumfängliche Zustimmung der betroffenen Ordinarien und Kapitel einholt und bewahrt, was zu bewahren ist, wird die Diözesen des Königreichs Bayern nach folgender Art einrichten:
Monachii sedem constituet metropolitanam, et Frisingensem episcopalem sedem in metropolitanam eriget, atque hanc ecclesiam acque principaliter Monachiensi ecclesiae uniet, ita ut Frisingensis ecclesia concathedralis sit cum ecclesia Monachiensi et earum antistes archiepiscopus Monachii et Frisingae sit nuncupandus.	In München wird ein Metropolitansitz errichtet, und der bischöfliche Sitz Freisings wird zum Metropolitansitz erhöht. Und dann wird diese Kirche mit der führenden Münchner Kirche vereint, so dass Freisings Kirche die Konkathedrale wird zur Kirche Münchens und deren Vorsteher den Titel eines Erzbischofs von München und Freising führen wird.
Eidem autem antistiti episcopales ecclesias Augustanam, Passaviensem, Ratisbonensem, praevia metropoliticae qualitatis suppressione, et Campidunensem ut infra erigendam in suffraganeas assignabit.	Diesem bischöflichen Vorsteher werden die bischöflichen Kirchen von Augsburg, Passau, Regensburg, dessen metropolitane Stellung zuvor aufgehoben wird, und Kempten, das wie unten folgt zu errichten ist, als Suffragane unterstellt.
Pari modo Bambergensem cathedralem ecclesiam in metropolitanam eriget illique suffraganeas assignabit ecclesias episcopales Herbipolensem, Eichstettensem et Spirensem.	In gleicher Weise wird die Kathedralkirche Bambergs als Metropolitankirche aufgerichtet und ihr als bischöfliche Suffragankirchen Würzburg, Eichstätt und Speyer zugewiesen.

Campidunum abbatiam ordinis sancti Benedicti nullius dioecesis eriget in episcopatum, adjunctis illius territorio tam parte Bavarica Constantiensis dioecesis quam proximiori Augustanae dioecesis parte, servata tamen ac respective restabilita regularitate monasterii, ita ut in posterum abbas a capitulo monachorum electus episcopus etiam sit, salva electionis confirmatione, quam electus una cum provisione ecclesiae episcopalis a sede apostolica petere et obtinere teneatur.	Die Benediktinerabtei Kempten, eine Territorialabtei, wird als Bischofssitz errichtet, dem als Territorien hinzugefügt werden sowohl der bayerische Teil der Diözese Konstanz als auch die nächstgelegenen Teile der Diözese Augsburg, vorbehaltlich und hinsichtlich der Wiederaufrichtung der klösterlichen Regel, so dass zukünftig der vom Mönchskapitel gewählte Abt auch Bischof sein wird, unbeschadet davon, dass der Gewählte gehalten ist, die Wahlbestätigung zusammen mit der Provision für die bischöfliche Kirche vom Apostolischen Stuhl zu erbitten und zu erhalten hat.
Territorium Aschaffenburgense, olim ad Moguntinam, nunc ad Ratisbonensem dioecesim pertinens, et partem Bavaricam Fuldensis dioecesis Herbipolensi dioecesi adjunget. Simili modo partem Bavaricam dioecesis Salisburgensis et territorium exemptae praepositurae Berchtolgadensis partim Passaviensi, partim Monacensi dioecesi uniet, cui quidem dioecesi, praevia suppressione sedis Chiemensis, hujus quoque ecclesiae dioecesim assignabit.	Das Aschaffenburger Territorium, einst gehörig zur Mainzer nun zur Regensburger Diözese, und der bayerische Teil der Fuldaer Diözese werden der Diözese Würzburg angefügt. Auf gleiche Weise wird der bayerische Teil der Salzburger Diözese und das Gebiet der exempten Propstei Berchtesgaden, zum Teil mit der Passauer andern teils mit der Münchner Diözese vereinigt werden. Dieser Diözese wird auch das Territorium der Diözese Chiemsee, deren Sitz zuvor aufgehoben wird, zugewiesen werden.
Novi singularum dioecesium fines, in quantum necesse erit, designabuntur.	Die neuen Grenzen der einzelnen Diözesen werden, soweit es nötig sein sollte, noch genauer bestimmt werden.

Loca autem omnia, quae hujus articuli a dioecesibus, ad quos actu pertinent, dismembranda et aliis dioecesibus unienda erunt, ab actualibus eorum ordinariis (sive intra sive extra fines regni Bavariae constitutis) gubernabuntur, donec praesenti conventione plenae executioni mandata et finibus singularum dioecesium designatis novi ordinarii illorum locorum regimen ctu consecuti erunt. Supradictarum ecclesiarum, quae metropolitanis ecclesiis Monachii et Bambergae erigendis subjiciendae erunt, antistites actu viventes, qui a jure metropolitico nunc exempti sunt, quoad vixerint, exemptionis privilegio gaudebunt.	Alle anderen Orte, die kraft dieser Artikel von Diözesen, zu denen sie gegenwärtig gehören, abzutrennen und mit anderen Diözesen zu verbinden sind, werden von ihren jetzigen Ordinarien (seien sie inner- oder außerhalb der Grenzen des Königreichs Bayern eingesetzt) regiert/geführt, bis die volle Ausführung dieser Übereinkunft angeordnet und die Grenzziehung der einzelnen Diözesen durch Regierungsakte ihrer designierten neuen Ortsordinarien durchgeführt sein wird. Die Vorsteher der oben genannten Kirchen, die jetzt von der Metropolitangewalt exempt sind, doch deren Kirchen den zu errichtenden Metropolitankirchen Münchens und Bambergs zu unterstellen sind, erfreuen sich, solange sie leben, des Privilegs der Exemption.
Art. 3. Capitula metropolitanarum ecclesiarum habebunt duas dignitates, nempe praepositum ac decanum, et duodecim canonicos; capitula vero cathedralium ecclesiarum habebunt duas pariter dignitates, scilicet praepositum ac decanum et decem canonicos; quodlibet praeterea capitulum tam metropolitanam quam cathedrale habebit praebendarios seu vicarios saltem octo. In singulis capitulis duo ex praebendis canonicalibus altera pro canonico theologe, altera pro canonico poenitentiario assignabuntur.	Art. 3. Die Kapitel der Metropolitankirchen werden aus zwei Dignitäten bestehen, nämlich dem Propst und dem Dekan, und aus zwölf Kanonikern. Auch die Kapitel der bischöflichen Kathedralkirchen werden zwei Dignitäten haben, nämlich einen Propst und einen Dekan und zehn Kanoniker. Außerdem wird sowohl das Metropolitan- wie auch die Kathedralkapitel mindestens acht Präbendare bzw. Vikare haben. Aus jedem Kapitel werden zwei Kanoniker gemäß den Kanones bestellt, der eine als Theologen, der andere als Pönitentiar.

Habitatio insuper tam archiepiscopis et episcopis quam dignitatibus, canonicis et vicariis, illorum dignitati et statui respondens, assignabitur.	Eine Wohnung, die ihrer Würde und ihrem Stand entspricht, wird außerdem sowohl den Erzbischöfen und den Bischöfen als auch den Dignitäten, Kanonikern und Vikaren zugewiesen werden.
Praetera, si in palatio archiepiscopali vel episcopali locus conveniens non adsit pro curia vel consistorio archiepiscopali vel episcopali et pro asservatione chartarum ad ecclesiae consistorium et vicariatum spectantium, majestas sua aliam domum aptam in recensitos usus assignabit.	Falls sich außerdem in der erzbischöflichen oder bischöflichen Residenz kein geeigneter Ort findet für die Kurie oder das Offizialat des Erzbischofs oder Bischofs und für das Verwahrung der Papiere des kirchlichen Gerichts und Vikariats findet, wird Seine Majestät ein anderes angemessenes Haus für den Gebrauch bestimmen.
Ad negotium hujusmodi reddituum, fundorum et bonorum assignationis dioecesium intra trimestre post ratificationem praesentis conventionis perficiendum utraque contrahentium pars commissarios nominabit, ac de formali restitutionis vel designationis actu tria exemplaria in authentica forma expediri jubebit regia majestas, unum pro nuntio apostolico, alterum pro archivo regis, tertium pro archivo singularum ecclesiarum.	Zum Vollzug des Geschäft der Anweisung dieser Einkünfte, Fonds und Güter, das innerhalb einer Dreimonatsfrist nach der Ratifikation vorliegender Übereinkunft vollzogen sein soll, wird jeder der beiden vertragsschließenden Parteien Kommissare ernennen; Seine Majestät werden von dem förmlichen Akt der Erstattung oder Zuweisung drei Exemplare in authentischer Form ausfertigen lassen, eines für den apostolischen Nuntius, das andere für das Königliche Archiv, das dritte für das Archiv der jeweiligen Kirchen.

Alia beneficia, ubi extant, conservabuntur.	Andere Benefizien werden, wo solche vorhanden sind, erhalten werden.
Quod pertinet ad dioecesim Spirensem, firma ejus dotatione in bonis fundisque stabilibus, prout supra conventum est, quoniam tamen per temporum circumstantias assignari nunc praedictae dioecesi fundi ac bona stabilia non possunt, interea, usque dum haec assignatio fieri valeat, providebitur a majestate sua per assignationem annuae praestationis in summa, pro episcopo florenorum quinque millium quingentorum, pro dignitatibus unicuique florenorum mille biscentum, pro quinque canonicis senioribus mille florenorum in singulos, pro quolibet ex quinque canonicis junioribus florenorum sex centum, pro unoquoque ex quatuor vicariis senioribus florenorum sex centum, pro quolibet ex quatuor vicariis junioribus florenorum quatuor centum.	Was die Diözese Speyer betrifft, wird an deren Dotation in Gütern und ständigen Fonds festgehalten so wie man oben übereingekommen ist. Da aber nun wegen besonderer Verhältnisse gegenwärtig für diese Diözese keine Güter und ständige Fonds angewiesen werden können, so wird inzwischen, bis diese Zuweisung vollzogen werden kann, durch Seine Majestät durch die Anweisung von Jahresfestbeträgen vorgesorgt werden, und zwar: für den Bischof 5.500 fl. Für jede Dignität 1.200 fl. Für jeden der fünf älteren Kanoniker 1.000 fl. Für jeden der fünf jüngeren Kanoniker 600 fl. Für jeden der vier älteren Vikare 600 fl. Für jeden der vier jüngeren Vikare 400 fl.
Quod vero pertinet ad dioecesim Campidunensem, si monasterium Campidunense suis bonis ac redditibus careat, eidem tradentur tot fundi bonaque stabilia, quot constituent totalem summam redditum annuorum, qui supra episcopo, dignitatibus, canonicis et vicariis Campidunensis dioecesis respective assignati sunt.	Was aber die Diözese Kempten betrifft, so werden ihr, auch wenn das Kloster Kemptens seine Güter und Einkünfte entbehren wird, so viele Güter und ständige Fonds übertragen, wie die ganze Summe der jährlichen Einkünfte ausmacht, die oben dem Bischof, den Dignitäten, Kanonikern und Vikaren der Kemptner Diözese entsprechend zugewiesen sind.

Fabricarum denique ipsarumque ecclesiarum fundi, redditus, bona mobilia et immobilia conservabuntur, et, nisi pro ecclesiarum manutentione, pro divini cultus expensis et inservientium necessariorum salariis sufficiant, sua majestas supplebit.	Die Fonds, Einkünfte, beweglichen und unbeweglichen Güter der bischöflichen Kirchen und ihrer Fabriken werden erhalten werden, und wenn dieselben zur Unterhaltung der Kirchen, zu den Ausgaben für den Gottesdienst und zu den Gehältern der nötigen Diener nicht zureichen, so werden Seine Majestät den Fehlbetrag decken.
Art. 5. Suae singulis dioecesibus scholae et seminaria episcopalia conserventur et dotatione congrua in bonis fundisque stabilibus provideantur; in iis autem dioecesibus, in quibus desunt, cum eadem pariter dotatione in bonis fundisque stabilibus sine mora fundentur. In seminariis autem admittentur atque ad normam concilii Tridentini educabuntur atque instituentur adolescentes, quos episcopi pro necessitate vel utilitate dioecesium in iis recipiendos judicaverint. Horum seminariorum et scholarum ordinatio, doctrina, gubernatio et administratio episcoporum auctoritati pleno liberoque jure subjicientur. Rectores quoque et professores seminariorum ab episcopis nominabuntur et, quotiescumque necessarium aut utile ab ipsis judicabitur, removebuntur.	Art. 5. In jeder Diözese sollen die bischöflichen Schulen und Seminare erhalten, und mit einer hinreichenden Dotation in Gütern und ständigen Fonds versehen werden; in jenen Diözesen aber, in welchen solche Anstalten nicht vorhanden sind, sollen sie unverzüglich mit einer gleichartigen Dotation in Gütern und ständigen Fonds gegründet werden. In die Seminare werden jene Heranwachsenden aufgenommen und dort nach Vorschrift des Konzils von Trient gebildet und unterrichtet, deren Aufnahme die Erzbischöfe und Bischöfe nach dem Bedürfnis oder Nutzen der Diözese für gut finden werden. Die innere Ordnung, der Unterricht, die Leitung und die Verwaltung der Seminare und Schulen werden der rechtmäßigen vollen und freien Vollmacht der Bischöfe unterstellt. Die Vorsteher und Lehrer der Seminare werden von den Bischöfen ernannt, und, so wie sie es für nötig oder nützlich erachten sollten, auch wieder entlassen werden.

Hi autem omnes, uti et scholarum magistri, nonnisi praemissa initio cujuslibet anni fidei professione a Pio IV. publicata, ad exercendas suas functiones admittentur.	Allen diese Personen, wie auch den Lehrern an den Schulen, wird die Ausübung ihrer Aufgaben nicht gestattet, wenn sie nicht am Anfang jeden Jahres das Glaubensbekenntnis ablegen, das von Pius IV. veröffentlicht wurde.
Art. 6. Majestas sua regia, collatis cum archiepiscopis et episcopis consiliis, assignabit pariter cum sufficienti dote domum, in qua infirmi ac senes clerici bene meriti solamen et asylum reperiant.	Art. 6. Seine Majestät wird nach Beratung mit den Erzbischöfen und Bischöfen für die Bereitstellung eines hinlänglich dotierten Hauses sorgen, in welchem kranke und alte wohlverdiente Geistliche Unterstützung und Zuflucht finden können.
Art. 7. Insuper majestas sua considerans, quot utilitates ecclesia atque ipse status a religiosis ordinibus perceperint ac percipere in posterum possint, et ut promptam suam erga sanctam sedem voluntatem probet, aliqua monasticorum ordinum utriusque sexus coenobia, de utriusque partis contrahentis consensu designanda, praecipue ea, quae ad instituendam in religione et scientiis juventutem utilia esset possunt, cum convenienti dotatione in bonis fundisque stabilibus restituet; illasque, quae adhuc extant, tam monachorum quam mendicantium nec non monialium communitates conservabit. Regularium autem regimen ad normam constitutionem respectivorum ordinum procedet.	Art. 7. Seine Königliche Majestät wird angesichts der Vorteile, welche die religiösen Orden der Kirche und dem Staate gebracht haben, und zukünftig auch noch bringen könnten, und um einen Beweis Ihrer Bereitwilligkeit gegenüber dem Heiligen Stuhl zu geben, einige Klöster der Mönchsorden beiderlei Geschlechts nach Abstimmung beider vertragsschließenden Parteien auswählen und, mit einer angemessenen Dotation in Gütern und ständigen Fonds ausgestattet, wiedererrichten; es sollen vorzüglich Klöster sein, die zum Unterrichte der Jugend in der Religion und den Wissenschaften nützlich sein können. Diese Klöster und ihre Gemeinschaften, sowohl der Mönche als auch der Mendikanten und auch Nonnen, die bis jetzt bestehen, werden erhalten bleiben. Die Leitung aber hat nach der Konstitution der jeweiligen Ordensregeln zu erfolgen.

Art. 8. Bona supradictarum ecclesiarum, mensarum archiepiscopalium et episcopalium, capitulorum, vicariorum, seminariorum, monasteriorum, conventuum, parochiarum, beneficiorum, fabricarum, scholarum omniumque aliarum piarum fundationum semper et integre conservanda erunt nec distrahi vel in pensiones mutari vel novis praestationibus sine apostolicae sedis auctoritatis interventu subjici poterunt.	Art. 8. Die Güter der oben genannten Kirchen, erzbischöflichen und bischöflichen Mensen, der Kapitel, Vikariate, Seminare, Klöster, Konvente, Pfarreien, Benefizien, Kirchenfabriken, Schulen und aller anderen frommen Stiftungen werden immer und ungeschmälert erhalten, und können ohne die Mitwirkung der Autorität des Apostolischen Stuhls weder veräußert noch in Pensionen verwandelt noch neuen Bürgschaften unterworfen werden.
Ecclesia insuper jus habebit novas acquirendi posssessiones et quidquid de novo sive mobile sive immobile acquisierit, faciet suum, et censebitur eodem jure ac veteres fundationes ecclesiasticae cujuscumque generis, quarum, uti et illarum quae in posterum fient, nulla vel suppressio vel unio fieri poterit absque apostolicae sedis auctoritatis interventu.	Die Kirche wird auch das Recht haben, neue Besitzungen zu erwerben, und was sie sowohl beweglich als auch unbeweglich neu erwirbt, soll ihr zu Eigen und rechtlich mit den älteren Kirchenstiftungen welcher Art gleichgestellt sein, welche so wenig wie die künftig zu errichtenden Stiftungen ohne Mitwirkung des Apostolischen Stuhls jemals aufgehoben oder vereinigt werden können.

Art. 9. Quotiescumque archiepiscopalis vel episcopalis sedes vacaverit, canonici intra bimestre capitulariter congregati designabunt quatuor habiles et dignos ecclesiasticos viros, partim de gremio capituli, partim ex reliquo clero sive saeculari sive regulari, ex quibus quatuor viris majestas sua indicabit illum, quem prae caeteris ad vacantem sedem promoveri cupiet, isque intra tres menses a die electionis a capitulo factae computandos ad sanctam sedem pro obtinenda juxta huc usque solutam formam provisione apostolica recurrere debebit, priusquam vero eam obtinuerit, regimini seu administrationi ecclesiae, ad quam designatus est, nullo modo se immiscere poterit. Quod si vero intra bimestre nulla facta sit electio, sancta sedes eligentium supplebit neglegentiam. Annatarum autem et cancellariae taxae proportionabiliter ad uniuscujusque mensae annuos redditus de novo statuentur.	Art. 9. Jedes Mal, wenn ein erzbischöflicher oder bischöflicher Sitz vakant wird, treten die Kapitulare innerhalb von zwei Monaten als Kapitel zusammen und bestimmen vier fähige und würdige Männer der Kirche, teils aus der Mitte des Kapitels teils aus dem übrigen Säkular- oder Regularklerus. Aus diesen vier Männern wird Seine Majestät den anzeigen, von dem er wünscht, dass er vor den übrigen zu dem vakanten Sitz erhoben wird. Und dieser wird innerhalb von drei Monaten vom Tag der vom Kapitel durchgeführten Wahl an beim Heiligen Stuhl nachsuchen müssen, um die apostolische Provision in der geläufigen Form zu erhalten. Doch bevor er diese erlangt, wird er sich in keiner Weise in die Leitung bzw. Verwaltung der Kirche, für die er bestimmt ist, einmischen können. Wenn aber die Wahl nicht innerhalb von zwei Monaten erfolgt, wird der Heilige Stuhl die Pflichtvergessenheit des Wählens ersetzen. Die Annaten und Kanzleigebühren werden nach dem Maßstab der jährlichen Einkünfte eines jeden Bischofs von Neuem festgesetzt werden.

Cum autem ad praesens plures episcopales sedes vacent nec commode a capitulis supradicta electio fieri possit, sanctitas sua, attenta utilitate, quae ex hac conventione manat in ea, quae ad res ecclesiae et religionis pertinent, majestati regis Maximiliani Josephi apostolicum indultum concedet nominandi pro hac prima vice ad vacantes archiepiscopales et episcopales ecclesias personas iis dotibus praeditas, quas sacri canones requirunt; excepta tantum Campidunensi ecclesia ut supra erigenda, cui pro hac prima vice de episcopo abbate a summo pontifice providebitur.	Da aber gegenwärtig mehrere bischöfliche Sitze vakant sind und von den Kapiteln nicht zweckmäßig die oben genannten Wahlen durchgeführt werden können, wird seine Heiligkeit angesichts der Vorteile, die aus dieser Übereinkunft für die Sache der Kirche und der Religion erwächst, Seiner Majestät dem König Maximilian Joseph ein apostolisches Indult gewähren, um für dieses erste Mal zu den vakanten erzbischöflichen und bischöflichen Kirchen Personen zu ernennen, welche die nach den heiligen Canones dazu erforderlichen Eigenschaften besitzen; davon ausgenommen ist nur die Kirche Kemptens, die wie oben beschrieben zu errichten ist und für deren Abtbischof dieses erste Mal durch den höchsten Pontifex Vorsorge getroffen werden wird.
Art. 10. Sanctitas sua, reservata sibi collatione praepositurae tam in metropolitanis quam in cathedralibus ecclesiis, quae modo existunt aut respective erigendae sunt in locis temporali dominio Bavariae regis subjectis, eidem regi et successoribus ejus concedet nominationem tam ad decanatum quam ad canonicatus et praebendas in iisdem ecclesiis in mensibus papalibus in posterum vacaturas. Quoad alios autem sex menses, in eorum tribus archiepiscopus aut episcopus respective, in reliquis autem tribus capitulum nominabit.	Art. 10. Seine Heiligkeit reserviert sich die Verleihung der Propststellen sowohl in den Metropolitan- als auch Kathedralkirchen, die in ihrer Art bestehen oder entsprechend einzurichten sind an Orten, die der weltlichen Herrschaft des Königs Bayerns unterstellt sind. Sie gewährt dem König und seinen Nachfolgern die Nomination sowohl zu den Dekanestellen als auch zu den Kanonikaten und Präbenden an diesen Kirchen in den päpstlichen Monaten für die zukünftigen Vakanzen. Was die übrigen sechs Monate betrifft, wird in dreien von ihnen der zuständige Erzbischof oder Bischof, in den übrigen das Kapitel dazu nominieren.

Ad dignitates autem et canonicatus ii prae caeteris nominentur, qui praeter qualitates a sacro concilio Tridentino praescriptas in sacris ministeriis cum laude versati sint aut episcopo in administranda dioecesi adjutricem operam praestiterint.	Zu den Dignitäten und den Kanonikaten sind vor anderen die zu ernennen, die neben den vom heiligen Konzil von Trient geforderten Eigenschaften für ihre Arbeit in der Seelsorge mit Lob bedacht wurden oder sich beim Bischof in der Verwaltung der Diözese mit hilfreichem Tun hervorgetan haben.
Theologalem vero et poenitentiariam praebendas canonicales ad formam sacri concilii Tridentini semper archiepiscopi aut episcopi conferent. Quod si praebendae praedictae vacaverint in mensibus, in quibus nominatio vigore apostolici indulti ad regem spectabit, majestas regia ad cannonicatum, qui primus post collationem praebendae theologalis aut poenitentiariae in mensibus sive ordinariis sive capitularibus vacaverit, nominabit.	Die Kanonikate des Theologen und Pönitentiars mit ihren Präbenden werden gemäß den Formvorschriften des heiligen Konzils von Trient immer vom Erzbischof oder Bischof übertragen. Wenn die vorgenannten Präbenden in Monaten vakant werden, in denen die Nomination kraft apostolischen Indults an den König fällt, wird die Königliche Majestät zu dem Kanonikat nominieren, das zuerst nach der Verleihung der Präbende des Theologen oder des Pönitentiars frei wird, sei es in den Monaten des Nominationsrechts der Ordinarien oder der Kapitel.
Dignitarii, canonici et beneficiati omnes residentiales, uti a pluralitate beneficiorum et praebendarum juxta sacros canones prohibentur, ita ad residentiam secundum eorum canonum rigorem, salva sedis apostolicae auctoritate, adstringuntur.	So wie den Dignitäten, Kanonikern und allen zur Residenz verpflichteten Benefiziaten der Besitz mehrerer Benefizien und Präbenden nach den heiligen Canones verboten ist, so sind sie gemäß Bestimmungen auch streng zur Residenz verpflichtet, unbeschadet der Autorität des apostolischen Stuhles.

Art. 11. Archiepiscopi et episcopi conferent beneficia tam parochialia quam simplicia, quae ipsi conferebant ante annum 1802, quaeque juri patronatus regio vel privato legitime, id est sive per fundationem, sive per dotationem, sive per constructionem acquisito, subjecta non sunt.	Art. 11. Die Erzbischöfe und Bischöfe übertragen sowohl pfarrliche als auch einfache Benefizien, die sie vor dem Jahr 1802 übertragen haben, und die weder dem königlichem Patronatsrecht noch dem legitimen privaten, d. h. weder durch Gründung oder Ausstattung oder Bau erworbenen, unterliegen.
Quae vero beneficia tam parochialia quam simplicia hujusmodi juri patronatus tam regio quam privato, (sive illud ecclesiasticum, sive laicale, sive mixtum sit) subjecta sunt, ad ea praesentabunt eorum respective patroni, qui legitime hoc jure potiebantur ante annum 1802. Archiepiscopi vero et episcopi praesentatis, in quibus debita agnoscent requisita, canonicam dabunt institutionem.	Jedoch zu den Benefizien welcher Art auch immer, die entweder dem königlichen oder auch dem privaten (dem kirchlichen oder dem laikalen oder dem gemischten) Patronatsrecht unterliegen, präsentieren die betreffenden Patrone, die dieses Recht vor dem Jahr 1802 erlangten; die Erzbischöfe und Bischöfe aber werden den Präsentierten, sofern sie bei ihnen die nötigen Eigenschaften vorfinden, die kanonische Institution erteilen
Ad ea autem beneficia, quae antea pertinebant ad capitula collegiatarum ecclesiarum, ad abbatias et monasteria in praesens de facto non existentia quaeque non restituantur, si simplicia fuerint, sanctitas sua de speciali indulto concedet majestati regis Bavariae jus ad ea nominandi; si vero fuerint parochialia, archiepiscopi aut episcopi indicent concursum ad formam concilii Tridentini et tres personas idoneas in concursu approbatas regiae majestati proponent, ut ex iis unam archiepiscopo vel episcopo praesentet, cui archiepiscopus vel episcopus canonicam dabit institutionem.	Doch die Verleihung der Benefizien, die früher den Kapiteln der Kollegiatkirchen, Abteien und Klöstern zukam, die zurzeit faktisch nicht existieren und die nicht wiedererrichtet werden, wird, falls es einfache Benefizien sind, durch die Majestät, dem bayerischen König, erfolgen; seine Heiligkeit gewährt dazu dem König durch ein spezielles Indult das Recht zur Nomination. Falls es aber Pfarrbenefizien sind, werden die Erzbischöfe und Bischöfe ein Treffen gemäß der Formvorschrift des Trienter Konzils anberaumen und drei geeignete Personen, die sich bei diesem Treffen qualifiziert haben, der Königlichen Majestät

	vorschlagen, damit eine von ihnen dem Erzbischof oder Bischof präsentiert wird, welcher der Erzbischof oder Bischof die kanonische Institution geben wird.
Praesentatio autem et nominatio ad omnia ista beneficia intra tempus a canonibus praescriptum fient; secus ea beneficia libere ab archiepiscopo vel episcopo conferentur.	Doch die Präsentation und Nomination zu all diesen Benefizien hat innerhalb des von den Canones vorgeschrieben Zeitraums zu geschehen; andernfalls werden diese Benefizien frei vom Erzbischof oder Bischof übertragen.
Art. 12. Pro regimine dioecesium archiepiscopis et episcopis id omne exercere liberum erit, quod in vim pastoralis eorum ministerii sive ex declaratione, sive ex dispositione sacrorum canonum secundum praesentem et a sancta sede adprobatam ecclesiae disciplinam competit, ac praesertim a) vicarios, consiliarios et adjutores administrationis suae constituere ecclesiasticos quoscumque, quos ad praedicta officia idoneos judicaverint, b) ad statum clericalem assumere et approbatis a sacris canonibus titulis ad ordines etiam majores, praevio examine ab ipsis episcopis vel eorum vicariis cum examinatoribus synodalibus instituendo, promovere, quos necessarios aut utiles suis dioecesibus judicaverint; et e contrario, quos indignos censuerint, a susceptione ordinum arcere, quin ab ullo quovis obtentu impediri queant,	Art. 12. In der Leitung der Diözesen sind die Erzbischöfe und Bischöfe befugt, alles dasjenige frei auszuüben, was ihnen kraft ihres Hirtenamtes sowohl aus der Erklärung oder der Anordnung der heiligen Canones nach der gegenwärtigen und durch die vom Heiligen Stuhl bestätigten Kirchendisziplin zusteht, insbesondere: a) zu Vikaren, Ratgebern und Helfern ihrer Verwaltung Geistliche zu bestimmen, welche sie dafür geeignet finden werden; b) alle diejenigen in den geistlichen Stand aufzunehmen, und mit den kanonischen Titeln zu den höheren Weihen zu befördern, welche sie für ihre Diözese notwendig und nützlich erachten, wenn dieselben vorher die von den Bischöfen selbst oder ihren Vikaren unter Mitwirkung der Synodal-Examinatoren vorzunehmende Prüfung bestanden haben, dagegen diejenigen, welche sie unwürdig finden,

	vom Empfange der Weihen auszuschließen, ohne dass sie hierin unter irgendeinem Vorwand gehindert werden können;
c) causas, quae sive ratione sui, sive ratione personarum ecclesiasticae sunt, atque in primis causas matrimoniales, quae juxta canonem 12. sess. 24. concilii Tridentini ad judices ecclesiasticos spectant, in foro eorum cognoscere ac de iis sententiam ferre, d) in clericos reprehensione dignos poenis, quas convenientes judicaverint, salvo recursu canonico, animadvertere hancque in finem habere domum, in qua immorigeri clerici emendentur poenitentiamque agant, poenis quoque canonicis animadvertere in quoscumque fideles ecclesiasticarum legum et sacrorum canonum transgressores, e) cum clero et populo dioecesano pro munere officii pastoralis communicare suasque instructiones et ordinationes pastorales de rebus ecclesiasticis libere publicare; praeterea episcoporum, cleri et populi communicatio cum sancta sede in rebus spiritualibus et negotiis ecclesiasticas libera erit, nullo impedietur obstaculo,	c) Fälle, die entweder aufgrund ihrer Natur oder aufgrund der betroffenen Personen kirchliche sind und insbesondere Ehesachen, welche nach dem Canon 12 Sess. 24 des Konzils von Trient einen geistlichen Richter erfordern, vor ihrem Gericht zu verhandeln, und durch Urteil zu entscheiden; d) gegen Geistliche, welche eine Ahndung verdienen, unbeschadet des kanonischen Rekurses, solche anzuordnen und für dieses Ziel ein Haus zu nutzen, in dem sich Kleriker aufhalten, damit sie gebessert würden und Buße tun; und auch kanonische Strafen zu verhängen über Gläubige, wegen Übertretungen der kirchlichen Gesetze und der heiligen Canones. e) in der Ausübung des geistlichen Hirtendienstes mit dem Klerus und dem Volk der Diözese zu kommunizieren, und ihre Instruktionen und pastoralen Anordnungen zu kirchlichen Angelegenheiten frei zu publizieren; außerdem wird die die Communication der Bischöfe, des Klerus und des Volkes mit dem Heiligen Stuhl in geistlichen Dingen und kirchlichen Angelegenheiten frei sein, und ihr überhaupt kein Hindernis entgegengesetzt werden;

f) collatis cum regia majestate, praesertim pro convenienti reddituum assignatione, consiliis parochias erigere, dividere vel unire, g) praescribere vel indicare preces publicas aliaque pia opera, cum id bonum ecclesiae vel status aut populi postulet, et invigilare, ut in ecclesiasticis funcitonibus, praesertim autem in missa et in administratione sacramentorum, ecclesiae formulae usurpentur et latina lingua semper adhibeatur.	f) im Einverständnis mit der Königlichen Majestät, insbesondere zur Anweisung angemessener Bezüge, Pfarreien zu errichten, zu teilen und zu vereinigen; g) Öffentliche Gebete und andere fromme Übungen vorzuschreiben und anzusagen, wenn dieses das Wohl der Kirche, des Staates, oder des Volkes verlangt, und darauf zu achten, dass bei den kirchlichen Verrichtungen, besonders aber in der Messe und der Ausspendung der Sakramente die kirchlichen Formeln benutzt und stets die lateinische Sprache verwandt werden.
Art. 13. Libri typis mandandi vel introducendi ordinarii etiam censurae subjucientur circa res ad fidem vel ad mores vel ad ecclesiasticam disciplinam pertinentes nec, nisi eo suffragante, imprimantur aut introducantur.	Art. 13. Die Herausgabe und Einführung der Bücher unterliegen der Zensur der Ordinarien hinsichtlich der Themen, die den Glauben oder die Sitten oder die kirchliche Disziplin betreffen und sie werden nicht gedruckt oder eingeführt, bis zu ihrer Empfehlung.
Art. 14. Majestas sua districte prohibebit, ne catholica religio ejusque ritus vel liturgia sive verbis, sive factis, sive scriptis contemnatur aut ecclesiarum antistites vel ministri in exercendo munero suo, pro custodienda praesertim fidei ac morum doctrina et disciplina ecclesiae, quocumque modo impediantur.	Art. 14. Seine Majestät wird strikt verbieten, dass die katholische Religion sowie ihre Riten und ihre Liturgie weder durch Worte, Taten oder Schriften verunglimpft werden oder die Vorsteher und Diener der Kirchen in der Ausübung ihres Dienstes besonders zum Schutz der Lehre des Glaubens und der Sitten und der kirchlichen Disziplin in irgendeiner Weise gehindert werden.

Desiderans praeterea, ut debitus juxta divina mandata sacris ministris honor servetur, non patietur quidquam fieri, quod eos in contemptum adducere possit, neque permittent, ut clerici a laicis judicibus evocentur et cum infima plebe confundantur.	Da Seine Majestät außerdem wünschen, dass den Dienern der Religion die ihnen nach göttlichen Geboten schuldige Ehrerbietung bezeugt werde, wird Seine Majestät nicht dulden, dass irgendetwas geschehe, was zu deren Verächtlichmachung führen könnte, noch erlauben, dass Kleriker von Laien vor die Richter zitiert und mit geringen Volk vermengt werden.
Art. 15. Archiepiscopi et episcopi coram regia majestate juramentum fidelitatis emittent, sequentibus verbis expressum: "Ego juro et promitto ad sancta dei evangelia obedientiam et fidelitatem regiae majestati; item promitto, me nullam communicationem habiturum, nulliique consilio interfuturum, nullamque suspectam unionem neque intra neque extra conservaturum, quae tranquillitati publicae noceat; et si tam in dioecesi mea quam alibi noberim aliquid in status damnum tractari, majestati suae manifestabo."	Art. 15. Die Erzbischöfe und Bischöfe werden vor der Königlichen Majestät einen Treueeid mit folgendem Wortlaut ablegen: „Ich schwöre und verspreche auf Gottes heilige Evangelien Gehorsam und Treue Seiner Majestät dem König. Ebenso verspreche ich, keine Kommunikation zu pflegen, an keiner Beratung teilzunehmen, und keine verdächtige Verbindung weder im In- noch im Ausland zu unterhalten, welche der öffentlichen Ruhe schädlich sein könnte, und wenn ich Kenntnis von einem Anschlag, sei es in meiner Diözese oder sonst irgendwo, zum Nachteil des Staates erhalten sollte, solches Seiner Majestät anzuzeigen.“

Art. 16. Caetera, quae ad res et personas ecclesiasticas spectant, quorum nulla in his articulis expressa facta est mentio, manebunt omnia et administrabuntur juxta vigentem et approbatam ecclesiae disciplinam; si qua vero in posterum supervenerit difficultas, sanctitas sua et regia majestas secum conferre et rem amice componere sibi reservant.	Art. 16. Das Übrige, was kirchliche Angelegenheiten und Personen betrifft und in diesen Artikeln nicht ausdrücklich erwähnt wird, bleibt alles bestehen und wird gemäß geltender und anerkannter kirchlicher Disziplin behandelt werden. Sollte aber in Zukunft ein Anstand aufkommen, so behalten sich seine Heiligkeit und Seine Königliche Majestät vor, sich darüber zu verständigen, und die Sache auf freundschaftliche Weise beizulegen.
Art. 17. Praesens conventio substituitur omnibus legibus, ordinationibus et decretis a gubernio Bavarico circa res religionis et circa ecclesiasticam disciplinam hucusque latis, quae veluti abrogata illico habebuntur.	Art. 17. Die gegenwärtige Übereinkunft wird alle von der Bayerischen Regierung bis jetzt in Religionssachen und der Kirchendisziplin erlassenen Gesetze, Verordnungen und Verfügungen ersetzen, die gleichsam sofort als aufgehoben angesehen werden.
Art. 18. Utraque contrahentium pars spondet se successoresque suos omnia, de quibus in his articulis utrinque conventum est, sancte servaturos, et a majestate regia praesens conventio lex status declarabitur. Praeterea eadem majestas regia spondet, nihil umquam se successoresque suos quavis de causa articulis hujus conventionis addituros neque in iis quidquam immutaturos vel eosdem declaraturos esse absque sedis apostolicae auctoritate et cooperatione.	Art. 18. Beide vertragsschließenden Teile versprechen für sich und ihre Nachfolger die genaue Beobachtung all dessen, worüber man in diesen Artikeln gegenseitig übereingekommen ist, und Seine Königliche Majestät werden gegenwärtige Übereinkunft als Staats-Gesetz erklären. Ferner verspricht die Königliche Majestät für sich und ihre Nachfolger, nie aus irgendeinem Grunde den Artikeln dieser Übereinkunft etwas anzufügen, oder daran etwas abzuändern, oder dieselben auszulegen ohne des Apostolischen Stuhls Autorität und Mitwirkung.

Art. 19. Ratificationum hujus conventionis traditio fiet intra quadraginta dies ab ejusdem data aut citius, si fieri poterit.	Art. 19. Die Übergabe der Ratifikationsurkunden dieser Übereinkunft soll innerhalb von 40 Tagen vom Datum der Unterzeichnung an erfolgen, oder früher, wenn es geschehen kann.

1816-12-07, Konkordatsentwurf aufgrund der Verhandlungen Häffelins

Concordatsentwurf mit den von Häffelin, dem Botschafter der bayerischen Regierung in Rom, nachverhandelten Änderungen, den er am 7. Dezember 1806 an die königliche Regierung einsandte.

Quelle: K. Staatsministerium des K. Hauses und des Aeusseren, zitiert nach Sicherer, Urkunden Nr. 17, 54–62 unter Berücksichtigung der Anmerkungen 1–24.

Conventio inter sanctissimum dominum Pium VII. summum pontificem et majestatem suam Maximilianum Josephum Bavariae regem.	Übereinkunft zwischen Seiner Heiligkeit Papst Pius VII. und Seiner Majestät, Maximilian Joseph, König von Bayern.
In nomine sanctissimae trinitatis.	Im Namen der Allerheiligsten Dreieinigkeit.
Sanctitas sua summus pontifex Pius VII. et majestas sua Maximilianus Josephus Bavariae rex, debita sollicitudine cupientes, ut in iis, quae ad res ecclesiasticas pertinent, certus stabilisque in Bavariae regno terrisque eidem subjectis constituatur ordo, in sequentes articulos convenerunt.	Seine Heiligkeit Papst Pius VII. und Seine Majestät Maximilian Joseph, König von Bayern, von gleichem Verlangen beseelt, die Verhältnisse der Kirche im Königreich Bayern und den eben dazugehörenden Ländern bestimmt und bleibend zu ordnen, sind deshalb über die folgenden Artikel übereingekommen.

Art. 1. Religio catholica, apostolica, Romana in toto Bavariae regno terrisque ei subjectis sarta tecta conservabitur cum iis juribus et praerogativis, quibus frui debet ex dei ordinatione et canonicis sanctionibus quibusque sub religiosissimis Bavariae ducibus gaudebat.	Art. 1. Die Römisch-katholische, apostolische Religion wird in dem ganzen Umfang des Königreichs Bayern und in den dazugehörigen Gebieten unversehrt mit jenen Rechten und Prärogativen erhalten werden, welche sie nach göttlicher Anordnung und den kanonischen Satzungen zu genießen hat und deren sie sich unter den sehr gläubigen bayerischen Herzögen erfreut hat.
Art. 2. Sanctitas sua, exquisito ordinariorum et capitulorum interesse habentium consensu et servatis servandis, Bavariae regni dioeceses sequenti ratione constituet: Monachii sedem constituet metropolitanam, et Frisingensem episcopalem sedem in metropolitanam eriget, atque hanc ecclesiam acque principaliter Monachiensi ecclesiae uniet, ita ut Frisingensis ecclesia concathedralis sit cum ecclesia Monachiensi et earum antistes archiepiscopus Monachii et Frisingae sit nuncupandus. Eidem autem antistiti episcopales ecclesias Augustanam, Passaviensem, Ratisbonensem, praevia metropoliticae qualitatis suppressione, et Campidunensem ut infra erigendam in suffraganeas assignabit.	Art. 2. Seine Heiligkeit, die die vollumfängliche Zustimmung der betroffenen Ordinarien und Kapitel einholt und bewahrt, was zu bewahren ist, wird die Diözesen des Königreichs Bayern nach folgender Art einrichten: In München wird ein Metropolitansitz errichtet, und der bischöfliche Sitz Freisings wird zum Metropolitansitz erhöht. Und dann wird diese Kirche mit der führenden Münchner Kirche vereint, so dass Freisings Kirche die Konkathedrale wird zur Kirche Münchens und deren Vorsteher den Titel eines Erzbischofs von München und Freising führen werden.

Pari modo Bambergensem cathedralem ecclesiam in metropolitanam eriget illique suffraganeas assignabit ecclesias episcopales Herbipolensem, Eichstettensem et Spirensem.	Diesem Metropolitanerzbischof werden die Vorsteher der bischöflichen Kirchen von Augsburg, Passau, Regensburg, dessen metropolitane Stellung aufgehoben wird, und Kempten, das wie unten folgt zu errichten ist, als Suffragane unterstellt.
In Campiduno prius ordinis sancti Benedicti nullius dioecesis sedem eriget episcopalem, adjunctis illius territorio tam parte Bavarica Constantiensis dioecesis quam parte proximiori dioecesis quam parte proximiori dioecesis Augustanae.	In gleicher Weise wird die Kathedralkirche Bambergs als Metropolitankirche aufgerichtet und ihr als bischöfliche Suffragankirchen Würzburg, Eichstätt und Speyer zugewiesen.
Territorium Aschaffenburgense, olim ad Moguntinam, nunc ad Ratisbonensem dioecesim pertinens, et partem Bavaricam Fuldensis dioecesis Herbipolensi dioecesi adjunget.	In Kempten, einst eine Territorialabtei des Benediktinerordens, wird ein Bischofssitz errichtet, dem als Territorium verbunden werden sowohl der bayerische Teil der Diözese Konstanz als auch Teile der nächsten Diözesen als auch die nächstgelegenen Teile der Diözese Augsburg.
Simili modo partem Bavaricam dioecesis Salisburgensis et territorium exemptae praepositurae Berchtolgadensis partim Passaviensi, partim Monacensi dioecesi uniet, cui quidem dioecesi, praevia suppressione sedis Chiemensis, hujus quoque ecclesiae dioecesim assignabit. Novi singularum dioecesium fines, in quantum necesse erit, designabuntur.	Das Aschaffenburger Territorium, einst gehörig zur Mainzer nun zur Regensburger Diözese, und der bayerische Teil der Fuldaer Diözese werden der Diözese Würzburg angefügt.

Loca autem omnia, quae vigore hujus articuli a dioecesibus, ad quos actu pertinent, dismembranda et aliis dioecesibus unienda erunt, ab actualibus eorum ordinariis (sive intra sive extra fines regni Bavariae constitutis) gubernabuntur, donec praesenti conventione plenae executioni mandata et finibus singularum dioecesium designatis novi ordinarii illorum locorum regimen actu consecuti erunt. Supradictarum ecclesiarum, quae metropolitanis ecclesiis Monachii et Bambergae erigendis subjiciendae erunt, antistites actu viventes, qui a jure metropolitico nunc exempti sunt, quoad vixerint, exemptionis privilegio gaudebunt.	Auf gleiche Weise wird der bayerische Teil der Salzburger Diözese und das Gebiet der exempten Propstei Berchtesgaden, zum Teil mit der Passauer-, andern teils mit der Münchner Diözese vereinigt werden. Dieser Diözese wird auch das Territorium der Diözese Chiemsee, deren Sitz aufgehoben wird, zugewiesen werden. Die neuen Grenzen der einzelnen Diözesen werden, soweit es nötig sein sollte, noch genauer bestimmt werden. Alle anderen Orte, die kraft dieser Artikel von Diözesen, zu denen sie gegenwärtig gehören, abzutrennen und mit anderen Diözesen zu verbinden sind, werden von ihren jetzigen Ordinarien (seien sie sie inner- oder außerhalb der Grenzen des Königreichs Bayern eingesetzt) regiert/geführt, bis die volle Ausführung dieser Übereinkunft angeordnet und die Grenzziehung der einzelnen Diözesen durch Regierungsakte ihrer designierten neuen Ortsordinarien durchgeführt sein wird. Die Vorsteher der obengenannten Kirchen, die jetzt von der Metropolitangewalt exempt sind, doch deren Kirchen den zu errichtenden Metropolitankirchen Münchens und Bambergs zu unterstellen sind, erfreuen sich, solange sie leben, des Privilegs der Exemption.

Art. 3. Capitula metropolitanarum ecclesiarum habebunt duas dignitates, nempe praepositum ac decanum, et decem canonicos; capitula vero cathedralium ecclesiarum habebunt duas pariter dignitates, nempe praepositum ac decanum et octo canonicos; quodlibet praeterea capitulum tam metropolitanam quam cathedrale habebit praebendarios seu vicarios saltem octo praeter ecclesias Spirensem et Campidunensem, quarum unaquaeque habebit saltem sex vicarios.	Art. 3. Die Kapitel der Metropolitankirchen werden aus zwei Dignitäten bestehen, nämlich dem Propst und dem Dekan, und aus zehn Kanonikern. Auch die Kapitel der bischöflichen Kathedralkirchen werden zwei Dignitäten haben, nämlich einen Propst und einen Dekan und acht Kanoniker. Außerdem wird sowohl das Metropolitan- wie auch die Kathedralkapitel mindestens acht Präbendare bzw. Vikare haben, außer den Kirchen Speyers und Kemptens, deren jede einzelne mindestens sechs Vikare haben wird.
In singulis capitulis duo ex praebendis canonicalibus altera pro canonico theologe, altera pro canonico poenitentiario assignabuntur.	Aus jedem Kapitel werden zwei Kanoniker gemäß den Canones bestellt, der eine als Theologen, der andere als Pönitentiar.
Ad constituenda praedictarum ecclesiarum capitula assumentur canonici actu viventes, quorum capitula de facto dissoluta reperiuntur. Quod si illi numerum capitularium supra praefinitum non attingant, supplebuntur; si vero excedant, omnes quidem capitulum constituent, antiquiores tamen praebenda, quae articulo quarto hujus conventionis constituitur, gaudebunt; junioribus autem provisum erit, prout ad praesens providetur, donec senioribus decedentibus eorum praebendas consequentur.	Zur Errichtung der (neuen) Kapitel der vorgenannten Kirchen werden die lebenden Kanoniker, deren (alte) Kapitel faktisch aufgelöst sind, aufgenommen. Falls diese die oben definierte Zahl der Kanoniker nicht erreichen, werden sie ergänzt; wenn sie diese aber überschreiten, bilden sie alle das Kapitel, wobei sich die Früheren der Präbenden erfreuen, die gemäß Artikel 4 dieser Übereinkunft geschaffen werden; die Jüngeren aber werden vorgemerkt, so wie es nun bestimmt ist, bis sie nach dem Tod der Älteren auf deren Präbenden nachrücken.

Ex dignitatibus, canonicis et praebendariis illi, quos episcopi idoneos judicabunt ad exercenda officia vicariorum, officialium et consiliariorum, praeter chori servitium ad praedicta munia obeunda tenebuntur. Majestas tamen regia iis, qui officio suffraganei et vicarii generalis fungentur, quingentos florenos annuos, iis vero, qui secretarii episcopalis partes agent, bis centum florenos assignabit; quam quidem praestationem annuam majestas sua suffraganeis vel vicariis et secretariis archiepiscopalibus et episcopalibus solvi faciet, etiamsi ad haec munera obeunda ecclesiastici, qui de gremio capituli et praebendariorum non sint, ab archiepiscopis et episcopis eligantur.	Die Dignitäten, Kanoniker und Präbendare, die von den Bischöfen als geeignet beurteilt werden, um die Ämter der Vikare, Offiziale und Ratgeber zu übernehmen, sind verpflichtet, diese Aufgaben zusätzlich zum Chordienst anzunehmen. Seine Königliche Majestät werden übrigens denjenigen, die das Amt eines Weihbischofs oder eines Generlavikars ausüben, jährlich 500 Gulden, jenen aber, denen das Amt eines bischöflichen Sekretärs übertragen ist, 200 Gulden zuwenden. Seine Majestät wird diesen Jahresfestbetrag für die erzbischöflichen und bischöflichen Weihbischöfe oder Vikare und Sekretäre auch auszahlen lassen, wenn diese Dienste von Klerikern ausgefüllt werden, die zwar nicht aus der Mitte der Kapitulare und Präbendare hervorgehen, doch vom Erzbischof und den Bischöfen ausgewählt worden sind.
Si vero archiepiscopus vel episcopus propter infirmitatem aut senectutem muneribus suis fungi non possit, dignitario seu canonico, qui ad episcopi suffraganei munus a sede apostolica promovebitur, praeter respectivos praebendae suae redditus floreni insuper annui mille ab episcopo vel capitulo ad ejus vitam assignabuntur.	Wenn aber ein Erzbischof oder ein Bischof wegen Krankheit oder Alter seinen Dienst nicht mehr ausüben kann, werden dem Dignitär oder Kanoniker, der vom Apostolischen Stuhl zum Dienst des Hilfsbischofs befördert wird, neben den Einkünften seiner Präbende zusätzlich jährlich 1.000 Gulden vom Bischof oder Kapitel auf Lebenszeit zugewiesen.

Art. 4. Redditus mensarum archiepiscopalium et episcopalium in bonis fundisque stabilibus, liberae archiepiscoporum et episcoporum administrationi tradendis, constituentur. Simili bonorum genere et administrationis jure gaudebunt capitula metropolitanarum et cathedralium ecclesiarum et vicarii seu praebendarii praedictarum ecclesiarum servitio addicti. Quantitas reddituum annuorum erit, ut sequitur: Dioecesis Monacensis. Pro archiepiscopo florenorum viginti millium. Pro praeposito florenorum quatuor mille. Pro decano florenorum quatuor mille. Pro quolibet e sex canonicis senioribus florenorum bis mille. Pro quolibet e sex canonicis junioribus florenorum mille sex centum. Pro quolibet ex quatuor senioribus vicariis florenorum octingentorum. Pro quolibet ex quatuor junioribus vicariis florenorum sex centum.	Art. 4. Die Einkünfte zum Unterhalte der Erzbischöfe und Bischöfe werden auf Güter und ständige Fonds gegründet werden, welche der freien Verwaltung der Erzbischöfe und Bischöfe übergeben werden. In gleicher Art der Güter werden auch die erzbischöflichen und bischöflichen Kapitel, und die bei ihnen angestellten Vikare oder Präbendare ausgestattet und das Recht der Selbstverwaltung erhalten. Der Betrag der jährlichen Einkünfte wird folgender sein: Diözese München. Für den Erzbischof 20.000 fl. Für den Propst 4.000 fl. Für den Dekan 4.000 fl. Für jeden der sechs älteren Kanoniker 2.000 fl. Für jeden der sechs jüngeren Kanoniker 1.600 fl. Für jeden der vier älteren Vikare 800 fl. Für jeden der vier jüngeren Vikare 600 fl.

Dioecesis Bambergensis. Pro archiepiscopo florenorum quindecim millium. Pro praeposito florenorum 3500. Pro decano florenorum 3500. Pro quolibet e sex canonicis senioribus florenorum mille octingentorum. Pro quolibet e sex canonicis junioribus florenorum mille quatuor centum. Pro quolibet ex quatuor senioribus vicariis florenorum 800. Pro quolibet ex quatuor junioribus vicariis florenorum 600.	Diözese Bamberg. Für den Erzbischof 15.000 fl. Für den Propst 3.500 fl. Für den Dekan 3.500 ft. Für jeden der sechs älteren Kanoniker 1.800 fl. Für jeden der sechs jüngere Kanoniker 1.400 fl. Für jeden der älteren vier Vikare 800 fl. Für jeden der vier jüngeren Vikare 600 fl.
Dioeceses Augustana, Ratisbonensis et Herbipolensis. Pro quolibet episcopo florenorum decem millium. Pro quolibet praeposito florenorum 3000. Pro quolibet decano florenorum 3000. Pro quolibet e quinque canonicis senioribus florenorum mille quingentorum. Pro quolibet e quinque canonicis junioribus florenorum 1200. Pro quolibet ex quatuor senioribus vicariis florenorum sex centum. Pro quolibet ex quatuor junioribus vicariis florenorum quatuor centum.	Diözesen Augsburg, Regensburg und Würzburg. Für den Bischof 10.000 fl. Für den Propst 3.000 fl. Für den Dekan 3.000 fl. Für jeden der fünf älteren Kanoniker 1.500 fl. Für jeden der fünf jüngeren Kanoniker 1.200 fl. Für jeden der vier älteren Vikare 600 fl. Für jeden der vier jüngeren Vikare 400 fl.

Dioecesis Passaviensis et Eichstettensis Pro quolibet episcopo florenorum octo millium. Pro quolibet praeposito florenorum 2500. Pro quolibet decano florenorum 2500. Pro quolibet e quinque canonicis senioribus florenorum 1400. Pro quolibet e quinque canonicis junioribus florenorum 1200. Pro quolibet ex quatuor vicariis senioribus florenorum sexcentorum. Pro quolibet ex quatuor vicariis junioribus florenorum quatuor centum.	Diöcesen Passau und Eichstädt. Für den Bischof 8.000 fl. Für den Propst 2.500 fl. Für den Dekan 2.500 fl. Für jeden der fünf älteren Kanoniker 1.400 fl. Für jeden der fünf jüngeren Kanoniker 1.200 fl. Für jeden der vier älteren Vikare 600 fl. Für jeden der vier jüngeren Vikare 400 fl.
Quorum omnium redditQuum summae salvae semper et integrae conservandae et tempore vacationis archiepiscopalium et episcopalium sedium, dignitatum, canonicatuum, praebendarum seu vicariatuum in utilitatem respectivarum ecclesiarum percipiendae et conservandae erunt.	Alle diese Einkünfte sollen in ihrem Betrage stets vollständig und ungeschmälert erhalten werden. Zur Zeit der Erledigung eines erzbischöflichen oder bischöflichen Stuhls, der Dignitäten, Kanonikate, Präbenden oder Vikariate wird der Betrag der vorgenannten Einkünfte zum Nutzen der betreffenden Kirchen erhoben und erhalten.
Habitatio insuper tam archiepiscopis et episcopis quam dignitatibus, canonicis et vicariis, illorum dignitati et statui respondens, assignabitur.	Eine Wohnung, die ihrer Würde und ihrem Stand entspricht, wird außerdem sowohl den Erzbischöfen und den Bischöfen als auch den Dignitäten, Kanonikern und Vikaren zugewiesen werden.

Praetera, si in palatio archiepiscopali vel episcopali locus conveniens non adsit pro curia vel consistorio archiepiscopali vel episcopali et pro asservatione chartarum documentarum ad ecclesiae consistorium et vicariatum spectantium, majestas sua aliam domum aptam in recensitos usus assignabit.	Falls sich außerdem in der erzbischöflichen oder bischöflichen Residenz kein geeigneter Ort findet für die Kurie oder das Offizialat des Erzbischofs oder Bischofs und für das Archiv der Papierdokumente des kirchlichen Gerichts und Vikariats, wird Seine Majestät ein anderes angemessenes Haus für den Gebrauch bestimmen.
Ad negotium hujusmodi reddituum, fundorum et bonorum assignationis dioecesium intra trimestre post ratificationem praesentis conventionis perficiendum utraque contrahentium pars commissarios nominabit, ac de formali restitutionis vel designationis actu tria exemplaria in authentica forma expediri jubebit regia majestas, unum pro nuntio apostolico, alterum pro archivo regis, tertium pro archivo singularum ecclesiarum.	Zum Vollzug des Geschäft der Anweisung dieser Einkünfte, Fonds und Güter, das innerhalb einer Dreimonatsfrist nach der Ratifikation vorliegender Übereinkunft vollzogen sein soll, wird jeder der beiden vertragsschließenden Parteien Kommissare ernennen; Seine Majestät werden von dem förmlichen Akt der Erstattung oder Zuweisung drei Exemplare in authentischer Form ausfertigen lassen, eines für den apostolischen Nuntius, das andere für das Königliche Archiv, das dritte für das Archiv der jeweiligen Kirchen.

Alia beneficia, ubi extant, conservabuntur. Quod pertinent ad dioeceses Spirensem et Campidunensem, firma earum dotatione in bonis fundisque stabilibus prout supra conventum est, quoniam tamen per temproum circumstantias assignari nunc praedictis dioecesibus fundi ac bona stabilia non possunt, interea, usque dum haec assignatio fieri valeat, providebitur a majestate sua per assignationem annuae praestationis in summa pro episcopo 6000 florenorum, pro dignitatibus unicuique 1500 florenorum, pro uno ex quatuor canonicis senioribus[1364] 1000 florenorum, pro uno ex quatuor canonicis junioribus 800 florenorum, pro uno ex tribus vicariis senioribus 600 florenorum, pro uno ex tribus vicariis junioribus 400 florenorum.	Andere Benefizien werden, wo solche vorhanden sind, erhalten werden. Was die Diözese Speyer und Kempten betrifft, wird an deren Dotation in Gütern und ständigen Fonds festgehalten, so wie man oben übereingekommen ist. Da aber nun wegen besonderer Verhältnisse gegenwärtig für diese Diözesen keine Güter und ständige Fonds angewiesen werden können, wird inzwischen, bis diese Zuweisung vollzogen werden kann, durch Seine Majestät durch die Anweisung von Jahresfestbeträgen vorgesorgt werden, und zwar: für den Bischof 6.000 fl. Für jede Dignität 1.500 fl. Für jeden der fünf älteren Kanoniker 1.000 fl. Für jeden der fünf jüngeren Kanoniker 800 fl. Für jeden der drei älteren Vikare 600 fl. Für jeden der drei jüngeren Vikare 400 fl.
Fabricarum denique ipsarumque ecclesiarum fundi, redditus, bona mobilia et immobilia conservabuntur, et, nisi pro ecclesiarum manutentione, pro divini cultus expensis et inservientium necessariorum salariis sufficiant, sua majestas supplebit.	Die Fonds, Einkünfte, beweglichen und unbeweglichen Güter der bischöflichen Kirchen und ihrer Fabriken werden erhalten werden, und wenn dieselben zur Unterhaltung der Kirchen, zu den Ausgaben für den Gottesdienst und zu den Gehalten der nötigen Diener nicht zureichen, so werden Seine Majestät den Fehlbetrag decken.

1364 Bei Sicherer, Urkunde Nr. 17, 58, Anm. 16, ist zweimal von den „*quatuor canonicis junioribus*" die Rede, das erste Mal müssten es jedoch die „*quatuor canonicis senioribus*" sein.

Art. 5. Suae singulis dioecesibus scholae et seminaria episcopalia conserventur et dotatione congrua in bonis fundisque stabilibus provideantur; in iis autem dioecesibus, in quibus desunt, cum eadem pariter dotatione in bonis fundisque stabilibus sine mora fundentur. In seminariis autem admittentur atque ad normam concilii Tridentini educabuntur atque instituentur adolescentes, quos episcopi pro necessitate vel utilitate dioecesium in iis recipiendos judicaverint.	Art. 5. In jeder Diözese sollen die bischöflichen Schulen und Seminare erhalten, und mit einer hinreichenden Dotation in Gütern und ständigen Fonds versehen werden; in jenen Diözesen aber, in welchen solche Anstalten nicht vorhanden sind, sollen sie ohne Zögern mit einer gleichartigen Dotation in Gütern und ständigen Fonds gegründet werden. In die Seminare werden jene Heranwachsenden aufgenommen und dort nach Vorschrift des Konzils von Trient gebildet und unterrichtet, deren Aufnahme die Erzbischöfe und Bischöfe nach dem Bedürfnis oder Nutzen der Diözese für gut finden werden.
Horum seminariorum et scholarum ordinatio, doctrina, gubernatio et administratio episcoporum auctoritati pleno liberoque jure subjicientur juxta formas canonicas.	Die innere Ordnung, der Unterricht, die Leitung und die Verwaltung der Seminare und Schulen werden der rechtmäßigen vollen und freien Autorität der Bischöfe gemäß den kanonischen Formen unterstellt.
Rectores quoque et professores seminariorum ab episcopis nominabuntur et, quotiescumque necessarium aut utile ab ipsis judicabitur, removebuntur.	Die Vorsteher und Lehrer der Seminare werden von den Bischöfen ernannt, und, so wie sie es für nötig oder nützlich erachten sollten, auch wieder entlassen werden.
Hi autem omnes, uti et scholarum magistri, nonnisi praemissa initio cujuslibet anni fidei professione a Pio IV. publicata, ad exercendas suas functiones admittentur.	Allen diese Personen, wie auch den Lehrern an den Schulen, wird die Ausübung ihrer Aufgaben nicht gestattet, wenn sie nicht am Anfang jeden Jahres das Glaubensbekenntnis ablegen, das von Pius IV veröffentlicht wurde.

Art. 6. Majestas sua regia, collatis cum archiepiscopis et episcopis consiliis, assignabit pariter cum sufficienti dote domum, in qua infirmi ac senes clerici bene meriti solamen et asylum reperiant.	Art. 6. Seine Majestät wird nach Beratung mit den Erzbischöfen und Bischöfen für die Bereitstellung eines hinlänglich dotierten Hauses sorgen, in welchem kranke und alte wohlverdiente Geistliche Unterstützung und Zuflucht finden können.
Art. 7. Insuper majestas sua considerans, quot utilitates ecclesia atque ipse status a religiosis ordinibus perceperint ac percipere in posterum possint, et ut promptam suam erga sanctam sedem voluntatem probet, aliqua monasticorum ordinum utriusque sexus coenobia, praecipue ea, quae ad instituendam in religione et scientiis juventutem utilia esset possunt, cum convenienti dotatione in bonis fundisque stabilibus restituet. - -	Art. 7. Seine Königliche Majestät wird angesichts der Vorteile, welche die religiösen Orden der Kirche und dem Staate gebracht haben, und zukünftig auch noch bringen könnten, und um einen Beweis Ihrer Bereitwilligkeit gegenüber dem Heiligen Stuhl zu geben, einige Klöster der Mönchsorden beiderlei Geschlechts mit einer angemessenen Dotation in Gütern und ständigen Fonds ausstatten und wiedererrichten. Es sollen vorzüglich die sein, die zum Unterrichte der Jugend in der Religion und den Wissenschaften nützlich sein können.
Art. 8. Bona supradictarum ecclesiarum, mensarum archiepiscopalium et episcopalium, capitulorum, vicariorum, seminariorum, monasteriorum, conventuum, parochiarum, beneficiorum, fabricarum, scholarum omniumque aliarum piarum fundationum semper et integre conservanda erunt nec distrahi vel in pensiones mutari vel novis praestationibus sine apostolicae sedis auctoritatis interventu subjici poterunt.	Art. 8. Die Güter der obengenannten Kirchen, erzbischöflichen und bischöflichen Mensen, der Kapitel, Vikariate, Seminare, Klöster, Konvente, Pfarreien, Benefizien, Kirchenfabriken, Schulen und aller anderen frommen Stiftungen werden immer und ungeschmälert erhalten, und können ohne die Mitwirkung der Autorität des Apostolischen Stuhls weder veräußert noch in Pensionen verwandelt noch neuen Bürgschaften unterworfen werden.

Ecclesia insuper jus habebit novas acquirendi posssessiones et quidquid de novo sive mobile sive immobile acquisierit, faciet suum, et censebitur eodem jure ac veteres fundationes ecclesiasticae cujuscumque generis, quarum, uti et illarum quae in posterum fient, nulla vel suppressio vel unio fieri poterit absque apostolicae sedis auctoritatis interventu.	Die Kirche wird auch das Recht haben, neue Besitzungen zu erwerben, und was sie sowohl beweglich als auch unbeweglich erwirbt, soll ihr zu Eigen und rechtlich mit den älteren Kirchenstiftungen welcher Art gleichgestellt sein, welche so wenig wie die künftig zu errichtenden Stiftungen ohne Mitwirkung des Apostolischen Stuhls jemals aufgehoben oder vereinigt werden können.
Art. 9. Quotiescumque archiepiscopalis vel episcopalis sedes vacaverit, canonici intra bimestre capitulariter congregati designabunt quatuor habiles et dignos ecclesiasticos viros, partim de gremio capituli, partim ex reliquo clero sive saeculari sive regulari, ex quibus quatuor viris majestas sua indicabit illum, quem prae caeteris ad vacantem sedem promoveri cupiet, isque intra tres menses a die electionis a capitulo factae computandos ad sanctam sedem pro obtinenda juxta huc usque solutam formam provisione apostolica recurrere debebit, priusquam vero eam obtinuerit, regimini seu administrationi ecclesiae, ad quam designatus est, nullo modo se immiscere poterit. Quod si vero intra bimestre nulla facta sit electio, sancta sedes eligentium supplebit neglegentiam.	Art. 9. Jedes Mal, wenn ein erzbischöflicher oder bischöflicher Sitz vakant wird, treten die Kapitulare innerhalb von zwei Monaten als Kapitel zusammen und bestimmen vier fähige und würdige Männer der Kirche, teils aus der Mitte des Kapitels teils aus dem übrigen Säkular- oder Regularklerus. Aus diesen vier Männern wird Seine Majestät den anzeigen, von dem er wünscht, dass er vor den übrigen zu dem vakanten Sitz erhoben wird. Und dieser wird innerhalb von drei Monaten vom Tag der vom Kapitel durchgeführten Wahl an beim Heiligen Stuhl nachsuchen müssen, um die apostolische Provision in der geläufigen Form zu erhalten. Doch bevor er diese erlangt, wird er sich in keiner Weise in die Leitung bzw. Verwaltung der Kirche, für die er bestimmt ist, einmischen können.

Annatarum autem et cancellariae taxae proportionabiliter ad uniuscujusque mensae annuos redditus de novo statuentur. Cum autem ad praesens plures episcopales sedes vacent nec commode a capitulis supradicta electio fieri possit, sanctitas sua, attenta utilitate, quae ex hac conventione manat in ea, quae ad res ecclesiae et religionis pertinent, majestati regis Maximiliani Josephi apostolicum indultum concedet nominandi pro hac prima vice ad vacantes archiepiscopales et episcopales ecclesias personas iis dotibus praeditas, quas sacri canones requirunt. – -	Wenn aber die Wahl nicht innerhalb von zwei Monaten erfolgt, wird der Heilige Stuhl die Pflichtvergessenheit des Wählens ersetzen. Die Annaten und Kanzleigebühren werden nach dem Maßstab der jährlichen Einkünfte eines jeden Bischofs von Neuem festgesetzt werden. Da aber gegenwärtig mehrere bischöfliche Sitze vakant sind und von den Kapiteln nicht zweckmäßig die oben genannten Wahlen durchgeführt werden können, wird seine Heiligkeit angesichts der Vorteile, die aus dieser Übereinkunft für die Sache der Kirche und der Religion erwächst, Seiner Majestät dem König Maximilian Joseph ein apostolisches Indult gewähren, um für dieses erste Mal zu den vakanten erzbischöflichen und bischöflichen Kirchen Personen zu ernennen, welche die nach den heiligen Canones dazu erforderlichen Eigenschaften besitzen.

Art. 10. Sanctitas sua, reservata sibi collatione praepositurae tam in metropolitanis quam in cathedralibus ecclesiis, quae modo existunt aut respective erigendae sunt in locis temporali dominio Bavariae regis subjectis, eidem regi et successoribus ejus concedet nominationem tam ad decanatum quam ad canonicatus et praebendas in iisdem ecclesiis in mensibus papalibus in posterum vacaturas. Quoad alios autem sex menses, in eorum tribus archiepiscopus aut episcopus respective, in reliquis autem tribus capitulum nominabit.	Art. 10. Seine Heiligkeit reserviert sich die Verleihung der Propststellen sowohl in den Metropolitan- als auch Kathedralkirchen, die in ihrer Art bestehen oder entsprechend einzurichten sind an Orten, die der weltlichen Herrschaft des Königs Bayerns unterstellt sind. Sie gewährt dem König und seinen Nachfolgern die Nomination sowohl zu den Dekanestellen als auch zu den Kanonikaten und Präbenden an diesen Kirchen in den päpstlichen Monaten für die zukünftigen Vakanzen. Was die übrigen sechs Monate betrifft, wird in dreien von ihnen der zuständige Erzbischof oder Bischof, in den übrigen das Kapitel dazu nominieren.
Ad dignitates autem et canonicatus ii prae caeteris nominentur, qui praeter qualitates a sacro concilio Tridentino praescriptas in sacris ministeriis cum laude versati sint aut episcopo in administranda dioecesi adjutricem operam praestiterint.	Zu den Dignitäten und den Kanonikaten sind vor anderen die zu ernennen, die neben den vom heiligen Konzil von Trient geforderten Eigenschaften für ihre Arbeit in der Seelsorge mit Lob bedacht wurden oder sich beim Bischof in der Verwaltung der Diözese mit hilfreichem Tun hervorgetan haben.
Theologalem vero et poenitentiariam praebendas canonicales ad formam sacri concilii Tridentini semper archiepiscopi aut episcopi conferent. Quod si praebendae praedictae vacaverint in mensibus, in quibus nominatio vigore apostolici indulti ad regem spectabit, majestas regia ad cannonicatum, qui primus post collationem praebendae theologalis aut poenitentiariae in mensibus sive ordinariis sive capitularibus vacaverit, nominabit.	Die Kanonikate des Theologen und Pönitentiars mit ihren Präbenden werden gemäß den Formvorschriften des heiligen Konzils von Trient immer vom Erzbischof oder Bischof übertragen. Wenn die vorgenannten Präbenden in Monaten vakant werden, in denen die Nomination Kraft apostolischen Indults an den König fällt, wird die Königliche Majestät zu dem Kanonikat nominieren,

	das zuerst nach der Verleihung der Präbende des Theologen oder des Pönitentiars frei wird, sei es in den Monaten des Nominationsrechts der Ordinarien oder der Kapitel.
Dignitarii, canonici et beneficiati omnes residentiales, uti a pluralitate beneficiorum et praebendarum juxta sacros canones prohibentur, ita ad residentiam secundum eorum canonum rigorem, salva sedis apostolicae auctoritate, adstringuntur.	So wie den Dignitäten, Kanonikern und allen zur Residenz verpflichteten Benefiziaten der Besitz mehrerer Benefizien und Präbenden nach den heiligen Canones verboten ist, so sind sie gemäß Bestimmungen auch streng zur Residenz verpflichtet, unbeschadet der Autorität des apostolischen Stuhles.
Art. 11. Archiepiscopi et episcopi conferent beneficia tam parochialia quam silmplicia, quae – - juri patronatus regio vel privato legitime, id est sive per fundationem, sive per dotationem, sive per constructionem acquisito, subjecta non sunt. Quae vero beneficia tam parochialia quam simplicia hujusmodi juri patronatus tam regio quam privato, (sive illud ecclesiasticum, sive laicale, sive mixtum sit) subjecta sunt, ad ea praesentabunt eorum respective patroni. – - Archiepiscopi vero et episcopi praesentatis, in quibus debita agnoscent requisita, canonicam dabunt institutionem.	Art. 11. Die Erzbischöfe und Bischöfe übertragen sowohl pfarrliche als auch einfache Benefizien, die weder dem königlichen Patronatsrecht noch dem legitimen privaten, d. h. weder durch Gründung oder Ausstattung oder Bau erworbenen, unterliegen. Jedoch zu den Benefizien, sowohl den pfarrlichen als auch den einfachen, die entweder dem königlichen oder auch dem privaten (dem kirchlichen oder dem laikalen oder dem gemischten) Patronatsrecht unterliegen, präsentieren die betreffenden Patrone. Die Erzbischöfe und Bischöfe aber werden den Präsentierten, sofern sie bei ihnen die nötigen Eigenschaften vorfinden, die kanonische Institution erteilen

Ad ea autem beneficia, quae antea pertinebant ad capitula collegiatarum ecclesiarum, ad abbatias et monasteria in praesens de facto non existentia quaeque non restituantur, si simplicia fuerint, sanctitas sua de speciali indulto concedet majestati regis Bavariae jus ad ea nominandi; si vero fuerint parochialia, archiepiscopi aut episcopi indicent concursum ad formam concilii Tridentini et tres personas idoneas in concursu approbatas regiae majestati proponent, ut ex iis unam archiepiscopo vel episcopo praesentet, cui archiepiscopus vel episcopus canonicam dabit institutionem.	Doch die Verleihung der Benefizien, die früher den Kapiteln der Kollegiatkirchen, Abteien und Klöstern zukam, die zurzeit faktisch nicht existieren und die nicht wiedererrichtet werden, wird zukünftig, falls es einfache Benefizien sind, durch die Majestät, dem bayerischen König, geschehen. Seine Heiligkeit gewährt dazu dem König durch ein spezielles Indult das Recht zur Nomination zu diesen Benefizien. Falls es aber Pfarrbenefizien sind, werden die Erzbischöfe und Bischöfe ein Treffen gemäß der Formvorschrift des Trienter Konzils anberaumen und drei geeignete Personen, die sich bei diesem Treffen qualifiziert haben, der Königlichen Majestät vorschlagen, damit eine von ihnen dem Erzbischof oder Bischof präsentiert wird, welcher der Erzbischof oder Bischof die kanonische Institution geben wird.
Praesentatio autem et nominatio ad omnia ista beneficia intra tempus a canonibus praescriptum fient; secus ea beneficia libere ab archiepiscopo vel episcopo conferentur.	Doch die Präsentation und Nomination zu all diesen Benefizien hat innerhalb des von den Canones vorgeschrieben Zeitraums zu geschehen; andernfalls werden diese Benefizien frei vom Erzbischof oder Bischof übertragen.

Art. 12. Pro regimine dioecesium archiepiscopis et episcopis id omne exercere liberum erit, quod in vim pastoralis eorum ministerii sive ex declaratione, sive ex dispositione sacrorum canonum secundum praesentem et a sancta sede adprobatam ecclesiae disciplinam competit, ac praesertim	Art. 12. In der Leitung der Diözesen sind die Erzbischöfe und Bischöfe befugt, alles dasjenige frei auszuüben, was ihnen kraft ihres Hirtenamtes sowohl aus der Erklärung oder der Anordnung der heiligen Canones nach der gegenwärtigen und durch die vom Heiligen Stuhl bestätigten Kirchendisziplin zusteht, insbesondere:
a) vicarios, consiliarios et adjutores administrationis suae constituere ecclesiasticos quoscumque, quos ad praedicta officia idoneos judicaverint,	a) zu Vikaren, Ratgebern und Helfern ihrer Verwaltung Geistliche zu bestimmen, welche sie dafür geeignet finden werden;
b) ad statum clericalem assumere et approbatis a sacris canonibus titulis ad ordines etiam majores, praevio examine ab ipsis episcopis vel eorum vicariis cum examinatoribus synodalibus instituendo, promovere, quos necessarios aut utiles suis dioecesibus judicaverint; et e contrario, quos indignos censuerint, a susceptione ordinum arcere, quin ab ullo quovis obtentu impediri queant,	b) alle diejenigen in den geistlichen Stand aufzunehmen, und mit den kanonischen Titeln zu den höheren Weihen zu befördern, welche sie für ihre Diözese notwendig und nützlich erachten, wenn dieselben vorher die von den Bischöfen selbst oder ihren Vikaren unter Mitwirkung der Synodal-Examinatoren vorzunehmende Prüfung bestanden haben, dagegen diejenigen, welche sie unwürdig finden, vom Empfange der Weihen auszuschließen, ohne dass sie hierin unter irgendeinem Vorwande gehindert werden können;
c) causas, quae sive ratione sui, sive ratione personarum ecclesiasticae sunt, atque in primis causas matrimoniales, quae juxta canonem 12. sess. 24. concilii Tridentini ad judices ecclesiasticos spectant, in foro eorum cognoscere ac de iis sententiam ferre,	c) Fälle, die entweder aufgrund ihrer Natur oder aufgrund der betroffenen Personen kirchliche sind und insbesondere Ehesachen, welche nach dem Canon 12 Sess. 24 des Konzils von Trient einen geistlichen Richter erfordern, vor ihrem Gericht zu verhandeln und durch Urteil zu entscheiden;

d) in clericos reprehensione dignos poenis, quas convenientes judicaverint, salvo recursu canonico, animadvertere hancque in finem habere domum, in qua immorigeri clerici emendentur poenitentiamque agant, poenis quoque canonicis et censuris ecclesiasticis animadvertere in quoscumque fideles ecclesiasticarum legum et sacrorum canonum transgressores,	d) gegen Geistliche, unbeschadet des kanonischen Rekurses, welche eine Ahndung verdienen, solche anzuordnen und für dieses Ziel ein Haus zu nutzen, in dem sich Kleriker aufhalten, damit sie gebessert würden und Buße tun; und auch kanonische Bußen und kirchliche Strafen zu verhängen über Gläubige, wegen Übertretungen der kirchlichen Gesetze und der heiligen Canones.
e) cum clero et populo dioecesano pro munere officii pastoralis communicare suasque instructiones et ordinationes pastorales de rebus ecclesiasticis libere publicare; praeterea episcoporum, cleri et populi communicatio cum sancta sede in rebus – - ecclesiasticas libera erit, nullo impedietur obstaculo,	e) in der Ausübung des geistlichen Hirtendienstes mit dem Klerus und dem Volk der Diözese zu kommunizieren, und ihre Instruktionen und pastoralen Anordnungen zu kirchlichen Angelegenheiten frei zu publizieren; außerdem wird die die Communication der Bischöfe, des Klerus und des Volkes mit dem Heiligen Stuhl in geistlichen Dingen und kirchlichen Angelegenheiten frei sein, und ihr überhaupt kein Hindernis entgegengesetzt werden;
f) collatis cum regia majestate, praesertim pro convenienti reddituum assignatione, consiliis parochias erigere, dividere vel unire,	f) im Einverständnis mit der Königlichen Majestät, insbesonders wegen Anweisung angemessener Bezüge, Pfarreien zu errichten, zu teilen und zu vereinigen;

g) praescribere vel indicare preces publicas aliaque pia opera, cum id bonum ecclesiae vel status aut populi postulet, et invigilare, ut in ecclesiasticis funcitonibus, praesertim autem in missa et in administratione sacramentorum, ecclesiae formulae usurpentur et latina lingua semper adhibeatur.	g) Öffentliche Gebete und andere fromme Übungen vorzuschreiben und anzusagen, wenn dieses das Wohl der Kirche, des Staates, oder des Volkes verlangt, und darauf zu achten, dass bei den kirchlichen Verrichtungen, besonders aber in der Messe und der Ausspendung der Sakramente die kirchlichen Formeln benutzt und stets die lateinische Sprache verwandt werden.
Art. 13. Libri typis mandandi vel introducendi ordinarii etiam censurae subjucientur circa res ad fidem vel ad mores vel ad ecclesiasticam disciplinam pertinentes nec, nisi eo suffragante, imprimantur aut introducantur.	Art. 13. Die Herausgabe und Einführung der Bücher unterliegen der Zensur der Ordinarien hinsichtlich der Themen, die den Glauben oder die Sitten oder die kirchliche Disziplin betreffen; und sie werden nicht gedruckt oder eingeführt, bis zu ihrer Empfehlung.
Art. 14. Majestas sua districte prohibebit, ne catholica religio ejusque ritus vel liturgia sive verbis, sive factis, sive scriptis contemnatur aut ecclesiarum antistites vel ministri in exercendo munero suo, pro custodienda praesertim fidei ac morum doctrina et disciplina ecclesiae, quocumque modo impediantur.	Art. 14. Seine Majestät wird strikt verbieten, dass die katholische Religion sowie ihre Riten und ihre Liturgie weder durch Worte, Taten oder Schriften verunglimpft werden oder die Vorsteher und Diener der Kirchen in der Ausübung ihres Dienstes besonders zum Schutz der Lehre des Glaubens und der Sitten und der kirchlichen Disziplin in irgendeiner Weise gehindert werden.

Desiderans praeterea, ut debitus juxta divina mandata sacris ministris honor servetur, non patietur quidquam fieri, quod eos in contemptum adducere possit, neque permittent, ut clerici a laicis judicibus evocentur et cum infima plebe confundantur.	Da Seine Majestät außerdem wünschen, dass den Dienern der Religion die ihnen nach göttlichen Geboten schuldige Ehrerbietung bezeugt werde, wird Seine Majestät nicht dulden, dass irgendetwas geschehe, was zu deren Verächtlichmachung führen könnte, noch erlauben, dass Kleriker von Laien vor die Richter zitiert und mit geringem Volk vermengt werden.
Art. 15. Archiepiscopi et episcopi coram regia majestate juramentum fidelitatis emittent, sequentibus verbis expressum: Ego juro et promitto ad sancta dei evangelia obedientiam et fidelitatem regiae majestati; item promitto, me nullam communicationem habiturum, nulliique consilio interfuturum, nullamque suspectam unionem neque intra neque extra conservaturum, quae tranquillitati publicae noceat; et si tam in dioecesi mea quam alibi noberim aliquid in status damnum tractari, majestati suae manifestabo.	Art. 15. Der Erzbischof und die Bischöfe werden vor der Königlichen Majestät einen Treueeid mit folgendem Wortlaut ablegen: „Ich schwöre und verspreche auf Gottes heilige Evangelien Gehorsam und Treue Seiner Majestät dem König. Ebenso verspreche ich, keine Kommunikation zu pflegen, an keiner Beratung teilzunehmen, und keine verdächtige Verbindung weder im Innoch im Ausland zu unterhalten, welche der öffentlichen Ruhe schädlich sein könnte, und wenn ich Kenntnis von einem Anschlag, sei es in meiner Diözese oder sonst irgendwo, zum Nachteil des Staates erhalten sollte, solches Seiner Majestät anzuzeigen.“

Art. 16. Caetera, quae ad res et personas ecclesiasticas spectant, quorum nulla in his articulis expressa facta est mentio, manebunt omnia et administrabuntur juxta vigentem et approbatam ecclesiae disciplinam; si qua vero in posterum supervenerit difficultas, sanctitas sua et regia majestas secum conferre et rem amice componere sibi reservant.	Art. 16. Das Übrige, was kirchliche Angelegenheiten und Personen betrifft und in diesen Artikeln nicht ausdrücklich erwähnt wird, bleibt alles bestehen und wird gemäß geltender und anerkannter kirchlicher Disziplin behandelt werden. Sollte aber in Zukunft ein Anstand aufkommen, so behalten sich seine Heiligkeit und Seine Königliche Majestät vor, sich darüber zu verständigen, und die Sache auf freundschaftliche Weise beizulegen.
Art. 17. Praesens conventio substituitur omnibus legibus, ordinationibus et decretis a gubernio Bavarico circa res religionis et circa ecclesiasticam disciplinam huc usque latis, quae veluti abrogata illico habebuntur.	Art. 17. Die gegenwärtige Übereinkunft wird alle von der Bayerischen Regierung bis jetzt in Religionssachen und der Kirchendisziplin erlassenen Gesetze, Verordnungen und Verfügungen ersetzen, die gleichsam sofort als aufgehoben angesehen werden.
Art. 18. Utraque contrahentium pars spondet se successoresque suos omnia, de quibus in his articulis utrinque conventum est, sancte servaturos, et a majestate regia praesens conventio lex status declarabitur. Praeterea eadem majestas regia spondet, nihil umquam se successoresque suos quavis de causa articulis hujus conventionis addituros neque in iis quidquam immutaturos vel eosdem declaraturos esse absque sedis apostolicae auctoritate et cooperatione.	Art. 18. Beide vertragsschließenden Teile versprechen für sich und ihre Nachfolger die genaue Beobachtung alles dessen, worüber man in diesen Artikeln gegenseitig übereingekommen ist, und Seine Königliche Majestät werden gegenwärtige Übereinkunft als Staats-Gesetz erklären. Ferner verspricht die Königliche Majestät für sich und ihre Nachfolger, nie aus irgendeinem Grunde den Artikeln dieser Übereinkunft etwas anzufügen, oder daran etwas abzuändern, oder dieselben auszulegen ohne des Apostolischen Stuhls Autorität und Mitwirkung.

Art. 19. Ratificationum hujus conventionis traditio fiet intra quadraginta dies ab ejusdem data aut citius, si fieri poterit.	Art. 19. Die Übergabe der Ratifikationsurkunden dieser Übereinkunft soll innerhalb von 40 Tagen vom Datum der Unterzeichnung an erfolgen, oder früher, wenn es geschehen kann.

1817-04-23, Römisches Ultimatum

Römisches Ultimatum, von dem bayerischen Gesandten in Rom seiner Regierung eingesandt am 23. April 1817.

Quelle: K. Staatsministerium des K. Hauses und des Aeusseren. Zitiert nach Sicherer, Urkunden Nr. 18, 63–71.

Conventio inter sanctissimum dominum Pium VII. summum pontificem et majestatem suam Maximilianum Josephum Bavariae regem. In nomine sanctissimae trinitatis. Sancititas sua summus pontifex Pius VII. et majestas sua Maximilianus Josephus Bavariae rex, debita sollicitudine cupientes, ut in iis, quae ad res ecclesiasticas pertinent, certus stabilisque in Bavariae regno terrisque ei subjectis constituatur ordo, in sequentes articulos convenerunt:	Übereinkunft zwischen Seiner Heiligkeit Papst Pius VII. du Seiner Majestät, Maximilian Joseph, König von Bayern. Im Namen der Allerheiligsten Dreieinigkeit. Seine Heiligkeit Papst Pius VII. und Seine Majestät Maximilian Joseph, König von Bayern, von gleichem Verlangen beseelt, die Verhältnisse der Kirche im Königreich Bayern und den dazu gehörigen Ländern bestimmt und bleibend zu ordnen, sind deshalb über die folgenden Artikel übereingekommen.
Art. 1. Religio catholica, apostolica, Romana in toto Bavariae regno terrisque ei subjectis sarta tecta conservabitur cum iis juribus et praerogativis, quibus frui debet ex dei ordinatione et canonicis sanctionibus.	Art. 1. Die Römisch-katholische, apostolische Religion wird in dem ganzen Umfange des Königreichs Bayern und in den dazu gehörigen Ländern unversehrt mit jenen Rechten und Prärogativen erhalten werden, welche sie nach göttlicher Anordnung und den kanonischen Satzungen zu genießen hat.

Art. 2. Sanctitas sua, servatis servandis, Bavariae regni dioeceses sequenti ratione constituet:	Art. 2. Seine Heiligkeit werden mit Beobachtung der erforderlichen Rücksichten die Diözesen des Königreiches Bayern in folgender Art einrichten:
Sedem Frisingae Monachium transferet eamque eriget in metropolitanam, quae pro dioecesi sua habebit territorium actuale Frisingensis dioecesis; ejus tamen antistites eorumque successores archiepiscopi Monachii et Frisingae nuncupandi erunt.	Der bischöfliche Sitz von Freising wird nach München verlegt und zum Metropolitansitz erhoben, er wird als Sprengel das bisherige Territorium der Freisinger Diözese, umfassen. Der Vorsteher und dessen Nachfolger werden den Titel eines Erzbischofs von München und Freising führen.
Eidem antistiti episcopales ecclesias Augustanam, Passaviensem et Ratisbonensem, praevia metropoliticae qualitatis suppressione, in suffraganeas assignabit; antistes tamen Passaviensis ecclesiae actu vivens exemptionis privilegio, quoad vixerit, gaudebit.	Diesem Vorsteher werden die bischöflichen Kirchen von Augsburg, Passau und Regensburg, dessen metropolitane Stellung zuvor aufgehoben wird, als Suffragankirchen untergeordnet. Jedoch soll der jetzige Vorsteher der Passauer Kirche das Privileg der Exemption auf Lebenszeit genießen.
Bambergensem cathedralem ecclesiam in metropolitanam eriget illique suffraganeas assignabit ecclesias epicopales Herbipolensem, Eichstettensem et Spirensem.	Die Bamberger Kathedralkirche wird zur Metropolitankirche erhoben und derselben werden die bischöflichen Kirchen von Würzburg, Eichstädt und Speyer als Suffragankirchen zugeteilt.
Territorium Aschaffenburgense, olim ad Moguntinam nunc ad Ratisbonensem dioecesim pertinens, et partem Bavaricam Fuldensis dioecesis Herbipolensi dioecesi adjunget.	Das Aschaffenburger Territorium, einst gehörig zur Mainzer nun zur Regensburger Diözese, und der bayerische Teil der Fuldaer Diözese werden der Diözese Würzburg angefügt.
Partem autem Bavaricam Constantiensis cum exempto territorio Campidunensi Augustanae dioecesi uniet.	Der in Bayern gelegene Teil der Diözese Konstanz wird nebst dem exempten Bezirk von Kempten der Augsburger Diözese einverleibt.

Simili modo partem Bavaricam dioecesis Salisburgensis et territorium exemptae praepositurae Berchtolgadensis partim Passaviensi, partim Monacensi dioecesi uniet, cui quidem dioecesi, praevia suppressione sedis Chiemensis, hujus quoque ecclesiae dioecesim assignabit. Novi singularum dioecesium fines, in quantum necesse erit, designabuntur.	Auf gleiche Weise werden der bayerische Teil der Salzburger Diözese und das Gebiet der exempten Propstei Berchtesgaden, teils mit der Passauer-, teils mit der Münchner Diözese vereinigt werden. Dieser Diözese wird auch das Territorium der Diözese Chiemsee, deren Sitz zuvor aufgehoben wird, zugewiesen werden. Die neuen Grenzen der einzelnen Diözesen werden, soweit es nötig sein sollte, noch genauer bestimmt werden.
Art. 3. Capitula metropolitanarum ecclesiarum habebunt duas dignitates, nempe praepositum ac decanu, et duodecim canonicos, capitula vero cathedralium ecclesiarum habebunt pariter duas dignitates, scilicet praepositum ac decanum, et decem canonicos. Quodlibet praeterea capitulum tam metropolitanum quam cathedrale habebit praebendarios seu vicarios sex. In quovis capitulo archiepiscopi et episcopi ad formam concilii Tridentini duos ex canonicis designabunt, qui partem theologi et partem poenitentiarii agent.	Art. 3. Die Kapitel der Metropolitankirchen bestehen aus zwei Dignitäten, nämlich dem Propst und dem Dekan, und aus zwölf Kanonikern. Auch die Kapitel der bischöflichen Kirchen werden zwei Dignitäten, nämlich einen Propst und einen Dekan und zehn Kanoniker haben. Nebst diesen werden bei jedem, sowohl Metropolitan- als bischöflichem Kapitel wenigstens sechs Präbendare oder Vikare angestellt werden.

Dignitarii et canonici omnes praeter chori servitium archiepiscopis et episcopis in administrandis dioecesibus suis a consiliis servient. Archiepiscopis et episcopis tamen plane liberum erit ad specialia munia et negotia officii sui pro bene placito applicare. Simili modo vicariorum officia assignabunt. Majestas tamen regia iis, qui officio vicario generalis fungentur, 500 florenos annuos, iis vero, qui secretarii episcopalis partes agent, 200 florenos assignabit.	Bei jedem Kapitel werden die Erzbischöfe und Bischöfe nach Vorschrift des Konzils von Trient aus den Kanonikern zwei Kanoniker bestellen, einen als Theologen und den zweiten als Pönitentiar. Alle Dignitäre und Kanoniker werden neben dem Chordienst den Erzbischöfen und Bischöfen in Verwaltung ihrer Diözese als Räte dienen. Doch soll es den Erzbischöfen und Bischöfen freistehen, deren Verwendung zu den einzelnen besonderen Diensten und Geschäften ihres Amtes nach Gutdünken zu bestimmen. Ebenso werden sie auch den Vikaren ihre Dienste anweisen. Die Königliche Majestät werden außerdem denjenigen, welche die Stelle eines Generalvikars bekleiden, jährlich 500 ft.; jenen aber, welchen das Amt eines bischöflichen Sekretärs übertragen ist, 200 fl. zuweisen.
Art. 4. Redditus mensarum archiepiscopalium et episcopalium in bonis fundisque stabilibus, liberae archiepiscoporum et episcoporum administrationi tradendis constituentur. Simili bonorum genere et administrationis jure gaudebunt capitula metropolitanarum et cathedralium ecclesiarum et vicarii seu praebendarii praedictarum ecclesiarum servitio addicti.	Art. 4. Die Einkünfte zum Unterhalt der Erzbischöfe und Bischöfe werden auf Güter und ständige Fonds gegründet werden, welche der freien Verwaltung der Erzbischöfe und Bischöfe übergeben werden. In gleicher Art werden auch die erzbischöflichen und bischöflichen Kapitel, und die bei diesen angestellten Vikaren oder Präbendare ihre Ausstattung mit dem Recht der Selbstverwaltung erhalten.

Quantitas reddituum annuorum, deductis oneribus, erit ut sequitur.	Der Betrag der jährlichen Einkünfte wird nach Abzug der Lasten wie folgt sein:
Dioecesis Monacensis.	Diözese München.
Pro archiepiscopo florenorum viginti millium.	Für den Erzbischof 20.000 fl.
Pro praeposito florenorum quatuor millium.	Für den Probst 4.000 fl.
Pro decano florenorum quatuor millium.	Für den Dechant 4.000 fl.
Pro quolibet e sex canonicis senioribus florenorum bis millium.	Für jeden der fünf älteren Kanoniker 2.000 fl.
Pro quolibet e sex canonicis junioribus florenorum mille sexcentorum.	Für jeden der fünf jüngeren Kanoniker 1.600 fl.
Pro quolibet e tribus vicariis senioribus flororum octingentorum.	Für jeden der drei älteren Vikare 800 fl.
Pro quolibet e tribus vicariis junioribus florenorum sexcentorum.	Für jeden der drei jüngeren Vikare 600 fl.
Dioecesis Bambergensis.	Diözese Bamberg.
Pro archiepiscopo florenorum quindecim millium.	Für den Erzbischof 15.000 fl.
Pro praeposito florenorum trium millium quingentorum.	Für den Probst 3.500 fl.
Pro decano florenorum trium millium quingentorum.	Für den Dekan 3.500 ft.
Pro quolibet e sex canonicis senioribus florenorum mille octingetorum.	Für jeden der fünf älteren Kanoniker 1.800 fl.
Pro quolibet e sex canonicis junioribus florenorum mille quadringentorum.	Für jeden der fünf jüngeren Kanoniker 1.400 fl.
Pro quolibet e tribus vicariis senioribus florenorum octingentorum.	Für jeden der drei älteren Vikare 800 fl.
Pro quolibet e tribus vicariis junioribus florenorum sexcentorum.	Für jeden der drei Jüngern Vikare 600 fl.

Dioeceses Augustana, Ratisbonensis et Herbipolensis.	Diözesen Augsburg, Regensburg und Würzburg.
Pro quolibet episcopo florenorum decem millium.	Für den Bischof 10.000 ft.
Pro quolibet praeposito florenorum trium millium.	Für den Probst 3.000 fl.
Pro quolibet decano florenorum trium millium.	Für den Dekan 3.000 fl.
Pro quolibet e quinque canonicis senioribus florenorum mille sexcentorum.	Für jeden der vier älteren Kanoniker 1.600 fl.
Pro quolibet e quinque canonicis junioribus florenorum mille quadringentorum.	Für jeden der vier jüngeren Kanoniker 1.400 fl.
Pro quolibet e tribus vicariis senioribus florenorum octingentorum.	Für jeden der drei älteren Vikare 800 fl.
Pro quolibet e tribus vicariis junioribus florenorum sexcentorum.	Für jeden der drei jüngeren Vikare 600 fl.
Dioeceses Passaviensis, Eichstettensis et Spirensis.	Diözesen Passau, Eichstädt und Speyer.
Pro quolibet episcopo florenorum octo millium.	Für den Bischof 8.000 fl.
Pro quolibet praeposito florenorum bis millium quingentorum.	Für den Probst 2.500 fl.
Pro quolibet decano florenorum bis mille quingentorum.	Für den Dekan 2.500 fl.
Pro quolibet e quinque canonicis senioribus florenorum mille sexcentorum.	Für jeden der vier älteren Kanoniker 1.600 fl.
Pro quolibet e quinque canonicis junioribus florenorum mille quadringentorum.	Für jeden der vier jüngeren Kanoniker 1.400 fl.
Pro quolibet e tribus vicariis senioribus florenorum octingentorum.	Für jeden der drei älteren Vikare 800 fl.
Pro quolibet e tribus vicariis junioribus florenorum sexcentorum.	Für jeden der drei jüngeren Vikare 600 fl.

Quorum omnium reddituum summae salvae semper et integrae conservandae erunt. Tempore autem vacationis archiepiscopalium et episcopalium sedium, dignitatum, canonicatuum, praebendarum seu vicariatuum praedictae reddituum summae in utilitatem respectivarum ecclesiarum percipiendae et conservandae erunt.	Alle diese Einkünfte sollen in ihrem Betrag stets vollständig und ungeschmälert erhalten werden, und die Güter und Fonds weder veräußert noch in Geldbesoldungen verwandelt werden können. Zur Zeit der Vakanz eines erzbischöflichen oder bischöflichen Stuhls, der Dignitäten, Kanonikate, Präbenden oder Vikariate wird der Betrag der vorgenannten Einkünfte zum Nutzen der betreffenden Kirchen erhoben und erhalten.
Habitatio insuper tam archiepiscopis et episcopis quam dignitatibus, canonicis senioribus et vicariis pariter senioribus illorum dignitati et statui respondens assignabitur.	Eine Wohnung, die ihrer Würde und ihrem Stand entspricht, wird außerdem sowohl den Erzbischöfen und Bischöfen als auch den Dignitäten, den älteren Kanonikern und den älteren Vikaren zugewiesen werden.
Pro curia archiepiscopali et episcopali, pro capitulo et archivo majestas sua domum aptam assignabit.	Für die erzbischöfliche und bischöfliche Kurie, für das Kapitel und das Archiv werden Seine Majestät ein geeignetes Gebäude bestimmen.
Ad negotium hujusmodi reddituum, fundorum et bonorum assignationis intra trimestre post ratificationem praesentis conventionis, si fieri poterit, vel ad summum intra semestre, et antequam canonica institutio ab apostolica sede archiepiscopis et episcopis detur, perficiendum utraque contrahentium pars commissarios nominabit, ac de formali praedictae dotationis actu tria exemplaria in authentica forma expediri jubebit regia majestas, unum pro archivo regio, alterum pro nuntio apostolico, tertium denique pro archivo singularum ecclesiarum.	Zum Vollzug des Geschäfts der Anweisung dieser Einkünfte, Fonds und Güter, welches möglichst innerhalb von drei Monaten oder wenigstens innerhalb eines halben Jahres nach der Ratifikation vorliegender Übereinkunft und bevor vom Apostolischen Stuhl die kanonische Institution den Erzbischöfen und Bischöfen gegeben wird, vollzogen sein soll, wird jeder der beiden vertragsschließenden Teile Kommissare ernennen. Und Seine Majestät werden von dem förmlichen Akt der vorerwähnten Anweisung drei Exemplare in authentischer Form ausfertigen lassen,

	eines für das königliche Archiv, das andere für den apostolischen Nuntius, das dritte schließlich für die Archive der einzelnen Kirchen.
Alia beneficia, ubi extant, conservabuntur.	Andere Benefizien werden, wo solche vorhanden sind, erhalten werden.
Quod pertinent ad dioecesim Spirensem, firma assignatione redditiuum ejus favore in bonis fundisque stabilibus, prout supra conventum est, quoniam tamen per temporum circumstantias assignari nunc praedictae dioecesi fundi ac bona stabilia non possunt, interea, usque dum haec assignatio fieri valeat, providebitur a majestate sua per assignationem praestationis annuatim solvendae in summa aequivalenti redditibus supradictis.	Was die Diözese Speyer betrifft, wird an deren festgesetzten Einkünften in Gütern und ständigen Fonds zu ihren Gunsten festgehalten, wie man oben übereingekommen ist. Da aber nun wegen besonderer Verhältnisse gegenwärtig für diese Diözese keine Güter und ständige Fonds angewiesen werden können, wird inzwischen, bis diese Zuweisung vollzogen werden kann, durch Seine Majestät vorgesorgt werden durch die Anweisung von Jahresfestbeträgen, die in der Summe den oben genannten Einkünften entsprechen.
Fabricarum denique ipsarumque ecclesiarum fundi, redditus, bona mobilia et immobilia conservabuntur et nisi pro ecclesiarum manutentione, pro divini cultus expensis et inservientium necessariorum salariis sufficant sua majestas supplebit.	Die Fonds, Einkünfte, beweglichen und unbeweglichen Güter der bischöflichen Kirchen und ihrer Fabriken werden erhalten werden, und wenn diese zum Unterhalt der Kirchen, zu den Ausgaben für den Gottesdienst und zu den Gehältern der nötigen Diener nicht zureichen, so werden Seine Majestät den Fehlbetrag decken.

Art. 5. Sua singulis dioecesibus seminaria episcopalia conserventur et dotatione congrua in bonis fundisque stabilibus provideantur; in iis autem dioecesibus, in quibus desunt, sine mora cum eadem pariter dotatione in bonis fundisque stabilibus fundentur.	Art.·5. In jeder Diözese sollen die bischöflichen Seminare erhalten, und mit einer hinreichenden Dotation in Gütern und ständigen Fonds versehen werden; in jenen Diözesen aber, in welchen solche Anstalten nicht vorhanden sind, sollen sie unverzüglich mit einer gleichartigen Dotation in Gütern und ständigen Fonds gegründet werden.
In seminariis autem admittentur atque ad normam sacri concilii Tridentini efformabuntur atque instituentur ii, quos episcopi pro necessitate vel utilitate dioecesium in iis recipiendos judicaverint. Horum seminariorum ordinatio, doctrina, gubernatio et administratio episcoporum auctoritati pleno liberoque jure subjectae erunt.	In die Seminare werden jene Kandidaten aufgenommen und darin nach Vorschrift des heiligen Konzils von Trient gebildet und unterrichtet, deren Aufnahme die Erzbischöfe und Bischöfe nach dem Bedürfnis oder Nutzen der Diözese für gut finden werden. Die· innere Einrichtung, der Unterricht, die Leitung und die Verwaltung der Seminare werden der vollkommen freien Vollmacht der Bischöfe unterstellt.
Rectores quoque et professores seminariorum ab episcopis nominabuntur et, quotiescunque necessarium aut utile ab ipsis judicabitur, removebuntur.	Die Vorsteher und Lehrer in diesen Seminaren werden von den Bischöfen ernannt, und, so wie sie es für nötig oder nützlich erachten sollten, auch wieder entlassen werden.
Gymnasia seu lycea regni Bavariae archiepiscoporum et episcoporum inspectioni et auctoritati tam circa sanam doctrinam quam circa bonos mores subjecta erunt.	Die Gymnasien bzw. Lycea des Königreichs Bayern sind der erzbischöflichen und bischöflichen Inspektion und Autorität unterworfen, sowohl im Hinblick auf die gesunde Lehre als auch auf die guten Sitten.

Art. 6. Majestas sua regia, collatis cum archiepiscopis et episcopis consiliis, assignabit pariter cum sufficienti dote domum, in qua infirmi ac senes clerici benemeriti solamen et asylum reperiant.	Art. 6. Seine Majestät wird nach Beratung mit den Erzbischöfen und Bischöfen für die Bereitstellung eines hinlänglich dotierten Hauses sorgen, in welchem kranke und alte wohlverdiente Geistliche Unterstützung und Zuflucht finden können.
Art. 7. Insuper majestas sua considerans, quot utilitates ecclesia atque ipse status a religiosis ordinibus perceperint ac percipere in posterum possint, et ut promptam erga sanctam sedem voluntatem probet, praeter mendicantium coenobia aliasque religiosas cummunitates, quae nunc existunt, aliqua monasticorum ordinum coenobia, ad instituendam praesertim in religione et litteris juventutem et in parochorum subsidium, inito cum archiepiscopis et episcopis consilio, restitui curabit.	Art. 7. Seine Königliche Majestät werden in Anbetracht der Vorteile, welche die religiösen Orden der Kirche und dem Staate gebracht haben, und in der Folge auch noch bringen könnten, und um einen Beweis Ihrer Bereitwilligkeit gegenüber den Heiligen Stuhl zu geben, dafür sorgen, dass außer den nun bestehenden Klöstern der Medikanten und anderer religiösen Kommunitäten einige Klöster der Mönchsorden beiderlei Geschlechts wiedererrichtet werden, wozu der Rat der Erzbischöfe und Bischöfe eingeholt wird. Diese Klöster sollen insbesondere zum Unterrichte der Jugend in der Religion und den Wissenschaften und zur Unterstützung der Pfarrer dienen.
Art. 8. Bona supradictarum ecclesiarum, seminariorum, parochiarum, beneficiorum, fabricarum aliarumque omnium piarum fundationum semper et integre conservanda erunt nec distrahi nec in pensiones absque sedis apostolicae auctoritate mutari poterunt.	Art. 8. Die Güter der obengenannten Kirchen, Seminare, Pfarreien, Benefizien, Kirchenfabriken und aller übrigen frommen Kirchen-Stiftungen werden stets und ungeschmälert erhalten, und können ohne die Autorität des Apostolischen Stuhls weder veräußert noch in Pensionen verwandelt werden.

Ecclesia insuper jus habebit, novas acquirendi possessiones, et quidquid de novo acquisierit, faciet suum et censebitur eodem jure ac veteres fundationes ecclesiasticae, quarum, uti et illarum, quae in posterum fient, nulla vel suppressio vel unio fieri poterit absque apostolicae sedis auctoritatis interventu, salvis facultatibus a sacro concilio Tridentino episcopis concessis.	Die Kirche wird auch das Recht haben, neue Besitzungen zu erwerben, und was sie neu erwirbt, soll ihr zu Eigen und rechtlich mit den älteren Kirchenstiftungen gleichgestellt sein, welche so wenig wie die künftig zu errichtenden Stiftungen ohne Mitwirkung des Apostolischen Stuhls jemals aufgehoben oder vereinigt werden können, jedoch mit Vorbehalt der Rechte, welche den Bischöfen nach dem heiligen Konzil von Trient zustehen.
Art. 9. Sanctitas sua attenta utilitate, quae ex hac conventione manat in ea, quae ad res ecclesiae et religionis pertinent, majestati regis Maximiliani Josephi ejusque successoribus in perpetuum indultum concedet nominandi ad vacantes archiepiscopales et episcopales ecclesias regni Bavariae, eo tamen qui sequitur modo:	Art. 9. Seine Heiligkeit werden in Erwägung der aus gegenwärtiger Übereinkunft für die Angelegenheiten der Kirche und der Religion hervorgehenden Vorteile Seiner Majestät dem Könige Maximilian Joseph und Seinen Nachfolgern auf ewige Zeiten das Indult verleihen, zu den vakanten erzbischöflichen und bischöflichen Kirchen des Königreichs Bayern Bischöfe und zwar nach dem folgenden Modus:

Quotiscunque archiepiscopalis vel epsicopalis sedes vacaverint, canonici intra bimestre capitulariter congregati majestati suae regiae propositionem quatuor habilium et dignorum ecclesiasticorum virorum canonica requisita habentium, partim de gremio capituli partim ex reliquo clero sive seculari sive regulari, facient, ex quibus majestas sua unum nominabit, isque intra tres menses a die propositionis a capitulo factae computandos ad sanctam sedem pro obtinenda juxta hucusque solitam formam provisione apostolica recurrere debebit. Priusque vero eam obtinuerit, regimini seu administrationi ecclesiae, ad quam designatus est, nullo modo se immiscere poterit.	Jedes Mal, wenn ein erzbischöflicher oder bischöflicher Sitz vakant wird, treten die Kapitulare innerhalb von zwei Monaten als Kapitel zusammen, um Seiner Königlichen Majestät den Vorschlag von vier fähigen und würdigen Männer der Kirche zu unterbreiten, die die erforderlichen kanonischen Eigenschaften besitzen; Kirchenmänner, teils aus der Mitte des Kapitels teils aus dem übrigen Säkular- oder Regularklerus. Aus diesen vier Männern wird Seine Majestät einen ernennen. Dieser wird innerhalb von drei Monaten vom Tag des vom Kapitel gemachten Vorschlags an beim Heiligen Stuhl nachsuchen müssen, um die apostolische Provision in der geläufigen Form zu erhalten. Doch bevor er diese erlangt, wird er sich in keiner Weise in die Leitung bzw. Verwaltung der Kirche, für die er bestimmt ist, einmischen können.
Quodsi vero intra bimestre nulla facta sit propositio, sancta sedes vacanti ecclesiae de antistite providebit.	Wenn aber die Wahl nicht innerhalb von zwei Monaten erfolgt, wird der Heilige Stuhl für den Vorsteher der vakanten Kirche Sorge tragen.
Cum autem ad praesens plures episcopales sedes vacent nec commode a capitulis nondum constitutis supradicta propositio fieri possit, majestas sua regia per indultum apostolicum ad illas nominabit.	Da aber gegenwärtig mehrere bischöfliche Sitze vakant sind und von den Kapiteln nicht zweckmäßig die oben genannten Vorschläge unterbreitet werden können, wird Seine Königliche Majestät durch ein apostolisches Indult die Bischöfe für diese Sitze ernennen.
Annatarum vero et cancellariae taxae proportionabiliter ad uniuscujusque mensae annuos redditus de novo statuentur.	Die Annaten und Kanzleigebühren werden nach dem Maßstab der jährlichen Einkünfte eines jeden Bischofs von Neuem festgesetzt werden.

Art. 10. Praeposituras tam in metropolitanis quam in cathedralibus ecclesiis alternis vicibus cum sua majestate regia conferet sanctitas sua.	Art. 10. Die Propsteien, sowohl bei den Metropolitan- als auch den Kathedralkirchen wird seine Heiligkeit im alternierenden Wechsel mit Seiner Majestät verleihen.
Pro conferendis autem decanatu et canonicatibus statuitur, quod in posterum in capitula ecclesiarum tam archiepiscopalium quam episcopalium alii non admittentur, quam qui praeter qualitates a sacro concilio Tridentino requisitas in animarum cura et sacris ministeriis cum laude versati sunt aut archiepiscopo vel episcopo in administranda dioecesi adjutricem operam praestiterint vel virtutis ac scientiae meritis conspicuos sese reddiderint.	Für die Übertragung der Stelle des Dekans und der Kanonikate wird festgelegt, dass zukünftig in die Kapitel sowohl der erzbischöflichen als auch der bischöflichen Kirchen nur die aufgenommen werden, die neben den vom heiligen Konzil von Trient geforderten Eigenschaften für ihre Arbeit in der Seelsorge und ihrem Dienst mit Lob bedacht wurden oder sich beim Erzbischof oder Bischof in der Verwaltung der Diözese mit hilfreichem Tun hervorgetan haben oder sich durch Tugend und Wissenschaft Verdienste und Auszeichnung erworben haben.
Quotiescunque itaque dignitas decanatus vel praebenda vacaverit, archiepiscopus vel episcopus ecclesiae respectivae exquisitis capituli sui suffragiis, simulac majestati suae casum vacaturae notum faciet, tres dignos et qualitatibus supra recensitis praeditos ecclesiasticos viros proponent; quem autem ex iis rex nominabit, ei archiepiscopus vel episcopus canonicam dabit institutionem. Vicariatus vero in iisdem metropolitanis et cathedralibus eclesiis libere ab archiepiscopo vel episcopo conferentur.	Jedes Mal, wenn die Dignität des Dekans oder eine Präbende frei wird, wird der Erzbischof oder der Bischof der betreffenden Kirche mit Rücksicht auf die sorgfältig ausgeführten Abstimmungen seines Kapitels, Seiner Majestät den Eintritt der Vakanz bekannt machen und zugleich drei würdige und mit den oben erwähnten Qualitäten versehenen Kirchenmänner zur Ernennung vorschlagen. Wen aber der König aus diesen ernennen wird, dem wird vom Erzbischof oder Bischof die kanonische Institution gegeben. Die Vikariate aber werden in diesen Metropolitan- oder Kathedralkirchen frei vom Erzbischof oder Bischof verliehen.

Pro hac vice tamen, quoniam capitulis nondum constitutis omnia ea, quae hoc articulo statuta sunt, servari non possunt, nuntius apostolicus collatis cum majestate sua consiliis et auditis interesse habentibus nova capitula instituet. Idem circa vicarios seu praebendarios observabitur.	Für dieses Mal aber, da die Kapitel noch nicht bestellt sind und sie all das, was in diesem Artikel festgelegt ist, nicht ausführen können, wird der apostolische Nuntius im Einverständnisse mit Seiner Majestät und mit Rücksicht auf die einschlägigen Interessen die neuen Kapitel einsetzen. Das Gleiche wird hinsichtlich der Vikare bzw. Präbendare beobachtet werden.
Dignitarii, canonici et beneficiati omnes residentiales, uti a pluralitate beneficiorum et praebendarum juxta sacros canones prohibentur, ita ad residentiam secundum eorum canonum rigorem, salva semper sedis apostolicae auctoritate, adstringuntur.	So wie den Dignitären, Kanonikern und allen zur Residenz verpflichteten Benefiziaten der Besitz mehrerer Benefizien nach den heiligen Satzungen untersagt ist, so sind sie auch nach der Strenge dieser Kanones zur Residenz verpflichtet, stets unbeschadet der Autorität des apostolischen Stuhles.
Art. 11. Archiepiscopi et episcopi conferent beneficia tam parochalia quam simplicia, quae juri patronatus regio vel privato subjecta non sunt. Ubi vero jus patronatus dubium aut litigiosum fuerit, archiepiscopi vel episcopi ad normam concilii Tridentini concursu indicent et tres presbyteros in concurso approbatos regiae majestati proponent, ut ex iis unum archiepiscopo vel episcopo praesentet, cui archiepiscopus vel episcopus canonicam dabit institutionem.	Art. 11. Die Erzbischöfe und Bischöfe werden sowohl pfarrliche als auch einfache Benefizien verleihen, die weder dem königlichen noch dem privaten Patronatsrecht unterliegen. Wo aber das Patronatsrecht zweifelhaft oder anfechtbar geworden ist, werden die Erzbischöfe oder Bischöfe nach den Normen des Konzils von Trient ein Treffen anberaumen und drei durch das Treffen qualifizierte Priester der Königlichen Majestät vorschlagen, damit sie einen von ihnen dem Erzbischof oder Bischof präsentiert, dem der Erzbischof oder Bischof die kanonische Institution geben wird.

Quoad ea autem beneficia, quae antea pertinebant ad capitula collegiatarum ecclesiarum, ad abbatias et monasteria in praesens de facto non existentia quaeque non restituentur, si simplicia fuerint, sanctitas sua de speciali indulto concedet majestati regis Bavariae jus ad ea nominandi; si vero fuerint parochialia, archiepiscopi aut episcopi similiter tres personas idoneas et in concursu approbatas regiae majestati proponent, ut ex iis unam archiepiscopo vel episcopo praesentet, cui archiepiscopus vel episcopus canonicam dabit institutionem.	Die Verleihung der Benefizien, die früher den Kapiteln der Kollegiatkirchen, Abteien und Klöstern zukam, die zurzeit faktisch nicht existieren und die nicht wiedererrichtet werden, wird, falls es einfache Benefizien sind, durch die Majestät, dem bayerischen König, erfolgen; seine Heiligkeit gewährt dazu dem König durch ein spezielles Indult das Recht zur Nomination. Falls es aber Pfarrbenefizien sind, werden die Erzbischöfe und Bischöfe ebenfalls drei würdige und im Treffen qualifizierte Personen der Königlichen Majestät vorschlagen, damit sie eine von ihnen dem Erzbischof oder Bischof präsentiert, dem der Erzbischof oder Bischof die kanonische Institution geben wird.
Praesentatio autem et nominatio ad omnia ista beneficia intra tempus a canonibus praescriptum fient, secus ea beneficia libere ab archiepiscopo vel episcopo conferentur.	Die Präsentation und Nomination zu allen diesen Benefizien muss innerhalb der nach den kanonischen Vorschriften bestimmten Zeit geschehen, andernfalls werden diese Benefizien frei von den Erzbischöfen und Bischöfen vergeben werden.

Art. 12. Pro regimine dioecesium archiepiscopis et episcopis id omne exercere liberum erit, quod in vim pastoralis eorum ministerii sive declaratione sive ex dispositione sacrorum canonum secundum praesentem et a sancta sede adprobatam ecclesiae disciplinam competit, ac praesertim	Art. 12. In der Leitung der Diözesen sind die Erzbischöfe und Bischöfe befugt, alles dasjenige frei auszuüben, was ihnen kraft ihres Hirtenamtes sowohl aus der Erklärung oder der Anordnung der heiligen Canones nach der gegenwärtigen und durch die vom Heiligen Stuhl bestätigten Kirchendisziplin zusteht, insbesondere:
a) vicarios, consiliarios et adjutores administrationis suae constituere ecclesiasticos quoscunque, quos ad praedicta officia idoneos judicaverint,	a) zu Vikaren, Ratgebern und Helfern ihrer Verwaltung Geistliche zu bestimmen, welche sie dafür geeignet finden werden;
b) ad statum clericalem assumere et approbatis a sacris canonibus titulis ad ordines etiam majores, praevio examine ab ipsis episcopis vel eorum vicariis cum examinatoribus synodalibus instituendo, promovere, quos necessarios aut utiles suis dioecesibus judicaverint, et e contrario, quos indignos consuerint, a susceptione ordinum arcere, quin ab ullo quovis obtentu impediri queant,	b) diejenigen in den geistlichen Stand aufzunehmen, und mit den kanonischen Titeln zu den höheren Weihen zu befördern, welche sie für ihre Diözese notwendig und nützlich erachten, wenn dieselben vorher die von den Bischöfen selbst oder ihren Vikaren unter Mitwirkung der Synodal-Examinatoren vorzunehmende Prüfung bestanden haben, dagegen diejenigen, welche sie unwürdig finden, vom Empfange der Weihen auszuschließen, ohne dass sie hierin unter irgend einem Vorwand gehindert werden können;

c) causas ecclesiasticas atque inprimis causas matrimoniales, quae juxta canonem 12. sess. 24. concilii Tridentini ad judices ecclesiasticos spectant, in foro eorum ecclesiastico cognoscere ac de iis sententiam ferre, exceptis causis mere civilibus clericorum, nempe contractuum, debitorum, haereditatum, quarum cognitionem et decisionem sanctitas sua laicis judicibus indulget,	c) kirchliche Fälle und insbesondere Ehesachen, welche nach dem Canon 12 Sess. 24 des Konzils von Trient einen geistlichen Richter erfordern, vor ihrem Gericht zu verhandeln, und durch Urteil zu entscheiden; jedoch außer den bürgerlichen Angelegenheiten der Kleriker, etwa Verträge, Schuld- und Erbsachen, deren Verhandlung und Entscheidung seine Heiligkeit Richtern aus dem Laienstand gestattet.
d) in clericos reprehensione dignos et honestum clericalem habitum eorum ordini et dignitati congruentem non deferentes poenas a concilio Tridentino statutas aliasque, quas convenientes judicaverint, salvo canonico recursu infligere, poenis quoque canonicis animadvertere in quoscunque fideles ecclesiasticarum legum et sacrorum canonum transgressores,	d) gegen Geistliche, welche eine Ahndung verdienen, oder keine ehrbare geistliche, ihrem Stande und ihrer Würde angemessene Kleidung tragen, die von dem Konzil von Trient bestimmten oder ihnen sonst zweckmäßig scheinenden Strafen unter Vorbehalt des kanonischen Rekurses zu verhängen, und auch kanonische Bußen zu verhängen über Gläubige wegen deren Übertretungen der kirchlichen Gesetze und der heiligen Canones.
e) cum clero et populo dioecesano pro munere officii pastoralis libere communicare, praeterea episcoporum cleri et populi communicatio cum sancta sede in rebus spiritualibus et negotiis ecclesiasticis libera erit,	e) in der Ausübung des geistlichen Hirtendienstes mit dem Klerus und dem Volk der Diözese frei zu kommunizieren, außerdem wird die Kommunikation der Bischöfe, des Klerus und des Volkes mit dem Heiligen Stuhl in geistlichen Dingen und kirchlichen Angelegenheiten frei sein.

f) collatis cum regia majestate praesertim pro convenienti reddituum assignatione consiliis parochias erigere, dividere vel unire, g) praescribere vel indicare praeces publicas aliaque pia opera, cum id bonum ecclesiae vel status aut populi postulet et invigilare, ut in ecclesiasticis functionibus, praesertim autem in missa et in administratione sacramentorum, ecclesiae formulae usurpentur et latina lingua adhibeatur.	f) im Einverständnis mit der Königlichen Majestät, insbesondere zur Anweisung angemessener Bezüge, Pfarreien zu errichten, zu teilen und zu vereinigen; g) öffentliche Gebete und andere fromme Übungen vorzuschreiben und anzusagen, wenn dieses das Wohl der Kirche, des Staates, oder des Volkes verlangt, und darauf zu achten, dass bei den kirchlichen Verrichtungen, besonders aber in der Messe und der Ausspendung der Sakramente die kirchlichen Formeln und stets die lateinische Sprache verwandt werden.
Art. 13. Quoties episcopi libros aut in regno impressos aut in illud introductos gubernio indicabunt, qui aliquid fidei, bonis moribus aut ecclesiae disciplinae contrarium contineant, gubernium sine mora eos supprimi et fisco addici curabit.	Art. 13. Wenn die Bischöfe der Regierung Anzeige erstatten, dass Bücher im Königreich entweder gedruckt oder eingeführt worden seien, deren Inhalt dem Glauben, den guten Sitten oder der Kirchenzucht entgegensteht, so wird die Regierung unverzüglich dafür sorgen, dass solche Bücher durch den Staat unterdrückt und eingezogen werden.

Art. 14. Majestas sua prohibebit, ne catholica religio ejusque ritus vel liturgia sive verbis, sive factis, sive scriptis contemnatur aut ecclesiarum antistites vel ministeri in exercendo munere suo, pro custodienda praesertim fidei ac morum doctrina et disciplina ecclesiae, quocumque modo impediantur. Desiderans praeterea, ut debitus juxta divina mandata sacris ministris honor servetur, non patietur quidquam fieri, quod dedecus ipsis affere aut eos in contemptum adducere possit; immo vero jubebit ut in quacumque occasione ab omnibus regni Bavariae magistratibus peculiari reverentia atque honore eorum dignitati debito cum ipsis agatur.	Art. 14. Seine Majestät verbietet, dass die katholische Religion, ihre Gebräuche und Liturgie durch Worte, Taten oder Schriften verächtlich gemacht, oder dass die Vorsteher oder Diener der Kirche in Ausübung ihres Amtes, besonders in Wahrung der Glaubens- und Sittenlehre und der Kirchen-Zucht gehindert werden. Da Seine Königliche Majestät ferner wünscht, dass den Dienern der Religion die ihnen nach göttlichen Geboten gebührende Achtung bezeigt werde; so werden sie nicht gestatten, dass irgendetwas zu deren Herabwürdigung oder Verachtung geschehe, sondern vielmehr anordnen, dass ihnen von allen Obrigkeiten des Königreichs Bayern bei jeder Gelegenheit mit besonderer Achtung, und in der ihrem Stande gebührenden Art begegnet werde.
Art. 15. Archiepiscopi et epsicopi coram regia majestate juramentum fidelitatis emittent sequentibus verbis expressum. Ego juro et promitto ad sancta dei evangelia obendientiam et fidelitatem regiae majestati; item promitto me nullam communicationem habiturum nullique consilio interfuturum nullamque suspectam unionem neque intra neque extra conservaturum, quae tranquillitati publicae noceat; et si tam in dioecesi mea quam alibi noverim, aliquid in status damnum tractari, majestati suae manifestabo.	Art. 15. Die Erzbischöfe und Bischöfe werden vor der Königlichen Majestät einen Treueid mit folgendem Wortlaut ablegen: „Ich schwöre und gelobe auf Gottes heilige Evangelien Gehorsam und Treue Seiner Majestät dem Könige. Eben so verspreche ich, keine Communication zu pflegen, an keinem Ratschlag Teil zu nehmen, und keine verdächtige Verbindung weder im Inland noch auswärts zu unterhalten, welche der öffentlichen Ruhe schädlich sein könnte, und wenn ich von einem Anschlag zum Nachteil des Staates, sei es in meiner Diözese oder sonst irgendwo Kenntnis erhalten sollte, solches Seiner Majestät anzuzeigen.“

Art. 16. Caetera, quae ad res et personas ecclesiasticas spectant, quorum nulla in his articulis expressa facta est mentio, manebunt omnia et administrabuntur juxta vigentem et approbatam ecclesiae disciplinam; si qua vero in posterum supervenerit difficultas, sanctitas sua et regia majestas secum conferre et rem amice componere sibi reservant.	Art. 16. Das Übrige, was kirchliche Angelegenheiten und Personen betrifft und in diesen Artikeln nicht ausdrücklich erwähnt wird, bleibt alles bestehen und wird gemäß geltender und anerkannter kirchlicher Disziplin behandelt werden. Sollte aber in Zukunft ein Anstand aufkommen, so behalten sich seine Heiligkeit und Seine Königliche Majestät vor, sich darüber zu verständigen, und die Sache auf freundschaftliche Weise beizulegen.
Art. 17. Praesens conventio substituitur omnibus legibus, ordinationibus et decretis in Bavaria circa res religionis et circa ecclesiasticam disciplinam hucusque latis, quae majestas sua sublata esse decernit.	Art. 17. Die gegenwärtige Übereinkunft wird alle in Bayern bis jetzt in Religionssachen und der Kirchendisziplin erlassenen Gesetze, Verordnungen und Verfügungen ersetzen, die Seine Majestät für beseitigt erklären wird.
Art. 18. Utraque contrahentium pars spondet, se successoresque suos omnia, de quibus in his articulis utrinque conventum est, sancte servaturos, et a majestate regia praesens conventio lex status declarabitur. Praeterea majestas sua regia spondet, nihil unquam se successoresque suos quavis de causa articulis hujus conventionis addituros neque in iis quidquam immutaturos vel eosdem declaraturos esse absque sedis apostolicae auctoritate et cooperatione.	Art. 18. Beide vertragsschließenden Teile versprechen für sich und ihre Nachfolger die genaue Beobachtung all dessen, worüber man in diesen Artikeln gegenseitig übereingekommen ist, und Seine Königliche Majestät werden die gegenwärtige Übereinkunft als Staats-Gesetz erklären. Ferner verspricht die Königliche Majestät für sich und ihre Nachfolger, nie aus irgendeinem Grunde den Artikeln dieser Übereinkunft etwas anzufügen, oder daran etwas abzuändern, oder dieselben auszulegen ohne des Apostolischen Stuhls Autorität und Mitwirkung.

Art. 19. Ratificationum hujus conventionis traditio fiet intra quadraginta dies ab ejusdem data aut citius, si fieri poterit.	Art. 19. Die Übergabe der Ratifikationsurkunden dieser Übereinkunft soll innerhalb von 40 Tagen vom Datum der Unterzeichnung an erfolgen, oder früher, wenn es geschehen kann.

1817-06-05, Konkordat; die Fassung der bevollmächtigten Unterhändler

Konkordat, das der Bayerische Gesandte Häffelin und der Kardinalsstaatssekretär Consalvi unterzeichneten am 5. Juni 1817.

Quelle: K. Staatsministerium des K. Hauses und des Aeusseren. Zitiert nach Sicherer, Urkunden Nr. 18, 63–71, unter Berücksichtigung der Anmerkungen 2–29.

Conventio inter sanctissimum dominum Pium VII. summum pontificem et majestatem suam Maximilianum Josephum Bavariae regem.	Übereinkunft zwischen Seiner Heiligkeit Papst Pius VII. und Seiner Majestät, Maximilian Joseph, König von Bayern.
In nomine sanctissimae trinitatis.	Im Namen der Allerheiligsten Dreieinigkeit.
Sancititas sua summus pontifex Pius VII. et majestas sua Maximilianus Josephus Bavariae rex, debita sollicitudine cupientes, ut in iis, quae ad res ecclesiasticas pertinent, certus stabilisque in Bavariae regno terrisque ei subjectis constituatur ordo, in sequentes articulos convenerunt:	Seine Heiligkeit Papst Pius VII. und Seine Majestät Maximilian Joseph, König von Bayern, von gleichem Verlangen beseelt, die Verhältnisse der Kirche im Königreich Bayern und den dazu gehörigen Ländern bestimmt und bleibend zu ordnen, sind deshalb über die folgenden Artikel übereingekommen.

Art. 1. Religio catholica, apostolica, Romana in toto Bavariae regno terrisque ei subjectis sarta tecta conservabitur cum iis juribus et praerogativis, quibus frui debet ex dei ordinatione et canonicis sanctionibus.	Art. 1. Die Römisch-katholische, apostolische Religion wird in dem ganzen Umfange des Königreichs Bayern und in den dazu gehörigen Ländern unversehrt mit jenen Rechten und Prärogativen erhalten werden, welche sie nach göttlicher Anordnung und den kanonischen Satzungen zu genießen hat.
Art. 2. Sanctitas sua, servatis servandis, Bavariae regni dioeceses sequenti ratione constituet: Sedem Frisingae Monachium transferet eamque eriget in metropolitanam, quae pro dioecesi sua habebit territorium actuale Frisingensis dioecesis; ejus tamen ecclesiae antistites ejusque successores archiepiscopi Monachii et Frisingae nuncupandi erunt. Eidem antistiti episcopales ecclesias Augustanam, Ratisbonensem, praevia metropoliticae qualitatis suppressione, et Passaviensis in suffraganeas assignabit. Bambergensem cathedralem ecclesiam in metropolitanam eriget illique suffraganeas assignabit ecclesias epicopales Herbipolensem, Eichstettensem et Spirensem. Territorium Aschaffenburgense, olim ad Moguntinam nunc ad Ratisbonensem dioecesim pertinens, et partem Bavaricam Fuldensis dioecesis Herbipolensi dioecesi adjunget.	Art. 2. Seine Heiligkeit werden mit Beobachtung der erforderlichen Rücksichten die Diözesen des Königreiches Bayern in folgender Art einrichten: Der bischöfliche Sitz von Freising wird nach München verlegt und zum Metropolitansitz erhoben, der als Sprengel das bisherige Territorium der Freisinger Diözese umfassen wird. Der Vorsteher dieser Kirche und dessen Nachfolger werden den Titel eines Erzbischofs von München und Freising führen. Diesem Vorsteher werden die bischöflichen Kirchen von Augsburg, Regensburg, dessen metropolitane Stellung zuvor aufgehoben wird, und Passau als Suffragankirchen unterstellt. Die Bamberger Kathedralkirche wird zur Metropolitankirche erhoben und derselben werden die bischöflichen Kirchen von Würzburg, Eichstädt und Speyer als Suffragankirchen zugeteilt. Das Aschaffenburger Territorium, einst gehörig zur Mainzer nun zur Regensburger Diözese, und der bayerische Teil der Fuldaer Diözese werden der Diözese Würzburg angefügt.

Partem autem Bavaricam Constantiensis cum exempto territorio Campidunensi Augustanae dioecesi uniet. Simili modo partem Bavaricam dioecesis Salisburgensis et territorium exemptae praepositurae Berchtolgadensis partim Passaviensi, partim Monacensi dioecesi uniet, cui quidem dioecesi, praevia suppressione sedis Chiemensis, hujus quoque ecclesiae dioecesim assignabit. Novi singularum dioecesium fines, in quantum necesse erit, designabuntur.	Der in Bayern gelegene Teil der Diözese Konstanz wird nebst dem exempten Bezirk von Kempten der Augsburger Diözese einverleibt. Auf gleiche Weise werden der bayerische Teil der Salzburger Diözese und das Gebiet der exempten Propstei Berchtesgaden, teils mit der Passauer, teils mit der Münchner Diözese vereinigt werden. Dieser Diözese wird auch das Territorium der Diözese Chiemsee, deren Sitz zuvor aufgehoben wird, zugewiesen werden. Die neuen Grenzen der einzelnen Diözesen werden, soweit es nötig sein sollte, noch genauer bestimmt werden.
Art. 3. Capitula metropolitanarum ecclesiarum habebunt duas dignitates, nempe praepositum ac decanum, et decem canonicos, capitula vero cathedralium ecclesiarum habebunt pariter duas dignitates, scilicet praepositum ac decanum, et octo canonicos. Quodlibet praeterea capitulum tam metropolitanum quam cathedrale habebit praebendarios seu vicarios saltem sex. Si vero in posterum Ecclesiarum istarum redditus per novas fundatriones aut bonorum augmentationes incrementum tale perceperint, ut plures Praebendae erigit possint, Canonicorum, et Vicariorum numerus ultra augebitur.	Art. 3. Die Kapitel der Metropolitankirchen bestehen aus zwei Dignitäten, nämlich dem Propst und dem Dekan, und aus zehn Kanonikern. Auch die Kapitel der bischöflichen Kirchen werden zwei Dignitäten, nämlich einen Propst und einen Dekan, und acht Kanoniker haben. Nebst diesen werden bei jedem, sowohl Metropolitan- als bischöflichen Kapitel wenigstens mindestens sechs Präbendare oder Vikare angestellt werden. Sollten jedoch zukünftig die Einkünfte dieser Kirchen durch neue Stiftungen oder der Vermehrung der Güter so anwachsen, dass weitere Präbenden errichtet werden können, wird die Zahl der Kanoniker und Vikare erhöht werden.

In quovis capitulo archiepiscopi et episcopi ad formam concilii Tridentini duos ex canonicis designabunt, qui partem theologi et partem poenitentiarii respective agent.	Bei jedem Kapitel werden die Erzbischöfe und Bischöfe nach Vorschrift des Konzils von Trient aus den Kanonikern zwei Kanoniker bestellt, einen als Theologen und den zweiten entsprechend als Pönitentiar.
Ex dignitatibus, canonicis et praebendariis illi, quos archiepiscopi et episcopi ad exercenda officia vicariorum, officialium et consiliariorum caeteris praefenderos judicaverint, ad haec munia obeunda praeter chori servitium tenebuntur.	Aus den Dignitäten, Kanonikern und Präbendaren sind die, welche die Erzbischöfe oder Bischöfe zur Ausübung der Ämter der Vikare, Offiziale und sonstigen Ratgeber geeignet finden, verpflichtet, sich diesen Aufgaben neben dem Chordienst zu widmen.
Majestas tamen regia iis, qui officio vicario generalis fungentur, 500 florenos annuos, iis vero, qui secretarii episcopalis partes agent, 200 florenos assignabit.	Die Königliche Majestät werden außerdem denjenigen, welche die Stelle eines Generalvikars bekleiden, jährlich 500 ft.; jenen aber, welchen das Amt eines bischöflichen Sekretärs übertragen ist, 200 fl. zuweisen.
Art. 4. Redditus mensarum archiepiscopalium et episcopalium in bonis fundisque stabilibus, liberae archiepiscoporum et episcoporum administrationi tradendis constituentur.	Art. 4. Die Einkünfte zum Unterhalt der Erzbischöfe und Bischöfe werden auf Güter und ständige Fonds gegründet werden, welche der freien Verwaltung der Erzbischöfe und Bischöfe übergeben werden.
Simili bonorum genere et administrationis jure gaudebunt capitula metropolitanarum et cathedralium ecclesiarum et vicarii seu praebendarii praedictarum ecclesiarum servitio addicti.	In gleicher Art werden auch die erzbischöflichen und bischöflichen Kapitel, und die bei diesen angestellten Vikaren oder Präbendare ihre Ausstattung mit dem Recht der Selbstverwaltung erhalten.

Quantitas reddituum annuorum, deductis oneribus, erit ut sequitur.	Der Betrag der jährlichen Einkünfte wird nach Abzug der Lasten wie folgt sein:
Dioecesis Monacensis.	Diözese München.
Pro archiepiscopo florenorum viginti millium.	Für den Erzbischof 20.000 fl.
Pro praeposito florenorum quatuor millium.	Für den Probst 4.000 fl.
Pro decano florenorum quatuor millium.	Für den Dechant 4.000 fl.
Pro quolibet e quinque canonicis senioribus florenorum bis millium.	Für jeden der fünf älteren Kanoniker 2.000fl.
Pro quolibet e quinque canonicis junioribus florenorum mille sexcentorum.	Für jeden der fünf jüngeren Kanoniker 1.600 fl.
Pro quolibet e tribus vicariis senioribus flororum octingentorum.	Für jeden der drei älteren Vikare 800 fl.
Pro quolibet e tribus vicariis junioribus florenorum sexcentorum.	Für jeden der drei jüngeren Vikare 600 fl.
Dioecesis Bambergensis.	Diözese Bamberg.
Pro archiepiscopo florenorum quindecim millium.	Für den Erzbischof 15.000 fl.
Pro praeposito florenorum trium millium quingentorum.	Für den Probst 3.500 fl.
Pro decano florenorum trium millium quingentorum.	Für den Dekan 3.500 ft.
Pro quolibet e quinque canonicis senioribus florenorum mille octingetorum.	Für jeden der fünf älteren Kanoniker 1.800 fl.
Pro quolibet e quinque canonicis junioribus florenorum mille quadringentorum.	Für jeden der fünf jüngeren Kanoniker 1.400 fl.
Pro quolibet e tribus vicariis senioribus florenorum octingentorum.	Für jeden der drei älteren Vikare 800 fl.
Pro quolibet e tribus vicariis junioribus florenorum sexcentorum.	Für jeden der drei Jüngern Vikare 600 fl.

Dioeceses Augustana, Ratisbonensis et Herbipolensis.	Diözesen Augsburg, Regensburg und Würzburg.
Pro quolibet episcopo florenorum decem millium.	Für den Bischof 10.000 ft.
Pro quolibet praeposito florenorum trium millium.	Für den Probst 3.000 fl.
Pro quolibet decano florenorum trium millium.	Für den Dekan 3.000 fl.
Pro quolibet e quatuor senioribus florenorum mille sexcentorum.	Für jeden der vier älteren Kanoniker 1.600 fl.
Pro quolibet e quatuor canonicis junioribus florenorum mille quadringentorum.	Für jeden der vier jüngeren Kanoniker 1.400 fl.
Pro quolibet e tribus vicariis senioribus florenorum octingentorum.	Für jeden der drei älteren Vikare 800 fl.
Pro quolibet e tribus vicariis junioribus florenorum sexcentorum.	Für jeden der drei jüngeren Vikare 600 fl.
Dioeceses Passaviensis, Eichstettensis et Spirensis.	Diözesen Passau, Eichstädt und Speyer.
Pro quolibet episcopo florenorum octo millium.	Für den Bischof 8.000 fl.
Pro quolibet praeposito florenorum bis millium quingentorum.	Für den Probst 2.500 fl.
Pro quolibet decano florenorum bis mille quingentorum.	Für den Dekan 2.500 fl.
Pro quolibet e quatuor canonicis senioribus florenorum mille sexcentorum.	Für jeden der vier älteren Kanoniker 1.600 fl.
Pro quolibet e quatuor canonicis junioribus florenorum mille quadringentorum.	Für jeden der vier jüngeren Kanoniker 1.400 fl.
Pro quolibet e tribus vicariis senioribus florenorum octingentorum.	Für jeden der drei älteren Vikare 800 fl.
Pro quolibet e tribus vicariis junioribus florenorum sexcentorum.	Für jeden der drei jüngeren Vikare 600 fl.

Quorum omnium reddituum summae salvae semper et integrae conservandae erunt, et bona fundique ex quibus provenient nec distrahi nec in pensiones mutari nec novis praestationibus subjici poterunt.	Alle diese Einkünfte sollen in ihrem Betrag stets vollständig und ungeschmälert erhalten werden, und die Güter und Fonds die daraus hervorgehen, können weder veräußert noch in Pensionen umgewandelt noch neuen Verfügungen unterworfen werden.
Tempore autem vacationis archiepiscopalium et episcopalium sedium, dignitatum, canonicatuum, praebendarum seu vicariatuum praedictae reddituum summae in utilitatem respectivarum ecclesiarum percipiendae et conservandae erunt.	Zur Zeit der Vakanz eines erzbischöflichen oder bischöflichen Stuhls, der Dignitäten, Kanonikate, Präbenden oder Vikariate wird der Betrag der vorgenannten Einkünfte zum Nutzen der betreffenden Kirchen erhoben und erhalten.
Habitatio insuper tam archiepiscopis et episcopis quam dignitatibus, canonicis senioribus et vicariis pariter senioribus illorum dignitati et statui respondens assignabitur.	Eine Wohnung, die ihrer Würde und ihrem Stand entspricht, wird außerdem sowohl den Erzbischöfen und Bischöfen als auch den Dignitäten, den älteren Kanonikern und den älteren Vikaren zugewiesen werden.
Pro curia archiepiscopali et episcopali, pro capitulo et archivo majestas sua domum aptam assignabit.	Für die erzbischöfliche und bischöfliche Kurie, für das Kapitel und das Archiv werden Seine Majestät ein geeignetes Gebäude bestimmen.
Ad negotium hujusmodi reddituum, fundorum et bonorum assignationis intra trimestre post ratificationem praesentis conventionis, si fieri poterit, vel ad summum intra semestre, perficiendum utraque contrahentium pars commissarios nominabit, ac de formali praedictae dotationis actu tria exemplaria in authentica forma expediri jubebit regia majestas, unum pro archivo regio, alterum pro nuntio apostolico, tertium denique pro archivo singularum ecclesiarum.	Zum Vollzug des Geschäfts der Anweisung dieser Einkünfte, Fonds und Güter, welches möglichst innerhalb von drei Monaten oder wenigstens innerhalb eines halben Jahres nach der Ratifikation vorliegender Übereinkunft und bevor vom Apostolischen Stuhl die kanonische Institution den Erzbischöfen und Bischöfen gegeben wird, vollzogen sein soll, wird jeder der beiden vertragsschließenden Teile Kommissare ernennen. Und Seine Majestät werden von dem förmlichen Akt der vorerwähnten

	Anweisung drei Exemplare in authentischer Form ausfertigen lassen, eines für das königliche Archiv, das andere für den apostolischen Nuntius, das dritte schließlich für die Archive der einzelnen Kirchen.
Alia beneficia, ubi extant, conservabuntur.	Andere Benefizien werden, wo solche vorhanden sind, erhalten werden.
Quod pertinent ad dioecesim Spirensem, quoniam ob speciales circumstantias ei nunc fundi ac bona stabilia assignari non possunt, interea, usque dum haec assignatio fieri valeat, providebitur a majestate sua per assignationem praestationis annuatim solvendae in summa:	Was die Diözese Speyer betrifft, wird, da ihr nun wegen der besonderen Verhältnisse keine Güter und ständige Fonds angewiesen werden können, inzwischen, bis diese Zuweisung vollzogen werden kann, durch Seine Majestät vorgesorgt werden durch die Anweisung von Jahresfestbeträgen in sicheren Summen:
Pro episcopo florenorum sex millium.	Für den Bischof 6.000ft.
Pro praeposito florenorum mille quingentorum.	Für den Probst 1.500 fl.
Pro decano florenorum mille quingentorum.	Für den Dekan 1.500 fl.
Pro quovis ex octo canonicis florenorum mille.	Für jeden der acht Kanoniker 1.000 fl.
Pro quovis e sex vicariis florenorum sexcentorum.	Für jeden der Vikare 600 fl.
Fabricarum denique ipsarumque ecclesiarum fundi, redditus, bona mobilia et immobilia conservabuntur et nisi pro ecclesiarum manutentione, pro divini cultus expensis et inservientium necessariorum salariis sufficant sua majestas supplebit.	Die Fonds, Einkünfte, beweglichen und unbeweglichen Güter der bischöflichen Kirchen und ihrer Fabriken werden erhalten werden, und wenn diese zum Unterhalt der Kirchen, zu den Ausgaben für den Gottesdienst und zu den Gehältern der nötigen Diener nicht zureichen, so werden Seine Majestät den Fehlbetrag decken.

Art. 5. Sua singulis dioecesibus seminaria episcopalia conserventur et dotatione congrua in bonis fundisque stabilibus provideantur; in iis autem dioecesibus, in quibus desunt, sine mora cum eadem pariter dotatione in bonis fundisque stabilibus fundentur.	Art. 5. In jeder Diözese sollen die bischöflichen Seminare erhalten, und mit einer hinreichenden Dotation in Gütern und ständigen Fonds versehen werden; in jenen Diözesen aber, in welchen solche Anstalten nicht vorhanden sind, sollen sie unverzüglich mit einer gleichartigen Dotation in Gütern und ständigen Fonds gegründet werden.
In seminariis autem admittentur atque ad normam sacri concilii Tridentini efformabuntur atque instituentur adolescantes quos archiepisopi et episcopi pro necessitate vel utilitate dioecesium in iis recipiendos judicaverint. Horum seminariorum ordinatio, doctrina, gubernatio et administratio archiepisoporum et episcoporum auctoritati pleno liberoque jure subjectae erunt juxta formas canonicas.	In die Seminare werden jene Heranwachsenden aufgenommen und darin nach Vorschrift des heiligen Konzils von Trient gebildet und unterrichtet, welche die Erzbischöfe und Bischöfe nach Bedürfnis oder Nutzen der Diözese für gut finden werden. Die innere Einrichtung, der Unterricht, die Leitung und die Verwaltung der Seminare werden der vollkommen freien Vollmacht der Erzbischöfe und Bischöfe gemäß den kanonischen Formen unterstellt.
Rectores quoque et professores seminariorum ab archiepisopi et episcopis nominabuntur et, quotiescunque necessarium aut utile ab ipsis judicabitur, removebuntur.	Die Vorsteher und Lehrer in diesen Seminaren werden von den Erzbischöfen und Bischöfen ernannt, und, so wie sie es für nötig oder nützlich erachten sollten, auch wieder entlassen werden.
Cum episcopis incumbat, sanae doctrinae circa catholicam fide et bonis moribus invigilare, in hujus officii exercitio etiam circa scholas publicas nullo modo impedientur.	Da es den Bischöfen zukommt, über die gesunde Lehre des katholischen Glaubens und der guten Sitten zu wachen, werden sie in der Ausübung dieses Amtes auch hinsichtlich der öffentlichen Schulen in keiner Weise gehindert werden

Art. 6. Majestas sua regia, collatis cum archiepiscopis et episcopis consiliis, assignabit pariter cum sufficienti dote domum, in qua infirmi ac senes clerici benemeriti solamen et asylum reperiant.	Art. 6. Seine Majestät wird nach Beratung mit den Erzbischöfen und Bischöfen für die Bereitstellung eines hinlänglich dotierten Hauses sorgen, in welchem kranke und alte wohlverdiente Geistliche Unterstützung und Zuflucht finden können.
Art. 7. Insuper majestas sua considerans, quot utilitates ecclesia atque ipse status a religiosis ordinibus perceperint ac percipere in posterum possint, et ut promptam suam erga sanctam sedem voluntatem probet, aliqua monasticorum ordinum utriusque sexus coenobia, ad instituendam praesertim in religione et litteris juventutem et in parochorum subsidium, inito cum sancta sede consilio, cum convenienti dotatione instauri curabit.	Art. 7. Seine Königliche Majestät werden darüber hinaus in Anbetracht der Vorteile, welche die religiösen Orden der Kirche und dem Staate gebracht haben, und auch noch bringen könnten, und um einen Beweis Ihrer Bereitwilligkeit gegenüber dem Heiligen Stuhl zu geben, dafür sorgen, dass einige Klöster der Mönchsorden beiderlei Geschlechts mit einer angemessenen Dotation wiedererrichtet werden, wozu der Rat des Apostolischen Stuhls eingeholt wird. Diese Klöster sollen insbesondere zum Unterrichte der Jugend in der Religion und den Wissenschaften und zur Unterstützung der Pfarrer dienen.
Art. 8. Bona seminariorum, parochiarum, beneficiorum, fabricarum omniumque aliarum piarum fundationum semper et integre conservanda erunt nec distrahi nec in pensiones mutari poterunt.	Art. 8. Die Güter der Seminare, Pfarreien, Benefizien, Kirchenfabriken und aller anderen frommen Kirchen-Stiftungen werden stets und ungeschmälert erhalten, und können weder veräußert noch in Pensionen umgewandelt werden.

Ecclesia insuper jus habebit, novas acquirendi possessiones, et quidquid de novo acquisierit, faciet suum et censebitur eodem jure ac veteres fundationes ecclesiasticae, quarum, uti et illarum, quae in posterum fient, nulla vel suppressio vel unio fieri poterit absque apostolicae sedis auctoritatis interventu, salvis facultatibus a sacro concilio Tridentino episcopis concessis.	Die Kirche wird auch das Recht haben, neue Besitzungen zu erwerben, und was sie neu erwirbt, soll ihr zu Eigen und rechtlich mit den älteren Kirchenstiftungen gleichgestellt sein, welche so wenig wie die künftig zu errichtenden Stiftungen ohne Mitwirkung des Apostolischen Stuhls jemals aufgehoben oder vereinigt werden können, jedoch mit Vorbehalt der Rechte, welche den Bischöfen nach dem heiligen Konzil von Trient zustehen.
Art. 9. Sanctitas sua attenta utilitate, quae ex hac conventione manat in ea, quae ad res ecclesiae et religionis pertinent, majestati regis Maximiliani Josephi ejusque successoribus catholicis per litteras apostolicas statim post ratificationem praesentis conventionis expedientas in perpetuum concedet indultum nominandi ad tres ecclesias, nempe ad metropolitanam Monacensem et ad cathedrales Herbipolensem et Ratisbonensem, dignos et idoneos ecclesiasticos viros iis dotibus praeditos, quas sacri canones requirunt; talibus autem viris sanctitas sua canonicam dabit institutionem juxta formas consuetas.	Art. 9. Seine Heiligkeit werden in Erwägung des Nutzens, der aus gegenwärtiger Übereinkunft für die Angelegenheiten der Kirche und der Religion hervorgeht, Seiner Majestät dem König Maximilian Joseph und seinen katholischen Nachfolgern durch apostolische Briefe, die sofort nach der Ratifizierung der vorliegenden Übereinkunft ausgefertigt werden, auf ewige Zeiten das Indult verleihen, zu drei Kirchen zu ernennen; nämlich zur Metropolitankirche Münchens und zu den Kathedralkirchen Würzburgs und Regensburgs würdige und geeignete kirchliche Männer, die über das von den heiligen Canones Geforderte verfügen; diesen Männern also wird seine Heiligkeit die Institution nach den gewöhnlichen Formen erteilen.

Pro reliquis autem essclesiis regni Bavariae sequens servabitur ordo:	Für die übrigen Kirchen des Königreichs Bayern wird folgende Ordnung beachtet:
Quotiscunque archiepiscopalis vel epsicopalis sedes vacaverit, canonici intra bimestre capitulariter congregati majestati suae regiae propositionem quatuor ecclesiasticos viros supradicta requisita habentes, partim de gremio capituli partim ex reliquo clero sive seculari sive regulari, ex quibus quatuor viris majestas sua unum nominabit, isque intra tres menses a die propositionis a capitulo factae computandos ad sanctam sedem pro obtinenda provisione apostolica recurrere debebit.; tali autem viro sanctitas sua canonicam institutionem dabit juxta formas consuetas.	Jedes Mal, wenn ein erzbischöflicher oder bischöflicher Sitz vakant wird, treten die Kapitulare innerhalb von zwei Monaten als Kapitel zusammen um Seiner Königlichen Majestät einen Vorschlag von vier fähigen und würdigen Männern der Kirche zu unterbreiten, die die erforderlichen kanonischen Eigenschaften besitzen; aus diesen Männern, teils aus der Mitte des Kapitels teils aus dem übrigen Welt- oder Ordensklerus, wird Seine Majestät einen ernennen. Dieser wird innerhalb von drei Monaten vom Tag des vom Kapitel gemachten Vorschlags an beim Heiligen Stuhl nachsuchen müssen, um die apostolische Provision in der geläufigen Form zu erhalten.
Priusquam vero eam obtinuerit regimini seu administrationi ecclesiae, ad quam designatus est, nullo modo se immiscere poterit.	Doch bevor er diese erlangt, wird er sich in keiner Weise in die Leitung bzw. Verwaltung der Kirche, für die er bestimmt ist, einmischen können.

Cum autem nunc plures sedes vacent et capitula nondum ordinata sint, propptereaque ab ipsis supradicta quatuor candidatorum propositio fieri non possit, sanctitas sua per apostolicas litteras ut supra expediendas majestati sua regi Maximiliano Josepho apostolicum indultum concedt nominandi intra duos meses a die ratificationis praesentis conventionis compudandos ad ecclesias, quae ad praesens vacant; eadam vero sanctitate sua nominatis supradicta requisita habentibus canonicam institutionem dabit juxta formas consuetas. Annatarum vero et cancellariae taxae proportionabiliter ad uniuscujusque mensae annuos redditus de novo statuentur.	Da aber gegenwärtig mehrere bischöfliche Sitze vakant sind und die Kapitel noch nicht eingerichtet sind und außerdem von ihnen nicht zweckmäßig die Vorschläge der oben erwähnten Kandidaten unterbreitet werden können, wird seine Heiligkeit der Königliche Majestät Maximilian Joseph ein apostolisches Indult gewähren, um innerhalb von zwei Monaten vom Tag der Ratifikation der vorliegenden Übereinkunft an gerechnet zu den Kirchen, die gegenwärtig unbesetzt sind, Ernennungen auszusprechen. Seine Heiligkeit aber wird die Ernannten, die die oben erwähnten Erfordernisse erfüllen, die kanonische Institution gemäß den gewöhnlichen Formen erteilen. Die Annaten und Kanzleigebühren werden nach dem Maßstab der jährlichen Einkünfte eines jeden Bischofs von Neuem festgesetzt werden.
Art. 10. Praeposituras tam in metropolitanis quam in cathedralibus ecclesiis conferet sanctitas sua. Ad decanatus nominabit regia majestas, quae nominabit etiam ad duos canonicatus in tribus ecclesiis, nempe Monacensis, Herbipolensi et Ratisbonensi.	Art. 10. Die Propsteien, sowohl bei den Metropolitan- als auch den Kathedralkirchen, wird seine Heiligkeit verleihen. Zum Dekan wird die Königliche Majestät ernennen. Sie nominiert auch zu zwei Kanonikaten in drei Kirchen, nämlich in München, Würzburg und Regensburg.

Quod pertinet ad reliquos canonicatus sequens ordo serbitur: Quotiescunque praependa canonicalis vacaverit archiepiscopus vel episcopus ecclesiae respectivae, exquisitis capituli sui suffragiis, aliquot dignos et qualitatibus infra recensendis praeditos ecclesiasticos viros majestati suas proponet; quem autem ex iis rex nominabit, ei archiepiiscopos vel episcopos canonicam dabit institutionem.	Was die übrigen Kanonikate betrifft, wird folgendes Verfahren beachtet: Jedes Mal, wenn die Präbende eines Kanonikers frei wird, wird der Erzbischof oder Bischof der betreffenden Kirche, nachdem er sich nach dem Votum seines Kapitels erkundigt hat, einige würdige und erprobte kirchliche Männer Seiner Majestät vorschlagen; wen aber aus diesen der König ernennt, dem wird der Erzbischof oder Bischof die kanonische Institution geben.
In capitula ecclesiarum tam metropollitanarum quam cathedralium alii in posterum non admittentur quam qui praeter qualitates a sacro concilio Tridentino requisitas in animarum cura et sacris ministeria cum laude versati sint aut archieposcopo vel episopo in administranda dioescesi adjutricem operam praestiterint vel virtutis ac scientias meritis se conspicuos reddiderint.	In den Kapiteln sowohl der Metropolitan- als auch der Kathedralkirchen werden zukünftig nur die aufgenommen, die neben den vom heiligen Konzil von Trient geforderten Eigenschaften auch für ihre Arbeit in der Seelsorge und ihren Dienst mit Lob bedacht wurden oder sich beim Erzbischof oder Bischof in der Verwaltung der Diözese mit hilfreichem Tun hervorgetan haben oder sich durch Tugend und Wissenschaft Verdienste und Auszeichnung erworben haben.
Vicariatus vero in iisdem metropolitanis et cathedralibus eclesiis libere ab archiepiscopo vel episcopo conferentur.	Die Vikariate aber werden in diesen Metropolitan- oder Kathedralkirchen frei vom Erzbischof oder Bischof verliehen.

Pro hac vice tamen, quoniam capitulis nondum constitutis omnia ea, quae hoc articulo statuta sunt, servari non possunt, nuntius apostolicus collatis cum majestate sua consiliis et auditis interesse habentibus nova capitula instituet. Idem circa vicarios seu praebendarios observabitur.	Für dieses Mal aber, da die Kapitel noch nicht bestellt sind und sie all das, was in diesem Artikel festgelegt ist, nicht ausführen können, wird der apostolische Nuntius im Einverständnisse mit Seiner Majestät und mit Rücksicht auf die einschlägigen Interessen die neuen Kapitel einsetzen. Das Gleiche wird hinsichtlich der Vikare bzw. Präbendare beobachtet werden.
Dignitarii, canonici et beneficiati omnes residentiales, uti a pluralitate beneficiorum et praebendarum juxta sacros canones prohibentur, ita ad residentiam secundum eorum canonum rigorem, salva semper sedis apostolicae auctoritate, adstringuntur.	So wie den Dignitären, Kanonikern und allen zur Residenz verpflichteten Benefiziaten der Besitz mehrerer Benefizien nach den heiligen Canones untersagt ist, so sind sie auch nach der Strenge dieser Canones zur Residenz verpflichtet, stets unbeschadet der Autorität des apostolischen Stuhles.
Art. 11. Majestas sua regia praesentabit ad ea benficia tam parochalia quam simplicia, ad quae gloriosissimae ejus antecessores duces et electores Bavariae praesentabant. Archiepiscopi autem et episcopi libere conferre pergent ea, quae ipsorum praedecessores tempore ducem et electorum Bavariae libere conferebant. Quae vero juris patronatus privatorum sunt, ad ea praesentabunt eorum respective patroni.	Art. 11. Seine Königliche Majestät präsentiert sowohl auf pfarrliche als auch einfache Benefizien auf die seine glorreichen Vorgänger, die Herzöge und Kurfürsten Bayerns, präsentierten. Die Erzbischöfe und Bischöfe aber verleihen weiterhin die Benefizien frei, die ihre Vorgänger in der Zeit der Herzöge und Kurfürsten frei verliehen haben. Zu den Benefizien aber, die privaten Patronatsrechts sind, wird von ihrem zuständigen Patron präsentiert.

Archiepisopui autem et episcopi praesentatis ut supra, in quibus debita agnoscent requisita, canonicam dabunt institutionem.	Die Erzbischöfe und Bischöfe aber werden den wie oben beschrieben Präsentierten, in denen sie die erforderlichen Eigenschaften erkennen, die kanonische Institution erteilen.
Praesentatio autem et collatio (!) ad omnia ista beneficia intra tempus a canonibus praescriptum fiet, secus ea beneficia libere ab archiepiscopo vel episcopo conferentur.	Die Präsentation und Verleihung zu allen diesen Benefizien muss innerhalb der nach den kanonischen Vorschriften bestimmten Zeit geschehen, andernfalls werden diese Benefizien frei von den Erzbischöfen und Bischöfen vergeben werden.

Art. 12. Pro regimine dioecesium archiepiscopis et episcopis id omne exercere liberum erit, quod in vim pastoralis eorum ministerii sive declaratione sive ex dispositione sacrorum canonum secundum praesentem et a sancta sede adprobatam ecclesiae disciplinam competit, ac praesertim	Art. 12. In der Leitung der Diözesen sind die Erzbischöfe und Bischöfe befugt, alles dasjenige frei auszuüben, was ihnen kraft ihres Hirtenamtes sowohl aus der Erklärung oder der Anordnung der heiligen Canones nach der gegenwärtigen und durch die vom Heiligen Stuhl bestätigten Kirchendisziplin zusteht, insbesondere:
a) vicarios, consiliarios et adjutores administrationis suae constituere ecclesiasticos quoscunque, quos ad praedicta officia idoneos judicaverint, b) ad statum clericalem assumere et approbatis a sacris canonibus titulis ad ordines etiam majores, praevio examine ab ipsis episcopis vel eorum vicariis cum examinatoribus synodalibus instituendo, promovere, quos necessarios aut utiles suis dioecesibus judicaverint, et e contrario, quos indignos consuerint, a susceptione ordinum arcere, quin ab ullo quovis obtentu impediri queant,	a) zu Vikaren, Ratgebern und Helfern ihrer Verwaltung Geistliche zu bestimmen, welche sie dafür geeignet finden werden; b) diejenigen in den geistlichen Stand aufzunehmen, und mit den kanonischen Titeln zu den höheren Weihen zu befördern, welche sie für ihre Diözese notwendig und nützlich erachten, wenn dieselben vorher die von den Bischöfen selbst oder ihren Vikaren unter Mitwirkung der Synodal-Examinatoren vorzunehmende Prüfung bestanden haben, dagegen diejenigen, welche sie unwürdig finden, vom Empfange der Weihen auszuschließen, ohne dass sie hierin unter irgendeinem Vorwand gehindert werden können;

c) causas ecclesiasticas atque inprimis causas matrimoniales, quae juxta canonem 12. sess. 24. concilii Tridentini ad judices ecclesiasticos spectant, in foro eorum ecclesiastico cognoscere ac de iis sententiam ferre, exceptis causis mere civilibus clericorum, nempe contractuum, debitorum, haereditatum, quarum cognitionem et decisionem sanctitas sua laicis judicibus indulget,	c) kirchliche Fälle und insbesondere Ehesachen, welche nach dem Canon 12 Sess. 24 des Konzils von Trient einen geistlichen Richter erfordern, vor ihrem Gericht zu verhandeln, und durch Urteil zu entscheiden; jedoch außer den bürgerlichen Angelegenheiten der Kleriker, etwa Verträge, Schuld- und Erbsachen, deren Verhandlung und Entscheidung seine Heiligkeit Richtern aus dem Laienstand gestattet.
d) in clericos reprehensione dignos et honestum clericalem habitum eorum ordini et dignitati congruentem non deferentes poenas a concilio Tridentino statutas aliasque, quas convenientes judicaverint, salvo canonico recursu infligere, eosque in seminariis aut domibus ad id destinandis custodiere, poenis quoque canonicis animadvertere in quoscunque fideles ecclesiasticarum legum et sacrorum canonum transgressores,	d) gegen Geistliche, welche eine Ahndung verdienen, oder keine ehrbare geistliche, ihrem Stande und ihrer Würde angemessene Kleidung tragen, die von dem Konzil von Trient bestimmten oder ihnen sonst zweckmäßig scheinenden Strafen unter Vorbehalt des kanonischen Rekurses zu verhängen, und sie in Seminaren oder in dazu bestimmten Häusern zu verwahren; und auch kanonische Bußen zu verhängen über Gläubige wegen deren Übertretungen der kirchlichen Gesetze und der heiligen Canones.

e) cum clero et populo dioecesano pro munere officii pastoralis libere communicare, suasque instructiones et ordinationes de rebus ecclesiaticis libere publicare, praeterea episcoporum cleri et populi communicatio cum sancta sede in rebus spiritualibus et negotiis ecclesiasticis libera erit, nulloque impediatur obstaculo. f) collatis cum regia majestate praesertim pro convenienti reddituum assignatione consiliis parochias erigere, dividere vel unire, g) praescribere vel indicare praeces publicas aliaque pia opera, cum id bonum ecclesiae vel status aut populi postulet et invigilare, ut in ecclesiasticis functionibus, praesertim autem in missa et in administratione sacramentorum, ecclesiae formulae usurpentur et latina lingua adhibeatur.	e) in der Ausübung des geistlichen Hirtendienstes mit dem Klerus und dem Volk der Diözese frei zu kommunizieren und ihre Belehrungen und Anweisungen zu kirchlichen Themen frei zu publizieren, außerdem wird die Kommunikation der Bischöfe, des Klerus und des Volkes mit dem Heiligen Stuhl in geistlichen Dingen und kirchlichen Angelegenheiten frei sein und nichts wird sie daran hindern. f) im Einverständnis mit der Königlichen Majestät, insbesondere zur Anweisung angemessener Bezüge, Pfarreien zu errichten, zu teilen und zu vereinigen; g) Öffentliche Gebete und andere fromme Übungen vorzuschreiben und anzusagen, wenn dieses das Wohl der Kirche, des Staates, oder des Volkes verlangt, und darauf zu achten, dass bei den kirchlichen Verrichtungen, besonders aber in der Messe und der Ausspendung der Sakramente die kirchlichen Formeln und stets die lateinische Sprache verwandt werden.
Art. 13. Quoties archiepisopi et episcopi libros aut in regno impressos aut in illud introductos gubernio indicabunt, qui aliquid fidei, bonis moribus aut ecclesiae disciplinae contrarium contineant, gubernium curabit, ut eorum divulgatio debito modo impediatur.	Art. 13. Wenn die Erzbischöfe und Bischöfe der Regierung Anzeige erstatten, dass Bücher im Königreich entweder gedruckt oder eingeführt worden seien, deren Inhalt dem Glauben, den guten Sitten oder der Kirchenzucht entgegensteht, so wird die Regierung dafür sorgen, dass die Verbreitung solcher Bücher in gebührender Weise verhindert wird.

Art. 14. Majestas sua districte prohibebit, ne catholica religio ejusque ritus vel liturgia sive verbis, sive factis, sive scriptis contemnatur aut ecclesiarum antistites vel ministeri in exercendo munere suo, pro custodienda praesertim fidei ac morum doctrina et disciplina ecclesiae, quocumque modo impediantur. Desiderans praeterea, ut debitus juxta divina mandata sacris ministris honor servetur, non patietur quidquam fieri, quod dedecus ipsis affere aut eos in contemptum adducere possit; immo vero jubebit ut in quacumque occasione ab omnibus regni Bavariae magistratibus peculiari reverentia atque honore eorum dignitati debito cum ipsis agatur.	Art. 14. Seine Majestät verbietet streng, dass die katholische Religion, ihre Gebräuche und Liturgie durch Worte, Taten oder Schriften verächtlich gemacht, oder dass die Vorsteher oder Diener der Kirche in Ausübung ihres Amtes, besonders in Wahrung der Glaubens- und Sittenlehre und der Kirchen-Zucht gehindert werden. Da Seine Königliche Majestät ferner wünscht, dass den Dienern der Religion die ihnen nach göttlichen Geboten gebührende Achtung bezeigt werde; so werden sie nicht gestatten, dass irgendetwas zu deren Herabwürdigung oder Verachtung geschehe, sondern vielmehr anordnen, dass ihnen von allen Obrigkeiten des Königreichs Bayern bei jeder Gelegenheit mit besonderer Achtung, und in der ihrem Stande gebührenden Art begegnet werde.
Art. 15. Archiepiscopi et epsicopi coram regia majestate juramentum fidelitatis emittent sequentibus verbis expressum. Ego juro et promitto ad sancta dei evangelia obendientiam et fidelitatem regiae majestati; item promitto me nullam communicationem habiturum nullique consilio interfuturum nullamque suspectam unionem neque intra neque extra conservaturum, quae tranquillitati publicae noceat; et si tam in dioecesi mea quam alibi noverim, aliquid in status damnum tractari, majestati suae manifestabo.	Art. 15. Die Erzbischöfe und Bischöfe werden vor der Königlichen Majestät einen Treueid mit folgendem Wortlaut ablegen: „Ich schwöre und gelobe auf Gottes heilige Evangelien Gehorsam und Treue Seiner Majestät dem Könige. Ebenso verspreche ich, keine Kommunication zu pflegen, an keinem Ratschlag Teil zu nehmen, und keine verdächtige Verbindung weder im Inland noch auswärts zu unterhalten, welche der öffentlichen Ruhe schädlich sein könnte, und wenn ich von einem Anschlag zum Nachteil des Staates, sei es in meiner Diözese oder sonst irgendwo Kenntnis erhalten sollte, solches Seiner Majestät anzuzeigen."

Art. 16. Caetera, quae ad res et personas ecclesiasticas spectant, quorum nulla in his articulis expressa facta est mentio, manebunt omnia et administrabuntur juxta vigentem et approbatam ecclesiae disciplinam; si qua vero in posterum supervenerit difficultas, sanctitas sua et regia majestas secum conferre et rem amice componere sibi reservant.	Art. 16. Das Übrige, was kirchliche Angelegenheiten und Personen betrifft und in diesen Artikeln nicht ausdrücklich erwähnt wird, bleibt alles bestehen und wird gemäß geltender und anerkannter kirchlicher Disziplin behandelt werden. Sollte aber in Zukunft ein Anstand aufkommen, so behalten sich seine Heiligkeit und Seine Königliche Majestät vor, sich darüber zu verständigen, und die Sache auf freundschaftliche Weise beizulegen.
Art. 17. Praesens conventio substituitur omnibus legibus, ordinationibus et decretis a gubernio circa res religionis hucusque latis.	Art. 17. Die gegenwärtige Übereinkunft wird alle von der Regierung bis jetzt in Religionssachen erlassenen Gesetze, Verordnungen und Verfügungen ersetzen.
Art. 18. Utraque contrahentium pars spondet, se successoresque suos omnia, de quibus in his articulis utrinque conventum est, sancte servaturos, et a majestate regia praesens conventio lex status declarabitur. Praeterea eadem majestas sua regia spondet, nihil unquam se successoresque suos quavis de causa articulis hujus conventionis addituros neque in iis quidquam immutaturos vel eosdem declaraturos esse absque sedis apostolicae auctoritate et cooperatione.	Art. 18. Beide vertragsschließenden Teile versprechen für sich und ihre Nachfolger die genaue Beobachtung all dessen, worüber man in diesen Artikeln gegenseitig übereingekommen ist, und Seine Königliche Majestät werden gegenwärtige Übereinkunft als Staats-Gesetz erklären. Ferner verspricht diese Königliche Majestät für sich und ihre Nachfolger, nie aus irgendeinem Grunde den Artikeln dieser Übereinkunft etwas anzufügen, oder daran etwas abzuändern, oder dieselben auszulegen ohne des Apostolischen Stuhls Autorität und Mitwirkung.

Art. 19. Ratificationum hujus conventionis traditio fiet intra quadraginta dies ab ejusdem data aut citius, si fieri poterit.	Art. 19. Die Übergabe der Ratifikationsurkunden dieser Übereinkunft soll innerhalb von 40 Tagen vom Datum der Unterzeichnung an erfolgen, oder früher, wenn es geschehen kann.

1818-07-22, Das Konkordat im Gesetzblatt für das Königreich Bayern

Das Konkordat vom 5. Juni 1817.

Lateinischer und deutscher Text veröffentlicht in: Gesetzblatt für das Königreich Baiern, 1818, Stück XVIII, Sp. 397–436; hier: 399–436, URL: http://mdz-nbn-resolving.de/urn:nbn:de:bvb:12-bsb10345287-8.

CONVENTIO INTER SANCTISSIMUM DOMINUM PIUM VII. SUMMUM PONTIFICEM ET MAJESTATEM SUAM MAXIMILIANUM JOSEPHUM BAVARIAE REGEM	UEBEREINKUNFT ZWISCHEN SR. HEILIGKEIT PABST PIUS VII. UND SR. MAJESTÄT, MAXIMILIAN JOSEPH, KÖNIG VON BAIERN.
In Nomine Sanctissimae Trinitatis. Sanctitas Sua Summus Pontifex Pius VII., et Majestas Sua Maximilianus Josephus Bavariae Rex debita sollicitudine cupientes, ut in iis, quae ad res Ecclesiasticas pertinent, certus stabilisque in Bavariae Regno terrisque ei subjectis constituatur ordo, solemnem propterea Conventionem inire decreverunt.	Im Namen der Allerheiligsten Dreieinigkeit. Seine Heiligkeit Pabst Pius VII. und Seine Majestät Maximilian Joseph, König von Baiern, von gleichem Verlangen beseelt, die Katholischen Kirchen-Verhältnisse im Königreiche Baiern und den dazu gehörigen Landen auf eine bestimmte und bleibende Weise zu ordnen, haben beschlossen, hierüber eine feyerliche Uebereinkunft zu treffen.

Hinc Sanctitas Sua Summus Pontifex Pius VII. in suum Plenipotentiarium nominavit Eminentissimum Dominum Herculem Consalvi Sanctae Romanae Ecclesiae Cardinalem Diaconum Sanctae Agathae ad Suburbam Suum a Secretis Status; Et Majestas Sua Maximilianus Josephus Bavariae Rex Excellentissimum Dominum Baronem Casimirum de Haeffelin, Episcopum Chersonesi, Suum Ministrum Plenipotentiarium apud Sanctam Sedem. Qui post sibi mutuo tradita respectivae Plenipotentiae Instrumenta in sequentes articulos convenerunt.	Zu diesem Ende haben Seine Heiligkeit Pabst Pius VII. zu Ihrem Bevollmächtigten ernannt: Seine Eminenz, den Herrn Hercules Consalvi, der heiligen Römischen Kirche Cardinal-Diaconen zu St. Agatha ad suburbam, Ihren Staats-Secretaire; und Seine Majestät, Maximilian Joseph, König von Baiern, Seine Exzellenz den Freiherrn Casimir von Häffelin, Bischof von Chersones, Allerhöchst Ihren bevollmächtigten Minister bei dem heiligen Stuhle; welche nach Auswechslung ihrer beiderseitigen Vollmachten über folgende Artikel übereingekommen sind.
Articulus I. Religio Catholica Apostolica Romana in toto Bavariae Regno terrisque ei subjectis sarta tecta conservabitur cum iis juribus, et praerogativis, quibus frui debet ex Dei ordinatione, et Canonicis sanctionibus.	Artikel I. Die Römisch-katholische, apostolische Religion wird in dem ganzen Umfange des Königreichs Baiern und in den dazu gehörigen Gebieten unversehrt mit jenen Rechten und Prärogativen erhalten werden, welche sie nach göttlicher Anordnung und den canonischen Satzungen zu genießen hat.
Art. II. Sanctitas Sua, servatis servandis, Bavariae Regni Dioeceses sequenti ratione constituet: Sedem Frisingae Monachium transferet, eamque eriget in Metropolitanam, quae pro Dioecesi sua habebit territorium actuale Frisingensis Dioecesis; ejus tamen Ecclesiae Antistes, ejusque Successores Archiepiscopi Monachii et Frisingae nuncupandi erunt.	Art. II. Seine päbstliche Heiligkeit werden mit Beobachtung der erforderlichen Rücksichten die Diöcesen des Königreiches Baiern in folgender Art bestimmen: Der bischöfliche Sitz von Freising wird nach München verlegt, und zum Metropolitan-Sitze erhoben. Sein Sprengel bleibt der dermalige Umfang der Freisinger Dioces, und die Vorsteher dieser Kirche werden den Namen eines Erzbischofs zu München und Freising führen.

Eidem Antistiti Episcopales Ecclesias Augustanam, Passaviensem, et Ratisbonensem praevia Metropoliticae qualitatis suppressione, in Suffraganeas assignabit. Antistes tamen Passaviensis Ecclesiae actu vivens exemntionis privilegio, quoad vixerit, gaudebit.	Diesem Erzbischof werden die bischöflichen Kirchen von Augsburg, Passau und Regensburg, letztere mit Aufhebung ihrer Metropolitan-Eigenschaft als Suffragan-Kirchen untergeordnet. Jedoch soll der jetzt lebende Bischof von Passau das Privilegium der Exemption auf seine Lebensdauer genießen.
Bambergensem Cathedralem Ecclesiam in Metropolitanam eriget, illique in Suffraganeas assignabit Ecclesias Episcopales Herbipolensem, Eichstettensem et Spirensem.	Die bischöfliche Kirche von Bamberg wird zur Metropolitan-Kirche erhoben, und derselben werden die bischöflichen Kirchen von Würzburg, Eichstädt und Speyer als Suffragan-Kirchen zugetheilt.
Territorium Aschaffenburgense olim ad Moguntinam, nunc ad Ratisbonensem Dioecesim pertinens, et partem Bavaricam Fuldensis Dioecesis Herbipolensi Dioecesi adjunget.	Das vormals zur Mainzer, gegenwärtig zur Regensburger Diöces gehörige Gebiet von Aschaffenburg und der Antheil der Fuldaer Diöces in Baiern werden mit der Würzburger Diöces vereinigt.
Partem autem Bavaricam Constantiensis Dioecesis cum exempto territorio Campidunensi Augustanae Dioecesi uniet.	Der in Baiern gelegene Theil der Diöces Konstanz wird nebst dem exempten Bezirke von Kempten der Augsburger Diöces einverleibt.
Simili Modo partem Bavaricam Dioecesis Salisburgensis et territorium exemptae Praepositurae Berchtolgadensis partim Passaviensi, partim Monacensi Dioecesi uniet, cui quidem Dioecesi, praevia suppressione Sedis Chiemensis, hujus quoque Ecclesiae Dioecesim assignabit.	Auf gleiche Weise wird der Baierische Theil der Salzburger Diöces, und das Gebiet der exempten Probstey Berchtesgaden, theils mit der Passauer-, theils mit der Münchner Diöces vereinigt werden. Mit letzterer wird auch der Bezirk des Bißthums Chiemsee, welches ganz aufgehoben wird, verbunden.
Novi singularum Dioecesium fines, in quantum necesse erit, designabuntur.	Die neuen Grenzen der einzelnen Diöcesen werden, so weit es nöthig befunden wird, noch bestimmter ausgeschieden werden.

Art. III. Capitula Metropolitanarum Ecclesiarum habebunt duas Dignitates, nempe Praepositum, ac Decanum, et decem Canonicos; Capitula vero Cathedralium Ecclesiarum habebunt pariter duas Dignitates, scilicet Praepositum, ac Decanum, et octo Canonicos. Quodlibet praeterea Capitulurn tam Metropolitanum, quam Cathedrale habebit Praebendatos seu Vicarios saltem sex. Si vero in posterum Ecclesiarum istarum redditus per novas fundationes aut bonorum augmentationes incrementum tale perceperint, ut plures Praebendae erigi possint, Canonicorum, et Vicariorum numerus ultra augebitur. In quovis Capitulo Archiepiscopi et Episcopi ad formam Sacri Concilii Tridentini duos ex Canonicis designabunt, qui partes Theologi, et partes Poenitentiarii respective agent.	Art. III. Die Capitel der Metropolitan-Kirchen bestehen aus zwey Dignitarien, nämlich dem Probste und dem Dechanten, und aus zehn Canonikern. Auch die Capitel der bischöflichen Kirchen werden zwey Dignitarien, nemlich einen Probst und einen Dechant und acht Canoniker haben. Nebst diesen werden bey jedem sowohl Metropolitan- als bischöflichen Capitel wenigstens sechs Präbendirte oder Vicare angestellt werden. Sollten aber in Zukunft die Renten dieser Kirchen durch neue Stiftungen oder sonstige Vermehrung ihres Gutes einen solchen Zuwachs erhalten, daß mehrere Präbenden errichtet werden könnten; so wird die Zahl der Canoniker und Vicare noch weiter vermehrt werden. Bei jedem Capitel werden die Erzbischöfe und Bischöfe nach Vorschrift des heiligen Conciliums von Trient aus den Canonikern einen als Theologen und einen zweyten als Pönitentiar aufstellen.
Dignitates et Canonici omnes, praeter Chori servitium, Archiepiscopis et Episcopis in administrandis Dioecesibus suis a consiliis servient. Archiepiscopis tamen et Episcopis plane liberum erit ad specialia munia et negotia officii sui illos pro beneplacito applicare. Simili modo Vicariorum officia Archiepiscopi et Episcopi assignabunt.	Alle Dignitarien und Canoniker werden nebst dem Chordienste den Erzbischöfen und Bischöfen in Verwaltung ihrer Diöcese als Räthe dienen. Doch soll es den Erzbischöfen und Bischöfen frey stehen, deren Verwendung zu den einzelnen besonderen Verrichtungen und Geschäften ihres Amtes nach Gutbefinden zu bestimmen. Eben so werden sie auch den Vicaren ihre Amtsverrichtungen anweisen.

Majestas tamen Regia iis qui officio Vicarii Generalis fungentur, quingentos florenos annuos, iis vero, qui Secretarii Episcopalis partes agent, biscentos florenos assignabit.	Seine Königliche Majestät werden übrigens denjenigen, welche die Stelle eines General-Vicars bekleiden, jährlich 500 ft.; jenen aber, welchen das Amt eines bischöflichen Secretaire's übertragen ist, 200 fl. auswerfen.
Art. IV. Redditus Mensarum Archiepiscopalium et Episcopalium in bonis fundisque stabilibus Iiberae Archiepiscoporum et Episcoporum administrationi tradendis constituentur. Simili bonorum genere et administrationis jure gaudebunt Capitula Metropolitanarum, et Cathedralium Ecclesiarum, et Vicarii seu Praebendarii praedictarum Ecclesiarum servitio addicti. Quantitas reddituum annuorum, deductis oneribus, erit ut sequitur: Dioecesis Monacensis. Pro Archiepiscopo florenorum viginti milium, pro Praeposito florenorum quatuor millium, pro Decano florenorum quatuor millium, pro quolibet e quinque Canonicis senioribus florenorum bis millium, pro quolibet e quinque Canonicis junioribus florenorum mille sexcentorum, pro quolibet e tribus Vicariis senioribus florenorum octingentorum, pro quolibet. e tribus Vicariis junioribus florenorum sexcentorum;	Art. IV. Die Einkünfte zum Unterhalte der Erzbischöfe und Bischöfe werden auf Güter und ständige Fonds gegründet werden, welche der freyen Verwaltung der Erzbischöfe und Bischöfe übergeben werden. In gleicher Art werden auch die erzbischöflichen und bischöflichen Capitel, und die bey denselben angestellten Vicare oder Präbendirten ihre Ausstattung mit dem Rechte der Selbstverwaltung erhalten. Der Betrag der jährlichen Einkünfte, nach Abzug der Lasten wird folgender seyn: Diöces München. Für den Erzbischof 20.000 fl. Für den Probst 4.000 fl. Für den Dechant 4.000 fl. Für jeden der fünf älteren Canoniker 2.000 fl. Für jeden der fünf jüngeren Canoniker 1.600 fl. Für jeden der drey ältern Vicare 800 fl. Für jeden der drey jüngern Vicare 600 fl.

Dioecesis Bambergensis. Pro Archiepiscopo florenorum quindecim millium, pro Praeposito florenorum trium millium quingentorum, pro Decano florenorum trium millium quingentorum, pro quolibet e quinque Canonicis senioribus florenorum millium octingentorum, pro quolibet e quinque Canonicis junioribus florenorum millium quadringentorum, pro quolibet e tribus Vicariis senioribus florenorum octingentorum, pro quolibet e tribus Vicariis junioribus florenorum sexcentorum;	Diöces Bamberg. Für den Erzbischof 15.000 fl. Für den Probst 3.500 fl. Für den Dechant 3.500 ft. Für jeden der fünf ältern Canoniker 1.800 fl. Für jeden der fünf jüngern Canoniker 1.400 fl. Für jeden der drey ältern Vicare 800 fl. Für jeden der drey jüngern Vicare 600 fl.
Dioeceses Augustana, Ratisbonensis et Herbipolensis. Pro quolibet Episcopo florenorum decem millium, pro quolibet Praeposito florenorum trium millium, pro quolibet Decano florenorum trium millium, pro quolibet e quatuor Canonicis senioribus florenorum mille sexcentorum, pro quolibet e quatuor Canonicis junioribus florenorum mille quadringentorum, pro quolibet e tribus Vicariis senioribus florenorum octingentorum, pro quolibet e tribus Vicariis junioribus florenorum sexcentorum;	Diöcesen Augsburg, Regensburg und Würzburg. Für den Bischof 10.000 fl. Für den Probst 3.000 fl. Für den Dechant 3.000 fl. Für jeden der vier ältern Canoniker 1.600 fl. Für jeden der vier jüngern Canoniker 1.400 fl. Für jeden der drey ältern Vicare 800 fl. Für jeden der drey jüngern Vicare 600 fl.

Dioeceses Passaviensis, Eichstettensis et Spirensis.	Diöcesen Passau, Eichstädt und Speyer.
Pro quolibet Episcopo florenorum octo millium, pro quolibet Praeposito florenorum bis mille quingentorum, pro quolibet Decano florenorumbis mille quingentorum, pro quolibet e quatuor Canonicis senioribus florenorum mille sexcentorum, pro quolibet e quatuor Canoriicis junioribus florenorum mille quadringentorum, pro quolibet e tribus Vicariis senioribus florenorum octingentorum, pro quolibet e tribus Vicariis junioribus florenorum sexcentorum.	Für den Bischof 8.000 fl. Für den Probst 2.500 fl. Für den Dechant 2.500 fl. Für jeden der vier ältern Canoniker 1.600 fl. Für jeden der vier jüngern Canoniker 1.400 fl. Für jeden der drey ältern Vicare 800 fl. Für jeden der drey jüngern Vicare 600 fl.
Quorum omnium reddituum summae salvae semper et integrae conservandae erunt, et bona fundique, ex quibus provenient, nec distrahi, nec in pensiones mutari poterunt. Tempore autem vacationis Archiepiscopalium et Episcopalium Sedium, Dignitatum Canonicatuum, Praebendarum seu Vicariatuum, praedictae reddituum summae in utilitatem respectivarum Ecclesiarum percipiendae et conservandae erunt.	Alle diese Einkünfte sollen in ihrem Betrage stets vollständig und ungeschmälert erhalten werden, und die Güter und Fonds weder veräußert, noch in Geld-Besoldungen verwandelt werden können. Zur Zeit der Erledigung eines erzbischöflichen oder bischöflichen Stuhls, der Dignitäten, Canonicate, Präbenden oder Vicariate wird der Betrag der vorerwähnten Einkünfte zum Besten der betreffenden Kirchen erhoben und erhalten.
Habitatio insuper tarn Archiepiscopis et Episcopis, quam Dignitatibus, Canonicis senioribus, et Vicariis pariter senioribus, illorum dignitati et statui respondens assignabitur.	Sowohl den Erzbischöfen und Bischöfen als den Dignitarien, den älteren Canonikern und den älteren Vicaren wird eine ihrer Würde und ihrem Stande entsprechende Wohnung angewiesen werden.
Pro Curia Archiepiscopali et Episcopali, pro Capitulo et Archivo Majestas Sua domum aptam assignabit.	Für die erzbischöfliche und bischöfliche Curie, für das Capitel und das Archiv werden Seine Majestät ein geeignetes Gebäude bestimmen.

Ad negotium hujusmodi reddituum, fundorum, et bonorum assignationis intra trimestre post ratificationem praesentis Conventionis, si fieri poterit, vel ad summum intra semestre perficiendum utraque Contrahentium pars Commissarios nominabit, ac de formali praedictae assignationis actu tria exemplaria in authentica forma expediri jubebit Regia Majestas, unum pro Archivio Regio, alterum pro Nuntio Apostolico, tertium denique pro Archivo singularum Ecclesiarum.	Zu dem Vollzuge des Geschäfts der Anweisung dieser Einkünfte, Fonds und Güter, welches innerhalb eines Vierteljahres nach Ratification gegenwärtiger Uebereinkunft, wenn es thunlich ist, oder wenigstens innerhalb eines halben Jahres beendigt seyn soll, wird jeder der beyden contrahirenden Theile Commissarien ernennen, und Seine Majestät werden von dem förmlichen Acte der vorerwähnten Anweisung drey Exemplare in authentischer Form ausfertigen lassen, eines für das Königliche Archiv, das andere für den apostolischen Nuntius, das dritte endlich für die Archive der betreffenden Kirchen.
Alia Beneficia, ubi extant, conservabuntur.	Andere Beneficien werden, wo solche vorhanden sind, erhalten werden.
Quod pertinet ad Dioecesim Spirensem, quoniam ob speciales circumstantias ei nunc fundi ac bona stabilia assignari non possunt, interea usque dum haec assignatio fieri valeat, providebitur a Majestate Sua per assignationem praestationis annuatim solvendae in summa: Pro Episcopo florenorum sex millium, pro Praeposito florenorum mille quingentorum, pro Decano florenorum mille quingentorurn, pro quovis ex octo Canonicis florenorum mille, pro quovis e sex Vicariis florenorum sexcentorum.	Da für die Diöces Speyer wegen besonderer Verhältnisse gegenwärtig keine Güter und ständige Fonds angewiesen werden können; so werden Seine Majestät einstweilen und bis eine solche Anweisung möglich seyn wird, durch Aussetzung von Jahres-Gehalten Fürsorge treffen, nämlich: Für den Bischof 6.000 fl. Für den Probst 1.500 fl. Für den Dechant 1.500 fl. Für jeden der acht Canoniker 1.000 fl. Für jeden der sechs Vicare 600 ft.

Fabricarum denique ipsarumque Ecclesiarum fundi, redditus, bona mobilia et immobilia conservabuntur, et nisi pro Ecclesiarum manutentione, pro divini cultus expensis et inservientium necessariorum salariis sufficiant, Sua Majestas supplebit.	Die Fonds, Einkünfte, beweglichen und unbeweglichen Güter der bischöflichen Kirchen und ihrer Fabriken werden erhalten werden, und wenn dieselben zur Unterhaltung der Kirchen, zu den Ausgaben für den Gottesdienst und zu den Gehalten der nöthigen Diener nicht zureichen, so werden Seine Majestät den Abgang decken.
Art. V. Sua singulis Dioecesibus Seminaria Episcopalia conserventur, et dotatione congrua in bonis fundisque stabilibus provideantur; in iis autem Dioecesibus, in quibus desunt, sine mora cum eadem pariter dotatione in bonis fundisque stabilibus fundentur. In Seminariis autem admittentur atque ad normam Sacri Consilii Tridentini efformabuntur atque instituentur adolescentes, quos Archiepiscopi et Episcopi pro necessitate vel utilitate Dioecesium in iis recipiendos judicaverint. Horum Seminariorum ordinatio, doctrina, gubernatio, et administratio Archiepiscoporum et Episcoporum auctoritati pleno liberoque jure subjectae erunt juxta formas Canonicas. Rectores quoque et Professores Seminariorum ab Archiepiscopis et Episcopis nominabuntur, et quotiescunque necessarium aut utile ab ipsis judicabitur, removebuntur.	Art. V. In jeder Diöcese sollen die bischöflichen Seminarien erhalten, und mit einer hinreichenden Dotation in Gütern und ständigen Fonds versehen werden; in jenen Diöcesen aber, in welchen solche Anstalten nicht vorhanden sind, sollen sie ehestens mit einer Dotation der nämlichen Art hergestellt werden. In die Seminarien werden jene Candidaten aufgenommen und darin nach Vorschrift des heiligen Conciliums von Trient gebildet und unterrichtet, deren Aufnahme die Erzbischöfe und Bischöfe nach dem Bedürfnisse oder Nutzen der Diöcese für gut finden werden. Die innere Einrichtung, der Unterricht, die Leitung und die Verwaltung der Seminarien werden nach den canonischen Formen der vollkommen freyen Aufsicht der Erzbischöfe und Bischöfe untergeben. Die Vorsteher und Lehrer in diesen Seminarien werden von den Erzbischöfen und Bischöfen ernannt, und, so wie sie es für nöthig oder nützlich erachten sollten, auch wieder entfernt werden.

Cum Episcopis incumbat Fidei ac morum doctrinae invigilare, in hujus officii exercitio etiam circa Scholas publicas nullo modo impedientur.	Da den Bischöfen obliegt, über die Glaubens- und Sittenlehren zu wachen, so werden sie in Ausübung dieser Amtspflicht auch in Beziehung auf die öffentlichen Schulen keineswegs gehindert werden.
Art. VI. Majestas Sua Regia, collatis cum Archiepiscopis et Episcopis consiliis, assignabit pariter cum sufficienti dote domum, in qua infirmi ac senes Clerici benemeriti solamen et asylum reperiant.	Art. VI. Seine Majestät werden mit Beyrathe der Erzbischöfe und Bischöfe für die Herstellung eines hinlänglich dotirten Hauses sorgen, in welchem kranke und alte wohlverdiente Geistliche Unterstützung und Zuflucht finden können.
Art. VII. Insuper Majestas Sua considerans, quot utilitates Ecclesia atque ipse Status a Religiosis Ordinibus perceperint, ac percipere in posterum possint, et ut promptam suam erga Sanctam Sedem voluntatem probet, aliqua Monasticorum Ordinum utriusque Sexus Coenobia ad instituendam in Religione et Litteris juventutem, et in Parochorum subsidium, aut pro cura infirmorum, inito cum Sancta Sede consilio, cum convenienti dotatione instaurari curabit.	Art. VII. Seine Königliche Majestät werden in Anbetracht der Vortheile, welche die religiösen Orden der Kirche und dem Staate gebracht haben, und in der Folge auch noch bringen könnten, und um einen Beweis Allerhöchst-Ihrer Bereitwilligkeit gegen den heiligen Stuhl, zu geben, einige Klöster der geistlichen Orden beyderlei Geschlechts entweder zum Unterrichte der Jugend in der Religion und den Wissenschaften, oder zur Aushülfe in der Seelsorge, oder zur Kranken-Pflege, im Benehmen mit dem heiligen Stuhle mit angemessener Dotation herstellen lassen.

Art. VIII. Bona Seminariorum, Parochiarum, Beneficiorum, Fabricarum, omniumque aliarum Ecclesiasticarum fundationum semper et integre conservanda erunt, nec distrahi, nec in pensiones mutari poterunt. Ecclesia insuper jus habebit, novas acquirendi possessiones, et quidquid de novo acquisierit, faciet suum, et censebitur eodem jure ac veteres fundationes Ecclesiasticae, quarum, uti et illarum, quae in posterum fient, nulla vel suppressio vel unio fieri poterit absque Sedis Apostolicae auctoritatis interventu, salvis facultatibus a Sacro Concilio Tridentino Episcopis tributis.	Art. VIII. Die Güter der Seminarien, Pfarreyen, Beneficien, Kirchen-Fabriken und aller übrigen Kirchen-Stiftungen werden stets und ungeschmälert erhalten, und können weder veräußert noch in Pensionen verwandelt werden. Die Kirche wird auch das Recht haben, neue Besitzungen zu erwerben, und was sie neu erwirbt, soll ihr Eigenthum und gleicher Rechte mit den ältern Kirchenstiftungen theilhaftig seyn, welche so wenig als die künftig zu errichtenden ohne Zustimmung des apostolischen Stuhls jemals eingezogen, oder vereinigt werden können, jedoch mit Vorbehalt der Rechte, welche den Bischöfen nach dem heiligen Concilium von Trient zustehen.

Art. IX. Sanctitas Sua, attenta utilitate, quae ex hac Conventione manat in ea, quae ad res Ecclesiae et Religionis pertinent, Majestati Regis Maximiliani Josephi, ejusque Successoribus Catholicis per Litteras Apostolicas statim post ratificationem praesentis Conventionis expediendas in perpetuum concedet Indultum nominandi ad vacantes Archiepiscopales et Episcopales Ecclesias Regni Bavarici dignos et idoneos Ecclesiasticos Viros iis dotibus praeditos, quas Sacri Canones requirunt. Talibus autem Viris Sanctitas Sua Canonicam dabit Institutionern juxta formas consuetas. Priusquam vero eam obtinuerint, regimini seu administrationi Ecclesiarum respectivarum, ad quas designati sunt, nullo modo sese immiscere poterunt. Annatarum vero et Cancellariae taxae proportionabiliter ad unius cujusque Mensae annuos redditus de novo statuentur.	Art. IX. Seine Heiligkeit werden in Erwägung der aus gegenwärtiger Uebereinkunft für die Angelegenheiten der Kirche und der Religion hervorgehenden Vortheile Seiner Majestät dem Könige Maximilian Joseph und Seinen Katholischen Nachfolgern durch apostolische Briefe, welche sogleich nach der Ratification dieser Uebereinkunft ausgefertigt werden sollen, auf ewige Zeiten das Indult verleihen, zu den erledigten erzbischöflichen und bischöflichen Stühlen im Königreiche Baiern würdige und taugliche Geistliche zu ernennen, welche die nach den canonischen Satzungen dazu erforderlichen Eigenschaften besitzen. Denselben wird Seine Heiligkeit nach den gewöhnlichen Formen die canonische Einsetzung ertheilen. Ehe sie aber diese erhalten haben, sollen sie sich auf keine Weise in die Leitung oder Verwaltung der Kirchen, zu welchen sie ernannt sind, einmischen können. Die Annaten und Canzley-Taxen werden nach dem Maaßstabe der jährlichen Einkünfte eines jeden Bischofs von Neuern festgesetzt werden.

Art. X.	Art. X.
Praeposituras tam in Metropolitanis quam in Cathedralibus Ecclesiis conferet Sanctitas Sua; ad Decanatus nominabit Regia Majestas, quae etiam ad Canonicatus in sex mensibus Apostolicis sive Papalibus nominabit. Quoad alios autem sex menses, in eorum tribus Archiepiscopus et Episcopus, in reliquis vero tribus Capitulum nominabit.	Die Probsteyen, sowohl bey den Metropolitan- als den Bischöflichen Kirchen wird Seine Heiligkeit verleihen. Die Ernennung der Dechanten steht Seiner Königlichen Majestät zu, Allerhöchstwelche auch zu den Canonicaten in den sechs apostolischen oder päbstlichen Monaten ernennen werden. Von den übrigen sechs Monaten werden in drey die Erzbischöfe und Bischöfe, in den andern drey aber die Capitel zu denselben ernennen.
In Capitula Ecclesiarum tam Metropolitanarum quam Cathedralium in posterum alii non admittentur, quam indigeni, qui praeter qualitates a Sacro Concilio Tridentino requisitas, in animarum cura, et sacris Ministeriis cum laude versati sint, aut Archiepiscopo vel Episcopo in administranda Dioecesi adjutricem operam praestiterint, vel virtutis ac scientiae meritis conspicuos sese reddiderint.	In die Capitel der erzbischöflichen und bischöflichen Kirchen können nur Landeseingehohrne aufgenommen werden. Diese sollen neben den vom heiligen Concilium zu Trient geforderten Eigenschaften in der Seelsorge und andern Kirchendiensten rühmlich gearbeitet, oder den Erzbischöfen und Bischöfen in der Verwaltung der Diöcese Beyhülfe geleistet, oder sich sonst durch Tugend und Wissenschaften Verdienste und Auszeichnung erworben haben.
Vicariatus vero in iisdem Metr opolitanis et Cathedralibus Ecclesiis libere ab Archiepiscopo vel Episcopo conferentur.	Die Stellen der Vicare an den Metropolitan- und Cathedral-Kirchen werden von den Erzbischöfen und den Bischöfen frey besetzt.
Pro hac vice tamen, quoniam, Capitulis nondum constitutis, omnia ea, quae hoc articulo statuta sunt, servari non possunt, Nuntius Apostolicus, collatis cum Majestate Sua consiliis et auditis interesse habentibus, nova Capitula constituet. Idem circa Vicarios seu Praebendatos observabitur.	Jedoch wird für den gegenwärtigen Fall, wo die Capitel noch nicht bestellt sind, folglich die Bestimmungen dieses Artikels noch nicht sämmtlich beobachtet werden können, der apostolische Nuntius im Einverständnisse mit Seiner Majestät und mit Rücksicht auf die einschlägigen Interessen die neuen Capitel einsetzen. Das nämliche gilt auch von den Vicaren.

Dignitates, Canonici, et Beneficiati omnes residentiales uti a pluralitate Beneficiorum et Praebendarum juxta Sacros Canones prohibentur, ita ad residentiam secundum eorum Canonum rigorem, salva semper Sedis Apostolicae auctoritate, adstringuntur.	So wie den Dignitarien, Canonikern und allen zur Residenz verpflichteten Beneficiaten der Besitz mehrerer Beneficien für eine Person nach den canonischen Satzungen untersagt ist, so sind sie auch nach der Strenge dieser Vorschriften zur Residenz, unbeschadet jedoch der Autorität des apostolischen Stuhles, durchaus verbunden.
Art. XI. Rex Bavariae ad ea Beneficia tam Parochialia, quam Curata ac Simplicia praesentabit, ad quae ex legitimo jure patronatus sive per dotationem, sive per fundationem, sive per constructionem acquisito ejus antecessores Duces et Electores praesentabant. Praeterea Majestas Sua praesentabit ad ea Beneficia, ad quae Corporationes Ecclesiasticae actu non existentes praesentabant. Subditi Majestatis Suae, qui jure patronatus legitime, ut supra, gaudent, ad Beneficia respectiva tam Parochialia, quam Curata, ac Simplicia hujusmodi juri patronatus subjecta praesentabunt. Archiepiscopi vero et Episcopi praesentatis debita requisita habentibus, praemisso circa doctrinam et mores examine ab ipsis Ordinariis instituendo, si de Parochialibus, aut de Curatis Beneficiis agatur, Canonicam dabunt Institutionem.	Art. XI. Der König von Baiern wird auf alle Pfarreyen, Curat- und einfache Beneficien präsentiren, auf welche Seine Vorfahrer die Herzoge und Churfürsten aus gültigem Patronats-Rechte, es mag sich dieses nun auf Dotation, Fundation oder Bauführung gründen, präsentirt haben. Außerdem werden Seine Majestät zu allen jenen Beneficien präsentiren, zu welchen geistliche Corporationen, die gegenwärtig nicht mehr bestehen, präsentirten. Die Unterthanen Seiner Majestät, welche sich im rechtmäßigen Besitze des Patronatsrechts nach obigen Titeln befinden, werden ferner zu den Pfarreyen, Curat- und einfachen Beneficien, die unter ihrem Patronatsrechte stehen, präsentiren. Die Erzbischöfe und Bischöfe aber werden den präsentirten Geistlichen, wenn sie die erforderlichen Eigenschaften besitzen, nach vorgängiger Prüfung über Wissenschaft und Sitten, welche die Bischöfe selbst vorzunehmen haben, wenn es sich um Pfarreyen oder Curat-Beneficien handelt, die canonische Einsetzung ertheilen.

Praesentatio autem ad omnia ista Beneficia intra tempus a Canonibus praescriptum fiet, secus ea libere ab Archiepiscopis et Episcopis conferentur.	Uebrigens muß die Präsentation zu allen diesen Beneficien innerhalb der nach den canonischen Vorschriften bestimmten Zeit geschehen, außerdem werden sie frey von den Erzbischöfen und Bischöfen vergeben werden.
Reliqua vero Beneficia omnia tam Parochialia, quam Curata, ac Simplicia, quae antecessores Antistites octo Ecclesiarum Regni Bavariae conferebant, libere ab Archiepiscopis et Episcopis personis Majestati Suae gratis conferentur.	Alle übrige Pfarreyen, Curat- und einfachen Beneficien, welche die vorigen Bischöfe der nunmehrigen acht Kirchen in Baiern frey besetzt haben, werden von den Erzbischöfen und Bischöfen an Personen, die von Seiner Majestät genehmigt werden, frey vergeben.
Art. XII. Pro regimine Dioecesium Archiepiscopis et Episcopis id omne exercere liberum erit, quod in vim pastoralis eorum ministerii sive ex declaratione, sive ex dispositione Sacrorum Canonum secundum praesentem et a Sancta Sede adprobatam Ecclesiae disciplinam competit, ac praesertim:	Art. XII. In Leitung der Diöcesen sind die Erzbischöfe und Bischöfe befugt, alles dasjenige auszuüben, was ihnen vermöge ihres Hirtenamtes Kraft der Erklärung oder Anordnung der canonischen Satzungen nach der gegenwärtigen und vom heiligen Stuhle bestätigten Kirchendisciplin zusteht, und insbesondere
a) Vicarios, Consiliarios, et Adjutores administrationis suae constituere Ecclesiasticos quoscumque quos ad praedicta officia idoneos judicaverint;	a) zu Vicaren, Rathgebern und Gehülfen in ihrer Verwaltung Geistliche, welche sie immer hiezu tauglich finden werden, aufzustellen;

b) Ad statum Clericalem assumere, et approbatis a Sacris Canonibus titulis ad Ordines etiam majores, praevio examine ab ipsis Archiepiscopis et Episcopis aut eorum Vicariis cum Examinatoribus Synodalibus instituendo, promovere, quos necessarios aut utiles suis Dioecesi bus judicaverint, et e contrario, quos indignos censuerint, a susceptione Ordinum arcere, quin ab ullo quovis obtentu impediri queant;	b) alle diejenigen in den geistlichen Stand aufzunehmen, und mit den canonischen Titeln zu den höhern Weihen zu befördern, welche sie für ihre Diöcese nothwendig und nützlich erachten, wenn dieselben vorher die von den Erzbischöfen und Bischöfen selbst oder ihren Vicaren mit Beyziehung der Synodal-Examinatoren vorzunehmende Prüfung bestanden haben, dagegen diejenigen, welche sie unwürdig finden, vom Empfange der Weihen auszuschließen, ohne daß sie hierin unter irgend einem Vorwande gehindert werden können;
c) Causas Ecclesiasticas atque in primis causas Matrimoniales, quae juxta Canonem 12. sess. 24. Sacri Concilii Tridentini ad Judices Ecclesiasticos spectant, in Foro eorum cognoscere, ac de iis sententiam ferre, exceptis causis mere civilibus Clericorum, exempli gratia contractuum, debitorum, haereditatum, quas Laici Judices cognoscent et definient;	c) Geistliche Sachen und insbesondere Ehesachen, welche nach dem Canon 12 Seß. 24 des heiligen Conciliums von Trient vor den geistlichen Richter gehören, bey ihrem Gerichte zu verhandeln, und zu entscheiden. Ausgenommen davon sind die rein bürgerlichen Angelegenheiten der Geistlichen, z. B. Verträge, Schuld- und Erbschafts-Sachen, worüber den weltlichen Richtern die Verhandlung und Entscheidung zusteht;

d) In Clericos reprehensione dignos aut honestum Clericalem habitum eorum Ordini, et dignitati congruentem non deferentes, poenas a Sacro Concilio Tridentino statutas, aliasque quas convenientes judicaverint, salvo Canonico recursu, infligere, eosque in Seminariis aut domibus ad id destinandis custodire; censuris quoque animadvertere in quoscumque fideles Ecclesiasticarum Legum et Sacrorum Canonum transgressores;	d) gegen Geistliche, welche eine Ahndung verdienen, oder keine ehrbare geistliche, ihrem Stande und ihrer Würde anständige Kleidung tragen, die von dem heiligen Concilium von Trient bestimmten oder ihnen sonst zweckmäßig scheinenden Strafen unter Vorbehalt des canonischen Recurses zu verhängen, und dieselben in die Seminaren oder andere dazu bestimmte Häuser zu versetzen, auch gegen jeden der Gläubigen, welche sich der Uebertretungen der Kirchensatzungen und der heiligen Canonen schuldig machen, kirchliche Censuren anzuwenden;
e) Cum Clero et Populo Dioecesano pro munere officii Pastoralis communicare, suasque Instructiones, et ordinationes de rebus Ecclesiasticis libere publicare; praeterea Episcoporum, Cleri et Populi communicatio cum sancta Sede in rebus spiritualibus et negotiis Ecclesiasticis prorsus libera erit;	e) nach Erforderniß des geistlichen Hirtenamts sich dem Clerus und dem Volke der Diöcese mitzutheilen, und ihren Unterricht und ihre Anordnungen in kirchlichen Gegenständen frey kund zu machen; übrigens bleibt die Communication der Bischöfe, des Clerus und des Volkes mit dem heiligen Stuhle in geistlichen Dingen und kirchlichen Angelegenheiten völlig frey;
f) Collatis cum Regia Majestate, praesertim pro convenienti reddituum assignatione, consiliis, Parochias erigere, dividere vel unire;	f) im Einverständnisse mit Seiner Königlichen Majgstät, besonders wegen Anweisung angemessener Bezüge, Pfarreyen zu errichten, zu theilen, und zu vereinigen;

g) Praescribere vel indicare preces publicas, aliaque pia opera, cum id bonum Ecclesiae, vel Status, aut Populi postulet, et invigilare, ut in Ecclesiasticis functionibus, praesertim autem in Missa et in Administratione Sacramentorum Ecclesiae formulae in lingua Latina usurpentur.	g) Oeffentliche Gebete und andere fromme Uebungen vorzuschreiben und anzusagen, wenn dieses das Wohl der Kirche, des Staates, oder des Volkes erheischt, und darauf zu sehen, daß bey den kirchlichen Verrichtungen, besonders aber in der Messe und der Ausspendung der Sacramente die lateinischen Kirchenformeln gebraucht werden.
Art. XIII. Quoties Archiepiscopi, et Episcopi libros aut in Regno impressos, aut in illud introductos Gubernio indicabunt, qui aliquid fidei, bonis moribus, aut Ecclesiae disciplinae contrarium contineant, Gubernium curabit, ut eorum divulgatio debito modo impediatur.	Art. XIII. Wenn die Erzbischöfe und Bischöfe der Regierung Anzeige erstatten, daß Bücher in dem Königreiche gedruckt oder eingeführt worden seyen, deren Inhalt dem Glauben, den guten Sitten oder der Kirchenzucht zuwider ist; so wird dieselbe Sorge tragen, daß deren Verbreitung in der gesetzlichen Weise verhindert werde.
Art. XIV. Majestas Sua prohibebit, ne Catholica Religio, ejusque ritus vel Liturgia sive verbis, sive factis, sive scriptis contemnatur, aut Ecclesiarum Antistites vel ministri in exercendo munere suo, pro custodienda praesertim fidei ac morum doctrina, et disciplina Ecclesiae impediantur.	Art. XIV. Seine Majestät werden nicht zugeben, daß die Katholische Religion, ihre Gebräuche und Liturgie durch Worte, Thaten oder Schriften verächtlich gemacht, oder daß die Vorsteher oder Diener der Kirche in Ausübung ihres Amtes, besonders in Wahrung der Glaubens- und SittenLehre und der Kirchen-Zucht gehindert werden.

Desiderans praeterea ut debitus, juxta divina mandata, sacris ministris honor servetur, non patietur quidquam fieri, quod dedecus ipsis afferre, aut eos in contemtum adducere possit, immo vero jubebit, ut in quacumque occasione ab omnibus Regni Magistratibus peculiari reverentia atque honore eorum dignitati debito cum ipsis agatur.	Da Seine Königliche Majestät ferner wollen, daß den Dienern der Religion die ihnen nach göttlichen Geboten gebührende Achtung bezeigt werde; so werden Allerhöchstdieselben nicht gestatten, daß irgend etwas zu deren Herabwürdigung oder Verachtung geschehe, sondern vielmehr verfügen, daß ihnen von allen Obrigkeiten bey jeder Gelegenheit mit besonderer Achtung, und in der ihrem Stande gebührenden Art begegnet werde.
Art. XV. Archiepiscopi et Episcopi coram Regia Majestate juramentum fidelitatis emittent sequentibus verbis expressum: „Ego juro et promitto ad Sancta Dei Evangelia obedientiam et fidelitatem Regiae Majestati; item promitto, me nullam communicationem habiturum, nullique consilio interfuturum, nullamque suspectam unionem neque intra neque extra conservaturum, quae tranquillitati publicae noceat, et si tam in Dioecesi mea quam alibi noverim aliquid in Status damnum tractari, Majestati Suae manifestabo.“	Art. XV. Die Erzbischöfe und Bischöfe werden in die Hände Seiner Königlichen Majestät den Eid der Treue in folgenden Worten ablegen: „Ich schwöre und gelobe auf Gottes heilige Evangelien Gehorsam und Treue Seiner Majestät dem Könige. Eben so verspreche ich, keine Communication zu pflegen, an keinem Rathschlage Theil zu nehmen, und keine verdächtige Verbindung weder im Innlande noch auswärts zu unterhalten, welche der öffentlichen Ruhe schädlich seyn könnte, und wenn ich von einem Anschlage zum Nachtheile des Staates, sey es in meiner Diöcese oder sonst irgendwo Kenntniß erhalten sollte, solches Seiner Majestät anzuzeigen.“

Art. XVI. Per praesentem Conventionem Leges, Ordinationes et Decreta in Bavaria huc usque lata, in quantum illi adversantur, abrogata habebuntur.	Art. XVI. Durch gegenwärtige Uebereinkunft werden die bisher in Baiern gegebenen Gesetze, Verordnungen und Verfügungen, in so weit sie derselben entgegen sind, als aufgehoben angesehen werden.
Art. XVII. Caetera, quae ad res et personas Ecclesiasticas spectant, quorum nulla in his Articulis expressa facta est mentio, dirigentur omnia et administrabuntur juxta doctrinam Ecclesiae, ejusque vigentem et approbatam disciplinam. Si vero in posterum supervenerit difficultas, Sanctitas Sua, et Regia Majestas secum conferre et rem amice componere sibi reservant.	Art. XVII. Alles Uebrige, was kirchliche Gegenstände und Personen betrifft, wovon in diesen Artikeln nicht ausdrückliche Meldung geschehen ist, wird nach der Lehre der Kirche und nach der bestehenden und angenommenen Disciplin derselben behandelt werden. Sollte aber in Zukunft sich ein Anstand ergeben, so behalten sich Seine Heiligkeit und Seine Königliche Majestät vor, Sich darüber zu benehmen, und die Sache auf freundschaftliche Weise beyzulegen.
Art. XVIII. Utraque Contrahentium pars spondet, Se, Successoresque Suos omnia, de quibus in his Articulis utrinque conventum est, sancte servaturos, et a Majestate Regia praesens Conventio Lex Status declarabitur. Praeterea Majestas Sua Regia spondet, nihil unquam Se, Successoresque Suos, quavis de causa, Articulis hujus Conventionis addituros, neque in iis quidquam immutaturos, vel eosdem declaraturos esse absque Sedis Apostolicae auctoritate et cooperatione.	Art. XVIII. Beyde contrahirende Theile versprechen für Sich und Ihre Nachfolger die genaue Beobachtung alles dessen, worüber man in diesen Artikeln gegenseitig übereingekommen ist, und Seine Königliche Majestät werden gegenwärtige Uebereinkunft als Staatsgesetz erklären. Ferner versprechen Seine Königliche Majestät für Sich und Ihre Nachfolger, nie aus irgend einem Grunde den Artikeln dieser Uebereinkunft etwas beyzufügen, oder daran etwas abzuändern, oder dieselben auszulegen ohne Dazwischenkunft und Mitwirkung des apostolischen Stuhls.

Art. XIX. Ratificationum hujus Conventionis traditio fiet intra quadraginta dies ab ejusdem data, aut citius, si fieri poterit.	Art. XIX. Die Auswechslung der Ratificationen gegenwärtiger Uebereinkunft soll innerhalb 40 Tagen vom Tage der Unterzeichnung an, oder früher, wenn es geschehen kann, erfolgen.
Datum Romae, die 5.Jun. anni 1817. Hercules Cardinalis Consalvi Casimirus Häffelin Episcopus Chersonensis	Gegeben zu Rom den 5. des Monats Junius im Jahre 1817. Hercules, Cardinal Consalvi. Casimir Häffelin, Bischof von Chersones.
Nos praefatam Conventionem cum omnibus suis Articulis acceptamus, ratihabemus, et confirmamus, simulque firmiter promittimus, Nos omnia, de quibus ita conventum est, sancte servaturos, atque curam ha bituros, ut ab omnibus subditis Nostris stricte observentur.	So haben Wir vorstehende Uebereinkunft mit allen ihren Artikeln angenommen, ratificirt und bestätigt, und versprechen zugleich fest, daß Wir Alles, worüber sonach übereingekommen worden, genau einhalten und Sorge tragen werden, daß dasselbe von allen Unsern Untergebenen streng beobachtet werde.
In quarum fidem praesentes hasce litteras propria manu subscripsimus et Sigillo regio Nostro muniri jussimus.	Zu dessen Beglaubigung haben Wir gegenwärtige Urkunde Allerhöchsteigenhändig unterzeichnet, und mit Unserem Königlichen Insiegel versehen lassen.
Dabantur Monachii in Palatio Nostro Regio die vigesima quarta Octobris anno Domini millesimo octingentesimo decimo septimo, regni autem Nostri duodecimo.	Gegeben in Unserem Königlichen Pallaste zu München am Vier und zwanzigsten October im Jahre des Herrn Ein Tausend Acht hundert und siebzehn Unserer Königlichen Regierung im Zwölften.
Maximilianus Iosephus. (L. S.)	Maximilian Joseph. (L. S.) Zur Beglaubigung: Egid von Kobell, Königlicher Staatsrath und General-Secretaire.

1821-09-15, Königliche allerhöchste Entschließung, den Vollzug des Konkordats betreffend – Tegernseer Erklärung

Quelle: Regierungs- und Intelligenzblatt für das Königreich Bayern, München 1821, Nr. 31, 19.09.1821, 803–806.

„Nachdem die wichtigsten Anstände, welche bisher den Vollzug des päbstlichen Stuhle unterm 5. Juny 1817 abgeschlossenen und von Uns unterm 24. Oktober des nämlichen Jahres ratificirten Concordats, verzögert haben, nunmehr beseitiget sind, so ist es Unser Wille, daß dasselbe in allen seinen Theilen in volle Ausübung gebracht, und daß hiernach der Publication und Vollziehung der zur Ausführung der Circumskription der neuen Diöcesen in unserem Königreiche unterm 1. April 1818 ergangenen päbstlichen Bulle, welche anfängt mit den Worten 'Die ac Domino Nostri Jesu Christi' nebst den darauf sich beziehenden Executions-Dekreten des für dieses Geschäft von seiner päbstlichen Heiligkeit an Unser Hoflager in der Person des Herrn Franz Serra, aus dem Herzogl. Geschlecht Cassano, Erzbischofes von Nicäa etc. abgeordneten apostolischen Nuntius kein weiteres Hinderniß gesetzt werden soll.

Zugleich fügen Wir zur Beseitigung aller Missverständnisse über den Gegenstand und die Beschaffenheit des von Unsern katholischen Untertanen auf die Konstitution abzulegenden Eides die Erklärung bei, dass, indem Wir Unsern getreuen Untertanen die Konstitution gegeben haben, Unsere Absicht nicht gewesen sei, dem Gewissen derselben im Geringsten einen Zwang anzutun, dass daher nach den Bestimmungen der Konstitution selbst der von Unsern katholischen Untertanen auf dieselbe abzulegende Eid lediglich auf die bürgerlichen Verhältnisse sich beziehe, und dass sie dadurch zu nichts werden verbindlich gemacht werden, was den göttlichen Gesetzen oder den katholischen Kirchensatzungen entgegen wäre. Auch erklären wir neuerdings, dass das Konkordat, welches als Staatsgesetz gilt, als solches angesehen, und vollzogen werden soll, und dass allen Behörden obliege, sich genau nach seinen Bestimmungen zu achten.“

Anhang 2:
Französisches Konkordat von 1801 und Italienisches Konkordat von 1803

In diesem Anhang werden die Texte zweier Konkordate geboten; das italienische ist inhaltlich vom französischem Konkordat abhängig; beide sind als inhaltliche Vorläufer des Bayerischen Konkordats von 1817 zu werten.

Bei den Texten, die in Fremdsprachen verfasst wurden, wird auch eine deutsche Übersetzung geboten, die versucht, zwischen Texttreue, den Regeln der deutschen Sprache und dem rechtsprachlichen Duktus zu vermitteln.

1801-07-15, Convention entre le gouvernement Française et sa Sainteté Pie VII

Quelle: Bulletin des lois de la République française, 3. Serie, Tome 6, Paris, Imprimerie de la République, Brumaire an XI, Nr. 172, 14–16, URL: https://gallica.bnf.fr/ark:/12148/bpt6k65397933/ f69.image, Zugriff: 01.02.2020.

CONVENTION entre le Gouvernement français et sa Sainteté Pie VII. Le Gouvernement de la République française reconnaît que la religion catholique, apostolique et romaine, est la religion de la grande majorité des citoyens français. Sa Sainteté reconnaît également que cette même religion a retiré et attend encore en ce moment, le plus grand bien et le plus grand éclat de l'établissement du culte catholique en France, et de la profession particulière qu'en font les Consuls de la République. En conséquence, d'après cette reconnaissance mutuelle, tant pour le bien de la religion que pour le maintien de la tranquillité intérieure, ils sont convenus de ce qui suit:	Konvention zwischen der französischen Regierung und Seiner Heiligkeit Pius VII. Die Regierung der Französischen Republik erkennt an, dass die katholische, apostolische und römische Religion die Religion der überwiegenden Mehrheit der französischen Bürger ist. Seine Heiligkeit erkennt auch an, dass dieselbe Religion das größte Wohl und den größten Glanz aus der Einrichtung des katholischen Glaubens in Frankreich gezogen hat und zu diesem Zeitpunkt noch erwartet, und dass die Konsuln der Republik dafür eine besondere Berufung ausüben. Dementsprechend einigten sie sich nach dieser gegenseitigen Anerkennung, sowohl zum Wohle der Religion als auch zur Aufrechterhaltung der inneren Ruhe, auf folgendes:
ART. I.er La religion catholique, apostolique et romaine, sera librement exercée en France: son culte sera public, en se conformant aux règlements de police que le Gouvernement jugera nécessaires pour la tranquillité publique.	Art I. Die katholische, apostolische und römische Religion wird in Frankreich frei ausgeübt werden: ihr Kult wird öffentlich sein, indem er den polizeilichen Vorschriften entspricht, die die Regierung für die öffentliche Ruhe für notwendig hält.
II. Il sera fait par le Saint-Siège, de concert avec le Gouvernement, une nouvelle circonscription des diocèses français.	II. Der Hl. Stuhl wird zusammen mit der Regierung eine neue Umschreibung der französischen Diözesen vornehmen.

III. Sa Sainteté déclarera aux titulaires des évêchés français, qu'elle attend d'eux avec une ferme confiance, pour le bien de la paix et de l'unité, toute espèce de sacrifices, même celui de leurs sièges. D'après cette exhortation, s'ils se refusaient à ce sacrifice commandé par le bien de l'Église (refus néanmoins auquel sa Sainteté ne s'attend pas), il sera pourvu, par de nouveaux titulaires, au gouvernement des évêchés de la circonscription nouvelle, de la manière suivante.	III. Seine Heiligkeit wird den Bischöfen der der französischen Bistümer erklären, dass Sie mit festem Vertrauen von ihnen, um des Friedens und der Einheit willen, jedes Opfer erwartet, sogar das der Aufgabe ihrer Bischofssitze. Nach dieser Ermahnung, wenn sie sich weigern, dieses Opfer, das zum Wohl der Kirche geboten ist, zu bringen, (eine Weigerung, die Seine Heiligkeit nicht erwartet), werden die neuen Amtsinhaber in die Regierung der neuumschriebenen Bistümer in folgender Weise eingeführt.
IV. Le premier Consul de la République nommera, dans les trois mois qui suivront la publication de la bulle de sa Sainteté, aux archevêchés et évêchés de la circonscription nouvelle. Sa Sainteté conférera l'institution canonique, suivant les formes établies par rapport à la France avant le changement de gouvernement.	IV. Der erste Konsul der Republik wird innerhalb von drei Monaten nach der Veröffentlichung der Bulle Seiner Heiligkeit die Erzbischöfe und Bischöfe der neuumschriebenen Bistümer nominieren. Seine Heiligkeit wird die kanonische Institution in der Weise erteilen, die für Frankreich vor dem Wechsel der Regierungsform gegolten hat.
V. Les nominations aux évêchés qui vaqueront dans la suite, seront également faites par le premier Consul, et l'institution canonique sera donnée par le Saint-Siège, en conformité de l'article précédent.	V. Ernennungen zu Bistümern, die zukünftig vakant werden, werden gleichfalls vom ersten Konsul vorgenommen, und die kanonische Institution wird vom Hl. Stuhl gemäß dem vorherigen Artikel gegeben.

VI. Les évêques, avant d'entrer en fonctions, prêteront directement, entre les mains du premier Consul, le serment de fidélité qui était en usage avant le changement de gouvernement, exprimé dans les termes suivants: «Je jure et promets à Dieu, sur les saints évangiles, de garder obéissance et fidélité au Gouvernement établi par la Constitution de la République française. Je promets aussi de n'avoir aucune intelligence, de n'assister à aucun conseil, de n'entretenir aucune ligue, soit au-dedans, soit au-dehors, qui soit contraire à la tranquillité publique; et si, dans mon diocèse ou ailleurs, j'apprends qu'il se trame quelque chose au préjudice de l'État, je le ferai savoir au Gouvernement. »	VI. Die Bischöfe werden vor ihrem Amtsantritt direkt in die Hände des ersten Konsuls den Treueeid leisten, der vor dem Regierungswechsel im Gebrauch war, und zwar mit den folgenden Worten: „Ich schwöre und verspreche Gott, auf die heiligen Evangelien, Gehorsam und Treue gegenüber der durch die Verfassung der Französischen Republik geschaffenen Regierung zu bewahren. Ich verspreche auch, keine Kenntnis zu haben, an keinem Rat teilzunehmen, in keine Verbindung einzutreten, weder im Innern noch im Äußeren, was der öffentlichen Ruhe zuwiderläuft; und wenn ich in meiner Diözese oder andernorts erfahre, dass etwas zum Nachteil des Staates unternommen wird, werde ich es der Regierung zur Kenntnis bringen."
VII. Les ecclésiastiques du second ordre prêteront le même serment entre les mains des autorités civiles désignées par le Gouvernement.	VII. Die Kleriker niederer Weihestufe werden denselben Eid in die Hände der von der Regierung ernannten zivilen Behörden leisten.
VIII. La formule de prière suivante sera récitée à la fin de l'office divin, dans toutes les églises catholiques de France: Domine, salvam fac Rempublicam; Domine, salvos fac Consules.	VIII. In allen katholischen Kirchen Frankreichs wird am Ende des Gottesdienstes folgendes Gebet verrichtet: Domine, salvam fac Rempublicam; Domine, salvos fac Consules.

IX. Les évêques feront une nouvelle circonscription des paroisses de leurs diocèses, qui n'aura d'effet que d'après le consentement du Gouvernement.	IX. Die Bischöfe werden eine neue Umschreibung der Pfarreien in ihren Bistümern vornehmen, die nur mit Zustimmung der Regierung wirksam wird.
X. Les évêques nommeront aux cures. Leur choix ne pourra tomber que sur des personnes agréées par le Gouvernement.	X. Die Bischöfe werden die Pfarrer ernennen. Sie können nur Personen auswählen, die der Regierung genehm sind.
XI. Les évêque pourront avoir un chapitre dans leur cathédrale, et un séminaire pour leur diocèse, sans que le Gouvernement s'oblige à les doter.	XI. Bischöfe können ein Kapitel in ihrer Kathedrale und ein Seminar für ihre Diözese haben, ohne dass die Regierung sie ausstatten muss.
XII. Toutes les églises métropolitaines, cathédrales, paroissiales et autres non aliénées, nécessaires au culte, seront remises à la disposition des évêques.	XII. Alle Metropolitankirchen, Kathedralen, Pfarrkirchen und andere nicht entfremdete Kirchen, die für den Gottesdienst notwendig sind, werden den Bischöfen zur Verfügung übergeben.
XIII. Sa Sainteté, pour le bien de la paix et l'heureux rétablissement de la religion catholique, déclare que ni elle, ni ses successeurs, ne troubleront en aucune manière les acquéreurs des biens ecclésiastiques aliénés, et qu'en conséquence, la propriété de ces mêmes biens, les droits et revenus y attachés, demeureront incommutables entre leurs mains ou celles de leurs ayant-cause.	XIII. Seine Heiligkeit erklärt um des Friedens und der glücklichen Wiederherstellung der katholischen Religion willen, dass weder er noch seine Nachfolger die Käufer des entfremdeten Kirchengutes in irgendeiner Weise stören werden, und dass folglich das Eigentum der Güter, die Rechte und damit verbundenen Einkünfte unwiderruflich in ihren Händen oder denen ihrer Rechtsnachfolger bleiben.
XIV. Le Gouvernement assurera un traitement convenable aux évêques et aux curés dont les diocèses et les paroisses seront compris dans la circonscription nouvelle.	XIV. Die Regierung wird für eine angemessene Behandlung von Bischöfen und Priestern sorgen, deren Diözesen und Pfarreien in der neuen Umschreibung aufgegangen sind.

XV. Le Gouvernement prendra également des mesures pour que les catholiques français puissent, s'ils le veulent, faire en faveur des églises, des fondations.	XV. Die Regierung wird auch Maßnahmen ergreifen, damit die französischen Katholiken, wenn sie es wünschen, zugunsten von Kirchen Stiftungen machen können.
XVI. Sa Sainteté reconnaît dans le premier Consul de la République française, les mêmes droits et prérogatives dont jouissait près d'elle l'ancien gouvernement.	XVI. Seine Heiligkeit erkennt dem ersten Konsul der Französischen Republik dieselben Rechte und Vorrechte zu, die die frühere Regierung genoss.
XVII. Il est convenu entre les parties contractantes que, dans le cas où quelqu'un des successeurs du premier Consul actuel ne serait pas catholique, les droits et prérogatives mentionnés dans l'article ci-dessus, et la nomination aux évêchés, seront réglés, par rapport à lui, par une nouvelle convention.	XVII. Es wurde zwischen den Vertragsparteien vereinbart, dass für den Fall, dass einer der Nachfolger des ersten derzeitigen Konsuls nicht katholisch ist, die in der obigen Art genannten Rechte und Vorrechte und die Ernennung zu den Bischöfen durch eine neue Konvention zu regeln sind.
Les ratifications seront échangées à Paris dans l'espace de quarante jours. Fait à Paris, le 26 Messidor an IX.	Die Ratifizierungsurkunden werden in Paris innerhalb von vierzig Tagen ausgetauscht. Ausgestellt in Paris, am 26 Messidor, Jahr IX.
Signé Joseph BONAPARTE [L. S.]. Hercules, cardinalis CONSALVI [L. S.]. CRETET [L. S.]. JOSEPH, archiep. Corinthi [L. S.]. BERNIER [L. S.]. F. Carolus CASELLI [L. S.]	

1803-09-16, Convention inter Rempublicam Italicam et Sanctitatem Suam Pium VII

Convention inter Rempublicam Italicam et Sanctitatem Suam Pium VII., ital.-lat., in: Augustin Theiner, Histoire des deux concordats de la République Française et de la République cisalpine: Conclus en 1801 et 1803 entre Napoléon Bonaparte et le saint-siége, Suivie d'une relation de son couronnement comme empereur des Français par Pie VII. D'après des documents inédits, extraits des archives secrètes du Vatican et de celles de France, Tome 2, 3. Partie, Paris,

Dentu, 1869, 270–276, URL: http://mdz-nbn-resolving.de/urn:nbn:de:bvb:12-bsb10544024-5, Zugriff: 10.04.2020.

Concordato fra la Repubblica Italiana ed Sua Santità Pio VII.	Convention inter Rempublicam Italicam et Sanctitatem Suam Pium VII.	Konkordat zwischen der Italienischen Republik und Seiner Heiligkeit Pius VII.
Il Presidente della Repubblica Italiana, Primo Console della Repubblica Francese, e Sua Santità il sommo Pontefice Pio VII hanno rispettivamente per loro Plenipotenziari nominato: Il Presidente della Repubblica Italiana, Primo Console della Repubblica Francese, il Cittadino Ferdinando Marescalchi, Consultore di Stato et Ministre delle Relazioni Estere presso Lui residente munito di piene facoltà. Sua Santità l'Eminentissimo Signor D. Giovanni Battista Caprara della S. R. E. del titolo di S. Onofrio Prete Cardinale, Arcivescovo di Milano, e della Santità Sua e della S. Sede Legato a latere in Francia, munito di facoltà in buona e dovuta forma.	Praeses Reipublicae Italicae, primus Galliarum Reipublicae Consul, atque Sanctitas sua, Summus Pontifex Pius VII, in suos respective plenipotentiarios nominarunt: Praeses Reipublicae Italie, primus Galliarum Reipublicae Consul, civem Ferdinandum Marescalchi, consultorem status et exterarum relationum administrum apud ipsum residentem, plenis facultatibus munitum; Sanctitas sua Eminentissimum D. Joannem Baptistam Caprara S. R. E. tituli S. Honuphrii presbyterum cardinalem, Archiepiscopum Mediolanensem et Sanctitatis suae et S. Sedis in Gallia a latere Legatum, munitum facultatibus in bona et debita forma;	Der Präsident der Italienischen Republik, Erster Konsul der Französischen Republik, und Seine Heiligkeit Papst Pius VII haben gegenseitig zu ihren vollumfänglichen Bevollmächtigten ernannt: Der Präsident der Italienischen Republik, Erster Konsul der Französischen Republik, den Bürger Ferdinand Mareschalci, Staatsrat und bei ihm residierender Außenminister und ausgestattet mit voller Befugnis; Seine Heiligkeit, Seine Eminenz Herrn Johannes der Täufer Caprara, der Heiligen Römischen Kirche Kardinalpriester der Titelkirche Sankt Honophrius, Erzbischof von Mailand und Seiner Heiligkeit und des Heiligen Stuhles Legat a latere in Frankreich, ausgestattet mit gültiger und erforderlicher Befugnis.

I quali, dopo d' essersi scambievolmente consegnati gli Istrumenti della rispettiva plenipotenza, hanno convenuto delle cose che seguono:	Qui post sibi mutuo tradita respectivae plenipotentiae instrumenta, de iis, quae sequuntur, convenerunt:	Diese einigten sich, nachdem sie sich gegenseitig die Dokumente der Bevollmächtigung übergeben haben, auf das Folgende:
Concordato fra la Repubblica Italiana ed Sua Santità Pio VII.	Convention inter Rempublicam Italicam et Sanctitatem Suam Pium VII.	Konkordat zwischen der Italienischen Republik und Seiner Heiligkeit Pius VII.
Proemio. II Presidente della Repubblica Italiana, Primo Console della Repubblica Francese, e la Santità di Nostro Signore Papa Pio VII, animati da uguale desiderio, che in detta Repubblica sia fissato uno stabile regolamento di quanto spetta alle cose Ecclesiastiche; e volendo che la Religione Cattolica Apostolica Romana sia conservata intatta nei suoi Dogmi, sono convenuti nei seguenti Articoli:	Proemium. Prases Reipublicae Italicae, primus Gallicanae Reipublicae Consul, et Sanctita sua, Summus Pontifex Pius VII, pari studio cupientes, ut in eadem Republica certus stabilisque ordo in iis, quae ad res ecclesiasticas pertinent, constituatur; volentesque ut religio catholica, Apostolica, Romana, in suis dogmatibus integra servetur, in sequentes articulos convenerunt:	Vorwort: Der Präsident der Italienischen Republik, Erster Konsul der Französischen Republik, und Seine Heiligkeit Papst Pius VII die beide erfüllt sind von dem Verlangen, dass in dieser Republik eine feste und dauerhafte Regelung der kirchlichen Angelegenheiten bestimmt wird und die wollen, dass die katholische, apostolische und römische Religion unversehrt mit ihren Glaubenslehren erhalten wird, sind über die folgenden Artikel übereingekommen
Articolo 1. La Religione Cattolica Apostolica Romana continua ad essere la Religione della Repubblica Italiana.	Articulus 1. Religio catholica, Apostolica, Romana, esse pergit religio Reipublicae.	Artikel 1. Die katholische, apostolische und römische Religion wird weiterhin die Religion der Italienischen Republik sein.

Art. 2. Sua Santità nelle debite forme assoggetterà alla giurisdizione Metropolitana delle Chiese Arcivescovili di Milano, di Bologna, di Ravenna e di Ferrara le infrascritte Chiese Vescovili,	Art. 2. Sanctitas sua debitis formis subjiciet juri metropolitico Ecclesiarum archiepiscopalium Mediolanensis, Bononiensis, Ravennatensis, Ferrariensis, infra scriptas Ecclesias episcopales,	Art. 2. Seine Heiligkeit wird unter das Metropolitanrecht der Erzbischöflichen Kirchen von Mailand, Bologna, Ravenna und Ferrara die untenstehenden bischöflichen Kirchen in der erforderlichen Form unterstellen.
cioè quelle di Brescia, di Bergamo, di Pavia, di Como, di Crema, di Novara, di Vigevano, di Cremona e di Lodi all' Arcivescovado di Milano, di cui saranno Suffraganee;	nimirum Brixiensem, Bergomensem, Papiensem, Novocomensem, Cremensem, Novariensem, Vigevanensem, Cremonensem, Laudensem archiepiscopatui Mediolanensi, cujus suffraganeae erunt;	Die Kirchen von Brescia, Bergamo, Pavia, Como, Crema, Novara, Vigevano, Cremona und Lodi dem Erzbistum Mailand, von dem sie Suffragane sein werden;
Le Chiese di Modena, di Reggio, d' Imola, e di Carpi saranno Suffraganee dell'Arcivescovado di Bologna;	Ecclesiae vero Mutinensis, Rhegiensis, Imoleusis, Carpensis, suffraganeae erunt archiepiscopatus Bononiensis;	Die Kirchen von Modena, Reggio, Imola und Carpi werden Suffragane des Erzbistums Bologna sein;
Quelle di Cesena, di Forli, di Faenza, di Rimino e di Cervia saranno suffraganee dell'Arcivescovado di Ravenna;	Caesenatensis, Forlivensis, Faventina, Ariminensis, Cerviensis, suffraganeae erunt archiepiscopatus Ravennatensis.	Die Kirchen von Cesena, Forli, Faenza, Rimini und Cervia werden Suffragane des Erzbistums Ravenna sein;
Quelle di Mantova, di Comacchio, di Adria e di Verona dalla parte della Repubblica Italiana, saranno suffraganee dell'Arcivescovado di Ferrara.	Mantuana, Comaclensis, Adriensis, Veronae a parte Italica suffraganeae erunt archiepiscopatus Ferrariensis.	Mantua, Comacchio, Adria und Verona auf der Seite der Italienischen Republik werden Suffragane des Erzbistums Ferrara sein.

Art. 3. Il Santo Padre alle istanze del Presidente della Repubblica Italiana condiscende alla soppressione delle due Chiese Vescovili di Sarsina e di Bertinoro, e delle due Abbadie Nullius di Asola e di Nonantola, a condizione che le rispettive Diocesi siano coriunite di comune concerto ad altre Diocesi vicine, e che gli attuali Vescovi ed Abati, qualora non fossero trasferiti ad altre Sedi, ricevano un adeguato compenso alla cessione della giurisdizione e congrua, delle quali godevano, ottenute nelle convenienti forme le rinunzie dei detti Vescovi ed Abati.	Art. 3. Sanctitas sua ad instantiam praesidis Reipublicae Italicae indulget suppressioni duarum episcopalium Ecclesiarum, nimirum Sarsinae et Brictinori, et duarum abbatiarum Nullius, nimirum Asulae et Nonantulae, ea tamen conditione, ut et respectivae dioeceses, collatis cum praeside ejusdem Reipublicae consiliis, aliis proximis dioecesibus uniantur, et Episcopi atque abbates, nisi forte translati aut transferendi sint ad alias sedes, juste compensentur pro cessione jurisdictionis et congruae, quibus ante fruebantur, et debitis formis ab iisdem resignationes respectivarum Ecclesiarum obtineantur.	Art. 3 Seine Heiligkeit gibt den Instanzen des Präsidenten der Republik Italien seine Zustimmung zur Aufhebung der zwei bischöflichen Kirchen von Sarsina und Bertinoro und der beiden Territorialabteien Asola und Nonantola; jedoch unter der Bedingung, dass die betreffenden Diözesen nach Beratung mit dem Präsidenten der Republik mit den nächsten Diözesen vereinigt werden; und die Bischöfe und Äbte, sofern sie nicht auf andere Sitze versetzt werden, erhalten eine angemessene Entschädigung für den Verlust der Jurisdiktion und entsprechend dem, was sie früher genossen haben, werden sie in angemessenen Formen für ihren jeweiligen Verzicht auf die betreffenden Kirchen Ausgleich erhalten.
I Beni e le rendite delle suddette Chiese ed Abbadie situati nella Repubblica Italiana saranno della medesima Santità Sua ripartiti ed incorporati ad altre fondazioni Ecclesiastiche di concerto col governo.	Bona redditusque supradictarum Ecclesiarum et abbatiarum, quae in Republica Italica continentur, ab eadem Sanctitate sua, collatis cum gubernio consiliis, aliis ecclesiasticis fundationibus distribuentur atque adjicientur.	Die Güter und Einkünfte der oben genannten Kirchen und Abteien, die in der Italienischen Republik gelegen sind, werden von Seiner Heiligkeit, nach Beratung mit der Regierung, an andere kirchliche Stiftungen verteilt und eingefügt.

Art. 4. In considerazione della utilità che dal presente Concordato ridonda agl'interessi della Chiesa e della Religione, Sua Santità accorda al Presi dente della Repubblica Italiana la nomina di tutti gli Arcivescovadi e Vescovadi della Repubblica Italiana medesima; ed agli Ecclesiastici da esso Presidente nominati, forniti delle doti volute dai Sacri Canoni, Sua Santità darà la Canonica lstituzione secondo le forme stabilite.	Art. 4. Attenta utilitate, quae ex hac Conventione manat in ea, quae ad res Ecclesiae et religionis pertinens, Sanctitas sua concedit, ut praeses Reipublicae Italicae nominare possit ad omnes archiepiscopatus et episcopatus eiusdem Reipublicae, et ecclesiasticis viris ab eodem praeside nominatis iis dotibus praeditis, quas sacri Canones requirunt, eadem Sanctitas sua Canonicam institutionem dabit juxta formas consuetas.	Art. 4 Seine Heiligkeit werden in Erwägung der aus der vorliegenden Übereinkunft für die Angelegenheiten der Kirche und der Religion hervorgehenden Vorteile zustimmen, dass der Präsident der Italienischen Republik das Ernennungsrecht zu allen Erzbischöflichen und bischöflichen Stühlen dieser Republik erhält. Und diesen Männern der Kirche, die vom Präsidenten ernannt sind und die nach den heiligen Canones erforderlichen Eigenschaften besitzen, wird seine Heiligkeit die kanonische Institution nach den gewöhnlichen Formen erteilen.
Art. 5. Gli Arcivescovi e Vescovi presteranno il Giuramento di fedeltà nelle mani del Presidente della Repubblica seconda la infrascritta formola:	Art. 5. Archiepiscopi et Episcopi emittent Juramentum fidelilatis in manibus praesidis Reipublicae juxta infrascriptam formulam:	Art. 5. Die Erzbischöfe und Bischöfe werden einen Treueeid in die Hände des Präsidenten der Republik gemäß folgender Formel ablegen

"Io giuro e prometto sui Santi Evangeli obbedienza e fedeltà al governo della Repubblica Italiana. Similmente pro metto, che non terrò alcuna intelligenza, non interverrò in alcun consiglio, e non prenderò parte in alcuna unione sospetta o dentro o fuori della Repubblica, che sia pregiudizievole alla pubblica tranquillità, e manifesterò al governo ciò che io sappia trattarsi o nella mia Diocesi, o altrove in pregiudizio dello Stato".	"Ego juro et promitto ad sancta Dei Evangelia obedientiam et fidelitatem gubernio Italicae Reipublicae. Item promitto me nullam communicationem habiturum, nulli consilio interfuturum, nullamque suspectam unionem neque intra, neque extra conservaturum, quae tranquillitati publics noceat; et si tam in dioecesi mea quam alibi noverim aliquid in status damnum tractari, gubernio manifestabo."	„Ich schwöre und gelobe auf Gottes heilige Evangelien Gehorsam und Treue der Regierung der Italienischen Republik. Ebenso verspreche ich, keine Kommunikation zu pflegen, an keinem Ratschlag teilzunehmen, und keine verdächtige Verbindung weder im Inland noch auswärts zu unterhalten, welche der öffentlichen Ruhe schädlich sein könnte, und wenn ich von einem Anschlag zum Nachteil des Staates, sei es in meiner Diözese oder sonst irgendwo Kenntnis erhalten sollte, solches der Regierung anzuzeigen."
Art. 6. Il medesimo giuramento presteranno i Parrochi alla presenza delle Autorità Civili costituite dal Presidente della Repubblica.	Art. 6. Parochi idem juramentum emittent coram potestatibus civilibus a Reipublicae Praeside constitutis.	Art. 6. Die Pfarrer werden denselben Eid ablegen vor den vom Präsidenten der Republik eingesetzten zivilen Behörden.
Art. 7. Sarà sempre libero a qualunque Vescovo di comunicare senza vero ostacolo colla Santa Sede sopra tutte le materie spirituali e gli oggetti Ecclesiastici.	Art. 7. Cuilibet Episcopo liberum semper erit super rebus omnibus spiritualibus atque negotiis ecclesiasticis absque ullo impedimento cum Sancta Sede communicare.	Art. 7. Jeder Bischof wird immer frei sein, über alle geistlichen und kirchlichen Angelegenheiten, ohne irgendeine Behinderung, mit dem Heiligen Stuhl zu kommunizieren.

Art. 8. Parimenti sarà libero ai Vescovi l'ascrivere tra i Chierici, e promuovere agli Ordini a titolo di Beneficio, di Cappellania, di Legato Pio, di Patrimonio, o di altra legittima assegnazione tutti quelli che giudicheranno essere necessari ed utili alle rispettive Chiese e Diocesi.	Art. 8. Liberum pariter erit Episcopis clericos constituere, atque ad ordines promovere titulo beneficii, cappellaniae, legati pii, patrimonii, aut cuiusvis alterius legitimae assignationis eos omnes, quos necessarios atque utiles esse respectivis Ecclesiis ac dioecesibus existimaverint.	Art. 8. Die Bischöfe werden ebenso frei sein, Männer in den kirchlichen Stand aufzunehmen und zu den höheren Weihen zu befördern auf den Titel eines Benefiziums, einer Kaplanei, eines frommen Vermächtnisses, eines Erbes, oder aufgrund irgendeiner anderen gesetzlicher Zuwendung all das zu tun, was sie für die jeweiligen Kirchen und Diözesen für nützlich und nötig erachten.
Art. 9. Si conserveranno i Capitoli delle Chiese Metropolitane e Cattedrali, e similmente quelli delle Collegiate almeno più insigni, e tali Capitoli goderanno di una conveniente dotazione di Beni. Similmente goderanno d'una conveniente dotazione di Beni le Mense Arcivescovili e Vescovili, li Seminari, le Fabbriche delle Chiese Metropolitane, delle Cattedrali e Collegiate almeno più insigni, e le Parrocchie.	Art. 9. Servabuntur capitula Ecclesiarum metropolitanarum et cathedralium, itemque collegiatarum saltem insigniorum, eaque convenienti bonorum dotatione fruentur. Convenienti item bonorum dotatione fruentur mensae archiepiscopales et episcopales, seminaria, fabricae Ecclesiarum metropolitanarum, cathedralium et collegiatarum saltem insigniorum, et paroeciae.	Art 9. Die Kapitel der Metropolitan- und Kathedralkirchen werden erhalten und ebenso zumindest die bedeutenderen Kapitel der Kollegiatkirchen, Diese Kapitel erhalten eine angemessene Dotation mit Gütern. Ebenso erhalten eine angemessene Güterdotation die erzbischöflichen und bischöflichen Tafelgüter, die Seminare, die Fabriken der Metropolitankirchen, der Kathedral- und der bedeutenderen Kollegiatkirchen sowie der Pfarreien.

Tali dotazioni saranno stabilite dentro il più breve spazio di tempo di concerto fra la Santità Sua e il Presi dente della Repubblica.	Hae dotationes, quam citius fieri poterit, a Sanctitate sua, collatis cum gubernio consiliis, constituentur.	Diese Dotationen werden sobald als möglich von Seiner Heiligkeit nach Beratung mit der Regierung ausgeführt.
Art. 10. L'insegnamento, la disciplina, educazione ed amministrazione dei Seminari Vescovili sono soggetti all'autorità dei Vescovi rispettivi secondo le forme canoniche.	Art. 10. Doctrinae ac disciplinae institutio, educatio et administratio seminariorum episcopalium subjiciuntur auctoritati Episcoporum respectivorum juxta formas canonicas.	Art. 10. Die Ordnung der Lehre und der Disziplin, die Erziehung und Verwaltung der bischöflichen Seminare sind der Autorität der Bischöfe unterstellt gemäß den kanonischen Formen.
Art. 11. I Conservatori, gli Ospedali, le Fondazioni di Carità, ed altri consimili Luoghi Pii, in addietro governati da sole Persone Ecclesiastiche, saranno per l'avvenire amministrati in ciascuna Diocesi da una Congregazione di persone per metà Ecclesiastiche, e per l'altra metà Secolari. Il Presidente della Repubblica sceglierà le Persone Secolari, come le Ecclesiastiche che dal Vescovo gli verranno proposte. Alle Congregazioni presiderà sempre il Vescovo, cui altresì sarà libero di visitare quei Luoghi, che legittimamente sono amministrati dai Laici.	Art. 11. Conservatoria, hospitalia, fundationes charitatis et alia hujusmodi pia loca, quae antea a solis ecclesiasticis personis regebantur, regentur deinceps in singulis dioecesibus a congregatione pari numero ecclesiasticorum et saecularium constituta. Reipublicae Praeses eliget saeculares personas; ecclesiasticas vero eas, quas Episcopus eidem praesentabit. Congregationibus praesidebit semper Episcopus, cui etiam liberum erit visitare ea loca, quae legitime a laicis administrabuntur.	Art 11. Die Erziehungsanstalten, Krankenhäuser, caritativen Stiftungen und andere solche wohltätigen Orte, die bislang allein von kirchlichen Personen geleitet wurden, sollen zukünftig in jeder Diözese von einem Gremium geleitet werden, das mit gleicher Zahl kirchlicher und weltlicher Personen besetzt ist. Der Präsident der Republik wählt die weltlichen Personen aus, die kirchlichen Personen werden ihm vom Bischof präsentiert. Dem Gremium steht immer der Bischof vor, der auch frei ist, die Orte zu visitieren, die gemäß dem Gesetz von Laien verwaltet werden.

Art. 12. Sua Santità accorda ai Vescovi il diritto di conferire le Parrocchie che verranno a vacare in ogni tempo. Premesso il concorso nelle Parrocchie di libera collazione i Vescovi le conferiranno ai soggetti ch'eglino giudicheranno i più degni. Nelle Parrocchie poi di Gius patronato Ecclesiastico, premesso pure il concorso, daranno restituzione a quelli che il patrono Ecclesiastico presenterà come i più degni fra gli approvati dalli esaminatori. Finalmente nelle Parrocchie di Gius patronato Laico il Vescovo istituirà il presentato, purché nell' esame sia rinvenuto idoneo. In tutti però i sopradetti casi i Vescovi non sceglieranno se non persone accette al Governo.	Art. 12. Sanctitas sua concedit Episcopis jus conferendi paroecias, quae quovis anni tempore erunt vacaturae; iique praevio concursu, paroecias liberae collationis conferent iis, quos ipsi digniores judicabunt. In paroeciis vero juris patronatus ecclesiastici instituent eos, quos, praevio pariter concursu, tanquam digniores inter approbatos ab examinatoribus patronus ecclesiasticus praesentabit; in paroeciis vero laici patronatus praesentatos instituent, dummodo, praemisso examine, idonei fuerint inventi. In omnibus autem praedictis casibus Episcopi personas non seligent nisi gubernio acceptas.	Art. 12. Seine Heiligkeit überträgt den Bischöfen das Recht, Pfarreien zu verleihen zu welcher Zeit sie immer auch vakant werden. Nach der Durchführung eines Wettbewerbs in den Pfarreien der freien Verleihung werden die Bischöfe diese an die Personen verleihen, die sie für die würdigsten befinden. Für die Pfarreien, die dem kirchlichen Patronatsrecht unterliegen, wird ebenfalls ein Wettbewerb durchgeführt; und es werden die eingesetzt, die der kirchliche Patron präsentiert aus den Besten der von den Prüfern ausgezeichneten Kandidaten. In den Pfarreien, die dem laikalen Patronatsrecht unterliegen, setzt der Bischof den Präsentierten ein, wenn er nach vorherigem Examen für geeignet befunden wurde. In allen vorgenannten Fällen werden die Bischöfe aber niemanden zulassen, wenn er der Regierung nicht genehm ist.

Art. 13. Il Vescovo, oltre le altre pene canoniche, potrà punire gli Ecclesiastici colpevoli anche col rinchiuderli nei Seminari e nelle case dei Regolari.	Art. 13. Episcopus praeter caeteras canonicas poenas poterit in ecclesiasticos culpabiles animadvertere eos etiam claudendo in seminariis et in domibus regularium.	Art. 13. Bischöfe können über schuldig gewordene kirchliche Personen kanonische Strafen verhängen und sie außerdem in Seminare oder in Korrektionshäuser einweisen.
Art. 14. Nessun Parroco potrà essere astretto ad amministrare il sacramento del Matrimonio a chiunque sia legato da qualcheduno degl'Impedimenti Canonici.	Art. 14. Nemo ex parochis adigi poterit ad administrandum sacramentum matrimonii cuipiam, qui obstrictus sit aliquo ex canonicis impedimentis.	Art. 14. Kein Pfarrer kann gezwungen werden, einer sakramentalen Trauung von irgendjemand zu assistieren, der mit einem kanonischen Hindernis behaftet ist.
Art. 15. Non si farà alcuna soppressione di Fondazioni Ecclesiastiche qualunque esse siano, senza intervento dell'autorità della Sede Apostolica.	Art. 15. Nulla suppressio fundationum ecclesiasticarum quarumcumque absque Apostolicae Sedis auctoritatis interventu fiet.	Art. 15. Ohne die Mitwirkung und Autorität des Apostolischen Stuhls wird es keine Aufhebung irgendwelcher kirchlicher Stiftungen geben.

Art. 16. Attese le straordinarie vicende dei passati tempi, e gli effetti che ne sono derivati, e principalmente in vista della utilità, che da questo Concordato ridonda alle cose concernenti la Religione, ed anche per l'oggetto di provvedere alla tranquillità pubblica, Sua Santità dichiara, che quelli i quali hanno acquistato dei Beni Ecclesiastici alienati non avranno alcuna molestia né da se, né dai Romani Pontefici suoi successori; ed in conseguenza la proprietà degli stessi Beni, le rendite e i diritti a quelli annessi saranno immutabili presso i medesimi, e quelli che hanno causa da loro.	Art. 16. Attentis extraordinariis praeteritorum temporum vicibus, et effectibus, qui eas sunt consecuti, et potissimum attenta utilitate, quae ex hac Conventione manat in ea, quae ad res religionis pertinent, atque ut etiam publicae tranquillitati consulatur, declarat Sanctitas sua, eos, qui bona Ecclesiae alienata acquisiverunt, molestiam nullam habituros, neque a se, neque a Romanis Pontificibus successoribus suis; ac consequenter proprietas eorumdem bonorum, redditus et jura iis inhaerentia immutabilia penes ipsos erunt, atque ab ipsis causam habentes.	Art. 16. In Erwägung der außerordentlichen Wechselfälle der vergangenen Zeiten und ihrer Folgen, im Hinblick auf die besondere Nützlichkeit der aus der vorliegenden Übereinkunft für die Angelegenheiten der Kirche und der Religion hervorgehenden Vorteile und wie es auch die öffentliche Ruhe geraten sein lässt, erklärt Seine Heiligkeit, dass die, die entfremdete kirchliche Güter gekauft haben, keine Störung erfahren werden, weder von ihm, noch von seinen nachfolgenden römischen Päpsten; folglich bleiben das Eigentum an den Gütern, die damit verbundenen Einkünfte und die Rechte unwiderruflich in ihrer Gewalt, und bei denen, die ein Recht an ihnen haben.

Art. 17. Resta severamente proibito tutto ciò, che o colle parole, o col fatto, o in iscritto tende a corrompere i buoni costumi, o al disprezzo della Religione Cattolica e dei suoi Ministri.	Art. 17. Districte prohibetur quidquid sive verbo, sive factis, sive scriptis tendit ad bonos mores corrumpendos, et ad contemptum catholicae religionis eiusque ministrorum.	Art. 17. Es bleibt all das streng verboten, was entweder durch Worte oder Taten oder Schriften dazu führt, die guten Sitten zu verderben oder die katholische Religion und ihre Diener zu schmähen.
Art. 18. Il Clero sarà esente da ogni sorta di Servizio militare.	Art. 18. Clerus a quolibet servitio militari exemptus erit.	Art. 18. Der Klerus ist von jeder Art des Militärdienstes befreit.
Art. 19. Sua Santità riconosce nel Presidente della Repubblica Italiana gli stessi diritti e privilegi che riconosceva nella Maestà dell'Imperatore come Duca di Milano.	Art. 19. Sanctitas sua agnoscit in Praeside Reipublicae Italicae eadem jura ac privilegia, quae in majestate imperatoris uti duce Mediolani agnoscebat.	Art. 19. Seine Heiligkeit erkennt dem Präsidenten der Italienischen Republik dieselben Rechte und Privilegien zu, die er seiner kaiserlichen Majestät als Herzog von Mailand zuerkannte.
Art. 20. Quanto agli altri oggetti Ecclesiastici, dei quali non è stata fatta espressa menzione nei presenti Articoli, le cose rimarranno, e saranno regolate a tenore della vegliante Disciplina della Chiesa; e sopravenendo qualche difficoltà, il Santo Padre e il Presidente della Repubblica si riservano di concertassi fra loro.	Art. 20. Quoad caetera vero res ecclesiasticas spectantia, quarum nulla expressa mentio in his articulis facta est, manebunt omnia et administrabuntur juxta vigentem Ecclesiae disciplinam. Si quae vero supervenerit difficultas, Sanctitas sua et Praeses Reipublicae secum conferre sibi reservant.	Art. 20. Alles Übrige, was kirchliche Angelegenheiten betrifft und in diesen Artikeln nicht ausdrücklich erwähnt ist, bleibt alles bestehen und wird gemäß geltender kirchlicher Disziplin verwaltet werden. Sollte aber ein Anstand aufkommen, so behalten Sich Seine Heiligkeit und der Präsident der Republik vor, sich darüber zu verständigen.

Art. 21. Il presente Concordato è sostituito a tutte le Leggi, Ordinazioni e Decreti emanati fin' ora dalla Repubblica Italiana sopra materie di Religione.	Art. 21. Praesens Conventio substituitur omnibus legibus, ordinationibus et decretis a Repubblica Italica circa res religionis huc usque latis.	Art. 21. Die gegenwärtige Übereinkunft wird alle in der Italienischen Republik bis jetzt in Religionssachen erlassenen Gesetze, Verordnungen und Verfügungen ersetzen.
Art. 22. Ambedue le parti contraenti promettono che tanto Esse, quanto i Loro successori osserveranno religiosamente tutte le cose, delle quasi si è convenuto per l'una parte e per l'altra nei presenti Articoli. Il cambio delle Ratifiche sarà fatto in Parigi dentro lo spazio di due mesi. Fatto in Parigi il giorno sedici di settembre dell'Anno Mille Ottocento tre. (L. S.) G. B. card. Caprara Legato. (L. S.) Ferdinando Marescalchi.	Art. 22. Utraque contrahentium pars spondet, se successoresque suos omnia de quibus in his articulis utrinque conventum est, sancte esse servaturos. Ratificationum traditio fiet Parisiis intra duorum mensium spatium. Datum Parisiis die decima sexta Septembris anno millesimo octingentesimo tertio. (L. S.) G. B. Card. Caprara Legat. (L. S.) Ferdinandus Marescalchi.	Art 22. Beide vertragsschließenden Teile versprechen für sich und ihre Nachfolger die genaue Beobachtung all dessen, worüber man in diesen Artikeln gegenseitig übereingekommen ist. Die Übergabe der Ratifikationsurkunden soll in Paris innerhalb von zwei Monaten erfolgen. Gegeben zu Paris, den 16. September im Jahr 1803. (L. S.) Joh. B. Caprara, Legat. (L. S.) Ferdinand Marescalchi.

Anhang 3: Das Bayerische Konkordat von 1924

Konkordat zwischen Seiner Heiligkeit Papst Pius XI. und dem Staate Bayern – Concordato fra Sua Santitá Papa Pio XI e lo Stato Bavarese, vom 29. März 1924, publiziert am 22. Januar 1925, in: Gesetz- und Verordnungsblatt für den Freistaat Bayern, 1925, 53–60.[1365]

Der Text umfasst das Proömium und sechzehn Artikel, die teilweise in Paragraphen bzw. Buchstaben gegliedert sind.

Proömium.

Seine Heiligkeit Papst Pius XI. und der Bayerische Staat haben, vom gleichen Verlangen beseelt, die Lage der katholischen Kirche in Bayern auf eine den veränderten Verhältnissen entsprechende Weise und dauernd neu zu ordnen, beschlossen, eine feierliche Übereinkunft zu treffen.

Zu diesem Zwecke haben Seine Heiligkeit Papst Pius XI. zu Ihrem Bevollmächtigten Seine Exzellenz den Herrn Apostolischen Nuntius in München und Erzbischof von Sardes, Monsignore Dr. Eugen Pacelli, und die Bayerische Staatsregierung zu Ihrem Bevollmächtigten Seine Exzellenz den Herrn Staatsminister des Äußern Dr. Eugen von Knilling, den Herrn Staatsminister für Unterricht und Kultus Dr. Franz Matt und den Herrn Staatsminister der Finanzen Dr. Wilhelm Krausneck ernannt, die, nachdem sie ihre beiderseitigen Vollmachten ausgewechselt und für richtig befunden haben, über folgende Artikel übereingekommen sind:

1365 Der ursprüngliche Text des Konkordats findet sich unter: URL https://daten.digitale-sammlungen.de/0010/bsb00108607/images/index.html?id=00108607&groesser=&fip=xsxsxdsydsdasfsdreayaenxs&no=18&seite=67, Zugriff: 26.06.2022. Die aktuelle Fassung des Konkordats unter: URL: https://www.gesetze-bayern.de/Content/Document/BayKonk, Zugriff: 01.07.2022.
Der Text wird in behutsam angepasster Rechtschreibung geboten.

Art. 1.

§ 1. Der Bayerische Staat gewährleistet die freie und öffentliche Ausübung der katholischen Religion.

§ 2. Er anerkennt das Recht der Kirche, im Rahmen ihrer Zuständigkeit Gesetze zu erlassen und Anordnungen zu treffen, die ihre Mitglieder binden; er wird die Ausübung dieses Rechtes weder hindern noch erschweren.

§ 3. Er sichert der katholischen Kirche die ungestörte Kultübung zu. In der Erfüllung ihrer Amtspflichten genießen die Geistlichen den Schutz des Staates.

Art. 2.

Orden und religiöse Kongregationen können den kanonischen Bestimmungen gemäß frei gegründet werden. Sie unterliegen von seiten des Staates keiner Einschränkung in Bezug auf ihre Niederlassungen, die Zahl und – vorbehaltlich der Bestimmung des Art. 13 § 3 – die Eigenschaften ihrer Mitglieder sowie bezüglich der Lebensweise nach ihren kirchlich genehmigten Regeln.

Soweit sie bisher die Rechte einer öffentlichen Körperschaft genossen haben, bleiben ihnen diese gewahrt; die übrigen erlangen Rechtsfähigkeit oder die Rechte einer öffentlichen Körperschaft nach den für alle Bürger oder Gesellschaften geltenden gesetzlichen Bestimmungen. Ihr Eigentum und ihre anderen Rechte werden ihnen gewährleistet. In Bezug auf den Erwerb, den Besitz und die Verwaltung ihres Vermögens sowie im der Ordnung ihrer Angelegenheiten unterliegen sie keiner besonderen staatlichen Beschränkung oder Aufsicht.

Art. 3.

§ 1. Die Ernennung oder Zulassung der Professoren oder Dozenten an den theologischen Fakultäten der Universitäten und an den philosophisch-theologischen Hochschulen sowie der Religionslehrer an den höheren Lehranstalten wird staatlicherseits erst erfolgen, wenn gegen die in Aussicht genommenen Kandidaten von dem zuständigen Diözesanbischof keine Erinnerung erhoben worden ist.

§ 2. Sollte einer der genannten Lehrer von dem Diözesanbischof wegen seiner Lehre oder wegen seines sittlichen Verhaltens aus triftigen Gründen beanstandet werden, so wird die Staatsregierung unbeschadet seiner staatsdienerlichen Rechte alsbald auf andere Weise für einen entsprechenden Ersatz sorgen.

Art. 4.

§ 1. Der Unterricht an den theologischen Fakultäten der Universitäten und an den philosophisch-theologischen Hochschulen muss den Bedürfnissen des priesterlichen Berufes nach Maßgabe der kirchlichen Vorschriften Rechnung tragen.

§ 2. An den philosophischen Fakultäten der beiden Universitäten München und Würzburg soll wenigstens je ein Professor der Philosophie und der Geschichte angestellt werden, gegen den hinsichtlich seines katholisch-kirchlichen Standpunktes keine Erinnerung zu erheben ist.

§ 3. Der Religionsunterricht bleibt an allen höheren Lehranstalten und Mittelschulen wenigstens im bisherigen Umfang ordentliches Lehrfach.

Art. 5.

§ 1. Der Unterricht und die Erziehung der Kinder an den katholischen Volksschulen wird nur solchen Lehrkräften anvertraut werden, die geeignet und bereit sind, in verlässlicher Weise in der katholischen Religionslehre zu unterrichten und im Geiste des katholischen Glaubens zu erziehen.

§ 2. Die Lehrer und Lehrerinnen, die an katholischen Volksschulen angestellt werden wollen, müssen vor ihrer Anstellung nachweisen, dass sie eine dem Charakter dieser Schulen entsprechende Ausbildung erhalten haben. Diese Ausbildung muss sich beziehen sowohl auf den Religionsunterricht wie auch auf jene Fächer, die für den Glauben und die Sitten bedeutungsvoll sind. Die Erteilung des Religionsunterrichts setzt die Missio Canonica durch den Diözesanbischof voraus.

§ 3. Der Staat wird bei der Neuordnung der Lehrerbildung für Einrichtungen sorgen, die eine den obigen Grundsätzen entsprechende Ausbildung der für katholische Volksschulen bestimmten Lehrkräfte sichern.

§ 4. In den Prüfungskommissionen, die für die Erteilung der Lehrbefähigung an den katholischen Volksschulen zuständig sind erhalten die kirchlichen Oberbehörden mindestens für die Prüfung aus der Religionslehrer eine angemessene Vertretung.

§ 5. Soweit nach der Neuordnung des Lehrerbildungswesens Privatanstalten noch in der Lage sind, die Vorbildung oder die berufliche Ausbildung von Lehrern oder Lehrerinnen zu übernehmen, wird der Staat bei ihrer Zulassung auch bestehende Anstalten der Orden und Kongregationen entsprechend berücksichtigen.

§ 6. Die an solchen privaten Anstalten vorgebildeten Zöglinge werden, falls diese Anstalten die staatlich vorgeschriebenen wissenschaftlichen Bedingungen erfüllen, nach Maßgabe der allgemeinen Bestimmungen zu den staatlichen Prüfungen zugelassen.

§ 7. Die Erwerbung der Lehrbefähigung für Volksschulen, Mittelschulen und höhere Lehranstalten sowie die Übertragung eines Lehramtes wird für die Angehörigen von Orden und religiösen Kongregationen an keine anderen Bedingungen geknüpft als für Laien.

Art. 6.

in allen Gemeinden müssen auf Antrag der Eltern oder sonstigen Erziehungsberechtigten katholische Volksschulen errichtet werden, wenn bei einer entsprechenden Schülerzahl ein geordneter Schulbetrieb – selbst in der Form einer ungeteilten Schule – ermöglicht ist.

Art. 7.

§ 1. An allen Volksschulen – abgesehen von den in Abs. 2 erwähnten Fällen – bleibt der Religionsunterricht ordentliches Lehrfach. Der Umfang dieses Religionsunterrichts soll im Einvernehmen mit den kirchlichen Oberbehörden festgesetzt und gegenüber dem gegenwärtigen Stande nicht gekürzt werden.

Sollte der Bayerische Staat in etlichen Schulen rechtlich nicht in der Lage sein, dem Religionsunterricht den Charakter eines ordentlichen Lehrfaches zu erteilen, so wird wenigstens die Erteilung eines privaten Religionsunterrichts durch die Bereitstellung der Schulräume sowie durch deren Beheizung und Beleuchtung aus gemeindlichen oder staatlichen Mitteln sichergestellt.

§ 2. Den Schülern der Volksschulen, Mittelschulen und höheren Lehranstalten wird im Benehmen mit den kirchlichen Oberbehörden geeignete und ausreichende Gelegenheit zur Erfüllung ihrer religiösen Pflichten gegeben.

Art. 8. § 1. Die Beaufsichtigung und Leitung des Religionsunterrichtes an den Volksschulen, Mittelschulen und höheren Lehranstalten werden der Kirche gewährleistet. § 2. Dem Bischof und seinen Beauftragten steht das Recht zu, Missstände im religiös-sittlichen Leben der katholischen Schüler wie auch ihre nachteiligen oder ungehörigen Beeinflussungen in der Schule, insbesonders etwaige Verletzungen ihrer Glaubensüberzeugungen oder religiösen Empfindungen im Unterrichte bei der staatlichen Unterrichtsbehörde zu beanstanden, die für entsprechende Abhilfe Sorge tragen wird.
Art. 9. § 1. Orden und religiöse Kongregationen werden unter den allgemeinen gesetzlichen Bestimmungen zur Gründung und Führung von Privatschulen zugelassen. Die Zuerkennung von Berechtigungen an derartige Schulen erfolgt nach den für andere Privatschulen geltenden Grundsätzen. § 2. Von Orden und religiösen Kongregationen geleitete Schulen, die bisher den Charakter öffentlicher Schulen gehabt haben, behalten ihn, soferne sie die an gleichartige Schulen gestellten Anforderungen erfüllen. Unter den gleichen Vorbedingungen kann auch neuen Schulen von Orden und Kongregationen dieser Charakter durch die Staatsregierung verliehen werden.
Art. 10. § 1. Der Bayerische Staat wird seinen auf Gesetz, Vertrag oder besonderen Rechtstiteln beruhenden vermögensrechtlichen Verpflichtungen gegen die katholische Kirche in Bayern stets nachkommen. Die vermögensrechtlichen Verpflichtungen, die im Konkordate von 1817 festgelegt sind, werden durch folgende Vereinbarung ersetzt:

a) Der Staat wird die erzbischöflichen und bischöflichen Stühle, die Metropolitan und Domkapitel mit einer Dotation in Gütern und ständigen Fonds ausstatten, deren jährliche Reineinkünfte sich bemessen auf der Grundlage jener, die im erwähnten Konkordate festgesetzt sind, wobei dem Geldwerte vom Jahre 1817 Rechnung zu tragen ist. Hierbei wird für eine freie kirchliche Verwaltung der Dotation Güter Sorge getragen werden. Solange eine solche Dotation nicht in angegebener Weise überwiesen werden kann, wird der Staat dafür eine Jahresrente leisten, die unter Zugrundelegung der im Konkordate von 1817 festgelegten Verpflichtungen und in Anlehnung an die entsprechenden Aufwendungen des Staates für seine eigenen Zwecke den jeweiligen wirtschaftlichen Zeitverhältnissen angepasst wird. Die Geldleistungen an die sechs Diözesanbischöfe von Augsburg, Regensburg, Würzburg, Passau, Eichstätt und Speyer sollen die gleichen sein. Die Weihbischöfe erhalten eine Gehaltszulage, wie sie in der Vereinbarung vom Jahre 1910 vorgesehen ist; sie wird ebenfalls den jeweiligen wirtschaftlichen Zeitverhältnissen angeglichen werden.

b) Sämtliche Kapitel haben zwei Dignitäten (Dompropst und Domdekan); die Metropolitankapitel zählen zehn, die Domkapitel acht Kanonikate; die einen wie die anderen haben überdies sechs für den Chor- und Ordinariatsdienst bestimmte Vikare.

   Für die Kanoniker, die bereits das 70. Lebensjahr zurückgelegt haben oder die nicht mehr dienstfähig sind, können im Einverständnis mit der Staatsregierung Koadjutoren mit oder ohne Recht zur Nachfolge aufgestellt werden, die die gleichen Bezüge erhalten werden wie die statusmäßigen Kanoniker.

c) Den Generalvikaren und bischöflichen Sekretären wird der Bayerische Staat eine Dienstentschädigung anweisen, deren Höhe ebenfalls den jeweiligen Wirtschaftsverhältnissen anzugleichen ist.

d) Zur Zeit der Erledigung eines erzbischöflichen oder bischöflichen Stuhles, der Dignitäten, Kanonikate oder Vikarien wird der Betrag der vorerwähnten Einkünfte zum Besten der betreffenden Kirchen erhoben und erhalten.

e) Sowohl den Erzbischöfen und Bischöfen als den Dignitäten, den fünf bzw. vier älteren Kanonikern und drei älteren Vikaren wird eine ihrer Würde und ihrem Stande entsprechende Wohnung angewiesen.

f) Die Fonds, Einkünfte, beweglichen und unbeweglichen Güter der Domkirchen und ihrer Fabriken werden erhalten werden und, wenn sie zur Unterhaltung der genannten Kirchen, zu den Ausgaben für den Gottesdienst und zur Besoldung der nötigen weltlichen Diener nicht hinreichen, wird der Staat das Fehlende ergänzen.

g) Für die erzbischöflichen und bischöflichen Ordinariate für das Kapitel und das Archiv wird ein geeignetes Gebäude überlassen; für Deckung etwaiger Fehlbeträge der Ordinariats Bedürfnisse gilt Buchst. f entsprechend.

h) Der Bayerische Staat wird an die bestehenden nach den Bestimmungen des Codex Iuris Canonici eingerichteten Knaben- und Priesterseminare angemessene Zuschüsse leisten.

i) Für die Emeriten sorgt der Staat durch Ausstattung der Emeritenanstalten mit ausreichender Dotation oder durch entsprechende Zuschüsse zu Emeritenpensionen.

k) Werden mit Einverständnis der Staatsregierung Seelsorgestellen neu errichtet oder bestehende umgewandelt, so werden zur angemessenen Ergänzung des Einkommens der jeweiligen Stelleninhaber staatliche Mittel im Rahmen der bisher üblichen Leistungen für die Seelsorgegeistlichen im allgemeinen zur Verfügung gestellt.

Im Falle einer Ablösung oder Neuregelung der auf Gesetz, Vertrag oder besonderen Rechtstiteln beruhenden staatlichen Leistungen an die Kirche sichert der Bayerische Staat die Wahrung der kirchlichen Belange durch Ausgleichsleistungen zu, die entsprechend dem Inhalt und Umfange des Rechtsverhältnisses unter Berücksichtigung der Geldwertverhältnisse vollen Ersatz für das weggefallene Recht gewähren.

§ 2. Soweit staatliche Zuschüsse oder Mehraufwendungen nicht benötigt werden, können kirchliche Stellen frei errichtet oder umgewandelt werden.

§ 3. Die staatlichen Gebäude und Grundstücke, die zur Zeit unmittelbar oder mittelbar Zwecken der Kirche einschließlich der Orden oder religiösen Kongregationen dienen, bleiben diesen Zwecken auch fernerhin unter Berücksichtigung etwa bestehender Verträge überlassen.

§ 4. Die Güter der Seminarien, Pfarreien, Benefizien, Kirchenfabriken und aller übrigen Kirchenstiftungen werden innerhalb der Schranken des für alle geltenden Gesetzes gewährleistet und können ohne Zustimmung der zuständigen kirchlichen Obrigkeit nicht veräußert werden. Die Kirche hat das Recht, neues Besitztum zu erwerben und als Eigentum zu haben. Dieses so erworbene Eigentum soll in gleicher Weise unverletzlich sein.

§ 5. Die Kirche hat das Recht, auf der Grundlage der bürgerlichen Steuerlisten Umlagen zu erheben.

Art. 11.

Der Bayerische Staat wird in seinen Straf-, Pflege-, Erziehungs- und Krankenanstalten, sei es durch Anstellung eigener Geistlicher oder auf andere zweckmäßige Weise, auf seine Kosten eine entsprechende Seelsorge einrichten. Die Seelsorger für diese Anstalten werden im Benehmen mit dem Diözesanbischof aufgestellt.

Bei der Genehmigung von Anstalten anderer Unternehmer wird der Bayerische Staat tunlichst dahin wirken, dass die Anstaltspfleglinge dem jeweiligen Bedürfnis entsprechend seelsorglich betreut werden.

Art. 12.

Abgesehen von kleineren Änderungen, die im Interesse der Seelsorge liegen, und abgesehen von jenen Verschiebungen, die sich in einzelnen Fällen als Folge von Umpfarrungen ergeben, wird der jetzige Stand der Kirchenprovinzen und Diözesen nicht verändert werden.

Art. 14.

§ 1. In der Ernennung der Erzbischöfe und Bischöfe hat der Hl. Stuhl volle Freiheit. Bei Erledigung eines erzbischöflichen oder bischöflichen Sitzes wird das beteiligte Kapitel dem Hl. Stuhle unmittelbar eine Liste von Kandidaten unterbreiten, die für das bischöfliche Amt würdig und für die Leitung der erledigten Diözese geeignet sind; unter diesen wie auch unter den von den bayerischen Bischöfen und Kapiteln je in ihren entsprechenden Trienallisten Bezeichneten behält sich der Hl. Stuhl freie Auswahl vor. Vor der Publikation der Bulle wird dieser in offiziöser Weise mit der Bayerischen Regierung in Verbindung treten, um sich zu versichern, dass gegen den Kandidaten Erinnerungen politischer Natur nicht obwalten.

§ 2. Die Besetzung der Kanonikate bei den erzbischöflichen und bischöflichen Kapiteln geschieht abwechselnd durch freie Übertragung des Diözesanbischofes nach Anhörung des Kapitels und durch Wahl der Kapitel vorbehaltlich der Bestimmung des c. 177 Cod. iur. can.

Die Dignitäten werden nach dem gemeinen kanonischen Rechte besetzt.

§ 3. Im Hinblick auf die Aufwendungen des Bayerischen Staates für die Bezüge der Seelsorgegeistlichen wird die Kirche vor Ernennung der Pfarrer der Staatsregierung die Personalien des in Aussicht genommenen Geistlichen mitteilen; allenfallsige Erinnerungen der Staatsregierung sollen in möglichst kurzer Zeit erfolgen. Die staatlichen Patronats- oder Präsentationsrechte aus besonderen kanonischen Rechtstiteln bleiben in der bisherigen Form unberührt.

Art. 15.

§ 1. Sollte sich in Zukunft bei der Auslegung vorstehender Bestimmungen irgendeine Schwierigkeit ergeben, so werden der Hl. Stuhl und der Bayerische Staat gemeinsam eine freundschaftliche Lösung herbeiführen.

§ 2. Mit dem Inkrafttreten des gegenwärtigen Konkordates wird das Konkordat vom Jahre 1817 als nicht mehr geltend erklärt. Insoweit bisher erlassene und noch in Kraft befindliche Landesgesetze, Verordnungen und Verfügungen mit den Bestimmungen dieses Vertrages in Widerspruch stehen, werden sie aufgehoben.

Art. 16.

Die Ratifikationen werden möglichst bald ausgewechselt werden und das Konkordat wird mit dem Zeitpunkte dieser Auswechselung in Kraft treten.

Zur Beglaubigung des Vorstehenden haben die nachgenannten Bevollmächtigten das gegenwärtige Konkordat unterzeichnet.

München, den 29. März 1924

Eugenio Pacelli, Archivescovo di Sardi, Nunzio Apostolico,
Dr. Eugen von Knilling, Staatsminister des Äußern,
Dr. Franz Matt, Staatsminister für Unterricht und Kultus,
Dr. Wilhelm Krausneck, Staatsminister der Finanzen

Anhang 4: Würzburger Rechtsschule – Vorbilder, Schüler, Umfeld

Die Würzburger Rechtsschule war für die Verhältnisbestimmung von Staat und Kirche aus katholischer Sicht im 18. Jahrhundert prägend und für die Folgezeit wegweisend. Hier sollen die Vertreter der Würzburger Schule in ihrem akademischen Kontext gezeigt werden, d. h. mit (einigen) ihrer Vorbilder, Zeitgenossen, Kollegen und Schüler bzw. Nachfolger.

Vorbilder / Lehrer	**für:**
Petrus de Marca, +1662	Philipp A. Ulrich, aus Lauda, Prof. in Wü, ab 1717
Louis Thomassin, +1695	Leonh. Carlier, aus Aachen, Prof. in Wü, nach 1720
Zeger B. van Espen, +1728	Johann Barthel, Prof. in Wü, ab 1727
Christian Wolff, +1754	Johann Ickstatt, Prof. in Wü, ab 1731
Prosper Lambertini, +1758	

Vertreter der Würzburger Schule:

	aus	**Prof in Würzburg**
Johann Kaspar Barthel (1697–1771)	Kitzingen	1727–1771
Johann Adam Ickstatt (1702–1776)	Eppstein, Südhessen	1731–1741
Johann Nep. Endres (1731–1791)	Großbardorf, Grabfeld	1771–1791

Schüler und Umfeld:

Johann J. Sündermahler (1712–1775); aus Bad Staffelstein, Studium in Würzburg, Prof. in Würzburg: 1741–1775.

Georg Christian Neller (1709–1783); aus Aub, Lkr. Würzburg, Studium in Würzburg, Prof. in Trier: 1748–1783, ein Freund Hontheims/‚Febronius'.

Johann M. Seuffert (1765–1829); aus Würzburg, Studien in Würzburg, Professor in Würzburg: nach 1788 Rechtsvertreter der Diözesen Würzburg und Bamberg in der Säkularisationszeit.

Johann Ph. Gregel (1750–1841) aus Prölsdorf/Steigerwald, Studien in Würzburg, Professor für Kirchenrecht in Würzburg 1791, Nachfolger Endres' auf dem Lehrstuhl für Kirchenrecht in Würzburg, nach 1803 Staatsdienst, ab 1804 in Konflikt mit dem Würzburger Weihbischof Zirkel.

Anhang 5: Adlige von Schönborn als Hohe Geistlichkeit im 17./18. Jhdt. (auch) in Franken

Die Mitglieder der Adelsfamilie Schönborn erwiesen sich als Förderer von Kunst und Kultur. Ebenso förderten sie eine katholische Aufklärung in den Wissenschaften, z. B. die Würzburger Rechtsschule, und sorgten für deren Verbreitung in ihren Wirkungsgebieten an Main, Rhein und Mosel. Als kirchliche Vertreter der zahlreichen und weit verschwägerten Familie mögen hier einige genannt sein.

Name	**Lebensdaten**	**Ämter**	**Orte**
Johann Philipp	* 1605; † 1673	1642 Fürstbischof 1647 Kurfürst-Metropolitanerzbischof Reichserzkanzler 1663 Fürstbischof	Würzburg Mainz Worms
Lothar Franz	* 1655; † 1729	1693 Fürstbischof 1695 Kurfürst-Metropolitanerzbischof Reichserzkanzler	Bamberg Mainz
Johann Philipp Franz	* 1673; † 1724	1719 Fürstbischof	Würzburg
Friedrich Karl	* 1674; † 1746	1729 Fürstbischof 1705 – 1731 Reichsvizekanzler	Bamberg Würzburg Wien
Damian Hugo Philipp,	* 1676; † 1743	1715 Kardinal 1719 Fürstbischof 1740 Fürstbischof	 Speyer Konstanz

Name	Lebensdaten	Ämter	Orte
Franz Georg	* 1682; † 1756	1729 Kurfürst-Metropolitanerzbischof 1732 Fürstbischof 1732 Fürstprobst	Trier Worms Ellwangen
Marquard Wilhelm	* 1683; † 1769	Domherr	Bamberg, Eichstätt, Trier
Joseph Franz Bonaventura	* 1708; †?	Domherr	Bamberg
Melchior Friedrich Karl	* 1711; † 1754	Domherr	Würzburg, Bamberg, Mainz

Adnotationes in Ius Canonicum

Herausgegeben von Elmar Güthoff und Karl-Heinz Selge

Band 1 Anton Morhard: Die gerichtliche Berufung im kanonischen Recht. Eine Analyse des klassischen remedium iuris. 1995.

Band 2 Elmar Güthoff (Hrsg.): Der Schutz des geistigen Eigentums in den Schriften von Winfried Schulz. Festgabe für Theodor Schmitz zur Vollendung des 80. Lebensjahres. 1997.

Band 3 Richard Puza/Andreas Weiß (Hrsg.): Iustitia in caritate. Festgabe für Ernst Rößler zum 25jährigen Dienstjubiläum als Offizial der Diözese Rottenburg-Stuttgart. 1997.

Band 4 Ernst Freiherr von Castell: Alkoholismus in der Rechtsprechung der Rota Romana. 1997.

Band 5 Burghard Pimmer-Jüsten: Facultas vel licentia imponendi tributa sacerdotibus. Partikularrechtliche Untersuchung zu den diözesanen "Pflichtabgaben" der Kleriker. 1997.

Band 6 Jürgen Olschewski: Das Recht auf Sakramentenempfang. Zur Entwicklung eines Fundamentalrechtes der Gläubigen vom Konzil von Trient bis zur Gegenwart. 1998.

Band 7 Martin Grichting: Die Umschreibung der Diözesen. Die Kriterien des II. Vatikanischen Konzils für die kirchliche Zirkumskriptionspraxis. 1998.

Band 8 Cesare Mirabelli/Giorgio Feliciani/Carl Gerold Fürst/Helmuth Pree (Hrsg.): Winfried Schulz in memoriam. Schriften aus Kanonistik und Staatskirchenrecht. 1999.

Band 9 Christoph Kühn: Die Rechtsbeziehungen des Heiligen Stuhls zum Europarat. 1999.

Band 10 Peter Stockmann: Außerordentliche Gemeindeleitung. Historischer Befund – Dogmatische Grundlegung – Kirchenrechtliche Analyse – Offene Positionen. 1999.

Band 11 Jürgen Cleve: Inkompatibilität und Kumulationsverbot. Eine Untersuchung zu c. 152 CIC/1983. 1999.

Band 12 Karl-Heinz Selge: Ehe als Lebensbund. Die Unauflöslichkeit der Ehe als Herausforderung für den Dialog zwischen katholischer und evangelisch-lutherischer Theologie. 1999.

Band 13 Elmar Güthoff / Karl-Heinz Selge (Hrsg.): Der Staat der Vatikanstadt, der Heilige Stuhl und die Römische Kurie in den Schriften von Winfried Schulz. Città del Vaticano, Santa Sede e Curia Romana negli Scritti di Winfried Schulz. Franz X. Walter zur Vollendung des 70. Lebensjahres. 1999.

Band 14 Hermann Kahler: Absentia consensus. Der fehlende Mindestwille zur Ehe als Ehenichtigkeitsgrund. 1999.

Band 15 Nikolaus Schöch: Die kirchenrechtliche Interpretation der Grundprinzipien der christlichen Anthropologie als Voraussetzung für die eheprozessrechtliche Beurteilung der psychischen Ehekonsensunfähigkeit. Eine kanonistische Studie unter besonderer Berücksichtigung der päpstlichen Allokutionen und der Judikatur der Römischen Rota. 1999.

Band 16 Michael Landau: Amtsenthebung und Versetzung von Pfarrern. Eine Untersuchung des geltenden Rechts unter besonderer Berücksichtigung der Rechtsprechung der Zweiten Sektion des Höchsten Gerichts der Apostolischen Signatur. 1999.

Band 17 Paul Weibel: Das Selbstbestimmungsrecht der römisch-katholischen Kirche. Eine staatskirchenrechtliche Studie am Beispiel des Kantons Schwyz. 2003.

Band 18 Stefan Korta: Der katholische Kirchenvertrag Sachsen. 2001.

Band 19 Jürgen Wätjer: Das katholische Domkapitel zu Hamburg von den Anfängen bis zur Reformation und seine Wiedererrichtung 1996. Eine kanonistische Untersuchung. 2001.

Band 20 Bernd Matecki: Der Traktat *In primis hominibus*. Eine theologie- und kirchenrechtsgeschichtliche Untersuchung zu einem Ehetext der Schule von Laon aus dem 12. Jahrhundert. Anhang: Edition des Traktates *In primis hominibus*. 2001.

Band 21 Stefan Gatzhammer: Der Souveränitätsanspruch des Apostolischen Stuhles in päpstlichen Lehraussagen und in der Kanonistik von 1846 bis 1978. 2001.

Band 22 Andreas Franitza: Das Domkapitel zu Hildesheim in der Zeit zwischen Preußenkonkordat (1929) und Niedersachsenkonkordat (1965) und seine Statuten von 1984. 2001.

Band 23 Péter Erdö: Die Quellen des Kirchenrechts. Eine geschichtliche Einführung. 2002.

Band 24 Rüdiger Althaus / Rosel Oehmen-Vieregge / Jürgen Olschewski (Hrsg.): Aktuelle Beiträge zum Kirchenrecht. Festgabe für Heinrich J. F. Reinhardt zum 60. Geburtstag. 2002.

Band 25 Hartmut Zapp / Andreas Weiß / Stefan Korta (Hrsg.): Ius Canonicum in Oriente et Occidente. Festschrift für Carl Gerold Fürst zum 70. Geburtstag. 2003.

Band 26 Johnson Michael Kallidukil: The Canonical Significance of the Synod of Bishops of 1994 on Consecrated Life. From the *Lineamenta* to the *Vita consecrata*. 2003.

Band 27 Hubert Schiepek: Der Sonntag und kirchlich gebotene Feiertage nach kirchlichem und weltlichem Recht. Eine rechtshistorische Untersuchung. 2003. 2.,durchgesehene Auflage 2009.

Band 28 Andreas Weiß / Stefan Ihli (Hrsg.): Flexibilitas Iuris Canonici. Festschrift für Richard Puza zum 60. Geburtstag. 2003.

Band 29 Benita von Beyme: Die Baulast für das Freiburger Münster. 2003.

Band 30 Nikolaus Schöch: Festlegung, Änderung und Konformität von Klagegründen im kanonischen Eheprozess. 2003.

Band 31 Andreas Weiß / Stefan Ihli (Hrsg.): Kulturgutschutz und Kirche, Bibel und Kirchenrecht. Symposion und Festakt anlässlich des 60. Geburtstags von Professor Dr. Richard Puza. 2004.

Band 32 Stefan Lunze: The Protection of Religious Personnel in Armed Conflict. 2004.

Band 33 Christian Kröber: Zur Bedeutung der urheberrechtlichen Vergütungspflicht von kultischer Kirchenmusik in Deutschland. 2004.

Band 34 Szabolcs Anzelm Szuromi: Anselm of Lucca as a Canonist. 2006.

Band 35 Robert Oswald: Streikrecht im kirchlichen Dienst und in anderen karitativen Einrichtungen. 2005.

Band 36 Heribert Schmitz: Die Liturgie-Instruktion *Redemptionis Sacramentum* von 2004. Kirchenrechtliche Anmerkungen zum Erlaß der Kongregation für den Gottesdienst und die Sakramentenordnung vom 25. März 2004. 2005.

Band 37 Krzysztof Górski: Das personenbezogene Eheverständnis und relatives Erfüllungsunvermögen. 2006.

Band 38 Salus animarum suprema lex. Festschrift für Offizial Max Hopfner zum 70. Geburtstag. Herausgegeben von Ulrich Kaiser, Ronny Raith und Peter Stockmann. 2006.

Band 39 Bernd Eicholt: Geltung und Durchbrechung des Grundsatzes „Nullum crimen nulla poena sine lege" im kanonischen Recht, insbesondere in c. 1399 CIC/1983. 2006.

Band 40 Georg May: Die Auseinandersetzungen zwischen den Mainzer Erzbischöfen und dem Heiligen Stuhl um die Dispensbefugnis im 18. Jahrhundert. 2007.

Band 41 Wolfgang F. Rothe: Die Statuten der Kollegiatkapitel im deutschen Sprachraum. Rechtslage und Rechtspraxis. 2007.

Band 42 Markus Müller: *Officium divinum.* Studien zur kodikarisch-rechtlichen Ordnung des kirchlichen Stundengebetes in der lateinischen Kirche. 2007.

Band 43 Dagmar Schaaf: Der kirchliche Strafanspruch. Die Begründung der kirchlichen Strafgewalt vom lus Publicum Ecclesiasticum bis zum CIC/1983. 2007.

Band 44 Burkhard Josef Berkmann: Die Ehen von/mit Nichtkatholiken vor der lateinischen Kirche. Das neue Ehe-Kollisionsrecht in *Dignitas Connubii.* 2008.

Band 45 Klaus Kottmann: Die Freimaurer und die katholische Kirche. Vom geschichtlichen Überblick zur geltenden Rechtslage. 2009.

Band 46 Stefan Killermann: Die Rota Romana. Wesen und Wirken des päpstlichen Gerichtshofes im Wandel der Zeit. 2., überarbeitete Auflage. 2011.

Band 47 Ansgar Grochtmann: Justitiabilität der Gewissensfreiheit. Rechtsvergleichende Anaylse zur kirchlichen Strafverhängung und zum Schutz des *forum internum* im Völkerrecht. 2009.

Band 48 Sabine Heidl: Psychische Störungen und ihre Begutachtung im Ehenichtigkeitsprozess. 2009.

Band 49 Peter Fabritz: *Sanatio in radice.* Historie eines Rechtsinstituts und seine Beziehung zum sakramentalen Eheverständnis der katholischen Kirche. 2010.

Band 50 Elmar Güthoff / Stefan Korta / Andreas Weiß (Hrsg.): *Clarissimo Professori Doctori Carolo Giraldo Fürst.* In memoriam Carl Gerold Fürst. 2013.

Band 51 Franz Hasenhütl: Die Domkapitel in Österreich nach dem CIC/1983. Statutenreform und aktuelle Rechtsgestalt. 2013.

Band 52 Vitus Kapfelsperger: Eheverfahren und Eheprozesse in Staat und Kirche. Eine rechtsvergleichende Betrachtung. 2015.

Band 53 Marc Johannes Kalisch: Die Zuständigkeit zur Ordnung der Liturgie. Der Weg vom Zentralismus zur Einbeziehung der Verantwortung der Autoritäten unterhalb des Heiligen Stuhles. 2017.

Band 54 Matthias Nowotny: „Dritter" Weg und KAGH. 2018.

Band 55 Sabine Konrad: Die Konkordatsehe in Spanien. 2018.

Band 56 Elmar Güthoff: Zenon Kardinal Grocholewski – Bibliographie und Biographie. 2018.

Band 57 Melanie-Katharina Kraus: Richterkollegium, Ehebandverteidiger und II. Instanz in Ehenichtigkeitsverfahren. Entstehung und Entwicklung. 2020.

Band 58 Stefan Lippert: Untersuchung der Berufungspraxis in Eheverfahren. Kirchliche Gerichte in Deutschland nach dem Inkrafttreten des Motu Proprio „Mitis Iudex Dominus Iesus". 2020.

Band 59 Andrea Michl: Die Apostolische Paenitentiarie. 2020.

Band 60 Burkhard Josef Berkmann (Hrsg.): Die Diözesankurie. Blick hinter die Kulissen der Bistumsverwaltung 2021.

Band 61 Heinrich Hohl: Das Bayerische Konkordat von 1817/21. Eine historische Untersuchung mit kanonistisch-staatkirchenrechtlichem Fokus. 2021.

www.peterlang.com

www.ingramcontent.com/pod-product-compliance
Ingram Content Group UK Ltd.
Pitfield, Milton Keynes, MK11 3LW, UK
UKHW021823290926
8980IPUK00004B/242

9 783631 911174